HUNANXIANGZHENJIANZHI

湖南乡镇简志

常德市卷（下册）

湖南省地方志编纂委员会
常德市地方志编纂委员会 编纂

方志出版社
Publishing House of Local Records

目录

下册

临澧县

石门县

澧县

安乡县

津市市

常德经济技术开发区

柳叶湖旅游度假区

西洞庭管理区

西湖管理区

桃花源管理区

附录一

临澧县

概述

临澧县位于湖南省西北部、常德市北部，地处北纬29° 15′ ~ 29° 47′，东经111° 24′ ~ 110° 49′，东西横跨32.5千米，南北纵长57.5千米。境域东邻津市市，南接鼎城区、桃源县，西与石门县毗邻，北抵澧县。县治位于县境中部，道水北岸，离常德市城区50千米。澧水横贯县境东西，将县域分为南北两部分，境内流程达20.5千米，流域面积411.63平方千米。道水自西向东贯穿县境，境内流程为51.66千米。县域地处武陵山古陆西北侧，坐湘西北复向斜轴东部与西洞庭断陷盆地相连的过渡部位。整个地势由西部山丘区向洞庭湖盆地倾斜，构成全县以微丘、平原为主，间有山岳的地貌形态。属亚热带季风气候，四季分明。

三国吴永安六年(263)，境域独立分封建临澧县，自治300余年。北周建德四年(575)，临澧县被解他隶。清雍正七年(1729)，裁九溪卫、永定卫和澧州地一部，取意“安享升平之福”，定名“安福”，恢复县治。中华民国3年(1914)1月，乃复改称临澧县。2014年，全县辖17个乡镇和1个工业经济开发区，310个建制村、3859个村民小组，29个社区、170个居民小组。总面积1203.43平方千米，耕地面积55.476万亩，山林77.235万亩，水域面积5.8312万亩。总人口451634人，城镇化率达42.16%。

县域乡镇建置，清时县下设里、区。雍正十三年(1735)，全县辖17里160区。即永右里、永左里、永中里、永后里、永大里各辖10区；九右里，辖8区；九左里，辖9区；九中里，辖6区；九前里，辖2区；九后里，辖10区；九安里，辖7区；乐一里；辖11区；乐二里，辖13区，进一里，辖13区；进三里，辖10区；十都里，辖7区；十一都里，辖14区。

中华民国时期，境内乡镇建制与行政区划变化频繁。民国5年，废清代里、区建制，县下设区、保。全县共辖13区138保。民国10年，撤销区建制，全县设杨板、观音、鳌山、陈二、王化、保宁、盘石、佘市、赵家、合口、新安、团山13个乡。民国15年，改乡为区，区下设乡、保，全县辖13区。民国17年，全县改设12区139保。民国21年，全县改划为6个区，设146保。民国25年，全县辖51个乡、3个镇，乡镇下辖保、甲。民国27年，全县废区并乡，不设镇，共置20个乡，下辖273

保、2567甲。民国30年2月，全县缩编为12个乡1个镇，下辖123保，2301甲。

1949年8月，临澧解放，县人民政府成立，全县划分为6大区，取消镇建制，区下保留民国时期的乡建制和保甲制。1950年7月，全县废除旧的乡保甲，划乡建政，县下设区、乡、村。全县共辖6区104乡。1951年1月，增设城关镇、合口镇、新安镇。同年11月1日，增设第七区。1953年春，全县调整为121个乡和城关、合口2个县直属镇，增设佘市桥镇、鳌山镇、停弦渡镇、新安镇、观音庵镇5个乡级镇。1956年5月，全县撤区并乡。凡小乡均改并成大乡，乡下辖农业生产合作社。全县辖城关、合口、新安3个建制镇，启祥、文家店、陈二铺、衍嗣庵、望城、毛花、柏枝台、杨板桥、修梅、停弦渡、杉板桥、砚水、枣木、新安、九里岗、刻木17乡，共268个农业生产合作社。

1958年9月，境内实现政社合一的人民公社体制。全县保留城关、合口、新安3个建制镇，撤销乡建制，成立五星、红旗、星火、东方红、跃进、前锋、先锋、超美、东风、红星、新合、官亭12个人民公社。次年2月，公社改按地名称谓。除新合、官亭外，其余10个分别更名为珠日桥、柏枝台、杉板桥、烽火山、杨板桥、望城、停弦渡、修梅、太浮、佘市桥公社。

1961年3月，贯彻中共中央《人民公社管理条例》，对人民公社、生产大队、生产队规模进行调整。官亭公社析为官亭、九里2个公社，新合公社析为新合、新安2个公社，太浮公社析为太浮、陈二2个公社，佘市桥公社析为佘市桥、文家2个公社，全县辖3个镇和16个公社。

1979年10月，析出新安公社上坪、下坪2个大队，组建洞坪棉花良种场，直属县管。1981年9月，改为洞坪公社。

1984年3月，撤销人民公社，公社改称乡，大队改称村，生产队改称村民小组。同年6月，将珠日桥、停弦渡、佘市桥、太浮4个乡改为镇建制，其中珠日桥改称四新岗镇，太浮改称衍嗣庵镇。1991年8月，修梅乡改为修梅镇。

1993年4月，从修梅镇析出太平居委会以及南江居委会、铁锣堰村、叶庙村、车堰村的部分村民小组，合并组建太平工业经济开发区。

1995年6月，衍嗣庵镇更名太浮镇。2003年11月25日，城关镇更名安福镇。至2014年，临澧全县共辖安福、新安、合口、太浮、四新岗、佘市桥、停弦渡、修梅8镇，官亭、九里、杉板、文家、陈二、柏枝、烽火、望城、杨板9乡和太平工业经济开发区。

安福镇 >>

区域概况

位置面积

安福镇位于临澧县境中部、道水北岸，东与杨板乡为邻，南傍道水与望城相望，西接佘市桥镇，北抵修梅镇，是全县政治、经济和文化中心。镇政府驻安福路社区，距常德市区 52 千米。

建城之初，城区面积仅 0.27 平方千米，1947 年，镇域面积扩大至 0.80 平方千米。1985 年，城关镇辖区面积为 8.17 平方千米，城区面积 2.3 平方千米。1987 年，全镇辖区面积扩大到 23.2 平方千米，城区面积扩大到 5.94 平方千米。2014 年，安福镇城镇建成区总面积 13.20 平方千米，总面积 44.21 平方千米。

建置沿革

清初，安福镇地域属永定卫和澧州分治。裴家河一带即今安福镇人民街、河街社区地域为永定卫屯署所在地，设把总署。清雍正七年（1729），裁卫、所，割九溪卫里六、永定卫里五，益以澧州进乐等里之错互者，置安福县，于清雍正十二年在裴家河原永定卫屯建城，自此一直为县城。清时，县下实行里、区建制，今安福镇芭蕉社区、总庙村一带属永后里，太平社区、九姊村一带属永中里，文塘、护城社区及农丰、寒溪、龙溪、梅溪、清水村一带属乐二里。

民国 3 年（1914），县名改称临澧，县城地属将军乡。民国 24 年，县城置护城镇。1938 年，改属护城乡。1941 年，恢复护城镇建制，一直直属县辖。

中华人民共和国成立之初，维持民国时期的建制。1950 年 7 月，废除民国保甲建制，全县划乡建政，县下设区、乡、村，县城属一区。1951 年 1 月，划原护城乡一、二、三保地建镇，缘城外四关定名城关镇，直属县辖。1960 年 4 月，成立城关人民公社。1961 年 3 月，撤销公社，恢复城关镇建制。2004 年 4 月，城关镇更名为安福镇。至 2014 年无变化。

行政区划

清雍正十二年（1734），建县城。

1970 年，城关镇划进望城公社四季红、辛家台 2 个生产队；1977 年，划进望城公社梅溪大队。至 1979 年，城关镇辖人民街、河街、文化街 3 个居委会和北郊、南郊两个郊区村。

1985 年 11 月，划进望城乡的龙溪、护城两村，城关镇形成镇管村格局。

1986 年，郊区村改设八方楼、四季红居委会。

1987年11月，划入望城乡九姊、农丰、清水、寒溪村，计有水田6997亩，旱地1291亩。

1989年，随着镇区规模的扩大，增设迎宾路、朝阳街2个居委会。1991年11月，镇政府机关由文化街迁址至龙溪村葵红组；1995年，龙溪村改称安福路居委会；2000年，八方楼居委会委托由人民街居委会管理。2002年，全镇所有居委会更名为社区居委会。2003年11月，划进修梅镇铁锣堰村，佘市桥镇的芭蕉村、总庙村，望城乡的望城村、文塘村。芭蕉村、文塘村改为芭蕉居委会、文塘居委会。2006年10月，护城村民委员会改成护城社区居委会。

2014年，镇域东界杨板乡双司、胜利、泰山村；南邻望城乡楚城、宋玉、大兴、同欢、徐家坪村和陈二乡大江、两岔村；西抵佘市桥镇蒋家、罗家、马鞍村；北连修梅镇叶庙、美丰、白土村。安福镇辖有人民街、文化街、安福路、四季红、迎宾路、朝阳街、河街、护城、文塘、芭蕉10个社区和铁锣堰、梅溪、寒溪、农丰、总庙、清水、九姊、望城8个行政村，共105个村民小组，61个居民小组。

自然环境

安福镇以江河冲积平原为主，北部有少量岗地和丘陵。地势西高东低，由西北向东南倾斜，平均海拔约50米。境内最高点海拔118.6米，最低点海拔44.1米。

镇域属中亚热带向北亚热带过渡的湿润季风气候，气候温和，热量丰富，无霜期长，雨水充沛，四季分明。多年平均气温16.4℃，1月平均气温4℃，7月平均气温28.4℃。年平均降水量1239毫米，雨量多集中在4—8月，降雨量占全年的66.5%以上。年日照1622.7小时以上，相对湿度82%，年幅射量104千卡/平方厘米，无霜期268天，主导风向为东北风。境内有澧水一级支流道水河自芭蕉社区南面入境，境内长8千米，最大流量为1949立方米/秒，最小流量为0.126立方米/秒。

境内土壤以第四纪红土土壤、河潮土为主，土层深厚，通透性好，土质肥沃，PH值为6.5左右，富含铁、硒、锌、钾、磷、钙、镁等多种微量元素。矿产主要有分布在农丰村、寒溪村的膨润土、硅白土和分布在道水河床的砂砾石等。

1949—2014年，共发生自然灾害40次，其中旱灾18次、洪灾22次，特别严重的有1954年重特大洪涝灾害、1959—1961年连续重特大旱灾、1972年重特大干旱灾害、1998年重特大旱涝灾害、2001年重特大旱灾、2003年重特大洪涝灾害。

人口民族

1985年，城关镇有20442人。1995年，全镇有37000人，其中非农业人口21000人。2014年，全镇常住人口增加到30563户70669人；总人口中，男性35181人、女性35488人；非农业人口51889人；总人口中汉族69260人，有蒙古族、回族、维吾尔族、苗族、壮族、布依族、满族、侗族、瑶族、白族、土家族、黎族、傈僳族、畲族、彝族、仡佬族、锡伯族等少数民族1409人。城镇化率95.3%。

经济发展

综述

1987年，全镇工农业总产值1326万元，其中工业产值1196万元。1995年7月，城关镇被省政府授予“全省综合经济实力百强镇”称号。2013年，全镇实现国民生产总值166229万元，占全县比重的14.3%，其中第一产业11836万元，占全县比重的5%；第二产业54238万元，占全县比重的12.05%；第三产业100155万元，占全县比重的21.06%。2014年，全镇有中小微企业301家，其中，第一产业28家，第二产业61家，第三产业212家，从业人员15375人，年产值过百万元的有186家，过千万元的有28家，过亿元的有3家。有个体经营户5622户，固定资产52665万元。全年完成地区生产总值18.62亿元，城镇居民人均可支配收入23550元，农村居民人均现金可支配收入10960元。全镇完成财政总收入1.2852亿元，其中国税2000万元，地税6600万元，其他收入4252万元。

农业

安福镇有耕地1.38万亩，其中水田1.27万亩，旱地0.11万亩。1987年，全镇农业产值130万元。1995年，农业产值2152.5万元，农民人均纯收入1845元。2014年，完成农业总产值1.76亿元，占全县生产总值的5.3%。

种植业 安福镇传统种植水稻、油菜、棉花。1991年，在清水、梅溪两村建1669亩永久性蔬菜基地。1995年，全镇种植蔬菜创产值300万元。1996年，新扩蔬菜基地1000亩，开始蔬菜产业化生产。1997年，梅溪村首建20个温室大棚，开始生产反季节蔬菜。2003年，蔬菜生产基地扩展到寒溪村及安福、文塘社区，面积扩大到6000亩，年产蔬菜9000吨。2004年8月，蔬菜基地出产的辣椒、大蒜、红萝卜、茄子、葫芦、莴苣、文塘藕被农业部评为无公害蔬菜，临澧因之被农业部列为全国无公害蔬菜基地示范县。2005年，永久性蔬菜基地生产蔬菜1500吨。2012年，县城区永久性核心蔬菜基地达2800亩，年产蔬菜6000吨。2014年，全镇生产粮食8280吨。

养殖业 安福镇养殖业历史上属家庭副业。20世纪80年代中期，随着农业结构调整的深化，开始形成规模化生产。1995年，全镇出栏生猪1.56万头、家禽23.8万羽、产蛋402吨、出水鲜鱼2100吨，养殖业产值1250万元，首次超过种植业产值。此后，养殖业逐步建成家畜饲养和家禽养殖两大基地，形成产业化生产。家畜饲养基地集中在梅溪、农丰、寒溪、护城4个村和四季红、安福、文化街3个社区，2003年，形成54个出栏百头的生猪养殖大户，全镇发展生猪3.5万头，出栏肥猪2万头；饲养菜牛898头，出栏618头；出栏山羊5000只。村民周昌军1户出栏生猪858头。2014年，全镇养殖生猪8.25万头，出栏2.3万头；养菜牛1520头、肉兔2750只、山羊5490只；出水鲜鱼385吨。

家禽养殖集中在清水村。20世纪90年代初，村民肖耀明、朱仕军从外地引进优良品种，开始规模化养鸭。2000年，全村有40%的农户养鸭，年出笼肉鸭70万羽，40多个农户成为出笼千羽以上的养殖大户。2002年，清水村成立清水鸭业协会和清水鸭业公司，实行种苗孵化、养殖技术、防疫治病、饲料供应、产品销售一条龙服务，并带动周边乡村养殖业。2003年，公司办起种鸭场5家，年提供种苗300万羽；发展养鸭户510户，出笼肉鸭210万羽，创利税10万多元。2014年，出笼肉鸭80万羽。“清水鸭”成为声名远播的知名品牌。

林业

镇内林业用地1.63万亩，有林面积0.75万亩，以油茶为主。森林覆盖率为14.66%，林木绿化率为34.24%。2014年，幼林抚育500亩，义务植树造林2.2万株，封山育林800亩，退耕还林1100亩，岳纸杨树协管1500亩，公路补植绿化林2.3千米。

工业

清末民国时期，县城有少量的手工作坊。民

国19年（1930），兴办赈灾贫民工厂。1949年，有手工作坊122家，从业人员242人。1954年10月，城关镇成立全县第一家手工业生产合作社。1955年，城关镇14家私营糕点、糖果、蔬菜加工作坊组建为食品生产合作社；1956年，改组为公私合营；1959年，城关副食品加工作坊改建为国营副食品加工厂。1975年，集资兴建全县第一家冷冻厂，产品销往香港及广州、长沙、武汉等城市，后转为国有企业，改名临澧县冷冻厂，被省外贸列为定点厂，年加工能力1000吨。1985年，新建城关豆腐厂、城关米粉厂、城关味蛋厂，个体户裴先桂办起常青食品罐头厂，黄维柏办起水银玻璃厂，年产值均在10万元以上。1986年，镇域内有企业156家，其中镇属企业22家，年工业产值76.34万元。1995年，镇党委、镇政府深化经济体制改革，对镇属集体企业有组织、有计划、有步骤地实施改制，私营企业大量涌现。是年，全镇有镇、村、街道企业及民营企业5096个，从业总人数12192人。陶瓷厂、纸厂、玻璃城等4家企业产值在2000万元以上，形成以猪鬃、玻璃、釉面砖、纸张、防火隔热材料等特色拳头产品为主导的工业产业，全年完成企业总产值6.1亿元，其中工业产值3.2亿元，实现利润3260万元。2000年，全镇集体企业改制全面完成，盘活资产8000万元，新增固定资产3000万元。2003年，全镇有工业企业477家，其中采矿业5家、制造业286家、建筑业2家、交通运输业184家。2014年，全镇有工业企业61家，主要产业有机械、化工、建材、食品加工等，主要产品有拖拉机、建材制品、肉类食品、精密铸件、化工产品、石膏制品等，完成工业固定资产投资4.26亿元、工业技扩改投资1.43亿元，实现工业总产值5.43亿元，其中6家规模企业完成产值4.39亿元。常德亿达食品有限公司，年出口创汇近1000万美元，被市委、市政府授予“自营出口十强先进单位”。

商贸服务业

清雍正十二年（1734），全镇有店铺320余家。民国2年（1913），县城成立商会。民国14年，设有亚细亚煤油公司。民国32年，日本侵略军犯境，商业一度凋零。民国38年，县城有商店约200余家、从业人员500余人。1949年，成立护城消费合作社。1954年后，国营三级批发站逐步建立、完善，城关镇成为县内工、农业产品的集散中心。

20世纪80年代，境内私营、个体商户得到发展。1985年，全镇设有商业批发、零售、收购网点500余个，从业人员1895人。

1989年，兴建临澧县第一市场，设固定门店300余套，固定摊位500余个，从业人员近3000人，年交易额1.5亿元。1992年8月，兴建朝阳市场，占地6200平方米，经营门面62个，固定摊位120个，年商品成交额8000多万元。1995年4月，兴建物资集贸市场，后改名为服装鞋帽精品城，有门面108个，年交易额4000万元。

20世纪90年代，国营住宿餐饮企业停止经营，县城相继建起近百家集体所有制、股份制宾馆和个体旅店。

2000年，临澧完成国营商业、供销社体制改革，个体商业兴起，建起占地40亩、建筑面积17475平方米的护丰建材市场，创办镇境第一家大型综合超市——“家家乐”。2001年，县富源资产投资公司处置商业改制资产，兴办和盛家电超市；建成广兴南货超市、益华大药房超市。21世纪初，物流业和电子商务在镇境兴起，办起了临澧乡土农特产品网、天乐网等10多家网络销售平台。随着网购的兴起，境内办起邮政速递、顺丰速运等10多家快递公司,年发货量100多万件。

2002年，建成新大新服饰超市、安福家具城。2002年，投资8000万元，在老正街兴建占地58950平方米、有固定门面635套、摊位400个的步行商贸城。

2003年，改造第一市场，建成占地1.2万平方米的步行商贸城农贸市场。是年，境内有商品批发零售企业和个体商户345家，住宿餐饮业263家；其他各类社会服务企业352家。2004－2007年，建成华能、平安、步步高超市和安福汽配城、金帝国际大酒店。

2010年，建成百佳购物广场，全镇超市商品销售总额突破亿元大关。

2012年，投资2000万元新建安福农贸市场和恒威华天大酒店。

2014年，建成文化街农贸市场和大鹏建材市场、恒威二手车交易市场、废旧汽车回收拆卸厂等大型专业市场。

基础设施

交通运输

公路 民国12年（1923），常澧公路（207国道）经过县城。1992年，加宽改造207国道过境段。2004年，临岗公路呈南北走向从镇东纵贯。2013年，建成东常高速连接线，建成一流标准的安福汽车新站。2014年，全镇公路通车里程24.483千米。其中,国道4.983千米,县乡主干道1.4千米，通村公路18.1千米。

铁路 1998年，石长铁路穿经镇西，在芭蕉社区居委会内建临澧火车站。至2014年，年运送旅客15万人次左右,货物吞吐能力180万吨左右,货运量居石长铁路沿线各站之首。

桥梁 民国5年(1916),在道水建城河桥。1969年10月，临澧道水大桥建成通车，大桥为钢筋砼双曲拱结构,长146米,桥面净宽8.5米，分四个大泄水孔。1991年，对临澧大桥进行拓宽改造，桥长增加到164米，桥宽加宽到18米。2003年，在梅溪境内建临岗公路桥。2013年，在道水大桥上游建九龙桥和龟元桥。

邮电通信

邮政 清光绪三十一年（1905），县城始设邮政代办所；宣统三年（1911），改为邮政支局，民国10年（1921）升为三等乙级邮局，民国36年升为三等甲级邮局。1951年5月，临澧邮局和电信营业所合并，成立“邮电部临澧邮电局”。1969年11月，邮、电分设。1973年，邮、电合并，成立临澧县邮电局。1998年9月，临澧邮电正式分营，成立临澧县邮政局。2000年12月，坐落在迎宾路的新邮政大楼开业，大楼建筑面积6233.9平方米。2002年6月，县城投递段道进行改革，邮件投送改由社区服务站投送。

通信 民国元年（1912），县城始设电报局，次年，设临澧报话营业处，民国25年改为电话局，次年撤销，业务移交邮局代办。民国27年，设无线电台临澧第四分台。民国28年恢复电报局。民国35年，更名为临澧县电信代办处，后改称电信营业所。20世纪50年代以后，镇区电信事业快速发展。1995年，全镇有固定电话机8000多部，无线寻呼机1984部，移动电话650部，程控电话入户率80%左右。1998年开通互联网，2000年开通宽带。2003年，有宽带网用户3095户、有17153户安装固定电话，每百人拥有无线移动电话25部；2005年，有移动电话用户1.1万户。2014年，县城有电信、移动、联通、铁通4家公司和县有线电台开展宽带网上业务。

供电饮水

供电 1950年，县城开办光明私营发电厂。1960年，建起国营临澧发电厂。1967年，从望城公社东堤水库架设澧南电网延伸至县城引供柘溪水电。1970年，青山电站建成，县电力局建立农丰变电站，县城电力状况大为改善。1985年12月，投资321.079万元，在城关镇九姊村兴建临澧县第一座110千伏变电站，1987年12月建成供电，农丰变电站停止运行。县城变电站经过数次增容扩建改造，至2000年12月，有主变压器2台，容量5.15万千伏安；2001年完成无人值守改造和双电源建设，分别从常德浦沅和合口110千伏变电站引入电源，两路电源互为备用。同时，全镇完成农网改造。2014年，在县地区新建供电台区4个，新增10千伏线路4条。

饮水 1949—1964年，县城靠肩挑车拉饮用道河自然水。1965—1975年，部分单位开始取用地下水和建泵站在道河取水。1975年，在城河桥东侧兴建自来水厂，日供水量202吨，用户103户。1985年，在九龙庵修建日供水1万吨的九龙水厂。1995年，对九龙水厂扩建，日供水能力提高到3.3万吨。2014年，县城供水主管网总长40多千米，自来水普及率100%。

水利建设

20世纪50—80年代，安福镇域建成金峰、泉坪、卫星、竹堤、关堰、耙齿堰等6座小（二）型水库，成为青山灌区的结瓜水库；境内有较大蓄水工程8处，年正常库容400万立方米以上；有大小堰塘533口，年正常塘容312.3万立方米；有大小灌溉渠道147.58千米；有排灌机埠30处。1970年，清水大队在道水河建清水堰水轮泵站。1990年，建成自农丰村至高草湖出口长2千米的西撇泄洪渠；1998年，修建长7.8千米、宽8米、深4.8米、集雨面积11平方千米的东撇泄洪渠。2001年，沿道水河北岸筑三级堤防建安福垸，设计长度11.43千米，至2014年建成4.6千米；大堤高度2.5～5.5米，堤顶面宽3～8米，起点高程53.5米，终点高程48.5米，设计高水位48米，规划防洪标准30年。

城镇建设

清雍正九年至十二年（1731—1734），筑县城，城内有街2条，城外有街4条。1949年，县城有13条街巷，长2739.3米。

20世纪50年代，县城有所拓展。1967年，对正街进行改造，建成一条长796米、宽19米的大街；1973年，对河街道水河—县印刷厂长275米的街道进行改造，在中心街形成垂直交叉的十字街口；将临澧大桥至县中医院长930米的207国道拓宽为48米宽的迎宾路；对人民街长794米的县人民银行—迎宾路路段进行改造。1980年，征用梅溪大队菜地，建成长1153米、宽27米的文化街。至1983年，县城建成区规模1.24平方千米。至20世纪80年代初，全镇建筑物建筑面积25万多平方米，10条主要街巷长9342米。80年代中期，县城向北、向西扩展。1985年，建成长620米、宽40米的朝阳东街和长520米、宽20米的兴隆街；扩建改造迎宾路，迎宾路增至1373米。至此，县城共建街巷14条，总长7649米。1988—1993年，建朝阳西街，长560米、宽40米。1988年，县城建成区达2.69平方千米，人均用地95平方米左右。90年代，县城继续向西、向北扩展。1990年7月，县人民政府扩大县城规划区范围，将城关镇部分村组划为县城规划区。1991年冬，建青年路，1993年，延展迎宾路，南由大桥延

至矮架山，北自三岔路口到金牛岗，号称十里长街，街道由40米拓宽为48米。1994年10月，沿临烽公路、临佘公路建长4.43千米、宽48米的安福大道。县城由此构成以迎宾路与安福大道十字交叉的总体骨架。1995年，镇区街道路面硬化总长度23.1千米。1997年，建长685米、宽21米的楚园大道。21世纪初，沿道水河北岸建滨河路。至此，城区有街道22条，长22.34千米，城区人均道路16.28平方米。

1997—1999年，县城建成规模达到5.9平方千米，居民私人建房2782栋、面积60.8万平方米，开发商建住房2100栋，人均建设用地113平方米。2000年后，对居民建房实行控制，终止庭院式商品房开发，开始兴建高层商住楼盘，由此形成20多处高层楼房组团的商住小区。2010年后，镇区有了20多层的商住高楼。

排水 中华人民共和国成立前，县城没有排水管道。1967年，修建第一条下水道，长796米；1973年，在下河街建第二条下水道，长275米。1980年后在文化街、迎宾路等街道铺设地下排水设施，至1985年，县城区共有9条下水道，长6381米。1994年，全城形成统一的网状排水系统。1995年以后，凡街道建设和商住小区建设，都配套铺设高标准的排水设施。2003年，县城区有下水道38条，长37.94千米。2010年以后，对滨河路、朝阳街等街道和商住小区的排水系统进行雨污分流改造，并在梅溪村境内兴建污水处理厂。至2014年，县城排水管网总长102.3千米，排水能力日均1.82万吨。

路灯 1964年，县城街道开始设路灯。1985年，县城内有路灯128盏，为木杆及普通灯具。1989年，对建成区路灯进行更新改造，共安灯223盏，灯具更换为汞灯和高压白炽灯。1995年，朝阳街设24盏单边双臂汞灯，安福路新置152盏仿日灯。1998年，在火车站和迎宾路圆盘设置2盏高杆华灯，人民街更换104盏汞灯，临澧大桥安装40盏高压钠灯。1999年，迎宾中路更新50盏九火华灯。2000年，改造旧城区路灯设施，朝阳街路灯由单边改为双边，灯具更新为高压钠灯。同时，在居民小区巷道设置路灯，共设路灯137盏。2003年，镇区路灯达到913盏，照明线路45.06千米，亮灯率90%。2014年，镇区有各类型路灯1300多盏，亮灯率97%。

绿化 1969年，在正街和下河街植法国梧桐树1735株。1985年，在迎宾路等一级主干道中间设置分车花台或绿化带。从1986年开始，对机关事业单位院落进行绿化。1991年，在高草湖一带征地16.17亩，建城镇公共绿地苗圃。1996年，在人民街与上河街交界处建微型街心公园。1999—2000年，建朝阳广场，园林面积12亩。1999—2003年，建丁玲广场，园林面积1.4万平方米。21世纪初，道水北岸建成滨河风光带。商住小区按设计要求布置区间绿化。2003年，建街道绿化带12条，总长21300米、面积30.3公顷。至2003年，有218家单位进行了庭院绿化，面积88.4公顷。全镇公共绿地达到155公顷，绿化覆盖率28.7%，人均绿地4.5平方米。2014年，城市绿化覆盖率达35.1%；6月，安福镇被环保部授予“国家级生态乡镇”称号。

社会事业

教育

幼儿园 1950年，护城完小开办幼儿班。1952年，临澧初级中学附设幼儿园。1954年，在县城北郊观音桥创办县直机关幼儿园。1983年，城关镇出现个体创办的苗苗幼儿园。1984年，开办河街、南郊社区幼儿园。2003年，境内共有3所公办幼儿园和14所民办幼儿园，在园幼儿1235人。2014年，有13所幼儿园，全镇在园幼儿1300人。

小学 清时，县城设县学、义学、官立安福学堂及道水书院。民国元年（1912），开办公立安福女校；民国4年，安福学堂改为县立第一高级小学。1949年9月，县城设护城完全小学。1985年，县城有4所小学。1988年，创办临澧县实验学校。1990年，随着城关镇行政区划范围的扩大，境内小学增加到10所。1992年，调整学校布局，至2003年，镇境小学只剩下5所。2004年，创办丁玲学校。2014年，境内有县第一、二、四、五完小及县实验小学（第三完小）、丁玲学校等6所小学。

普通中学 民国4年（1915），县城开办县立中学，民国15年改称临澧初级中学。民国32年，在城隍庙开办为期一年的私立群力中学，设初中班和补习班。民国35年，开办省立第十四中学。民国36年，在衙门正街开办为期半年的私立大育学校，设初中班。中华人民共和国成立后，临澧初级中学并入省立十四中学。1952年下学期，省立十四中高中部外迁，初中部更名为临澧初级中学。1958年秋，临澧初级中学改称临澧一中，并恢复高中部。1961—1967年，创建民办的城锋中学。20世纪70—80年代，县城办有临澧一中、临澧三中、城关学校中学部、城关二校初中部等4所县办中学。90年代，城关学校、城关二校初中部相继撤销。2004年，丁玲学校设初中部。2014年，境内共开办临澧一中、临澧四中2所普通高中和临澧三中、丁玲学校初中部2所普通初中。

中等专科学校 民国19年（1930），在临澧初级中学校内开办临澧乡村师范学校。1958年，开办县卫生学校。20世纪60年代，先后开办县农业机械化学校、县农业技术学校。1978年，创办三年制林业学校；1979年，创办两年制工业学校。1980—1985年，先后开办短期培训形式的县商业学校、县粮食学校、县教师进修学校和县农民中专、县第一职业中学。1986年9月，县农民中专并入县第一职业中学，开办县工交职校、县财贸职校，全日制职业中学在校学生达1645人，占高中阶段招生总数的38%。1988年，开办武陵源商务信息职业技术学校。1999年，县第一职业中学、县工交职校、县财贸职校整合成临澧县职业中专。1999年，创办女子职业技术学校。至2003年，境内职业中专整合为3所。

文化体育

20世纪50年代，县城兴建县文化馆、县图书馆、剧院，60年代建电影院，80年代建博物馆，90年代兴建文化大世界（丁玲大剧院）。1995年，镇区有1座剧院，2座电影院，1座游泳馆，4栋体操房、举重房和室内运动场，10个歌舞厅。2014年，全镇办有镇文化站1处，村级文化活动中心18处，各类文化专业户111户，农家书屋18个，藏书4余万册，有音乐、美术、书法、摄影及文学业余创作等各类文体协会17个，会员831人。

医疗卫生

清光绪二十八年（1902），县城上胜街设私营广济医院。民国18年（1927），镇境有医院2所。民国28年，设公立临澧卫生事务所（县卫生院）。20世纪50年代，镇区设县人民医院、县中医院。1972年，在河街创办城关镇卫生院。1992年，镇卫生院迁址安福路，时有医务人员18名。2001年，城关镇卫生院更名为安福镇卫生院。2003年，镇内办有5所医院，床位446张。2007年9月，临澧县红十字会医院成立，与镇卫生院合署办公。2011年，全镇12家村卫生室完成国家扶持改造达标。2014年，镇属各级医疗卫生机构16个，门诊部2个，有床位20张，固定资产总值144万元；专业卫生人员67名，固定资产500万元以上，医疗器械35台件；全镇1.7万人参加新型农村合作医疗，参保率91%；1.9万人参加城市居民医保，参保率98%。

驻镇县级医疗机构3家，其中县人民医院有医务人员424人、病床380张，拥有磁共振等大中型设备180多件（台）、价值达7000多万元；县中医院有医务人员328人、病床200张，拥有GE十六排螺旋CT等大中型设备150多件（台），价值达6000多万元；县妇幼保健院有医务人员58人、病床49张，有全自动化分析仪等大中型设备90多台件、价值达4000万元。

社会保障

“五保”供养 1998年，在寒溪村修建敬老院，可入住“五保”老人20名。2007年，镇投入520万元，异地新建新敬老院，敬老院占地25亩，建筑面积3500平方米，内有老年公寓六栋，床位106个，院内各种设施齐备，供养农村“五保”老人37名，社会老人69名。

扶贫救助 1996年，建立健全最低生活保障体系。2003年4月，救助城市贫困户1238户2768人。2014年，全镇有1766户2529人享受城市低保救助，月保障金额50.4万元；有486户635人享受农村低保救助，月保障金额5.67万元；分散供养的农村“五保”对象，每人每年供给2400元；认定贫困儿童及孤儿19名，并对13个残疾家庭实施无障碍设施建设改造。全年发放各类优抚资金250多万元。

养老保险 2014年，全镇参加新型农村养老保险1.05万人，参保率100%，参加城市居民社会养老保险1.96万人，参保率达99%。

劳动保障 2000年开始，朝阳社区组建等10支服务队伍，安置58名下岗职工和无业居民。2014年，全镇开发300个公益性岗位，会同县工业园组织3次现场招聘会，新增就业人员2973人，新增农村劳动力转移400人，帮助120人申报小额担保贷款，发放贷款金额685万元。同时，历时两个多月完成3.34万人的劳动力信息采集工作，生存认证离退休人员8100人，发放社会保障卡8403张。

特色地情

名胜古迹

龙山文化遗址 分布于梅溪村梅溪桥和护城村太山庙。太山庙遗址曾出土陶鼎、陶缸、陶杯、陶盘、陶罐、陶盆等。

楚墓群 坐落于九姊村的九姊妹堆，在此曾发掘楚墓162座，清理出青铜器、戈、矛、剑、箭簇和陶器400余件。

（文字供稿：王昆，图片供稿：临澧县党史办）

合口镇

区域概况

位置面积

合口镇位于澧水中下游河段北岸，湘西北澧阳平原。东与澧县接壤；南傍澧水，对岸即停弦渡镇；西接新安镇；北与刻木乡毗邻。镇域东西长7千米，南北宽6千米，总面积47.34平方千米。

建置沿革

明代及清初，合口地属九溪卫。清雍正七年(1729)置安福县，合口改隶安福，同时置合口市，属九后里。

民国5年(1916)，废清代里、区建制，设区、保。至民国23年(1934)，合口市区先后隶合口区(乡)，成为区、乡治所。民国24年(1935)，合口置为县属建制镇，隶第五区。民国27年(1938)6月，合口镇建制撤销，改隶合口乡，市区设乡治所。

中华人民共和国成立之初，维持民国时期建制，合口仍隶合口乡所辖。1950年7月，废除民国保甲建制，县下设区、乡、村。合口隶第五区。

1951年1月，划原合口乡一、二、三保地置合口镇，隶属第五区。1953年春，合口镇升格为县直属镇。1960年4月，合口镇改称为合口人民公社。1961年3月改建合口大队，隶新合公社。1964年3月，恢复合口镇建制，隶县直辖。

1985年8月，撤销新合乡，新合乡成建制并入合口镇，实行镇管村体制。至2014年无变化。

行政区划

民国24年(1935)，合口镇辖原合口市市区。

1951年1月，合口镇下辖居委会。1970年12月27日，新合公社白鹤大队第一生产队划归合口镇。1981年4月，合口镇修筑防洪大堤时，将澧县张公庙公社胜利大队一、二生产队的118人，229亩耕地划归合口镇属。

1985年8月，新合乡成建制并入合口镇。全镇辖2个居委会、17个居民小组和25个行政村、277个村民小组。

1990年2月，合口镇裁三元口村4个村民小组组建三元口居委会，原村民小组改称居民小组。原三元口村余下的3个村民小组，改置为合口镇郊区村。

2003年，合口镇共辖大新街、中横街、三元口3个社区和24个行政村。行政村为澧阳、砚水堰、龙池、楠桥、黄陵、大云、人参、富强、龙家溪、坪水、芭茅、回龙、菖蒲、金龙、龙岗、金岗、双堰、三合、大堰、兴隆、陈湖、群丰、管渡、白鹤村。此后，群丰、管渡、白鹤3个建制村又先后改置为社区。2014年，全镇辖6个社区和21个行政村。

自然环境

合口境域属全新统地壳相对下降区域，由江河冲积而形成平原，地势平坦。是全县唯一的平原镇。

镇境属中亚热带向北亚热带过渡的湿润季风气候。气候温和，热量丰富，无霜期长，日照充足，冰冻较弱。雨水充沛，但分布不匀。镇域年降水量平均在1200毫米以内；3月下旬至4月上旬多倒春寒气候，6—7月有火南风天气，伏秋干旱常见。夏秋偶有龙卷风、冰雹等恶劣天气；年平均气温17.0℃～17.5℃。

合口镇傍澧水，汛期一般以7月份居多，流量大，洪峰高，最高洪峰51.96米（2003年）。合口地下水属于松散堆积层孔隙水。

境内陈湖村一带石膏矿藏丰富，号称“亚洲第一矿”。已探明陈湖矿段7平方千米。土壤形成属于近代河流冲积物，地层深厚，多为肥沃潮土。

民国24年（1935）7月，澧水暴涨，合口垸溃堤，房倒屋塌，溺死者众。1950—2003年，合口境内遭受10次重大洪涝灾害、9次重特大洪涝灾害。2007年，合口镇玉华石膏矿发生穿水，地面塌陷。

人口民族

1953年，合口镇有1345户4743人，其中男性2435人。1964年，有974户3530人，其中男性1735人，均为非农业人口。1985年，全镇有11124户42332人，其中男性21504人，非农业人口8174人，人口密度为每平方千米893.1人。2011年，城乡总人口48935人，人口密度为每平方公里1032.38人。2014年，全镇有16999户48635人，其中男性24482人，非农业人口11007人。

境内汉族占总人口的98.32%，少数民族有土家族、满族、回族。

经济发展

综述

1985年，合口镇完成工农业总产值3041.36万元，其中农业总产值1816万元；农民人均纯收入458元。1995年，全镇工农业总产值5.8亿元，财政收入1536.4万元，被评为全省首批“百强镇”。农民人均纯收入2768元。2014年，实现地区生产总值16.91亿元，工农业总产值21.58亿元，其中农业产值3.09亿元；财政收入2512万元；农民人均纯收入9100元。

农业

种植业

棉花 明清时期，境内棉花远销江浙闽粤等地，享有“合棉”品牌美誉。民国20年（1931），合口地区种棉1.42万亩，占全县棉花种植面积的67.29%。1956年，富强农业社潘孝全种植的试验田亩产皮棉60多公斤。1984年，富强村成为全县种棉示范村，全村1800亩棉花，皮棉单产115公斤，高产丘达到150公斤。1996年，县科技局、农业局、棉科所在芭茅村15组建立棉花高产示范点，8亩高产示范丘，每亩成铃105228个，亩产皮棉216公斤，刷新湖南省植棉历史上高产记录，被誉为“江南第一丘”。其成果获省科技进步四等奖。2003年，全镇总产皮棉2090吨。2006年5月，国家“十五”攻关项目、国家“863”重大专项课题研究成果棉花水培育技术，在合口棉科所落户并实验成功。2014年，富强村牵头成立合口棉花专业合作社，全镇建成1.24万亩优质棉高产基地。

水稻 1958年，砚水乡产粮食930万公斤，亩产182.5公斤。1975年，新合公社产粮食1132

万公斤，平均亩产562公斤。1976年，金岗大队1360亩水稻平均亩产404公斤，成为全县第一个粮食产量跨“纲要”的大队。2003年，全镇产稻谷小麦12806吨。2013年，全镇建立粮食高产示范基地2.79万亩，粮食总产量居全县第一名。2014年，镇内成立新三湘水稻专业合作社、农丰富硒优质稻种种植农民专业合作社，发展以金岗、坪水、菖蒲为重点的5000亩优质稻基地。

油菜 群丰、富强、芭茅等村是油菜生产大村。1957年和1958年，原砚水乡总产油菜籽10.34万公斤和15.88万公斤，亩产由27.5公斤提高到33公斤。2003年，全镇产油菜籽2250吨。2013年，建立起2.1万亩高产油菜生产基地，全镇油菜籽产量在全县排第三位。

蔬果 进入21世纪，调整种植结构，兴起蔬菜、葡萄生产新产业。2014年，合口镇成立嘉鑫、大云2个葡萄专业合作社，着力发展以大云、龙池村为重点的500亩葡萄基地；群丰、富强、管渡、白鹤村等村建立起3000亩蔬菜基地。

2014年，全镇种植业收入2.1亿元。

养殖业

1957—1958年，砚水乡共出售生猪9380头。1974年，富强、芭茅、黄陵沿澧水一线的生产队利用河滩草坪养牛养羊，出栏牛羊头（只）数居全县之首。1980年，新合乡办起珍珠养殖场。1981年人工繁殖三角帆蚌，获省科技进步奖，淡水珍珠产品获墨西哥博览会金奖。1985年，合口珍珠场承担湖南省珍珠养殖和产品开发项目的"星火计划"，1990年通过省、市验收，分别获得国家三等奖、省级二等奖和市级一等奖。1992年，龙池堰一线兴起10里鸭廊，年出笼肉鸭、蛋鸭200多万羽。1997年和1998年，合口镇分别获常德市养殖业生产金奖和银奖。2003年，合口镇涌现出三合、黄陵、富强等养殖大村和一批养殖专业大户，年出栏生猪6.1万头，肉牛2800头，肉羊5900只；出笼家禽370万羽，出水鲜鱼2200吨；销售蛋品7800吨，养殖业产值达到1.2亿元，占农业总产值的60%。2008年，境内成立了15个养殖专业合作社。2014年，全镇养殖产值1.5亿元，占农业总产值的63.5%。

工业

明清时期，合口市有纺织、印染、铸造、酿酒、油脂加工、酱菜加工、铁木加工等手工作坊40余家，产品远销长沙、武汉等地。民国27年（1938），合口创办徐宽记织袜厂。民国35年，合口镇手工业作坊发展到164家。

1949年10月，兴办私营中华电厂。1950年，合口镇开办公私合营合口建设油厂、合口民生锅厂，私营加工户达250户，居全县三镇之首。1951年，合口镇组建临澧县第一家公私合营企业——合口利民企业公司。1953年，合口镇工业证照户数增加到281户，从业人数562人。20世纪70—80年代，合口镇工业经济持续发展，先后办起铸造厂、棉织厂、麻球厂、玻纤厂、铜标件厂等骨干企业。1979年，合口镇域有县属国营、集体工业企业及镇办企业27家，从业人数1611人。至1984年，合口镇域工业企业发展到52家。20世纪80年代初，新合公社大办社队企业，先后办起珍珠加工、鞭炮、建筑建材等工业企业428家。1984年，新合乡工业总产值1933万元，占工农业总产值的52.97%。1985年，镇乡合并后，有工业企业1023家，完成工业总产值1402.57万元，交纳工商税65.6万元。20世纪90年代，合口镇工业突飞猛进。1990年，全镇企业总产值在常德市率先过亿元大关。1995年，全镇工业产值3.5亿元。1997—2002年，境内集体工业企业进行体制改革，完成25个扩改、技改、新上项目，扶持发展傅大姐风味食品公司、裕丰斋食品有限公司等农副产品加工龙头企业，民营企业成为主导经济。杰新印染厂收购标件厂资产，成为首家产能上千万元的招商企业。21 世纪初，全镇工业形成纺织印染、建筑建材、烟花鞭炮、珍珠制品、造纸包装、风味食品等 6 大支柱产业。镇办 45 家骨干企业中，产值过百万元的有 32 家。2003 年，全镇实现工业总产值 42889 万元，占工农业总产值的 66.9%。2012 年，全镇完成企业产值 18.57 亿元，实现工业产值 15.72 亿元。2014 年，全镇完成企业产值 22.12 亿元，实现工业产值 18.49 亿元，税金 2280 万元。

商贸服务业

明末清初，合口为九溪卫地域的商业重镇，有铺户 160 多家。民国 2 年（1913）3 月，合口市成立商会。民国 15 年，湘西木材大量涌入，合口兴起专门代销、加工木材的木行街。民国 31 年，合口商户发展到 600 多家。1949 年，合口有 3 家金银铺，4 家钱庄，60 多家百货、南货、行栈、书纸铺等贸易机构和店铺。

1950 年，合口有私营商户 412 户，从业人员 1288 人；小摊贩 92 户，从业人员 113 人。社会主义三大改造完成后，境内私营商贸服务业基本终止，国营集体商业开始左右市场。1951 年，国营合口贸易公司成立，经营花纱、棉布、百货、南杂批零业务。临澧、津市两地的国营商业在合口设批发站和零售门市部。中共十一届三中全会后，境内个体私营商贸服务业兴起，1979 年，有个体商户 52 户，摊贩 30 户。1984 年，镇区有商贸服务网点 400 多家；新合乡有个体商户 52 户，从业人员 649 人；个体饮食业 32 户，从业人员 160 人；个体摊贩 30 户。

1985 年，镇乡合并，新开旅店 11 家、缝纫店 40 家、五金修理店 20 多家、饮食店 38 家、理发店 11 家，新辟占地 1300 平方米的集市贸易区，组建年运输 1000 万吨 / 千米的水陆联运公司，年末拥有商业零售和餐饮住宿等服务机构 643 家，其中个体私营户 567 家。1989 年，建成占地 8000 平方米的大型综合市场。20 世纪 90 年代，境内的商场、商店及商业网点达到 1100 家。2000—2003 年，商贸服务业年平均纳税 789 万元。2005 年，办起经营面积 500 平方米的合口天恒爱心超市。2006 年，扩建改造合口市场，市场占地扩大至 1.1 万平方米、建筑面积 1.2 万平方米，有固定单层门面 85 个、双层营业楼 68 套、摊位 380 个，从业人员近 2000 人，年平均交易额 5000 万元。2015 年，合口镇有个体私营工商户 1315 家，商贸服务行业实现国民生产总值 3 亿多元，税金 789 万元。

基础设施

交通运输

公路 民国 23 年（1934），修建过境省道慈张线，在合口设汽车站。1970 年，修筑九合公路和陈河（陈湖—河堰咀）公路；1971 年，修建新枣（新合—官亭枣木村）公路；1976 年修建新红（新合—红岩壁）公路，9 月修建管大公路（管渡—大云）；1978 年，修建张万公路（张家湾—万岗）。至 1984 年，境内实现村村通公路，通组率达 80.3%。20 世纪 90 年代，对公路进行升级改造。2002 年 9 月，省道 S304 线改线新建。2011 年 12 月，总投资 1.3 亿元、全长 925.7 米、接线公路 9.4 千米的合口澧水大桥建成通车。至 2014 年，全镇 25 条联村、通组公路，延伸至 335 个村民小组和 80.3% 的农户，总长 318.8 千米，全部砼化。

水运 明末清初，湘西通往洞庭湖的澧水航道开发成功，合口沿河有码头 8 个。民国时期又增修4个码头。1950年，将合口大码头改造扩建成渡运码头。1970年，大码头改建成顺水货运码头，实行机械化装卸作业。20世纪90年代，新建3个港口舶位，年货物吞吐量100多万吨。合口澧水大桥建成后，渡运码头基本停营。

邮政通信

邮政 民国23年（1934），合口镇设邮政代办所，邮路长15千米。1950年，合口邮政所归属临澧邮政局，镇区周边的8个乡村实行当日通邮。1958年，邮件改为汽车托运，邮递员骑车送至大队，大队设报刊投递员，全镇实行当日通邮。2000年后，合口邮政除经营传统业务外，还开通了礼仪、广告、邮购、代理、储蓄、汇兑等新型业务。

电信 民国17年（1928），合口至县城始架电话线路，开通长话和市话。1958年，镇域各大队开通农话。1995年，建成建筑面积1200平方米的邮电大楼。1996年，新建1000门自动电话电信大楼，开通程控电话，农村电信网络覆盖面100%。2000年，全镇家庭固定电话15080部，占总户数的98.53%。2014年，全镇移动电话3.1万部，每户平均2.02部，宽带入户8180户，入户率53.45%。

供电饮水

供电 1949年10月，合口镇兴建私营中华发电厂，合口市区居民生产生活开始使用火电。

1963年，从合口镇区架设10千伏输电线至新合公社邵家河，公社机关和社直企事业单位开始用水电，沿线部分农家开始用电灯照明。1973年，郊区农民开始用电照明、打米、抗旱。1985年新安35千伏变电站投入使用后，合口全镇25个村、3个居委会、1.3万个农户全部用上水电。1994年12月，合口35千伏变电站建成投入使用。2000年，合口变电站升压至110千伏级，联通临澧、兰田两个变电站，成为联络南北电网的枢纽变电站。2001年，农村电力体制改革，实行城乡同网同价。2014年，进行农电网改造，新增配电变压器21台、1800千伏安，改造配电变压器31台、2100千伏安，新建改造低压线路40.8千米，更新农户用电计量装置983套。

饮水 1982年，集资21万元，建起日供水10万吨的自来水厂。1990—1995年，对自来水厂进行改造、新建地下排水道。2010年，澧北大水厂建成，合口镇并入大水厂供水管网，全镇实现安全饮水全覆盖。

水利建设

灌溉设施 20世纪50年代初，新建、整修堰塘。1958年，新合公社参与官亭水库修建。60年代初，境内全面开挖官亭水库灌区渠道。1969年10—12月，新合、新安、九里公社出动2.5万名劳力，投工58万个，开挖底宽5米、面宽25米、过水深度1.5米的中干渠。从70年代初开始，镇乡大搞水利建设，修建渠道、机埠，开挖、整修堰塘，至1984年，境域有堰塘1998处、总蓄水量480万立方米，其中大型塘坝33处，蓄水量120万立方米；干渠、支渠38条，总长125.6千米；提水机埠16处，装机17台、940千瓦，实际提灌面积2.54万亩。1987年，跨坪水、楠桥、陈湖三个村，建成长2250米、连接邹家山灌渠与东干渠的支渠。2010—2014年，争取国投资金510多万元，对45口骨干堰塘清淤扩容、120多千米排灌渠道整修疏浚、16处排灌机埠升级改造，新修、硬化34.2千米村级机耕道，完成涉及14个村13.45千米的“小农水”工程。

防洪堤垸 清道光二年（1822），建成保河堤。清光绪三年（1877），修筑防洪堤4.7千米。民国20年（1931），筑成合溪垸。1950年后，对防洪大堤加高帮宽，经过数年的培修，全长8.815千米的合溪垸大堤达到5年一遇的防洪标准。1980年12月至次年3月，合口镇修建东起三元口、西至向阳闸的混凝土圬工堤，大堤全长2010米、高3米、顶宽1.8米，达到50年一遇的防洪标准。1996年，新合垸建设纳入国家“洞庭湖二期治理”工程，当年完成新合垸大堤培修、向阳闸改建接长、南撇出水闸护坦整修、富强渡口填塘固基、邵家河护岸加固等工程。

农田基本建设 1969年10月，启动新合平原土地平整工程，建设四亩一丘的方格农田1500亩。至1972年，新合平原填平澹水、朔水，建设园田2万亩。2006年，争取国投资金3543万元，实施新合垸土地综合整理项目，新修电排站5座、新开灌溉沟渠533条、整修排灌沟渠43条、新筑机耕道43条、铺设输水管涵1.2万多米、架设输水渡槽19处，共整理土地1838.74公顷，新增耕地117.49公顷。2008—2013年，龙池、回龙等8个村争取国投资金429.48万元，进行土地综合整理，整理土地263.85公顷，新增耕地2.46公顷。

镇村建设

城镇建设 清雍正七年(1729)，合口市东西长1.5千米，南北宽0.75千米，有10条街巷，总长2千米。民国10年（1921），龙灯桥至合溪桥新建长250米的木行街。民国27年，将沿河街北移，重修一条长300米、宽6米的大兴街。1943年5月，日寇犯境，纵火焚镇，合口市区300多户、400多栋房屋被烧毁。抗战胜利后，街道、房屋陆续修复。

合口码头及澧水大桥

1950年，合口街道安装18盏路灯，开临澧城镇装路灯之先。1951年，合口镇有14条街巷，长2200多米，镇区面积0.3平方千米。1973年，拆字藏街、猪行街、杨泗巷，拉通取直，修建人民街和解放路。1981年，拆去沿河的小街巷，修建一条长250米、宽9米的新横街。1984年，建腾飞路和合心路。至1985年，全镇有11条主要街道，全长4836米，安装路灯57盏。镇区建成面积0.9平方千米。1989年，建设部授予合口镇"全国文明集镇"称号。1990—1995年，改造自来水厂、新建地下排水道、培植街道绿化、兴建维修公厕。1996年，新设置路灯230盏，照明线路18.6千米，建成区达1.2平方千米。1999年，建设部认定合口镇为"全国小城镇建设示范镇"。2002年，建设部确定合口镇为全国小城镇综合改革试点镇。2003年，合口镇新建12条街巷，镇区街道总长9713.7米，对主体街道硬化、绿化、亮化，街道亮化率100%，人行道铺装率100%，道路绿化率100%。镇建成区达1.57平方千米，建成区内各类建筑总面积54.34万平方米。2014年，镇区建成面积2.5平方千米，镇区街道总长12.3千米，城镇化率45.31%。

乡村建设 20世纪70年代，以生产队为单位新建居民点。1990年，合口镇获评全国村镇建设先进单位。进入21世纪，镇政府编制《村镇布局规划》。2008年，全镇推行美丽乡村"3+X"建设模式，龙池、迴龙、三合村被定为市级新农村建设示范片。2014年，境内各村成立环境卫生理事会，完善卫生保洁机制，公路主干道及村级道路保持常态化清扫，每10至15户配置1个垃圾箱或垃圾围，310千米村组道路全部硬化、植树绿化。全镇1.23万农户，99.3%的农户饮上自来水，93.5%的农户改水改厕。村村建有1～2个卫生室和村级活动中心。

社会事业

教育

幼儿园 民国34年（1945），合口中心国民学校设幼儿班，次年改办幼儿园，此为临澧幼教之始。2004年，全镇有6家公办幼儿园、3家民办幼儿园。2011年，兴办合口镇中心幼儿园。2013年，兴办金塘普惠性社区幼儿园。2014年，有幼儿园19家（含9所小学幼儿班），入园幼儿1009人。

小学 明正德年间（1506—1521），中书黄清主建龙池书院，为临澧境内四大书院之一。民国5年（1916），李德堂在合口北郊老虎塌兴办临澧北乡民新小学。民国11年，邵维新等在三元口兴办临澧第二联合高等小学。民国20年，邓竹铭等在东郊虎耳垱五通庙兴办临澧县第二高级小学堂，该校后改名为联乡国民小学、合口中心国民学校。民国36年，合口中心国民学校成为县教育科指定的示范小学。1950年下学期，合口中心国民学校改为合口完全小学；是时乡村有初级小学10所。1965年，新合公社在管渡村办新合完全小学。1969年，全乡有25个村小。1983年，合口完小更名为合口中心完小，有学生900多人，教职工30多人。1987年，合口中心完小恢复合口完小名称。1990年，全镇有25所小学。此后，调整学校布局。2003年，合口镇有12所完全小学和1所初级小学，有学生3000人，教职工343人。2014年，合口完小迁入临澧二中，成为临澧二中小学部。

中学 民国34年（1945），长沙私立崇德中学为避战乱，迁来合口楠樟桥于家大屋，次年春迁回长沙。1956年，合口完全小学附设初中班。1958年秋，合口完小附设初中部改为临澧县第二中学。1961—1966年，创办合口民办中学。1976年3月，新合公社在管渡大队办新合中学，同时在富强大队设片中。1984年，两所中学撤销。1992—2001年，合口镇在合心北路建申鸣中学。2014年，临澧二中改属乡镇级中学，保留临澧二中牌子，其高中部撤销，初中部与合口中心完小合并，成为九年一贯制学校。

成人教育 20世纪50年代，境内兴起扫盲热潮，兴办扫盲班25个。1986年，创办合口农校。1992年，合口农校经全市示范乡镇农校验收评估达到省级标准。1995年10月，被国家教委评为“全国先进乡镇成人教育学校”。

文化体育

群众文化 民国28年（1939），临澧青年战时工作团来合口演出《放下你的鞭子》等抗战剧。民国34年，合口镇搭台演出曲艺歌舞，组织舞龙舞狮、踩高跷活动；9月，组织龙舟比赛，庆祝抗战胜利。

1960年，新合公社成立文化站、广播站；1974年，成立电影队。1980年，公社各大队建文化室。1981年，省、县电影公司在合口建电影院。1983年，县电影公司在合口成立澧北片电影管理站，负责澧北4个乡镇的农村电影管理工作。1982—1984年，新合公社连续3年举办3届“农民音乐会”。1984年举行的第三届农民音乐会，24个村的238人参加演出，演出节目62个，省电视台现场录制，连续3天播映演出节目。1987年正月初五举行盛大“龙灯会”，10个代表队678人参加表演，观众近万人。1992年，合口镇新建占地4040平方米、建筑面积2130平方米的合口镇文化中心，是为常德市首个乡镇级多功能文艺场所。1993年，合口镇文化个体户发展到48家。1995年，合口镇文化站被省委、省政府表彰为“百强文化站”。1997年6月26日，举行“庆七一，迎回归”大型广场文化庆祝活动，480人参加演出，观众近2万人，创临澧之最，获全县文化巡礼特等奖。2001年5月，合口镇被确定为“湖南省民间艺术之镇”。2002年，合口金龙、龙池等村的青壮年自发组织16个业余舞龙队。2009年4月，临澧县诗词协会合口镇分会成立，出版《古镇诗苑》期刊。2014年，全镇有26个村级文化中心，藏书3万多册；有60多个舞蹈、休闲、娱乐、健身的活动场所；有21支群众文化团队。

广播电视 1969年，新合公社新建广播站房，配置300千瓦扩音机6台，全社安装入户广播喇叭3800多只。1973年，入户广播喇叭5940只，入户率82.5%。1992年，合口镇有线电视台建成开播，6100多户开通有线电视，入户率53.6%。2014年，全镇低音广播实现村村通，电视入户15200户，其中有线电视入户9230户。

文艺创作 1981年，澧水防洪大堤竣工，镇文化站开展征联活动，共征联100多幅，段鹤臣、覃柏林、傅绍云创作的三副佳联获奖。1982年，业余作者冉冠创作的电影文学剧本《岳飞》和中篇小说《人勤蜂忙》在省级刊物发表。1984年11月，纸扎艺人刘必银、蔡盛凡制作的“鲤鱼跳龙门灯”“飞龙提丝灯”参加地区灯展。1986年，唐风高、帅菊莲、覃柏林、邵启财文艺作品获地区二等奖，唐风高书法作品在澳大利亚展出。1990年，合口镇在国家、省、市发表文学作品39件、摄影美术作品84件。金龙大队农民杜登平雕刻的"三星""龙凤”等看樑，被县博物馆收藏。2011年，合口画家覃士泉入选世界知识画报社出版的《中国画坛十大家》，连环画《雍正皇帝》《常德历史人文》由湖南省美术出版社出版，《三仙图》获省展一等奖。2013年，合口民间艺人邵丹创作并演唱的湘北大鼓《传承》，获第十届中国艺术节“群星奖”，并受文化部邀请进京展演。

医疗卫生

清末民国时期，境内有普爱、济民、云峰3家医院和爱尔康、寿康2家诊所。民国31年（1942），合口设区卫生所，有医务人员9名。

1951年，3家中医药铺合并组成区联合诊所。1952年，3家医院2家诊所合并，成立公私合营合口卫生所，同时设合口中西医联合诊所。1956年，合口中西医全部合并，成立合口联合诊所，有中西医卫生人员50人。1958年6月，合口镇联合诊所分家，成立合口镇卫生院和新合公社卫生院。1967年，实行农村合作医疗，新合公社25个大队均建立合作医疗站。1966—1973年，合口镇设立县属地方医院。1985年，新合卫生院更名为合口镇中心卫生院，有医务人员55人，病床120张；临澧县合口血防院改为临澧县第二人民医院，设有5个科室，有病床80张。1996—1998年，全镇建起32个村级卫生室，有医务人员71人。2003年，全镇有个体医疗机构12家。2004年5月，临澧县第二人民医院与合口镇中心卫生院合并，组建合口医院。2005年，推行新型农村合作医疗，次年，全镇3.53万人参加“新农合”，参合率93.8%。2010年，参加“新农合”人数达3.65万人，占农村人口的97.07%。2014年，有12167户3.76万人参加“新农合”，占农村人口的99.93%，筹集“新农合”医疗基金1428.8万元，为4323人次支付住院医疗补偿金1028万元，为123人发放大病医疗救助资金8.32万元。2015年，合口医院有病床320张，在岗职工121人。

社会保障

“五保”供养　1956年5月，合口镇建幸福院，镇区的“五保”老人实行集中供养。20世纪80年代前，新合公社“五保”户由生产队供养。农村实行家庭联产承包责任制后，村、组“五保”户供养由村集体提留支付。1982年9月，澧阳村在全县率先建起幸福院，全村12名“五保”老人入院集中供养。1984年3月，群丰村投资20万元建起建筑面积500平方米的敬老院，16名“五保”老人入院集中供养。2000年以后，“五保”户由镇政府统一供养。2001年，合口镇投资180万元新建合口镇敬老院。2006年，再投资500万元扩建镇敬老院。2014年，全镇212名“五保”老人全部实行供养，其中集中供养163人。

最低生活保障　20世纪90年代以前，镇政府为贫困户采取下拨救助金、救济粮、年终分配时照顾工分、组织群众给贫困户帮工、下拨扶贫资金等措施扶贫帮穷，被树为全县扶贫帮穷典型。2000年，全镇为38个贫困户发放扶贫资金51万元，兴办31个扶贫项目，当年有18户致富脱贫。2005年，合口镇启动贫困居民最低生活保障金制度。2014年，全镇城镇低保1386人，发放低保金462.29万元；农村低保28354人，发放低保金347.96万元。

农村养老保险　2010年，合口镇实行农村社会养老保险制度，有1.03万人纳入社会养老保险体系。2014年，全镇养老保险参保率96.5%，有1.24万人享受社会养老保险待遇，领取养老金431.6万元。

特色地情

名胜古迹

全镇有33处县级文物保护单位。

大溪文化遗址　大溪文化遗址有余家铺遗址、金鸡岗遗址、罗汉庙遗址。

屈家岭文化遗址　有陆丰岗遗址、龙池李家屋场遗址、大云遗址。

龙山文化遗址 有砚水堰遗址、三合村台子堰遗址、老鹿岗遗址、潘家坟山遗址、卓家铺遗址、袁家庙遗址、唐家铺遗址、陈家台遗址、茅草坟遗址。

商代遗址 有何家庙遗址、黄陵桥遗址、匡家拐遗址、月堤寺遗址、秀峰寺遗址。

东周遗址 有龟心堡遗址、十人沟遗址、石家祠堂遗址、朱家大桥遗址、张家塝遗址、高家佬遗址、张家嘴遗址、曹家庙遗址。

申鸣墓 申鸣，春秋末期楚国人，官居左司马。申鸣墓址在合口镇东区原寿光寺。民国27年（1936），申姓人捐资整修，民国37年培修，立碑三块：一为申鸣简史碑，刻《安福县志》所引《说苑》原文；一为墓碑，刻“楚大夫申鸣之墓”七字；一为重修缘起碑。墓毁于1969年。

地方特产

裕丰斋酥萝卜 民国4年（1915），春芳斋老板从江西请来名师，采用洞子坪出产的红萝卜制作酥萝卜，年产千担，远销湖广。裕丰斋酥萝卜继承传统工艺，产品清脆可口、微辣香甜，远销广州、武汉、北京。

傅大姐狗肉 傅大姐牌狗肉原材料为本地圈养的肉狗，狗肉烘烤后卤制，不着色素，不加添加剂，风味独特，色香味美，产品远销重庆、深圳、南京、北京等地。

合口豆腐乳 合口豆腐乳是合口人苏惠林继承老辈传统工艺，选用优质黄豆，采用石磨磨浆、柴火煮熬制作而成，为“合口老字号”产品。

波香烤鸭 黄陵村波香烤鸭店生产的烤鸭，选材圈养肉鸭，鸭子的重量、鸭龄、肥瘦十分讲究，烘烤条件苛刻，不着色素，不用添加剂，风味独特，闻之清香扑鼻，食之满口留香。

（文字供稿：余志华，图片供稿：临澧县党史办）

新安镇 >>

区域概况

位置面积

新安镇地处澧水中下游，澧阳平原西部，临澧县西北部，距离县城26.5千米，东邻合口镇，西与石门县新铺乡、易家渡镇交界，北靠龙凤山，与官亭乡接壤，南濒澧水，与杉板乡隔河相望，全镇总面积59.02平方千米。

建置沿革

明天启元年（1621），新安设九溪卫征粮署，筑城墙，驻重兵，新安称市。清顺治四年（1647），新安设九永守备。清雍正七年（1729）置安福县，新安地域改隶安福。雍正八年设巡检司署，驻兵2500人。清乾隆三十八年（1773）撤销巡检司，置县辖新安市，属进三里。

民国5年（1916），新安市隶新安区。民国24年，置新安镇，隶第一区，区公所驻新安镇。民国27年，新安市撤销镇建制，改隶新安乡。

中华人民共和国成立之初，维持民国时期的建制。1950年7月，废除民国保甲建制，全县划乡建政，新安市区隶第六区。1951年1月，置新安镇，隶第六区。

1956年5月，全县撤区并乡，新安镇升为县直辖镇。1969年3月，撤销新安镇建制，组建新安大队，划归新安人民公社管辖。1970年11月，恢复新安镇县辖镇建制。

1986年11月，临澧推行镇管村，撤销新安乡、洞坪乡，两乡整体并入新安镇。镇政府机关移设原新安乡政府驻地。至2014年年底无变化。

行政区划

民国27年，新安镇改隶新安乡，市区分设第一、第二保。

1951年1月置新安镇，下辖2个居委会。1970年12月，新安公社兰田大队第十一生产队划归新安镇管辖。1984年3月，原新安乡兰田大队的第一、二、三、九、十等5个生产队划归新安镇属，与镇原属的1个生产队合并组建为南闸村。

1985年8月，原洞坪乡全部（即5个村、61个村民小组）和新安乡的梁冯、樟木两个村、24个村民小组并入新安镇。当年末，新安镇辖新东、新西2个居委会、11个居民小组和南闸、北郊、上坪、下坪、南坪、北坪、中坪、梁冯、樟木等9个村、99个村民小组。

1986年11月，新安乡成建制并入新安镇，新安镇行政区划变更为下辖兰田寺、杉龙、化垱、樟木、栗龙、澹阳、三义桥、梁冯、双楼、沙堤、龙凤、金坑、古城、栗岗、新河、白岩、李溶、冷水峪、潘台、高兴、上坪、下坪、南坪、北坪、中坪、南闸、北郊27个行政村和新东、新西2个社区，计333个村民小组，11个居民小组。

1992年9月，新安镇撤销北郊、南闸村建制，新置北郊、南闸2个居委会，裁梁冯村7个村民小组建立新冯居委会，原洞坪5个村合并为上坪、下坪2个村。2003年后又撤高兴村改建高兴居委会。至2014年年底无变化。

自然环境

新安镇北高南低，北部为武陵山东部余脉，最高峰为冷水峪，海拔326米，南部为澧水冲积平原，地势平坦。

全镇处于中亚热带向北亚热带过渡的季风湿润气候区内，以大陆性气候为主，兼有湿润的滨湖气候；冬冷夏热，四季分明；热量充足，雨水集中；春温多变，夏秋多旱；严寒期短，暑热期长。境内年平均气温18℃，年平均降水量为1500毫米左右，冬季和夏季主要风向分别为偏北风和偏南风。

澧水流经镇区及上坪、下坪、高兴、澹阳罗村，最大流量达3.03万立方米/秒（1935年），多年平均年径流量152.1亿立方米。

新安镇境内煤炭、铁矿石储量可观，石灰石矿床裸露而且十分丰富，石膏矿储量大，被誉为“建材原料之乡”。

境内历史上多水灾。民国24年（1935）7月5日，澧水洪水肆虐，新安防洪大堤溃决，乡境几成泽国，溺死者众。1980年7月30日，洞坪垸溃垸。1993年11月4日，龙凤山水泥厂发生崩塌地质灾害，死亡9人，致伤5人，经济损失13.2万元。1998年9月14日，金坑村龙凤山发生山体滑坡，4户农户受灾，经济损失7万元。

人口民族

1964年，新安镇有730户2608人，全部为非农业人口，其中男性1248人。1985年，新安镇有4538户16938人，其中男性8310人，非农业人口4482人，每平方千米1255.6人。1986年，全镇有13495户4.5万人，其中男性22312人，非农业人口5648人。2015年，全镇总人口4.9万人。人口以汉族为主，少数民族有回族、维吾尔族。

经济发展

综述

新安老镇历史上没有农业，1986年并乡后，新安镇始有结构性的农业经济，经济规模也随之扩大，当年社会总产值4388万元、其中农业产值604.36万元，财政收入174万元。20世纪90年代，新安镇实施“兴工、强农、活商、富民”战略，经济建设一年一个台阶。1990年，全镇社会总产值突破亿元大关，获市铜牌奖。1991年，全镇工农业总产值1.11亿元，企业总产值1.17亿元，获市银牌奖；1992年，全镇工农业总产值、企业总产值、工业总产值同时过亿元，获市金牌奖。1993年，全镇工农业总产值2.6亿元，实现财政收入1173万元，被市委、市政府树为与澧县马头铺镇、临澧太平村齐名的“新、码、太”市级典型。1995年，全镇农业总产值首次突破亿元大关，被民政部授予“中国乡镇之星”，为“全省农村小城镇综合改革试点乡镇”；1999年，被评为“全省综合实力20强”乡镇。2003年，全镇完成社会总产值18.98亿元，其中农业总产值9786万元，财政收入1468万元，被省政府授予“百强镇”称号。2014年，全镇完成地区生产总值193531万元，其中农业产值30865万元，财税总收入1.12亿元，为全县唯一税收过亿元的乡镇；人均可支配收入1.8万元，农民人均纯收入1.5万元，居民储蓄存款余额11.7亿元。

农业

种植业 新安镇传统种植业以稻谷、小麦、棉花、油菜籽为主。1958年，新安乡产粮食1007万公斤，亩产196.5公斤；总产皮棉55.25万公斤，亩产64公斤；总产油菜籽28.5万公斤，亩产52.5公斤。1975年，总产粮食1125万公斤，亩产达到551.5公斤。1996年，新安镇成为全国水稻工程"吨粮田"开发的试点乡镇之一，"国家水稻工程"在新安镇新河村试验示范取得成功，双季稻最高单产突破1200公斤。棉花种植1.8万亩，总产皮棉1981吨。进入21世纪，随着农业结构调整的不断深化，柑橘、蔬菜生产成为新兴高效产业。2000年，全镇搭建89个蔬菜大棚，蔬菜种植面积发展到5000亩。2003年，杂交稻、"双低"油菜品种、优质稻、超级稻、湘杂棉实现普及，全镇生产粮食8358吨、棉花840吨、油菜籽2730吨、蔬菜3000吨。2007年起，以专业农业合作社的形式，先后流转土地5000多亩，培育成鸿泰食品、古城优质水稻合作社、民生油料合作社、洞子坪蔬菜合作社等8家新型农业产业化龙头企业。2014年，新安镇农业产业提质增效，打造农业产业精品工程，创建起古城村优质稻生产基地、下坪村标准化蔬菜生产基地、鸿泰食品江南鸿泰系列产品加工基地，兰田、化垱、栗龙、沙堤村万亩油菜示范片，沙堤超级稻试验田和潘台百亩优质水稻新品种展示区。全镇纳入临澧县无公害农产品基地规划建设范围，获得无公害农产品认证。全镇在种好41293亩粮食作物的同时，共种植柑橘3500亩、棉花5685亩、油菜24650亩、蔬菜6000亩，构成柑橘、棉花、油菜、蔬菜生产四大产业板块，形成传统农业向现代农业、产业农业、品牌农业、绿色农业转变的态势。

养殖业 20世纪50年代，新安乡是全县的养猪大乡。1958年，新安乡出售商品生猪9110头，实现养殖业产值4.36万元。1975年实现养殖业收入56.24万元。90年代中期，新安镇养殖业异军突起，境内兴起龙凤村的十里鸭廊、潘台村的藕鱼鸭立体综合开发、新河村的规模养羊、洞坪村的规模养牛、南闸村的规模养鸡。1995年，全镇发展生猪6.3万头，出栏3.6万头；发展家禽85.6万羽，出笼51.4万羽，实现养殖业产值6150多万元。1998年，新安镇开始实施砂子岭母猪、马头羊、江南一号麻鸭等良种畜禽的引种示范。2003年，全镇涌现出27家规模上万羽的肉鸡养殖大户，年出栏生猪2.1万头，出笼家禽101万羽。2014年，新安镇养殖业与湘佳牧业合作，形成"公司＋农户"的经营模式，培植养殖大户45个，其中有8家年出栏肉猪千头以上的生猪规模养殖户，3家年出笼鸡鸭万羽以上的家禽养殖户。全镇全年出栏生猪4.1万头，出笼家禽120万羽。

林业

新安镇属平原地区，林业生产主要是结合社会主义新农村建设，开展"四旁"植树造林。至2014年，全镇森林覆盖率为25.7%。

工业

民国18年（1929），新安镇有铁器业、篾业、木业、五金业作坊148家，从业人员400余人。民国38年，新安镇有手工作坊145家，从业人员333人。

1950年春，新安镇办起私营新民发电厂。次年，新民发电厂并股建成五一机米厂。20世纪70年代初，创办水泥厂、耐火材料厂、油毡厂。1973年，创办草编厂；1975年，创办机制纸厂；1976年，常德行署在新安镇创办焦化厂（后改办塑料制品厂）。1980年，新安乡办起龙凤山水泥一厂、二厂等乡村工业企业；新安镇生产的草制品开始出口，外销28个国家和地区，1983年创汇62.2万元。1985年，新安镇拥有建材、化工、造纸、塑料、印刷、食品加工、农机修造等工业企业 21 家，从业人员 2454 人，产值 569.47 万元，创税 100 多万元，出口创汇 160 多万元；新安乡完成工业总产值 876.99 万元。

1986 年并乡后，新安镇工业生产规模持续扩大，当年完成工业产值 1579 万元。1988 年，全镇各类企业增加到 5441 家，形成建筑建材、冶炼铸造、轻纺化工、造纸、烟花鞭炮五大支柱产业，主要骨干企业 5 家。1993 年，龙凤山水泥一厂与广东佛山康达投资公司合资新建 3 万吨的彩色水泥生产线。1994 年，镇造纸厂投资 1100 多万元建高档挂面纸生产线，年产值提高到 3000 万元，利税增加到 700 万元；龙凤山二厂与怀化铁路局技术开发总公司合资 6700 万元，新建年产 15 万吨的特种水泥生产线，成为全省同行业规模最大的乡镇企业；是年，全镇完成工业总产值 3.19 亿元。至 1995 年，全镇有 14 种工业产品打入国际市场，完成企业总产值 8.48 亿元，其中工业总产值 4.85 亿元。

20 世纪 90 年代后期，应对市场经济秩序的建立和国家宏观调控政策的变化，新安镇对工业企业进行体制改革。1997 年 10 月，全镇第一家股份制企业“双龙山水泥制造有限公司”挂牌成立。这以后，对镇内企业进行改制，至 2002 年年底，民营企业成为新安镇工业经济的主体。2003 年，全镇实现企业总产值 14.65 亿元，其中工业产值 7.98 亿元，上缴利税 1042 万元。2007 年起，全镇淘汰产能落后的水泥企业 6 家，引进唐山水泥股份有限公司，投资 8 亿元新上一条日产熟料 5000 吨、年产水泥 200 万吨的干法水泥生产线，新上汽车车桥部件铸造生产线、塑料包装生产线等环保性产业。2014 年，冀东水泥年产值突破 5 亿元，上交税金 5788 万元；金源车桥引进高端技术，高端人才，促进生产工艺全面升级，销售市场不断扩展；伟厦包装再融资 3000 万元，新上水泥包装生产线；百家缘烟花公司产品申报“湖南省著名商标”获准通过；新鑫烟花、新河鞭炮技改提质全面完成，鸿泰食品被列为市级农业产业化龙头企业。全镇拥有水泥建材、食品加工、机械铸造、造纸印刷等工业企业 168 家，骨干企业 45 家，其中规模工业企业 13 家，完成固定资产投资 9289 万元，实现工业总产值 30 亿元，其中规模以上工业总产值 18.55 亿元；实现工业增加值 7.64 亿元，其中规模以上工业增加值 3.18 亿元。

新安农贸市场

商贸服务业

清代中叶，新安镇有各种工商铺户380余家，经商人员500多人。20世纪20年代中期，商铺增至700多家，经商人员1000多人。

20世纪50年代初，镇内有私营商号259家，经商人员754人。随着社会主义三大改造的完成，新安镇设有供销社以及合作店组，成为新安地区农副产品和工业品的集散中心。60年代后期，新安镇下放公社管辖，商贸一度滑坡。80年代，随着枝柳铁路的开通营运，先后建立大中型中转粮库、棉库、油库、煤坪等，新安镇成为县境物资集散中心。1984年，改革供销合作店组，成立新安综合公司。1985年年末，全镇共有商业、餐饮等服务业网点300多个，在县境率先建起占地面积1.1万平方米的农贸市场，年社会商品零售额达3184万元，社会农副产品收购额为470万元。

进入21世纪，新安商贸服务业更加活跃。2003年，境内餐饮店发展到297家，理发、美容、洗浴、修理等服务业蓬勃兴起。2009年，置换改造农贸市场，启动国家“工业品下乡”活动，组织家电、汽车、摩托车下乡销售。2012年，实施国家“万村千乡市场工程”，开设镇村连锁超市和农家店。2014年，境内有两个大型综合市场、10多家宾馆，兴起冀东物流、新安家政服务公司等商贸服务企业，引进湘北国际烟花展示交易中心和四星级酒店项目，形成集文化展示、商品交易、物流仓储、影视会展、电子商务、生活服务、产业服务等功能于一体的城镇商业综合体。

基础设施

交通运输

公路 民国25年（1936），建成省道慈张线新安至合口段。1955年，修建长9.5千米的县道新昌公路。1958年，修建长21.3千米的高兴至九里、新安闸至沙堤、沙堤至新安岩场的公路和新安客运站。1966年，修建长2.7千米的栗岗至新安石灰厂公路。1983年，修建长3千米的镇区至火车站公路。1985年，修建跨越澧水的漫水桥。1993—1995年，对12千米乡村主干公路进行砼化。至2003年，全镇共铺设水泥路面35千米、柏油路面23千米。2014年，拓宽硬化村组道路22.36千米。

铁路 1970年，横贯新安北部，跨越新河、龙凤、沙堤、白岩、梁冯等村的枝柳铁路动工修建，1978年12月铺通接轨。1983年，在梁冯村设新安火车站、龙凤村设小站。

水运 清乾隆三年（1738），建新安官渡。民国时期，兴建新安货运码头。20世纪70年代青山水轮泵站建成后，澧水主流改道，至90年代新安港口业务终止。

邮政通信

邮政 民国时期，新安镇设邮政代办所，隶石门管辖，1950年改隶临澧县局。1998年，设新安邮政支局。1999年10月，建立村邮站代送邮件。进入21世纪，新安邮政局相继开展邮政储蓄、快递等业务。

通信 民国17年（1928），新安区所通电话。1958年，各大队通农话。1976年，开通新安至县城三路载波电路。1991年，全镇开通程控电话、无线寻呼及移动电话，程控电话入户率30%左右，至2000年，程控电话用户达5000户，覆盖率达100%。进入21世纪，移动业务、宽带网络业务得到很大发展。中国移动、中国联通、电信、铁通有线电视网络相继设立代办点。至2014年，全镇手机入户率100%，户平2.8部以上，宽带网入户率61%。

供电饮水

供电 20世纪50年代，新安镇建私营新民电厂。1963年，架通官亭电站至新安公社10千伏电路。1977年，建成35千伏级变电站，架通王石线T接35千伏输电线路至新安，境内用电普及。1979年，架通新安变电站至青山电站35千伏级输电线路，1985年架通新安变电站至龙凤山水泥厂35千伏级输电线路，龙凤山水泥厂建35千伏级变电所。1992年建成110千伏新安变电站。1999—2000年完成全镇农村电网改造。2012年，投入200多万元改造城区电网线路并完成电力增容。

饮水 20世纪70年代，境内大力实施改善农村饮用水工程，新安乡打水井513口，57.2%的人饮上自来水。1989年建成日产万吨的新安镇自来水厂，城区供水普及率100%。2010年，接通澧北大水厂供水，全境农村普及饮用自来水。

水利建设

20世纪50年代，新安地区大办水利，掀起整修塘坝、修建水库的热潮。1965年秋，新安公社在余家岗修建电灌机埠。1985年，新安乡有堰塘1375处，挡坝1处，蓄水量293.6万立方米；建成小（一）型水库1座，小（二）型水库2座，蓄水量352.3万立方米；有电灌机埠11处，装机13台、1040千瓦。1986年后，新修水利设施11处。至2003年，新安镇有水库3座，有效灌溉面积3011公顷。2014年，投资550万元对白岩、双楼2座水库进行除险加固。

村镇建设

集镇建设 明末清初，新安市街道呈弧形，沿澧水河岸兴建。清道光二年（1822），市区新建文昌阁、奎星楼，建成街道4650米；主街沿河而建，全长3.5千米，街面最窄处4米，最宽处8米，全为青石岩板路面。与主街相连，有4条由南向北而展的横街，全长1150米。民国32年（1943），日寇犯境纵火烧房，市区仅剩1400米残破街道。民国36年，市区街道1.09公顷，宅基地9.14公顷。

20世纪50—70年代，新安镇逐步恢复发展。1950年，镇区有8条简易街道，长2758米，建成区面积0.3平方千米。是年，街道改建为三合土路面，在县境内率先安装路灯32盏。1974年，新修长1250米、宽24米的溇江路。1975年，建长320米、宽18米的振兴路。1980—1985年，新安镇建成常石街、娄江路、振兴街、新兴街、建设街、文明街6条主要街道，总长3980米，街道全为柏油路面，安装路灯40盏，照明线路1750米。1985年，镇建成区0.82平方千米，1986年扩至0.98平方千米。

1987年，借助世界银行贷款修建镇自来水厂。1988年，修建下水道16条14900米；置路灯187盏，照明线路总长16.4千米。1995年，新安镇被建设部列为全国小城镇建设试点镇。至2003年，城区形成4条东西走向、6条南北走向的主要街道，总长9748米，水泥硬化路面5379米。建成区扩大到1.62平方千米、建筑总面积53.83万平方米，绿化覆盖率80%。2012年，新安镇被定为全省小城镇建设第三轮示范镇，2013年被定为临澧县澧北四乡镇城乡一体化中心镇，2014年被定为全国小城镇建设重点镇，建成区面积扩大到4.5平方千米。

乡村建设 21世纪初，新安镇启动美丽乡村建设和生态乡镇创建。2007年，引进4500万元新建新安镇污水处理厂，日处理污水5000吨；修建垃圾中转站。2013年，新安镇被确认为国家级生态乡镇，龙凤村成为国家级生态村。古城村以“申鸣故里、生态古城”为建设主题，大力推进美丽乡村建设，村集体年经营收入15万元，农民人均可支配收入突破1万元。村内主干道安装太阳能路灯，水泥路通组通户率100%，村民安全饮水率100%，农作物统防统治面积80%以上，绿色防控面积50%以上；堰塘生态整治率80%以上，清洁能源入户率80%以上，卫生厕所普及率100%，村庄绿化率40%以上，并建起融楚文化展览室、申鸣文化墙、农民休闲广场、图书室等于一体的多功能村部。2014年年初，古城村被确定为市级美丽乡村示范村。

社会事业

教育

幼儿园 1955—1960年，创办新安完小幼儿园，有幼儿40人。1981—1985年，新安完小幼儿园改称新安镇学校幼儿园，在园幼儿70人。新安镇地塑厂亦于1983—1985年开办幼儿园，在园幼儿20人。从20世纪90年代起，学前教育得到长足发展。至2004年，新安镇先后开办4所公办幼儿园、11所民办幼儿园。2013年，又新办新安镇中心幼儿园、阳光社区幼儿园两所普惠性幼儿园。2014年，全镇有幼儿园13所，入园幼儿1859人，幼师96名。

小学 清代，新安境内普遍办私塾。民国时期，境内各保均办小学。民国2年（1913），新安镇首创私立溇江小学。民国8—19年，县办合口高等小学堂迁至新安。民国30年，溇江小学改为新安乡中心国民学校。1950年，新安在镇境设新安完小。1958年人民公社化后，新安乡各生产大队（村）均办小学。1985年，设新安乡高兴中心小学、新安镇洞坪中心小学。1988年，创办新安镇中心小学。1993—2004年，调整学校布局，撤销村办小学15所。2014年，全镇有小学5所。

中学 20世纪60年代，新安地区开始兴办中学。1961年，创办新安民办中学，“文化大革命”开始后停办；1969年，创办新安镇学校，1981—1985年，该校以小学为主，兼办初中。1969年，新安乡创办新华中学；1982年，新安乡创办新安中学。1997年，新华中学撤销。2014年，新安中学占地36885平方米，建筑面积18080平方米，学生1318人，教职工127人。

文化体育

群众文化 清咸丰年间（1850—1861），新安组建皮影戏班。清光绪年间（1874—1908），新安组建荆河戏“五福班”。20世纪60年代，各生产大队兴办农民俱乐部，龙凤、梁冯成为佼佼者。1963年，新安盲艺人李大禹赴常德地区会演，自编自演的新书《夺印》得到奖励，省广播电台录音播放。1989年修建新安电影院并投入使用，1990年兴建镇文化中心，1995年创建“龙灯艺术之乡”，1997年举办全镇大型文艺汇演，1999年成立戏剧协会并设立新安戏剧院。2006年，成立镇诗词协会，开展“诗词之乡”创建活动。2007年，全镇各村（居）建成农村党员干部现代远程教育站点。至2014年，各级村级活动配套建立图书室、阅览室，进一步丰富群众文化生活。

广播电视 1964年，新安乡建立广播站。1976年，广播专杆架设至各大队，形成全乡农村广播网。1992年建成新安镇电视台，开通有线电视，广播电视覆盖率100%。2003年全镇拥有3000多户有线电视用户。2014年，全镇有线电视入户率达95%，广播“村村响”实现全覆盖。

体育 1986年，县体委在沙堤办点。1988年9月，沙堤村举办村级运动会，竞赛项目有赛跑、篮球、乒乓球、举重、游泳、自行车越野等。1989年，成立新安镇老年人门球协会。2007—2014年，新安中学田径队、篮球队、排球队及艺术代表队参加全县各类比赛，连续八年名列前茅。

医疗卫生

1950年，新安镇设卫生所。1952年，建立新安联合诊所，有医卫人员6人。1956年，新安联合诊所改设为中心联合诊所，下设5个分所，医卫人员增加到40人；5月，新安设血防组，开展血吸虫病防治宣传。1957年，中心联合诊所改称新安乡农村医院。1958年，新安乡农村医院改称新合公社卫生院新安分院。1961年，新安分院改称新安卫生院，下辖4个卫生所。1970年，新安卫生院先后培训乡村医生58人和大队卫生员、接生员98人，建立22个大队合作医疗站，形成以乡卫生院为中心的公社、大队、生产队三级卫生保健网，承担境内42670人的防病保健任务。1973年，设新安血防院。20世纪70年代，境内结合农田基本建设掀起灭螺高潮，至1985年，全境基本消灭血吸虫病。1985年，新安卫生院被县人民政府和省卫生厅授予“双文明单位”称号。2014年，全镇有卫生院2个，有医务人员126名，医疗设备价值3000余万元。

社会保障

2010年，全镇启动农村新型养老保险试点工作，6382位老人享受了“新农保”；敬老院征地扩建，入住老人达到100人；农村危房累计改造90户；农村合作医疗覆盖面达90%，城镇居民合作医疗保险覆盖面达86%，城镇下岗人员再就业率达90%。

特色地情

名胜古迹

申鸣古城　申鸣城又称古城堤，位于新安镇古城村与李溶村接壤处，城址平面呈长方形，东西残长约500米，南北残宽约300米。夯土城垣残存7段，高约3米、宽4米。城址内出土战国时期的泥质灰陶鼎、罐、豆、鬲、钵及绳纹板瓦、筒瓦、瓦当等建筑材料残片。城北面、东北面、西面发现有护城河。2000年7月，常德市人民政府公布为“市级重点文物保护单位”。

杉龙岗遗址　2011年11月22日，考古人员在杉龙岗遗址考古现场发现多粒距今约8000～9000年的碳化稻谷，被认定是世界上最早的谷粒，沙龙岗遗址由此被考古界认为是稻作的起源地，成为改写人类文明历史的有力证据。

化垱新旧石器时代遗址　化垱遗址因砖厂取土遭受严重破坏，仅残存约600平方米。2012年10—12月，在中美合作的“澧阳平原稻作农业起源研究”项目推动下，省文物考古研究所组队对遗址进行考古发掘。发掘以试掘为主，共发掘40平方米。此次发掘区处于遗址聚落的边缘，遗址堆积深4～6米，出土了大量陶片及少量石制品，并发现灰坑2个、房屋遗迹3座、早期灰沟6条。发掘的地层中，每层均出土有炭末，是人类生活的证据。考古专家对遗址土层的土质、土色及网纹状特点观察分析，结合北京大学已有的测年结果，认为遗址年代保守估计距今1万年，甚至还可能更早。化垱遗址的发现，为研究澧阳平原陶器起源及新石器时代早期文化提供了重要材料。化垱遗址器物对比彭头山遗址出土的陶器，组合更单调，形态更原始，烧制火候更低，专家推测化垱遗址可能是彭头山文化的一种早期形态。

（文字供稿：邵钰伽，图片供稿：临澧县党史办）

佘市桥镇

区域概况

位置面积

佘市桥镇位于道水中游，临澧县城西部，东与安福镇接壤，西与石门县白洋湖镇、三板桥乡交界，南靠陈二乡、文家乡，北接修梅镇、杉板乡，面积74.37平方千米。镇政府驻新兴社区，距县城10千米。

建置沿革

清初，佘市境属永定卫管辖。清雍正七年（1729）置安福县，佘市境改隶安福。县下置里、区建制。今佘市桥镇境域蒋家坪、道源、殷家村一带属永后里，其他村均属十一都里。

民国期间，乡镇建制变动频繁。民国5年（1916），废清代里、区建制，县下设区、保，置佘市区。民国10年，撤销区建制，县下设乡、保，置佘市乡。民国15年改乡为区，佘市乡更置为佘市区。民国24年编组保甲，全县设6个区，下辖乡、保，佘市境分置佘市、总庙乡，分属第一、第四区。民国27年废区并乡，佘市境仍归置佘市乡，乡址驻佘市桥。

1949年8月，临澧划分6个区，区下保留民国时期的乡保甲，佘市乡隶属第一区，佘市桥集镇为一区区址。1950年7月，临澧废除旧的保甲制，划乡建政，佘市境仍属第一区，分置高桥、道源、总庙、殷家、陈泗、启祥乡。1953年春，增置佘市桥集镇为乡级镇。1956年5月，全县撤区并乡，合并原高桥、道源、总庙、殷家、陈泗、启祥6个小乡及佘市镇，组建启祥乡，乡址驻佘市桥。

1958年9月，全县实现人民公社化，启祥乡与文家乡合并成立红星人民公社，次年2月更名佘市人民公社，乡址驻文家店。1961年3月，全县调整公社规模，划出原文家店乡另置文家人民公社，佘市公社治所驻地改迁佘市桥。1984年3月，农村人民公社体制改革，全县实施政企分设，佘市公社更名为佘市桥乡，同年6月，省政府批准佘市桥乡改为建制镇，定名佘市桥镇，至2014年年底无变化。

行政区划

民国5年（1916），废除清代里、区制，县下设区、保。置佘市区，下辖15保。民国27年，佘市乡下辖16保。民国30年，全县乡、保缩编，佘市乡改辖8保，稳定至民国结束。

1949年8月，维持民国保甲制。1950年1月，佘市乡划出一、二保（统称周思庵地区）即官渡镇、东周村、西周村、杨坪乡、汉阳、新桥、两河、昂头、桂花村归石门。当年7月废除民国保甲制，改为乡辖村。

1956年5月撤区并乡，乡下改辖农业生产合作社。启祥乡合并原51个农业生产合作社，以片区组建大社，启祥乡时辖道源、总庙、殷家溪、建路坪、高桥、石竹坡、陈四桥、双溪、佘市桥9个高级农业生产合作社。

1958年9月人民公社化，改为公社下辖生产大队、生产队。佘市公社辖12个大队、79个生产队。佘市境设5个大队、31个生产队，即牌楼大队（6个生产队）、跃进大队（6个生产队）、双溪大队（6个生产队）、先锋大队（8个生产队）、殷家大队（7个生产队）。1961年3月，全县调整社队规模，佘市公社改辖21个大队、192个生产队。

1975年。佘市公社共辖20个生产大队、215个生产队。

1984年3月，公社改称为乡，乡下辖村及村民小组。佘市乡撤销原农科大队，恢复泉水、建楼两个行政村建制，将桑红、上湾、泉水、新湾、刘家、马家嘴及原双溪大队的南竹村民小组划归泉水村管辖，将紫湾、四耳湾、杨柳湾、金家河、樟树、老屋、河边、及原农科大队的白洋、双溪的9个村民小组划归建楼村管辖。

1984年6月，佘市桥乡改置佘市桥镇。全镇辖新兴居委会、3个居民小组和21个村、249个村民小组。全镇总面积77.1平方千米。2003年11月，佘市桥镇划出芭蕉村、总庙村归城关镇管辖。至2014年，佘市桥镇辖长湖、荷花堰、桃花、高桥、佘市、建楼、泉水、双溪、龙阳、尖峰、荆坪、中心、团岗、殷家、湖堰、道源、罗家、蒋家坪、马鞍、高丰20个村和新兴1个社区，共225个村民小组，4个居民小组。

自然环境

镇境以平原为主，间有少量丘陵，地势西高东低，南北高中间低，地面高程一般在海拔40～60米，最高点尖峰村紧临歇架山麓处海拔130米，最低点蒋家村河滩海拔34米。

镇域属中亚热带北缘内陆风气候区，四季分明，雨热同季，光照充足。多年平均气温16.5℃，无霜期年平均267天，年平均降水量1200毫米。境内属澧水水系，有澧水一级支流道水河自长湖村西入境，由西往东，至蒋家村东而下，还有支流溪河3条。境内道水河道总长16千米，流域面积150平方千米。

境内矿产主要为石膏矿、第四纪红壤土、硅白土、河床砂石等。其中石膏矿储量1亿吨以上，位于龙阳、双溪、尖峰村一带。第四纪红壤土位于长湖、荷花、桃花、高桥、佘市、高丰、马安村一带。硅白土位于罗家、高丰村一带。河床砂石位于高桥、建楼、道源、蒋家村河滩一带。地下水资源可利用量为9万立方米。

境内主要自然灾害有旱涝、风灾、冰雹、大雪冰冻、霜冻、雷击、山体滑坡等。最严重一次洪涝灾害发生在1998年6月22日，15个村4600户16125人受灾，倒塌房屋166间，经济损失3000万元。

人口民族

民国35年（1946），佘市乡有2406户11144人，其中男性6125人。1957年，全乡人口12650人。1964年，佘市公社有3865户15020人，其中男性7555人，非农业人口425人。1975年，全社总人口19766人。1985年，佘市桥镇有5094户21948人，其中男性11267人，非农业人口1458人；每平方千米285人。2003年，辖区有6630户22823人，其中男性11448人，非农业人口1263人；人口出生率8.4‰，人口自然增长率2.61.2‰。2014年，全镇有6347户21438人，其中男性10893人，非农业人口2325

人；人口出生率1.2‰。

经济发展

综述

1957年，启祥乡实现总产值100.5万元，完成农业收入96.98万元，人均收入54.9元。1958年，完成农业收入106.52万元。1975年，完成农业产值收入383.09万元，人均收入78元。1985年，全镇完成工农业总产值1415万元，完成农业产值1148万元，人均纯收入412元。1995年，佘市桥镇完成工农业总产值2.1亿元，其中农业产值6000万元，农民人均纯收入1328元。进入21世纪，随着农业产业结构调整的深入，在巩固粮油生产的同时，烤烟、蔬菜、林果生产逐渐成为农业支柱产业。2014年，全镇实现地区生产总值5.2亿元，实现农业总产值29562万元，农民人均可支配收入7200元。

农业

佘市桥镇有耕地42023亩，其中水田35077亩、旱地6946亩；山林40858亩，可养殖水面3250亩，为临澧县的粮油主产区之一。

种植业

粮油 1958年，佘市公社粮食生产实收面积65648亩，总产粮食784万公斤，亩平单产119.4公斤。1975年，佘市公社总产粮食1651万公斤，亩平426公斤。1985年，佘市全镇播种粮食作物5万多亩，油菜面积16235亩，总产粮食859.4吨。零星经济作物种植有苎麻947亩，黄红麻216亩，花生997亩等。20世纪90年代，境内大力推行科技兴农，着力"两高一优"农业开发。1991年起，杂交稻和优质稻栽培技术得到推广应用。1996年，省农科院水稻课题研究专家将佘市桥镇湖堰村确定为国家水稻工程试验点之一，指导种植优质水稻400亩，连续5年试验成功，双季稻平均亩产1100公斤，最高达1200公斤以上，其实验成果在国内外推广应用。2000年，全镇播种粮食作物54032亩、种植油料作物21800亩、棉花910亩、甘蔗798亩，总产粮食21381吨，单产396公斤。2003年，全镇种植粮食作物36490亩，总产12179吨；油料作物16150亩，总产2018吨；棉花1000亩，产量近两千担。2014年，全镇粮食作物播种面积66837亩、总产量24629吨，油菜播种面积29500亩、总产量3855吨，棉花播种面积3160亩、总产量395吨。

烤烟 1985年种烟207.3亩，1997年推广烤烟生产技术。2000年种烟叶531亩。2003年，全乡烤烟种植面积发展到1500亩。2005年，尖峰村支部书记汪文润租赁30亩田地种烟，带动全村种烟400多亩，把种烟打造成占全村耕地面积三分之一的支柱产业。2013年，佘市全镇种植烟叶2000亩，售烟叶5000担，实现产值700多万元，亩平效益3700元，最高丘块效益达5800元/亩。

蔬菜 2000年，全乡种蔬菜2500亩，西瓜1500亩，菜瓜568亩。2003年，蔬菜复种5100亩，西瓜、菜瓜种植3100亩。2013年，荷花村搭建蔬菜大棚30余个，建起300亩的蔬菜生产基地。

养殖业

2003年，全镇水面养鱼3000亩，养猪1.9万头，养羊1万只，养家禽50万羽。2014年，全镇出栏生猪31193头，肉用牛892头，羊4000只，养家禽124万羽。

林业

20世纪70年代后期，佘市公社开始发展柑橘生产，公社办起橘园总场。至1985年，全镇柑橘面积发展到1508亩，2000年，果园面积达到4830亩。2001年，大力发展速生杨树及葡萄园、梨园，至2003年，全镇新植葡萄1000亩、柑橘1000亩、梨800亩，速生杨树9000亩。2014年，镇政府着力提升油茶产业，全镇完成油茶林低改600亩，新造油茶林300亩。

工业

20世纪50—70年代，佘市桥镇只有手工副业和农副产品加工业。1957年，启祥乡实现工副业收入37465元，纯工业产值5666元。80年代初期，开始兴办工业企业。1985年，有镇办企业10个，其中工业企业有机砖厂、建筑队、农机站、大修厂、建材厂、砖瓦厂6家，拥有固定资产200万元；村办企业57个，其中工业企业21个；个体工商户563户。乡村两级完成企业产值531.17万元，其中工业产值267万元，实现利润25.54万元。

1995年，镇办企业有一砖厂、二砖厂、草编厂、园丝厂、石膏粉厂、石膏矿、建材厂、油膏厂以及橘园总场，村办企业有112个；由金山化工建材公司等8家企业组建的佘市企业集团公司，拥有固定资产2000万元；全镇完成工业总产值1.5亿元，实现利税1500万元；其中镇办企业固定资产1257万元，从业人数1133人，完成企业总产值7133万元，销售收入6263万元，实现利润179万元，上交国家税金70万元，佘市镇进入常德市小城镇20强。

1996年以后，对镇、村办集体企业进行改制。2003年，全镇企业有608家，其中集体企业5家、股份合作企业6家、有限责任公司16家、个体及私营企业581家，从业人员3434名，完成企业总产值31019万元，其中工业产值14173万元。2014年，全镇完成工业增加值12021万元，规模以上工业总产值23479万元，上缴税收300万元。

商贸服务业

计划经济时期，境内办有供销合作社、粮管站、食品站等国有集体企业，负责工业品销售和农副产品收购。镇属商贸流通企业有农贸公司、供销公司、汽车队等。1985年，全镇完成社会商品零售总额320万元。至2003年，集镇区建成2个集贸市场。2014年，以商贸流通为主的第三产业完成社会消费品零售总额1.3亿元；投入资金150万元，建成殷家溪农贸市场，辐射周边3个乡镇，年集市贸易额150万元左右。

基础设施

交通运输

公路　临车公路，东起县城黄家台接207国道，西至石门县石龙口桥东湾，贯穿境内殷家、江家坡、佘市桥、长湖一线。1960年，建成佘青公路。20世纪70年代，先后修建黄牛岗—江家坡、佘市—高桥、新花—尖峰、六方岗—高峰、群英渡槽荆岗等乡村公路。2003年，全镇村村通公路，环镇公路总长50多千米；镇村组三级道路互联，总长300余千米。简易机耕路可通农户门前，农民运销货物不用肩挑手提。2014年，硬化基础设施建设投资1500多万元，完成高丰、蒋家、建楼、殷家、道源等村12千米村组公路、白洋桥改造及临佘公路江家坡至友谊洞接口硬化等工程。

铁路　1994年9月，石（石门）长（长沙）铁路动工建设，1998年1月8日全线贯通。从临澧杉板乡入境，跨越龙阳、泉水、殷家、道源、蒋家等村，设佘市桥小站，结束了境内无铁路运输的历史。

邮政电信

民国36年（1947），在境内殷家溪设立信柜。1951年在佘市桥镇设立邮电支局，负责全镇邮政通信业务。1958年，佘市桥镇及部分生产大队通电话。20世纪70年代，公社各生产大队全部通电话，均为摇把交换电话，系单路载波电路。1996年，安装程控电话，1998年开始发展移动电话，至2003年年末，全镇有程控电话3200多户、移动电话使用普及，成为个人日常通信工具。2014年，全镇移动电话用户1.2万多户，宽带入户2800多户。

供电饮水

供电 1985年，全镇通电组数180个，占72%，照明用电户数2933户，占62%，1988年实现组组通电、户户用电。1996年，在建楼村境内建成3.5万伏级变电站。2000年全镇完成农电网整改，用电质量和效率提高。2014年，恢复佘市桥镇电管站；双溪、泉水、道源、居委会等村完成新一轮农村电网升级改造。

饮水 1991年，利用世界银行贷款30万元兴建镇自来水厂，日供水能力1000吨。2013—2014年，建成高桥自来水厂，供水管网覆盖15个村，供水能力达到2万人，全镇安全饮水问题彻底解决。

农田水利建设

水利建设 20世纪50年代初，境内大办水利，新修整修塘坝。1958年冬，修建中型水库—高桥水库。70年代，青山水轮泵站建成后，兴建向阳水库，同时在青山渠系水程高程以上建高峰、金岗等电力提灌机埠。1985年，全镇有堰塘1983处，蓄水量752.8万立方米；垱坝111处，蓄水量118.3万立方米；有中小型水库7座，蓄水量1936.5万立方米；电力提灌机埠8处，装机9台610千瓦，灌溉面积5100亩。1989年起，为提高水库灌溉用水效率，对水库12条、长17.5千米的主干渠进行砼防渗，改善灌溉面积5000亩。

佘市桥

1991 年春,修建荆坪小(二)型水库。至 2003 年,全镇有中型水库 1 座,小(一)型水库 2 座,小(二)型水库 5 座,机埠有 7 处 8 台,总装机容量 535 千瓦。2014 年,全镇新建整修堰塘 60 口,疏浚硬化沟渠 50 千米,新建机耕道 10 千米,启动峪口水库除险保安工程,新建高桥水库高干渠泄洪闸、向阳水库东干渠分闸,恢复加固高桥水库泄洪渠关家湾垮口。

农田基本建设 1977 年,为加快建设“高标准大寨县”,县委书记吴愈俊、县水电局局长沈克容等人到佘市公社湖堰大队办点,建设向阳大坪土地整理样板工程。公社统一调动 5000 余名劳力,投工 30 万个,填埋官沟、鲁农、青龙三条溪沟,新修 2 条 3000 米拱式浆砌暗渠,每隔两丘开一条排灌渠,共开渠 16 条,全长 23000 米,将 1000 亩高低不平、大小不一的稻田平整成坐落一致、丘块面积一致(2.2 ~ 2.4 亩)的水平园田。2005—2014 年,佘市、湖堰、长湖、高桥、罗家等 10 个村,争取国家投资 2405 万元,高标准综合整理土地 717.8 公顷,新增农田 12.77 公顷。

镇村建设

镇政府驻地新兴社区,属常澧要津,元时称龙潭镇,明时有店铺 140 余家。清以后称佘市桥,集市活跃,每逢场期,赶集者在 3000 人左右。清光绪三十四年(1908),有街道 1 千米,铺户 200 多家。

1985 年,镇建成区面积 0.2 平方千米。1988 年修编城镇建设规划。1994—1996 年,兴建两个农贸市场,占地 3680 平方米。1997 年,投资 60 万元,配套修建 4 条排污下水道,全长 3170 米。2003 年年末,集镇共有 5 条街巷,长 3952 米,其中主街道 1800 米,绿化、美化、净化基本配套;镇区建成规模 0.73 平方千米,各类建筑总面积 13.82 万平方米,其中住宅建筑面积 9.22 万平方米,生产设施建筑面积 2.2 万平方米,公共建筑面积 2.4 万平方米。2014 年年底,为进一步优化集镇街区环境,建设生态宜居精品小镇,启动集镇街区棚户改造工程。

社会事业

教育

幼儿园 1985 年,村村办有幼儿园。2003 年,全镇办有中心小学、道源、芭茅、殷家 4 所公办幼儿园和印刷厂、蓓蕾、高桥三所民办幼儿园,在园幼儿 162 人。2014 年,全镇有中心幼儿园及荆岗、道源、殷家 4 所幼儿园,在园幼儿 380 人。

小学 元代至治元年(1321),翰林提督柿溪州学正、佘市桥人刘世英在佘市桥创办道溪书院。民国时期,各保均办小学。民国 27—29 年,在金凤观创办佘市联乡小学。民国 30 年,创办佘市乡中心国民小学。民国 36 年,佘市乡中心国民小学被县教育科指定为示范小学。1949 年下学期,在佘市桥设佘市完小。1958 年公社化后,各生产大队(村)均办小学。1985 年,设佘市桥镇中心小学;是时,全镇有小学 22 所,学生 4300 人。1990 年起,学龄儿童逐渐减少,全镇整合教育资源,因地制宜调整学校布局,撤并减少村办小学,当年撤销长湖、高丰小学。1991—1995 年,学校危房全面得到改造,全镇小学占地 9.21 万平方米,校舍建筑面积 2.1 万平方米。2003 年,全镇小学调减为 9 所,在校学生 1234 人。2014 年,全镇完全小学调整为 2 所,有教师 80 人,学生 742 人。

中学 1969 年,佘市公社创办五七初中,两年后迁向阳坪改为向阳初中。1973 年,在佘市桥创办县立第七中学。1976 年,县立七中下放社办,改称佘市中学。1990 年,撤销向阳中学,保留佘市中学1所中学。2003年，佘市中学有学生1014人。2014年，全镇有1所中学，在职教师71人，学生414人。

文化

20世纪80年代，建立镇电影院。1993年，建立镇有线电视台。2003年，有线电视与市县联网，全镇有有线电视用户630户。2012年，投入38万元将镇电影院改造成镇文化活动中心，成为群众文化活动的重要阵地。2014年，镇党委、镇政府与石门县夹山镇共同举办“千年福田—临澧县佘市桥镇、石门县夹山镇文化交流活动”，近千名群众参加，加深了两镇的联系交流。

医疗卫生

1951年，佘市桥设立区卫生所，个体医生建立联合诊所。1956，创办乡卫生院。1967年，创办佘市桥地方医院，后撤销。1995年，镇中心医院被评为一级甲等医院。2003年，全镇有中心卫生院1个，卫生所（点）19个，拥有病床40张。2014年，全镇有医疗卫生机构20个，医务人员69名，医疗设备价值500多万元。

社会保障

“五保”供养 2011年，镇敬老院迁建荷花村，占地30亩，总投资500万元，建筑面积3000平方米，拥有床位102张，配备管理人员7人，入住“五保”、寄养老人76人。2014年，镇政府投资100多万元，配套完善医疗康复室、健身房、活动室、办公室等设施，供养“五保”对象116人。

低保救助 2006年，建立完善弱势群体社会保障和救助体系，全镇享受城镇低保对象106户142人；享受农村低保对象111户167人。2014年，落实低保对象783人。加大特困群体救助力度，共发放大病救助、临时救助、贫困救助等各类救助资金30多万元。完成农村危房改造43户。

社保医保 2006年，全面推行新型农村合作医疗，全镇15600名农民参合率84%，缴纳合作基金156000元。2014年，全镇“新农保”参保人数增加到4000人，上缴“新农保”资金50多万元；“新农合”参合人数21000人，上缴“新农合”资金180多万元。

特色地情

名胜古迹

佘市桥 位于佘市桥镇新兴社区，呈南北向横卧在澧水支流道水之上，是境域历史最久、规格最高、科技和工艺独具一格、质量最优的古联拱石桥。佘市桥原称道源桥，因附近佘姓人居多，渐以佘氏名之。佘市桥始建于南宋宝庆元年（1225），初为石墩木梁桥。南宋咸淳四年（1268），改建成石墩石梁桥。元至顺二年至至元二年（1331—1336），取12千米外的太浮山之石，改建佘市桥，建成二堤八墩九孔的联拱石桥，高8.6米，宽9米，长83.3米。桥上有屋，计26楹，中建4阁，左右为轩，南北为门，还建有石浮屠2范，金犀3琢，石犀4座。建成时由元太史揭曼硕作《道源桥记》。清乾隆五十六年（1791），洪水冲毁4墩，桥上建筑荡然无存。乾隆五十九年，按原制补修桥体，并加高至9米，加宽至10米，两侧建石栏。现存佘市桥的主要部分是1336年所建桥体。1964年，临澧县人民政府在原石质桥面上加铺钢筋水泥，拆石栏建水泥柱栏，并在桥南增建2孔，将桥面向南延长20米，使之成为主干公路桥。

（文字供稿：刘定清 杨新涛，图片供稿：临澧县党史办）

停弦渡镇

区域概况

位置面积

停弦渡镇位于澧水下游南岸，距临澧县城15.5千米。全镇依山傍水，东与杨板乡交界，南与修梅镇接壤，西邻杉板乡，北与合口镇隔澧水河相望，2014年，全镇总面积67.3平方千米。

建置沿革

清初，停弦渡镇地属九溪卫、永定卫及澧州分辖。清雍正七年（1729）置安福县，停弦渡镇地域改隶安福县辖。县下实行里、区建制，今停弦渡境内停弦、古渡、红土、童洲、山洲、栗山新溪村一带属九右里，红岩、大丰、铁湾村一带属永后里，大木岗、史家坪、九龙、牌楼、重阳村一带属进一里。

民国初至民国20年（1931），停弦渡地属赵家区、合口区分辖。民国27年，废区并乡，置停市乡，乡址驻刘家店。民国30年至中华人民共和国成立，全县缩编乡保规模，停弦渡地属合口、修梅两乡分辖。

1949年8月，县下设区，停弦渡地域分属第四、第五区。1950年7月，废除保甲制度，划乡建政，停弦渡地域分置柏子、花林、山洲、童洲等乡。1953年春，全县调整乡规模，停弦渡集镇设为乡级镇，停弦渡一带分置童洲、山洲、花林、九龙等乡和停弦渡镇。

1956年5月，全县撤区并乡，合并原童洲、山洲、花林、柏子、复船、九龙、新溪7个乡，置停弦渡乡，乡址驻停弦渡。

1958年9月，全县实现人民公社化，政社合一，原停弦渡乡改置先锋人民公社，次年改称停弦渡人民公社，社址驻停弦渡。1984年3月，全县普遍实施政企分设，停弦渡人民公社改置停弦渡乡；同年6月，为适应小城镇发展，停弦渡乡改置停弦渡镇。至2014年年底无变化。

行政区划

民国时期，实行保甲制。民国27年（1938）废区并乡，停市乡下辖11保。

1953年6月，从澧县划入复船乡全部。

1956年撤区并乡，始建停弦渡乡，乡下辖农业生产合作社，境内合并63个农业生产合作社，分片区组建10个大社。停弦渡乡时辖童州、山州、三合、花林坪、柏子、大溪桥、新溪、复船、重阳、九龙10个高级农业生产合作社。1957年1月，划入澧县灵泉乡关山农业合作社的一队28户107人、355亩耕地归停弦渡乡。

1958年成立人民公社，公社下辖生产大队、生产队。停弦渡人民公社时辖8个大队、61个生产队。即三合大队、7个生产队，复船大队、4个生产队，联新大队、8个生产队，九龙大队、10个生产队，红土大队、6个生产队，柏子大队、10个生产队，花林大队、5个生产队，山洲大队、11个生产队。1961年3月，全县调整公社、大队、生产队规模，停弦渡人民公社改辖19个大队、173个生产队。1975年，辖19个大队、212个生产队。

1984年实行公社改乡，旋即乡改镇，乡（镇）下辖村、村民小组。1985年3月，镇农科所与新溪村合并，停弦渡镇共辖21个村、228个村民小组和1个居民委员会、1个居民小组。2003年，停弦渡镇辖关山、复船、白虎、停弦、大溪、大木、史家、新溪、牌楼、铁湾、九龙、重阳、红土、花林、山洲、童洲、红岩、大丰、栗山19个村和古渡1个社区，计229个村民小组，4个居民小组。至2014年年底无变化。

自然环境

停弦渡镇地势西高东低，西部为童山山脉，海拔最高点406.3米，东部以平原为主，间有山丘。

境域属中亚热带向北亚热带过渡的湿润季风地带，气候温和，热量丰富，无霜期长，冰冻较弱，日照充足。春季寒潮频繁，秋季寒露风活跃。雨水充沛但分布不匀，春末夏初雨水集中，并多暴雨，伏秋干旱常见，四季分明，季节性强。

境内陶土、煤矿资源较为丰富。陶土储量30亿吨以上，主要分布在红土、红岩、新溪等村；煤炭主要为烟煤，分布在铁湾村，20世纪90年代曾开铁湾煤矿进行开采，1998年停产，共产原煤39.64万吨。

境内历史上多水灾、风雹灾。1983－1993年，境内两次在4月份遭受龙卷风、冰雹灾害。1980年、1993年汛期，关山垸两次漫堤决口，稻棉失收，牲畜、家具被洪水冲走。1998年、2003年汛期，境内山洲垸、关山垸同时漫堤决口，损失严重。

人口民族

1957年，全乡有15242人。1964年，全社有4024户15721人，其中男性7932人，非农业人口769人。1975年有4724户20463人。1985年，全镇户数增加到5097户，总人口22709人，其中男性11658人，非农业人口3502人；每平方千米337.4人。2014年，全镇有6770户21533人。

经济发展

综述

1957年，停弦渡乡工农业总收入123.22万元，其中农业总收入112.77万元，占工农业总收入的91.5%；社员人均分配收入43.5元。1958年，全公社工农业总收入158.92万元，其中农业总收入146.62万元，占工农业总收入的92.3%。1975年，工农业总产值343.78万元，其中农业产值309.26万元，占工农业总产值的90%；农民人均分配收入81.5元，扣除口粮等实物折款，人均分配现金收入8.9元。1985年，全镇工农业产值1696.63万元，其中农业产值1028.51万元，占工农业总产值的60.6%；社员人均纯收入434元。1995年，全镇工农业总产值1.5亿元，其中农业产值5100万元，占工农业总产值的34%，农业经济不再是停弦镇的主导经济；人均纯收入1420元。2008年，全镇工农业总产值5.4亿元，实现国民生产总值1.9亿元，农民人均纯收入3000元，农户普遍新修砖瓦楼房，购置彩电、冰箱等高档家用电器和家具，不少农户购置农业机械和家庭用小汽车。2014年，完成地区生产总值56364万元；农业经济形成油茶和油菜“两油”特色产业，全镇农业经济完成地区生产总值 13836 万元，实现农业总产值 23314 万元，第一产业在地区生产总值中的占比为 24.55%，第三产业总产值 1.134 亿元。全镇经济社会呈现发展提质、民生改善、社会稳定的良好局面。

农业

停弦渡镇有耕地 26020 亩，山林 4 万亩，水面 3120 亩。

种植业 镇域主要种植水稻、棉花、油菜等农作物。1958 年，全社种植粮食作物 59734 亩，总产 1626.59 万斤、亩产 272 斤；种植棉花 4644 亩，总产皮棉 44.48 万斤、亩产 96 斤。1975 年，全社总产粮食 2127.4 万斤，亩产 856 斤。1982 年，公社农科四队曾实验豆稻轮作，两季折稻谷亩产 1277 斤，比种双季稻每亩增产 177 斤，每亩农药化肥成本从 17 元减少为 9 元。1995 年，全镇粮食总产 16400 吨，棉花总产 12000 担。2003 年，传统农业实行品种改良工程，稻、棉、油等大宗农作物优良品种覆盖率达 95%。2010 年，全镇种植双季稻 8215 亩，棉花 1 万亩，油菜 2.19 万亩，粮棉专业化防治面积达 1000 多亩。2014 年，境内依法流转土地 1084 亩，发展 6 个百亩以上的种粮大户，全镇种植双季稻 15000 亩、油菜 1.58 万亩，其中棉田套栽 0.72 万亩，旋耕直播 0.86 万亩。同时发展绿色农业，恢复性种植绿肥 0.3 万亩。

养殖业 20 世纪 50—70 年代，境内养殖业生产规模小，1957 年出售商品猪 201 头，1958 年出售商品猪 814 头。此后一段时间，社员家庭养殖受到限制，集体养殖业发展缓慢。1975 年，全社实现养殖业总收入 12.35 万元。80 年代起，家庭养殖业得到发展，至 21 世纪，养殖业形成专业化、规模化、产业化生产。2003 年，停弦镇成立以养殖大户天宗明为核心的养羊协会，以养猪大户熊祖春为中心的养猪协会，以牌楼村为基地的养鸡协会，依托农村专业经济合作组织和富有示范带动作用的养殖大户群，大力发展产业化养殖生产。2005 年，全镇涌现 38 个肉鸡养殖大户，年出笼成鸡近 100 万羽。关山村形成 13 个养猪大户，出栏生猪 3500 头。2009 年，全镇有养鸡大户 86 个，养猪大户 57 个，年出笼肉鸡 270 万羽，出栏生猪 9700 头。2014 年，全镇共有年出笼鸡鸭万羽以上的养鸡养鸭大户 72 个，出栏生猪百头以上的养猪大户 32 个，养牛大户 5 户，养羊大户 12 户。

林业

20 世纪 50 年代起，停弦渡镇开始重视发展经济林，采取伐除混交松树、补植疏林、营造新林等措施发展油茶生产。2003 年，在稳定传统农业的基础上，积极调整农业生产结构，种植优质水果 1000 亩，栽培速生杨树 2000 亩，新辟花卉苗木基地 200 亩。2010 年，新扩柑橘 272 亩；发展葡萄园 50 亩；垦复油茶林 300 亩。2011 年，全镇完成退耕还林 2011 亩，补植补造公路绿化带 11.6 千米，四旁庭园造林 2 万株。2014 年，山洲村、牌楼村完成油茶林新造 400 亩，大木、九龙等 6 个村完成油茶林低改 1100 亩。完成森林防火隔离带建设 9 千米，补植绿化村主干公路 45 千米。2014 年，全镇有用材林 16700 亩、油茶林 2300 亩、果树林 900 亩，森林覆盖率 42.7%。

工业

停弦渡镇境内陶土资源丰富，制陶业早在宋代即较发达。民国 12 年（1923），境内开发青矾矿，生产青矾。

1958 年，全社实现工副业收入 12.3 万元，其中纯工业收入 10230 元。20 世纪 60 年代，公社兴办陶器厂。1975 年，实现工副业收入 34.52 万元。1978 年，创建全县第一座 20 门的法式轮窑，从取土、和泥到制坯、焙烧，实现半机械化。1979 年后，停弦渡坚持走兴工强农、活商富民的路子，大力发展乡村企业，制陶工业、机制砖瓦业得到长足发展，陶瓷产品享誉湘北、鄂南，古渡牌龙缸销往东南亚各国及中国港、澳地区。1985年，完成工业产值668.12万元。1986年，中共中央顾问委员会常委、全国政协副主席王首道视察停弦渡镇乡镇企业，亲笔题写“古渡掘新瓷、湘北第一家”。1988年，停弦渡镇镇办企业发展到13家，制陶企业有年产80万件工艺彩色陶瓷的彩陶厂、年产15万立方米彩釉砖的建筑陶瓷厂、年产500万件日用陶器的临澧瓷厂。整个制陶业从业人员达2200多人，年产值2800万元，彩釉砖获省“星火计划”优质产品证书。同年，停弦镇兴办澧南地区第一家烟花爆竹企业——铁湾花炮厂。1991年，临澧瓷厂成功生产出口卫生洁具，产品出口中东10多个国家和地区。1995年，全境兴办起镇村及民营企业2000家，共完成工业产值9900万元，年创利税220万元，停弦渡镇形成以农业为基础、以工业为主导的经济格局。

20世纪90年代中期，受宏观调控的影响，停弦渡镇工业特别是陶瓷工业步入困境。1997年，停弦渡镇在全市率先实施企业体制改革，至1999年，镇办企业全部实现买断经营，同时利用闲置资产引进外资500万元，新办2家工业企业，全镇工业经济走出低谷，全镇共拥有机砖厂、铸件厂、石膏粉厂、自来水厂、建筑公司及5家陶瓷厂等10家骨干工业企业。制陶工业引进先进生产工艺和技术，对主导产品陶瓷进行更新换代，产品市场竞争力更加强盛。

进入21世纪，停弦渡镇继续推进工业强镇战略，招商引资，引导企业实施技术改造，做大做强工业经济规模，沿白青公路线建设工业经济走廊。2003年，停弦镇在铁湾兴办全县第一家烟花鞭炮招商企业——兴胜花炮厂，全镇共引进县外资金3500多万元，新上8个工业项目。是年，全镇拥有陶瓷、烟花、化工、建材、粮油加工等骨干企业16家，实现工业产值8000万元、税金110万元。2004年，兴办停弦红土军工硝厂，改写临澧县烟花爆竹生产没有原材料配套的历史。2011年，完成工业固定资产投资约3.4亿元，实现工业总产值6.06亿元，实现利润3245万元，入库税金635万元。2014年，打造“陶瓷古镇”品牌，临澧陶瓷产业园落户停弦镇。全镇形成陶瓷、烟花、铜杆、化工、建材等五大支柱产业，拥有工业企业26家，其中规模口径企业6家。和平烟花鞭炮有限公司复船进出口烟花线顺利投产，成为临澧第一家出口烟花企业，产品打入欧美市场。湖南汇鑫铜业有限公司加强企业技扩改，引进先进生产技术，扩大生产规模，企业产品质量进一步提升，“励达牌”漆包绕组线获湖南省名牌产品，企业荣获全县新增设备投资奖、主营业务收入奖和科技推新奖。全镇招商引资到位资金6300多万元，完成工业固定资产投资3.5亿元、技扩改投资近3000万元，吸纳劳动力就业近5000余人，实现工业生产总值11.8亿元、营业收入11.6亿元、利润总额7000万元，入库税费近1000万元，其中规模以上工业总产值8.7亿元。全镇工业经济完成地区生产总值26542万元，荣获“全县推进新型工业化工作先进单位”称号。

商贸服务业

清乾隆年间（1736—1795），停弦集镇有工商铺户200多家。民国18年（1929），有商户170余家。1953年，停弦渡有私营工商户134户，从业370多人。1985年，集镇有2个贸易市场，183个商业、服务网点，300余名个体摊贩。1992年，停弦渡镇有商业服务网点283个，个体工商业主500余人；年集贸成交额500万元、农副产品收购额512万元、社会商品零售额1012万元。2014年，全镇有贸易市场1个，商业、服务网点 527 个，个体工商业主 2130 余人。

旅游业

20 世纪 90 年代，停弦渡镇先后引资投资 2000 多万元，恢复建设童山古寺，建成天王殿、大雄宝殿、金顶殿，将童山打造成为临澧县宗教旅游圣地之一。进入 21 世纪，乡村旅游业兴起，停弦渡镇倾力打造境内一日游线路，兴办的复船农庄，被常德市休闲农业协会评审委员会评为“四星级休闲农庄”，湖南省旅游局将其列为“五星级乡村旅游景点”。2014 年，停弦渡镇又以复船农庄为依托，流转土地 400 亩，投资 800 多万元，平稳推进水上乐园、湿地公园、休闲农业观光园建设。

基础设施

交通运输

境内古道有花林至停弦渡的岩板大道，有县城经土地垭、七重堰、停弦渡至澧县的乡道。1923 年，常澧公路经停弦境。20 世纪 60—70 年代，修建七重堰—停弦渡、花林—九龙、白虎—青山等主干公路，总长 50 多千米。80 年代，境内公路基本实现“村村通”。90 年代，境内公路开始硬化改造。1995 年，投资 180 万元砼化集镇至 207 国道的主干公路。1998 年，砼化白青公路停弦段，全面整修村级公路，村级主干公路全部铺设砂卵石，实现组组通公路。2010 年，在山洲村境内修建合口澧水大桥连接公路，实现停弦与合口直接跨越澧水的陆路交通。2014 年，水泥硬化通组公路 20 余千米。

邮政通信

停弦渡镇设有邮政所及邮政储蓄所。1996 年，引进资金 220 万元，开通程控电话，三分之一的农户安装程控电话机。2003 年，全镇程控电话入户率 52%，全镇电信、移动和联通信号实现全覆盖。2014 年，全镇程控电话入户率降为 35% 左右，

停弦渡

移动用户达15000多部。

供电饮水

供电 1983年，建立停弦变电站，架设青山至停弦渡35千伏级输变电线路，境内开始普及用电。2000年，总投资294万元，全镇全面完成农村电网改造。2003年，完成电力扩容，装机容量由原来的1600千伏安增加到4000千伏安。2008年开始农网升级改造，至2014年，全镇架设10千伏高压线路74.8千米，0.4千伏低压线路368千米，安装居民公用变压器54台，9个村（居）完成农网升级改造。

饮水 1996年，建成日产1000吨的自来水厂，集镇区及附近农村居民3000多人饮用上清洁卫生的自来水。2014年，全镇有2家自来水厂，全镇饮用安全卫生水人数达到1.21万人；山洲、童洲等村7000余人也饮用上了安全卫生水。

农田水利建设

库塘 从20世纪50年代初起，境内大办水利，整修塘坝。1958年，境内修建九龙小（一）型水库。70年代青山水轮泵站建成后，境内在青山渠系高程以上地带的大丰、红土、重阳、岩门、马蹄堰修建电力提灌机埠。至1985年，停弦渡共建成堰塘1943口，蓄水量415万立方米；垱坝162处，蓄水量69万立方米；小（一）型水库1座，小（二）型水库3座，蓄水量629.1立方米。2014年，完成堰塘清淤扩容64处，堤坝护砌26处，疏浚沟渠65条82千米，硬化沟渠5条6千米。全镇共有水库4座，塘坝1603处，总库容1432万立方米，总灌溉面积20209亩。

堤垸 境内山洲垸，一线大堤长4.966千米。1950—1955年，建关山垸，一线大堤长3.374千米。1980年、1993年，关山垸两次溃堤，翌年复修加固。1998年，实施平垸行洪、退田还湖、移民建镇工程，关山垸纳入国家移民搬迁总体规划，搬迁农户476户。1999—2003年，镇政府筹集资金，组织民工对关山垸、山洲垸防洪大堤进行全面整治，完成土石方65.3万立方米，大堤抗洪能力从抵御10年一遇洪水提高到抵御20年一遇洪水。2014年，对关山排渍机埠、山洲防汛抗旱涵闸维修改造，对危险堤段进行抛石固脚。

农田建设 20世纪70年代，境内开展建设稳产高产农田改造。尔后，农田基本建设转到争取国家项目投资，进行高标准的农田综合整理。1999年冬，完成日陶厂土地复垦项目，新增耕地3.14公顷。2004—2005年，完成关山垸土地整理项目，增加耕地44.9公顷。2013年上半年，完成大丰村等3个村土地整理项目，平整土地70.3公顷。2013年冬至2014年下半年，在大溪村等8个村，综合整治土地964.47公顷；对白虎村55.49公顷灾毁耕地进行复垦；建机耕道16千米，整修机耕道22千米。

村镇建设

集镇建设 停弦渡镇驻地古为集镇，清时街道沿澧水河岸而建，宽2.5米。1984年，将集镇从澧水河岸南迁建于祁家岗，新建一条东起大溪桥、西至机砖厂、长2430米、宽15米的青年路；建两条各长500米、宽10米的横街，两街道总长3.4千米，镇区建成面积0.42平方千米。1990年完善镇区排水设施，修建排污下水道5条3264米。1992年，新建南北两个占地共4000平方米的农贸市场，新建3条街巷。1995年，砼化镇区街道。2003年，镇建成区扩展到0.87平方千米，有街巷6条、长4913米，常住人口增至5429人，各类建筑总面积12.24万平方米。2014年，修建“千年古渡、陶瓷古镇”仿古文化牌楼，在陶苑大道及镇区街道安装太阳能路灯105盏，新铺设、改造下水道管网200多米，镇区建成面积扩展到

1 平方多千米。

乡村建设 1980 年，停弦渡公社在关山村进行乡村建设试点，将 7 个自然村落的 320 户 1300 余人，从低洼易渍地迁移到岗坡地，建了两个大型聚居村庄，村庄沿山坡呈梯形修建，建房 282 套、924 间，居住区建有 8 米宽的机动车道，办有全日制小学，设有医疗站、代销店、农副产品加工厂及大会堂，村民居住舒适，生活方便。1998 年，镇党委、镇政府抓住国家推行平垸行洪、退田还湖、移民建镇的机遇，对关山垸复船、停弦、白虎、大溪、古渡、栗山、关山 7 个村的 476 户 1206 人，实行整体搬迁，建设新村。

2010 年，镇政府启动美丽乡村创建工作，大部分村升级改造村活动场所，配套建设村会议室、便民服务中心、图书馆等设施。2014 年，复船村被确定为市级美丽乡村示范村，建设主题为“以山水生态为总揽，以休闲旅游为主线”，特色突出“乡村旅游胜地，和谐宜居复船”；大溪村被确定为县级美丽乡村创建村，建设主题为“完善基础设施，发展现代农业”，特色突出“田园风光，人文和谐”；两个村共投入 200 多万元，硬化通村通组公路 5.9 千米、沟渠 4.5 千米，清淤整修沟渠 12 千米，护砌堰塘 11 口，整修堰塘 3 口，新建机耕道 4.7 千米，整修机耕道 7 千米，复船村在福船大道安装 27 盏太阳能路灯，两个村的面貌焕然一新。

社会事业

教育

幼儿园 1984 年，兴办镇中心小学附属幼儿园，幼儿教育开始起步。以后各村办小学均开设幼儿班。1995 年开始兴办民办幼儿园。2001 年，全镇有童洲、重阳、大木、山洲、中心小学幼儿园 5 所公办幼儿园和小太阳、星光、新蕾、小天使、培培、童洲 6 所民办幼儿园，入园幼儿 305 人。2014 年，全镇有 1 所公办幼儿园，1 所私立幼儿园，入园幼儿 411 人。

小学 1950 年，在停弦渡开办停弦完小。1958 年起，各生产大队均办小学。1985 年，开办停弦渡镇花林中心小学。2002 年开始，对学校布局进行调整。2003 年全镇有小学 5 所，学生 675 人。2014 年，全镇有小学 4 所，学生 728 人，教师 49 名。

中学 1969 年开办停弦完全中学。1980 年，停弦中学改为停弦初级中学。1995 年，投资 200 多万元，修建镇中学教学大楼和学生宿舍，改善全镇各中小学校舍，购置教学仪器设备，被中央电视台拍摄编辑《神州风采》节目。2003 年，全镇有 1 所中学。2014 年，全镇有 1 所中学，有学生 340 人，教师 51 名；学校建筑面积 9802 平方米。是年，镇政府设立选玉基础教育奖励基金，对中考、高考成绩优秀的停弦渡籍学子进行奖励。

文化

1985 年成立镇文化站。乡镇民间文化团体有福船关山管乐队、古渡大溪腰鼓队、山洲管乐队、福船关山舞龙队、彭家河老年艺术团、青山舞龙队、管乐队。每年乡镇组织大型文化活动，先后举办“陶瓷杯”文艺会演、古渡文化艺术节、杉板“金利”杯红歌会等大型文体活动。

1994—1996 年，停弦渡镇投资 45 万元修建有线电视一台和二台。2003 年，全镇有线电视覆盖率 50%。2014 年，停弦渡镇开展“创建最美家庭，创新社会管理”主题活动，创作“美丽停弦我的家”镇歌，发放《家风良言》1.2 万份，利用广播、网站、电子显示屏等媒体，全镇家风民风大为改善，各种矛盾纠纷逐步减少。

医疗卫生

1953 年，停弦渡开办个体医生联合诊所。1956 年，联合诊所转为乡卫生院。2014 年，镇卫生院建筑面积 3000 平方米，在编人员 17 人，拥有床位 30 个；有村级卫生室 13 个，医生 16 人；为老年人和居民进行体检，建立居民健康档案。

社会保障

"五保"供养 2006 年，投资 70 多万元，建成镇敬老院，当年集中供养农村"五保"老人 42 人。2013 年，全镇有镇敬老院 1 所、村级幸福院 4 所。2014 年，投资 8 万元对镇敬老院进行配套设施建设。全镇有 131 名"五保"老人，每人年发放补贴 3500 元。

低保救助 2007 年，全镇救助特困群众 353 人次、贫困生 20 名，发放农村低保金 67 万元。2012 年，全镇农村低保对象调整为 484 户 612 人，发放低保资金 87 万元；发放优抚等救助资金 77 万元，改造农村危房 111 户。2014 年，全镇有 800 人享受农村低保补助，人均月发放 100 元；完成农村危房改造 40 户，发放补贴资金近 33 万元；落实优抚、老士兵生活补贴、大病医疗救助等各项惠民政策，共发放各类救助资金 107 万余元。

医保社保 2005 年，全镇推行新型农村合作医疗制度。2006 年，全镇参合率 80%。2010 年，启动农村养老保险制度。2012 年，全镇养老保险参保人数达到 1005 人，参保率 93%，3851 名 60 岁以上老人领取养老保险金。至 2014 年，全镇"新农合""新农保"参合、参保率均达 99% 以上，基本实现常住人口全覆盖。

就业扶持 2012 年，新增劳动力就业转移 320 人次，援助就业困难对象 40 人，为企业对接务工人员 285 人，办理小额贷款 7 户共 56 万元。2014 年，全镇组织 600 人次的劳动力转移就业培训，新增农村劳动力转移就业 500 人，援助困难对象 53 人，为困难就业人员开发公益性岗位 20 个，安置 30 名困难对象实现再就业。

特色地情

名胜古迹

停弦古渡 相传汉武帝时，司马相如奉旨略定南蛮，偕妻卓文君同行，至此横渡澧水，望远山如黛，河水碧透，怡然抚琴，兴浓指重，音停弦断，停弦渡由此得名，享"千年古渡"美誉。抗日战争时期，考古学家郭沫若陪同周恩来绕道去重庆也在此过渡，还饶有兴趣地与船工畅谈司马相如典故，郭沫若曾将此事写进其长篇《洪波曲》。

地方特产

陶瓷 陶瓷在宋代即成地方特产。20 世纪 80 年代，"古渡"牌龙缸成为出口产品。进入 21 世纪，停弦渡镇陶瓷产品形成日用陶瓷、建筑陶瓷、工业陶瓷、卫生洁具以及彩色陶瓷等系列产品。

（文字供稿：田柯，图片供稿：临澧县党史办）

四新岗镇

区域概况

位置面积

四新岗镇地处临澧县南端，东邻柏枝乡，南抵鼎城区雷公庙乡，西接陈二乡、太浮镇，北靠望城乡，素有临澧南大门之称，总面积 93.41 平方千米。镇政府驻地距县城 11 千米，距常德市区 39 千米。

建置沿革

清初，四新岗镇地域属永定卫和澧州分辖。清雍正七年（1729）置安福县，四新岗镇地域改隶安福，县下设里、区建制。今四新岗境内丰台、青林、双九、马家、斋阳桥、百草村一带属永右里；珠日、龙泉、牯牛、毛花、杨柳村一带属乐一里；永丰、蔡家、楼房、神堰村一带属乐二里；四新岗社区、天鹅村一带属十都里。

民国 24 年（1935），编组保甲，始置珠日乡，隶属二区。民国 30 年，缩编乡镇，四新岗境分属陈二、将军、柏枝三个乡。

1950 年 7 月，临澧废除保甲制度，划乡建政，四新岗境域分置二区所辖的青云、吴城、毛花、青田乡和三区所辖的牌楼、长安、珠日乡 。

1956 年 5 月，全县撤区并乡，将二、三区所隶的青云、吴城、毛花、青田、牌楼、长安、珠日 7 个小乡合并成大乡，四新岗地域才独立置乡，命名毛花乡，乡址驻毛花界。

1958 年 9 月，全县实行政社合一的人民公社化，原毛花乡改建成立五星人民公社，社址迁驻珠日桥。次年 2 月，五星人民公社依地名改称珠日桥人民公社。

1983 年 6 月，珠日桥人民公社承担政企分设试点，率先更名建立珠日桥乡，乡址迁四新岗（爬爬堰）。1984 年 10 月实行镇管村，改置四新岗镇。至 2014 年底无变化。

行政区划

1956 年，撤区并乡，乡下辖农业生产合作社。毛花乡合并 65 个农业生产合作社，分区片组建 14 个大社。毛花乡时辖排楼岗、大垱口、毛花界、珠日桥、斋阳桥、马家垱、荷花堰、永庵、永丰、牯牛桥、青林寺、砖桥、同祥、同立 14 个高级农业生产合作社。

1958 年，成立人民公社，公社下辖生产大队，大队下辖生产小队。珠日桥公社时辖 8 个大队、63 个生产队。即珠日大队，9 个生产队；牌楼大队，6 个生产队；青林大队，6 个生产队；毛花大队，7 个生产队；蔡家大队，9 个生产队；斋阳大队，10个生产队；神堰大队，8个生产队；爬爬堰大队，8个生产队。1961年3月，全县调整公社、大队、生产队规模，珠日桥公社改辖23个大队、208个生产队。1975年，珠日公社共辖23个大队、227个生产队。

1983年，改人民公社为乡，原公社下辖的大队改称村，生产队改称村民小组。1984年乡改镇，镇址所在地改置四新岗社区居委会。至2014年，全镇辖1个社区和22个行政村、252个村民小组。即四新岗社区，天鹅、丰台、青林、斋阳、竹园、马家、清明、毛花、杨柳、百草、珠日、龙泉堰、七张、老屋、神堰、大垱、楼房、永丰、双九、蔡家、雨台、牯牛村。至2014年年底无变化。

自然环境

四新岗镇地处沅水流域和澧水流域的分水岭，地势东南高，西北低，整个地形呈龟背形，地面高程一般在海拔50～90米，最高点营驻山顶海拔104米，最低点蔡家村珍笼组海拔57米。镇域内除斋阳大坪、楼房大坪、永丰大坪有极小的冲积平原区外，其余均为丘陵山区，土壤较为肥沃，营养成分较为丰富，适应粮食作物、经济作物、林果生长和水产养殖，是临澧县粮、棉、油主要产区。

四新岗镇属亚热带季风气候区，光热丰富，气候温和，雨量充沛。年平均日照1518小时，春夏秋冬四季分明，日照时数冬春季节较少，年平均气温17.3C°，极端最高气温43C°，多在6—7月；极端最低气温－5.3C°，多为1—2月。年平均降雨量1396毫米，最大降雨量为2450毫米，分布在5—8月，最小降雨量为980毫米，无霜期为273天。镇境属道水水系，有三级溪河3条，四级溪河11条，总长60.7千米，流域面积93.4平方千米。河网密度0.65千米/平方千米。径流总量2250万立方米。年排涝量2250万立方米，最大排涝量2500万立方米。

主要自然灾害有旱涝、风灾、冰雹、大雪冰冻等。1979年4月17日发生重大冰雹灾害，半个多小时内下冰雹1尺多厚，房屋、农作物、森林损毁严重。洪涝灾害3年一遇，最严重一次发生在1998年6月22日，4个村1325户4827人受灾，经济损失856万元。

人口民族

1957年，全乡有15333人。1975年，全公社有4695户20378人，1985年，全镇有22314人，1995年有22161人。2003年，全镇有5837户19578人，其中农业人口18017人。2014年，全镇有7128户22782人，其中非农业人口1262人；人口自然增长率3.2‰；每平方千米229.66人；有土家族118人。

经济发展

综述

1957年，毛花乡实现工农业总产值96.61万元，其中农业总产值85.7万元，农民人均分配收入40元；1958年，实现工农业总产值117.62万元，其中农业总产值105.67万元。1975年，珠日公社完成工农业总产值357.87万元，其中农业总产值335.7万元；全公社人均分配收入73.3元，扣除实物折款，人均分配现金收入7.7元；农民住房均为土砌的平房，不少农户还是茅草房。1986年，全镇完成社会总产值2147万元，工农业总产值1416万元，其中农业总产值1225万元；全镇人均纯收入460元，农户开始新修砖瓦房。2003年，完成工农业总产值17715万元，其中农业总产值10156万元；全镇人均纯收入2078元。此后，全镇社会总产值以平均每年4000万元以上的速度增长。2014 年，全镇国内生产总值 5.02 亿元，农业总产值 25070 万元，第一产业增加值 14879 万元，人均国内生产总值 2.31 万元；全镇完成税收 105 万元，财政总收入 1275 万元，其中地方财政收入 832 万元，人均财政收入 815 元；完成一般预算性收入 234 万元，一般预算性支出 244 万元；人均纯收入 7853 元，农户普遍新修楼房，购置高档家用电器，不少农户还购置农用车、农用机械和小汽车。

农业

四新岗镇有耕地 39840 亩，山林 77280 亩，水面 3350 亩。

种植业 境内以种植水稻、棉花、油料为主。1957 年，珠日乡粮食种植 66016 亩，总产 686.38 万公斤，亩产 104 公斤。20 世纪 90 年代，调整农业生产结构。1995 年，形成粮食、棉花、烤烟、油菜等支柱产业；粮食产量上升到 1018.1 万公斤。2003 年，打造种植结构新格局，确定马家、青云、牯牛、老屋、竹园、双九 6 个村为烤烟主产基地，全镇种植烤烟 2000 亩；粮棉油品种优质率上升到 90% 以上。2011 年，全镇水稻复种面积稳定在 2.7 万亩，烤烟、花卉苗木种植形成特色产业。2013 年，种烤烟 2200 亩，产烟 5200 担，烟叶产值近 800 万元。招商引进的省级农业产业化龙头企业常德红花园公司，探索公司加农户的发展模式，建设红花园苗木花卉示范园，成功引进日本黄栌、马褂等国外高端苗木花卉品种，栽植面积达 2000 亩。2014 年，加强现代农业核心示范区建设，创建 3 个粮食千亩示范片、23 个百亩示范片，全镇粮食复种面积 3 万多亩。镇政府投入 60 万元用于示范片基础建设、大户培植和新技术推广，成立烟叶栽培、粮食种植 2 个农民专业合作社。牯牛村建立起全市第一个千亩林下经济示范园。湖南天心公司投资 1.2 亿元，用地 1000 亩，建立循环农业经济示范园。四新岗镇被定位为“全市新型工业、现代农业相辅相成示范镇”。

养殖业 四新岗镇养殖业以饲养生猪、家禽为主。1957 年出售商品猪 758 头，1958 年出售商品猪 1516 头，两年养殖业产值分别为 2694 元和 5054 元。1986 年，养殖业产值 147 万元，养殖业产值占农业总产值的比重为 24%。1995 年发展家禽 60.3 万羽。2003 年养殖业产值 4098 万元，养殖业产值占农业总产值的比重为 47%。2011 年，全镇发展各类养殖大户 85 户，成立起长丰养鸡合作社和同心獭兔养殖合作社；全镇发展生猪 4.2 万头，出栏 1.8 万头；饲养家禽 198 万羽，出笼 107 万羽，产禽蛋 2100 吨；水产养殖 256.8 公顷，水产品总量 1200 吨。2014 年，全镇有养殖大户 115 户，其中养猪大户 26 户，养鸡大户 79 户，养羊大户 10 户。

林业

20 世纪 50—60 年代，境内林木毁损严重。80 年代开始封山育林、植树造林。90 年代兴起林果业。2003 年，临澧兴渝果业有限公司与重庆上邦现代化农业发展有限公司合作，在双九、神堰、七张、楼房村建立起 1000 亩优质水果和食用竹示范基地。2011 年，开始油茶林高标准低改，发展油茶主导产业，改造油茶林 700 亩。2013 年，全镇造林 6900 亩，农民四旁树木 5.6 万株，油茶低改 4000 亩，建成精品油茶园 2000 亩。2014 年，完成 4000 亩油茶低改，全镇山林 52956 亩，其中油茶 35000 亩，林木覆盖率达 67.7%，活立木蓄积量 9.5 万立方米。

工业

20 世纪 50—70 年代，镇境只有打米、榨油等简易的食品加工业。1957 年，全乡工业产值 713 元，1958 年 8150 元。80 年代开始发展现代工业。1985 年，全镇完成工业总产值 112.71 万元。1986年，全镇有5家集体企业、7家私营企业，完成工业总产值191万元。1987年，县石油化工厂生产的苯、二甲苯、芳烃汽油供不应求，芳烃汽油获市级“优秀新产品”称号，1988年被列为湖南省“星火计划”。1995年，全镇有各类企业801家，其中个体工商户656家、私营企业16家、工业企业91家，全镇形成年产焊管5000吨、锌管1000吨、脚手架500吨、服装100万件、预制件4000平方米、红砖1000万块、三苯600吨、色浆100吨、石灰1000吨的能力，全年完成企业产值2.16亿元，工业产值1.638亿元，获市政府颁发的银牌奖。湖南南国实业发展有限公司办成集高频焊、镀锌、服装等为一体的集团企业，全年完成工业产值3831万元，成为县三星级企业，被授予湖南省重合同守信用企业。1999—2003年，深化经济体制改革，镇村办31家工业企业全部改制，其中钢管厂、化工厂等7家破产，14家重组，10家整体拍卖。2004年，镇党委、镇政府全力加大招商引资力度，促进工业项目引进落户，沿临岗公路建设工业走廊，打造澧南工业强镇。引进的宏澧化工，总投资5500万元，年销售收入过千万元，上缴国家税收过百万元。1999—2009年，落户临岗工业走廊的企业有16家，其中规模以上企业有九五石材、铭诚钢构、广飞建材、鑫澧实业、永盛棉业等5家，规模以下企业有11家。2009年，全镇完成工业产值1.79亿元。2014年，招商引进冠豪毛织、兴新轧花厂、脚手架公司等工业企业23家，累计投资到位资金9.3亿元，完成固定资产投资4.25亿元，工业总产值3.87亿元，其中规模以上工业总产值19355万元，工业增加值10836万元，创税收400多万元。

商贸服务业

1985年，镇区有服务网点324个，从业567人，年农副产品收购额515万元，社会商品零售总额597万元。1994—1995年，兴建两个集贸市场，占地4669平方米，有固定摊位280个、经营业主528个。1996年，农民进镇从事个体商业、运输业、饮食服务业和农副产品加工业，总户数达565户。2014年，全镇有个体商户226户，集镇有农贸市场1个，年成交额2280多万元，全镇社会商品零售总额6560多万元。

基础设施

交通运输

20世纪30年代初，常澧公路经过斋阳桥、青林寺、爬爬堰一线。1955年10—11月，修建爬爬堰—陈二铺、斋阳桥—牌楼岗公路。1963年10月，建成四新岗至斋阳桥线。1973年10月，建珠日桥至柏枝岗上铺线。1974年11月，建双九至柏枝高家滩线。1975—1977年，修建曹门嘴—雨台、黑牛湾—蔡家、三湾—排楼、曹家湾—七张、上塄—永丰、珠日桥—杨柳、叶家垱—马家等公路。20世纪80—90年代，境内公路基本村村相通、组组相连。进入21世纪，受国家加强通村公路建设的强力拉动，镇政府采取民办公助的办法，加速基础设施建设，境内兴起公路硬化热。2012年，硬化双九至红星水库1.5千米“竹节通”路段、七张村3千米通村公路和竹园村竹二组通组公路。2013年，硬化村道1.1千米、组道4.7千米。2014年，投资400万元，硬化通村公路9千米；筹资95万元，完成全镇2.1千米“断头路”的硬化；整修公路20多千米。2011—2013年，投资78万元，新修机耕道33条36千米。2014年，全镇公路总长286千米，其中乡道13千米、村道56千米，道路硬化总里程102千米。

邮政通信

邮政 2011年，四新岗镇有邮政网点1个，投递路线单程总长78千米，投递点65个，乡村通邮率100%。报纸、杂志累计期发行612份。年末邮政业务总量12万元，纯收入3万元。

通信 1994—1995年，相继开通程控电话、无线寻呼和移动电话业务。2003年，程控电话装机容量2500门。2011年，境内有电信、移动服务网点5个，固定电话用户896户，电话交换机总容量2356门，固定电话普及率29%，互联网用户335户，移动电话用户7026户，全年电信业务收入71万元。

供电饮水

供电 1984年，建成四新岗镇变电站、供电站，安装主变压器2台，总容量0.12兆伏安，架设高压输电线路3条，总长91千米，用电负荷5460千瓦，综合电压合格率98.6%，供电可靠率99.98%，年售电量0.2亿千瓦时。2014年，完成5个村1189户的电网改造，新增变压器6台，改造变压器8台，电压增容250千伏安。

饮水 1988年，镇政府投资100万元兴建自来水厂。20世纪90年代，四新岗镇启动安全饮水工程。1992年，扩大镇自来水厂供水能力，向村铺设供水干线管网80千米，年供水25万立方米，村（居）民饮用自来水普及率达60%。1994—1995年，投资28万元改造镇自来水厂，日供水能力提高到1000吨。2014年，对镇自来水厂进行升级改造，将水厂取水口下移到大库，延伸铺设供水管网，新增安全饮水人口3000多人；接引柏枝自来水厂供水，覆盖镇东部老屋坪、七张、神堰等村，全镇自来水普及率100%。

农田水利建设

水利 20世纪50年代至80年代中期，四新岗修小型水库8座，兴修整修堰塘1269口、垱坝287处，总库容2151万立方米；新修电力提灌机埠11处，装机12台727千瓦，灌溉面积1.33万亩。1990—1992年，继续加强水利建设，在珠日、蔡家、杨柳、百草、天鹅、楼房村兴建楼池堰、清水堰、天水堰、百草堰、油榨湾、竹仕堰等6座小（二）型水库，增加蓄水库容800万立方米。1992年在四新岗居委会兴建小(一)型天鹅水库。至2003年，又兴修堰塘120多口，新建提灌机埠5处，装机增容430千瓦，新修整修灌溉渠道110千米，全镇总蓄水库容达6030万立方米，机埠提灌能力达到1.6万亩。此后，水利建设转入对水利工程的提质改造。2011—2013年，完成92处堰塘整修，对40条、92.6千米渠道清淤，6处提灌机埠维修，对水库除险加固。2014年，整修堰塘30处，溪坝5处，水库除险保安1处，疏浚渠道15千米，防渗硬化渠道3千米，修复机埠3处300千瓦。

农田基本建设 1964年，雨台大队组织农业学大寨活动，奋战一冬，建设1600亩稳产高产农田。1975年，荷花大队唐二铺生产队在中共常德地委工作组的支持下，贯彻中央关于农田基本建设的精神，投资1万元，开挖撇洪沟和排灌沟1500米，改造低产农田120亩。21世纪初，镇政府投资15万元，在天鹅、斋阳、牯牛、双九等村改造低产田。2013年11月，争取国家投资310万元，实施土地综合整理项目，在牯牛村综合整理耕地1732亩。

村镇建设

集镇建设 四新岗集镇，旧称爬爬堰，文化大革命初期改名四新岗。民国7年（1918），常澧公路建成后，四新岗始有农民居住，经营茶水食点。20世纪50年代，随着公路运输的发展，四新岗先后兴建供销分社、旅店、粮店、食品站、导航站，后又设置诊所、学校，兴办社队企业，至20世纪70年代逐渐形成新兴的小集镇。1983年1月乡（镇）政府迁此后，集镇得到快速发展，至1985年，建成两条街道，一为群英街，长650米、宽30米，两侧人行道各3米；一为西盛街，长800米、宽35米，两侧人行道各4米。1996年，修筑4条共长3614米的排污下水道。1999年，集镇建成区街道扩展为4条，总长5842米。2003年，集镇建成区0.67平方千米，各类建筑物总面积13.66万平方米，常住人口4318人。2014年，投资近千万元全面实施集镇街道升级改造，车行道全部砼化，铺设人行道板、敷设下水道、安装路灯、改造自来水管网、维修居民住房立面、统一店面招牌、铺设弱电入地管网、植树绿化、设置道路标示标牌标线、配套环卫设施等十大工程项目；集镇建成区扩大到1.8平方千米，常住人口增至5000多人。

乡村建设 从2010年起，四新岗镇着力推进新农村建设。2013年，四新岗镇被评定为省级生态乡镇。2014年，牯牛、青林两个村加速兴办试点，投入1600多万元，建设美丽乡村。牯牛村突出“家风传承福地、和美宜居牯牛”的建设主题，围绕一圈四点的布局，完成大小11个建设项目；青林村突出“宜工宜农、生态宜居”建设主题，围绕一线三点的布局，完成大小23个建设项目。全镇开展农村环境整治，镇政府投入6万元建成1个垃圾中转站，投入15万元配套4个农村墟场设施，新建焚烧池110个、垃圾池80个，配发户用垃圾桶1万多个，环镇公路、临岗公路、207国道、集镇街道等重点部位都做到常态化保洁。每个村都选择1个组办环境整治示范点，聘请专职保洁员保洁。全镇乡村出现四旁绿化、庭院整洁、设施配套的新农村气象。

社会事业

教育

幼儿园 2004年，全镇办有中心小学、斋阳、珠日、楼房、毛花、老屋6所公办幼儿园和1所民办的启智幼儿园。2014年，全镇有幼儿园5所，入园儿童299人，幼师15名。

小学 民国时期，境内各保均办小学，青林寺设区办第三联合高小、县立第三高级小学，斋阳桥设斋阳联乡小学。1949年下学期，在斋阳桥设青田完小。1958年成立公社后，每个生产大队都创办小学。1965年，在珠日桥设珠日完小。1969年创办雨台学校。1985年，设天鹅中心小学。1994年，整合教育资源，调整学校布局，撤销牯牛、神堰、七张3所小学；此后又撤销11所村办小学。2014年，全镇有5所小学，有教师57人、学生768人，小学适龄儿童入学率100%。

中学 1969—1979年，在珠日桥创办完全中学，后改办片中。1980年，在四新岗创办四新岗初级中学。此后10年，全镇投入1000多万元，对四新岗中学进行升级改造。1995年，镇办中学经全国“两基”达标验收，被省教委授予合格初级中学的称号。2014年，全镇有1所初中，专任教师44人、在校学生371人。

文化

20世纪70年代，珠日公社建广播站，全社广播覆盖率100%。1985年，四新岗镇修建电影院1座，座位960个。1995年，新建镇有线电视台，形成全镇有线与无线、广播与电视圈覆盖网络。2003年，全镇有线电视用户245户，文化经营户6户，女子管乐队4支，每年开展两次大型民间演唱活动。2013年，投入资金50万元，实施广

四新岗中学

播“村村响”工程，村村建有广播站，广播人口覆盖率100%。2014年，投入200多万元建成占地4000平方米、集文化传媒、强身健体、娱乐休闲、宣传教育、科技推广、科普培训和青少年校外活动于一体的文化广场。

医疗卫生

20世纪50年代后期，建公社卫生院。20世纪60年代后期在四新岗建县地方医院，20世纪70年代并入公社卫生院。1985年，四新岗镇有中心医院1所，病床30张。1993年，中心医院投资28万元新修住院大楼。1995年，全镇有卫生机构27个。2002年，镇中心卫生院添置B超机、X光机，全镇中心卫生院和3家卫生所有医务人员45人、床位45张。2013—2014年，镇政府加强农村卫生工作，建立健全农村医疗卫生服务体系，促进农村公共卫生事业的发展，投入600万元（其中医疗卫生专项资金183万元）改善医疗卫生条件，全镇有医疗卫生机构24个，床位49张，执业医师和职业助理医师11人、注册护士11人。

社会保障

“五保”供养 2011—2014年，四新岗镇投资760多万元进行镇敬老院配套建设，建成全县唯一的省级五星级敬老院，敬老院有床位110张，2014年入住老人96人，全镇供养农村“五保”人员68人。

低保救助 2011年，全镇有23户34人享受城镇最低生活保障，有375户572人享受农村最低生活保障。2014年，核定农村低保对象536户709人，发放农村低保金72.468万元，核定城镇低保对象25户36人，发放城镇低保金8.328万元。对56户特困户、低保户和无房户进行危房改造和新建住房。

“新农合” 2011年，新农村合作医疗共救助138人次，民政部门参与合作医疗资助821人次，共支出3.2万元。2013年，全镇有20557人参加“新农合”，参合率98%。2014年，有18763人参加“新农合”，1670人得到住院补偿，补偿总金额136.4万元，

“新农保” 2013年，全镇参保人数8910人。2014年，全镇参保人数9415人，参保率98%，2248人领取养老金。

（文字供稿：徐蓉，图片供稿：临澧县党史办）

太浮镇

区域概况

位置面积

太浮镇东接陈二乡，东南与四新岗镇为邻，南连鼎城区雷公庙镇，西南与桃源县盘塘镇相邻，西与石门县蒙泉镇接壤，北接文家乡，是临澧、鼎城、桃源、石门四县（区）交界地，距临澧县城 17.7 千米，总面积 74.106 平方千米。镇人民政府驻衍嗣庵社区。

建置沿革

清初，太浮镇境域隶永定卫。清雍正七年（1729）改隶安福县，县下设里、区建制。今太浮镇境内六合垭、金鸡庙、石砌路即今六合、高公、采茶、四方村和衍嗣庵社区一带属永左里，南阳堡、观音桥即今南阳、龙潭、雷水、民富村一带属永后里。

民国初，置王化区。民国 24 年（1935）编组保甲，太浮地属三区管辖，置王化乡。民国 27 年废区并乡，乃一直置王化乡，乡址驻王化桥。

1949 年 8 月，保留民国时期的乡、保、甲制，王化乡属第二区管辖。1950 年 7 月，全县废除旧的保甲制，划乡建政，县下设区、乡、村。太浮地域仍属第二区管辖，分置龙潭、高公、南阳、浮东、普兴、王化 6 个小乡。1956 年 5 月，全县撤区并乡，合并原浮东、王化、南阳、高公、龙潭、普兴 6 乡，置衍嗣庵乡，乡址驻衍嗣庵。

1958 年 9 月，全县实行人民公社化。合并原衍嗣庵乡、陈二乡，置东风人民公社，次年改称太浮人民公社，社址驻陈二铺。1961 年 3 月，全县调整公社、大队、生产队规模，析太浮人民公社，分置陈二、太浮两个公社，太浮人民公社治所驻地迁衍嗣庵。

1984 年 3 月初，农村人民公社体制改革，实行政企分设，太浮公社更名为太浮山乡。1984 年 10 月，实施镇管村模式，经省人民政府批准撤销太浮山乡，成立衍嗣庵镇。1995 年更名为太浮镇。至 2014 年年底无变化。

行政区划

民国初，王化区辖 8 保。民国 24 年（1935）改置王化乡后，所辖保数于民国 27 年改成 16 保，民国 30 年缩编为 8 保，民国 34 年扩编为 11 保，民国 35 年恢复民国 30 年的保甲建制。

1949 年 8 月，保留保甲建制，王化乡时辖 9 保。1950 年 1 月，王化乡第 8 保马鬃岭一带划归桃源县。

1956 年撤区并乡，乡下辖农业生产合作社。

衍嗣庵乡合并原51个农业生产合作社，以片区组建10个大社。衍嗣庵乡时辖星星、保丰、龙潭桥、明福、野湖桥、衍嗣庵、双清桥、采茶坪、王化、胜利10个高级农业生产合作社。

1958年成立人民公社，公社下辖生产大队、生产队。太浮境设4个大队、33个生产队，即高公大队（8个生产队）、王化大队（6个生产队）、衍嗣大队（6个生产队）、大方坪大队（7个生产队）、雷水大队（6个生产队）。1961年调整大队、生产队规模，太浮人民公社改辖18个大队、145个生产队。1975年，全公社共辖18个大队、161个生产队。

1984年改置镇建制，太浮镇辖六合、永祥、高公、保丰、古池、雷水、龙潭、四方、南阳、民福、双福、王化、同心堰、兴隆、采茶、郭家、舒家、八仙18个行政村、186个村民小组和衍嗣庵1个居民委员会、6个居民小组。至2014年，行政区划无变化。

自然环境

太浮镇以山地丘岗为主，间有少量溪谷平原。西北部太浮山为县境最高山地，主峰海拔604.5米，山脉自西向东连绵起伏，地势西北高，东南低。

镇域属亚热带季风气候区，四季分明。年平均气温15.2℃，年平均降雨1200毫米。境内最大溪河为高公桥的罗家垱和衍嗣社区的杨梅溪，均发源于太浮山。罗家垱向南注入沅水，杨梅溪向东注入道水。

境内矿藏丰富，尤以六合村的石英砂为最，蕴藏量为中南五省之最，且品位达到91%。八仙村的石灰石，储量达8千万吨。境内树木以马尾松为主，间杂杉树、油茶、油桐、香樟、枫树、栗树和楠竹等。野生动物有22种。

1840—2013年，境域共发生自然灾害49次，特别严重的有洪灾10次、旱灾4次、龙卷风1次。1971年6月，保丰村境内发生龙卷风灾害，摧毁张家生产队民房13间。2013年7月7日，太浮山地区发生洪灾，24小时连降暴雨250毫米，太浮镇全境受灾，受灾作物面积3300亩，1050亩棉花失收，390亩烟叶、1500余亩水稻全被水淹，直接经济损失300多万元。

人口民族

民国35年（1946），王化乡有2347户，常住人口11056人，其中男性5655人。1957年，衍嗣庵乡总人口为11633人。1964年，太浮公社有2747户10900人，其中男性5507人，非农业人口257人。1975年，全社有3321户14911人。1985年，全镇有3676户15887人，其中男性8155人，非农业人口560人。1995年，辖区内有4210户13170人，其中男性6690人，非农业人口1157人，少数民族土家族有240人，人口出生率14‰。2013年，全镇有4170户15600人，其中男性8470人，非农业人口2600人，土家族340人，人口出生率12.5‰。2014年，全镇有5190户15707人，其中男性8051人，非农业人口730人。

经济发展

综述

1957年，衍嗣庵乡工农业总产值80.41万元，其中农业产值73.61万元；人均分配收入43.4元。1958年，工农业总产值95.18万元，其中农业产值85.07万元。中共十一届三中全会后，全面实行家庭联产承包责任制，极大调动农民种养积极性，农村经济大为好转，温饱问题得到解决。1985年，全镇工农业总产值916.61万元，其中农业总产值890.62万元，占工农业总产值的

97%，人均分配收入417元。1995年，全镇工农业总产值14310万元，其中农业总产值10310万元，占工农业总产值的72%；财政总收入80万元；农民人均纯收入625.95元，年末人均储蓄1215元，65%的农户建新房，每百户农户拥有摩托车15辆。2013年，农民人均纯收入1645元，年末储蓄人均1800元；95%的农户新修楼房或平房，每百户农户拥有摩托车50辆、汽车7辆。2014年，太浮镇紧扣“产业富镇、项目强镇、文明靓镇、旅游兴镇”的工作思路，抢抓机遇，埋头苦干，实现地区生产总值30789万元，完成农业总产值22001万元，农业经济实现地区生产总值13057万元；财政总收入520万元，农民人均纯收入4280元。

农业

太浮镇有耕地1862.06公顷，其中水田1602.73公顷、旱地259.33公顷，山地3929.13公顷，水域471.73公顷。

种植业 境内传统种植业以种植粮食作物为主。1957年，衍嗣庵乡种植粮食44968亩，总产607.8万公斤，亩产135.2公斤。1995年，种植双季稻1030公顷，总产15100吨，油菜籽1200吨。民福、双福等村利用沙壤土地种植西瓜，供应常德市场。1996年起，太浮镇调整农业结构，发展烤烟、香菇生产，逐渐形成新的支柱产业。1997年，全乡种植900亩烤烟。1999年，镇政府从浙江云和县引进技术，规模发展袋装香菇生产，获得较好的经济效益。2004年，全镇种植香菇60万袋，产菇60万公斤，获产值180万元。此后，香菇生产规模持续扩大。2005年，全镇种植烤烟3000亩，产烟叶9000担，创产值520万元，烟草公司投资100万元在太浮建成临澧最大的烟叶收购站，太浮镇成为常德卷烟厂的15个烟叶生产基地之一。2006年，烟叶生产推广定单农业，全镇种烟166.66公顷，每公顷创产值2.25万元，实现高产高效。2010年，全镇稳定烟农209户，种植面积稳定在226.66公顷，产烟1.1万担。2013年，交售烟叶1.2万担，荣获湖南省“万担烟叶大乡”称号。2013年，全镇种植水稻2100公顷，总产14700吨。2014年，种水稻45626亩，总产量16920吨。

养殖业 1957年，衍嗣庵乡出售商品猪233头，养殖业总收入8268元。1995年，全镇养殖生猪4400头，出栏2600头；养牛1100头，养禽7万羽；出水鲜鱼4.9吨。之后，镇政府扶持科技养殖户，引导农民发展规模养殖。2004年，全镇出栏生猪1.48万头，发展山羊6000多只，家禽60万羽，水产品1100吨，实现产值2050万元。2006年，全镇涌现出王化村的鄢金初、双福村的鄢安明、同心村的祝志广3个养殖大户，每户年出栏肥猪1000头以上。2013年，全镇养殖生产受市场影响有所萎缩，年出栏生猪3100头，养鸡10万羽，出水鲜鱼6吨。2014年，全镇出栏生猪2954头，家禽73万羽，鲜鱼10吨。

林业

太浮为临澧林产品主产区。1958年受大炼钢铁的影响，林业资源受到破坏。20世纪60年代中期，公社及双福等大队兴办社队林场，连片营造杉木林。20世纪80年代中期，开始大力开发有庭院经济特色的林果业，林业生产出现恢复性发展。至1995年，境内森林覆盖率为49%。庭院经济初具规模，全镇农户户平有1亩以上的果木林，年产柑橘20多万公斤、桃18万公斤、李50多万公斤，总收入500多万元。2000年7月，太浮山被省林业厅批准为省级森林公园，实行封山育林，禁采、禁挖、禁猎，森林植被明显扩大。2002年起，实施长防林工程和世界银行贷款国家造林项目，发动群众封山育林、植树造林、改造残林、退耕还林 31.21 公顷。2004 年年末，全镇庭院果林发展到 8000 亩，户平近 3 亩。2014 年，全镇连片水果生产基地 1100 公顷；柑橘生产成为农业支柱产业，全镇柑橘总面积 1.8 万亩，年产量 7300 吨，产值 2600 万元；森林覆盖率 51%，

工业

清代至中华人民共和国成立，境内没有现代工业，只有龙潭、衍嗣庵等地有制作竹筛、竹垫的手工业。1957 年，原衍嗣庵乡实现工副业收入 6.8 万元，其中纯工业收入 3218 元。1958 年，衍嗣庵乡实现工副业收入 10.11 万元，其中纯工业产值 1.87 万元。1971 年，太浮公社组建“五七”联社，开始打铁、制面、缝纫、建筑等工业生产。1975 年，全社实现工副业收入 15.99 万元。1978 年，公社在六合垭开办矽砂矿，采矽砂 3000 吨，1984 年产量提高到 1.34 万吨。1980 年代，大力发展乡、村企业。1985 年，全镇完成工业产值 85.99 万元；至 1995 年，镇、村、个体三级兴办企业 781 家，其中镇办工业企业 10 家，村办工业企业 50 家，村以下办工业企业 472 家。骨干企业有耐火材料厂、竹木加工厂、轮窑机砖厂、鞭炮厂、建筑公司以及对农副产品进行深加工的果脯厂、米厂，全镇企业年产值 1.1 亿元，其中工业产值 4900 万元。20 世纪 90 年代末，受资金、市场及国家政策的影响，镇村集体企业经营艰难，先后改制，民营工业企业赢得发展。2001 年，耐火材料厂年产值突破 100 万元，盈利 10 万元。木器厂完成总产值 85 万元，盈利 7 万元。2006—2009 年，台湾国铭鞋厂到太浮投资兴业，吸纳农民工 300 余人。2013 年，全镇有各类企业 18 家，完成工业总产值 1200 万元。2014 年，实现工业总产值 3710 万元，工业增加值 1347 万元。

商贸服务业

清代，境内有衍嗣庵、王化桥、高公桥 3 处墟场。民国时期，王化桥集市兴盛一时。衍嗣庵因为地处三县交界，商业一直繁荣，集镇有各类商店 110 多家，从业 170 多人，每逢场期，赶集人数不下 5000 人，竹木制品、山货土产、水果、粮油、生猪、耕牛交易十分活跃。

中华人民共和国成立后，衍嗣庵一直为乡、公社及镇政府驻地，先后建立供销社、肉食站、粮油站及其他国营、集体、个体商业网点，衍嗣集市亦成为境内中心市场。各村（大队）均设有集体商业零售店或代销店。“文化大革命”期间一度不兴场期，衍嗣庵市场趋于萧条。中共十一届三中全会后，个体商贸服务得到发展，衍嗣庵市场逐步复兴，场期的日贸易成交额一般在 4.5 万元以上。1985 年，全镇有商业网点 50 多个。1993 年，投资 50 万元兴建占地 7100 平方米的农贸市场，发展边界墟场经济；1995 年，镇内高公、王化、衍嗣庵 3 个集市的个体商铺发展到 400 余家，完成社会商品零售总额 1.5 亿多元。随着商业流通体制改革的深入和小城镇的发展，农民进镇经商，推动商贸服务业快速发展。2004 年，投资 100 万元，建成集贸综合市场。2013 年，境内有各类商铺 600 余家，个体工商从业者 1700 余人，衍嗣庵集市成为万人市场，全镇完成社会商品零售总额 1.31 亿元，其中集市商品交易额达 7000 万元。2014 年，境内商贸服务第三产业实现地区生产总值 16383 万元。

基础设施

交通运输

1959 年，境内建成 207 国道斋阳桥至衍嗣庵公路，1972 年延伸至永祥村排楼岗，接通石陬公路。1973 年，建成太胜公路。1995 年，境内县、

镇公路总长29.4千米，通村公路51条，总长103千米，实现公路村村通。1996年，石长铁路穿经太浮，在镇区设置李家站。2010年，建成太浮山旅游公路。2014年，投入380万元完成斋排公路斋阳桥至衍嗣庵段的重建与整修，铺设通村通组水泥公路12.5千米，完成同心村妈妈坑大桥、雷水村狮子桥、舒家村流沙河桥和民福村自生桥的重建，全镇所有通村公路及部分通组公路实现水泥硬化。每天有20个班次的客车从六合、王化、衍嗣庵开往临澧、常德，日客运量达600余人。

邮政通信

境内设有太浮邮政所和邮政储蓄银行，邮政电信年业务收入160万元左右。1995年，太浮镇开通程控电话，次年，程控电话进村入户。1997年，投资40多万元建成60米高的移动通信塔。2003年，投资30多万元建成55米高的联通通信塔，实现移动通信的无缝覆盖。2004年，全镇程控电话装机突破2000部，覆盖率达70%。2013年，全镇有移动电话6100台，宽带用户800户。

供电饮水

供电 20世纪70年代，境内开始普及用电。2000年，投入200万元完成境内电力网改。2014年，电力建设总投入480余万元，高标准完成古池、兴隆、王化等3个村的基础电网扩容改造。

饮水 1992年，投资35万元建成自来水厂，日供水能力1000吨，镇区居民开始饮用自来水。1995年起，镇自来水厂逐步向各村延伸供水，至2014年，安全饮用水已覆盖全镇19个村（居）、186个村民小组，饮用自来水农户达3500家。

水利建设

20世纪50年代，境内兴起整修塘坝和兴建水库热潮。1956年，兴建溪峪小（二）型水库。1958年冬，临澧开展“百库”建设运动，境内兴建曹家垱小（一）型水库。1960年代，为解决高塝田抗旱需要，开展电灌机埠建设。至1985年，境内共有堰塘1545处，垱坝75处，其中骨干塘62处，蓄水总量537万立方米；有水库14座，其中小(一)型水库3座，蓄水总量911.3万立方米；兴建电灌机埠6处，装机6台275千瓦，灌溉面积0.41万亩。90年代，兴建兴隆村筲箕堰小（二）型水库、王化村八大湾小（二）型水库。至2003年，太浮镇成为全县水库最多的乡镇，全镇有小型水库17座，电排机埠4处，骨干塘坝260处，1543公顷水田旱涝保收，占农田总数的96.3%。2014年，整修堰塘45处，渠道清淤15.5千米，整修加固河坝1处，恢复重建机埠1处55千瓦，投入220万元进行水库除险保安，对王家峪水库、八大湾水库进行内坡硬化和大堤加固。

村镇建设

集镇建设 民国中期，衍嗣庵集镇街道长约350米，宽约4米，临街建筑设廊檐，形成街市。1958年，衍嗣庵街区部分房屋被拆除，集镇面貌遭到破坏。1980年，衍嗣庵街道南迁，沿斋排公路在山岗上新辟街区。1985年，衍嗣庵建成长200米、中心车道宽12米的新街，镇区建成规模达0.1平方千米，常住人口2000余人。1992年，镇区街道铺设柏油，1993—2000年，修建排污下水道6条6253米；投资60万元，对镇区街道进行砼化。2003年，衍嗣庵社区有街道6条，长5379米，集镇建成区规模达0.73平方千米，常住人口3468人，有各类建筑10.31万平方米。2010年，投入1700余万元，铺设街区人行道地面砖2.2千米，统一粉刷装饰街面房屋110间，架设路灯70盏，改造下水道1000米，兴建垃圾处理设施40处，购置垃圾转运车辆6台。至2014年，镇区街道形成一纵三横的布局，主街道人民街延伸至1千米，镇区建成规模达到1平方千米。

乡村建设 2010年，太浮镇被常德市委确定为新农村建设示范镇，全镇19个村（居）相继建设新村部，其中保丰、雷水、龙潭、王化村村部建成楼宇式，获全市新农村建设一等奖。2013年，保丰村被评定为国家级生态村。2014年，全镇改善农村卫生条件，分别在六合、永祥、高公、保丰、龙潭及居委会建立整修6个垃圾收集点和1个墟场垃圾转运站，发放800个户用垃圾收集桶，全镇19个村设有专业的卫生整治队伍，定期清扫处理垃圾；230户建起沼气池，改灶、改厕、改水，环境卫生面貌焕然一新。

社会事业

教育

幼儿园 20世纪80年代后期，开始重视学前教育，至2004年，境内中心小学及舒家、王化、龙潭、高公小学开设学前班，同时兴办起南阳、古池、六合及新世纪、培英、小叮当等民办幼儿园。2014年，全镇有公立幼儿园3所，入园幼儿230人，幼师8名。

小学 清代，境内有私塾和经馆2家。民国时期各保均设初级小学；龙潭桥设私立龙潭高小，民国12—16年（1923—1927），龙潭私立高小改为区立龙潭高小。民国30年，设王化乡中心国民学校。1958年，改按大队建制办校，各生产大队均办初小，龙潭桥设完全小学。1965年，公社在衍嗣庵设太浮完小。1980年代，各村均办村小。1985年，办衍嗣庵镇太浮中心小学。1994年，镇中心小学完成整体搬迁。此后，境内开始整合教育资源，调整学校布局，大多数村小先后撤并。1995年，全镇有小学13所；2014年，全镇设完小5所，有学生679人，教师42名。

中学 1958—1959年，龙潭完小设县办附中。1969—1972年，在衍嗣庵、龙潭桥设社办完全中学，1980年以后改办初级中学。1995年，调整学校布局，全镇设1所全日制初级中学。2014年，全镇有中学1所，有学生252人，教师31人。

文化

1984年，镇文化站在全县率先办起农民文化宫，配置有1个1000多座位的影剧院，1个藏书2万多册的图书馆，1个游艺室，1个电影放映队，1个录像队。1996年，太浮镇开通衍嗣庵社区有线电视网。2001年新扩有线电视高公网，有线电视入户600户，覆盖率20%。2013年，全镇有19个村民活动中心，5个文艺演出团体，41处运动场所，19个村级图书阅览室，藏书近4万册。2014年，加强太浮山旅游文化开发，建成宣鉴禅和湘鄂西苏区太浮山武装斗争纪念碑，修建从双福上太浮山顶的旅游步道，19个村开通调频广播。

医疗卫生

民国时期，境内只有民间个体医生行医，无公办医疗机构。民国31年5月，为防鼠疫，县防鼠疫检查所在马鬃岭设鼠疫检查站，检疫423人。

1952年，建衍嗣庵卫生所，开展防疫治病。1958年，成立衍嗣庵卫生院，下辖高公、王化片区诊所。1968年冬，八仙大队率先建立合作医疗站，公社亦成立合作医疗管理委员会，在全社推行农村合作医疗，各大队建合作医疗室，社员集资，享受医疗优惠。1984年，公社卫生院改为乡镇卫生院，从业人员42人，病床8张。1986年，各村建立起村级卫生室。2004年，全面完成乡村医疗一体化管理。2013年，扩建太浮卫生院门诊大楼与住院部大楼，病床增至25张，镇卫生院和各村卫生室医疗条件及医疗水平得到进一步改善和提高。

社会保障

“五保”供养 1969年，落实“五保”政策，对无儿无女无依靠农户实行 60 岁养老送终制度。2001 年，太浮镇投资 40 万元在原中心小学旧址建立镇敬老院，集中供养 41 名病残“五保”老人。对各村散居的“五保”老人，按照敬老院的标准实行供养。

医保社保 2006 年，全镇新型农村合作医疗参合率为 80%，14 人获大病救助。2010 年，启动农村养老保险。2012 年，全镇参加“新农合”7062 人。2013 年，全镇 1.2 万人参加农村新型合作医疗，参合率 85%，有 2 万人（次）门诊，住院医疗得到补偿“新农合”补助。2014 年，全镇 14000 人参加新农合，参合率 94.1%，150 个城镇居民参加医保。6100 人参加“新农保”。

社会救助 2005 年，实施农村低保救助。2006 年，124 人享受农村低保。2012 年，310 户 427 人享受农村低保，64 户 68 人享受城市低保。2014 年，共发放农村低保、城市低保、农村“五保”、优抚对象、伤残军人、老复员军人、参战退役人员救助金 105 万元，改造 41 户农村危房，组织 250 多人（次）参加劳动力转移培训。

湘鄂西苏区太浮山武装斗争纪念碑

特色地情

名胜古迹

宣鉴禅院 21 世纪初开始，县委、县政府大力开发太浮山旅游资源，恢复建成了多处景观，在雷水村开通上山公路，建成宣鉴禅院。宣鉴禅院位于太浮山顶峰，因唐宣鉴祖师曾居住在太浮山，禅院因此得名。宣鉴禅院 2009 年开始新建，2014 年建成，建筑面积 2000 平方米。

湘鄂西苏区太浮山武装斗争纪念碑 太浮山位于临澧县西南部，岭分沅澧，峰峦叠嶂，屡为兵家争战的要地。1928 年，石门南乡及临澧西部等区相续举行了武装起义和暴动，形成以太浮山为中心、纵横 100 多公里的割据区，开展武装反对国民党反动统治的斗争，成为湘鄂西苏区的重要组成部分。湘鄂西苏区太浮山武装斗争纪念碑位于太浮山之巅，是太浮儿女英勇斗争的见证和纪念。纪念碑高 19.28 米，象征 1928 年苏区武装斗争，配套建设有大理石围屏，镌苏区斗争纪念祭文、苏区武装斗争简介、烈士名录。2014 年 12 月 24 日揭幕，对外开放。

樱花谷 樱花谷位于太浮山南麓雷水村境内。樱花面积350公顷,约10万株,有尾叶樱、微毛樱、崖樱、山樱花、麦李5种，花期为2月上旬至3月下旬，是国内面积最大、种类最多、花期最长的野生樱花林。樱花谷建有接待处，供游人赏玩小憩。

廿四古景 太浮山二十四景,《安福县志》有记载。元、明、清三朝，二十四景之间均有石板小径沟通,游人如织。二十四景为白云庵、三台峰、海棠溪、凤凰山、云芝庵、洗墨池、紫竹林、天心堰、顿笔峰、沉香井、仙人洞、第一峰、铁瓦寺、醉翁石、犀牛迹、万松岭、观音岩、丹炼台、捣药臼、对弈台、珍珠洞、荷花泉、饮马池、桃花港。清末以后，二十四景有名无实。2010年起开始部分恢复。

战争遗迹 相传明末清初农民起义军首领李自成落败后曾流徙太浮山，境内现有吴旗堰、军旗峪等遗迹。清末湘军首领曾国荃曾在太浮山受命剿灭太平天国洪秀全起义军首领赖汉英部万余人，有死人沟、晒羞台等遗迹。常德抗日保卫战期间，国民革命军在太浮山抵御日寇进犯，现存有战壕、炮台、团指挥所等遗址。

地方特产

红李 红李主产区在太浮山下的民福、南阳、双福等村，有四月李、五月李之分。因产地地质多为分化岩石与沙化土质，李子富含有利长寿的硒等元素，口味纯正香甜，个大圆实。每到农历四五月，各地商贩纷纷前来采购，远销常德、益阳等地。

（文字供稿：吴志湘，图片供稿：临澧县党史办）

修梅镇

区域概况

位置面积

修梅镇位于临澧县中部，澧水以南，道水以北，207国道穿境而过。东与杨板乡接壤，南面毗邻安福镇，西抵杉板乡牛头山，北靠停弦镇，东西长12.5千米，南北宽7千米。全镇总面积75.15平方千米。治所在县城北，离县城9千米处的207国道线西侧。

建置沿革

清初，修梅镇境归永定卫、九溪卫及澧州分治。清雍正七年(1729)改隶安福县。县下置里、区建制。今修梅镇境内双堰、叶庙、美丰、真武、赵家、千人、合丰村一带属永中里，鸡山、万福村一带属永后里，范家、七重村一带属九安里，高桥、新坪、顺水、白堰村一带及七重部分组属进一里。

民国5年(1916)，废清代里、区建制，设路、区、保建制，境域大部属西路赵家巷区。民国10年撤销区建制，建乡设保，置西路赵家乡。民国24年奉令编组保甲，赵家乡隶第四区，区公所设在赵家巷。民国27年，全县撤区并乡，境域仍置赵家乡，乡址赵家巷。民国30年6月，为纪念诞生在境内凉水井村的民主革命重要将领、孙中山总统府代参军长林修梅将军，改赵家乡为修梅乡。

1949年中华人民共和国成立之初，保留民国时期的乡、保、甲制。修梅乡隶区址设在七重堰的第四区。1950年7月，废除旧的保甲制，划乡建政，境内分置赵家、安乐、仙人、叶庙、古峰、雷家、鸡山、修梅等乡。

1956年5月撤区并乡。境内合并叶庙、仙人、修梅、雷家、鸡山、安乐、赵家、古峰等8个小乡，复置修梅大乡，乡址设仙人岗。

1958年9月，全县实现人民公社化，政社合一，修梅乡更名超美人民公社，社址从仙人岗迁车堰村汪家塝。次年2月，超美人民公社更名为修梅人民公社。1982年9月，公社社址迁七重堰。

1984年3月，农村人民公社体制改革，修梅公社更名修梅乡，乡政府设七重堰。

1991年8月7日，经省政府批准撤销修梅乡，改置修梅镇。至2014年年底无变化。

行政区划

清时，县下设里、区建制，今修梅镇地域置永后里、九安里、进一里3里，共辖凉水井、古老山、仙人等13区。

民国5年(1916)，赵家巷区辖15保。民国27年，赵家乡辖15保。1949年，修梅乡辖11保。

1949 年 8 月，维持民国时期的保甲建制。1950 年 7 月，废除保甲制，乡下改辖村。

1956 年 5 月撤区并乡，乡下改辖农业生产合作社。境内合并 70 个农业生产合作社，分片区组建 13 个大社，修梅乡时辖赵家巷、白合、鸡山、凉水、马家、叶庙、沃沙、七重堰、雷家、九口堰、闸家、车堰、白土 13 个高级农业生产合作社。

1958 年，置修梅人民公社，辖 9 个大队 56 个生产队，即七重大队（7 个生产队）、鸡山大队（9 个生产队）、白土大队 (5 个生产队）、卞家大队 (5 个生产队）、赵家大队 (8 个生产队）、叶庙大队 (5 个生产队）、车堰大队 (4 个生产队）、同心大队 (8 个生产队）、合丰大队 (5 个生产队）。1961 年 3 月，全县对人民公社、大队、生产队规模进行调整，修梅公社辖 26 个大队、236 个生产队。1975 年，全社辖 26 个大队、267 个生产队。

1984 年，公社改为乡，大队改为村，生产队改称村民小组。修梅乡下辖 25 个村、300 个村民小组。

1991 年 8 月，修梅乡改置修梅镇，辖七重堰等 25 个村和 2 个居委会，计 300 个村民小组，总面积 83.8 平方千米，有耕地 39200 亩。

1993 年 4 月，修梅镇划出太平居委会、南江居委会的枫树、聚宝 2 个居民小组，铁罗堰村划出双丰、双木、范家 3 个村民小组，叶庙村划出上楼、泥堰、长堰、丁家 4 个村民小组，东堰村划出杨家、新堰 2 个村民小组，共计 9 个村民小组、2 个居民小组 1300 人，组建太平工业经济开发区，由县政府直管。2003 年，修梅镇辖 22 个行政村、2 个社区，270 个村（居民）小组。2004 年 1 月，境内双堰村划归安福镇管辖。2014 年年末，修梅镇辖 21 个行政村和 2 个社区。

自然环境

修梅镇地貌以丘陵、平原为主，地势西高东低，西部为鸡山山脉，中东部多为平源。境内溪流纵横，山地和平原分布均衡。

镇境属亚热带季风性湿润气候区，气候温和，年平均日照时数 1637.3 小时，年平均气温 16.4℃。雨量充沛，年平均降水量 1200 毫米，适宜多种动植物生长。

镇域矿产资源丰富，西部鸡山山脉有丰富的露天石灰石，地下蕴藏着丰富的石煤、铁矿石等矿产资源，东部蕴藏着丰富的硅白土资源。

人口民族

1957 年，镇境有 17782 人。1964 年，有 4216 户 16861 人，其中男 8612 人、女 8249 人，非农业人口 270 人，每平方千米 224 人。1975 年，有 5111 户 23018 人。1985 年，有 5521 户 23605 人，其中男 12028 人、女 11577 人，非农业人口 1301 人，每平方千米 314.1 人。2003 年，全镇有 5800 户 18000 人。2014 年，全镇有 21047 人，其中常住户口人数 20453 人、男性 10434 人、非农业人口 1150 人、土家族 6 人，人口密度为每平方千米 280 人。

经济发展

综述

1957 年，修梅乡实现工农业产值 127.14 万元，其中农业产值 115.87 万元，占工农业总产值的 91.1%；人均分配收入 40.8 元。1975 年，工农业总产值 366.03 万元，其中农业产值 334.65 万元，占工农业总产值的 91.4%；人均分配收入 70 元，扣除口粮等实物折款，人均分配现金 3.7 元。农民住房普遍是平房，且多为茅草房。中共十一届三中全会后，推行家庭联产承包责任制，经济得以发展。20 世纪 80 年代起，修梅镇形成以农业为主，二、三产业同步发展格局。1985 年，实现工农业总产值 1198.66 万元，其中农业总产值 929.7 万元，占工农业总产值的比例降至 77.56%。进入 21 世纪后，优化农业产业结构，逐步建立起特种水产、肉鸡、粮食、棉花、蔬菜、经济林六大生产基地。2003 年，实现工农业总产值 15089 万元，其中农业产值 7089 万元，占工农业总产值的 46.98%。2014 年，全镇地区生产总值 40238 万元，其中第一产业增加值 13834 万元，占地区生产总值的 34.38%；税收增长率排全县第一；农民人均纯收入 7485 元，89% 的农户入住新楼房，每 10 户有摩托车 6 辆、洗衣机 9 台、电视机 9.8 台、电冰箱（柜）8.1 台，每百户有汽车 5.8 辆。

农业

修梅镇为农业大镇，有耕地 39586 亩、山林 46845 亩、水面 1100 亩，其中可利用养殖的水面 960 亩。

种植业 境内主要以种植稻谷、小麦、红薯、大豆、棉花、油菜等为主。1957 年，全乡粮食种植 66553 亩，总产 930.1 万公斤。1975 年，全公社总产粮食 1240 万公斤。2010 年起，修梅镇着力推动农业传统产业、特色种植、生态养殖均衡发展。2014 年，农作物种植 108577 亩，其中粮食作物 62900 亩、油料 29000 亩、棉花 11000 亩、甘蔗 140 亩、蔬菜 5537 亩；兴办粮食生产示范区，建双季稻标准化生产基地 1500 亩，双季稻亩平产量比全县平均水平高出 51 公斤，被评为全市和全县粮食生产先进单位；发展壮大特色种植业，赵家村组建赵家红提专业合作社，入社会员 115 个，红提种植面积 3000 亩，年产 5250 吨，年产值 4500 万元，"赵家巷"牌红提被国家绿色食品发展中心认定为绿色食品 A 级产品。

养殖业 1958 年，修梅全社出售商品猪 321 头，养殖业总收入 9611 元。1975 年，养殖业收入 6.01 万元。20 世纪 90 年代，以养鳖为主的特种水产养殖成为修梅镇支柱产业。2014 年，引进湖南省农业龙头企业湘佳牧业，投资 1.2 亿元建立 9 个肉鸡生态养殖基地，年出笼肉鸡 1000 万羽，产值 2 亿元；出栏生猪 25815 头、肉牛 831 头、羊 5751 只，产禽蛋 1432 吨，水产品总产量 1665 吨。

林业

进入 21 世纪，林业经济地位上升，逐步做大做强杨树、柑橘、油茶及花卉苗木等特色林业。2003 年，修梅镇成为万亩柑橘乡镇。2009 年，建成桃梨等水果基地 1800 多亩。2014 年，成立顺水油茶专业合作社，投资 100 多万元，对车高公路沿线 1100 亩油茶林进行低改，新造 300 亩，建成高产优质油茶核心示范基地 3000 亩，油茶示范基地亩平出产茶油高于普通油茶林 5 公斤以上；南江居委会、七重村、罗仙村、荷花村村（居）民大兴苗木花卉种植业，全镇有花卉苗木基地 2000 亩，实现产值 1000 万元；全镇水果产量 2135 吨。

工业

1958 年，修梅乡实现工副业收入 17.67 万元，其中纯工业产值 13782 元。1975 年，全公社实现工副业产值 31.38 万元。20 世纪 80 年代，修梅乡在太平村大办工业，先后建起脱水菜厂、冷冻厂、特种养殖场、中泰化纤织品等企业，带动周边村办企业的发展。1985 年，全乡企业总产值 687.9 万元，其中工业产值 92.83 万元。2003 年，实现工业产值 8000 万元，占工农业产值的 53%。2010—2014 年，工业发展坚持立足自身资源优势，以市场为导向，优化发展环境，强化招商引资，按照"工业进园区"的思路，突出兴工富民，先后建成 1 家年产 3 万吨膨润土企业、3 家碎石场、1 家年产 50 万吨的石煤开采企业、1 家年产 10 万件的烟花鞭炮厂、1 家年出口创汇 100 万元的铜件厂、1家磁电厂，规模工业企业发展到12家。2014年，全镇完成工业总产值17295万元，其中规模以上工业总产值665万元，工业经济实现增加值4390万元。

商贸服务业

民国时期，境内有赵家巷、七重堰墟场。中华人民共和国成立后，在乡、镇（公社）驻地建供销社、肉食站、粮油站，在赵家巷、范家设供销分社，在千人岗设粮油收购供应店，各村（大队）设有集体商业零售店或代销点。中共十一届三中全会后，个体商贸服务业得到发展，农村市场日益活跃。1996年，在七重堰兴建两个农贸市场，占地4170平方米。2003年，加强七重堰、赵家巷集镇建设，在七重堰设3个商贸区，设店面摊位240个，从业者450人；引导各类民营经济大户、个体商贸业主向集镇、林伯渠故居红色旅游景区集中。2014年年末，境内有各类商铺、餐饮店等商贸服务企业550多家，个体工商从业者2700多人，社会商品零售总额1.03亿元，其中集市商品成交额7800多万元。

旅游业

1986年，修建恢复凉水井村林伯渠故居，邓小平亲自题写“林伯渠同志故居”大门横匾。故居1995年7月1日授牌为全省爱国主义教育基地。2003年，林伯渠故居成为全国第七批重点文物保护单位、全省首批“红色旅游景区”，全年接待游客32万人（次）。2012年3月，启动林伯渠故居“三园”（故园、陵园、田园）工程，修建伯渠广场，林伯渠铜像迁至广场。2013年4月2日，林伯渠骨灰回归故里安葬。镇党委、镇政府抓住契机，突出旅游特色，开发富民工程，做好“红色”和“绿色”结合文章，以林伯渠故居为依托，大力发展红色休闲旅游产业。开发建设卧龙溪美食街，兴办农耕文化展示馆，综合整理田园，打造近千亩的农业示范区、示范田、农业观光带。2014年，实现旅游服务收入220多万元。

基础设施

交通运输

境内交通十分便利，距临澧县火车站仅9千米，207国道南北横贯镇建成区和境内4个村。1969年，修建七重堰至鸡山公路，1970年，修建七重堰至杨板桥公路，境内东西连通。2010年，在高桥、新坪等村修建宽4.5米、长1.7千米的高新公路。2011年，在周家、闸家、万付3个市级贫困村，修建长11.5千米、宽4.5米的水泥路，境内公路总里程118千米，其中环镇公路64.8千米，实现村村、组组通公路。2014年，乡道、村道水泥硬化100%，消除水泥公路“空白村”，通组公路水泥硬化率51%。

邮政通信

1958年，七重堰设邮电所。1995年，开办邮政储蓄业务，全乡开通程控电话。1997年，设立移动电话通信站，固定电话、移动电话得到发展。农村电信网络覆盖面达到100%，家庭固定电话曾一度达到总户数的85%，后来移动开通，固定电话比率下降。2014年，全镇有移动电话6780部，户均1.47部。

供电饮水

供电 1975年9月，临澧农丰至修梅公社农用线路拉通，安装变压器2台，供公社机关、车堰大队2个生产队56个农户照明及排灌机部用电，开启了修梅用电的历史。1982年成立修梅电管站，1983年实现村村通电。1999年3月修梅镇作为全市农村电网改造试点乡镇，率先启动电网改造，荷花村成为全市第一个电网改造村。2006年11

月修梅镇实现户户通电。2009—2014 年实行农村电网改造和变压器补点，新增变压器 168 台，改造线路 485.26 千米，建成标准化台区 3 个。

饮水 1994 年，开采地下水修建自来水厂，日供水能力 500 吨。2013 年，投入 130 万元，实施人畜安全引水工程，14 个村 1 万多人受益。

农田水利建设

水利建设 20 世纪 50 年代，镇境大办水利，整修塘坝，兴修小型水库。70 年代，青山水轮泵工程主干渠过境 5 千米，配套支渠 11 条 47 千米，灌溉 16 个村，并在青山灌渠水程高程修建林家垭、杨家垭、白土、千人等电力提灌站。1985 年，修梅境内共修建塘坝 2560 处，蓄水量 732 万立方米；兴建小（一）型和小（二）型水库 17 座，蓄水量 1015 万立方米；开挖灌溉渠道 250 千米。境内总蓄水量稳定在 1642 万立方米，形成水利自流灌溉网。修建电灌机埠 7 处，装机 9 台 557 千瓦，提灌面积 0.89 万亩。2013 年，对 44.7 千米主干渠道进行防渗护砌，清於整修渠道 25 千米，整修堰塘 85 口，水泥硬化支渠 25 千米；新建 2000 米水源护栏。2014 年，争取国投项目资金 1867 万元，共投入水利建设资金 2157 万元，其中投入 350 万元对芝麻冲、下龙口峪、湖南冲 3 座小（二）型水库除险保安，投入 74 万元完成车堰等 3 处机埠的维修改造。

农田基本建设 21 世纪，修梅镇争取国家项目投资，开展大规模的土地综合整理。2011 年，配合林伯渠故居景区建设，在凉水井村投资 80 万元，整理耕地 18.15 公顷。2012—2014 年，全面铺开土地综合整理工作，整理耕地 1200 公顷，新增耕地 1.85 公顷。

村镇建设

集镇建设 1991 年，镇政府以 207 国道改线新建为契机，依托七重堰原来的集镇基础，充分

林柏渠铜像

利用太平工业经济开发区的辐射优势，大力开展小城镇建设，先后兴建5条街道，总长5779米，与国道共同形成二纵二横的街道骨架，镇区中心街道宽24米、长400米。1995年，完善镇区排污系统，修建下水道4条3172米。1998—2000年，完成镇区街道的亮化、绿化。2003年，集镇建成区面积0.53平方千米，各类建筑物面积18.55万平方米。2014年，对修梅集镇和村庄布局进行规划修编，在镇区建成集幼儿园、社区服务平台、南江花苑商住楼于一体的综合性小区；将林夹公路修梅集镇段由水泥路改为沥青路，新建一座高标准的农贸市场，对530户临街房屋进行立面改造；在南江社区建占地1.3公顷的驾校培训中心。年末，城镇建成区面积达到0.7平方千米，绿化面积11公顷。

乡村建设 2013年，修梅镇被中共常德市委确定为全市美丽乡村示范片建设的乡镇之一。全镇美丽乡村建设，分为以高桥为核心的示范片建设和24个村（居）共同参与的示范走廊建设，按照共营共建的长效机制，建设新农村大社区。投资88.2万元，在车堰、顺水、高桥村建了196个沼气池；投资333.15万元，新建720个四格式净化池；在南江社区新建1处人工湿地。镇党委、镇政府组织成立社区理事会和环境卫生整治分会、公共设施建设分会、群众文化建设分会，稳步推进全面美化、亮化、绿化家园工程，维修垃圾收集池，新配户用垃圾桶，深入开展农村环境连片治理。

社会事业

教育

幼儿园 2004年，修梅镇有中心小学、鸡山、周家、赵家、沃沙5所公办幼儿园和罗仙、七重2所民办幼儿园。2014年，全镇有公办幼儿园1所、民办幼儿园3所，入园幼儿300名，幼师25名。

小学 清代，境内设有私塾蒙馆和高级经馆多家。民国21年（1932），在赵家巷设县立第四高级小学，次年并入县立一高。民国30年，在赵家巷设中心国民小学。民国34年，在仙人岗增设修梅乡第二中心国民学校。中华人民共和国成立后，境内教育事业快速发展。1950年，在仙人岗设修梅完小。1958年以后，境内各生产大队（村）均办小学。1965年，在七重堰设修梅乡全日制完全小学。1986年开始调整村办小学布局，至2003年，全镇有小学7所。2014年，全镇小学缩减为2所完全小学（修梅中心完小、永红完小）和1所初级小学（赵家小学），有学生526人，教师69名。

中学 1958—1962年，修梅完小设带帽附中。1969—1975年，在七重堰设修梅完全中学，在永红设片中。1976—1985年，修梅完中改办初中，永红片中撤销。2O14年，全镇有1所中学——修梅中学，有学生312人，教师54名。

文化体育

民国时期，境内民间有狮灯、竹马灯、三棒鼓等艺术表演团体。中华人民共和国成立后，境内农村文化艺术更加活跃。1961年，公社建立文化站，全镇有文学艺术爱好者和民间艺人200多人。20世纪70年代，公社成立电影队，建有影剧院。20世纪90年代，乡设有广播电视站，有线电视用户308户。进入21世纪后，群众文化丰富多彩。24个村（居）均建起图书室，镇建起700平方米的农民文化宫、2000平方米的影剧院；有线网络覆盖5个村2个社区5200多农户；电视无线网络覆盖全镇，电视入户率98%；广播实现村村响；有各类体育运动场所12个，2014年镇政府举办首届广场舞比赛和农民运动会。

医疗卫生

清末、民国时期，镇境有个体医疗诊所 4 家。1950 年，建立赵家巷联合诊所，在七重堰设分所。1958 年 9 月，成立公社卫生院。1969 年，全公社 22 个大队均办起合作医疗站，有“赤脚”医生 26 人。1984 年 3 月，公社卫生院改为修梅乡卫生院，1992 年改为修梅镇卫生院。1994 年，镇卫生院被评为“一乙”乡级卫生院。2003 年，卫生院进行扩改建，建成 800 平方米的医疗卫生大楼，购置医疗设备，改善就医条件；有医务人员 32 人，病床 40 张。2005 年，推行新型农村合作医疗制度。次年，参合率 89%。2014 年年末，镇内有卫生院 1 所，村级卫生室 24 个，病床 40 张，专业医务、护理人员 37 人，个体从业医生 25 人，个体药店 4 家；16833 人参加“新农合”，参合率 90%，筹资 101 万元。

社会保障

“五保”供养 20 世纪 50—70 年代，农村鳏寡孤独残“五保”老人，由生产队保吃、保住、保治病、保安全、保安葬。1980 年，实行家庭联产承包责任制后，“五保”户由村提留部分供养。2000 年，“五保”户由国家供养。镇政府建敬老院，境内“五保”户进院供养，130 名“五保”老人，每月发放救助金 3.25 万元。2014 年，投资 500 万元，将敬老院搬迁至南江居委会，设置床位 100 张，按“一院两型”（供养型和寄养型）的管理模式，供养和寄养老人 100 人。

最低生活保障 20 世纪 60—70 年代，采取照顾工分、发放救济粮、补贴医疗费等措施，对农村生活困难的群众进行救助。2005 年，修梅镇启动贫困居民最低生活保障金制度。2014 年，境内有城镇低保 43 户 53 人，发放救助金 22.26 万元；农村低保 759 户 945 人，发放救助金 98.184 万元；伤残军人、优抚对象等救助对象 223 人，年发放救助金 10 万元。

农村养老保险 2010 年，全镇推行养老保险制度，养老保险参保率 85%。2014 年，全镇有 7738 人参加养老保险，参保率 87%；4109 人领取养老金 236.4 万元。

特色地情

风景名胜

凉水井 位于高桥村。相传明嘉靖年间，嘉靖皇帝下江南私访民情，至修梅镇高家村时，口干舌燥，其渴异常，经当地一老翁指点，侍从在古井中取出井水，嘉靖皇帝连饮三大碗后，顿觉神清气爽，高声道：“好井水，好井水，此水从何处取来？”侍从将他引到古井边，嘉靖望着清澈见底的井水，脱口而出：“此井赐名凉水井。”凉水井因此而得名。

七重堰 相传很久以前，修梅镇的白土、太平、车堰等村落附近，到处是良田沃野，风调雨顺，人们安居乐业。有一年，天气突然变得异常起来，每逢雨天，别处下雨，唯独此处不下，堰塘干涸，苗木枯死。后来人们发现是藏匿于土里垭一棵古松树内的一个怪物在作祟。那棵古松树位于土里垭山顶上，两人合抱不拢，年代久远，树早已枯死。那个怪物不知何时隐藏其中。人们都说是那怪物把此地的雨水全部吸走，从此就是只打雷扯闪，不见下雨。为了整治这一怪物，人们请来一位本领高强的道士。一日，电闪雷鸣，道士设坛作法，一声惊雷直劈古松，古松轰然倒向车堰村一侧，断裂成七块，从山顶到山脚出现了七口堰塘。后来，人们就把这块地方称为七重堰。

千人槽门 位于修梅镇千人村。相传很久以前，这里出了一位很有名的剃头匠，名叫赵千人，他整天挑着剃头担子，走乡串户，靠卖手艺度日，非常艰苦。有一天，他到相距很远的叶庙村一位叶姓大财主家剃头，忙了大半天，给全家七八口男丁剃完头后，天色已经很晚，于是就在财主家里过夜。晚上，他住在财主夫妇的隔壁房间里。半夜时分，他听到财主房里传来一阵悉悉索索的声音，悄悄趴在木板墙缝里一看，原来财主夫妇正在把一对金青蛙埋在屋内的黄桶底下，上面堆满粗壳。待财主夫妇睡着后，他偷偷把一对金青蛙挖出来。回来以后买了几十亩田，在鸡山一带，凿取青石岩，修建了一座八字槽门，剩余的钱财，全部接济了周围的穷人，自己过起了安稳的日子。他死后，人们就把他所居住的地方称为千人槽门。

闸家泉 位于修梅镇闸家村6组的一片稻田中央。泉眼为一块20平方米左右的沼泽地，看不到明水涌出，但两张床大的地方不断有五分硬币大小的气泡冒出，泉水冬暖夏凉，水分流两边，灌溉500多亩良田。据传，此泉原在鸡山村12组的土地庙旁。后来，有一位神仙来到此地，化作一个乞丐，向一位妇人讨茶水喝，妇人不给，神仙便把身上的脏衣服脱下来在泉眼中清洗。从此泉眼干涸，移到闸家6组冒头。起初有人嫌泉水不断涌出，水量太大，影响周围的水稻生长，于是在山上凿取一块两人合抱的磨盘，闸在泉眼上，使泉水变小，于是称之为闸家泉。

观音洞 相传明永乐二年（1404），有一位名叫罗杰的工头，带领三十多名精壮劳力在黄木垭脚下一个叫明洞窝的炭洞里挖炭。刚下去一会儿，在洞子甬道里组织运炭的罗杰突然听到一阵美妙的歌声，他循声望去，只见洞口有一美丽的女子正在唱歌，歌声婉转悦耳，极为动听。他赶忙招呼大伙儿上来听歌，刚一上来，只听得洞子里“轰隆”一声巨响，回头一看，洞子已全部坍塌。当他们再去找那女子时，已不知所踪。三十多人立即对着那女子站立的地方，跪地齐拜，感谢观音菩萨现身显灵。故事越传越远，一些有钱的老板捐钱，在明洞窝上方的一个天然溶洞里供上了观音菩萨像，取名观音洞，又在洞子下方修建了一座三间三进的观音寺。每逢二月十九赶庙会，人们就在寺里打醮颂经，异常热闹。观音洞原是一个三层的天然溶洞，洞洞相通，仅有一水桶粗的洞眼相连。中间一层溶洞空间最大，洞内有龙、兔、象、石桌、石椅等形态各异的钟乳石。溶洞很深，相传有人挑一担香油，边点边走，至油料燃尽也未走到底。自20世纪80年代大兴工业，开办水泥厂、石灰厂，观音洞最上一层全部坍塌，第二层的通道也被长年坠入的泥土碎石堵死，最底下一个洞完好。每年农历二月十九日，附近津市、澧县和湖北公安一带仍有信众前来朝拜。

地方特产

红木算盘 红木算盘是修梅镇为纪念林伯渠开发出的旅游产品。红木算盘上镌刻有“司库长沙，理财瑞金。肩挑银行，万里征程。玉珠拨动，财源滚滚。青春浩气，精神永存”字样，行书、草书、楷书等各种字体都有，算盘色泽艳丽、美观大方。此算盘获常德市旅游商品设计大赛三等奖。

大红袍辣椒 境内西部鸡山脚下鸡山村一带盛产大红袍辣椒。辣椒个大、鲜红、肉嫩、味甜、辣味淡，如果掏空辣椒籽，灌上糯米，用蒸笼蒸制，堪称上乘美味佳肴。

独果大蒜 鸡山、赵家村沿鸡山山脉一带，盛产独果大蒜。此蒜无蒜瓣，大的有鸡蛋大，微辣不刺鼻，有清热解毒、灭虫杀菌之功效，药用价值较大，是旅行途中防肠道感染的有效之物。

（文字供稿：曹巧明，图片供稿：临澧县党史办）

临澧经济开发区

区域概况

位置面积

临澧经济开发区位于临澧县城北面，距县城中心3千米，境东、西、南与安福镇毗邻，北面紧靠修梅镇。区管理委员会驻太平社区。面积8.6平方千米，有耕地1669亩，水面801亩，山林6255亩。

建置沿革

20世纪80年代置太平村，隶修梅乡。1991年9月，撤销太平村（土地垭村），建立太平居委会，辖10个居民小组，隶修梅镇。

1992年6月，经湖南省体改委湘体改字〔1992〕52号文件批准，修梅镇太平居委会改置为太平工业经济开发区。

1993年4月，经常德市政府批准，太平工业经济开发区正式从修梅镇析出，成为常德市首批建立的省级开发区。

2003年11月，太平工业经济开发区（太平社区居委会）划归安福镇管辖。

2006年，经国家发改委审批同意，太平工业经济开发区更名为湖南临澧经济开发区，仍为省级开发区。

2007年8月，经省发改委湘发改函〔2007〕175号文批准同意，安福工业园纳入湖南临澧经济开发区统一规划、统一管理，实行“一区两园”（安福工业园、太平工业园）的全面有效整合。

2014年，湖南临澧经济开发区建置无变化。

行政区划

1991年9月太平居委会，辖10个居民小组，隶修梅镇。

1992年6月，修梅镇太平居委会改置为太平工业经济开发区。

1993年4月，从修梅镇析出的太平工业经济开发区所辖，包括从修梅镇南江居委会划入的枫树、聚宝2个村民小组，从铁罗堰村划入的双丰、双木、范家3个村民小组，从叶庙村划入的上楼、泥堰、长堰、丁家4个村民小组，从车堰村划入的杨家、新堰2个村民小组，加上原太平居委会10个居民小组，共计21个居（村）民小组。

1994年2月，太平工业经济开发区原21个居（村）民小组调整为12个居民小组。

2006年，湖南临澧经济开发区审批面积2.68平方公里，辖原21个居（村）民小组。

2015年，湖南临澧经济开发区辖太平社区1个居委会、21个居民小组。

人口民族

2006年有668户2190人，2014年有722户3329人，其中农业人口1188人，男性1635人，劳动力2470人。区内人口以汉族为主，有少量少数民族居民。

经济发展

农业

临澧经济开发区太平社区的农业以生产粮棉为主。20世纪80年代中期至21世纪，随着太平工业园区农产品加工企业的兴办，养殖业成为农业经济的主导产业。1986年，太平村发挥肉类食品加工的产能优势，成立太平农工商公司，创立“公司十农户”的一体化经营机制，兴建太平饲料厂，为农户提供生产、加工、销售“一条龙”服务，鼓励农户发展专业化养猪。是年，全村出栏生猪100头以上的养殖户有24户，出栏50头以上的有52户。太平农工商公司给予养猪大户奖励19寸彩电和凤凰牌自行车。1987年，太平村全年发展生猪1万多头，出栏8300头，创产值200万元。

1989年12月，太平村开始实施以饲料供应、雏鸡孵化、肉鸡饲养、疫病防治、肉鸡收购加工销售一条龙的“金凤计划”，鼓励农户养鸡。1991年，太平农工商公司投资137万元建起4000平方米的种鸡场和1350平方米的孵化场，购进18台国内最先进的孵化机、出雏机，从山东诸城和上海大江公司购进AA鸡父母代1.3万套。是年，全村有养鸡专业户73户，出栏肉鸡17万羽。1994年，全村形成养鸡热潮，村农工商公司建成3个种鸡场，新增10台孵化机和出雏机，扩建14栋、建筑面积1.2万平方米的饲养房和孵化车间。将丁家、长堰、泥堰组的4座山头开辟为封闭式养殖区域，建起容量250吨的专用水塔、1万伏输变电站、3千米场区道路和5000米长的供水管道，37个养鸡大户各自按统一标准修建400～500平方米的养鸡场，全村养鸡户发展到440户，种鸡场孵化鸡苗183万羽，饲料厂生产饲料8524.6吨，冷冻厂宰杀肉鸡138.3万羽。1995年，全村出笼肉鸡158万羽，每只鸡平均获利1元。

1991年，太平农工商公司承担省级“星火计划”项目，建立起7亩特种水产试验养殖场，1996年扩建成50亩甲鱼养殖基地，实施中华鳖从种鳖饲养—受精卵孵化—稚鳖恒温育成—成鳖露天精养一条龙的工厂化养殖技术开发，以生产甲鱼为主，综合发展乌龟、鳝鱼、青鱼、胡子鲢的养殖。1999年，集团公司新建甲鱼食品罐头厂，开发出“鳖膳王”“水鱼汤”“妻儿福”等系列产品，批量出口日本、马来西亚等国。2008年，太平社区完成农业总产值9000万元。

2014年，临澧经济开发区完成农业总产值3165万元，农业经济实现地区生产总值1882万元。

工业

1984年，吴志泉联合14户农民集资创办村脱水菜厂，当年创汇5万美元，获利6.7万元。1985年，兴建年产冷冻肉类食品万吨的太平冷冻厂，同时办起红砖厂，全村实现工农业总产值370万元。1986年，兴建肉类食品加工厂，并扩展肉类食品加工产业链，开发肝素钠、胆红素等系列产品，年宰肥猪11万头、乳猪3万头，生产冷冻肉类产品6300吨，创汇269万美元，实现利润105万元，冷冻厂成为省外贸定点的冷冻分割猪肉出口生产企业，全村实现工业产值2500万元。1992年5月，成立中外合资湖南中太化纤制品有限公司，投资4400万元，拥有年产涤纶长丝1万吨的生产能力，被列入全省30家信贷重点企业之一。1995 年，成立太平集团公司，辖 20 家独立核算企业，有固定资产 2 亿元，从业人员 2000 多名，享有直接进出口权，被评为全省百强企业，全年实现工业产值 2.76 亿元，出口创汇 60O 万美元；其中，中太化纤公司完成产值 1.8 亿元，太平冷冻厂完成产值 1.5 亿元。1997 年，兴建太平热电厂，装机 6000 千瓦，安装 1 台 35 吨锅炉，年发电 4000 万千瓦时，供汽 13 万吨。

1999 年，临澧经济开发区对村属集体企业实行改制，中太化纤公司改制为湖南昇鑫高新材料股份有限公司。2003 年，湖南昇鑫高新材料股份有限公司被广东商家收购，成立常德美华尼龙有限公司。太平社区(村)自 1984 年兴工办集体企业，至 2003 年完成改制，共上缴税金 5392 万元，出口创汇 3480 万美元。

集体企业全面完成改制之后，民营企业成为太平社区的经济主体。2000 年，成立湖南中泰特种装备有限责任公司。这是一家拥有自主知识产权的民营企业，开发生产具有国际先进水平的高强高模聚乙烯纤维、无纬布和防弹防刺系列产品，形成年产高强高模聚乙烯纤维、无纬布各 1000 吨的生产规模，被科技部认定为“国家火炬计划重点高新技术企业”。2006 年，中泰公司完成工业产值 11370 万元，实现销售收入 9884.3 万元，上缴税金 1115.6 万元，利税总额达到 4366 万元。2008 年，太平工业园区有 20 多家民营企业，形成高新材料、锦纶化纤、能源电力、建筑材料为基础产业的企业集群，全年完成工业总产值 6.5 亿元,实行销售收入 5.5 亿元,上缴税金 1376 万元，发放工资 1885 万元。

2004 年，安福工业园引进湖南湘福新型建材有限公司。后随着全县招商引资工作的深入推进，入园企业逐年增多。2010 年，园区有 61 家企业落户，45 家企业建成投产，31 家规模企业共完成工业产值 26.6 亿元，实现销售收入 24.1 亿元，入库税金 5177 万元。

2010 年后，临澧经济开发区紧紧围绕“工业新城、产业新区、幸福家园”的发展定位和“建设全省一流省级经济开发区”的发展目标，集中力量抓好化纤纺织、机械制造、新型建材、能源电力、农产品深加工等支柱产业建设，加快企业转型升级，大力推进园区攻坚，经济总量快速增长，先后又有大批工业企业入园。2013 年，入园企业增加到 135 家，完成工业总产值 47.98 亿元，入库税金 1.41 亿元。2014 年，完成工业总产值 56.71 亿元，其中化纤纺织业产值 18.9 亿元、机械制造业产值 13.7 亿元、新型建材业产值 15.2 亿元、农产品加工业产值 5.3 亿元、能源电力业产值 1.86 亿元，主导产业产值达 54.96 亿元，占园区工业总产值的 97%。实现工业增加值 90112 万元，入库税金 1.63 亿元。

商贸服务业

1985 年，太平村成立贸易公司，为销售太平脱水菜、湘太牌分割猪肉、太平肉鸡、甲鱼罐头等工业产品开展贸易服务，先后在北京、上海、武汉、广州、长沙、深圳、海口等 30 多个大中城市建立商贸网点。1993 年 4 月，太平农工商集团公司在满州里市中俄贸易区修建占地 43280 平方米、建筑面积 21000 平方米的楚南大厦，开展集贸易、展销、加工组装、旅游观光多功能于一体的商贸业务。1995 年，集团公司在北京、武汉、广州、长沙、深圳、海口、满州里等地设分公司或办事处，组织起常年近 100 人的购销队伍，活跃在国内国际市场。

20 世纪 90 年代后期，太平社区建起建筑面积 9700 平方米的太平山庄宾馆。进入 21 世纪，临澧经济开发区先后兴起太平物流运输有限公司、福泰物流等新业态，启动投资 1 亿元的满屋彩家装电商仓储项目。2014年，全区商贸服务等三产业完成地区生产总值34966万元。

基础设施

园区建设

太平工业园 太平工业园区总控制规划面积5.68平方千米。1992年，开发区投资50多万元新建3.5万伏级太平变电站，架设高、低压输电线路23千米。1998年，投资350万元建1000门程控电话邮电大楼，安装程控电话1200多部。2001年，修建太平大道和迎宾路，砼化1577米，安装路灯100盏，两旁植樟树300棵。投资300万元更新改造太平变电站，实行工业电网的增容升级。2006年，太平工业园建成区面积163公顷。2007年，聘请规划设计师对园区进行规划设计，对区内的太青路、双丰路、太电路、太织路、张电路、太修路6条主干道进行改造升级；完成总长2768米的太青路、太织路、太电路和中泰南路、中泰北路的水泥路面硬化；投资160多万元完成271亩工业用地的土地房屋征拆、平整，铺设地下水管网。

安福工业园 安福工业园区总控制规划面积为5平方千米。2002年，县委、县政府将县城北面的丘岗地调整为工业用地，湖南安福气门有限公司实施重组搬迁，用地面积8.87公顷。2004年，经湖南省土地利用总体规划修编领导小组办公室同意，县委、县政府在县城以北建立安福工业园。编制《安福工业园区规划》，确定安福工业园总控制用地面积114.16公顷，其中厂房用地52.39公顷、仓储用地10.07公顷、行政机构用地3.73公顷、公共绿地5.23公顷、防护绿地13.62公顷、停车场用地1.97公顷。2006年，修编《安福工业园区规划（2006—2030）》，增加安福工业园区控制规模700公顷。将安福工业园区划分为8个产业区、1个物流区、1个综合服务区。2007—2010年，投资4.19亿元，搬迁民户337户，拆迁民房7万多平方米，完成2.9平方千米工业用地的“三通一平”，建成湘福大道、葛藤路、环区路等5.6千米的园区干道和恒福路、幸福路、中航路、凯迪路等区间道路，新建增压供水泵站，铺设给排水竹管网17.5千米，架设和改造输电线路39.6千米，埋设入地电缆7千米，培植环区绿化带，安装路灯255盏，新辟农丰广场和跨村集中的搬迁户安置基地，为入园企业供应建设用地107.9公顷。2010年以后，安福工业园区继续加大和完善基础设施建设。五年期间，累计投入6亿元，先后完成园区道路硬化、绿化、亮化、供排水、排污、供气、供电等基础设施及配套项目100多个，修建标准硬化道路27.563千米，35千米主次干道安装路灯，对园区内约40千米杆线的电视、电话、宽带等管网全部实行地埋改造，铺设22.6千米的供水管网和10.56千米的排水排污管网，建设1座生产生活固体垃圾处理场，续建园区220千伏变电站，架设改造万伏高压线路35千米，建起日供气能力40万立方米的天然气储气站和燃气管网，完善安置区的配套工程。为中小企业投资商提供创业平台，办起中小企业创业园。投资3亿元，建成建筑面积15万平方米的标准化厂房；投资1.28亿元，建公租房1160套。

社区建设

道路电力建设 2006年，社区新建长4.4千米、宽4～8米的环村公路。2008年，投资400万元，对环村公路、张电路和13.5千米通组公路全部硬化。2010年起，水泥硬化通户道路38.3千米。2012年，进行农电网改造，实行农电同网同价。2014年，21个居民小组全部完成电力增容改造。

村庄建设 20世纪80年代后期，太平社区开始加强村庄建设，将原来零散分布的9个自然村落规划成1个中心居民区、4个居民点。农户建房实行全面规划，统一设计，村集团公司以工补农，给每户发放1万元建房补助，支持农户按规划迁建新房。1988年，太平村被评为“全国文明村庄”。1993年，太平社区开始制定和实施农村城镇化战略，坚持农村工业化与农村城镇化同步推进，合理布局境内工业区、商贸区、住宅区、公园娱乐区、农作区，高起点制定和实施村庄整体建设规划。为适应新住宅区的形成，在住宅区内开凿7口深井、建4座水塔，铺设自来水管道1.1万米，日供水8000吨。2001年，修建红线宽度56米、长2千米的太平大道和迎宾路，埋设排水管网，铺设路沿石，栽植绿化树木，安装路灯100盏。2002年，将太平大道往南延伸500米至土里垭，启动迎宾路商业街、北苑居民新区、聚宝居民新区的建设。北苑居民小区先后建成建筑面积1.5万平方米的休闲健身广场；建起占地2600平方米的太平运动场，配套建起篮球场、排球场、羽毛球场。居民住宅均按照宜居小区的要求建成别墅式新楼房；成立太平自来水公司，改造1万米自来水管道，更新机井设备，满足区内居民用水需要。2006年，新建长4.4千米、宽4～8米的环村公路。是年2月，太平社区被湖南省政府确定为首批74个之一的“湖南省社会主义新农村建设示范村”。2008年，投资400万元，对环村公路、张电路和13.5千米通组公路砼化。2010—2014年，砼化通户道路38.3千米。2012—2014年，进行农网改造，21个居民小组全部完成电力增容改造。

水利建设

20世纪50年代，太平社区境内兴建聚宝、油榨湾两座小（二）型水库。1993年12月，投资15万元兴建总库容35.9万立方米的双合水库，增加自流灌溉面积0.24万亩。2008年，投资35万元，对双合水库、油榨湾水库进行除险加固，硬化6千米灌溉渠道。2010—2014年，整修、水泥硬化加固12口骨干塘。

社会事业

教育

1985年，太平经济管理委员会出资15万元，修缮太平村小学，并将村小改名为太平学校，实行从小学到初中的九年义务制教育。1989年9月，太平农工商公司与北京航空航天大学联合创办北航太平分校，由北航派驻老师授课，设管理、机械、高分子化工专业。太平农工商公司筛选79名具有高中文化程度的学员先读预科，然后正式录取48人就读北航太平分校。学生实行军事化管理，主修20门课程，三年完成学业，经考试合格由北航颁发毕业证书。1992年9月，北航太平分校被正式列入全国普通高校招生计划，开设高分子化工材料专业，录取80名理工科学生。

1992年，管委会投资60万元，新建4800平方米的太平学校，从幼儿园到大专班实行一贯制免费教育。1996年9月，太平集团公司举办传授EM技术培训班。至2003年，太平社区共培养出具有各类专业技术职称的科技人才和管理人才260多名；大学以上文化程度的186人。2004年10月，湖南中泰特种装备有限责任公司挂牌成立博士后工作站。

文化体育

20世纪80年代，太平社区建起文化中心，定期放映电影，演出戏剧。1988年，新建太平电视差转台，区内700多名农户开通广播和有线电视。1992年，建立文化站，组织诗词、美术、书画、文学艺术创作和文艺演出等活动。2008年，投资30万元，建成无线广播系统，区内820户居民开通无线广播；社区举办农民健身运动会，组队参加县文化艺术节和农民趣味运动会，获团体比赛银奖；组织表演队参加全县生育关怀专题晚会，选送小品节目《盼生》获得二等奖。2014年，全区有农家书屋28家、藏书1.5万册，文体场所12个，有线电视入户1180户。

社会保障

“五保”户供养 1983年，太平村有6户7人享受“五保”待遇。2006年建起敬老院，2008年，区内有15人享受“五保”待遇，为“五保”人员发放生活保障金2.4万元。

最低生活保障 2005年，社区启动贫困居民最低生活保障金制度，2006年有241人享受低保待遇。2008年，社区有405人享受城镇低保、20人享受农村低保，共发放低保金49.56万元。是年，开发区出台《临澧经济开发区（太平社区）失地农民长期土地补偿和长期基本生活保障细则》，社区有176人享受失地“两长”待遇，发放“两长”补助金176万元。2014年为283人发放城镇低保金44.51万元，为1593人发放农村低保金20.56万元。

农村养老保险 2010年，开发区有308名老人被纳入社会养老保险，发放养老金18.9万元。2014年，全区养老保险参保率99.3%，有318人享受社会养老保险待遇，领取养老金20.3万元。

新型合作医疗 2005年，推行新型合作医疗制度。2006年，有3500多人参加城市、农村合作医疗，参合率95.4%。2014年，参合率100%，支付住院医疗补偿金150多万元，为13人发放大病医疗救助金3.8万元。

劳动就业保障 20世纪80年代，区管委会对农村转移劳动力分行业、分门类举办专业培训班，培养1000多人掌握就业所需技术。2006年，在企业员工中实行工伤保险。2008年，区内企业2000多名员工，有1660人参加工伤保险，643人参加社会养老保险。2014年，举办3期就业培训班，受训300多人，转移农村剩余劳动力280多人进企业务工。

（文字供稿：邵峰）

杉板乡

区域概况

位置面积

杉板乡位于县境西部，澧水中下游，东与停弦渡镇、修梅镇交界，南与佘市桥镇、石门县三板乡接壤，西与石门县夹山镇、二都乡为邻、与易家渡隔河相望，北与合口镇、新安镇隔澧水相望，面积 67.89 平方千米。乡政府驻地距临澧县城 25 千米，距石门县 12 千米，距常德市 83 千米。

建置沿革

清初，杉板境域归永定卫、九溪卫分治。雍正七年（1729）置安福县，杉板境域改隶安福县，置里、区建制。杉板乡境今牛头山地域牛头、牛麓、牛山、观山、歇家村一带属永后里，吴家厂、坪山、青山村一带属九右里，川岗、白洋村一带属九左里。

民国期间，建置变化频繁。民国 5 年（1916），废清里、区制，县下设区、保。杉板境置吴家区。民国 10 年撤区建乡，置吴家乡。民国 15 年改乡为区。民国 24 年编组保甲，全县分 6 区，下设 51 乡 3 镇，杉板境域分置吴家乡、歇驾乡、二都乡，统归第四区管辖。民国 27 年 6 月，全县废区并乡，杉板境并吴家乡、歇驾乡、二都乡，复置吴家乡，乡址驻杉板桥。民国 30 年 2 月，全县缩编为 12 个乡 1 个镇，杉板境仍置吴家乡，乡址驻西引寺，直至民国结束。

1949 年 8 月，县人民政府成立。县下划分 6 个区，仍保留民国时期乡、保、甲制。杉板境仍置吴家乡，隶属第五区。1950 年 7 月，全县废除民国保甲制，划乡建政，县下辖区、乡、镇。杉板境隶属第一、第五区，分置杉板、横山、坪山、歇驾乡。1953 年调整建置，杉板境仍分属第一、第五区管辖，分置杉板、横山、坪山、白洋、歇驾乡。

1956 年 5 月，全县撤区并乡，原杉板、横山、坪山、白洋、歇驾 5 个小乡合并，置杉板桥乡，乡址驻杉板桥。

1958 年 9 月，全县实现人民公社化，原杉板桥乡改建星火人民公社，次年改称杉板人民公社，社址驻杉板桥。1984 年 3 月初，全县实施政企分设，杉板人民公社改称杉板乡，乡址仍一直驻杉板桥。至 2014 年年底无变化。

行政区划

民国 5 年置吴家区，辖 8 保。民国 27 年置吴家乡，辖 12 保。民国 30 年全县缩编，吴家乡辖 7 保。

1949 年 8 月，保留民国保甲建制，吴家乡仍辖 7 保。1950 年 1 月，吴家乡划出二保即今二都乡高桥村、镇龙村及青龙村部分地归石门县管辖。1950年7月，废除保甲制，划乡建政，乡下辖村。

1956年5月置杉板桥乡，乡下辖农业生产合作社。境内合并43个农业生产合作社，分片区组建11个大社。杉板桥乡时辖新花堰、金鸡岭、彭家山、联合、东坪 、牛头山、潘家垱、杉板桥、白洋桥、逍遥、牛麓11个高级农业生产合作社。

1958年，杉板人民公社辖5个大队、40个生产队。即横山大队、9个生产队，青山大队、7个生产队，歇驾大队、7个生产队，红旗大队、12个生产队，白洋大队、5个生产队。1961年3月，全县调整社、队规模，杉板人民公社辖15个大队、112个生产队。1975年，辖15个大队、164个生产队。

1984年3月，杉板人民公社改称杉板乡，大队改为村，生产队改称村民小组。全乡共辖15个村、173个村民小组。1995年，村民小组调减为148个。1996年，原与石门县未明确行政归属的向阳组划归川岗村管理。2014年，全乡辖15个行政村，即白洋、潘垱、坪山、川岗、卜家、歇驾、新花、牛山、月星、牛麓、彭家河、牛头、望夫、杉板、青山村，共174个村民小组。

自然环境

杉板乡地貌高岗、丘陵、平原并存，地形呈长条带状分布。境内铜山、牛头山海拔高度均在200米以上。

境内属亚热带季风气候区，气候温和，日照充足，雨水充沛，四季分明，季节性强。年平均气温16.4℃，7月最高，1月最低。年平均降水量1285.9毫米，1月最少，5月最多。年平均日照为1620.2小时，无霜期年平均267天。

境内过境澧水河段9.5千米，流经青山、坪山、望夫、彭家河4个村。有大型溪流4条长27.5千米，其中潘垱溪9.5千米、陈家河溪9千米，杉板溪3千米，彭家河溪6千米。

乡境自然资源丰富，地下矿藏主要有石膏矿、石灰石、陶土及石煤，分布广，储量大，品位高。

1998年和2003年，杉板乡两次遭受特大洪涝灾害，直接经济损失8600万元。1999年9月，月星村境发生铜山山体滑坡地质灾害，直接经济损失19.2万元。20世纪90年代末至2008年，境内石膏矿采空区先后发生7起地面崩塌地质灾害，危及农户39户，毁坏耕地13亩、房屋9间，直接经济损失410多万元。

人口民族

民国35年（1946），吴家乡有2331户13178人，其中男性7159人。1957年，杉板桥乡人口因区划调整减少为10624人。1964年，杉板公社有2716户10499人，其中男性5344人，非农业人口207人。此后，境内人口出现大幅度增长。1975年，全社有3244户14130人。1985年，全乡有3368户15387人，其中男性7689人，非农业人口增至1125人。1995年，全乡有4030户15390人。2003年，全乡有4045户14859人。2013年，全乡15185人。辖区居民以汉族为主，有土家族等少量少数民族居民。2014年，全乡有5155户16510人，其中男性8466人、非农业人口1449人。

经济发展

综述

20世纪50—90年代，杉板乡经济以农业为主。1957年，农业社社员人均分配收入47.7元。1958年，全公社工农业总收入102.09万元，其中农业总收入91.11万元，占工农业总收入的89.2%。1975年，工农业总产值205.9万元，其中农业总产值187.21万元，占工农业总产值的91%。农民人均分配收入69.5元，扣除口粮等实物折款，人均分配现金收入12.5元。农民口粮不够吃，靠瓜菜替代，住房多是茅草房。20世纪80年代，全面实行家庭联产承包责任制，促进了农村经济发展，人民生活水平逐年上升。1985年，农民人均纯收入404.5元。2003年，全乡工农业总产值7510万元，其中农业产值509万元；农民人均纯收入1732元。2014年，完成地区生产总值50182万元，其中第一产业增加值13987万元，占全乡社会生产总值的27.9%；入库税收907万元；农民人均纯收入7424元；农户普遍新修楼房，购置彩电、冰箱、洗衣机等家用电器和高档家具，不少农户还购置农业机械、农用车和摩托车、小汽车。

农业

杉板乡有耕地19855亩，旱地4236亩；山林53369亩，水面5394亩。

种植业 杉板乡以种植水稻、棉花、油菜为主，闻名遐迩的杉板大蒜是一张特产名片。1958年，全社种粮40072亩，总产粮食542.6万公斤，亩产135公斤；种棉花1420亩，总产皮棉6.25万公斤，亩产44公斤；种大蒜490亩，产蒜果16360公斤。1975年，全公社总产粮食1390.57万斤，亩产336公斤。20世纪90年代起，调整农业生产结构，粮食种植面积逐年减少，产量稳定在12100吨以上，棉花产量稳定在7500担左右，油菜籽产量稳定在3万担以上。2000年，杉板乡被确定为国家优质棉生产示范基地并正式挂牌。2014年，全乡培植出5个百亩以上的种粮大户，粮食作物播种42290亩，总产粮食15448吨；种植油菜2万亩，总产量2560吨；棉花播种3400亩，总产皮棉408吨。“红缨子”成为杉板乡的新特色产业，成立高粱合作社，实行价格保底，统一收购，全乡种植高粱3000多亩，总产1100多吨。

养殖业 20世纪50—70年代，境内养殖规模不大。1958年，全乡出售商品猪49头，养殖业总收入12027元。此后，农户家庭养殖受到限制，生猪养殖有国家派购任务。1975年，全社养殖业总收入5.233万元。20世纪80年代，农村实行经济体制改革后，养殖生产开始转变为专业化生产，至1995年，全乡扶持起488个鸡、鸭、羊、牛、猪养殖大户，建立起五大养殖基地，三大良种繁殖基地。养殖业收入年人平500元。2014年，养殖业推行规模化、产业化、生态化生产，全乡畜禽养殖大户有130多户，主要分布在杉板、月星、彭家河、望夫、青山、坪山等村，饲养生猪3.1万头、家禽50万羽、菜牛0.12万头、山羊0.5万只。同时兴起特色养殖，牛头村养殖野猪210头、牛六村养殖竹鼠2300只，湘佳公司扩大养殖规模，年产值近2000万元。

林业

1990年，杉板乡消灭荒山。20世纪90年代后期，大力发展柑橘生产，1995—2003年，全乡种植柑橘近2万亩，其中优质柑橘8000亩，年创产值近亿元。2001年，落实国家生态公益林20165亩，2002—2005年，争取国家退耕还林项目，退耕还林5193亩。2006年，杉板柑橘获湖南省无公害农产品称号。2013年起，全乡着力开发油茶产业。至2014年，新造油茶林1280亩，完成油茶低改复垦面积1225亩，发展葡萄园近千亩，新造乔木林700亩。

工业

1956年，杉板乡上芭茅渡建立全县第一家集体经营的砖瓦生产合作社。1958年，砖瓦生产合作社转为砖瓦厂；是年，全公社工副业总收入10.98万元，其中纯工业收入800元。1971年，杉板砖瓦厂率先实现机械制瓦。1975年，全社完成工副业收入 18.69 万元。20 世纪 80 年代，杉板公社办大蒜加工厂，将脱水蒜片开发成出口产品。1985 年，全乡完成工业总产值 478.47 万元。

20 世纪 90 年代初期，杉板乡大力发展乡村企业转换管理机制，拓宽融资渠道，乡村企业迅猛发展，逐渐形成以建材、造纸、石膏及石膏制品为龙头的支柱产业，建材业、造纸业在全县占据重要位置。1994 年创办合资企业——湖南伟临纸制品有限公司，全乡企业总产值达到 1.2 亿元，获市委、市政府银牌奖。1995 年，全乡企业发展到 218 家，其中产值过千万元的乡办企业 3 家、星级企业 3 家、产值过百万元的村办及个体企业 56 家，固定资产原值 5060 万元，从业人员占全乡总人口的三分之一，年创产值 2.27 亿元，利税突破 2000 万元大关。1996 年，湖南伟临纸制品有限公司被农业部授予“中型二档乡镇企业”称号，1997 年被省乡镇企业局评为“综合实力 500 强工业企业”，生产的高强度瓦楞纸获省优产品证书。

进入 21 世纪，工业成为杉板乡的主导经济。2000 年，全乡完成企业总产值 32332 万元，其中工业产值 17100 万元；2003 年，完成企业总产值 38518 万元，其中工业产值 16030 万元；湖南伟临纸制品有限公司实行改制，分解出售，组建为恒杰纸制品有限公司、常青造纸厂、杉板乡砖瓦厂，乡、村办集体企业亦成功实现向民营企业的全面转型。此后，杉板乡大力实施招商引资，工业经济持续发展。2014 年，全乡有规模以上企业 4 家，规模以下企业 11 家，完成固定资产投资 73800 万元，其中工业固定资产投资 56000 万元；完成工业总产值 4.69 亿元，其中规模以上工业总产值 29268 万元，利润 3105 万元，上缴税收 750 万元。

商贸服务业

杉板境内历有杉板桥、吴家厂、歇驾山、白洋桥四处农村墟场。20 世纪 50—90 年代，杉板乡办有供销社、粮管站、食品站等县属国有集体商业企业，承担境内工业品下乡和农副产品收购。进入 21 世纪后，境内第三产业迅速发展。2014 年，投资 1100 万元建成杉板乡农贸市场，投资 300 万元建成牛山村逍遥农贸市场；全乡有个体工商户和商贸企业 421 家，从业人员 1186 人，完成社会消费品零售总额 9846 万元，其中，批发业完成 1256 万元，零售业完成 6854 万元，餐饮业完成 1521 万元。商贸服务业等三产业实现地区生产总值 13869 万元，占全乡社会生产总值的 27.64%。

基础设施

交通运输

1960 年，建设县道佘青公路，南北贯通杉板境。1970—1972 年，建成南溶垭至月星、马家湾至新花等乡村公路。1995 年，修建牛赵公路。1986—2003 年，新建乡村公路 80 千米，砼化 13 千米。2014 年，建成林夹公路，乡村两级投资近 600 万元，硬化乡村公路 24.3 千米，彭家河、望夫、川岗、白洋 4 个村硬化村组道路 20 千米，投资 20 多万元完成白珠县道 21 千米绿化苗木补植补造。2014 年，全乡有公路 81.82 千米，其中县道 14.67 千米、村道 11.72 千米、通组公路 55.43 千米。

邮政通信

邮政 杉板乡 1949 年通邮，开始为步行投递信件，逐步发展为自行车、摩托车投递，现主要以摩托车投递为主。1966 年通农话（摇把机）20 部，1975 年设邮电所，邮政业务有报刊、平函、挂号、包裹寄递等，2005 年发展快递业务，覆盖较广。

林夹公路

通信 1995年开始发展移动通信业务，移动、联通先后建立基站。1996年开通程控电话，1997年安装程控电话交换机250户。2003年全乡安装程控电话2240户，入户率55.3%。至2014年，全乡有移动手机用户5300多人。

供电饮水

供电 20世纪70年代以前，境内居民均使用煤油灯照明。1975年，乡直机关单位开始使用电灯照明。1982年基本实现村村、户户通电。1986年1月，建立杉板变电站，架设35千伏级杉青输电线路。2014年，完成月星村的电网改造，新增变压器2台。

饮水 20世纪70年代中后期起，杉板乡农村出现打井热，饮用水改塘坝水为地下水。从2009年开始，歇驾、牛山村村民开始利用杨坪水库水源解决村民饮用水。2010年，乡政府利用牛头水库水源建起1座中型自来水厂，供水能力20万立方米，解决全乡各村近4000户安全饮用水问题。

农田水利建设

水利建设 清道光六年（1826），在吴家厂至曾家嘴建长1000米的青山垸澧水防洪大堤，后陆续延长加固至3.2千米。

20世纪50年代初，境内掀起新建、整修塘坝热潮。1950年冬，歇驾乡白洋村兴建小（二）型土垭水库，库容79.6万立方米，为临澧县第一座水库。1956年冬，兴建牛山小（二）型水库。青山水轮泵建成后，新建月星电力提灌站。1967年，随着青山拦河坝的形成，建成一线防汛大堤3.3千米，其中护坡硬化800米。至1985年，杉板乡有堰塘1612处，蓄水量266.2万立方米；垱坝203处，蓄水量112.8万立方米；有水库12处，蓄水量665.9万立方米。有电力排灌机埠5处，装机6台392千瓦，灌溉面积0.33万亩。1990

年冬，对青山垸防洪大堤进行大规模的加修，大堤加高 0.7 米，加宽 1.2 米。1995 年，整修青坪山防洪大堤，新修 21 处骨干塘。2014 年，乡村两级投入 250 多万元，完成 70 千米沟渠疏浚，8 千米渠道硬化，75 口堰塘清淤扩容，26 处堰堤硬化；对杉板水库、棉花冲水库、九峰岭水库实施除险保安；新建整修太平、夹沟湾、月星、土垭 4 座机埠；投资 60 万元对乡水利站进行改造重建，全乡有大、小堰塘 1632 处，其中大型骨干塘 35 处、一般骨干塘 94 处，硬化大、小堰塘 177 处，可正常蓄水 201 万立方米；溪坝 199 处、其中硬化 25 处，可蓄水 154 万立方米；小型水库 12 座，正常蓄水达 532 万立方米，占全乡总蓄水量的 60%；建有机埠 7 处 9 台 431 千瓦，可提水 20 万立方米；青山灌区渠系直灌 100 万立方米，共建有主、干、支、斗渠 87 条 158 千米，基本实现旱涝保收。

农田基本建设 20 世纪 70 年代，全乡掀起“大寨田”建设热潮。2011—2014 年，争取国家项目投资 200 万元，对歇驾村土地进行复垦、对卜家等 3 个村的土地进行综合整理，综合整理土地 75.41 公顷。

村镇建设

集镇建设 1995 年，硬化杉板桥集镇街道 2 千米。2013 年投资 93 万元新建公租房。2014 年，乡政府投入 500 多万元，借林夹公路建设机遇全面改造杉板桥集市；投资 200 多万元，改造杉板桥集镇下水道。2014 年，杉板集镇有街道 1 条、长 2.4 千米，建成区面积 2.4 平方千米。

乡村建设 2014 年，乡政府确立牛山、青山为美丽乡村示范村。牛山村投入近百万元，完成农贸市场建设、道路硬化、沟渠硬化、堰塘硬化等工程。青山村投资 40 多万元，初步完成“一点一圈一线”示范工程，其他各村自办亮点工程 80 多处，全乡村容村貌极大改善。

社会事业

教育

幼儿园 20 世纪 90 年代，境内开始兴办学前教育。2004 年，全乡办有 5 所公办幼儿园和 1 所民办幼儿园。2013 年，争取国家投资，新建普惠性的杉板乡中心幼儿园。2014 年，全乡有幼儿园一所，入园幼儿 310 名，幼师 25 名。

小学 民国时期，境内各保均办小学。1949 年秋，创办杉板完小。1958 年，各生产大队均办小学。20 世纪 60—70 年代，各大队办完全小学，全公社有小学 15 所。1985 年，开办杉板桥中心小学。1995 年，改善学校办学条件出现第二次高潮，突出以“建设高标准、美化高要求、办学高效率”为重点，开始向“集中办学、规模办学”的方向发展，全乡投入近千万元，各村建起高标准的教学楼，配齐一流的教学设施。2000 年起，开始进行学校布局调整，彻底消除学校危房，充分整合教育资源，改变原来村村办学的格局，提高办学效率。2003 年，撤并 4 所小学，新办 1 所希望小学，全乡学校布局调整为 1 所九年制学校，4 所完全小学。2014 年，白洋小学异地新建，成为全市农村小学建设样板；全乡有小学 6 所，学生 617 人，教师 42 名。

中学 1958—1962 年，杉板完小开办戴帽附中。1969 年在杉板桥设立杉板完中。20 世纪 70 年代，境内分南、北片新建 2 所片办初中。1979 年下学期，杉板完全中学停办高中，改办初中，定名为杉板中学。20 世纪 80 年代，南、北片的两所初中相继停办。2014 年，杉板中学有学生 231 人，教师 32 名。

文化体育

1995年，开通杉板桥中心地区有线电视。2003年，建成乡镇文化站，文化站占地1340平方米，建筑面积480平方米。全乡15个村都建有文化资源共享电脑室、农家书屋、群众文化中心健身广场，健身舞成为乡间时尚。广播实现村村通，有线电视和无线电视用户达2500多户。全乡有老年艺术团、舞龙队、管乐队、篮球队等文艺体育团队20支，骨干人员220人。2013年，杉板乡综合文化站被评为“省示范综合文化站”。2014年7月，在杉板中学举办庆“七一”广场舞比赛，16支代表队的200名队员参赛。

医疗卫生

20世纪50年代初，境内由个体医生组成联合诊所。1958年9月，合口中西联合诊所分解为合口镇卫生院、新合公社卫生院、杉板公社卫生院。杉板公社卫生院设杉板桥，有执业医生9名。1970年起，全乡各村兴办村级合作医疗。1984—1987年，筹资修建白洋、歇驾山、吴家厂、彭家河4家卫生所。1993—1995年，投资80万元兴建中心卫生院门诊部和住院部，新办6个卫生所。2014年杉板中心卫生院投资150万元修建门诊、住院综合楼，开设20张床位，全乡配置15家村卫生室；全乡有医务人员41名。

社会保障

“五保”供养　2002年，在牛头水库管理所创办杉板乡敬老院，集中供养“五保”老人23人。2010年与2013年，分别在坪山村与青山村建坪山村幸福院与青山村幸福院，供养“五保”老人16人。2014年，投资391万元对乡敬老院进行改扩建，建筑面积达3588平方米，有餐厅、厨房、医务室和文体活动室等设施，配备工作人员3人，设置床位43个。是年，全乡有“五保”对象89人，集中供养27人；分散供养72人，每人每年发给2400元生活保障金。

社会救助　1999年，杉板乡开始实施城乡低保救助，当年有62户78人享受城市低保救助，月保障金额0.64万元。2014年全乡有50户53人享受城市低保救助，发保障金额12万元；有318户406人享受农村低保救助，发保障金额40.72万元；有优抚对象121人，发放优抚金52多万元；救助弱势群体，发放临时救助金116人（次）、5.8万元，医疗救助32人（次）、4.2万元；61个残疾人家庭纳入医疗和临时补助；投入69万元补助43个农户完成危房改造。

医疗养老保险　2010年，杉板乡开始实施新型农村养老保险，当年有7500人参保，参保率为60%，收缴保费75万元，发放保费165万元。2014年，全乡有6898名农村居民参加新型农村养老保险，参保率55%，收缴保费76.64万元，发放保费259.2万元。2010年开始实施新型农村合作医疗，当年有14000人参合，参合率98%。2014年，有14781人参加“新农合”，参合率100%，征收“新农合”基金127.74万元。

劳动保障　2014年，完成0.78万人的劳动力信息采集工作，开发公益性岗位20个，新增农村劳动力转移90人。帮助4人申报小额担保贷款，发放贷款20万元。

（文字供稿：刘洋，图片供稿：临澧县党史办）

文家乡 >>

区域概况

位置面积

文家乡位于县境西南的太浮山北麓。东与陈二乡毗连，南与太浮镇、桃源县盘塘接壤，西抵石门蒙泉镇，北与佘市桥镇相连，面积 80.32 平方千米，乡政府驻地距临澧县城 10 千米。

建置沿革

清初，文家乡地域属永定卫。清雍正七年（1729）置安福县，文家地改隶安福，置里、区建制，文家乡全境除今五道村一带属永左里外，其余全部属十一都里。

民国初，文家乡境域属保宁区。民国 10 年（1921）撤区建乡，文家境域属保宁乡。民国 24 年文家境域分置第三区得胜乡、保文乡，民国 27 年废区并乡置保文乡，乡址驻保宁桥。民国 30 年乡址迁贾氏祠。

1949 年 8 月，临澧共辖 6 区 13 乡 123 保，文家地属一区保文乡。1950 年 7 月，废除民国保甲制，划乡建政，全县辖 6 区 104 乡，文家地属一区所辖，分置官岭、桃花、石岩、得胜、文家、彰嘉桥、潘洛等乡。1956 年撤区并乡，合并官岭、桃花、石岩、得胜、文家、彰嘉桥、潘洛 7 个小乡，成立文家店乡。

1958 年 9 月，全县实行政社合一的人民公社化，文家店乡与启祥乡合并，成立红星人民公社，社址驻文家店，次年 2 月改称佘市人民公社。

1961 年，全县调整公社规模，佘市公社，单独组建文家人民公社。

1984 年 3 月，实行农村人民公社体制改革分设，文家人民公社改称文家乡。至 2014 年年底无变化。

行政区划

民国初，保宁区下辖 9 保。民国 27 年（1938），保文乡辖 17 保；民国 30 年缩编乡保规模，改辖 8 保；民国 34 年，再调保甲规模，增为辖 11 保，次年恢复为辖 8 保。

中华人民共和国成立之初，维持民国时期的建制。1950 年 7 月，废除民国保甲制，划乡建政，改为乡下辖村。

1956 年 5 月撤区并乡，乡下改辖农业生产合作社。文家店乡合并 56 个农业合作社，以片区为单位组建高级农业生产合作社，全乡时辖得胜岗、大角山、文家店、五道桥、骆家铺、牌楼岗、张家桥、石岩岗、桃花岗、澧阳山、官岭岗 11 个高级社。

1958 年实行人民公社化，改为公社辖生产大队，大队辖生产队，文家境域属佘市公社，置三公、文家、五道、得胜等生产大队。1961 年文家境域从佘市公社出，成立文家人民公社，文家公社下设 17 个大队、124 个生产队。1975 年，调整为辖 18 个大队、177 个生产队。

1984 年人民公社改乡，乡辖村，村辖村民小组，文家乡共辖 17 个村、194 个村民小组。2014 年底，辖潘家铺、青龙、骆家、雅林、五道、张家、文家、大观、枫树、岩溪、丰登、得胜、古堰、余家、新屋、三公、高茂 17 个建制村、195 个村民小组和园艺场、经济林场、茶场 3 个农林场。

自然环境

文家乡位于县西南丘陵区，地域轮廓呈“Y”字形，属典型的丘岗地貌，以岗地和丘陵为主，有少量江河冲积平原。地势西高东低，由西北向东南倾斜，平均海拔约 50 米。南部、中部为太浮山脉和李阳山、大观山，海拔高度 95 米以上，最高点太浮山主峰海拔 604.5 米，最低点海拔 44.1 米。

乡域属中亚热带向北亚热带过渡的湿润季风气候，气候温和，热量丰富，无霜期长，雨水充沛，四季分明。多年平均气温 16.4℃，1 月平均气温 4℃，7 月平均气温 28.4℃。多年平均降水量 1239 毫米，雨量多集中在 4—8 月，5 个月降雨量占全年的 66.5% 以上，冬季雨水少。年日照 1622.7 小时以上，相对湿度 82%，年辐射量 104 千卡 / 平方厘米，无霜期为 268 天，主导风向为东北风。境内河道属澧水水系。澧水一级支流道水河自岩溪村入境，由西向东，于丰登村流入佘市桥镇，境内河道总长 8 千米，最大流量为 1949 立方米 / 秒，最小流量 0.126 立方米 / 秒。境内有较大蓄水工程 12 处，堰塘年正常塘容 312.3 万立方米。

境内土壤以第四纪红土壤、河潮土为主，土层深厚，通透性好，土质肥沃，pH 值为 6.5 左右，富含铁、硒、锌、钾、磷、钙、镁等多种微量元素。自然资源十分丰富，为全县生物资源物种库，植物种类有 64 科、145 属、206 种；动物物种有 40 余种。2001 年，被命名为市级森林公园。

1949—2014 年，境内发生自然灾害 40 次，其中旱灾 18 次、洪灾 22 次，特别严重的有 11 次。

人口民族

民国 35 年，保文乡有 2324 户 11212 人，其中男性 5712 人。1957 年，文家店乡有 12651 人。1964 年，文家公社有 2920 户 11032 人，其中男性 5572 人，非农业人口 164 人。1975 年，全社 3557 户 15593 人。1985 年，文家乡有 3808 户 16476 人，其中男性 8470 人，非农业人口 826 人，每平方千米 203.4 人。2014 年，全乡有 15108 人，其中男性 7680 人，非农业人口 357 人；总人口中，汉族 14268 人、土家族等少数民族 840 人；人口出生率 8.5‰。

经济发展

综述

1957 年，文家店乡总产值 89.24 万元，其中农业产值 81.48 万元，人均分配收入 43.1 元。1975 年完成工农业总产值 273.67 万元，其中农业产值 252.74 万元，人均分配收入 71 元。中共十一届三中全会以后，农村经济得到发展，人们生活水平逐年上升。1985 年完成工农业总产值 1337.9 万元，其中农业产值 1209.7 万元；农民人均纯收入 457 元。1995 年，全乡完成社会总产值 16270 万元，工农业总产值 8583 万元，其中农业产值 3698 万元，财政收入 210 万元，农民人均纯收入 1300 元。进入 21 世纪，文家乡党委、政府坚持“产业富民、招商活乡、民本稳乡、生态立乡”的工作思路，着力推进经济社会全面发展。2003 年，完成社会总产值 18397 万元，工农业总产值 12072 万元，其中农业产值 6988 万元，农业产值占工农业总产值的 58%，财政收入 251 万元，农民人均纯收入 1650 元。居民户普遍营建新楼房，购置组合家具、洗衣机、彩色电视机，80% 的居民户添置电冰箱，30% 的居民购买摩托车，88% 的居民户购置空调。2014 年，全乡完成地区生产总值 26882 万元，农业总产值 22563 万元，第一产业增加值 13396 万元，占全乡社会生产总值的 49.83%，财政收入 589 万元，农民人均纯收入 7865 元，可支配收入达到 5980 元。

农业

文家乡有耕地 33783 亩、山林 62580 亩、水面 3200 亩。

种植业 文家乡种植业以种植粮、棉、油为主导。1957 年，文家店乡粮食生产实收面积 67914 亩，产粮食 799.57 万公斤；种植棉花 215 亩，产皮棉 3389 公斤；种植油菜 1896 亩，总产菜籽 22608 公斤。1995 年,全乡产粮食 21108 吨、棉花 160 吨、油料 248 吨、甘蔗 3000 吨。进入 21 世纪，调整农业产业结构，传统农业与特色产业同步发展。全乡粮食复种面积稳定在 3 万亩、棉花稳定在 0.5 万亩、油菜稳定在 1 万亩。农业机械化程度越来越高，全乡有收割机 12 台，大型耕整机 40 台，小型耕整机近 100 台；建立起以骆家、枫树、大观、得胜、余家为中心的双季稻生产示范片。2003 年，全乡总产粮食 1.6 万吨、油菜籽 1350 吨、棉花 4800 担。发展烟叶、红薯特色产业，2010 年起，建立起以岩溪、五道、古堰、文家等 4 村为中心的烤烟生产基地，全乡烟叶面积保持在 4000 亩左右。2011 年，文家乡被评为全市烟叶万担乡，烟叶年产值过千万元，亩平产值近 3000 元，乡村两级每年的烟叶税收分成达百万元。2014 年，全乡种植粮食 53590 亩，总产

烟叶种植

19983吨；种植棉花4653亩，总产皮棉549吨；播种油菜25850亩，总产油菜籽2590吨；种烟3200亩，交售烟叶8800多担、产值1200多万元，亩均产值3800多元，最高每亩产值达5600元。

养殖业 文家乡以养殖猪、羊、鸡、鸭为主。1958年出售商品猪833头，收入4063元，养殖业总收入5737元。1980年起，养殖生产逐步形成规模化。1995年，全乡出栏生猪17985头，出笼家禽25万羽，出水鲜鱼210吨。2003年，出栏生猪1.5万头，马头羊0.9万只，出笼家禽20万羽。2014年，全乡养殖生猪2.14万头、饲养家禽237万羽，养牛2117头、兔1687只、山羊1.7万只，出水鲜鱼838吨。

林业

全乡林业用地6.26万亩，占总面积的49.6%；重点公益林行政区划1.28万亩，占林地面积的20.4%。20世纪60年代，文家乡大力实施开山造林，兴办森工企业。1961年组建全县第一个杉木林营林专业队，1971年大量人工造林，1986年引进湿地松、柳杉、檫树、桤木等珍贵用材树种，建成2000亩经济林场，成为湖南省"八五"期间2个重点果木基地之一。20世纪80年代末至90年代初，文家乡掀起集体人工造林热和庭院经济开发热，全乡人工造林13500亩，其中营造优质用材林5500亩、经济林5000亩，改造低产茶园3000亩，至1995年，全乡兴办19个集体林场，人工用材林达1.6万亩，其中文太林产品开发公司垦殖用材林6300亩，境内森林覆盖率达46%，木材蓄积量81443立方米。同时，引进橘、柚、柑、橙4大类58个水果品种及杂交板栗等干果品种，建起12个乡村集体果园，发展集体果园4000亩，农户庭院经济林10000亩。形成以太浮山为主体的2.5万亩用材林带，以大观山为主体的1万亩油茶林带，以李阳山为主体的1万亩果木林带。年出产油茶籽2000多吨，鲜果1万多吨，茶叶1000多担，林业年产值达2500万元。文家乡由此被授予"全国造林绿化百佳乡"。20世纪90年代后期，文家乡大力推进"林业强乡"战略，继续发展林业产业化生产，完成油茶低产改造1万亩、新扩柑橘5000亩、新植速生杨树7000亩，新建猕猴桃基地1000亩，为全省3个猕猴桃核心基地之一。2004年，全乡纯油茶林带发展到1.3万亩，果木林带发展到1.7万亩，用材林带发展到2.3万亩，活立木积蓄量达10.5万立方米；年出产柑橘等果品1.6万吨，茶油250吨，年创林产值3000万元。2013年，乡林场被确定为湖南省"百个珍贵树种培育示范基地"，新造珍贵树种1190亩；古堰村兴办280亩樱花、栾树苗木基地；五道村与省科院合作建设200亩猕猴桃示范基地。2014年，公路绿化19.9千米，补栽道路绿化林21.8千米；完成长防林项目470亩新造林、1500亩封山育林；新开发柑橘300亩，抚育中幼林1000亩，在岩溪建立600亩油茶低改示范片；种植桔柑近2万亩，形成以雅林村为龙头，辐射青龙、骆家、潘家铺、五道、张家、文家、大观等村的连片橘柑产业带，全乡柑橘产量近3万吨，产值3000多万元，亩均产值3500元以上；栽种猕猴桃2000亩，形成以新屋、余家、高茂3个村为中心的猕猴桃基地，亩平收益6000元。全乡森林活立木蓄积14.19万立方米，森林覆盖率达47.78%。

工业

1957年，文家店乡实现手工业副业收入7.52万元。20世纪70年代开始出现打米、轧花等农副产品加工业。1975年，文家公社实现工副业收入20.93万元。20世纪80年代初期，兴办砖瓦烧制、竹木加工等社队企业，公社办起轮窑机砖厂。1985年，全乡完成工业总产值128.2万元。1991年，投资50万元兴办竹木加工厂，年产值600

万元；投资80万元创办劳武企业——临澧县木地板砖厂，生产的梓木拼花地板获全国首届林产品博览会银质奖。1995年投资180万元建成乡办第二砖厂，年产红砖1500万块，产值150余万元，全乡工业产值4885万元。1997年投资90万元兴办浮山食品厂，年创产值300万元；建成5家村办米厂，年加工大米1000万公斤；全乡有各类集体企业15家，年创产值6000万元。1999—2003年，由于宏观环境制约，乡村集体企业举步维艰，逐步萎缩，先后改制，2003年，工业产值5084万元。2014年，乡政府招商引资实际到位资金4750万元，引进湘御隆酒业落户县工业园；全乡有1家烟花鞭炮厂、1家引线厂、4家砖厂，工业经济完成地区生产总值1617万元。

商贸服务业

明清及民国时期，境内文家店、雅林桥墟场较为活跃。中华人民共和国成立后，在乡（公社）驻地设立供销社、食品站、粮油站等商贸机构，在各村（大队）设立集体商业零售点或代销店。中共十一届三中全会后，农村个体商贸服务得到快速发展，金桔红打蜡厂、青龙柑橘合作社往湖北、内蒙古、河北、河南及东北三省年调运销售柑橘8000吨左右，销售总额5400多万元。2012—2014年，投资790万元，建成占地20亩的雅林集贸市场和占地3100平方米的文家店农贸市场，其中文家店农贸市场有摊位250个。2014年，祥云果业柑橘合作社成立，从事柑橘收购、储藏、调运，持续打造雅林柑橘品牌，开发出俄罗斯、朝鲜、越南等国外市场，年加工销售柑橘2万多吨，销售额达3000万元。是年，文家乡商贸服务等三产业完成地区生产总值11869万元，占全乡社会生产总值的44.13%。

旅游业

文家乡依据太浮山旅游资源大力发展旅游经济。2014年，乡政府投资380多万元建设太浮山景区进山游道，浇筑2千米沥混公路，整修3.8千米登山游步道，配套建设公厕、安全护栏设施，恢复紫竹林等历史文化景点；投入近100万元，完成进山自来水管网改造、“小农水”沟渠整修以及道路绿化工程，并启动文家游客接待中心建设，在五道、张家村建办2家休闲农庄。

基础设施

交通运输

1958年9月，修筑文家店至雅林桥公路。1960年，修筑佘市经文家至太浮公社、雅林桥至青龙大队、枫树大队至得胜大队公路。1970年修筑文家店至响水垱等乡村公路。20世纪80年代，公路村村通，文雅线、文佘线贯穿全乡。1995年3月，建成经过文家的石瞰公路。2003年，拉通硬化文家店至临澧火车站公路，文家店至县城行车里程缩短为10千米。2014年，全乡有公路60.58千米，其中，省道16.38千米，县乡主干道18.37千米，通村公路25.83千米，全乡村级通组公路硬化率达45%。

全乡有龙潭道水大桥、枯藤溪桥、张家桥、浮山桥、雅林桥、同福桥、枫树桥、金家桥、郭家桥、枫古大桥等10座桥梁。龙潭道水大桥建于2003年，全长133.93米，桥宽10米，是联系县城与文家的交通要道。2014年，投入78万元完成栗家桥危桥改造。

邮政电信

1961年上半年开始通邮，邮件由邮递员投递到村；下半年开始通电话，公社机关及各大队共安装要把机17部。1963年上半年成立公社邮电所，业务主要有报刊、平信、挂号、包裹寄送，2003

年后发展快递和邮政储蓄业务，因地处偏远，业务量较小。

1999年8月，全乡开通程控电话，建模块点3个，装机2200部，普及率60%。2000年10月，建成高度55米的联通通信塔，实现移动通信无缝覆盖。2014年，全乡有程控电话1800多部，98%的家庭使用手机，共有移动手机用户3700多部。

供电饮水

供电 20世纪70年代，文家乡用电普及。2000年，全乡有变压器38台、容量2900千伏安，高压输电线路35.67千米、低压配电线路38.22千米；用电农户2838户，年用电量71万千瓦时。2014年，完成得胜、张家两村电力整改和增容，全乡17个行政村中有16个村完成电网改造；改造后，变压器增至76台、容量7065千伏安，架设高压输电线78.91千米、低压配电线路436.20千米，用电户增至4358户，用电量913万千瓦时。

饮水 1993年，兴建日供水700吨的乡自来水厂，供应乡直机关和文家店集镇居民饮用水。2009年，实施安全饮水工程，投资615万元（中央投资315万元）在浮山水库副坝附近建五道水厂，日供水541吨，供水人口4228人。2014年12月，启动五道水厂移址扩改工程，新水厂占地约5亩，设计日供水规模2100吨，建有1座水处理能力为128立方米/小时的穿孔旋流反应斜管沉淀池、1座重力式无阀滤池、2组容积为300立方米的清水池；主要设备有浮船式取水泵站1处，聚合氯化铝投送器、二氧化氯发生器各1台；管网覆盖文家乡17个村和石门县保宁村，受益人口16800人。

农田水利建设

水利建设 20世纪50年代起，文家乡开始大办水利，至1985年，全乡先后修建1座小（一）型水库、10座小（二）型水库，蓄水总量957.4万立方米；兴建整修堰塘1811处，其中骨干塘56处，兴建整修垱坝149处，总蓄水量529万立方米；兴建电力提灌机埠8处，装机8台447千瓦，提灌农田0.49万亩，全乡旱涝保收面积2.6万亩。1986年以后，新建傲湾水库及50处塘坝。1996—2003年，新建浮山水库陈溪峪、李阳山、五道3条防渗引水渠，长3.4千米；升级改造浮山水库，新建溢洪闸和大堤防渗黏土斜墙；硬化总长8千米的七岔水库、黑儿凹水库、余家机埠、古堰机埠灌溉渠；完成浮山水库、江家水库、五道水库的除险加固工程。2004年，浮山水库通过升型论证和初设方案专家评审，成为临澧县第五座中型水库，也是湖南省8年间唯一的水库升型项目。2014年，全乡整修堰塘37口，硬化堰堤12处，疏通硬化沟渠12.8千米，完成小（一）型江家峪水库除险加固、余家机埠更新改造、浮山水库引水渠恢复、杨家大溪清淤等扫障工程。

农田改造 20世纪60年代，文家乡开展“农业学大寨”运动，建设稳产高产农田。1965年，大观大队组织650名劳力，投工5.85万个，开挖50条、长4万米的围山撇洪沟，70条、长7.5万米的农田撇浸沟和排灌沟，彻底消除山洪、冷浸、串灌“三水”危害，农田生产条件得到充分改善。次年，全大队1931亩水田，多产粮46.57万斤，增产83.9%。1999年至21世纪初，文家乡争取国家项目投资275万元，在五道村、青龙村开展规格化、标准化的农田综合整理，整理农田67.7公顷。

村镇建设

集镇建设 文家店、雅林历史上为自然墟场。20世纪90年代起加强集镇建设。1993年，水泥硬化文家店街道375米。20世纪末，文家店形成丁字形街区。2004年，投资50万元建设文家店街道，砼化主车道1200米，铺装人行道1800米；集镇区建成面积扩展到0.5平方千米，常住人口增至1000多人。2012年投资400万元，建成占地20亩的雅林集贸市场。2014年，投资390万元，建成占地3100平方米的文家店农贸市场。

乡村建设 2007年，13个村完成村部建设。2014年，全乡各村成功创建市级生态村，五道村完成通村主干道绿化工作。

社会事业

教育

幼儿园 1983年开始，文家乡各小学先后开设幼儿班，幼儿教育起步。2001年创办文家中心幼儿园。2005年创办民办幼儿园百花幼儿园，全乡有公办幼儿园4所、民办幼儿园1所。2014年，全乡有公办幼儿园4所，民办幼儿园2所，在园幼儿377人，幼师21名。

小学 民国时期，文家地区各保都建有小学。民国30年（1941），保文乡在佛现寺创办中心国民学校，被县教育科指定为示范小学。民国35年，在保宁桥创办私立澧阳小学。1958年，各大队均办小学，公社在文家店办文家完小，是时，全公社有小学17所。1985年创办文家中心小学，全乡有小学18所。1992—2007年，先后6次撤校并点，优化学校布局，2007年全乡有完全小学6所，学生726人。2009年，将张家、石岩2所小学撤并到中心小学。2014年，全乡有完全小学4所，学生612人，教师40名。

中学 1969年，在文家店创办文家完全中学，1976年后改为初级中学。1977—1979年，文家公社各大队小学先后办带帽初中，1980年文家公社办文家中学1所。2003年，全乡有初中1所，学生651人，教师69名。2014年，全乡有中学1所，学生219人，教师28名。

文化

1998年6月，建文家乡电视台，有线电视覆盖4个行政村，用户500户。2004年，全乡组建6支农民铜管乐队。2014年，乡政府建有文化站，全乡有各类文化专业户70户，农家书屋178个、藏书2.8余万册；有广场舞队伍23支。潘家铺农民张荣中投资100多万元，办起艺术团、西洋器乐队、舞蹈队、篮球队。“全国十佳读书人物”宋庆莲管理的文家村农家书屋，是鲁迅文学院定点赠送图书刊物的单位；17个行政村建有文化活动中心。

医疗卫生

1958年，文家店设公社卫生院。1993年，投资30万元新建乡卫生院住院大楼，设床位30张。2004年，投资20万元修建乡卫生院门诊大楼。2014年，修建乡卫生院综合大楼，医疗卫生环境得到改善，全院有业务用房4000平方米及B超、心电图、多普勒、全自动生化分析仪等医疗设备，有专业技术人员22人；全乡有1.5万名农村居民参加“新农合”，参合率99.6%。

社会保障

“五保”供养 2004年，投入23万元，新建乡敬老院。敬老院用地11亩，建筑面积700平方米，设置床位40个。2012年，农村“五保”户供养标准达到人均2400元/年。2014年，有农村“五保”对象69人，40人分散供养，人均2460元/年；敬老院集中供养29人。

社会救助 2005年，实行农村低保救助。2012年，全乡核实农村低保345户441人，城镇低保29人。2014年，全乡有20户24人享受城市低保救助，月保障金额3980元；有393户515人享受农村低保救助，月保障金额45910元；

认定贫困儿童15名、孤儿15名，发放各类优抚资金194879元，发放城乡临时救助74900元，1个残疾家庭纳入无障碍设施建设改造。

农村养老保险 2006年，实行农村养老保险。2012年，全乡7164人参保。2014年，全乡有10684人参加新型农村养老保险，参保率72.2%，有200人参加城市居民社会养老保险；发放“三保资金”及困难补助资金97万元，医疗救助资金28100元，救助178人（次）；住院救助重症精神病人3人。

劳动保障 2012年，开展农村劳动力培训300人，促进就业转移450人。2014年，乡政府开辟社会公益岗，新增就业人员10人；开展劳动力就业培训，为县工业园输送劳动力168人。发放社会保障卡7959张，认证离退休人员48人。

特色地情

风景名胜

太浮山 太浮山又名独浮山，亦名彰龙山，距临澧县城西南12千米、石门县城东南约40千米，绵亘于石门、临澧、桃源、鼎城四县（处）交接部，有“鸡鸣四县”之说；面积4300公顷，最高海拔605.5米，有99岭、33岔，其“二十四景”江南闻名。相传黄帝时，浮邱子种苦荬修行，“洗药道水，修道太浮”。太浮山故得名。清初刘恩宠有《太浮山》五言绝句：“种荬人何去？遗丘此地巍。疏星照石户，药灶冷忘归。”自汉代中叶至清末民初，太浮山是佛道两教兴盛和发展时期。与桃源县桃花源、石门县观国山、慈利县五雷山道教圣地齐名。历代修建有金顶大庙、铁瓦庙、汉王庙、俗圣观、王通庙、玉皇庙、浮山寺、二水寺、观音寺、广乐寺等数十座寺观，是洞庭48福地之一。

抗日战争遗址 1943年4月，临澧国民政府奉令配合国军74军57师构筑太浮山国防工事。保文、王化、陈二3个乡组成工事材料筹办委员会，将军、柏枝、泰山、护城、佘市、赵家6个乡各派1人协助办理。9个乡各筹集借款5万元，征购太浮山木材，修梅、佘市、赵家、陈二乡征购石灰。太浮山工事用圆木52706根、木板22236米、8号铁丝5890米、12号铁丝9813米、两爪钉3643个、铁钉10548个、石灰38.5万斤，枕木14497根。工事沿稻箩山—顿笔峰—老虎凸—汉王庙—五道村—大浮山的方向呈弧形布局。1943年常德会战期间，国军陆军100军利用太浮山国防工事与敌作战，取得歼敌制胜的战果。抗战结束后，太浮山工事被毁，但仍留有工事遗迹。2015年，中共临澧县委、县人民政府在文家乡张家村天心堰修复战壕和团指挥所，建立太浮山抗日战争遗址纪念碑。

（文字供稿：汪玲，图片供稿：临澧县党史办）

陈二乡

区域概况

位置面积

陈二乡地处临澧县西南部太浮山脚下，东与四新岗镇接壤，南邻太浮镇，西接文家乡，北与安福镇、佘市桥镇、望城乡交界，面积79.46平方千米。

建置沿革

清初，陈二乡地域属永定卫。清雍正七年（1729）建安福县，陈二乡地域改隶安福。县下置里、区建制，今陈二铺乡全境属十都里。

民国时期实行区、乡、保、甲制，民国5年（1916）置陈二区。民国24年，编组保甲，置陈二乡，属第三区管辖，乡址驻陈二铺。

1949年8月，陈二乡属临澧县第二区管辖，区公所设陈二铺。1950年7月，全县废除旧的保甲制度，县下设区、乡、村，陈二地域隶属第二区，分置朱伦、陈珠、兴隆、联三、临南、兴庵6乡。

1956年5月，全县撤区并乡，原朱伦、陈珠、兴隆、联三、临南、兴庵6乡合并，组建陈二铺乡，乡址设陈二铺。

1958年9月，全县实现人民公社化，陈二铺乡和衍嗣庵乡合并，成立东风人民公社，社址设衍嗣庵。次年2月，东风人民公社更名为太浮人民公社。

1961年，全县对人民公社进行调整，原陈二乡从所属太浮人民公社析出，置陈二人民公社，社址设陈二铺。1984年3月，农村人民公社体制改革，陈二人民公社更名陈二乡，乡政府驻地设陈二铺。至2014年年底无变化。

行政区划

民国5年（1916），陈二区下辖10保。民国27年废区并乡，陈二乡辖17保。民国34年保甲调整，陈二乡辖15保。

1950年7月废除保甲制，县下设区、乡、村。

1956年撤区并乡，乡下辖农业生产合作社。境内43个农业生产合作社合并，分片区组建成11个大社，陈二乡改辖前进、长冲、三板桥、文家湾、民主、中心、南溪垱、陈二铺、荷花堰、草堰、王家嘴11个高级农业生产合作社。

1958年9月，陈二乡与衍嗣庵乡合并组建太浮人民公社，公社下设大队、生产队。陈二地域置两汊河、长冲、兴隆、陈二、三板桥等生产大队。

1961年，组建陈二人民公社，所辖调整为19个生产大队、167个生产队。生产大队即兴安大队、大江大队、三板大队、陈二大队、两汊河大队、黎家大队、汪家大队、朱伦大队、星日大队、南垱大队、金家大队、天寺垭大队、长冲大队、太山大队、粟家大队、月亮岗大队、大塘大队、万福山大队、响水大队。生产队个数后调整为199个。

1984年3月，农村人民公社体制改革，陈二公社改称陈二乡，生产大队改称村，生产队改称村民小组。全乡一直辖19个行政村、196个村民小组。至2014年年底无变化。

自然环境

陈二乡处太浮山余脉与洞庭湖盆地过渡的丘陵地带，地形地貌以微丘和溪谷平原为主，地势西高东低。海拔高程一般在50～90米，最高点太浮山海拔604.5米，最低点两汊河村道水河海拔50米。

境域属亚热带湿润气候，四季分明，雨量充沛，光照充足，雨热同季，春季暖和多雨，夏季高温，秋季凉爽，冬季寒冷降雪。多年平均气温16.4℃，极端最高气温39.8℃，极端最低气温-15.7℃。降水大多集中在4—9月，年降水量800～1900毫米。无霜期264天，年平均相对湿度80%，多年平均蒸发量为1211.9毫米；日照1621.1小时，日照率37%，常年多北风和偏南风，多年平均风速2.5米/秒。澧水一级支流道水河流经乡境西北。

境内矿产主要为水泥质岩矿，分布在兴安、汪家、黎家、三板、万福、南垱等6个村，均可露天开采；其次为地质页岩矿，分布在三板、星日、胜利、太山、百草5个村。

1979年4月17日，境内发生历史上罕见的龙卷风、大冰雹灾害，龙卷风自西向东南方向发展，持续1小时，在境内袭击范围长约10千米，宽约7千米。龙卷风中心经过地带，风力达12级以上，数人合围的百年古树被连根拔起，禾场的石磙被卷得团团转，电杆卷倒，通信中断。龙卷风挟带暴雨冰雹，半个多小时，降雨量达70多毫米，山洪暴发，河水陡涨，冰雹达35厘米厚。灾区人均损失153元。

人口民族

民国35年，陈二乡有3082户14067人，其中男性7463人，每平方千米177人。1957年，陈二乡有10634人。1964年，陈二公社有3182户12115人，其中男性6206人，非农业人口325人，每平方千米152人。1975年，全社3838户16902人。1985年，陈二乡有3999户16845人，其中男性8685人，非农业人口530人，每平方千米215人。2003年，全乡有4767户16444人，其中男性8226人，农业人口15870人，人口出生率9.3‰，每平方千米207人。2014年，全乡有5263户16837人，其中，男性8640人，农业人口15769人，城镇人口967人，城镇化率5.7%；流动人口4319人，出生率10.72‰，自然增长率5.57‰，每平方千米217人；总人口中，汉族16786人，少数民族以土家族为主，共51人。

经济发展

综述

1957年，陈二乡工农业总产值76.82万元，其中农业产值71.29万元。1975年，全社工农业产值306.99万元，社员人均分配收入77元，扣除实物折款，人均现金收入仅11.5元。改革开放后，境内经济快速发展。1985年，陈二乡工农业总产值1060.5万元，其中农业总产值981.58万元，占工农业总产值的92.56%；农产品商品率为61.2%；农民人均纯收入408元。1995年，全乡工农业总产值1.3亿元，其中农业产值5852万元，占工农业总产值的45%；乡本级财政收入300万元；2003年，实现工农业总产值1.23亿元，其中农业总产值3678万元，农业总产值只占工农业总产值的29.9%；全乡81.2%的农户建楼房，其中1.5%的农户建花园式别墅。2014年，实现地区生产总值38362万元，第一产业增加值13057万元，占全乡地区生产总值的34.1%。财税总收入978万元；农民人均纯收入7708元。人民生活明显改善，每10户有一辆摩托车、每100户有一辆汽车，农户耕种、收割、运输、抗旱等生产活动基本实现机电化。

农业

陈二乡有耕地32837亩、山林57929亩、水面10291亩。

种植业 境内大宗农作物历来以水稻、油料为主，经济作物有棉花、花生、甘蔗、蔬菜、烟叶等。20世纪50年代，陈二乡普遍种植单季稻，加之水利设施差，粮食产量低。1956年春，第二区在陈二铺成立农业技术推广站，由1名区委委员任站长，配备3名专职技术干部，推广双季稻和放水划行插秧。1957年，陈二乡粮食种植面积46083亩，总产粮食505.47万公斤，亩产110公斤。1975年，全乡粮食复种面积54102亩，总产粮食1123.95万公斤。从2000年起，乡党委、政府突出农业产业结构调整，扩大经济作物种植面积。2000年，引进种植西洋南瓜1万亩，申请注册“陈二牌西洋南瓜”，建起万亩无公害蔬菜基地。基地获省农业厅“无公害农产品产地”认证。2005年，水稻复种面积扩大到3.5万亩，产量1.8万吨，油菜面积扩大到1.5万亩，产量达到0.18万吨。2006年，全乡发展烟叶种植面积1200亩，亩产平均达到1600元，成为全县种烟过千亩的重点乡镇。2014年，全乡烟叶种植面积扩大到3550亩，创办全市千亩烟叶精益生产示范园，承办全县烟叶移栽现场会，全年产烟7600余担。

养殖业 1957年，陈二乡出售商品猪186头，实现养殖收入3.76万元。20世纪90年代，乡政府调整产业结构，大力扶持专业养殖户，将境内9座水库、200多口骨干塘、10291亩水面，发包给900多个专业户养鱼。引导380多个专业户饲养菜牛、乳牛、肉兔、山羊、鸡鸭等。1995年，全乡养殖生猪3.45万头、出栏2.45万头，饲养家禽40万羽，出水鲜鱼450吨，养殖业产值2000万元。2001年5月，县粮食局和陈二科农贸易公司联合组建临澧县科瑞乳业有限公司，2003年引进福建长福集团，实行整体租赁经营，养殖奶牛，依托湖南阳光乳业公司经营，专门从事乳品生产开发。2014年，阳光乳业投入280万元资金建设第二牧场，养奶牛800头；是年，全乡出栏生猪23052头、肉牛1432头、山羊6351只，出笼家禽76万羽，出水鲜鱼981吨，禽蛋产量达3527吨。

林业

陈二乡有山地43800亩，是全县植被资源种类最多的地方之一，品种主要有松、杉、樟、楠、杨、油茶等植物200多种。1964年，胜利大队集体栽植各种果树8900株。1965年11月，汪家大队在全县首先开辟橘园1.33公顷，种植常德行署从温州引进的蜜橘。进入21世纪，大力开展封山育林、植树造林、退耕还林和改造稀疏林。2002年，引进洞庭白杨林纸业有限公司，发展速生杨树林生产，建起万亩速生杨树生产基地。2003年，全乡有庭园林果2.5万亩，其中柑橘2万亩。2004年，为提高、调优柑橘品质，新发展天草杂柑8000亩，成为全县杂柑基地乡。至2014年，全乡油茶种植面积近3万亩，森林覆盖率51.2%。

工业

1957年，全乡实现工副业收入55464元，1958年实现工副业收入78856元，两年的纯工业产值收入分别只有3954元和18811元。1964年，胜利大队利用太浮山自然资源，开辟22种工副业门路，安排17%的劳动力抓工副业收入，百日收入8700元,全县推广该大队发展工副业生产经验。1975年，陈二公社全社实现工副业收入15.99万元。此后，陈二乡加大工业发展力度。1985年，全乡完成工业产值78.92万元，占工农业总产值的7.4%。1987年，人造板厂建成投产，年产刨花板5000立方米,创产值600万元。1995年4月，津湘砂布砂纸厂建成投产，年创产值3500万元。是年，全乡有乡办、村办和个体企业732家，从业人员3107名，实现工业产值7148万元，占工农业总产值的54.98%。2000年，全乡工业产值6200万元，上缴利税130万元。

21世纪初，对集体工业企业进行体制改革，民营企业得到较快发展，逐渐成为乡工业经济的主体。2002年，乡人造板厂、津湘砂布砂纸厂依法破产清盘；私营鼎盛精铸公司和米扬米业公司相继建成投产。2003年，全乡实现工业产值8632万元。2006年，乡党委、乡政府全力开展招商引资，先后引进6家工业企业，总投资2700万元，年总产值达1.3亿元，其中，生产特种铸造件的定升机电设备有限公司,总投资1500万元；永安鞭炮厂投资600多万元。2014年，陈二乡有工业企业10家，从业人员1000多人。科瑞乳业公司拥有优质牧草基地3000亩，米扬米业公司拥有优质稻基地1000亩，成为省市有名的农业产业化龙头企业，全面形成“公司+基地+农户”的经营格局。是年,科瑞乳业公司、米扬米业公司、定升机电公司、永安烟花鞭炮厂等规模以上企业完成工业总产值50929万元,全乡工业增加值1.25亿元，创利税1520万元。

商贸服务业

民国时期，境内商业繁荣的集镇有陈二铺、朱伦桥、两岔河3处。陈二铺历为一方物资聚散地；朱伦桥和两岔河，早年间通航通商，经济活跃。

中华人民共和国成立后，在乡(公社)驻地陈二铺设供销社、肉食站、粮油供应站等商业机构，在两岔河、朱伦桥设分社(店)，各村(大队)开设集体商业零售点或代销店，商贸服务业受到限制。中共十一届三中全会后，乡党委、乡政府筹资1300多万元，进行集镇基础设施建设，鼓励农民进镇经商，个体商贸服务业得到发展，农村市场日益活跃。1992年，乡供销社进行所有权与经营权分离改革，实行“社有民营”。2000年，乡供销社进行产权改革。2014年，境内有个体经商户175家，从业者1700多人，其中日用百货杂品商店117家，餐饮服务店45家，全乡共完成社会商品零售总额1.23亿元，其中集市商品成交额7100多万元，第三产业增加值12779万元。

基础设施

交通运输

20世纪60年代，陈二乡仅有陈二铺至四新岗一条简易公路，没有通公交车。70年代，境内建有乡道，大多数村没有公路。1986—2005年，投资1500万元，新建、改建、扩建乡村公路54千米，硬化陈四公路3.5千米，砂化乡道、村道75千米，实现了县、乡、村道砂化，部分组道砂化，村组公路晴雨通车。1998年10月，石长铁路建成通车，南北纵穿全乡，沿途经过两岔、金家、朱伦、万付、三板、黎家、汪家7村，在万付村颜家坪设有铁路道班,常年养护过境铁路9.5千米。2004年，投资50万元，重建关家屋桥和朱伦桥。2010年，对6个村32.5千米通村公路进行砼化。2014年，全乡消灭“断头”路，完成太浮山景区进山公路改建和游道建设，整个交通形成“一纵三横”格局，通村公路全部砼化，通组公路部分硬化。207国道途经乡境。

邮政通信

陈二乡一直没有设邮政所，邮件投递由四新岗邮电所承担。1968年通农话，乡机关和各村安装摇把机18部。1999年，全乡开通程控电话。2003年，程控电话交换机总容量1500门，农户入户率32%。2011年，移动通信发展迅猛，全乡有移动通信用户1850户。2014年，全乡农村电信网络覆盖率100%，移动电话5821部，宽带用户400多户。

供电饮水

供电 1976年，陈二公社机关由湘中供电局供电。1982年12月，全社19个大队全部通电，61.2%的农户用电。1984年，建四新岗变电站，架设10千伏级四——胜线322线路、10千伏级四——同线304线路；全乡有高压输电线路75千米，低压配电线450千米，变压器78台。2014年，黎家、粟家村两村5个台区完成农村电网改造。

饮水 2009年，乡政府投资120多万元，在太山水库建成自来水厂，装配成套净化处理设备，铺设管网510千米，年供水51.1万立方米，除供境内19个村1.6万人饮用水外，还为四新岗、太浮、文家、望城、安福5个村供水，是澧南重要的水源基地。

农田水利建设

水利建设 20世纪50年代，境内兴起整修塘坝修建水库的热潮。70年代，青山水轮泵站南干渠过境11.1千米；1972年开始，太山等地先后建电灌机埠。至1985年，全乡有塘坝1583处，蓄水量646.7万立方米；有水库8座，蓄水量1168.3万立方米；建电灌机埠8处，装机10台497千瓦，提灌面积1.54万亩。太山机埠装机3台223千瓦，灌溉面积10500亩。2014年，境内共有9座水库,其中小(一)型水库3座,小(二)型水库6座；建有电灌机埠67处，开挖灌溉渠道743千米。

农田建设 1966年，在陈二大队祝家嘴生产队平整土地191亩，建成“三沟”配套的高标准农田。2005年，争取国家投资，实施土地综合整理项目工程，陈二村整理耕地1119亩。2012年，陈二乡完成国家土地综合整治项目投资162.3万元，平整治理耕地1003亩。2014年，完成2000亩烟水工程土地平整项目。

村镇建设

集镇建设 陈二铺集市历史上是一条半边街，至1985年,建筑物和居民住房都集中在公路东边，建筑分布零散杂乱，房屋基本都是平房，常住居民仅35户137人。1986年开始，乡政府对陈二铺集镇建设进行整体规划，逐年改造。1999年，对陈二粮店至黎家遇瓦桥长1千米的街道进行改造。2002—2003年，出售、改造机关临街门面，建商居楼，集镇区常住居民逐渐增加到147户958人。此后几年，乡政府先后投资800多万元，在集镇铺设1.8千米下水道，兴建农贸市场、街道广场，增设经营门面和摊位。2013年投资300多万元，对集镇自来水管网进行提升改造。2014年末，公租房竣工投入使用，集镇建成区面积达到0.2平方千米。

乡村建设 2011年，乡党委、乡政府将农村环境整治作为美丽乡村建设的切入点和突破口，在响水村试点，探索再生资源回收机制和垃圾分类减量、分户处理模式，投入10万元用于农村环境整治。2014年，争取国投资金300万元，将全乡87.5%农户的旱厕改建成水厕。

社会事业

教育

幼儿园 1986年，乡村小学办有幼儿园。2005年，全乡有幼儿园5所。2014年，全乡有幼儿园2所，在园幼儿188人。

小学 清代，境内办有私塾和义学经馆。民国30年，陈二铺始设中心国民学校。中华人民共和国成立后，中心国民学校更名为陈二乡初级小学，1958年改制为六年制完全小学。1986年，全乡村村办有小学，在校学生3000多人。1999—2004年，对学校布局进行调整。2005年全乡有小学5所。2014年，全乡有小学2所，学生320人，教师34人。

中学 1959—1960年，陈二完小开办戴帽附中。1960—1969年，陈二铺设初级中学。1973—1975年，陈二铺设临澧县第三中学。1976年，县第三中学改为陈二完全中学，在朱伦桥设八一片中。1985年，陈二中学改为初级中学。2005年，投资120万元，在中学修建教学楼和综合楼。2014年，全乡有中学1所，学生194人，教师28名。

文化

清代中后期，境内相继传入花鼓戏、皮影戏、说鼓、渔鼓、丧鼓以及三棒鼓等民间曲艺。20世纪50年代，农村文化艺术活跃，每逢过年过节都有狮灯、竹马灯、渔鼓串村走户。20世纪60—70年代，公社、大队均组建毛泽东思想文艺宣传队，定期进行演出，丰富农村文化生活。1979年，陈二农民花鼓剧团成立，一直坚持20多年，多次上市、省及进京演出现代戏，是湖南省优秀的农民业余剧团之一，《中国农民日报》曾予以报道。1985年，陈二乡获省群众文化先进单位称号。1990年，县委提出“百里文化长廊”的战略构想，陈二乡率先成立文化中心，组建广播电视站。村村建文化活动中心、图书室、农家书屋；有管乐、

陈二中学

书法、诗词、渔鼓、花鼓戏等创作、演出人员352人。2011年，以农民为主体的“浮山诗社”成立，编辑出版期刊《陈二新韵》，诗教活动在全乡普遍开展，群众写诗、吟诗、颂诗蔚然成风。2014年，陈二乡申报“湖南省诗词之乡”。广播实现村村响，电视入户率97.2%。

医疗卫生

民国时期，境内有个体医疗工作者。1951年，陈二铺建区卫生所。1956年，区卫生所撤销，另建乡卫生院，在两岔河、朱伦桥建卫生所。20世纪70年代，村村建有合作医疗站。2005年，启动新型农村合作医疗制度。2014年，全乡有16401人参加新型农村合作医疗，参合率98%，民政部门为97名大病患者提供医疗救助近20万元；资助1176人（次）参加“新农合”，医疗救助214人（次）。2014年，陈二乡卫生院有床位25张，每千人拥有1.5张病床；有村卫生室14个；有医务人员20人；全年就诊10230人（次），出院病人1132人（次）；孕产妇死亡率、婴儿死亡率、新生儿死亡率均为零；免费婚检率100%，儿童免疫接种率98%。14个村卫生室实施国家基本药物制度，实行基本药物零差价率销售，城乡居民电子健康档案建档率60%。

社会保障

“五保”供养　20世纪50—70年代，农村“五保”户由生产队供养。实行家庭联产承包责任制后，“五保”户由村统筹金供养。2005年，乡政府投资468万元建心桥敬老院，敬老院占地13510平方米，建筑面积2692平方米，有床位100张、工作人员9名（兼职3人），入住“五保”供养对象92名、寄养对象4名。2014年，农村“五保”供养111户111人，年打卡发放资金166500元，月人均125元。

最低生活保障　2005年，陈二乡启动贫困居民最低生活保障制度。2014年，陈二乡有127户145人享受城镇最低生活保障，发放城镇最低生活保障金323580元；有311户457人享受农村最低生活保障，发放农村最低生活保障金470564元。全乡有优抚对象135人，抚恤事业费支出463966元。社会福利费453249元；库区移民后期扶持785人，发放移民后期扶持资金471000元。救助各类特困群体1175人（次），发放民政救助资金235万元。争取国家、省投资金40多万元，完成37个贫困户的危房改造。

特色地情

地方特产

陈二郎系列农产品　陈二乡地方特产有陈二郎牌原生茶油、陈二郎牌黄花鱼、陈二郎牌纽荷橙、陈二郎牌余赤米。

（文字供稿：雷科，图片供稿：临澧县党史办）

柏枝乡

区域概况

位置面积

柏枝乡位于临澧县东南部，东抵津市市棠华乡，西接四新岗镇，南临鼎城区双桥坪镇，北靠望城、烽火两乡，面积100.7平方千米。

建置沿革

清初，柏枝地域属永定卫、九溪卫和澧州分治。雍正七年(1729)置安福县，柏枝地域改隶安福，置里、区建制。今柏枝乡境内石墨、新合、青山、群乐、紫陵、双龙、高家、杨桥村及挨近鼎城区双桥坪乡的七姑、众丰村一带属永右里，新桥坪柏枝村一带属永大里，荷花、永乐、老屋坪、接龙、黄金、何家坪、鳌山、岗上铺、虎山、太平堰、众胜村一带属九安里，杨桥、高家村交界的牯牛坝一带属乐一里。

民国5年（1916），废清代里、区建制，县下设区、乡保，境域大部属鳌山区。民国24年，奉令编组保甲，境域分置柏枝、鳌山、石板滩乡，属第二区管辖，区公所设柏枝台。民国27年6月，废区并乡，合并柏枝、鳌山、石板滩3乡置柏枝乡，乡址柏枝台。

1949年8月，维持民国时期的柏枝乡，隶属第三区，区公所先设陈家桥，后迁柏枝台。1950年7月，废除保甲制，划乡建政，柏枝境分置柏枝、永乐、高家、石墨等乡。1953年，县以下设区、乡、村，柏枝境分置鳌山镇及鳌山、永乐、石墨、高家、众善、春湖、双桥、南斯、金鸡、南望、荷花、临东等乡。

1956年5月，撤区并乡，合并原石墨、高家、永福、春湖、永乐、众善、鳌山、双桥8个小乡，置柏枝乡大乡建制，乡治所设柏枝台。

1958年9月，实现人民公社化，政社合一，柏枝台乡改制成立红旗人民公社，次年2月，红旗人民公社更名为柏枝人民公社，社址仍设柏枝台。

1984年3月，农村人民公社体制改革，实施政企分设，柏枝人民公社改置柏枝乡。至2014年年底无变化。

行政区划

民国27年（1938）6月，柏枝乡辖14保。1949年8月，柏枝乡辖12保。

1950年7月，废除民国保甲制，县下设区、乡、村。1953年6月，柏枝境内南斯、金鸡、南望、荷花、临东乡划归澧县。

1956年5月撤区并乡，乡下辖农业生产合作社。境内合并59个农业生产合作社，分片区组建10个大社。柏枝乡时辖双桥、众丰、众善、鳌山、石墨、高家、春湖、群福、永福、永乐10个高级农业生产合作社。

1958年成立人民公社，柏枝人民公社辖9个大队、55个生产队。即新合大队（6个生产队）、春湖大队（5个生产队）、双龙大队（7个生产队）、高家大队（8个生产队）、荷花大队（3个生产队）、众丰大队（8个生产队）、柏枝大队（5个生产队）、虎山大队（8个生产队）、鳌山大队（5个生产队）。1961年3月，全县对人民公社、生产大队、生产队规模进行调整，柏枝人民公社辖22个大队、234个生产队。1966年5月，成建制划入烽火公社雨台大队。1975年，柏枝公社辖25个大队、279个生产队。1984年3月，公社改称乡，大队改称村，生产队改称村民小组。柏枝乡辖24个村、319个村民小组。

2014年年底，辖柏枝、太平堰、老屋坪、群乐、众丰、荷花、双龙、七姑、何家坪、青山寺、鳌山、石墨、紫陵、永乐、新合、岗上铺、虎山、高家、众胜、黄金、杨桥、九里、接龙、雨台岗24个建制村。

自然环境

柏枝乡地形四周高，中间低。境东有鸡子山，南有七姑山，主峰海拔346.1米；西有石墨山，主峰海拔148米；北有阮山，主峰海拔252.2米。全境以溪谷平原为主，丘陵次之。

乡境极端最高气温43℃，一般为6—7月；极端最低气温-5.3℃，一般为1—2月。年平均降雨量1396毫米，最大降雨量2450毫米（5—8月），最小降雨量980毫米，无霜期273天。道水支流沙溪河南北向贯穿境内13个村30多千米。

白云山

境内高家滩一带蕴藏丰富的优质石煤资源，洞探储量500多万吨。杨桥一带蕴藏陶土、高硅粘土资源。鳌山村一带，能见金矿矿层露头线，黄金（Au）含量3%，一氧化碳（CO）含量5%。

境内主要自然灾害有旱涝、风灾、冰雹、大雪冰冻灾害等。20世纪70年代以前，沙溪河洪水频繁漫坪。1974年4月17日，境内太平、众胜、九里、岗上铺、何家坪一线遭受历史罕见的雹灾和风灾，大雹碗口粗，小雹鸡蛋大，龙卷风风力达12级，树木被冰雹打得断枝脱皮，早稻秧苗和春收作物全被打入泥。1998年6月23—25日，沙溪河沿岸遭洪水袭击，16个村、138个村民小组2420户受淹，坪区积水最深达2.1米；8所学校、5个卫生所进水，位于柏枝台的乡中心小学积水1.2米。

人口民族

民国35年（1946），柏枝乡有4117户21657人，其中男性11170人。

1957年，柏枝乡有20186人。1964年，柏枝公社有4931户19229人，其中男性9911人，非农业人口348人。1975年，全公社有6196户27329人。1985年，全乡有6598户29351人，其中男性14804人，非农业人口1106人，每平方千米291.8人。2003年，全乡有7800户2.5万人，每平方千米248.5人。2014年，全乡有7904户27288人，每平方千米271人，人口出生率12.1‰。境内以汉族人口为主，少数民族人口均系工作、婚配迁居到境，无世代少数民族居住。

经济发展

综述

1957年，柏枝乡工农业总产值109.66万元，其中农业产值105.73万元，占工农业总产值的96.4%；全乡人均分配收入31.1元。1975年，全公社工农业总产值448.51万元，其中农业总产值415.56万元；人均分配收入75.8元，扣除实物折款，人均分配现金收入9.4元；农民住房多为茅草房。20世纪80年代，农村实行家庭联产承包责任制，农村经济得到发展，剩余劳力多门路发展经济，农民收入逐年增加。1985年，柏枝乡工农业总产值1505.04万元，其中农业产值1397万元，占工农业总产值的92.8%，全乡人均纯收入达到422元。1995年，全乡工农业总产值1.98亿元，其中农业产值1.28亿元，占工农业产值的64.6%，农业商品率为53.7%，获市委、市政府颁发的银牌奖。2003年，工农业总产值1.39亿元，其中农业产值1.37亿元，占工农业总产值的98.6%，农业商品率61.3%，全乡人均纯收入2100多元；农户普遍兴建楼房，购置电视机、电冰箱、洗衣机等高档家用电器。2014年，实现地区生产总值4.6亿元,第一产业增加值26863万元，占全乡地区生产总值的58.4%。农民人均纯收入7650元，全乡85.9%的农户入住新楼房，98.2%的农户饮用卫生自来水，89.1%的农户改厕，每百户有摩托车51辆，汽车7.1辆。

农业

柏枝乡有耕地46270亩、旱地6797亩、山林52000亩、水域18178亩，是临澧县粮、棉、油主产区。

种植业 境内种植业以水稻、棉花、油菜等作物为主。1957年，全乡总产粮食924.7万公斤，亩产107.5公斤。1975年，总产粮食3315.62万斤。此后，传统农业生产不断优化，至2003年，水稻地膜育秧、“双两大”栽培、旱育软盘抛秧、棉花营养钵育苗、油菜移栽等农业新技术得到推广，优质稻、超级稻、“双低"油菜品种全面普及。

与金建米业合作，在岗上铺等村发展杂交水稻制种5000多亩，亩平产值1200元以上。2014年，继续狠抓农业结构调整，投入100万元，在乡级公路环线办2000亩双季稻示范片、在虎山村建设500亩国家粮食产量监测点。同时，着力建设以太平、众胜、众丰等村为核心的万亩油菜生产示范片；以高家、杨桥、柏枝、永乐、雨台为主的千亩绿肥生产示范片；以九里、荷花为主的16个村种植烤烟3100亩，荷花村成为全乡的烤烟千担村，黄金村形成旱杂粮专业村；是年，全乡种粮76878亩，其中优质稻30429亩，粮食总产28263吨，其中优质稻9129吨；种植油料38400亩，总产4958吨；种棉花4336亩，总产451吨；种烤烟5000亩，总产809吨。

养殖业 境内养殖业以饲养生猪、鸡、鸭、鱼、牛、羊为主。1958年，全公社养殖业产值74802元。2003年，成立养猪、养鸡鸭合作社。2014年，全乡培育养鸡鸭、猪、羊、牛、龟等养殖大户12个，建规模猪场3家、养龟场1家，黄花鱼繁殖场200亩。出栏肉猪27685头，出售肉牛632头、肉羊11233只，出笼鸡鸭82万羽，销售肉兔2500只，禽蛋产量3527吨，出水鲜鱼1949吨，养龟1000公斤。

林业

1964年，高家、杨桥等村组建林业生产专业队，成片营造杉木林。1975年，高家等村开辟橘园，引种温州蜜橘。21世纪初，各村按照"一村一品"的思路，突出抓特色产业，形成众胜油茶、石墨红柚、青山和群乐花木等一批专业村。2003年，成立乡柑橘协会，负责林果发展与销售，林果面积达到1.1万亩，高家、雨台、众胜村各建成500亩以上的柑橘生产示范片。乡政府与岳阳纸业和洞庭纸业合作开发荒山，栽种杨树2.2万亩，荒山绿化率达到74.8%。2014年，建成七姑山4.5千米防火隔离带，低改油茶林1000亩，新造油茶林860亩，荒山成片造林1100亩，零星植树2万株；木材蓄积量1.5万立方米，产茶籽2000吨，荒山绿化率达98.2%，森林覆盖率32.5%，水果产量4182吨。

工业

民国初期，章琦生在鳌山办起厚生织布厂，有木制织布机6张，纺纱机10多张，雇30多名工人纺织土白布，产品质量好，盛水不漏，远销湖北、江西、云贵、江浙、两广等地。肖兴发兴办烟铺，有3000多银元的资本，雇有10多个长工，所产烟丝远销湖广。鳌山由此成为临澧近代工业的发源地。

20世纪80年代初，柏枝兴办乡村企业，办起柏枝陶瓷厂等企业。1985年，全乡完成工业产值108万元。1996年，创办专营出口草制工艺品的柏枝草编厂，此后又兴办机砖厂、柏福米粉厂、建筑队等企业，至90年代中期，全乡有乡村集体企业200多家。1995年，全乡完成工业产值7010万元，草编厂有固定资产400万元，与美、英、德等20多个国家和地区签有产销合同，实现产值1000万元，利税102万元，带动200多名农村富余劳力就业；竹编厂有固定资产100万元，生产竹凉席、竹夹板、竹质卫生筷，年产值500万元，利税50万元。1998年开始，乡村集体全面进行改制，或租赁或买断或破产。2014年年末，境内仅有5家小型工业企业，年生产总值1618万元，占全乡地区生产总值的3.47%。

商贸服务业

历史上，境内有鳌山、柏枝台、安门口墟场。鳌山墟场地处三县交界，自明代起街市繁荣，清时设鳌山市。清咸丰三年（1853），开征厘金，在鳌山设立厘卡，隶属省局。咸丰四年六月，安福蒋家在鳌山设湘西总当铺。清光绪十二年（1886）

前后，鳌山有300余户铺家，有近1000名从业人员，最大的陈永立所办布庄，有1万多银元的资本，店员10多人。民国期间，鳌山形成万人集市。

中华人民共和国成立后，在乡（公社）驻地建供销社、肉食站、粮食管理站等，在鳌山铺、高家滩设立分社（站），形成境内商品流通的主体市场。各村（大队）设有集体商业零售店或代销点，商贸服务业受到抑制。中共十一届三中全会后，个体商贸服务业得到快速发展，农村市场日益活跃。境内除搞活原来的鳌山、柏枝台集市外，又新辟岗上铺、高家滩、会仙桥集市，境内个体商铺、餐饮、旅店等商贸服务业发展到656家，建成集市临街门面220家，从业人员1300多人。2013年，柏枝台建成占地800平方米的农贸市场。2014年，全乡社会消费品零售总额达到1.26亿元，其中集市商品成交额7100万元，商贸服务业等第三产业实现地区生产总值17566万元。

基础设施

交通运输

柏枝乡古为临澧与外界相通的交通要塞。清光绪十二年（1886），在柏枝傲山铺设立武营塘讯、驿站，立“九省通衢”石碑，境内有官道经过七姑、鳌山、虎山、黄金、接龙、荷花村一线。1958年，全长15.5千米的临澧县城至柏枝台的临柏公路建成通车。1973年，全长14.8千米的柏枝台至傲山的柏傲公路建成通车，形成境内纵贯南北的主干道。1974年，全长9.6千米的柏枝高家至四新岗双九的双高线建成通车。1975年，全长10.3千米的柏枝台至烽火观音庵的烽柏公路建成通车。此后，陆续修建柏枝台至接龙村、傲山至七姑村等乡村公路。至2000年，全乡100%的村和82%的村民小组通公路。2007年，乡道全部硬化。2014年，全乡村级公路建设总投资810万元，硬化133千米，占76.2%，投资35万元建成段伍线何家坪泄洪桥。“二广高速”过境杨桥、雨台、柏枝、永乐、黄金等村，全长25.8千米。

邮政通信

清代，鳌山设澧州至武陵的邮路中间站，辟有鳌山至临澧县城的邮路专线。民国中期，临澧至津市的邮件，曾由鳌山直转。20世纪50年代，柏枝台设邮电所。1985年，推行建办村邮站，11月全省“村邮站”建设经验交流会在临澧召开，与会的各县市宣传部负责人、邮电局长参观高家滩村邮站现场。1995年，开办邮政储蓄业务，投资120万元开通程控电话。1997年，成立柏枝台移动电话通信站，先后建起7座移动、电信发射塔。2003年，农村电信网络覆盖率达100%，家庭固定电话3100多部。2014年，固定电话减少，移动电话增到8980部，户均1.2部，宽带发展到582户，入户电脑610台。

供电饮水

供电　1966年，从澧县瓦家嘴至柏枝台架设10千伏级输电线路，境内开始电力提灌，部分大队、生产队和农户开始用电进行农副产品加工和照明。1992年年末，全乡户户通电。2014年，启动柏枝乡变电站建设，在柏枝台集镇安装增压器1台；完成七姑、众胜、岗上铺等村电力整改和增容工程。

饮水　2013年，乡政府在群英水库修建自来水厂，铺设主管网130多千米，覆盖20个村，解决1.5万人饮水问题。2014年，全乡中小水库、骨干塘全面禁止投肥养鱼，水库水质由乡水利站实施监控，常年保持三类水质。

农田水利建设

水利建设　20世纪50年代初，境内大办水利，整修塘坝。1956年，兴建张家堰小（二）型水库。1958年，建成群英中型水库。从1964年开始，在黄家台、岗上铺、山嘴、中堰角修建电力提灌机埠。至1985年，全乡有堰塘1350处、垱坝90处，蓄水量595万立方米；有中型水库1座，小（一）型水库2座，小（二）型水库9座，蓄水量2050万立方米；有电力提灌机埠22处，装机23台1089千瓦。2001—2014年，投资1.3亿元，对境内12座水库进行除险保安；完成堰塘清淤45处，堤坝护砌15处，整修机埠5处7台，实施大治水库灌溉渠道硬化样板工程及群英水库干渠清淤扫障，对70千米渠道进行清淤，护砌7千米，处理险工险段26处。

农田基本建设 1964年，全县开展“农业学大寨”运动，境内兴起建设稳产高产农田热潮。1979年，乡党委在荷花大队前进生产队举办“深沟台田”样板，开挖深1.5米的撇浸沟4条2500米，改造冷浸低产田125亩，粮食单产由15公斤提高到350公斤。1998年，投资120万元完成老屋坪、双龙村农业综合开发工程。2013年，争取国家投资70万元，在永乐村垦复农田1.28公顷。2014年，争取国投资金200万元改造500亩低产粮田。

村镇建设

集镇建设 1989年，拆迁乡供销社，拉直延伸柏枝集镇街道300多米。1998年，投资70万元完成柏枝集镇街道路面水泥硬化。2005年，乡政府制定柏枝台集镇发展规划，集镇区控制面积东西长200米，南北宽500米。此后，柏枝集镇街道继续向东、向北拓展，先后投入1800多万元，实施街道配套建设。2014年，柏枝台集镇建成区面积1.2平方千米，形成以集镇为中心向周边辐射的功能。

乡村建设 2005年，柏枝乡启动实施以“美丽柏枝，幸福家园”为主题的美丽乡村发展规划。在九里村办样板，投资25万元，新修机耕道2千米，新建垃圾处理场1处，拓宽和硬化村主干道5.6千米，在自然村和村主干道设置垃圾箱或垃圾桶，新建村级养老院和村卫生室。九里经验随之在全乡推广，村村成立环境卫生理事会，完善卫生保洁机制，公路主干道及村级主干道建垃圾箱，常态化清扫保洁。2012年，全乡投资100多万元新建垃圾屋25个，配备垃圾桶1896个，焚烧点510个。2014年，重点推行垃圾分类减量，实行统一收集处理。

社会事业

教育

幼儿园 2004年，全乡有13所幼儿园（公办9所、民办4所）。2014年，全乡有柏枝中心幼儿园和众丰幼儿园2所幼儿园，入园幼儿430人，幼师24名。

小学 清代，境内设有私塾蒙馆和经馆多家。民国期间，各保办有小学。民国3年（1914），天主教会在鳌山兴办鳌山养真小学。民国10年，在鳌山办区级观鳌联合高小。民国21年，在石板滩兴办民智私立小学。民国27—29年，设柏枝联乡小学。民国30年，设立柏枝中心国民学校和私立鳌山雪峰小学。中华人民共和国成立后，在柏枝台兴办柏枝完小，原各保所办小学维持原状不变。1950年，小学改由乡办。1951年，鳌山私立雪峰小学改为公立鳌山完小。1958年后，各大队（村）均办有小学。1987年，整合教育资源，撤并村办小学，至1998年，全乡小学由24所撤并为9所。2014年，全乡有小学5所，学生1213人，教师76人。

中学 1958—1962年，柏枝完小戴帽办附中。

1962—1968 年，设临澧柏枝初级中学。1969 年，柏枝中学由初中改为完全中学，称临澧县第五中学。1975，在荷花、高家、岗上铺设片中。1976 年，临澧五中复更名柏枝完全中学。1985 年，柏枝完中改为初级中学。1995 年，片办中学全部撤销，境内只设 1 所柏枝中学。2003 年，投资 100 万元修建柏枝中学多功能教学楼，《柏枝乡不修礼堂修学堂》的事迹，进入中央电视台《神州风采》栏目。2014 年，柏枝中学有学生 578 人，教师 71 人。

文化

境内民间历来有狮灯、三棒鼓、竹马灯等文艺团体。1961 年，建立公社文化站。1967 年，各大队成立毛泽东思想文艺宣传队。1975 年，公社成立电影队，巡回下乡放影，农村文化十分活跃。20 世纪 90 年代，电视机、影碟机、收录机等文化产品进入家庭。进入 21 世纪，境内先后建立文化活动中心、图书室等文化娱乐场所。2014 年，全乡有各类文化娱乐团体 28 个，有农家书屋 21 个、藏书 2.5 万册。

1962 年，公社建立广播放大站，20 世纪 70 年代，各村建广播室，广播普及到生产队。1971 年，公社广播站研发试制广播遥控遥测装置，建立岗上铺、杨桥大队广播无人自动中转站。1974 年，研发组装公社广播放大站自动控制机，全国 14 个省、市的广播局局长、专家专程到柏枝参观，1978 年获省科技成果奖。1998 年，开通调频广播，广播村级覆盖率达 100%。

1995 年，建立有线电视台，开通有线电视。2000 年，成立乡有线电视管理站。2014 年，全乡有线电视入户 7850 户。

医疗卫生

民国 33 年（1944），在鳌山铺设区卫生所。1951 年，在柏枝台集镇设区卫生所，1956 年改为乡卫生所。1958 年，柏枝台设公社卫生院。1966—1973 年，在柏枝台建县地方医院。1970 年，境内村村办合作医疗站，经费靠群众自筹和集体公益金支出。1994 年，村村建立卫生室，乡中心卫生院荣获“二甲”医院称号。2005 年，推行新型农村合作医疗制度，全乡有 2.1 万人参加农村合作医疗，参合率 78%。2014 年，全乡有 1 所乡中心卫生院、4 个片区卫生所、24 个村级卫生室，有病床 50 张，医务人员 65 人；2.32 万人参加农村合作医疗，参合率 85.3%，共为 3150 人（次）支付住院医疗补偿费 408 万元，为 48 人发放大病医疗救助金 5.3 万元。

社会保障

“五保”供养 农村实行家庭联产承包责任制之前，“五保”户由生产队供养，之后由村提留费供养。进入 21 世纪，“五保”户由国家供养。2003 年，乡政府修建敬老院。2014 年，全乡有 132 名“五保”老人，乡敬老院集中供养 48 人、分散供养 84 人

最低生活保障 2005 年，柏枝乡启动贫困居民最低生活保障制度。2013 年，全乡核定农村低保 1877 人，发放低保金 119.725 万元；核定城镇低保 149 人，发放低保金 55.361 万元。2014 年，全乡核定农村低保 2698 人，发放低保金 349.73 万元；城镇低保 125 人，发放低保金 47.88 万元。

农村养老保险 2010 年，农村实行“新农保”制度，全乡纳入养老保险体系的老年人 8218 人，发放养老金 506.5 万元。2014 年，全乡有 11200 人参加养老保险，发放养老金 432.3 万元。

特色地情

名胜古迹

鳌山驿站 鳌山官道上达武陵大龙驿，下通

澧州清化驿，是九省南北通衢的交通要塞。清咸丰十年(1860)，鳌山铺修建公馆，供钦差、主考、督学巡视、外国使者食宿。同治二年（1863），县城到武陵、澧州来往公文，派兵5员经鳌山铺递送。同治年间，缅甸人上京城朝贡，路过此地，缅甸贡物用三只大象、一只小象驮运，在此住宿，周围数里群众赶来看象。清光绪十二年(1886)，鳌山铺设立驿站，并立“九省通衢”石碑。

鳌山亦是军事要塞。离鳌山两华里的红岩寨，元末陈友谅曾率军在此驻扎。明朝总兵吴三桂降清后率兵追赶闯王李自成，亦扎营鳌山。1927年，中共临澧第一届县委在鳌山朱家祠堂设立县委机关。

石墨山 原名五龙山，因车胤曾在此读书，以黑石代墨，故改称石墨山。西晋永嘉元年(307)，石墨山主峰建石墨寺，仅比长沙麓山寺迟39年，有“沅澧第一寺”之称。据《孙氏族谱》载，苏东坡曾游石墨山，故又称苏山，为“安福外八景”之首，冠名“石墨耸翠”。清人黄运梅、蒋仲、张范等均赋诗咏赞。山上有观音岩、囊萤台、雷神洞、青蛙洞、圣水岩等自然景观。石墨寺五代时毁于兵燹，明弘治八年(1495)复修，清康熙三年(1664)增建祖师殿、观音阁。乾隆四十年（1775），塑供罗汉神像，建关帝宫。1930年，石墨山曾为湘西红军游击大队据点。20世纪50年代被毁。2001年，孙氏后人捐筹巨资重修石墨山庙，供三清诸神，佛祖观音、车胤等塑像。

七姑山 七姑山因七位女子在此修道得名。东南山腰有三洞，大洞居中，洞内常有云雾弥漫而出。山顶有一天池，为自然生成的岩堰，池水澄清碧蓝，冬暖夏凉，其味甘甜爽滑，即使百日大旱，池水依旧盈满。

虎山 虎山因其酷似一只俯卧而蓄势待发、腾空欲纵的猛虎而得名。明初，开国元勋中山王徐达次子徐天祺(又称天虎)，为避成祖祸，自南京暗中迁徙于此，易徐姓为王姓，世代隐居，今王家大屋百余户王姓村民，均为其后裔。虎山山脚有一“虎踏石”，在一横亘的巨石上，宛然有老虎足迹，碗口般粗，深四寸许，历久不灭。清代澧州牧何璘巡视至此后即兴赋诗：“猛虎何年过，至今有遗迹。怪称百兽雄，威棱犹在石。”岳常澧道彭理亦有一首《虎踏石》七律：“神虎由来出不凡，分明爪印踏残岩。渡河偶露千秋迹，射石空传一箭衔。风吼林中惊咆哮，泉流山下带腥咸。寄声此地无苛政，过客何须畏口馋。”

地方特产

鳌山麦李 鳌山麦李色红、果大、味甜，是远近闻名的特产，有“鳌山李子甲天下”之誉。清代及民国时期，鳌山麦李远销沙市、武汉，鳌山铺曾有18家水果行经销，日销数百担。

鳌山土白布 民国初期，章琦生厚生织布厂纺织鳌山土白布规格质地好，产量多，行销湖广。后被桃源漆河等地的厂家竞争击败。

（文字供稿：何欣，图片供稿：临澧县党史办）

烽火乡

区域概况

位置面积

烽火乡位于临澧县东部。东与津市白衣乡接壤，西与杨板、望城毗连，南与柏枝乡、津市常华乡交界，北与澧县道河乡、津市灵泉乡相抵。面积84平方千米。乡政府驻地距县城11千米。

建置沿革

清初，烽火境域归永定卫和澧州分治。清雍正七年(1729)置安福县，烽火境改隶安福，置里、区建制。境地今贞观庙、六方洲、华溪桥、将军、观音庵、分水、南田、陈家河、花果、陈义村一带属永右里，白龙井、龙凤山、三门湾村一带属永大里，藕池、龙菱、龙泉、花园等村一带属乐一里。民国5年(1916)，废清代里、区建制，境地置观音区。民国10年撤区建乡，乡辖保，境地置观音乡。

民国15年改乡为区，观音乡更名观音区。民国24年，奉令编组保甲，乡下辖保，保下辖甲，境地属二区，分置将军乡、观音乡。民国27年6月，废区并乡，将军乡和观音乡合并，组建将军乡，下辖15保，乡址初驻观音庵，民国30年2月，乡址迁宋玉城。

1949年8月临澧解放，保留民国时期的乡、保、甲制，划块设区，境地属第三区，区址设陈家桥，后迁柏枝台。1950年7月，废除民国保甲制，划乡建政，境地属第三区管辖，先后分置观音、华溪、蛇形、将军、雨台、荷花等乡。1951年11月1日，境内观音、华溪、蛇形3乡划入七区管辖。

1956年5月，全县撤区并乡，合并华溪、蛇形、槐山、福松、丰白、雨台、荷花7乡，成立烽火山乡，乡址驻蛇形地。

1958年9月，全县实现人民公社化，烽火山乡更名成立东方红人民公社，同时划出原荷花乡归红旗人民公社(柏枝公社)。次年2月，东方红人民公社依地名更称为烽火人民公社。社址先设蛇形地，后迁观音庵。

1983年3月，农村人民公社体制改革，烽火人民公社更置为烽火乡，乡治所驻地未变。至2014年年底无变化。

行政区划

民国5年，废清代里、区建制，县下设区、保，观音区下辖13保。民国10年撤区建乡，改乡辖保，观音乡下辖13保。民国15年改乡为区，观音乡复名观音区，下辖保数不变。民国27年6月，废区并乡，将军乡下辖15保，民国30年2月，改辖13保。1949年8月，保留民国时期的乡及保甲建制。

1950年7月，废除民国保甲制，划乡建政，乡下辖村。1956年5月，全县撤区并乡，乡下辖农业生产合作社。境内合并47个农业生产合作社，分片区组建10个大社，烽火乡时辖八家坪、藕池垱、陈义、将军、华溪、荷花、兰田、丰白、鲁田、分水10个高级农业生产合作社。

1958年成立人民公社，公社下辖生产大队、大队辖生产队，按原来的华溪、蛇形、槐山、福松、丰白、雨台6个小乡范围，编组成6个大队、42个生产队。即五星大队(6个生产队)、南田大队(7个生产队)、将军大队(6个生产队)、烽火大队(9个生产队)、红旗大队(7个生产队)、红星大队(7个生产队)。1961年3月，全县调整公社、大队、生产队规模，境内区划调整为18个大队，161个生产队。大队即农林、藕池、龙泉、陈仪、五星、六方洲、花园、烽火、李家坪、红旗、南田、陈家河、将军、花果、双龙、光明、分水、雨台大队。1966年6月，雨台大队划归柏枝公社管辖。1975年，烽火乡辖17个大队、183个生产队。1977年杨板公社的先锋、真武、银河3个大队划入烽火人民公社。1980年1月增设农科生产大队。

1984年，改革人民公社体制，复建烽火乡，生产大队改为村，生产队改称村民小组，有些村名亦作更改。全乡辖21个行政村，246个村民小组。行政村为薛家坪、观音庵、贞观庙、伍家堰、将军、分水、花果、陈家河、华溪桥、六方洲、藕池、陈义、龙泉、龙菱、花园、烽火、李家坪、白龙井、南田、龙凤山、三门湾等村。至2014年年底无变化。

自然环境

道水横贯乡境，东耸营驻山脉、将军山，西铺道河平原，地势东高西低。境内山地较多，平原较少，属典型的丘陵区。

境内属亚热带季风性湿润气候区，雨量充沛，年降雨量1220毫米，日照时长，气候温和，四季分明。道水河最大流量1110立方米/秒(1989年)，最小流量-154立方米/秒(1996年)，为澧水干流回水顶托而成，多年平均流量为23.1立方米/秒。

境内土壤以砂质型和粘土型为主，土地肥沃。矿藏资源丰富，有烟煤、石煤、白土、高硅土等。矿泉水储量大，品位高，其中白龙井矿泉水经中科院鉴定是全国仅有的7处含硒天然优秀矿泉水之一。

烽火乡历史上多发旱灾、水灾及地质灾害。1972年7月，境内遭受特大干旱，连续110天无雨，夏治口、郝家峪等4座水库干涸，道水断流，2.7万多亩水稻受旱，8350亩颗粒未收，人畜饮水极困难。境内因道水河道多为复式河床，弯多、滩急、水浅，河岸冲刷严重，加之洞庭湖顶托，同期水位逐年提高，洪涝灾害频繁，沿河8个村屡遭洪水灾害。1980—1991年受淹7次。1991年7月特大洪灾，道水河烽火大桥下水位44.98米，流量330立方米/秒，水位超过历史最高水位0.46米，五星、真武、邓龙、陈家河等8个村、78个村民小组、2250个农户持续被淹一个星期，1.3万亩农作物全部失收，倒塌房屋1200间。1998年7月21—25日，道水最高水位47.02米，防洪堤垸全线漫溃，全倒房屋2409820间，半倒房屋3359833间，直接经济损失5000万元。

1997年8月8日，烽火乡将军村将军山发生山体滑坡地质灾害，滑坡总长度3100米，深度15～20米，厚度5～8米，滑动土方约1000立方米，山体滑动0.5米。2003年7月，烽火乡观音庵集镇将军山地段出现大面积山体滑坡地质灾害。滑坡体总长度120米，纵坡高度30～40米，厚度8～10米，滑动土石方约96万立方米，直接经济损失192.2万元；是年，国家投资115万元进行滑坡体治理。

人口民族

1957年，烽火山乡有13901人。1964年，境内有3276户12930人，其中男性6646人，女性6284人，非农业人口220人，每平方千米152.3人。1975年有3686户16325人。1985年，境内有5066户23010人，其中男性11680人，女性11330人，非农业人口722人，每平方千米271人。1995年，境内有5989户20826人，其中男性10503人，女性10323人，非农业人口832人，每平方千米245人。2003年，境内有5902户22290人，其中男性11456人，非农业人口562人，每平方千米262.54人。2014年，境内有8006户2.8万人，其中男性14673人，非农业人口1001人。

经济发展

综述

1957年，烽火山乡工农业总收入90.76万元，，境内人均分配收入60.3元。1958年，东方红公社工农业总收入114.67万元，其中农业总收入104.95万元，占比91.5%。1975年，烽火公社工农业总产值281.92万元，其中农业产值262.84万元，占比达93.2%；人均分配收入75.4元，扣除口粮等实物折款，人均分配现金收入9.2元。农户住房多是土砖平房或茅草房。中共十一届三中全会后，推行家庭联产承包责任制，稻、棉、油种植推广杂交品种，粮食产量猛增，农村经济得到发展，农民生活水平得到提高。1985年，烽火乡工农业总产值1202.59万元，其中农业产值1088.81万元，占工农业总产值的90.5%，农业商品率61.5%；农民人均纯收入387元。1995年，全乡大办乡村企业，农业收入比重有所下降，全乡工农业总产值1.33亿元，农业经济总量为4400万元，农产品商品率59.6%；农民人均纯收入增至1243元。2014年，实现地区生产总值31587万元，实现农业总产值22013万元，农产品商品率69.3%；第一产业增加值13064万元，占全乡社会生产总值的41.4%；财税总收入890万元；农民人均纯收入7850元，80%的农户建起楼房，10%的农户修建别墅，每百户有摩托车58.6辆、汽车6.5辆，每1.2户有1台电视机、电冰箱（柜）、洗衣机。

农业

烽火乡有耕地32286亩（水田26830亩、旱地5456亩），水面3530亩，山林58664亩。农业经济是境内的主体经济。

种植业

水稻 20世纪50年代，水稻品种多为“红冬粘”。1958年，种粮64049亩，亩产134公斤，总产粮食859.7万公斤。60年代，境内开始使用化肥、农药，普及双季稻，推广稻稻油、稻稻麦三熟制，农产品产量普遍提高。1975年，粮食亩产提高到409公斤，总产粮食1052.7万公斤。80—90年代，杂交稻、“双两大”等技术得到普遍推广。此后一段时间，农村劳动力转移，境内双季稻种植面积急剧减少，粮食商品率下降。2011年，县农业局在薛家坪村租赁500亩稻田办双季稻高产栽培示范点，平均亩产稻谷850公斤。2012年起，乡党委、乡政府狠抓压单扩双，发展双季稻生产，并将薛家坪、伍家堰、观音庵、将军、花果、分水、南田坪、陈家河村纳入全县双季稻生产监测范围，采取组织土地流转、推广水稻种植技术、实行机械化作业等措施，种植双季稻2000多亩，亩产达800公斤以上，少数农户实现双千斤。2014年，粮食作物播种58977亩，总产20727吨。

棉花 1958年，境内种植棉花386亩，总产2689公斤。从2003年起，棉花生产推广种植抗病基因强的杂交棉，亩产籽棉300多公斤。棉花种植平常年份稳定在5000多亩，2010—2013年，棉花价格看好，种植面积一度达到1万亩。2014年，棉花播种6288亩，总产648吨。

油菜 1958年，境内种植油菜1970亩，总产油菜籽40903.5公斤。20世纪中叶多为田油菜，20世纪后期推广甘蓝型的胜利籽。进入21世纪，油菜种植1万亩以上，普遍推广湘油杂、秦油杂和常油杂系列，油菜籽亩产提高到150多公斤。2014年，种植油菜22900亩，产油菜籽2290吨。

养殖业

1958年，境内出售生猪355头，养殖业收入12970元。1975年，养殖业收入8.67万元。1980年以后，养殖业迅猛发展，养殖品类由养猪养鸡扩展到养鱼养鸭养菜牛，养殖形式由家庭副业提升为专业户、规模化、生态化的产业化生产。2000年，全乡有养殖大户56个，其中，饲养300头以上生猪养殖大户8个，100只以上山羊大户11户，家禽养殖1万羽以上大户9个，养殖菜牛50头以上的大户8个，17个水面承包大户，养殖黄花鱼830亩38万尾。2014年，全乡出栏生猪27920头、菜牛678头、山羊5220头；出笼鸡鸭133万羽，禽蛋2080吨，出水鲜鱼1101吨。

林业

20世纪60年代初，烽火组织林业专业队，逐步建立起以营驻山为中心的人工杉木林基地，先后办有28个乡、村林场，共营造以杉树为主要树种的人工林8100亩。1975—1985年，全乡营造杉树林400公顷，国外松120公顷，2000年采伐更新。2002—2006年，为泰格林纸公司租用山地、河滩栽种杨树330公顷，发动农户利用退耕还林项目栽种杉树、樟树、枫香400.5公顷。2009年，完成林权制度改革，共栽种杉木林633公顷。2012年，杨树全部采伐，共采伐杨木2.5万吨。2014年，全乡杉树存林面积1400多公顷，占全乡林业面积的36.2%，为全县第一。

20世纪90年代后期，境内兴起庭院经济热，1999—2002年，烽火乡推广种植甜油桃5000亩；全乡有经营2亩以上的柑橘、椪柑、蜜桃、脐橙等林果的家庭1628户。2003年，全乡林果面积发展到1万多亩。2010年，烽火乡启动油茶产业开发，六方洲村村民刘铃投资150万元栽种600亩油茶，藕池、龙菱、陈义、三门湾等村的农户积极跟进。2014年，全乡有油茶林200多公顷。

工业

20世纪50—70年代，境内只有手工副业。1958年，全公社工副业收入97164元。1975年，全公社工副业收入19.08万元。1980年后，境内兴起乡村办企业热潮。1985年，全乡办起乡村企业53个，完成工业产值113.78万元。进入20世纪90年代，民营企业兴起，先后新办民营企业180多家。至1995年，全乡有乡村集体企业和民营企业661家，完成企业总产值8900万元。

1997—2003年，烽火乡对集体企业进行改制，乡村集体企业实行民有民营。2009年8月，坐落在白龙井村的白龙井天然饮用水有限公司成立，注册资金300万元，占地2668平方米，建筑面积1000平方米，有固定资产500万元。2011年，隶属美国一力农业集团的湖南盛华一力农业有限公司落户藕池村。这是一家集有机复混肥料生产、畜牧养殖及产品销售、农业科技开发于一体的农工综合公司，总投资1000万美元，占地200亩，年产复合肥料10万吨、转化处理畜禽粪污20万吨。2013 年，完成投资 3300 万元，试产复合肥 1100 吨，创产值 220 万元。2014 年，烽火乡有工业企业 8 家，完成地区生产总值 2004 万元，占全乡社会生产总值的 6.3%。

商贸服务业

烽火乡治所观音庵，坐落在道水河旁，水陆交通方便，商业繁荣，历为道水流域物资进出口聚散地。民国时期，道水河多次疏浚，通航频繁，商贸更有发展。中华人民共和国成立后，观音庵建有供销社、粮油店、肉食站等，为烽火农村中心市场。1979 年改革开放后，境内个体商贸服务业迅猛发展，观音庵、朱亮桥、南田坪墟场更加活跃。2014 年，全乡在工商部门注册的商贸服务企业及专业合作社有 48 家，注册资金 2150 万元，全年完成社会消费品零售总额 1.08 亿元，其中集市商品交易额 6903 万元。商贸服务等第三产业实现地区生产总值 16519 万元，占全乡社会生产总值的 52.3%。

基础设施

交通运输

境内古有从津市经华溪、青化驿、敖山通常德的官道；有航运码头，是临澧通澧水出洞庭的水道要塞。20 世纪 90 年代以后，由于公路运输发展，境内水运基本停滞。

1973 年，修建六方州至农林的毛坯公路，道水两岸往来靠几只小船摆渡。1976 年，烽火举全乡之力修建观音庵水轮泵站拦河大坝，坝上修建 6 孔、净跨距 24 米的钢筋混凝土双曲拱桥，桥高 48.2 米、长 176 米、面宽 10.5 米，1978 年元旦竣工通车，临（澧）烽（火）公路全线贯通。1987 年，烽火至柏枝全长 9.1 千米的公路通车。1996 年 11 月，投资 533.82 万元，按平原微丘二级公路标准，修建长 12 千米的临（澧）津（市）公路，贯通境内薛家坪、伍家堰、观音庵、陈家河、陈义、农泉、藕池等村，1997 年 3 月路基工程竣工，1998 年 8 月路面沥青硬化，2005 年路面水泥硬化。2001 年，修建长 12 米的华溪石拱桥。2010 年，动工修建东（岳）常（德）高速公路临澧段，境内高速路段长 9 千米，设有高速公路进出口，2014 年 12 月 31 日，东常高速公路全线贯通。2012—2014 年，21 个村修建通村公路和通组公路 145 千米，硬化率 63.%。

供电饮水

供电 1970 年，公社机关和社直单位开始用电。1982 年，观音庵集镇周围的生产队开始用电。1990 年，全乡用电户占总户数的 80.3%，1995 年全乡户户通电。2009 年开始，实行农网改造，至 2014 年，完成高压线路改造 10 千米，惠及藕池、龙菱、花园、烽火沿线 4 个村；完成龙菱、白龙井、李家坪、分水、伍家堰、龙凤山 6 个村的农网配电线路改造，新增变压器 20 多台。

饮水 1991 年，建容量 500 立方米的自来水厂。2010 年，建南田和西坡堰水厂。南田水厂取水郝家峪水库，工程总投资 970 万元，日供水量 1800 吨；西坡堰水厂取水西坡堰水库，总投资 950 万元，日供水量 1500 吨。至 2014 年年末，境内自来水入户率 97%。

邮政通信

20 世纪 60 年代初，境内设立邮政所，开办信件、报刊、邮件递送业务。1990 年开办邮政储蓄业务。1995 年，全乡开通程控电话。1997 年成立烽火移动电话通信站，固定电话入户率 83.5%。2014 年，农村电信网络覆盖率达 100%，占全乡成年人总数 51.3% 的居民使用移动电话，535 户使用宽带网，占到总户数的 10%。

农田水利建设

水利建设 20世纪50年代初，境内兴起新建整修塘坝热潮。1958年，全县开展“百库”建设运动，境内修建郝家峪、下冶口小（一）型水库。1959年，修建西坡堰、彭山堰、竹龙水库，1968年修建黄堰水库，1971年完成青山水轮泵南干渠烽火段与境内水库串灌工程。此后又相继修建黄伏峪、黑堰、山伏峪、龚家冲水库。开发道水水资源，修建电力提灌站。至1985年，境内有堰塘1814处，蓄水量594万立方米，其中骨干塘105处，蓄水量218.2万立方米；有垱坝189处，蓄水量127.6万立方米；小型水库12处，蓄水量1125.6万立方米，其中小（一）型水库3处，蓄水量885万立方米；有电力提灌机埠7处，装机8处470千瓦，灌溉农田0.25万亩。进入21世纪，全面实施塘坝整修硬化和水库大堤的除险保安。

1976年10月，在观音庵村境修建烽火水轮泵站，1980年3月竣工投入使用。拦河大坝为重力坝，长130米、顶宽5.5米，最大高度5.3米，基础底宽11.5米，固定坝顶高程39米，活动坝顶高程42米，装有16扇6米长、3米宽钢筋混凝土水力自控多绞翻板闸门，另有2扇宽、高各3米的油压调节钢筋混凝土闸门。水轮泵机房安装10台80—8型水轮泵，设计净扬程42米，提水流量1.914立方米/秒，单台0.319立方米/秒；主干渠17.88千米，灌溉农田1066.667公顷。

1991年11月，修建烽火堤垸，历时40天，完成投资1917万元，工日246万个，移动土石方1525万立方米，砼及钢筋砼2140立方米，建成烽火垸围垸工程。一线大堤长14.39千米，堤顶高程46.5米至47米，堤顶面宽5米，共保护7个村72个村民小组7920人、1.28万亩农田。2003年，道水爆发特大洪水，烽火大垸安全渡汛。

农田基本建设 20世纪70年代，境内开展建设“大寨田”运动。进入21世纪，争取国家项目投资，兴起农田综合整治热潮，建设渠路配套、稳产高产农田。2007年，烽火村争取资金634万元，综合整治农田320.5公顷，新增耕地11.86公顷。2009—2014年，藕池、观音庵、农菱、陈家河等6个村争取国家投资400万元，综合整治农田110多公顷。

村镇建设

集镇建设 1997年，制定镇村建设规划，先从观音庵、南田坪、蛇行地3个墟场建设抓起，分年逐步实施。

1998年8月，改造观音庵墟场从原粮管站至烽火大桥东头全长0.8千米的街道，拆除房屋8间，铺设下水道1400多米，街道铺设沥清。2005年，乡政府抓住临津公路砼化、烽火大桥扩宽整治的契机，对观音庵集镇再次扩宽延长。街道延长至1.3千米、扩宽至6米，下水道管网延伸至2200多米，街道全部砼化。随着村道改造硬化，蛇形地墟场街道由300米延长至600米。南田墟场街道由原来的独肠子街扩建成三条街，长1.1千米、宽3米，全部砼化。2014年，投资110万元启动集镇农贸市场异地新建，新卫生院启动选址工作。

乡村建设 2001年，道水河沿线8个村724个农户纳入洞庭湖治理规划，整体实施移民建镇，形成新的居民小区。2012年，白龙井村投资1300万元，兴建集休闲娱乐于一体的开泰山露营公园。2013年，全乡21个村成立卫生理事会，完善卫生保洁机制，设置垃圾处理屋（桶），县乡公路干线保持常态化清扫。2014年，开展农村环境综合整治，白龙井村成为全县试点村。8月，对陈家河沿线进行扫障除草、清运垃圾。10月，全县农村环境整治工作现场会在烽火乡召开。

社会事业

教育

幼儿园 2004年，烽火乡有4所公办幼儿园和1所民办幼儿园。2014年，全乡有幼儿园4所，幼师10人，在园幼儿359人。

小学 民国时期，境内各保设有4年制小学。1916—1935年，在罗汉寺设区立高小。1941年，创办将军乡公立中心国民学校，校址罗汉寺。1949年下学期，罗汉寺公立中心国民学校改设为将军完小。1958—1963年，境内各大队设完小。1963年，调整大队办学布局，境内18个大队办14所小学。1965年，设全日制烽火完小。1985年，建立烽火乡陈家河中心小学。1986年，开始整合教育资源，调整压缩村办小学。至2014年，全乡有3所小学，学生706人，有专任教师70人，本科、专科学历教师占90%。

中学 1969年，在观音庵设烽火初级中学，南田设片办中学。1973年，烽火中学更名为临澧县第六中学，改为完全中学，校址蛇形地。1986年六中撤销，复为烽火初级中学。南田片办中学撤销，改为完全小学。2003年，投资1100万元，将烽火中学和陈家河中心小学合并搬迁至薛家坪，建成九年一贯制学校，校园占地21.5亩，建筑面积3102平方米，建有多媒体多功能教室、互联网现代信息设施、操坪、体卫设施、教工宿舍，后勤保障设施一应配套到位，成为全县一流高标准学校。2014年，烽火中学有专任教师35人，本科、专科学历教师达100%；在校学生291人。

文化体育

20世纪60年代中期，农村文化活跃，大队组建毛泽东思想文艺宣传队，生产队建学习室，跳“忠字舞”。1979年，烽火公社南田大队花鼓剧团成立。1980年公社设文化站。2014年，境内有管乐队3支、打击乐队1支、竹马灯队1支、大鼓队1支、狮灯队2支、广场舞蹈队10余支、青年艺术舞蹈团1个；农家书屋22个，藏书4.5万册；各类体育运动场所10个。

医疗卫生

清代，境内在观音庵、蛇形地、南田坪三地有个体诊所。民国时期，中共地下党员耿世久在蛇形地开办诊所，1950年更名为农民协会诊所，后又更名为农村联合卫生所，直至1956年9月。

1956年10月1日，在蛇形地成立烽火卫生院。1958年，卫生院更名为东方红人民公社卫生院，次年2月再次更名为烽火人民公社卫生院，随公社机关迁址至观音庵。1969年，各大队兴办农村合作医疗站，1980年停办。2005年，实行农村新型合作医疗制度；各村建卫生所，配备卫生员。2014年，烽火卫生院新建1135平方米医疗综合楼，占地5285平方米，建筑面积1385平方米；有医护人员27人，拥有彩超、全自动细胞分析仪、全自动生化仪、200毫安X光机等医疗设备；全乡有1所卫生院，21个村级卫生室；有病床30张；专业医务人员50名；个体从业医生6人，个体药店2家；有19000人参加“新农合”，参合率95%。

社会保障

“五保”户供养 20世纪60—70年代，农村“五保”户由生产队供养。实行家庭联产承包责任制后，“五保”户由村统筹金供养。2004年，乡政府投资25万元，将薛家坪村先锋小学改造成乡敬老院。敬老院占地12亩，有住房32间、床位64个。2006年投资35万元新建12间宿舍，并将院内场坪硬化；2009年，投资45万元新建办公室、食堂等基础设施。2014 年，敬老院有工作人员 4 人，入住“五保”老人 42 人，寄养老人 10 人。

社会救助 人民公社时期，公社每年给困难户照顾工分 6 万多分，发放救济粮 1.5 万～ 2.5 万公斤。1972 年大旱、1998 年水涝，乡党委、乡政府十分关心人民群众生活，调粮筹款，帮助群众渡难关。烽火堤垸溃垸后，帮助 308 户重建家园，整修和新修房屋 700 多间，医治病人 35 人。农村低保制度实施后，基本实现“应保尽保”。2014 年，全乡有低保对象 893 户 1012 人，享受低保救助金 42.83 万元。

特色地情

风景名胜

龙山文化遗址 位于薛家坪村下薛家坪组，距今 3700 ～ 4700 年。

营驻山 亦称银珠山。位于县城东部 10 千米处，跨烽火、柏枝、望城三乡边境，面积 20 平方千米，平均海拔 210 米，主峰海拔 241.6 米。南接柏枝乡阮山，北与境内将军、驰马、担粮、团练等山相连，东有烽火山，主峰海拔 252.2 米。营驻山山形陡峭，紧扼道水，居高临下、地势险要，森林茂密，树木高大，曾是古代军事重地。清时，为安福县城外八景之一，号“汉垒秋风”。营驻山有人工杉木林 3100 亩，景观壮美。

将军山 坐落在境内观音庵南岸。高数十丈，周 30 里，系汉荣阳将军纪信故垒，有人工杉林 1100 亩。

开泰山露营公园 位于白龙井村，2012 年投资 1300 万元兴建，集休闲娱乐为一体。主要设施及活动项目有短道、长道赛车，卡丁车沙滩越野，移动摩托车、房车、四轮摩托车越野，小车漂移，徒步登山，打靶，垂钓，拓展训练等。

地方特产

白龙井矿泉水 白龙井位于白龙井村。1997 年组建白龙井矿泉水有限责任公司，投资开发白龙井矿泉水，年产矿泉水 5 万多公斤。经中科院鉴定，白龙井矿泉水是全国仅有的七处含硒天然矿泉水之一，具有口感佳、水质好、品位高等特点。

（文字供稿：汪慧）

望城乡

区域概况

位置面积

望城乡位于临澧县城东南，东抵柏枝乡、烽火乡，南邻四新岗镇，西接陈二乡、佘市镇，北靠安福镇、杨板乡，面积52.64平方千米，治所在县城南0.5千米处的207国道线一侧。

建置沿革

清初，望城乡地域分属永定卫和澧州。清雍正七年（1729）置安福县，改隶安福。境内赤岗寺即今永安村一带属永右里，宋玉、大兴、楚城、看花、余丰村一带属永中里，同欢、石柏村一带属乐一里，鸣锣、杨岗村一带属乐二里。

民国时期废里、区建制，望城乡境分属将军、王化两乡。

1950年7月，全县废除保甲制，划乡建政，始设望城乡建制，隶属第二区。1951年11月，改属第七区所辖。1956年5月，全县撤区并乡，合并原望城、楚城、临安、永安、白云、同文、灵泉、龙溪、梅溪、清水10个小乡，设置望城乡大乡建制，乡政府设佛踏寺（今望城中学）。

1958年9月，中共临澧县委在望城乡举办成立人民公社试点，撤销乡建制，成立政企合一的人民公社建制。9月10日，望城乡改建为前锋人民公社，成为临澧县第一个人民公社。1959年2月，更名为望城人民公社，社址设望城坡。1960年，社址迁临澧大桥南端。

1984年3月，全县普遍实行政企分设，望城人民公社更名为望城乡。至2014年年底无变化。

行政区划

1950年7月划乡建政，乡下辖村。境内于1954年1月在全县率先建立起新华、民丰2个初级农业生产合作社。

1956年5月撤区并乡，乡下改辖农业生产合作社。望城乡以片为单位将68个农业生产合作社改建为13个大社，望城乡时辖灵泉、新华、清水、望城、梅溪、民主、临安、同文、石柏桥、龙溪、永安、鸣锣、白云等高级农业生产合作社。

1958年9月成立政企合一的人民公社，公社下辖生产大队、大队下辖生产队。望城人民公社改辖7个大队、76个生产队。即清水大队，12个生产队；民主大队，12个生产队；护城大队，14个生产队；和平大队，10个生产队；赤岗大队，10个生产队；卫星大队，12个生产队；楚城大队，6个生产队。1961年3月，全县对人民公社、大队、生产队规模进行调整，望城人民公社辖22个大队、

276 个生产队。1970 年 12 月，划出龙溪大队四季红生产队归城关镇管辖。1977 年 9 月，梅溪大队整体划入城关镇。

1975 年，望城公社辖 23 个大队、281 个生产队。

1984 年 3 月，人民公社改称乡，生产大队改称村，生产队改称村民小组。望城乡辖清水、九姊、农丰、寒溪、文塘、望城、徐家、同欢、石柏、永安、杨岗、大兴、鸣锣、宋玉、楚城、桂花、临安、余丰、看花、农溪、护城 21 个村。

1985 年 11 月，农溪村、护城村划归城关镇，望城乡时辖 19 个村、263 个村民小组。1987 年 10 月，又划出清水、九姊、农丰、寒溪 4 个村为城关镇管辖。2004 年 3 月，文塘、望城 2 个村划归安福镇管辖。至 2014 年，望城乡行政区划再无变化。

自然环境

望城乡地貌以微丘、平原为主，地势东高西低，东部略高，有看花山，西部为宽阔的平原。属亚热带季风性湿润气候区，雨量充沛，气候温和，适宜于多种生物生长。年平均降水量 1200 毫米，年平均日照时数 1637.3 小时，年平均气温 16.4℃。境内水系属澧水水系，主要河流有澧水一级支流道水河及道水支流沙溪河。乡东部临安村有硅白土资源和丰富的石煤、铁矿石等矿产资源。

人口民族

1958 年，望城公社有 20787 人。1964 年，全社有 5271 户 21118 人，其中男性 10589 人，非农业人口 327 人。1985 年，望城乡有 5935 户 24901 人，其中男 12765 人，女 12136 人，非农业人口 789 人。1995 年，辖区内有 6214 户 21765 人，其中男性 11073 人；农业人口 19741 人；全年人口出生率 10.1‰。2003 年，全乡有 7472 户 21664 人，其中农业人口 18150 人。2014 年，全乡有 5948 户 19245 人，其中男性 9777 人；农业人口 16907 人；人口出生率 11.3‰。境内有蒙古族、回族、维吾尔族、苗族、壮族、布依族、满族、侗族、白族、土家族、黎族、彝族 12 个少数民族，共 1512 人，少数民族中，土家族有 528 人。

经济发展

综述

望城乡有耕地 29064 亩、山林 29925 亩、水面 5226 亩。1950 年，境内人均耕地 1.4 亩（其中水田 0.9 亩），农民住房多为茅草屋。1953 年，开始种植双季稻，产量提高，人民生活有所改善。1957 年，望城乡人均分配收入 40.17 元。1958 年，望城公社实现总产值 184 万元，其中农业总产值 173.13 万元。1975 年，全公社总产值 462 万元，其中农业产值 422.1 万元。1985 年，望城乡工农业总产值 1505.04 万元，其中农业产值 1171.99 万元，占工农业总产值的 77.9%，农业产品商品率为 52.17%。1994 年，全乡大办企业，第一产业占比下降。是年，全乡社会生产总值 1.7 亿元；工农业总产值 1.132 亿元，其中农业总产值 3026 万元，占工农业总产值的 26.9%。1995 年，全乡农民人均纯收入 907.9 元。2000 年，工农业总产值 18250 万元，其中农业总产值 7250 万元。2003 年，全乡社会生产总值 32586 万元；工农业总产值 23687 万元，其中农业总产值 7737 万元，占工农业总产值的 32.7%；农民人均纯收入 1806 元。2010 年，工农业总产值 24500 万元，其中农业总产值 8250 万元。2014 年，全乡社会生产总值 34829 万元，第一产业增加值 11879 万元，占社会生产总值的34.1%；农民人均纯收入7600元；85%的农户入住新楼房，每百户农户有摩托车53辆、汽车7.8辆。

农业

种植业 境内以种植水稻、棉花、油菜为主。1953年，楚城马登田互助组率先试种双季稻，当年获得成功，早稻亩产200公斤，晚稻亩产100公斤。1958年，全公社总产粮食1358.45万公斤。1995年，扩大水稻种植面积，种植双季稻15000多亩，总产12340吨。利用旱地和高塝田栽种棉花4000余亩、蔬菜600余亩。1996年，引进高产优质水稻品种和生产技术，粮食总产13800吨，亩产超过1000公斤。2000年起，望城乡农业进行产业结构调整，大力发展订单农业。2001年，以大兴、同欢、杨岗村为主，建立2000亩香芋种植基地，农民每亩获纯收入1500元。2002年，与岳纸公司合作，建立2万亩速生杨树生产基地，农民每年每亩获纯收入1255元。至2003年，全乡因地制宜形成5000亩优质稻基地、6000亩瓜果蔬菜基地，成为全乡产业化经济支柱，并成立香芋等专业技术协会，吸纳会员435人。引进安乡县郑小金投资1500万元，在石柏村建起农业科技生态示范园，兴起产业化种植热。是年，全乡生产稻谷13275吨、油料1167吨、蔬菜3180吨，农业效益大提高，获临澧县“农业结构调整标杆乡镇”称号。2014年，全乡创建万亩优质稻高产示范园，扶持发展8个百亩以上种粮大户、1个千亩种粮大户，双季稻复种植面积超过25000亩，其中种植优质稻19000多亩，总产粮食21300吨；建立起蔬菜、油菜、葡萄等6个生产基地，种蔬菜1200亩、油菜11000亩、葡萄300亩；探索农庄经济和家庭农场发展模式，在大兴村办起宋玉水稻专业合作社及盈农生态家庭农场，新发展12个科技示范户，永安、宋玉村被列为全省科技示范村。

养殖业 1995年，全乡养殖生猪9.16万头，出栏6.98万头；养牛1023头；养禽21.25万羽；出水鲜鱼201吨。之后，乡政府扶植科技养殖户，引导农民养菜牛、肉兔、山羊。双佳农牧有限公司与10个村的128个养猪、养鸡大户签订合作协议，成立养猪、养鸡合作社，推动养殖业快速、健康发展。2003年，全乡出栏生猪17800头，出笼家禽52万羽，出水鲜鱼1060吨。2014年，望城乡开发黄花鱼产业化养殖，引进澧县老板投资2000万元开发放舟湖、退田还湖400亩水面养殖黄花鱼；成立黄花鱼养殖专业合作社，入社会员152人，发展黄花鱼套养面积5000多亩，养殖成品黄花鱼50万尾，产品远销中南五省；临澧黄花鱼被评为国家地理标志保护产品，望城成为“黄花鱼之乡”；全乡养殖生猪13.58万头，出栏9.9万头；饲养家禽29.8万羽，养牛2697头、兔22964只、山羊4528只，出水鲜鱼496吨。

林业

1975年，兴办公社柑橘园总场。1995年，望城乡有林地943公顷，占山地面积的93.1%，森林覆盖率为16.6%。进入21世纪，乡政府发动群众开展封山育林、植树造林和改造稀残林，退耕还林253.5公顷，建柑橘等水果基地70公顷、油茶生产基地54公顷。2014年，余丰、永安、桂花村完成油茶林低改600亩，新造油茶林300亩，桂花村种植黄栀子500亩；全乡有林地1320.5公顷，森林覆盖率23.2%。

工业

20世纪50年代，望城乡只有手工副业和农产品简易加工业。1958年，望城公社完成工副业产值10.87万元，其中纯工业收入26326元。1975年，完成工副业收入39.89万元。1980年，社队企业起步，兴办宋玉粮油加工厂和杨岗粮油加工厂。1990年，工业坚持走民营之路，着力激活民间资本，全年完成企业总产值1882万元，其中工业产值1414万元。1994年，全乡完成工业总产值8294万元，创利税1225万元，获市委、市政府“企业产值过亿元”银牌奖。1995年，全乡有乡办企业13家、村办企业118家、民营企业602家，其中过千万元产值的骨干企业4家、产值在500万元以上的企业12家，固定资产4500万元，从业人员2867人，三级企业总产值2.14亿元，创利税1806万元。此后，企业经营受政策和市场调节的影响，工业经济一度出现滑坡。1998年，有乡办企业5家、村办企业15家、个体企业367家，完成总产值3051.6万元，实现利税57.6万元。2000年，乡村集体企业实行改制，对48家乡办、村办企业实行民营，对乡办汽车运输队、自来水厂实行拍卖，买断经营权。通过改制，县属企业得以发展壮大，成为境内骨干企业，当年完成工业总产值11000万元。新厦集团缴税531万元，率先成为临澧突破500万元税收的企业纳税大户。

2003年，全乡有各类企业和个体经营户986个，从业人员5265人，规模民营企业主要有机砖厂、制氧厂、建材厂、金宝滩电站等，共完成工业产值15950万元，占工农业总产值的67%。2006年，湖南省余丰出口烟花鞭炮有限公司落户余丰村，完成产值2800万元，上缴税金60万元，被县委、县政府评为明星企业。2010年，深圳高强石膏灯饰制品有限公司收购新厦水泥厂，组建新厦建材有限公司，新上年产值能力6亿元的石膏深加工项目，成功实现由生产立窑水泥到生产高效节能石膏产品的转型，年产值5700万元，上缴税金100万元。

2010年，全乡完成工业总产值16250万元。2014年，全乡共完成6个招商项目，到位资金3500万元；有各类企业24家，完成工业总产值20500万元，其中规模以上工业总产值4242万元。

商贸服务业

清代，境内清水、文塘两集镇商业较为繁荣。民国时期，新办梅溪、陈家桥墟场。中华人民共和国成立后，在乡（公社）驻地建供销社、肉食站、粮油店等，成为农村中心市场。各村（大队）开设集体商业零售店或代销店。“文化大革命”期间，各墟场被禁止。中共十一届三中全会后，个体商贸服务业得到发展，农村市场日益活跃。1995年，征用土地1.2公顷，在文塘村建望城商贸区，建筑面积27709平方米，建临街门面132个；境内有望城集贸市场及陈家桥等6个墟场，个体商铺发展到300家，社会商品零售总额2500多万元。随着商业流通体制改革的深入和小城镇发展的需要，乡党委、乡政府筹资进行集镇基础设施建设，鼓励农民进镇经商，推动商贸服务业快速发展。2014年，在陈家桥建设占地10亩的农贸市场；是时全乡有各类商铺800多家，个体工商从业者3500余人；社会商品零售总额1.15亿元，其中集市商品成交额6500多万元；第三产业生产总值18180万元。

基础设施

交通运输

民国时期，常澧公路穿境而过。1957年，建成县道临柏公路文塘至陈家桥段，1959年延伸至余丰村。1972年，修通徐家至文塘乡道。1995年，将临（澧）柏（枝）公路望城段7千米砂石路面改造成柏油路；是时，境内国、县、乡公路总长37.5千米；通村简易公路16条、长135千米。每天有15个班次的客车从文塘开往陈家桥、四新岗，客运量600多人。1997年，县扶贫工作队筹资30多万元修通临安村简易公路，全乡实现村村通公路。2000—2003年，207国道望城段高等级公路建成通车；整修、拓宽、延伸联村、通组公路，并分期硬化。至2014年，全乡13条长288.5千米的联村、通组公路有226千米硬化。

邮政通信

1995年，望城邮电所开办邮政储蓄业务，全乡开通程控电话。1997年，成立望城移动电话通信站，境内固定电话、移动电话得到发展。2003年，开办广电有线营业厅，农村电信网络覆盖面达100%，家庭固定电话2012部，移动电话5782部，网络宽带发展到568户。2014年，完成广播村村响畅通工程，有移动电话1.1万多部，宽带600多户。

供电饮水

供电 1965年，从澧县瓦家嘴经柏枝台的10千伏输电线架设至望城公社东堤水库，部分农家开始照明用电。1978年建成金宝滩电站，1981年建成清水堰电站，全乡普及用电。2001年，投资140多万元，进行农网改造，实现农电同网同价。2014年，完成杨岗、临安两个村的电力增容。

饮水 1994年，兴建自来水厂，解决乡直机关和700多户农户饮用水问题。2009—2012年，实施农村安全饮水工程，全乡13个村及3所中小学共1.9万人享用安全饮用水。

农田水利建设

水利建设 1958年，望城境内修建了同欢、东堤、白合、六口小型水库4座。20世纪60年代中期，修建中小型机埠110处。1970年，建设清水堰水轮泵站。1973年，同欢水库扩建成中型水库。1975年8月—1978年1月，兴建金宝滩水轮泵站，泵站设计灌溉面积980公倾，年货运量9万吨。金宝滩、清水堰水轮泵站的建成运行，解决了全乡电力不足及农田缺水之困。至1985年，全乡共整修兴建塘坝1779处，蓄水量704.4万立方米；兴建中小型水库5处，蓄水量2404.6万立方米；修建电力提灌机埠9处，装机9台462千瓦，提灌面积0.74万亩。2008年起，争取国家投入1500余万元资金，对同欢、东堤、六口、白合4座水库进行除险保安；投入2000多万元资金，分三期对沙溪河、道水河望城段进行流域治理。2014年，投资150万元，整修机埠3座，整修堰塘38口，清淤沟渠20千米；完成道水河3千米河段二期治理工程；全乡有中小水库5座，塘坝1029处（骨干塘103口），总蓄水量2237万立方米；提灌机埠96座、水轮泵站2处。

农田基本建设 20世纪70年代，曾兴起建设大寨田的热潮。21世纪，争取国家项目投资，进行土地综合整理。2003年，总投资223.8万元的看花村幸福垸土地整理项目被省国土资源厅立项，整改1200多亩低产田。2009年，投资15.9万元，在同欢村进行土地整理。2013年，投资210万元，规范化综合整理农田139.73公顷。

村镇建设

集镇建设 2013年，制定《望城乡2013—2030年总体发展规划》，规划以陈家桥为中心打造集镇区，近期规划面积0.6平方千米。2014年，乡集镇建成区面积达0.3平方千米。

乡村建设 20世纪90年代，境内农户开始兴建楼房。2002—2003年，争取平垸行洪项目，投资1278万元，对屡遭水患的9个村的772户农民实施搬迁。2008年，望城乡成为省级环境优美乡村。2013年，全乡13个村均成立村级环境卫生理事会，建立村落垃圾池，组织专人清扫村民聚居点和主要道路，公路主干道及村级道路保持常态化清扫。380户村民建沼气池、改灶、改厕、改水。2014年，同欢村打造城郊中心村，硬化公路2条1.5千米，硬化沟渠800米，护砌整修堰塘5口，对村道、组道进行绿化，推进美丽乡村“3+X”建设模式。

社会事业

教育

幼儿园 1984年，望城乡有13个学前班。2004年，望城乡有4所公办幼儿园和2所民办幼儿园。2014年，全乡有5个学前班和13所幼儿园，入园幼儿362人，幼师41名。

小学 清代，境内有低级私塾蒙馆和高级经馆多家。民国时期，各保均开办小学。民国21年（1932），在宋玉城创办县立第五高级小学；民国34年，在宋玉城开办将军乡第二中心国民小学。1949年，设宋玉完小。1958年，各生产大队均办小学。1984年，全乡有15所小学。1985年，设望城乡杨岗中心小学。20世纪90年代后期，整合教育资源，改善学校布局，至2003年，共撤销11所村级小学。2014年，全乡有3所小学，有学生415人，教师32名。

中学 1957年，前锋人民公社创办初中班。1974年，创办望城中学。1992年，望城中学由完全中学改为初级中学。2014年，全乡有中学1所，学生312人，教师55名。

文化体育

20世纪50年代，境内有业余花鼓戏剧团、木偶剧团、民间吹打乐队演出，县派电影队下乡流动放映电影。1961年，公社建立文化站，有文学艺术爱好者200多人。20世纪90年代初，全乡电视机入户760多家，有舞狮队3个，各类体育场所6个，农家书屋5个，藏书2650册。2002年，乡成立有线电视管理站，部分农民开始接收有线电视。2005年，乡成立唢呐艺术协会、老年诗词协会，有文学艺术爱好者220人。2014年，全乡电视入户5763户，其中有线电视入户4230户；农家书屋13个，藏书2万多册。有各类体育运动场所15个；全乡13个村均通广播。

医疗卫生

1950年，建立陈家桥联合诊所。1959年，陈家桥联合诊所改建成望城公社卫生院。1960年，分片成立杨岗、农丰、清水、赤岗、楚城6个卫生所，每个卫生所有医务人员2～3人，在卫生院指导下开展防病治病工作。1965年，望城卫生院由陈家桥搬迁至文塘村，有医务人员21人，病床10张。1969年，兴办大队农村合作医疗，社员筹集基金，享受医疗优待，1980年停办。1974年，公社卫生院扩建，院下设17个大队卫生所，置有病床20张。1984年，公社卫生院改称乡卫生院。各村先后兴办起卫生室。1994年，乡卫生院经市卫生部门考核验收，被评为“一乙”乡级卫生院。2003年，乡卫生院有医护人员30人。2004年，乡行政区划调整，村卫生室由17个调为13个，全乡有农村卫生室医生和妇幼保健员31人。2005年，推行新型农村合作医疗；次年，全乡有1.52万人参加合作医疗，参合率82.5%。

2014年，全乡有卫生院1个、村级卫生室13个，有病床35张，专业医护人员32人；个体开业医生11人，个体药店5个；年诊治患者1.7万人次；有18265人参加农村合作医疗，参合率98.2%。

社会保障

“五保”供养 20世纪60年代，农村“五保”户由生产队供养。2006年，乡政府投资300万元，建成澧南一流标准的敬老院。2014年，全乡126名“五保”人员全部落实供养政策，其中56人由乡敬老院集中供养。

最低生活保障 2005 年，望城乡启动贫困居民最低生活保障金制度，有 160 人享受农村最低生活待遇保障，42 人享受城镇最低生活保障待遇。2014 年，全乡核定低保 899 人，共发放低保资金 98.89 万元，为 22 个农户实施危房改造。

农村养老保险 2010 年，望城乡纳入社会养老保险体系的老年人 6250 人，发放养老金 385.26 万元。2014 年，全乡养老保险参保率为 96.5%，有 8782 人参加社会养老保险，领取养老金 235 万元。

劳动就业保障 2014 年，望城乡举办 8 期各类培训班，受训 1000 多人（次），新转移农村剩余劳动力 420 多人。

特色地情

文物古迹

宋玉城 宋玉城建于楚，位于临澧县城东南约 5 千米的望城乡宋玉村内，北临鹿坊堰，与官渡河相通；南临陈家桥，东连看花山，西望石墨山。城墙为夯土墙，高约 5 米、顶宽约 3 米，城池呈长方形，约为 500 米 ×250 米，面积约 12 万多平方米。宋玉城四围均有护城河，护城河宽 20 米至 50 米不等，至今其轮廓状貌仍保存十分完好。1982 年第二次全国文物普查时，发现宋玉城地下文物极为丰富，文化堆积层厚达 2 米，已出土大量春秋战国时期的陶罐、陶鼎、筒瓦、陶盘、青铜鼎、青铜戈、青铜剑、青铜矛等珍贵文物。城址内残存有一片地势较高的土台，当为某建筑物的基址。城墙的内侧保存有两座瞭望塔（烽火台）。宋玉城为省级重点文物保护单位。

宋玉庙 位于宋玉城东门外 200 米处，建筑面积约 500 平方米。庙内陈列有宋玉石刻雕像和石碑石刻。宋玉庙始建于唐代。唐文宗太和二年（828），诗人李群玉赴洛阳赶考，落第而归，遂以屈、宋为师，研读楚辞。并到宋玉城访古探幽，发起修建宋玉庙。清咸丰四年（1854），安福大财主蒋光业之侄蒋明试捐巨资进行为期二年的整修和扩建。修复后的宋玉庙占地约 15 亩，分为三进，内塑宋玉像，悬挂一口高一丈有余的铁钟。自唐至清，宋玉庙香火旺盛，游人不断。

宋玉墓

宋玉墓 位于望城乡看花村宋玉组，距县城9千米，南与看花山毗连，北临浴溪河，东临畲溪河、营驻山，西临梅溪垱、道水河，与宋玉城隔湖相望。公元前223年，楚国为秦所灭，宋玉也于这一年去世。死后三日，他的学生和当地群众曾举行过一个简单的葬礼。相传出葬那天，当棺材抬到浴溪河南岸看花山下时，忽然风云突变，狂风大作，暴雨倾盆而下，抬柩群众便奔向附近人家。雨止重返时，却见一个大坟堆呈现在面前。于是一个“菩萨天怜埋宋玉，忠魂永傍道水茔”的故事便传开。汉代初年，乡境有识之士为宋玉立下一块石碑，题为“楚大夫宋玉之墓”，至六朝时，字讹碑残，人们误称“宋王之墓”。2010年，县政府重修宋玉墓。墓园占地5300平方米，墓冢位于墓园中央，墓前设祭拜台，耸立高大的墓碑和香炉，墓旁竖功德碑，建赋圣亭。整个墓园樟柏环绕，花团锦簇，庄严肃穆，气势恢宏。

看花山 位于望城乡看花村，是楚大夫宋玉看花游览之地。花园遗址约500余亩。相传宋玉的《九辩》就是在这里写成。看花山地处浴溪河边，登上看花山顶，极目西北，紫气腾腾，云雾莽莽，道水如同一条弯弯曲曲的白带，自天际撒下向东而拖；放眼东方，将军山、营驻山、担粮山，山山相连；远眺正南，晋相车公以石代墨囊萤读书的石墨山遥相对峙，凸现出看花山几多灵气，无限风光。昔日看花山“野卉争妍，清香扑鼻”，有不少文人学士、行人游客到此寻芳摘翠，披红不胜，花草美人之慕令人神往。有古诗咏赞：“昔人归何处，岭上有余芳。我来花正发，踏遍马蹄香。”

泛舟湖 又名放舟湖，亦名黄州湖。因乾隆游湖的原因，又被封称放珠湖。清同治《安福县志》载：黄州湖，原名泛舟湖，与宋玉城相近，传为宋玉采莲处。泛舟湖位于宋玉城西北方，面积约25万平方米，北连道水，西南临望城乡大兴村，东面原有一处官渡与宋玉城相连。

地方特产

黄花鱼 为望城乡名优特产。2014年，黄花鱼注册为国家地理标志保护产品，其体形美观，色泽黄艳，头小，含肉率高，可食部分比其它淡水鱼类多，肉质细嫩、味美，具有独特的清香，而且含有丰富的营养物质，其中牛磺酸、硒、DHA、钙等指标尤为突出，享有“水中瑰宝”的美誉。

（文字供稿：罗海明，图片供稿：临澧县党史办）

杨板乡

区域概况

位置面积

杨板乡位于县东北，道水下游。东与烽火乡交界，北连澧县道河乡，西邻停弦渡镇、修梅镇，南与安福镇接壤，面积77.9平方千米。治所距县城10千米。

建置沿革

清初，杨板地域归九溪卫、永定卫分治。清雍正七年(1729)置安福县，隶之，置里、区建制。今境内杨板、云翎、五合、玉皇庙、水阁、唐家坪村一带属九右里，罗汉坪即青阳、跑马村一带属永右里，李家坪、白马观即万福、龚家岗村一带属永中里。

民国5年(1916)，废清代里区建制，县下辖区，境域设杨板区。民国10年，撤区建乡，境域设杨板乡。民国24年，奉令编组保甲，境域属第一区，区公所设清水堰。境内分置杨板乡、肖家乡、楼坊乡。民国27年，废区并乡，境域置泰山乡，乡址泰山寺。民国30年泰山乡乡址迁杨板桥。

1949年8月，重新划区，第四区区公所设七重堰，区下保留民国时期的保甲制，泰山乡更名杨板乡。1950年7月，废除民国保甲制，划乡建政，境内分置属第三区管辖的观音、青阳乡和属第四区管辖的水阁、南岳、万福、岳楼、永镇、仙女、真武乡。

1956年5月，撤区并乡，将原水阁、南岳、永镇、仙女、岳楼、万福、真武、青阳、观音9个小乡合并，成立杨板桥乡，乡址设杨板桥。

1958年9月，实行人民公社化，政社合一。杨板桥乡更名为跃进人民公社，次年2月，更名杨板人民公社，社址设赵家湾。1969年社址迁杨板桥。1982年社址再迁李阳村尹家冲。1984年3月，农村人民公社体制改革，杨板人民公社复更为杨板乡。至2014年年底无变化。

行政区划

民国5年，杨板区辖5保。民国27年，泰山乡辖14保。民国30年，全县乡镇缩编，泰山乡辖8保。

1949年8月，泰山乡辖6保。1950年7月废除保甲制，实行乡辖村。

1956年撤区并乡，乡下辖农业生产合作社。境内合并73个农业生产合作社，分片区组建14个大社。杨板乡时辖观音、保丰、云林、南岳、水阁、五合、双狮、胜利、仙女、天朋、万福、青阳、贞武、沔泗14个高级农业生产合作社。1957年8月，划入澧县道河乡新联、高桥两个农业社。

1958年9月实行人民公社化，公社辖生产大队、生产大队辖生产队，杨板（跃进）人民公社共辖8个大队、51个生产队。即真武大队（7个生产队）、泰山大队（6个生产队）、杨板大队（9个生产队）、银河大队（9个生产队）、云林大队（5个生产队）、仙女大队（4个生产队）、水阁大队（7个生产队）、肖家河大队（4个生产队）。1961年3月，全县对公社、大队、生产队规模进行调整，杨板人民公社辖20个大队、279个生产队。1969年划出银河、真武两个大队归烽火公社管辖。

1984年3月，人民公社改为乡，大队改称村，生产队改称村民小组，相应调整村、组规模，杨板乡辖18个村、306个村民小组。1995年，全乡辖18个村、318个村民小组。

2014年年底辖双狮、万福、楼房坡、龚家岗、玉皇庙、南岳、李阳、蹲龙、云翎、杨板、水阁、五合、唐家坪、仙女、赵家湾、清阳、跑马、沔泗18个行政村。

自然环境

境域西北高东南低，北、西有古老山，东南多为平原，其中沔泗洼海拔高34米，为全县最低点。地貌以丘岗、平原为主，兼有低山。

境域属亚热带季风性湿润气候区，雨量充沛，气候温和，适宜多种动植物生长。年平均气温17.9℃，年平均日照时数1636.5小时，年均降雨量1508.3毫米。

境内东部蕴藏着丰富的石灰石等矿产资源。

1973年8月14日下午3时，杨板公社云林、南岳、五合大队境内出现龙卷风，风力在8.9级，大碗口粗的树被连根拔起，堰塘里的水卷到二三丈高的空中。

人口民族

民国35年（1946），泰山乡有1813户9274人，其中男性4898人。中华人民共和国成立后，杨板乡人口持续增长。1957年，有19388人。1964年，有5020户20779人，其中男性10408人。1975年，有5897户26670人。1985年，有5033户22304人，其中男性11423人。1995年，有6003户20000人。2003年，总人口为22247人。2014年，全乡有20939人，其中非农业人口654人。

境内居民以汉族为主，少数民族人口均系工作、婚配迁居入境，无世代集居区。

经济发展

综述

1957年，杨板乡实现工农业总收入139.31万元，人均收入40元。1958年，全社工农业总收入175.83万元，其中农业产值167.8万元，占工农业总收入的95. 4％。1975年，全公社工农业总收入419.82万元，其中农业总收入391.69万元；全乡人均分配收入77.2元，扣除口粮等食物折款，人均分配现金收入9.3元。农村实行家庭联产承包责任制后，社会经济得到全面发展，农民基本解决温饱问题。1985年，全乡实现工农业总产值1199.38万元，其中农业产值1105.83万元，占工农业总产值的92.2%；人均纯收入353元。1995年，工农业总产值1.55亿元，其中农业产值1.25亿元；财政收入293.83万元；农民人均纯收入1272元。2014年，实现地区生产总值30941万元；其中农业总产值23321万元，第一产业增加值13846万元，占全乡地区生产总值的44.75%；财税总收入908万元；农民人均纯收入7820元；91.5%的农户入住新楼房，97.8%的农户享用安全卫生自来水，改用水厕所，每百户有摩托车58.3辆、有汽车8.2辆、有冰箱（柜）69.3

台、有洗衣机 79.6 台。

农业

杨板乡经济以农业为主体，全乡有水田 30301 亩、旱地 3200 亩、山林 44079 亩、水面 14279 亩。

种植业 境内土地肥沃，水资源丰富，灌溉便利，盛产粮棉。1957 年，杨板乡粮食复种面积 68619 亩，总产粮食 1046 万公斤；种植棉花 655 亩，总产皮棉 3708 公斤。1958 年，全社种粮 85871 亩，总产粮食 1197.75 万公斤。此后，种植业生产水平逐步提高。全乡粮食总产量，1975 年 1576.6 万公斤，1986 年为 1.59 万吨，1995 年为 2.08 万吨。21 世纪，境内不断调整农业生产结构，大力推广优质、高产、高效品种，实施病虫统防统治，生产水平持续提高。2003 年，全乡优质稻、棉、油菜的种植面积达到 95%，全年粮食产量达到 2.2 万吨。在稳定粮棉生产的同时，全乡大力开发规模特色产业，逐步形成以南岳、唐家坪、李阳、云翎等村为主的万亩西瓜生产基地，以楼房坡、龚家岗等村为主的千亩反季节蔬菜基地，以双狮、仙女等村为主的 2.2 万亩优质油菜生产基地，以五合、玉皇庙等村为主的 5000 亩优质棉花基地。2014 年，全乡粮食播种面积 64420 亩，总产量 23080 吨，其中优质稻 2.3 万吨；种植油菜 3.21 万亩，总产油菜籽 3371 吨；种植棉花 3551 亩，总产皮棉 355 吨；蔬菜种植 7000 亩，总产 14600 吨。

养殖业 20 世纪 50—70 年代，境内养殖生产规模小。1957 年，全乡出售商品猪 250 头，养殖业总收入 8389 元。1975 年，实现养殖业收入 6.29 万元。80 年代起，农村经济体制改革促进养殖业迅速发展。1995 年，全乡生猪发展到人平 1.5 头，出笼家禽 50 万羽，特种养殖创产值 2350 万元。进入 21 世纪，杨板乡以青阳、双狮、赵家湾等村为主，建设 120 万羽肉鸭产业开发带；以太平水库、九根重水库、蹲龙水库为主体，建设万亩水产基地；以五合、玉皇庙、水阁等村为主，建设生猪、肉羊、肉牛生产基地。2014 年，全乡出栏肥猪 26017 头、肉牛 900 头、肉羊 3800 只，出笼鸡鸭 150 万羽，出售禽蛋 2000 吨，出水鲜鱼 700 吨、鳖 1000 公斤，养殖业总产值 9487 万元。

林业

1990 年，杨板乡启动岗地开发，至 1995 年，全乡完成 2 万余亩油茶林低改，形成以茶油、松木为主的林业规模效益。2003 年开始，杨板乡着力建设以五合、云翎、水阁等村为主的 3 万亩优质油茶林基地，以沔泗、蹲龙、南岳等村为主的 1.4 万亩速生杨树基地，以仙女、双狮、南岳等村为龙头的万亩杂柑基地。全乡杂柑种植面积居全县之首，成为全省杂柑生产示范核心区。2014 年，杨板乡新造林 328 亩，零星植树 1 万株，木材蓄积量 518 立方米，森林覆盖率 63.1%。全乡总产油茶籽 400 吨，出产水果 8225 吨，其中杂柑 3250 吨，葡萄 100 吨。

工业

1958 年，全乡工副业产值收入 80305 元，其中纯工业产值 2600 元。1975 年，实现工副业收入 28.13 万元。1985 年，全乡工业产值 92.83 万元。1992 年，全乡企业总产值 818.55 万元。1995 年，杨板乡实施种植、加工、销售一条龙的产业化模式，先后办起藠头厂、罐头厂、大米厂，藠头产品远销日本、东南亚等地；同时发展建材业，相继办起 3 个砖瓦厂，年产砖瓦 3000 万块；全乡乡村企业发展到 65 家，从业人员 500 多人；民营企业和个体工商户 657 家，从业人员 1110 人；全乡企业完成产值 9500 万元，其中民营企业和个体工商户年创产值 4590 万元，形成酿酒、大米加工两大支柱产业。

20世纪90年代末，市场经济秩序进一步确立，由于受资金、市场及国家“抓大放小”政策的影响，集体企业生产举步维艰。杨板乡采取租赁、承包、拍卖和产权置换等方式，对乡村集体企业实施改制。2003年，砖瓦厂由常德私营老板投资经营；藠头厂由私人投资200万元建成临澧三洋食品有限公司，年生产盐渍藠头2000吨，年产值1300万元，民营经济成为地方经济发展的增长点；全年全乡完成企业总产值9600万元。2014年，全乡实现工业产值13832万元，其中规模以上工业总产值9658万元，工业经济占全乡国民生产总值的13%。

商贸服务业

境内集市有肖家河、杨板桥、沔泗洼3处。20世纪50年代起，杨板桥、肖家河先后建起供销合作社、粮管站、食品站、信用合作社、邮电所等经营机构，逐步形成境内商贸流通中心。2013年，杨板桥建起占地580平方米的规范化农贸市场。2014年年末，全乡个体工商户有685家，商贸批发、零售、餐饮住宿、客运物流十分活跃，全年完成社会消费品零售总额1.31亿元，其中集市商品成交额7100万元，商贸服务业等第三产业实现地区生产总值12921万元。

基础设施

交通运输

1967年11月，兴建长9千米的肖杨线（肖家河—杨板桥），中等级、沙子路，境内第一条公路。1972年10月，修筑长6.7千米的七杨线（七重堰—杨板桥）。这两条公路成为沟通杨板乡南北、东西交通的主干线，后不断加宽改造、硬化升级。1974年11月，修筑杨板桥至水阁、杨板桥至九口堰两条乡级公路，全长11.2千米。1977年，修筑杨板桥至野鸡垭、蒋家湾至邓龙两条乡道，全长3.2千米。至此，境内实行村村通公路。1996年，投资70万元，对长6千米的杨板—修梅镇公路铺设柏油，改写了杨板乡没有柏油路的历史。进入21世纪，境内兴起通组公路建设热。至2003年，全乡新修和整修村级公路127千米，通组公路218千米，通户公路318千米。2010年，对长8.3千米的九姊妹堆至杨板桥公路裁弯取直、拓宽改造，建成九姊至仙女的高等级公路。至2014年，境内村级公路全部硬化，通组公路硬化63.3%，通户公路硬化38.5%。

邮政通信

20世纪70年代，七重堰邮电分局派驻杨板公社1名邮电员，负责信件、报刊的递送。1995年，全乡开通程控电话。1997年，成立移动电话通信站，1998年，修建移动通信寻呼塔，境内固定电话、移动电话得到发展。2003年，农村电信网络覆盖面达到100%，家庭固定电话5680部，占到总户数的96.5%。2014年，固定电话逐渐淘汰，移动电话达到9300多部，户均1.8部，宽带网络覆盖全境，入户785户，占总户数的13.4%。

供电饮水

供电 1973年，杨板乡从肖家河、七重堰两个方向引入输电线路，开始供电。1983年，成立乡电管站，1988年，全乡户户通电。2001年1月，完成农村电网改造，增加肖家河、玉皇庙、南岳等6处9台变压器。2014年，进行农村电网第二轮改造，完成仙女、李阳、云翎、杨板等村的电力增容。

饮水 2000年，投资100多万元新建乡自来水厂，至2003年，发展用户400多户。2012年，投资100多万元修建太平自来水厂，全面实施农村安全饮水工程，至2014年，全乡18个村、

5800多个农户享用安全饮用水。

农田水利建设

水利建设 20世纪50年代初，境内兴起整修塘坝热潮。1958年起，修建楼房坡、邓龙等小型水库。20世纪70年代，兴办电力提灌设施，修建青山水轮泵工程中干渠结瓜的太平水库。1985年，全乡有堰塘1772处、垱坝189处，蓄水量791万立方米；有小（一）型水库4座，小（二）型水库5座，蓄水量1502万立方米。有电力提灌机埠8处，装机9台595千瓦，设计灌溉面积1.01万亩。从2003年起，乡党委、乡政府逐年加大投资和投工，实施水库除险保安、渠道浆砌硬化工程，逐步完善和提高自流灌溉体系。至2014年，境内水库全部浆砌护堤，完成除险保安；新修并砼化九根丛水库13.5千米引水渠，实现北水南调，缓解北渍南旱矛盾；砼化全长28.4千米的太平水库南干渠和潘家坡水库北干渠，解决水阁、万福、五合、龚家岗、李阳等村近万亩农田灌溉问题；全面整修堰塘垱坝，对350口塘坝进行水泥浆砌护堤；对电力排灌机埠进行维修、增容。全乡水源蓄积量增加到2293万立方米，自流灌溉面积达到4.76万亩，占农田总面积的97.15%。

农田基本建设 20世纪60—70年代，境内兴起平田开沟、深沟抬田、建设稳产高产农田的热潮。进入21世纪，农田基本建设形成项目化。2003—2007年，乡政府招商引资对仙女村的山、水、田、林、路实施开发整理，5年共垦殖土地1741亩，成为县政府农业产业化建设试点。2005年，双狮村争取国家投资60万元，综合整理农田23公顷。2014年，万福村争取国家投资240万元，

杨板仙女民居

综合整理农田 90 公顷。

村镇建设

集镇建设 民国中期，杨板桥当地居民自行捐资修建永镇桥和新桥两座单孔石拱桥，逐步建成以两座桥为连接的一字街，形成杨板桥墟场。20 世纪 50 年代后期起，杨板桥为乡、社治所，兴办乡（社）直机关、学校、卫生院，形成新型集镇。1999 年，借临烽公路改道之机，扩建砼化肖家河街道。进入 21 世纪，乡党委、乡政府制定并实施以杨板桥、肖家河为中心的乡村发展规划。杨板桥集镇，全面改造从永镇桥到乡政府驻地的街道，裁弯取直、拓宽硬化，街道由原来的 0.8 千米延长至 1.3 千米。2014 年，杨板桥、肖家河两处集镇有商铺、餐饮、旅社 180 多家，向周边的辐射功能日益增强。

乡村建设 2001 年，乡政府实施乡村发展规划，组织群众按自然村落建设新村，交通、饮水、用电、生态、环境同步建设，10 年间建成新型居民点 218 处。2013 年，全乡 18 个村均成立村级环境卫生理事会，完善卫生保洁机制，公路主干道及村级主干道，保持常态化清扫。推行“3+X”美丽乡村建设模式，成立社区董事会、企业董事会，村村建有村级活动中心。为推进仙女村市级新农村示范点建设，乡政府全面设计，打造仙女山庄亮点工程，全面提升改造村道、组道和机耕道，山庄与农户相互衬托，仙女村成为田园风光村。

社会事业

教育

幼儿园 21 世纪初，杨板乡办起 4 所公办幼儿园和 2 所民办幼儿园。2014 年，全乡有幼儿园 6 所，在园幼儿 328 人，专职幼师 61 人。

小学 清代，杨板桥、沔泗洼、玉皇庙、肖家河等地设有私塾蒙馆和经馆。民国期间，各保均办小学。民国 30 年（1941），在杨板桥创办泰山乡中心国民小学，为乡境公立学校之始。1949 年，泰山中心国民小学改称泰山完小。1958 年，各生产大队（村）均办小学。20 世纪 80 年代中期，对小学布局进行调整。2014 年，全乡有小学 4 所，校学生 588 人，老师 50 名。

中学 1969 年，杨板公社在赵家湾设乡一中，在杨板桥设乡二中。1980 年，杨板二中改为完中；杨板一中改为和平片中。1985 年，杨板完中改办初中，和平片中撤销。2014 年，全乡有初中 1 所，学生 272 人，教师 29 人。

文化体育

20 世纪 50 年代，境内有花鼓戏剧团、民间吹打乐队、狮灯舞队、竹马舞队等文艺团队。1961 年，公社建立文化站。1975 年，公社成立电影队，轮流下村放映。1996 年，全乡开通有线电视网，农户开始接收有线电视。1999 年，乡政府举办上万人参加的民间艺术节，活跃群众文化生活。2005 年，村村办学习室、图书阅览室，群众文化生活丰富多彩。2014 年，全乡有 19 个村级图书阅览室，藏书 2.3 万多册；办起 3 个民间吹打乐队，常年活跃在境内红白喜事场所；有桌球、篮球、乒乓球等 12 个体育运动场所；广播完成“村村响”工程；有线电视入户 5793 户，入户率 98.1%。

医疗卫生

清朝、民国时期，境内有杨板桥、玉皇庙、肖家河、沔泗洼 4 处个体医药店铺。1956 年建立乡卫生所。1958 年，建立公社卫生院，在肖家河、沔泗洼设卫生所。1968 年，各大队办合作医疗站，资金由公社社员筹集和集体公益金解决，社员享受医疗优待。1984 年，各村先后兴办卫生室。

2003年，乡卫生院建起医疗大楼，添置中高档医疗设备，改善医疗条件。2005年，杨板乡开始推行新型合作医疗制度。2014年，境内有乡卫生院1所，村级卫生室18个，病床31张，专业医务、护理人员37人，个体开业医生23人，个体药店5家。

2014年，全乡筹集合作医疗基金769.8万元，为3135人次支付住院医疗补偿金532万元，为81人次发放大病医疗救助金6.3万元。

社会保障

“五保”供养 20世纪80年代以前，“五保”户由生产队供养。实行家庭联产承包责任制后，“五保”户由村提留经费供养。2000年后，“五保”户由国家供养，全乡165名“五保”老人全部落实供养政策。2006年，乡政府新建敬老院，63人入住敬老院集中供养。

最低生活保障 人民公社时期，由生产队为困难户照顾工分，救济粮食，维修房屋。2005年，杨板乡启动贫困居民最低生活保障金制度，有182人享受农村最低生活保障待遇，31人享受城镇最低生活保障待遇。2014年，全乡发放农村最低生活保障补助金202.85万元；69人享受城镇最低生活保障，发放低保补助金29.18万元。

农村养老保险 2010年，杨板乡有7850人纳入社会养老保险体系，发放养老金478.9万元。2014年，全乡有8351人享受社会养老保险，参保率98.6%，领取养老金428.3万元。

特色地情

地方特产

杨板千张 境内有一条发源于古老山山谷腹地的溪水，流经五合、杨板、唐家坪、南岳等村，水质纯净，甘甜可口，长年不息，取其水制成的豆制千张，风味独特，历为贡品。打岩场千张仍行销城乡市场。

杨板大曲 用源于古老山山谷腹地的溪水酿制的谷酒，香味浓烈，甘醇爽口，四溢飘香，享誉四方，人称“杨板大曲”。

（文字供稿：徐超，图片供稿：临澧县党史办）

官亭乡

区域概况

位置面积

官亭乡位于临澧县西北部，地处澧县、石门、临澧三县交界处。东与九里乡接壤，南与新安、合口两镇相接，西与石门县新铺乡、澧县码头铺镇为邻，北与澧县王家厂镇相连。面积79.43平方千米。乡政府驻地距临澧县城35千米。

建置沿革

清初，官亭地属九溪卫。清雍正七年（1729）置安福县，官亭地域改隶安福，置里、区建制。八角庙、石龟山即今官亭乡桃树、团云、天星、樟树、青龙、凤兴、双泉村一带属九右里，罗湖垱即今岩龙、竹龙、鹅井村一带属九后里。

民国5年（1016），废清代里、区建制，官亭地属团山区。民国10年，撤销区建制，设团山乡。民国17年，恢复团山区建制。民国24年，官亭地分属第六区彭市乡、团山乡。民国27年6月，撤区并乡，设团山乡，乡址驻林家桥，民国30年迁址彭家铺。

1949年8月，官亭维持民国建制，属第六区管辖。1950年7月，废除民国乡、保、甲制，划乡建政。官亭境域分置刻木、澮津、林家桥、澮水、彭市、枣木等乡。

1956年5月，临澧撤区并乡，原刻木、林家桥、澮津、澮水4个乡合并，组建刻木乡，乡治所先设澮津铺，后迁鹅井罗家祠堂。

1958年9月，刻木乡和九里乡合并，以官亭古塔称名，组建官亭人民公社，社址驻彭家铺。1961年3月，官亭人民公社析出原九里公社，另组建九里人民公社。

1984年3月，全县实行政企分设，官亭人民公社改称官亭乡。至2014年年底无变化。

行政区划

民国17年，团山区辖16保。民国27年，团山乡辖10保。

1950年7月，废除保甲制，划乡建政，实行区下设乡，乡下设村。1953年6月，划入澧县长乐乡玉皇村、枞阳乡双泉村。划出澮水乡、熊家湾归澧县。

1956年5月，撤区并乡，成立刻木乡，乡下改辖农业生产合作社。境内合并38个农业生产合作社，分片区新组建12个大社。刻木乡时辖楼子、双泉、鹅井、竹龙、天心、岩龙、三桥、新民、青龙、官垱、高兴、春天12个高级农业生产合作社。

1958年9月，刻木乡与九里乡合并成立官亭人民公社，公社辖生产大队，大队辖生产小队，官亭公社共辖 15 个大队、92 个生产队。不含原九里乡境域内的设置，官亭境域内置 8 个大队、49 个生产队，即双泉大队（5 个生产队）、青龙大队（6 个生产队）、竹笼大队（8 个生产队）、楼子大队（4 个生产队）、青合大队（8 个生产队）、枣木大队（6 个生产队）、天心大队（6 个生产队）、彭市大队（6 个生产队）。1961 年 3 月，全县调整社队规模，境内大队、生产队规模相对划小，官亭公社改辖 20 个大队、216 个生产队。1975 年，全公社时辖 18 个大队、232 个生产队。

1984 年公社改为乡，大队改称村，生产队改称村民小组。官亭乡时辖凤兴、双泉、鹅井、天星、樟树、青龙、岩龙、竹龙、桃树、团云、长乐、楼子、青鹤、竹马、马路、彭市、枣木 17 个行政村，240 个村民小组。至 2014 年年底无变化。

自然环境

官亭地势西北高东南低，地貌以中低山脉和丘岗为主。境内的刻木山脉长约 10 千米，主峰海拔 503 米；喀斯特地貌明显，有多处溶洞。东南部少量平原属澧阳平原区。

乡域属中亚热带向北亚热带过渡的湿润季风气候，气候温和，热量丰富，无霜期长，雨水充沛，四季分明。多年平均气温 16.4℃，1 月平均气温 4℃，7 月平均气温 28.4℃。多年平均降水量 1239 毫米，雨量多集中在 4—8 月，5 月降雨量占全年的 66.5% 以上，冬季雨水少。年日照 1622.7 小时以上，相对湿度 82%，年幅射量 104 千卡 / 平方厘米，无霜期为 268 天，主导风向为东北风。境内原有澹水河，系澧水支流，官亭水库建成后，河、库融为一体。

境内煤炭、石灰岩资源丰富。煤炭主要分布在天星、樟树等村。

旱灾是官亭乡最大的自然灾害。1990 年 7—8 月大旱，全乡 5 座小型水库、140 处堰塘干涸，16 条溪沟断流，10 处井泉枯竭，有 14 个村、95 个组、1628 户 7359 人饮用水困难，乡政府每天出动两台送水车持续送水 1 个月。2000 年也出现相似程度的干旱。1973 年 7 月、1993 年 3 月，境内发生冰雹灾害；1998 年 4 月、2004 年 7 月，2007 年 7 月，境内发生龙卷风灾害。2003 年 8 月 12 日，双泉村刻木山发生山体滑坡。

人口民族

民国 35 年，团山乡有 2746 户 12116 人，其中男性 6379 人。1957 年，刻木乡有 12197 人。1964 年，官亭公社有 4583 户 19026 人，其中非农业人口 353 人。1975 年，全公社有 4975 户 21980 人。1985 年，官亭乡有 5263 户 23748 人，其中非农业人口 1252 人，人口密度每平方千米 299.3 人。2003 年，全乡有 6113 户 22786 人。2014 年，全乡有 6940 户 23125 人，其中非农业人口 1047 人，人口自然增长率 5.4‰，人口密度为每平方千米 291.43 人。

经济发展

综述

官亭有耕地 22397 亩，其中水田 17000 亩、旱地 5397 亩。1957 年，刻木乡工农业总收入 112.17 万元，其中农业收入 109.69 万元，占工农业总收入的 97.8%；社员人均分配收入 57.3 元。1975 年，全公社农业总产值 265.77 万元；人均分配收入 61.8 元，扣除口粮等实物折款，人均分配现金收入 7 元；农户住房多土砖平房或茅草房。家庭联产承包责任制后，经济得到发展，人民生活水平逐年提高。1986 年，全乡工农业总产值 1195.1 万元，农业产值 968 万元，占工农业总产值的81%；农民人均收入508元。进入21世纪，境内农业经济占比大幅度下降。2003年，全乡工农业总产值20810万元，其中农业产值7602万元，占工农业总产值的36.5%；财政收入170万元；农民人均纯收入1838元。2014年，地区生产总值54336万元，第一产业增加值13268万元，占全乡社会生产总值的24.42%；财政收入1086万元；农民人均纯收入16295元，农户普遍新修砖混结构的楼房，购置高档家具和彩电、冰箱、洗衣机等家用电器，不少农户还购置了农业机械、汽车。

农业

种植业 官亭乡种植业以种植粮食、棉花、油菜为主。1957年，刻木乡种粮30893亩，单产129.5公斤，产粮399.85万公斤。1958年，全公社种粮56828亩，总产粮食1326.63万公斤。1975年，全公社粮食单产467.5公斤，总产816.91万公斤。1990年以后，官亭乡粮食复种面积都稳定在3万亩上下，年产量1.2万吨左右。1957年，刻木乡种植棉花1194亩，总产皮棉28058.5公斤。1958年，官亭公社种植棉花2213亩，总产皮棉72604.5公斤。1957年，刻木乡种植油菜1957亩，总产油菜籽37168公斤。1958年，官亭公社种植油菜4158亩，总产油菜籽127708.5公斤。1990年以后，官亭乡油菜种植面积稳定在2万亩左右，油菜籽年产量保持在0.26万吨左右。2014年，全乡粮食作物播种37863亩，总产13506吨；油菜籽播种18850亩，总产2639吨；棉花种植5135亩，总产668吨。

养殖业 20世纪50—70年代，官亭乡养殖业生产规模不大。1957年，刻木乡出售生猪664头，养殖业总收入11.54万元。1958年，官亭公社出售生猪550头，养殖业总收入10.51万元。此后，家庭养殖受到限制，集体养殖发展亦不快。1975年，全公社养殖业总收入5.72万元。20世纪90年代初开始，官亭乡把发展养殖作为新的经济增长点，形成产业化经营。官亭水库推行化肥养鱼，亩产150多公斤，每年产鱼10多万公斤。1995年，建立起青龙、樟树、双泉村的万只羊、千头牛养殖基地，桃树、竹龙、彭市、枣木村的万头猪养殖基地，天心、竹龙村的猪鸭鱼立体养殖基地；全乡出栏生猪2.2万头、菜牛2010头、山羊10950只，养殖产值2600万元。2003年，全乡出栏生猪2.4万头、菜牛2200头、羊6200只，出笼家禽55万羽。2014年，全乡养殖生猪7916头，出栏12000头；养家禽16.4万羽，养菜牛486头、山羊4820只。

林业

1990年开始，官亭乡大力调整农业生产结构，开发山地资源，发展林果业。1994年，全乡人均庭院果林面积达0.5亩，团云村户户有果园，人均果木林1亩，户均庭院果业收入超千元。2000年，团云村1995年引种的脆蜜桃开始受益，乡政府借助典型的带动力，组织建设万亩橘园、万亩桃园。2003年，全乡有橘园1.1万亩，桃树园8700亩；形成以青龙村为中心的纽荷尔脐橙产业基地，以团云、竹马、马路村为主的脆蜜桃产业带，以青鹤、楼子、天星村为主的油茶产业基地。"官亭牌"系列优质水果获国家工商总局注册，"官亭牌"中华脆蜜桃获农业部蜜桃类第一个"绿色食品标志"认证。2014年，新建1个苗圃基地，成立果业专业合作社，新扩纽荷尔脐橙500亩，脆蜜桃300亩，油茶760亩，全乡林果产业成为农业支柱产业，共种植脆蜜桃3000亩，年产量200万斤，产值1000万元；种植纽荷尔脐橙5000亩，年产量800多万斤，产值2400万元；油茶种植规模发展到1000亩以上；抚育幼林800亩，植树造林6万株，封山育林2000亩，公路补植造林25千米，全乡6.2万亩山林面积，有林面积4.8万亩；森林覆盖率49%。

工业

民国时期，官亭地区没有现代工业。20世纪50—70年代，境内亦只有手工副业和农副产品简易加工业。1957年，刻木乡实现工副业收入24.75万元，其中纯工业收入4250元。1958年，官亭实现工副业总收入25.99万元。其中纯工业收入8494元。1975年，全公社工副业收入45.98万元。1985年和1986年，全乡分别完成工业产值547.4万元和759万元。

20世纪70年代，境内开始种植茶叶，有茶园近万亩。乡建有2个茶厂，生产茶叶上万斤，并远销欧洲。20世纪90年代初，官亭乡实施产业结构转型，大力发展工业经济，利用石灰石、煤炭资源，先后办起2家水泥厂、1家矿石粉厂、30家村办石灰厂、8家村办煤厂、30家村办岩场。发展传统鞭炮产业，办起25家乡、村鞭炮厂，3200个鞭炮加工专业户；全乡企业发展到677家，从业人员4525人；年产水泥13万吨，鞭炮30万箱，红砖5000万块，石灰8万吨，烟煤8万吨，磷矿粉8000吨。引进资金5000万元，办起8家合资企业。惠龙水泥厂被省科委定为省科技示范企业，生产的“临佳”牌水泥被评为省优产品。1995年，全乡完成工业产值1.6亿元，成为全市工业总产值亿元乡镇，获常德市委、市政府金奖。此后，全乡集体企业实施改制。至2000年年底，17家乡办企业破产5家，解散重组4家，资产出售7家，盘活资产2000万元。

2001年起，境内民营鞭炮企业迅猛发展，逐步形成花炮加工、造纸、印刷、包装“一条龙”的烟花鞭炮产业，至2003年，建成10家民营花炮厂，全乡完成工业产值1.32亿元。2013年，烟花鞭炮企业发展到14家，烟花鞭炮附属企业发展到117家，其中，临澧县裕荣花炮厂、临澧县官亭乡彭市花炮厂、临澧县洪梅造纸厂和临澧县安盛烟花鞭炮有限责任公司4家民营企业发展成规模企业。全乡年产烟花300多万箱，成为临澧县的烟花鞭炮大乡。以石灰石加工、砂岩石深加工为主的建材生产，仍然保持支柱产业地位，全乡工业从业人员达9000余人，完成工业总产值6亿多元。

2014年，全乡完成规模以上工业总产值62966万元，工业经济实现地区生产总值22139万元，占全乡GDP的40.75%。

商贸服务业

中华人民共和国成立前，官亭乡境内仅有彭家铺集市，有店铺30家左右，主要经营布匹、木材、山货、药材等。20世纪60年代，公社驻地迁到彭家铺，先后建立供销社、粮管站、肉食站等商贸服务机构，在天心、楼子等地开办分社，各大队（村）开办集体商店或代销点，成为农村主要的商品流通渠道。改革开放后，鼓励个体私营经济发展，境内一部分群众开始到集市开店经营，商贸服务业得到快速发展。经过1992年集市改造和1995年建成农贸市场后，集市有经营门店90多家、个体摊贩100多个、从业人员300多人。2014年，全乡有个体门店、超市、餐馆、旅店等180多家，个体摊贩及流动商贩200多个、从业人员600多人，商贸服务业等第三产业实现地区生产总值6000多万元。

基础设施

交通运输

境内公路建设始于20世纪60年代，至1976年，建成鹅井至天星、将军嘴至官亭塔、官路至新河、官亭至官亭茶场至三同碑等乡级公路，通车里程 20 多千米。1970 年，枝柳铁路经过官亭，建官亭火车站。1986 年起，开始建设通组公路，至 2002 年，公路到组率达 90%，并采用青岩渣硬化乡村公路 80 千米，在全市率先实现村级公路专人养护。2003 年，投资 120 万元完成九高公路水泥硬化。2014 年，投入 340 万元硬化乡村公路 16 千米，投入 50 多万元完成公路标准化建设 50 千米，乡村两级公路硬化总里程 178.9 千米，其中县道 2.32 千米，县管乡道 46.17 千米，村道 130.41 千米。

邮政通信

中华人民共和国成立初期，官亭乡通邮，邮件由新安邮电所转送，由投递员投递到村。20 世纪 80 年代中期，设立官亭邮电所，主要邮政业务有报刊、平函、挂号、包裹邮寄等。至 2014 年，业务发展到邮政储蓄、快递等。

1968 年，官亭乡通电话，公社机关、站所及各大队共安装摇把机 19 部。1995 年，安装程控电话交换机。至 2000 年，全乡有电话用户 700 多户。1993 年，开始发展移动通讯，移动、联通公司先后在境内建基站 5 座。2003 年，全乡有移动电话用户 1300 多户。至 2014 年，全乡农村电信网络覆盖达 100%，有移动电话 14300 多部，户均超过 2 部，农村宽带入户 720 多户。

供电饮水

供电　1962 年，官亭水库建水力发电站，装机 2 台 720 千瓦，次年，架 2 条 10 千伏级输电线至彭市、洞坪，供官亭、新安两公社用电。1965 年秋，联合九里、新安公社从“王澧津”线路引进电源，用于电力提灌和居民照明。1985 年，鹅井建变电站，境内用电普及。2000 年，投资 200 万元进行电网改造；2014 年，完成 4 个村电网升级改造。

饮水　1995 年，投资 70 万元，新建日产水 1200 吨的乡自来水厂。2010 年 8 月，投资 2100 多万元，建成澧北大水厂，日供水规模 1.2 万吨，管网覆盖新安、合口、九里、官亭四个乡镇的 60 多个行政村，官亭全境实现安全饮水。

农田水利建设

水利建设　1950 年年初，境内掀起塘坝整修热潮。1958 年，修建官亭中型水库和竹马小（一）型水库。1965 年秋，修建马路电灌机埠。1985 年，境内有堰塘 1401 处，塘坝 128 处，其中骨干塘 59 处，总蓄水量 414.8 万立方米；有中型水库 1 座，小（一）型水库 2 座，小（二）型水库 6 座，总蓄水量 6042.3 万立方米；有电灌机埠 18 处，装机 21 台 1202 千瓦。1989 年建马路村岩头湾小（二）型水库，1992 年修建马路村白家湾小（二）型水库，共增加蓄水量 50 万立方米，扩大自流灌溉面积 1100 多亩。至 2003 年，新挖堰塘 75 口，硬化灌溉沟渠 136 千米。2014 年，对 50 口塘坝清淤整修，护砌堤坝 10 处；对 33 条 35 千米渠道清淤整修、护砌渠道 6 条 5 千米；维修改造机埠 2 座。全乡有水库 11 座、堰塘 1022 口（骨干塘 86 口），水域总面积 13080 亩，蓄水总量 6476 万立方米。官亭水库是临澧县最大的中型水库，有 7000 多亩水面，正常库容 5650 万立方米，为全县饮用水源重点保护基地。

农田基本建设　20 世纪 70 年代初，官亭掀起造田造地热潮。1971 年冬，官亭公社集中 3000 名劳力，在 1 个月内开山造地 2000 亩，次年春，官亭公社提出“学习洛塔，辟山造田”的口号，组织 5000 人的突击队，在天星大队垒石造田，每亩花工 2549 个，花钱 55.5 元，共造田 221 亩，造地 50 亩，由此带动全县各公社开荒造地。1980 年，官亭乡掀起农田改造热潮。鹅井大队集中 450 名劳力，在 3 条大溶的两边各挖 1 条深

1.5米、宽2～5米的排浸沟，783亩冷浸田成为排灌分家的深沟台田，次年早晚稻均获得700多斤的高产，其深沟抬田的经验在全县推广。此后，农田基本建设转入项目化机械施工。1997—2010年，官亭乡开垦土地补偿非农建设用地，共垦殖土地23.1公顷，净增耕地8.1公顷。2013年，境内楼子村争取国家投资250万元，综合整治土地1400亩。2014年，全乡整修和新修机耕道35条30千米。

村镇建设

集镇建设 20世纪90年代以前，官亭乡除围绕乡政府建有学校、医院、粮管站、供销社等单位外，没有功能性的集镇。1992年，乡政府实施彭市集镇建设，投资100万元，建设排水管网和路灯照明等基础设施，修建长2.3千米、宽30米的主街道，鼓励农民进集镇置产创业。1995年，建成占地1000平方米、设置固定摊位100多个的农贸市场。2014年，彭市集镇建成区占地30多公顷，常住人口1000多人，成为全乡的政治、经济、文化中心。

乡村建设 2014年，官亭建成天星、樟树、彭市、楼子、竹马、青鹤6个省级生态村和枣木、长乐、青龙3个市级生态村，成为“全国环境优美乡”；建垃圾池380个、垃圾焚烧池400个，各村均配备专用垃圾收集车和清运队伍，实施分类减量、户集村收、集中处理，开展农村环境整治。

社会事业

教育

幼儿园 20世纪90年代，乡境开始兴办学前教育，至2004年，全乡有3所公办幼儿园和3所民办幼儿园。2014年，乡政府投资145万元新建中心幼儿园幼教楼，入园幼儿400人。

小学 民国5年（1916），境内各保设小学。1956年，在彭市设官亭完小。1960—1980年，各大队（村）均办小学。1985年，建官亭乡彭市中心小学，是时，全乡有小学16所。1988年，整合教育资源，撤并9所村办小学。1993—1995年，为改善教学条件，投资200多万元，新建5所小学、6栋教学楼，改建11所校舍。2003年，全乡设8所小学。2014年，全乡有4所完小，有学生1255人，教师55名。

中学 1958—1962年，在官亭完小设附中，1969年，在彭家铺设官亭中学。1975年，官亭中学开设高中，1985年高中停办，新办刻木片中。不久，刻木中学撤销。2014年，全乡有中学1所，学生524人，教师40名。

文化

1995年，新建乡电视差转台。1998年，开通有线电视网和400门的程控电话，实现村村通电话。2003年，有线电视覆盖率31%；固定电话覆盖率48%。进入21世纪，彭市集镇区先后建成可容纳600余人的农民文化宫和占地600平方米的文化广场。2003年，投入20万元，建成17个农村现代远程教育终端点。2014年，全乡有17处村级文化活动中心，17个农家书屋藏书5万册；17个村实现广播“村村响”。

医疗卫生

20世纪50年代初，乡境个体医生设乡联合诊所。1958年后设公社卫生院。1960—1980年，境内设官亭地方医院。1970年，大队兴办合作医疗站，全乡形成医疗卫生保健网。

1993—1995年，乡政府投资40万元新建乡卫生院门诊大楼，添置医疗器械。同时发动群众改水改厕，投资10万元改建300个高标准的三坑式卫生厕所，为全国改水改厕会议提供参观现场。1998 年，乡卫生院投资 12 万元开设并完善风湿、乙肝、痔疮特色医疗专科。2013 年，投资 600 万元，异址新建乡卫生院。2014 年，乡卫生院有在编职工 18 人、临聘医护人员 7 人，接诊病人 1.7 万多人（次），开展老年人免费健康体检 1820 人次。

社会保障

“五保”供养 1998 年，在枣木村创办官亭乡敬老院。2010 年，乡敬老院集中供养“五保”老人 80 人。至 2014 年，敬老院经过四次改扩建，建筑面积达 3588 平方米。院内餐厅、厨房、医务室、理发室、文体活动室和各类健身设施器材一应俱全。敬老院配备工作人员 10 人，设置床位 105 个。全乡有“五保”对象 164 人，集中供养“五保”老人 99 人；分散供养人员，每人每年发给 3400 元。

社会救助 2006 年，规范完善社会救助体系，全乡享受城镇低保对象 92 户 116 人，全年发放保障金 134400 元；享受农村低保对象 78 户 184 人，全年发放保障金 33000 元。2014 年，全乡有 26 户 28 人享受城市低保救助，月保障金额 0.6 万元；789 户 1003 人享受农村低保救助，月保障金额 9.58 万元。认定困境儿童 12 名、孤儿 6 名，发放优抚金 150 多万元。住院救助重症精神病人 58 人（次），救助弱势群体，发放临时救助金 128 人（次）、16 万元，医疗救助 460 人（次）、57 万元。13 个残疾家庭纳入无障碍设施建设；投入 39 万元补助 38 个农户完成危房改造。

医疗养老保险 2006 年，推行新型农村合作医疗，全乡参合农民 17169 人，参合率 76%，缴纳参合基金 171690 元，发放医疗补偿金 200617 元。2010 年，启动新型农村养老保险试点工作，全乡 60 岁以上农民 3600 多名，月领取养老保险金 55 元。2014 年，全乡有 1.05 万名农村居民参加新型农村养老保险，参保率 100%；“新农合”参合率在 95% 以上。城镇居民，参加社会养老保险 2000 人，参保率 99%，医保缴费人数 331 人。

劳动保障 2014 年，乡政府完成 1.85 万人的劳动力信息采集工作，开发公益性岗位 150 个，协同县工业园组织 3 次现场招聘会，新增农村劳动力转移 600 人。帮助 30 人创业，申报小额担保贷款，发放贷款 260 万元。

特色地情

风景名胜

刻木山 刻木山位于临澧县西北部，主峰海拔 503 米，山形奇特，身卧西天，脸向东方，每当雾沉山麓、云移峰飞之时，犹如西天如来佛。前山岭脊迭降，后山体魄陡峻，左右两边的梅古山似牛角。坯山峦似凤翅伸展的两翼，茂密的苍林如覆盖的羽毛；陡峭的后山之中，一尖突岩石形似凤嘴，横空凌立，跃然如飞。

山腰中的天然奇石仿佛一座莲花观音，瑞降人间。刻木山的“观音约迹”景观，被誉为安福古八景之一。山脚下左右两溪清泉如滴，盘山长流不竭，如白练缠绕，蜿蜒曲折，是为众水朝属的风水宝地。山因庙而显名，庙因山而亘古。山和庙更因历史上“二十四孝”之一的“丁兰刻木”这个凄婉动人的人文故事而名播千古。

刻木娘娘庙 坐落在刻木山顶。相传是丁兰刻木处，庙里供刻木娘娘。据《安福县志》载，此庙首建于明代，也曾一度叫做“大孝寺”，清嘉庆十年（1805）曾予重修。祭祀者甚多，至今香火鼎盛。

溶洞 官亭多溶洞。围绕硪井、天星一带，有黎家洞、韩家洞、天星洞、观音洞、燕子洞、板壁洞、青龙洞。各洞都有民间传说，洞内钟乳石造型奇特。元末明初段家谟曾在青龙洞崖壁题联“天开群玉府，云琐五经堂”。

官亭湖 官亭湖是人们对官亭水库的美称，其集雨面积百余平方千米，丰水期水面可达万余亩。官亭湖群山环绕，树木茂盛，湖水碧绿。湖中有蜈蚣岛、鸟岛、蛇岛“湖心三岛”，构成官亭湖水上奇观；湖东有青龙、岩龙、竹龙“三龙”戏水，组成挟水携风之形胜；南岸有老虎洞虎威雄风，西去自龙凤山起连绵十数里峰岭相衔，青岩累累，质如钢浇铁铸，形似长龙卧波。北岸上下十数里则山势柔曼，桃树林葱绿满岗。历经半个多世纪的蕴育，官亭湖出落成一部巧夺天工的风光杰作。

名优特产

纽荷尔脐橙 果形椭圆，口味醇正、汁多香甜，人称“橘中公主”。

脆蜜桃 脆蜜桃生长周期比其他蜜桃长3个月，以个头硕大、味道鲜美、香脆可口而著称，贵为“桃中王子”。2003年，官亭脆蜜桃获农业部蜜桃类首个绿色食品标志认证。

（文字供稿：邵霖）

九里乡

区域概况

位置面积

九里乡位于临澧县西北部，东与澧县大坪乡、大堰垱毗邻，西抵官亭乡，南临合口镇，北界澧县王家厂镇，面积 43.5 平方千米。乡政府驻地距临澧县城 35 千米。

建置沿革

清初，九里境域属九溪卫。清雍正七年(1729)置安福县，九里境改隶安福，置里、区建制，今九里乡境均属九中里。

民国 5 年(1916),废清代里区建制,县下设区、保，九里境属团山区。民国 24 年，县府奉令编组保甲，境地分置九里乡、伏牛乡，隶第 5 区，区公所设合口镇。民国 27 年 6 月，全县废区并乡，境地设九里乡，乡址设九里岗。

1949 年中华人民共和国成立之初，维持民国时期建制。1950 年 7 月，废除民国保甲制，划乡建政，境内分属第 5 区和第 6 区，先后分置伏牛、太平、青鹤、九里岗、涔南、草堰、团山营、潭河等乡。

1956 年 5 月，全县撤区并乡。原涔南、九里、青鹤、团山营、潭河 5 个小乡合并，成立九里岗乡，乡址设九里岗。

1958 年 9 月，农村实行人民公社化，九里岗乡和刻木乡合并成立官亭人民公社，社址设彭家铺。1961 年 3 月，全县对人民公社、生产大队、生产队进行调整。原九里岗乡从官亭人民公社析出，成立九里人民公社。社址始驻伏牛村，1975 年迁泉水村。

1984 年 3 月，农村人民公社体制改革，九里人民公社更置九里乡，乡政府驻泉水村。至 2014 年年底无变化。

行政区划

民国 27 年，九里乡辖 10 保。

中华人民共和国成立后，九里乡境的行政区划多次进行调整。1950 年 1 月，划出九里岗至楠木岭一带归澧县管辖。当年 7 月划乡建政，乡下辖村。1953 年 6 月，划出境内九里岗乡、草堰乡及涔水河流中心以北的边缘地区入澧县。1954 年 8 月，划出境内永官村、联富村、九口堰村归澧县大堰垱镇管辖。

1956 年 5 月，全县撤区并乡，乡改辖农业生产合作社。境内合并 38 个农业生产合作社，分片区组建 7 个大社。九里岗乡时辖团营、楼子、青鹤、双油、要河、岩山、三合 7 个高级农业生产合作社。

1958年9月成立人民公社，公社下辖生产大队、生产队。九里境域属官亭人民公社，境内置7个大队、43个生产队，即潭河大队（7个生产队）、岩桥大队（6个生产队）、伏牛大队（6个生产队）、虎垱大队（5个生产队）、九里大队（7个生产队）、太平大队（6个生产队）、涔南大队（6个生产队）。

1961年3月，九里境域从官亭公社析出，组建九里人民公社，同时调整大队、生产队规模。九里人民公社时辖岩桥、伏牛、同兴、潭河、太平、和平、大山、九里岗、双凤、泉水、五里堆、打石桥、邱桥、涔南、五一15个大队，计166个生产队。1978年12月24日，境内涔南、五一两个大队741户3131人、2977亩耕地划归澧县大堰垱公社管辖；澧县大坪公社兴隆大队、临澧新合公社万岗大队划入九里公社管辖。

1984年3月，实行人民公社体制改革，人民公社改称乡，大队改称村，生产队改称村民小组。2014年12月，九里乡辖岩桥、伏牛、同兴、潭河、太平、和平、大山、兴隆、九里岗、双凤、泉水、五里堆、打石桥、邱桥、万岗15个行政村，计182个村民小组。

自然环境

乡境地处澧阳平原与湘西北丘陵地区的交汇处，地势北高南低，岗峦起伏，北部为丘陵，南部为平原。

乡境属亚热带季风性湿润气候区，雨量充沛，气候温和。2012年，日照时数1442.1小时，年蒸发量1164.5毫米，年平均气温16.5℃，最高气温37.3℃、最低气温零下4.8℃，年降雨量1801.3毫米。2014年，年日照时数为1247.3小时，年蒸发量1397.3毫米，年平均气温17.1℃，最高气温37.8℃，最低气温-4.8℃，年降雨量1349毫米。境内无天然河流和湖泊。

境内东北部有丰富的石灰石、铁矿石等矿产，南部有储量居全县第一的石膏和陶土资源。

境内自然灾害主要有龙卷风、冰雹。1974年4月12日，泉水、打石等6个大队遭受龙卷风和冰雹灾害，因灾受伤26人；0.8万亩农作物受灾，其中0.3万亩绝收；倒塌房屋57户150间，损坏房屋1180户2396间；直接经济损失60.96万元。1995年3月16日，太平村遭受七级以上大风袭击，2500亩农作物受灾，损坏房屋98户、120间，倒塌房屋9户16间，直接经济损失28.6万元。1998年、2004年、2007年乡境先后遭受龙卷风灾害、地质灾害。2003年6月16日，境内太平石膏矿发生井下透水。2004年10月，潭河村发生山体滑坡。

人口民族

1964年，九里公社有3509户13998人，其中男性7274人，非农业人口116人，每平方千米321.8人。1985年，全乡有4495户19096人，其中男性9776人，非农业人口742人，每平方千米439人。2014年，全乡有6517户20388人，其中男性10434人，非农业人口864人；人口出生率9.7‰。

经济发展

综述

20世纪50—80年代，坚持“以粮为纲”，农业一直是乡（公社）的主导经济。1958年，全乡工农业总收入132.85万元，农业收入122.6万元，农业经济占比92%；1955年，实现工业总产值274.46万元。改革开放后，九里乡经济步入快速发展轨道。1985年，九里乡工农业总产值1845.39万元，其中农业产值1158.48万元，农民人均纯收入421元。1992年，全乡工农业产值突破亿元大关，获得常德市委、市政府“金奖”。

1993年，工业总产值突破亿元，获得省委、省政府“金奖”。1994—1995年，连续两年工业、农业产值双过亿，跨进全市先进行业。2014年，全乡地区生产总值55698万元，实现税收1350万元，财政一般预算收入1450万元；农业产值23564万元；农民纯收入8468元；91.3%的农户兴建砖混结构楼房，89.5%的农户饮用自来水，91.3%的农户购买冰箱、冰柜等高档家用电器，每百户有摩托车61辆、汽车8.8辆。

农业

全乡有耕地26811亩、林地1.5万亩、可养殖水面1600亩。

种植业 境内以种植水稻、棉花、油菜为主。1958年，境内粮食总产736.85万公斤，亩产187公斤；棉花总产3.69万公斤，亩产48.5公斤；油菜籽总产4.66万公斤，亩产22.5公斤。1975年，九里公社粮食亩产447.5公斤，总产913.67万公斤。2000年，全乡以平区9个村为重点，与金健米业公司联手打造万亩优质稻生产基地。2014年，种植优质稻38800亩，产稻谷17038吨；产棉花320吨；油菜籽播种21900亩，产籽3066吨；种植蔬菜4477亩，总产8700吨；全乡有15个专业合作社、18个科枝示范户，建成优质稻、柑橘“两个一万亩基地工程”。

养殖业 20世纪50—70年代，境内养殖业生产规模小。1957年和1958年，两年只出售生猪600头，养殖业总收入6.92万元。此后，除完成国家的生猪派购任务外，家庭养殖生产受到限制。1975年，全公社养殖业收入8.54万元。1980年，实行家庭联产承包责任制，促进了养殖业发展，养猪、养鸡、养鸭、养鱼成为农业经济的重要增长点。2003年，全乡出栏生猪10860头，出笼鸡鸭50.3万羽。2014年，全乡生猪出栏26210头、存栏17647头；家禽出笼121.03万羽，存笼90.5万羽；出售鸡、鸭鲜蛋3815吨。水产品养殖1598亩，出水鲜鱼600吨、成鳖3000公斤。

林业

1970年，九里人工开垦荒山植茶1万多亩，年产绿茶、红碎茶110多吨。2000年，山区6个村建起脐橙、蜜柚、杂柑为主的万亩优质水果基地，成为引领全乡农业经济发展的品牌和亮点，农业产业化进程加快。2003年，全乡山地有林面积1.23万亩，主要树种为铁尖杉、马尾松等，成材蓄积量2万立方米。2014年，新造林264亩，零星植树2万株，有林地1.53万亩，森林覆盖率25.6%，成材蓄积量3.18万立方米；发展柑橘7582亩，其中杂柑2819亩，全乡柑橘总面积达11058亩；优质水果产量3554吨，其中葡萄50吨；茶叶种植面积3800亩，生产成茶90吨。

工业

20世纪50—70年代，境内只有传统手工副业和农产品简易加工业。1957年，全乡工副业收入13.15万元；1958年，全社工副业收入10.25万元，其中纯工业收入4244元。1975年，全社工副业生产总值26.63万元。1976年，九里乡开始发展现代工业，建起茶叶加工厂。1978年建机械厂，1980年，在全县率先开办打石水泥厂。1985年，全乡乡办企业发展到13家，其中骨干企业3家，完成工业产值686.91万元。1993—1995年，九里乡连续3年工业产值过亿元，获省委、省政府“金奖”。1995年，全乡拥有各类企业114家，从业人数8915人；泉水、伏牛、打石、同心、兴隆5个村村办企业产值过千万元，9个村产值过百万元，2个村产值过500万元。村办企业主要经营鞭炮烟花等传统产业，全乡鞭炮烟花产量达1.4万箱，创产值2790万元。

20世纪90年代末，对乡、村两级集体企业进行体制改革和资产重组，境内民营企业大发展，先后办起太平、万岗2家石膏矿和邱桥、太平、泉水3家石膏粉厂，12家烟花鞭炮厂和2家铸造厂。至2003年，全乡工业企业形成以石膏、铸造、烟花鞭炮为拳头的乡村工业体系，工业总产值再过亿元大关。此后，乡党委、乡政府大力开展招商引资工作。2004年，引进项目4个，引进资金1100万元。2010年，引进烟花生产项目2个，石膏加工项目3个，共引进资金2500万元。2014年，引进1000万元和500万元的项目各1个、300万元的项目2个，引进县外资金3000万元；大山生态农业园总投资3000万元；九里石膏板材投资1000万元。全乡52家工业企业，完成工业总产值7.1亿元，其中烟花鞭炮产业完成6.5亿元、彩印造纸产值5000万元、石膏产业5000万元、铸造产业1000万元，其他产业500万元，烟花鞭炮、石膏、铸造三大产业的主导地位进一步突出；全乡规模以上工业总产值53578万元；工业经济实现地区生产总值22236万元，占全乡社会生产总值的40%。

商贸服务业

九里乡地处偏辟，商贸历来不活跃。20世纪60年代，仅在乡（公社）驻地建有供销社、肉食站、粮管站、粮油店等，在打石桥、御史桥建有分社，各村（大队）开办集体商业零售店或代销点。改革开放后，鼓励农民进镇经商，境内个体商贸服务业快速发展。2014年，投资1500万元的九里吉星商务投入营运；全乡有个体商业、饮食业、流动商贩63家，从业人员218人，商贸服务业等三产业完成地区生产总值19477万元。

基础设施

交通运输

20世纪50—60年代，境内交通闭塞。1971年，枝柳铁路建成，过境12千米，在潭河村设有车站。1974年，修建长9.8千米的九合（九里一合口）公路。1975年，修建九里至官亭公路。1976年，修建长13千米、贯通后山6个村的主干线公路——九五（九里一五里村）公路。1990年，实现村村通公路，2000年，实现组组通公路。2003年，投资300万元，对九五公路拓宽改造、水泥硬化。2014年，投资330万元，硬化通村通组公路15.62千米；投资50万元，完成九五公路安全隐患处理及安全防护设施建设。

邮政电信

中华人民共和国成立初期，九里乡通邮，由投递员投递到村。1994年设邮电所，员工5人，主要邮政业务有报刊、平函、挂号、包裹寄递等。

1985年10月通农话，乡政府及以下站所、行政村安装农话机17座。1993年发展移动通信，有用户1260户，建基站2座。1995年安装程控电话交换机，共685户。2000年，完成邮电通信增容扩网工程，程控电话装机容量500部。2003年，程控电话装机容量扩至2200多部。2014年，农村电信网络覆盖率100%，全乡有移动电话5921部，农村宽带入户428户。

供电饮水

供电 1965年秋，九里公社联合官亭、新安公社从"王澧津"线路引进高压电，用于电力提灌；境内民用电由合口镇变电站和澧县大堰垱镇变电站提供。1986年，全乡98.3%的农户通电。2003年，投资280万元，完成农村电网改造，全乡架设10千伏高压线35千米，380伏线路107.09千米，220伏线路113.99千米，新增变压器8台，更换变压器5台，修高标准配电室18个，架设电杆7488根，总装机容量达到3890千伏安。2014年，完成和平、打石、太平、大山、五里堆5个村的电力扩改增容。

饮水 1992年建自来水厂，主要以泉水村地泉为水源，仅供应九里集镇及周边几个行政村，初装用户约1500户，解决饮水人口7000多人。2010年，国家实施安全饮水工程，建设澧北大水厂，原九里水厂扩展太平、大山两个村及老管网中未安装入户的部分村组。2014年，新增用户1150户，共解决12300多人的饮水安全问题，全乡94.2%的农户饮用卫生自来水。

农田水利建设

水利建设 1950年初，境内兴起整修塘坝热潮。"大跃进"时期修建起双凤、竹根堰等4座小型水库。1965年秋，修建九里岗一、二级电灌机埠。1972年，自西向东开挖长15千米官亭水库东干渠。1974年，进行澧北园田化建设，开挖5支渠、6支渠和伏牛至合口镇陈湖村长3千米的九合排灌渠。至1985年，全乡有堰塘1748处，其中骨干塘17处，总蓄水量420.1万立方米；有小（二）型水库4座，蓄水量150.8万立方米；有电灌机埠7处，装机10台1000千瓦。2014年，投资180万元，疏浚沟渠25.1千米，水泥硬化沟渠52千米，新挖沟渠3.5千米，整修和扩建堰塘48口，境内基本实现自流灌溉。

农田基本建设 1964年，境内进行稳产高产农田建设。1966年起，开展坪区规格化园田建设。1980年年初，开展"深沟抬田"改造低产田。从2000年起，境内农田基本建设转入项目化施工。2001—2007年，双凤村、太平村、大山村争取国家投资80多万元，综合整治土地370多亩。2010—2014年，同心、岩桥、太平等村又争取国家投资370多万元，综合整治土地1920多亩。

村镇建设

20世纪70年代，伏牛、同心、邱桥、万岗、太平、兴隆等9个村，配合澧北田园化建设，沿支渠成排建新村，形成以村为单位的居民小区。2000年以后，农村经济快速发展，兴起楼房修建热。九里乡成为市、县两级建设新农村示范片，乡党委、乡政府制定美丽乡村建设规划，在同心村试点。2003年，同心村农户在规划区建楼房，

同心村民居

社区建花园广场、文化室、体育中心、医疗卫生室等，建成全市小康示范村。2010年，同心村、太平村被评定为全省国家级生态村。全乡推广同心村美丽新村“3+X”建设模式，新农村建设形成热潮。至2014年，村村建起文化、体育活动中心。大山村投资3000万元，建设生态农业园，路、渠、居区按统一规划、统一标准进行建设，打造成全县高标准田园风光村。

社会事业

教育

幼儿园 20世纪90年代，境内开始办学前教育。2004年，全乡有4所公办幼儿园和4所民办幼儿园。2014年，乡政府投资80万元新建乡中心幼儿园，全乡共有4所幼儿园，入园儿童215人。

小学 清代，境内设有私塾蒙馆和经馆多家。民国时期，各保均办小学。民国34年（1945），九里岗设团山完小。中华人民共和国成立后，团山完小更名九里完小，校址九里岗。1969年后，境内村村办小学。1985年，设伏牛中心小学。此后，整合教育资源，调整一村一校的小学布局，至2003年年末，全乡调减小学11所，分区域设小学4所。2014年，全乡有3所小学，在校学生682人，教师46人。

中学 1969年，公社办九里中学，校址伏牛村；在澧河办片中学。1975—1984年，九里中学由初中改办成完全中学，1985年恢复为初中。1990年，九里中学更名为黄鳌中学。2014年年末，全乡保留黄鳌中学1所初中，在校学生275人，教师30名。

文化

1961年，公社建立文化站，1975年，成立电影队。1995年，乡政府投资200万元兴建电视差转台，有线电视网覆盖面达83.5%，有线电视用户4260户。2003年，乡政府建起文化活动中心，藏书8500多册，配套各种健身器材，丰富群众文化生活。2014年，全乡新建2处村民文化活动中心，成立老年诗词协会、管乐协会等群团文化组织，诗词、文学、书画、曲艺爱好者200多人。全乡电视入户率98.4%，广播实现“村村响”。

医疗卫生

1961年，九里公社建卫生院。1966年，公社卫生院培训12名农村“赤脚医生”，从事妇幼保健、新生儿接生等工作。1968年10月，境内15个大队均办起合作医疗站。2000年，村村兴办个体执业的村卫生室。2005年，实行新型农村合作医疗制度，2006年，参合人数1.65万人，参合率82.5%。2014年，有6167户19275人参加“新农合”，参合率98.72%，筹集合作医疗基金732.45万元，全乡有831人（次）报销医疗费55.33万元，为10人发放大病医疗救助资金4.98万元。

2014年，乡卫生院投资20万元进行提质改造，有病床30张，专业医护人员28人。15个建制村，办有17个村级卫生室。

社会保障

“五保”户供养 1980年前，农村“五保”户由生产队供养，后由村提留金供养。2006年，乡政府投资20万元，建乡敬老院。2014年，全乡130名“五保”老人，全部落实供养政策，其中21人入住敬老院集中供养。

最低生活保障 2005年，启动贫困居民最低生活保障金制度。2013年，九里乡有133人享受城镇最低生活保障，发放城镇低保补助金44.107万元；有653人享受农村最低生活保障，发放农村低保补助金81.921万元。2014年，88人享受城镇低保，发放补助金35.28万元；8576人享受农村低保，发放补助金112.79万元。

农村养老保险 2010年，启动农村养老保险试点工作，全乡参保人数9500多人，3000名60岁以上农村老人领取养老金。2014年，全乡养老保险参保率达96.5%，有8915人享受农村养老保险，领取养老金240.6万元。

特色地情

名胜古迹

九里楚墓群 位于临澧县九里乡和澧县大堰垱镇，是湖南省规模最大的楚墓群之一。方圆5公里，大型楚墓二十四座，中、小型楚墓一百余座。1979—1988年，省考古队在此发掘了大型楚墓一座、小型楚墓二十四座。出土了300余枚战国竹简和青铜兵器、玉器、陶器等文物。

该墓群位于楚都纪南城南约100千米，系战国时期楚王公贵族墓地，九里楚墓群的发现，为研究长江中下游地区楚文化提供了重要依据。

2013年公布为全国重点文物保护单位。

商代遗址 分布在邱桥村湾堰组、伏牛村樟木垱。

地方特产

茶叶 九里茶叶主要是绿茶和红碎茶。绿茶九里毛尖，条索紧结，汤色碧玉，香气持久，醇厚甘绵，是为绿茶珍品。红碎茶汤浓醇厚，色香味美，是高血脂、高血糖的克星。1979年生产的1号红碎茶被中国茶叶进出口总公司命名为“103”状元茶。1984年生产的2号红碎茶被评为农牧渔业部优质产品，9月在中国食品博览会上参展，获银质奖。1988年生产的“203”号红碎茶获农业部优质产品，再次被誉为“状元茶”。

（文字供稿：金柯羽，图片供稿：临澧县党史办）

临澧县 2015 年乡镇区划调整一览表

合并前	合并后	总面积（平方千米）	总人口（万人）	政府驻地
合口镇	合口镇	49.14	4.91	管渡社区
新安镇	新安镇	59.02	4.90	高兴社区
九里乡、官亭乡	刻木山乡	121.72	4.31	彭市社区
停弦渡镇，杉板乡牛头、杉板、潘垱、卜家、新花、月星、彭家河、望夫、坪山、青山村	停弦渡镇	117.72	3.31	古渡社区
安福镇，望城乡，佘市桥镇马鞍、蒋家坪村，修梅镇白土、叶庙、美丰村，杨板乡双狮、万福、楼房坡、龚家岗村，陈二乡两汊河、大江、大塘村	安福镇	135.59	14.03（其中非农业人口 5.17 万人）	安福路社区
太浮镇，陈二乡汪家、黎家、三板、万福山、长冲、朱伦、粟家、金家、星日、天寺垭、太山、月亮岗、南垱、响水、陈二、兴安村	太浮镇	142.50	2.93	衍嗣庵社区
佘市桥镇，文家乡，杉板乡牛山、歇驾、牛麓、川岗、白洋村	佘市桥镇	170.89	4.19	新兴社区
四新岗镇、柏枝乡	四新岗镇	194.28	5.11	天鹅社区
烽火乡，杨板乡清阳、跑马、沔泗村	烽火乡	97.33	2.52	观音庵社区
修梅镇，杨板乡玉皇庙、南岳、李阳、蹲龙、云翎、杨板、水阁、五合、唐家坪、仙女、赵家湾村	修梅镇	115.10	3.41	南江社区

石门县

概述

石门县位于湖南省北部，湘鄂边界，澧水中游。地处北纬29° 16′ ~ 30° 8′，东经110° 29' ~ 111° 33′，之间。东接澧县、临澧县，南连桃源县，西界桑植县、湖北省鹤峰县，北邻湖北省五峰县，东北抵湖北省松滋市，西南与慈利县接壤。县域东西极宽109千米，南北极长106千米。属省直管县，县治楚江镇，东南距省会长沙市290千米，距常德市城区102千米。2014年，全县土地总面积3972.12平方千米，耕地面积63.9795万亩，林地面积425万亩，森林覆盖率70. 68%，水域面积19.845万亩。总人口670121人，其中农业人口570995人，非农业人口99126人。

县域北阔南窄，地势自西北向东南倾斜，西北层峦叠嶂，东南丘陵起伏。山峰海拔多在1000米以上。海拔2098.7米的壶瓶山，雄踞县北边塞，为“湖南屋脊”。境内植物种类1740余种，属国家重点保护的珍贵稀有树种有28种，占全省52.8％。境内国家自然保护区壶瓶山，是中国亚热带华中植物区系中保存最好的“森林资源基因库”之一。

石门有“矿都”之称。已探明矿产35种。大型矿床18处，中型矿床48处。境内有储量居世界之最，开采历史达1400多年的雄黄矿，有储量居亚洲之首的矽砂矿，有储量居全国之冠的磷矿。另外，大理石、石灰石、重晶石、石膏、煤、铁等矿产储量大，矿点多，开发利用前景广阔。2014年，全县完成地区生产总值193.09亿元，其中第一产业增加值34.48亿元，第二产业增加值81.76亿元，第三产业增加值76.85亿元；完成财政总收入101669万元；城乡居民年人均可支配收入11498元，其中城镇18245元，农村8066元。

夏、商、周时期，县域属荆楚之域。春秋、战国属楚。秦始皇元年（前221），为慈姑县地，隶黔中郡。西汉高祖二年（前205）罢黔中郡，置武陵郡，罢慈姑县，分置孱陵、零阳、充三县，石门属零阳县地，隶属武陵郡。新莽时，改武陵郡为建平郡。王莽败，复名武陵。东汉，为零阳县地，隶武陵郡。三国，为零阳县地，隶天门郡。晋太康元年(280)，分零阳县地为零阳、溇阳、临澧。太康四年，并溇阳、临澧为澧阳县，隶天门郡，郡治、县治均为今楚江镇。南北朝为澧阳县，隶天门郡。

陈文帝天嘉二年(561)，改天门郡为石门郡。隋文帝开皇九年(589)，罢石门郡，设石门县，隶澧州(旋改澧阳郡)。唐，隶澧州澧阳郡。宋，隶澧阳军州，属荆湖北路。元至元十二年(1275)，升澧州为澧州路，属湖广行省江南湖北道。石门属其治。元至正二十四年(1364)，属澧州府。洪武二年(1369)，新关以北设添平土司千户所。洪武九年(1376)，降澧州府为州，隶常德府。洪武三十年，改隶岳州府。清初沿明制。康熙三年(1664)，属湖南布政使司岳常澧道。雍正七年(1729)，升澧州为直隶州。雍正十三年，添平土司"改土归流"，隶石门。民国3年(1914)，湖南省分湘江、衡阳、武陵、辰沅四道，石门属武陵道。民国5年，武陵道裁撤，石门划归辰沅道。民国27年，全省划为10个行政督察区，石门属第四行政督察区。1949年7月25日，石门和平解放，8月5日成立县人民政府。1949年10月，属湖南省常澧专区。1950年8月，属常德专区行政专员公署。1988年6月，石门隶属常德市至今。

1984年4月，全县撤销人民公社体制，设立乡政权，乡名不变，乡以下为村。7月，改蒙泉乡为夏家巷镇，官渡桥乡为官渡桥镇，易家渡乡为易家渡镇，新关乡为新关镇，皂市乡为皂角市镇，维新场乡为维新场镇，泥沙乡为泥沙镇。

1989年7月，全县有蒙泉、皂角市、仙阳、太平街、磨岗隘、苏家铺、泥沙7个区，夏家巷、官渡桥、皂角市、维新、磨岗隘、泥沙、易家渡、新关、城关镇9个镇，盘石、花薮、白洋湖、三板桥、杨坪、瓜子峪、燕子山、白云桥、阳泉、望羊桥、袁公渡、渡水、杜家岗、三圣、河口、九渡河、子良坪、水田岗、太平街、穿山河、商溪、九伙坪、雁池、所街、杨柳、苏家铺、罗坪、安溪、水南渡、江坪河、中岭、南镇、南坪河、二都34个乡。辖767个行政村、10个居委会，8561个村民小组。

1995年，实行撤区并乡，全县设楚江、蒙泉、夹山、易家渡、新关、皂市、维新、太平、磨市、壶瓶山、南北11个镇和二都、新铺、白云、三圣、子良、所街、雁池、罗坪8个乡。辖784个行政村、22个居委会。

2000年8月，省政府决定将境内市直管的国营东山峰农场整体移交石门县。次年1月10日，成立石门县东山峰管理区。

2014年，全县辖楚江、蒙泉、夹山、易家渡、新关、皂市、维新、太平、磨市、壶瓶山、南北11个镇；二都、新铺、白云、三圣、子良、所街、雁池、罗坪8个乡；东山峰管理区、秀坪园艺场、大同山林场、白云山林场、洛浦林场、夹山管理处。共712个村(居)。

楚江镇>>

区域概况

位置面积

楚江镇位于县境东部，为县治所，东与易家渡镇毗邻，西、北与新关镇接壤，南与二都乡隔澧水相望。澧水穿境而过，公路四通八达，枝柳铁路和石长铁路在境内交汇。镇人民政府驻澧阳中路38号，距县人民政府驻地0.3千米。

1949年，全镇总面积0.4平方千米。1989年，为5.51平方千米。1995年，城区区划调整，全镇面积扩展到28.66平方千米。2005年，全镇面积扩大到58.60平方千米。2014年，镇域东起刘家坪，西到三江口大桥，南跨澧水至黄泥岗，北越铁路至群山林场，总面积扩展到66.75平方千米。

建置沿革

清康熙三十五年（1696），全县设1坊、2乡、10里，镇域属万年坊。清末，全县划8个团区，镇域为首善团。民国2年（1913），全县设8区，21个自治区，首善团改为首善自治区。民国15年，称挨户团。民国20年，全县设5区20乡，挨户团改为首善乡。民国24年，全县设6区2直属镇28乡，首善乡改为直属天门镇。民国27年，全县废区编乡，天门镇改为中心乡。民国32年，全县改设20乡1镇，中心乡改为楚江镇。

1949年7月25日，县城解放。8月5日，县人民政府成立。9月，楚江镇改称城关镇，随即成立城关镇人民政府。1960年4月，城关镇改为城市人民公社。1972年7月，城市人民公社复名城关镇。1995年5月，全县撤区并乡，城关镇复名楚江镇。至2014年未变。

行政区划

1984年10月，新关镇荷花村划归城关镇管辖。12月，新关镇白云村划归城关镇管辖。2002年1月，龙凤园艺场整建制移交楚江镇。9月，县城区实行一体化管理，二都乡黄泥岗、中渡口、新铺岗、双土庙、宝塔、月亮山、天供山、曹家棚、陈氏祠9个居委会，易家渡镇阎家坝、新场、晒谷、永固、永兴寺、刘家坪6个居委会，新关镇双红居委会划归楚江镇管辖。至12月，楚江镇辖城东、城南、城西、城北、荷花、观山、渫阳、西溶、红土坡、二天门、黄泥岗、中渡、宝塔、新铺岗、双土庙、月亮山、天供山、曹家棚、陈氏祠、阎家坝、晒谷坡、新厂、永固、永兴寺、刘家坪、双红26个居委会和龙凤园艺场。2002年7月，县政府对居委会进行调整，将城东、城南、城西3个居委会合并为老西门社区，观山、城北

2个居委会合并为观山社区，渫阳、西溶2个居委会合并为渫阳社区。其余居委会区划不变，均改称社区。2003年9月，月亮山、天供山、曹家棚、陈氏祠4个社区划归二都乡工业园区管辖。2006年9月，将永兴寺、刘家坪2个社区合并为刘家坪社区，新场、晒谷坡、阎家坝3个社区合并为新场社区，新铺岗、双土庙2个社区合并为双新社区。2014年，全镇辖刘家坪、永固、新厂、红土、二天门、荷花、观山、老西门、渫阳、双红、龙凤、中渡、宝塔、双新、黄泥岗15个社区，共270个居民小区、208个居民小组。

自然环境

镇域地形以低山丘陵为主，西北高，东南低；北部多为山丘地，南部多为平原。澧水流经境内里程20余千米，沿河两岸形成以刘家坪、永固、新厂为主的河北小平原和以中渡、宝塔、双新为主的南部小平原。最高峰蜈蚣寨海拔526.3米，最低点澧水河边平原海拔48米。镇域属亚热带季风湿润气候区，四季分明，年平均气温17℃，年平均降雨1343.8毫米。森林植被以灌木为主，松、杉、樟为主要乔木树种。1998年7月和2003年8月，澧水发生两次特大洪水。其中1998年特大洪水，澧水石门洪峰水位达63.68米，县城最低处县总工会大院水深4.73米，镇境被淹三分之二。

人口民族

1995年，全镇有31279户83966人，其中男性43466人；农业人口4604人；汉族79886人，少数民族计4080人，其中土家族3939人、蒙古族14人、回族56人、维吾尔族10人、苗族10人、壮族15人、朝鲜族1人、满族8人、侗族3人、瑶族2人、白族19人、畲族3人。

2014年，全镇有35945户83526人，其中男性42292人；农业人口21701人；汉族42281人，少数民族41245人，其中土家族40826人、蒙古族10人、回族103人、维吾尔族12人、苗族129人、壮族40人、朝鲜族2人、满族10人、侗族41人、瑶族14人、白族39人、畲族5人、藏族1人、彝族1人、布依族1人、哈尼族2人、黎族3人、佤族5人、仡佬族1人。

经济发展

综述

1995年，镇党委、镇政府加强和改善宏观调控政策，积极推进经济体制改革和经济增长方式转变，经济和社会事业取得明显成就，全镇实现工农业总产值24616万元，其中工业总产值23763万元，农业总产值853万元，财政收入388万元。2000年，推进农业产业化、工业化、城镇化进程，镇域经济快速发展，全镇实现工农业总产值40996万元，其中工业总产值29719万元，农业总产值11277万元。2005年，以建成小康社会为目标，推行“三增三化一拓展”战略，促进经济平稳发展，全镇实现工农业总产值37441万元，其中工业总产值23280万元，农业总产值14161万元。2010年，积极推进三项建设，加快四化进程，招商引资5亿元，引进项目12个，境内规模以上工业企业累计达到25家，全镇实现国民生产总值22.6亿元。2014年，贯彻县委关于大力开展产业攻坚、城镇攻坚、民生攻坚、改革攻坚的战略部署，经济呈现稳中趋优态势，全镇实现国民生产总值74.97亿元，其中第一产业实现2.65亿元，第二产业实现42.45亿元，第三产业实现29.87亿元。全镇完成固定资产投资31亿元，其中工业投资19.8亿元。居民人均可支配收入11603元。

工业

民国时期，境内工业主要是手工业，如翻砂、铸锅、印染、酿酒、缝纫等。民国18年（1929），手工业作坊发展到43家。1943年，日本侵略军侵犯县城，手工业停产歇业。

中华人民共和国成立后，县委、县人民政府提出建立国营工业企业，扶持私营工业。1953年，没收同兴、甲盛两个锅厂，成立兴建锅厂，随后办起印刷厂。1962年，根据中共中央关于“调整、巩固、充实、提高”的方针，境内工业实行“关、停、并、转”，全镇关闭所有手工业企业，人员返回农村生产队。

中共十一届三中全会后，镇内工业呈现活力。镇属企业有出口包装厂、东风汽车修配厂、电器修配厂、磨石厂等14家，委办企业有溇阳化学工业公司、荷花三建公司等70家。1989年，全镇拥有工业企业53家，实现工业总产值8402万元，占全县工业总产值的54.4%。1990年，镇政府加大招商引资力度，大力发展镇域工业经济，引进资金4200多万元，兴建出口包装厂、振兴动力机械厂、微粉厂等一大批私营工业企业。

2000年，楚江镇引进犟哥野菜、雄久久公司、节节高饮料集团等项目投资者，培育发展大户150个，全年实现企业总产值5.05亿元。

2010—2013年，镇党委、镇政府实行招商引资与产业培育有机结合，不断拓展产业链向上下游延伸。2014年，引进澧水北岸风光带建设、物流园二期工程两个亿元建设项目，引进湘佳农牧6万吨冷链物流、永兴新型墙体材料厂、双红大理石厂、龙凤石材厂4个过1000万元加工项目。全镇拥有规模工业企业22家，规模以下工业企业458家，实现工业总产值7464万元。

农业

1995年，全镇有农田5366亩，因受自然灾害影响，粮食减产，农业总产值仅497万元。2000年，农田增至27930亩，农业总产值11277万元。2005年，发展稻谷、柑橘、棉花等主导产业，农业总产值达14161万元。2010年，推进农林牧渔业全面发展，农田18248亩，农业总产值37781万元。2014年，大力发展城郊经济，农田扩展到18867亩，完成农业总产值17246万元。拥有柑橘种植大户7户，7800亩橘园推广标准化生产技术；有养殖专业户78户，农民合作社9家。

种植业 境内种植业主要是稻谷、油菜和棉花种植。1950年，推行良种良法，引进“万利籼”“茶粘1号”“南京1号”等一季稻优良品种。1953年起，开始种植双季稻，先后引进推广“雷大粘”“南特号”“西湖早”等早籼高秆品种，并进行农业技术改革，改稀植为合理密植。1956年，积极推广蒙泉乡水制农业社“分大厢”插秧法，提高栽插密度。1960年，执行中共中央“大办农业、大办粮食”和增产节约指示，扩大农田种植面积。1995年，种植水稻2300亩、产量990吨；油菜800亩、油菜籽产量100吨；棉花500亩、皮棉产量46吨。2000年，种植品种扩大到小麦、红薯和玉米，产量提高。种植水稻4970亩、产量2360吨；油菜4100亩、油菜籽产量430吨；棉花2080亩、皮棉产量229吨；小麦1400亩、产量112吨；红薯1781亩、产量356吨；玉米4186亩、产量1667吨。2005年，调整产业结构，积极发展优质稻、优质棉，取消早稻和晚稻，粮、棉、油面积减少20%以上。2010年，在稳步提高农业单位面积产量的基础上，狠抓蔬菜、马铃薯的发展，全镇种植蔬菜4120亩、产量5948吨；马铃薯592亩、产量57吨。2014年，全镇种植业面积达8130亩、产量为2049吨。

养殖业 1995年，全镇出栏生猪3120头，存栏2202头；出笼家禽18600羽，存笼7450羽。2000年，在巩固生猪和家禽的基础上大力发展山羊、肉牛和水产品。2005年，全镇出栏山羊3560

只,存栏3548只;出栏肉牛1795头,存栏3977头;水产品养殖面积2420亩,总产量1270吨。2010年,全镇养殖业产值占农业总产值的49.4%。2014年,全镇出栏生猪、山羊、肉牛、家禽分别达28127头、1337只、1080头、364.08万羽;水产品养殖水面2664亩,产量达1115吨。

林业

1995年,全镇有柑橘2075亩,产量705吨。2000年,主抓柑橘面积产量和退耕还林,柑橘扩展到7574亩,产量6877吨。2005年,柑橘面积达9210亩,产量11195吨。2014年,全镇柑橘面积达到18190亩,产量14640吨。

商贸服务业

1949年,境内有手工业作坊、店铺40余家。1989年,全镇有集体店铺143家,个体商业户538户,社会商品零售额12704万元。1995—2000年,镇域全民和集体商贸企业改制重组,私营商业快速发展。其间,先后建起东方桥农贸市场、建材综合批发城。2014年,全镇个体私营商业户9406家,门面8058个,从业人员16757人。东方桥、楚江、站西路等6家大型农贸市场有摊位2143个,门面2500个;有新合作、综合批发城、农资市场3家综合市场,有好润佳、惠利佳、平安等60家购物超市,社会商品销售总额26亿元;有国际大酒店、尧业国际大酒店等宾馆、酒楼75家,客房5574间,饭店及农家乐餐馆412家,住宿餐饮业收入7.7亿元。接待游客51478人次,实现旅游收入9.4亿元。

基础设施

交通运输

公路　1934年,慈(利)张(公庙)公路建成,镇域始有公路。1996年,修建红蔡公路3.5千米。2013年,修建S308省道绕城线,经过镇域3.4千米。2014年,全镇公路总里程达180余千米,公路通达各个居民社区及居民小组。

境内有公路大桥2座,石门一桥于1994年10月建成通车,石门二桥于2012年9月建成通车。之外,还有澧水三江口枝柳铁路大桥和澧水三江口电站大坝桥。有东、西、南3个汽车站。汽车东站为客运中心站,紧邻石门火车北站,2014年6月建成投入使用,日发送汽车近230班次。

铁路　1976年7月,枝柳铁路建成通车,经过镇域18.9千米,在境内设石门县站。1998年,石长铁路建成,在境内与枝柳铁路接轨。2013年7月,在东城区建成石门县火车北站,日开行旅客列车16对。老火车站改为货运站,年吞吐货物量400万吨。2014年,石长铁路新增复线。

水路　民国时期和中华人民共和国建立初期,境内有城隍庙、官码头、曹家码头3个水运简易码头。1958年,在新街口建专用码头。后为适应磷肥、矽砂等矿产品运输,陆续建专用码头8处,靠泊能力均为60吨,货物吞吐量22万吨。1989年,澧水三江口电站竣工关闸,码头失去作用。1991年,由县交通局投资312万元在阎家坝兴建100吨级航运港口,面积1500平方米,泊位2个,1996年6月建成并投入使用。

城区交通　20世纪80年代末,城区交通由人力三轮车载人为主。90年代初,机动三轮车取代人力三轮车。1995年开始,政华、三和等出租车公司相继成立。2014年,境内有出租车公司6家,出租车400辆,年载客300万人(次)。

1999年,城区中巴公交车在澧阳路等主要街道营运。至2014年,拥有城市公交车线路14条,设立公交车停靠站(点)110处,公交车辆92台,年运送乘客量1172万人(次)。

2003年5月，城区交通信号灯系统建成投入使用，安装交通信号灯9处，主要街道路口全部实行交通智能化管理。

邮政通信

清光绪三十年（1904），始设信柜，光绪三十二年，改邮政支局。民国3年（1914），设电报代办所。民国15年，改电报局，民国32年，改五等电信局。民国36年，邮政支局改三等一级邮局。1950年4月，县人民政府接管邮政、电信机构，1951年5月25日，成立县邮电局。1969年12月1日，邮电分设，成立县邮政局、县电信局。1973年10月31日，邮电合并，恢复县邮电局体制。1991年8月，开通自动电话。1995年，境内有固定电话用户8200户。2014年，达到1.5万户。

1998年6月，无线寻呼从邮电局剥离，成立湖南省电信寻呼有限责任公司常德分公司石门营业部。9月，县邮电局析为县邮政局和县电信局。

1995年，全镇有移动通信用户300余户。1999年7月，移动通信从县电信局析出，成立湖南移动通信公司常德分公司石门营业处。2014年，境内有中国移动、中国联通、中国电信3家公司从事移动通信业务，全镇移动通信用户8万余户，互联网用户2.8万户。

供电饮水

供电 民国末年，境内建有火力发电厂。1969年6月，县火电厂动工修建。1972年3月，投产发电，安装3000千瓦机组3台。1976年，三江口水电站动工兴建，1989年开始发电，安装5台机组，总容量6.25万千瓦。2011年，又在三江口左岸新建发电厂，安装2台机组，总容量5万千瓦。1996年，建成湖南石门电厂，装机容量60万千瓦。2005年，新增二期工程，装机容量亦为60万千瓦。

饮水 20世纪70年代，境内有石门磷肥厂、石门火车站等9家单位在澧水河建水泵机房抽水自用，其余单位、居民靠自行掘井用水。1987年，修建杨岭岗水厂，县城开始供应自来水。2014年，境内自来水供水管长220千米，日供水5.5万立方米，城区居民自来水普及率100%。

2013年起，镇境实施农村安全饮水工程。至2014年，全镇投资296万元，完成农村安全饮水项目5处，供应7320户25301人安全饮水。

城镇建设

经民国24年（1935）7月澧水特大洪水肆虐和民国32年5月日军轰炸焚烧，境内城镇街道几为瓦砾平地，破烂不堪，后逐渐修建住房、商店。1949年，街区范围东起东方桥，西迄梧桐巷（零阳路南段），长约1370米，南起澧水河岸，北抵长溪，宽为200～300米，面积0.4平方千米。到60年代，机关住房增多，地方工业发展，街道越过长溪，渐向北面山麓拓展。1978年，城镇建成区达1.86平方千米。1989年，扩大至5.51平方千米。2014年，镇辖面积达66.75平方千米，建成澧阳路、楚江路、澧滨路、宝峰路、梯云路、永兴大道、石门大道、黄金路等12条主要城区道路。2014年，投资3亿元对3.4千米澧阳大道进行升级改造，全线实行管、线入地、雨（水）污（水）分流、铺设炒砂路面、建港湾式公交站、更换路灯、重新绿化。至2014年，全镇开发商住小区86处。城区绿化面积150万平方米，绿化覆盖率70%。建成省级园林单位45个，市级园林单位10个。

社会事业

教育

幼儿园 民国20年（1931），境内始设幼稚园1所。1950年设1个幼儿班。后陆续设有数个幼儿园。"文化大革命"时期，其他幼儿园撤销，保留党政群幼儿园。中共十一届三中全会后，境内设党政群、商业、公交3所幼儿园。1995年开始,民办幼儿教育得到发展。至2014年,全镇有公、民办幼儿园17所,入园幼儿3900人,幼师944人。

小学 清光绪二十九年（1903），石门县知事陈福萌在石门县城上河街兴建校舍，创办石门县小学堂，为县立第一所小学，1905年改为石门县高等小学堂。清宣统元年（1909）由知县创办石门县简易小学堂，1949年7月改为楚江镇小学，1950年改为楚江镇第一完全小学。

1969年，境内各生产大队均建有小学。2002年后，对小学布局进行调整，村小逐步撤销。2014年，全镇有一完小、二完小、三完小、四完小、龙凤小学、永兴学校、石磷小学、县属实验完小8所小学，在校学生8800人，教师527人。

中学 民国2年（1913），石门县高等小学堂改为石门县立中学校，学制四年。1960年，学校改名为湖南省石门县第二中学，成为一所全日制普通完全中学。1996年12月，县第二中学更名为湘北职业中专学校。2011年，两校分离，县第二中学迁至二都乡。

民国30年10月，县人肖忠贞、郑洞国等创办私立九澧中学，为澧水流域最早的完全中学，校址设县城下河街。1953年10月，九澧中学由常德专署接管，并更名为石门县第一中学（简称石门一中）。1997年，镇政府在荷花社区建楚江镇中学，2001年改为石门一中分校，2011年改为石门县第三中学。

2007年，石门一中整体迁入东城区，原校址改为民办澧斓实验中学。2013年，澧斓实验中学迁至宝塔社区，校址改为石门县第三中学，原石门县第三中学校址改作楚江镇第四完全小学。2014年，全镇有中学4所，在校学生10030人，教师706人。石门一中为全省重点中学，本科升学率保持在全省领先水平。镇内还有新科电子学校、秀峰学校 等3家民办培训学校，在职教育、成人教育机构3家，年培训2000余人次。

科技

中华人民共和国建立后,境内设有农机、畜牧、林业技术推广机构。1995年起，镇农技部门每年编印、发放各类技术指导资料8000余份，开展柑橘、蔬菜等技术培训10余场（次），培训人员1200余人次。龙凤园艺场为柑橘生产示范园，刘家坪蔬菜基地为蔬菜种植示范基地。2014年，全镇共有各类科技示范户130户。

文化体育

文化 民国时期，在方顶山下建县级图书馆，2006年9月搬迁至石门一中。2014年，图书馆藏书18万册。

县文化馆位于站东路，前身为石门县民众教育馆，1952年改名石门县人民文化馆，1954年改称石门县文化馆，设有美术、书法、摄影、舞蹈、戏曲等辅导门类。

县博物馆位于石门县文庙内，1982年由县政府将文庙移交县文化部门管理，作为博物馆舍之用，馆内藏有历史、革命、民族等文物2000余件。1985年正式开放后,接待中外观众100余万人次。

1995年，设立镇综合文化站，负责全镇文化、广播电视、体育等管理工作。境内有县级专业剧团1家，社区民间表演团体7家，演员180余人，年均演出200多场次。2013年，老西门快乐阿姨艺术团在常德市群众文艺演出百团大赛中获金奖。

2008—2014年，镇政府投资500多万元，建设观山、龙凤、渫阳、荷花、永固6个社区文化广场，面积3000平方米。

2014年，境内县老年大学有学员120人，开

设有书画、诗词、太极拳等专业培训班。中渡、荷花2个社区建有书画、诗词协会，会员50多人，其作品多次在城区展览，被县文明委授予“书画诗词社区”称号。镇设有广播室1处，与8个社区建立广播网，安装喇叭140只。有民营电影放映城1座，实行全天候放映，年放映3000余场次。

体育 1985年，楚江镇第一完全小学被评为实施国家体育锻炼标准先进单位，2002年被定为常德市乒乓球训练基地。1992年，境内建县级体育馆1处，设举重、射击、田径等训练场所。1998年，举重运动员李丽莹代表湖南省参加全国“明星杯”青少年女子举重锦标赛，获63公斤级抓举金牌，总成绩铜牌。2013年，镇机关篮球队在全县职工运动会上获篮球友谊赛冠军。2014年，投资9000万元，对县体育馆进行整体扩建，取名为石门县全民健身活动中心。各社区建有健身场所52处。

医疗卫生

民国20年（1931），国民党军队在城关镇等地设立军医所。民国28年，创办石门县卫生院，有医务人员10人。1949年8月，县人民政府民政科接管县卫生院，组建石门县人民政府卫生院。于1951年和1953年两易院址，后定址于丁家巷杨建武旧居，有医务人员33人，病床34张。1955年11月，县人民政府卫生院更名为石门县人民医院，全院职工36人。1961年4月，石门县人民医院迁至澧阳路45号，设病床120张，增设儿科和传染科，职工115人。1968年，与县防疫站、中医院、妇幼保健站合并更名为石门县人民防治院。1972年5月29日，恢复石门县人民医院名称。1995年9月，通过二级甲等医院评审。1999年1月，被卫生部认定为国际紧急救援中心网络医院。2月，通过卫生部组织的“全国百佳医院”评审。2014年，医院总面积13.9万平方米，固定资产5亿元，医务人员1100人，年门诊45万人次。

1952年，创办石门县妇幼保健院。1988年9月，该院对外开展医疗业务。2014年，妇幼保健院建筑总面积8500平方米，医务人员130人。

1954年5月，创办石门县中医医院。2014年，医院建筑总面积2.67万平方米，固定资产5000万元，医务人员330人，属二级甲等医院。

1956年，成立石门县血防院。2004年，经省血防办核定为防治一体化县级专业防治机构，负责全县血吸虫防疫和血吸虫病人救治工作。2012年，经常德市卫生局同意，试点筹建石门县楚江镇社区卫生服务中心，承担部分公共卫生服务职能。

1988年，建城关镇卫生院，面积840平方米。1995年，有医务人员25人，病床10张。2000年，改为石门县人民医院楚江分院。

2014年，全镇有社区卫生室15家，个体诊所38家，从医人员104人，年诊治患者5万余人次。镇内有民营药店62家。镇计划生育技术服务所有专业技术人员5人，设有B超室、康复室、化验室、手术室等，开展生殖健康、妇幼保健、生育保险等业务。

城镇环境保护与卫生管理

环境保护 1980—1988年，关闭污染严重的城关镇造纸厂、矿石粉厂，搬迁县化工一厂。1996年开始，建立县城饮用水源保护区和烟尘控制区，禁止城区燃放“响雷”。1997年，禁止在城区生产、销售、燃放烟花爆竹。1998年，在澧阳路等主要干道对机动车辆实行禁鸣高音喇叭。2000年起，镇内所有企业严格执行废气、废水排放标准，全面实行达标排放。

1998年起，全面实行封山育林，严格落实森林防火措施，建起群山林场、白云山林场两个护林哨所。2010年，全面禁止水面投肥养鱼。2013年，关闭永兴砖厂黏土砖生产线，投资1000万元新建环保叶岩砖厂。至2014年，楚江镇和龙凤社区取得国家生态镇（村）称号，黄泥岗、中渡、刘家坪、二天门、永固社区取得省级生态村称号，澧阳、新厂、荷花、观山、双红等社区取得市级生态村称号。

环境卫生 1971年，成立县环卫处，实行城区环境卫生由县、镇共同保洁体制。2012年，境内全面开展城乡环境卫生整治，投入资金800万元，兴建垃圾中转站（屋）28座，垃圾焚烧地264处，再生资源回收站18处。2014年，全镇有公厕10处，建沼气池653个，改厨、改厕、改水2万余处；有保洁员177人，保洁路段70余条、50余千米，日清运处理垃圾130吨。

社会保障

1990年，县政府在红土社区建光荣院，占地5000平方米，床位50张。2000年，启动城乡贫困户最低生活保障制度。2005年，推行新型农村合作医疗制度。2006年，实施城镇居民医疗保险制度和爱心屋工程。2012年，观山社区投资80万元建养老服务中心，占地1100平方米，床位40张。2014年，二天门社区邓久军个人承建二天门福利院，占地8000平方米，床位150张。是年，全镇供养“五保”老人59人，其中集中供养25人。全镇参加“新农合”17250人，参合率95.1%，参合金额202万元。参加城镇居民医疗保险22566人，参保率100%，参保金额902万元。实施大病救助，为92人发放大病救助资金43.25万元。1544户2713人享受城镇最低生活保障，全年领取保障金636万元。635户1000人享受农村最低生活保障，全年领取保障金140万元。参加社会养老保险12700人，参保资金1929万元；已享受养老金14240人。修建爱心屋85处，有138名贫困人员、“五保”户入住。建廉租房6处

4820套，建筑面积28.92万平方米，入住3890户1.2万人。

特色地情

文化遗址

1984年,发掘宝塔商代遗址。1986—1988年，发掘东方桥商代遗址。1988年，发掘大龙潭旧石器、新石器遗址。

文物古迹

石门文庙 位于楚江镇文庙路，明洪武四年（1371）县丞刘登鼎所建，占地4896平方米，坐北朝南。中轴线上由南而北依次为状元桥、棂星门、大成门、大成殿、崇圣祠。两侧有厢房、碑廊、文武官厅、钟鼓楼等。为常德市文物保护单位。

梯云塔 位于楚江镇宝塔社区，清道光三十年（1850）举人王大猷督建，属七级重檐楼阁式盔顶花岗石塔。

秀峰书院 位于湘北职业中专学校内，前身为天门书院，建于清乾隆年间（1736—1795）。民国10年（1921）改为忠烈祠。

纪念性建筑

抗战阵亡将士纪念碑 位于楚江镇第一完全小学内。1944年9月，石门县各界为纪念在1943年11月与日本侵略军激战牺牲的国军第73军暂五师师长彭士量等将士而修建。

王尔琢烈士纪念园 位于湘北职业中专学校前。1985年5月，石门县政府为纪念中国工农红军第四军参谋长王尔琢而修建。园内建有王尔琢塑像，塑像底座刻有毛泽东挽联词。

“石中惨案”烈士纪念亭 位于楚江镇澧滨路中段。2014年8月，石门县政府为纪念1928年3月被杀害的苏清镐、熊彦明等17位共产党员和革命志士而修建。

（文字供稿：侯雨林，图片供稿：楚江镇政府）

易家渡镇

区域概况

位置面积

石门县易家渡镇位于县境东部，东与临澧县新安镇接壤，西抵楚江镇，南与二都乡隔澧水相望，北连新铺乡。镇人民政府驻易家渡居委会，距县人民政府驻地13千米。

1995年，全镇总面积71.9平方千米，有耕地35590亩，其中水田10515亩、旱地25075亩。2014年，因县城扩容，6个行政村划出，全镇总面积减为49.27平方千米，有耕地31682亩，其中水田14585亩、旱地17097亩。

建置沿革

清代，全县设南、中、北3乡24都，镇域属中乡二都。民国初期，全县设8区、21个自治区，镇域属易市自治区。民国18年（1929），改为易市乡。1952年2月，全县设14个行政区、281个乡，镇域置双溪、共和、友助、军垱、荷花、铁弓、临河、高坪、合坪、新厂10个乡。1956年6月，并为易市乡。1958年9月，实行人民公社体制，镇域属双红公社。1961年，析置易市公社。1982年，易市公社更名为易家渡公社。1984年4月，撤销人民公社，改为易家渡乡。7月，改为易家渡镇。1994年5月，设立石门县东城新区，6月15日改为东城区。1995年2月21日，东城区与易家渡镇合并，以东城区作为辖区名称。2002年10月，撤销东城区，复名易家渡镇。至2014年未变。

行政区划

1961年，易市公社辖阎家坝、新厂、晒谷、永固、明阳、合毕、临河、咸池、井湾、易市、红旗、八一、铁弓、荷花、双河、丁山、军垱、共和、友助、书房、枧桥、青山、双溪、一心、双桥、笔架、太子、塘市28个大队。1971年5月，县革命委员会发文，由阎家坝、新厂、晒谷3个大队组建成立石门县新厂良种繁育场，直属县农业局管理。1984年，撤销人民公社，大队改为行政村，生产队改为组。2002年9月，因县城扩容，将刘家坪、永兴寺、永固、新厂、晒谷、阎家坝6个村划归楚江镇管辖，易家渡镇下辖2个居委会和20个行政村。2007年，根据县委、县政府合村并组部署，全镇22个村（居），合并为2个居委会和8个行政村，分别是：杨二汊居委会、井湾村、咸池山村合并为杨二汊居委会，易家渡居委会、高家坪村、许家山村合并为易家渡居委会，铁弓堤村、叶家坪村合并为叶家坪村，双河村、丁家山村合并为丁家山村，马鞍铺村、军垱桥村合并为军垱桥村，盘山庙村、长青山村、枧桥村合并为盘山庙村，川店铺村、留架铺村合并为双溪村，毕架山村、太子坡村、塘上铺村合并为塘上铺村，双桥村、冉家坪村区划未变。

自然环境

镇域大部为澧水冲积平原，北部有少量丘陵，中有一条低矮平缓的汉阳山自西向东绵亘于镇境，人们习惯称山以南的平原地区为山南，山以北丘陵地区为山北。境内最高点塘上铺村的笔架山海拔 180 米，最低点叶家坪村的铁弓堤海拔 50 米；全境平均海拔 60 ~ 70 米。澧水流经镇域 10 千米。双溪为境内主溪流，源出新铺乡爪子峪，经双桥、双溪、军垱桥东南入澧水。镇域属中亚热带向北亚热带过渡的季风湿润气候区，冬夏长，春秋短，四季分明，光照充足，雨水丰沛。年平均气温 16.7℃，最热月（7 月）均温 28.5℃，最冷月（1 月）均温 4.9℃。平均日照数 1646.9 小时，平均年降水量 1540 毫米，无霜期达 282 天。镇域土壤肥沃，主要有清泥田、河沙泥田、黄泥田和少部分冷浸田，土壤以酸性为主。境内生物资源丰富，森林植被以灌木为主，松、杉、樟为主要乔木树种。矿产主要有石英砂岩、石灰岩、煤、煤矸石、粘土、石膏、大理石、硫铁矿等，贮量丰富。境内主要自然灾害为洪涝和风灾。1992 年 4 月 28 日，遭遇龙卷风和雹灾，死亡 6 人，伤 700 多人，死亡大小牲畜 2532 头，倒塌房屋 152 栋 628 间，直接经济损失 3658 万元。

人口民族

1990 年，全镇有 9746 户 36217 人，其中男性 18225 人；汉族 23531 人，土家族 12681 人，壮族 1 人，白族 4 人。2014 年，全镇有 8465 户 29561 人，其中男性 14659 人；汉族 20454 人，少数民族 9107 人，少数民族中土家族 9064 人、蒙古族 1 人、藏族 1 人、苗族 9 人、壮族 8 人、布依族 5 人、满族 1 人、侗族 5 人、瑶族 2 人、白族 2 人、黎族 1 人、畲族 1 人、水族 6 人、仫佬族 1 人。

经济发展

综述

1995 年，全镇完成工农业总产值 33943 万元，财政收入 378 万元，农民人均纯收入 1523 元。农业建成棉花、小麦两大繁育基地和油菜、柑橘、马头羊、瘦肉型猪、缓延季蔬菜，特种养殖、葡萄 7 大生产基地。镇村企业和个体私营经济形成建材、煤炭、鞭炮、农副产品加工、运输等产业体系。2000 年，全镇拥有工业企业 26 家，其中规模工业企业 5 家，实现工业总产值 12335 万元。2014 年，积极推进新型工业化和招商引资，在柑橘、蔬菜等特色农业上提质增效，淘汰落后企业 9 家，兴建祥顺、湘一、玉树 3 家环保企业，发展个体私营企业 15 家，新增蔬菜基地 1000 亩，建立无公害柑橘基地 2000 亩；全年实现地区生产总值 147846 万元，其中第一产业 13846 万元，第二产业 68000 万元，第三产业 66000 万元；农民人均纯收入 8219 元；实现财政收入 2183 万元。

农业

种植业 境内种植作物主要有棉花、小麦、油菜、稻谷、柑橘、蔬菜和花生。1995 年，全镇小麦播种 8000 亩，产量 1980 吨；水稻 20000 亩，产量 7000 吨；棉花 20000 亩，产量 1870 吨，居全县之首；油菜 18300 亩，产量 2070 吨。实现农业总产值 5844 万元。2010 年，全镇种植水稻 6500 亩，棉花 13500 亩，油菜 18000 亩，柑橘 13000 亩，蔬菜 3000 亩，实现农业总产值 13392 万元。2015 年，全年种植粮食作物 31762

亩，其中：稻谷种植面积 14585 亩，单产 502 公斤，总产 7322 吨；小麦 4500 亩，单产 250 公斤，总产 1125 吨；玉米 8577 亩，单产 450 公斤，总产 3860 吨。全年种植蔬菜 6500 亩，单产 1200 公斤，总产 7800 吨；柑橘 1.3 万亩，总产 3 万吨。

养殖业 2014 年，全镇养殖生猪 4.2 万头，出栏 3.4 万头；出售肉用牛 690 头；出售山羊 6219 只；出笼家禽 140 万羽，产禽蛋 5174 吨；出水鲜鱼 506.5 吨。

林业

2013 年，有省级生态公益林 1228 亩、中央级生态公益林 5914 亩。2014 年，道路绿化 68 千米。2015 年，全镇有林地 5 万亩，森林覆盖率 46.3%。完成封山育林 3 万亩，省级生态公益林 1228 亩，中央级生态公益林 9624 亩，义务植树 1.1 万株，公路绿化 9.5 千米。

工业

2014 年，关停 9 家黏土砖厂，并对关停后的土地复垦、订单协议等遗留问题进行妥善处理；积极引导 3 家砖厂进行转产建设，兴建祥顺、湘一、玉树等 3 家尾矿利用环保砖厂。祥顺建材公司投资 2000 万元，年产环保砖可达 6000 万块；湘一建材公司投资 1500 万元，年产环保砖 5000 万块；玉树建材公司投资 1200 万元，年产环保砖 4000 万块。

基础设施

交通运输

镇域濒澧水石门城关至澧县城关段，是重要

易家渡镇东城一角

的贸易聚集地和水上交通要道；陆路扼石门通澧县、津市大门。民国25年（1936），建成张公庙至慈利公路（S304线）新安至石门段，经境8千米。贯穿境内的枝柳铁路临澧至石门段于1970年修建，1976年5月通车，1999年建成复线，2009年实现电气化。2014年，境内有省、县、乡、村道150千米，其中硬化120千米。

镇村建设

东城新区 1994年县委、县政府依托国家重点工程，以石门火车北站建设推动石门城区发展。5月，组建东城新区管理委员会。1995年，完成4.7平方千米的控制性详细规划。1996年，进入全面建设。1997年，建成60000平方米石门火车北站广场，完成东城区骨干道路永兴大道长3.2千米宽40米的硬化。至2002年，累计投入建设资金4亿余元，城市基础设施基本配套完善。22万伏变电站和3.5万伏变电站工程建成并投入使用。供水主管敷设竣工通水，广电大厦竣工并交付使用，汽车东站竣工投入运营。有7家县直部门和单位近千人相继在新区落户。

易家渡集镇 地处石门县城东郊、澧水北岸，是传统的农副产品交易中心。受镇政府几次移址搬迁影响，易家渡集镇建设管理基本停滞。2011年，随着镇政府新院落建成回迁，集镇开始重建。至2014年，共投入建设资金2230多万元，完成集镇两横两纵3.8千米的街道路面扩宽硬化，铺设人行道板及路沿石8000平方米，绿化道路5.7千米，安装路灯81盏、垃圾果皮箱50个，改造下水道1750米，建成压缩式垃圾中转站1座，拆迁房屋6幢、拆除违章棚罩198个，兴建居民休闲文化广场2处，勾画集镇交通标志线，安装街道视频监控系统，改扩建集镇农贸市场，取缔“马路市场”。成立集镇建设管理协会，聘请专业保洁员5名，实行“户集村收镇运”的卫生管理模式。集镇建成区面积0.63平方千米，常住人口3200余人。

邮政通信

1947年，设立易家渡乡电话指挥室，1949年解放时被捣毁。中华人民共和国成立后，石门县人民委员会根据上级精神，于1962年设立易市人民公社邮电所。1969年11月，根据国务院和中央军委指示，邮电分设，成立易市人民公社邮政所、易市人民公社电话所，电话所归军队管理。1973年6月，国务院、中央军委指示邮电体制合并，撤销军管，复名为易市人民公社邮电所。1984年，改为易家渡镇邮电所。1995年，易家渡镇邮电所升格为支局，更名为东区邮电支局。1998年9月，邮电分营，分别设立易家渡镇邮政支局、易家渡镇电信支局。2014年，全镇有家庭固定电话2000部，移动电话4000部，互联网用户2000多户。

供电饮水

供电 1996年10月，建成盘山庙22万伏变电站，为县境内最大的变电站，是石门火电厂的主要配套工程，工程征地56亩，拆迁11户。2014年，全镇拥有输电线路67.24千米，配电变压器86台13045千伏安，总供电量1162万千瓦时。

饮水 2010年，整合国家安全饮水项目资金以及镇级自筹880万元，兴修建筑面积1000平方米的易家渡镇供水站，为易家渡集镇、叶家坪村、丁家山村、军垱桥村、盘山庙村、冉家坪村等4000余户家庭、15000余人解决安全饮水问题。

社会事业

教育

民国13年（1924），开办西竺寺学堂，学生

10人。民国15年，改名为易市乡中心国民完小。民国19年，有学生40名。1970年，村民筹资修易市小学，定址在易市居委会10组，有5个年级，学生210人，教师6人。1985年，更名为易家渡镇中心小学。2003年，改称易家渡镇完全小学。

1986年，全镇有易家渡镇中学、冉家坪中学和双溪坪中学3所初中，有学生1060人，教职工61人。有镇完小1所、片高小3所、村小17所，教职工163人，小学生4923人。

1995年9月，冉家坪中学并入易家渡镇中学。2003年9月，双溪中学并入易家渡镇中学。

2012年，全镇有易家渡镇中心学校1所中学，易家渡镇、冉家坪、双溪坪3所完小，塘上铺1所片小，中小学教职工169人，中小学生1083人。民办幼儿园6所，在园幼儿540人。全镇中小学校占地97687平方米，建筑面积58593平方米。

文化

2007—2012年，建农家书屋20个。2012—2013年，在塘上铺村笔架片开通有线电视网络，240户农民看上有线电视。2014年，建镇级广播室1个、村级广播室10个，建广播点109个。2014—2016年，建设文化小广场9个，建标准综合文化中心1个。2016年，安装直播卫星用户39户，电视覆盖率达98%。

医疗卫生

公共卫生 民国期间，境内有数名中医郎中行医。1953年，组建易市联合诊所。1959年，易市联合诊所改为易市公社卫生院，下设冉家坪村卫生所。1968年，实行农村合作医疗制度，大队建立合作医疗站，配备赤脚医生2～3名。1975年，公社出资并抽调劳力为卫生院修建10间3层门诊住院综合楼1栋，建筑面积2200平方米，其中业务用房1100平方米。购置30毫安X光机1台、显微镜1台，可以开展外科清创、阑尾、疝气等小手术和计划生育上环、结扎、刮宫手术等。1988年开始，卫生院人员为求生存，下设街道门诊、易新诊所、军垱诊所、双溪诊所、东城诊所、塘上铺诊所、三星花园诊所、新场诊所、购物城诊所、永固诊所、永兴寺诊所、瑜远中学医务室等12家诊所和医务室，院内医务人员各自开展医疗服务工作。2000年3月，石门县实行医疗与公共卫生服务分离，各乡镇成立卫生工作服务与管理站。易家渡镇卫生院分离出部分人员组建易家渡镇卫生工作服务与管理站，院、站实行分开核算。2005年，又将卫生工作管理站与卫生院合并，实行统一管理。2013年，投资70多万元改造门诊楼960平方米。2014年7月，投资170多万元建设公卫综合楼和国医馆。2015年，卫生院拥有固定资产1000多万元，医务人员62人，病床60张，年就诊人数达2.4万人次，年住院病人3000多人次。

血吸虫病防治 1950年代，镇域有血吸虫疫区154处4715亩，19098人感染。1966年，境内基本消灭钉螺。

社会保障

2014年，全镇供养“五保”对象160人，其中分散供养137人，在敬老院集中供养23人。享受农村低保1079人，领取低保金131.7万元；享受城镇低保103人，领取低保金28.4万元。大病救助27人，发放救助资金80700元。参加新型农村合作医疗33561人，参合率95%。参加新型农村社会养老保险13506人，参保率68%。新增就业383人。完成农村危房改造25户。

（文字供稿：李江，图片供稿：易家渡镇政府）

新关镇 >>

区域概况

位置面积

新关镇位于渫水和澧水交汇处，东与楚江镇毗连，南与二都乡隔澧水相望，西与慈利县苗市镇相邻，北与新铺乡、皂市镇接壤。镇人民政府驻新关居委会，距县人民政府驻地7千米。

1995年，新关镇总面积110平方千米。2014年，新关镇总面积79.5平方千米，有耕地16500亩，其中水田8400亩、旱地8100亩；山地85500亩；养殖水面3150亩。

建置沿革

民国时期，镇域称新关乡。中华人民共和国建立后，废除旧的乡、保、甲。1952年2月，全县设281个乡，境内置安乐、太平、五桂、松林、大龙潭、樟木、天门、保尔、红土、申家10乡。1956年6月，并为城关乡。1958年9月，实行人民公社体制，与易市乡、二都乡、城关镇合并成立双红公社。1959年，析置城关公社。1966年，皂市公社新关、茅山、新泉、深坪、联合5个大队划入城关公社，城关公社驻地迁至新关，更名为新关公社。1984年，撤销人民公社，改称新关乡。1985年10月，改为新关镇。至2014年未变。

行政区划

1985—1988年，先后将保尔、荷花、白云、红土、先进、大龙等村划给城关镇和龙凤园艺场管辖。1995年，新关镇辖清山河、向家坪、七松、任家坊、界溪河、樟木滩、九同碑、深坪、新泉、安乐、中茅坪、申子峪、竹园榜、松林峪、阎家溶、五桂桥、双红17个行政村，新关、新桥2个居委会。2002年，双红村划给楚江镇管辖。2007年，实行合村并组。至2014年，新关镇辖七松、阎家溶、五桂桥、松林、长岭5个行政村和新关、新桥2个社区。

自然环境

镇域三面环山，一面临水，形成由西北向东南倾斜的盆地地形。最高点茅山海拔587.8米，最低处任家坊海拔68米。澧水和渫水形成丁字型交汇于任家坊的三江口。镇域属中亚热带向北亚热带过渡的季风性湿润气候区，气候温和，四季分明，雨量丰沛，日照充足。常年平均气温17.2℃，极端最高气温40.9℃，最低气温–13℃。常年主导风向东北风，次主导风为西北风。多年平均降雨量1540毫米，最多年2053.6毫米，最少年962.4毫米。全年平均日照时数为1656小时，全年无霜期270天。境内林木有马尾松、杉、油茶、油桐、樟、梓、枫、棕、栗、槐、山竹和楠竹80多种。野生动物有25种，其中国家二类保护动物有野猪等，二级鸟类有阳雀等。境内地表物质组成主要为泥盆系砂岩二迭系，三系灰岩，侏罗系砂砾岩，三纯红砂岩分化物，适应于各种农作物生长。地下矿产资源丰富，主要有石煤、烟煤、石灰石、白云石、矽砂、方解石、铁矿、粘土8种。石灰石分布在竹园榜、松林峪、新关、大水井、深坪、茅山、九同碑、七松、向家坪等村，储量在100亿吨以上。铁矿储量达亿吨以上，分布在中茅坪、大水井、深坪、任家坊、茅山等地。1840—2014年，发生灾害86次，特别严重的13次，最为严重的是民国24年（1935）洪灾，渫澧流域居民房屋几乎全部冲走，新关境内居民200多人被淹死。

人口民族

1995年，新关镇有8673户23600人，其中男性11894人；人口以汉族、土家族为主；其他民族有壮族15人、苗族18人、傣族1人、回族23人、水族2人、羌族4人、阿昌族1人、黎族18人、朝鲜族5人。

2014年，全镇有7985户23498人，其中男性12050人；农业人口19869人；人口出生率12‰。总人口中，汉族11921人，少数民族11577人，少数民族中土家族11521人、蒙古族2人、苗族11人、彝族2人、壮族14人、布依族2人、朝鲜族2人、满族3人、侗族8人、瑶族1人、白族2人、哈尼族1人、傣族2人、黎族4人、土族1人、仡佬族1人。

经济发展

综述

1995年，全镇实现工农业总产值10100万元，其中工业总产值8000万元，农业总产值2100万元。2000年，全镇实现工农业总产值1.9亿元，农民人均收入1992元。1991年获“湖南省百强乡镇”称号。2000年，镇村集体企业实行改制，民营经济得到发展，三江口电站、玉叶化肥厂、特种水泥厂、东峰水泥厂、水泥二厂、西北建筑公司成为镇境骨干企业。实现工农业总产值99000万元，其中工业总产值88000万元，农业生产总值11000万元。2002年，镇党委、镇政府引进金属装饰材料厂、海螺水泥集团，引进资金开办陈家湾铁矿。是年，新关镇固定资产投资总额达850万元。全镇劳务输入3000余人，其中四大厂矿1000余人。2014年，境内有外资企业20家，实现国民生产总值34100万元，其中第一产业11000万元、第二产业18000万元、第三产业5100万元；全年财政收入2195万元。

农业

种植业　1995年，全镇种植水稻7343亩、玉米3420亩、红薯11000亩。2005年，柑橘种植16000亩，受益面积10006亩，产柑橘13000吨。开设4条加工生产线，柑橘销往美国、加拿大、马来西亚等10多个国家及国内18个省市。2014年，粮食种植面积达16373亩，其中：优质水稻7343亩，粮食总产4038吨；特色红薯9030亩，总产9030吨。种植蔬菜2010亩，总产4020吨；油菜3540亩，产油菜籽637吨；柑橙2.2万亩，总产57720吨。

养殖业　1995年，镇党委、镇政府扶植科技养殖户，引导农民养殖湘西黄牛、马头羊，建鸡场、养猪场。境内办起养猪场6个。2014年，全镇养殖生猪0.795万头，出栏0.681万头；养家禽27万羽；养湘西黄牛378头；养马头羊2130只；出水鲜鱼20吨。

林业

1995年，境内有林地82500亩，森林覆盖率 50%。1996 年起，镇党委、镇政府发动群众开展封山育林、植树造林，退耕还林 37460 亩，利用世界银行贷款造林 1500 亩。2014 年，全镇有林地 122760 亩，森林覆盖率 74.4%。经济林有薄壳核桃 63500 株、板栗 4000 亩、油茶 5000 亩。

工业

1995 年，境内有湖南特种水泥厂、石门三江口水电站、常德矿山机械厂、石门县水泥一厂、二厂、石门县化肥厂、石门县罐头厂等 10 余家市、县企业，有新关镇水泥厂、新关镇彩色水泥厂等 2 家镇办工业企业。新关镇被誉为矿都和水泥城，年开采矿石 500 万吨，产水泥 60 万吨，实现工业总产值 7000 万元。2014 年，全镇有各类工业企业 96 家，完成工业总产值 149559 万元，实现利税 16490 万元。

湖南特种水泥厂 1969 年建厂，1998 年更名为湖南坝道水泥股份有限公司，属常德市直中二型企业。1989 年，兴建第一条年产 15 万吨的湿法回转窑生产线。至 2001 年 6 月，先后建成 3 条生产线，年产能力 60 万吨，完成工业总产值 55862.1 万元。2001 年 12 月，企业因负债过重而破产，后转为私营企业。2002 年，改名为湖南石门特种水泥有限公司。公司生产的“坝道”牌中热硅酸盐水泥主要供应三峡等大型水利工程。2014 年 5 月，该厂改为三峡集团葛洲坝特种水泥有限公司。

石门县化肥厂 始建于 1966 年，1968 年投产。1995 年 10 月，赎买破产企业石门县氮肥厂，接收职工 2400 多人。1996 年 12 月，组建石门县第一家股份有限公司——玉叶化肥股份有限公司。公司总投资 6000 万元，兴建 7 条生产线，年产 8 万吨工业硫酸、30 万吨过磷酸钙、10 万吨矿粉和 400 吨氟硅酸钠。2001 年 8 月，国有股权 254.4 万股在公司内部一次性出售，成为县内最大的私营企业。2002 年 4 月，被省个体劳动者私营企业协会评为湖南私营企业十大行业五百强企业。

商贸服务业

清代及民国时期，境内靠渫水河边有两条商业街道，北岸是猪娘街，南岸为新关街，主要经营手工制作的油纸扇和油纸伞，销往石门县西北

石门海螺水泥有限责任公司

部及澧县、津市，换回粮油食品、布匹、南北杂货。

1956年，在乡政府驻地办起供销合作社、肉食站、粮油站，成为境内中心市场，各村开设代销店。中共十一届三中全会后，个体商贸服务业得到发展，农村市场日益活跃。随着商业流通体制改革的深入和小城镇发展的需要，镇党委、镇政府筹资进行集镇基础设施建设。2000年，修建农贸街，鼓励农民进镇经商，推动商贸服务业快速发展。2014年，全镇有大小商铺341家，从业人员2450人。有墟场1个，逢场日赶集5000余人。全年商贸服务收入1088万元。

建筑业

1972年，组建新关建筑队，有建筑工人50多名。2000年，改名为西北建筑公司，有建筑工人300多人。2014年，西北建筑公司拥有700多人的建筑队伍，承担修建石门县房地产东方明珠、特水公司建设等任务，年创收3000万元。

基础设施

交通运输

1950年10月，建成石门澧水渡口，张公庙至慈利公路通车，途经境内17千米。1959年，石门县城至清官渡公路建成通车，纵贯境内17千米。1970年动工兴建，1978年建成通车的枝柳铁路跨经境内7千米。1974年，石门三江口公铁两用桥建成后，以大桥桥头为基点，扩改建石门至慈利公路，境内长11千米。1976年，修通新泉大队至樟木大队公路。1982年，修通境内海拔最高、坡度最陡的新关大队至茅山公路。1995年，修通二都乡竹园村至清河村、七松村至向家村公路。1982年，实现村村通公路。

2014年，全镇有公路19条81.2千米，其中省道23千米；硬化公路67.2千米。

邮政通信

1976年，境内有邮电所1家，邮政代办所1家。2003年，增加移动通信1家。全镇实现村村通电话。2014年，全镇有固定电话3600多部，移动电话21400部，互联网用户4280户。

供电饮水

供电 1975年，成立新关公社农电站，有10万伏变压器1台。1990年，并入大电网。2006年8月，全镇实现村村户户通电。2014年，全镇拥有输电线路105千米，变压器69台5890千伏安，总用电量419万千瓦时。

1992年，湖南三江电力责任有限公司5台机组建成发电，每台机组装机容量为1.25万千瓦时，年发电1亿千瓦时以上。2001年，由金健米业公司收购，更名为兆恒水电股份有限公司。

饮水 2002年，投资144.6万元，建成竹园、升子峪2个水厂。2009年，投资179.2万元建起松林水厂。2013年，投资258万元，在阎家溶村进行县自来水管网延伸建设。2014年，投资210.09万元，在五桂桥村建起二天门水厂；投资110万元在长岭村建起界溪水厂；投资70万元在七松村建起清河水厂；投资202万元在七松村进行县自来水管网延伸建设；投资2390万元进行集镇自来水厂延伸建设。至2015年，全镇总投资3563.89万元，建设供水工程9处，日供水量2100立方米，受益人口29250人。

水利建设

1960年，在五桂村建起境内第一座水库——六O水库，五桂村、阎家溶村2000亩农田受益。1963—1964年，相继修建小（二）型水库4座。2014年，境内有小（一）型水库1座，小（二）型水库6座，塘坝710个，总蓄水量2900万立方米，灌溉面积8300亩。

镇村建设

1998年，镇党委、镇政府征收土地8万平方米，建成镇政府前大街1000米、农贸街400米；新街道门面130多个，占地35亩。2001年，硬化迎宾路、新堰路、熊家岗路。2014年，集镇建成区面积达3.5平方千米，常住人口3283人，进镇经商户283家，经商人口1200多人。2个居委会和5个行政村均建起村级活动中心。

社会事业

教育

清代，境内有私塾数家。光绪二十七年（1901），乡绅申悦庐办起一所高标准初等小学，校址设姚家祠堂，有3名教师，50多名学生。宣统二年（1910），学校改名为新关初等小学堂。民国元年（1912）改为二等小学校。民国19年，学校有田租87亩，学生发展到150多人。民国21年，学校被定为石门县区立高等小学。民国29年，更名为新关中心国民学校。中华人民共和国建立后，新关中心国民学校更名为新关完小，新设立五桂、松林、茅坪、安乐、升子峪、联合、单家河、三江、七松、龙泉河、歪角垭、保尔、二天门、红土坡14所小学。1958年，在新关完小设一个农中班，一期后并入皂市桅市农中。1969年，新关完小更名为新关中学。1976年，增招高中班。1980年，高中停办。1992年，扩招初中班至24个，有教师65人，学生1118人。20世纪90年代，调整学校布局。1995年，全镇有初中1所，小学4所，教师200余人，在校学生3500人。2014年，全镇有新关中学1所初中，教师63人，学生415人。有新关镇、中茅坪、七松、阎家溶4所完小，教师66人，学生757人。有新兴、太平、新蕾、盼盼、贝蕾5所幼儿园，幼师34人，入园幼儿265人。

文化体育

文化 1971年，创办新关公社广播站，实行队队通广播。1974年，建立新关公社文化站，管理境内文化体育事业。1993年，设立新关有线电视台，7个村1300户农户接通有线电视。2014年，全镇有图书馆（室）5所，藏书68000册。每个村、社区均有文体活动场所，村镇文化艺术活动有声有色。

体育 1987年，长岭舞狮队参加县舞狮大赛获第一名。2014年，新关镇代表队参加县广场健身舞暨首届摆手舞大赛，获最佳编排奖；参加县第四届职工运动会广播体操比赛，获乡镇组一等奖。

医疗卫生

民国期间，境内有私人诊所1家。中华人民共和国建立后，由个体医生组建联合诊所。1956年，建立城关乡卫生所。1959年，改为新关公社卫生院，有医务人员13人，病床2张，下设26个大队卫生所。1985年，更名为新关镇卫生院，有医务人员21名，病床5张；下设新关、七松、龙凤3个医疗站。2014年，镇卫生院有医务人员31人，病床50张，下辖3个村级卫生室。

社会保障

“五保” 1995年，全镇供养“五保”对象37人。2008年，建立镇敬老院，建筑面积2800平方米，可同时入住80人。2014年，全镇62名“五保”对象全部入住敬老院集中供养。

“新农合” 2005年，推行新型农村合作医疗制度。年内参加合作医疗15611人，参合率99%。至2014年，19950人参加农村合作医疗，参合率100%。0.5万人次享受门诊、住院补偿金160万元。

低保 2006年，启动贫困居民最低生活保障制度，568人享受农村居民最低生活保障待遇，

298人享受城镇居民最低生活保障待遇。2014年，有414人享受农村最低生活保障待遇，领取低保金72.966万元；232人享受城镇居民最低生活保障待遇，领取低保金48.348万元。

“新农保” 2008年，实施新型农村社会养老保险制度，135人参加“新农保”。2014年，有13850人参加“新农保”，参保率99%。4150人享受社会养老保险待遇，领取养老金373.5万元。

特色地情

风景名胜

七松古文化遗址 位于新关镇七松村，范围东至海螺水泥转移站，南至石慈公路，西至徐年华家，北至澧水河，内有大水井殷商文化遗址、马安墓等。1998年5月，被定为石门县第一批重点文物保护单位。

岩门口 位于新关镇安乐村。1943年11月，日军进犯石门，国民革命军七十三军暂编第五师师长彭士量奋力抵抗。11月15日，暂5师渡河时遭到日军围攻，彭士量指挥突围，不幸在南岩门口被敌飞机机枪射中，壮烈殉国。

日光洲 三江口电站修建后，靠澧水、溇水交汇处的日光洲，景色优美，鸟语花香，可垂钓野炊。

（文字供稿：覃华平，图片供稿：新关镇政府）

夹山镇>>

区域概况

位置面积

夹山镇位于县境南部，东与夹山国家森林公园、临澧县杉板乡毗连，南与秀坪园艺场、临澧县佘市桥镇接壤，西与慈利县苗市镇相连，北与二都乡为邻。石（门）陬（市）公路和石（门）长（沙）铁路穿境而过。镇人民政府驻杨坪社区，距县人民政府驻地18千米。

2014年，夹山镇总面积187平方千米，有耕地81200亩。

建置沿革

清雍正十三年（1735），镇域属南乡第五都管辖。民国2年（1913），设官渡桥自治区。民国23年，改官渡桥乡。民国32年，三板桥划归福田乡管辖，官渡桥划归蒙泉乡管辖。1952年2月，全县设14区281个乡，镇域置23个乡。1956年6月，撤区并乡，青玄、两河、官渡、长龙、栗山、东泉、西周、晓星、汉阳、马塌、总队11乡并为官渡桥乡；姊妹、犁子、肖家、三板、木山、砖桥、雨淋、邵福、花兰、昂头、停队、东周12乡并为三板桥乡。1958年9月，实行人民公社体制，官渡桥乡、三板桥乡分别改为官渡桥公社、三板桥公社。1960年，从三板桥公社析置杨坪公社。1984年4月，撤销人民公社，设官渡桥乡、三板桥乡、杨坪乡。7月，官渡桥乡改为官渡桥镇。1995年，杨坪乡、三板桥乡、官渡桥镇合并，设立夹山镇。至2014年未变。

行政区划

1984年公社改乡后，杨坪乡辖中坪、东周、下官、姊妹、枣峰、枣园、停队、何岗、邵福、花兰、新泉、杨坪、昂头、夹山14个行政村，官渡桥镇辖马塔、荷花、新岗、两合、官峰、官渡、双龙、青玄、东泉、太平、栗山、灌坪、晓星、西周、新桥、汉阳、汉丰、青龙18个行政村，三板桥乡辖总堆、桂花、孙家、联合、三板、南门、雨淋、浮坪、青桥、四斗坪10个行政村。

1995年合并设立夹山镇，村区划未变，全镇共辖42个行政村。2007年实行合村并组，至2014年，夹山镇辖马塔、两合、双龙、东泉、栗山、西周、汉丰、枣峰、邵福、新花、浮坪、孙家岗、桂花13个行政村和杨坪、三板桥、官渡桥、青玄山4个社区，共216个村民小组。

自然环境

镇域为低山丘陵区，最高山峰为十九峰，海拔280米，最低点位于三板桥社区四斗坪，海拔

80米；全境平均海拔高度181米。有杨坪、四斗坪、南嘎坪、匡家坪、灌坪、李家坪、中坪、马踏坪8个小型平原。发源于慈利五雷山的道水，为境内最大河流，流经20多千米。镇域属亚热带季风湿润性气候，年平均气温19℃，常年主导风向为东南风，次主导风向为西北风。年平均降雨量1391.8毫米，最多的1954年2103.4毫米，最少的1977年923.8毫米。全年平均日照时数为1712小时。全年无霜期287天。主要植物有马尾松、香樟、枫、栗、油茶等。野生动物有国家二级保护动物野猪、猪獾、狐狸、野猫、穿山甲等。土壤为酸性，含铁、硅、铝、硫等元素，以黏土为主，适宜松树、樟、油茶等林木的生长。矿产资源以烟煤、石煤、石膏、海泡石、矽砂、黏土等储藏量大，探明有烟煤1200万吨，石煤2亿吨，石膏矿上亿吨，海泡石1000万吨。

人口民族

2000年，夹山镇有13463户47713人，其中男性24864人。2011年，全镇有57122人，其中男性29185人。

2014年，全镇有18644户57832人，其中非农业人口5600人；男性29542人；汉族45242人，土家族12381人；其他少数民族209人，其中侗族33人、回族10人、瑶族15人、朝鲜族1人、布依族8人、苗族74人、壮族67人、藏族1人。

经济发展

综述

1995年，全镇实现工农业总产值1.52亿元，其中工业产值9562万元，农业产值5666万元。2000年，全镇实现工农业总产值1.99亿元，农民人均纯收入1970元，财政收入616.1万元。2014年，镇党委、镇政府优化工业布局，促进产业集群发展，全力打造以浮坪为中心的石膏矿工业经济区，以十九峰山为主的石煤矿工业经济区，以阳坪为中心的柑橘深加工工业经济区。全镇实现工农业总产值14.5亿元，农民人均纯收入6565元。

农业

种植业 境内种植业主要是粮食作物和柑橘种植。1995年，农作物播种面积154988亩，其中水稻83200亩。2014年，镇里承接县农业局桂花村1100亩“双季稻万亩创建示范片”、两合村11500亩“万亩玉米高产创建示范片”、杨坪社区和三板桥社区2000亩“省级万亩中稻高产创建示范片”、邵福村和桂花村100亩“万亩测土配方示范片”和“千亩‘种三产四’示范区”、邵福村和桂花村各100亩“万亩柑橘高品质栽培示范园”等多个办点示范项目。全镇培育种植业科技示范户50户，培育家庭农场8个。全镇注册柑橘专业合作社2家，建立柑橘专业合作社4个，参社农户达5000户以上，有60万担柑橘实现协会统一销售。亚辉柑橘合作社跻身省级示范社，拥有社员1000多户，柑橘种植面积达到18000亩。是年，全镇柑橘总面积达35000亩，受益面积27000亩，销售柑橘3.5万多吨，产值4200万元。发展猕猴桃、合欢果等特色种植16000亩，创收200多万元；种植粮食作物109035亩，产量32432吨；经济作物63640亩。

养殖业 1995年，全镇饲养生猪46543头，出栏26587头；饲养耕牛6752头；出栏山羊1950只，出笼家禽297542羽。2014年，全镇养殖生猪7.6万头，其中出栏6.4万头；养湘西黄牛2180头；养马头山羊1.5万只；养家禽650万羽，产禽蛋3280吨；出水鲜鱼1840吨。全年养殖创收2.5亿元。

林业

1995年，全镇有林地61980亩，占山地面积的42.27%，森林覆盖率41.22%，人工植林23亩，封山育林65000亩，经济林12000亩。2014年，全镇有林地64197亩，森林覆盖率42.5%。

工业

1995年，境内有企业1300多家，其中烟煤矿52家、石煤矿3家、石膏矿8家、红砖厂2家、人造金刚石厂1家，年产2万吨的油脂厂和水泥厂各1家，年产3万吨的石膏粉厂1家，完成工业总产值9562万元。2000年，全镇拥有环保砖厂、塑料包装厂、预制板厂、红砖厂、煤矿、石膏矿等乡镇企业52家。2002年，关闭部分小煤矿和小型企业。2003年，境内只有石膏矿8家、红砖厂1家、灰渣砖厂2家、水泥厂3家，年创产值1.3亿元。2014年，全镇拥有工业企业129家，完成工业总产值6.5亿元。

商贸服务业

清代和民国时期，境内有杨坪、三板、周仕安、官渡、青玄墟场，主要进行牛、猪交易和经营日常生活用品及农副产品。小麻花、糍粑、桂花糖、独丝糖等土特产品畅销常德、桃源等地。中华人民共和国成立后，在乡（公社）驻地建立供销社、肉食站、粮店等国营集体商贸企业，成为农村中心市场。“文化大革命”期间，墟场被取缔。中共十一届三中全会后，农村市场日益活跃。1995年，全镇社会零售商品总额1亿元。2008年10月，杨坪农贸市场建成开业，市场占地4000平方米，有商铺门面23间、摊位233个。2014年，全镇实现商贸服务收入3981万元，其中商贸收入2061万元。

基础设施

交通运输

1957年，石门县城至青峰煤矿公路建成通车，全长28千米，途经境内15千米。1965年，县道石（门）陬（市）公路新街口至白洋湖段建成通车，经过境内20千米。20世纪70年代，加强乡道建设。90年代，加强通村通组公路建设。2014年，全镇拥有公路总长437千米，实现村村组组通公路，公路硬化率100%。开通官渡桥、青玄山、三板桥、杨坪通往石门、常德、长沙的长途客班车。

邮政通信

1995年，境内有邮电所1家，邮政代办所1家。2010年，建立移动营业部1个，移动通信网站6个。2014年，全镇有家庭固定电话3700部，移动电话15000部，互联网用户1600多户。

水利建设

1957年，在周仕安村建成共青水库，是为境内第一座水库，库容量100余万立方米，灌溉面积3000亩。2014年，全镇拥有中小型水库23座，其中中型水库1座、小（一）型水库6座、小（二）型水库16座，总库容量2179万立方米。有388口骨干塘、4267口一般堰塘，总蓄水量950万立方米。中小型溪坝255处，提灌机埠145处。大小渠道755千米，其中硬化205千米。溪河11条，总长187千米。有灌坪、孙家湾、两合、恩子潭、马家溶、坦奶瓶6处渡槽，总长3787米。水库、堰塘、溪河等总灌溉面积4.5万亩。

供电饮水

供电　1966年，在官渡桥修起3.5万伏的变电站，联通新关变电站。主要供青峰煤矿、广福桥煤矿用电。1967年，官渡、青峰、两合口、青玄等村靠煤矿周边的部分居民用上电。1976 年，官渡桥绝大部分居民用上电。1981 年，官渡桥 25000 多居民用上电。到 1985 年，官渡变电站升级，建起 11 万伏的变电站，从官渡桥变电站分出去 3 个 3.5 万伏的变电站。1987 年，三板桥从白洋湖变电站拉电、杨坪从官渡桥拉电，并成立官渡、三板、杨坪 3 个农电站，每村有一个或两个变压器，每村有一个电工。2014 年，区域内用电量达 17000 万千瓦时。

饮水 2007 年，建成杨坪供水站，日供水 620 立方米，供应杨坪、邵福、三板桥 3100 多人的饮用水，是为境内最早的安全饮水工程。2009 年，东泉水库供水站集中供水工程竣工，日供水 4500 多立方米，供应东泉、栗山、双龙、官渡、西周、汉丰、枣峰、曾家岗、桂花、秀坪园艺场等村和社区。西泉堰供水站供应青玄、官渡，双龙一部分、马塔、汉丰 5 个村和蒙泉镇的三堡、梭金山、将军山 3 个村以及青峰煤矿共 16400 人的饮用水。2010 年，接通蒙泉水库供水站，供应夹山镇两合、马塔、桂花 9200 多人的饮用水。2014 年，接通临澧县牛头山供水站，供应境内 2100 多人的饮用水。2014 年，全镇 13000 多户 47800 人吃上安全卫生的自来水。

村镇建设

民国时期，境内杨坪集镇街道 300 米，有个体经商户 40 多户。1995 年，杨坪集镇作为夹山镇政府驻地，征用土地 6.67 万平方米，建设街道 60000 平方米，总长 6000 米，临街门面 1300 个。2008 年，开发临河面 54 亩，建成杨坪农贸大市场，有摊位和门面 300 个；启动三板、周仕安、官渡、青玄等社区的集镇建设。2010 年 1 月，三板农贸市场建成开业，有大棚 2500 多平方米，固定摊位门面 151 个。2014 年，境内各集镇基础设施建设基本完善，有商铺 1708 家、从业人员 3218 人。

社会事业

教育

民国 13 年（1924），乡绅丰玉树等在下官桥玉皇庙创办私塾。民国 32 年，福田乡创办下官桥国民小学。

1958 年，境内设有小学 9 所，其中完小 3 所，教职工 118 人，在校学生 1280 人。1969 年，下官桥完小增设初中班，有学生 30 人。1970 年，创办杨坪中学，有学生 220 人，教师 16 人。官渡桥、三板桥 2 所中学也相继建立。1972 年，各大队均办有小学。1976 年，官渡桥、三板桥、杨坪 3 所中学增设高中班。1979 年，高中班停办。1995 年，全镇有初中 3 所，小学 37 所，其中完小 8 所，有教职工 500 人，学生 7089 人。进入 21 世纪，生源减少，学校开始撤并。2002 年，全镇有中小学 22 所，教职工 368 人，在校学生 4600 多人。2014 年，全镇有中学 3 所，小学 9 所，教职工 280 人，在校学生 2621 人，其中中学生 773 人；幼儿园 11 所，幼师 75 人，在园幼儿 1356 人。

文化体育

1980 年，境内设有三板、杨坪、官渡桥 3 个公社文化站，主要负责广播，组织文化活动。1995 年，设镇文化站、镇广播站各 1 个，有电影院 3 个，电视差转台 2 座。2014 年，建成镇文化活动中心，有 500 多平方米的多功能文化活动大厅、1000 多平方米的群众文化广场、100 多平方米的夹山之窗文化宣传走廊。有镇图书馆 1 所，藏书 1.1 万册。全镇实现村村通广播。电视入户率 98%，其中有线电视入户 4200 户，入户率 90%。各村（社区）建有文化活动室和农家书屋 43 个，藏书 86000 余册。建有老年人戏剧团协会、诗词书法协会、摄影协会、健康舞蹈协会、女子管乐协会、门球协会、写作协会等群众文化组织，有百花、朝阳、两合等17个民间文艺演出团体。夹山集镇体育活动场所有300平方米的群众健身广场、100多平方米的塑胶羽毛球场、篮球架2个、乒乓球桌4个、健身器材18套。

医疗卫生

1956年9月，刘可富、刘久福等22人组成杨坪联合中医医疗诊所，下设冷水街、药铺岗2个分所。1958年，中医诊所转为集体，分别成立官渡桥公社卫生院、三板桥公社卫生院和杨坪公社卫生院。1984年，公社卫生院改为乡卫生院。1995年乡镇合并后，杨坪乡卫生院改为夹山镇卫生院，三板桥乡卫生院、官渡桥镇卫生院分别改为夹山镇卫生院三板桥分院、夹山镇卫生院官渡桥分院。下辖36个村卫生室。全镇有医务人员近100人。2011年起，加大对夹山镇卫生院的基本建设，至2014年，全院占地7427平方米，建筑面积6817平方米，其中业务用房4308平方米，生活用房2509平方米。医疗设备总值达100多万元，设有内科、外科、儿科、妇产科、中医科及制剂、化验、放射等辅助科室。有医务人员60人，病床70张。下设三板桥、官渡桥2所分院，有医务人员65人，病床80张。下辖16个村卫生室，有村医35人。

社会保障

农村“五保” 中华人民共和国成立后，对老弱病残给予相应救助安置。1963年起，由生产队对孤寡老人及无劳动能力的残疾人实行保吃、保穿、保住、保医、保葬（简称“五保”）供养制度。1984年改乡后，“五保”供养由村负责，费用从村提留中列支。2003年后，改为政府财政列支。2004年，在三板桥社区建成夹山镇敬老院，占地2.67万平方米，建筑面积2200平方米，有床位67张，年内有42名“五保”对象居住。2014年，全镇供养“五保”对象271人，其中分散供养189人，敬老院集中供养82人。

城乡居民最低生活保障 2004年，开始实施城乡居民最低生活保障制度。2014年，全镇有低保户1131户1943人。居民最低生活保障分为三等，A等，属于“五保”户边缘的，人均每月发放175元；B等，家内有重度残疾一个或二个以上，人均每月发放140元；C等，普通困难户，人均110元。

新型农村合作医疗 2007年，实施新型农村合作医疗，人均交10元，39391人参加医保。之后，个人交费标准逐步提高。2012年，个人交费标准提至50元，全镇45345人参保。2014年，人均交60元，全镇有45613人参保。

新型农村社会养老保险 2011年，开始实施新型农村社会养老保险，缴费标准为年人均100元。是年，有2678人参保。2013年，全镇有24998人参保。2014年，全镇有21554人参加城乡居民养老保险。

特色地情

风景名胜

夹山寺 唐咸通十一年（870），朝廷御派高僧善会和尚到此开山建寺，初名“普慈寺”。至宋迄元，历有高僧主持和增修，使庙宇屡添宏伟，有“三朝御修”之誉，并改名为“夹山灵泉禅院”。

宋政和初年（1111），圆悟禅师受宰相张高英居士之邀在此传经授徒10年。夹山寺历经千年，屡度兴废，由于其在汉传佛教文化历史上的特殊地位，1958年被湖南省人民政府公布为重点文物保护单位。2014年，夹山寺是国家AAAA级景

区和国际生态休闲景区。

灵泉禅院 夹山灵泉禅院俗称夹山寺，占地50余亩，寺院内有山门殿、南清池、钟鼓二楼、天王殿、大雄宝殿、大悲殿、法堂、金殿、闯王迷秘宫、灵泉宝塔、斋堂、寺院古树群落景观。

闯王陵 位于夹山寺西侧山坡坞形地，坐西向东占地2万平方米，是明末清初农民起义领袖闯王李自成兵败后化名奉天玉禅隐夹山寺圆寂后的安葬地。陵园内有陵卫、李自成禅隐夹山纪念馆、永昌池、大顺桥、紫石牌坊、神道、石相生、陵寝、野拂塔、明楼、碑刻长廊等景观。

洗墨池 是高僧奇士写诗作画清洗笔墨的地方，故名洗墨池。李自成在此曾经写下诗句："满不满，清不清，一齐反，得太平。"

玉玺井 传说当年李自成攻进北京城，得玉玺后带到了夹山寺，本来是想谋东山再起之后使用，没有想到大势已去，有心杀敌却无力回天，一气之下把玉玺扔进井里面，因而得名玉玺井。

碧岩泉 位于夹山寺西南1千米处，因两眼泉水从五座石峰下汩汩流出而得名。唐咸通十一年（870），高僧善会来到石门夹山，创立夹山灵泉禅院。善会和尚饮茶坐禅，悟出"猿抱子归青嶂岭，鸟衔花落碧岩泉"的"夹山境地"，成为唐、五代禅宗中最富有代表性和典范意义的茶禅机缘、茶禅境界，以致历代禅林又称夹山为"碧岩"。碧岩泉风景区以碧岩泉为中心，由碧岩溪、碧岩桥、碧岩池、碧岩湖、碧岩亭、碧岩洞、碧岩茶园、碧岩广场、碧岩摩崖石刻等景点组成。游人到此品茶悟禅，可以体会到一种清寂明净、纯洁秀美、无拘无束、自由自在的"茶禅一味"境界。

（文字供稿：覃华平，图片供稿：夹山镇政府）

蒙泉镇>>

区域概况

位置面积

石门县蒙泉镇位于县境南端，东与临澧县佘市桥镇、文家乡、太浮镇交界，南与桃源县双溪口乡、马鬃岭镇接壤，西与慈利县广福桥镇相邻，北与夹山镇毗连。镇人民政府驻白洋湖社区，距县人民政府驻地30千米。

2014年，全镇总面积238平方千米，有耕地88995亩，其中水田78000亩、旱地10995亩；林地177132亩，草地8452亩，水域33615亩。

建置沿革

清雍正十三年（1735），境域属石门县南乡。民国2年（1913），全县设21个自治区，镇域置蒙泉、磐石、花薮3个自治区。民国20年，全县设20个乡，镇域置蒙泉、磐石、花薮、白洋4乡。1952年2月，全县设14个行政区281个乡5个区辖镇，镇域置夏家巷镇和33个乡。1955年4月，撤销夏家巷镇。1956年6月，全县撤区并乡，花薮、清水、手桥、浮邱、花寺、天子、锅耳、太平、界溪、上午通10乡并为花薮乡；保宁、澧阳、大同、上七里、白洋、下七里、荆田观、水制、广寿、夏市、将军、复兴、观国13乡并为蒙泉乡；羊毛、茶龙、兴龙、潘市、莲花、丰溪、凤凰、太浮、白泉、望仙10乡并为磐石乡。1958年9月，实行人民公社体制，镇域分属花薮、蒙泉、磐石、三板桥公社。12月，花薮、磐石、三板桥并入蒙泉公社。1961年4月，由蒙泉析置花薮、磐石、三板桥公社。10月，由三板桥析置白洋公社。1982年，白洋公社更名为白洋湖公社。1984年4月，撤销人民公社，改为蒙泉、花薮、磐石、白洋湖乡。7月，蒙泉乡改为夏家巷镇。1995年4月，撤区并乡，夏家巷镇和花薮、磐石、白洋3乡合并为蒙泉镇。至2014年无变化。

行政区划

1995年，蒙泉镇辖76个行政村，共738个村民小组。2007年5月合村并组后，辖18个行政村、2个居委会，共110个村民小组、32个居民小组。2014年，全镇辖礼阳山、梅家河、下七里、保宁桥、黄旗峪、梭金山、将军山、上七里、天子岗、两河口、上午通、中午通、羊毛滩、孙家嘴、凤凰峪、望仙树16个行政村，白洋湖、夏家巷、花薮坪、潘家铺4个社区，共110个村民小组、32个居民小组。

自然环境

镇域地形属武陵山余脉，东南连太浮山脉，

西北连五雷山脉。最低点白洋湖社区龙口桥海拔59米；最高点太浮山山顶海拔605米，平均海拔265米。有道水、麻溪河、东河3条主要河流，最大河流道水发源于五雷山，自西向东流经境内15千米。镇域属季风湿润气候区，四季分明，年平均气温17℃，年平均降雨1350毫米。树木以乔木为主，主要树种有30多种。镇域95%是石英砂岩地质，地下矿藏有石膏、矽砂、煤、海泡石等，其中石膏储量1亿吨，煤储量30万吨。

人口民族

1995年，全镇有19025户57846人，其中男性30079人，女性27767人；农业人口56293人；出生率7.8‰；汉族56689人，少数民族1157人。

2014年，全镇有21122户68082人，其中男性35403人，女性32679人；农业人口63934人；出生率10.5‰；汉族62232人、土家族5842人、满族1人、苗族7人。

经济发展

综述

1995年,全镇实现工农业总产值18116万元，其中工业总产值9852万元，农业总产值8264万元。2002年，镇村集体企业实行改制，改公有为私营，民营经济得以快速良性发展。2005年，全镇工农业总产值达58723万元，其中农业总产值23646万元，工业总产值35077万元。2005—2014年，镇党委、镇政府全力开展招商引资，9年间引进工业项目8个、资金1.5亿元；引进农业项目3个、资金9500万元。2014年，完成国民生产总值31.8亿元，其中第一产业65000万元,第二产业180420万元,第三产业72580万元，实现地方财政收入5045.23万元，农民人均纯收入8546元，居民储蓄存款突破7亿元。

农业

种植业 蒙泉素有石门粮仓、橘乡之称，种植业以粮食作物为主。1995年，种植水稻46995亩，总产粮食18798吨，利用旱地和高田栽种玉米、土豆、红薯4200亩，蔬菜5250亩。1996年，引进高产优质水稻和生产技术，兴修水利，治理水土流失。2000年，推广优质稻“两优培九”，亩产比1995年增加200公斤。2012年起，镇农技站先后在白洋湖、礼阳山、花薮坪、黄旗峪、望仙树、梅家河、下七里等村居开展早稻集中育秧示范、水稻“种三产四”示范、“三一工程”示范、玉米高产创建示范，促进传统农业转型升级。2012年，蒙泉镇作为石门县唯一乡镇，入选常德市粮食生产先进乡镇。蒙泉又是柑橘大镇，有柑橘面积55000亩。2013年，通过出口基地认证和绿色食品认证，确立生态农业精品柑橘基地30000亩。是年，柑橘产量突破6万吨，占全县柑橘总产七分之一。

2014年，湖南稼和农业有限公司投资1800万元，在礼阳山村流转土地500亩，种植反季节蔬菜取得成功。丰瑞乐家庭农场建设“三一工程”100亩，加工开发富硒稻蛙米、紫嫩粉丝、生态食用油、紫嫩土豆、丰瑞乐青蛙等六大系列20多种特色农产品。是年，境内有农民专业合作社35家、家庭农场39家，流转土地15000亩，农业生产朝着规模化、集约化、机械化转变。全镇粮食种植面积129100亩,粮食总产37436万吨。

养殖业 1995年，全镇养殖生猪7.5万头，其中出栏6.1万头，养牛830头，养禽8.7万羽，出水鲜鱼612吨。2000年起，镇政府扶持养殖大户，成立养猪、养鸡协会，与农户签订合作协议，开辟销售渠道，推动养殖业发展。白洋湖居委会村民杜灯龙，2007年开始规模养猪，每年出栏1500～2000头。黄旗峪村村民潘新文，2008年投资养鸡，年出笼45000羽。2014年，境内养殖大户发展到35户，其中生猪养殖年出栏500头以上的15户，养鸡年销售10000羽以上的有10户，养鸭年销售10000羽的有10户；全镇养殖生猪12.3万头，出栏10.2万头，其中大康牧业盛旺达种猪场年出栏生猪7万头。养家禽86.5万羽、养牛832头、养山羊12000只，出水鲜鱼851吨。

林业

1995年，全镇山地177132亩，其中有林地117994亩，森林覆盖率45.1%。1996年，实施全面封山育林、植树造林和国家长防林工程，造林2700亩，退耕还林造林676亩，农户自发造林1264亩，纳入国家与省级公益林补助面积44407亩。2014年，全镇拥有林地124147亩，其中用材林116385亩，木材总蓄积量430518立方米，森林覆盖率48.8%。境内有国家一、二级野生珍稀保护植物8种，古树602株；有国家一级珍稀保护动物中华秋沙鸭、云豹、黑麂、雕、老鹰5种，国家二级珍稀保护动物穿山甲、大蟒、白鹭、锦鸡等12种。2014年，蒙泉镇获“国家级生态乡镇”称号。

工业

民国时期，境内竹制品、木制品、铁制品的手工制作业发达，酿酒作坊兴盛。在夏家巷西街有一家私立铜芯锅厂。中华人民共和国成立后，该厂继续开办。1954年，改为蒙泉手工业联社，1958年，更名蒙泉农机社。1964年，改为蒙泉农机厂，属县二轻局企业。1973年，兴办蒙泉公社安全煤矿。1984年后，乡镇企业蓬勃发展。1995年，境内有镇办集体企业38家、村办集体企业46家、个体和联营企业2064家，全镇完成企业总产值17646万元，实现利税2874万元。2002年，境内有花薮石膏工业公司、白洋毛巾厂、夏家巷机砖厂、磐石机砖厂、黄旗耐火材料厂等骨干企业18家。2005年，引进石门福慧达农产品加工物流公司，年内加工柑橘2万吨，实现产品销售收入4000万元。2009年，开办石门县金麟鞋业有限公司，年生产童鞋250万双，产品出口美国、加拿大等欧美市场，2013年，出口创汇900万美元，占全县出口创汇70%。2009年，合并全县11家小纯净水厂组建石门县九九太浮饮业公司，成为常德市饮用水龙头企业。2014年，全镇工业企业发展到357家，其中规模工业8家，实现工业总产值19.47亿元。

商贸服务业

清代，境内集镇有夏家巷、磐石、上午通3处。民国时期，先后兴办蒙泉、上午通、磐石、白洋湖、羊毛滩5处墟场。中华人民共和国成立后，在乡（公社）驻地建供销社，肉食站、粮油站，乡（公社）驻地成为农村中心市场；村（大队）开设零售店和代销店。“文化大革命”期间，各墟场被取缔。中共十一届三中全会后，个体商贸服务业得到发展，农村市场日益活跃。1995年，境内有蒙泉、白洋、磐石、花薮、上午通、羊毛滩、望仙树7个墟场，个体商业店铺发展到600家，餐饮业60家，社会商品零售总额3288万元。随着商业流通体制改革的深入和小城镇发展的需要，镇党委、镇政府筹资进行集镇基础设施建设，鼓励农民进城经商。

1999年，在白洋湖中街，投资建设经商门面30个。2002年，镇政府投入资金230万元，拉动社会投资1050万元，建设白洋湖、夏家巷两大集贸市场。白洋湖市场占地3777平方米，建成固定摊位208个、固定商业门面50个，建筑面积7800平方米。夏家巷市场占地7800平方米，建成固定摊位 250 个、固定商业门面 60 个，建筑面积 13600 平方米。

2007 年，镇政府投入资金 285 万元，拉动社会投资 6715 万元，建设磐石边贸大市场，占地 39068 平方米，建成固定摊位 224 个，固定商业门面 80 个，建筑面积 44854 平方米。

2010 年，镇政府投入资金 125 万元，拉动社会投资 1105 万元，开发建设上午通集贸市场，建成固定摊位 50 个、固定商业门面 80 个，建筑面积 8000 平方米。

2010 年，全镇有夏家巷、白洋湖、磐石、上午通 4 处集贸市场，羊毛滩、望仙 2 个村级边贸市场。2014 年，全镇有各类商业店铺 760 家，个体工商从业者 1680 人，社会商品零售额 6.5 亿元，其中集市商品成交额 4.45 亿元。

旅游业

境内旅游资源丰富，蒙泉湖是省级水利风景区，还有三王峪 48 寨风景区，观国山道教文化区。2000—2001 年，镇党委、镇政府连续举办两届“蒙泉湖杜鹃花会”。每年有近万名游客到蒙泉湖旅游、观光、度假、休闲。2014 年，蒙泉湖有豪华电瓶游船 2 艘，汽艇 1 艘，其他游船 5 艘。有蒙泉湖度假村、蒙泉迎宾大酒店、鑫如家宾馆、凤凰农庄、太浮山庄、黄旗生态农庄、花薮客栈等旅社酒店 22 家，接待床位 200 张，餐位 600 个。全年旅游接待收入 500 万元。

基础设施

交通运输

1956 年，建成蒙泉—青玄—花山—石门公路，是为境内第一条公路。1957 年，建成磐石—白洋—三板—水井垭—石门的公路，每天一个客运班次往返。1959 年，建成蒙（泉）临（澧）公路。1964 年，县道石（门）陬（市）公路新街口至白洋湖段建成。1995 年，境内县乡公路总长达 180 千米，通村简易公路 4 条总长 35 千米。每天有 16 个班次开往常德、石门、临澧。2005 年，建成雅（林）菖（蒲）县道公路。2006 年，启动公路村村通工程和公路硬化工程，建成潘望线镇道公路。2008 年，建成桥杨线镇道公路。2013 年，建成夏（家巷）上（五通）县道公路。2014 年，境内有县、镇、村公路 667 千米，硬化 353.5 千米。全镇 75% 的组通公路，每日有 42 班次客运车往返常德、石门、临澧、桃源，客流量达 1800 人。

邮政通信

20 世纪 60 年代中期，设立蒙泉邮政支局，下设白洋、磐石、花薮，官渡，杨坪、三板、青峰 7 个邮政所、7 个电话所。1965 年，大部分大队通摇把电话。1993 年，机关单位开通程控电话。1996 年，开通移动电话，程控电话普及到家庭。1997 年，邮电分家，设立蒙泉邮政支局和蒙泉电信支局，邮政支局下设白洋、磐石 2 个邮政所；电信支局下设 2 个电信所。2000 年，开通互联网，移动、联通进入千家万户。2014 年，境内有邮政支局 1 家、邮政所 2 家、电信支局 2 家、移动通信代办点 1 家、移动手机专卖店 13 家、联通手机专卖店 10 家，有家庭固定电话 4967 部、移动电话 52642 部，互联网用户 2308 户，邮政电信业务收入 452 万元。

供电饮水

供电 1974 年，在蒙泉水库建 1 座小型水电站，装机容量 570 千瓦，年发电 250 万千瓦时；架设官渡—青玄—蒙泉的高压线路，供电负荷 300 千瓦，是为境内第一条输电线路。1980 年，架通官渡—白洋—花薮的高压线路；建磐石供电所，隶属桃源县供电局，磐石乡用电由桃源县小水电供应。1986年，蒙泉、白洋、花薮农电站相继建立。2001年，撤销蒙泉、白洋、花薮3个农电站，组建蒙泉供电所。2014年，蒙泉供电所供电负荷达16500千伏安，年总供电量3000万千瓦时，售电量2700万千瓦时；有羊毛滩、孙家嘴、夏家巷岩巴垴3处4座电排，总装机容量300千瓦。

饮水 2008年，修建黄旗水厂和望仙水厂。2010年，修建蒙泉水厂。2012年，修建寺垭供水站。2013年，修建首桥供水站。5座自来水厂日供水4100立方米，受益人口61000人，安全饮水率98%。

水利建设

1957年，境内修建第一座水库——首桥水库，总库容1415万立方米，正常库容1070万立方米，有效灌溉面积1.5万亩。1958年，修建寺垭水库，总库容1700万立方米，正常库容1400万立方米，有效灌溉面积1.8万亩。1974年，修建蒙泉水库，总库容6300万立方米，正常库容5120万立方米，有效灌溉面积3.2万亩。1995年，境内有首桥、寺垭、蒙泉3座中型水库，5座小（一）型水库，20座小（二）型水库，骨干堰塘及山塘4250口。2009年，国家和省投入专项资金6000万元，对蒙泉水库除险加固。2008—2009年，投入专项资金2300万元，对寺垭、首桥2座中型水库除险加固。2014年，全镇自流灌溉面积6万亩。

镇村建设

1995年4月，境内夏家巷、磐石、白洋、花薮、上午通均为马路市场，城镇化率7.8%。

2007年，制定《蒙泉镇总体发展规划》，镇区面积定位5.58平方千米。2014年，白洋湖集镇建成区面积1.5平方千米，总建筑面积106000平方米，街道总长6.5千米，主街长3.8千米，常住人口3500人左右；磐石集镇建成区面积0.6平方千米，总建筑面积128000平方米，街道总长2千米，主街道长1.5千米，常住人口3500人左右；花薮集镇建成区面积0.2平方千米，总建筑面积20000平方米，街道总长1千米，常住人口700人左右；夏家巷集镇建成区面积1平方千米，总建筑面积144000平方米，街道总长3.1千米，主街道长2.5千米，常住人口5000人左右。全镇城镇化率达18.9%，20个村（居）都建有村级活动中心。

社会事业

教育

1980年，境内有中学5所，小学72所，中小学生7181人，教职工561人。其中白洋湖乡设白洋湖初级中学和15所小学。磐石乡设磐石、望仙2所初级中学，21所小学。夏家巷镇设育才初级中学和21所小学。花薮乡设花薮初级中学和15所小学。后根据教育资源变化，不断调整学校布局。1988年，望仙中学与磐石中学合并为磐石乡中学，境内中学减至4所。到1994年，小学减至46所。1995年，撤销乡镇联校，设立蒙泉镇教育办公室（教育办）。2003年，乡镇教育机构改革，蒙泉镇教育办更名为蒙泉镇中心学校。随着生源减少，全镇小学再次撤并为12所。2012年，国家财政投资300万元，兴建蒙泉镇中心幼儿园。2014年，全镇有学校（教学点）16所（处），其中初级中学4所、镇完小1所、片完小3所、村完小3所、教学点5处；中小学教师382人，其中初中教师186人，小学教师含幼儿教师196人。在校学生4630人，其中初中1632人，小学2998人。在园幼儿1107人。全镇学校校园占地29.3万平方米，校舍建筑面积68524平方米，教学仪器等教学设施设备总价值约366万元。

文化体育

中华人民共和国成立后，境内农村文化活动活跃，主要有地方业余花鼓戏剧团、舞狮队、民间吹打乐队等演出。20世纪60年代中期至1974年，每年有省、县电影队下乡流动放映。1974年5月，蒙泉公社成立社办电影队。1975年9月，花薮、磐石、白洋湖社办电影队相继成立。1982年，蒙泉公社文化站建立。1986年，磐石乡文化站建立。1995年并乡建镇后，设立蒙泉镇文化站。全镇有农家书屋4个，书刊2000册；各类体育场所9个；文学艺术爱好者200多人。2006年，成立镇有线电视管理站，部分农家开始接收有线电视信号。2008年，镇政府投资45万元，建成405平方米高标准综合文化站，站内设有多功能活动厅和多媒体室，有各类藏书1.5万多册。2012年，20个村(居)建成农家书屋69家、有书刊11万册。2013年，14个村（居）广播“村村响”工程完成,有530户完成电视网络改造。2012—2014年，蒙泉镇南边红管乐艺术团连续3年获得常德市群众文艺演出百团大赛二等奖。2014年，境内有镇文化站和有线电视管理站各1个，群众业余剧团2个、男女中西管乐队16支、舞狮队3支、舞龙队2支、腰鼓队1支、业余健身舞蹈队40多支，有文学、音乐、美术、诗词、书画、唢呐等文学艺术爱好者320人，有线电视入户18640户，各类体育场所12个。

医疗卫生

1952年7月，设立蒙泉区卫生所。1956年，设立蒙泉、花薮、磐石3所乡卫生院。1961年，设蒙泉、花薮、磐石、白洋4所公社医院。1966年，蒙泉区卫生所改为蒙泉区医院，有病床30张，设手术室、化验室，能开展外科一般清创缝合和化验三大常规等。1984年，设夏家巷、白洋湖、花薮、磐石4所乡镇卫生院。1998年，蒙泉区医院与夏家巷卫生院合并为蒙泉镇中心卫生院，下辖白洋湖、花薮2个分院。2003年4月，白洋湖卫生分院并入蒙泉镇中心卫生院，更名为蒙泉镇中心卫生院二院。2007年，花薮卫生分院及所属的上午通诊所并入蒙泉镇中心卫生院。2014年，蒙泉镇中心卫生院新建住院部大楼、中医馆，改造门诊楼和公卫楼，改善医疗设备和环境。2015年，蒙泉镇中心卫生院有专业医务、护理人员95人，开放床位120张，下辖村级卫生室45个，被国家卫计委授予“群众满意的乡镇卫生院”称号。

社会保障

中华人民共和国成立后，政府对老弱病残等困难群众给予救助安置。2003年，镇政府投入资金100万元在原花薮乡政府大院修建蒙泉镇敬老院。2013年，投入资金150万元对敬老院进行升级改造。2014年，全镇309名“五保”对象全部落实供养政策，其中集中供养28人。

2005年，实施新型农村合作医疗制度，全镇参合人数46783人，参合率80%。年住院门诊6661人次，住院补偿金200.28万元。2014年，有63128人参加农村合作医疗，参合率99%。2.28万人次门诊住院，得到住院医疗补偿金2947.37万元。

2006年，启动贫困居民最低生活保障制度，有1098人享受农村最低生活待遇保障，85人享受城镇最低生活保障待遇。2014年，全镇有1847户2960人享受农村最低生活保障待遇。110人享受城镇最低生活保障待遇。有12634人享受社会养老保险待遇，领取养老金1137.06万元。

特色地情

名优特产

大米　春莲牌、居家牌优质大米畅销湖南，

蒙泉湖

湖北、广东等地。

柑橘 袁哥牌、美日多牌、百旺牌优质精品柑橘畅销东北三省及北京、上海、广州等大城市。

白洋湖板鸭 20 世纪 90 年代即闻名于世，产品畅销省内外。

蒙泉湖清水鱼 水质好，无污染，肉质鲜嫩，香甜可口，市场供不应求。

九九太浮山泉水 水质优良，经省质监部门检验，各项指标均达到或超过国家标准。2014 年中国（湖南）食品博览会在长沙召开，九九太浮瓶装山泉水被省政府批准为大会指定饮用水。

风景名胜

蒙泉湖 即蒙泉水库，水面 6000 亩，蓄水 6000 万立方米。湖中岛屿星罗棋布，数万只白鹭、鸬鹚、野鸭栖息于此，湖周层峦叠障，万木争荣，百花斗艳，享有“花山鸟岛”美誉。2004 年，被确定为湖南省水利风景区。

观国山 又称“小武当”，位于道水南源龙潭河南岸。平均海拔 400 米，主峰海拔 445.6 米，由泥盆系砂岩构成，面积 5 平方千米。相传明嘉靖年间（1522—1566），民女荀瑞在该山赤霞洞修道成仙。山上今尚存荀瑞仙石棺、飞来臼、仙灵泉等遗迹。

三王峪 西起五雷山脚，东至蒙泉水库，全长约 20 千米，为五雷山的 2 条支脉向东延伸至石门县境而形成的山谷，是常德、津澧、石门一带香客朝拜五雷山的必经通道。峪中流淌着 2 条小河，在石门两河口汇合，成为道水发源地。峪两侧巉岩林立，千姿百态，计有 48 寨，总面积 30 多平方千米，据传是李自成大顺军的后期根据地。

（文字供稿：詹海燕、陈代舜 ，图片供稿：蒙泉镇政府）

皂市镇

区域概况

位置面积

皂市镇位于县境中部，东与新关镇接壤，西与白云乡毗邻，南与慈利县东岳观乡交界，北与新铺乡、三圣乡相连。镇人民政府驻皂市居委会，距县人民政府驻地 20.3 千米。

建置沿革

清雍正十三年（1735），全县设南、中、北 3 乡，镇域属中乡。民国 2 年（1913），全县设 21 个自治区，镇域分属南圻、沿市自治区。民国 20 年，全县设 20 个乡，镇域分属南圻、沿市 2 乡。1952 年 2 月，全县设 14 个区 281 个乡，镇域设 15 个乡。1956 年 6 月，撤区并乡，青泰、青鱼、阳泉、新桐 4 乡并为阳泉坪乡；皂市、桅市、石坪、麒麟、溇南、南麓、白鹤、申坪、茅山、新关、喜燕 11 乡及美圣乡 2 个村并为皂市乡。1958 年 9 月，实行人民公社体制，镇域分属皂市公社、沿市公社。1961 年 4 月，调整公社规模，皂市公社析置白云公社，沿市公社析置阳泉公社。1982 年，皂市公社更名为皂角市公社。1984 年 4 月，撤销人民公社，皂角市公社更名为皂角市乡，阳泉公社更名为阳泉乡。7 月，皂角市乡改为皂角市镇。1995 年 5 月，全县撤区并乡，皂角市镇、阳泉乡、山红园艺场合并为皂市镇。至 2014 年无变化。

行政区划

1995 年，皂市镇辖白沙渡、刘家棚、李家河、岩湾、林家岗、桅岗、九根樟、洞湾、朱家坪、园艺场、白合观、冷家棚、皂市、女仙桥、鸡爪山、十坪、丫角山、三台、尹家湾、岳家铺、廖家坪、燕桥、东溪峪、螺丝坎、阳泉坪、天鹅山、百丈坑、三望坡、黄牯洞、万仞洞、覆罗山、邢家桥、桐梓溪、映水寺、善法桥、梅家湾、青鱼垴 37 个行政村和皂市居委会，共 381 个村民小组、3 个居民小组。2007 年 5 月，实行合村并组，全镇辖皂市、朱坪 2 个居委会和白沙渡、岩湾、桅岗、十坪、岳家铺、廖家坪、天鹅山、万仞洞、三望坡 9 个行政村，共 62 个村民小组，至 2014 年未变。

自然环境

镇域为低山丘陵区，溇水自北向南穿境而过，南溪河自西向东在镇中心地带与溇水相汇后注入澧水。南北山脉呈东西走向，连绵起伏，东西部各有山丘相隔，中间盆地为主要耕作带。覆罗山、鹞鸽岩为境内两大主峰，分别为海拔 997.3 米、981.2 米，隔溇水河相望。镇域属亚热带季风湿润气候区，四季分明，年平均气温18℃，年平均降雨量1380毫米。林木有100余种,野生动物93种。境内矿藏少，与新关接壤的白沙渡有较高品位的硫铁矿，丫角山岭一带分布有石煤、石灰岩。境内土壤多为含铁、锌、硫成分较多的黄壤土，偏酸性，肥力较低，且含沙量大，黏性不强，遇干旱或者暴雨，易发灾情。1935—2015年，共发生自然灾害63次，严重的有洪灾5次，旱灾6次。1985年特大洪灾，导致朱坪、十坪、皂市、廖家坪、喜言桥5个行政村121家房屋被淹，5487亩农作物失收，南溪河皂市大桥垮塌，11千米输电线路冲毁，直接经济损失5000万元。

人口民族

1995年，全镇有9138户28287人，其中，男性15114人；农业人口14600人；出生率11.3‰；少数民族有土家族和苗族，其中土家族3042人、苗族31人。2014年，全镇有7502户22488人，其中男性11326人；农业人口11042人；出生率13‰；汉族19285人，土家族3184人、苗族19人。

经济发展

综述

1995年，全镇实现工农业总产值5482.63万元，其中工业总产值2040.33万元，农业总产值3442.3万元。1996年，大兴水利建设，改建黄龙水库南干渠、中干渠，引进优质柑橘新品种和栽培管理新技术，全镇连片建成万亩单产过吨柑橘生产基地。2000年，镇、村集体企业全面实行改制，民营经济取得长足发展。由于柑橘产业兴起，国家定点挂牌的柑橘销售大市场落户朱坪村，带动近300家包装、保鲜、运输和餐饮企业的发展。是年，全镇实现工农业总产值9386.42万元，其中农业总产值4173万元，工业总产值5213.42万元。2014年，镇党委、镇政府引进资金2.13亿元，兴建白沙渡发电站、皂市水库千岛湖钓鱼台和万仞洞旅游风景区；全镇实现国民生产总值2.93亿元，其中第一产业1.15亿元、第二产业1.2亿元、第三产业0.58亿元；农民人均纯收入6560元，年末储蓄人均5280元，91%的农户入住楼房，每百户有摩托车48辆，汽车7.4辆。

农业

种植业 境内传统种植业以粮食作物为主，油菜为辅。1985年，全镇下力开发高效农业，利用旱地和高田发展柑橘18540亩，主要品种为宫川早熟蜜柑和尾樟中、迟熟蜜橘，每年产橘在3万吨以上，创单项年产值1500多万元。2000年，柑橘成为全镇龙头产业。2001年，国家定点挂牌的柑橘销售大市场落户境内，皂市柑橘成为闻名国内外的知名品牌。2010年，全镇柑橘种植面积扩大到20250亩，形成白沙渡至鸡爪山十里柑橘经济长廊和8大柑橘规模化生产基地，成立庞发、湘桔红两家柑橘生产协会，引领橘农规范化生产达3000户共8000亩。2014年，全镇柑橘种植面积保持2010年水平，亩产2吨以上。建立廖家坪至十坪的十里油菜生产基地长廊，稳定油菜种植面积5000亩。建立三望坡至万仞洞的十里干果生产基地长廊，发展板栗、核桃等干果业3000亩。

养殖业 1995年，全镇养殖生猪5.2万头，出栏4.3万头；养牛748头；养禽12.18万羽；出水鲜鱼127吨。从1996年起，镇政府扶持养殖大户，发展规模养殖。2013年，全镇有养猪大户41户、养羊大户24户、养鸡大户144户。2014年，全镇养殖生猪5.12万头，出栏3.14万头；养家禽21万羽；养牛8300头；养山羊2.7万只；

出水鲜鱼5213吨。

林业

1995年，全镇有林地121845亩，占山地面积的74.02%，森林覆盖率为67.6%。1996年起，镇党委，镇政府发动群众封山育林116624亩，植树造林3200亩，残林改造8500亩，退耕还林2073亩，世界银行贷款造林45000亩，建小水果生产基地37700亩。1982年，县政府租用飞机在三望坡至覆罗山一带播种马尾松17400亩，成活率63%以上。2014年，全镇有林地156000亩，森林覆盖率86.5%，林木蓄积量83.7万立方米。其中油茶5400亩，板栗3000亩，用材林81200亩。保存有银杏、楠木、红杉、金葵等多个名贵珍稀树种。

工业

清末，境内渫水沿岸的皂市老街、阳泉老街榨油坊兴盛，有大小油坊13家。民国时期，皂角市、青鱼垴、万仞洞等地造纸业发达，各种皮纸、草纸畅销省内外。中华人民共和国成立后，境内多家木制榨油坊逐渐发展为机械化生产。20世纪70年代，发展社队工业。1972年，办起第一家机械厂——皂市机械厂，主要生产各类机械轴承，产品畅销全国各地。1991年，筹资800万元在桅岗村兴建皂市造纸厂，年产量1000吨以上。1994年，因污染环境被关闭。2000年后，柑橘产业兴起，境内建起3家胶筐厂，年产胶筐10万担。2012年，镇党委、镇政府开展招商引资，引进资金1.3亿元，建成皂市水库金家沟电站、勇跃电子厂、鸡爪山变电站，为皂市工业发展奠定坚实的基础。2014年，全镇有各类企业349家，完成工业总产值28862万元。

商贸服务业

清代，境内商业繁荣的集市有皂市大码头、阳泉桐梓溪2处。民国时期，先后设立白沙渡、桅市、麒麟、皂市、阳泉、梅家湾、青鱼垴等墟场，商品贸易有所发展。中华人民共和国成立后，在乡（公社）、镇驻地建供销社、肉食店、粮油店、轧花厂等，驻地成为农村中心市场。村（大队）开设集体商业零售店。1961年，恢复皂市区建置，在皂市集镇建立区供销社、肉食店、粮油店、工商所。中共十一届三中全会后，个体商贸服务业得到发展，农村市场日益活跃。1995年，镇内有1个集贸市场和白沙渡、桅市、岳家铺3个墟场，个体商铺发展到380家，社会商品零售总额3420多万元。随着商业流通体制改革的深入和小城镇发展的需要，镇党委、镇政府筹资进行集镇基础设施建设，鼓励农民进镇经商，推动商贸服务业快速发展。2001年，征用土地5.36万平方米，投资2390万元，在朱坪村建成全国定点挂牌的柑橘营销大市场，建筑面积32600平方米，年柑橘集散吞吐量10万吨以上。2007年，国家投资800万元，镇政府筹资500多万元，征用土地5.69万平方米，建成长826米的皂阳路商贸新街，临街门面349个。2014年，全镇有各类商铺500多家，个体工商从业者1208人。墟场赶集日客流量3000人。社会商品零售总额8700万元，其中集市商品成交额5000多万元。

基础设施

交通运输

1959年，省道石门至清官渡公路建成通车，从新关经皂市至白云桥，境内段长8千米。1972年，修建皂市至阳泉螺丝坝乡道3.5千米。1981年，修建皂市至新铺西流乡道12.1千米。1982年，修建皂市经尹兴、廖家坪至新关申家峪乡道10.5千米。1986年修通皂市经阳泉至青鱼垴乡道

11 千米（皂市水库建成后，皂市至螺丝坝、青鱼垴两条乡级公路被淹没）。1987 年，修建皂市经三望坡、黄姑洞至万仞洞村道 27 千米。1988 年，修通皂市至天鹅山村道 21 千米。1995 年，境内省、乡公路 33.8 千米，通村公路 17 条，长 84 千米，每天有 14 个班次客车从阳泉经皂市和雄黄矿经皂市开往新关、石门县城西站，有两个班次客车从皂市直发澧县、临澧到常德北站，客运量 700 多人次。1996—2006 年，由国家投资和各村自筹相结合，投入 2400 多万元硬化村组道路 68 千米。2007 年，石清公路环湖改线，投资近 8 亿多元挖通 2 条隧洞、架设 3 座桥梁，新建北线公路 20 千米。2008 年，澧水公司投资重新修通皂市至天鹅山和皂市水库北线万仞洞大桥至万仞洞村的水库附属公路 28 千米。2010—2012 年，国家扶贫办、澧水公司、常德烟草专卖局投资 160 万元，硬化水库附属公路和村级道路 44.8 千米。2013 年，省公路局投资 2500 万元新修皂市三望坡至三圣乡海阳公路 9.9 千米。2014 年，境内的 1 条省级公路和 2 条县级公路全部硬化；23 条联村、通村公路延伸到村民小组，总长 184.6 千米，硬化 161 千米；每日有 23 个班次的客车往返于石门、新关、皂市、白云、磺厂、常德等地，客流量 1000 多人，

邮政通信

1988 年，境内设有皂市、阳泉 2 个邮电所，经营邮政电信业务。1995 年，85% 的村开通程控电话，无线寻呼和移动电话开始使用。2014 年，全镇有移动通信营业厅 6 家，联通通信营业厅 5 家，有家庭固定电话 1643 部，移动电话 12187 部，互联网用户 1068 户。

水利建设

1966 年，修建境内第一座水库——三叉溪水库。1971 年，修建梅家湾水库。1972 年，修建天鹅山水库。3 座水库总库容 240 万立方米，

皂市水库大坝景观

灌溉面积6000亩，皂市水库建成后均被淹没。1973年，修建麒麟水库。1976年，修建黄龙水库。1980年，配套修建南溪水库至黄龙水库的南干渠。1982年，修建鸡爪山水库。1991年，修建尹台水库。1992年，修建黄龙水库中干渠。1995年，全镇有大小水库9座，总库容量600万立方米；渠道253条200千米；提灌站5处，有效灌溉面积11000亩，占水田总面积80%。1998年大洪水后，国家投资35亿元修建皂市水库。2004年2月工程正式开工，2007年10月水库下闸蓄水，2008年5月电站投产发电。坝址控制流域面积3000平方千米，总库容14.4亿立方米，防洪库容7.83亿立方米。水库以防洪为主，兼顾发电、灌溉、航运。

2010年，由国家投资460万元进行农田基本设施建设开发改造，将黄龙水库南干渠、中干渠全面实行浆砌改造。2012—2013年，由国家投资400万元，将全镇各支灌渠进行全面安装U型槽改造，总长11.2千米。2014年，全镇自流灌溉面积达92.3%。

镇村建设

1984年，皂市镇制定镇区发展规划，投资123万元将下南圻街三岔路至原公社驻地建成一条长400米的文化中心街。1988年，投资1千万元建成皂市商贸中心街。2005年，制定《皂市镇2005—2020总体发展规划》，集镇区规划控制面积定为6.4平方千米。2007年，建成皂阳路商贸新街。2014年，集镇建成区面积达0.9平方千米，总建筑面积10万平方米，形成两纵两横的街道架构，街道总长5千米。集镇常住人口10080人。全镇7847户吃上自来水，占总户数的93%。建沼气池681户，改厕5349户。每个村（居）建有5～10个垃圾池。

社会事业

教育

清代，境内有私塾、蒙馆多家。民国22年（1933），由桅市人周世球发起，筹建公办学校，将下南圻街古寺改建成下南圻高级小学，将朱家坪外滩130亩田土充做校产。抗战时期，私立澧澜完小迁入，办学8年。

1956年，创办皂市完小。1962年，建尹兴完小、阳泉中学、普德小学、西竺寺小学。1968年，皂市完小改为皂市中学。1995年，皂市镇有高中1所、初中2所、小学38所，教职工267人，在校学生3621人。后整合教育资源，调整学校布局。2014年，镇内有县属石门县第六中学，镇属初中1所、小学6所、学前班3个、幼儿园4所。有中小学教职工156人，在校学生1723。幼儿园幼师、护工13人，入园幼儿193人。

医疗卫生

民国时期，集镇建有一家"人和药铺"。1953年，皂角市乡、阳泉乡各开办1家联合诊所。1958年，联合诊所从私营转为集体，成立皂角市公社卫生院、阳泉公社卫生院。"文化大革命"期间，医院处于无序状态，医务人员下放。1977年后，医院逐步得到恢复发展，公社卫生院在38个大队建立卫生所。1984年，皂角市公社卫生院更名为皂角市镇卫生院，阳泉公社卫生院改名阳泉乡卫生院。1995年8月，皂市镇卫生院、阳泉乡卫生院和皂市区医院合并为皂市镇中心卫生院，有医务人员37名，病床38张；下设38个村卫生室和7个医疗点，有村医和妇幼保健员76名。2007年，全镇设16个村级卫生室。2014年，镇卫生院占地1.36万平方米，建筑面积5339平方米，有医务人员56人，病床50张。

社会保障

2001年，全镇供养“五保”老人154人，其中21人入住敬老院集中供养。2005年，推行新型农村合作医疗制度。2006年，全镇参加“新农合”2.7万人，参合率95%。是年，启动贫困居民最低生活保障制度，有752人享受城镇低保，183人享受农村低保。2008年9月，镇政府将镇建筑公司办公大楼改建为皂市镇敬老院，有9名“五保”老人入院养老。2012年，投入38万元对镇敬老院改造升级。2014年，全镇178名“五保”老人全部落实供养政策，其中40人入住敬老院集中供养。21932人参加农村合作医疗，参合率97.52%。有0.74万人次门诊、住院医疗，得到补偿金1390.3万元。1134人享受农村低保，领取低保金136.08万元；812人享受城镇低保，领取低保金113.67万元。4951人享受社会养老保险金待遇，领取养老保险金398万元。

特色地情

风景名胜

廻龙寺 位于鸡鸣山尾端，清朝时期由皂市喜言桥吴氏宗族筹资修建，依山傍水，颇为壮观。后毁于战乱。2008年，由吴氏宗族重建。

万仞洞旅游风景区 位于渫水下游皂市水库北岸中间地带，有容纳万人以上的大溶洞高悬于覆罗山善照寺绝壁，取壁高万仞而命名。洞内一股山泉涌出，经年不断，将善照寺和梯儿岩割成两座悬崖峭壁，形成巨壑深谷。峡谷山溪两岸洞壑交错，怪石峥嵘，云遮雾绕，气象万千，最窄处的风车口宽不过丈许，深不见谷底。

女仙桥 位于皂市水库坝址西侧鹞鸽岩山下，为石拱桥，相传是一石匠为思念七仙女而建。

下南溪老河街 建于清末，沿渫水河与南溪河交汇处绵延2千米，地处石门县城通往西北乡的交通咽喉。河街有上、中、下码头3处，各类店铺100余家，著名的有文家药铺、新记南货铺、祥记客栈、肖慎之客栈、彬记客栈、善和檀门、杨家榨坊、珍记饮铺、邓家壁台、林记布庄等。1943年，日本侵略军入侵常德，途经皂市，将下南溪街古寺万寿宫、天主堂一带烧为灰烬。经当地居民奋力抢救，下南溪上街800多米街道建筑得以完整保存。2012年，被石门县政府列为重点古镇保护。

古迹遗址

十坪商代遗址 位于皂市镇十坪村境内。1958年，石门县文物专干龚少通在十坪村渫水东岸高滩处调查发现有古文化遗存。经1964年、1977年、1981年3次考古发掘，确认为商代文化遗址。出土的陶器有鬲、鼎、大口缸、爵、壶等，还有铸造铜器的石范、铜渣和箭镞、凿、锥等铜器。1983年，被湖南省人民政府公布为省级文物保护单位。

燕尔洞古人类洞穴遗址 位于渫水下游皂市水库大坝内右侧二号隧洞外悬崖上。1982年和1986年，石门县文物工作者在2处洞穴中采集到犀牛化石、剑齿象化石和其它动物化石多件。1991年、1993年，湖南省考古研究所派专家主持对2处洞穴进行科学发掘，出土数十种动物化石和远古人类使用过的打制石器，并发现一段远古人类右股骨化石和臼齿、下颌骨、趾骨化石，为湖南省首次发现古人类化石，被专家命名为“石门人”。按地层分析和洞穴的堆积物考证，该遗址距今1万～5万年。1992年，该遗址被常德市人民政府公布为市级文物保护单位。

（文字供稿：龚玉升，图片供稿：皂市镇政府）

维新镇

区域概况

位置面积

维新镇地处县境中西部，东连三圣乡，西接磨市镇，北毗太平镇，南邻白云乡。古称仙阳，地处溇水之北，又名溇阳。晋太康年间（280—289），曾置溇阳县治于今古城堤村。镇人民政府驻仙阳湖社区，距县人民政府驻地50千米。

1995年，维新镇总面积239平方千米；有耕地45790亩，其中水田26769亩、旱地19021亩。

2004年，国家修建皂市水库，镇域为主要淹没区，共淹没土地12平方千米。2014年，全镇总面积227平方千米；有耕地32000亩，其中水田16500亩、旱地15500亩。

建置沿革

雍正十三年（1735），全县设1坊、3乡，镇域属北乡。民国2年（1913），全县设8区、21个自治区，镇域分属官渡、沿市2个自治区。民国10年，全县改自治区为区，镇域属溇阳区。民国24年，全县设6区2直属镇28乡，镇域设官渡、新河2乡。民国32年，全县设20乡1镇，镇域设官渡乡。1952年2月，全县设14个行政区，5个区辖镇，281个乡，镇域设23个乡。1956年6月，撤区并乡，白羊、汲水、黄沿、樟树、施家、荷花、望羊、竹巷、严山9乡并为沿市乡；中渡、东渡、北渡、冷风、大兴、热水6乡并为大新场乡；杨木、茅坪、范银、常家、古城、庙湾、九间、汉水8乡及双堰乡一部分并为维新场乡。1958年9月，实行人民公社体制，镇域设沿市、维新2个公社。1961年4月，从维新公社析置大兴公社。1982年，公社更名，沿市更名为袁公渡公社，大兴更名为渡水公社，维新更名为维新场公社。1984年4月，撤销人民公社，实行乡镇建置，分别改为袁公渡乡、渡水乡和维新场镇。1995年5月，全县撤区并乡，袁公渡乡、渡水乡、维新场镇合并为维新镇，至2014年未变。

行政区划

1995年乡镇合并后，维新镇辖58个行政村2个居委会，共694个村民小组4个居民小组。

2004年后，国家修建皂市水库，镇域为主要淹没区，共淹没土地12平方千米。2006年，全县对村（居）区划进行调整，境内行政村（居）经调整合并后数量大幅减少。2014年，全镇辖大兴场、观峰山、峡峪河、重阳树、中渡水、汤溪峪、阳虎峪、金岭坡、维新场、崔家井、水碾溪、毛家坪、范银湾、严家山、古城堤15个行政村和仙阳湖社区。

自然环境

镇域为丘陵山区，平均海拔 388 米。峡峪河村凤凰山为境内最高峰，海拔 1004.8 米；最低点仙阳湖海拔 127 米。仙阳河自东北向西南，贯穿境内，与渡水河在两河口汇合后注入澧水。两岸呈多处河谷平原，土质肥沃，水源充足，田连阡陌，物产丰富，素有“金仙阳，银渡水”之称。镇域属亚热带季风湿润性气候，年平均气温 16.5℃，无霜期 264 天，年平均降雨量 1412 毫米。主要林木有松树、杉树、油桐、油茶、板栗、核桃、梨、李、杜仲等；主要野生动物有野猪、野兔、香獐、蛇、野鸡、斑鸠、喜鹊等。地下矿藏主要有硫铁矿、大理石、石灰石、煤、石煤、石膏、陶土等。

人口民族

1995 年，维新镇总人口 43000 多人，其中汉族 6000 多人，土家族、回族、苗族、壮族等少数民族 37000 人。2010 年，全镇有 5080 户 17403 人，其中男性 9161 人；土家族 17229 人，汉族 160 人、藏族 1 人、苗族 3 人、壮族 2 人、侗族 2 人、瑶族 3 人、傣族 2 人、彝族 1 人。

经济发展

综述

1995 年，镇党委、镇政府引导农民走农业产业化路子，发展特色农业，稳定水稻、玉米、红薯、小麦、马铃薯、豆类、油菜、烤烟等作物栽培，同时把橘橙作为支柱产业来发展，全年实现工农业总产值 9346 万元，其中农业总产值 6736 万元。2006 年，建成脐橙、烤烟生产、大棚蔬菜等各类专业村 13 个，形成脐橙、马头羊、生猪、小干果、薯粉等 5 个优质农产品生产基地，拥有脐橙销售、生猪交易 2 个专业市场。2010 年，坚持以科学发展观为指导，加大转型力度，以旅游名镇为抓手，推动社会经济稳步增长，全年实现国民生产总值 30053.6 万元，农民人均纯收入 5760 元。2014 年，开展产业攻坚、城镇攻坚、民生攻坚、改革攻坚，社会经济呈现稳中趋优态势，全镇完成国民生产总值 35717 万元，农民人均纯收入 7470 元。

农业

种植业 1995 年，全镇种植水稻 36800 亩，产量 10796 吨；小麦 5850 亩，产量 468 吨；玉米 5100 亩，产量 510 吨；红薯 14995 亩，产量 25960 吨；种植业总收入 2772 万元。2004—2009 年，由于修建皂市水库形成淹没区，减少耕地 13000 多亩。为提高农作物单位面积产量，镇党委、镇政府创建渡水村 500 亩水稻高产示范片、观峰山村 500 亩玉米高产示范片、峡峪河村百亩油菜高产示范片。示范片区的水稻亩产达到 550 公斤，玉米亩产 500 公斤，油菜籽亩产 200 公斤。2014 年，全镇农作物播种面积 71733 亩，其中水稻种植 17288 亩，产量 5317 吨；小麦 2710 亩，产量 308 吨；玉米 14700 亩，产量 5579 吨；油菜 26095 亩，产量 3361 吨；马铃薯 6990 亩，产量 630 吨；豆类 3950 亩，产量 449 吨；种植业总收入 4865 万元。

养殖业 境内以养殖生猪、马头羊、耕牛和家禽为主。1995 年，全镇出栏生猪 35436 头，存栏 38681 头；出栏马头羊 1993 只，存栏 3440 只；出笼家禽 45152 羽，存栏 93848 羽；耕牛存栏 4919 头。养殖业收入 1584 万元。从 20 世纪 90 年代后期起，镇党委、镇政府注重培育养殖大户，发展规模养殖。2014 年，全镇发展养殖小区 5 个，培育生猪养殖大户 32 户，其中年出栏 500 头以上的 8 户；肉牛养殖大户 13 户，其中年出栏 50 头的 4 户；马头羊养殖大户 15 户，其中年出栏 50 只的 9 户；发展土乌鸡养殖大户 11 户；全年养殖生猪4.5万头、肉牛3000头、马头羊6.5万只、鸡32万羽、水产品200吨；养殖业收入4542万元。

林业

1995年，全镇有林地14万亩，树种以松杉为主，活立木蓄积量130万立方米，采伐量690立方米。油桐林、油茶林分别为3574亩、28050亩。林业产值281万元。2014年，投入植树造林资金120万元，在渔岗公路植栾树2637株、樱花280株，渡岗公路植栾树1383株；投入29.4万元，开发建设长家岭百果园，栽植樱花30株、枇杷42株、红叶石楠30株、木瓜子82株、猕猴桃26株、香樟64株。

工业

1995年，全镇有镇、村、户办企业602家，实现企业总产值2860万元，其中工业产值1126万元。镇办陶器厂生产陶锅、花钵等上万件，创产值35万元。

2010年，大力支持创业能人领办经济协会和专业合作社，带领群众致富。金仙阳茶叶专业合作社、银渡水脐橙专业合作社、金岭坡油茶专业合作社等5家合作社，带动群众1万多人，掀起创业热潮，创办脐橙基地1200亩，茶叶扩展面积300亩。峡峪河电站完成投资4500万元。仙阳建材有限公司年创产值600万元。

2014年，启动农产品网上销售平台，电子商务初成集群，建成全县首家农产品“微商城”和4家农产品销售网点，加快茶叶、油茶、脐橙流通，创产值4000万元，农民人均增收800元。全年实现工业产值10540万元，占全镇工农业总产值的29.51%。

旅游业

2004年后，镇党委、镇政府整合境内旅游资源，发展旅游产业，开发建设仙阳湖（皂市水库）快乐垂钓、热水溪温泉渡假村、万亩野生腊梅群落、春秋战国遗址古城堤、湘西北茶马古道、“小三峡”峡峪河、万亩优质纽荷尔脐橙基地、万亩有机油茶基地等旅游景点和项目。从2006年起，维新镇相继被评为“国家级生态镇”“省级文明镇”“潇湘楹联第一镇”“湖南省文化惠民基地”“湖南省特色旅游名村”“常德首届最美乡村”。2014年，建成仙阳湖民俗广场，硬化通往各景点的道路，采用土地流转方式吸纳民资，启动仙阳湖特色村寨建设，建成高标准农家乐12家，接待游客2万多人，旅游综合收入2000多万元。

基础设施

水利建设

1958年11月，在维新场村建成新合水库，集雨面积0.62平方千米，总库容13万立方米。1963年11月，在大兴场村建成金银水库，集雨面积0.58平方千米，总库容15万立方米。1990年10月，在阳虎峪村建成常家水库，集雨面积0.58平方千米，总库容17万立方米。1990年1月，修建芋草水库。5月，修建蚂蝗峪水库。2014年，全镇有水库11座，总蓄水量355万立方米，电力提灌站8处，有效灌溉面积12000亩。

镇村建设

维新场集镇为石门中部山区交通枢纽和仙阳河、渡水流域的农副产品集散地。1995年，乡镇合并，集镇为镇政府驻地，建设得到加强。

2004年，修建皂市水库，集镇整体迁至贾家村金马台。规划面积4.8平方千米，人口规模8000人。设计集镇结构呈组团式布局，北部组团以商业、居住、文化教育为主，形成商居文化区；南部组团以行政办公为主，适当布置居住建筑，形成行政中心；2个组团通过主干道相连接。

维新镇集镇景观

镇内主干道设计标准为城市道路，次干道3级，主干道总长度921.15米，在镇西部布置一条次干道长273.38米，主次干道与支路连接，支路总长772.32米。

2006年2月，开始新镇建设，2007年年底竣工，完成投资4000多万元。2008年年初，维新场集镇居民及单位搬迁到维新镇新址，居民开始建房，单位建临时房屋过渡。2009年，中渡水居民及单位搬迁到维新镇新址。维新、袁公渡、渡水3个集镇搬迁居民93户294人。

2010年，新镇建设投资1500多万元，完成镇区的道路硬化工程、给排水工程、边坡治理工程、塌岸防护工程、码头和广场等建设工程。站所单位及居民住房建筑立面体现“粉壁、黛瓦、马头墙”的徽派风格。

2014年，集镇建成区面积达4.8平方千米，迁进人口3800人。新集镇依山傍水，环境优雅。引4千米外的车棚湾山洞泉水为集镇生活饮水，开发1千米处的热水溪温泉建休闲疗养中心，在距集镇1.5千米处的八户山建有生态茶园。至野生腊梅群和峡峪河的游路已开通。“览仙阳湖、喝山泉水、尝土家菜、住徽派房、沐温泉浴、品八角茶、游峡峪河、赏腊梅花”的维新镇旅游特色基本形成。

社会事业

教育

民国14年（1925），中共地下党员曾繁支在新开寺创办澧阳高等小学校。1928 年，更名为石门县立第五高等小学，迁址九间铺。1949 年，境内有小学 11 所，其中完小 1 所。

1950 年上学期，澧阳高等小学校由县政府接管，称石门县第五完小；下学期，迁址维新场，更名为石门县维新完小。1956 年，境内设有维新完小、袁公渡完小等 3 所完小和杨木坪等 13 所初小，有教师 50 人，学生 400 余人。1957 年，维新完小附设初中班，境内始有初中。1966 年，维新完小初中班析出，成立石门县第四中学。1968 年，改称维新中学。是年，小学下放到大队管理。1969 年，成立沿市、大兴 2 个公社中学，境内各大队均设立小学。1970 年下学期，维新、沿市、大兴 3 所中学开设高中班，境内始有高中。1973 年，杨木坪、古城堤、九间铺等 11 所完小开设初中班。1981 年，维新中学复名石门县第四中学。1994 年，境内高中停办。1995 年，石门县四中与维新场镇中学合并为维新镇中学。是年，全镇有初中 3 所、小学 38 所，教职工 291 人，在校学生 3550 人。2000 年后，生源减少，调整学校布局。2003 年 8 月，维新镇中学改名为维新镇中心学校。2004 年，维新镇中学与维新镇完小合并为九年一贯制寄宿学校，2009 年 10 月，学校从皂市水库淹没区迁至维新集镇南群山下的新校区，新校区占地 3.2 万平方米，建筑面积 1.2 万平方米。2014 年，全镇有 10 所小学，教职工 88 人，学生 891 人。

文化

1995 年，建有维新镇文化站和群众文化活动中心以及 10 个远教站点，各行政村（居）有文化活动室和农村书屋。成立本土文化演艺协会，利用全国文化信息资源共享工程，组建农民网络培训学校，将农民自创的节目推送到中央、省、市电视台。2010 年，以文化促旅游，深挖土家文化，创作民族节目，《姊妹哭嫁》《腊梅花儿开了》《响嘎谣》《月夜梆鼓》《无个东西借哈子儿》等得到省、市有关部门好评，多次在中央、省、市电视台展播。

楹联是维新的传统习俗，通过面向全国征联、邀请名家书联、有序组织展联、发动民众展联等措施，集镇达到户户有联、门门有联、柱柱有联，成为“潇湘楹联第一镇”。组织专人收集集镇各姓氏家风，制成门匾，体现民族特色，形成一道独特风景线。2014 年，在湖南省文联第九届委员会第二次会议上，维新镇获全省首批“文化惠民服务基地”称号。

医疗卫生

民国年间，境内有个体中医 10 余名和数家中药铺。1951 年 5 月，个体中医联合成立应诊所。1953 年 4 月，应诊所改为联合诊所。1956 年 4 月，设立石门县仙阳区医院。1959 年 10 月，联合诊所与仙阳区医院合并，成立维新公社卫生院。1962 年，仙阳区医院与维新公社卫生院分设。1995 年，仙阳区医院与维新场镇卫生院合并成立维新镇中心卫生院。2008 年，卫生院医务人员 40 人，病床 21 张。2014 年，有医务人员 42 人，病床 50 张。下设 18 个村卫生室，有村医 18 人。

社会保障

2011 年，新型农村社会养老保险参保 9486 人，缴费金额 99.78 万元。2012 年，参保 9777 人，缴费金额 103.73 万元。2013 年，参保 9433 人，缴费金额 97.66 万元。2014 年，参保 9289 人，缴费金额 96.58 万元。

2013 年，农村“五保”参保 112 人，缴费金额 7320 元。2014 年，参保 165 人。

2013 年，农村低保参保 617 人，缴费金额 3.702 万元；城镇低保参保 101 人，缴费金额 6060 元。2014 年，农村低保参保 1172 人，城镇低保参保 59 人。

2014 年，全镇有农村低保 745 户 1192 人；

城镇低保51户72人；农村“五保”196户200人。优抚享受双定补助的32人；带病回乡和战退军人51人；老复员军人51人；伤残军人11人；三属对象3人；烈士子女8人；60岁以上农村籍退伍军人161人；精简退职91人；享受90岁及以上高龄津贴42人。享受特殊门诊医疗救助25人，救助资金8.6万元。全年累计发放资金300万元。农村低保、“五保”做到“应保尽保”，符合条件的救助对象及民政普惠政策实行全面无缝覆盖。

特色地情

名优特产

“雾禾”牌纽荷尔脐橙　维新镇位于皂市水库库区中心，水位线141米以上60米内的耕地带，地势平缓、土壤肥沃、气候适宜，形成一条适合发展优质水果的有机生态带。自1982年开始引种美国纽荷尔脐橙，该品种果实椭圆形至长椭圆形，单果重200～250克，果面光滑，果色橙红，多为闭脐，果肉细嫩而脆，化渣，汁多，可食率73%～75%，果汁率49%左右，可溶性固形物12%～13.5%，富含维生素C，糖，柠檬酸，纤维素，胡萝卜素，维生素B1、Bc，蛋白质，钙，磷，铁等多种营养物质。1995年，镇党委、镇政府把纽荷尔脐橙作为支柱产业扶持发展。2004年，在工商部门注册“雾禾”商标。2014年，挂果面积维持在2.5万亩，产量5万吨以上。

风景名胜

热水溪温泉　位于渡水村。温泉流量12.21升/秒，水温55.7℃，含硫、砷、汞、镉等20多种矿物质，具有抑菌、杀菌、活血、抗风湿等多种医疗功能。清光绪年间（1875—1908），著名广东茶商卢次伦投资修建简易浴池，供附近群众及湘、鄂、川等地商贾沐浴。1982年，原有设施被山洪冲毁。1992年，渡水乡政府对温泉进行较高标准的开发利用，修建一栋占地250平方米的仿古式疗养院，内设高档浴室和大众浴池，为各方游客提供服务。

（文字供稿：王川，图片供稿：维新镇政府）

太平镇

区域概况

位置面积

石门县太平镇位于县境西北部，东与子良乡接壤，南与三圣乡、维新镇、所街乡相邻，西与壶瓶山镇毗连，北与湖北省五峰土家族自治县渔洋关镇交界，属省际边界口子镇。镇人民政府驻太平街社区，距县人民政府驻地96千米。

1995年，太平街乡面积360平方千米；有耕地25552亩，其中水田15935亩、旱地9617亩。2014年，太平镇面积360平方千米，有耕地41416亩，其中水田22550亩、旱地18866亩。

建置沿革

民国2年（1913），全县设8区21自治区，镇域为太平自治区，归7区管辖。民国18年，全县设南、中、北、西4区20乡，镇域称太平乡，归北区管辖。1952年2月，全县设14个行政区，281个乡，镇域置12个乡。1956年6月，撤区并乡，东岳、青山、湖广、推宝、万世、胜利、川山、平山8乡并为太平乡；丰禾、大峪、松山、官庄4乡及双堰乡部分并为丰禾乡。1958年9月，实行人民公社体制，全县设28个公社，太平乡改为太平公社；丰禾乡与河口乡合并，成立河丰公社。12月，太平公社与子良公社合并为子太公社。1959年6月，从子太公社析置太平公社，从河丰公社析置丰禾公社。1961年10月，从太平公社析置穿山公社。1982年，太平公社更名为太平街公社，穿山公社更名为穿山河公社，丰禾公社更名为九渡河公社。1984年4月，撤销人民公社体制，太平街公社改为太平街乡，穿山河公社改为穿山河乡，九渡河公社改为九渡河乡。1995年，撤区并乡，太平街、九渡河、穿山河3乡合并为太平街乡。1998年2月，撤乡建镇，太平街乡改称太平镇。至2014年未变。

行政区划

1995年并乡后，太平街乡辖52个行政村。2004—2007年，全县调整行政村区划，镇域行政村大幅减少。2014年，太平镇辖穿山河、太平街、苦竹坪、二房坪、竹儿岭5个社区和石水田、梅子垭、五里坪、茶园、东流溪、周家冲、犀牛坪、白果树、马墩、芦竹坪、仙台、易家湾、曾家垭13个行政村。

自然环境

境内地势北高南低，属中低山区，最高处梅子垭村青山尖海拔1474.4米，最低处周家冲村叶家铺海拔195.4米，平均海拔380米。

镇域属中亚热带向北亚热带过渡的季风湿润气候区，四季分明、日照充足、雨量丰沛。年平均降水量1526毫米，年平均气温16℃，极端最高气温39.8℃，最低气温 - 14.7℃，年日照时数1632.7小时，无霜期268天。

境内有沱水和九渡河两条水系。沱水为澧水南源，发源于穿山河，流经太平、子良、松滋两河口，于大河洲入澧水，全长45.5千米，流域面积347.7平方千米。九渡河为仙阳河支流，有两个源头：一源出自太平镇八方冲；一源出自松山峪。二源于二方坪两河口合流，经峡峪河流入维新镇后称为渡水，全长23千米，流域面积94平方千米。

境内各类资源丰富。林地面积48.5万亩，森林覆盖率80.8%，活立木蓄积量45万立方米，主要林产品有杉、松、槐等；有银杏、珙桐、鹅掌楸、榉木、樟木等属国家一、二级保护的珍稀植物20多种，有天麻、杜仲、迎春花等野生药用植物数百种，有娃娃鱼、豹、熊等属国家重点保护的珍稀动物20余种。矿产资源主要有无烟煤储量100万吨，重晶石储量50万吨，大理石储量200万立方米。

主要自然灾害有旱涝、风灾、冰灾、山体滑坡、低温、霜冻、雷击等。1996年7月8日晚23:30至7月9日凌晨4：30，境内遭受百年不遇的特大洪涝灾害，死亡3人、重伤5人、轻伤5人；冲走猪牛羊等大牲畜321头，倒塌房屋409间，造成危房835间；全乡8600余亩中稻被淹，绝收面积3200余亩，旱粮作物受损面积1.5万余亩；冲毁定型河堤520余处共3.5万米，冲毁小沟渠0.8万米，冲毁乡村公路107千米、桥梁6座；损坏高低压电杆550根、高压配电设施3处，22个行政村供电中断。直接经济损失100余万元。

人口民族

1995年，太平街乡有8984户32892人。2013年，太平镇有8416户24669人，其中男性12994人；土家族24030人、汉族581人、藏族1人、苗族3人、壮族2人、瑶族1人、白族3人、佤族47人、彝族1人。

经济发展

综述

1995年，全乡完成工农业总产值6161万元，其中养殖业产值3065万元；财政收入104.37万元。2010年，全镇完成国民生产总值25767万元，其中第一产业增加值12473万元，第二产业增加值6221万元，第三产业增加值7073万元。农民人均纯收入4558元。2014年，全镇国民生产总值达到30300万元，其中第一产业增加值14211万元，第二产业增加值9020万元，第三产业增加值7069万元；农民人均纯收入7335元；全镇财政收入830万元；镇境2家金融机构年末存款余额22496万元。

农业

种植业 境内种植业以粮食作物为主。1995年，粮食作物播种86010亩，总产15118吨。随着农业产业结构逐步调整，退耕还林项目实施，以及青壮年农村劳动力大量外出务工，粮食作物播种面积总体呈下降趋势。1995年，境内种植油料作物26000亩，产量1737吨。2014年，种植油料作物15054亩，产量1445吨。

20世纪90年代，境内种植柑橘4500亩，主要分布在九渡河和太平街一带。2004年发生大食蝇危害后，种植面积急剧萎缩，至2014年，仅剩自生堰园艺场120亩。

从2010年起，镇党委、镇政府引导农民种植烟叶和茶叶。2014年，茶祖印象（湖南）茶业有限公司投资1000万元，把太平镇选为有机茶生产基地，投资1000万元，在周家冲等村开辟有机茶生产基地，建设占地1200平方米的茶叶加工厂。

2014年，全镇粮食作物播种50338亩，减少41.47%；重点支持优质水稻、杂交玉米、双低油菜种植，推广杂交品种、测土配方施肥和病虫害绿色防控，落实国家直补政策，粮食作物总产量趋于稳定；是年，全镇粮食作物总产14357吨；烟叶种植3000亩，产量2600多担；种植茶叶4000亩，产量1.25万公斤。

养殖业 镇党委、镇政府坚持把养殖业作为发展山区经济、加快农民脱贫的支柱产业，走“公司+农户+基地”路子，草食家畜养殖发展势头强劲。1995年，发展马头羊4.5万只，繁育、提纯、复壮马头羊种羊1万只，被定为全县马头羊发展基地。2014年，全镇有自然草场12万亩、退耕种草4000亩，发展养羊100只以上大户80个、养牛10头以上大户105个、养生猪300头以上大户32个、养禽1000羽以上大户8个，出栏马头羊3.8余万只、肉牛5000多头、生猪8.5万多头、家禽9万多羽。

林业

经20世纪50年代末期的烧炭炼铁、70年代的毁林开荒、80年代的伐木建房，境内森林受到严重破坏，导致生态环境恶化，石水田、九渡河、太平街三条较大的河流经常出现断流现象，给农田灌溉、人畜饮水造成极大困难。1998年始，镇党委、镇政府启动封山禁伐措施，禁伐商品材、严控民用材。2001年后，相继争取启动生态公益林、退耕还林、石漠化治理、森林抚育补贴、中央造林补贴、林木林地流转等项目。2014年，生态公益林封育面积123764亩，退耕还林14723.3亩，石漠化治理造林1610亩，森林抚育面积3400亩，中央补贴造林600亩，林木林地流转82700亩。全镇林地由1995年的41.26万亩增至43.92万亩，活立木蓄积量由1995年的18.15万立方米增至74.3万立方米，森林覆盖率由1995年的36.6%提高到78.3%。

工业

1972年，太平公社在万世桥成立社办企业缝纫加工厂和铁器加工厂，两厂有工人18人。1975年，公社成立企业办对加工厂进行管理。1976年，建成万世桥水电站。1977年，太平煤矿、太平建筑队相继建立。1979年，创办太平重晶石矿。1982年，建立太平砖瓦厂、太平农机站、马家岩电站、白果树煤矿等社办企业。1995年，境内有乡办集体企业15家、村办集体企业16家、个体和联户企业500余家。全乡完成工业总产值4084万元。2005年，天福电站、万丰电站竣工发电，金山寺大理石厂、北山牧业建成投产。2013年，重晶石（萤石）共生矿综合回收及高新深加工项目落户太平镇，注册成立湖南楚天钡业有限公司。2014年，全镇有各类企业1000余家，完成工业总产值9020万元。

商贸服务业

清代和民国时期，境内对外商贸往来仅限于南下津市和北上湖北五峰县渔洋关，货物也仅限于土布和食盐两种本地无法生产的生活必需品，销售主要靠骡队和走村串户的小商贩。中华人民共和国建立后，进行工商业社会主义改造，商贸统归政府管理，建立供销社、粮店、肉食站，民间商贸基本停止。20世纪80年代开始，实施改革开放，私营商贸迅速发展。1985年，张贤清在太平桥头开设境内第一家个体商店——桥头商店。2010年，太平镇有商铺123家、从业人员870人，销售收入8500万元。2014年，全镇有各类商铺1000余家，电子商务平台1家；太平中心集镇有旅店、餐馆25家，日接待能力达200余人。

基础设施

交通运输

20世纪80年代，镇域有两条公路，一条是磺厂至太平街公路，长52千米；一条是太平街至澧县田冲公路，长33.4千米。1990年9月，以工代赈投资310万元，修建所街乡文化至太平镇穿山的文穿公路，总长31千米，1992年11月竣工通车。1994年，境内有县、乡道38.61千米。1995年起，加大通村通组公路建设，至2000年，修通朝天寺、芦竹坪、推宝槽、白竹垭等9个村的通村公路，全镇实现村村通公路，总里程220千米。1997年，太平至湖北五峰县渔洋关镇34千米跨省公路建成通车。2005年，开始公路硬化。2006年，硬化307省道维新至太平段47.177千米。至2012年，全镇共硬化乡道31.9千米、村道97.15千米。2014年，全镇共有省、县、乡、村、组公路320千米，其中硬化180千米。日开通镇境至石门县城、澧县、常德、长沙客班车10个班次。

邮政通信

1995—1996年，全镇使用摇把电话机，传输使用载波电路。1997年，全部改成全电子自动电话，传输改为光纤。1998—2000年，对电话线路进行改造，水泥电杆电缆到村组。

1997年，太平邮电局修建邮电大楼。1998年，邮电分营，分设为电信支局和邮政支局，修建的邮电大楼归电信支局。2008年，邮政局再次分营，分为邮政储蓄银行和邮政支局。

2000年，开通163拨号上网。2003年，改为ADS宽带上网。2012年，宽带网到村。2014年，太平、九渡河集镇光纤到户。

2001年，在太平丰禾建成移动通讯基站，境内始有移动信号。2009年，建成5个移动基站。2014年，全镇建起25个移动、联通电话基站，实现通信信号全覆盖，手机用户3000余户、固定电话用户2900户；互联网用户670户、数字电视用户300户。

供电饮水

供电 20世纪90年代，修建万世桥小型水电站，装机容量10千瓦，供政府和集镇照明用电。1982年，建成马家岩电站，装机容量50千瓦。1995年，境内拉通国家大电网，架设高压输电线路68.75千米、低压输电线路162.8千米，置变压器19台1150千伏安，大部分村用上大电网电。1997年，朝天寺、芦竹坪、推宝槽、云盘、易家湾5个边远山村实现通电。1999—2005年，实施一、二、三期农网改造，增加10千伏线路8千米、变压器5台280千伏安，改造低压线路213.5千米，架通108个边远贫穷农户用电线路，全镇实现户户通电。2006—2014年，实施新一轮电网升级改造，全镇建1座35千伏安变电站，新增10万伏线路9千米、低压线路7.5千米、变压器8台900千伏安。

饮水 20世纪90年代前，村民自筹资金修建一些小型分散的饮水工程。2008—2014年，国家扶持资金1170万元，群众自筹和投工投劳1000多万元，建集中供水工程16处、分散供水工程921处，基本解决全镇村民安全饮水问题。

水利建设

1969年，修建和平水库，集雨面积4.97平方千米、库容100万立方米，灌溉面积3000余亩。1972年，修建白竹水库、三合水库，白竹水库集雨面积0.97平方千米、库容13万立方米，灌溉面积2000余亩；三合水库集雨面积1.97平方千米、库容18万立方米，灌溉面积2000余亩。

1974 年，修建五泉水库，集雨面积 1.37 平方千米、库容 18 万立方米，灌溉面积 1500 余亩。

1969 年，建成东方红渠道，渠道从七家河引水，主要用于人饮供水和农田灌溉，全长 4.35 千米，蓄水池储水量 3500 立方米。1998 年，镇政府投资 50 多万元对渠道、蓄水池进行高标准改造，建立供水站，集人畜饮水、农田灌溉、引水发电于一体。2014 年，全镇修建供排水沟渠 85 千米，堰塘 200 余口，农田灌溉面积达 1 万余亩。

2014 年，境内有小（一）型水库 1 座、小（二）型水库 3 座、大型骨干塘 5 口、山塘 320 口。

镇村建设

太平街古名苦竹坪。明永乐二十二年（1424），陈文宾袭职土官。衙署迁苦竹坪。在署北设驿马里，专管赋税，接待各隘来人洽商要务；在署西山头建钟楼，喊话、报时，保一方平安。遂更名太平街。民国期间，太平街已形成 31 间房舍的半边街，具集镇雏形。1993 年，乡人民政府规划征地建镇。2014 年，集镇建成区达 1.5 平方千米，3 条主街道总长 5 千米，常住人口 6000 人。

社会事业

教育

清道光二十三年（1843），在太平镇古回龙寺建黉舍。民国 7 年（1918），陈再庚、杨帆之在石门北乡创办太平初级小学。民国 11 年，始设高级班。民国 19 年，学校改名太平区联合高级小学。民国 22 年，学校改名为子太联合高级小学。民国 29 年，学校改名太平镇中心国民学校，1950 年，学校改名为石门县第六完全小学。1958 年，增设初中班，更名为石门县太平完小及附中。1970 年，增设高中班，改名为石门县太平中学，小学部迁往龙坪。1983 年，学校更名为石门县第七中学。

1995 年，境内有中小学校 51 所，其中九年一贯制学校 1 所、初级中学 2 所、完全小学 4 所、初级小学 44 所。在校教职工 313 人，学生 2591 人。

太平镇集镇景观

2003年，石门县第七中学更名为石门县太平镇中心学校。从是年起，调整学校布局，至2014年，全镇有6所学校和2个教学点，其中九年一贯制学校2所——穿山河中学、平安希望学校，初级中学1所——太平镇中心学校；完全小学3所——太平镇完小、二房坪完小、石水田完小；苦竹坪和曾家垭2个教学点。有幼儿园5所，其中1所公办幼儿园，4所民办幼儿园；1个民办培训机构。有教职工171人，在校学生1856人，入园幼儿585人。

文化

1998年，设立太平镇广播站和太平镇文化站。2002年，合并为太平镇文化广播电视站。2009年，更名为太平镇综合文化站，建300平方米的文化活动中心；启动“村村通”工程，1065户农户安装卫星电视。2013年，启动“村村响”广播工程，广播网络覆盖全镇18个村（居）。2014年，镇政府投资380万元，建成桩巴龙文化广场，广场占地14.9亩，建有浮雕景墙、孝龙亭、孽龙雕塑、二十四孝文化墙等特色建筑，为集镇居民的主要休闲场所；全镇有舞龙队伍2支、管乐队伍4支、民乐演奏队伍1支、农家书屋54家，有线电视站5个，有线电视用户3000余户。

医疗卫生

1995年，境内有乡卫生院3家、村卫生室52家。乡中心卫生院建成门诊综合楼，建筑面积1683平方米。1998年，乡中心卫生院改为太平镇中心卫生院。2005年，兴建住院楼。2014年，镇中心卫生院建筑面积9129平方米，设有中医科，骨科，内科，外科，妇产科，儿科，住院部及公共卫生服务与管理等科室，有医务人员48人，病床48张。下设分院2所、村级卫生室17所。

社会保障

“五保” 1995年，全乡有农村“五保”对象106人，乡政府在穿山河村猫儿垭养路工班旧址改建太平街乡敬老院，设置床位15张，集中供养农村“五保”对象15人。1998年，太平街乡敬老院更名为太平镇敬老院。2007年，太平镇敬老院迁址于太平街社区马家岩，占地8520平方米，其中建设用地3520平方米、生产基地5000平方米，建筑面积1570平方米，有床位44张。同年，太平镇中心卫生院被县救助局定为“五保”、低保定点救助医院，“五保”对象生病就医有了保障。2014年，全镇供养农村“五保”对象259人，其中镇敬老院集中供养43人。

养老保险 1995—2001年，境内只有供销社、粮店、卫生院等国营企业、集体企业职工195人参加社会养老保险。2002—2003年，新增56名个体工商户参保。2011年，启动新型农村社会养老保险。2014年，全镇有408人参加城镇职工基本养老保险；12948人参加“新农保”；58人参加居民医疗保险。

低保 2004年启动农村低保，有165户、323人享受农村低保。随着国家经济不断发展，社会保障兜底面不断扩大。2014年，全镇有农村低保909户1582人，城镇低保29户41人，城乡低保覆盖面5%。

特色地情

传说掌故

石门桩巴龙传说 《中国民间故事集成·湖南卷》收有数篇孽龙的传说，第一篇就是石门县的《桩巴龙传说》。该传说说的是石门太平镇白杨湖边住着母子二人，儿子对母亲非常孝顺，误吞石蛋（蛟子）后，口中十分干渴，喝完家中的水又奔湖边喝水，变成一条龙。母亲在后面赶到，只见湖边有条龙，以为龙把儿吃了，便举起手中的扁担打断龙的尾巴，龙喊娘，娘才知道龙是儿变的。突然湖水暴涨，龙向前游去，母亲在后面紧紧追赶。前面有山挡路，龙一头撞去，山穿了，湖水汹涌流出，沿途留下穿山河、自生桥、吟娘溪、死娘坪等地名传说，后来又有其母坟地及回龙寺建筑。桩巴龙所到之处，洪水毁屋、伤人，许真君用法术将他锁在桂花井。桩巴龙乞求真人每年清明放他为母扫墓，真人被他的孝心感动，遂答允。该传说在石门老少皆知，在湖南也广为流传。1959 年 3 月毛泽东在上海会见江西省委书记杨尚奎，与杨尚奎夫人水静谈话提到："晋朝的时候，江西出了个许真君，湖南出了条孽龙。起初许真君斗不过孽龙，后来孽龙还是被许真君降服了。"许真君在《清同治石门县志》有记载，他曾在县城附近的方顶山炼过丹，还植过两株银杏。《太平广记·许真君》载孽龙的妻子姓贾。石门民间传说有些不同，却是认为孽龙的母亲姓贾，当地至今流传桩巴龙清明回乡扫墓时沿途下冰雹，就是贾家坪不下，因为那里是他的外婆家。桩巴龙的母亲已成人们心中的神，每年清明前后有本地人、外县人甚至外省人前往她的墓地祭奠。石门县文化局将桩巴龙的传说进行整理申报，于 2006 年被列入湖南省非物质文化遗产名录。

风景名胜

自生桥 位于境内沱水源头，为独拱石桥，桥长 68 米、宽 7 米、高 32 米，拱跨 30 米，拱高 15 米。桥面道路全由石板铺砌而成，为南北交通要道。有一支石笋洞穿桥东，桥南山上有一大石，形似大龟，前人传说是上天派下的护桥使者。

三峰寨隧道 为公路隧道，位于 S302 磺太线太平街居委会和仙台村交界处，1975 年，丰禾、太平两地 180 名群众组成专业队，分南北两组相向施工，于 1976 年 6 月 26 日竣工通车。隧道长 305 米、宽 5 米、高 5 米，洞内设有宽 2 米、高 2.5 米、深 1 米的 5 个避车洞。三峰寨隧道的开通，打开了太平的南大门。

万世桥 位于镇西约 1 千米的马家岩峡口的沱水上，为四孔联拱石桥，含两边梯级引桥全桥长 65 米、宽 4 米、高 15 米，四孔跨径为 7 ~ 8 米不等。用方块石和条石调桐油石灰砌筑而成，历数次大洪水而巍然不动。据传，该桥领修人柳甲恒乃一介布衣，世居沱水河畔，深感交通不便，于是集众修桥。然木桥三修三毁，遂立志改修石桥。古稀之年出门募捐，历时三载。1871 年动工修建，8 年乃成。其子在桥面施工中不幸殉职。世人为感念柳氏一门为民造福，命名石桥为万世桥。1989 年，被石门县政府定为县文物保护单位。

峡峪河 又称十八里画廊。位于太平镇与维新镇交界处，全长 9 千米。峡峪河山水秀美、峡谷幽深、洞穴奇险，集山、水、洞于一峡，融灵、秀、险于一河，处处皆景。生长有大片野生腊梅群落和国家二级保护动物大鲵。

石水田天主教堂 位于太平镇石水田村境内。1894 年，由罗马尼亚甘神甫修建。该教堂依山傍水，坐西朝东，占地 7000 平方米，建筑面积 1154.6 平方米。为石门县境内最早和仅存的天主教堂，20 世纪 80 年代初修缮后作为天主教宗教场所。1984 年，被确定为石门县第一批重点文物保护单位。

（文字供稿：刘玉梅，图片供稿：太平镇政府）

磨市镇 >>

区域概况

位置面积

磨市镇位于县境西北部，东连维新镇，南邻慈利县三合镇，西接桑植县人潮溪乡，北界雁池乡、罗坪乡。镇人民政府驻磨市居委会，距县人民政府驻地73千米。

1995年，磨市镇总面积210平方千米，有耕地47055亩，其中水田24015亩、旱地23040亩。

2014年，全镇总面积210平方千米，有耕地42580亩，其中水田22600亩、旱地19980亩。

建置沿革

民国初，设磨市自治区。民国18年（1929），改为磨市乡。民国32年，九伙坪、商溪、雁池等地并入磨市乡。1952年2月，全县设14个行政区281个乡，镇域设17个乡，属石门县第十二区管辖。1956年6月，全县撤区并乡，磨岗、邓坪、青泥、芭蕉、官庄、乐坪、铜鼓7乡并为磨市乡；和平、硫磺、湖塌、侧岩4乡并为和平乡；南岳、湖坪、岩塌、三岔、官桥、黄龙6乡并为南岳乡。1958年9月，实行人民公社体制，磨市、和平、南岳3乡合并成立磨市公社。1959年6月，析置和平、南岳公社。1982年，磨市公社更名磨岗隘公社，和平公社更名九伙坪公社，南岳公社更名商溪公社。1984年，撤销人民公社，磨岗隘公社改为磨岗隘乡，九伙坪公社改为九伙坪乡，商溪公社改为商溪乡。1995年5月，撤区并乡，磨岗隘、九伙坪、商溪3乡合并成立磨市镇，至2014年未变。

行政区划

1995年并乡建镇后，磨市镇辖58个行政村。

2007年合村后，磨市镇辖1个社区，17个行政村。2014年，全乡辖磨市、岩板滩、九伙坪3个社区，坪塌、长峪湾、白岩璧、木瓜峪、车坊、鲍家渡、铜鼓峪、清泥溪、横铺、官庄、黄龙岗、王官桥、南岳寺、岩塌、四方台15个行政村。

自然环境

镇域融山、丘、坪为一体，地形酷似拳头，西南窄狭，东南宽阔。境内有斗笠山、石门垭、四方台、峨公岩等8座大山；有渫水、商溪、清泥溪等大小溪流60多条。最高处斗笠山海拔1172米，最低处鸡公滩海拔98米。皂市水库蓄水后境内水域面积为9925亩，水岸线长48175米。镇域气候温暖、湿润，年平均气温16.7℃，最冷的1月平均气温5℃，最热的7月平均气温28.6℃。全年无霜期282天，日照1646.9小时，年平均降雨量1540毫米。境内动植物资源丰富。乔木、灌木树种有70科200属450种；野生动物有90多种。矿藏以石煤、烟煤、大理石、石灰石、硫铁矿等为主。境内主要自然灾害为旱灾、洪灾。2013年8月，发生特大旱灾，全镇18个村（居）不同程度受灾，其中1105户3870人饮水困难；农作物受灾面积31800亩，造成直接经济损失4875万元。

人口民族

1995年，磨市镇有11138户39761人。2013年，全镇有7896户28146人，总人口中，土家族27978人、汉族158人、蒙古族1人、回族2人、苗族1人、壮族2人。

经济发展

综述

1995年，全镇实现工农业总产值4687万元，其中农业产值3426万元。2005年起，镇党委、镇政府按照"农业固镇、人文兴镇、旅游活镇"工作思路，推进镇域经济全面协调发展。2014年，全镇实现国民生产总值3.81亿元，完成固定资产投资1900万元，农民人均纯收入6008元。

农业

种植业 中华人民共和国成立后，境内历经个体经营、集体经营、家庭联产承包等经营模

烤烟基地

式。1991年起，进行农业结构调整，种植业逐渐向种植柑橘方向转变。1995年，全镇生产粮食14372吨、烤烟200吨、油菜籽1600吨、柑橘1500吨。1996年起，重点发展柑橘、烤烟、茶叶等产业基地建设。2012年，建成和平烟叶合作社、月岭君山金银花专业合作社等12个农业专业合作社，实现部分土地流转，荒山变庄园。形成以坪塌、长峪湾、车坊、白岩璧等村为中心的“省级烟叶生产示范基地”，种植烤烟1500亩；以岩板滩、黄龙岗、王官桥等村为中心的椪柑产业带，总面积13000亩；采取“公司＋协会＋农户”的发展模式，种植金银花1168亩，产值500余万元。2014年，种植烟叶700亩，产量1235担，收益200万元。打造黄鹤塔有机茶基地，以九伙坪为中心，带动长峪、木瓜峪、王官桥等村栽培碧香早、黄金茶优质茶苗1500亩。月岭君山金银花专业合作社发展农户148户，种植面积480亩，采收鲜花596.88吨，实现收入507.34万元。

养殖业 镇内村民历年有养殖生猪、牛、鸡、鸭、鹅、鱼等畜禽水产习俗。中华人民共和国成立前有农户圈养生猪，鸡、鸭、鹅，大多自繁自养，所产鸡蛋、鸭蛋除自己食用外，少量部分用于出售或兑换油、盐等生活必需品。中华人民共和国成立后，政府鼓励生猪养殖。1964年，全公社存栏生猪6000余头、出栏3000余头。20世纪70年代，政府实行生猪任务派购。80年代，家家户户养猪。80年代末期，实施规模化养殖，全乡10家养猪专业户，年出栏生猪1.2万头。20世纪90年代，发展多种养殖，黄龙岗、坪塌部分村民在山上养殖山羊、鸡、鸭等。1995年，全镇出栏肥猪26700头、耕牛1080头、山羊3420只，出笼家禽61000羽。2009年，黄龙岗村土鸡养殖基地投产，南岳寺村商溪生猪养殖专业合作社成立。2014年，全镇出栏生猪1.45万头、牛3200头、山羊1.2万只、家禽3.1万羽。

林业

20世纪50年代前，境内植被良好，森林茂密。1958年，全民大炼钢铁，伐木毁林，生态失衡。70年代，开始办林场和封山育林。1981年，实行稳定山林权、划定自留山、确定林业生产责任制，林业生态开始好转。2003年起，大力实施植树造林、退耕还林、封山育林，镇财政每年投入100多万元作为绿化专项资金，各村每年拨付3万多元苗木费。通过绿化攻坚，形成用材林、绿化林、经济林鼎立的格局。2014年，全镇有林地19.8万亩，其中用材林3.6万亩，经济林1.2万亩，公益林15万亩，活立木蓄积量51.8万立方米，森林覆盖率62.9%。

工业

民国年间，境内有铜作、铁作、翻砂、榨油等手工作坊。

1967年，公社成立铁业社、农机站、榨油厂等社办企业。20世纪70年代初，建坪塌煤矿。1978年，建岩门石灰矿。80年代中期，相继建立磨市酒精厂、磨市水泥厂、磨市贸易货栈及水上木船运输队等乡办企业。1993年，建九条岭石灰矿。2006年，建长峪石灰矿。2014年，境内有工业企业12家，从业人员220人，实现工业总产值8900万元。

商贸服务业

古时，磨市为重要驿站，清嘉庆年间（1796—1820）称市，南来北往行人多在该地食宿。至晚清，磨市已有200米长的街道，上百余家店铺。墟日应市者千余人，多时逾3000人。集市主要经营大米、畜禽、茶叶、土纸、竹木制品等，三日一墟。1978年后，加强市场建设，改善市场条件。2007

年，磨市集镇搬迁至皂市水库水位线以上的磨市居委会。2014 年，集镇内有中型超市 3 家，农贸综合市场 1 个，各类商业门店 100 多家，逢 2、7 日赶墟，应墟者千余人。

旅游业

2007 年，随着皂市水库建成蓄水，镇党委、镇政府开始发展旅游产业。2008 年，进行华佗岩风景区建设，先后完成岩菩萨周边开发、风雨桥抬高，完成吊脚楼、神秘峡谷游道、观光休憩亭阁、革命烈士博物馆、民俗街、车站、旅游宾馆等项目建设，修缮烈士故居。2011 年，投入 20 多万元，购进 700 多株桂花树对新集镇进行基础绿化。2014 年，利用地处皂市水库尾端的特殊地理优势，开辟两条旅游线路：蒙泉湖—夹山—皂市水库—磨市—壶瓶山线路；张家界—慈利—磨市—壶瓶山线路。

基础设施

交通运输

水运 古有澧水航道，可通行 15 ~ 30 吨木船，至石门、津市、武汉等地。皂市水库建成后，境内可通游船至皂市。

公路 磨市古镇是石门茶马古道必经之路。中华人民共和国成立后，境内交通建设快速发展。1958 年，石门至清官渡公路建成通车，途经境内 25 千米。2004 年，皂市水库环线公路接通，境内长 18 千米。2008 年，对官庄村至石门垭 25 千米公路进行硬化。2012 年，规划全镇农村公交线路。2013 年，全镇 18 个村居全部开通客运班车。2014 年，全镇有省、县、乡、村、组级公路 320 千米，其中硬化 118 千米，实现水泥公路村村通。

邮政通信

1958 年，境内始设邮电所，办理邮政、报刊发行、电报电话业务。1995 年，开通程控电话业务，实现市、县电话联网，结束人工接转电话历史。1998 年，开通寻呼机和移动电话业务。2014 年，有邮政所 1 家，移动通信基站 1 家。有家庭固定电话 1000 余部，移动电话 12000 余部，互联网用户 1680 户。

供电饮水

供电 1992 年入网供电，有输电线路 487 千米，配电变压器 47 台 2350 千伏安，年供电量 210 万千瓦时。1995 年，启动农电网改造，改造线路 148.97 千米，新立电杆 2000 余根，更新变压器 20 多台。2014 年，全镇有输电线路 786 千米，其中 10 千伏 120 千米、0.4 千伏 666 千米，变压器 86 台 7180 千伏安，供电量 740 万千瓦时，实现户户通电。

饮水 1995 年起，实施安全饮水工程，采取集中、分散供水相结合办法，解决群众饮水难和饮水安全问题。1997 年，建九伙坪供水厂，九伙坪片区实行集中供水。2012 年，磨市集镇自来水入户。2014 年，全镇 18 个村（居）2.7 万人用上安全卫生饮用水。

水利建设

中华人民共和国成立前水利设施少，大旱大涝现象普遍。中华人民共和国成立后，大搞农田水利建设。20 世纪 50 年代中期，以整修小山塘、小陂坝为主，改善灌溉条件。50 年代末至 80 年代，以修小型水库、骨干山塘、引水渠道等工程为主。1990—2013 年，全镇投资 2000 万元，对 3 座水库除险加固，整修堰塘 185 口，清淤渠道 68 千米。2014 年，全镇有水库、骨干塘、拦河坝 89 处，一般堰塘 260 口，总蓄水量 689.12 万立方米，渠道 50 千米，旱涝保收面积 2 万亩。

镇村建设

磨市镇是皂市水库移民镇。2004 年，皂市水库开工建设，全镇涉及移民的有磨市居委会和铜鼓峪、鲍家渡、横铺、车坊 4 个行政村 6700 人。磨市集镇从大福桥迁至官丈坪新建。2007 年，新集镇建成，建成区面积 0.2 平方千米，建筑面积 70 万平方米，街道总长 1.5 千米，其中最长的磨岗隘街道长 800 米。2008 年，镇党委、镇政府推行绿化、亮化、净化工程，创建生态乡镇。全面开展集镇、道路、水系、山头、村庄绿化。统一配置专职保洁员，修建垃圾池，实行垃圾集中清运。按照“统一规划、统一风格、统一模式”要求，规范村民建房。在磨市、九伙坪、岩板滩 3 个集镇安装太阳能路灯 200 余盏，解决公共区域照明问题。2014 年，磨市镇通过国家级生态乡镇考核验收组验收。

社会事业

教育

清代，境内有私塾蒙馆、经馆数家。中华人民共和国成立后，人民政府重视教育，办学规模逐渐增大。1956 年 7 月，磨市小学设立中班。1973 年，改磨市小学为磨市中学。1985 年，石门县第三中学由所街搬迁至境内，磨市中学并入。1995 年，全镇有完全中学 1 所、初中 2 所、小学 43 所，教职员工 192 人，学生 3081 人，学龄儿童入学率 98%。2000 年后，生源减少，学校陆续撤并。2005 年 7 月，石门县第三中学更名为磨市镇中学。2007 年 1 月，又更名为磨市镇中心学校。2014，全镇有中学 2 所，完小 3 所，教学点 10 个，中心幼儿园 1 所；教职员工 150 人；在校学生 1560 人，其中初中学生 461 人，小学生 1099 人；在园幼儿 193 人。

文化

境内民间传统文艺形式丰富多彩，主要有山歌、三棒鼓、渔鼓、莲花落、龙灯、狮舞、傩愿戏、刺绣、剪纸等。尤以傩愿戏最具特色。傩愿戏又称土地戏，深受群众喜欢。人们为了五谷丰登、六畜兴旺、人口清吉，多向傩神许愿，定时还傩愿，唱土地戏。“文化大革命”期间遭禁。中共十一届三中全会后，又有出现。1990—1996 年，兴建 2 座有线电视台，有线电视用户达 500 余户；兴建村级广播室 18 个，通广播村达 30 个。2014 年，境内有镇文化站 1 个，文学艺术爱好者 100 多人，农家书屋 19 个。

医疗卫生

民国时期，有中医郎中 10 余名游方境内，为民治疾。1934—1935 年，贺龙部队在磨岗隘南岳寺建立秘密医疗点，医治红军伤员。中华人民共和国成立后，将游方郎中组织起来成立联合诊所。1956 年，联合诊所改为乡卫生院。1962 年，国家拨款 2 万余元，在磨岗隘公社官庄大队建立磨岗隘医院，定位为地区性战备医院，设有门诊部、住院部，有来自全国各地的医务人员 52 名，能开展阑尾、疝气、剖宫产等手术。后院舍陈旧，省民政厅查实为红军医院旧址，1980 年，由民政部拨款，在磨市集镇重建，定名为磨岗隘区医院，管辖磨岗隘、九伙坪、商溪等公社卫生院，有病床 40 张。

1995 年，磨岗隘区医院与磨岗隘乡卫生院合并为磨市镇中心卫生院，九伙坪乡卫生院、商溪乡卫生院分别改为磨市镇中心卫生院九伙坪分院、商溪分院。1998 年，磨市镇中心卫生院升级为一级甲等卫生院。2001 年，磨市镇推行乡镇卫生院社区卫生服务模式试点。2004 年，商溪分院撤并到磨市镇中心卫生院。2007 年，九伙坪分院撤并到磨市镇中心卫生院。2008 年 12 月，磨市镇中心卫生院迁至官丈坪村，占地 11240 平方米，建筑面积 6957 平方米，固定资产 700 多万元，设备总值 135 万元；有医务人员 61 人，病床 80 张，设有普外科、妇产科、骨伤科、五官科、口腔科等科室。2014 年，磨市镇中心卫生院下辖 18 个村卫生室，有乡村医生 24 人。

社会保障

农村“五保” 2004 年，建镇敬老院，15 名“五保”对象入院养老。2006 年，全镇供养“五保”对象 232 户 232 人，标准为每人每月 50 元，其中敬老院集中供养 10 人。2010 年，全镇供养“五保”对象 135 户 139 人，标准为每人每月 125 元，其中在敬老院集中供养 37 人。2014 年，全镇供养“五保”对象 249 户 252 人，标准为每人每月 220 元，其中在敬老院集中供养 25 人。

新型农村合作医疗 2006 年，实行新型农村合作医疗，以户为单位参合，参合标准为 10 元 / 人，21188 人参合。2009 年，参合标准为 20 元 / 人，24045 人参合。2014 年，参合标准为 90 元 / 人，29580 人参合。

新型农村社会养老保险 2011 年 7 月，启动新型农村社会基本养老保险，全镇覆盖率 85%，有 1134 人年满 60 周岁领取养老保险金；参保缴费人员 15082 人，缴费金额 156.35 万元。2014 年 7 月，养老金由每月 55 元提高到 75 元。2016 年 1 月，养老金提高到每月 80 元，全镇有 7356 人领取养老金，全年共领取基础养老金 706 万元；在缴人员 13229 人，参保率 100%。

城乡居民最低生活保障 2002 年，境内开始实施城乡居民最低生活保障制度。年内有 891 人享受农村低保，每人每月 5 元；16 人享受城镇低保金，每人每月 65 元。2014 年，全镇有 1695 人享受农村低保，每人每月 101 ~ 130 元；77 人享受城镇低保，每人每月 200 元。

特色地情

名优特产

磨市椪柑 明代，境内就有柑橘种植。1976 年发生大冰冻，橘树全部损毁。20 世纪 80 年代，在神州台、官桥成立园艺场，分别种植柑橘 100 亩、60 亩。1986 年，在王官桥种植椪柑。2000 年，全镇种植柑橘 13000 亩，其中椪柑 9000 亩。2002 年，全镇椪柑产量过万吨，收入超 1000 万元。2004 年，在磨市成立石门县椪柑协会。2005 年，王官桥村 1200 亩椪柑列入金香园绿色食品基地，实施标准化生产管理。2007 年 10 月，磨市椪柑商标成功注册。

石门银峰茶叶 1972—1974 年，南岳公社组织全社劳力，在四方台大队开挖荒山 2000 余亩，建起四方台茶场。该场生产的“石门银峰”，1991—1993 年连续 3 年获湖南优质茶评比总分第一名。1994 年，获全国名优茶评比二等奖、首届湘茶杯金奖、第五届亚太国际贸易博览会金奖。

风景名胜

向阳瀑布 位于坪塔村境内，为三迭瀑，高 160 余米，水流湍急，喷珠溅玉。该瀑布为商溪河发源地，蜿蜒东流 22.5 千米，灌溉良田万亩。

九狮赶象 位于坪塔村境内。有诗记曰：“登高采影到峰头，旖旋风光一望收。一象飞蹄形拙拙，九狮摇尾状悠悠。”

百花满峪 位于南岳寺村百花峪。景点依山傍水，农舍俨立，良田阡陌，如同桃源仙境。每到春天，繁花满峪，鸟语花香，一派迷人景色。

三星伴月 位于南岳寺村。三个葱茏小山凸，犹如三颗星星伴着一座酷似一轮新月的小横断山。

商溪水缓缓流过，绕山拐了一个弯，恰似一张熠熠闪光的银弓挂在山外。

五凤朝天 位于岩塌与南岳寺两村交界处，紧密相连的五座山峰，像五只朝天的凤头。该地景色优美，春有杜鹃满山，夏有绿树成荫，秋有丹枫铺地，冬有碧松傲雪。

独岩晴雪 位于南岳寺村。独岩矗立，直插蓝天，形若城墙。中有一巨大白岩，名镜子岩，又名气象岩。村民根据镜子岩的颜色判断来日天气好坏。民谣传：镜子灰，满天云；镜子暗，戴斗笠；镜子黑，要下雪；镜子亮，有太阳。

褂帽抛轿 位于黄龙岗村的轿顶山，又名太平峰，与雁池乡接壤，海拔 420 米。该山孤峰矗立，四面悬崖峭壁，古藤倒挂。山头上小下大，成金字塔形，酷似土家姑娘出嫁时坐的花轿。故名轿顶山。传说境内若有人中了科名，则先有紫色祥云覆盖在轿顶山上。轿顶山有高 10 多米的石头人 2 对，面对面站立。游人到此若问："轿夫，你怎么不把轿抬走？"石头人眼里马上涌出一股泉水，令人惊奇不已。

（文字供稿：谌鹏，图片供稿：磨市镇政府）

壶瓶山镇

区域概况

位置面积

壶瓶山镇位于县境西北部、渫水源头，西、北与湖北省五峰县后河国家级自然保护区、渔洋关镇、长乐坪镇、湾潭镇毗邻，东抵太平镇，南连所街乡、罗坪乡，西南与东山峰管理区、南北镇接壤。镇人民政府驻泥沙居委会，距县人民政府驻地110千米。

1995年，壶瓶山镇总面积645.07平方千米，有耕地29700亩，其中水田9049亩、旱地20651亩；有林地858965亩。2014年，全镇总面积662.93平方千米（为测算误差调整），有耕地47695.2亩、草地34204.2亩、园地15930.6亩。

建置沿革

雍正十三年（1735），镇域属石门县北乡管辖。民国2年（1913），全县设8区21自治区，镇域置泥市自治区，归石门县第八区管辖。民国18年，全县设南、中、北、西4区20乡，镇域置泥市乡，归西区管辖。1952年2月，全县设14个行政区，5个区辖镇，281个乡，镇域置泥沙镇和16个乡，归石门县第十四区管辖。1955年4月，撤销泥沙镇，并入泥市乡。1956年6月撤区并乡，泥市、坪东、大胜、后路、要武5乡及麻风村并为泥市乡；江坪、龙池、李坪、下深溪、黄连5乡并为江坪乡；南坪、上深溪、黄连河3乡并为南坪乡；新坪、鼓锣、水田3乡并为中岭乡。1958年9月，实行人民公社体制，泥市乡改为泥市公社，南坪乡改为南坪公社，中岭乡与江坪乡合并为江坪公社。1961年4月，由江坪公社析置中岭公社。1982年，泥市、南坪、江坪公社分别更名为泥沙、南坪河、江坪河公社。1984年4月，撤销人民公社，恢复乡建制，泥沙、南坪河、江坪河、中岭公社改为泥沙、南坪河、江坪河、中岭乡。7月，泥沙乡改为泥沙镇。1995年6月，上述3乡1镇合并为壶瓶山镇。至2014年无变化。

1982年，湖南省人民政府批准建立壶瓶山自然保护区。1994年4月，国务院批准建立湖南壶瓶山国家级自然保护区。1995年12月，常德市人民政府批准成立壶瓶山国家级自然保护区管理处，为副处级事业单位，直属县政府管理，业务上接受上级林业部门指导。1999年11月，市政府核定管理处人员编制50人，经费实行差额补贴。2004年7月，壶瓶山国家级自然保护区管理处更名为壶瓶山国家级自然保护区管理局。壶瓶山国家级自然保护区管理局与壶瓶山镇实行“区镇合一”体制，一套人马，两块牌子。2016年，管理局与镇政府分开办公。

行政区划

1995年，泥沙镇18个行政村1个居委会，江坪河乡15个行政村，南坪河乡16个行政村，中岭乡13个行政村合并为壶瓶山镇，全镇辖62个行政村，1个居委会。2007年，全县实行合村并组，壶瓶山镇辖平洞、大胜、青山溪、后路坪、姬塘峪、文峰、杨家坪、南坪河、黄莲河、上延河、云麓、后山、大棚、桐木山、龙池河、江坪河、炉岩、泉坪、金钣山、神景洞、李坪、黄莲棚、管山、北溪河、长岭、咸泥、耍武、簸山、剩头林场、壶瓶山、大岭、大京竹、中岭、九岭、天坪、水田、鼓锣37个行政村和泥沙居委会。至2014年未变。

自然环境

镇域地处武陵山脉东北端，居云贵高原向东部低山丘陵过渡地带，与鄂西山地毗连，属中山山地地貌和河谷地貌。地势西北高而东南低，全境峰峦叠障，海拔1000米以上的山峰达10余座，主峰壶瓶山海拔2098.7米，为湘西北群峰之首；长岭村石家河为境内最低点，海拔251米。

壶瓶山属亚热带山地气候，年均气温9.2℃，年均日照1509.9小时，年均降水量1898.5毫米，年均雪日42.2天，极端低气－15℃。呈气温偏低、春迟冬早、盛夏不暑、隆冬严寒、雨量充沛、湿度较大的特点。

土壤成土母质，主要为石灰岩、页岩、砂岩及其它硅质岩类溶化物的残积、坡积物。在溪河岸的平坦地带、局部有洪积、冲积物堆积，分选性差，多成石滩。土壤分类为6个土类，12个亚类，22个土属。属于地带性土类的有红壤、黄壤、山地黄棕壤和山地草甸土，属于岩成土类的有红色石灰土、黄色石灰土。

境内河谷深切，有金家河、泉坪河、深溪河等7条河流，分别汇入江坪河和毛竹河，经渫水入澧水至洞庭湖，是长江中游地区重要的水源涵养区。水利资源丰富，溪河年径流量19亿立方米。

壶瓶山多被中亚热带常绿阔叶林植被覆盖，是中国地貌上由第二阶梯向第三阶梯过渡、东亚两大植物区系重要交汇地区。植被类型包括针叶林、针阔混交林、阔叶林、灌丛和草甸5个植被型组51个群系。山脚到山顶可划分为常绿阔叶林、常绿落叶阔叶混合林、落叶阔叶林、山地灌丛草甸带等四个植被带谱。

境内林地600.93平方千米，活立木蓄积118.3万立方米，占全县总蓄积的38.8%。阔叶林占林地总面积的75.4%，植被覆盖率为98.7%，森林覆盖率为86.5%。

壶瓶山植物种类丰富，区系成分复杂，包含中国种子植物属15个地理分布类型的14个，称华中地区珍贵生物物种“基因库”。区内已记录维管束植物227科、1034属、3080种，分别占湖南254科、1340属、5492种的89.4%、76.6%、56.1%。珍稀濒危、孑遗植物近百种，属于国家一、二级保护的植物共有37种，其中属一级保护的植物有珙桐、光叶珙桐、钟萼木、银杏、红豆杉、南方红豆杉、水杉等7种，二级保护的植物有长果安息香、篦子三尖杉、白豆杉、巴山榧树、连香树、樟树、闽楠、野大豆、花榈木、鹅掌楸、厚朴、凹叶厚朴、水青树、香果树、川黄檗、伞花木、榉树等30种，占全省属国家保护植物的70%以上。列入国际公约的有69种，是石门鹅耳枥、湖南花楸、石门杜鹃、长果安息香、石门小蘗、石门葡萄、石门菝葜、壶瓶山碎米荠等的模式标本产地。

壶瓶山动物资源有陆栖脊椎动物28目、84科、437种。属国家一级重点保护的有金雕、中华秋沙鸭、东方白鹳、黑鹳、林麝、云豹、豹7种。属于国家二级保护的有大鲵、红腹角雉、穿山甲、猕猴、苏门羚等52种。

境内金属矿产和非金属矿产有钒、铜、铁、磷矿、石灰岩、煤等，矿产贮量大。已开采的有中岭的磷矿、江坪的煤矿。

人口民族

1995年，壶瓶山镇有9314户34102人，其中男性17414人。2014年，全镇有10673户29061人，其中男性15785人；土家族24408人、汉族4630人、苗族4人、壮族3人、白族16人。

经济发展

综述

1995年，镇党委、镇政府推进经济体制改革和经济增长方式转变，全镇完成工农业总产值12547万元，其中工业总产值7215万元，农业总产值5332万元，实现财政收入161万元。2000年，推进农村产业化、工业化、城镇化进程，完成工农业总产值13630万元，其中工业总产值6143万元，农业总产值7487万元。2005年，以建成小康社会为目标，促进经济平稳发展，完成工农业总产值18996万元，其中工业总产值5472万元，农业总产值13524万元。2011年，实现工农业总产值48630万元，财政收入434万元。2014年，推进生态立镇、旅游活镇战略，经济呈现稳中趋优态势，实现工农业总值62968万元，财政收入2300万元。

农业

种植业 境内稻田面积很小，分布在海拔600米以下的缓坡、槽地。1995年，全镇农作物播种115914亩，主要品种为玉米、红薯、马铃薯、小麦和豆类，其中玉米31023亩，产量5755吨；红薯17693亩，产量2971吨；马铃薯16091亩，产量1674吨；小麦1233亩，产量93吨，水稻90亩，产量36吨；实现产值2874万元。2000年，种植品种扩大到烤烟、药材、油菜和蔬菜，全镇农作物播种85515亩，其中水稻8900亩，产量3053吨；玉米26492亩，产量9484吨；烤烟3000亩，产量704吨；油菜9550亩，产量333吨；蔬菜9169亩，产量11920吨。2010年，镇党委、镇政府狠抓烤烟、茶叶和蔬菜发展，全镇种植烤烟7000亩，产量1.2万担，创产值1300万元；新扩茶园1200亩，总面积达20000亩，产茶叶3万担，产值3010万元；高山蔬菜12000亩。2014年，全镇农作物种植面积75235亩，其中水稻9829亩，产量3151吨；玉米26313亩，产量9987吨；油菜7636亩，产量687吨；烤烟7800亩，产量1.37万担；茶叶23000亩，产茶32000担。

养殖业 1995年，全镇生猪出栏24147头，存栏15004头；家禽出笼18365羽，存笼47031羽。2000年，在巩固生猪和家禽的基础上发展山羊、耕牛和水产品。2005年，山羊出栏37861只，存栏3548只；牛出栏697头，存栏2750头；水产品养殖面积190亩，总产量9吨。2010年，积极壮大大胜、平洞、长岭、杨家坪村4个规模养殖小区。2014年，全镇出栏生猪3.21万头，山羊、肉牛、家禽出栏分别达10985只、2880头、11.23万羽。水产品养殖面积增加到265亩，产量11吨。养殖业总产值5019万元，占农业收入的44.1%。

林业

1995年，全镇有林地858965亩，造林6916亩，油茶林5905亩，油桐林15亩，木材采伐面积10609亩。镇辖38个村以采伐人工林、烧制木炭和种植香菌等为主收入，对森林资源的依赖性较大；全年产茶油 7 吨，采伐木材 682 立方米。2010 年后，实施封山禁伐、国家生态公益林项目和退耕还林工程项目，对境内所有煤矿实行关停转产，林业产业结构逐步调整，居民对森林资源的依赖程度逐步降低。2014 年，油茶油桐产量为零，木材采伐量 473 立方米。

工业

1995 年，全镇有加工、采矿、运输业 1200 多家，组建有矿产品、林产品、农产品三大专业集团，实现工业总产值 7215 万元，其中乡办工业 1769 万元、村办工业 297 万元、村以下工业 5149 万元。2010 年，围绕水能开发、农产品加工等“无烟”工业发展，全镇实现工业总产值 2.1 亿元，上交税金 500 万元。市级农业产业化龙头企业壶瓶山茶叶公司采取“公司 + 基地 + 农户”经营模式，加大技改力度，生产能力和技改水平得到提高，全年加工干茶 12000 担，创产值 500 万元。新增彩瓦厂和电子厂各一家，全镇完成工业总产值 45596 万元。

旅游业

1995 年，镇党委、镇政府利用境内资源进行旅游开发建设，先后建起江坪河景区、南坪河景区和黄虎港景区，开辟有象鼻子沟、石碾子沟、屋脊漂流、黄连河峡谷、壶瓶山主峰、张家渡、洞中天、姻缘树、生死缝、石女望夫、野猴谷、土地庙、悬棺山、窄峡谷、覃氏祠堂、黄虎港大桥等景点。2010 年，生态漂、登顶游、休闲游火爆，接待游客 3 万人次，创旅游收入 300 多万元。2014 年，投资 3000 万元建设壶瓶山主峰登顶步行道和江坪河景区提质改造。镇政府与业主配合投资 1500 万元，完成泥市老街改造升级和泰和合茶号建设。全年接待游客 5 万人次，实现旅游综合收入 4000 万元。

基础设施

交通运输

1995 年，壶瓶山镇有石(门)清(官渡)、石(门)鹤（峰）、石（门）五（峰）3 条过境骨干公路，境内总长 9 千米。镇、村公路 70 千米。2010 年，镇党委、镇政府通过国家投资和启动社会资金加快公路建设，全年硬化镇、村公路 37.5 千米，完成江坪河村、管山村、后路坪村等 25.3 千米村道硬化工作，完成集镇至壶瓶山主峰大洞坪段旅游公路改造 50 千米。

2014 年，全镇有省、县、镇、村道公路 106 条，长 651.4 千米，硬化率 43.75%。主要镇道有：泥沙古镇至江坪河集镇公路，长 14 千米；泥沙古镇至三河村大洞坪公路，长 52 千米；杨家坪村至鼓锣村公路，长 17 千米；鼓锣村至南北镇公路，长 15 千米；东山峰至鼓锣村公路，长 12.5 千米；泥沙古镇至耍武村公路，长 18 千米；江坪河集镇至大京竹村土蜂垭公路，长 24 公里；所街乡寨子垭村至安溪村洪水滩公路，长 34 千米。每天有 14 趟班车至石门县城约 3 至 3 个半小时，其中始发 8 趟，过境 6 趟。

供电

1995 年，境内有 35 千伏安变电站 1 座，10 万伏输电线路 4 条，长 330.75 千米，低压线路 1397 千米。农村公用变压器 201 台，总容量 11345 千伏安；企业专用变压器 34 户，总容量 4270 千伏安；小水电站 23 座，装机总容量 15910 千瓦。2014 年，全镇年售电量 1176.15 万千瓦时，供电可靠率 99.7%，D 类电压合格率 98.05%。是年，对江码电站进行技术改造。

社会事业

教育

清末和民国年间，境内有私塾数家。民国2年（1931），创办泥沙初级小学。

后泥沙初级小学发展为普通高中——石门县第八中学。1994年，高中停办，改为初级中学。2000年，全镇拥有学校35所，其中中学1所、九年制学校3所、完小2所、村小5所、1人1校的教学点24所；有教职工217人；在校学生3543人，其中中学生1450人，小学生2093人。2002年起，调整学校布局，整合教育资源。2002年下学期，撤销中岭学校初中部，并入石门八中；撤销咸泥、上延河、三峰、龙洞4个教学点。2003年，撤销11个教学点，石门八中更名为壶瓶山镇中心学校。2004年，撤销3个教学点。2005年，撤销江坪、南坪学校初中部，撤销黄莲棚、黄莲河、龙池河、京竹、长岭5所学校。2014年，全镇有镇中心学校1所九年制学校，平东、古罗、中岭、南坪、江坪5所完小，后路、夹马、耍武、大棚、李坪5所初小；有教职工169人；学生1547人，其中中学生478人、小学生1069人。

文化体育

2014年，壶瓶山镇有1个文化站、村级文化活动中心6处。各类图书室38个，藏书19万余册。全年放映农村公益电影456场，开展文化下乡10场，开展民俗文艺节目展演2场。举办“手机上的天下壶瓶”摄影大赛和原始村落北溪河村“年猪节”，以新形式传承和宣传土家民俗文化。拥有有线电视中心1个，电视用户入户数1800户，电视综合人口覆盖率达100%；广播站38个，广播综合人口覆盖率达100%。

是年末，全镇体育场地1个，参加健身运动人数达100人，开展全民健身项目2项，新建农民体育健身工程的行政村1个。

医疗卫生

中华人民共和国成立前，泥沙区卫生事业发展缓慢，缺医少药现象十分严重。1951年4月，成立区卫协工会。1952年，成立区卫生所，各乡成立卫协小组。1956年，区卫生所改编成中医院，各乡成立联合诊所。1958年，各乡联合诊所改编成人民公社卫生院。1966年，中医院和泥沙卫生院合并成泥沙医院。1971年，泥沙医院又分为泥沙卫生院和泥沙区医院。

1995年，泥沙区医院和江坪、南坪、中岭、泥沙4所乡镇卫生院合并为壶瓶山镇中心卫生院，下辖17所村卫生室。2015年，壶瓶山镇中心卫生院发展成为综合性一级甲等医院，占地10903平方米，建筑面积4800平方米，有医务人员67人，病床72张，设置有10多个诊疗科室，配置X光机、电解质分析仪、超声诊断仪、救护车等医疗设备；辖38个村卫生室和38名乡村医生。

特色地情

风景名胜

壶瓶山旅游风景区是湖南十大山岳景观之一和世界自然基金会等国际组织确定的全球200个重点生态区之一，被誉为北纬30度上的自然迷宫，有4个景区，其中江坪河、南坪河、黄虎港3个景区在壶瓶山镇境内。

江坪河景区 位于镇域西北部，地势西北高、东南低。海拔400米以上多为峡谷风光，海拔400米以下为溪河漂流风光。区内峡谷深涧，绝壁高悬，环境幽雅，风景秀丽，纸棚河、郭家河两侧原始次生林自然古朴、野趣横生。该景区已开发象鼻子沟、石碾子沟景区和枇杷滩生态漂流。

黄虎湾景区 峡谷狭窄、幽深，两岸岩石陡峭险峻，绝壁高矗，峡谷两岸森林茂密，猴子成群，为峡谷探幽、漂流的理想之地。主要景观有剩头铁索吊桥、黄虎港大桥等10多处。剩头铁索吊桥飞架在剩头和要武两山的绝壁上，长116米，宽2米，高188米。黄虎港大桥为石清公路修建时的重点工程，1959年12月竣工。跨越渫水支流黄虎港。山势自然坡度达80多度，高耸200余米。桥型为石拱桥，主拱净跨60米，水面至桥面高50余米。为中国跨径最大、桥拱最高的石拱桥。

壶瓶飞瀑

南坪河景区 位于镇域东部与北部，区内地势险峻，主要景观有黄莲河峡谷、壶瓶山主峰和云雾山。黄莲河峡谷始于南坪河黄莲河村的回打坡，至泥沙平洞村的香笼寨，全长12千米，瀑布多而壮观，生长着长果安息香、香果树等多种珍稀植物。壶瓶山主峰南、西、北三面峭峻，坡度70°左右，东南面稍缓，已建登顶步道。山顶植被茂盛，春夏晴日登顶，可见高山杜鹃、红花木兰群落争相竞艳。云雾山终年云雾缭绕，宛若天境，南天寺终年香火不断。

泰和合茶号 位于泥沙集镇中心。清光绪十五年（1889），由广东中山籍商人卢次伦创建。茶号面对渫水，大门用青石镌花，高达丈余。茶号主楼前后三进，第一进为人事、经济两个管事办公地方。第二进为接待官府官员、客商地方。中间一座望楼，八方三层，雕梁画栋，蔚为壮观，名“三泰楼”，取“天、地、人三泰”之意。茶号主楼东侧是制作、储放茶叶库房。茶号主楼西侧建大片房屋，是专事分拣茶叶的地方，称“赶楼”。春季制茶繁忙季节，来自四面八方的“赶茶”男女，多达千人，“赶茶”时山歌不断，热闹非凡。泰和合茶号还建有一处船厂，专事打造运茶船只。土地革命战争时期，茶号为红二军团司令部驻地，县农民协会也在茶号成立，是一处革命纪念地。后经镇政府、县文物部门多次维修，茶号主体建筑基本恢复原貌。1984年5月，石门县人民政府公布为第一批文物保护单位。2000年6月，常德市人民政府公布为第二批文物保护单位。

（文字供稿：李毓贤、廖先盛，图片供稿：壶瓶山镇政府）

南北镇>>

地域名片

国家级生态乡镇　中国长寿之乡

区域概况

位置面积

石门县南北镇地处县境西北部湘鄂边界，东抵东山峰管理区和壶瓶山镇，南邻罗坪乡，西连湖北省鹤峰县走马镇，北靠湖北省五峰县六峰乡。S303线穿境而过，与湖北S314线对接。集镇沿过境公路石（门）鹤（峰）线西侧发展，与走马镇连成一片，形成两镇一街跨两省的独特格局。因其独特的交通枢纽位置，自古为湘鄂客商往来必经之地和边贸口子镇。镇人民政府驻南镇居委会，距县人民政府驻地145千米。

1995年，全镇总面积153.95平方千米，有耕地12200亩，其中水田3877亩、旱地8323亩。2014年，全镇面积153.95平方米，耕地17695亩，其中水田4811亩、旱地12884亩。

建置沿革

民国时期，镇域属泥沙乡。其间，民国18—21年（1929—1932），工农红军在贺家台建立石门县苏维埃政府，镇域隶属白竹垭区苏维埃政府管辖。中华人民共和国成立后，于1952年在镇域设南镇、清官、潘坪、大城、白竹5乡，属石门县第十四区管辖。1956年6月，撤区并乡，5乡合并为南镇乡。1958年9月，实行人民公社体制，改称南镇公社。1977年8月，划属西洞庭农场东山峰分场。1978年12月，划归石门县。1984年，撤销人民公社，复名南镇乡。1992年10月，经常德市人民政府批准，南镇乡被辟为“常德市农业经济综合开发实验区”。同年，经湖南省人民政府批准，南镇乡改为南北镇。至2014年未变。

行政区划

1992年，南北镇辖南镇、黑头岩2个居委会，潘坪、宋垭、白竹垭、清官渡、薛家、安家、雅吉、操军坝、大城、白竹山、红耀、南岔、三台、金河、镇茶厂15个行政村。2007年，调整行政村居区划，潘坪、宋垭合并为潘坪村，白竹垭、清官渡合并为清官渡村，薛家、安家合并为薛家村，操军坝、黑头岩合并为黑头岩居委会，白竹山、红耀、南岔、三台、金河合并为金河村，南镇、镇茶厂合并为南镇居委会。雅吉、大城2个村保持不变。调整后，全镇辖南镇、黑头岩2个居委会和潘坪、清官渡、雅吉、薛家、金河、大城6个行政村。至2014年无变化。

自然环境

南北镇地处山区，境内层峦叠嶂，地势险峻，90% 为大山原野，平均海拔 1100 米以上，最高海拔 1560 米，最低海拔 300 米。属中亚热带向亚热带过渡的季风湿润气候区，气候特征为春迟冬早，雨雾天气较多。气候垂直变化明显，适宜于多种农作物、树木、中药材、牧草生长。年平均气温 13.5℃，变幅在 2.8℃之间。最冷月 1 月，平均气温 2.3℃；最热月 7 月，平均气温 26.0℃。年平均降水量 1650 毫米，年平均降雪日 42.6 天，年平均霜日 97.8 天，年平均日照为 1263.4 小时。境内自然资源丰富，野生瓜果有猕猴桃、板栗、山李等，药材有黄连、天麻、七叶一枝花、血通等，珍稀树木有巨杉、山茶树、卢桂树、豆角楸、红豆杉。珍稀野生动物有猕猴、金雕、娃娃鱼、五步蛇、锦鸡、牛羚、獐子、黄麂等。主要河流有前河、后河、金家河、下河 4 条，境内流程近 40 千米，流域面积近 100 平方千米，且有大量地下水资源可供开发利用。境内矿产品资源丰富，磷矿石储量 10 亿多吨，主要分布在清官渡、大城湾、碑垭一带。还有白竹山的铜矿、矾矿，南岔和薛家的铁矿、大理石，安家的滑石矿等。

人口民族

1990 年，南北镇有 2444 户 9415 人，其中男性 5127 人；土家族 8364 人、汉族 1001 人、苗族 25 人、白族 25 人。

2014 年，全镇有 2380 户 6847 人，其中男性 3625 人；人口出生率 11.9‰；土家族 6729 人、汉族 106 人、苗族 6 人、壮族 1 人、侗族 1 人、白族 4 人。

经济发展

综述

1995 年，全镇完成工农业总产值 2153 万元。

茶叶基地

2008年，全镇完成国民生产总值7474万元，其中第一产业增加值5190万元，第二产业增加值1407万元，第三产业增加值877万元；实现财政收入525.8万元。2009年，完成国民生产总值1.12亿元，人均1.34万元，居全县第五位。财政一般预算收入580万元，农民人均纯收入4097元。2010年，完成国民生产总值1.17亿元，其中第一产业增加值8882万元，第二产业增加值1840万元，第三产业增加值977万元，人均1.42万元。2011年，完成国民生产总值1.34亿元，农民人均纯收入5005元。2012年，完成国民生产总值1.31亿元，农民人均纯收入5665元。2014年，完成国民生产总值1.62亿元，实现财政收入691.7万元，农民人均纯收入6850元。

农业

种植业 1995年，镇党委、镇政府大力发展茶叶、烟叶、高山蔬菜三大绿色支柱产业，种植面积18000亩。年产干茶7500担，“红鱼井峰”茶获湖南省第二届湘茶金杯奖。年产烟叶6000担，为常德卷烟厂烟叶供应基地。高山蔬菜获“常德市5个百万亩工程优质蔬菜乡镇”一等奖。

2008年，成立6个烟叶合作社，种植烤烟4230亩，交售原烟11220担，实现产值807万元，被评为全县“烟叶产业化建设先进单位”。全镇茶叶面积突破9000亩，年产干茶6万担，实现产值2400万元。发展茶叶加工企业6家。

2010—2013年，全镇烤烟种植面积3500～4500亩；茶叶种植面积1.1万亩左右。

2014年，种植烤烟5700亩，产量11630担，烟叶产值1628万元，获全市“烟叶生产先进乡镇”称号。种植茶叶11800亩，产值4800万元。建成湖南中茶公司1000亩基地，碧云家庭农场、薛家茶叶合作社完成茶叶商标注册。

养殖业 2009年，全镇养殖生猪5800头，出栏4900头，养禽1.2万羽。2012年，养殖生猪9800头，出栏5400头；养殖耕牛1500头，出栏650头；养殖山羊3800只，出栏1800只；养殖家禽13456羽，出笼10456羽。养殖总产值457万元。2013年，养猪10000头，出栏5100头，百头以上养猪大户3个；养羊2200只，百只以上养羊大户4个；养蜂900箱，30箱以上大户6个。新建娃娃鱼养殖场1个，养殖娃娃鱼8000尾。2014年，养猪6200头，出栏5400头，百头以上养猪大户4个；养羊3500只，百只以上养羊大户5个，养蜂1100箱，30箱以上的大户8个。养殖娃娃鱼1万尾。

林业

1973年，创办文家池林场，造林2430亩。2002—2005年，退耕还林7761.4亩。2002年，启动国家重点公益林保护工程，总面积66074亩，林农累计获得国家补偿资金1916.146万元。2014年，全镇森林面积183980亩，木材总蓄积量218628立方米，森林覆盖率79.6%。

工业

1958年9月，湖南石门磷肥厂投资5万元，建设清官渡矿区，露天开采磷矿石1200吨。1959年10月，矿区在国民经济调整时关停。1965年，国家投资109万元，建设常德专区石门磷肥厂清官渡矿区，露天开采磷矿石3700吨。1966年1月1日，以清官渡矿区为基础，成立常德专区石门磷矿。1974年，对清官渡工区进行技术改造，年产磷矿石能力扩大到15万吨。1979年，石门磷矿积压磷矿石33万吨。1989年，石门磷矿关停。从1990年起，境内乡镇企业和个体业主投资开采磷矿石。1995年，全镇有镇办企业4家，个体私营企业185家，完成工业总产值1200万元。2008年，全镇完成工业总产值2406万元，引进投资700万元的两河口水电开发项目1个，装机

550千瓦的三台电站投产发电。2009年，实现工业产值5457万元，引进工业企业1家，实施企业技改项目3家。2010年，建红耀湾电站、雅吉电站，引进磷化企业1家；对和平、灰塘坡电站和大城湾电站进行技术改造。2014年，全镇有规模工业企业4家，茶厂38家，水电站10家，烤烟厂3家，环保炭厂2家，实现工业总产值7052万元。

商贸服务业

清末和民国时期，镇域边贸便有一定规模，是湘西北、鄂西南商品物资贸易流通的重要集散地。中华人民共和国成立后，境内建有供销社3个、肉食水产站2个、粮油站2个。1954年，设立南镇信用社。湖北鹤峰、五峰等县在境内设有物资转运站。集镇内形成2日、5日、8日墟场。中共十一届三中全会以后，个体商贸服务业迅速发展，市场经济日益壮大。2015年，全镇有商业网点250个，专业合作社6个，其中1个烟叶合作社、5个茶叶合作社，从业人员达1100多人，年社会消费品零售总额达1.01亿元。

旅游业

2012年，镇党委、镇政府提出“旅游活镇”方针，着力打造土家特色风情边界口子镇。2013年制作《南北镇旅游图册》，邀请市锐摄影俱乐部、中央电视台《行走的餐桌》节目组和湖南省旅游协会进镇采风，推出“梦幻南北”系列主题宣传活动，引导农户开发家庭旅馆7家。2014年，完成薛家和大城2个两个旅游景区矢量化地图测量、景区线路规划和路标建设，修建南镇居委会至黑头岩居委会的6米宽旅游公路，启动薛家景区特色土家村落建设。2015年，启动张家台生态度假村庄项目、大城村云池户外运动基地项目。成功举办首届高山帐篷节。

基础设施

交通运输

1959年，石门县城至清官渡的石清公路建成通车，境内始通公路，长11千米。1972年，清官渡至南镇集镇的公路建成通车，长14千米。1983年，修通南镇集镇至金河公路。2001年，修通清官渡至雅吉公路，总长4千米。以后，道路建设主要是修建村组公路和对已建道路进行硬化。

2006—2009年，对村组公路进行硬化，全镇硬化村组公路60.2千米；修通村组公路和退耕还林项目村道33.5千米。

2010—2013年，全镇修通村组公路42.5千米；新修桥涵28座。在大城、雅吉等村新修村组公路17千米，新修桥涵10座；对建成公路进行整修、建乡村道安全防护墩。至2015年，全镇有公路169.5千米，其中硬化75千米。

乡村客运班车每日两趟往返于集镇与各村。南北镇始发至石门县城班车每日三趟往返。过往经停客运班车有鹤峰—石门、鹤峰—广州、走马—石门、走马—长沙、鹤峰—武汉等。每天经过南北镇运输磷矿、蔬菜、茶叶、建材等商品的车辆100多辆，日发货量2300余吨，日交易额达200多万元。

邮政通信

1966年，设南镇邮电所、清官渡邮电所。1991年，撤销清官渡邮电所，改设集镇邮政网点一个。2007年，建成操军坝移动基站和无绳电话基站。2008—2009年，在金河村、雅吉村各建移动基站1座。2015年，全镇有1家邮政所，移动、联通、电信3公司各设一家通信站；有通信铁塔

11座；家庭固定电话75部、手机3934部、互联网用户380户。

供电饮水

供电 1978年，在清官渡建灰塘坡电站，装机容量400千瓦，解决了694户居民的用电问题。1980年，建和平电站，装机容量800千瓦，为343户居民提供用电。1995年，在金河修建一级电站和二级电站，装机容量7600千瓦，为金河村48户居民提供用电。1996—2001年，建成宋垭电站、三台电站、家属湾电站。1999年，实施高压网改，全镇实现通电。2014年，全镇有水电站10座，装机容量9600千瓦；有10千伏输电线路60.839千米，配电变压器35台3615千伏安，供电用户2185户，总供电量262万千瓦时。

饮水 2010年，投资144.3万元建水池32个，铺设引水管道15000米，实施南镇居委会、薛家村、清官渡村安全饮水工程。2011年，完成清官渡安全饮水工程，解决1500人的安全饮水。2014年，投资250万元建集镇自来水厂，日供水2000吨，受益人口3000人；对各村实施分散供水工程，铺设水管12万米，修建水池25个。全镇安全饮水实现全覆盖。

水利建设

1970年，修建大城水库，总库容量100万立方米，灌溉面积1056亩。2006年，修建沟渠14750米、塘坝2处。2007年，投资300多万元修建大型水池7个、塘坝2处，修建沟渠11500米。2011年，投资320万元，实施大城水库溢洪道整修工程，完成薛家村3千米河道清理和400米防洪堤建设。2014年，全镇旱涝保收面积18489亩。

镇村建设

2008年，完成集镇整体规划编制，对南镇居委会、清官渡、大城、雅吉等村进行规划修编；投资20余万元安装集镇路灯，实现集镇亮化。2011年，完成新街一期居民房建设工程，修建具有土家民俗风格，集商贸、休闲、旅游于一体的商住房14栋。2012年，实施集镇街道绿化工程，配备高级果皮箱60个、高档仿木花坛120个，建生活垃圾填埋场1个，组建保洁队伍，配备垃圾清运车。2013年，投资50万元对凤凰新街进行人行道地面砖铺设、路灯安装和栽树绿化，修通集镇4条断头路，完成规范性停车场和菜市场建设。投资9万元对集镇进行道路标线画示和道路标牌设立。2014年，建成凤凰街特色商住楼45栋。2015年，投资540万元，实施湘鄂大道延伸工程，投资450万元实施集镇210户民居外立面风貌改造工程。

社会事业

教育

民国时期，境内有私塾和经馆各一家。中华人民共和国成立后，创立清官渡岩板塔小学和南镇完小。1971年，创建石门磷矿子弟中学和南镇中学。1986年，全镇有中、小学21所，教职员工89人，在校学生1875人。1990年，磷矿中学并入南镇中学。1995—1996年，对学校布局进行调整，调整后，全镇有九年一贯制学校和完全小学各1所、初小11所。2003年，教育机构改革，撤销镇教育办，成立中心学校。金河、飞机、岩岭、南岔、大城5所小学并入南北镇中心学校，宋垭、潘坪、安家、白垭4所小学合并为清官渡完全小学。2004年，郑垭、雅吉小学并入南北镇中心学校。2005年，东山峰小学划归南北镇中心学校管辖，成为一个教学点。2014年，全镇有九年制学校和完全小学各1所，教学点1个；教师57人，在校学生389人，学龄儿童入学率100%。

文化

2007年，清官渡村村民卢志慧出版个人诗集《沉寂的火焰》，并获得丁玲文学奖。2009年10月，兴建南北镇综合文化站，占地300平方米，建筑面积480 平方米。2010年10月，由石门县委宣传部牵头，石门县文化局、南北镇人民政府、湖北省鹤峰县文化局、走马镇人民政府联合承办“湘鄂携手 明天更好”湘鄂边大型文化交流活动。2012年，南北镇成功举办第一届群众文化艺术节。2014年，成立南北镇文联，协调推动全镇文艺创作，挖掘整理土家文化。

医疗卫生

清光绪十六年（1890）前后，境内杨曲克在潘坪开药铺行医。清宣统二年（1910）前后，刘玉明游走行医。民国19年（1930），清官渡田灼然开药铺行医。其间，石门县苏维埃政府在湖北走马建立石门县游击大队后方医院，后改名红军医院，有医务人员5名。1950年，南北墩许象如开药铺行医，取名恒丰药堂。1955年，王春生开办第一家西医诊所，取名和平诊所。1956年，成立南镇乡联合诊所。1958年，更名为南镇乡中医院。1959年，成立南镇公社卫生院。1963年，卫生院增设3个医疗点。1976年，实行合作医疗，16个大队均设合作医疗站，1981年停办。1984年，南镇公社卫生院改名南镇乡卫生院。1993年，更名为南北镇卫生院。2015年，镇卫生院门诊楼、住院楼建成投入使用，有医务人员25人，村级卫生室8个。

社会保障

2007年，建南北镇敬老院，建筑面积1580平方米，床位44个，2008年11月投入使用，集中供养“五保”对象24人。2009年，6658人参加新型农村合作医疗，参合率90%，非农人口参加城镇合作医疗300人。2010年，7922人参加新型农村合作医疗，330人参加城镇居民医疗保险。2011年，290人享受农村低保，89人享受农村“五保”，33人享受城镇低保。2014年，全镇有411人享受农村低保、30人享受城镇低保。2015年，有231户393人享受农村低保、22户32人享受城镇低保；“五保”对象分散供养78人，集中供养31人；发放各类救济救助救灾资金112.6万元；“新农合”参合率96%，“新农保”参保率95%；完成危房改造92户，发放专项资金147万元。

特色地情

革命遗址

白竹垭区苏维埃政府遗址 1928年8月，贺龙领导的红四军在泥沙乡的泥二垭成立石门县苏维埃政府，9月迁往南北墩的白竹垭，1930年2月迁往潘坪村贺家台。其间，境内成立白竹垭区苏维埃政府，下辖高水田、潘坪、清官渡、雅吉、南镇、大城6个乡苏维埃政府。建立白竹垭区游击队和清官渡、高水田、大城3个乡游击队。公开革命活动坚持到1931年年末，尔后转入地下。许多共产党员和革命战士在斗争中流血牺牲。1930年3月，赤卫队员陈中容被杀害于高水田。1930年5月，白竹垭区苏维埃主席彭金堂被杀害于安溪的长梯隘。

石门县苏维埃政府旧址 位于潘坪村贺家台，为苏维埃政府办公场所，作战的碉堡、工事等保存完好。

名优特产

土家腊肉 选用皮薄、肉嫩的家养土猪肉为原料，经切条、配制辅料、腌渍、洗盐、晾干和熏制六道工序加工而成，其特点是皮色红黄、脂肪似腊、肌肉棕红、咸淡适口、熏香浓郁、食之不腻。

高山云雾茶 生长于境内独特的高山云雾气候，加上独特的工艺精心制作而成，色味俱佳，清香袭人，爽口润喉，生津提神。

中华野生蜂蜜 由野生蜜蜂采集植物花蜜酿造而成，纯天然无污染，含有多种营养成份，清香甘甜，祛病养颜。

高山薇菜 又称牛毛广，学名紫萁，为多年生草本植物，质脆，味美少纤维，含蛋白质、有机矿物质及多种维生素，在国际上享有“无污染菜”之誉，其制成品远销日本、东南亚等国。

高山马铃薯 境内含磷土壤和高山地理环境适合马铃薯生长。高山马铃薯含有丰富的维生素B1、B2、B6和泛酸等B群维生素及大量的优质纤维素，还含有微量元素、氨基酸、蛋白质、脂肪和优质淀粉等营养元素。

高山萝卜 在境内海拔1000米以上土地种植的萝卜皮薄肉厚、水分较多、风味独特。得益于高山气候环境，可进行反延季种植，在淡季时上市。

风景名胜

龙门胜景 位于金河村北端凤岗岭，系澧水支流渫水源头，距镇政府驻地17千米。至景点的公路已全部硬化。逶迤绵延的铜铃峰至凤岗岭戛然截为两端，断面悬崖高耸，一洞中开，一股泉流奔涌而出，形成飞瀑奇观。经勘查，龙门出水最大流量为500多立方米/秒，最小流量为0.87立方米/秒。瀑布直落玉竹潭，激起巨大漩涡，形成涌瀑。清代张庭南留下“千尺高岩宿扭头，一泓碧水藏风雷”的名句。附近有溶洞20多处，瑰丽神秘，千姿百态，洞中有洞，洞洞相通。

金家河生态园 位于金河村境内，系小河、前河和后河汇合之地，面积约30平方千米，距镇政府驻地17千米，水泥路畅通。该园为天然植物园，有属国家级保护的珙桐、银杏等珍贵树种，有娃娃鱼等数十种濒临灭绝的珍稀野生动物，有味道鲜美的阴河鱼，有天麻、黄连、白三七、一点红等名贵中药材。

下河奇观 位于薛家村境内，距镇政府驻地13千米，距S303线2千米，道路已硬化，交通便利。下河常年水流量大，清澈见底，非常适合峡谷漂流。沿途千嶂叠翠，众瀑斗姿，景色壮观。

（文字供稿：田波、陈丽、卢志亚，图片供稿：南北镇政府）

二都乡 >>

区域概况

位置面积

二都乡位于澧水南岸，紧邻县城，东接临澧县杉板乡，西抵慈利县苗市镇，南邻夹山国家森林公园，北隔澧水与楚江镇、易家渡镇相望。乡人民政府驻中渡社区，距县人民政府1.5千米。

1995年，乡域面积186.30平方千米，有耕地22696亩，其中水田9817亩、旱地12879亩。2014年,全乡面积144.6平方千米,有耕地2.1万亩,其中水田11321亩、旱地4823亩；林地65670亩。

建置沿革

雍正十三年（1735），全县划为1坊、3乡、24里，乡域属中乡二里。里一度称都，故又名二都。民国2年（1913），全县设8区、21自治区，乡域置二都自治区。民国10年，改为二都乡。1952年2月，全县设14个行政区、281个乡，乡域置镇龙、青龙、大兴、土山、陈市、曹市、天供、八坪、宝塔、新街、花山、龙潭、任家坊13个乡。1956年6月，合并为二都乡。1958年9月，实行人民公社体制，二都乡与易市乡、新关乡、城关镇合并成立双红人民公社。1961年，双红人民公社撤销，乡域设二都公社和新街公社。1965年1月，二都公社与新街公社合并为二都公社。1984年4月，撤销人民公社，复名二都乡。

1994年，经省人民政府批准，二都乡析为湖南宝峰经济技术开发区（简称宝峰开发区）和二都乡。

2006年，宝峰开发区所属宝塔、中渡、黄泥、新双、双土5个村划归楚江镇管辖，宝峰开发区更名为湖南石门经济开发区，管辖二都乡析出的月亮、天供、曹家棚、陈氏祠4个行政村。2007年年底，湖南石门经济开发区与二都乡合并，实行区乡合一体制，两块牌子，一套人马。至2014年无变化。

行政区划

1994年，二都乡辖界牌、花山、花龙、花桥、竹园、新街、八坪、九峰、先锋、月亮、天供、陈氏祠、曹家棚、南台、卫星、千台、丰台、土山、大兴、河堰、通桥、青龙、镇龙、高桥24个行政村。宝峰开发区辖宝塔、中渡、黄泥、新双、双土5个行政村。

2006年，二都乡辖界牌、花山、花龙、花桥、竹园、新街、八坪、九峰、先锋、南台、卫星、千台、丰台、土山、大兴、河堰、通桥、青龙、镇龙、高桥20个行政村。经济开发区辖月亮、天供、曹家棚、陈氏祠4个行政村。

2007 年，二都乡与经济开发区合并后，辖界牌、花山、花龙、花桥、竹园、新街、八坪、九峰、先锋、月亮、天供、陈氏祠、曹家棚、南台、卫星、千台、丰台、土山、大兴、河堰、通桥、青龙、镇龙、高桥 24 个行政村。至 2014 年无变化。

1995 年，乡域总面积 186.30 平方千米。2014 年，全乡总面积为 144.6 平方千米。

自然环境

二都乡地处中亚热带向北亚热带过渡的季风湿润气候区，气候温和，热量丰富，日照充足，降水丰沛。年平均降水量 1350 毫米，春夏雨量占全年降水量的 75.2%。年平均气温在 12℃ ~ 14℃之间，年平均晴天在 170 ~ 200 天，无霜期较长，平均在 280 天左右。1 月份最冷，极端低温 - 4.8℃，7 月份最热，极端高温 40.7℃。最高点九峰村大五山海拔 1136.6 米，最低点七里庙村海拔 100 米。主要河流有澧水贯穿全境，长达 16 千米。境内林木资源有杉、樟、油茶及灌木等，主要集中在十九峰山脉。矿藏储藏量最大的是矽砂，探明储量达 20 亿吨，为亚洲之最。

人口民族

1990 年，二都乡有 9443 户 34945 人，其中男性 17611 人；汉族 29743 人、回族 6 人、维吾尔族 1 人、苗族 2 人、壮族 1 人、土家族 5192 人。

2014 年，二都乡有 7911 户 27770 人，其中男性 13665 人；汉族 18945 人、土家族 8775 人、回族 5 人、苗族 28 人、壮族 5 人、布依族 2 人、侗族 6 人、瑶族 2 人、白族 2 人。

经济发展

综述

2002 年，全乡实现国内生产总值 11623 万元，财政收入 630 万元，农民人均纯收入 1828 元。2014 年，全乡国内生产总值 19.3 亿元，增速高于全县 0.6 个百分点；其中第一产业增加值 1.7 亿元，第二产业增加值 16.4 亿元，第三产业增加值 1.2 亿元；实现财政总收入 1.027 亿元；人均生产总值 61812 元，居全县第三位；农村居民可支配收入 10370 元。

农业

种植业 境内主要农作物为水稻、红薯、玉米、柑橘、油菜等。2012 年，全乡农作物播种面积 66210 亩，其中无公害认定面积有柑橘 16230 亩，水稻、油菜 23205 亩，玉米、红薯、蔬菜 4515 亩；有机、绿色及无公害产品种植面积的比例达 66.4%。种植核桃 2000 亩、草莓 200 亩、红提 500 亩、麒麟瓜 400 亩、大棚蔬菜 600 亩。2014 年，全乡建设绿色无公害标准橘园 1 万亩，出境柑橘基地 3000 亩，改造低产园 1500 亩，柑橘产量达 3 万吨，出口 5000 吨；新增纸质核桃 2000 亩、红提 250 亩、草莓 80 亩、甘蔗 30 亩、苗木 120 亩。

养殖业 2001 年，全乡出栏肉猪 24000 头、马头羊 6000 只，出笼家禽 400 多万羽，生产禽蛋 1000 吨、水产品 900 吨。是年 8 月，石门县富民禽业、石门县宝峰禽业有限公司先后成立，推行“公司 + 农户”的生产经营方式，为养鸡专业户提供包种苗、包技术、包饲料、包销售的“四包”服务。2003 年 2 月 22 日，两家公司实行强强联合，组建成立湖南双佳农牧科技有限公司，经过 10 多年摸索发展，形成从饲料和肥料生产、优质种禽繁育、优质家禽饲养到产品加工、销售于一体的产业链。2010 年，全乡拥有年产 20 万吨饲料生产车间、6000 万羽的孵化场、1500 吨冷藏库及日屠宰 4 万羽的家禽屠宰线，成为湘西北最大的家禽批发市场。2014 年，境内有各类专业养殖户2000多户，全乡养殖生猪46437头，出栏35800头；养殖家禽2500万羽，出笼482万羽。

林业

2014年，全乡有林地65670亩，其中经济林17400亩，"四旁林"8175亩，全乡道路绿化率达98%，森林覆盖率62.59%，建成区人均公共绿地面积13.01平方米。

工业

1994—2011年，二都乡实行"以区带乡，区乡合一"管理体制，在经济开发区带动下，新型工业化、农业现代化、新型城镇化、服务业产业化进程明显加快，成为产业特色鲜明、城市功能齐备、人居环境优良的工业新城。乡辖宝峰创业园、兆恒科技工业园、海螺建材工业园，有规模工业企业51家，服务业企业68家，出口型企业68家。其中电力有大唐、华电、三江、兆恒等4家大型发电企业，农副产品加工业有湘佳牧业、盛节节高食品、杨氏果业等13家，非金属矿物制品有海螺水泥、明达硅砂、赛奥硅业、中美矽砂等12家。2012年，跨入常德市百亿园区行列。2014年，实现规模工业总产值137.86亿元，占全县规模工业总产值的68.6%。规模工业企业入库税金3.36亿元。

商贸服务业

1993年，县委、县政府筹资1760万元，建成占地50亩、建筑面积24800平方米、有门面750间、散摊2000多个的商贸城大市场。2014

大唐、华电石门发电有限公司

年，全乡有个体工商户3020户，实现运输业收入8407.08万元，商业收入4719.2万元，服务业收入2298.2万元，其他收入1303.63万元。

经济开发区

1992年6月，县委、县政府在二都乡建立宝峰经济技术开发区，规划近期开发4.2平方千米，中期开发10.8平方千米，远期开发30平方千米。1994年，湖南省人民政府批准设立省级开发区—湖南石门宝峰经济技术开发区（简称经济开发区），3月正式挂牌。1995年，完成城市基础设施建设10亿元，建成宝峰路、梯云路、电厂路、夹山路四条城市主街道，形成以石门电厂为中心的工业小区，以宝峰路为轴线的金融一条街，以商贸城、武陵街为主体的私营经济园和以碧岩村为依托的居民住宅区。2003年，经济开发区建成以电力、农副产品加工、非金属矿物制品为主导产业的综合型开发区。2005年12月，石门宝峰经济技术开发区更名为湖南石门经济开发区。经过两轮调整扩区，至2014年，建成区面积达4.15平方千米，有各类企业267个，其中工业企业109个，从业人员19268人，其中工业企业17583人。

基础设施

交通运输

1959—1968年，修建从新街口至高桥公路，与临澧杉板公路接线，全长15.5千米。1964年，建成石门至陬市公路（X021线）新街口至杨坪段，长15.3千米。1995—2013年，建设乡村公路107.6千米。2014年，修通全乡14个村（居）的进村道和村组道，村道硬化率达100%，进户率90%以上。全乡建有14个交通管理服务站，有各种运输车辆1996台。

水利建设

1998年，境内遭受特大洪水袭击。洪灾过后，县委、县政府决定对澧水南岸进行治理，建设防洪大堤。是年，澧水南岸防洪大堤被纳入全省湘资沅澧四水治理工程项目。堤防自三江口水电站大坝至临澧青山水轮泵站副坝，总长5.85千米。整个工程自西而东分4期建设，累计投资1.99亿元，2002年全部完成。2014年，境内拥有2座小（一）型水库、6座小（二）型水库，骨干堰塘520口，总库容1195.7万立方米，水利工程266座，建成旱涝保收面积14600亩。有水电站5座，装机容量630千瓦，年发电量260万千瓦时。

镇村建设

从2010年开始，二都乡以“产业培育、村庄建设、环境保护、乡风文明”为内容，创建生态乡镇。2011年，编制《二都乡环境规划》，开展5项科普示范，建立生态农业样板。2012年，实施清洁田园工程，作物秸秆利用率达到97.7%，主要农产品农药残留合格率达到97.5%，农村饮用水合格率达100%；建设沼气池1100多个，普遍推行“猪沼菜”“猪沼果”循环农业生产模式，主要农产品、绿色及无公害产品种植面积达到2.3万亩，占总面积的66.4%。有12家企业先后投资5000多万元更新环保设施，关闭7家不符合环保规定的企业，建成高标准污水处理厂。发挥紧邻夹山国家森林公园的优势，对南湾生态植物观光园、紫和寺、抗战碉堡群、璞谷文化生态园以及十九峰植被进行生态保护。2013年，投入资金250多万元，开展城乡环境整治，增加环卫设施，配备专职保洁员56名，建立卫生保洁长效机制。通过道路绿化、水保项目、庭院绿化等多种形式提高绿化率，道路绿化率98%，森林覆盖率62.59%，建成区人均公共绿地13.01平方米。2014年，被环保部评为国家级生态乡镇。

社会事业

教育

1963年2月，曹市小学改名二都乡中心学校。1980年，被确定为县农村重点小学。1986年，改名为二都乡中心小学。1996年，与先锋、九峰、天供、月亮4村学校合并，有学生240人，教职工35人；校园面积1万平方米，有仪器室、实验室、电脑室、图书阅览室，图书11000册，图书馆及阅览室面积100多平方米。2009年8月，更名为二都乡中心学校。

2002年8月，成立宝峰幼儿园，设有小、中、大、学前班共6个，在册幼儿200名。

2014年，全乡有中学1所，小学6所，幼儿园8所。

医疗卫生

1956年，在曹市建二都乡卫生院。1962年，改为二都公社卫生院。1984年，更名为二都乡卫生院。2003年4月30日，县红十字会医院在二都乡卫生院挂牌，一个院落两块牌子。2004年，县红十字会医院与二都乡卫生院合并，定名石门县红十字会医院。2014年，升格为县二级医疗机构。2014年6月，搬迁新址，医院占地1.33万平方米，建筑面积1.86万平方米；固定资产总值782万元，医疗设备总值121万元。医院按功能分区为门诊楼、医技楼、住院楼3部分，床位200张，干部职工180人，执业医师60名。

社会保障

1999—2010年，全乡实行城市低保和农村低保政策，农村低保保障人数达585人，城镇居民医疗参保1400人，新型农村合作医疗参保26813人。2012年，全乡参加新型农村合作医疗保险28153人，参合率99%，参加新型农村社会养老保险13137人，参保率86%；实施农村低保166户336人，发放金额474432元；农村“五保”106人，发放金额233200元；城市低保62户102人，发放金额257208元；改造农村危房户28户；发放各种救灾救济款51.34万元，大病医疗救助款18.4万元，临时救助款13.39万元，军人优待金及部分优抚对象生活补助31.08万元。2014年，发放各类涉农补贴486.62万元，发放低保、“五保”、优抚、救灾、弱势群体救助等各类资金287.98万元；全乡参加“新农合”29210人、“新农保”13030人。

特色地情

风景名胜

璞谷文化生态园　璞谷文化生态园是一处集赏石品茶、垂钓健身、艺术创研、旅游观光于一体的原生态文化休闲农庄，位于二都乡土山村，占地17.67万平方米，内有湘西北最大的奇石乐园—璞谷大石堂，拥有各类奇石100多种、万余件，其中以石门国画石、澧水彩蜡石、类太湖石、古生物化石尤为出众，多次参加全国大型石展并获奖。

紫和寺　又名存心观，位于二都乡卫星村十九峰山，为唐代周芳女所建。民传周芳为周野人妹妹，居夹山，心地善良，其兄尝食生人，周女力劝不止，后高僧善会和尚云游至此，周女力劝高僧远避，以免受兄所害，高僧笑谓无妨。后其兄被高僧降服，周女依僧出家，于紫和山建寺。后于清代重修，共5殿，“文化大革命”时期拆毁，仅存遗址和直径为1.5米的圆形古井一口，四周古木合围。1998年，南峰村提供土地5300平方米，由多方人士捐款，建成三间一偏的土砌瓦房，建筑面积达200平方米。2003年，紫和寺被石门县民族宗教事务局批准为宗教信仰活动场所及旅游景点。2004年12月，县人民政府公布为石门县第四批文物保护单位。

抗日碉堡群 位于澧水南岸三江口、新街口、月亮湾、天供山、风车口一线，为国民革命军第73军为抵抗日本侵略军侵犯所修筑，今存4座，均为钢筋混凝土结构，每座直径约3.5米，内高1.5米，二面设射击孔，射击孔下设3个放弹匣处。1998年12月，石门县人民政府公布为县级文物保护单位。

名优特产

湘佳鸡、鸭产品 湖南双佳农牧科技有限公司生产，被国家农产品质量安全中心认定为无公害农产品。

橘片 蘑菇 甜玉米罐头 盛节节高食品公司生产，产品出口到美国、日本、俄罗斯、加拿大等国家和欧盟、东南亚等地区，在湖南、湖北、广东、山西等省占较高的市场份额。

大蒜油 蒜蓉辣椒酱 九品福食品公司生产，在湘西北、鄂东南地区享有声誉。

苦荞糊（茶、酒） 山寨旺苦荞食品厂生产，产品畅销省内外。

（文字供稿：王承红，图片供稿：二都乡政府）

新铺乡>>

区域概况

位置面积

新铺乡位于县境东北部，东与澧县马头铺镇、临澧县新安镇接壤，南与易家渡镇相邻，西与新关镇交界，北与皂市镇和三圣乡毗连。乡人民政府驻羊子垭社区，距县人民政府驻地13千米。

1995年，新铺乡面积161.54平方千米，有耕地32490亩，其中水田20880亩、旱地11610亩。

2014年，新铺乡面积161.54平方千米，有耕地39200亩，其中水田29849亩、旱地9351亩。

建置沿革

民国年间，境内设瓜花、燕山2乡。解放初属石门县第四区。1952年2月，全县设281个乡，境内置有17个小乡。1956年6月，黄木、新铺、洛浦、河曲、岩门、塘市、天池、西流、笔架9乡合并成新铺乡；两河、青龙、开花、龙坪、土桥、双堰、中和、花桥8乡合并为青龙乡。1958年实行人民公社体制，青龙乡改为青龙公社，新铺乡划入双红公社。1961年，析置新铺公社。1984年，撤销人民公社，新铺公社改为瓜子峪乡，青龙公社改为燕子山乡。1995年，撤区并乡，燕子山与瓜子峪两乡合并成立新铺乡。至2014年无变化。

行政区划

1995年，新铺乡辖黄溪峪、红庙山、岩门口、青狮岭、御驾沟、河曲峪、毛家峪、新铺、东湾、千斤塔、碑垭、天池堰、仙女洞、艾家山、岳家棚、泉水洞、西溪峪、黄木岗、羊子垭、开化寺、风垭头、中河铺、圈门铺、营盘岗、大柳树、凉井、王家棚、永兴桥、马鞍翘、新堰口、纸棚沟、双堰堤、龙家坪、马岭、真武殿、凉亭垭、黄家峪、土桥铺、唐家塔39个行政村。全乡总面积161.54平方千米。

2014年，新铺乡辖黄溪峪、青狮岭、河曲峪、毛家峪、千斤塔、天池堰、艾家山、岳家棚、西溪峪、黄木岗、开化寺、中河铺、营盘岗、大柳树、永兴桥、新堰口、双堰堤、龙家坪、真武殿、黄家峪、土桥铺21个行政村，新铺、羊子垭2个社区，共451个村民小组。全乡总面积未变。

自然环境

乡域属丘陵区，地势西北高、东南低。北边有燕子山脉为屏障，中间有羊子垭、桃垭、仙凤山横亘。东南面岗峦起伏，山岭分隔，形成河曲峪、西溪峪、瓜子峪、岩门口峪4大山峪。大柳树村望祖坛为境内最高点，海拔580米；黄溪峪村的红庙山为境内最低点，海拔75米。燕子山北麓有涔水流经，沿涔水北侧有平均宽1千米、长7千米的平地燕子坪。燕子山在女儿垭分支往东伸出一条山岭直抵新堰口，在主脉和支脉之间形成一条东西长、南北窄，面积约4平方千米的平地花桥峪。

乡域属中亚热带向北亚热带过渡的季风气候区，四季分明，热量充足，雨水集中，严寒期短。年平均降雨量1250毫米。年平均气温14.70度，最冷的1月平均气温2度，最热的7月平均气温27.5度。全年无霜期279天。境内植被种类多样，珍稀树种有银杏、香樟、榉木等；野生动物有野猪、野兔、锦鸡、果子狸、黄麂、麻雀、喜鹊等。境内矿产资源丰富，已探明矿种有烟煤、石煤、铁矿、磷、石灰石、白云石等25种，其中烟煤储量2300万吨，石煤储量2500万吨，石灰石储量100亿吨，铁矿可开采储量100万吨，白云石储量5000万吨。煤炭以优质烟煤为主，主要集中在中部新堰片境内，储量大、煤层浅、开采性好。

人口民族

1995年，新铺乡有8976户3.4万人。2014年，全乡有10207户3.32万人。人口民族构成以汉族为主，有2.483万人，少数民族8370人，其中土家族8300人、苗族25人、布依族8人、侗族16人、壮族15人、彝族2人、瑶族3人、回族1人。

经济发展

综述

1995年，全乡实现工农业总产值1.69亿元。2004年，调整产业结构，突出发展工业，全乡实现国民生产总值4.43亿元，其中第一产业增加值1.07亿元，第二产业增加值1.65亿元，第三产业增加值1.71亿元。2010年，以建设小康社会为目标，工业农业齐头并进。2014年，全乡国民生产总产值增加到6.8亿元。

农业

种植业 1995年，全乡种植粮食作物48100亩，产量1.29万吨；油料作物18700亩，产量1345吨；柑橘产量1127吨。1996年起，大力发展柑橘产业。1998年，粮食总产量12796吨；油料作物20500亩，产量1950吨；柑橘产量2187吨。2004年，柑橘产量6500吨。2011年柑橘产量翻番，达15927吨。2014年，全乡种植柑橘21500亩，良种覆盖面90%，优质柑橘园面积达到80%，无公害柑橘栽培面积15000亩，产量13500吨。全乡由政府统一供种供肥,规范化栽培，种植油菜23000亩，油菜籽产量2680吨。

养殖业 新铺乡是全县马头羊繁育基地。1995年，饲养马头羊2.14万只，年出售肉羊1.24万只；出栏生猪2.79万头，牛1554头；出笼兔1.04万只，家禽10.8万羽。1999年后，养殖业成为境内主导产业。2003年，饲养生猪5.8万头、山羊4.1万只、耕牛0.8万头。2011年，出栏生猪6.53万头、山羊1.69万只、肉牛1511头，出笼家禽40.8万羽。2014年，出栏生猪3.56万头，牛存栏7974头，山羊存栏1.81万只，家禽存笼31.2642万羽。

林业

1995年，全乡造林5000亩。1998年，完成封山育林11万亩，退耕还林200亩。2002—2003年，退耕还林3643亩，荒山配套造林3038亩。2005年，生态公益林面积达43600亩。2010年，完成燕子山片大柳树等8个村52.57平方千米水土保持两轮综合治理，完成黄溪峪、岳家棚2个村丘岗地开发700亩。黄溪峪村被授予“常德市十大丘岗地开发示范片”称号。2014年，义务植树8万株，中央补贴造林1000亩；全乡有林业用地17.2万亩，木材蓄积量8.6万立方米，森林覆盖率61%。

工业

1995年，全乡有各类企业1126家，实现企业总产值1.45亿元。永兴煤矿年产原煤10多万吨，上交利税650万元，居全省乡镇煤矿之首，被评为“湖南省科技示范企业”、湖南省“乡镇企业效益百强企业”。1996年，境内有9家煤矿投产，其中5个煤矿产值过百万元，全乡产煤30万吨。新铺水泥厂年生产能力8.8万吨，产品销售湘、鄂两省。1998年，全乡实现乡镇企业总产值26405万元，其中工业产值14238万元。2004年，全乡私营企业发展到175家，全年产煤29万吨，产水泥7万吨，工业增加值达4700万元。2007年，企业投入技术改造资金1300万元。2009年，全乡6家规模工业企业总产值突破4亿元，工业增加值1.75亿元。2014年，受经济下行和产业结构调整影响，企业生产急剧下滑，煤炭市场持续走低，湘国煤矿关闭，万生和蔡子趟煤矿进行整合，全乡仅生产原煤12万吨。乡党委、乡政府充分利用尾矿资源，推广清洁生产和低碳技术，大力发展绿色生态企业。境内新增创业户109个，其中新上企业23家；全乡实现工业总产值4.9亿元，工业增加值1.3亿元。在青狮岭村新建的县明杰新型建筑材料项目，年产6000万块煤矿尾矿环保砖，年产值1800万元，实现利税465万元。

商贸服务业

1995年，全乡商品购进总额670万元，商品销售总额595万元。1999年，签订招商引资合同9个共628万元，到位378万元。2004年，全乡第三产业完成总产值1.66亿元，增加值5400万元。2007年，全乡有商品流通企业473家，完成总产值1.95亿元。2008年，全乡有商品流通企业490家，完成总产值1亿多元，创增加值4000多万元。2011年，全乡交通运输业收入2011万元，餐饮业收入1085万元，服务业收入573万元，其他收入173万元。2014年，全乡交通运输业收入2598万元，餐饮业收入2406万元，服务业收入1061万元，其他收入485万元。

基础设施

交通运输

1951年，新关镇至羊子垭公路建成通车，全长16千米，境内始有公路。之后，陆续修建新铺至纸棚沟公路，全长35千米；X313线新堰口至大柳树段，长19千米。1996年，建成千斤塌至永兴桥公路，长11.28千米。1998年，全乡新修村、组公路16.5千米，整修公路46.8千米。2001年，乡、村两级投入80多万元，对70%乡村道进行改造。2007年，完成乡村水泥路硬化25千米。2009年，实现全乡村村通水泥路。2010—2011年，完成通畅工程建设84.7千米、通达工程8千米，建设通乡公路38千米。2013—2014年，硬化道路11千米，建成双堰堤村温家档桥。2014年，全乡有县、乡、村、组公路共289千米，其中硬化215千米。

村镇建设

1995—1998年，全乡每年投入2～3万元，逐步完成集镇部分供水设施及街道路面平整维修，1000米下水道铺设，街道绿化以及集镇总体规划修编等工作。2004年，安装三岔路口至乡中学的路灯3座；投入3万元，绿化集镇800平方米。2008年，乡财政筹资60多万元，完成新铺集镇500米街道拓宽延伸和硬化工程，完成自来水、下水道的铺设；铺设土桥集镇下水道。2010年，投入资金230万元，完成2个集镇街道硬化、下水道配套改造和路灯安装工程；完善环卫设施和建立保洁机制。新铺集镇垃圾实现由县环卫处统一"无害化"处理。2013年，投入30万元在新铺集镇安装高规格路灯61盏，实现集镇的亮化。投入50万元建设垃圾中转站。投入100万元完成燕子山集镇改造升级，铺设人行道彩板4200平方米，安装路灯42盏，建设下水道2100米，强力撤除违规搭建棚罩200余处。2014年，新铺集镇建成区0.5平方千米，建筑面积约11.2万平方米，街道总长度1.8千米，主要街道长1.2千米，宽度15米，常住人口2835人；燕子山集镇建成区0.35平方千米，建筑面积约9.5万平方米，街道总长1.2千米，常住人口2081人；土桥铺集镇建成区域0.4平方千米，建筑面积10万平方米，街道总长1.5千米，常住人口2536人。

水利建设

1958年，兴修马岭水库。1968年，兴修红砖水库。1969年，兴修西流水库。1972年，兴修青狮岭水库。1974年，兴修千斤塌水库。1990年，兴修东风水库。1995年，兴修肖家冲水库和12万米渠道，整修堰塘渠坝890处。1996—1998年，新修渠道38500米、对9座病险水库进行除险加固。2001年，整修堰塘315座，新修水渠7千米，整修水渠16千米。2008年，整治黄木、红卫、红岩溪3座病险水库，整修塘坝105处，沟渠清淤扫障55千米，沟渠硬化12千米。2014年，全乡有水库13座、堰塘2100口，总蓄水量1940万立方米，沟渠345千米，溪坝6处，总灌溉面积15000亩。

邮政通信

1958年，境内始设邮电所，办理邮政、报刊发行、电报电话业务。1995—1997年，全乡开通程控电话200多门，19个村通电话。1998年，乡邮电大楼竣工，燕子山程控电话开通，新增9个通程控村和110户程控电话。1999年，投资100万元开通大哥大数字机站。2000年，安装程控电话560多部、37个村开通程控电话。2001年，全乡实现村村通程控电话。2014年，全乡有固定电话1927部、移动电话22884部、互联网用户2146户，有线电视用户6000户。

供电饮水

供电 2014年，新铺乡有10千伏配电线路3条130.14千米，280/220伏低压线路1443千米，配电变压器121台、容量19855千伏安，其中农村配变106台9725千伏安，企业专变15台10130千伏安，用电村（居）23个，总用电户数10222户，企业用户15个，总供电量782.7万千瓦时。

饮水 1995年，完成人畜饮水工程80处，受益人口2500余人。2000年，全乡新辟水源300余处。云盘岗村、东湾村、天池堰村掘井解决2500多人饮水问题。2004年，投资75万元完成新铺集镇饮水工程建设，解决近4000人饮水问题。2006年，建成新铺自来水厂。2007年，建成燕子山自来水厂。投资80余万元，完成王家岭、土桥铺、双堰堤、黄木岗、羊子垭等村的人畜饮水工程。2010年，完成黄溪峪、御驾沟村1998人的安全饮水工程项目。2013年，投入125.5万元，完成黄木岗村、千斤塔村安全饮水工程。2014年，争取资金340万元，实施花桥水库片区真武殿村、中和铺村和黄家峪村的安饮工程。争取资金230万元解决新铺、羊子垭2个居委会3500人安全饮水问题。2015年，全乡有自来水厂5座，日供水量2250立方米，安全饮水池50个，受益人口29263人，安全饮水率95%。

社会事业

教育

1995年，新铺乡有中学2所，完全小学8所，教学点17个，教职员工171人，在校学生3275人，

新铺乡中心学校校园

学龄儿童入学率98%。2005年，全乡有中小学校15所，其中乡办初中2所，完全小学6所，教学点7个，在校学生2820人，教职员工182人。2014年，全乡有中学2所，完全小学4所，教学点1个，教职员工167人，在校学生1945人。学龄儿童入学率、巩固率、毕业合格率均达到国家标准。

医疗卫生

1995年，境内设新铺乡卫生院和新铺乡卫生院燕子山分院，有医务人员31人，病床28张；下辖39个村卫生所，从业人员60人。2014年，新铺乡卫生院和燕子山分院有医务人员59人，病床52张，门诊接纳15089人次，住院接纳1706人次；建立居民健康档案32702人，建档率98%。下辖19个村卫生室，有村医20人，接纳诊疗11000人次。

社会保障

1995年，全乡范围内实行住院医疗保险制度。2000年，全乡发放救济款14万元。2004年，成立乡社会劳动保险站，在永兴煤矿和新铺乡水泥厂开展职工社会保险和签定劳动合同试点工作。1257人完成矿山、企业员工工伤保险上岗体检工作。投入资金20万元，解决135名矽肺病人救助问题。2005年，新扩社会养老保险100人、失业保险30人、医疗保险47人，开展职业病救助128人，发放救助款10.24万元。2006年，建成新铺乡敬老院，集中供养“五保”对象40人。2007年，全乡新型农民合作医疗参加率达到90%。新增社会养老保险110人、新增事业保险40人。2008年，新增职业病救助106人。2009年，全乡28310人参加新型农村合作医疗，参合率96%以上。850名城镇居民参加医疗保险。建成黄溪峪、大柳树2处“五保”之家，新增集中供养人数15人。救助矽肺病人240名。2013年，全乡15300人参加新型农村社会养老保险，落实缴费163.18万元；领取养老金5923人，发放基础养老金397万元。30917人参加“新农合”，参合率达99%，征收农合基金185.5万元，发放住院补偿金1051万元。参加城镇居民医保1256人，参保率100%。发放矽肺病人生活补贴资金40.05万元。2014年，为1504名农村低保对象发放保障金203.1万元，为21名城镇低保对象发放保障金3.996万元。集中供养“五保”对象22人；分散供养“五保”对象156人，发放生活费55.968万元。为60名90岁高龄老人，发放补贴资金6.7万元。

特色地情

风景名胜

仙女洞 位于天池堰村的仙女山，洞口有斗大，可容一人之身。洞侧绿草丛生，几缕青草横在洞前，似少女额前的刘海。洞口前沿两侧怪石林立，似虎似牛。靠近洞口有一浅潭，深约2尺，潭水往下流成一条涓涓小溪。小溪滩边卵石经过清泉洗涤，显得晶莹透亮，大如鹅卵，小似珍珠，紫的像宝石，黑的像玛瑙。靠近潭边有遥相对应的两块大石，似凳，似梳妆台，传说仙女经常在此梳头。涉水可至洞口，站在洞外，可听洞内滴水叮咚作响。

（文字供稿：孙雅丽、覃沛彬，图片供稿：新铺乡政府）

白云乡 >>

区域概况

位置面积

白云乡位于县境中西部，东与皂市镇接壤，南与慈利县东岳观镇、杨柳铺乡相连，西与磨市镇、慈利县国太桥乡毗邻，北与国营白云山林场交界。乡人民政府驻白云桥，距县人民政府驻地23千米。

1995年，白云乡总面积160.1平方千米。2014年11月，全乡总面积165.2平方千米，有耕地28731亩、林地216510亩、水域29700亩。

建置沿革

清雍正十三年（1735），全县设1坊、3乡、24里，乡域分属中乡、北乡。民国2年（1913），全县设21个自治区，乡域分属南圻、沿市2个自治区。民国18年，南圻、沿市自治区改为南圻、沿市乡。1952年2月，全县设14个行政区、281个乡，乡域置10余个乡。1956年6月，撤区并乡，北岳、北峪、枧桥、三峰、白云桥、三峪、分水7乡及美圣乡一部分并为白云桥乡；白羊、望羊等乡并入沿市乡。1958年9月，实行人民公社体制，乡域分属皂市、沿市公社。1961年4月，由皂市公社析置白云公社。10月，由沿市公社析置望羊公社。1982年，白云公社更名为白云桥公社，望羊公社更名为望羊桥公社。1984年4月，撤销人民公社，改为白云桥乡、望羊桥乡。1995年5月，撤区并乡，白云桥乡与望羊桥乡合并为白云乡。2003年7月，湖南雄黄矿破产，移交白云乡管辖。

行政区划

1995年，白云乡辖棠梨垭、白羊山、高家尖、鹤山、温家溪、两岔溪、龚家台、望羊桥、辽叶湖、青龙桥、檀木坡、竹巷口、水溪峪、分水岭、双峪、核桃湾、王家堰、雷公嘴、鸡鸣桥、园艺场、燕儿坡、悬钟峪、三合山、跑马岗、廖家拐、白云桥、竹坝桥、马路峪、晏家棚、美圣桥、苏家湾、马宗岭、康坪、叶家岭、北峪湾35个行政村，共440个村民小组，总面积160.1平方千米。

2003年7月，湖南雄黄矿破产，移交白云乡管辖，增加磺厂社区、4个居民小区。2007年5月合村并组，全乡设1个社区和15个行政村，共4个居民小区、149个村民小组。

2014年11月，全乡辖磺厂、望羊桥、白云桥3个社区和白羊山、鹤山、青龙桥、竹巷口、双峪、王家堰、鸡鸣桥、悬钟峪、三合山、筑坝桥、美盛桥、苏家湾、北峪湾13个行政村，共4个居民小区、16个居民小组、133个村民小组。全乡总面积165.2平方千米。

自然环境

乡域地形为低山丘陵区，南北为山岳，中间为狭长平地。三合山村的三合山主峰，海拔900.2米，为境内最高峰；最低点在晏家棚村，海拔99.8米；全境平均海拔500米。境内最大河流南溪河发源于双峪村，从境域中南部自西向东流入皂市镇汇入溇水，流经境内12千米。乡域地处中亚热带向北亚热带过渡的季风湿润气候区，气候温和，四季分明，年平均气温变幅在16.0℃～17.5℃之间，光照充足，雨水丰沛。雨水主要集中在5—8月份，降水量700～1200毫米，占年降水量的55%～60%，为洪涝多发季节。树木以乔木为主，有银杏、马尾松、国外松、杉、油茶、油桐、樟、棕、梓、枫、栗、槐、楮、冬青和楠竹等100多种。野生动物有野猪、穿山甲、麂子、野兔、斑鸠、山鸡、猫头鹰等80多种。境内矿藏储量较多的有：竹坝桥村的硫铁，悬钟峪、王家堰、白羊山、望羊桥、青龙桥、竹巷口等村的煤炭，鹤山、王家堰、磺厂社区的雄黄，白羊山、青龙桥的大理石。

人口民族

1995年，全乡有11000户32385人，其中男性17293人；农业人口30203人；人口出生率11.89‰。总人口中，汉族占68.69%，少数民族10139人，其中土家族10127人、壮族12人。

2014年，全乡有11431户32804人，其中男性17086人；农业人口29897人；人口出生率9.85‰。总人口中，汉族占65.8%，少数民族11233人，其中土家族11147人、壮族32人、苗族18人、白族10人，布依族、瑶族各6人，黎族、回族、彝族各2人，蒙古族、藏族、侗族、水族、土族、佤族、仫佬族、阿昌族各1人。

经济发展

综述

1995年，全乡完成工农业总产值9890.26万元，其中工业总产值6400万元，农业总产值3490.26万元。1995年，开始治理水土流失，引进高产优质水稻品种和生产技术。2003年，湖南雄黄矿破产改制，划归白云乡，所属雄黄矿化工有限公司、雄黄矿采选厂、雄黄矿水泥厂等企业成为白云乡民营企业。2008年，国家调整产业政策，雄黄矿水泥厂关闭。2010年，根据生态创建要求，关停高污染企业雄黄矿化工公司、雄黄矿业公司。是年，实现工农业总产值54340万元，其中农业总产值20367万元，工业总产值33973万元。2014年，全乡实现地区生产总值94209万元，其中第一产业26246万元，第二产业41047万元，第三产业26916万元；财政收入889.7万元；境内2家金融单位年末存款余额25619万元，各项贷款余额8961万元；农民人均纯收入7090元，92%的农户入住楼房，每百户农户有摩托车51辆、汽车10.3辆。

农业

种植业 境内种植业主要以种植柑橘、粮食、棉花和油料作物为主。1972年年初，在竹坝桥、美圣桥两村栽种柑橘。2000年，全乡柑橘面积达28400亩，柑橘总产量40500吨。其中特早熟蜜橘300亩，年产500吨；早熟蜜橘15000亩，年产2.15万吨；迟熟蜜橘10100亩，年产1.3万吨；脐橙椪柑3000亩，年产5500吨。柑橘种植覆盖辐射14个行政村，8200个农户。

2014年，在北峪湾村建立高标准有机转换柑橘园500亩，年产量800吨。全乡获得柑橘“绿色食品认证”面积16000亩，年产量3.7万吨。种植早稻908亩，产量261吨；中稻18312亩，产量5869吨；小麦1270亩，产量161吨；红薯2684亩，产量609吨；马铃薯1710亩，产量222吨；玉米10250亩，产量4190吨；豆类3835亩，产量346吨；油料作物23490亩，产量3066吨；花生420亩，产量71吨；棉花150亩，产量15吨；烤烟300亩，产量40吨。

养殖业 1995年，全乡养殖生猪10.65万头，出栏6.38万头；养牛6734头；养禽68.75万羽；出水鲜鱼856吨。1996年起，乡党委、乡政府扶持科技养殖户，在竹巷口村建立养殖示范小区，引导农民养菜牛、山羊。2009年，县畜牧水产局投资200多万元在竹坝桥村建起马头羊原种场，养种羊500多只。2014年，全乡养殖生猪6.78万头，出栏4.45万头；养家禽55.94万羽；养牛4964头；养山羊21505只；出水鲜鱼932吨。

林业

1995年，全乡有林地113800亩，占山地面积的57.5%，森林覆盖率54%。从20世纪90年代中后期起，乡党委、乡政府发动群众开展封山育林、植树造林、退耕还林和石漠化治理。到2014年，全乡退耕还林5168亩，拥有林地面积150660亩，其中公益林49902亩、商品林99243亩、四旁林1515亩。全乡挂牌的古树43株。森林覆盖率75.3%。

工业

北魏时期，境内即有雄黄开采。清代和民国时期，境内有翻砂、铜匠、铁匠、榨油、打白糖等手工作坊。1958年，创办胡家湾煤矿，年产烟煤2万吨。1967年，成立铁业社，进行铁器加工、机械修理，有农机站、榨油厂、板鸭厂等28家企业。20世纪80年代，乡办企业蓬勃发展，境内兴办规模企业21家，其中望羊桥乡有鹤山煤矿、硫铁矿、石灰矿、洞湾纸厂、重晶石矿等工业企业；白云桥乡有胡家湾煤矿、县水泥厂、综合加工厂、食品厂、发电厂、湘北建材厂、马路峪煤矿、苏家湾铁矿、王堰石灰矿、啤酒厂、郁金香洗发液厂等工业企业。1987年，白云桥乡在双峪村投资1000多万元建起乡水泥厂，年产4.4万吨425#硅酸盐水泥。1998年通过技改，提升到年产6万吨。1989年，胡家湾煤矿主井口下移至王家堰村，更名为王堰煤矿，通过技改，年产烟煤4万吨，属省标准化矿井之一。21世纪初，湖南雄黄矿、县办五峰山煤矿改制重组为私营企业，划归白云乡管辖，新增年产6万吨硅酸盐水泥的磺厂水泥厂、年产6万吨过磷酸钙的雄黄化工公司和年产烟煤4万吨的五峰山煤矿3家企业，全乡拥有年产值过2000万元以上的规模工业企业5家。2004年年底，基本完成全乡国有和集体企业改制，实现民有民营。2007年，全乡实现工业总产值2.38亿元，完成工业增加值7140万元。2014年，全乡完成规模以上工业企业总产值10127万元，全社会固定资产投资4.4亿元，规模以上工业企业销售收入达10100万元，利税381万元。

湖南雄黄矿 旧称界牌峪雄黄矿，位于石门县城西40千米的磺厂街，矿区跨白云乡和慈利县国太桥乡。储量48.77万吨，正品含硫化砷高达98%，一般块状含30%。1500多年前的北魏时期，雄黄矿开始开采。中华人民共和国成立前，主要由地方士绅间断性开采。1950年6月，省人民政府重工业厅派员接管，定名湖南省雄黄矿。1951年，正式生产雄黄、砒灰（三氧化二砷）。1959年，下放常德专区管理。1997年12月，企业更名为湖南雄黄化工股份有限公司。2001年5月，企业破产，重组矿业、化工、水泥3个民营股份有限公司和永宏机械厂，职工医院改为个人股份制，划归白云乡管理。子弟学校成建制移交石门县教育局管理。2003年7月，由白云乡组建村级社区，管理矿区居民。2010年，因环境污染严重，3个民营股份有限公司由县政府强制性关闭，永宏机械厂因效益不佳解体。该矿经60年营运，共生产高品位雄黄8.9万吨，次品雄黄12360吨，砒灰7.9万吨，精矿粉3.5万吨。共采出雄黄矿石78万吨，冶炼砒灰、浮选精矿粉的原料68万吨，生产硫酸79万吨，普通过磷酸钙175万吨，水泥75万吨。还生产过医药中间体对羟基苯砷酸钙、氟硅酸钠涂料、白土等产品。

商贸服务业

清代，境内商业繁荣的集镇市场有磺厂、望羊、竹巷口、白云桥4处，经营商品有杂货肉食、百货布匹、粮油食品、手工业品、农具、家具、文具书籍等。中华人民共和国成立后，在乡（公社）驻地建供销社、肉食站、粮油店等，成为农村中心市场。各村（大队）均开设有集体商业零售店或代销店。中共十一届三中全会后，个体商贸服务业得到发展，农村市场日益活跃。1995年，境内有磺厂、白云2个集贸市场，个体商铺发展到300家，社会商品零售总额6500多万元。随着商业流通体制改革的深入和小城镇发展的需要，乡党委、乡政府筹资进行集镇基础设施建设，鼓励农民进镇经商，推动商贸服务业快速发展。2014年，全乡有各类商铺452多家，个体工商从业者1962人。白云、磺厂墟场赶集日为五日场，赶集日人流近万人。全年社会商品零售总额2.57亿元，其中集市商品成交额1.8亿多元。

基础设施

交通运输

1959年，省道石门至清官渡公路建成通车，途径境内28千米。1960年，白云桥公社修建县道玉皇庙小学至钟峪煤矿线。20世纪70年代，修建县道望羊桥至太平镇线。1980年，修建乡道鹤山至棠梨线。1990年，修建核桃湾至燕儿坡线。1992年，修通乡道王家堰至北峪湾公路、苏家湾至康坪公路。1995年，境内有省、县、乡公路50.67千米；通村简易公路26条、长57千米。2002年，叶家岭村争取国家投资60多万元硬化村级公路3千米，为境内村道硬化之始。2004年，水溪峪村通过向在外工作人员募集资金及本村村民捐资硬化村道1千米。2012年，北峪湾村硬化刘家坡组道1千米，为境内组道硬化之始。2014年，境内省、县、乡、村道全部硬化。是年修建橘园公路，全乡省、县、乡道、联村、通村公路延伸至部分村民小组或农户，总长450多千米，硬化380千米。每日有150个班次的客车往返于石门、常德等地，客流量达1700余人。

邮政通信

1995年，有磺厂邮电所1个，白云邮政代办站1个。磺厂邮电所开办邮政储蓄业务。同年，筹资80万元，开通程控电话。2000年，成立白云乡移动电话通信站，境内固定电话、移动电话得到发展。2014年，境内有邮政所2家，移动通信营业网点3家，有固定电话2349部、移动电话12670部，互联网1300户，邮政、电信业务收入613.7万元。

水利建设

1960年，修建魏家湾、枧桥水库。魏家湾水库库容24.4万立方米，灌溉面积825亩。枧桥水库库容31万立方米，灌溉面积1875亩。1974年，修建南溪水库，集雨面积15.78平方千米，库容1040万立方米，为中型水库。随后建成南溪水库灌区，渠道总长28.25千米，灌溉面积2.25万亩。2006年，全乡有中型水库1座，小（一）型水库

4座，小（二）型水库11座、等外水库4座，塘坝805处，大型电排1座。水库塘坝总库容5000万立方米，自流灌溉面积20000亩，占水田总面积的65.2%。2009—2014年，投入8500万元，实施水库除险加固、农业综合开发、小农水等项目工程。2015年，自流灌溉面积达75.2%。

饮水

2004年，县自来水公司投资160多万元，在北峪湾水库建立自来水厂，铺设主管道1万多米，结束白云集镇无自来水的历史。2013年，县水利局投资1000多万元，在南溪水库修建自来水厂，供水覆盖到白云乡和皂市镇，解决了境内1.4万人的安全饮水问题。

镇村建设

1996年，制定《白云乡集镇2010—2025年总体发展规划》，集镇规划面积0.8平方千米。2003年，进行白云集镇南区建设，投资100多万元修建白云大桥和南溪大桥；投资150多万元新建并硬化白云桥南区街道1500米；投资200多万元新建乡卫生院；投资30多万元在白云、磺厂集镇安装路灯86盏。2006年，集镇建设向东区扩展。2007年，投资110多万元完成东区道路基础填埋及道路硬化，新建街道800米，实现集镇整体扩容；对白云集镇总体规划进行修编，集镇规划面积增至2平方千米。2013年7月，投资20万元在S308线白云集镇段新安装路灯35盏。2014年9月，投资30多万元在集镇安装76盏太阳能路灯。

社会事业

教育

清光绪三十二年（1906），邑人李桂庭等创办慈氏学堂，校址慈代寺，为全县第一所农村学校。后更名为石门县第三高等小学堂、竹市中心国民学校。学校添置有《万有文库》、理化实验仪器，开设英语课。苏市、磨市、所市、泥市、慈利均有学生就读。1932年，邑人肖方诰创办玉皇庙初小，之后办学规模不断扩大。1947年改办完小，1968年扩办初中，1978—1980年改为高中，1981年再改为初中，并正式定名为白云中学。2003年，更名为白云乡中心学校。2009年，被评为省级合格学校。2014年年底，全乡有1所中学——白云乡中心学校，有磺厂学校、望羊学校、竹巷口学校、白云乡中心完小、三合学校、书房学校、祖武学校7所小学，以及白羊山教学点，共有学生1695人，教职工150人。

医疗卫生

1956年9月，张福初、欧开炯等人在白云桥村租用3间茅草屋组成白云桥联合诊所，下设竹市、枧桥分所。1958年，诊所改为白云桥公社卫生院。1969年，实行农村合作医疗，公社各大队设立合作医疗室，配备1至2名赤脚医生。1995年，白云桥乡卫生院与望羊桥乡卫生院合并组建为白云乡卫生院，有医务人员27人。2001年，雄黄矿职工医院改制为黄厂医院，划归白云乡管理，有医务人员12人，病床20张。2004年，乡卫生院从竹坝桥搬迁到白云集镇，修建医疗综合大楼、职工宿舍大楼，总建筑面积3455平方米，其中业务用房2400平方米；购置数十台现代医疗设备；开设内科、外科、放射科、妇产科、功能科等诊疗科室，有病床40张。2014年，卫生院新建2660平方米住院大楼。是年，全乡有白云乡卫生院、黄厂医院2家医院，15个村级卫生室；有医务人员46人，病床90张。接纳门诊病人32116人次，住院病人3207人次。

社会保障

2001年，推行新型农村合作医疗制度。2.844

万人参加农村合作医疗，参合率达 98%；共计 680 人次获得住院医疗补偿金 375 万元，17 人获得大病救助资金 8 万元。2004 年，启动贫困居民最低生活保障金制度，320 人享受农村最低生活待遇保障，157 人享受城镇最低生活保障待遇。是年，原望羊桥乡政府办公楼改建成白云乡敬老院，集中供养“五保”老人 30 名。2014 年，全乡 306 名“五保”人员全部落实供养政策，其中集中供养 100 人，分散供养 206 人。享受农村最低生活保障待遇 1949 人，领取低保资金 248.5 万元。享受社会养老保险待遇 6189 人，发放养老金 557 万元。

特色地情

名优特产

望羊麻花 望羊桥社区生产，麻花以五五优质面粉为原料，以精品菜油等佐料炸制而成。产品呈金黄色，香脆而酥松，色、香、味俱佳，畅销湖南、湖北、广东、台湾等地。

白云打白糖 明清时期，境内就盛行打白糖。白云打白糖口感酥、脆、化、渣，色香味俱全，畅销湖南、湖北、广州、深圳等地，美名远扬。

风景名胜

龙王洞 位于望羊桥社区，距县城 38 千米。洞长 5 千米。1987 年，望羊桥乡人民政府投资 50 万元，投工 15000 个，对龙王洞进行开发。1988 年 1 月正式对游人开放。有龙涎湖、朝龙殿、河马岩、凌霄殿、玉皇顶、镇龙潭、孽龙峡、槐荫仙树、神龙护宝、瑶池仙境、迷宫、醉仙台等景点 60 多处，人称“地下画廊”。1996 年，龙王洞租赁给私营业主经营。2014 年 7 月，由石门县国有资产经营管理中心接管。

红军桥 又名白云屋桥，建于清嘉庆年间（1796—1820），位于白云桥社区，地处连接皂市至磺厂进入慈利县境的古要道。贺龙率红军曾多次通过该桥，故名红军桥。该桥全长 45 米，系 3 孔横木平桥，跨度 12 米，桥高 13 米，面宽 6 米。

白云乡龙王洞

桥墩用青石垒成棱形，横梁之上构木为屋，悬山顶吊楼式。桥上木屋用优质杉木构成，小青瓦屋顶，格调高雅，坚固耐久，美观大方，别具风韵。桥中间为走道，桥内两边设有木质长凳供行人歇脚，躲避风雨，又称风雨桥。1984 年，白云屋桥被纳入石门县第一批重点文物保护单位，2011 年，被列为湖南省第九批省级文物保护单位。

南溪 亦作兰溪，从白云山南萦绕而过，因该地过去盛产兰蕙，故名。南溪有数源。北源出于云落观山南麓金环洞，金环洞水流 10 里许，会鹿耳泉水和株树源泉水到枧桥。南源发源于分水岭，自西向东流经雷公嘴，到枧桥与北源汇合后，经鸡鸣桥、白云桥，东流纳悬钟峪水、北峪水，再经竹坝桥、美圣桥到皂市朱家坪入渫水，历经白云乡、皂市镇，全长 16.8 千米，流域面积 83.4 平方千米。沿溪河两岸，有面积约 8 平方千米的河谷平原。南北山麓，布列悬钟峪、北峪湾、苏家湾等 6 条各长约 2 千米的山峪。

雷公嘴商文化遗址 位于白云乡王家堰村刘定注家附近，东距乡政府 4 千米，南距 X303 公路 300 米。1986 年全省文物普查时发现。遗址上为农田，耕土厚约 30 厘米，文化层土色呈灰色，厚约 90 厘米，可分三层。采集陶片有泥质红陶、灰陶、夹砂红陶、黑皮陶。纹饰有绳纹、刻划纹、乳钉纹、弦纹、云雷纹。器形有盘、鼎、豆、罐、钵。时代应为商到战国时期文化遗存。面积为 600 平方米，保存较好。1989 年 1 月，县政府公布其为石门县第二批文物保护单位。

“走避隘”土司衙门 位于白云乡王家堰村，系明武德将军王天宝，调征铜仁、洪江等处有功，授土司百户，领大明洪武皇帝诰命修建。衙门初建时大门顶部嵌有烫金大字“走避隘”巨匾一副，衙堂上竖石碑三块，刻有洪武皇帝诰命二份。匾已于 20 世纪 50 年代后期毁坏，无存。明代改寨为所，设守御千户 2 关 10 隘。清朝前期废关、隘。同治九年（1870），将衙门定为王氏祖祠。今“走避隘”土司衙门部分建筑已毁，仅剩衙堂，为砖木结构，面积 300 平方米。2004 年 12 月，县政府公布其为石门县第四批文物保护单位。

云落观山 位于县城西 40 千米，南北宽约 3 千米，东西绵延 16.5 千米，面积 50 平方千米，坡度 15° ~ 50°，平均海拔 700 米左右，最高峰海拔 925 米。山上常被云雾笼罩，少顷大雨如注，民间有“云雾落山巅，下雨在眼前”之说。该山由二迭系灰岩、泥盆系砂岩构成。山中石灰石、煤炭储量丰富。在云落观山西侧的五峰山建有五峰山煤矿。云落观一带辟有林场，先名云落观林场，今名白云山林场。林场建有千亩有机茶园，不施农药、化肥，所产“白云银毫”茶叶，芽叶完整，形美色翠，滋味鲜爽，栗香高长，不生茶垢，为无污染、纯天然、富营养的有机生态产品，连续多年通过 IMO、OFDC 等国际认证，扬名海外，畅销欧美，是常德市唯一的有机茶双重认证生产出口基地。

白云山 位于县城西北 25 千米。白云山海拔 394.4 米，孤峰矗立，形如旗帜，常有白云缭绕，故名白云山。山上有祖师殿、观音阁、赵殷殿、文昌阁等古迹，又有龙头岩、梯云岩、人面石、马鬃岭诸胜山。白云山南麓，有明朝宣慰邓均忠故居遗址。

白羊山 位于望羊桥村，距县城 43 千米。白羊山海拔 719.6 米，山上土层深厚肥沃，有田 200 亩，产稻米、桐、茶，有居民百余家，旧名向家寨。相传山上白羊成群，故名白羊山。民国 32 年（1943）冬，日本侵略军数万自燕子山进入石门县境，沿渫水分数处争渡，无山不搜，唯独没有进入该山，故很多人到山上避乱。

（文字供稿：龙文见、晏燕妮，图片供稿：白云乡政府）

三圣乡

区域概况

位置面积

石门县三圣乡地处县境西北部，东与澧县太清乡、洞市乡、杨家坊乡接壤，南与新铺乡相连，西与维新镇毗邻，北与子良乡、太平镇交界。乡人民政府驻三圣庙村集镇，距县人民政府驻地50千米。

1995年，三圣乡总面积278平方千米。耕地面积51075亩，有水田26926亩、旱地24149亩。2014年，全乡总面积278平方千米，有耕地51000亩，其中水田39150亩、旱地11850亩；有山地25380亩、水域10150亩。

建置沿革

雍正十三年（1735），乡域属北乡管辖。民国2年（1913），全县设8区21自治区，乡域为新河自治区，属石门县第五区管辖。民国32年改为新河乡。1951年2月，全县设14个行政区，281个乡，乡域置17个乡，分属石门县第八区、第十区管辖。1956年6月，全县撤区并乡。三圣、白鹤、天门、永和、奇峰、凤岩6乡并为三圣乡；河口、庚太、两河、花园、郭家、南岔6乡并为河口乡；岗市、枣儿、茶园、中坪、白磷5乡并为岗市乡。1958年9月，实行人民公社体制，河口、丰禾2乡合并成立河丰公社，三圣、岗市、新开3乡合并成立新开公社。1961年4月，缩小公社规模。河丰析为河口、丰禾2个公社，新开析为三圣、岗市2个公社。1982年6月，岗市公社更名为杜家岗公社。1984年4月，撤销人民公社体制，设立三圣乡、河口乡、杜家岗乡。1995年6月，全县撤区并乡，三圣、河口、杜家岗合并为三圣乡。至2014年未变。

行政区划

1984年，三圣乡辖14个行政村，224个村民小组，总面积81平方千米。河口乡辖20个行政村，215个村民小组，总面积103平方千米。杜家岗乡辖17个行政村，245个村民小组，总面积94平方千米。

1995年，三圣、河口、杜家岗合并后，全乡辖51个行政村，684个村民小组。总面积278平方千米。2004—2007年，全县对行政村进行调整，乡域行政村大幅减少。2007年，三圣乡辖彭家堰、三圣庙、两河、百红、天门垭、象牙坪、北流溪、白临桥、杜家岗、刘家峪、山洋冲、南岔、花园台、樱桃岗、河口、北岔、太青山、庚祖山18个行政村和株木岗园艺场。至2014年，全乡总面积和行政村设置无变化。

自然环境

乡域北部是太青山和庚祖山，南部是覆盆山，中部是芦山山脉。芦山两侧是澧阳盆地和仙阳盆地。全乡地形俗称“三山夹两盆”。最高点太青山主峰海拔1128米。全境平均海拔300米。境内山原和岩溶地貌发育，山岭绵延，河谷纵深，地表起伏大。山脊明显，坡面阻长，土层浅，肥力低，水土易流失。乡域为亚热带季风湿润性气候，年平均气温16.5℃，无霜期264天，年平均降雨量1412毫米。境内动植物资源丰富，有维管束植物56科104属176种，属国家一、二级保护的珍稀物种有银杏等6种。有陆栖脊椎动物18目42种。赤铁矿、硫铁矿、方解石、重晶石、石灰石、烟煤、石煤等优质矿产储量较丰，其中赤铁矿储量6500万吨，方解石储量1500万吨。

人口民族

1995年，全乡有11816户41375人，其中男性22097人；农业人口41073人；人口出生率0.8‰。总人口中，有土家族40358人、汉族950人、侗族9人、苗族30人、壮族12人、布依族4人、瑶族5人、白族2人、黎族1人、仡佬族1人、彝族2人、穿青族1人。

2014年，全乡有14183户41377人，其中男性21774人；农业人口40573人；人口出生率0.9‰。总人口中，有土家族40240人、汉族1128人、蒙古族1人、苗族2人、壮族1人、瑶族1人、黎族1人、拉祜族1人、布依族2人。

经济发展

综述

1995年，全乡在稳定乡村企业的基础上狠抓农林牧渔业发展，全年实现工农业总产值8118万元，其中工业总产值3144万元。农林牧渔业总产值4974万元，其中农业产值2333万元，林业产值190万元，牧业产值2441万元，渔业产值10万元；财政总收入355万元。2005年，实施县委、县政府提出的以建设小康社会为目标的“三增三化一拓展”战略，全乡工农业总产值达22359万元。农业、牧业和制造业成为全乡的主导产业，分别完成产值8026万元、8633万元、3600万元。2006年，乡村集体企业实行改制，民营企业得以发展。2010年，以促发展、夺先进、保稳定为目标，在农业上发展柑橘、茶叶、烤烟和养殖业，工业上抓引进和投资，全乡实现工农业总产值51388万元。2014年，大力开展产业攻坚、民生攻坚、改革攻坚，全乡实现国民生产总值16283万元，其中第一产业8283万元，第二产业5200万元，第三产业2800万元；财政收入2727.11万元；农民人均纯收入6900元。

农业

种植业 乡域主要种植稻谷、油菜和杂粮。1950年，推行良种良法，开始引进推广万利籼、茶粘1号、南京1号等一季稻优良品种。1953年起，开始种植双季稻，引进推广雷大黏、南特号、西湖早等早籼高秆品种，并改稀植为合理密植。1956年，推广蒙泉乡水制农业社分大厢插秧法，提高栽插密度。1995年，全乡种植水稻36549亩，产量11151吨；油菜35073亩，油菜籽产量2487吨。2000年，种植品种扩大到小麦、红薯和玉米，其中小麦3000亩，产量300吨；红薯21000亩，产量5880吨；玉米20012亩，产量4327吨。2005年，调整产业结构，取消早稻和晚稻，发展优质一季稻，全乡粮食、油菜面积减少20%以上。2010年，推动产业升级，力促柑橘、茶叶、烤烟发展，全乡有柑橘25000亩，实现产值3340万元；烤烟2000亩，产烟5000担，创产值400万元；茶叶10000亩。2014年，全乡种植总面积为80224亩，玉米、油菜、豆类、水稻分别占31.86%、37.33%、12.18%、34.96%，种植业收入6685万元。

养殖业 1995年，全乡出栏生猪46502头，存栏46502头；出笼家禽21.75万羽，存笼15.5万羽。2000年，在巩固生猪和家禽的基础上大力发展山羊、肉牛和水产品。2005年，全乡出栏山羊40826只，存栏40826只；出栏肉牛2012头，存栏9714头；水产品养殖面积376亩，总产量24吨。2010年，推广生猪改良品种，引进50头双头积臀二元母猪，对全乡30多名养殖大户进行培训，全乡养殖业占农林牧渔的比重达到49.4%。2014年，全乡出栏生猪、山羊、家禽分别达72052头、31750只、30.13万羽，水产品养殖面积增加到2187亩，产量351吨。养殖业总产值11175万元。

林业

1995年，全乡有林地30.465万亩，占山地面积的75%，森林覆盖率为70%。1995—2005年，乡党委、乡政府发动群众封山育林21万亩，其中国家级重点防护林84330亩；植树造林、残林改造15750亩；退耕还林9585亩；建立水果基地25005亩，其中板栗基地7500亩。其间，县政府租用飞机播种育林16000亩，成活率85%以上。2013—2014年，石漠化治理造林6156公顷。2014年，全乡有林地31.001万亩，林木蓄积量40万立方米，森林覆盖率78%。境内珍稀树种有：白皮松、黄连木、罗汉松、香樟、狗骨、银杏、黑壳楠，铁尖油杉等。有挂牌保护古树名木99株。

境内传统营林收入主要来源于采伐林木、桐油和茶油生产。1995年，全乡有采伐林11995亩，采伐量727立方米；油桐林8965亩，桐油产量110吨；油茶林8884亩，茶油产量72吨。全年实现林业产值190万元。2005年，木材采伐量4120立方米，实现产值557万元。2014年，茶叶、水果替代传统营林，桐油、茶油及木材采伐量分别为32吨、29吨、800立方米。林业产值642万元。

工业

1958年，创办3家铁器社、4家石灰厂。1968年，创办棕丝厂。1970—2000年，创办煤矿4家、化工厂2家、预制厂3家、硫铁矿1家、铁矿1家。1995年，境内有芦茅硫铁矿县办企业1家，乡办企业15家，村办企业48家。年开采煤、铁、石灰石等矿产30多万吨，生产磷酸二氢钾500吨。全乡实现工业总产值3144万元，其中乡办工业产值551万元，村办工业产值686万元。2014年，全乡有各类企业705家，完成工业总产值5200万元。

商贸服务业

清代和民国时期，境内商贸集中地有三圣庙、新开寺、杜家岗、河口4处。经营的商品有杂货、肉食、百货布匹、手工业品等。中华人民共和国成立后，在乡（公社）驻地建供销社、肉食站、粮油店，乡（公社）驻地成为农村中心市场，各村（大队）均开设集体商业零售店或代销店。中共十一届三中全会后，个体商贸服务业得到发展，农村市场日益活跃。1995年，境内有三圣、岗市、河口3个集贸市场，个体商铺发展到150多家，社会商品零售总额48万元。为适应商品流通体制改革和小城镇发展需要，乡党委、乡政府筹资进行集镇基础设施建设，鼓励农民经商，推动商贸服务快速发展。2014年，全乡有各类商铺615家，个体工商从业者3300人。社会商品零售总额4.5亿元，其中集市商品成交额1.2亿元。

基础设施

交通运输

1973年前，境内不通公路。1974年，修建维新至三圣公路，全长19千米，境内长5千米。

1975年，修建三圣至澧县洞市公路，全长12千米，境内长5.5千米。1995年，修建三圣至河口公路，长12千米。另有通村的简易公路8千米。2000年起，乡党委、乡政府加快境内公路修建和硬化步伐。至2014年，境内2条县道、5条乡道全部硬化，总长110千米。19条连村、通村公路延伸至部分村民小组或农户，总长375千米，硬化280千米。每日有10个班次客车往返于三圣与长沙、常德、石门、澧县等地，日客流量达400余人。

邮政通信

1974年，境内有邮电所1个，邮电代办站2个。1998年成立移动电话通信站，境内固定电话，移动电话得到发展。2014年，全乡有邮政所1个，邮政代办站2个，固定电话3100部，移动电话12000部，互联网用户350户。

供电饮水

供电 1965年，建成黄沙溪水电站，装机125千瓦，年发电50万千瓦时。1965—1975年，修建北流溪、万泉、朱家溶、山羊冲4座小水电站，总装机容量800千瓦。1987年拉通国家电网，20世纪90年代初期，实现村村通电。

饮水 2014年，在山羊冲、两河、杜家岗、北流溪等7个村实施安全饮水工程，11362人受益。

水利建设

1965年，建成黄沙溪小（一）型水库。水库库容340万立方米，灌溉面积1000多亩。1968年，修建夹山溪、南岔两座小（一）型水库，总库容120万立方米，灌溉面积2000亩。1965—1975年，境内修有马家塔、民生、西湾、黄金、月亮湾、滴水岩、木耳湾、胜利、澧阳、三堰、许家趟、杨柳湾、胡家台、水叶寺等11座小（二）型水库和3座等外水库，总库容317万立方米，灌溉面积6500亩。1995年，全乡有水库15座，总库容525万立方米，拦河坝15座，山塘3800口。2011—2014年，投入资金1200多万元，对境内水库进行除险加固，渠道硬化，全乡自流灌溉面积占水田面积的70%。

田间渠项目工程

镇村建设

2014年，投资400多万元兴建三圣乡政府办公大楼。2015年，三圣乡集镇建成区面积1.78平方千米，街道总长1.5千米，常住人口3100人；河口集镇建成区面积0.275平方千米，街道长500米，常住人口2100人；杜家岗集镇面积0.75平方千米，街道长1.5千米，常住人口2600人。

社会事业

教育

清末和民国时期，境内有私塾、蒙馆3家。中华人民共和国成立后，重视教育，办学规模逐渐扩大。1955年，创办三圣完小。1968年，各大队设立小学，建立3所初中。1970年，创办高中1所。1978年，成立农校。1995年，全乡有小学42所、初中3所，教师273名，在校学生3576人。后经整合教育资源，2014年，全乡有初中1所，九年一贯制学校1所，小学11所，幼儿园3家。

文化体育

1995年，成立三圣乡文化站，发展民间吹打乐队4支。2014年，全乡有中西乐队4支、狮龙队1支；文学、音乐、书画、唢呐等文学艺术爱好者20多人。电视机入户11000多户，其中有线电视3300余户；农家书屋32个，书刊51200余册。体育场所13个。

医疗卫生

1951年，成立乡卫生所，开展防病治病工作。1958年，成立公社卫生院，配备医务人员24人，有病床10张，下设6个大队卫生所。1968年，兴办农村合作医疗。1976年，农村合作医疗停办。1978年，公社卫生院改为乡卫生院。1995年，全乡有卫生院3所，医疗点5个，医务人员33名，病床30张，有农村卫生室人员和妇幼保健员82人；有个体诊所医生38名；个体药店12个。2006年，投资160万元新建卫生院。2014年，投资350多万元，新建卫生院职工宿舍楼、购置医疗设备。是年，卫生院有病床50张，医务人员43人，下设村级卫生室28个，年诊治患者35103人次。

社会保障

2006年，推行新型农村合作医疗制度，有30700人参保，参保率85%。2008年，建乡敬老院，40名“五保”对象入住，集中供养。2012年，启动贫困居民最低生活保障制度，有1500人享受农村低保待遇，1800人享受城镇低保待遇，共发放低保金150万元。2014年，全乡407名“五保”人员全部落实供养政策；38406人参加农村合作医疗，参合率98%；4551人次住院治疗、享受医疗补偿金858万元。为30人发放大病救治资金20万元；1560人享受农村低保，领取低保金220万元；1650人享受城镇低保待遇，领取低保金990万元；7500余人享受社会养老保险待遇，领取养老金700多万元。

（文字供稿：丁署清，图片供稿：三圣乡政府）

子良乡

地域名片

全国环境优美乡镇

区域概况

位置面积

子良乡位于县境北部，东与澧县太青乡、甘溪滩镇接壤，北与湖北松滋市卸甲坪乡、五峰县仁和坪镇和渔洋关镇毗邻，南抵三圣乡，西连太平镇，素有“一脚踏两省，鸡鸣听四县”之说。乡人民政府设子良坪村，距县人民政府驻地96千米。

1995年，全乡总面积198.93平方千米，耕地25499亩，其中旱地10949亩。

2014年，全乡总面积198.93平方千米，耕地29799亩，其中旱地15799亩、水田14000亩。

建置沿革

民国2年（1913），全县分8区21自治区，乡域为子良自治区，属第七区管辖。民国18年，全县设4自治区20乡，子良自治区改为子良乡。1952年2月，全县设14个行政区281个乡，境内设15个乡，属石门县第九区管辖。1956年6月，撤区并乡，水田、大河、茅坪、罗坪、白鹤、节日6个乡并为水田乡；子良、新民、青溪、万福、护城、沱南、高各、枫柏、九层9个乡并为子良坪乡。1958年9月，实行人民公社体制，子良坪乡与水田乡合并成立子良公社；12月，子良公社与太平公社合并为子太公社。1959年6月，子太公社析为子良公社和太平公社。1961年4月，从子良公社析置水田公社。1982年，子良公社、水田公社分别更名为子良坪公社、水田岗公社。1984年，恢复乡建制，子良坪公社、水田岗公社分别改为子良坪乡、水田岗乡。1995年3月，撤区并乡，子良坪、水田岗两乡合并为子良乡。至2014年无变化。

行政区划

1995年，全乡有36个行政村，1个园艺场，408个村民小组。总面积198.93平方千米。

2004年合村后，全乡辖新道湾、涂家洞、董家山、北界、子良坪、骆村坪、护城峪、陈家湾、廖家冲，谭村、节日坪、铜锁岗、罗坪垭、水田岗、茶园湾15个行政村。至2014年，全乡村名和总面积无变化。

自然环境

乡域地形为丘陵山区。北部大山东西横亘，最高处芦峰山海拔1170米，为境内最高峰；南部有太青山从西向东连绵，境内最低处为水田岗村大河洲；全境平均海拔665米。沱水河自西向东流经境内21千米，形成两岸较为开阔的河谷平原。乡境属亚热带季风湿润气候区，四季分明，日照充足，雨水丰沛。年平均降雨量1531.2毫米，年平均气温22℃。境内林木植被有松、杉、栗、枫、樟、油桐、乌桕、棕、竹等40多种。野生动物有野猪、山羊、兔、狼、狐、刺猬等20多种。地下矿藏主要有煤、铁、重晶石、硫铁矿、方解石、大理石等10多种，煤、重晶石藏量较大。境内土壤主要为风化石壤、红壤、黄壤。因风化石壤较多，土地肥力较低，影响农作物产量，自然灾害频发。1973年旱灾，受旱面积达2万亩，中晚稻、玉米、红薯等农作物失收，粮食减产2000多吨，直接经济损失1000多万元。1995年6月24日和1997年7月13日发生严重水灾，4000亩农田被淹，200多户房屋倒塌，直接经济损失2000多万元。

人口民族

1995年，全乡有8253户28744人，其中男性14830人；总人口中，土家族25844人、汉族2898人、回族1人、瑶族1人。

2014年，全乡7505户2.86万人。总人口中，土家族占99.21%，汉族170人、壮族2人、侗族1人、黎族1人。

经济发展

综述

1956年，子良乡粮食总产量折合稻谷6000多吨，农民人均口粮225公斤；农村总收入420万元，农民人均收入170元。1978年，子良公社粮食总产量折合稻谷8000多吨，农民人均口粮265公斤；农村总收入480万元，农民人均分配收入190元。1983年开始，实行联产承包，家庭经营，调动了农民的生产积极性，促进农村经济的发展。1995年，全乡完成国民生产总值1.4亿元，财政收入125万元，农民人均纯收入1210元。之后，党的三农政策经过调整越来越好，农民负担的所有农业税费从2003年起陆续取消，农村产业结构和农业内部结构得以调整，农民收入和生活水平大幅提高。2014年，全乡完成国民生产总值2.45亿元，财政收入2361万元，农民人均纯收入8391元。

农业

种植业　境内种植业以种植稻谷、玉米、红薯、马铃薯及大豆、荞麦、绿豆为主。20世纪80年代，苎麻一度成为境内的热门作物。1986年和1987年，种植苎麻15000亩，总产3000吨，群众戏称为“发麻疯，发麻财”。2014年，因市场变化，苎麻种植减少到300亩。1990年前，水田种植多为早晚双季稻，后全部改种为中稻一季。2014年，全乡种植杂交水稻14300亩，总产7100吨；种植玉米2.5万亩，总产1万吨；种植红薯1万亩，总产2万吨；种植马铃薯5000亩，总产5000吨。经济作物主要有油菜和苎麻。2000年，全乡种植油菜13000亩，油菜籽总产2250吨。2014年，全乡种植油菜2万亩，油菜籽总产2500吨。

养殖业　境内养殖业主要为养猪、羊、鸭、兔、鱼、蜂等。大多为家庭散养。1995年，全乡饲养生猪57657头，出栏29619头；养山羊35611只，出栏15280只。2014年，乡党委、乡政府把生猪和山羊养殖作为主导产业发展，全乡牲猪饲养量86079头，其中出栏60010头，存栏26069头。山羊养殖60044只，其中出栏31127只，存栏28917只。

林业

1958—1960年“大跃进”时期，树木被伐作炼钢铁的燃料和公共食堂的烧柴，活立木蓄积量减少60%以上。1972—1978年，全国农业学大寨，伐林种粮，烧山开荒，加之农民为求生计，伐木换粮现象普遍，大片林木被毁坏。中共十一届三中全会后，实施植树造林和退耕还林还草，森林植被逐渐恢复。

1980年起，境内大力发展柑橘产业。2004年，全乡有柑橘16000亩，总产量16000多吨。2005年因大果实蝇危害，砍伐橘树2000多亩，产量有所下降。2014年,全乡产柑橘14000多吨。

20世纪90年代起，境内积极发展茶叶产业。2000年，全乡有茶叶2000亩。2014年发展到7000亩，茶叶产量34.1吨，茶叶加工企业7家。太青茶叶合作社为"湖南省十佳茶叶合作社"和"湖南省出口茶生产基地"。2014年，境内有林地22万亩，其中用材林15万亩、薪炭林5万亩、经济林2万亩，森林覆盖率72.5%，活立木蓄积量12400立方米。

工业

20世纪80年代，境内乡村工业主要有矿山开采、苎麻加工、水泥预制件生产、农副产品加工等；煤矿和重晶石矿开采为主导产业，先后办有万福煤矿、双坪煤矿、太青煤矿、才子坡重晶石矿、金盆重晶石矿、涂家洞重晶石矿、铁厂坡重晶石矿等。1986年起，外商在青山峡和落家坪建重晶石矿粉厂，分别于1992年和1997年倒闭。1990年起，全乡先后在罗坪垭、椿树榜、大河洲、高家台、清涧溪、祝家坪、青山峡办起7家水泥预制件厂。1995年，全乡有工业企业17家，实现工业总产值1634万元。2014年，全乡工业总产值达到36654万元。

商贸服务业

20世纪50—80年代，在乡（公社）驻地建供销社、肉食站、粮油店，各村（大队）开设集体商业零售店或代销店。1985年以后，集体商贸服务单位逐步改制，个体商贸服务业兴起。2014年，境内有各类商铺537家，个体私营业主1000多人，主要经营商业、饮食、旅社、茶楼、肉店、通信、打印、摄影、美容美发、药品销售、广告制作等。全乡社会商品零售总额达31680.6万元。

劳务输出

1990年后，境内剩余劳力开始外出务工。2000年之后，常年外出务工人数达万余人，占全乡劳力总数的70%以上。务工流向地主要是东南沿海地区，以广东省居多，佛山境内的士车司机70%是子良人。2014年，全乡劳务收入8800万元。

基础设施

交通运输

1973年前，境内不通公路，边山河至子良坪的渫水水道可行小木船。农民出行及农副产品外销，工业、日用品运进，主要靠人力肩挑背负。1974年3月，途径境内28千米的澧县甘溪滩至石门太平的甘太公路建成通车，始有公路与外界连接。1976年，水田公社拼装一台4吨大卡车。1977年，子良公社通过在国家物资总局工作的子良籍老乡购回一台计划内的解放牌卡车。1978年，开通石门至子良当日往返客班车。20世纪80年代，开始加快通村通组公路建设。1995年，100%的村和70%的小组通公路，公路里程总长60千米。1997年，子良集镇和水田集镇将街道硬化。2005年起，乡、村两级抓住国家"畅通工程"和"通达工程"项目建设机遇，掀起硬化乡村公路热潮。2014年,全乡100%的村和90%的小组公路硬化，总里程160千米。每天有9辆客班车往返于子良和石门之间，1辆往返子良至常德；有3辆外地客班车途经或宿班子良。

水利建设

1958年，境内建起首座水库——茅坪水库，集雨面积5.5平方千米，库容128.8万立方米，灌溉面积1450亩，为小（一）型水库。20世纪70年代，修建有白果、茶园2座小（一）型水库，护城、幸福、合力、双坪、红砖、节金、岗坪、小白果8座小（二）型水库，以及20多口骨干塘。2010年，开展溪河治理，对沱水子良集镇段、泗潭河至大河洲段河堤和谭村、铜锁岗村、螺蛳峪村等溪堤进行整治护砌。2014年，全乡有水库11座，池塘700多口，总库容1200多万立方米；灌区渠道1.3万米，其中砼渠占70%；灌溉面积1.25万亩，全乡70%的水田实现自流灌溉旱涝保收。

供电饮水

供电 1974年，境内建有1个小水轮泵发电站和1个柴油机发电站，供公社机关、单位照明。1978年，子良万福电站建成发电，装机容量500千瓦，子良、柳树、骆村坪、高家台4个大队大部分农户用上电。1981年，从太平架设输电线路至子良坪，茶园水库电站建成发电，装机容量250千瓦，基本满足沿线的茶园、茅坪、罗坪垭3个大队大部分农户用电。1983年，兴建汇水电站，装机容量450千瓦，与万福电站并网；湖北从黄林桥架设输电线路至罗坪垭。1992年，切断湖北供电线路，改为从子良坪架设输电线路到罗坪垭。2010年，乡党委、乡政府招商引资，投资350万元对万福电站进行技改升级，装机容量提升到1500千瓦。与新华水利电力公司和湖北方面达成协议，投资8000万元对两河口至碧溪峪沱水流域进行三级开发，总装机容量1.5万千瓦。2014年，全乡供电线路总长850千米，其中1万伏高压线路有33千米。满足100%的行政村和95%以上的农户生产生活用电需求。

饮水 2005年起，加大农村安全饮水工程建设，全乡建成水井（窖）800多口，蓄水池500多个，95%的农户用上安全清洁饮用水。2010年起，开展溪河治理，对沱水子良集镇段、泗潭河至大河洲段河堤和谭村、铜锁岗村、螺蛳峪村等溪堤进行整治护砌。2014年，完成陈家湾、新道湾、涂家洞、铜锁岗、北界、子良坪6个村9000人安全饮水工程。

邮政通信

1953年，境内有1部电话机经太平转接通话。不久，子良和水田公社各设有1部20门交换机，各大队也装上电话。1970年，随着电话用户的发展，2台交换机由20门换成40门。1995年，先后开通子良坪和水田的程控电话。2000年，程控电话实现村村通、组组通，40%的农户装上程控电话。2010年，全乡拥有移动电话1万多部。为消灭移动通信信号的死角盲点，移动、联通、电信3家在各村建立基站，全乡通信基站达到30多座。2014年，全乡有固定电话3500部，移动电话1.2万部，互联网用户2000多户。

镇村建设

1989年，开始建设水田集镇，3年时间形成1千米长、20米宽的街道。1995年开始子良集镇建设。1997年，两个集镇街道用混凝土浇筑。2006年，在子良集镇西修建子良坪沱水二桥，使集镇形成环形街道。2008年，子良乡被环保部授予"全国环境优美乡镇"称号。2011年，国家启动"新农村建设示范村"和"美丽乡村建设示范村"项目工程，谭村被列为项目村。2014年，水田、子良两个集镇建成区达3.5平方千米，有常住居民1000余户，常住人口5000余人。同时，展开大河洲、椿树榜、节日坪、谭村、螺蛳峪、护城峪、陈家湾5个中心村建设，偏远农户纷纷迁址中心

子良乡集镇景观

村建房。

2014年，全乡进行农村卫生大整治，每户设立统一购置的垃圾箱，村组道路旁设立垃圾池和焚烧池，每村聘用3～5名卫生员保洁，定期对各家各户进行卫生检查。

社会事业

教育

民国时期，境内有2所私塾。中华人民共和国成立后，办有子良和水田两所公办小学。20世纪70年代，境内有2所初级中学、8所中心学校、28所初级小学。80—90年代，8所中心学校均开设初中班。1996年，实施九年义务教育，境内办学条件合格率、教师合格率、幼儿入园率、学龄儿童入学率、在校学生巩固率、小升中升学率、初中生毕业率都达到100%。后因学龄儿童减少，学校布局有所调整，部分学校陆续合并或撤销。2014年，全乡有初中2所、完全小学1所、初级小学5所、幼儿园4所、托管所1所。在校中学生学生600名；小学班级42个，在校学生1300名；入园入托幼儿150名。有中小学教职员工155人。

文化

子良农村民间文化历来活跃，主要有舞龙、舞狮、九子鞭、采莲船、蚌壳精、踩高跷、推车花鼓、土地戏、傩愿戏、莲花落、渔鼓、三棒鼓、杂耍等。1997年，子良乡被授予“湖南省民间文化艺术之乡”称号。进入21世纪，境域仍有许多文艺爱好者能熟练演出。

1970年，子良、水田两公社自办电影放映队，1975年，电影放映队发展到4个，使用8.75毫米电影放映机，保证农户每月至少观看1次电影。1981年，水田建成影剧院，使用16毫米电影放映设备。后随着电视普及，电影放映队业务萎缩，于1995年后停止活动。

1982年，电视陆续进入农家，至20世纪90年代初基本普及。1994年，子良、水田两集镇的农户开始收看有线电视。2014年，启动电视“户户看（通）”工程，全乡95%以上的农户能看到电视。

1995年，设立子良乡文化站，编制1人。2006年起，国家投资在全乡建立村级图书室，

2014年,全乡建有37个图书室,有图书7万多册。

医疗卫生

民国时期，境内有10余名中医医生。1953年，建立子良联合诊所，吸纳孙达武、周丕乾等名医入所。通过培训，发展中医20余名。1959年，子良、水田两地各成立1个公社卫生院，并在涂家洞、大河洲、节日坪设立诊所。1968年，各大队建立合作医疗站,全乡有赤脚医生70余名。1980年后，合作医疗制度不复存在，部分赤脚医生办起个体诊所。1995年，水田卫生院改为子良中心医院，新建门诊和住院大楼。2005年，实行新型农村合作医疗制度。2014年，全乡有26899人参加新型农村合作医疗，参合率97.8%。

是年，子良乡中心医院有病床40张，医生32人；全乡有村级卫生室14个，个体医生和保健员14人，个体药店18个。

社会保障

20世纪50年代至1994年，境内农村“五保”户供养，实行居住地所在村（大队）组（生产队）负责制。1995年起，实行乡统筹，每人每年发给600元（后增至1500元）供养费。2000年，建立子良乡敬老院，有64名“五保”对象入院集中供养。2004年，启动农村最低生活保障制度。2014年，全乡享受低保人数达1300人，每人每年发放低保金1404元。

特色地情

风景名胜

大河洲新石器时代遗址　位于水田岗村大河洲，1996年被石门县政府批准为县级文物保护单位。

大河洲温泉　位于水田岗村大河洲澧水河西岸，涌量8.8升/秒，水温43℃。2005年后，开发建设成集沐浴、餐饮、休闲、疗养为一体的旅游景点。2014年，获“湖南省五星级乡村旅游区（点）”称号。

（文字供稿：文希国，图片供稿：子良乡政府）

雁池乡

区域概况

位置面积

雁池乡地处县境西北部，东与太平镇接壤，西与罗坪乡毗邻，南与磨市镇交界，北与所街乡相连。乡人民政府驻雁池坪居委会，距县人民政府驻地 80 千米。

1995 年，雁池乡总面积 238 平方千米，有耕地 34842 亩，其中水田 17942 亩、旱地 16900 亩。

2014 年，雁池乡总面积 238 平方千米，有耕地 38748 亩，其中水田 32440 亩、旱地 6308 亩。

建置沿革

民国 2 年（1913），设苏市自治区。民国 18 年，改苏市乡。1952 年 2 月，全县设 281 个乡，境内置 18 个乡。1956 年 6 月，公正、雁池、古市、龙山 4 乡并为雁池乡；官坪、重复桥、杨柳园、珠宝街、黄福、栋青 6 乡并为杨柳乡；三亩、水晶、凉水、琵琶洲、五通庙、宜竹、峰山、工农 8 乡并为苏市乡。1958 年 9 月，实行人民公社体制，雁池乡改为雁池公社；苏市乡改为苏市公社；杨柳乡与所市乡合并为所市公社。1961 年 4 月，析置杨柳公社。1982 年，苏市公社更名为苏家铺公社。1984 年，撤销人民公社，设雁池、杨柳、苏家铺 3 乡。1995 年，撤区并乡，3 乡合并为雁池乡。至 2014 年无变化。

行政区划

1995 年并乡后，雁池乡辖 54 个行政村。

2004—2007 年，全县进行行政村区划调整，境内行政村大为减少。2014 年，雁池乡辖雁池坪、杨柳园、五通庙 3 个社区，皮家河、韦家湾、中军渡、珠宝街、白泥、横断山、大路口、重复桥、易家山、矿岭、唐家坪、水晶庙、琵琶洲、李家峪、里山河、长湾、竹儿垭 17 个行政村。

自然环境

雁池乡地处武陵山脉东北端，居云贵高原向东部低山丘陵过渡地带，属中低山地地貌和河谷地貌。乡域地形狭长，呈带状分布，东西绵延，长 87 千米，南北狭窄，平均仅 5 千米。地势东西两边高，中间低，像一具扁长的马鞍。最低处樟丰渡口海拔 132 米，最高处广垭四方台海拔 1152.8 米，相对高差 1020.8 米。

境内气候属亚热带季风气候，年平均降水量 1600 毫米，全年日照时数 1556 小时，无霜期 255 天，年平均气温 16.2℃。乡境为亚热带常绿阔叶林带，植被种类繁多。属国家一级保护植物有银杏、红豆杉 2 种，二级保护植物有 29 种。动物资源较为丰富，有陆栖脊椎动物100多种。国家一级保护动物有金雕、林麝2种，国家二级保护动物有大鲵、白尾鹞、白头鹞、鹊鹞、凤头鹰、雀鹰、穿山甲、水獭、金猫、獐等10种。

主要自然灾害有旱涝、低温、冰冻。2011年3月至6月上旬的旱灾，累计降水仅130毫米，比常年平均降雨少66.3%，为60年一遇。

人口民族

1995年，雁池乡有10157户34878人，其中男性18394人；总人口中，土家族33540人、汉族1336人、维吾尔族1人、苗族1人。

2015年，全乡有11489户32835人，其中男性17259人；总人口中，土家族31521人、汉族1306人、苗族3人、壮族2人、彝族1人、侗族1人、哈尼族1人。

经济发展

综述

1995年并乡后，雁池乡党委、政府围绕建设"富裕雁池、生态雁池、和谐雁池"战略目标，实施一系列稳增长、促改革、调结构、惠民生的决策部署，全乡逐步形成以柑橘、茶叶、烤烟为主，多种特色产业并举的产业格局。2010年，全乡实现地区生产总值1.96亿元，固定资产投资1.03亿元，财政收入182.1万元，农民人均纯收入4470元。2014年，全乡实现工农业总收入1.189亿元，固定资产投资4.2亿元，实现财政总收入3092.9万元，农民人均纯收入5728元。

农业

种植业 1995年，全乡生产粮食13182吨、柑橘250吨、油桐200吨、油茶157吨、乌桕37吨、水果47吨，杜仲、天麻、黄柏等中药材1吨。2011年，全乡粮食播种49000亩，产量1.6万吨；油菜23000亩，产量0.23万吨；柑橘8600亩，产量0.71万吨。2014年，全乡柑橘总面积18000亩，产量达0.8万吨；其中红橘400亩，产量400吨；种植茶叶14000亩，产量6200吨；3200亩西山垭高山生态有机茶园，被农业部评为全国有机茶标准茶园示范园，生产的"石门银峰"茶入选湖南省十大名茶。

养殖业 2011年，全乡出栏生猪5.69万头、肉牛0.22万头、山羊3.01万只、家禽26.44万羽。2014年，出栏生猪5.7万头、肉牛0.23万头、山羊2.95万只、家禽25.19万羽。

工业

1995年，境内有企业482家，其中机制砖厂、砂石厂、预制件厂等建材企业15家，创产值300多万元；油脂加工厂产植物油1000吨，创产值200多万元。全乡实现企业总产值2118万元，其中工业总产值940万元。2010年，乡党委、乡政府引进200万元的韦家湾茶厂建设项目、2000多万元的三岔溪水电站建设项目。2014年，中军渡电站、三汊溪电站、渫峰茗茶有限公司、众诚建材有限公司等一批企业进驻境内并投产，全乡实现工业产值2亿元，其中投资2000万元的众诚建材有限公司以页岩为生产原料，年生产环保砖超1亿块，创产值3000多万元。

旅游业

2005年，乡党委、乡政府发掘传统人文元素，建成柳林花海、叠龙观和西山垭茶村生态旅游等景区。按照茶叶专业村、美丽乡村、生态旅游村"三村合一"和种茶人、采茶人、卖茶人、品茶人"四个茶人"发展思路，投资120万元打造韦家湾村"白墙、红瓦、绿茶"美丽茶村建设，将西山垭打造成雁池茶乡名片。对里山河水库库区旅游项目进行规划设计。2014年，新建的柳荫大道竣工，西山垭观景台投入使用，叠龙观的文物保护修复项目完工。

基础设施

交通运输

1995年，全乡有公路500千米，石门至清官渡公路、安溪至古市公路、澧县甘溪滩至古市公路在境内交汇，日车流量800车次，运输货物5000吨，运输旅客2000余人。2010年，新修村道20.8千米，解决30个组出行问题。整修乡村道路60千米。2011—2014年,投资2500多万元,完成66.1千米村级道路硬化。2014年,境内有省、县、乡、村、组道592千米，其中省道303 10千米、县道78千米、乡道18千米、村道260千米、组道226千米。硬化公路474千米。全乡拥有车辆2871辆，其中摩托车2468辆、农用车56辆、轿车180辆、货车101辆、面包车63辆、农村客车2辆、校车1辆。

水利建设

1995年，全乡有里山河中型水库1座，水库集雨面积19.2平方千米，库容1200万立方米，灌溉面积28000亩。工农、老峪小（一）型水库2座。工农水库集雨面积10.25平方千米，库容99万立方米，灌溉面积3570亩；老峪水库集雨面积1.28平方千米，库容109万立方米，灌溉面积1740亩。王家天坑小（二）型水库1座，骨干塘10座。2013年，投资150万元建成芷洪滩提灌站，装机容量240千瓦，灌田2000亩；投资160万元建设雁池防洪堤；投资100多万元整修堰塘14口；新修、疏通沟渠6千米。2014年，投资400万元，完成工农水库除险加固工程。

供电饮水

供电 1996年，实现村村通电。2014年，

雁池乡人民政府机关办公楼

投入140万元，在4个村实施电网改造。

饮水 2014年，全乡投资2000多万元建设安全饮水工程，解决全乡20个行政村（居）2万多人安全饮水问题；其中12个村采用集中供水方式，修建大型蓄水池29个，PE管网延伸24万米；8个村采用分散供水方式，修建大小水池210个，PE管网延伸10万米。

村镇建设

雁池集镇 1996年，开始建设雁池坪一街，街道总长1200余米、宽40米，面积48000平方米。2003年，开始建设二街道，街道总长1250米、宽40米。集镇总建筑面积133000平方米，常住人口4500余人。

苏市集镇 1955年，开始建设苏市集镇，总共有三条街道，一街道长500米、宽30米；二街道长350米、宽45米。三街道始建设于2005年，长度200米，宽100米。2002年，对一街道路面进行路面硬化。2006年，二街道硬化。2011年，三街道硬化。2010年，投资达500万元的乡政府办公大楼主体工程竣工，投入使用。2014年，投资180万元，完成雁池坪集镇及省道303线街道亮化工程，新装太阳能路灯240盏。集镇总面积50750平方米，常住人口1100人。

杨柳集镇 1995年，开始建设杨柳集镇，街道总长度2.23千米，宽5.5米。建成区总面积926亩，常住人口1232人。

社会事业

教育

1995年，全乡有初级中学2所、小学49所，教职工213人，学生2693人。2002年起，调整学校布局，整合教育资源。2014年，全乡有初级中学1所、九年一贯制学校1所、小学3所、幼儿园2所，教职工135人，在校学生1710人，在园幼儿584人。其中，雁池乡中心学校为九年一贯制学校，占地36478平方米，建筑面积18010平方米；有教职工128人，其中初中教师87人，小学教师40人，幼儿教师1人；在校学生1902人。

医疗卫生

1993年5月，雁池乡卫生院与北京安定医院联合创办精神病防治所，治愈精神病患者100多人，开创乡镇卫生院与国家级医院联合办医之先河。1995年，雁池乡卫生院、苏市区医院、杨柳乡卫生院合并为雁池乡中心卫生院。2014年11月，石门县精神康复医院在雁池乡中心卫生院挂牌成立，实行两块牌子、一套人马体制；医院占地6667平方米，建筑面积近7000平方米，医务人员70人。内设公共卫生管理办、中医科、急诊科、外科、内儿科、妇产科、五官口腔科、医技科、精神科9个业务科室；开放病床床位120张，其中常住精神病人80人。下辖17个标准化村级卫生室，有村医19人。

文化体育

2011年，有乡文化站、广播电视站各1处，村图书室20个，民间文化艺术表演团体3个。2014年，建设村级文化活动场所2处、农民文化大舞台1个；投资20万元在乡政府大院内新建篮球场。采取以奖代投模式，鼓励以村为单位组建群众文化队伍，水晶庙、五通庙、皮家河、琵琶洲等村成立文艺演出队，开展闹元宵、庆“七一”、迎国庆等大型文艺活动。参加全县职工气排球比赛，获得乡镇组第一名。全乡实现广播 村村响，电视户户通。

社会保障

2011年，全乡参加新型农村社会养老保险

16362人；5853名60岁以上老人领取基础养老金193.15万元；享受农村低保492户1087人，领取低保金30万元；供养“五保”对象226人，其中在乡敬老院集中供养45人；有重点优抚对象385人，发放优抚金19.08万元；民政部门大病救助15人次，发放救助金3.8万元。2014年，15137人完成“新农保”续保，城镇养老保险续保70人；享受农村低保910户1571人，城镇低保59户67人；分散供养“五保”对象278户282人，集中供养30人；实施危房改造209栋；完成2500人脱贫目标，占全乡总贫困人口的35%。

特色地情

名优特产

红橘 雁池特产，果型大、肉质优、产量高、少核、耐贮性好。果实扁圆形，单果重100～110克，果皮薄，色泽鲜红，有光泽，皮易剥，富含桔络，可作中药材和调味品；肉质细嫩、多汁、化渣，甜酸可口，可溶性固形物11%～13%，糖含量8～10克/100毫升，酸含量1.0～1.1克/100毫升；果实11月下旬至12月成熟。每年秋后雁池坪山山挂红，户户飘香，全乡最高年产达5000多担。

茶叶 茶叶产区主要集中在西山垭，海拔高度800多米，长年云遮雾绕，有着茶叶生长的最佳生态环境，是“石门银峰”茶主产区之一。

风景名胜

叠龙观 位于渫水河畔的叠龙山，建于唐朝中宗神龙年间(705–707)，距今1300多年。初为道观，后佛、儒诸教日盛，遂三教合一，融为一体。明清时期，叠龙观得到大规模营建，香火鼎盛。叠龙观之旧制有茶殿、山神庙、土地庙、雷公殿、文昌阁、观音阁、金殿等庙宇，皆建立于山顶岩磴之上。其地基大者达350平方米，小者仅2平方米，总建筑面积达478平方米。自然景观主要有龙口、百步蹬、玉笋对峙、归仙洞、舍身崖、官赐崖、和尚洞等。叠龙观在“文化大革命”时期遭到毁灭性破坏。今尚存庙宇遗址和数十块石碑。部分建筑得到修复。

晏仙洞 位于叠龙观入口的必经之路，与叠龙山相望，洞前有雁苏公路和渫水支流竹溪河经过。洞有三门，互为贯通，皆可进出。洞狭窄处仅容一人，宽阔处可供万人集会。洞分四层，层层相通，第一层人称千米画廊，两壁皆为图画故事。第二层称八卦洞，洞中变化莫辨。第三层称万仙洞，长数千米，其景为众仙会集。第四层幽静雅致，是坐关修行之所。传说洞内还有藏宝图。

（文字供稿：王培，图片供稿：雁池乡政府）

所街乡

区域概况

位置面积

石门县所街乡位于县境西北部，东与雁池乡相邻，南与罗坪乡接壤，西与壶瓶山镇交界，北与太平镇毗连。乡人民政府驻迎驾垭村，距县人民政府驻地 88 千米。

1989 年，所街乡总面积 115.36 平方千米，水南渡乡 99.64 平方千米。1995 年两乡合并，所街乡总面积为 215 平方千米，耕地 29914 亩。至 2014 年，全乡总面积未变。是年，全乡有耕地 32083 亩。

建置沿革

雍正十三年（1735），石门设 3 乡 1 坊，乡域属北乡。民国 2 年（1913），全县设 8 区、21 自治区，乡域置所市自治区。民国 18 年，全县自治区改乡，所市自治区改所街乡。民国 20 年，所街乡更名所市乡。1952 年 2 月，全县设 14 个行政区、281 个乡，乡域置 13 个乡。1956 年 6 月，撤区并乡，所市、寨坪、天平、安正、麻茏、福坪 6 乡并为所市乡；上石水、下石水、骏马、文化、面山、水南、焦山 7 乡并为文化乡。1958 年 9 月，实行人民公社体制，所市乡、文化乡分别改为所市公社、文化公社。1982 年，所市公社更名为所街公社，文化公社更名为水南渡公社。1984 年 4 月，撤销人民公社，设立所街乡和水南渡乡。1995 年，全县撤区并乡，所街乡和水南渡乡合并为所街乡。至 2014 年无变化。

行政区划

1995 年合并后，所街乡辖 39 个行政村，438 个村民小组。2004—2007 年，全县调整村组建制。调整后，所街乡辖寨坪、迎驾垭、磨香坪、窑坡山、黄福峪、添坪所、麻纳口、麻纳峪、焦山、黄虎港、三洋塔、水南渡、柳仕坡、柳家台、文家、关上、骏马溪 17 个行政村，共 438 个村民小组。至 2014 年无变化。

自然环境

乡域地处武陵山脉东北端，居云贵高原向东部低山丘陵过渡地带，属中山山地地貌和河谷地貌。地质构造属于扬子陆台的川湘凹陷，自寒武纪、奥陶纪至志留纪为深海，沉积深厚的石灰岩层，构成熔岩地貌的基础。整个地势西北高而东南低，全境峰峦迭障，切谷幽深，林木掩映，地势险峻。主要山峰有王家山、孟家山、铜锅寨、大面山、白洋尖、鹰子头等 50 多座。平均海拔 460 米以上，最高点铜锅寨，海拔 795.5 米，最低点麻纳口，海拔 112 米。

乡域属亚热带山地气候，年均气温 9℃，年均日照 1509 小时，年降水量 1898 毫米，年均雪日 42 天，极端低气温 - 13℃。土壤成土母质主要为石灰岩、页岩、砂岩及其它硅质岩类溶化物的残积、坡积物。在溪河两岸的平坦地带可见有洪积、冲积物的堆积，成石滩。土壤分类为 6 个土类，12 个亚类，22 个土属。属于地带性土类的有红壤、黄壤、山地黄棕壤和山地草甸土，属于岩成土类的有红色石灰土、黄色石灰土。稻田面积很小，分布在海拔 600 米以下的缓坡、槽地。页岩资源拥有量达 1000 万立方米，可供日产 10 万块砖的页岩砖厂使用 50 年以上。

主要河流有渫水河、黄虎港河、石家河、平涧河 4 条，渫水从黄虎港经所市至南门峪，长 30 多千米，水力温藏量 30 多万千瓦。渫水属常年性河流，年平均流量 112 立方米 / 秒，年径流量 31.9 亿立方米。

乡域内资源丰富，森林覆盖率 70%。主要林木有松、杉、银杏、榉木、樟树、楠竹等 20 多种。有天麻、杜仲、迎春花等野生药用植物数百种。有国家重点保护的娃娃鱼、猴、长毛兔、熊等珍稀动物 10 多种。

人口民族

1990 年，所街乡有 5219 户 18778 人，其中男性 9830 人；土家族 15593 人、汉族 3183 人、苗族 2 人。1995 年，全乡有 8946 户 32224 人。2014 年，全乡有 8121 户 23876 人，其中男性 12371 人；总人口中，土家族 23145 人、汉族 724 人、苗族 5 人、壮族 2 人。

经济发展

综述

1995 年，所街乡党委、乡政府坚持建设美丽所街的发展理念，做好柑橘、茶叶、烟叶和养殖业四篇文章，画好小水电梯级开发的画卷，全乡经济快速发展。1995 年，全乡完成工农业总产值 3730 万元，财政收入 151 万元，农民人均纯收入 733 元。2014 年，全乡完成地区生产总值 3.7 亿元，财政收入 1200 万元，农民人均纯收入 7125 元。

农业

种植业 1995 年，全乡种植水稻 16000 亩、油菜 14000 亩。2000 年，柑橘种植面积 15000 亩，其中受益面积 10000 亩，产柑橘 2 万吨，拳头产品冰糖橙占 50% 以上；形成 8 个柑橘专业村，其中园艺场村 2003 年被县柑橘办定为“湘冠”果业绿色食品基地园，2007 年被县政府定为县科技示范园。2009 年，全乡茶叶总产 28308 担，种植烤烟 2000 亩，产量 6000 担。2014 年，全乡柑橘面积 18000 亩，产量 1.5 万吨，其中冰糖橙产量 1.2 万吨；茶园面积 14000 亩，产量 1200 吨。

养殖业 1995 年，全乡饲养生猪 28000 头，出栏 17500 头；养羊 10000 只；养家禽 12 万羽。2010 年，以培育大户带动畜牧业的发展，发展养殖大户 7 户，全年实现养殖收入 4000 万元。2014 年，全乡发展规模养殖大户 40 多户，其中千头以上养猪大户 3 户，磨香坪村建成产购销一条龙、年出栏千头生猪的大型现代化养猪场；全乡年出栏生猪 60000 头、羊存栏 6000 多只、牛存栏 5000 多头、家禽存笼 70000 羽。

林业

1995 年，全乡有林地 134142 亩，其中封山育林面积70560亩，年外销木材1500立方米；油桐27060亩，年产桐籽1400吨；楠竹7250亩，年产竹材100吨。2010年，完成农村集体林权制度改革工作，全乡林改面积21.3万亩，发放林权证9495本。2014年，新增造林面积769亩，全乡有林地22.08万亩，森林覆盖率70%。

工业

境内有丰富的水力资源和页岩资源。渫水从黄虎港至南门峪，流经境内30多千米，水力蕴藏量30多万千瓦。1995年后，依托渫水，做活水资源文章，小水电梯级开发效果明显。常德电业局张家渡公司投资近4亿元，在境内进行水电开发。其中投资9800万元、装机容量1.5万千瓦的张家渡电站于2004年5月运行发电。投资9600万元、装机容量1.5万千瓦的所街电站于2006年10月运行发电。投资近2亿元、装机容量2.64万千瓦的中军渡电站于2011年运行发电。柳仕坡村的页岩储量达1000万立方米，2004年，深圳艺龙轩公司投资300万元建成所街页岩砖厂，年产砖1000多万块，较好解决了西北山区建房购砖难问题。2014年，所街乡完成固定资产投资7500万元，实现工业收入995万元。

基础设施

交通运输

1959年，石门县城至清官渡的石清公路建成通车，途经境内23千米。1990年，建成珠宝街至所街的珠所公路，长21千米。1995年，建成文化至川山的文川公路，长2千米。1995年，全乡有公路100多千米，通公路的村34个。1997年，投资350万元，全长201.57米的所街大桥竣工通车。2007年，建成麻纳口至麻纳峪的双麻公路，长3.1千米。2010年，硬化村级道路16千米，新修、维修村级道路40千米。2014年，全乡拥有省、县、乡、村公路243千米，实现公路组组通。硬化公路126千米，硬化率51.85%。

邮政通信

1995年，境内有邮电机构1家，开通500门程控电话，通电话的村30个。2010年，实现村村通程控电话。2014年，全乡有固定电话用户4121户，移动电话用户4103户，互联网用户21户。

供电饮水

供电 1992—1996年，由农民集资368万元，争取扶贫资金44万元，架设高低压输电线路605.3千米，安装变压器36台2100千伏安，用电户7099户。2014年，全乡有高低压输电线路110千米，变压器73台4000千伏安，用电量近1千万千瓦时。

饮水 2010年，所街集镇启用集中供水设施，600多户居民用上安全卫生的自来水。2014年，完成水南渡、关上、柳家台3个村的安全饮水工程，惠及村民8000人，自来水进村入户率达70%。

水利建设

1995年，全乡有水库7座、堰塘280口，蓄水量410多万立方米，有效灌溉面积7200亩。2010年，通过项目建设、一事一议等形式，实施堰塘整修、沟渠加固等工程，治理病险水库2座。2014年，整修堰塘10余口，渠道清淤4千米，全乡旱涝保收面积达13200亩。

村镇建设

1995年，集镇建设速度加快。1997年，集镇建成区面积扩展到1平方千米，常住人口3000余人，教育、卫生、文化、水电、通信等公共服务设施基本完善。2013年，投入资金10万元对所街大桥桥面进行沥青修复，对路灯进行改造换新。投入资金60万元对集镇留驾坪段1.3千米人行道和下水道进行改造升级。2014年，启动所街农贸市场建设，总投资达3000多万元。2015年，集镇建成区达1.48平方千米，总建筑面积60000平方米，街道总长1000米，常住人口2100人。

社会事业

教育

1995年，所街乡有中小学校38所，其中中学2所、小学36所，教职员工230人，在校学生3969人。2002年起，调整学校布局，整合教育资源。2014年，全乡有初级中学1所、九年一贯制学校1所、小学4所、幼儿园3所，教职工146人，在校学生2261人，入园幼儿465人。

文化体育

所街乡是一个土家族聚集的乡镇，土家文化底蕴深厚。有覃氏祖祠、七里公王陵等文化古迹，且保存完好。1950年起，开始组建群众文化团体。1996年，有线电视、调频广播均开通并投入使用。2010年,文化事业持续发展,组建6支群众舞蹈队、4支腰鼓队、3支号鼓队，兴建4家农家书屋、2处群众休闲广场。2014年年底，全乡有17个群众文化团体，特殊专长人才359人。有17个文化广场，配有体育锻炼器具和文化设施。

医疗卫生

1953年，在所街设立石门县第十区卫生所，负责辖区内的预防接种、推广新法接生和爱国卫生运动。1954年，组建水南渡联合诊所。1958年，分别改为所市公社中医院、文化公社中医院。1960年，改名为公社卫生院。1984年4月，更名为乡卫生院。1995年，撤区并乡，所街乡卫生院与水南渡卫生院合并，设立所街乡卫生院和所街乡卫生院水南渡分院。2008年11月，由乡政府组织集资18万元，卫生院自筹15.8万元，县财政扶持9万元，扩建综合住院大楼1316平方米。2010年,投资5万元进行配套建设。2014年，所街乡卫生院占地2739平方米，建筑面积2000平方米，固定资产总额256.07万元；有医务人员39人，病床50张。全乡17个行政村，村村有卫生室。

社会保障

1995—2010年，所街乡党委、政府致力于社会保障，扎实开展社会救助“阳光行动”，通过民主评议、村（居）公示，确定城乡低保、“五保”1205人。2014年,全乡取消城镇低保11人，取消农村低保483人。救助农村低保921户1300人；城镇低保47户54人。在乡敬老院集中供养“五保”对象23名。完成危房改造85栋，新增公共租赁房40栋，新增城镇就业20人。

特色地情

名胜古迹

覃氏祖祠 位于所街乡文家村，始建于明正德年间（1505—1521），重建于清乾隆三十四年（1769）。覃氏祖祠为青瓦硬山顶砖木建筑，依山势而建，坐北朝南。祠堂台基为长方形，建筑面积537.6平方米。大门正面为四柱三层门楼，高20余米，气势恢宏。门楼、山墙，阁楼等既有典型的湖南地方建筑特点，又有湘西北土家建筑的风格。其石构件和木构件上的雕刻彩绘构图优美，造型逼真，雕工细腻，是湖南民间建筑中木雕、石刻艺术珍品。1989年1月，石门县人民政府公布为第二批县级文物保护单位。2000年6月，常德市人民政府公布为第二批市级文物保护单位。

2011 年 1 月，湖南省人民政府公布为第九批省级文物保护单位。

添平所土司衙门 位于所街乡留驾坪。元末，土家族茅岗土司覃添顺，响应朱元璋号令，起兵反元平乱，战功卓著。明洪武元年（1368），朱元璋赐覃添顺为武德将军。明洪武六年，朝廷下诏置添平千户所，管辖地域 3400 多平方千米。“不张官，不设吏，以土官治土人”，命覃添顺戍守，世袭其职，官阶五品。所署驻留驾坪，建有城堡，占地百余亩，城墙周围三百八十丈，高二丈一尺。城堡内建筑纵横交错，主房分三进，每进七开间，中间廊廊相连。清雍正十三年（1735），添平千户所建制“改土归流”，其辖域一部分划归湖北五峰县、鹤峰县等地，大部分并入石门县，千户所职能大大削弱，所衙逐渐破败。至中华人民共和国成立初，仅剩二进三间房，土改时将其分给两家无房农民。1981 年，两住户另修新房，将所署拆除，故址只剩门顶石一方。

麻纳口七里公王陵 位于所街乡麻纳口村，为明武德将军、添平所千户覃添顺墓地。石门土人感念添顺公德，尊其为七里公王。陵墓坐南朝北，陵前立有“武德将军”石碑，石阶皆用青石。每至清明、春节，分散在全国各地的覃氏族人纷纷前往祭拜。

（文字供稿：李新，图片供稿：所街乡政府）

罗坪乡

区域概况

位置面积

石门县罗坪乡位于县境西北边陲，东与所街乡、雁池乡交界，西与湖北省鹤峰县铁炉乡接壤，南与磨市镇和桑植县西莲乡、白石乡毗邻，北与南北镇、壶瓶山国家自然保护区相连。乡人民政府驻罗家坪村集镇，距县人民政府驻地117千米。

2014年，全乡总面积207平方千米，有耕地26000亩，其中水田8000亩、旱地18000亩；

罗坪乡罗坪云海

山林30万亩。

建置沿革

清初，全县划为1坊3乡24里，乡域属北乡。民国2年（1913），全县设21个自治区，乡域置苏市自治区。民国20年，全县设20个乡，乡域置苏市乡。1952年2月，全县设14个行政区281个乡，乡域置11个乡。1956年6月，撤区并乡，马鞭、五峰、罗坪、重乐、龙坪5乡并为罗坪乡，安溪、栗子、长庭、红鱼、泰华、黄林6乡并为安溪乡。1958年9月，实行人民公社体制，撤销罗坪乡、安溪乡，成立罗坪公社、安溪公社。是年12月,全县27个公社合并为19个，安溪公社并入罗坪公社。1961年4月，安溪公社析出，复为罗坪、安溪2个公社。1984年，撤销人民公社，改为罗坪乡、安溪乡。1995年，撤区并乡，罗坪、安溪两乡合为罗坪乡。至2014年无变化。

行政区划

1995年,全乡辖31个行政村。2006年并村后，全乡辖寨垭、大房峪、罗家坪、蓝公田、大龙坪、重庆峪、何家峪、六房峪、芭栋、安溪、栗子坪、长梯隘、红鱼溪13个行政村，共212个村民小组。至2014年无变化。

自然环境

境内横断山横亘东北，高垭山逶迤西南，呈现四周高、中间低的地形。最低点在六房峪村穿眼洞，海拔230米；最高点在红鱼溪村亮垭山，海拔1867米；相对高度1547米。溹水流经寨垭、蓝公田、千斤庄、罗家坪、何家峪、栗子坪、安溪7个村汇入后河，经黄虎港注入澧水。乡域属亚热带季风性湿润气候，冬夏长、秋春短，四季分明。年均日照时数为1550小时，年均气温16.5℃，无霜期265天，年均降雨量1380毫米。土质多为板页岩风化物和弱酸性红壤。境内动植物资源丰富。有灌乔木树种50多种，其中有国家一级保护树种银杏、红豆杉，二级保护树种鹅掌楸、杜仲、竹叶楠。境内生存的40多种野生动物中，有国家一级保护动物大鲵，二级保护动物猕猴、牙獐、青鹿、水獭、长尾雉、红腹锦鸡。矿藏资源有：风车口至赵家垭12千米范围内发热量6000～7000大卡的优质无烟煤，储量1000万吨以上，并孪生硫铁矿。大冒尖、亮垭一线有赤铁矿、铜矿。

人口民族

1995年，全乡有4738户15240人，其中男性8640人、女性6600人；人口出生率10‰；总人口中，土家族15209人。2014年，全乡有4750户15840人，其中男性8409人、女性7431人；人口出生率10‰。总人口中，土家族15713人、汉族120人，彝族2人，苗族、壮族、布依族、侗族、白族各1人。

经济发展

综述

20世纪80年代前，境内以传统农业为主，没有经济主导产业。20世纪90年代开始，调整农业内部产业结构，发展茶叶、烤烟，逐步形成经济主体。并扩大集镇规模，以邻湘鄂两省三县的区位优势，拉动商贸流通，组织、鼓励农村剩余劳动力外出经商务工，推动罗坪经济发展。1996年，全乡工农业生产总值5000万元，其中农业总产值4100万元；财政收入900万元；农民人均纯收入1100元。由于农业内部结构的优化，茶叶、烤烟面积的扩大，2010年，全乡工农业生产总值达1亿元,其中农业总产值7049万元；财政收入2300万元；农民人均纯收入3245元。

2014 年，全乡工农业生产总值 1.3 亿元，其中农业总产值 8392 万元；财政收入 2900 万元，农民人均纯收入 3659 元。

农业

种植业　境内种植业历来以水稻、玉米、薯类、油菜等作物为主。由于自然条件相对较差，生产力低下，广种薄收。20 世纪 70 年代，开始大面积使用化肥、农药，加强农田水利基础设施建设，推广杂交良种，境内粮食产量大幅提高。1982 年，全乡水稻亩产 427 公斤。80 年代末，开始调整农业内部结构，先后尝试过种植甜菜、药材、葛根等经济作物，均不成功。后选定茶叶、烟叶作为种植业突破口，经数年努力，发展成主导产业。1996 年，全乡茶叶、烤烟面积分别达到 4290 亩、1400 亩，产值分别为 402 万元、185 万元。2010 年，茶叶面积扩大到 12340 亩，产值 1357 万元；烤烟 1200 亩，产值 294 万元。2014 年，烤烟面积减少到 340 亩。茶叶一业独大，扩大到 18000 亩，其中有机茶 5000 亩。全乡有上规模的茶叶加工企业 8 家，小型家庭加工作坊 30 余家；生产有机茶 3000 吨，A 级茶 5000 吨，产值 4000 万元，占农业总产值的 48.7%。罗坪人由粮农转型为茶农。

养殖业　罗坪山多地广，农户有家养土猪、土鸡、肉牛、山羊的传统。1996 年，全乡养殖生猪 1.8 万头，出栏 0.9 万头，养殖家禽 3 万羽，牛 0.35 万头。后因退耕还林、茶叶面积扩大，饲料来源地减少，养殖规模缩小。2010 年，全乡养殖生猪 1.1 万头、山羊 0.35 万只、牛 0.2 万头、家禽 1.8 万羽。后因全面封山育林，放牧区域大幅缩减，养殖业进一步萎缩。2014 年，全乡养殖生猪 0.9 万头、山羊 0.25 万只、家禽 1.5 万羽。

林业

20 世纪 50 年代，由于毁林开荒和大炼钢铁，境内山林面积和木材蓄积量锐减，自然生态遭到严重破坏。1974 年开始，实行封山育林和人工造林。20 世纪 80 年代初，境内拥有漂水岩、平安、青山寺、亮垭 4 个乡办林场和 22 个村办林场，共造林 3000 亩。1990 年起，实施退耕还林，分年营造长江流域防护林、世界银行贷款造林等。至 2014 年，全乡人工造林 830 亩，争取生态公益林项目 65000 亩，林地总面积增至 25 万亩；森林蓄积量 78.8 万立方米，人均拥有 50 立方米，森林覆盖率 86%。全乡有百年以上古树 192 株，分属 13 科 29 种，其中树龄 300 ~ 499 年的二级古树 30 株，树龄 500 年以上的一级古树 11 株。

工业

20 世纪 60 年代初，境内组建有公社综合加工厂，集全社竹木加工、缝纫、理发、铁器打造为一体。1971 年建茶叶粗制厂。80 年代，企业发展进入高峰期，境内乡、村两级企业达 20 多家，乡办企业有木器加工厂、煤矿、硫铁矿、茶场、林场等。1992 年起，乡村集体企业开始个人承包。后逐渐改制为私有或解散。2009 年，石门安溪茶叶有限责任公司实现产值 500 万元。2014 年，全乡有民营企业 12 家，分属茶叶加工、木器加工、建材等行业，创产值 5000 余万元。

商贸服务业

民国时期，较繁荣的墟场有马字坪、重庆峪、罗家坪、栗子坪 4 处，尤以重庆峪铺里为最，大道两边的铺面长达里许，故名铺里。中华人民共和国成立后，在乡（公社）驻地附近建供销社、肉食站、粮店、信用社等机构和服务点，逐渐成为农村中心市场，村（大队）开设代销店，旧有墟场消亡。20 世纪 80 年代，个体商贸得到恢复和发展，农村市场日益活跃。1996 年，境内有罗家坪、栗子坪两个集贸市场，个体商铺发展到 108 家，社会商品零售总额 1480 万元。随着商品流通体制改革的深入，为发挥两省三县边界的区位优势，乡党委、乡政府筹资进行集镇基础设施建设，鼓励农民进镇居住和经商，推动商贸服务业发展。2014 年，全乡有各类商铺 263 家，个体工商从业者达 839 人，墟场赶集日有 3000 人左右。社会商品零售总额达 1.2 亿元。

劳务输出

20 世纪 80 年代中期，境内有少数人员外出务工，至 2000 年外出务工形成高潮。2004 年，全乡外出务工者 4870 人，占人口总数的三分之一，劳务收入 2952 万元。2010 年，全乡外出务工 4904 人，劳务收入 7356 万元。2014 年，全乡外出务工 5030 人，劳务收入 1.25 亿元。

基础设施

交通运输

1974 年，修建雁池至罗坪公路，是为境内第一条公路，1975 年建成通车，全长 37 千米，1977 年公路延伸至安溪。1980 年，境内始通客运班车。1981 年起，加大乡村公路修建力度，相继与湖北省鹤峰县铁炉乡、张家界市桑植县白石乡、西莲乡公路实现连通。1985 年起，实施村组公路全覆盖工程。1993 年，安溪至湖北马家峪公路全线贯通。至 1996 年，境内有县、乡、村道 120 余千米，村村通公路。2014 年，境内公路总里程 230 千米，公路入户率 70% 以上，进村道硬化率 84%。全乡有摩托车 4000 辆，拖拉机 45 台，轿车 64 台，农用车 32 台，往返石门县城客运班车每日营运 6 班次。

邮政通信

1958 年，境内设有罗坪、安溪 2 个邮电代办所。1983 年，邮政、电信分设，境内有电信所 2 个、邮政所 2 个。1995 年并乡后，有电信所、邮政所各 1 个；全乡有固定电话 8028 部。20 世纪 90 年代后，移动通信日益发达。2013 年，电信、移动、联通信号覆盖全乡。2014 年，境内有移动、电信、联通代办服务点 8 家；全乡有固定电话 8896 部，移动电话 12035 部，互联网用户 10285 户。

水利建设

1970—1972 年，建成罗坪、老鸦山 2 座小（二）型水库和三超、朝霞 2 座等外水库，设计灌溉面积 2500 亩，后因配套设施没有完善，实际灌溉面积 1200 亩。1984 年、1992 年分别修复蓝公田、重庆峪 2 处河道，砌防洪堤 3.5 千米，取直河道，新增耕地 78 亩。

供电饮水

供电 1966 年，在马字坪、重庆峪、长梯隘各修建 1 处小型水轮发电站，后因蓄水困难，发电量小，数月后改为粮食、茶叶加工点。1974 年，修渠道 2.3 千米，引重庆峪河水至大龙坪，修建 40 千瓦水电站 1 座，1977 年建成投产，供公社各机关照明用电。1985—1993 年，为解决照明困难，全乡兴办微型水电站 14 处，后自行消亡。1995 年，拉通国家电网，结束境内农户祖祖辈辈点油灯的历史。1998 年、2006 年两次对境内低压线路进行升级改造。2014 年，35 千伏变电路通过测试验收，供电质量改善。

饮水 2014 年，启动集镇、长梯隘村大安全饮水工程，寨垭村、安溪村、芭栋村等 5 村小安全饮水工程，解决 4000 余人安全饮水问题。

镇村建设

2005 年，对人口居住相对集中、地理交通条件较好的寨垭、罗家坪、安溪、栗子坪、长梯隘 5 个村，进行统一规划，启动小集镇建设。至 2014 年，形成集镇规模，5 个集镇总建筑面积 2.68 万平方米，常住人口达 1832 人。其中乡政府驻地罗家坪集镇，原集镇与新集镇实现连通，主街道总长1300米。新集镇全部仿古式墙面，有各类商铺76家，宾馆5家。在长梯隘景区，改造特色民居38栋。

社会事业

教育

清末，境内有私塾、蒙馆多家。民国9年（1920），石门留洋第一人刘孔阶回乡于香炉观创办私塾改良学校，以先进的教育方式和课程内容取代私塾教育。其间，还在罗葭（今罗家坪）创办弘毅学校。中华人民共和国成立后，政府重视教育，学校逐渐增多。20世纪70年代，境内有罗坪、安溪、岩报3所学校办有初中班，各大队办有小学，学校总数达35所，做到读小学不出大队，读初中不出公社。1989年起，由于生源减少和教育体制改革，学校陆续撤并。1996年，全乡有初中1所，小学7所。2007年后，全乡保留1所初中、2所小学。撤并整合后，学校的教学、生活条件大为改善。2014年，全乡校园总面积59402平方米，建筑面积23760平方米，在校学生1026人，教职工84人。有幼儿园3所，入园幼儿202人。

文化体育

1985年，成立乡文化站，配兼职辅导员2人，报酬实行务工补贴。1986年，乡广播站与文化站合并为文化广播站，配有专职辅导员。1995年，全乡组建有2支舞龙队、2支舞狮队、3支民间打击乐队、2个民俗文化艺术团。2008—2013年，罗坪乡蝉联两届由文化部授予的“中国民间文化艺术之乡”称号，并获得“湖南省文化艺术之乡”和“常德市三优群众文化之乡”称号。2012—2014年连续3年被县选派参加常德市群众文艺演出百团大赛，并获二等奖、三等奖。其中《嫍草锣鼓》被评为优秀节目，受邀赴京演出，中央电视台2台、4台、7台、9台相继到罗坪录制民俗节目。文化硬件设施建设有长足发展。2014年，全乡有文艺演出团6个，演职员128人；有家庭书屋32家，藏书26万多册，建成文化体育广场7处，计3000平方米，广播电视全乡普及。

医疗卫生

民国年间和中华人民共和国成立初期，境内医疗为个体行医，有著名中医谢保初、贾少奎等。1956年，建立罗坪、安溪2个乡卫生院，有医生6人。1958年，更名为公社卫生院，共有医务人员8人，无病床等住院设施。1969年，兴办大队合作医疗，各大队配备赤脚医生一名，由社员筹集资金，吃药免费。1980年停办。1984年，公社卫生院改乡卫生院。1996年，安溪乡卫生院与罗坪乡卫生院合并为罗坪乡中心医院。2001年6月，新建门诊综合大楼1250平方米，购置先进医疗设备，改善医疗和住院条件。2014年，全乡有中心医院1所，村级卫生室13个，医疗点8处，病床42张，专业医护人员20人。

社会保障

1985年，建立乡敬老院，入住“五保”对象22人。2005年，乡敬老院迁至原安溪乡政府大院，改建后入住“五保”对象32人。2014年，乡敬老院再迁至长梯隘景区休闲养老中心，集中供养“五保”对象54人。

2005年，推行新型农村合作医疗制度，全乡参合率91%。2006年，启动贫困居民最低生活保障金制度，全乡有548人享受农村最低生活保障待遇，32人享受城镇居民最低生活保障。2008年，启动老年人基本养老金和大病救助项目。是年，为85人发放大病救助资金10.5万元。

2014年，全乡有14529人参加农村合作医疗，参合率为96%。1088人享受农村低保待遇，发放低保金163.45万元。3208人享受社会基本养老保险待遇，发放养老金260万元。

特色地情

名优特产

罗坪有机茶 2001年，罗坪乡开始种植有机茶，至2014年，有机茶面积达5000亩。罗坪有机茶在生产过程中，依照国际有机农业运动联合会（IFOAM）标准，完全不施用任何人工合成的化肥、农药、植物生长调节剂、化学食品添加剂等物质，无污染、纯天然，最完整保留茶的清香甘醇的特性。罗坪有机茶相继获得QS认证、热带雨林认证、欧盟组织认证，出口海外，深受消费者青睐。

风景名胜

罗坪地质公园 全称为湖南壶瓶山罗坪地质公园，位于长梯隘村，总面积35.8平方千米，2014年被授予湖南省第五批省级地质公园建设资格。该园在地层学、岩石学、水文地质学、地貌学等方面具有较高的科研价值，其地质遗迹更给人带来观赏价值。湖南省地质研究院在罗坪考察报告中记述："园里灵秀之美在于石林，精巧之美在于天目洞，灵巧之美在于莲花洞，壮观之美在于百丈峡天坑，而集众美丽之大成者，应是岩子口峡谷。"

红石林 分布面积2.5平方千米，海拔幅度650～800米，发育400余根形态各异的红石柱，石柱高5～25米，呈剑状、柱状、塔状、棒槌状和锥状，外形似人、似剑、似塔、似物，栩栩如生。石林间为芳草绿地，在阳光照耀下，红绿相间。代表景观有蛤蟆嘴、雄狮望岳、三姊妹等。2012年，定为湖南省摄影家协会摄影基地。

天目洞 位于园区东北部，洞口海拔698米。洞厅长280米、宽140米，面积4万平方米；洞均高50米，容积200万立方米。洞顶呈苍穹状，底板平坦，顶部有2处因溶蚀塌陷形成的20～30平方米天窗，如双目一般，故名天目洞。塌陷的岩土堆积成一座小山，形成洞在山中，山在洞中的奇特景观。正午的阳光从天窗照射入洞中，与洞里彩灯交相辉映，给厅内的高大石柱披上一层神秘色彩。

莲花洞 位于园区东部，龙头洞南岸，洞口海拔573米。洞厅上下两层，呈"7"字形，长约80米、宽35米，面积3000平方米；厅高20米。厅里钙化沉积物形态极其丰富，有石笋、石柱、石幔、石枝、石花等。颜色以米白、灰白为主。进洞20米处，有一石花盆，由5层边石坎组成，呈不规则圆形，盆中间有一椭圆球状凸起，周边石坎呈圆圈状围绕，状似一朵洁白的莲花，故名莲花洞。入洞往下，为水深约2米、宽2.5米的阴河，游人可在陆地行走，亦可在洞中泛舟。

百丈峡天坑 位于庙家垭附近，坑口呈不规则圆形，直径约250米。坑底海拔420米，面积1万平方米。坑口至坑底高差340米。是为湖南省第一大天坑。2011年，湖南地质研究院教授童潜明与潇湘晨报湖湘地理版记者在罗坪考察后，发表《百丈峡填补湖南天坑地貌空白》论文。天坑入口是一宽20米、跨度50米的天桥，由桥洞而入天坑。天坑底部与百丈峡溶洞相通。

岩子口峡谷 位于园区东北部，全长10千米，以深、窄著称，被湖南地质专家誉为华南第一峡谷。该峡谷最深处600米，平均深度400米；峡谷上部最宽处300米，最窄处70米；底部最宽处100米，最窄处30米。峡谷风景如画，尤以高枧至两河口河段最为秀美。

长梯隘村衙门口 明初设土司衙署于长梯

隘，村沿用隘名。衙署所在地称衙门口，为土家族聚居地，至今仍保留较为完整的土家特色民俗民风。2012 年被国家民委评定为全国少数民族特色村寨。2014 年，以银杏客栈、百户寨为中心的集餐饮、住宿、养老、休闲、度假为一体的特色村寨建成并对外开放。村寨街道全长 200 米，青石板铺地，有特色民居 38 栋，木质翘檐，古色古香。以其原生态的民俗文化、优越的自然环境、原汁原味的土家饭菜，秀丽的自然景观吸引越来越多的游客。该村寨获得“2014 年中国最美休闲乡村”“湖南省五星级乡村旅游点”“湖南省记忆里得到乡愁原味乡村休闲地”“湖南省五星级休闲农业庄园”“湖南省特色旅游名村”多个荣誉称号。

民俗风情

罗坪乡是土家族重要的发源地及聚居地，其乡风民俗保留有浓郁的土家族特色。

居住 木质板房吊脚楼为土家族传统居屋。改革开放后，农村居住条件发生巨大变化，现代建筑如雨后春笋，但境内仍不乏古色古香的吊脚楼点缀其间，展现出土家族的特有风情。

哭嫁 土家女出嫁前，有哭嫁的习俗，少则 5 ~ 7 天，多则 1 ~ 2 个月不等。其内容多为娘教人如何做人，母女分离之痛。如《娘教女》《女欠娘》《十劝》《十送》等，有固定的哭腔，其腔凄婉至极，催人泪下。

丧鼓 土家老人自亡故之日起至下葬，有一套繁杂的仪规，最能体现民族特色且保留至今的是打丧鼓。由 2 ~ 4 人组成的歌师在灵柩前架起大鼓，昼夜击鼓而歌，既为亡者歌功颂德，又劝亲友节哀。整个过程分开歌头、唱正本、送歌头 3 个部分，有固定的唱腔，多为七言句。

节日 土家族节日较多，保留至今的节日有 10 个。其中祭祀节日 4 个：土地节、清明节、月半节、小年，纪念节日 1 个：端午节，庆贺节日 4 个：大年、中秋节、上九日、元宵节，生产性节日 1 个：重阳节。尤以过大年最为隆重。土家族过大年，比汉族提前一天，小月为腊月二十八，大月为腊月二十九；并务必赶在天亮前吃完团年饭。故又称赶年。

山歌 土家山歌有情歌、哭嫁歌、劳动歌、盘歌等，内容包罗万象，在调式上，徵、羽调式较多，宫调式较少，部分调式交替现象，曲式结构上以二东句、四东句、五东句的东段结构较多，少数偏远山村，也有一个东句不断反复的东句式结构。各种民歌中，多段（联曲）体结构比较普遍，旋律多为激进，与语言紧密结合，富于吟诵性。境内现有省级山歌传承人 1 人，市级传承人 1 人，搜集整理出山歌近 2000 首。

西兰卡普 又称土家锦，以其独特的工艺和美妙的构图被列为中国五大织锦之一。

（文字供稿：陕纯立，图片供稿：罗坪乡政府）

东山峰管理区

区域概况

位置面积

石门县东山峰管理区位于县境西北部，东南与壶瓶山镇接壤，西北与南北镇相连。区管委会驻南山四片黄家塌，距县人民政府驻地125千米。面积51.8平方千米，有耕地6178亩。

建置沿革

1964年10—11月，根据常德地区革命委员会文件精神，常德地区、新关镇、雄黄矿的71名知青，先后分3批到东山峰组建东山红茶叶培植场（简称茶培场）。1966年12月，石门县城镇13名知青下放东山峰茶培场。1967年2月，从白洋湖公社转去常德地区、石门楚江、新关等城镇知青101名到东山峰茶培场。1969年10月，县“五七”干校315名干部学员从新关镇迁入东山峰茶培场。1971年11月，根据国家相关部门实施甜菜南植战略计划，常德地区革命委员会从地区各部门、各县市及西洞庭农场抽调153名干部职工筹建东山峰农场。1972年3—7月，长沙、常德、湘潭等城市1209名知青下放东山峰，西洞庭农场456名职工携家属搬迁至东山峰。是年，定名为常德地区国营西洞庭农场东山峰分场。1974年2月，更名为常德地区国营东山峰农场。1982年1月，经省委批准，升格为正县级，命名为湖南省国营东山峰农场。2000年8月，省委决定东山峰农场整体移交石门县。2001年1月，成立石门县东山峰管理区，为县政府派出机构，副县级，保留“湖南省国营东山峰农场”牌子。至2014年未变。

行政区划

1972年，泥沙公社杨柳、东红两大队，南镇公社板桥大队划为东山峰分场。分场下设一、二、三工区。一工区以石青公路线为范围，辖南山一、二、三连队和苗圃、张家湾2个农业集体大队。二工区以南山坡及山顶为范围，辖南山四、五、六、七、八、九连队，北山一、二、三、四连队。三工区以大长湖水库为起点，辖北山五、六、七、八、九、十、十一连队。1974年2月，更名为常德地区国营东山峰农场后，3个工区随之改为分场。1977年，南镇公社划归东山峰农场管辖。12月，3个分场合并为2个，农业集体大队合并为13个，依原地名称队。杨柳、栗坪、陈家堰、巫山、三汊溪、板桥、雷家塌7个队由一分场管理。草头坡、黄家塌、凉伞寨、小长湖、岩塌、小河口6个队由二分场管理。2000年8月，下放县管，农业队合并为6个管理片。杨柳、栗坪2个队合为南山一片，陈家堰、巫山2个队合为南山二片，三叉溪、板桥、雷家塌3个队合为南山三片，草头坡、黄家塌2个队合为南山四片，岩塌、小河口2个队合为北山一片，凉伞寨、小长湖2个队合为北山二片。总面积51.8平方千米。

自然环境

境域地形为高山峻岭，武陵山脉从东往西延伸，最高点东山峰主峰海拔1516米，最低点木杉溪海拔220米，平均海拔1250米，海拔千米以上的高山山原占4.5%。人员居住、生产土地主要集中在两条山脉间的南、北坡地。境内高山湿地、湖泊、溪沟、泉涌纵横交错，以响水沟最为出名。响水沟发源于大长湖，从海拔1480米处流淌而下，经板桥沟、三岔溪汇流到黄虎港入渫水，长1500米。境域属中亚热带向北亚热带过渡季风气候区，年平均气温13.6℃，年日照量1056小时，无霜期254天，平均年降雨量1700毫米，雾、雨日占220天，相对湿度82%。土壤为轻质黏土，pH值4.5～6.5，平均土层75厘米，有机含量4.17%，适宜林木和部分农作物生长。林木有杉、松、枫、栗、梓、樟、杜鹃、油茶、核桃等250余种。野生动物有豹、猴、蛇、麝、麂、鹿、山羊、大鲵等。矿藏资源以磷矿石储量较丰富，滑石、铜、硫铁、矾等有一定的储量。

人口民族

1990年，东山峰农场有1455户4976人，其中男性2623人；总人口中，土家族2712人、汉族2244人、回族11人、壮族8人、苗族1人。

2014年，东山峰管理区有1314户4768人，其中男性2513人；总人口中，土家族3101人、汉族1650人、蒙古族1人、回族2人、苗族2人、壮族10人、侗族1人、白族1人。

经济发展

综述

1972—1979年，农场经济以种甜菜、甜高粱制糖为产业，投入大，产出小。又从吉林引进梅

茶叶

花鹿、从山东引入绵羊养殖，还种植中药材、猕猴桃，办酒厂、饮料厂等，都形不成产业。1980年，扩种茶园，贷款建茶厂，经济逐步有起色。1990年，实现工农业总产值1327万元，其中工业总产值800万元，农业总产值527万元。随后10年，受计划经济的束缚，茶叶生产每况愈下。2000年，工农业总产值仅1342万元。2000年，农场改制成管理区，区党委大刀阔斧改革，干部、职工共同融入市场经济大潮中，茶叶产业得到复苏。2005年，工农业总产值达到3400万元，比2000年增长60.53%。2006—2014年，管理区大力培植茶叶产业经济链，对茶园、茶厂实施品改、技改，优质茶产出率显著提高。通过招商引资与争取项目资金，改造场区基础设施，发展第三产业。2014年，全区完成国民生产总值16302万元，其中，第一产业增加值3166万元；第二产业增加值9835万元；第三产业增加值3301万元，居民人均可支配收入25017元，农民人均纯收入8219元。

农业

种植业　1995年，实施茶叶“绿色食品”基地建设，投入资金500万元，建成茶叶原料基地7995亩。全面推行土地租赁承包合同制，引导农民在抓好茶叶生产的同时，大搞山地开发。1996年，与市蔬菜办合作，兴建高山缓延季无公害蔬菜基地，实现农业总产值1011万元。2000年，管理区以良种补贴、肥料奖励等措施鼓励农民改造低产劣质茶园，优质茶叶生产取得成效。2003年，优质茶园达到8000亩，“东峰”牌东山秀峰系列、云雾绿茶系列、茉莉花茶系列成为湖南著名商标。高山反季无公害蔬菜基地5000亩，年产蔬菜10000吨。2014年，种植蔬菜4790亩，总产量11999吨；玉米4815亩，产量1743吨；稻谷60亩，产量7吨；马铃薯780亩，产量98吨；油菜籽630亩，产量64吨。全年实现农业总收入4278万元。

养殖业　1974年，从东北引进梅花鹿80头，至1995年繁殖到237头。后因鹿茸价格下跌，养殖成本增高，场部决定由集体改为个人养殖，经营者买断养殖权。至2014年，仅存栏57头。

1980年，随着农村产业政策放开，群众养殖猪、羊、鸡等积极性提高，平均每户养猪2.3头，羊1.6只，家禽10羽。2002年，全区出栏生猪3767头，存栏2475头；出栏山羊1210只，存栏953只；出笼家禽1.05万羽，存笼0.97万羽。之后，又发展到养牛和养蜂。2014年，生猪出栏4460头，存栏3205头；牛出栏300头，存栏150头；家禽出笼1.47万羽，存笼1.63万羽。蜂蜜生产量达3200公斤。

林业

1972—1979年，农场开荒毁林种甜菜，境内森林破坏严重。1980—2000年，为搞活经济，砍伐树木、挖掘矿产，生态环境受到重创。2002年始，逐步实施退耕还林和生态保护，对老矿区土地进行复垦，植树100650株，播撒草种301亩，矿区植被渐渐修复。2010年后，管理区强化对森林的保护，加大人工造林力度，每年4月，动员农户植树造林和房前屋后绿化。2014年，山林绿化面积达62385亩，其中商品林42240亩；森林绿化率86.5%；商品林中，核桃110亩、板栗770亩、油茶50亩、猕猴桃53亩；公益林中，杉树13620亩、马尾松3840亩、枫树1335亩、速生阔叶林7740亩。

工业

1972年始，农场建有发电站、修配厂、砖厂、粮油加工厂等，随后糖厂、建材厂、水电站相继建成。1975年，生产白砂糖167吨，水泥3.2万吨，发电量42000千瓦时。1985年起，茶厂、磷矿、滑石粉厂先后开工生产。至2000年，共生产机制茶10.8万担、滑石粉358吨、磷矿石15.6万吨。2002年后，工商企业逐步实行改制，国退民进，茶厂被省外贸公司收购成立东山峰生态茶有限公司。部分干部、职工及茶农合股或独资办起多个茶厂。2014年有粗、精、名优茶厂27家，生产干茶5933.6吨。是年，全区工业总产值10406万元。

商贸服务业

农场时期，建百货商店，下设4处分店。有物资供应站和运输队。粮、油、煤、猪肉、禽蛋由县商业部门调供，也多次从常德地区战备库调冰冻猪肉供应。总场机关设有招待所、电话总机室、缝纫店、饮食店。管理区成立后，开展招商引资和小集镇建设，引资870万元在原招待所修建三星级宾馆，床位121个。自筹资金356万元建立4家个体休闲农庄。2014年，境内有餐饮、日用品超市、机动车配件店、修理店、美发店等19家。个体工商从业者451人，创第三产业产值4316万元，产业增加值2860万元。

旅游业

2013年10月，《东山峰旅游总体规划》通过省级旅游专家评审。规划以资源优势为依托，以避暑休闲、生态旅游、滑雪运动为项目，以茶山花海、天上街市为主题，致力打造“东方瑞士小镇”“南方冰都”特色景点 。把茶马古道、梅花鹿场、高山水库、生态茶园、野菜自采、风光摄影等作为旅游内容。上海规划设计院专家经过实地勘察，拿出了总体规划设计书。前期投资870万元的南洋学校开课教学。2013年12月28日，首次人工造雪成功。2014年1月10日，东山峰滑雪场正式营运，1月内实现营业收入106万元。

基础设施

交通运输

20世纪70年代，石青公路途经东山峰境内16千米。1972年8月，农场组织两个连队、200余人分段修通总场、糖厂简易公路，随后修总场通分场、农业队等单位公路。至1980年，简易公路修通67千米，建桥梁、涵洞27处。2002—2014年，区党委通过争取项目资金，发动干群捐款与投劳等方式修通村组道26.4千米，硬化区道52.3千米，村道14.7千米。道路硬化率达72%。

1985年5月，湘运石门分公司开通石门至东山峰的客班车。2001年5月,东山峰至石门、临澧、常德市的客班车每日2趟。2014年12月，东山峰客运站落成，每天往返常德、壶瓶山、南北镇的大小客车15趟。汽车货运、客运车辆121台。

邮政通信

1973年2月，县邮政局在泥儿垭设邮政所，负责农场邮政和电报事务。2001年，邮政所并入壶瓶山镇邮政支局，东山峰设邮政代办所，每周投递接运2趟或3趟报刊信件包裹。农场建成初期，设电话总机室，每个单位一部摇把座机电话，单位与单位联系要话务员转线呼叫。1995年12月，石门至东山峰程控电话架通，结束人工转接电话历史。2003年，县移动公司在东山峰设立基站，手机在东山峰推广使用。2014年，全区有移动、电信、联通用户1517户，程控电话212台，通信普及率97.8%。广播电视入户率96.1%。

水利建设

1993年，修筑大长湖水库大坝，蓄水120

万立方米，用劈山、架渡槽、筑水沟等办法修通引水渠19.2千米，供应糖厂、水电站生产用水。2010年，铺设水管7000米，引水入南山二片张家山，解决群众生产生活用水。

供电饮水

供电 在木杉溪、金竹湾两地分别安装两台水轮发电机，年发电量1600千瓦时。农场改制时，水电站移交渫水水电公司。用电由县电力公司供应。

2001年起，管理区抓住农电网改造的契机，对场区高低压杆线、变压器逐批进行更换，解决电压不稳、线路故障多的问题。2014年，用电量235万千瓦时。

饮水 农场时期的居民用水，大部分依托溪沟，泉眼水源建蓄水池，每个单位都有大小不一的水池一处或多处，遇大雨水质很差，经常堵塞。2003—2014年，管理区争取扶贫资金300余万元，分期对人畜饮水工程进行改造。在集镇修建自来水厂，安装净化设备。境内82%的住户用上安全清洁饮用水。

村镇建设

管理区成立后，加强对集镇和新居民点的规划建设工作。2002—2014年，招商引资在区机关所在地建小集镇，对0.65千米砂石街道进行硬化、亮化、净化、绿化，安装路灯31盏，建立垃圾池27个，栽种花草1087平方米 。鼓励群众在集镇建楼房。凡按规划修建的楼房，建房手续由干部代办。截至2014年12月，集镇建楼房29栋，居民点建新房183栋，建筑面积30186平方米。并发放1000元鼓励金。投入资金3130万元，重建和维修职工老宿舍，按民族特色统一建筑风格。村部和村民活动室拆旧建新，会议室、娱乐活动室、图书室、电脑室、妇检室配套，方便群众开展各项活动。

社会事业

教育

1972年8月，农场利用原茶培场旧房舍开办东山峰农场职工子弟学校，有教师15名，学生213名。1973年，杨柳、粟坪、板桥、南山、北山等农业大队开办小学11所，班级21个。1977年9月，农场职工子弟普通中学在总场落成开学，招收学生340名。设高中班2个，初中班8个。教职工45人。后高中班增加到4个，中学寄宿生有67名。1986年，高中班撤销。1988年，开办职业高中班2个。同时利用农场工会俱乐部开办幼儿园。1990年,农场中学只设初中班。2002年，撤销中学，初中合并到壶瓶山中学。小学迁到原中学校区，设9个班，有学生341名，教职工37名。2003年7月，农场子弟学校更名为南北镇中心小学东山峰教学点，有学生32名、教师3名。2014年9月，投资907万元建成南洋职工培训学校，设1个班，招录学生35人。

文化体育

1972年6月至1984年12月，农场工会组建毛泽东思想宣传队和电影放映队，巡回到分场、农业队、工商单位演出。经常组织篮球、排球、乒乓球、羽毛球等文体活动比赛。1998年，建起内部有线电视台，包括周边乡镇村民共有用户713户805台电视机。2004年,并入县广播电视网，设立东山峰管理区广播电视管理站。2012年3月，南山一片组建民间管弦乐队，单位、个人重大活动都请乐队到场参加庆典活动。管理区每年组织篮球比赛活动。2011年9月，篮球队参加全县职工运动会，获农、林场赛组第二名。2014年，先后举办东山峰云顶冰雪文化节和知青文化旅游节，组织群众体育运动2场次。

医疗卫生

农场组建初期，医院设在农户家中，每个农业队都培训有赤脚医生，进行简单的治疗服务。1975年5月，在总场附近修建530平方米窑洞式混凝土结构的职工医院，设病床30张，有医护人员25人，其中主治医生9人。1990年，新建3层1400多平方米医院大楼，设病床40张，医护人员28人，其中主治医生11人。2014年，全区有医护人员9名，医护人员工资费用由管理区承担一部分。

社会保障

1990年，农场职工1778人，由农场负责养老保险。2014年，管理区离退休职工1475人，全年发放养老金1903万元。新参养老保险748人，缴纳保费428万元。城镇医疗保险参保826人，缴纳医保费63万元，新型农村合作医疗参保1497户3642人。全年再就业70人。农村最低生活保障109户170人，发放保障金18.8万元；城镇最低生活保障200户378人，发放保障金81.8万元。修建廉租房4栋8000平方米，困难户入住率达100%。

特色地情

名优特产

东山秀峰茶叶　东山秀峰茶叶形扁挺直，色泽翠绿，汤色浅绿明亮，滋味鲜爽回甘，叶底嫩绿明净。产自海拔1200多米的东山峰优质茶园基地，取一芽一叶初展的鲜叶，经过摊青、杀青、揉捻、理条、整形、提毫、木炭烘焙等工艺精制而成。1987年10月，东山秀峰茶叶首次参加湖南省食品工业办“芙蓉奖”评选活动，获“芙蓉奖”。1988年，参加农业部举办的部优产品评选活动，获部优产品证书。1990年，东山秀峰在全国优质产品评比中以总分第一，获国家质量银质奖，被授予“中国公认品牌产品”称号，国家农业部批准为全国首批茶叶“绿色食品”。1991年，获湖南省名茶杯金奖。1991—1994年，连续保持湖南省名茶称号。1995年，在湖南省新产品、新技术会议上，摘取“双新”产品金杯奖。2005年9月，在国际茶业大会暨茶叶展览会名茶评比中获金奖。2005年12月，被评为“湖南十大名茶”。2006年，东山秀峰被国家外交部、商务部批准作为中国茶叶行业赠送俄罗斯总统普京的礼品茶之一，并受到中国土畜食品商会茶叶分会表彰。2012年，东山秀峰健谊牌绿茶获第十届中国国际农交会金奖。

悍酒　强身保健酒。以玉米、高粱、大米为原料，配鹿茸、鹿鞭、鹿血、鹿筋、鹿骨、鹿胎膏、冬虫夏草、锁阳、人参、枸杞等10多种名贵中药材泡制而成。

薇菜干　山中野菜，又称猫儿蕨。每年3—4月，人工在山坳、溪沟、岩坡采摘，经过择选、烫煮、揉捻、晒干、去末等多道工序而成干菜。鲜干比11.5 ：1。出口日本、韩国、欧美等国家。

鹿产品　包括鹿茸、鞭、血、筋、骨、膏等。其中，鹿茸是从梅花鹿头上割下来的嫩角，经过多环节加工制作而成，是滋阴壮阳、强身提神的高级药材。

天麻　每年5月前后半月内从山坳溪沟旁腐植质地挖掘的野生鲜果，经过洗、蒸、烘工序制作的中药材。

猕猴桃　通过人工培育品种与野生苗木嫁接，结的果实具有色、香、味、形等突出的特点。猕猴桃由管理区农技师王与道等进行研制开发。从1978年8月开始，王与道就对东山峰野生猕猴桃资源进行调查，先后撰写数篇研究论文，其研究成果于1986年获湖南省园艺所颁发的“湖南猕猴桃资源研究”科技进步三等奖。1982年10月，选育出来的猕猴桃良种东山峰79—09在全省第一次猕猴桃鉴评会上，名列全省参评的19个优株中的第一名，列入首批参加全国人工栽培猕猴桃科技攻关8大优株之一。由于该品种果大、品质好，深受消费者喜爱，在广州等地取代从新西兰进口的猕猴桃。2000年10月，通过省级鉴定，列入全省猕猴桃优质品种系列。12月，获湖南农业大学授予的猕猴桃优质沁香品种选优研究科学技术进步一等奖。2001年12月，湖南省人民政府授予猕猴桃优质品种选育研究科学技术进步三等奖。2005年4月，王与道退休后，受广东省农科院高级研究员林太宏邀请，继续进行猕猴桃实生育种研究。从2008年开始，经过8年精心培育与研究，先后研发成功粤农科21号、东山峰23号、24号、29号、33号、38号等品种，2015年10月，他将研发出来的品种，送广东省农业科学院果树研究所检测，其技术指标参数在全国同类产品中占据首位，研培出来的东山峰23号、24号、33号、38号等植株，被广东省农科院研究员林太宏称为“四大王牌”“天赐珍果”。

风景名胜

瞭望塔　建在海拔1500多米的东山峰主峰山顶，登塔远望，四周山峦尽收眼底。架起望远镜随意可观山峰、溪流、林海、茶园、村镇、云海等景观。高山山原、反季蔬菜、人造湖泊、螺旋公路尽收眼底。

高山水库　建在海拔1450米高的山坳中，蓄水量120万立方米。水淹山涧二十余条，面积501亩。水库大坝高68米，长70余米。坝底宽34米，坝顶宽4.6米。周边山林、竹园、葛藤、野草倒映水面上，是垂钓、划船、休闲的清净场所。

梅花鹿场　圈养梅花鹿，多时200余头，少时60头，公鹿产茸，母鹿繁殖，大小鹿分栏饲养。每天喂草料、少量粮食，每年6—8月是割嫩鹿角的时期，有鹿血、茸、筋、骨、膏、鞭及泡制酒供客人品尝与选购。

（文字供稿：肖扬，图片供稿：东山峰管理区）

澧县

概述

澧县位于湖南省北部，澧水下游，洞庭湖西岸，介于北纬 29° 16′ ~ 29° 57′ 与东经 111° 12′ 30″ ~ 112° 0′ 5″ 之间。东接安乡县，南连临澧县，西邻石门县，北抵湖北省松滋市、公安县。2014 年年底，全县辖 30 个乡镇、4 个街道、7 个农林水场站，共 390 个行政村，186 个居委会。总面积 2108 平方千米，其中耕地 108.6 万亩，林地 68.8 万亩，水面 80 万亩。总人口 919451 人，其中非农业人口 170538 人；男性人口 464960 人，女性人口 454491 人。

县域地势由西北向东南倾斜，西北部层峦叠嶂，丘岗起伏。太青山主峰鸭母尖海拔 1019.5 米，为县内最高点。东南部一马平川，水网交错。夹堤口海拔 31.2 米，为全县最低处。澧、涔、澹、道、松五水流经境域。全县山、丘、平、湖四种地形兼备，各类资源丰富。矿产品资源已探明的有 24 种，包括烟煤、石煤、铁矿、重晶石、石膏、芒硝、膨润土、岩盐等，其中烟煤保有资源储量 2700 万吨，石煤 1.97 亿吨，无水芒硝储量 1.85 亿吨，岩盐储量 5800 万吨。植物资源有 300 多种，野生动物资源常见的有 30 多种。

澧县历史悠久，文化底蕴深厚。城头山古文化遗址距今已有 6000 多年，为中国最早的城镇。中华人民共和国成立后，澧县经济取得巨大发展。2014 年，完成地区生产总值 252.53 亿元，完成财政总收入 12.69 亿元。全县有规模工业企业 99 家，初步形成矿产资源、食品、建材、医药化工、机械电子、轻工纺织等门类。

县域春秋、战国时属楚。秦始置郡县，属慈姑县，隶黔中郡。两汉时为孱陵、零阳县地，隶武陵郡。至三国时期，始为蜀地，后为吴零阳、作唐县地，隶天门郡。西魏恭帝二年（555），始置澧州。隋开皇九年（589），改澧州为松州，复名澧州，新置澧阳县（今澧县）为州治。隋炀帝大业三年（607），改澧州为澧阳郡。唐高祖武德二年（619），澧阳郡复名澧州。唐玄宗天宝元年（742），又改澧州为澧阳郡。宋太祖建隆元年（960），改澧阳郡为澧阳军州。元至元十二年（1275），升为澧州路。元至正二十四年（1364），改称澧州府。明洪武元年（1368），改澧州府为澧阳府。洪武九年，复称澧州，裁澧阳县入州治。清康熙三年（1664），由隶岳常道改隶岳常澧道。雍正七年（1729），升澧州为直隶州，县为州治。

中华民国元年（1912），直隶澧州改为澧州行政厅。民国2年9月，废州设澧县，属岳常澧道。民国3年，岳常澧道改为武陵道。民国5年，裁撤武陵道，澧县划归湘江道管辖。民国11年，撤销道制。民国26年，隶第二行政督察区。民国29年，隶第四行政督察区。中华人民共和国成立后，先隶常澧专区，后隶常德专区，再隶常德地区。1988年6月，常德地区改市后，澧县隶属常德市。

县域于秦代设乡建制，汉、唐、宋、明、清各朝沿袭。1984年，全县辖7个区、35个乡、12个镇。1985年10月，根据省政府决定，撤销白衣区，将所属7个乡镇划归津市市管辖。1987年1月，大堰垱乡并入大堰垱镇，王家厂乡并入王家厂镇。

1989年年底，全县有6区，28乡，9镇，637村（居）。澧阳区辖澧澹、澧东、澧阳、澧西、澧南、涔南、大坪、张公庙、道河9乡；红湖区辖大围、九垸、官垸、余家台、永丰、如东6乡；梦溪区辖梦溪、复兴厂、盐井3镇和彭家厂、宜万、双龙3乡；大堰垱区辖车溪、中武、界岭、闸口4乡和大堰垱、王家厂2镇；码头铺区辖码头铺镇和方石坪、杨家坊、洞市3乡；甘溪区辖甘溪滩、火连坡2镇和马溪、东门、太青3乡；城关镇由县直辖。

1990年10月，改界岭乡为金罗镇。1993年4月，改大围乡为小渡口镇；10月，改彭家厂乡为雷公塔镇。1994年9月，改张公庙乡为张公庙镇；10月，改方石坪乡为方石坪镇。1995年10月，撤销澧阳、红湖、梦溪、大堰垱、码头铺和甘溪6个区公所；保留梦溪、复兴厂、盐井、雷公塔、大堰垱、王家厂、金罗、码头铺、方石坪、火连坡10镇和九垸、官垸、永丰、如东、澧澹、澧南、涔南、大坪、道河、双龙、宜万、车溪、中武、闸口、杨家坊、洞市16个乡的行政区划不变；将其余11个乡镇合并为6个乡镇：张公庙镇与澧西乡合并为张公庙镇；城关镇、澧阳乡和澧西乡朱家岗、关心、群星、四马、白米5个村合并为澧阳镇；甘溪滩镇与马溪乡合并为甘溪滩镇；小渡口镇与余家台的毛家岔居委会和仁和垸、添洪、王家、丁堤、南盘、东堤6个村合并为小渡口镇；余家台乡其他村与居委会并入官垸乡；太青乡与东门乡合并为太青乡。全县共辖32个乡镇、588个行政村、54个居委会。

2007年2月，撤销澧南乡建澧南镇。2014年，撤销澧阳镇和澧澹乡，设立澧西、澧阳、澧浦、澧澹4个街道。年底，全县有澧南、张公庙、小渡口、梦溪、复兴厂、盐井、雷公塔、大堰垱、金罗、王家厂、甘溪滩、火连坡、码头铺、方石坪14个镇，澧东、涔南、大坪、道河、九垸、官垸、永丰、如东、双龙、宜万、车溪、中武、闸口、太青、杨家坊、洞市16个乡，澧西、澧阳、澧浦、澧澹4个街道。

澧阳街道

区域概况

位置面积

澧阳街道位于县境中南部澧阳平原腹地，澧水下游北岸。东与澧浦街道毗邻，南与澧南镇隔澧水相望，西与澧西街道相连，北与涔南乡接壤。街道办事处驻澧阳北路 898 号，距县人民政府驻地 1 千米。

1995 年，总面积 59.25 平方千米，有耕地 34702 亩。

2014 年，澧阳街道总面积 20.47 平方千米。

建置沿革

民国 25 年（1936），分属城东镇、城西镇、护城乡、改口乡、大石乡。民国 27 年，城东镇、城西镇并为澧兰镇，护城乡、改口乡、大石乡并为城南乡。民国 29 年，城南、城北 2 乡并为附城乡。民国 36 年，为纪念辛亥革命元勋蒋翊武，澧兰镇和附城乡一部分合并，改称翊武镇。中华人民共和国成立后，1950 年废除旧制，境内设澧阳、一叶、珍珠等乡，翊武镇改为城关镇。1952 年 8 月城关镇改名旧城镇，12 月易名澧阳镇。1954 年复名城关镇。1956 年 6 月，澧阳、一叶、珍珠等乡并为护城乡。1958 年 9 月实行人民公社体制，护城乡并入澧阳公社。1959 年 6 月，澧阳公社析为澧阳、澧西 2 个公社。1960 年 5 月城关镇改为城关镇公社。 1971 年，城关镇公社改为城关镇。1984 年 4 月，撤销人民公社，澧阳公社改为澧阳乡。1995 年撤区并乡，城关镇、澧阳乡和澧西乡的朱家岗、关心、群星、四马、白米 5 个村合并，成立澧阳镇。2014 年 4 月，撤销澧阳镇、澧澹乡，建立澧阳、澧浦、澧西、澧澹 4 个街道。澧阳街道由澧阳镇孟家港、澹坪、高桥、平阳、黄桥、新河、珍珠、万寿宫、永兴寺、水德庙、棚场街、芬司街、洗墨池、澹阳 14 个村（居）组成。

街域自唐代起，历为州、郡、路、府、县治所。

行政区划

1995 年，澧阳镇辖棚厂街、芬司街、多安桥、襄阳、澹阳、洗墨池、护城、小西门、万寿宫、水德庙、永兴寺、珍珠 12 个居委会和新河、黄桥、卢家、澧阳、关心、群星、朱家岗、四马、白米、马堰、黄泥、荣隆、高庙、向阳、澄坪、水莲、石虎、平阳、傅家、澹坪、新桥口、孟家港、皇山 23 个行政村。

2004 年，新河、关心、黄桥 3 村改为居委会。2005 年，新桥口村、傅家村合并组建为高桥村，马堰村、高庙村合并组建为新高堰村。保留新河、黄桥、关心、护城、襄阳、澹阳、珍珠、多安桥、永兴寺、水德庙、芬司街、棚场街、万寿宫、洗墨池、小西门15个居委会和水莲、石虎、澄坪、平阳、向阳、澹坪、皇山、孟家港、荣隆、卢家、澧阳、黄泥、四马、白米、朱家岗、群星16个行政村的行政区划不变。调整后至2014年年初，澧阳镇辖15个社区和18个行政村。

2014年4月，澧阳街道辖孟家港、澹坪、高桥、平阳4个行政村和黄桥、新河、珍珠、万寿宫、永兴寺、水德庙、棚场街、芬司街、洗墨池、澹阳10个社区。11月，澹阳社区析为澹阳、群玉2个社区，珍珠社区析为珍珠、龙潭寺2个社区，新河社区析为新河、桃花滩、徐家嘴3个社区，孟家港、澹坪、高桥、平阳4个行政村整体转为社区。至2014年年底，澧阳街道辖18个社区。

自然环境

澧阳街道南北极长8.9千米，东西极长3.3千米，一般地面高程36.5 ~ 41米，地面平阔，土质为灰褐色粉质黏土，厚度4.5米左右，土地肥沃。属亚热带季风湿润性气候区，四季分明，严冬期短，雨量充沛，无霜期长。多年平均降水量1229.2毫米，降雨日数142天，多年平均蒸发量1275.4毫米，多年平均气温16.5℃，多年平均日照时间1700小时，多年平均霜期30天，降霜最早始于12月下旬，多年平均大风日数13天，历年最大风速每秒21.7米。辖区内澧水河流长3.28千米，大坪排渠长2.2千米，主排渠长21千米，主干渠长3.3千米，其它小型支渠长50千米。矿藏主要有芒硝，储量3300万吨。野生动物有野鸡、野兔、斑鸠、麻雀、黄鼠狼、鳖等。自然灾害主要有寒潮、洪涝、干旱、大风、冰雹、冰冻等。

人口民族

1995年，澧阳镇有37553户102000人，其中农业人口34288人，男女比例为1.08 ∶ 1。总人口中，汉族100196人，25个少数民族1804人，其中土家族926人、回族610人、苗族67人、壮族52人、侗族33人、白族22人、满族10人、蒙古族8人、维吾尔族2人、彝族21人、布依族4人、朝鲜族3人、瑶族12人、哈尼族3人、哈萨克族1人、傣族1人、黎族4人、畲族4人、水族2人，景颇族2人、土族11人、达翰尔族1人、羌族2人、仡佬族2人、赫哲族1人。

2014年，澧阳街道有45200户149000人。

经济发展

综述

1996年，澧阳镇农业总产值8349万元，工业总产值24513万元。新河村、珍珠居委会被评为全县企业发展明星村，万寿宫等7个村（居）被评为全县企业总产值过3000万元的村（居）。洞庭砂布厂被评为全县出口创汇先进单位，澧州啤酒厂被评为全县乡镇企业纳税先进单位。1998—2008年，农业总产值略有增加，工业总产值相对减少。2011—2013年，年工农业总产值均保持在36000万元以上。2014年，全街道完成工农业总产值18051万元，其中工业总产值12390万元，农业总产值5661万元；实现地区生产总值26352万元，其中第一产业3845万元、第二产业3962万元、第三产业18545万元。三产业结构比为1 ∶ 1.03 ∶ 4.82。

农业

种植业 1995年，澧阳镇有耕地36000亩，主要农作物为粮食、棉花、油菜、蔬菜，种植面积分别为3.2万亩、0.3万亩、2.5万亩、0.2万亩。随着城市发展和市场需求变化，对种植业结构不断进行调整，水稻面积逐年下降，经济作物面积扩大。2007年，优质稻种植面积达3万亩，推广双低油菜品种6个，覆盖率达95%以上。大力推广设施栽培，形成特早熟瓜基地500亩，梅菜生产基地2000亩，无公害蔬菜基地800亩，优质葡萄基地1000亩。朱家岗村成为全县葡萄种植第一村。培植一大批种植大户，高桥村青年蔡易种植葡萄100多亩，取得良好经济效益。2009年投资150多万元建成朱家岗农家乐一条街。2010年，全镇发展葡萄3100亩。2011年推广新技术、新品种，先后推广双季稻抛秧技术，水稻生产实行全程机械化，引进推广高档优质稻品种湘晚籼13号，面积达到3000亩，每100斤销售价格达到160元，农民每亩增收300元左右。是年，优质早稻集中育秧8000亩，实现早稻集中育秧全覆盖，澧阳镇获全省集中育秧先进单位称号。2013年狠抓示范园区建设，城头山万亩现代农业科技示范园完成3000亩土地整理工作，其中1500亩土地的有机稻、无公害蔬菜等作物取得良好经济效益。同时强化土地流转，新发展种粮大户4户。平阳村种粮大户宋先木，种粮面积达到1000亩，获市政府表彰。

养殖业 1996年，澧阳镇养殖业总产值2643万元。1998年涌现出150个生猪规模养殖大户，创养殖业产值2815万元。2004年，宋泽众、熊云祥、赵云东、荣林凯等大户成立澧阳镇生猪养殖协会。全镇年出栏生猪4.3万头，规模户每户纯收入达50万元。2006年，规模户户均纯收入达80万元。2007年，扩大生猪养殖规模，走养殖集约化之路，形成襄阳、澹阳、护城、新河、黄桥、四马等6个生猪养殖小区，全镇生猪规模养殖户达到253户，规模养牛户8户，1万羽以上家禽养殖户5户，黄鳝、龙虾、甲鱼等特种养殖大户4户。全镇年出栏生猪5.8万头。2009年，投资2000多万元，新建黄桥生猪大市场。2012年新增南美白对虾养殖示范点。2012年后，家禽养殖业发展迅速，年养殖肉鸡10万羽以上，蛋鸡8万羽以上。2013年，全镇养殖水面1886亩，其中南美白对虾500多亩，水产品产量2459吨，总产值250万元。2014年，澧阳街道出栏生猪1.8万头、养殖家禽10万羽水产品500吨，畜禽养殖纯收入超过2000万元。

林业

1995年，澧阳镇在各村沟渠、通组公路植树6万余株，房前屋后植树30万余株。2009年，启动城市公益林建设，种植公益林27000株，血防造林1000亩，有庭院绿化示范户200户。2010年，推进省级园林县城建设，大坪低排干渠风光带植树长达2200米计500亩。完成澧州大道、晓钟街、临江西路等行道树栽培。2014年，澧阳街道有林地320亩，城区绿地率31.9%，绿化覆盖率36.4%，人均公共绿地7.2平方米。

工业

1992年，城关镇企业产值过亿元。1993年，澧阳乡企业产值过亿元；城关镇工业产值过亿元。1994年，城关镇个体私营企业产值过亿元；澧阳乡工业产值过亿元。1996年，澧阳镇企业产值13.8亿元，其中工业产值8.4亿元，成为常德市企业产值第一镇。主要工业产品有啤酒、砂布、砂纸等。2007年，澧阳镇完成企业总产值24.5亿元，其中工业总产值11.5亿元。是年，位于澄坪村的新澧化工有限公司投资1.8亿元，从事芒硝开采工作，年创利税5600万元。位于新河社区的平安医用器械有限责任公司在县工业园投资4000万元，年创利税300万元。私营业主周四清投资500万元，在高桥村兴建澧县隆兴机械有限公司。2006年，位于黄泥村的津市张老头辣味食品澧县分公司建成投产。护城社区引资350万元，新建新型建筑材料厂和叮咚纯净水厂。2009年，投资1.6亿元的运达包装公司和投资1.7亿元的运达机械公司建成投产。2012年，全镇完成工业总产值61.2亿元，实现销售收入57.6亿元，实现税收2.2亿元。2014年，澧阳街道有工业企业820家，完成工业总产值60亿元。其中重庆国人啤酒有限责任公司总投资2.8亿元，年创利税5000万元。

商贸服务业

1995年，澧阳镇有个体工商户5806家，从业人数达1万人。1997年1月，澧县金龙玉凤餐饮公司成立，为集餐饮住宿、商务接待、休闲娱乐于一体的连锁服务综合性企业，是澧县的主要接待窗口，2009年经营收入5000多万元。澧县星香源国际大酒店有限责任公司是集餐饮、商务、娱乐于一体的综合型商务酒店，有员工600人，2009年营业收入3000多万元，上缴国家税收140多万元。随着城市发展，丰彩超市、华联商城等大型商贸企业落户街道。湖南省丰彩实业是澧县本土的商贸流通民营企业。该公司是一家以连锁超市为主的大型企业，始建于2000年，注册资金1548.5万元，有员工近3000名，公司在省内拥有6家大型超市连锁店，1个便利店和1个专业配送中心。公司所属连锁超市卖场面积4.8万平方米，年销售3.4亿元。2007年被授予“百城万店无假货”超市，2009年被评为“湖南省私营企业500强”。澧县步步高商业有限责任公司是步步高商业连锁股份有限公司的子公司，2006年1月有注册资金100万元，经营面积9000平方米，年销售500万元，年利润200万元。澧县六合电器有限公司和澧县三联商城有限责任公司都是以经营家电、高端家具为主的大型综合企业，商品服务对象覆盖湘西北10多个县市区。2014年，澧阳街道有第三产业经济体12000多家，注册资金22.5亿元，其中批发零售企业8500家，住宿及餐饮企业800多家，娱乐服务企业400多家。

基础设施

交通运输

G207和S302于境内交汇，澧水可常年通航，水陆交通俱便。境内设有澧县汽车北站（湘运汽车站）。城区有出租汽车公司4家，出租车200台，公共汽车线路6条，公共汽车72台，公交站点34个。2011—2013年，完成黄桥至大堰垱公路拓宽改造，路基宽8.5米，路面宽7米；黄桥至卷桥公路拓宽路基至10米，路面至8.5米。

邮政通信

邮政　1995年，澧阳镇境内邮政部门寄送信函14万件，特快专递2万件，报刊累计投递89万份，寄送包裹2.8万件。邮路总长75千米。2014年，有城区邮政服务网点5个，便民服务站45个，电商孵化中心1个。城区邮路13条总长170千米，无缝覆盖全县城，有邮政运输车13辆，包裹、信函自动捆扎机各1台，年累计投送报刊197万份，投送邮件23.5万件，出口邮件5.1万件，办理邮储业务76.09万笔。

通信　1995年，澧阳镇电话用户达1万门以上，自动电话开通到各村（居）。是年，澧县邮电局共完成业务收入2850.63万元，其中电信完成1662万元，架设光纤电缆197千米，市话期末户数12498户，成为全省率先突破万户大关的县局。

1999年，澧县邮电局析为电信局和移动公司。至2013年，澧县电信铺设光缆3750千米，建社会网点158家。2014年，中国移动澧县分公司完成业务收入9582.32万元。移动期末有效用户112201户，宽带期末有效用户54034户，固话期末有效用户88235户。

水利建设

1990—1995年，加固加修澧水、澹水大堤，投工264.3万个、完成土石方41.7万立方米；处理五家畦、兰江闸、文良志3处险工险段，铺埋土工之物900平方米；期间用大量砂卵石、麻袋、水泥进行导滤压浸和灌浆除险，战胜1991年7月4次高洪水位。清淤并加修渠道23条45800米，整修道路21条62100米，兴建抗旱排涝机埠8座550千瓦。重新配备因回水渠开挖、澹水河改道、207国道拓宽等几大县办重点工程建设而遭损坏的水利排灌系统，更新老化水利设施。1996年，修建何家溶机埠，装机3台290千瓦，设计流量每秒2.9立方米。1998年，加高培厚澧水大堤3280米，完成土石方4万立方米。2001年，修建澧水大堤压浸平台，平台宽度35米，完成土石方28.7万立方米。2006年，兰江闸改造总投资150万元，解除兰江闸安全隐患。2008年，何家溶机埠升级改造，装机增容至3台465千瓦，流量增至4.25立方米/秒。2014年，对澧涔排渠扫障清淤1500米。

供电饮水

供电 1995年，澧阳镇有110千伏变电站1座/主变2台/容量51.5兆伏安。2000年，全镇有110千伏变电站1座/主变2台/容量51.5兆伏安，10千伏配电变压器210台/31.43兆伏安，10千伏输电线路65.28千米，售电量0.73亿千瓦时。2005年，全镇有110千伏变电站2座/主变2台/容量83兆伏安；10千伏配电变压器253台/55.445兆伏安，10千伏输电线路128.223千米，售电量1.12亿千瓦时。2015年，澧阳街道有220千伏变电站1座/主变1台/容量180兆伏安；110千伏变电站2座/主变4台/容量144.5兆伏安；10千伏配电变压器614台/288.65兆伏安，10千伏输电线路177.117千米，售电量2.56亿千瓦时。

饮水 县自来水公司位于辖区解放中路，成立于1963年，有地表水厂1座，地下备用水源井2口。1996年完成日供水15万吨的自来水厂前期工程。地表水厂从2004年开始组织设计，标准日供水9万立方米。第一期3万立方米供水规模，于2007年10月建成并投入使用。第二期6万立方米供水规模，于2014年12月投入使用。街区全部使用以地表水为水源的自来水，终结使用地下水水源，整体水质有较大提升，特别是氨氮指标和重金属指标，完全控制在标准之内。原地下水源井二、三水厂将作为应急水源保留。全公司供水覆盖面积24.5平方千米，服务人口20万人，管网长度229千米。2015年供水量950万立方米。

街区建设

1996年，澧阳镇城区面积11.9平方千米，东西走向和南北走向两条主街道分别长5千米和6千米，公共绿化面积7000平方米。城区基础设施投资近1亿元，新修翊武路、澧阳北路等骨干道路，维修改造澧阳南路、古城西路等10多条街道。2006年，新建新河、澹阳、护城、棚场街等4个高标准社区综合服务平台。2007年，完成晓钟街东拓、工业大道南拓、澧阳南路北端改造、解放北路配套、临江西路配套等路网建设。硬化亮化小街小巷近万米，维修澧州大道和澧阳北路路面9000多平方米。修建多安桥、芬司街等4个综合服务平台。2007年9月，启动兰江公园改造工程，年底竣工，总投资200万元，改造总面积90亩。园内绿化以高大乔木为主，灌木草皮为辅，配置高标准的门球场等体育设施。全力打造朱家岗农家乐一条街，投入150万元，按全城高标准亮化、绿化，并建造高标准地坑式垃圾屋，配置能满足发展的下水道。全镇防渗硬化渠道50千米，维修改造机埠11处，硬化村道11条12.1

千米，新建村部2个，新上建设性项目20多个。2010年启动北苑路、圃园路建设，投资276万元完成供水管网改造6000米，完成污水处理项目，污水处理率达60%以上。2012年，投资500多万元新建、改建澧阳等4个社区服务平台。

社会事业

教育

辖区内有县属澧县一中、县委党校及澧阳镇（街道）所属中小学校。

清光绪二十八年(1902)，根据清朝政府“府及直隶州书院改为中学堂”的诏令，澧阳书院改为澧州官立中学堂。1904年，迁址于旧岳常澧道道署(今澧县纺织厂址)，更名为澧州中学堂。1906年，省派监督(校长)陈国祥和地方耆儒共襄教学，学制定为五年。1912—1919年，学校迭改联立、私立，学制更为四年。1923年，学校定名澧县县立中学。1925年，澧州镇守使贺龙兼任名誉校长，更名为澧县县立初级中学。1952年8月，湖南私立九澧联立中学与奉令从临澧迁入境内的湖南省第十四中学高中部合并，更名澧江中学，11月改为湖南澧县第一中学，澧县县立初级中学改名为澧县第二中学。校址移至澧城北门外天主堂(今桃花滩宾馆所在地)。1960年，学校迁往津市皇姑山原省立津市高级农业职业学校旧址。1977年7月，迁至今址与澧县二中合并为澧县中学,翌年恢复澧县第一中学校名。2000年6月，澧县第一中学创办“国有民办”体制的澧县九澧实验中学，实施初中学历教育。2002年增加普通高中办学层次，成为国有民办的完全中学。2006年秋季，九澧实验中学初中部停止招生。2008年12月，九澧实验中学高中部整体并入澧县第一中学，澧县第一中学成为国办普通高级中学。2014年，有校园330亩，校舍12.5万平方米，教学班90个，在校生5600人，教职工370人。

中共澧县县委党校成立于1959年1月，1997年加挂“澧县行政学校”牌子,2011年加挂“澧县社会主义学校”牌子,实行“三块牌子、一套人马”体制。学校占地近40亩，总建筑面积约11000平方米，固定资产1000万元左右。校园按照一校三区，即教学区、生活区、办公区布局进行建设，环境优美。全校核定编制23人，内设办公室、教研室、教务科、后勤科4个科室。2014年有在职教职工15人，办学规模核定300人。

澧阳中学前身是澧阳联校。1984年，区、社联校改为乡（镇）联校，1995年成立澧阳镇联校，辖城关中学、澧城中学、澧阳中学3所初中、13所完小、4所初小、1所农校，有教职工744人，学生11170名。2006年，澧阳镇联校撤销，成立澧阳镇初级中学，下辖13所完小、1所公办幼儿园（英才幼儿园）。2014年4月，澧阳镇中学更名为澧县澧阳中学，下辖6所完小。

城关中学前身是位于芬司街的澧县钢铁中学，创办于1957年，属于民办性质，仅开办2个补习班，主要补习对象是部分小学升初中落选的学生。1959年，澧县钢铁中学更名为澧县先锋中学。校址迁到文化街今县政府后院内。1968年，更名为城关中学并转为公办性质，定址到人民东路八方楼下（今城关中学北校区）。2000年秋季与澧城中学合并，合并后的城关中学分南北校区。2006年，澧阳镇联校撤销后，城关中学直属县教育局管辖。2014年，城关中学占地43264平方米，建筑面积17685平方米。有教师200人，学生3100多名。

澧城中学创建于1986年9月。1980年代中期县城扩容后学龄儿童急剧增加，县委、县政府决定在县城区新建一所全日制公办初中，校址在仙眠西路20号(时为城关中学南校区)。2000年，学校与城关中学合并。

1994年8月，境内创办实验小学，澧阳完小并入。2010年创办银谷实验学校，七完小并入。2011年8月，八完小并入实验小学。2014年，澧阳街道有小学6所、中学1所，幼儿园31所；在校中学生2414人，小学生6391人，入园幼儿5674人；中小学教师512人，幼儿教师256人。

文化体育

1995年11月，澧阳镇自筹资金建广播机房25个，安装高音喇叭125支。2013年，高音喇叭发展到193支、音柱163支；建高标准机房一个。2014年，澧阳街道有高音喇叭59支，音柱81支。农村电视入户率95%，社区电视入户率100%。

2011年，澧阳镇有33个农家书屋，藏书71280册。2014年，澧阳街道有农家书屋14个，藏书30240余册。

2011年，石虎等8村、社区享有国家免费配送的体育设施器材8套。2014年，永兴寺、棚场街、水德庙等社区自筹资金购买体育器材。

医疗卫生

1939年，创建澧县卫生院，兼管全县卫生行政工作，院址在县城东门外中山公园(时为水月林)。1949年8月，卫生院由县人民政府接管，更名为澧县人民政府卫生院，除担任医疗业务外，还兼管卫生行政和预防等工作，有医务人员8人，病床10张。1956年11月,改名为澧县人民医院，有医务人员39人，病床40张。1990年，医院在职职工368人，其中专业技术人员326人，医院占地32.74亩、医疗用房9462.2平方米，开放病床320张。设置7个行政科室、5个后勤保障科室、10个临床科室、4个医技医药科室。2010年10月，县人民医院整体搬迁至澧阳镇新河路以北珍珠路以东新址。2015年10月底竣工，投资近6亿元，占地120亩，建筑面积11万平方米，医疗用房83821.03平方米。

1953年6月，创建澧县血吸虫病防治站，站址设津市镇人民街。人员编制20名，病床15张，除完成本县防治工作任务外，还负责慈利、石门、临澧3县的疫情调查及指导安乡县血防业务工作。1956年9月，迁址澧县城关镇。1973年，迁至新洲镇南街与新洲血防组合并。1980年，更名为澧县血吸虫病防治院。1989年迁回县城澧阳北路511号，占地10000平方米，业务用房1900平方米，有工作人员48人，病床37张。20世纪80年代前，医院业务为单一的血吸虫病诊治。1995年开展腹腔镜手术后，医院综合医疗得以迈步，形成以微创技术和血吸虫病诊治为特色的国家二级综合医院。1996年加挂澧县澧州医院牌子。2004年，血防实行防治分家，澧县血吸虫病防治院更名为澧县血吸虫病专科医院。2007年3月,澧州医院8000平方米住院大楼竣工投入使用。2014年底，医院有职工221人，其中卫技人员189人，开设病床288张，业务用房面积12800.8平方米。

澧县第三人民医院位于澧阳街道解放中路，前身是民国澧州名医郭德山老先生创建的澧县民生医院。1950年合并入澧县中西医联合医院，1965年10月更名为澧县中医院，1969年12月，县中医院撤销，成立澧县城关公社卫生院，1971年改名为澧县城关镇卫生院。1989年，卫生院有职工100人，其中卫生技术人员95人，开设病床72张，分内儿、外科2个病室。1995年，澧县城关镇卫生院改名为澧阳镇卫生院，担负澧阳镇预防保健工作。2000年1月，澧阳镇卫生院更名为澧县第三人民医院。2003年抗击“非典”后，按医院所有制性质、行政隶属关系，仍沿用澧阳镇卫生院名称。2014 年，澧阳镇撤镇后，县第三人民医院属澧阳街道管辖，为澧阳街道社区卫生服务中心。2014 年，澧县第三人民医院有医务人员 267 人，开设有 8 个门诊科室和 7 大住院病室，床位180张。下辖村卫生室7个、社区卫生室15个。

澧县中医医院始建于民国 35 年（1946）3 月，由澧州名医周匡美（1902—1976）等人创建。院址设澧城贺家拐（现粮食局院内），取名为同德中医院。中华人民共和国成立初期，在此基础上，组建澧县中西结合医院，院址设现澧县第三人民医院处，名澧县中西联合医院。1965 年 10 月，更名澧县中医院,院址迁至棚场街。1969 年 12 月，县中医院并入澧县人民医院，设立中医科，原院址交工交系统。

1969 年 8 月，澧县涔南公社卫生院首次治愈一例脊髓灰质炎的患儿，1970 年 4 月 24 日，《光明日报》头版发表《学习辩证法、攻克治疗小儿麻痹后遗症》一文，引起全国患者千里求医。1971 年 4 月成立澧县小儿麻痹症医院，定址澧县敬仰馆（现澧县城关中学老校区，即月台处）。1971 年 9 月，省革委批准建立澧县人民医院中医科麻痹专科，定址澧阳镇人民西路 113 号（现址）。1973 年 8 月 27 日，省革委同意将澧县人民医院中医科改名为澧县中医院，是全省四所全民所有制医院之一。2010 年由国家中医药管理局授牌，更名为澧县中医医院，现为湖南省首批二级甲等医院、湖南中医药大学临床教学医院、湖南省人民医院临床指导医院、中南大学湘雅二院协作医院。2014 年，医院占地面积 2 万平方米，建筑面积 2.8 万平方米，实际开放床位 565 张，职工 446 人，专业技术人员 400 人。

1981 年，成立澧县妇幼保健院。1990 年有职工 23 人，其中医务人员 15 人。1997 年，挂牌省爱婴医院。2009 年 2 月，澧阳镇解放路 25 号处新建澧县妇幼保健站综合大楼；7 月，澧县妇幼保健站更名为澧县妇幼保健院。2010 年 8 月，妇幼保健院综合大楼投入使用，建筑面积 7218 平方米，开设病床 86 张，首次开设 VIP 病房。2014 年，医院有干部职工 131 人，其中专业技术人员 110 人。

2014 年，全街道有澧县人民医院、澧县中医医院、澧县澧州医院、结核病防治所、澧县妇幼保健院、澧县第三人民医院、澧县协和医院等医疗单位。

社会保障

2007 年，澧阳镇有 3.3 万多人参加新型农村合作医疗，参合率 90% 以上，1506 人受益，补助大病 173 万元。首次城镇居民医疗保障体制 1.2 万人参加基本医疗保障，参保额 250 万元。2009 年，在全县率先启动“新农保”试点，城市居民医保参保人数达 4.2 万人；“新农合”参合人数 4.6 万人。全镇 95% 农民参加新型农村合作医疗。2010 年，对全镇 368 名 60 岁以上无户口老人进行户口补录，对符合领取条件人员再次审核认证，领款受益人达 5066 名。全镇享受城市低保 8493 人，农村低保 868 人，优抚对象 635 人。2013 年全镇享受农村低保对象 842 户 923 人，月发救助金额 56800 元。根据上级出台的有关大病医疗救助政策，改进救助方式，重点救助城乡“五保”户、低保户、贫困户和优抚对象，使全镇城乡困难群众就医难问题得到解决。全年年救助 520 人次，发放大病救助款 64.236 万元。2014 年年底，澧阳街道有“五保”户 160 人,其中集中供养 42 人，分散供养 118 人，集中供养由年人均 2640 元提高到 3000 元，分散供养由年人均 1200 元提高到 1500 元。全镇享受城镇居民最低生活保障的对象 6066 户 7543 人，月发保障金 930833 元。

特色地情

风景名胜

澧州文庙 位于澧县澧阳镇古城东路128号。坐北朝南，始建于宋乾德三年（965），明初迁建于现址，现存建筑系清道光二十一年至二十四年（1841—1844）所建。建筑群共占地8000多平方米，建筑面积1699平方米。现存建筑除棂星门，文、武门和照壁已毁，余皆保存完好。

文庙古建群外观为官式风格，中轴线上自南而北依次为头门、泮池、状元桥、棂星门、大成门、大成殿、崇圣祠等建筑。两侧有碑廊、乡贤祠、名宦祠、钟楼、鼓楼、行廊、忠义祠、节孝祠等建筑。文庙主体建筑大成殿，副阶周匝，面阔五间，通面阔26.5米，进深三间，通进深16.3米，通高20.4米。重檐歇山琉璃瓦顶，仅柱头设斗栱，形制较为特殊；其他建筑均硬山马头墙，绿色琉璃瓦顶。

澧州文庙历史悠久，规模较大，保存完好，建筑上各类装饰题材丰富，雕刻精细。在清中期官式建筑风格中融入了浓郁地方建筑手法，技术和工艺，极具湖南本土风格，是湘西北现存规模最大的古建筑群。

1925年贺龙镇守澧州时在此创办澧州政治讲习所，壮大了党的组织。2013年被国务院公布为第七批全国重点文物保护单位。

澧州古城墙 位于澧县澧阳镇。明洪武初澧州府治从新洲迁现址，总督肖杰垒土为城，明永乐二年（1404），瓮以砖，高一丈五尺（5米），上加女墙，周九里十三步（4500米），外有护城

澧州文庙

河。历经明景泰、清康熙、乾隆、道光、同治年间的多次修补、加固。澧州古城墙现存东南城墙约 1860 米。目前大南门、小南门保存完好。墙身现高约 6.1 米，墙基宽约 7.5 米，墙顶宽约 6.2 米。墙基均用条状青石垒筑，墙体砌青砖，墙身两侧略内收，可见历次加修印痕。2013 年被国务院公布为第七批全国重点文物保护单位。

澧浦楼　澧浦楼又名遇仙楼，位于小南门和东门之间的澧州古城墙上，俗称八方楼。《直隶澧州志》载：相传南宋乾道年间，太守乔逊在该处遇见吕洞宾，建八方楼以志，并在沧堰之上相应建遇仙桥。今存建筑系清嘉庆九年（1804）重建，楼高 20 米，底径 14 米，平面呈八边形，三重檐、八角攒尖顶木构建筑，绿色琉璃瓦，顶端置葫芦瓶宝顶，内置木梯。澧浦楼西北有沧堰。沧堰平面呈八方形，面积约 1600 平方米，堰中有遇仙桥及桥中亭。遇仙桥南北走向，九曲折桥，现桥墩 14 个保存完好。

（文字供稿：彭培新，图片供稿：澧县党史办）

澧西街道

区域概况

位置面积

澧西街道位于县境南部澧阳平原腹地，东邻澧阳街道，南濒澧水与澧南镇相望，西接张公庙镇与车溪乡，北抵涔南乡。街道办事处驻运达路，距县人民政府驻地2千米。

2014年，澧西街道总面积30.61平方千米，有耕地21450亩，其中水田18019亩、旱土3431亩；水面1150亩。

建置沿革

澧西街道前身为澧西乡。民国末期属大新乡。中华人民共和国成立初期，沿袭旧制，仍属大新乡。1950年5月，废除旧制，全县设187乡，街域置张公、石塘、荣市等乡。1956年6月，并为澧西乡。1958年9月，实行人民公社体制，属澧阳公社。1959年6月，澧阳公社析为澧阳、澧西2个公社，街域属澧西公社。1984年4月，撤销人民公社，澧西公社改为澧西乡。1995年10月，撤销澧西乡，所辖的朱家岗、关心、群星、四马、白米5个村并入澧阳镇。2014年4月，撤销澧阳镇和澧澹乡，建立澧阳、澧西、澧澹、澧浦4个街道。澧西街道由澧阳镇的小西门、护城、关心、四马、黄泥、朱家岗、群星7个社区和白米、荣隆、新高堰、向阳、澄坪、石虎、水莲7个行政村组成。

行政区划

2014年，澧西街道辖小西门、护城、关心、四马、黄泥、朱家岗、群星7个社区及白米、荣隆、新高堰、向阳、澄坪、石虎、水莲7个建制村。同年6月，为加快推进城市化进程，理顺城市管理体制，对辖区内白米、新高堰、荣隆、向阳、澄坪、石虎、水莲等7个建制村启动村改居工作，村改居后的各自区域、管理范围不变。同年11月，按照因地制宜、合理布局、管理有序、服务完善的原则，对辖区内常住人口在3000户或10000人以上的社区和辖区横跨规划区内外的社区进行调整，新增大西门、金牛池、荣家台3个社区。至此，澧西街道办共辖17个社区。

自然环境

辖区地势平坦，地域广阔，澧水由西向东从境南流经。排灌渠道纵横，沟塘密布，有回水渠、澧城干渠、大坪低排、十支沟、大坪干渠、十支底沟6条主要渠道。境域属中亚热带湿润季风气候向北亚热带湿润季风气候过渡地带，气候温暖，四季分明，热量充足，雨量丰沛。年平均气温

16.7℃，年降水量1260毫米。植被丰富，有马尾松、杉、油茶、樟、槐、柑橘、桃、李等树木30多种。野生动物40多种，常见的有野兔、刺猬、野鸡、斑鸠、白鹭、八哥、喜鹊等。境内芒硝、砂卵石、红土等矿产资源丰富，其中芒硝矿已大量开采。土壤为砂壤土、红黏土，偏碱性，肥力较好，但易遭受水旱灾害。

人口民族

2014年，澧西街道有居民住户11746户，常住人口43531人。其中男性22372人，女性21159人；劳动力资源24339人，其中从事农业3780人，工业6602人，建筑业2323人，交通运输、仓储和邮政业871人，信息传输、计算机服务和软件业207人，批发零售业1169人，住宿和餐饮业759人，其他行业8628人。总人口中，汉族43488人，少数民族43人，其中土家族23人、回族8人、维吾尔族5人、藏族4人、蒙古族3人。

经济发展

综述

2014年，澧西街道完成地区生产总值20亿元，实现工业总产值18亿元，企业转型升级稳步推进。全年引进内资项目12个，其中三利无塔供水、九澧联发仓储物流中心等8个建设项目注册资金均超千万元。集体经济加快发展，项目建设总投资超10亿元，实现街道集体总资产9600万元，经营性资产3000万元；街道财政收入3218万元；居民人均纯收入21000元；村级集体经济总收入2000万元。

农业

种植业 境内种植业以水稻、棉花、油菜、蔬菜为主。2014年，早稻种植13516亩，单产480公斤，总产量6488吨。湘早籼45优良品种覆盖率达到95%以上，引进示范中早39新品种800亩左右。晚稻种植面积16284亩，单产550公斤，总产量8956吨，品种主要有湘晚籼13号、F优518双季稻。油菜种植13000亩，其中样板示范田2100亩。成立澧县新澧水稻农民专业合作社，供应生产资料，开展水稻种植技术培训、技术交流和咨询服务。重点扶持城头山农业科技有限公司，公司种植双季稻1600余亩、油菜800余亩、蔬菜600亩，其中集中育秧双季稻高产创建核心示范田1000亩，平均亩产500公斤以上；双低油菜连片示范田500余亩。

养殖业 2014年，澧西街道发展养殖大户23户，出栏生猪6542头、牛180头、羊622只，出笼家禽12万羽；存栏生猪9600头，其中母猪630头；存栏羊152只，存笼家禽11万羽。放养水面800亩，鱼种2.4万尾，全年水产品总产量400吨。完成生猪产地检疫任务6542头。累计检测“瘦肉精”328份，未检出一起阳性牲畜。

林业

辖区内没有成规模林地。2014年，由街道办组织、林管站负责开展样板路造绿，在群星、朱家岗九支渠补植杜英树300余株，对朱家岗、白米、新高堰、向阳路渠林清除杂草5千米，并义务植树300余株。在石虎十二支义务植树1500余株，长度达1500米。在白米栽植桂花树、樟树、垂柳等700余株。在朱家岗栽植桂花树300株。建设农户“四旁”林，街道办根据各社区实际情况，科学规划，合理布局，在群星、向阳、水莲3个社区分别建立50户联片造林样板，每户种植红叶石楠或桂花树10株以上。

工业

澧西街道是全县项目建设主阵地，县经济开

发区坐落于该域。新澧化工、国人啤酒、盈成油脂、平安医械、益翔实业等一大批龙头企业引领和带动县域经济发展。2014年，实现工业总产值18亿元，固定资产投资10亿元，转型升级稳步推进。2014年，完成征地拆迁250户，腾地面积1730亩，辖区内县重点拆迁项目19个基本完成，项目落户街道园区40亿元。

商贸服务业

2014年，澧西街道有各类商铺4800多家，个体经商从业者近万人，初步形成集贸市场与专业批发市场、商品市场与要素市场相配套的市场体系。

基础设施

交通运输

澧西街道扼守县城西大门，国道207线、省道302线、绕城西线贯穿全境。汽车西站，县城2路、3路公交车终点端和湘西北物流园设于境内。从工业园可直上二广高速。公路基本硬化，居民出行十分便利。

邮政通信

境内移动、电信、联通网络实现全覆盖。2014年，全街道有手机用户5万户，宽带用户7654户。有邮政代办所17家，电信、联通服务所各1家，总营业额近2亿元。顺丰、申通、圆通、韵达等快递公司在境内均有代办点，年业务收入180余万元。

水利建设

澧西街道有堤防25820米，其中澧水一线大堤兔子口闸至群星路长5920米、穿堤建筑物3处，分别为兔子口引水闸、群星闸及乔家河排水闸。二线大堤19900米，其中回水渠双面堤长9100米，澧城排渠双面堤长2800米，大坪排渠双面堤长4600米。辖区大型排渍机埠8台，分布在群星、大西门及白米3个社区，总装机容量815千瓦。各社区排灌机埠19处，总装机容量500千瓦。

2014年，街道投资近80万元，完成渠道清淤扫障、护砌12千米，堰塘清淤14口，机埠改造维修11处。筹资64万元对回水渠新高堰社区境内1处危桥进行翻修。

供电饮水

供电 20世纪90年代初，境内实现供电全覆盖。自国家实行电力改革后，辖区各社区逐步实施电网改造，至2014年，街道新增10千伏高压线路11.8千米，0.4千伏线路18.5千米；新增变压器28台，更换变压器8台。

供水 20世纪70年代，小西门、金牛池、护城等城内社区开始使用自来水。2014年，完成白米、澄坪、石虎、向阳、荣隆等社区自来水管网建设。

街道建设

2014年，新建群星、荣家台、金牛池、大西门、新高堰等5个社区便民服务中心；翻修关心、四马、朱家岗、护城等11个社区便民服务中心。

社会事业

教育

1952年10月，位于翊武西路、前身为澧阳书院的学校定名为澧县第二中学。1958年，学校开始招收高中部学生，成为一所完全中学。文化大革命期间，教育受到冲击，1969年，学校改名为澧县共产主义劳动大学。1977年10月，县办中学恢复，仍以序号为名。是年，澧县一中从津市黄牯山迁至澧县县城的澧县二中校址。澧县二中暂借城内敬仰馆馆址续办，并在澹水河南侧小西门营建新校舍。1980年春天，举校迁入新址，学校占地101.8亩，建筑面积50338平方米。2014年，有60个教学班，学生3000多人，教职工275人。

1980年9月，在城关镇西郊建澧县教师进修学校，学校占地24亩。1989年，学校面积扩大为32亩。1996年，澧州大道建成，学校第二次扩征，校园面积达到48亩。1998年10月5日，恢复澧县电大工作站，地点设在澧县教师进修学校。2010年3月，澧县电大工作站升格为常德广播电视大学澧县分校。2014年，学校有教师27人；普通话培训123人，中小学教师培训192人；电大专本科招生172人，毕业393人。

2010年，在护城大道中路建银谷实验学校。2014年，有学生3739人，教职员工215人。

1990年，在洗墨池路建实验小学。2014年，有在校学生2656人，教职员工134人。

2014年，澧西街道有县办中学澧县二中、教师进修学校及街道辖银谷实验学校和实验小学。

文化

2014年，澧西街道有农家书屋17个，收藏各类书刊3万余册，常年免费供居民借阅。“村村响”广播覆盖全辖区。有线电视用户10385户，宽带网入户7654户。还有艳洲音乐队、水莲腰鼓队、关心军鼓队、澄坪皮影队、澧州点子队等20多个文艺团体，群众性文化、体育活动开展活跃。

医疗卫生

2014年，成立澧西街道社区卫生服务中心，建筑面积2050平方米，分自助体检、公共卫生、康复理疗、基本医疗、行政服务5个功能服务区。下辖17个社区医务室，基本医疗设施配备齐全。

社会保障

2014年，澧西街道新办服务实体5个，新增就业岗位243个，举办就业培训班120人次，安置失业人员200多人，就业失业人员登记368人，办理就业失业登记证200多人。医疗保险参保人数近4万人，“新农保”和城市居民养老保险参保人员9000多人，发放社会保障卡8816人，基本实现全覆盖。供养“五保”对象133人，其中在街道敬老院集中供养113人，分散供养20人。有城镇低保对象1620人，优抚对象428人。实施医疗救助对象131人次，救助金额20万元。

特色地情

红色景点

毛泽东红色纪念馆 位于高路铺社区，距离澧县县城以西2千米。该馆为企业家刘景运牵线，津市收藏家傅闵鑫与高路铺社区党支部共同建造。2012年10月28日开馆，展出毛主席像章1648枚。

（文字供稿：丁林，图片供稿：澧县党史办）

澧浦街道

区域概况

位置面积

澧浦街道位于县境中南部澧、澹两水之间，地处澧阳平原腹地。东与澧澹街道毗连，南与澧南镇隔澧水相望，西与澧阳街道相邻，北与澧东乡以澹水为界。因濒临澧水，故名澧浦。街道办事处驻羊古社区，距县人民政府驻地 1.5 千米。

2014 年，澧浦街道总面积 22 平方千米，有耕地 7500 亩、养殖水面 600 亩。

建置沿革

2014 年 4 月，撤销澧阳镇和澧澹乡，建立澧阳、澧浦、澧澹、澧西 4 个街道。由澧阳镇多安桥、襄阳 2 个社区和澧阳、卢家、皇山 3 个行政村，澧澹乡羊古、任家巷 2 个社区和蚕桑、沿河、宝塔、三贤、柳家、彭家 6 个行政村组成澧浦街道。

行政区划

2014 年 4 月，设立澧浦街道，下辖多安桥、襄阳、羊古、任家巷 4 个社区和澧阳、卢家、皇山、蚕桑、沿河、宝塔、三贤、柳家、彭家 9 个行政村。年内实行村改社区，蚕桑、沿河两村并为黄沙湾社区。至年底，澧浦街道辖多安桥、襄阳、羊古、任家巷、澧阳、卢家、皇山、黄沙湾、宝塔、三贤、柳家、彭家 12 个社区。

自然环境

澧浦街道辖区狭长，形若短靴，东西长约 4.7 千米，南北宽约 9.1 千米；为冲积平原区，略显西高东低，平均海拔 35.5 米。境内三面环水，澹水经十回港闸过境域北部自西向东流入澧东乡；澧水经合口、艳洲水坝从境域南部自西向东流入津市；溧河起于城关自西南向北流经境域西部。境内土壤多为水稻土，富含有机质，涵养水分。境域属亚热带湿润季风气候带，气候温暖，四季分明，春湿多变，夏季酷热，秋高气爽，冬季严寒，多年平均气温 16.7℃，降雨量 1311.2 毫米，日照 1612.1 小时，无霜期 261 天。树木以常青树种为主，主要为人工种植的落叶乔木、灌木以及果木林，品种有香泡、花桃、木芙蓉、桂花、玉兰、杜英、杨树、垂柳等。境内自然灾害以暴雨、大风、冰雹、冰冻为主。

人口民族

2014 年，澧浦街道有 9500 户 31800 人。其中非农户 3600 户 12210 人；男性 16820 人，女性 14980 人；总人口中，汉族 31644 人，少数民族 157 人，其中回族 105 人、土家族 18 人、白族 14 人、壮族 13 人、满族 7 人。

经济发展

综述

2014年，撤乡、镇建街道后，随着澧州新城发展和津澧融城推进，澧浦街道经济发展迅速，全年实现工业总产值15830万元，其中农林牧渔业总产值8562万元；财政收入1132万元，支出1130万元；农民人均纯收入11231元。

农业

种植业 2014年，澧浦街道农作物总播种面积18512亩，其中粮食播种3258亩，总产量1313吨，以稻谷、玉米、豆类作物为主；油菜播种3240亩，油菜籽总产量486吨；棉花播种3176亩，皮棉总产量362吨；蔬菜种植8833亩，总产量12684吨。

养殖业 2014年，澧浦街道养殖生猪2.1万头，出栏1.8万头；养牛169头；养羊683只；养家禽5.2万羽；出水鲜鱼11吨；出产基围虾27吨。

林业

2014年，澧浦街道有林地6534亩，森林覆盖率19.8%。其中，经济林、果木林46.5亩，用材林1545亩，林木蓄积量30492立方米。

工业

2014年，辖区内有规模以上大型企业3家，其中腾飞化工年产值4000万元，年均利润500万元；东建建材总投资1200万元，有职工80余人，年均利润达400万元；鸿达燃气主要经营燃气工程开发，有职工30余人，年产值2800万元，年利润300万元。

商贸服务业

2014年，澧浦街道有个体工商企业、服务业234户，从业人员600人。主要经营范围为餐饮、批发零售业、食品加工业等。多安桥社区、澧阳社区、卢家社区、羊古社区的三产业占全街道总数73%，其余各社区多以农村小型超市、餐饮、住宿为主，规模不大。

基础设施

交通运输

2014年，澧浦街道硬化、修复小街小巷18.9千米。投资18亿元，完成澧州大道东拓、纬七路、澧浦南路、绕城东线、经十六路、经二十五路等7条城市主干道建设，改造澧州新城主要道路5条，形成“三纵四横”的新城区交通网络。

邮政通信

2014年，澧浦街道有各类快递营业点10余处，固定电话用户3820户，移动电话用户23700户，互联网用户3780户。

供电饮水

2012年，境内建起可供5万人用水的自来水厂，群众用上安全洁净的自来水。2013年，投资5亿元，建设完成卢家220千伏变电站工程，为整个县城东部发展提供电力保障。2014年，澧浦街道有电表箱12348个，高低压电杆1634根、电线杆路长101千米。完成纬七路沿线、澧州大道沿线电网改造。用电户数12305户，其中商业用电987户、民用用电11318户，新增用户1568户，临时用电43户，总用电量2400万千瓦时。

街道建设

2014年，澧浦街道积极推进街道建设，承接大小项目23个，其中重点项目8个。完成腾地858亩，拆迁房屋186栋，固定资产投资15亿元。完成湘鄂边贸城腾地拆迁工作。汽车总站项目提前半年完成预案。澧浦南路全线贯通。新城安置小区、澧阳储备地、蓬莱花园等项目完成腾地任务。12个社区居委会均建有活动中心。2014年，澧浦街道有垃圾回收点300余个、道路垃圾桶200余个、垃圾处理站10余个。

社会事业

教育

1983年，澧县城关兰江中学改名澧县兰江职业中学。1985年8月，升为县办职业高级学校，成为一所由县政府主办、县教育局主管的国家级重点中等职业学校。2014年，学校占地230亩，建筑面积7.8万平方米，教学设备设施总值3000万元，有在职教工318人，在校学生4589人。

2014年，澧浦街道有羊古明德小学、三合小学、澧县第四完全小学、联合小学4所小学，在校学生近700名，教师67名。有9所幼儿园，入园儿童1300名。

文化体育

2014年，街道有12个农家书屋，每个书屋有2000多册藏书，影碟音像、报刊杂志配备齐全。并配齐图书管理员，实行免费开放。有文化广播站，共安装“村村响”广播120个，有线电视基本普及。

辖区内有澧县体育中心，为国家乙级体育馆，位于任家巷社区，占地120亩，总建筑面积12757平方米。体育中心内建有标准田径场、游泳训练馆、教学综合楼以及室外活动配套场所；还有标准足球场、门球场、篮球场、网球场、儿童乐园及停车场。

医疗卫生

2014年，澧浦街道有1家卫生院，床位10

澧县体育馆

张，公立医疗点13个，医务人员70余人。私立医疗点、药店等医疗卫生机构遍及辖区。辖区常住人口建立统一、规范的居民健康档案，建档率83.5%，电子建档率100%，并对建档人员实行公共卫生服务系统信息化管理，指导社区医务人员定期开展随访、询问情况，对用药、饮食等方面进行健康指导。

社会保障

2014年，澧浦街道有各类困难群众1563人，其中农村“五保”78人，年发放资金22.5万元，每人每年2880元；农村低保439人，年发放资金52.7万元，每人每年1200元；城镇低保419人，每人每年2400元，共发放资金100余万元；移民低保627人，共发放资金67.9万元，每人每年1620元。有残疾人1255人，其中重度残疾人165人享受残疾人护理补贴，有78名肢体残疾人享受燃油补贴。有各类优抚对象209人，享受优抚金待遇。参加新型农村合作医疗人数31487人，总缴费金额283万元。未到龄新型农村社会养老保险6867人，60岁以上参保人员3607人。

特色地情

名胜古迹

蜚云塔 位于澧浦街道宝塔湾社区澧水北岸二神滩上。始建于明天启初年(1621)，由吴征芳召集创建砖塔。清嘉庆十六年(1811)，州牧谢攀云在原址易砖为石，造至二层又止。嘉庆二十二年(1817)，州牧安佩莲于三月举工续造，十月竣工。前后历时196年。塔为七层楼阁式，青石叠砌。通高33米，底径13米。平面呈八方形，塔身由底层依次上缩，塔基拐角处浮雕力士托塔，每层飞檐出翘、外设佛龛、铭刻文字。塔内外共有一百多幅形态各异的大小浮雕佛像，各种山水花鸟无数，有较高的艺术价值。2002年被公布为省级重点文物保护单位。

多安桥 位于澧浦街道，横跨澧县城东澹水河上。始建于清乾隆51年（1786），由州绅彭宗亮倡议募捐建成平板石桥，桥名澧江，后被大水冲毁。嘉庆二十四年（1819），守道多赉、州牧安佩莲依原址重建为石拱桥，次年竣工。全桥长六十六丈（198米），宽二丈四尺（8.7米），共11孔，中间石拱跨径五丈（15米），高三丈二尺（10米有余），其余两边孔跨径与高度递减。拱桥石墩砌成舟形，并从下往上呈台阶式内收，形成梯形尖状。桥两边砌镶石栏，桥头各竖石牌坊一座，又立石碑共20块，刻记首倡官绅及乐捐者姓氏。桥中央建亭阁一座，已毁。属省级重点文物保护单位。

（文字供稿：李梦洲，图片供稿：澧县党史办）

澧澹街道 >>

区域概况

位置面积

澧澹街道位于县境中南部澧阳平原腹地，东连津市市区，南与澧南镇隔澧水相望，西邻澧浦街道，北与澧东乡以澹水为界。街道办事处驻大巷口社区，距县人民政府驻地 10 千米。

2014 年，澧澹街道面积 24.5 平方千米。有耕地 18870 亩，其中水田 4152 亩、旱地 14718 亩；山地 370 亩；水域 1020 亩。

建置沿革

澧澹街道由澧澹乡析分而建，因拥有澧澹乡大部辖区而沿用澧澹名。民国 27 年（1938）属澹泊乡。民国 36 年分属三贤乡和翊武镇。中华人民共和国成立后，于 1950 年 5 月废除旧制，全县设 187 乡，街域置东洲、白羊、樟柳等乡。1956 年 6 月并为澧澹乡，乡政府驻羊古岗。1958 年 9 月，实行人民公社体制，属澧东公社。1961 年 7 月，缩小公社规模，析置澧澹公社。1983 年 8 月，在全县率先废除人民公社体制，澧澹公社改为澧澹乡。2014 年 4 月，撤销澧澹乡，其辖区大部分划入澧澹街道，其余划入澧浦街道。

行政区划

1983 年 8 月，澧澹乡辖大巷口、夹堤、上福、拥宪、新堤、蚕桑、沿河、永固、仁和、白羊、宝塔、三贤、柳家、羊古、任家巷、彭家、樟柳、三甲、蔡津、东洲、玉皇 21 个行政村，共 181 个村民小组。2010 年后，夹堤、任家巷、羊古、大巷口 4 个村陆续改为社区。

2014 年 4 月撤乡建街道，划出澧澹乡大巷口、夹堤 2 个社区和上福、拥宪、新堤、永固、仁和、白羊、樟柳、三甲、蔡津、东洲、玉皇 11 个行政村组建澧澹街道。同时实行村改社区：保留大巷口、夹堤 2 个社区；上福、拥宪、永固、仁和、樟柳、三甲、蔡津、东洲、玉皇 9 个村改为社区，名称不变；新堤、白羊 2 村合并为白羊湖社区。至 2014 年年底，澧澹街道共辖 12 个社区。

自然环境

澧澹街道南北两面环水，南面为澧水，北面为澹水；东西两端临城，东端抵津市市区，西端抵澧县县城。地势略呈西高东低，主要为澧水冲积平原和滨湖淤积平原。位于澧水南岸的拥宪社区小洼山海拔 213.2 米，为境内最高点。境域属于中亚热带湿润季风气候向北亚热带湿润季风气候过渡地带，四季分明，气候温暖，雨量丰沛。年平均日照数为1612.1小时，年平均气温16.7℃，年平均降水量1260毫米，无霜期272天。土壤肥沃，适宜水稻、棉花、油料作物生长。树木以常青树种为主，主要为人工种植的落叶乔木、灌木丛以及分散的果木林，品种有香泡、花桃、木芙蓉、桂花、玉兰、杜英、杨树、垂柳等。

人口民族

1973年，澧澹公社有7157户32011人；其中非农业人口355人；男性16034人；少数民族76人，其中回族30人、土家族16人、白族11人、壮族11人、满族5人、苗族3人。

1995年，澧澹乡有9196户32502人。

2014年，澧澹街道有7793户34300人；其中男性12675人；非农业人口5683人；总人口中，汉族34242人，少数民族58人，其中回族27人、土家族20人、白族5人、壮族2人、满族2人、苗族1人、布依族1人。

经济发展

综述

1995年，澧澹乡实现工农业总产值1.5亿元。2002年，全乡实现工农业总产值24531万元，其中工业总产值1.9亿元，农业总产值5075万元。2012年，澧澹乡完成地区生产总值9.6亿元；农民人均纯收入8325元。2014年，澧澹街道实现地区生产总值54946万元，其中第一产业18107万元、第二产业35000万元、第三产业1839万元；农民人均纯收入10590元。

农业

种植业 境内种植业以种植小麦、棉花、蔬菜为主。1973年，澧澹公社种植蔬菜1274亩，总产914.45吨；油料作物5355亩，总产364.8吨；棉花18647亩，皮棉总产977.3吨；小麦7505亩，总产659.82吨。1995年，澧澹乡种植棉花1.7万亩，产皮棉1250吨；油菜1.7万亩，油菜籽总产量1650吨。20世纪90年代，县政府推出“菜篮子”工程，澧澹乡不断增加对农业的投入，扩建万亩蔬菜生产基地，引进优良品种与先进栽培技术，建成1000亩塑料大棚。1997年，蔬菜总产量25000吨，总产值8000万元。2002年，全乡生产粮食1600吨、皮棉1013吨、油菜籽1211吨。2007年，全乡种植粮、棉、油作物1.3万亩，蔬菜9000亩，成为全县主要蔬菜生产基地，蔬菜远销北京、上海、深圳、长沙等地。2009年，着力打造高效农业产业园800亩，其中葡萄200亩、食用菌100亩。2011年，澧澹乡蔬菜种植面积发展到12000亩；投资5900万元，全面启动现代农业示范区建设。2014年，澧澹街道农作物总播种面积45411亩，其中粮食作物12814亩，总产3531吨；棉花10297亩，总产皮棉1135吨；蔬菜12004亩，总产77540吨。

养殖业 1973年，澧澹公社水产养殖面积1256亩，出水水产品52.85吨，出栏生猪5631头。2002年，澧澹乡出栏生猪30465头、牛848头、家禽43万羽，生产蛋品2672吨、水产品927吨。2014年，澧澹街道养殖牛320头、猪12000头、羊808只、鸡78000只。2015年，街道开展封洲禁牧工作，澧水、澹水流域共迁出808只羊和320头牛。

林业

1974年，澧澹公社栽种李树55万株，防浪林3万株。1995年，澧澹乡有林地4560亩，森林覆盖率8%；乡党委、乡政府发动群众植树造林，在外洲、外滩、渠道、公路旁等处种植树木。2013年，造林增加面积4050亩，发展果木林生产基地600亩，森林覆盖率16.2%。2014年，澧澹街道植树造林500亩、17900株，主要树种为樟树；其中城市生态公益林100亩、栽树1900株；澧水湿地公园沿江绿化林带300亩，栽树6000株；农户房前屋后空闲土地100亩，栽树10000株；森林覆盖率21.3%。

工业

1995年，澧澹乡有集体企业75家，个体工商企业1044家，年产值1.25亿元，创利税1000万元。2002年，全乡有企业200家，其中规模企业28家，形成从改口经白羊、夹堤到羊湖口的民营产业带，从业人员达5000余人。2006年，澧澹乡签约引进外资项目8个，总引资5000万元。2007年，初步形成羊湖口、向阳桥、黄瓜大乡3个民营工业集群，有民营企业1000多家，腾飞化工、弦宇鬃刷、金欧棉业等一批企业成为支柱企业。2008年，完成规模投资1528万元，新上4个工业项目。2014年，澧澹街道辖区有规模以上企业3家。澧县富荣婚纱有限公司，位于樟柳社区，有员工180余人，主要加工生产中、高档婚纱服饰，年利润1000万元；澧县中弘商品混凝土有限公司，位于大巷口社区，有员工33人，年利润达1500万元；澧县旺力金属制品有限公司，位于大巷口社区，有员工42人，年收入2000万元。有小微企业25家，从业人员133人，总销售收入1091万元，涉及餐饮、猪鬃、门窗制作、药房、网吧、农产品加工等多个行业。

商贸服务业

20世纪50—70年代，境内商业贸易主要以商业、物资两大系统经营为主，工业产品货源组织从二级站调入，再计划批转至基层供销社或零售单位、生产用户。大部分日常工业用品采取凭票定量供应方式销售给消费者。生猪采用统派购方式，由县里向农民下达统派购任务，肉食水产公司与农户签订生猪统派购合同。中共十一届三中全会后，随着市场经济的逐步建立，商贸服务快速发展。80年代初，建成多安桥蔬菜零售市场。2002年，澧澹乡有商业零售店40个；肉食品行业有20户个体屠宰户；饮食服务业网点达30个，其中个体经营户占90%；大小蔬菜零售市场5个。2014年，澧澹街道有个体商贸企业、服务业139户，从业者287人。主要经营范围为餐饮、批发零售业、食品加工业等。

基础设施

交通运输

民国23年(1934)，澧县至津市公路建成通车，境内始有公路。1974年，澧津公路改为油路。20世纪90年代，澧津公路改道。澹水澧阳桥至多安桥航段截断，改为内河渔场。1991年，县运输公司投资25万元修建羊湖口货运码头，长240米，宽6米，泊位3个，最大靠泊能力300吨级，年货物吞吐量15万吨。1992年9月，在省道302线澧澹乡临津村建临津澹水桥，1995年6月竣工，桥长104.6米、宽19米，3孔，设计载荷等级为汽–20级，挂–100级，总投资668万元。1997年12月，黄沙湾码头扩建改造竣工，码头总长500米，泊位16个，最大靠泊能力300吨级，主要进港物资为无烟煤、农资及黄沙等。2000年，在澧澹乡羊古村8组建县客运东站，车站占地12766平方米，其中停车场11714平方米，总投资227.73万元。2007年，澧澹乡形成五横五纵公路交通网络，省道S302线贯穿全境，乡村公路大部硬化。2011年，澧澹乡完成农村公路通畅工程95千米、通乡公路12千米。2014年，澧澹街道投入260万元对10千米道路进行硬化。

澧州大道

邮政通信

1973 年，澧澹公社设有 1 家邮电支局和 7 个邮票代售点、6 个信箱信筒，邮电通信网络初具格局。1988 年，澧澹乡电话杆全部换成水泥杆。1990 年 9 月，省邮电局推广澧县局农话设备整治“三落实、三结合”经验，澧澹乡积极响应，1996 年，澧澹乡永固村成为全县 10 个程控电话村之一。2014 年，澧澹街道升级改造夹堤、东洲、永固等社区光纤网络，境内互联网用户 2700 户，固定电话用户 2000 户，移动电话用户 18000 户。

水利建设

1973 年，多安桥堵口和小渡口建闸工程竣工，澧阳大垸整体水利体系形成，澧澹成为独立大垸，大堤面宽 3 ~ 6 米，能抗御 5 年一遇洪水。1983 年，位于澧阳镇与澧澹乡交界处的黄沙湾电排站竣工，装机容量 10 台 2000 千瓦，流量 16.2 立方米 / 秒。1992 年 1 月，在澧澹乡羊湖口修建大型电排站，1995 年 3 月建成投入运行，共耗资 3200 万元，装机容量 4×1600 千瓦，流量 82 立方米 / 秒，主要担负澧阳平原及涔澹两水沿线 21 个乡镇 53.7 万亩耕地、60 多万人口防汛排渍。1996 年 7 月，澧阳平原大雨造成严重涝灾，羊湖口电排站开机 5 天 5 夜 400 台小时，抢排渍水 3000 多万立方米。1996—2003 年，羊湖口电排站先后 6 次利用以工代赈资金 219.6 万元进行设备和工程维护。2011 年，澧澹乡完成水利投资 5.2 亿元，疏通渠道 859 千米、堰塘清淤扩容 2357 口。2012—2013 年，硬化沟渠 50000 米，新开沟渠 2.2 千米，疏通沟渠 5.1 千米。

供电饮水

2012 年，澧澹乡对 5 个村电网进行升级改造。是年，该乡建成可供 5 万人用水的自来水厂，群众用上安全洁净的自来水。2014 年，澧澹街道投入 285 万元完成对上福、三甲、夹堤等社区电网改造。全街道有电力用户 8700 户，总供电量 1400 万千瓦时。

街道建设

随着澧州新城建设和津澧融城步伐的加快，澧澹街道稳妥推进项目建设。澧州大道东拓工程，标准厂房二、三期，纬 7 路建设，上福桥压浸，向（阳桥）如（东铺）线电力改线工程等项目完成征地 330 亩，拆除房屋 46 栋、桥梁 50 座。汽车总站建设项目征地 108 亩、拆除房屋 11 栋。为解决无房户、危房户问题，新建 3 处 100 套过渡性安置房，总占地 22.4 亩。至 2014 年年底，该项目进入施工阶段。

社会事业

教育

1994年，澧澹乡撤销东洲小学和樟柳小学，东洲小学学生入蔡津学校就读，樟柳学校高年级学生入向阳完小就读，中低年级学生根据就近入学原则，分别入彭家学校和仁和学校就读。同时修建东洲垸完小，学校占地2000平方米，耗资32万元。对乡办中学、中心小学危房进行改造，建筑面积累计1500平方米，共耗资36.5万元。1996年，乡中学有教职员工107人，在校学生1200人。2002年，乡内有乡办中学1所、小学12所，学生3000余名、教师200余名。有农科教中心1所，定期对农民进行先进生产技术培训。2014年，澧澹街道有中学1所、小学3所，在校学生1100名，教师200名，学龄儿童入学率100%，小学升初中率100%。

文化

2014年，澧澹街道有文化站和有线电视差转台各1个，13个农家书屋，每个书屋藏有1600多册图书，影碟音像、报纸杂志等配备齐全，免费开放。澧澹街道设有文化广播站，各社区共设"村村响"广播120个。各社区居委会积极组织各种文体活动，如广场舞表演等。中小学在"六一"、国庆节均组织各种文艺表演比赛。街道还组建有军鼓队、管乐队、点子队、舞蹈队等。

医疗卫生

2002年，澧澹乡有卫生院2家、村级卫生室21个。2014年，澧澹街道有1个卫生院、12个社区卫生室。为辖区常住人口建立统一、规范的居民健康档案32003份，建档率84.2%，其中65岁以上老年人4509份、高血压患者2297份、糖尿病患者519份、精神病患者169份、孕产妇683份、0～6岁儿童2826份、一般人群21000份。电子建档率为100%。卫生院对建档人员实行公共卫生服务系统信息化管理，并指导村居医生定期开展随访询问，对用药、饮食等方面进行健康指导。"新农合"年住院患者880人次，总费用81万余元，人均费用923元，补偿金额共计56万余元。另外，卫生院针对患者实际情况，对优抚对象、"五保"人员、部分自费费用进行减免，全年减免医药费用共计5万余元。

社会保障

2005年，澧澹乡发放城镇低保补贴6万余元。2008年，发放农村低保39万余元，移民后期扶植资金12万余元。2010年，发放农村低保金51万余元，移民后期扶植资金12万余元。2013年，发放农村低保104万余元，移民后期扶植资金11万余元。2014年，澧澹街道城乡居民养老保险新增1468人，城乡居民医疗保险参保28154人，参保率100%，做到应保尽保。是年，县农保中心下达的任务为103万元，上缴101万元，完成任务数的97.54%。有4307名60周岁以上老人领取养老金，每月发放总金额24万元。按时足额发放各类优抚、救助、激励等政策资金430多万元；发放城镇低保保障金168.5万元，农村低保保障金40.7万元；春节送温暖资金19万元。新增农村奖扶162人，特扶7人，城镇奖扶82人，为265名独生子女上报落实保健费。

特色地情

名优特产

大石桥黄瓜　20世纪90年代，澧澹乡上福村大石桥种植黄瓜400多亩，亩产3000公斤，一年种植3季，每季产量100万多公斤，年产值450万元。产品以塑料袋包装，统一销售。销往省内各大城市及邻省各地。澧澹乡因此获得“黄瓜大乡”美誉。

樟柳铁扫帚 20世纪80年代，澧澹乡樟柳村以产铁扫帚闻名，全村种植面积超过1000亩，亩产干苗500公斤以上，种子100公斤以上，亩产值1500元左右。樟柳铁扫帚质量好，美观耐用，适用性广，每年外销50万把以上，年收入超过150万元。1987年，省长熊清泉视察樟柳村，给予高度评价。1999年常德电视台和湖南电视台专栏《五十年辉煌》专题报道樟柳铁扫帚。2000年，湖南卫视《乡村发现》栏目以《天上有颗扫帚星，地上有个扫帚村》作实地报道。

（文字供稿：李志勇，图片供稿：澧县党史办）

澧南镇 >>

区域概况

位置面积

澧南镇位于县城正南，地处澧水与道水交汇区，东濒道水，与津市市窑坡乡、灵泉乡相接，南与道河乡为邻，西与张公庙镇毗连，北临澧水与澧西、澧阳、澧浦、澧澹 4 个街道相望。镇人民政府驻双荷村狮子岭，距县人民政府驻地 8 千米。

2014 年，澧南镇总面积 45.4 平方千米，有耕地 35903 亩、园地 176 亩、林地 4233 亩、草地 300 亩、养殖水面 5335 亩，其他土地 291 亩。

建置沿革

明代分属澧州昇进一、昇进二 2 里，清代分属澧州昇进一、昇进二和义块北隅 3 里。民国初期设盖天等团，民国 23 年（1934）分属刘市、十里 2 乡，民国 27 年属道溪乡。中华人民共和国建立初期沿袭旧名。1950 年 5 月，废除旧的乡、保、甲，全县设 187 个乡，镇域置刘市、盖天、襄阳等乡。1956 年 6 月，并为澧南乡。1958 年 9 月，实行人民公社体制，与道河乡合并成立红旗公社。1959 年 3 月，改称澧南公社。1961 年 7 月缩小公社规模，析置道河公社。1984 年 4 月，撤销人民公社，复名澧南乡。2006 年 12 月，撤乡建镇，改为澧南镇。至 2014 年年底无变化。

行政区划

1984 年，辖乔家河、双荷、栗木、大堰、丰坪、兴隆、老岗、回龙、前进、中湖、长湖、徐湖、新渡河、高湖、广福、邢市、南坪 17 个行政村和刘家河居委会，共 202 个村民小组。2002 年，新增张家滩村。2006 年，乔家河村改为乔家河居委会。至 2014 年年底，澧南镇辖 17 个行政村和 2 个居委会，共 209 个村民小组。

自然环境

镇域地形西高东低，北高南低，地势倾斜。最高点大堰村尖峰岭海拔 101.2 米，最低点高湖村高家湖田海拔 33.2 米，最大相对高差 68 米。地貌山、丘、平、湖均有分布。澧、道两水流经境内。镇域属亚热带向北亚热带过渡的季风气候区，以大陆性气候为主，四季分明。年平均日照时数 1689.7 小时，气温 16.6℃，降雨量 1283.7 毫米。树木 30 多个品种。野生动物有 40 多种。境内矿产资源有红岩、砂卵石、红土、白鳝土，均系良好建筑材料。土壤为砂壤土、红黏土，偏碱性，肥力较好。镇域属水、旱灾害易发区。

1862—2014 年，共发生自然灾害 35 次，特别严重的有洪灾 4 次、旱灾 6 次。其中，1998 年发生的特大洪灾，造成 7765 户房屋淹没，因灾死亡 54 人，3 万多亩农作物失收，直接经济损失 4.93 亿元。

人口民族

1982 年，辖区内有 6520 户 27838 人，其中男性 13918 人；农业人口 27157 人；出生率 13.7‰；有少数民族 3 人，其中回族 2 人、土家族 1 人。1995 年，辖区内有 8080 户 25065 人。2014 年，全镇有 8418 户 28248 人，其中男性 14710 人；农业人口 26762 人；出生率 11.5‰；少数民族 4 人，其中回族 3 人、土家族 1 人。

经济发展

综述

1996 年，澧南乡实现工农业总产值 16295 万元，其中农业总产值 6456 万元，工业总产值 9839 万元。1998 年，遭遇百年一遇特大洪灾，在上级党委和政府的支持下，整体移民建镇，修复水毁设施，调整农业结构，着力发展经济。2008 年，澧南镇完成工农业总产值 3.45 亿元。镇村集体企业实行改制，民营经济得到发展，新鹏陶瓷、远智棕业、友联墙材等企业发展壮大，成为镇骨干企业。陶瓷地板砖、棕垫等系列产品生产规模加大，工业产值快速增长。农业方面，推广土地流转，引进种植大户，发展现代观光农业。2014 年，实现地区生产总值 11 亿元，其中第一产业 4 亿元、第二产业 6 亿元、第三产业 1 亿元。农民人均纯收入 1.1 万元。

农业

种植业 境内种植业以种植粮食、棉花、油菜为主。1995 年，全镇粮食产量突破 1000 吨，棉花总产 704 吨，油菜总产 2070 吨。2001 年，种植早稻 3000 亩、中稻和一季晚稻 10648 亩、双季晚稻 3500 亩，稻作区耕作以稻—油、稻—肥（绿肥）制为主；种植棉花 7643 亩，总产皮棉 750 吨；种植油菜 23000 亩，总产 2254 吨。2014 年，粮食种植 33500 亩，其中早稻 15000 亩、中稻 12000 亩、晚稻 15000 亩、小麦 1500 亩、高粱 1000 亩、玉米 2000 亩；种植棉花 2000 亩、油菜 30000 亩。通过调整种植业结构，使传统农业向现代农业生态观光园发展，成立土地流转公司，招商引进种植大户，镇里引进盈成油脂、华安蔬菜公司两个大户，流转土地 23766 亩。

养殖业 1982 年，养生猪 11898 头、出栏 9880 头，养牛 886 头、羊 21 只、兔 1000 只、禽 4.51 万羽，出水鲜鱼 420 吨。1995 年，生猪出栏 25000 头，水产品 260 吨，蛋品 320 吨，家禽出笼 12 万羽，收入 2500 万元。2014 年，养生猪 45700 头、出栏 17900 头，养牛 6040 头、家禽 35.04 万羽、羊 37100 只、兔 4790 只，出水鲜鱼 370 吨，养殖业产值 2112.68 万元。

林业

1982 年，境内有林地 4881.2 亩，其中用材林 1582.5 亩、防护林 202.3 亩、经济林 3096.4 亩。经济林中，油茶 999.6 亩、油桐 88.6 亩、茶叶 1863 亩、果木 96.5 亩、桑树 48.7 亩。1998 年起，开展封山育林、植树造林和退耕还林还草，发展经济林、用材林。2014 年，有林地 10800 亩，其中用材林 6480 亩、防护林 2160 亩、经济林 2160 亩，森林覆盖率 40%。境内有古树 2 株，1 株是上观宫旧址 480 年的柏树，1 株是钦山寺遗址 1200 年的罗汉松。

工业

1970 年，大办工业，社队企业发展较快。

1971年，境内有社办榨油厂、缝纫厂、鞭炮厂、船运队、渡务所和手联社等6个企业，从业人员95人，年总产值30万元。大队办企业24个，主要是农副产品加工厂，从业人员102人，企业年产值5万元。社队两级企业有固定资产12万元。1973年，社办企业有渡务所、联运组、搬运队、榨油厂和鞭炮社5个，从业人员51人，总产值78882元，累计积累41089元。1979年，县经委将县办乔家河机砖厂移交澧南公社经营，年内生产红砖1130万块，实现产值44.75万元，利润9.67万元。1985年，澧南乡党委推行双层经营，发展乡镇企业，乡办企业增加到15个，完成产值337.87万元，上缴税金32.2万元，纯利润41.84万元。2014年，全镇有企业42家，年产值9亿元，上缴税金3420万元；有规模企业14家，其中新鹏陶瓷年产值2亿元，上缴税金2701.07万元，纯利润1275.87万元。

商贸服务业

民国时期，境内集市有刘家河、邢家河，经营商品有南杂、百货、五金、肉食、疋头、木材、印刷、熟食、蔬菜、水果等。中华人民共和国成立后，在刘家河建供销社、肉食站、粮油站；在邢家河建供销社、肉食站。村（大队）设零售店或代销社。1985年，供销社等集体商业店铺承包到人，1988年又重新承包，集体商业名存实亡。之后，供销系统靠每年为国家收购棉花获利维持生计。1998年，刘家河、邢家河供销合作社对退休职工进行工龄工资“买断”。年底实行供销社体制改革，集体商业不复存在。2000年移民建镇后，乔家河和张家滩居住区建有大量经商门面，所有开业经营的均为私营工商业。2014年，全镇有各类商铺900多家，个体工商从业者3000多人，墟场赶集日有近4000人。

基础设施

水路交通

航道　境内有主、支航道各一条。主航道从澧水乔家河起至道水河口止，长12千米，可长年航行100～200吨级机驳船。支航道从道水乌鸦山起至道水河口止，长11千米，可长年航行3～30吨木帆船和机帆船。

港口　刘家河港口建于清代末年，经过多次加修为砼路面，成为水陆运输车、船出入港口的主要通道之一，年货物吞吐量2万吨左右。乔家河港口建于1970年，可停泊25吨级驳船10艘，年货物吞吐量8万吨左右。1995年以后，因艳洲电站发电节制水位，影响船泊航行，两港口消亡。

渡口　刘家河渡口，古称将军渡。清同治年间（1862—1875）称外河渡。1953年，有个体小木船摆渡。1961年成立刘家河渡务所。1989年有渡船6艘，日渡5200人次。乔家河渡口，在民国时期属义渡。1968年，由县帆船运输合作社城关大队在该渡口摆渡。1982年，县航运公司将渡口移交给刘家河渡务所。1989年有渡船两艘，日渡1200人次。2000年以后，因移民建镇，有县级公路通往县城，从渡口过渡的行人越来越少，渡务所撤销。

陆路交通

道路　20世纪70年代起，公路建设加速，毗邻县乡公路相互接通。1977年，修建乡道刘大线，长5千米。1981年，建刘家河汽车渡口，沟通境内汽车运输。1998年7月，新辟乔（家河）张（家滩）、乔（家河）新（洲）线路，日客运量1200～1500人次。2001年，修建县道乔大线，境内长 6 千米。

2002 年，境内有各类运输车辆 80 辆，载量 600 吨；年客运量 45 万人次。

2014 年，境内有省道乔张线，长 12 千米；县道、乡道各 1 条。

桥梁 张家滩大桥，建于 2002 年，长 403 米；澧州大桥，长 1628 米、宽 14 米，2015 年元月 1 日建成通车。

邮政通信

明成化年间（1465—1487），境内设有上观铺、新渡铺 2 个驿站。民国 35 年（1946），澧县邮电局始在刘家河设邮电代办所。1956 年，改称为邮电支局。1989 年，铺设刘家河至澧阳电缆电路。1998 年溃垸后，澧南实施移民建镇，邮政支局迁址在乔家河居委会张家湾，修建办公营业房屋设施 500 平方米。2014 年，辖区内电信、移动、联通三大网络实现全覆盖，全镇固定电话 2000 多部，移动电话 15000 多部。

水利建设

蓄洪 1956 年，修建冉坪湖、盖天湖两个蓄水湖，蓄水量 377.7 万立方米。1974 年、1975 年建成杜家垸内河、泥窝湖两个蓄水湖，总蓄水量 109.9 万立方米。2004 年建成澧南垸分洪闸，属大型Ⅱ级水闸，分洪流量 2380 立方米 / 秒。

大堤 1998 年溃垸后，实施白芷棚、汪家洲、刘家祠堂三大溃口堵口复堤，长度 859 米。2011—2014 年，国家投资 1.2 亿元，完成大堤加固 12 千米、护坡护脚 6.5 千米、大堤压浸 8.1 千米，建筑物翻修 4 座。

水库 1956 年建成和平水库，属小（二）型水库，灌溉面积 719 亩。1982 年完成八一水库及周边配套建设，属小（一）型水库，灌溉面积 4407 亩。

排灌设施 2000 年建成紫水溪中型泵站，装机 4 台 ×310 千瓦。2014 年，澧南镇有防洪大堤 21.9 千米，其中澧南垸 20.2 千米（澧水大堤 10.5 千米、道水大堤 9.7 千米），彭坪垸 1.7 千米。防

澧南镇水库

洪大堤沿线有穿堤建筑物15座，电力灌排机埠6处12台2275千瓦，灌排渠道34条总长130千米，蓄水湖2处面积2273亩。山丘区有小型水库3座，总蓄水量237.4万立方米；撇洪渠道2条10千米。

供电饮水

供电 1966年，津市电力局窑坡渡变电站向澧南供电。由于线路长，处于线路尾端，供电质量差，常年天黑停电，给群众生产生活带来诸多不便。1994年，乡党委、乡政府筹款，在紫水溪实行双电杆拆线改造，由乔家河变电站供电，电力改造后用电质量明显提升。2000年移民建镇后，落实国家电改政策，架设高压线路15千米，低压线路62千米。2003年主动蓄洪后，电力线路全部水毁。在灾后重建中，为解决蓄洪期电力线路安全，架设21米高压线路15千米。2013—2014年，全镇增加10千伏高压线路7.2千米、0.4千伏线路21千米，增加变压器11台、更换变压器3台。

饮水 2000年1月，建乔家河自来水厂，建成1000立方米蓄水池1座，埋设主管道10.7千米、支管道40千米，日供水量为3000立方米，由县第四自来水公司供水。同年2月，建张家滩自来水厂，有100立方米水塔1座，埋设主管道5.6千米、支管道18千米，日供水2000立方米。2011年10月，乔家河自来水厂由县自来水公司移交给县水利局管理。是年，国家投资350万元，进行乔家河自来水厂改造，供应2万多人的安全饮水。2014年，国家投资240万元，对张家滩自来水厂厂区和管网进行改造，张家滩集镇区群众吃上安全水、放心水。

镇村建设

1998年溃垸，刘家河集镇和邢市集镇全遭水毁，是年末，国家投资兴建乔家河、张家滩2个集镇，实行灾后整体移民搬迁。2000年，集镇建成。7000多幢规格统一的楼房整齐排列，形成宽敞的街区和亮丽的居住区。张家滩大桥及两条14米宽的水泥硬化主公路贯通2个集镇和生产生活区，水、电、路、下水道及绿化亮化工程先后配套。兴建建筑面积8400平方米镇初级中学1所、4200平方米中心小学1所和村小学2所；兴建4080平方米卫生院1所，设置4个医疗网点；建4000平方米的敬老院1所；建成乔家河、回龙、张家滩3个高标准农贸市场；建成19个村（居）活动中心。2013—2014年，镇、村每年投入40多万元用于垃圾清扫和清运，30名保洁清运人员实行全天候保洁，并在主公路沿线完成28个垃圾围改箱。

社会事业

教育

1922年，在上观宫创办道溪高等小学。1941年，在上观宫建起道溪中心完小。中华人民共和国成立后，重视教育，办学规模逐渐增大。1958年，创建小学27所，其中刘市完小兴办2个附中班。1997年，境内有10所学校，教职员工175人，中小学生2999人。2014年，全镇有中学1所、小学3所、幼儿园8个，教师246人，在校中小学生2175人，在园幼儿986人。

文化体育

1965年，建立文化站。是年，澧南艺人郭祖敦代表澧县在常德演出渔鼓节目，获常德地区创作奖和表演奖。1982年，在刘家河修建电影院。1984年，成立前进村皮影队。1987年，由兴隆刘士洞等组建的农民管乐队，先后参加常德地区、湖南省文艺演出，分别获得铜管乐一、二等奖。2003年，文化站与广播电视站合并，更名为文化广播电视站。2010年以后，镇文化活动开展频繁，文化节目亮点较多，松州艺术团传统舞蹈《舞龙狮》、民间艺术表演《采莲船》、皮影戏《孙悟空大战牛魔王》、扇子舞《欢聚一堂》在2013年、2014年市县两级百团大赛中获奖。2014年，全镇有文化广播电视站1个、狮龙队6个、唢呐艺术队5个、腰鼓队6个、渔鼓队2个、农家书屋19个、文化体育广场7个。

医疗卫生

1954年溃垸后，为适应抗灾防病需要，境内4家药铺合并，在刘家河集镇租用木楼房3间，筹集资金3000多元，成立刘市中心联合诊所，有医务人员8人，负责治疗、保健、预防工作。1958年12月，成立公社医院，设有门诊、住院、医护等科室，有病床44张，医务人员53人。各大队也办有卫生保健室，配有保健员1～2人。经过多年发展，澧南卫生院初具规模，1996年被国家卫生部评定为一等甲级卫生院。1998年溃垸，卫生院被洪水冲毁。1999年2月，由省、市卫生部门投资246万元，在乔家河居住区重建卫生院，卫生院建筑面积2300平方米，2000年5月投入使用。2014年，卫生院有医务人员33人，病床45张，拥有门诊大楼、住院部、化验室和B超，X光等医疗设施设备。

社会保障

中华人民共和国成立后，对老弱病残等群众给予救助安置。1983年，“五保”人员生活由大队统筹，每人每年供应口粮300公斤左右，生活费150～200元。2000年，投资150万元，修建乡级老院，建筑面积4800平方米。2003年，全镇有92名“五保”老人，32人敬老院集中供养，60人分散供养。2005年，推行新型农村合作医疗制度。2006年，参加合作医疗人数达22000人，参合率为80%。2014年，全镇141名“五保”人员全部落实供养政策，其中66人入住镇敬老院集中供养；27727人参加农村合作医疗，参合率达98%；756人享受农村最低生活保障待遇，领取低保资金90.72万元；12000人享受社会养老保险待遇。

特色地情

名优特产

娃娃鱼 2010年，引进澧县娃娃鱼驯养繁育养殖场，落户在澧南镇双荷村谷湾峪，年内养殖成年娃娃鱼100尾，幼鱼2000尾。2014年，该场养殖成年娃娃鱼2500多尾，幼鱼1600多尾。

风景名胜

彭山 位于澧南镇与张公庙镇交界处，方圆2千米，山峰海拔130米。山上建有思王祠、钦山寺。2012年，由常德华诚现代农业开发有限公司投资开发兴建华诚彭山旅游度假庄园，将3000亩山林打造成国家AAA级旅游风景区。景区内建有屋顶花园和湘北地区品种最多的茶花园。

油菜花观赏基地 2010年，引进湖南盈成油脂工业有限公司，澧南镇成为该公司的油菜基地，种植油菜2万亩。油菜花开时，基地成为湖南省难得一见的油菜花景观。

文化遗址

鸡公垱旧石器遗址 位于澧南乡栗木村。旧石器埋藏在澧水右岸二级阶地的网纹红土中。海拔高度约50米，相对高度20米。堆积物表现为河湖相沉积。其地质时代为中更新世晚期或晚更新世早期，文化时代为旧石器时代中期。1987年10月调查发现29件旧石器，1988年10—11月由湖南省文物考古研究所发掘，发掘面积200平方米，出土各类石制品200多件。2013年被国务院公布为第七批全国重点文物保护单位。

（文字供稿：胡蓉、向际富，图片供稿：澧县党史办）

张公庙镇 >>

区域概况

位置面积

张公庙镇位于县境西南部，东抵澧西街道，南接澧南镇、道河乡和临澧停弦渡镇，西邻临澧县合口镇，北连大坪乡、车溪乡。镇人民政府驻张公居委会，距县人民政府驻地 10 千米。

1989 年，张公庙乡总面积 21 平方千米。2014 年，全镇总面积 57 平方千米，耕地 31365 亩，其中水田 16440 亩、旱地 14925 亩，山地 9600 亩，水域 6600 亩。

建置沿革

民国末期属大新乡。中华人民共和国成立初期，沿袭旧制，仍属大新乡。1950 年 5 月，废除旧制，全县设 187 乡，镇域置张公、石塘、荣市等乡。1956 年 6 月，并为澧西乡。1958 年 9 月，实行人民公社体制，属澧阳公社。1959 年 6 月，澧阳公社析为澧阳、澧西 2 个公社，镇域属澧西公社。1960 年 3 月，划出澧西公社青龙、张公、新堤 3 个大队设立省棉花试验站。1971 年 2 月，撤销省棉站，成立澧县棉花实验站，站驻熊家大禾场，属公社机构，所辖区域有原省棉站的青龙、张公、新堤 3 个大队和澧西公社划出的胜利、新建、国富、柳荫、白鹤、合群、联合、民主 8 个大队。20 世纪 70 年代中叶，胜利大队一、二 2 个生产队划给临澧县合口镇。1980 年 3 月，澧县棉花实验站改为张公庙公社。1984 年撤销公社，改为张公庙乡。1995 年，张公庙乡与澧西乡荣家河居委会及黄河、万家铺、七顷、新联、建楼、幸福、高路铺、彭山、石塘、九堰、新庙、高潮 12 个行政村合并，成立张公庙镇。至 2014 年无变化。

行政区划

1989 年，张公庙乡辖张公、兔子口、青龙、白鹤、柳荫、合群、国富、胜利、通讯、联合、护国 11 个行政村。

1995 年，张公庙乡与澧西乡大部分村合并成立张公庙镇，全镇辖张公、荣家河 2 个居委会和通行、胜利、国富、联合、柳荫、白鹤、合群、护国、兔子口、青龙、黄河、万家铺、七顷、新联、建楼、幸福、高路铺、彭山、石塘、九堰、新庙、高潮 22 个行政村，共 178 个村民小组。2004 年，通行、胜利 2 村合并为通讯村，兔子口、青龙 2 村合并为兔子口村，黄河、万家铺 2 村合并为黄河村，新联、七顷 2 村合并为新联村，并村后全镇辖 2 个居民委员会、18 个行政村，146 个村（居）民小组。至 2014 年无变化。

自然环境

镇域地形以平原为主，澧水南岸彭山村为丘陵区，地势南高北低、西高东低。最高点彭山村海拔211米，最低点管家溶海拔38米。澧水河流经镇域13千米，西起与合口交界的张家桥，东止于与澧西街道交界处的艳电大坝。镇域属中亚热带向北亚热带过渡的季风气候区，四季分明。年平均日照时数为1689.7小时、气温为16.6℃、降雨量为1283.7毫米。境内已探明地下矿藏主要有石膏，位于镇西部的国富村和柳荫村，地质储量约3000万吨。其他自然资源有砂石和浅水层地下水。辖区内树种有马尾松、杉、樟、油茶、白杨等。野生动物有野猪、野鸡、野兔、野鸭、布谷鸟、白鹭等。土壤多为沙壤和粘性土壤，适宜种植多种农作物。丘陵区为红壤，适应各类树木生长。境域横跨澧水，各种灾害时有发生。民国24年（1935）和1954年2次特大洪灾，澧水大堤漫堤决口，境内大部村庄被淹，粮食颗粒无收，民房倒塌，淹死猪、牛、羊、鸡无数。2011年7月30日，遭受特大龙卷风袭击，风力达10级以上，持续时间30分钟，6个村受灾，22人受伤，432亩葡萄园受灾，6000余亩棉田受灾，农户房屋受损1109户，折断树木1133棵，造成直接经济损失1900多万元。

人口民族

1995年，张公庙镇有9145户31595人，其中城镇人口2583人，城镇化率8.1%；总人口中男性16065人；人口出生率10.3‰、死亡率2.1‰、自然增长率8.2‰；少数民族有土家族2人。

2014年，全镇有10848户32826人，其中城镇人口2857人，城镇化率8.7%；总人口中，男性16188人，女性16638人；人口出生率10.8‰、死亡率1.9‰、自然增长率为8.9‰。总人口中，汉族31171人，13个少数民族1655人，其中土家族1583人、回族11人、苗族14人、彝族3人、壮族17人、布依族4人、侗族3人、瑶族5人、白族9人、哈尼族1人、傣族2人、土族1人、毛南族2人。少数民族人口增加，主要是因2002年石门县皂市水库移民。

经济发展

综述

1995年，全镇完成工农业总产值12530万元，其中工业总产值8760万元，农业总产值3770万元。2001年起，进行农业生产设施改造，引进农产品加工企业和生产技术；调整农业内部结构，引种葡萄、棉花制种、高效蔬菜等产业，葡萄成为全镇支柱产业。2003年，全镇实现工农业总产值2.4亿元，其中工业总产值1.4亿元，农业总产值9856万元。2006年后，镇党委、镇政府大力招商引资，引进寰球电子科技有限公司等企业，扩大重点企业规模，发展特色产业，突出特色养殖项目。2014年，全镇实现地区生产总值8.8亿元，其中第一产业1.4亿元，第二产业5.7亿元，第三产业1.7亿元，三次产业结构比为19.7 ∶ 64.6 ∶ 19.7。

农业

种植业 镇域种植业以种植棉花、稻谷、油菜、蔬菜为主。1995年，种植早稻15000亩、中稻1000亩、晚稻15000亩，总产稻谷15500吨；棉花种植14000亩，产籽棉5000多吨；油菜面积1.4万亩，产油菜籽1920吨；蔬菜1300多亩，产量200多吨。2002年，由于棉花市场价格走低，镇党委、镇政府号召农民种植葡萄，提高经济效益。2011年，全镇种植葡萄6000多亩，产量0.9万吨，年产值6200万元。种植蔬菜0.52万亩，总产量900吨，主要品种为荷兰豆、冬瓜、凤尾菜

大棚种植

等。2014年，种植早稻15000亩、中稻2000亩、晚稻15000亩；棉花2000多亩；葡萄12000亩，产量1.8万吨，产值1.2亿元。

养殖业 境内传统养殖业以生猪、家禽、鱼类为主。1985年，辖区养牛1238头，养生猪20697头、出栏13845头，养羊573只，养兔3200只，养禽5.69万羽，出水鲜鱼550吨。2000年起，镇政府扶植科技养殖户，引导农户养菜鸡、猪、羊、牛，并成立养殖协会，推动养殖业快速健康发展。2014年，全镇养牛3280头，养生猪52300头、出栏35750头，养家禽68.05万羽，养羊23200只，养兔19000只。养殖水面3500亩，出水鲜鱼2000多吨。全镇有养殖大户213户，其中养猪大户128户，养猪38500头；养鸡大户42户，养鸡12.6万羽。

林业

20世纪80年代初，彭山村3000亩坡地退耕还林。90年代中后期，使用世界银行贷款造林1000亩，油茶低改500亩。2006—2013年，实施庭院绿化、道路绿化、广场绿化造林3000亩。至2014年年末，全镇累计完成植树造林绿化面积35000亩，建立绿化苗木基地500亩，活立木总蓄积量67000立方米。

工业

民国时期，境内高路铺木椅手工制作兴盛，相传至今。20世纪60年代，相继建起轧花、榨油等农产品加工企业。80—90年代，兴办炼锌厂、预制厂等工业企业。2000年起，先后引进电子、酿酒、特色食品、石膏加工、砂石采掘等企业。2014年，全镇有工业企业78家，其中规模以上企业16家，完成工业总产值65000万元。主要工业企业有环球电子、神州酒业、张公油脂、群星化工、特色食品、华诚实业、采石制砂厂等。

商贸服务业

民国初期，境内集市主要有张公庙、荣市、万家铺、营盘岗、石塘堰等5处。中华人民共和国建立后，在乡（公社）驻地建供销社、肉食站、粮店等，乡（公社）驻地成为农村中心市场。中共十一届三中全会后，个体商贸服务业快速发展，市场日益活跃。1995 年，镇内有荣家河、张公庙 2 个集贸市场，商铺发展到 400 多家。随着商业流通体制改革的深入和小城镇发展的需要，镇党委、政府多方筹资进行集镇基础设施建设，鼓励农民进集镇创业经商，推动商贸服务业快速发展。2000 年后，分别建成张公庙流通综合市场、荣家河菜市场等，并引导设立张公庙墟场，赶集日平均近 3000 人。2014 年年末，全镇有各类商铺 600 多家，个体工商从业者 1600 多人，社会商品零售总额达 1.5 亿元。

基础设施

交通运输

民国 23 年（1934），常德经张公庙至澧县公路 (G207) 建成通车，境内始有公路。民国 25 年，建成张公庙至石门公路（S304）。1975 年，建成县道张公庙至大坪公路，省道 S302 改经九堰村。至此，镇域形成 1 条国道（G207）和 2 条省道（S302、S304）纵横贯通总长 29 千米的交通枢纽格局。1990 年，澧水张公庙大桥建成通车，张公轮渡取消。2000 年起，镇政府加强通村通组公路建设。2014 年，全镇有 20 多条公路，总长 183 千米，硬化率 100%；有 1 个客运站，年客运量 11 万人次；开通张公集镇至县城公共汽车线路，有公交运营车 4 辆。

邮政通信

20 世纪 80 年代，境内设有澧西、张公庙邮政 2 个代办站。1995 年，2 代办站合为张公庙邮电所，后邮政、电信分设。2014 年，全镇有邮政网点 1 个，投递路线单程总长 114 千米，投递点 372 个，乡村通邮率 100%，全年投递国内函件 4 万件，国内汇票业务 1.6 万笔，国内异地特快专递信件完成 1.5 万件。征订报纸 1 万份、杂志 1500 份，全年业务收入 25 万元。有电信企业 1 家，服务网点 2 个；固定电话用户 0.48 万户，电话普及率 53.8%；移动电话用户 1.13 万户，移动电话普及率 98.6%；全镇光缆线路总长 42 千米，主干电缆 3300 千米；互联网端口总数 1058 个，宽带接入用户 779 户。

水利建设

镇域澧水一线防洪大堤长 13.3 千米，防洪大堤沿线穿堤建筑物 4 座，电力排灌机埠 1 处 3 台 465 千瓦。20 世纪 70 年代初，对境内水利设施统一规划建设，后逐年配套。1977—1980 年，在澧水彭山段筑坝修建水利枢纽工程艳洲水电站。1992 年，将澧水兔子口大堤截弯取直，建新横堤 3 千米。2000 年后，境内完成重点水利工程项目有：六干排护砌 4 千米，荣涔排护砌 1.6 千米，陈家拐外垮除险加固 2.5 千米；同时，对陈家拐低洼地、幸福低洼地压浸除险。至 2014 年，全镇有排灌渠道 592 条、191.7 千米，其中主排渠 8 条、主灌渠 3 条，长 15.5 千米。

供电饮水

1968 年，省棉花试验站自发电送至所辖 3 个大队，是为境内生活用电之始。20 世纪 80 年代初，全境普及用电。2010 年，通过电网改造，安装各类变压器 80 多台，线路总长 92.6 千米，全镇总供电量达 3168 万千瓦时。

2007 年 7 月，镇内开始建设自来水供水工程。年内建成张公庙水厂，铺设主管道 8.5 千米、支管道 19.5 千米，日供水 830 立方米。2009 年，建成荣家河水厂，日供水 810 立方米，铺设主管网 8.9 千米、支管网 17.8 千米。2014 年，建成彭山水厂，铺设主、支管道共49千米，日供水500立方米。为提高供水质量，2014年11月，张公庙水厂、荣家河水厂与县山门水厂供水管道并网，改用山门水库水源，并对国富等7个村进行扩网，全镇自来水通户率达到100%。

镇村建设

1995年，镇政府制定镇区发展规划。1998年，艳洲、茶园移民交荣市集镇安置。2002年，皂市移民交张公庙集镇安置，集镇规模扩大。2006年起，荣家河、张公集镇扩建街道4条，兴建集贸市场2座，兴建流通综合体1座。2014年，两个集镇面积分别达到1.5平方千米和2.4平方千米，经商门面300多个，个体工商经营者1000余人；新建宜居住宅500套，新建小区面积25万平方米。村村建有村民活动中心、村级服务中心、村民休闲广场、幼儿园等公共设施；是年，全镇改灶、改厕、改水工程全部完成，95%的农户使用上卫生厕所；村村建有垃圾箱、垃圾池、垃圾围，垃圾统一收集，由专门保洁人员集中处理，生活垃圾无害化处理率100%；11个村创建为省级卫生村。

社会事业

教育

清代，境内有数家私塾。民国时期，境内有白鹤、护国、荣市、红庙等数所公办小学。1952年，初级小学扩展到10多所。1958年，创办荣市、护国两所完小。20世纪60年代，开办石塘完小，并在县拖拉机站和省棉花试验站开办两所农中。1969年，两所农中撤销，改办为澧西中学和张公中学，增设高中班。1972年起，辖区大多数生产大队兴办完小和带帽初中班，有教职员工200多人，在校学生2000多名。1978年，澧西中学迁址荣家河，原址改办澧县第九中学，为县办高中，在校学生1200多人。1994年，改为澧县三中。1979年，各大队小学附设的初中班停办，转为开办幼儿班。1983年，澧西、张公庙中学在校学生达到1000多人，教职员工60多人。1995年10月，澧西、张公庙两所中学合并为张公庙镇中学，校址设在张公庙集镇。是年，各小学幼儿班陆续取消，改为集中办幼儿园。2007年，小学因调整布局只保留6所。2014年，全镇有幼儿园7所，在园幼儿853人，教师35人；小学6所，在校生967人，教师118人；初中1所，在校生525人，教师71人；普通高中1所，在校生1250人，教师128人。

文化体育

2014年，全镇有各级社会体育指导员12人。每年定期举办中、小学生运动会。在13个村实施农民体育健身工程，经常参加体育锻炼的人数占总人口的40%。有体育场地16个。全镇有各类演艺队伍13支，流动电影放映队1个，电视广播进村入户，有农家书屋20个，藏书（刊）32000册。

医疗卫生

民国时期，境内医疗主要为个体郎中及个体中药铺。1951年，在荣家河集镇设有个体诊所。1952年，由中医尹宗铎等人组织联合诊所，在张公庙集镇成立分所。1959年，荣家河诊所与张公庙分所合并组成澧西公社卫生院，院址设荣家河，下设石塘堰、张公庙两个分院，共有医务人员20多人，病床10多张。1969年，实行农村合作医疗，各大队建立合作医疗站，配备赤脚医生和药店。1971年，县棉花试验站成立卫生院。1995年，澧西、张公庙两个乡卫生院合并成立张公庙镇中心卫生院，院址设张公庙。2011年，政府投资600多万元，在张公庙集镇新建镇中心卫生院，增添大量医疗器械，医疗条件大为改善。2014年年末，全镇有1家镇卫生院，村卫生室20个，专业医务人员32人；病床45张，每千人拥有医疗床位1.5张。

社会保障

中华人民共和国成立后，党和政府对孤寡病残等困难群众给予救助与安置。1987年，镇内建村级敬老院2所，有29名“五保”对象入院集中供养。1993年，镇敬老院建成启用，集中供养“五保”对象38人。2005年，推行新型农村合作医疗制度。2006年，参加合作医疗人数达26000人，参合率为86%。是年，启动贫困居民最低生活保障制度，有550人享受农村最低生活保障，30人享受城镇最低生活保障。2008年，纳入社会养老保险的老人7150人，发放养老金450万元。2011年，参加“新农合”人数27940人，参合率95.45%。2014年，全镇有1家镇敬老院、4家村敬老院，有72名“五保”对象入院集中供养。享受农村低保692人，城镇低保294人，年发放社会保障资金482万多元。农村医保覆盖率98%以上；社会养老参保人员20000人，参保率100%。完成农村危房改造335户，解决大病救助对象485人，落实残疾人补助200多人。

特色地情

名优特产

澧县葡萄 又名澧州葡萄。20世纪90年代末，在湖南农大的支持下，澧县率先引种优质欧亚种葡萄获得成功，打破欧亚种葡萄不能在南方栽培的理念，形成县内一大新兴高效农业产业，澧县因此被誉为“南方的吐鲁番”。澧县葡萄主要有红地球、美人指、红宝石无核、维多利亚、粉红亚都蜜等品种，果形优美、果色鲜艳、果味香甜，无公害、无激素，深受消费者青睐，产品销至广东、广西、福建、湖北等10多个省市。2011年2月，经国家质量监督检验检疫总局批准为中国国家地理标志保护产品。保护范围有20个乡镇，张公庙镇为澧县葡萄的核心产区。2014年，葡萄种植面积13500亩，占全镇耕地总面积的45%。依托农康、黄河、青龙3个葡萄专业合作社支撑，全镇1150户发展葡萄产业，其中50亩以上标准园达到41个，100亩以上标准园达到18个，全部实行避雨栽培及标准化生产模式，平均亩产2000公斤左右，全镇总产在2200万公斤以上。

张公草莓 2002年，张公庙镇引进草莓栽培技术。2012年，镇党委、镇政府大力扶持草莓种植，成立黄河草莓专业合作社。2014年，全镇种植草莓800多亩，有合作社成员60户，年产800吨，种植品种繁多，品质优良，受到消费者的青睐，产品远销省内外各大市场。

张公狗肉 张公狗肉自20世纪90年代中期开始出名，以其香辣味美吸引八方食客。初期以店家自制、餐馆经营为主。经过20多年发展，其“张公”系列狗肉，远销省内外，获湖南省名优特食品称号。2014年，镇内有狗肉特色食品厂1家，年产值500万元，经营狗肉食品风味餐馆8家。

风景名胜

彭山 位于彭山村，方圆2平方千米，主峰海拔130米左右，系旧澧州城外八景之一，名“彭峰叠嶂”。山顶有始建于唐代的思王祠。1952年12月，在山上建立澧县革命烈士陵园，安葬解放县城时牺牲的人民解放军烈士。古迹有营盘岗、兵马堰、练兵台、通信沟等，相传为明末清初李自成与吴三桂激战之地，今遗址尚存。现彭山已恢复钦山寺、思王庙等古建筑。

（文字供稿：赫一华、徐红，图片供稿：澧县党史办）

小渡口镇

区域概况

位置面积

小渡口镇位于县境东部松滋河西岸涔澧两水尾闾。东与官垸乡隔松滋河相望，南与九垸乡相连，西邻津市市，北与永丰乡接壤。镇人民政府驻小渡口居委会，距县人民政府15千米。

1995年，小渡口镇东西最大距离9.5千米，南北最大距离6.6千米，总面积89平方千米。2014年，总面积无变化，有耕地58501亩，其中水田33932亩、旱地24569亩；水域13005亩。

建置沿革

民国27年（1938），镇域属红庙乡。民国36年属红孟乡。中华人民共和国成立后，于1950年5月废除旧制，全县设187乡，镇域置大围、江湾、东港、红庙等乡。1956年6月，并为大围乡。1958年9月实行人民公社体制，成立大围公社。1984年4月，撤销人民公社，改为大围乡。1993年，撤乡建镇，定名小渡口镇。1995年10月，余家台乡被撤销，所辖仁河、添洪、王家、丁堤、南盘、东堤6个行政村和毛家岔居委会划归小渡口镇管辖。至2014年无变化。

行政区划

1995年，小渡口镇辖小渡口居委会和仁和、王家、丁堤、南盘、东堤、毛家岔、江湾、东风、黄丝、中垸、沙河、大围、太平、建新、东港、抬兴、恒兴、红星、杨家、曾家、左家、五公、董家23个行政村，共237个村民小组。至2014年无变化。

自然环境

小渡口镇地处洞庭湖西部平原，平均海拔39.6米，属湖区低洼地段，易遭洪水袭扰。属中北亚热带湿润季风气候区，其特点是气候温暖，四季分明，热量丰富，雨量丰沛。多年平均气温16.5℃～17.1℃，极端最高气温40.5℃（1972年8月27日），极端最低气温零下13.5℃（1977年1月30日）。无霜期年平均272天。年平均降水量1235毫米，降雨集中在4—7月，6月最多。境内无矿藏。盛产鱼类。有澧水、松滋河、涔水3大河流，境内总长25.688千米。主要自然灾害有洪涝和干旱等。1998年，强降雨造成农作物受灾7610亩，成灾4212亩，绝收2598亩，经济损失1200万元。

人口民族

1995年，小渡口镇有户数12096户36871人。2014年，全镇有15377户46947人；其中城镇常住人口5577人，城镇化率11.88%；男性

23563 人，女性 23384 人；14 岁以下 5286 人，15 ~ 64 岁 35686 人，65 岁以上 5975 人；人口出生率 8.2‰，死亡率 2.7‰，自然增长率 5.5‰。；总人口中，汉族 46527 人，少数民族 420 人，其中土家族 16 人、回族 400 人、苗族 4 人，主要分布在东堤村。

经济发展

综述

1994 年，全镇完成工农业总产值 8725 万元，其中工业总产值 2150 万元，农业总产值 6575 万元。1998 年后，镇党委、镇政府招商引资，积极推进农业生产设施改造、引进农业加工企业和生产技术。2003 年，全镇实现工农业总产值 2.5 亿元，其中工业总产值 1.55 亿元，农业总产值 9656 万元。2008 年，全镇完成工农业总产值 4.45 亿元；镇村集体企业实行改制，民营经济得到发展，小渡口油脂、继弘棉业等企业发展壮大，成为镇骨干企业，工业产值快速增长。2014 年，全镇实现地区生产总值 13.4 亿元，其中第一产业 2 亿元，第二产业 10.4 亿元，第三产业 1 亿元。

农业

种植业 境内以种植粮食、棉花、油菜为主。1995 年，扩大水稻种植面积，种植双季稻 3.2 万亩，总产粮食 20468 吨；种植油菜 3.8 万亩，油菜籽总产量 5045 吨；种植棉花 4.6 万亩，籽棉总产量 15800 吨。1996 年，粮食总产量 25000 吨。2000 年起，推广优质稻 16000 亩，农业效益有较大提高。是年，生产粮食 19933 吨，其中水稻 15697 吨，小麦 2862 吨，玉米 120 吨。2014 年，种植棉花 3.092 万亩，皮棉产量 3556 吨；甘蔗 759 亩，产量 2277 吨；蔬菜 0.85 万亩，产量 13300 吨；瓜果 1065 亩，产量 2014 吨；油菜 3.3 万亩，产油菜籽 4455 吨。

牧鹅

养殖业 镇域畜牧业以生猪养殖为主，渔业以鱼塘养殖为主。1982年，养生猪9898头，养牛468头，养羊21只，养禽2.51万羽，出水鲜鱼420吨。2003年，全镇养殖家禽4万羽。2008年，全镇出栏生猪18000头。2014年，全镇生猪饲养量3万头，年末存栏1.8万头；牛饲养量0.08万头；家禽饲养量6万羽，上市家禽4万羽；是年生产肉类2000吨，其中猪肉1900吨、牛肉100吨；禽蛋600吨。鱼塘养殖面积1500亩，出水鲜鱼1000吨。

林业

小渡口镇地处湖区，没有成规模的森林。1998年洪灾之后，镇党委、镇政府以生态家园建设为中心，发动群众植树造林。至2014年，累计造林1.52万亩，其中防护林6700亩，经济林7100亩，农民住宅四旁造林30.3万株，林木覆盖率19.3%，活立木蓄积量9.1万立方米。

工业

1985年，境内有集体企业9家，年产值186万元，上缴税金18.2万元，获纯利润12.84万元。2001年后，开始从外引进工业项目。2014年，全镇有工业企业26家，年产值9亿元，上缴税金3420万元。其中规模以上工业企业3家，实现工业产值4.5亿元。

商贸服务业

20世纪50年代,在乡（公社）驻地建供销社、肉食站、粮油店等，乡（公社）驻地成为农村中心市场。境内商业繁荣的集市有毛家岔、红庙2处，经营商品有南北货、农具、家具、文具书籍、生产资料等。中共十一届三中全会后，个体商贸服务业得到发展，农村市场日益活跃。随着商业流通体制改革的深入和小城镇发展的需要，镇党委、政府筹资进行集镇基础设施建设，鼓励农民经商，推动商贸服务业快速发展。2014年，全镇有商业网点1050个，从业人员3300人，社会商品销售总额达4.8亿元，城乡集市贸易成交额4.6亿元。

基础设施

交通运输

20世纪50年代初期，境内有南盘渡口、北河口渡口等12家渡口。50年代末，修筑集镇简易公路1条。1970年，建成董家—毛家岔公路。1998年,S302东西贯穿镇境,长10千米。2011年，各村修建通村通组公路28千米，初步形成较为完善的镇村公路网。2013年，连通津市和小渡口集镇的涔水大桥建成通车，有效缓解集镇交通压力。2014年，全镇公路总长400千米，其中硬化300千米；公路桥梁20座，总长600米；公交汽车线路1条，公交运营车辆6辆，年客运量2.85万人次。

邮政通信

20世纪50年代，村村开通手摇式电话。1958年，开办电信所。70年代建立邮政所。90年代开通数字电话。2010年，有线电话网覆盖全镇。2014年，移动、联通4G网络覆盖全镇。是年年末，全镇有邮政网点1个，投递点4个，乡村通邮率100%。有电信企业1家，服务网点3个，电话交换机总容量8000门。有固定电话用户6000户，移动电话用户4.26万户，宽带用户4000户。

水利建设

小渡口镇堤垸西临澧涔两条水系，东临松滋河西支。涔水大堤与永丰吻合延至小渡口排水闸，全长8488米，大堤有穿堤建筑物4处。澧水大堤由小渡口排水闸至九垸新堤拐，全长7650米。松滋河大堤全长9550米，有穿堤建筑物6处。

全镇防洪大堤总长25688米，穿堤建筑物10处。排渍机埠有五公嘴310千瓦，董家堰620千瓦。排灌主渠道86条，长302.4千米；斗渠和毛渠146条，长296千米。2014年，全镇完成沟渠清淤34千米，护砌沟渠20千米，堰塘清淤28口。

供电饮水

供电 20世纪70年代，境内开始用电。2000年，国家实行电力改革，成立小渡口供电所，供电网络覆盖全镇。2014年，全镇有35千伏及以上变电站1座，主变压器2台，总容量7150兆伏安；高压输电线路2条，总长52.8千米。年销售电量1588万千瓦时，综合电压合格率98.5%，供电可靠率99%。

饮水 2000年起，先后建成小渡口、东堤、毛家岔3座自来水厂，可供全镇4.7万人生活用水。2014年，全县实施农村安全饮水工程，镇党委、镇政府筹措资金1600万元，实施毛家岔水厂升级改造工程建设，2014年8月动工，12月底竣工试水通行。毛家岔水厂占地2200平方米，铺设管道220千米，日供水600立方米，供应16个村2.4万人口的安全饮水。小渡口镇自来水厂日供水200立方米。全镇居民自来水覆盖率100%。

镇村建设

1993年，镇党委、镇政府制定镇区发展规划，小渡口集镇发展迅速。2013年，集镇建成区面积达0.8平方千米，房屋建筑面积16万平方米，其中住宅11万平方米，公共建筑面积5万平方米，街道总长5200米，常住人口7300人。2014年，镇党委、镇政府抢抓津澧融城建设机遇，充分利用区位优势，广泛征求意见，聘请湖南城市学院完成集镇（2013—2030年）发展规划编制。确定把小渡口镇建设成津澧新城东部以商贸物流为主生态宜居的综合性中心集镇。并勾画近期镇域面积2.6平方千米，远期5.5平方千米的小城镇发展蓝图。

社会事业

教育

民国21年（1932），创办红庙中心国民小学。1958年，境内有小学18所。1968年，各大队均建有小学。1989年，澧县六中从官垸迁至小渡口集镇。2014年，镇内有2所中学——澧县六中和镇办中学，有教师420人，在校中学生3000人；15所小学，有教师134人，在校小学生1548人；幼儿园7所，专任教师52人，入园幼儿953人。

文化体育

2014年，全镇有镇文化站、广播电视站各1处，村村通广播，有线电视入户8000户。有村级文化活动中心24处，艺术表演团体30个，点子队19支，音乐队5支，大鼓队4个，竹马队1个。集镇内有动漫游戏城4家，网吧6家，健身场馆1家。

医疗卫生

1956年，建立乡卫生院，有病床60张，每千人拥有医疗床位1.5张。成立红庙血防组，开展血吸虫病防治。1958年，乡卫生院改为公社卫生院，建立区卫生所，开展防疫治病。1975年，公社卫生院有医务人员41人，开设床位46张，下设24个大队卫生所，从医人员59名。1980年后，公社（乡）卫生院不仅承担着镇内3万人口的医疗服务，还承担着红湖区、津市等附近4万居民医疗工作。2014年，境内有镇卫生院、小渡口血防医院和村级医疗点30多个，诊疗22520人次，实施住院手术154台次，出院病人2350人次。

社会保障

中华人民共和国成立后，人民政府对老弱病残等群众给予救助安置。1983年，农村“五保”

对象的生活由大队统筹，一般每人每年供应口粮300公斤左右，生活费150～200元。2005年，推行新型农村合作医疗制度。2009年，纳入社会养老保险体系的老年人4112人，发放养老金25.34万元。2014年，镇党委、镇政府大力推进民生事业，投资350万元修建镇敬老院，占地4550平方米，建筑面积约2159平方米，设床位120张。是年，全镇有城镇居民最低生活保障户89户112人，发放保障金20万元；农村居民最低生活保障户1423户1600人，发放保障金138万元。集中供养农村“五保”对象40人，支出12万元；分散供养143人，支出21.5万元。农村医疗救助25人次，民政部门资助参加合作医疗997人次，共支出3.6万元。农村临时救济200人次，支出7万元。参加城镇居民基本医疗保险870人，参加工伤保险300人。国家抚恤、补助各类优抚对象355人，抚恤事业费支出60万元。新型农村合作医疗参保人数3.8万人，参保率82.3%。

特色地情

名优特产

红心柚　属甜柚类。风味独特，营养丰富，果皮金黄色，个重约公斤。瓤肉鲜红美观，脆嫩爽口，汁甘味浓。红心柚树耐旱抗冻，适应性强。2000年，境内以东港村为中心，集中连片发展优质红心柚300亩。

风景名胜

红庙　位于中垸村，为1949年夏湖南人民解放突击总队第四大队活动地。是对青少年进行爱国主义和革命英雄主义教育的基地。

（文字供稿：祝娟娟，图片供稿：澧县党史办）

梦溪镇 >>

区域概况

位置面积

梦溪镇位于县境东北部涔水中下游，东接永丰和如东乡，南隔涔水与涔南乡及涔澹蓄洪区相望，西邻雷公塔镇，北抵复兴厂镇和双龙乡。镇人民政府驻梦溪寺集镇，距县人民政府驻地15千米。

2005年，全镇总面积104.4平方千米。2014年，总面积无变化，有耕地39179亩、园地3546亩、林地6524亩、养殖水面41069亩。

建置沿革

民国25年（1936），镇域设梦溪镇和六合、灵泉、亲睦3乡。民国27年并为梦溪乡。中华人民共和国建立后，于1950年5月废除旧制，全县设187乡，镇域置五福、五通、德胜等乡。1954年5月，增设县辖梦溪镇；1956年6月，复并入梦溪乡。1957年7月，析置梦溪镇。1958年8月，梦溪镇改为乡辖镇。9月，实行人民公社体制，梦溪乡与复兴乡并为梦溪公社。1961年7月，缩小公社规模，梦溪公社析为梦溪、复兴2个公社。1984年4月撤销人民公社，梦溪公社改称梦溪乡。6月改为梦溪镇。至2014年无变化。

行政区划

1989年，梦溪镇辖梦江、洪福、百胜、三元宫、白合、永胜、团堰、郭塘、荷堰、樊家、八根松、肖河、天福、高兴、阳育、顺林驿、大红、宗保、莲湖、永祥、五福、三湖、李家、万安、中桥25个行政村和财圣、商会、新街3个居委会，共204个村民小组。

1999年3月，中桥村改为梦溪寺居委会，财圣、新街、商会并为商会居委会。2005年，梦江

和洪福并为梦江桥村，白合和永胜并为白鹤林村，荷堰和郭塘并为荷堰村，五福和三湖并为五福村，万安和李家并为李家村，肖河和天福并为肖河桥村。是年末，全镇辖梦江桥、白鹤林、荷堰、五福、肖河桥、李家、百胜、团堰、樊家、三元宫、永祥、莲湖、宗保、大红、八根松、高兴、阳育、顺林驿 18 个行政村和梦溪寺、商会 2 个居委会。至 2014 年无变化。

自然环境

梦溪镇地处中亚热带湿润季风气候向北亚热带湿润季风气候过渡的地带。气候温暖,四季分明，热量充足，雨量丰沛。年平均气温 16.7℃，年均降水量 1200 毫米，无霜期 272 天。盛产稻、棉、油、鱼、莲藕等，素称“鱼米之乡”。矿藏有黏土。生物资源品种繁多，有野生动植物 100 多种，野生动物有青羊、獾、山鸡、狍子等；野生植物有山杏仁、山枣核、蘑菇等。境内地势西北高，东南低，高程变幅在海拔 31.5 ~ 37 米。全境地势较低，沟港湖泊多，内有南北夹河、涔水、宋鲁湖、赵家峪水库等。遇干旱或者暴雨，易发灾情。1980—2014 年，共发生自然灾害 12 次，特别严重的有洪灾 5 次、旱灾 3 次。1998 年、2003 年发生的两次特大洪灾，造成直接经济损失 5000 余万元。

人口民族

1995 年，梦溪镇有 7215 户，其中农业户 6697 户。总人口 23836 人，其中男性 12192 人，占 51%；劳动力 15839 人，其中外出务工 6649 人。全年人口出生率 9.5‰。2014 年，全镇总户数 8431 户，其中农业户 7842 户。总人口 27484 人，全为汉族，其中男性 14192 人，占 51%；劳动力 15239 人，其中外出务工 10649 人。全年人口出生率 7‰。

经济发展

综述

1995 年，全镇完成工农业总产值 2.1 亿元，其中工业总产值 1.3 亿元，农业总产值 7590 万元。工业以生产砖瓦著称。1996 年起，镇党委、镇政府下大力抓企业改制，民营经济得以发展。2002

千亩园

年起，镇党委、镇政府全力开展招商引资，3年引进资金1840万元；引进的项目有湘北液化气站、梦溪加油站、梦溪自来水厂等。2005年，全镇实现工农业总产值3.9亿元，其中农业总产值2.5亿元，工业总产值1.4亿元。2008年，引进理昂生物质电厂，为全镇第一家规模企业。2012年，组建化工厂，投资过亿元。2014年，全镇经济总收入3.7亿元，其中农业收入2.4亿元，工业收入8896万元，其他服务业收入4406万元；农民人均纯收入11375元，年末储蓄总额人均1.23万元。

农业

种植业 境内主产水稻、棉花、油菜籽。1995年，全镇种植早稻27500亩、晚稻32500亩，总产粮食15430吨；种植棉花6000亩，油菜32000亩。2005年，全镇种植早稻19000亩、中稻15000亩、晚稻23000亩、油菜29850亩、棉花8000亩。推广杂交早稻2000亩，最高亩产550公斤，亩均增产100多公斤。推广中稻超级稻100多亩，最高亩产700公斤。2014年，农作物总播种面积123760亩，其中粮食作物76580亩、油菜31000亩、棉花7800亩。粮食总产量27950吨，其中水稻播种面积73000亩，总产量27302吨。

养殖业 1983年，境内挖精养鱼池近6000亩。1995年，全镇养殖生猪1.83万头，出栏1.21万头；养牛1200头；养禽18.5万羽；出水鲜鱼1.21万吨。2004年，镇党委、镇政府扶植科技养殖大户，养殖生猪1000头左右的有6户，养殖家禽1万羽的有4户。2007年，实施“猪—沼—果”“猪—沼—鱼”科学养殖模式。2010年后，全镇发展泥鳅、黄颡鱼等特种养殖5000亩。2012年起实施生态养殖，养殖大户实行粪污“干湿分离，三级净化”。全镇成立养殖业专业合作社6家。2014年，全镇养殖生猪6.27万头，出栏3.21万头；养牛9856头，出栏2577头；养羊2.4万只，出栏8300只；养禽34.6万羽，禽蛋产量2585吨；水产品总产量1.43万吨。

林业

1995年，全镇有林地5155亩，占山丘地面积的42%，森林覆盖率为15%。2005年，镇党委、镇政府发动群众开展封山育林、植树造林和残林改造，退耕还林1000多亩。2014年，全镇有林地6524亩。引资1.1亿元建成花卉园林基地3处，葡萄生产基地500亩。完成杨树造林1600亩，花卉造林1200亩，公路造林21千米，农户四旁造林1万株。

工业

20世纪50年代，境内设有制造木船的造船厂和机械化大米厂。60年代，综合厂、农具社、油厂等社队企业相继诞生。1982年，创办水利机械厂，生产的“蛟龙”牌节水启闭闸门系省优专利产品。1983年，建立梦溪公社砖瓦厂，生产的普通烧结红砖于1988年获农业部优质产品称号。1995年，镇内有镇办企业12家，村办企业53家，完成总产值2000万元，实现利税50余万元。90年代后期，企业转换经营机制，民营企业兴起。2005年，镇政府引进食品厂、婚纱加工厂、棕丝厂。2008年，引进理昂生物质电厂，为镇规模企业。2012年，兴建化工厂，投资过亿元。2014年，全镇有各类企业12家，完成工业总产值8222万元。

商贸服务业

民国时期，借助涔水梦溪老码头，连通澧水，梦溪寺集镇商业繁荣。中华人民共和国成立初期，成立梦溪航运公司，梦溪寺成为水上贸易重要转运站。1952年，境内商铺500多家，人口6000多人，船只200多只，有“小南京”之美称。1954年，建立供销合作社。1969—1973年，梦溪寺街道被拆，进入集镇最萧条时期。中共十一届三中全会后，个体商贸服务业得到发展，镇内市场日益活跃。1995年，全镇个体商铺发展到212家，社会商品零售总额1500多万元。2014年，全镇有各类商铺400多家，个体工商从业者1000多人，社会商品零售总额3000万元。

基础设施

交通运输

1995年，县、乡公路在境内总长30.12千米。全镇有通村简易公路29条，总长125千米。每天有1个班次客车从县城开往梦溪。2002年，从雷公塔到镇政府全长6千米公路实现硬化。2005年，从207国道至宋鲁湖段通乡公路实现硬化。2006年，顺山路大红至莲湖第一条通村公路实现硬化。2014年，县、乡公路境内总长35.12千米，通村简易公路59条总长195千米，通村、通组公路硬化150余千米，全面实现“村村通”。

邮政通信

1986年，建立镇邮电所。1997年，开通程控电话，装机容量4500门。1998年，邮电分家，建立邮政所和电信所。2000年，建立移动、电信通信数据发射塔3个。2003年，镇域内程控电话、移动、联通无线寻呼基站，配套发展。2014年，境内有邮电所1家、电信所1家，有移动通信站2家。有家庭固定电话2118部，移动电话9152部，互联网用户1515户。

水利建设

民国24年（1935），境内13个小垸合围筑成涔康下垸，成立澧县涔康下垸堤务管理局，统一管理垸内防洪。1951年，修建五支渠排水闸，扩建大硒头排水闸。1958—1959年，修建赵家峪水库，水库集雨面积16.25平方千米，总库容1172万立方米，为中型水库。灌区有主渠3条14.1千米，支渠11条23.3千米，灌溉面积18000亩。1971年，兴建三神庙闸，排水面积2000亩。1978年，兴建横堤口排水闸。1995年，境内有小（二）型以上水库5座，调蓄湖1处，排渍抗旱机埠43处，山塘3541口。全镇自流灌溉面积25000亩。2012年投入资金2668万元，整治南北夹河堤。2013年投入资金7100万元，治理涔水流域3.6千米。2014年，国家实施“小农水”项目，镇域受益耕地12000亩。

供电供水

供电 1998年，全镇拥有320千伏和315千伏的变电站各1座，照明用电普及率100%。2012年，铺设35千伏专线雷梦线，对5个村进行电网改造。2013—2015年，对15个村的低电压进行改造，农村用电质量得到明显改善。

供水 2003年，投资192.5万元建成日供1000立方米的梦溪自来水厂。至2014年，铺设自来水主、支管网1万多米，供应6000余户23000多人的安全饮用水。安全饮水覆盖率85%。

镇村建设

明末形成梦溪寺墟场。清雍正年间（1723—1735），有铺店100余家。民国时期，沿涔水修建街道，有疋头、南杂、百货铺店25家，饭店15家，还有药铺、鱼行、花纱行、柴炭行、油榨坊、典当铺等，市场较为繁荣。

中华人民共和国成立后，梦溪区公所驻此，建有供销社、粮管站、卫生院等。1964年，涔水五公嘴建闸，水路受阻，陆运不畅，集镇建设停滞。1983年后，镇区建设向大堤垸内发展，新修梦溪至雷公塔公路，镇区再度繁荣。1999年，集镇依托新207国道建设，总规划面积4平方千米。至2002年，先后投入300多万元拉通东西大街和国道两旁街道，路面硬化1千米，完成电力、通信、自来水等设施的配套和有线电视网络的覆盖。2005 年，拉通梦江路。2008 年，新建农贸市场。2013 年，镇政府投资 15 万元新建垃圾焚烧炉 1 座，改造升级垃圾池 245 个、多功能垃圾池 3500 个、垃圾桶 8000 个，配备专业清洁人员 55 人。2014 年，拉通梦政路，新增临街门面 120 个。农贸市场搬迁至梦政路新街，占地 1200 平方米。全镇完成改厕 1245 余个，建沼气池 1860 余个。

社会事业

教育

清代，境内有私塾数家。民国 4 年（1915），在梦溪寺大庙兴办澧县梦溪高等小学校。1941 年改为梦溪中心学校。1950 年改为梦溪完小。1977 年改为澧县第五中学，并设高中部。中共十一届三中全会后，境内基础教育、幼儿教育、农民技术培训，齐头并进，均衡发展。1984 年，全镇有普通高中 1 所，初中 1 所，小学 25 所，学前班 25 个，农校 1 所。

2014 年，全镇有镇办中学 1 所、小学 2 所、农校 1 所、幼儿园 4 所；在校学生 715 人，教职员工 126 人。

文化体育

2014 年，建有镇文化站和有线电视管理站，有群众业余剧团 2 个，老年诗词协会 1 个，狮龙队 2 支，有文学、音乐、诗词、美术、书画等文学艺术爱好者 150 人。文学艺术创作、演出活动经常，群众文化生活丰富多彩；有线电视入户 3128 多户；有农家书屋 20 个，藏书（刊）16500 册；各类体育场所 2 个。

医疗卫生

民国期间，境内医疗为个体执业。1952 年设立梦溪区卫生所，有医务人员 3 人。1958 年，建立梦溪公社卫生院。1959 年，梦溪区卫生所并入梦溪公社卫生院。1984 年，公社卫生院改为镇卫生院。1990 年，镇卫生院占地 2000 平方米，建筑面积 1258 平方米，开设病床 20 张，有医务人员 28 人。2012 年，对卫生院进行扩建，占地 4000 平方米，新修建门诊综合楼和职工宿舍楼，建筑面积达到 2496 平方米，业务用房 1860 平方米，开设病床 40 张。2014 年，镇卫生院设有 14 个科室，有医务人员 36 人。下辖 20 个村级卫生室，村卫生室医生和妇幼保健员 20 人；有个体执业医生 20 人、个体药店 10 家。

社会保障

中华人民共和国成立后，人民政府对老弱病残等群众给予救助安置。2005 年，推行新型农村合作医疗制度。2006 年，全镇参加合作医疗人数 1.2 万人，参合率 80%。是年，建成镇敬老院，集中供养“五保”对象 50 人。2008 年，全镇纳入新型农村社会养老保险体系的老年人 2125 人，发放养老金 600 余万元。为 12 人发放大病救助资金 60 万元。2014 年，全镇参加工伤保险 173 人，“新农保”7534 人，新增城镇养老保险参保 94 人。供养“五保”对象 233 人，其中集中供养 40 人，分散供养 193 人，年人均补助金达到 3000 元。城镇低保 147 人，月人均补助 225 元；农村低保 809 人，月人均补助 100 元。参加新型农村合作医疗人数 1.8 万人，参合率 98%。

特色地情

文物古迹

八十垱遗址　位于梦溪镇五福村夹河北岸，面积约 3 万平方米。遗址可分早、中、晚

3 期，文化层堆积主要属彭头山文化时期，距今 8500 ～ 7500 年。1993—1997 年先后 6 次发掘，完成发掘面积 1500 平方米。发现了环绕聚落的围墙、挡水坝，以及大量的墓葬和以干栏式建筑为主的居住房址。此外，还出土了大量的陶器、石器、骨器、木器、百余种植物杆茎与果核。出土的数万粒炭化稻谷、稻米其形态保存完好。遗址是长江流域发现最早的环壕聚落。遗址的发现与发掘，不仅丰富了对彭头山文化面貌的认识，而且对中国史前聚落形态和环境的研究、对稻作起源与原始农业的产生都具有重要价值。2001 年被国务院公布为第五批全国重点文物保护单位。

三元宫遗址 位于梦溪镇三元村涔水北岸，总面积 2 万平方米，文化层堆积 1 ～ 1.7 米，为长江中游新石器时代大溪文化和屈家岭文化遗址，距今约 7000 ～ 5000 年。遗址早、中期是大溪文化遗存，遗迹有红烧土建筑残迹、灰坑和墓葬，出土有家畜骨骼、陶器及其它大溪文化典型器物。遗迹晚期是屈家岭文化遗存，主要为墓葬，随葬品多为实用陶器。三元宫遗址对于了解大溪文化和屈家岭文化分布、地区特点以及相互关系提供了重要资料。2013 年 5 月 3 日，国务院公布其为全国重点文物保护单位。

（文字供稿：苏健，图片供稿：澧县党史办）

复兴厂镇 >>

区域概况

位置面积

复兴厂镇位于县境北部的湘鄂边界，东邻双龙乡，南抵梦溪镇和雷公塔镇，西邻盐井镇，北接湖北省公安县章庄铺镇。镇人民政府驻桃花园居委会，距县人民政府驻地 24 千米。

2014 年，复兴厂镇总面积 61.93 平方千米，有耕地 34782 亩，其中水田 27872 亩、旱地 6910 亩；有林地 15033 亩；水域 9290 亩。

建置沿革

民国 27 年（1938），镇域属枫林乡。中华人民共和国成立后，于 1950 年 5 月废除旧制，全县设 187 乡，镇域置复兴、陈岗、温泉、又兴等乡。1956 年 6 月并为复兴乡。1958 年 9 月，实行人民公社体制，并入梦溪公社。1961 年 7 月，缩小公社规模，梦溪公社析为梦溪、复兴 2 个公社。1984 年 4 月，撤销人民公社，复兴公社改称复兴乡。6 月，改为复兴厂镇。至 2014 年无变化。

行政区划

1995 年，复兴厂镇辖魏家、温泉、金盆、万松、陆家、又兴、铜鼓、谭家、王家、兴垱、陈岗、夏家、双堰、园艺场、双桥、天河、李家、鲁家 18 个行政村和桃花园居委会，共 171 个村民小组、3 个居民小组。

2002 年，王家村并入桃花园居委会。2005 年，园艺场与万松村合并称万松村。2014 年，全镇共辖 16 个行政村和 1 个居委会。

自然环境

镇域地形为丘陵区，金盆、万松、温泉、李家等村为林区，地势偏高；陆家、谭家、铜鼓、桃花园等村居地势较平坦。镇域属亚热带季风湿润气候，四季分明。年平均气温 16.7℃，年平均降雨 1200 毫米。林木有马尾松、杉、楠竹、拐枣、香樟、桂花等 30 多种。野生动物有野兔、野鸡、喜鹊、蛇等 20 多种。自然灾害以风灾、冰冻为主。

人口民族

1995 年，全镇有 5458 户 18811 人，其中男性 10330 人，农业人口 18301 人；人口出生率 5‰。2014 年，全镇有 6910 户 19365 人，全为汉族。

经济发展

综述

1995 年，全镇完成工农业总产值 11093 万元，其中工业总产值5080万元，农业总产值6013万元，全镇财政总收入310万元，其中农业税175万元，企业纳税135万元；农民人均纯收入1503元。2000年，镇对集体企业实行改制，民营经济得以发展。2010年，镇党委、镇政府全力开展招商引资，大力发展特色产业，全年引进资金15000万元。2014年，全镇实现工农业总产值49516万元，其中工业总产值33000万元，农业总产值16516万元；全镇财政收入600万元。镇信用社、邮政储蓄所2家金融机构年末存款余额3亿元，各项贷款余额1.2亿元；农民人均纯收入9233元，年末储蓄总额人均8342元。

农业

种植业 境内种植业以水稻、棉花、油菜、玉米为主。1995年，粮食总产16800吨，皮棉750吨，油菜籽3200吨。2014年，全镇种植粮食面积5万多亩，棉花2.5万亩，玉米、花生等经济作物1.8万亩。

养殖业 1995年，全镇养殖生猪3.8万头，出栏2万头；养牛1800头，养禽101万羽，出水鲜鱼630吨。镇政府大力扶植科技养殖户，引导农户科学养鸡、养猪、养鱼，推动养殖业健康发展。2014年，全镇养殖生猪4万头，养家禽121万羽，养牛1000头，养兔500只，出水鲜鱼799吨。全镇有规模养猪场5个，养鸡场8个，新增精养水面4处。

林业

1995年，全镇有林地15000亩，果园10000亩。1996年，镇党委、镇政府发动群众封山育林、植树造林和残林改造，退耕还林680亩，建水果林生产基地2000亩。2000年起，大力发展特色林果业。2014年，全镇有2.6万亩柑橘，8000亩

群鸭养殖

苹果柚。“复润”牌苹果柚远销全国各地及东南亚。

工业

1970年，兴办粉末冶金厂，社队企业起步。1980年，兴办红旗茶厂。1995年，镇内有镇办企业11家，村办企业18家，个体和联户企业5家。2000年，湘鄂棉业、兴盛打蜡厂、粉末冶金厂等企业发展壮大，铜鼓页岩砖厂、金卓环保砖厂、福星米业等企业成为镇骨干企业。2005年，赵志平兴办福星米业，年加工稻谷2000余吨。2013年，全镇有各类企业326家，实现工业总产值4.5亿元。2014年，投资2亿元兴建洞庭春米业，为湘鄂边界最大的粮食加工企业。

商贸服务业

1956年，在乡驻地建供销社，肉食站，粮油店等，乡驻地成为农村中心市场。1958年，各大队开设集体商业零售店或代销店。中共十一届三中全会后，个体商贸服务业得到发展，农村市场日益活跃。1995年，境内有温泉、魏家、双桥铺等集贸市场，个体商铺发展到500多家，社会商品零售总额5000多万元。随着商业流通体制改革，镇党委、政府筹资进行集镇基础设施建设，鼓励农户进集镇经商。2013年，全镇有各类商铺900家，个体工商从业者2100多人，社会商品零售总额2.2亿多元。

基础设施

交通运输

1995年，境内县乡公路总长35千米；通村简易公路51条，总长170千米。2000年开始，整修、拓宽、延伸联村、通村公路，分期硬化乡、村、组公路。2014年，全镇有县、乡、村级公路120千米，其中硬化80千米。新老207国道和二广高速纵贯镇域。每日有20个班次客车往返于县城，客流量达500人。

通信

境内有邮电所1家。2001年，成立复兴厂移动电话通信站，建有中国移动、中国联通服务网点。2014年，全镇有固定电话3500部，移动电话8500部，互联网用户2800户。

供电饮水

1990年，成立复兴厂电管所，全镇17个村和1个居委会全部通电。1997年和2010年分别进行2次电网升级改造。2014年，对双桥村、李家村、铜鼓村进行电力整改。为解决饮水安全问题，2014年，总投资1000万元的安全饮水工程竣工，提供1.2万人口的安全饮用水。

水利建设

1969—1971年，建成谭家峪小（一）型水库，水库集雨面积4.41平方千米，库容245.5万立方米，灌田8500亩。20世纪70年代，修建5座小（二）型水库和4座机埠。1974年，修建澧水干渠复兴段。2000年，整修谭家峪水库、丰庆堰水库和万家峪水库。2007年起，共投入资金2000万元，实施水库加固除险和支渠护砌。2014年，护砌沟渠25千米，清淤堰塘50多处。全镇自流灌溉面积达到85%。

镇村建设

复兴厂集镇在明代为复田堡，有余、谭两姓人在此开铺经商。吴三桂兴兵反清，军队过境，复田堡被毁。后经商民复修兴业，铺户日增，遂成厂市。民国时期，因公路过境，商旅众多，遂成商埠。街道傍山建成，长300米，宽3米，有店铺、作坊20余家。1956年，乡政府驻此地。20世纪60年代后期，部分房屋建筑沿207国道兴建，形成新的集镇。1984年6月，复兴乡改为建制镇，开始制定镇区发展规划。1990年，镇政府征用土地30亩，打通2条连接新老207国道的中心街道，并打造商贸工业街，新增临街门面358个。2000年，兴建湘鄂边贸大市场。制定《复兴厂镇总体发展规划》，镇区面积定位2平方千米，一批工业企业入驻集镇。2013年，二广高速建成通车，加快了镇区和外界交流。2014年，集镇房屋建筑面积达300万平方米，街道总长6000米。常住人口4500人。

社会事业

教育

1969年，境内有小学18所，学前班11个，适龄儿童入学率100%。是年，创办复兴中学；在铜鼓、双桥、又兴、温泉设立初中班。1995年，全镇有中学1所，小学8所，教职员工163人，在校学生2221人，适龄儿童全部入学。2014年，全镇有镇中学和明德中心小学2所学校，幼儿园2个。教职员工110人，在校中小学生800人，在园幼儿120人。

文化体育

2014年，镇有文化站，有线电视管理站，皮影剧团，有中西乐队10支，老年诗词协会1个，狮龙队4支，唢呐艺术队5支，农家书屋18个，各类体育运动场所30个。

医疗卫生

1955年，建立复兴卫生所，开展防疫治病。1958年，复兴卫生所并入梦溪公社卫生院。1961年，建立复兴公社卫生院，有医务人员17人，病床8张，下设18个大队卫生所。1984年，公社卫生院改为镇卫生院。1995年，镇卫生院有医务人员45人，床位50张。全镇有村卫生室医生和妇幼保健员55人，个体执业医生15人，个体药店8家。2008年，扩建镇卫生院综合大楼，改善医疗设备和条件，做到“村民小病不出镇”。2014年，镇卫生院有床位36张，医务人员25人，年诊疗人数28000人次。

社会保障

中华人民共和国成立后，人民政府对老弱病残等困难群体给予救助安置。2005年实施新型农村合作医疗制度。2006年，全镇参加合作医疗人数达1.5万人，参合率为80%。是年，启动城乡居民最低生活保障制度，有522人享受农村低保，42人享受城镇低保。2008年，兴建镇敬老院，集中供养“五保”对象50人。2014年，全镇126名“五保”对象全部落实供养政策。3000人享受新型农村社会养老保险待遇，领取养老金625万元。参加“新农合”17590人，参合率97.91%。

特色地情

名优特产

复兴柑橘 20世纪70年代初，先后建天河橘园150亩、双桥橘园80亩、公社园艺场1000亩。2014年，全镇发展柑橘2.6万亩，年产柑橘15万多吨，产值过亿元。复兴柑橘以其个大、金黄、味美享誉湘鄂两省及北方地区。

复润苹果柚 境内于2000年开始种植苹果柚。以品质好、果汁多、肉质脆而深受人们喜爱。2011年，复兴厂镇苹果柚注册为“复润”牌商标，并获得中国绿色食品发展中心颁发的绿色食品A级产品证书。2012年，获得农业部颁发的农产品地理标志登记证书。2014年，全镇有苹果柚面积8000多亩，产量2.5万吨，产值近亿元。产品畅销全国各地。

（文字供稿：黄尚华，图片供稿：澧县党史办）

盐井镇

区域概况

位置面积

盐井镇地处澧县北部的湘鄂边界，东连复兴厂镇，南抵雷公塔镇，西界宜万乡，北与湖北省松滋市杨林镇、公安县章庄镇接壤。镇人民政府驻盐井集镇和平街，距县人民政府驻地25千米。

2014年，全镇总面积66.67平方千米，有耕地35715亩，其中水田26970亩、旱地8745亩；有山林34680亩，水域15795亩。

建置沿革

民国时期，建盐井乡。中华人民共和国建立初期，沿用“盐井乡”。1950年5月，废除旧的乡、保、甲，全县设187乡，镇域置豹子、太白、部家、清源、民主等乡。1954年5月增设盐井镇。1956年6月，全县设43个乡镇，盐井镇与豹子、太白、部家、清源、民主等乡并为盐井乡。1957年7月析置盐井镇。1958年8月，盐井镇改为乡辖镇，由盐井乡管辖。9月，实行人民公社体制，盐井乡与彭家厂乡合并为盐井公社。1961年7月，缩小公社规模，盐井公社析为盐井、彭家厂2个公社。1984年4月，撤销人民公社，复名盐井乡；6月改为盐井镇。至2014年无变化。

行政区划

1984年，盐井镇辖伍家岗、青龙、双岭、清源、大桥、民主、官桥、一心、部家、豹子、宝塔、群兴、金城、金桥、太白、金合16个行政村，建设、和平2个居委会，共149个村民小组、5个居民小组。1987年，从青龙村析出30余农户组建镇园艺场。1987年，民主村更名为立民村，群兴村更名为六角堰村。2004年12月，合村并组，伍家岗与青龙并为伍家岗村，双岭与清源并为张家场村，大桥与立民并为分水岭村，官桥与一心并为三圣庙村，豹子与宝塔并为豹子岭村，部家与六角堰并为观山凸村，金城与金桥并为白马庙村，太白与金合并为张家垱村。2009年，建设与和平2个居委会并为和平居委会。2014年，全镇辖伍家岗、分水岭、张家场、张家垱、白马庙、观山凸、豹子岭、三圣庙8个行政村，和平居委会，镇园艺场，共55个村（居）民小组。

自然环境

镇域属典型的丘陵地貌，低矮山丘，起伏连绵。望见岗山海拔124.3米，为镇内最高峰。镇域亚热带季风气候明显，四季分明。年平均气温

16℃～17℃，年平均降雨1114毫米。树木有马尾松、杉、樟、杨等30多种；果树有柑橘、橙、桃、李、梨、柿等；野生动物有白鹭、喜鹊、锦鸡、斑鸠、猫头鹰、野兔、蛇等20多种。境内食盐矿藏丰富，是湘澧盐化公司的采矿区。境内土壤为中性，富含多种矿物质元素，粘性适中，土壤肥力好。1954—2014年的60年间，共发生自然灾害31次，特别严重的有暴雨洪灾9次，旱灾7次，冰雹冻雨1次。2013年6月6日，在短时间内骤降250多毫米特大暴雨，造成水毁机埠3处、涵桥17处、河坝54处、渠道3200米、堰堤163处，山体滑坡15处。

人口民族

1995年，盐井镇有5724户20980人，其中男性10574人；农业人口19993人；人口出生率8.59‰；少数民族14人，其中，土家族13人、布依族1人。

2014年，全镇有5381户18756人，其中男性9521人；农业人口16938人；人口出生率9.63‰；少数民族61人，其中土家族56人、布依族2人、仡佬族2人、彝族1人。

经济发展

综述

1995年，全镇完成工农业总产值6500万元，其中工业总产值3500万元，农业总产值3000万元；镇财政总收入378万元。1996年，大兴水利基础设施建设，大力推广农业科技应用，引进高产优质水稻品种和生产技术。1998年，镇村集体企业实行改制，民营经济得以发展。2000年，被湖南省委、省政府授予“文明乡镇”称号。2005年，被中央精神文明建设指导委员会授予“先进乡镇”称号。2012年被县委、县政府确定为全国商品粮基地县主产乡镇。2014年，全镇完成地区生产总值3.85亿元，一、二、三产业增加值分别为1.53亿元、1.68亿元、0.64亿元；全镇财政收入1684.15万元；境内2家金融机构年末存款余额2.465亿元，各项贷款余额2661万元；农民人均纯收入8862元，年末储蓄人均14080元。

农业

种植业 境内种植业以种植粮食、棉花、油料作物和柑橘为主。1983年实行包产到户后，粮棉油产量较以前大幅增加。1995年，全镇粮食作物种植面积40695亩，总产量14926吨；棉花种植面积7170亩，总产量685吨；油料作物种植面积22920亩，总产量2493吨；柑橘种植面积10215亩，总产量4200吨。1996年起，调整农业产业结构，增加种植业经济效益。2014年，粮食作物种植面积45720亩，其中优质稻7005亩，总产量16832吨。棉花种植面积8205亩，总产量935吨；油料作物种植面积22590亩，总产量3564吨；柑橘种植面积20250亩，总产量1.5万吨。

养殖业 1995年，全镇出栏生猪1.75万头、牛339头、羊1145只，出笼家禽15.2万羽，禽蛋总产量1050吨。水产品产量396吨，其中捕捞64吨、养殖产量332吨。2009年起，全镇养殖业由传统养殖逐步转向规模大户养殖发展。2013年，全镇有饲养生猪、蛋鸡、土鸡、羊、兔等大户120多户。2014年全镇出栏生猪3.2万头、牛820头、羊5300只，出笼兔5500只、家禽25.3万羽，禽蛋产量1500吨，水产品产量1200吨。

林业

20世纪50年代初，盐井镇林业兴盛，被评为全国林业工作先进单位，受到林业部表彰。

1958年大炼钢铁，林木被大量采伐，森林遭到严重破坏。1975—1976年，马尾松松毛虫大爆发，森林再次遭受毁损，造成生态恶化，水土流失，堰塘淤塞，沟渠河流不通畅。80年代初，镇党委、镇政府按照国家林业政策，将所有林地按照自留山和责任山（后统称责任山）分配给每个农户，调动广大群众植树造林积极性。90年代，围绕林业富镇目标，发展经济果木林，实施低产低效林改造和封山育林，林业生产有较快发展。2014年，全镇有山林34680亩，其中公益林9405亩、商品林25275亩；有用材林18720亩，其中楠竹2250亩；有经济果木林15945亩；活立木总蓄积76134立方米。森林覆盖率34.6%。

工业

清代，境内陶器手工作坊兴盛，代代相传。民国时期，铜壶、铜锁、金银手圈等冷作产品盛行，产品畅销省内外。中华人民共和国成立后，境内油脂加工、陶器产品制作逐渐发展为半机械化。1972年，社队企业兴起，兴办盐井公社农机具加工厂。1985年发展乡镇企业，先后兴办机砖厂、精干麻厂、优质大米厂、预制构建厂等10家镇办企业，税利350万元，从业者320人，提供劳务报酬350万元。1987年建设镇机砖厂，年产红砖1000万块，税利30万元，从业者50人，提供劳务报酬70万元。村办集体企业发展到45家，个体和联户企业发展到446家，从业者1534人，年均企业总产值9800万元。2012年，镇内柑橘产业发展，建立2家柑橘打蜡厂，年加工柑橘5万吨。2014年，全镇拥有各类企业531家，实现企业总产值1.82亿元，企业税利1500万元，从业者1750人，提供劳务报酬3500万元。

商贸服务业

清代，境内张家场集市是湘、鄂、川边境地区食盐交易地。民国初期，南北商贸交易活跃，有商业店铺近100家。1958年，因修建盐井水库，张家场集市迁址盐井镇。在辖区政府驻地建供销社、肉食站、粮油店，政府驻地成为农村中心市场。各村（大队）开设有集体商业零售店或代销店。中共十一届三中全会后，个体商贸服务业得到发展，农村市场日益活跃。1995年，镇内有盐井、盐矿、关桥、宝塔4个集贸市场，个体商铺发展到50余家，社会商品零售总额2500多万元。1996年，镇党委、镇政府筹资进行集镇基础设施建设，鼓励农民进镇经商。2014年，全镇有各类商铺500多家，个体工商从业者900余人。社会商品零售总额5000万元，其中集市商品成交额3500多万元。

基础设施

交通运输

1958年11月—1959年4月，建成县道雷（公塔）中（武）公路樟树堰至戈头峪段，境内始有公路。20世纪60年代，修通盐井街道至湘澧盐矿矿区公路。70年代，修通盐井至宝塔、官桥、洪家铺、复兴厂的简易公路，形成5条公路主线。80—90年代，对部分道路进行拓宽改造。1995年，境内有县、镇公路12千米，通村、组简易公路121条、181千米。2006年，由湖北松滋市和澧县共同筹资80万元，建起官桥大桥，每日有5个班次客车从盐井镇街道开往常德、澧县、松滋等地，客运量600多人。2014年，1条县道、2条镇道全部硬化；41条联村、通村公路硬化延伸至部分村民小组或农户家，总长度79千米。每日有15个班次客车往返于常德、澧县、津市、松滋等地，有2个班次澧县至松滋长途客车，湘澧盐化公司1个班次客车经过境内，客流量约1100人。

邮政通信

1960年，成立盐井邮电所。1975年，邮电所电话总机室分离到盐井公社，在公社机关设立盐井电话总机房，并安装电话到18个大队和公社直属、县属7个单位。1995年，邮政、电信体制改革，成立盐井电信所，发展固定电话，移动电话，总用户数2000余户。后邮政、电信分离，移动电话大量普及农村，电信产业快速发展。2014年，境内有邮政所1家，邮政村级代送代办服务点9处；有电信所1家，家庭固定电话1844部，宽带用户863户；有移动、联通铁塔12处，移动电话13000余部。邮政、电信年营业收入近400万元。

水利建设

中华人民共和国成立前，境内水体总量较匮乏。1958年，修建盐井中型水库1座，库容1565万立方米。2008年，国家投资2000多万元进行除险加固。20世纪70年代兴建民主、大桥、同心、蹇家湾、双岭、三圣庙、荷花堰、文家湾、窑湾、吴家等10座小（二）型水库。1974年，澧水澧县干渠穿越盐井段10.8千米，以澧水主渠为水源，分期建设太南、太北、桥伍、桥合、城宝、桥官、桥豹、桥青、青龙、宜宝等10条支渠，总长65千米。1975年起，兴建清源、白果树、民主、大桥、宝塔、园艺场6个机埠，总装机640千瓦。2014年，境内有中型水库1座、小（二）型水库10座、河坝91处、堰塘2094口，总蓄水量3000万立方米，全镇直灌、提灌总面积3万亩。

供电饮水

供电 1974年，建成盐井水库小型发电站，装机功率125千瓦。1983年，成立盐井电力管理站，农村用电逐步普及，从低压到高压快速发展。2000年，投资1000多万元，进行第一次电网改造。2012年，进行第二次电网改造，供电质量改善，居民用电量日益增加。2014年，全镇拥有高压输电线路67千米，低压输电线路197千米，配电变压器59台2750千伏安，用电户5760户，总供电量300万千瓦时。

饮水 1989年，修建盐井镇自来水厂。2008年升级改造后，日供水量1200立方米，供应集镇及附近村民饮用水。2003年，建设一心、清源、太白、金合、分水岭等5处小型集中供水工程。2014年，完成国家投资700万元的白马庙安全饮水项目，全镇98%的人口实现安全饮水。

镇村建设

明朝初年，境内居民在张家场掘井取水，煎煮成盐，商户渐多，形成集镇。清雍正年间，有商户200余家，成为澧州与湖北松滋、公安等县交界处的主要墟场。民国时期，湖北省杨林寺、街河寺、石子滩等地商贩汇聚于此，进行布匹、石膏等商品交易，是澧县繁荣商埠之一。1958年，兴建盐井水库，街区迁至伍家岗，仍称盐井。1972年，湘澧盐矿矿区在集镇北3千米处建成，集镇建设逐渐发展。1984年撤乡建镇后，开始制定镇区发展规划，以盐井老街道和平路为主商贸街，东街和西街为工业街。1989年，镇区面积1.5平方千米，设2个居委会，非农业人口2136人；建筑面积85300平方米，其中住宅面积66200平方米；建成5条主街，总长2400米；有临街门面280个。至2014年，完成农贸综合批发大市场、商业购物中心、休闲广场、居民家居生活小区等项目建设。集镇建筑面积达10.16万平方米，常住人口5300人。全镇大部分农户改水改厕、修建沼气池；建垃圾处理池65处、添置垃圾清运车10张、转运车1辆、垃圾焚烧炉1座；统一发放到户垃圾桶5000支。

社会事业

教育

清代，境内有私塾多家。民国时期始建小学。1958 年，在伍家岗兴办盐井农中，设 3 个农中班。1971 年，兴办盐井中学，开设普通高中班；全公社 16 个大队兴办小学和初中 19 所，在校学生近 3000 名。1980 年调整学校布局，高中班收为县办，盐井中学定位为全日制普通初级中学。1995 年后，教育资源重组，全镇存中小学 6 所，学前班 6 个。2014 年，镇内有普通初级中学 1 所，小学 3 所，农校 1 所，学前班 3 个，幼儿园 3 个。教师 91 人，在校学生 1100 余人。

文化体育

1995 年，有镇文化站 1 个，有文学、音乐、诗词、美术、书画、唢呐等文学艺术爱好者 200 多人。电视机入户 3100 多户。2013 年，参加全县“百团大赛”，有 2 个节目分获一等奖和三等奖。2014 年，文学艺术爱好者增加至 300 多人，有中西乐队 3 支、军鼓队 1 支、腰鼓队 1 支、唢呐队 5 支。电视入户 5500 户，其中有线电视和“村村通”直播卫星接收设备 2500 多户。有农家书屋 9 个，藏书（刊）1 万多册。

医疗卫生

民国时期，境内较有名气的中医有何玉克、唐道新、彭世柱、闵伯斋、闵泽忠等。20 世纪 50 年代初，境内各个个体执业医生自发联合组成盐井张家场卫生所，有医务人员 20 人，病床 10 张。1958 年，盐井张家场卫生所迁址到伍家岗大队，更名为盐井公社卫生院。1969 年，各大队兴办合作医疗，有赤脚医生 18 名。1983 年，盐井卫生院改制，允许私人承包经营，1995 年又统一经营

拔河

管理，镇卫生院有医务人员20余人，病床20余张。村卫生室有乡村医生和妇幼保健人员30余人，个体执业医生10余人。2014年，全镇有1家卫生院，15家村级卫生室，病床40张，专业医务、护理人员30人，年诊治患者1.3万人次。

社会保障

中华人民共和国成立后，民生事业得到发展。20世纪50—60年代，农村经济基础薄弱，贫困户较多，政府和农村生产队对基本生活困难户以物资救助为主。随着经济社会发展，国家民政部门对于困难救助对象和标准有相关制度和规定，主要分为军人优抚类、社会救助类、突发意外救助类等。救助方式和标准按照有相关规定实行打卡发放到救助对象。2005年，推行新型农村合作医疗制度，参合人数逐年增加。2007年，建成镇敬老院，有床位45张，入住“五保”老人40人。2014年年底，全镇共有农村低保对象729人，农村“五保”181人，各类重点优抚对象110人，城镇低保94人，发放城镇低保资金22万元，农村低保资金84万元。参加“新农合”人数1.6万人，参合率达91%。机关事业单位和社会企业以及农村养老保险参保人员达1.5万人，有0.45万人领取保险金800多万元。

特色地情

名优特产

盐井鱼糕　盐井鱼糕以优质鲜鱼为主料，辅以猪肉和鸡蛋等，捶浆清蒸而成，形似糕点。是境内民间筵席上一道必备的美味佳肴，享誉湘鄂边界地区。

风景名胜

盐井水库　水域2500亩，水质优良，为安全饮用水水源地。库内碧波荡漾，周边林木茂盛，风景宜人。水中有鳙鱼、鲢鱼、草鱼、鲤鱼和乌龟、水鱼、翘嘴鱼、黄板刁等。2008年起建成多处垂钓、农家乐等设施，是休闲旅游的好去处。

古树名木

境内有古树4株，均由澧县林业局挂牌保护。1株为银杏树，位于分水岭村，树龄400余年，树高13米、树围2.5米、树冠100平方米；1株为枫杨树，位于伍家岗村，树龄120余年，树高23米、树围5米、树冠500平方米；2株桂花树，位于观山凸村，成对生长，树龄200余年，树高8米、树围1.5米、树冠100平方米。

（文字供稿：胡开发，图片供稿：澧县党史办）

雷公塔镇

区域概况

位置面积

雷公塔镇位于澧县中部，东连梦溪镇和复兴厂镇，南隔涔水与涔南乡、大堰垱镇相望，西接中武乡和宜万乡，北抵盐井镇。镇人民政府驻雷公塔集镇，距县人民政府驻地16.3千米。

2005年，全镇总面积47平方千米。2014年，全镇总面积未发生变化，有耕地31126亩，其中水田27814亩、旱地3312亩；山林5132亩；水域3180亩。

建置沿革

民国27年（1938），属涔中乡。中华人民共和国成立后，于1950年5月废除旧制，全县设187乡，镇域置彭家、灵安、双合等乡。1956年6月并为彭家厂乡。1958年9月，实行人民公社体制，彭家厂乡与盐井乡合并成立盐井公社。1961年7月缩小公社规模，盐井公社析为盐井、彭家厂2个公社。1984年4月撤销人民公社，彭家厂公社复名彭家厂乡。1993年乡改镇，定名为雷公塔镇。至2014年无变化。

行政区划

1995年，雷公塔镇辖三星、三合、涔河、大河、龙垱、高山、民主、缸窑、齐心、涔北、樟树、新堰、千官、泉堰、和平、荆荷、岩头嘴17个行政村和雷公塔居委会，共161个村（居）民小组。

2005年，高山村与泉堰村并为高山村，齐心村与和平村并为齐心村，樟树村与荆荷村并为樟树村，岩头嘴村与雷公塔居委会并为岩头嘴居委会。全镇辖三星、三合、涔河、大河、龙垱、高山、民主、缸窑、齐心、涔北、樟树、新堰、千官13个行政村和岩头嘴居委会，122个村（居）民小组。至2014年，行政区划未发生变化。

自然环境

镇域地形以丘陵和平原为主，西北部属丘陵，东南部为平原。境内最高地黑虎山海拔110米，最低点官家溶海拔35米，全境平均海拔72米。境内最长河流为涔水，流经大河、龙垱、涔河等6村，经小渡口镇汇入澧水。镇域气候为亚热带大陆性气候，四季分明，热量充足，雨量丰沛。年平均气温16.5℃，年平均降雨1200毫米。树木以乔木为主，主要有马尾松、樟树、柳树等。野生动物有野猪、山羊、斑鸠、白鹭等，镇缸窑村每年4月份起有白鹭、夜鹭、苍鹭、黑颈鹤、白鹤、朱鹮、鱼鹰等10多种国家一、二级保护鸟类栖息，10—11月份陆续南迁。境内矿藏有石膏、白垩土、膨润土等。境内地势较低，洪涝为主要灾害。1995—2014年共发生5次大的洪涝灾害，其中2003年洪灾导致全镇4000亩农田失收。

人口民族

1995年，雷公塔镇有5538户17725人。2003年，全镇6778户22165人。2014年，全镇8596户24093人。其中男性12127人；农业人口18612人；汉族23740人，少数民族353人，其中土家族338人、白族2人、哈尼族3人、苗族3人、壮族3人、布依族2人、侗族1人、瑶族1人。

经济发展

综述

1994年，全镇实现工农业总产值6303万元，村均集体经济纯收入4.2万元。1995年，全镇实现工农业总产值6370.3万元，粮食总产量10357吨；财政总收入98万元；农民人均纯收入1396元。1998年，全镇实现工农业总产值1.64亿元，其中乡镇企业产值0.86亿元。2002年，全镇实现工农业总产值16998万元，其中工业产值12600万元，农业产值4398万元。2014年，全镇实现工农业生产总产值44463万元，其中农业总产值21989万元，工业总产值22474万元；财政收入1672万元；农民人均纯收入10731元；境内3家金融机构，年末存款余额2.5亿元。

农业

种植业 镇域以种植水稻、玉米、棉花、油菜为主。1995年，种植早稻12021亩，晚稻14887亩，总产量10357吨；油菜23245亩，油菜籽总产量2378吨；棉花11429亩，皮棉总产量860吨。建有樟树村吨粮田、齐心村棉花高产、高山村油菜丰产以及三合村高效农业等6大科技

水稻春插

示范基地，带动全镇农业生产。2002 年，全镇粮食总产量 7517 吨，皮棉 1263 吨，油菜籽 2000 吨。2012 年，全镇种植优质双低油菜 22000 多亩，是全县唯一的万亩油菜高产基地。2014 年，全镇种植水稻 42000 亩，总产量 15016 吨；玉米 830 亩，总产量 208 吨；油菜 23000 亩，油菜籽总产量 3200 吨。

养殖业 1995 年，全镇养殖生猪 3.6 万头，出栏 1.8 万头；出水鲜鱼 200 吨；特种养殖户唐汇德投资 15 万元，建起养鳖场。2002 年，全镇出产猪、牛、羊、禽肉 2490 吨，出售禽蛋 1929 吨。镇党委、镇政府出台有关扶持养殖业的政策措施，使养殖业持续发展。2014 年，全镇出栏生猪 29900 头；出笼家禽 78 万羽，其中鸡 42 万羽、鸭 34.8 万羽、鹅 1.2 万羽；水产品养殖面积达 2635 亩。

林业

1995 年，实施秋冬山水开发大会战，共发展林地 2500 多亩，在齐心村建起 400 亩优质果木林生产基地。2005 年，全镇造林 2230 亩，其中封山育林面积 300 亩。2014 年，全镇林地面积达到 14800 亩，森林覆盖率 32%。

工业

1995 年，雷公塔镇有企业 662 家，从业人员 1450 人，实现产值 3885 万元，利税 350 万元。2002 年，全镇有个体私营企业 430 家，其中股份制企业 6 家，主要企业有澧县中兴棉业公司、兴达棉业公司、澧县塑业公司等。2006 年，澧县顺达棉业建成投产，年产值 2500 万元，年实现利税 100 万元。2010 年，引进澧县宁凯包装厂项目，投资 2000 万元。2014 年，镇内有各类企业 15 家，完成工业总产值 8600 万元。

商贸服务业

1995 年，境内有两个农贸市场，总面积 2600 平方米，年成交额 300 万元左右，实现利税 15 万元。2014 年，全镇有 157 户个体工商户，从业者 512 人，主要集中在彭家厂和雷公塔两个集镇经营。

基础设施

交通运输

1995 年，有 207 国道纵贯镇域，村村通公路。2007 年，县道雷（公塔）宜（万）线横穿镇域 12 千米，有通村公路 46.2 千米，其中 26 千米实现水泥硬化。2014 年，对 207 国道雷公塔段进行整修，重建雷公塔大桥；全镇通村通组公路 68 千米，其中 38 千米砼化。

邮政通信

1992 年，开通程控电话，装机容量 1200 门。1999 年，建立湖南移动常德分公司雷公塔镇站点，并建立数字移动基站。2003 年，镇内程控电话、移动、联通无线寻呼基站配套发展。2014 年，镇域内有邮政所 1 家，移动营业点 3 处，联通、电信营业点各 1 处，移动、电信、联通的宽带业务均已开通；全镇有固定电话用户 1819 户、移动电话用户 7058 户、互联网用户 2209 户。

水利建设

1954 年 10 月，境内建成全县第一座水库——放马峪水库，库容 30.6 万立方米，集雨面积 17.23 平方千米，灌溉农田 1630 亩。2000 年，全镇有小（一）型水库 1 座，小（二）型水库 4 座，小型灌溉机埠 5 处，山塘 2200 多口，拦河坝 2 座，总蓄水量 450 万立方米，灌溉农田 2.6 万亩。涔水干渠和王家厂水库北干渠灌溉境内丘陵区 8 个村的 1.1 万亩农田。全镇自流灌溉面积占水田总面积65%。2011年，投入1000多万元，对放马峪水库进行除险加固工程建设，沟渠护砌12千米。2014年，全镇自流灌溉面积达85%。

供电饮水

供电 1995年，全镇拥有320千伏和315千伏变电站各1座，照明用电普及率100%。2010年，雷公塔镇建设中心变电站，镇内10千伏线及照明线路统一进行布置，并在后期逐渐被电力电缆管取代。2012年，铺设35千伏专线——雷梦线，对5个村进行电网改造。2013年对3个村的低电压进行改造。2014年，全镇有输电线路144.7千米，配电变压器132台22690千伏安，电力用户15382户，总供电量1266.8万千瓦时。

饮水 2009年，镇自来水厂建成运营。2014年，总入户1950户8100人，由县山门水厂提供水源，年供水量近20万立方米。

镇村建设

2003年，境内雷公塔、彭家厂2个集镇的街道全部硬化，常住人口2695人。2012年，雷公塔集镇投资1600万元，新建宜居新村，规划建筑面积5万多平方米。新拉三纵三横6条街道，可容纳600多户居民经商居住，并配套完善基础设施建设。2013年，投资300万元建起集镇农贸市场。2014年，彭家厂、雷公塔2个集镇的建成区达到1.5平方千米，个体工商户157户，常住人口5860人。集镇水、电、路设施配套，居民居住环境优美。高山、沙河堰、涔河等13个村均设立村级活动中心。

社会事业

教育

1995年，全镇有1所中学、2所中心完全小学、10所初级小学。2003年，镇内有初级中学1所、中心完小2所、初级小学6所，中小学生入学率100%。2013年，投资400多万元对彭家厂小学进行改造。2014年，全镇有初级中学1所、小学2所、幼儿园3所，在校学生1518人，教职工97人。

文化体育

1993年，建起雷公塔镇有线电视差转台，电视覆盖率100%，有线电视用户1000户；1995年，境内有新华书店、电影院和群众娱乐活动中心8个。2014年，全镇有2支腰鼓队、1支军鼓队、2支龙灯队、1支广场舞队，有14个农家书屋。

医疗卫生

1995年，境内有医院（卫生院）4家，其中镇属3家，县属1家，能对常见病及多发病进行诊断治疗；有村医疗保健中心28个。2003年，镇内有澧县第四人民医院、镇卫生院和28个村级医疗保健站，担负全镇防疫、防治、保健任务。2002年，镇卫生院并入澧县第四人民医院。2014年，境内有澧县第四人民医院和14个村卫生室。第四人民医院有医务人员96人，开放床位80张，固定资产1300多万元，业务用房面积4800平方米。

社会保障

2006年，启动新型农村合作医疗制度，参合率75%。2007年，建成三星敬老院，集中供养“五保”对象40人。2013年，大河幸福院建成，入住“五保”对象8人。2014年，沙河堰村幸福院建成，入住“五保”对象8人；是年，全镇供养“五保”对象162人，分散供养106人，集中供养56人。共有农村低保553户579人，全年共发放低保金65万元。参加新型农村合作医疗15162人，参合率95%。

特色地情

名优特产

述林粉丝 彭述林粉厂出产。述林粉厂始建于1985年，专门生产述林牌系列薯类粉丝。有鲜薯加工、山芋淀粉出条冷冻、粉丝切割包装等生产线，生产的粉丝细柔洁白、绵柔爽口、久煮不糊、营养丰富，深受广大消费者喜欢。2014年，述林牌粉丝被评为湖南省著名商标。

名胜古迹

灵天寺 又名灵泉寺，位于雷公塔镇岩头嘴居委会。 始建于唐代，名泉生寺。明尚书李充嗣更名为白云山灵泉寺。1958年被毁。1991年5月，由比丘尼释元常生主持重建。1998年建成，更名灵天寺。

（文字供稿：田孟文，图片供稿：澧县党史办）

大堰垱镇

地域名片

中国民间文化艺术之乡　全国重点镇

区域概况

位置面积

大堰垱镇位于县境西北部，东连涔南乡，南邻车溪乡和大坪乡，西抵王家厂镇和临澧县九里乡，北与中武乡接壤。镇人民政府驻垱涔路，距县人民政府驻地 23 千米。

2014 年，大堰垱镇面积 55 平方千米，有耕地 46403 亩，其中水田 43235 亩、旱地 3168 亩；有园地 1801 亩，水面、山林地 3285 亩。

建置沿革

民国末期，属涔阳乡。1950 年 5 月，全县设 187 乡，镇域置垱市、水泗、干河、花圃、玉皇 5 乡。1954 年 5 月，增设垱市镇，辖东街、西街 2 个居委会。1956 年 6 月，5 乡合并为大堰垱乡；垱市镇更名为大堰垱镇，升为县辖镇。1958 年 9 月，实行人民公社体制，大堰垱乡划入澧阳公社。1961 年 7 月缩小社、队规模，由澧阳公社析置大堰垱公社。1975 年 12 月，撤销大堰垱镇，其区划交由大堰垱公社管辖。1980 年 10 月，恢复大堰垱镇县辖镇建制。1984 年 4 月，撤销人民公社，大堰垱公社改为大堰垱乡。1987 年 1 月，大堰垱镇与大堰垱乡合并为大堰垱镇。至 2014 年无变化。

行政区划

1989 年，大堰垱镇辖东街、西街 2 个居委会，红阳、澧临、涔南、熊家湾、青云、戴家河、干河、竹金、花圃、汉东、宋家台、马树、沈家坝、安合、唐桥、水泗、星星、裕星、孙家山、联富、两湖、永富 22 个行政村。1991 年，设立白云寺、文昌阁居委会。2005 年，星星村、裕星村合并为星星村，永富村和孙家山村并为永孙村。2006 年，白云寺居委会和红阳村合并为白云寺社区。

2014 年，大堰垱镇辖东街、西街、文昌阁、白云寺 4 个社区，熊家湾、戴家河、青云、干河、马树、竹金、花圃、汉东、宋家台、沈家坝、安合、唐桥、水泗、联富、两湖、永孙、星星、澧临、涔南 19 个行政村。

自然环境

镇域属澧阳平原冲积亚区和西洞庭湖盆地边缘区，海拔 56.37 ~ 43.07 米，西北部略高，东南部偏低。地面坡度一般小于 20 度。除澧临、涔南两个丘陵村外，其余地势均较为平坦、开阔。属亚热带季风湿润性气候，无霜期 272 天，年平均气温为 16.9℃ ~ 17.1℃，年平均降雨量 1230 毫米。涔河穿境而过，境内长 21 千米。镇域主要植被为杨树、柏树、马尾松等。主要矿产为锌矿和膨润土。野生动物以野鸡、野鸭、獾、孢子、白鹭等为主。土壤肥沃，偏碱性，适宜各种作物生长。主要自然灾害有旱、涝、风灾及冰冻灾害等。中华人民共和国成立初期至 2014 年，共发生较大自然灾害 5 次，1998 年发生的特大洪灾，造成经济损失 1000 余万元。

人口民族

1995 年，全镇有 10391 户 36480 人，其中非农业人口 7950 人。2014 年，全镇总人口 43925 人，其中非农人口 14271 人，农业人口 29654 人；人口出生率 9.63‰；汉族 42904 人，土家族 1021 人（石门县皂市水库移民）。

经济发展

综述

1995 年，全镇工农业总产值 2.096 亿元，其中工业总产值 1.6 亿元，实现利税 1280 万元；财政收入 950 万元，农民人均纯收入 1624 元。2014 年，全镇农业总产值 31930 万元，农民外出劳务收入 12755 万元；财政收入 2100 万元；城镇居民人均纯收入 15000 多元，农村居民人均纯收入 10627 元；境内 2 家金融机构年末存款余额 5870 万元，贷款余额 3104 万元。全镇有规模以上工业企业 4 家，其他企业 15 家，各类个体经营户 1000 多家。建成星星葡萄种植园、南美白对虾养殖园、星星莲子种植基地、联富葡萄园、大堰垱镇现代农业示范园等高效产业示范区。先后发展新东升酒店、华洋酒店、千里马幸福农庄、丰彩购物中心等第三产业。外出务工和服务业人数达万余人。

农业

种植业　1995 年，全镇种植粮食 32000 亩，产量 21162 吨；棉花 7000 亩，产皮棉 8380 担；种植油菜 38000 亩，产油菜籽 1954 吨。全镇实现农业总收入 4960 万元。2014 年，全镇水稻种植 32000 亩，一季稻亩产 675 公斤，每亩收入 1800 元；双季亩产 800 公斤，每亩收入 2100 元；种植油菜 26000 亩，亩产 160 公斤，每亩收入 500 元；玉米 3500 亩，亩产 550 公斤，每亩收入 1000 元；葡萄 1500 亩，亩产 1750 公斤，每亩收入 8000 元；蔬菜 5000 亩，每亩收入 3000 元。

养殖业　1995 年，全镇无规模养殖场，生猪养殖大部分为农户散养，数量 4500 头。2014 年，全镇出售和自宰生猪 41578 头、牛 495 头、羊 9320 只、家禽 90.7 万羽。肉类产量分别为：猪肉 3117 吨、牛肉 59 吨、羊肉 203 吨、禽肉 1423 吨。年末大牲畜存栏 1599 头，生猪存栏 16704 头，能繁母猪 2105 头，能繁母羊 2360 只，家禽存笼 298028 羽。有沈家平安猪场、干河菊园猪场、干河新春猪场、干河诺诚蛋鸡场 4 个规模养殖场。

林业

1995 年，镇内有林地 3285 亩，森林覆盖率 7%。2003 年，镇党委、镇政府发动群众植树造林，补植补造，退耕还林 832.1 亩，建立苗木基地 200 亩、栽种苹果柚 200 亩、枇杷 50 亩，猕猴桃 150 亩。2013 年，全镇造林 1152 亩，零星植树 61870 株，主要树种为国外松、杉树、楠树、杨树、樟树。2014 年，全镇有林地 8573 亩，森林覆盖率 10%。

工业

1995 年，大堰垱镇实现工业总产值 1.6 亿元，形成以建筑、建材、纺织、汽车修理、装饰为主，多种门类配套的区域工业体系。大堰垱镇企业开发公司，拥有固定资产 1176 万元，大小企业 33 家，从业员工975人，公司下属水泥厂、银河织布厂为镇骨干企业，年创收2000万元。2014年，全镇实现工业总产值18540万元，用工100人以上企业发展到12家。跃进化工厂主要生产呋喃树脂固化剂，总资产650万元，年产量2300吨，年销售总额1500万元；飞来峰有限公司主要生产精制膨润土，总资产2500万元，年产量90000吨，年销售总额2250万元；恒盛棉业公司主要产品为国储棉，资产总额2800万元，年产量4830吨，年销售总额9660万元；正峰锌业公司主要生产锌粉，总资产850万元，年产量11000吨，年销售总额4730万元；年销售总额在100万元以上的企业还有五星纸品、新恒昌建材、裕隆公司、诚义环保砖厂等。

商贸服务业

民国时期，境内商铺百余家，经营商品有南杂、百货、肉食、疋头、树木、印刷、熟食、蔬菜、水果等。中华人民共和国成立后，在集镇建有供销社、肉食站、粮油店等，各村（大队）均开设有集体商业零售店或代销店。1980年，个体工商户注册登记试行后，境内个体工商户逐年增多。1985年，供销社等集体商业的店铺承包到人。1998年，垱市供销合作社对退休职工进行工龄工资“买断”。个体私营商贸逐渐兴起，2014年，大堰垱镇共有个体工商户715户，从业人员1875人，社会商品零售总额6971万元。

基础设施

交通运输

S302线穿境而过，境内长9.5千米，与曾（家河）垱（市）公路于熊家湾交汇，形成镇域交通主干线。2014年，2条长9.6千米的镇道全部硬化，通村、通组公路硬化率100%，通户公路硬化率60%，硬化总长度超100千米。每日有25个班次客车往返于县城，日均客流量285人次。

邮政通信

2014年，境内有邮政所、移动营业厅、电信营业厅各1家。全镇拥有家庭固定电话5330部，移动电话35890部，宽带入户5753户。申通、圆通、汇通、中通、顺丰、韵达等快递公司在境内设有多处营业网点。

水利建设

20世纪70年代，动员群众进行水利建设，境内基本形成功能齐全的灌排体系。建有澧阳平原灌区主灌渠7条28.659千米，主排渠4条22.45千米；镇属主灌渠47条54.043千米，主排渠46条59.2千米；堰塘1419口。1985年在孙家村兴建一座小（二）型水库。1988年在澧临村兴建一座抗旱机埠。1990年在裕星村兴建一座小（二）型水库。2000—2014年，全镇投入资金8286万元，硬化渠道123千米，翻建小型建筑物88座，清淤扩容堰塘178口，除险加固水库1座，清淤主排渠22.2千米。全镇自流灌溉面积达91%，基本杜绝天旱、内涝农作物失收现象。

供电饮水

供电 1966年8月，境内第一台变压器投入运营，供应居民的照明用电。1999年1月，澧县供电公司设立垱市供电所，负责大堰垱镇、金罗镇、中武乡、车溪乡4个乡镇77个行政村12.8万人口的供电工作，供电辖区面积394平方千米。1999—2015年，全镇供用电设施不断完善，10千伏线路由31千米增至74千米，0.4千伏电路由47千米增至998千米，公用变压器由27台2030千伏安增至96台12225千伏安，户均容量由0.26千伏安增至1.78千伏安，全口径用电量由376万千瓦时增至2488万千瓦时。

饮水 20世纪70年代，境内建有泉源自来水厂和戴家河水厂，供应集镇及附近农村居民饮用水。2014年，镇政府投资500多万元启动安全饮水扩网改造工程，2个水厂成功对接县办山门水厂管网。2015年3月，镇安全饮水扩网改造工程全面竣工，全镇4.4万人口实现安全饮水。

镇村建设

清初，大堰垱即形成集市。清廷侍卫杨逢凯首建府邸于东街，豪户曹、李先后在南街、北街修建宅院。乾隆年间，有铺店500多家，其中纺织机户60余家。牛渡桥、关帝庙、文昌阁、白云寺等建筑陆续兴建。有街道4条,全长1100余米，宽6米左右，石板路面。

民国初期，江浙川皖等地商民至境经商者日众，商业繁荣。民国32年(1943),日本侵略军犯境，烧杀掳掠，大部分房屋付之一炬。日本侵略军败退后，渐次恢复。民国38年，有商行、作坊200余家，街道增至5条，镇区面积0.25平方千米。

1953年开始集镇建设。1954年设垱市镇。1956年由区辖镇升为县辖镇，建设速度加快。1978年，区公所迁此，建设规模扩大。1989年，大堰垱已成为澧县最发达的工商型建制镇，镇区总面积3.25平方千米，建筑面积21万平方米，其中住宅8万平方米；整修、拓宽街道8条，总长3300米；修下水道4500米；建成日供水1000立方米的自来水厂，输水管道2880米；设路灯47盏，公厕18所；镇内有石拱桥3座长131米。建成占地4000平方米的农贸市场和小商品市场各一个。1995年，镇区房屋建筑

幸福农庄

面积达47.4万平方米，街道9条，总长6.71千米，均属水泥或柏油路面。2014年，镇区总面积达2平方千米，房屋建筑面积达110万平方米，主街道安装高清摄像头10个，并纳入市交警监控网络；修建水冲式公厕2座，铺设人行道砖240米，植树补绿120余株，添置太阳能路灯22盏，添置洗扫车、垃圾转运车、垃圾清运车、洒水车及封闭式移动垃圾箱20个。2014年7月，大堰垱镇被国家7部委联合评定为全国重点镇。

社会事业

教育

1995年，全镇有中学1所，小学12所，在校学生3600余名，教师274人。2009年，大堰垱镇中学初中毕业生被澧县一中学正取61人，创历史记录。2014年，全镇有中学1所、小学8所，在校中学生677人、小学生1893人，教师172人。

文化

1993年，被省文化厅授予“群众文化艺术之乡”，2001年，被省文化厅授予“渔鼓之乡”，镇文化站被评为省“百强集镇文化站”。2005年，西街文化大院被中宣部、文化部评为湖南省唯一的“全国服务农民服务基层文化工作先进集体”。2008年11月，被文化部命名为“中国民间文化艺术之乡”——“澧州大鼓之乡”。大堰垱镇西街文化大院占地1000多平方米，能容纳800余人活动，常年聘请中国曲艺家协会会员、著名曲艺表演艺术家周子房坐镇大院。组建一支由78名民间艺人组成的镇曲艺协会和曲艺演唱队，常年演唱历史传统书目和配合党委政府中心工作自编自演的文艺节目。2014年，全镇从事文化产业人员975人，年文化经营收入489万元。有中国曲艺家协会会员1名，湖南曲艺家协会会员2名，湖南作家协会会员1名，中南五省书法协会会员1名。有曲艺茶社63家；管乐队12支（其中女子管乐队5支），歌舞团体5个，皮影队3个，舞狮、舞龙队27个（其中女子舞龙队4个）；各类图书室、书屋13家，藏书3.5万册，各类文学创作人员17人，每年发表作品200余件。

医疗卫生

1952年，设垱市区卫生所，有医务人员3人。1956年，大堰垱乡、镇各设1所卫生院。1958年，大堰垱乡卫生院改为公社卫生院。1970年，建立大堰垱区医院，有医务人员23人，设门诊部和住院部，置病床20张。1987年，大堰垱乡、镇卫生院合并为大堰垱镇卫生院。1995年，大堰垱区医院改为澧县第五人民医院。2002年5月，澧县第五人民医院与大堰垱镇卫生院合并为大堰垱镇中心卫生院。至2014年，大堰垱镇中心卫生院发展成为一所较大的区域性中心卫生院，承担着辖区及周边乡镇近20万群众的医疗保障任务。卫生院位于大堰垱镇东街，占地9240平方米，业务用房5183平方米，医院编制床位95张，实际开放138张，有医务人员168人。下辖23个村级卫生室，有乡村医生23人。

社会保障

2005年，修建大堰垱镇敬老院，占地10亩，建筑面积1500平方米，设置房间45间、床位50张，入住“五保”老人50名。2011—2014年，先后修建5所村级幸福院，入住“五保”老人30名。2014年，全镇有农村低保762人、城镇低保778人，发放低保金281.74万元；农村“五保”和城镇“三无”人员272人，集中供养80人，分散供养192人，发放“五保”金87.84万元；265名残疾人享受重度残疾人护理补贴，全年发放 15.9 万元。

特色地情

名优特产

黑水堰锅饺 1955 年，大堰垱乡农民钟振楚走街串巷，挑担叫卖包子、锅饺，味道鲜美、香脆可口，生意火爆。20 世纪 70 年代，大堰垱公社开办小南街饮食店，聘请钟振楚主做锅饺。1991 年，钟振楚将手艺传给女儿钟惠君、女婿黄海清夫妇，店名“海仔餐馆”，以经营锅饺为主，渐具品牌效应。2003 年改造门面，扩大经营，改店名为黑水堰海仔酒楼，并在澧县县城开设两家连锁店。垱市黑水堰海仔锅饺享誉澧县、津市、安乡、石门及湖北沙市、公安、石首等地。2007 年注册“黑水堰”商标，2013 年被评为常德市知名商标。2014 年，“黑水堰锅饺”被评为澧州十大名小吃。

文物古迹

九里楚墓群（孙家山、邓家湾墓群） 位于临澧县九里乡和澧县大堰垱镇，是湖南省规模最大的楚墓群之一。方圆十余里有大型楚墓 24 座，中、小型楚墓 100 余座。1979—1988 年，湖南省考古队在此发掘大型楚墓 1 座，小型楚墓 24 座，出土 300 余枚战国竹简和青铜兵器、玉器、陶器等文物。该墓群位于楚都纪南城南约 100 公里，系战国时期楚王公贵族墓地。九里楚墓群的发现，为研究长江中下游地区楚文化提供了重要依据。2013 年被国务院公布为第七批全国重点文物保护单位。

星星遗址 星星遗址位于澧县垱市镇星星村一处高出四周约 1.5 米小台地上，南距城头山遗址约 4 公里，属澧阳平原西北部地带，台地形状呈长方形，东西宽约 200 米，南北长约 245 米，总面积约 47119 平方米，遗址北、南、西部均为水系围绕。遗址文化层堆积厚约 2 米，分别为屈家岭、石家河和商周时期堆积。采集屈家岭文化陶片有泥质灰陶、黑皮陶等，器形有碗、罐、杯、甑等，石家河文化陶片有泥质橙红陶、灰陶等，纹饰有篮纹、方格纹等，器形有釜、豆、罐等，商周时期陶片有夹砂红陶、灰陶等，纹饰有凸楞纹、短弦纹、回纹、绳纹等，可辨鬲、豆、罐等。遗址为研究长江中游新石器时代及商周文化聚落分布，区域类型，文化谱系提供了重要资料。属省级文物保护单位。

（文字供稿：刘冰心，图片供稿：澧县党史办）

金罗镇

区域概况

位置面积

金罗镇位于澧县西北部丘陵区的湘鄂边界，东与宜万乡搭界，南与王家厂镇和中武乡接壤，西与闸口乡相连，北与湖北省松滋市浀水镇为邻。镇人民政府驻金鸡岭居委会，距县人民政府驻地33千米。

2014年，全镇总面积104平方千米，有耕地37752亩，其中水田35617亩、旱地2135亩；有林地43000亩、水域3273亩。

建置沿革

民国末期，属复仁乡。1950年5月，全县设187乡，镇域置界溪、石龟、新开、花园、桃园、张顺桥、公和、玉溪8乡。1956年6月，合并为界岭乡。1958年9月，实行人民公社体制，界岭乡与王家厂乡合并，成立东方红公社。1959年3月，东方红公社更名为王家厂公社。1961年7月，界岭公社从王家厂析出，公社机关驻马红岭。1984年4月，撤销人民公社，界岭公社改为界岭乡，乡政府机关驻尖角岭。1990年，撤销界岭乡设立金罗镇，驻地迁温家岭。至2014年无变化。

行政区划

1989年，界岭乡辖高农、高家、努力、福神、张顺桥、同心、雨樟、朝阳寺、卫星、花桥、新开、鸳鸯洲、联兴、花园、八一、桃园、湘水庵、武同寺、金罗、联盟、同福、玉溪22个大队和1个园艺场。

1990年改为金罗镇，增设金鸡岭、幸福桥2个居委会，园艺场交桃园村代管，王家厂镇新颜村划归金罗镇管辖。全镇共辖23个行政村和2个居委会。2005年，湘水庵与武同寺合并为湘水庵村，联兴与鸳鸯洲合并为伍家铺村，花桥与新开合并为石龟山村，同心与雨樟合并为界溪河村，幸福桥与金罗合并为幸福桥居委会。全镇共辖高农、福神、努力、高家、张顺桥、联盟、同福桥、玉溪、湘水庵、桃园、八一、星园、伍家铺、石龟山、卫星、朝阳寺、界溪河、新颜18个行政村和金鸡岭、幸福桥2个居委会。至2014年无变化。

自然环境

镇域属丘陵区，系多个小丘岗和平地组成，西北高，东南低。最高点亚角山海拔315米，最低点归沙口海拔55米。处中亚热带向北亚热带过渡的季风湿润性气候区，其特征为春秋温和，夏热冬寒，四季分明，光照充足，年平均气温16.5℃，最高气温为40.5℃，最低气温为-10.2℃。年平均降水量1262.8毫米，全年降水量以6月最多，达219.16毫米。年平均无霜期为265天。境内有澹水、澧水2条水系，澹水水系由界溪河入境，由西而东，入牛浪湖；澧水水系从天供山入境，由北而南，经归沙口汇入涔水河。境内植被以马尾松和灌木林为主。矿产资源主要为石膏，地质储量1亿立方米，可采量约0.1亿立方米，集中分布在东南部长白山一带。主要自然灾害有冰雹、旱涝、风灾、低温、霜冻、雷击等。雹灾平均5年3遇，最严重一次发生在2008年6月3日，降雹时间约30分钟，冰雹最大直径为15毫米，涉及境内12个村(居)，受灾面积达3万亩。造成2人死亡，倒塌房屋307户，损毁学校1所，7000亩棉花绝收。

人口民族

1989年，界岭乡有26045人，其中农业人口25653人，非农业人口392人；男13083人，女12962人。

2014年，金罗镇有7435户29564人，其中非农业人口1818人；总人口中，男性15283人、女性14281人；汉族29097人，少数民族467人，其中土家族436人、苗族9人、壮族8人、回族5人、侗族5人、藏族、瑶族、哈尼族、仫佬族各1人。

经济发展

综述

20世纪80年代实行改革开放，境内集体经济、乡村企业发展较快，高峰时有47家乡办企业。1990年建镇后，集体企业相继改制，私营企业迅猛发展。1994年，全镇财政总收入612.45万元。1995年，境内有私营企业57家，其中规模以上工业企业2家。全镇完成工农业总产值12356万元，其中工业总产值6006万元，农业总产值6350万元，村级集体经济纯收入1876万元。2014年，境内有规模以上企业7家，全镇实现地区生产总值17.3亿元，实现工业总产值14.45亿元，财政收入943.65万元；农民人均纯收入10882元。

农业

种植业 境内以种植粮食、棉花、油菜为主。20世纪60年代，扩大水稻种植面积，栽种“农垦58”水稻，亩产达400公斤；棉花产量亩产达100公斤。70年代初，提出“出门三尺种高粱”，全乡高粱产量达4520吨。70年代末期，开始种植杂交水稻，以“南优二号、六号”为主，推广面积25000亩，亩产达500公斤。80年代水稻、棉花、油菜良种率达100%。2000年，全镇水稻面积20000亩，棉花18000亩，油菜23000亩，蔬菜2000亩。2008年雹灾后，补种玉米15000亩，亩产达600公斤。2010年起，实施土地流转，发展农业专业合作社及种粮大户。2015年，全镇有种粮大户35户，专业合作社4个。全镇粮食面积达23000亩，产量13800吨；玉米18000亩，产量10800吨；油菜面21000亩，产量3150吨；棉花5000亩，产籽棉1250吨。

养殖业 1990年前，境内生猪均为农户散养。1991年起推广规模养殖。1995年，出栏生猪29660头，出笼家禽50万羽，出售禽蛋1500吨、鲜鱼1654吨、鳖10吨，养殖珍珠1000多亩。2005年组建金罗镇动物防疫站。2006年，生猪出栏42500头，存栏24300头；家禽出笼120万羽，存笼50万羽；出水鲜鱼2280吨。2014年，境内有规模养殖场10家，其中年出栏500头以上规模养殖场4家。全镇生猪存栏12500头，出栏39850头；牛存栏3000头，出栏1800头；羊存栏6000头；鸡存笼36万羽，出笼15万羽。

林业

1980 年 3 月，成立界岭公社林业管理站和鸡公塔、万红、粟山坡、联合林场 4 个乡办林场。林场的土地所有权属所在村，经营权、管理权、林产品处置权均属林业管理站。1982 年，联合林场解散，交由各村自行管理。1999 年鸡公塔林场返还同福村。2015 年，万红林场、粟山坡林场仍由林业管理站经营。

1988 年，实施德援项目造林 1500 亩。2002—2005 年,全镇退耕还林 6895 亩。2014 年，朝阳寺村引进 300 多万元发展花卉苗木 1000 亩，种植桂花、红叶石楠、红叶李、紫薇、茶花等多个品种。全镇血防工程退耕造林 2000 亩，荒山造林 3000 亩，农户四旁造林 30 万株。2015 年，全镇有林地面积 58220 亩，活立木蓄积 80026 立方米，森林覆盖率 43.9%。

境内有 3 棵古树，由县林业局挂牌保护。古银杏位于星园村大花园，高 12 米，胸围 2.5 米，树龄 300 多年，2005 年挂牌保护；古椰树位于鸳鸯洲村，树龄 200 多年；古枫树位于同心村马家湾，高 15 米，胸围 2.8 米，树龄 200 多年。

工业

1978 年，枝柳铁路贯通境内并设澧县车站。是年，建立澧县国家粮食储备库。2005 年改制为中央储备粮澧县直属库。库区占地面积 300 亩，总仓（罐）容 12 万吨，年加工能力 2 万吨，生产有盛湘·城头山系列和盛湘·金楚系列 2 大类 12 种规格的产品,固定资产 4600 万元。形成集仓储、购销、加工、贸易、物流为一体的综合性粮食企业。1987 年，建湖南澧县肉类联合加工厂，有员工 2000 多人，每天屠宰量 500 头以上。后改制，被江苏雨润集团收购为分公司，名雨润集团华泰公司。

境内有丰富的石膏矿产资源。1993 年投资

油桃丰收

50 万元，建立昌达石膏矿业有限公司，1994 年 11 月投产。1995—2006 年，先后有湘北矿业、桃园矿业、联丰矿业、大众矿业、鑫源矿业、金罗矿业、兴旺矿业、三湘矿业有限公司等 14 家采矿加工企业建成投产。2014 年，全镇有工企业 30 家，其中规模工业 7 家，从业人员 1300 人，实现产值 13.5 亿元。

商贸服务业

民国时期，境内市场较少。中华人民共和国成立后，在乡（公社）驻地建有供销社，乡（公社）驻地成为农村中心市场。各村（大队）均开设有集体商业零售店或代销店。1985 年，供销社等集体商业企业承包到人。1988 年后改制为个体私营企业。2010 年，在幸福桥居委会新建农贸市场，总建筑面积 1635.5 平方米，内设摊位 83 个，并配套相关设施设备，划分为蔬菜、肉食、干鲜果品、水产品和活禽 5 个小区。每逢 4 日、9 日为赶集日，赶集者千余人。2014 年，全镇有商铺 800 家，城乡集贸市场 1 个，牲畜交易所 1 处，个体工商业者 1500 人，社会商品零售总额 9000 万元。

基础设施

交通运输

1964 年，修建县道 X008 线大堰垱至金罗段，全长 11.1 千米，1970 年建成通车，境内始通公路。2006 年建成金罗镇客运站，日发客运班车至县城 24 个班次，日均客流量 500 余人次。2014 年，全镇拥有县、乡、村、组公路共 117 千米，其中砼化 90 千米。

1970 年，动工兴建枝柳铁路，铁路贯穿镇域 8 个村，1978 年建成，在境内设有澧县火车站。2014 年，在澧县站办理客运业务的客运列车共 9 次；车站货运业务主要办理石膏发送，其中以广东、广西地区居多，全年装车 24000 车，货运发送吨位 144 万吨。

邮政通信

1978 年，建立界岭邮电支局，主营电话及邮政业务。20 世纪 90 年代，开始发展数字电话、移动电话。1998 年，邮政和电信分设。2010 年，建立金罗邮政所，主营存款、保险、理财及邮政业务。设电信服务网点 4 个，交换机总容量 5 万门，固定电话用户 0.6 万户。2014 年，全镇拥有固定电话用户 0.6 万户，移动电话用户 2.1 万户，互联网用户 6000 户。

水利建设

1958—1960 年，修建鲁家冲水库，集雨面积 7.4 平方千米，库容 305 万立方米，是一座拦蓄山洪保护耕地、又肩负农田灌溉和金罗集镇供水任务的综合效益水库。1965—1971 年，修建大樟树水库，水库集雨面积 1.63 平方千米，总库容 176.8 万立方米。20 世纪 60—90 年代，修建三岔河、荷花堰、沈家湾、双堰、曹家冲、马家冲、李家湾、花桥和石龟山等 9 座小（二）型水库，总库容 175 万立方米。

2014 年，全镇有努力、大樟树、八一、同福 4 座抗旱机埠，总装机 185 千瓦。有小（一）型水库 2 座；山塘 3312 口；河坝 241 处；大型灌溉支渠 29 条，长 87 千米。有山门和涔水两大灌溉主渠，山门水库干渠横贯全镇东西，跨 8 个村，长 13 千米，灌溉面积达 2.5 万亩；涔水干渠自湖北入境，经伍家铺、石龟山 2 个村，长 3.5 千米，灌溉面积 3000 多亩。

供电饮水

供电 1984 年建界岭乡供电所，1990 年改为金罗镇供电所，2008 年划归垱市中心供电所管理。其间所有村居全部实行国家投资电网改造，更换新线，增设变压器。2014 年，部分村完成二次电网改造。

饮水 1989 年建立镇自来水厂，1990 年运行。由镇水利站牵头管理，先后从鲁家冲水库埋设输水管道 2 条，长达 9 千米，解决集镇居民饮水困难。2014 年起，实施国家安全饮水项目，共投资 800 多万元，新埋设管道 22 千米，解决幸福桥、同福、玉溪、新颜、联盟、金鸡岭 6 个村居群众安全饮水问题。2015 年，争取到国家安全饮水项目，投资 1500 多万元，从鲁家冲水库新埋设一条内径 315 毫米输水主管道到金罗水厂，修建配套净水设施，并在界岭修建 600 立方米蓄水池，从金罗加压到界岭，解决福神等 10 个村地势较高的农户饮水问题。

镇村建设

1991 年 6 月，县委、县政府把金罗作为全县的经济开发区，并纳入县“八五规划”，由县建设局规划金罗集镇总体建设。1995 年，镇区形成 1 条长 1000 米，宽 20 米的中心大街。2014 年，金罗集镇建成区发展到 2.5 平方千米，4 条街道长 6000 米，有商铺 800 余家，常住人口 0.8 万人；房屋建筑总面积 20 万平方米。

社会事业

教育

20 世纪 50 年代，境内有小学 12 所。70 年代初，有学校 25 所。1997 年“两基”验收，小学减为 9 所。1969 年，建界岭中学，招收两个高中生班和两个初中生班，学生不足 200 人，教师 13 人。1991 年，界岭中学更名为金罗镇中学。1997 年 8 月，金罗镇中学搬迁至幸福桥居委会。2014 年，全镇有中学 1 所，在校生 468 人；小学 4 所，在校生 1220 人；幼儿园 5 所，入园儿童 696 人。

文化体育

1980 年，成立界岭乡文化站，1990 年改名为金罗镇文化站。2002 年，镇文化站和镇广播站合并为镇文化广播电视站。2005 年单设镇文化站。2010 年新建农家书屋 20 家，新建村级活动场所 18 个，投资 40 万元建成 1 个标准综合文化站。2012—2015 年，每年举办二次大型文艺活动。2012 年获县“百团大赛”二等奖，市优秀奖。2013 年，全镇开通调频广播，建立村级广播室 20 个，安装无线广播 345 只，广播村村响工程全面实现。

2014 年，全镇共有体育场 3 个，1000 多个座位；群众广场舞健身队 6 个，参与人员近 700 人；20 个村建有健身体育场，其中 14 个村的健身体育场配备有篮球架和乒乓球桌。

医疗卫生

民国年间，境内有个体医生数名。1956 年，创办界岭乡中心诊所，下设高农、玉溪、花园、新开、界溪 5 个分诊所，医务人员 30 多人。1958 年成立东方红公社卫生院。1961 年更名为界岭公社卫生院，取消分诊所，医务人员并入卫生院。1992 年，界岭公社卫生院更名为金罗镇卫生院。2014 年，镇卫生院依靠国家卫生项目资金扶持，完成门诊住院楼改扩建及医技楼工程，业务用房面积达 1500 平方米，床位 24 张，医务人员 24 人。配备有 200 毫安 X 光机、全自动生化分析仪、电解质分析仪、全自动细胞学分析仪、B 型超声检查仪、多道心电图机、全自动中药煎药机、J18B 电脑中频治疗仪、红外线电磁波治疗仪、中药熏蒸机、多功能理疗牵引床等医疗设备。辖区内 2 个居委会 18 个行政村均建有一所合格的村卫生室。

2006年，全镇农民实施新型农村合作医疗，2014年，参合人数为26199人，参合率91.4%。

社会保障

1992年，成立金罗镇劳保站，从事农村劳动力输出，城镇劳动力调配。2006年，镇内各企业实行工伤保险，参保人员652人。2007年，投资60多万元，将顺桥村小学改建成镇敬老院，入住“五保”老人40人。2008年，发放冰雹、洪涝灾害灾民生活救助40多万元。国家抚恤、补助各类优抚对象350人，补助资金180多万元。2009年，实行新型农村养老保险，全镇纳入社会保险体系人员共17300人，其中领取养老金人员5662人,发放养老金3800.29万元。2014年，全镇有733户766人享受农村低保，154户243人享受城镇低保。“五保”对象254人，其中分散供养214人，集中供养40人。新型农村养老保险参保人数17800人，其中领取养老金人员5789人，发放养老金531.48万元。民政部门发放医疗救助及参合资助310万元，发放残疾人护理补贴25万元。农村危房改造370户，补助资金380万元。

特色地情

风景名胜

衙前寺 又名关庙，位于境内湘鄂边界。据传是唐初朝廷为纪念忠君报国的三国名将关羽所建。历来香火旺盛，名扬湘鄂两省。20世纪50年代初，庙宇被毁。1993年7月，由香客自发捐资重建，每月初一、十五两日为香客朝拜日，热闹非凡。

石龟山 坐落在石龟山村，与湖北省松滋市交界，因山形奇特、状如巨龟而得名。传说石龟山顶有一块巨石形状如龟，龟头对着湖北松滋，龟尾伸向湖南澧州。石龟吃在松滋，拉在澧州，致使松滋穷而澧州富。有松滋人趁夜爬上石龟山，将龟头锤断。今看石龟山，山形依然像石龟，只是少了头部。

（文字供稿：腾林平，图片供稿：澧县党史办）

王家厂镇

区域概况

位置面积

王家厂镇位于县境西北部，东抵大堰垱镇和中武乡，南与临澧县九里乡和官亭乡毗邻，西南濒王家厂水库与方石坪镇隔水相望，西邻闸口乡，北与金罗镇接壤。镇人民政府驻建设街居委会，距县人民政府驻地25.3千米。

2014年，全镇总面积87.83平方千米，有耕地27701亩，其中水田21124亩、旱地6577亩；有山地41200亩；水域2000亩。

建置沿革

民国末期为乐仁乡。1950年5月，全县设187乡，镇域置槐市、两河、长乐、里仁、大团5乡，1954年5月，在集镇设槐市镇。1956年6月，合并小乡，设王家厂乡。1957年7月，改集镇槐市镇为王家厂镇，1958年6月复名为槐市镇（属乡辖）。1958年9月，王家厂乡与界岭乡合并成立东方红人民公社，社址设大团。1959年3月，改东方红公社为王家厂公社，社址迁至集镇人民路。1963年11月，槐市镇改名王家厂镇并升为县辖镇，1975年8月降为社辖，1980年10月恢复县辖。1984年4月，王家厂公社改为王家厂乡。1986年12月王家厂镇与王家厂乡合并为王家厂镇。至2014年无变化。

行政区划

1995年，王家厂镇辖长乐、唐家峪、黄木、彪家峪、沈家山、阳鹊湾、白马庙、花园、柳津、青石岭、江西、大团、万红、板桥溶、四方、大兴、双庆17个行政村和生产街、建设街2个居委会，共212个村（居）民小组。2002年，彪家峪村、沈家山村分别合并到建设街居委会、生产街居委会。2014年年末，辖15个行政村，2个居委会，共216个村（居）民小组。

自然环境

镇域地形为低山丘陵区，地壳相对稳定或缓慢抬升，以流水侵蚀为主、地表起伏和缓，地势北高南低，冲谷坳沟多，脉络紊乱，多为岗丘地貌，兼有残丘。涔水河流经境内。土壤成分多由第四季红壤、紫色页岩、砂砾石、河流冲击物组成。矿藏有石膏、石灰石、煤、铁、石英砂、陶土、瓷土，石膏储量亿吨以上。森林覆盖品种繁多，以杉木、楠木为主。地面高程为海拔50～120米。全年风速小，热量足，湿度小，冬夏气温高于平湖地区，系山间盆地气候。年平均气温为16.5℃，多年平均降水量为1300～1500毫米，无霜期265～271天。光照充足，年均日照1770.6小时。由于温、光、水时空分布不均，造成灾害性天气较为频繁，民国年间到1954年发生大灾3次。1935年大洪水，冲垮房屋80多间。1954年夏涝秋旱冬冰冻，雪压垮房屋30多间。

人口民族

1995年，全镇有6277户25345人，其中男性12804人，女性12541人；农业人口19845人；人口出生率10.5‰。

2014年，全镇有8704户25779人，其中男性12998人，女性12981人，农业人口22243人；人口出生率9.15‰。有少数民族72人，其中土家族28人、苗族18人、壮族13人、回族4人、侗族3人、瑶族3人、布依族1人、朝鲜族1人、满族1人。

经济发展

综述

1986年，全镇完成工农业总产值1.5亿元，其中工业总产值1.05亿元，农业总产值0.45亿元。1993年开始大力发展工业。1995年，新建工业企业2家，技改扩规3家，全镇规模工业企业达到3家，财政总收入800万元；农民人均纯收入830元。2014年，全镇有工贸企业18家，其中龙头企业3家，完成工农业总产值6.5亿元，全社会固定资产投资6亿元，劳务输出6000多人，创造劳务收入2.4亿元；财政总收入2200万元；农民人均纯收入9580元。

农业

种植业 1995年，全镇粮食播种23000亩，总产量17250吨；种植棉花5000亩，产皮棉325吨；油菜播种、移栽20000亩，产菜籽3000吨。2000年起，大力调整农业产业结构，增加种植业经济效益。主推优质稻“深两优5814”“准两优608”；棉花“湘杂棉系列”“中棉所系列”；油菜推广“丰油737”“优质油华杂9号”。2014年，全镇有优质柑橘面积3000亩，香桃面积1000亩，油茶2000亩，发展绿色环保蔬菜基地1200亩。通过能人示范，群众互动，专业合作社牵引，农民的增收渠道得到拓宽。以华盛泰蔬菜专业合作社为龙头，返租农户耕地800亩，种植蔬菜300亩，建蔬菜大棚300个。

养殖业 1995年，全镇养殖生猪2.2万头，出栏1.6万头；养牛1250头；养家禽13.45万羽；出水鲜鱼188吨。2004年，全镇养殖生猪3.5万头，出栏2.6万头；养牛1430头；养家禽19.85万羽；出水鲜鱼280吨。2005年起，镇政府推行畜禽生态健康养殖模式，重点扶持科技示范养殖户。至2012年，共发展大小畜禽规模养殖户53户，其中生猪大户20户，蛋鸡大户5户，养羊大户25户，养牛大户3户。2014年，全镇养殖生猪4.71万头，出栏3.15万头；养牛2426头，出栏780头；养山羊5950只，出栏3185只；养家禽48.5万羽，家禽出笼45.5万羽，禽蛋产量1800吨；出水鲜鱼1348吨。

林业

1980年起，将所有林地按照自留山和责任山分配到农户，调动广大群众植树造林积极性。20世纪90年代开始，围绕林业富镇目标，大力发展经济果木林，开展低产低效林改造和封山育林，林业生态环境得到改善。1995年，成片开发5000亩山林，相继办起双庆、长乐、唐家峪、彪家峪、阳鹊湾、花园、白马庙等8个园艺场，庭院开发面积达4000亩。主产桃、奈李、柑橘等多个品种，产品享誉湘鄂一带，并远销广东、北京、新疆等地。2002年，在国家政策扶持下，退耕还

林13641亩，享受国家退耕还林钱粮补助170万元。2007年,以“庄园带庭院、公司带农户”模式，栽植林果3750亩，农户庭院开发总面积达8000亩。2014年，发动群众开展封山育林、植树造林和残林改造，退耕还林8158.9亩，世界银行贷款造林700亩，德援造林2200亩，建水果生产基地5800亩，油茶生产基地2000亩，花卉苗木基地1500亩，荒山造林5800亩，农户“四旁”造林2200亩，大户造林2300亩。全镇林地面积达60800亩，森林覆盖率47%。

工业

明、清时期，境内湘绣、桐油生产全国有名。20世纪80年代乡村企业蓬勃发展。90年代大力发展工业，形成化工、建筑、建材、陶土、石膏等工业门类，主要生产立德粉、硫酸、锌砂、氧化锌、油漆、水泥、编织袋、陶土、石膏粉等。1995年，工业产值达2.8亿元，为县内年产值超亿元的工业强镇。2007年，新建4家石膏粉厂。2010年始，镇党委、镇政府招商引资，扶助企业发展。2013年，驻镇企业有了很大发展，其中华峰锌业有限公司产值近10亿元，有5家石膏矿企业生产量10万吨以上，一般工贸企业有15家，小型加工企业20多家。企业由粗放型生产转变为精细型、科学型，重点厂矿企业通过国家“二化”验收。2014年,全镇完成社会固定资产投资6亿元，实现工业总产值4.5亿元，上缴国家税收1500多万元。

商贸服务业

镇域扼涔水南北两源汇合处，水运时代，木船上可行至码头铺、闸口，下可通大堰垱、津市。明朝中期即成为澧县西北部桐油、皮梓油、粮食、棉花、土漆、苎麻等土特产品的交易中心，有商铺220余家。清代，商铺发展到380余家。民国时期，桐油、皮梓油贸易量占全县总量近40%左右，商铺稳定在350余家，其中有大型商行10余家。中华人民共和国成立后，在乡（公社）驻地建供销社、肉食站、粮油店等，驻地成为农村中心市场，村（大队）开设有集体商业零售店或代销店。中共十一届三中全会后，个体商贸服务业得到发展，农村市场日益活跃。随着商业流通体制改革的深入和小城镇发展的需要，镇党委、镇政府筹资推进集镇基础设施建设，鼓励农民经商，推动商贸服务业快速发展。2014 年，全镇商贸从业人数达到 2300 人，其中批发和零售业从业 1800 人，房地产业从业 200 人。社会商品交易总额 8 亿元。

基础设施

交通运输

1958 年，修建坡子街至习家坡渡口沙石公路 2 千米和省道 1868 线（S302 线）王家厂段 12 千米。1975 年修建王（家厂）方（石坪）公路 5 千米，大团公路诰封碑至金罗镇界 4.98 千米。2007 年完成通村公路硬化 59.6 千米。2011—2013 年，修建桥梁 51 座，王家厂水库渡口 1 个。2014 年，全镇公路通村率 100%。境内 1 条省道、1 条县道、2 条镇道全部硬化；40 条联村、通村公路硬化延伸至部分村民小组和农户家，硬化总长度 85.1 千米。

邮政通信

1995 年，成立王家厂邮电所，发展固定电话和移动电话用户 2250 户。1999 年起，通信产业快速发展，移动电话用户与日俱增。2014 年，境内有邮政所 1 家，邮政代办点 17 家，电信服务所 1 家，移动、联通代办点各 1 家，移动、联通 4G 网络覆盖全镇。有家庭固定电话 2852 部，移动电话 19000 部，互联网用户 1565 户。申通、圆通、中通、韵达、汇通、天天快递等快递公司在境内设有代办点，物流收入 24 万元。

水利建设

1958 年，建王家厂水库，水库位于涔水干流宝塔湾，总库容 2.76 亿立方米，有干、支、斗渠 100 多条 300 多千米，灌溉面积 26.48 万亩，镇域大部分农田受益。境内还有四方桥和文家垱 2 座小（一）型水库，万红、白马、阳鹊湾、海洋、泉国溶 5 座小（二）型水库，均属涔水支流。大小堰塘 2340 多处。2007 年，堰塘清淤扩容 60 口。2009—2014 年，国家投资 905 万元，对四方桥水库、文家垱水库、万红水库进行除险加固。

供电饮水

供电 1963 年，建成王家厂水电站，装机容量 4080 千瓦。为与发电能力相配套，建起王家厂—澧县—津市独立供电网络。2000 年，实现镇域供电全覆盖。2014 年，全镇拥有高压输电线路 71.88 千米，低压输电线路 255 千米，配电变压器 86 台 8760 千伏安，总供电量 658 万千瓦时。

饮水 2009 年，国家投资 160 万元，对集镇 1.1 万人口安全饮水工程进行改造。2012 年，国家投资 50 万元，村级自筹 20 万元，建成黄木村安全饮水工程。2014 年，国家投资 3000 万元，村级自筹 500 万元，建成 14 个村、2 个居委会 1.8 万人受益的安全饮水工程。全镇安全饮水率 100%。

镇村建设

王家厂为澧县建制最早的四大集镇之一。2011 年，投入资金 2000 多万元实施旧镇改造。开发雪松公司闲置土地 90 亩，建筑面积 2.4 万平方米，新修门面 92 个；完成 1200 米沿河大道改造工程；兴建 3000 平方米农贸大市场、2000 平方米综合超市和 2800 平方米四季源大酒店。2014 年，投资 1000 万元，硬化街道 4000 米，植树造绿 800 棵，维修改造下水道

3000米，安装太阳能路灯300盏。建设垃圾处理池65处，垃圾焚烧炉1座，添置垃圾清运车10辆、转运车1辆。各村（居）还成立环境卫生村民自治协会，定期整理环境污染面源和水体污染源。

社会事业

教育

1995年，有镇办中学1所，小学12所，适龄儿童入学率、巩固率、合格率均在99%以上。2014年全镇有1所中学，3所小学，共4所学校。有教职工91人，中小学学生1238人。

文化体育

2014年，镇内有传统戏荆河戏永乐剧团，有各类表演队39支，有文学、音乐、诗词、美术、书画等文艺爱好者252人，文艺创作演出活动开展频繁，群众文化生活丰富多彩。有线电视入户4580户，广播实现“村村响”，有农家书屋17个，藏书刊2万多册，各类运动场所25个。

医疗卫生

民国时期，镇内有医生10余人，中药铺7家。著名中医有唐鹤庭、庹守涛、戴宏道等。1951年，组建联合诊所。1958年，联合诊所更名为东方红人民公社卫生院，有医务人员30多人，病床15张，下设6个卫生所。1969年撤销卫生所，设立19个大队卫生室，开始兴办农村合作医疗，由社员筹集基金，享受医疗优惠。1980年合作医疗停办。1984年，公社卫生院改称王家厂镇卫生院，下辖19个村卫生室。镇卫生院是一所集医疗、预防保健为一体的非营利性一级甲等综合性卫生院。2014年，全镇有医务人员48人，病床85张，有较完善的医疗设施和8个诊疗科室，日门诊量保持在30人次以上，年收治住院病人3000多人次。17个村均有卫生室，基本做到小病不出村、大病不出镇。

社会保障

中华人民共和国成立后，对老弱病残等困难群众给予救助安置。1985年，创办镇敬老院，有10名“五保”对象入住。1995年，全镇供养“五保”对象120人。2005年，推行新型农村合作医疗制度。2006年，参加合作医疗人数达3.98万人，参合率为80%。305人享受农村最低生活保障待遇，60人享受城镇最低生活保障待遇。2007年9月，扩建镇敬老院，集中供养“五保”对象50人。2008年，纳入新型农村社会养老保险体系的老年人1287人，发放养老金77.22万元。为25人发放大病救助资金4.5万元。2014年，全镇210名“五保”人员全部落实供养政策，其中集中供养55人。“新农合”参合21000人，参合率98%。“新农保”参保19000人，参保率90%。有681人享受农村最低生活保障待遇，领取低保资金77.8万元；398人享受城镇最低保障待遇，领取资金75.6万元。

特色地情

名优特产

柑橘 由湖南梅林果业有限公司出品，其基地位于王家厂镇唐家峪村境内，面积1200亩，总投资1300万元，经营种类为柳溜牌柑桔系列、天草系列，皮薄，香甜可口，色泽艳丽，耐储存。

茶油 由澧县康园农业开发有限公司出品，其基地位于王家厂镇境内，面积1000亩，总投资1100万元，所经营茶油色清味香，营养丰富，耐贮藏，为优质食用油。

刺葡萄 由湖南神州庄园葡萄酒业有限公司出品，其基地位于王家厂镇境内，面积1000亩，总投资1200万元，经营种类为刺葡萄，果肉品质上乘，汁浓味淳，甘甜鲜美。

红不软香桃 由湖南四季果业专业合作社出品，其基地位于王家厂镇江西村境内，面积1000亩，总投资1288万元，主产红不软香桃“春美”“春雪”两个品种。具有果形大、糖分高、肉质硬脆、果面全红，以及耐储藏、丰产稳定等特征。

三红柚 由澧县裕峰有机生态果业有限公司出品，其基地位于王家厂镇境内，面积2000亩，总投资1000万元。所生产的三红柚，表现为早熟、丰产、果大皮薄、瓤肉无籽、色泽鲜艳、汁多柔软、清甜微酸。

风景名胜

王家厂水库 始建于1958年，集雨面积484平方千米，总库容2.78亿立方米，常年水面3万亩。库区养殖水面2万亩，年产鲜鱼20万公斤。大坝长450米，坝高35.3米，以大坝为中心，左翼是气势恢宏的泄洪闸，右翼是蔚为壮观的南涵闸。水库主体工程分布有旅游景观涔槐楼、文化园、植物园、儿童乐园、气象观望台、时雨亭、灵潭亭、老观亭、迎鹤亭、瑶池果园等，是一座以防洪、灌溉为主，结合发电、养鱼、航运、旅游以及多种经营综合利用的大型水利枢纽工程。2012年被评为国家水利风景区。

（文字供稿：余镱，图片供稿：澧县党史办）

甘溪滩镇

区域概况

位置面积

甘溪滩镇位于澧县西北边陲，东接火连坡镇和闸口乡，南连洞市乡和方石坪镇，西与太青乡、石门县子良坪乡接壤，北与湖北省松滋市卸甲坪乡隔涔水相望。镇人民政府驻精华寺居委会，距县人民政府驻地63.2千米。

2014年，镇辖区东西最大距离8.8千米，南北最大距离15千米，总面积80.56平方千米，其中陆地76.39平方千米，水域4.17平方千米。

建置沿革

民国时期和中华人民共和国成立初期，属澧县桐山乡。1952年8月，划为古堰、甘溪、岩门、月池4个乡。1956年6月，古堰、甘溪并为甘溪乡，岩门、月池并为马溪乡。1958年9月建立人民公社，甘溪、马溪、群山3个乡并为东门公社和群钢公社。1959年3月，群钢公社以地命名，称太青公社。1961年7月，东门公社析为东门、甘溪2个公社，太青公社析为马溪、太青2个公社。镇域分属甘溪、马溪2个公社。1984年4月撤销人民公社，恢复乡建制。6月，甘溪乡改为甘溪滩镇。1995年10月甘溪滩镇与马溪乡合并。至2014年无变化。

行政区划

1995年，甘溪滩镇辖甘溪、桐山、泉华、古堰、强民、竹林、古南、利民、爱国、芦茅、荣华、壁兴、天星、南岭、月池、马溪、双峰、金家、碧溪、中村、郑坪、娘山、佑圣、河口24个行政村和精华寺居委会，共193个村（居）民小组。2005年调整村区划，辖甘溪、古北、古南、芦茅、天星、马溪、河口、岩门8个行政村和精华寺居委会，共217个村（居）民小组。至2014年无变化。

自然环境

镇域属低山丘陵区，群山起伏，峰峦连绵。桐山为境内最高峰，海拔556.1米。最低点位于河口村东端涔水和马踏溪交汇处，海拔94.5米。镇属中亚热带向北亚热带过渡的季风湿润性气候区，四季分明，阳光充足，气候温和，雨量丰沛。年平均气温16.7℃，年平均降雨量1213毫米。降水多集中在4—9月，约占全年雨量的78%。暴雨类型一般有锋面气旋雨和台风雨。4—6月以锋面气旋雨为主，7—9月受台风影响，暴雨历时短，强度大。区域内水系发达，分属涔水流域和澹水流域，主要河流有涔水河主流及马踏溪、澹水北支等。涔水主流发源于湖北五峰县的大栗树，流经境内岩门、河口村北缘。马踏溪起源太青，流经马溪、河口村与澹水主流在河口村东端滴水岩交汇。涔水北支起源太青，流经天星、甘溪、精华寺、古北、古南等村居。境内地下资源有重晶石、铁矿石、烟煤、石灰石、石煤等，地表森林资源丰富，全镇森林面积8.2万亩，以松杉林为主。主要自然灾害有旱灾、洪灾、风灾、霜冰、雷击等。

人口民族

1995年，全镇有6870户19580人。2011年末，全镇总人口21982人，其中居委会人口2588人；流动人口4000人；男性10998人。总人口中，汉族21921人、土家族61人；人口出生率9.4‰，人口自然增长率9.5‰。2014年，全镇有7159户22409人；其中男性11428人；农业人口20730人；人口出生率10.66‰；总人口中，汉族22348人，土家族61人。

经济发展

综述

1995年，全镇实现工农业总产值1.57亿元，其中工业总产值1.31亿元，农业总产值2560万元；财政收入539.8万元。2000年后，加大调整农业内部种植业结构，逐步形成茶叶、楠竹、树莓、车厘子四大高效产业。主动对接上级各项政策，积极招商引资，实施转产升级。2014年，全镇实现国内生产总值8.1亿元，其中第一产业1.6亿元，第二产业5.2亿元，第三产业1.3亿元；财政收入1817万元；信用社年末存款余额1.4亿元，各项贷款余额3700万元；邮政储蓄银行存款余额1.5亿多元；农民人均纯收入10598元。

农业

种植业 境内水田以种植水稻和油菜为主，部分梯田种植油菜和玉米。旱地以玉米、油菜和红薯为主，少量种植棉花和花生。20世纪70—80年代，马溪、月池、佑圣、河口等大队繁殖杂交稻种，面积达3000亩。2008年，全镇种植早稻5000亩、中稻10500亩、双季晚稻1200亩、玉米7000亩，粮食总产9336吨。2014年，全镇粮食种植21000亩，其中早稻1100亩、中稻6500亩、晚稻1400亩、玉米12000亩，粮食总产量10104吨。油菜种植10000亩，油菜籽产量1020吨。全镇流转土地3000亩。

养殖业 1986年，全镇养牛1200头，养生猪12000头、出栏8000头，养羊1500只、兔2000只、禽8万羽，出水鲜鱼60吨。2001年以后，政府大力发展养殖业，通过政府引导、贷款扶持，畜禽养殖大户逐年增多。2014年，全镇养牛2220头、家禽32万羽、羊3220只、兔8000只；生猪常年存栏33000头，出栏51000头；出水鲜鱼350多吨。

林业

2005年，全镇有林地74052亩，其中用材林52497亩、防护林14775亩、经济林6780亩；林木总蓄积量118703立方米，森林覆盖率46.25%。2006年起，以改善生态环境为重点，开展封山育林，植树造林，改造低产林，发展高效林业产业。2014年，全镇林地总面积增长到77157亩，其中用材林57610.5亩；林木总蓄积量208606立方米；森林覆盖率61.3%。建立高效林业专业合作社5个。澧县林业局挂牌保护古树5株，其中，国家二级保护植物檫树1株。

工业

镇内工业企业主要有水泥厂、石煤矿、建材厂、砖厂和水电开发公司。骨干企业有甘溪水泥有限责任公司和澹水水电开发有限责任公司。甘溪水泥有限责任公司创办于1979年，2014年有固定资产1.3亿元，员工300人，年水泥生产能力

100万吨，年产值2.48亿元，年创利润3000万元。洈水水电开发公司于2006年8月成立，主营业务是水力发电，兼营水资源开发、水利水电工程施工等。2007年，公司与中村水电站合股经营，投入400多万元对电站进行改造，装机容量由500千瓦增至1700千瓦，发电量由100万千瓦时增至350万千瓦时。2011年，全镇工矿企业总产值40405万元。2014年全镇有各类工业企业82家，实现工业总产值51680万元。

商贸服务业

民国时期，在广登铺、老街上、古堰头、岩壁下、株木嘴、河口、岩门等地设有小货店，经营日杂、小五金、肉食、副食、烟酒、茶叶等。中华人民共和国成立后，在甘溪、古堰、月池、岩门建供销社，在甘溪、马溪设立粮油店，在甘溪设立区供销社、区粮管站。大队（村）开设代销点，以保障群众基本生活物品需要。1985年后，供销社、粮店等集体商业部门解体转为私营。1995年后，各类超市蓬勃兴起，商贸门市星罗棋布。2012年，在甘溪集镇新建农贸市场1家，有门面18个，摊位32个。永乐集市每月逢4日、9日赶集。2014年，全镇有各类商铺1400多家，从业者约1700人，社会商品零售总额15000多万元。

基础设施

交通运输

甘溪滩镇交通发达，有甘（溪）澧（县）公路、甘（溪）码（头铺）公路、甘（溪）太（青）公路3条主要交通干线，经境总长18千米，并在甘溪集镇交汇。2010年，坐落在甘溪滩镇与湖北刘家场镇交界处的中村大桥建成通车，大桥横跨洈水河，全长172.62米。是年，建成常德欣运公司甘溪汽车站。2014年，全镇有通村通组公路100余千米，硬化率90%。每天有直通澧县县城班车72班、常德4班、长沙2班，日输送旅客1500多人。

水利建设

2014年，境内有河道3条，小（一）型水库4座，小（二）型水库5座，山塘724处，总蓄水量940.7万立方米；有井泉105处，河坝21处，提灌机埠4处；水力发电站2座，分别为中村发电站和茉莉滩发电站。

供电饮水

供电 1980年建成中村水电站，经1991年、2005年和2014年3次扩建改造，形成装机5台、容量1700千瓦的规模。1982年建成甘溪变电站。2000年，成立甘溪供电所，年供电1200万千瓦时。2012年，建成茉莉滩水电站，装机3台、容量2000千瓦，年发电1000万千瓦时。2013年，全镇14个村均完成农网改造。2014年，全镇拥有10千伏线路4条、139千米，0.4千伏及以下线路215条、596千米，配电变压器134台。

饮水 1980年，建成甘溪集镇供水站，年供水20万立方米，后增加至30万立方米。2000年，设立双峰水库、三岔湾水库、昌家垱水库、烟棚峪水库和洈水中村至茉莉滩段5个水资源保护区。2007年，建成双峰自来水厂，向马溪、河口村居民提供饮用水源。2012年，建成三岔湾水厂，为甘溪集镇及古北、古南、甘溪、天星、居委会等5个村（居）提供安全饮用水源。

镇村建设

甘溪滩集镇历史悠久，明末清初就已形成集市，民国时期形成集镇。20世纪50年代初，为区政府所在地。1961年后，逐渐从老街移至沿公路一线。1964年，区、公社机关设于此，并沿公路修建居民点，形成新的集镇。1989年，集镇建成区达0.5平方千米，非农业人口1962人。2014

年，集镇建成区面积1.2平方千米，街道总长3千米，房屋建筑总面积35万平方米。常住人口23000人，流动人口4000人。集镇形成“六桥、两区、两馆、三路、一墙”的总体布局。六桥为精华寺桥、庙湾桥、金泉桥、永兴桥、永隆桥、永盛桥，横跨涔源河、庙湾河、甘溪河，贯通整个集镇；两区为占地80亩的永乐新区和占地50亩的涔源新区；两馆为甘溪村民俗博物馆和岩门村奇石馆；三路为紫金路、精华路和南环路；一墙为甘溪诗墙，乃文化鉴赏之地。各村居均有村级活动中心。

社会事业

教育

民国时期，境内在弯树岭设有私塾，20世纪50年代初改建为甘溪小学，1962年改为甘溪完小。1968年，创办甘溪公社中学，1984年更名为甘溪滩镇中学。70年代初，境内建有县办澧县第八中学。1993年，甘溪滩镇中学撤销，并入澧县八中。1994年，甘溪完小改为甘溪滩镇中心完小，校址迁至甘溪滩镇中学旧址。2002年，县人民政府将澧县八中整体移交给甘溪滩镇人民政府管理，校名不变。2004年，马溪中学并入澧县八中。2013年，澧县八中更名为甘溪滩镇中学。

2014年，全镇有中学1所、小学3所、幼儿园4个，有教师71人，在校学生1320人，入园幼儿500人，适龄儿童入学率100%，初中毕业率100%。

文化体育

20世纪70年代，甘溪区修建有1座电影院，群众自发组织起2支点子队，1支皮影戏队。1997年成立镇文化站。2003年与镇广播电视站合并，改名为甘溪滩镇文化广播电视站。2012年更名为甘溪滩镇综合文化站，修建有办公用房，配备专职管理人员。2013年综合文化站组织庆“五一”暨县百团大赛选拔赛文艺汇演，参演团队20多个，观众3000余人。

2014年，全镇有文化广播电视站1个，腰鼓队3个，管乐队4个，点子队3个，舞狮队2个，龙灯队1个，诗社1个，固定诗墙1座，书店3家，农家书屋9个，皮影戏队1个，电影队1个，其它各类文化体育团队9个。

医疗卫生

1961年，境内设有甘溪、马溪2所公社卫生院，有医务人员35人。1965年，甘溪区与甘溪公社卫生院联办甘溪医院。1973年甘溪医院与甘溪公社卫生院分设，改名甘溪滩医院，为县办地区性战备医院，后发展为集医疗、预防、保健、教学于一体的综合性医疗机构和澧县西北最大的医疗中心，能满足周边400平方千米，20多万人的健康需求。1998年7月，甘溪滩医院与甘溪滩镇卫生院合并，成立澧县第二人民医院，又称甘溪滩镇中心卫生院，下辖马溪分院。经几次大翻修，2014年，医院建筑面积15013平方米，医务人员148人，设置病床210张，开设有10多个科室，年接诊12万人次。

社会保障

中华人民共和国成立后，对孤寡老人、老弱病残等弱势群体给予救济救助和安置。1978年，建立甘溪公社敬老院，集中供养“五保”户20人。“五保”人员的生活由公社统筹，每年每人供应口粮200千克左右，生活费150元左右。2007年，镇党委、镇政府筹资50多万元，对敬老院迁址改建，改建后的敬老院占地35亩，建筑面积1500平方米。2011年，全镇17683人参加合作医疗，参合率90.79%。2014年，全镇有农村“五保”

桐山日出

对象161人，其中集中供养40人，分散供养121人；20712人参加农村合作医疗，参合率92.43%；农村低保对象586人，发放低保资金65.3万元；4200人享受新型农村社会养老保险，领取养老金378万元。

特色地情

名优特产

甘溪水泥　澧县甘溪水泥有限责任公司生产的“甘溪牌”425号水泥先后获得省优、部优、国家免检产品证书，产品畅销国内20多个省、市。

风景名胜

桐山　位于太青、涧市、甘溪滩两乡一镇交界处，海拔586米，山上古松参天，樟树、桐木等杂木漫山遍野。因盛产油桐而得名。经专家发现并鉴定桐山有1000多株小叶野生茶，属珍贵植物。有简易公路直达山顶。

皮氏牌坊　位于境内皮家冲佑圣宫，建于清乾隆四十七年（1782），为6柱3间5门3层重檐歇山顶石牌坊，高11米，宽7米，顶脊立宝顶，两端饰龙嘴鱼尾纹，檐下梁柱枋壁雕琢精致花纹图案，横枋中间有一组精美宫廷人物浮雕。顶层檐下正中直竖龙纹匾额，上刻“圣旨”二字，横枋上额书写阴刻“双节坊”三字，另有州、省奏文及名流题赠分别镌刻于多处横枋间。为澧县重点文物保护单位。

（文字供稿：李云昭、黎礼，图片供稿：澧县党史办）

火连坡镇

区域概况

位置面积

火连坡镇位于县境西北部，湘鄂两省交界处，东南接闸口乡和方石坪镇，西抵甘溪滩镇，北与湖北省松滋市刘家场镇、浥水镇隔浥水相望。镇人民政府驻观音阁居委会，距县人民政府驻地53千米。

2014年，全镇总面积72.14平方千米，有耕地15181亩，其中水田11069亩、旱地4112亩；山林面积48000亩；水面7725亩。

建置沿革

民国25年（1936），镇域置边市、嵩祝2乡。民国27年并为三元乡。民国36年，与临涔乡并为涔元乡。1952年8月，全县设250乡，镇域置三元、三合、澧阳、火连、后河5乡。1956年6月撤区并乡，5乡并为暖水街乡。1958年6月改为暖市乡。9月，与闸口乡合并为闸口人民公社。1961年7月缩小社、队规模，从闸口公社析出，置金山公社。1984年4月，撤销人民公社，改称金山乡。6月改为火连坡镇。至2014年无变化。

行政区划

1989年，火连坡镇辖观音阁居委会和黄溪、松祝、三元、香闸、双溪、楠木、澧淞、长茅岭、武松、三泉、金山、杨木、金龙、古台14个行政村。2005年实行镇村区划调整，黄溪和松祝并为黄溪村，香闸和双溪并为双溪村，金龙和古台并为古台村，金山和杨木并为金山村，三泉、武松、澧淞并为澧淞村，楠木、长茅岭并为楠木村。至2014年，全镇辖观音阁居委会和古台、金山、澧淞、双溪、楠木、三元、黄溪7个行政村。

自然环境

火连坡镇为低山丘陵区，从属于太青山系。境内水系主要有涔河北支和浥水，涔河北支干流在杨家垱进入火连坡镇三元村，途径观音阁、黄溪村，在松祝桥进闸口乡后汇入王家厂水库，境内全长7.3千米。浥水流经澧淞村，境内长6.5千米。镇域属亚热带向北亚热带过渡的季风气候区，四季分明。年平均日照1645.6小时、气温15.2℃、降雨量1196.7毫米。种植作物以玉米、水稻、红薯、蔬菜为主；树木有马尾松、杉、油茶、樟、槐、栾树等30多种。野生动物有野猪、黄鼠狼、野兔、刺猬、野鸡、斑鸠、白鹭等40多种。境内矿藏储量较大的有重晶石、白云石、石灰石、铁、煤等。镇域属水、旱灾害易发区，土壤砂石化严重，山体滑坡、泥石流等亦有发生。1995 年遭遇百日大旱，水稻大面积失收，金山、金盆等村人畜饮水困难，直接经济损失 100 多万元。1996 年 6 月，天降大雨，涔河、澹水河暴涨，淹没黄溪坪、武淞坪、澧阳坪，水稻、棉花失收，经济损失达 100 万元以上。

人口民族

1995 年，全镇有 5341 户 17129 人。其中农业人口 14757 人；男性 8789 人。2002 年，全镇有 4927 户 17406 人，其中非农业人口 2683 人。2014 年，全镇有 5546 户 17934 人，其中男性 9194 人，女性 8740 人；农业人口 14741 人；60 岁以上老人 3570 人；人口出生率 10.98‰；人口自然增长率 8.53‰；总人口中，汉族 17831 人，少数民族 103 人，其中土家族 90 人、苗族 5 人、壮族 3 人、土族 2 人、布依族 1 人、侗族 1 人、瑶族 1 人。

经济发展

综述

1995 年，镇党委、镇政府以水泥和立德粉为支柱，积极发展镇村工业。全镇实现工农业生产总值 2.4 亿元，其中工业生产总值 2.1 亿元；实现利税 2500 万元；财政收入 431.0 万元；农民人均纯收入 1214 元。火连坡镇成为常德市 20 强乡镇之一。1997 年，镇党委、镇政府实施招商引资，引进博远化工，生产硫酸钡系列产品，年创产值近千万元。

2002 年，全镇工农业总产值 3.6 亿元，其中工业总产值 3.4 亿元，农业总产值 2142 万元；人均纯收入 1700 元；产粮 7280 吨、油菜籽 1125 吨。

2007—2008 年，常德正新农业科技发展有限公司投资 1500 万元，兴建边山河水力发电站，年产值 300 万元；投资 4000 万元修建边山河大市场，年产值近亿元。2012 年投资 2000 万元，兴建室内工厂化生态循环水养殖示范基地，年产值 1200 万元。2013 年投资 3500 万元兴建有机生态蔬菜种植示范基地，流转土地 288 亩，年产环保蔬菜 300 万公斤，就业 200 余人。

2014 年，火连坡镇以美丽乡村建设为重点，发展生态产业，提高农民生活质量，全镇实现地区生产总值 4.1 亿元，财政收入 1216 万元，完成固定资产投资 4800 万元，农民人均纯收入 9278 元；2 家金融机构年末存款余额 4.1 亿元，各项贷款余额 6000 万元。

农业

种植业 境内农作物以玉米、水稻、油菜为主，亦有茶叶、脐橙、楠竹、花卉苗木等。1995 年，全镇种植一季稻 9450 亩、棉花 2600 亩、红薯 2500 亩。2000 年，全镇栽培一季稻 5000 亩、玉米 5500 亩、棉花 1000 亩、油菜 5000 亩、红薯 2000 亩。2014 年，全镇种植水稻 4000 亩、油菜 4000 亩、玉米 8000 亩；创办早、晚稻示范点 100 亩，创办 4 个油菜示范点 1000 亩，建立蔬菜、玉米、油茶等农业专业合作社 6 家。加大投入，发展高效产业。投资 500 多万元开发茶叶 500 亩、杞柳 500 亩、脐橙 200 亩，投入 200 万元开发楠竹 500 亩，建花卉苗木基地 200 亩。

养殖业 20 世纪 90 年代中期，推行家庭养殖，全镇户均养猪 1.5 头，有近百户养羊养鸭，300 余户养鱼，年产鲜鱼近 100 吨。2000 年起，猪、羊养殖逐渐向大户集中，并发展特种养殖。金山村皮华风开办蜈蚣养殖场，年产值 3 万元。2012 年，正新农业兴建鲟鱼养殖基地，年产量 30 万公斤。2014 年，全镇有生猪养殖大户 4 户，存栏生猪 1157 头，其中能繁母猪 272 头；山羊养殖大户14户，存栏3530只，出栏1800只；家禽养殖大户3户，存笼4.5万羽；甲鱼养殖大户1户，养殖水面50亩。

林业

20世纪90年代中期，火连坡镇实施贷款项目造林2000亩。1997年开始实施中德造林项目，3年造林3500亩。2002—2007年，启动退耕还林，国家资金补助面积34459亩。2010年，由大户牵头开展楠竹造林3000亩、油茶1000亩，荒山造林5000亩，建苗木基地4处。2011年起，全面实施封山育林，造管并重。至2014年，全镇造林1万亩，其中楠木4000亩，油茶、果木3000亩，花卉、苗木2000亩，其他1000亩。全镇共有林地面积5.4万亩，森林覆盖率49.9%。

工业

20世纪50年代初，境内有5家榨油坊，主营桐油和菜籽油。1958年建起炼铁厂。60年代，发展采矿业，境内建有国营羊耳山煤矿新胜工区；三元、黄溪、松祝等大队建起小煤窑，年产煤近10万吨；三元、松祝大队建起石灰厂，年烧制石灰近万吨。70年代，楠木、松祝等大队建立砖瓦厂，杨木大队建立瓷器烧制厂；社办企业有金山砖灰厂。80年代，建有镇办企业金山水泥厂、湘北化工厂、立德粉厂、高锰酸钾厂、氯化铁厂。楠木、金龙村办有红土厂，三泉村办有采沙场和重晶石厂。镇、村企业年产值8000万元，加上农业产值，火连坡镇成全省亿元乡镇之一。90年代初，建立澧峰水泥厂，年产水泥20万吨。90年代末，建立博远化工，主要生产硫酸钡、碳酸钙和硫化钠。

21世纪初，因原料缺乏，成本上升，湘北化工厂、立德粉厂、高锰酸钾厂停办。因影响街道环境，金山水泥厂被拆除。2006年，成立常德汇德生物化工有限公司，以玉米芯加工为主，生产糠醛和醋酸钠。2013年起，投资450万元开办常德兴泰水族科技有限公司，投资380万元开办澧县边山河盛楚花边厂，两家企业就业100余人。2014年，全镇有企业25家，年创生产总值1.8亿元，实现利税3000多万元。

商贸服务业

民国时期，商贸业主要集中在暖水街和边山河。暖水街有布匹、烟酒、百货、粮油、肉食等50家商铺，边山河有20多家商铺，2家榨油坊。20世纪50年代，两地商铺有所增加。60年代中后期，因修建澧水水库，暖水街整体搬迁，商贸市场逐渐转向火连坡。边山河商贸亦随之萎缩，只剩下粮店、供销社和药店。1962年，在公社驻地火连坡建立集镇，办有粮店、供销社、肉食站、酒店、餐馆、旅社等。80年代，火连坡集镇有布匹、百货、农资、食品、文具、烟酒副食等50余家商铺。90年代增加家电、五金、建材等10多家商铺和3家加油站。至2002年，境内商业、饮食服务业网点齐全，市场繁荣，经济活跃，有个体商户585户，从业人员1150人，社会商品零售总额620万元，是常德市边境小城镇示范镇。2014年，全镇有各类超市、商铺200余家，年交易额突破1亿元人民币。

基础设施

交通运输

20世纪50年代以前，境内没有公路。60年代初，修建S302线、县道火（连坡）甘（溪滩）线，S302线境内长9千米、火甘公路长2千米。在集镇街道中心处建立湘运车站金山分站。每天客运从火连坡发往县城2个班次，发往常德1个班次；甘溪至县城过境客车10个班次，甘溪至常德过境

边山河大市场

2个班次，湖北宜昌发往常德过境2个班次，日客流量200人次左右。

20世纪70年代，火古、火泉、百杨、楠双公路相继修建，总长32千米。80年代中期，各村道陆续完工开通，总长25千米。90年代，对省道、县道进行硬化。2000—2010年，县城至甘溪经过火连坡镇的客车每天20个班次；从湖北、重庆开往广州、深圳等地的过境班车2个班次；增开火连坡至甘溪、至边山河的专班，每天分别达到10个班次，日客流量600多人次。2012年，所有镇级公路全部硬化。2014年，全镇有通村通组水泥公路60千米，基本实现水泥路通村通组到户。每天有40个班次的客车从甘溪滩镇途经火连坡镇开往县城、常德、长沙，有10个班次的客车从湖北省松滋市经边山河入火连坡镇开往澧县、常德、长沙、广东，开通边山河至长沙、广州、深圳的长途客运。

邮政通信

20世纪90年代，镇内设有1个邮政所，工作人员5人，报纸、杂志累计发行200余份，邮政业务总量250万元；1个电信所，固定电话用户300户。2000年，邮政业务总量为300万元；固定电话1000户，电话普及率25%。2014年，全镇有邮政代办处3处，邮政业务总量760万元，报纸、杂志累计发行325份。电信、移动服务网点6个，电话交换总容量1万门，固定电话用户2800户，移动电话用户13000户，互联网用户1900户。

水利建设

境内有涔河、渞水两大水系。20世纪50年代，开挖堰塘60口，整修堰塘200口，清理沟渠3000米。60年代，在金山大队桃垭修建境内第一座小型水库，缓解金山大队人畜饮水和灌溉问题。70年代初，修建楠木水库，库容150万立方米，属小（一）型水库。随后在三合大队修建配套的团结水库，在三元大队修建大井湾水库，在双溪大队修建雷家井水库，在古台大队修建齐心水库。1975年，在金山、闸口公社的交界处修建山门水库，水库集雨面积35.41平方千米，库容11150万立方米。2010年，对楠木、团结、大井湾、齐心水库实施除险加固，在澧淞村修建防洪大堤。

2014年，全镇有小（一）型水库2座，库容267万立方米；小（二）型水库3座，库容74万立方米；骨干堰塘18处、山平塘688处，库容211万立方米；井泉河坝27处，库容78万立方米。全镇总蓄水量达630万立方米。有灌溉主渠215千米，防洪大堤3800米。水力发电站1座，装机容量1475千瓦。

供电饮水

供电 20世纪90年代，全镇有变电站1个，变压器35台，供电线路总长43.26千米。2000年，实施电网改造，变压器增到45台，总容量6040千伏安，线路总长45.78千米。2014年，全镇有变压器54台6350千伏安，输电线路总长47.22千米。黄溪、金山、澧淞、楠木、观音阁5个村（居）完成二轮电网改造。

饮水 20世纪90年代前，境内居民饮水主要靠挑取溪流、堰塘水。2000年，建镇自来水厂，从楠木水库引水，铺设管网10千米，解决集镇、楠木村4000余人安全饮水问题。2011年，镇自来水厂进行升级改造，日供水能力500立方米，受益人口7000人。2013年，火连坡镇实施农村改水工程，投入320多万元，提质扩建镇自来水厂，铺设供水管网35.8千米，日供水1200立方米，全镇8个行政村（居）的大部分群众用上自来水。根据县疾控中心监测，镇农村生活饮用水卫生合格率100%。

镇村建设

火连坡集镇 地处澧北交通枢纽，省道302线和县道火甘线于集镇中心交汇。1962年，金山公社在治所火连坡建集镇。1968年，暖水街60%的居民迁到火连坡，以经商谋生，商铺开始建立。20世纪70年代末至80年代初，集镇办起4家厂矿，吸引大批农户经商。乡党委和政府对集镇进行规划建设，建成东西向的湘化街和湘鄂街，南北向的桥南街和文化街，分别长约1千米。1984年，集镇有商户200多户、居民3000人，集镇初具规模。1984年6月，经省人民政府批准，建立火连坡镇。2014年，集镇有金融机构2家，电信、移动、联通营业网点6家，农资经营店3家，电器、家具、百货超市30家，酒店、宾馆10家，理发店5家，私营药房4家，汽修服务3家，建材、五金、水暖销售8家。集镇建成区面积达到1平方千米，常住人口4000人。

边山河集镇 边山河集镇与湖北松滋市刘家场镇沙溪坪隔涔水相望。20世纪50年代前，设有水运码头。60年代，涔水水库大坝加高，暖水街的一些商户陆续迁至该地，经营商贸业。2008年，常德正新农业科技发展有限公司投资3000多万元，在边山河兴建湘鄂边农资物流大市场。门面、住房仿古建筑，设置农资、肉食水产、南北烟酒、土特产、有机蔬菜等19个功能区，配套建成边山河汽车站、物流中心、服装辅料加工等项目，集市辐射湘鄂两省边界近8万人口。成立有机蔬菜种植专业合作社，办起鲟鱼工厂化养殖基地，修建水电站、幼儿园。2014年，集镇有商户100户，常住人口2000人。

社会事业

教育

民国时期，境内设有暖市、木岗头、普光寺、三元、后河5所小学。20世纪50年代初，办有三元完小和黄溪、长茅、木岗头、后河、普光寺、边山河6所初小。1958年，增设暖市完小。1963—1967年，设立松祝、古台、楠木、双溪、澧阳、武淞6所耕读小学。1968年，大队办起小学。1965年8月，开办金山公社农中，1968年扩建为金山中学。1990年，黄溪小学迁至火连坡，改名火连坡镇中心小学；是时，全镇有1所中学、14所小学。2000年，整合教育资源，全镇保留镇中心小学和楠木、三泉小学，其余小学撤销。2014年，全镇有幼儿园7所，在园幼儿420人，教师20人；小学3所，教师35人，在校学生985人；初中1所，教师39人，在校学生316人。小学适龄儿童入学率、初中适龄人口入学率、小学升初中升学率、九年义务教育覆盖率均达100%。

文化体育

20世纪50年代初，暖水街办有荆河剧团。“文化大革命”期间，各大队办有文艺宣传队。1984年，公社修建影剧院和广播站。90年代末，镇上修建电视塔和文化站。到2014年，全镇有文化站1个，有线电视管理站1个，群众业余剧团2个，民间乐队3支，狮龙队2支，农家书屋14个。经常开展文艺创作、演出活动，群众文化生活丰富多彩。

医疗卫生

1962年，建立金山公社卫生院，有医生6人，药剂师2人。1984年，改为火连坡镇卫生院，新建四层住院楼，有病床20张，下设边山河分院。1990年起，镇卫生院先后添置B超、心电图等检测仪器。2000年以后，医护人员达到30多人。2013年，投入20万元，完成卫生院职工宿舍危房改造工程。2014年，投入24.8万元，为镇卫生院添置彩超等医疗设备；投入20多万元建设高标准金山、古台村医疗室，缓解两村村民看病难的问题。2014年，全镇有卫生院2所，病床48张，村级医疗室8个，医护人员42人，其中乡村医生15名。

社会保障

中华人民共和国成立后，境内党政机关、企事业单位职工实行退休养老制度，按月享受退休金。1995年后，集体企业职工退休，由企业进行一次性补偿。农村“五保”对象，由政府供养。2000年，镇政府在楠木村修建火连坡镇敬老院，集中供养“五保”对象30人。2008年，实行农村养老金发放制度和新型农村合作医疗制度。年满60周岁的老人，每人每月领取养老金55元，2013年上升至60元。

2014年，全镇有城镇最低生活保障户65户85人，支出12730元；农村最低生活保障户630户728人，支出276600元；镇敬老院床位50张，收养农村“五保”对象50人。国家抚恤、补助各类优抚对象110人，抚恤事业费支出199596元。参加新型农村合作医疗1.5万人，参保率98%。危房改造39户，发放危房改造救助资金39万元。

特色地情

名优特产

有机蔬菜　边山河有机生态蔬菜基地始建于2013年，生产面积400亩，建有日光温室大棚38个、秋延大棚32个，智能育苗连栋大棚8个，猪舍38间、沼气池38个，建有仓储、选洗包装车间、蔬菜保鲜库及冷链配送物流中心，形成新品研发、种苗繁育、示范栽培、包装配送的完整产业链，年产有机蔬菜300多万公斤。有机蔬菜在生产过程中严格按照有机种植标准，不施用化学农药、化肥、激素和其他添加剂。2014年，

“边山河”牌有机生态蔬菜获国家“三品一标”绿色食品A级认证、欧盟有机认证、港澳专供认证。2016年9月,获第十七届中国绿色食品博览会金奖。

鲟鱼 2012年，常德正新农业科技发展有限公司创建湖南澧县鲟鱼工厂化生态养殖示范基地。2013年建成10000立方米水体的室内工厂化生态循环水养殖示范基地，60亩特种鱼养殖场及30亩的中华鲟野生驯养繁殖基地。太青乡响水洞鲟鱼成鱼养殖基地，养有鲟鱼10万尾，同时还引进匙吻鲟、胭脂鱼、丁桂鱼、日本锦鲤等多种名优特色鱼类品种。2014年产鲟鱼20万公斤，产值1200万元。鲟鱼是食用价值极好的大型经济鱼类，全身除体表骨板外其它部分都可食用，营养价值高，为高级滋补品。

风景名胜

松祝桥 又名嵩祝桥，坐落在湘鄂边界的澧县火连坡镇松祝村的涔水河上，桥身全长37米，为单孔石拱桥，横跨南北。松竹桥建于清乾隆六十年(1795)，由当地孙氏兄弟孙承松、孙承祝在家人支持下捐资费时两年建成。石桥共用规整大小石条16694块，桥栏、桥头石雕、石碑均雕刻精美。据记载，桥建成后曾两度遭遇特大洪水，飞流直下的洪水卷来无数“浮木”,冲毁桥上石栏，推倒桥头石雕石碑，但桥身岿然不动保存至今。

金架山 东起古台尧家垭，西连木杠头，南面是一片盆地。山脉走向西高东低，主峰中峰山海拔约400米。峰顶有100平方米左右的平地，建有土砌瓦盖的小庙，名浇油罐寺，庙旁有一对石罐，传说石罐里的油恰好能供一个和尚食用。寺西还有一座龙王庙。

（文字供稿：刘涛，图片供稿：澧县党史办）

码头铺镇

区域概况

位置面积

码头铺镇位于县境西北山丘区，东邻方石坪镇，南接临澧县新安镇和石门县新铺乡，西连杨家坊乡，北靠洞市乡。镇人民政府驻码头社区，距县人民政府驻地36千米。

2014年，全镇总面积40平方千米，有耕地13644亩，其中水田11791亩、旱地1853亩；有林地24419亩；园地5681亩；水域874亩。

建置沿革

民国36年（1947）属双桐乡。民国37年，双桐析为双泉、桐山两乡，属双泉乡。1950年5月，废除旧的乡、保、甲，全县设187乡，镇域置三观、牛桥、观斗等乡。1956年撤区并乡，属洞市乡。1958年实行人民公社体制，属五星公社。1959年3月，五星公社更名为方石坪人民公社。1961年7月，从方石坪析出，设立码头铺公社。1984年4月撤销人民公社，改为码头铺乡；6月经省人民政府批准撤乡成立码头铺镇。至2014年无变化。

行政区划

1984年，码头铺镇辖莲花、芭王、桐子岗、凤形、杉木、星斗、观斗、三板、三观寺、花堰、八泉、刻木、牛桥、彭家、码头15个行政村和葫芦凸居委会，共134个村民小组、12个居民小组。

2004年12月，调整村区划，莲花与芭王并为莲花堰村，桐子岗与凤形并为桐子岗村，杉木与星斗并为杉木村，观斗与三板并为观斗村，三观寺与花堰、八泉并为三观寺村，刻木与牛桥、彭家并为刻木山村，葫芦凸居委会改为码头社区，全镇辖莲花堰、桐子岗、杉木、观斗、三观寺、刻木山6个行政村和码头社区，共72个村民小组、12个居民小组。至2014年无变化。

自然环境

镇域属武陵山余脉向洞庭湖盆地过渡的地带，多为丘陵，地势起伏，由西北向东南呈阶梯状递降，延伸渐变为丘陵岗地，山青水绿，风景秀丽。全境海拔150～507米，最高点刻木山海拔507米。地表组成物质以石灰岩类和砂页岩类为主。境内有涔水、澹水两条支流，分别贯穿境内山南和山北7个行政村（居）。涔水发源于石门县三圣乡，注入王家厂水库，境内长11千米；澹水发源于石门县新铺乡，注入临澧县官亭水库，境内长7千米。镇域属于中亚热带湿润季风气候向北亚热带湿润季风气候过渡区。气候温暖，四季分明，热量丰富，雨量丰沛，年平均气温16.5℃，常年平均降水量1200 ~ 1900毫米，无霜期272天，适宜水稻、棉花、油料等作物生长。林木有杉树、马尾松、杨、椿、枫、栗、槐30多种；经济林以柑橘为主，其他还有桃、李、梨、柿等20多种；花卉苗木有樟木、红叶石楠、红枫、紫薇等30多种。野生动物有白鹭、猫头鹰、野兔、蛇等20多种。矿产资源主要有重晶石、烟煤、石煤、石灰石、赤铁矿等。境内土壤大多为灰岩红壤、黑色石灰土等，中性偏酸。自然灾害主要有洪灾、旱灾、风灾等。从1840年至2014年，共发生自然灾害48次，特别严重的有洪灾3次，旱灾1次。1998年发生特大洪灾，造成231户房屋被淹、2865亩作物失收、山体滑坡98处、道路损毁8.5千米，直接经济损失1096万元。

人口民族

1995年，全镇有3883户13402人，其中男性6741人；农业人口12907人；人口出生率11.9‰；少数民族59人，其中土家族30人、回族29人。

2005年，全镇有4263户14292人，其中男性7244人；农业人口13191人；人口出生率9.8‰；少数民族54人，其中土家族28人、回族26人。

2014年，全镇有4602户15189人，其中男性7747人；农业人口13079人；人口出生率10.4‰；少数民族33人，其中土家族21人、回族12人。

经济发展

综述

1995年，全镇完成工农业总产值2.1亿元，其中工业总产值1.2亿元，农业总产值9556万元，农民人均纯收入1002.3元。1996年，兴建农田水利设施，发展高效农业，引导农民种植优质水稻品种和油菜品种，提高种植技术水平，农业稳步增产，农民持续增收。1998年，镇村集体企业实行改制，民营经济快速发展。2011年被省政府授予“特色乡镇”称号。2014年，实现地区生产总值6.8亿元，第一、二、三产业增加值分别为1.03亿元、4.2亿元、1.6亿元；完成固定资产投资2.4亿元；完成招商引资8600万元；农村居民人均可支配收入1.05万元。

农业

种植业 镇域传统农业以种植水稻、棉花、玉米为主，秋冬种作物主要是油菜。1995年，全镇粮食种植14568亩，总产量3587吨；油料作物种植8000亩，总产量1600吨；水果种植3000亩，总产量6000吨。1996年起，发展农业高效产业，先后引进三系、两系杂交稻，湘棉10号、抗虫杂交棉、掖单13号、郑单958号玉米，汇油50杂交系列油菜等。2014年，全镇粮食种植18362亩，其中种植优质稻12022亩，占65.5%，总产粮食5282吨。建特色红薯、油菜等生产基地14个，栽种特色红薯1870亩，总产量4675吨。种植油菜12000亩，总产量2700吨。

养殖业 1995年，全镇养殖生猪1.1万头，出栏7129头；养牛350头；养禽12万羽，禽蛋总产量850吨。1996年起，镇政府扶持科技养殖户，引导农民养黄牛、山羊，积极推动养殖大户与企业合作，带动养殖业的健康发展。2014年，全镇有养殖大户50户，其中养猪大户5户、土鸡养殖大户30户、养牛大户5户、养羊大户10户；养殖生猪2.69万头，出栏2.11万头；养家禽16万羽；养牛486头；养山羊2456只。

林业

20世纪50年代前，镇域森林覆盖率达75%，

牧羊

植被丰富，古木参天。1958 年大跃进时期，大炼钢铁，林木被大量采伐，林业遭到严重破坏。1975—1976 年，马尾松松毛虫大爆发，使林业再次遭到毁灭性损失，造成生态环境恶化，水土流失严重，致使堰塘淤塞，沟渠河流不通畅。中共十一届三中全会后，镇党委、镇政府按照国家林业政策，将所有林地按照自留山和责任山分配给每个农户，调动广大群众护林造林的积极性。从 90 年代开始，围绕林业富镇目标，大力发展经济果木林，开展低产低效林改造和封山育林，使林业生态环境得到改善。2014 年，全镇有林地 24419 亩，其中经济林 7100 亩，用材林 17319 亩，林木蓄积量 6 万立方米。有珍稀林木 82 棵，其中挂牌保护的古树名木 17 棵，森林覆盖率恢复到 50.2%。

工业

清代，境内红陶制作业兴盛，代代相传。民国时期，刺绣、剪纸等手工制品盛行，产品畅销周边市县。中华人民共和国成立后，境内刺绣加工、红陶产品逐渐发展为半机械化产业。1972 年，开始兴办社队企业。1985 年起，大力发展乡镇企业，先后办起机砖厂、优质大米厂、建材厂等 10 家乡镇工业企业，从业 210 人。20 世纪 90 年代，依托境内资源优势，兴办乾能炉燃料、银丰水泥、煤炭湾砖厂等一批工矿企业。1994 年，全镇乡镇企业产值达 10008 万元，中共常德市委在全市推介新（临澧新安镇）、码（码头铺镇）、太（临澧太平村）发展乡镇企业经验。1995 年，全镇有镇办企业 11 家，村办企业 16 家，个体和联户企业 943 家，从业人员 4000 余人，完成工业产值 12347 万元，实现利税 143.36 万元。2000 年后，镇党委、镇政府着力招商引资。2013 年，引资 1520 万元的湘亿源农业科技有限公司投产，年产精品红薯粉两万吨。新开办西岐电子、杉木童车等4家企业，新增就业330余人。整合关停污染企业6家，实现工业发展由规模扩张向提质增效的转变。2014年，全镇有各类企业63家，完成工业总产值52864万元，上缴国地两税476万元。

商贸服务业

清代，境内商业繁荣的集市有葫芦凸，经营商品有杂货肉食、百货布匹、土特产品、手工制品等。民国初期，商贸交易十分活跃，有商业店铺近50家，商品品种繁多。中华人民共和国成立后，在公社驻地建有供销社、肉食站、粮油店等，驻地成为农村主要市场。各村（大队）均办有集体商业零售店或代销店。“文化大革命”期间，部分经营网点被取缔。中共十一届三中全会后，个体商贸服务业快速发展，农村市场日益活跃。1995年，镇内有码头、刻木、星斗3个小集贸市场，个体商铺发展到60余家。20世纪90年代起，依托甘码片中心镇优势，助推第三产业发展，先后建成品牌大酒店和休闲山庄等服务设施，吸引大批游人。随着商业流通体制改革的深入和小城镇发展的需要，镇党委、镇政府多方筹资进行集镇基础设施建设，引资370万元，于2012年建成码头铺集镇农贸市场，占地3100平方米，有门面34间，固定摊位56个，分10多个经营区域，从业人员100余人。2014年，全镇有个体工商户360户，从业421人，社会商品零售总额3800万元。

基础设施

交通运输

1961年，建成县道新（安）甘（溪）公路（X007线）新安至昌家峪煤矿段，经境8.9千米，境内始有公路。1979年，修通码头铺至杨家坊、码头铺至方石坪公路，境内分别长2千米和2.3千米。1995年，县、乡公路在境内总长35千米；通村简易公路38条，总长97千米。2000年后，硬化通村通组公路。至2014年年底，境内硬化通村通组公路共计143千米，基本形成水泥路通村通组到农户家的道路网络。

邮政通信

1960年，成立码头铺邮电所。1962年码头铺邮电所成立电话总机房，并安装手摇式电话到16个大队及公社所属企事业单位。1995年，境内固定电话、移动电话总户数达2600多户。1999年后，移动电话大量普及农村，电信产业快速发展，用户与日俱增。2014年，境内有邮政所1家、电信所1家、移动通信2家、联通通信1家。有家庭固定电话1865部，移动电话12689部，宽带用户1123户，光纤入户率89%。

水利建设

1958—1990年，境内建起小（一）型水库1座、小（二）型水库9座，总蓄水量344.5万立方米，灌溉面积23644亩。2006年后，镇政府每年安排资金进行堰塘清淤扩容。2007—2015年，启动水库除险加固工程，先后投资1500万元，完成深茅湾小（一）型水库、郭家湾水库、简家湾水库、观斗水库、李家湾水库、汪家湾水库、碾子垭水库、胜利水库、廖家湾水库、枫树湾水库除险加固。2014年，全镇有斗、支、干渠375千米，其中防渗护砌21千米；有堰塘860口；抗旱机埠7处，总装机容量305千瓦。

供电饮水

供电　1982年成立码头铺电力管理站，普通农户开始用上电。1990年，投资600万元，对境内的7台变压器和电网实施升级改造。2012年，投资800万元，对境内进行新一轮电网升级改造。至2014年，全镇拥有高压输电线路56.2千米，低压输电线路432.7千米，配电变压器61台12400千伏安，总供电量650.79万千瓦时。

饮水 1982年，修建码头铺自来水厂，日供水810立方米，供应集镇居民饮用水。2006年开始，在全镇实施饮水安全工程，年内打井147口。2007年，兴建芭王水厂，供应莲花村607人安全饮用水；兴建刻木山水厂，覆盖4000人安全饮用水。2012年，集镇水厂铺设5千米供水管道，供应观斗村1521人安全饮用水。2013年，引资1000万元，对集镇水厂进行升级改造。2014年，兴建杉木村水厂。是年，全镇安全饮水覆盖率80%。

镇村建设

清雍正年间（1723—1735），码头铺集镇形成集市，有店铺20多家。民国时期，因涔水上游淤积，船只不能通航，交通闭塞，集市渐趋萧条。1958年，公社机关驻此，供销社、银行营业所、卫生院等单位先后在此建造办公用房和营业铺面。1978年，公社机关迁至桐子岗南坡，街区各类房屋亦由坡下平地迁建岗上。1980年，沿县道新甘公路扩建一条宽24米、长1000米的街道。1983年，兴建3.5万伏变电站。1984年，码头铺乡改为建制镇，开始制定镇区发展规划。1989年，镇区面积达1.2平方千米，非农业人口2082人。各类建筑面积12.8万平方米，其中住宅5.1万平方米。街道4条，总长3100米。下水道2500米。1996年，新建1条街道，长1100米，有临街门面120个。2011年，引资上千万元，兴建宜居新村。2012年，投资270万元，新建大型农贸市场，有固定门面34个，摊位56个。2013年，投资800万元，对集镇街道进行升级改造，实行硬化、绿化、美化、亮化，新修下水道1200米。2014年，镇区面积2.54平方千米，各类建筑面积12万平方米。3条街道长4200米。集镇有工商企业865户，常住人口3246人；建日处理能力6吨的垃圾焚烧站，添置600个户用垃圾焚烧炉，开挖600多口户用沤粪池；全镇设26名保洁员，负责村镇街道清扫和垃圾处理。

社会事业

教育

清乾隆时期（1736—1795），境内创办有澧西朱氏私塾，民国时期改称澧西朱氏学堂。1956年，在码头铺创办洞市完全小学，1958年，洞市完小改为澧县第七中学。1961年，境内有小学14所，中学1所。1969年，创办码头铺公社中学，澧县七中与码头铺公社中学合并；各大队办起小学，实行半耕半读，公民办老师相结合教学。1977年，恢复澧县第七中学校名。20世纪90年代，调整学校布局，1995年全镇有学校10所，其中中学2所，小学8所，在校学生1836人。2006年，全镇有中小学3所，学前班3个。2009年，码头铺籍人士欧阳雪初捐资420万元，新建大龙岭小学。2014年，境内有完全中学1所、小学2所、幼儿园1所，教职工106人，在校学生950人，适龄儿童入学率100%，初中生毕业率100%。

文化体育

1965年，建立码头铺公社文化站。2014年，全镇有1家图书馆，藏书（刊）3万册；7家农家书屋，藏书（刊）8000余册。有8支舞蹈队伍，各类体育场所16个。有文学、音乐、诗词、美术、书画等文学艺术爱好者160人，文学艺术创作、演出活动经常。有线电视入户3883户。

医疗卫生

民国时期，境内医疗为个体开业，著名中医有彭泽清、朱作儒等人。1958年，建立五星公社卫生院；1961年，改为码头铺公社卫生院。1969年，建码头铺区医院。各大队建合作医疗站，有赤脚医生18名。1980年，撤销码头铺区医院。1984年，公社卫生院改为镇卫生院，大队合作医疗站改为村医疗预防保健室，赤脚医生改称乡村医生。1995年，镇卫生院有医务人员16人，病床20余张。全镇有村卫生室医务和妇幼保健人员20余人，个体医生10余人。2013年，镇卫生院投资100万元，新建24套公租房，并投入100多万元添置先进医疗设备。2014年，镇卫生院有医务人员34人，病床70张。下辖7家村卫生室，有乡村医生7人，床位32张。

社会保障

中华人民共和国成立后，对老弱病残等群众给予救助安置。20世纪60—80年代初期，“五保”人员生活由大队统筹，一般每人每年供应口粮300千克左右，生活费150～200元。2003年，投资120万元，在三观寺村修建镇敬老院，建筑面积2180平方米。2014年，全镇供养“五保”老人118人，其中集中供养50人，分散供养68人。全镇享受低保人员552名，全年发放低保金62万元，实现应保尽保；2341人享受社会养老保险待遇，领取养老金21万元；15189人参加“新农合”，参合率100%。是年，湖南运达实业集团有限公司董事长高云安投资2000多万元，在码头社区建成五星级的运达养老服务中心，中心占地79.3亩，建筑面积4010平方米、绿化面积15亩，菜园5亩、水面19亩，老人住房74套，床位148张，2014年接纳社会养老人员106人。

特色地情

名优特产

红薯粉丝 清乾隆年间，境内有20多家小作坊用红薯为原料，制作红薯粉丝。民国初年，红薯粉丝小作坊发展到50多家，从业人员600多人。1950年，因原材料减少，红薯粉丝加工业走向衰落。21世纪初，红薯粉丝加工业逐步恢复和发展。2014年，引资1520万元的湘亿源农业科技有限公司投产，年产精品红薯粉两万吨，创产值1000万元。

风景名胜

刻木山 位于码头铺镇刻木山村与临澧县官亭乡交界处，海拔507米，山峦连绵，绿树成荫。刻木山有“丁兰刻木”的历史典故，是中华孝文化的发源地之一。山中多果树，村民靠种植香桃、柑橘、柚子等果树发家致富。2014年，投资上百万元，兴修2.8千米通山公路，路旁种植各种花草树木，游客可以开车直达山顶。

（文字供稿：邵振华，图片供稿：澧县党史办）

方石坪镇

区域概况

位置面积

方石坪镇位于县境西北部，东邻王家厂水库，南界王家厂镇和临澧县官亭乡，西接码头铺镇和洞市乡，北抵甘溪镇和闸口乡。镇人民政府驻双泉寺居委会，距县人民政府驻地50千米。

2014年，全镇总面积45.89平方千米，有耕地17156亩，其中水田14156亩、旱地3000亩；有林地38000亩、水域2880亩。

建置沿革

民国37年（1948），属双泉乡。1950年5月，废除旧的乡、保、甲，全县设187乡，镇域置方石、金泉、枞杨等乡。1956年6月，并为方石坪乡。1958年9月实行人民公社体制，属五星公社；1959年3月更名为方石坪公社。1961年7月，缩小公社规模，析为方石坪、码头铺、洞市、杨家坊4个公社。1984年4月，撤销人民公社，方石坪公社改为方石坪乡。1994年10月，撤销方石坪乡，设立方石坪镇。至2014年无变化。

行政区划

1994年10月，方石坪镇辖烟家、球山、陈河、贺家、段家、涂河、周家、杨家、连鱼、金泉、古城、岩河、岩门、柳树、枞杨、五白16个行政村，以及双泉寺居委会和柳树园艺场，共148个村民小组。2003年3月合村并组后，全镇辖双泉寺居委会和球山、杨家湾、星子山、龙神潭、柳树、枞杨6个行政村。至2014年无变化。

自然环境

境内地貌以丘陵为主，地形自西向东南倾斜，最高点羊古山，海拔290米；最低点位于龙神潭，海拔107米。全境平均海拔137米。涔水南支自西向东流经境内，注入王家厂水库。镇域属中亚热带北缘内陆季风气候区，四季分明，年平均气温16.7℃，年平均降雨量1244毫米。植被主要以针叶、阔叶混交林为主，有小刺灌、马尾松、樟树和芳香等品种。野生动物种类繁多，有野猪、野兔、野鸡等。矿藏丰富，烟煤储量2000余万吨，石煤储量4000余万吨，石英砂、板岩等也有较大储量。因多年煤炭开采，引发地质灾害，造成星子山村、杨家湾村部分地段地面塌陷。2011年，镇政府对星子山村部分受灾村民实施搬迁。

人口民族

1995年，全镇有4654户13075人，其中男性6669人；人口出生率9.68‰，自然增长率0.65‰。2014年，全镇有5082户15491人；其中男性 8074 人；已婚育龄妇女 3125 人，计划生育率 88.9%；人口出生率 10.5‰；少数民族 3 人，其中回族 1 人、土家族 2 人。

经济发展

综述

1995 年，全镇实现工农业总产值 1.2 亿元，其中工业产值 7800 万元。2008 年，全镇完成工农业总产值 2.6 亿元；财政收入 575 万元；劳务输出 3900 人，创收 2012 万元；农民人均纯收入 4201 元；社会固定资产投资 1832 万元。2014 年，全镇财政收入 1625.69 万元；农民人均纯收入 10912 元；实现地区生产总值 3.4 亿元，一、二、三产业增加值分别为 1.1 亿元、2.3 亿元、3000 万元。

农业

种植业 境内以种植水稻、小麦、玉米、红薯、棉花、油菜为主。1995 年，全镇粮食总产 6000 吨，棉花 6000 担，油菜籽 1300 吨。2006 年起，镇党委、镇政府加大丘岗地开发建设，发展蔬菜、茶叶、花卉苗木等产业。先后引进冬枣、脆蜜桃、脐橙、沙田柚、香桃和柑橘等优质品种，至 2012 年，建成五白至古城村 5000 多亩的优质水果带。2013 年，全镇按照“大户示范、典型引路”的发展思路，力推高效产业发展。2014 年，建成枞杨村茶叶示范基地 500 亩、球山村冬枣示范基地 200 亩、绿源有机无公害蔬菜基地 400 亩、花卉苗木基地 1000 亩。全镇农业总产值 1.1 亿元，其中种植业 6331 万元。

养殖业 境内以养殖生猪、山羊、家禽为主。1996 年，全镇出栏生猪 13000 头，繁殖母猪 100 头，出笼家禽 10 万羽，出栏山羊 15000 只，水产品总产量 70 多吨，人均养殖收入达 500 元。2000 年起，镇党委、镇政府开始扶持养殖大户，建立养殖合作社。至 2013 年，建成较大规模的群丰牧业和寅阳养殖场，年养土鸡 6 万余只的林下土鸡养殖基地，年养土鸡和蛋鸡 6 万余只。成立“方石坪镇生猪生态健康养殖合作社”，推广扶持“猪—沼—林”生态养殖模式。2014 年，全镇出栏生猪 3.19 万头，养家禽 76 万羽、牛 965 头、山羊 8690 只，出水鲜鱼 568 吨。

林业

1984 年，镇党委、镇政府按照国家林业政策，将所有林地按照自留山和责任山确权到每个农户，激发农民发展林业积极性。1990 年，引导发展经济果木林，开展低产低效林改造和封山育林，林业生态环境得到改善。2006 年，全镇有林地 31516 亩，其中封山育林 2500 亩，经济林 3500 亩，生态防护林 700 亩，退耕还林 3500 亩，德援项目造林 2100 亩。2013 年，全镇有林地 4.1 万亩，其中公益林 2.7 万亩，其他林地 0.4 万亩。松毛虫疫区防治面积 8000 亩。2014 年，营造血防林 500 亩，四旁造林 2.4 万株，退耕还林补植补造 1.4 万株，苗木花卉造林 500 亩，优质水果造林 200 亩，公路主干道补植补造 2000 株，楠竹造林 150 亩。封山育林 3 万亩，退耕还林 3332.2 亩。

工业

境内工业主要为煤炭开采。1984 年，开办澧县球山煤矿，属镇办集体所有制企业，有职工 670 人。1990 年，全镇有小烟煤矿 8 家，石煤矿 6 家，年产原煤 25 万吨，石煤 10 万吨。其中球山煤矿生产原煤 5.1 万吨，实现产值 500 万元，利税 120 万元。1994 年以球山煤矿为龙头，组建球山实业总公司，走一矿带多业发展之路，带活球山炼焦厂、球山精洗煤厂、球山机械修造厂等企业，产品远销湘、鄂等省。2014 年，境内有赤峰实业总公司、羊耳山煤矿 2 家国有煤矿，7 家私营矿厂，全年完成工业总产值2.45亿元。

商贸服务业

民国时期，境内有双泉寺集市，经营商品有南杂、百货、五金、肉食、疋头、树木、印刷品、熟食、蔬菜、水果等。中华人民共和国成立后，双泉寺为乡（公社）驻地，建有供销社、粮店等，成为农村中心市场，各村（大队）开设集体商业零售店或代销店。1985年，供销社等集体商业店铺承包到个人，个体私营商贸逐渐兴盛。2014年，投资160万元兴建农贸市场，建筑面积1635.5平方米，内设摊位83个，并配套相关设施设备，划分为蔬菜、肉食、干鲜果品、水产品和活禽5个小区。农贸市场是境内最繁荣的集贸市场，每逢2日、7日赶集，赶集者上千余人。是年，全镇有各类商铺143家，从业人员237人，社会商品零售总额1637万元。

基础设施

交通运输

1958年，修建县道王（家厂）维（新）线（X019），自王家厂长乐桥起，经枞杨、方石坪、洞市、陆家桥、歇凤垭进入石门县三圣乡，止于维新，全长54.9千米，境内长20千米。1988年全线通车。1970年，建成乡道方石坪至码头铺公路，全长5.2千米。1977年，建成方石坪至周家公路，全长5千米。20世纪80年代，在涔河上架起两座桥梁。1994年，完成王维线方石坪路段10千米路基拓宽改造工程。1995—1996年，方石坪、王家厂两地政府筹资285万元，修建沥青路面15千米。2006年，王维线方石坪路段全部砼化。2014年，全镇有县、乡、村、组公路265.5千米，其中硬化217千米。每日有50个班次的客车往返于澧县县城。

邮政通信

1995年，在集镇中心建成方石坪邮电大楼，办理邮政、通信等业务。1996年，全镇有线电话入户600户，程控电话装机308门。2006年，投入620万元，用于电信建设，3个交换机房可容纳用户1万户，全镇有固定电话2600部，移动电话3200部。2014年，境内有邮政所1家，移动通信店2家，全镇拥有固定电话350部，移动电话4000部，互联网用户750户。申通、圆通、运达、顺丰等快递公司设有营业网点。

水利建设

20世纪50—80年代，境内建起红旗、南春堰、李家湾、柳园、张家湾、金岭、贺家7座水库。其中红旗水库为小（一）型水库，灌溉面积2500亩。其余6座为小（二）型水库，可灌溉农田20000亩。兴建电排站3座，装机容量共200千瓦。20世纪90年代至21世纪初，累计整修完善灌溉渠道70千米，其中高标准水泥防渗沟渠6千米。2014年，完成35处堰塘扩容，完成龙神潭村700米、球山村1200米、双泉200米以及杨家湾村620米的渠道护砌工程。

供电饮水

供电 1973年，境内开始用电，由码头铺供电所供电。由于线路较长，又处于尾端，供电周转环节多，供电质量差，负荷紧，常年天黑停电，给群众生产生活带来诸多不便。2010年，由国家投资对境内电网进行改造，保证居民生产生活正常用电。2014年，全镇拥有高压输电线路35.12千米，低压输电线路141.7千米，配电变压器37台5145千伏安，总供电量443.82万千瓦时。

饮水 20世纪80年代，为解决山区农民安全饮水问题，筹资210多万元，修建水井280处、集水池20处。1996年，投入120万元兴建镇自来水厂，日供水能力160立方米。2014年，以红旗水库、贺家水库为水源的2个水厂投入运行，受益人口8000人。

镇村建设

1990年前，方石坪集镇仅有1条沙石路面街道。1991年，投入120万元，对1800米街道砼化。1992年和1995年相继投入配套资金绿化街道、安装路灯。1994年乡改镇后，集镇建设步伐加快，拓宽兴建占地37亩的南大街。2012年5月，为创建生态镇，聘请湖南城市学院建筑设计研究院编制《方石坪镇建设规划》。2013年，投入510万元兴建中石化加油站；投入300万元兴建镇站所办公楼；投资5500万元，打造占地100亩的宜居新村，相继建成邮政所、商住楼、社会客运站和休闲广场等。2014年，配套建设集镇中心幼儿园、宾馆、菜市场和赶集市场等。全镇有7个村级活动中心及文化广场，7个农家书屋。全镇2548户农户建有卫生厕所，改灶和改厕的农户占总农户的75%，改水率达80%。集镇和农村主要道路派有专人清扫垃圾。

社会事业

教育

1995年，全镇有中学1所，小学7所，在校学生1648名，教师128名。学龄儿童入学率100%。1996—2006年，全镇累计对教育投入300多万元，改造、新建中心小学大礼堂、中学综合楼、学生宿舍、多媒体教室等一批建筑。2014年，全镇有小学1所，中学1所，在校学生800多人，教职工60人；私立幼儿园4所，在园幼儿300多人，幼儿入园率100%。

文化体育

2014年，全镇7个村（居）都有广播站点，有线电视全覆盖，用户达2000多户。成立多支民间腰鼓队、广场舞队，建有2个篮球场和多个乒乓球台。

方石坪村文化园地

医疗卫生

1958年，成立方石坪公社卫生院，有病床17张，医务人员11人。各大队均办有卫生保健室，配有保健员1～2人。1984年，更名为乡卫生院。1994年，更名为镇卫生院。2006年，镇卫生院有职工21人，病床20张，下辖村卫生室17个，基本满足群众初级保健需要。2012年投入100多万元修建镇卫生院新大楼。2014年，新建公卫综合楼、对住院部进行维修；是时，镇卫生院有医务人员25人，病床42张。为居民建立纸质健康档案11201份。全年门诊15000人次，住院病人890人次。

社会保障

中华人民共和国成立后，对老弱病残等困难群众给予救助安置。1983年，"五保"人员生活由大队统筹，一般每人每年供应口粮300公斤左右，生活费150～200元。2007年，修建镇敬老院，敬老院占地1300平方米，50名"五保"老人集中供养。2008年，全镇10100人参加新型农村合作医疗，参合率80%，全年补助药费近37万元。2014年，举办招聘会，为30多名群众提供就业机会，为创业者提供无息资金近80万元，完成30个岗位职工的技能培训。共签订外出维权合同800余人份。为100余名离退休人员进行视频认证工作，为3000多名老人上门年检，保障养老金的安全发放。全镇有矽肺病患者142人。其中危重矽肺病人的医疗救治全部免费。全镇申报危房改造35户，发放救助资金35.9万元。低保522户，"五保"78人，共发放资金38多万元。

特色地情

名优特产

杨云卿豆制品　杨云卿作坊生产的豆腐和千张深受湘鄂边区消费者青睐，其品质柔嫩、爽滑可口，能与澧县道河千张相媲美。

龙朝云饺子皮　龙朝云店自制饺子皮畅销澧县、津市千家万户。所包饺子皮薄馅多，味美可口，吃后回味无穷。

地名传说

团山凸　马踏石　双泉寺　据《澧县志》记载，在方石坪镇双泉寺，有两眼常年流淌不息的泉水，冬暖夏凉，甘甜醇美，传说为神灵所赐。相传远古时期，荆楚西域住着大圣、二圣、三圣三兄弟，三兄弟各有居所和辖区。大圣居住在方石坪平原之上，二圣住在桐山脚下的涂河边，三圣居住在石门谢峰隘西山脚下。大圣和二圣兄弟领地相邻，多有不和，经常斗法。一日夜间，二圣用手帕裹土，拟将洞潭口筑坝堵水，让大圣辖地无水。刚出发金鸡报晓，二圣心里一慌，遂将一包土扔在方石坪地坪中，形成一个大土丘，后人称为团山凸。第二天，大圣前去找二圣评理，没说上几句话，便在洞潭口峡谷发生械斗，在岩石滩上留下许多马踏足迹，至今依稀可辨，后人称为马踏石。恶战之后，大圣下决心不饮从二圣住地流下来的水，在住所前选定位置，拿起神剑猛戳两下，地下顿时冒出两股甘甜的泉水。此后，周边百姓都有泉水可以饮用。人们感谢大圣，便把地名改成双泉寺。今团山凸、马踏寺景色宜人，是散步休闲的好去处。

古树名木

古枫树　位于星子山村段家7组，树龄600年以上，树高30米，树干胸径5米，树冠20平方米。树中空洞可容纳十人。该树属于一级古树，受县林业局挂牌保护。至今依然生长茂盛，可供路人观赏。

（文字供稿：周颖、虞钊，图片供稿：澧县党史办）

澧东乡

区域概况

位置面积

澧东乡位于县境中部，地处澧水下游澧阳平原腹地，东接北民湖蓄洪区和涔澹农场，南与澧澹街道隔澹水相望，西抵澧阳街道，北邻涔南乡。乡人民政府驻邓家滩，距县人民政府驻地7千米。

2014年，澧东乡总面积23平方千米，有耕地30596亩，其中水田22834亩、旱地7762亩；有林地2312亩、水域574亩。

建置沿革

民国27年（1938）属澹泊乡。民国36年属三贤乡。1950年5月，废除旧制，全县设187个乡，乡域置邓滩、樊河等乡。1956年6月并为澧东乡。1958年9月实行人民公社体制，建立澧东公社。1961年7月，缩小公社规模，澧东公社析为澧东、澧澹、涔南3个公社。1984年4月撤销人民公社，澧东公社改为澧东乡。至2014年无变化。

行政区划

1989年，澧东乡辖新渡、十里、团结、新店、铁尺、十回、斑竹、澧东、田坪、占岗、优周、双林、民堰、长庆、清水、永长、富溶、车家溪18个行政村，237个村民小组。2006年，站岗村与团结村并为团结村，优周村与田坪村合并更名为万家坪村。至2014年，全乡辖新渡、十里、团结、新店、铁尺、十回、斑竹、澧东、万家坪、双林、民堰、长庆、清水、永长、富溶、车家溪16个行政村，227个村民小组。

自然环境

澧东乡位于澧阳平原中心地带，地势平坦，略呈西高东低。乡域属中亚热带季风湿润气候，四季分明。年平均气温16.7℃，年降水量1200毫米。植被丰富，有常绿针叶林、常绿阔叶林、落叶阔叶林、常绿落叶阔叶混交林等类型。野生动物有野鸭、白鹭、斑鸠、喜鹊、麻雀、黄鼠狼、野兔、蛇等数十种。成土母质主要有第四纪红色黏土、河湖沉积物、灰岩分化物、紫色砂岩、页岩风化物、砂岩风化物、板页岩风化物7种。土壤共分为水稻土、黄壤土等2个土类，其中以水稻土为主要土类。境内有澹水河，由西向东流经斑竹、新渡等村，由小渡口注入澧水。主要自然灾害有水灾、旱灾及龙卷风等。1983年，连续干旱50多天，导致长草堰、偏堰口渔场干涸，死鱼50吨，直接经济损失18万元。

人口民族

1995年，全乡有8456户30576人，其中男性 14163 人；农业人口 24714 人；人口出生率 9.51‰。2014 年，全乡有 8653 户 29865 人，其中农业人口 28953 人；劳动力人口 17106 人；男性 15437 人，女性 14428 人；人口出生率 9‰；少数民族 1312 人，其中回族 1232 人、土家族 80 人。

经济发展

综述

1995 年，全乡实现工农业总产值 1.29 亿元，其中工业总产值 6640 万元，农业总产值 6260 万元。村级集体纯收入 180 万元，农民人均纯收入 1512 元。2000 年起，乡党委、乡政府着力推进经济社会全面协调发展，制造业、建筑业、现代农业、特色餐饮行业、物流运输业发展较快。2014 年，全乡实现地区生产总值 8.6 亿元，其中第一产业 1.3 亿元，第二产业 5.6 亿元，第三产业 1.6 亿元。有规模以上企业 4 家；农民人均纯收入 9893 元。全乡财政总收入 833 万元。乡信用社年末存款余额 15426 万元，各项贷款余额 6994 万元。

农业

种植业 澧东乡历来以传统种植业为主。20 世纪 60 年代，扩大水稻种植面积，栽种“农垦 58”，亩产 400 公斤；皮棉亩产 50 公斤。2006 年，乡政府引进抗虫棉、丝光棉、长绒棉等优质品种，种植 12000 亩，良种率达 100%。年内全乡生产粮食 15409 吨、皮棉 1200 吨、油菜籽 2200 吨。2007 年，乡政府利用位于津、澧城郊的地域优势，发展蔬菜产业，形成涵盖铁尺、十回、斑竹、新渡、长庆、车溪等村的蔬菜生产带。2010 年起，贯彻落实县委、县政府“压棉扩粮”的种植方针，促进土地有序流转，培育粮食种植大户，扩大双季稻面积，稳步发展粮食生产，全乡种植棉花 10000 亩、水稻 22000 亩、油菜 23000 亩、蔬菜 5000 亩。2014 年，全乡种植早稻 22000 亩，产量 7548 吨；晚稻 23000 亩，产量 10871 吨；玉米 1851 亩，产量 500 吨；油菜 20000 亩，产量 2600 吨；棉花 9870 亩，产量 1125 吨。

养殖业 1995 年，全乡出栏生猪 29660 头，出笼家禽 50 万羽，生产肉类 2889 吨、禽蛋 1500 吨、鲜鱼 1654 吨、甲鱼 10 吨，养殖珍珠 1000 多亩。2006 年，出栏生猪 42500 头，存栏 24300 头；出笼家禽 120 万羽，存笼 50 万羽；出水鲜鱼 2280 吨。2014 年，全乡有养猪场 10 家，生猪存栏 12500 头，出栏 39850 头；牛存栏 3000 头，出栏 1800 头；羊存栏 6000 只；鸡存笼 36 万羽，出笼 15 万羽；出水鲜鱼 5800 吨。

林业

澧东乡地处平原，没有成规模的森林，主要是空坪隙地、道路沟渠的植树造林。1995 年，利用世界银行贷款造林 300 亩。2009 年，在万家坪、清水、十回等村开展道路绿化工程，栽绿化树 2000 株。2012 年，路渠造林 1.32 万株，工程造林 1.2 万株。2013 年，在 207 国道沿线补植樟树 1000 株。至 2014 年，全乡建有规模苗圃 4 家，家庭苗圃 120 多个。有林地 2312 亩，森林覆盖率 6.7%。

工业

境内工业从 20 世纪 60 年代的手工作坊式大米加工起家，到 1995 年，全乡拥有各类工业企业 96 个，从业人员 1672 人，工业总产值 6640 万元。万家实业由 1987 年的村办小厂，发展成为集生产、科研于一体的现代化工厂，年生产灶具 300 万台，“万家牌”节煤炉畅销全国各地和印度尼西亚等国。

2004 年起，乡党委、乡政府加大招商引资力度，工业实现快速发展。2005 年引进振顺人造板厂，总投资1800万元；2006年继续投资1200万元，实现产值1300万元。2007年引资450万元建成星海包装厂。2008年引资1800万元兴建君奇化工厂等3家企业。2009年引资500万元兴建双星床垫厂。2010年全乡工业总产值达到4.48亿元。

2014年，君奇科技、振顺人造板、泰艺包装等规模企业做大做强，产销两旺。万家实业实现销售总收入1.1亿元。大华食品公司、澧州春龙养殖公司等一批投资千万元以上的企业项目相继落户境内。全乡年工业总产值达到5.63亿元。

商贸服务业

民国时期，境内十回港、蔡口滩为商贸集中区，经营商品有杂货肉食、百货布匹、粮油食品、手工业品、农具、家具、文具书籍等。中华人民共和国成立后，在乡（公社）驻地建供销社、肉食站、粮油店等，成为农村中心市场。各村（大队）均开设有集体商业零售店或代销店。中共十一届三中全会后，个体商贸服务业得到发展，农村市场日益活跃。随着商业流通体制改革的深入和小城镇发展的需要，乡党委、乡政府筹资进行集镇基础设施建设，鼓励农民经商，推动商贸服务业发展。2014年，全乡有各类商铺902家，个体工商从业者1745人。社会商品零售总额9800万元。

基础设施

交通运输

民国至中华人民共和国成立初期，境内有十回港、张柳河、贾家渡、新渡口、邓滩、蔡口滩、车家溪7家渡口。20世纪50年代末，修新渡口二队到涔南简易公路。1972年集全乡之力，建成十五支公路。1975年修建澹水桥，沟通县城到澧东的道路。1994年，开通从县城到清水4组的公共汽车，每天客运量百余人。1999年，全乡有简易公路12条，总长56千米，实现村村通公路。2009年，二广高速公路南北贯穿境内6.21千米。2010年，硬化黑向线双林段公路2.1千米。2011年，修建通村通组公路24千米，基本形成乡村公路网。2012年，修建主排渠和中干渠乡主干公路4.2千米，通村公路15.37千米。至2014年，全乡硬化道路总长100千米。

邮政通信

20世纪50年代初期，乡政府和村部开始使用手摇电话。1958年境内设立邮电所。70年代建立广播站。80年代发展程控电话。到2010年，有线电话覆盖全乡境内。2012年，完成各村电信宽带网和有线电视网的升级改造。2014年，全乡有邮政所1家，邮政代办所16家，电信服务所1家，移动、联通代办点各1家，有家庭固定电话5532部，移动电话20000部，宽带用户2694户。申通、圆通、天天快递等快递公司在乡设有代办点。

水利建设

乡内有防汛堤段23249米，主渠、支渠、斗渠、毛渠合计200多千米，具备抗御20年一遇洪水能力。1981年，为解决境内抗旱排渍问题，投资4万元修建福田寺机埠。1988—1993年实施澧阳平原更新改造工程，在澧东福田寺至七百户开挖澹北渠，配套修建车溪、长庆、新堤3处机埠。1994年，投资100多万元新建新硚头机埠。1996年，投资300万元修建崔家岗抗旱机埠，投资521万元修建新硚头中型排渍泵站。2008年，投资186万元对十五支公路以东的主排渠及其他乡村公路进行硬化，硬化沟渠7.5千米。2009年，投资50多万元，完成主排渠清水至向阳桥3000多米沟渠的清淤。2011年，投资800多万元，对十五支公路以西的主排渠公路进行硬化，清淤沟渠15条54千米，护砌主渠2.5千米、支渠4.5千米。2014年，全乡共完成沟渠清淤8.6千米，护砌沟渠3千米，堰塘清淤32口。

供电饮水

供电 1982年，境内通电，2000年覆盖全乡。2014年，全乡有输电线路200千米，配电变压器8台5000千伏安，供电用户5800户，总供电量590万千瓦时。

饮水 20世纪60年代前，境内居民饮用水直接取自堰塘、沟渠等地表水。70年代，部分农户开始安装真空压把井，取用浅层地下水。2014年，国家实施“农村安全饮水工程”，乡政府积极筹措资金，下半年全乡连通县山门水厂，安装铺设自来水管网150千米，入户5800户，日供水3000多立方米。全乡2.8万人用上干净放心的自来水，安全饮水覆盖率95%。

乡村建设

20世纪50年代初期，境内有蔡口滩、十回港2个集镇。1984年，由县建委牵头，编制澧东乡村镇发展规划，增加双林场、邓滩2个集镇。2009年，投资80万元，对邓滩新街水泥路硬化、安装路灯、修建下水道、拆除违章建筑物、修建农贸市场。其他3个集镇也相继完成基础设施建设。2014年，4个集镇建筑面积达10万平方米，共有临街门店53个。全乡16个村的村部都建有村民活动中心，供村民们娱乐。

社会事业

教育

20世纪50年代，境内有马家河完小，60年代建立三贤完小。“文化大革命”时期，各大队均设小学。1962年，澧东乡创办双林中学，1975年改名为澧东中学。2014年，全乡有中学1所，在校学生550人；小学5所，在校学生1200多人；

澧东乡卫生院

幼儿园9家，入园儿童800多名。

文化体育

2011年，投资100万元建起乡文化综合站，开设8家农家书屋，建立村级活动场所2个。为丰富群众文化生活，2013年举办全乡庆国庆群众文体活动和庆元旦红歌大赛，2014年举办“澧东乡广场舞大赛”。16个行政村安装广播，广播“村村响”得以实现。

医疗卫生

民国至中华人民共和国成立初期，境内有个体医疗诊所，著名中医有张业生等。1955年建邓滩区卫生所，开展防疫治病。1958年，建澧东公社卫生院，18个大队设卫生室，医务人员30人，床位18张。1968年，推行农村合作医疗制度，大队建有合作医疗站，配备1至2名赤脚医生。1976年，建立澧县精神康复医院，为常德地区首家县级精神康复专科医院。医院编制床位100个，医务人员53人。医院科室基本齐全，重点专科为精神科。2008年，投资80万元，修建乡卫生院住院大楼。2010年，投资60万元，兴建计划生育大楼。2014年，争取项目资金300万元，兴建澧县精神康复医院住院大楼，增加床位400个。是年，乡卫生院、县精神康复医院和16个村卫生室共有病床450张，医务人员138人，基本可以做到小病不出村、大病不出乡，年治疗患者2.1万多人次。

社会保障

中华人民共和国成立后，人民政府对老弱病残等弱势群体给予救助安置。1995年，全乡供养“五保”对象219人。2005年，推行新型农村合作医疗制度，有300多人参合。2006年，投资120万元，在车溪河村建起乡敬老院，集中供养“五保”对象50人。16000人参加新型农村合作医疗，参合率55%。2007年，启动城乡居民最低生活保障制度，有5人享受城镇低保，260人享受农村低保。2008年，全乡“新农合”参合率达85%。2009年，共有434户632人享受低保政策，全年发放低保金105万余元，基本做到应保尽保。纳入新型农村社会养老保险体系的老年人6500人，发放养老金429万元。2011年，开始实施农村危房改造工程，年内改造危房28户。至2014年，全乡共改造农村危房245户，发放危房补贴资金150万元。供养“五保”对象161人，其中41人入住乡敬老院集中供养。29188人参加新农村合作医疗，参合率89.2%。769人享受城乡低保，领取低保资金70多万元。8667人享受新型农村社会养老保险，领取养老金520万元。

特色地情

名优特产

团结腊鹅 武略将军杨源，顺天府人，回族，清乾隆年间奉谕“采食澧田”，带领族人至境内东田堰（今团结村）定居。因信教不食猪肉，特请御厨腌制腊鹅，在春节期间供族人享用。腊鹅做法独特，采用澧东本土鹅，传统秘方腌制，口感香脆，深受族众喜爱。团结村内有5家专做腊鹅的餐馆，每年接待食客上万人。

凉拌腱子牛肉 腱子肉为牛大腿上的肌肉，有肉膜包裹，内藏筋，硬度适中，纹路规则，味道鲜美，营养价值高。凉拌腱子肉采用杨源将军从北方带来的秘制调料煮熟凉拌而成，一只牛腿只做两盘。该菜是客人在团结村用餐的必点之菜。

风景名胜

十里岗遗址 位于十里村一低丘之上，属旧石器时代晚期，距今约1.5万年。1998年发现，

2000 年冬由湖南省文物考古研究所正式发掘，文化层堆积厚约 60 ~ 70 厘米，出土遗物表明，属石器制作场。石制品有石锤、石核、石片石器、砍斫器、刮削器、尖状器等。石料以黑色燧石为主。制作石器的方法基本上采用直接锤击法。该遗址石器群组合在全省罕见，有学者命名为“十里岗文化”。2013 年被国务院公布为第七批全国重点文物保护单位。

十回港　位于澧东乡十回村。1930 年冬，中国工农红军第二军团与国民党军队在该地激战。今辟为爱国主义、革命英雄主义教育基地。

（文字供稿：舒江，图片供稿：澧县党史办）

涔南乡

区域概况

位置面积

涔南乡位于县境中部澧阳平原腹地，东邻北民湖渔场和澧东乡，南邻澧阳街道，西连大堰垱镇和车溪乡，北与雷公塔镇、梦溪镇隔涔水相望。乡人民政府驻曾家河集镇，距县人民政府驻地12.7千米。

2014年，涔南乡总面积49平方千米，有耕地35051亩，其中水田33631亩、旱地1420亩；堰塘水面3512亩。

建置沿革

民国27年（1938），成立涔南乡。民国36年，撤销涔南乡，乡域分属涔阳乡、涔中乡。中华人民共和国成立后，于1950年5月废除旧制，全县设187乡，乡域置文家、紫云等乡。1956年6月，并为涔南乡。1958年9月，实行人民公社体制，属澧东公社。1961年7月，缩小公社规模，由澧东公社析置涔南公社。1984年4月，撤销人民公社，恢复涔南乡。至2014年无变化。

行政区划

1995年，涔南乡辖涔曾居委会和永丰、永长、河北、长堰、文家、七里庙、鸡叫城、谭家、伍家、灵观、新坪、东田、新堰、南堰、上河、紫东、紫南、庆丰18个行政村，共199个村民小组。2005年5月，河北村与长堰村合并为曾家河村，庆丰村、永长村、涔曾居委会合并为涔曾居委会。至2014年，全乡辖曾家河、文家、七里庙、鸡叫城、谭家、伍家、灵观、新坪、东田、新堰、南堰、上河、紫东、紫南、永丰15个行政村和涔曾居委会，共192个村民小组。

自然环境

乡域为平原区，呈西高东低走势。境内有一干、中干、二分干、三干4条东西走向排灌渠主干道。涔河流经境内。乡域属中亚热带湿润性季风气候区，气候温暖，热量充足，雨量丰沛。年平均气温16.7℃，年降雨量1260毫米，无霜期272天。适宜水稻、棉花、油料作物生长。树木以白杨树、风景林为主。谭家村、伍家村一带，有丰富的芒硝矿藏。境内土壤多为含铁较多的黑褐色土壤，偏酸性，肥力较低。乡东南部沿北民湖、戴严港一线，澧涔排渠以西为八里河出涔水的出水口，地势低，常渍涝成灾。1949—2014年，共发生自然灾害20余次，其中特别严重的洪涝灾害5次、旱灾2次、冰雹冻雨1次。1985年连续干旱63天，受灾面积1.97万亩。2003年洪涝灾害致使戴严港的碚穿孔，紫南等多个村被淹，855栋房屋受到损毁，12000多亩农作物失收，直接经济损失4000多万元。

人口民族

1995年，辖区有户数6556户26690人，其中农业人口22714人；人口出生率9.54‰，人口自然增长率1.5‰；少数民族16人，其中土家族14人、回族2人。

2014年，辖区有6985户26479人，其中男性13531人；农业人口24069人；人口出生率9‰；少数民族724人，其中回族603人、土家族121人。

经济发展

综述

1995年，全乡完成工农业总产值8384万元，其中工业总产值4335万元，农业总产值4049万元。1996年，兴修机埠、沟渠等水利设施，治理渍涝灾害。引进高产优质水稻品种和生产技术，大力发展种植业。2000年后，加大招商引资力度，发展工业企业，组织劳动力外出务工创收。2007年，全乡有企业20家，实现工业总产值38500万元。2014年，全乡实现地区生产总值67922万元，其中第一产业14810万元，第二产业36700万元，第三产业16412万元；农民人均纯收入10380元。

农业

种植业 涔南乡为粮食主产乡。1990年，成为常德市第一个亩产过吨粮的乡镇，获得湖南省农业厅颁发的“吨粮乡”奖杯。1995年，全乡粮食总产15600吨。2000年起，在全乡推广水稻生产无公害化、优质化、标准化、全程机械化及病虫害统防统治。2003年，全乡粮食总产16400吨。2005年起，乡党委、乡政府积极调整种植业结构，发展优质葡萄、绿色蔬菜等高效产业和设施农业。2009年，投资3580万元，在伍家村创办占地510亩的黄家套生态果蔬产业示范园，园内有标准化的连栋智能温室、冬暖式日光温棚、早春秋延大棚、水肥一体化泵房等基础设施，实行资本、土地、人才三集中的现代企业管理模式和“公司+基地+农户+物流”的生产经营模式，成为涔南乡种植业发展的标杆。2014年，全乡种植双季稻35000余亩，粮食总产24736吨；种植油菜11500亩，油菜籽产量1732吨；玉米1998亩，产量617吨；棉花1003亩，皮棉产量198吨。

养殖业 1995年，全乡养殖生猪2.3万头，出栏2.15万头；养牛1200头，出栏1050头；养家禽20万羽，出笼8万羽；出水水产品4000吨，其中鱼3700吨，甲鱼1.5吨，黄鳝1.5吨。2000年后，注重规模化和科技养殖，培育养殖大户。2014年，全乡养殖生猪1.8万头，出栏1.65万头；养牛850头，出栏750头；养羊1300只，出栏1250只；养家禽23万羽，出笼22万羽；出水水产品5200吨，其中鱼4100吨、甲鱼100吨、黄鳝1000吨。

林业

1991年，全乡投资75万多元，投工3.1万个，共造林11324亩，其中用材林6332.7亩，果木林4991.3亩。1994年春，全乡组织8900名劳力复垦荒地870多亩新植杨树林。2000年以后，全乡继续实施退耕还林、植树造林，并加大县、乡、村级道路两旁林木种植。2014年，全乡所有沟渠道路两旁全部植树，绿化面积达1800多亩；涔河外洲经济速生林植树1300亩；农户庭院荒地绿化2100亩。

工业

20世纪70年代，境内兴办集体企业，至90

年代，相继兴办有罐头厂、机砖厂、二轻厂、预制厂、纸箱厂、制氧厂、建筑公司等10多家企业，高峰时就业人数达到518人。1990年，二轻厂改制，更名为晨光铸造有限公司。2005年被确定为澧县规模以上企业，公司完成产值6206万元，实现利税167.8万元。香川味业有限公司生产的“香川”牌豆瓣酱畅销全国各地，在2006年中国湖南（国际）农博会上获金奖和最受欢迎产品奖，公司被评为常德市农业产业化龙头企业。2007年，正发富民饲料有限公司进入规模企业行业，被评为市级农业产业化龙头企业，完成产值3000多万元。2012年，舜禾木业有限公司被确定为澧县规模以上企业。2014年，投资6000多万元组建荣友沥青混凝土有限责任公司，生产沥青混凝土、路面砖、钢筋混凝土、排水管等。2014年，全乡共有各类企业28家，完成工业总产值38108万元。

商贸服务业

民国时期，境内商业繁荣的集镇市场有曾家河、青泥潭、南品发、胡家铺4处，经营商品有杂货肉食、百货布匹、粮油食品、手工业品、农产品、农具、家具、文具书籍、生产资料等。中华人民共和国成立后，在乡（公社）驻地建供销社、肉食站，并在上河口、谭家铺、曾家河建立3个粮油店，成为农村中心市场。村（大队）开设有集体商业零售店或代销店。中共十一届三中全会以后，个体商贸服务业得到发展，农村市场日益活跃。随着商业流通体制改革的深入和小城镇发展的需要，乡党委、乡政府筹资进行集镇基础设施建设，鼓励农民进集镇经商，推动商贸服务业快速发展。2014年，全乡有各类商铺100多家，个体工商从业者2000多人。

基础设施

交通运输

民国24年，建成长常公路澧县至卷桥段，经境6千米，境内始有公路。民国28年，为抵御日本侵略军入侵，将该公路路基、桥梁、渡口破坏。抗战胜利后，国民政府无力及时修复，至1948年方草率修复，但曾家河设置的渡口码头，因无渡运设备，一直未通车。1958年3月，利用曾家河桥残存的台墩修复木面桥，整修路面，恢复通车。1974年，曾家河大桥改为石拱桥。2001年，建成G207涔南大桥至东田渔场乡道，全长4.5千米。2009年，全乡有县、乡公路12千米，通村公路43条、87.2千米。2014年，县、乡公路在境内总长25.1千米；联村、通村公路延伸至部分村民小组或农户，总长194.4千米，硬化率90%。每天有26个班次的客车往返于县城、紫东、中武、复兴厂、蔡家坡、公安等地；有3个班次澧县至湖北省公安县长途客车，日客流量达800余人次。

邮政通信

1960年，成立涔南邮电所。1996年，全乡开通程控电话，装机容量300门。1998年，成立涔南电信所，发展固定电话、移动电话，总用户数1500余户。1999年后，邮政、电信再次分设，电话总用户达到2000余户。2014年，境内有电信所1家，家庭固定电话2500部，宽带用户980户。有电信、移动、联通铁塔18处，移动电话18000余部。

水利建设

堤防 从1953年开始，连续5年开展锥探工作，共锥探堤长9792米，根除隐患170多处。1975年，进行澧阳大垸冬修大会战，加修何家湾至龚家湾4千米堤段。2001年起，利用洞庭湖综合治理机遇，先后加高培厚大堤12.5千米，完成土方100多万立方米。2014年，对6.8千米涔水大堤实施六方块护坡加高培厚，堤身灌浆，改造两处外河涵闸，翻修一处外河涵闸。

机埠 1958年，修建胜利湾机埠，为境内第一处抗旱、排渍两用机埠。1979年，修建上河口排灌站，将内燃机埠改造成电动机埠，有电机3台115千瓦。20世纪80年代，修建紫南岗排灌机埠，装机2台150千瓦。90年代初，修建段碧溶抗旱机埠，装机2台230千瓦；修建六方台排渍机埠，装机8台920千瓦。2006年，对胜利湾机埠进行翻修改造，对紫南岗、段碧溶机埠进行维修。2008年，对上河机埠进行升级扩容改造，建成6台110千瓦机埠。

渠道 20世纪70年代，实施田园化改造，基本形成干、支、斗三级渠系，干渠东西向，支、斗渠南北向，有主渠道28条，长138千米。2012—2014年，运用国家农业综合开发项目对全乡干、支、斗渠进行清淤护砌。

供电饮水

供电 1982年，成立涔南电力管理站。1983年，完成农村电网改造工程。2010年，进行第二次电网改造。2013年，全乡新增10千伏高压输电线路5.3千米，0.4千伏输电线路18千米，新增变压器9台，更换3台。2014年，全乡拥有高压输电线路69千米，低压输电线路201千米，变压器61台2843千伏安，电力用户5586户，总供电量830万千瓦时。

饮水 2007年，建成曾家河自来水厂，日供水1200立方米，供应曾家河集镇及附近村民的饮用水，24000人受益。2014年，国家投资450万元，群众自筹848万元，在全乡实施农村安全饮水工程，在16个村（居）全面铺设自来水管网，

东田渔村

总入户6057户日供水4000立方米，2.1万人受益，全乡安全饮水覆盖率80%以上。

集镇建设

1974年，涔南公社征用土地0.8平方千米，建设供销社、农机站、二轻机械厂、粮店、电影院、综合楼等，建筑面积15万平方米，临街门面45个。主街道沿老G207国道两侧建成。至20世纪90年代，基本形成集镇。1997年，修建曾家河农贸大市场，设有10个门面和30个摊位。2014年，曾家河集镇总面积1.3平方千米，建筑面积26万平方米，街道总长1000米。是年，全乡有380户村民建沼气池、改灶、改厕。16个村（居）建垃圾池187个，化粪池320个。组织专人清扫村民聚居点和主要道路，在集镇建垃圾焚烧池，处理集镇垃圾。

社会事业

教育

1950年9月，成立七里庙小学。1968年，建立涔南公社中学。2001年，涔南乡作为全县首批教育机构改革试点单位，实行中小学合一，涔南乡中学下辖1所初中部，1所中心小学，4所村办完小，3所幼儿园。2014年，全乡有初中1所，小学5所，幼儿园1所，教师130人，在校初中生335人，小学生900人，入园幼儿400人。

文化体育

境内民间文化艺术活动活跃，20世纪50年代相继建有地方花鼓戏团、皮影戏团、民间吹打乐队、舞狮舞龙队等，涌现出黄道常、汪学然、李远朋等优秀民间艺人。80年代，组建涔南乡杂技团和涔南乡文艺宣传队，参加过多次县、市组织的庆典及文艺演出活动，并获得奖励。1985年，在全国民间文学收集整理工作中，涔南乡首编民间文学、民间音乐、民间舞蹈集，获得三等奖。2014年，全乡有各种业余表演团体30多个。

医疗卫生

中华人民共和国成立前，境内有个体诊所数家，著名中医有朱天泽、朱卓夫等。1956年，建立涔南乡卫生所。1958年，乡卫生所改为公社卫生院，有医务人员20人，病床8张，下设19个大队卫生所。1990年，在涔曾居委会设立医疗点，有医务人员2人，病床4张。全乡有村卫生室医生和妇幼保健员20人，个体从业医生19人，个体药店3个。2012年，扩建涔南乡卫生院综合大楼，改善医疗设备和条件，村民“小病不出乡”。2014年，乡内有卫生院1家，村级卫生室16个，病床40张，专业医务、护理人员38人，年诊治患者1.8万人次。

社会保障

中华人民共和国成立后，国家对老弱病残等困难群众给予救助安置。1995年，全乡供养“五保”老人234人，其中40人入住敬老院集中供养。2005年，推行新型农村合作医疗制度。2006年，2.3万人参加“新农合”，参合率90%。是年，启动贫困居民最低生活保障金制度，有645人享受农村最低生活待遇保障，22人享受城镇最低生活保障待遇。2008年，215名老人纳入新型农村社会养老保险体系，发放养老金25.8万元。2014年，全乡234名“五保”人员全部落实供养政策，其中40人入住乡敬老院集中供养。有2.6万人参加农村合作医疗，参合率98.2%；有1.97万人次门诊、住院医疗，得到补偿金987.35万元。有645人享受农村最低生活保障待遇，领取低保资金77.4万元；5600人享受社会养老保险待遇，领取养老金336万元。

特色地情

名优特产

豆瓣酱 民国时期，境内家家户户利用本地辣椒、小麦、蚕豆等原料自制酱品，其中以豆瓣酱最具名气。2001年，涔南乡成立香川味业有限公司，生产“香川”牌豆瓣酱、辣椒酱、麦酱等，其中“香川”牌豆瓣酱在2006年中国湖南（国际）农博会上获金奖和最受欢迎产品奖。

文物古迹

鸡叫城古城址 位于涔南乡复兴村。相传为仙人夜间所筑，至鸡叫而止，故名。今垣壑尚存，城呈圆形，东西长约480米，南北宽约460米，总面积约22万平方米。1997年，于西城墙探沟内发现龙山文化时期陶片，专家认为系屈家岭文化中、晚期，距今4000～5200年。鸡叫城遗址文化内涵丰富，为澧阳平原四大稻作遗址之一。2002年5月19日，湖南省人民政府公布为省级文物保护单位，编号113—7。2013年被国务院公布为第七批全国重点文物保护单位。

丁家岗遗址 位于涔南乡东田堰村，北距鸡叫城古遗址2千米，1975年春被发现。遗址东西长约330米，南北宽约250米，总面积66651平方米。遗址文化层1.2～1.5米，上、中、下分别属龙山、屈家岭、大溪文化地层，距今6000～7000年。清理大溪文化时期葬墓32座，出土泥质褐胎陶、厚胎红陶、彩陶多种。器型为圜底器和圈足器，有盘、盆、钵、釜、碗、杯、瓶等。还清理出陶窖和人的骨架及随葬品玉璜、玉佩等。2002年被公布为省级文物保护单位。2013年被国务院公布为第七批全国重点文物保护单位。

鲁家山遗址 系全国第三次文物普查新发现的文物点，位于涔南乡文家村十组一高出四周1～1.5米的台地上，西南距澧县县城9千米。西北0.8千米处为鸡叫城遗址。遗址分布范围呈椭圆形，全为棉田，东西长约130米，南北宽约85米，总面积约1万平方米。遗址东、南、北三面被宽约10米的鲁家山堰环绕，西部有一宽约25米豁口与外相连。文化层厚约1米，土质松软，距地表深约0.5米，采集有夹砂红陶、泥质灰陶等石家河文化时期的陶片。2013年被湖南省人民政府公布为省级文物保护单位。

（文字供稿：宾梅平，图片供稿：澧县党史办）

大坪乡

区域概况

位置面积

大坪乡位于澧阳平原腹地，县境中西部，东与澧阳街道相连，南与张公庙镇抵界，西与临澧合口镇和九里乡接壤，北与大堰垱镇和车溪乡为邻。乡人民政府驻周家坡，距县人民政府驻地 10 千米。

2014 年，大坪乡总面积 35.52 平方千米，有耕地 29197.6 亩，水域 13239.7 亩。

建置沿革

民国时期，分属大新乡和汉景乡。1949 年 7 月澧县解放后，沿袭旧制。1950 年 5 月，废除旧的乡、保、甲，全县设 187 乡，乡域置白塘、东岳、花营等乡。1956 年 6 月，并为大坪乡。1958 年 9 月实行人民公社体制，属澧阳公社。1961 年 7 月缩小社队规模，析置大坪公社。1978 年 12 月，从大坪公社划出三合、新龙两个大队归临澧县新合公社和九里公社管辖。1984 年 4 月撤销人民公社，建立大坪乡。至 2014 年无变化。

行政区划

1995 年，大坪乡辖大兴、大庙、孟坪、中涔、黄堰、东岳、群乐、太平、新生、三湖、花云、大杨、白塘 13 个行政村和玉成居委会，138 个村民小组。2005 年，太平村更名为大平村。至 2014 年，行政区划无变化。

自然环境

乡域地形为西高东低，北高南低，地势略有倾斜。最高点大杨村海拔 50.1 米；最低点中涔村江家洲海拔 38.8 米，最大相对高差 11.3 米。地貌为平原。境内河流有老澹水河。乡域属亚热带向北亚热带过渡的季风气候区，以大陆性气候为主，四季分明。年平均日照时数 1689.7 小时、气温 16.6℃、降雨量 1283.7 毫米。种植作物以水稻、棉花、油菜、蔬菜为主；树木以灌木为主，有白杨树等 20 多种树木。野生动物有 40 多种，黄鼠狼、野兔、刺猬、野鸡、斑鸡、白鹭、八哥等动物为常见。境内矿产资源有石膏、砂卵石、白鳝土，系良好的建筑材料。境内土壤为砂壤土、红黏土，偏碱性，肥力较好。境内属水、旱灾害易发区，1950—2014 年发生自然灾害 18 次，特别严重的有洪灾 2 次、旱灾 6 次，其中 1998 年发生的特大洪灾，造成 5345 户房屋淹没，2 万多亩农田失收，直接经济损失 3.8 亿元。

人口民族

1990 年，全乡有 5795 户 17790 人，其中农

业人口 17152 人。1996 年，全乡 5587 户 20233 人，其中农业人口 19799 人。2013 年，全乡有 6529 户 21463 人，男性 10979 人，女性 10484 人；农业人口 20920 人。2014 年，全乡有 7365 户 21688 人，其中农业人口 20997 人；男性 11006 人，女性 10682 人；土家族 820 人。

经济发展

综述

1995 年，全乡实现工农业总产值 1.13 亿元，其中，工业总产值 7516 万元，农业总产值 3801 万元；财政收入 260 万元，其中农业税收 160 万元。1996 年，全乡农民人均纯收入 1702 元。2002 年，全乡完成工农业总产值 1.78 亿元，其中，农业总产值 12024 万元。2009 年，全乡实现工农业总产值 31580 万元。2014 年，全乡实现工农业总产值 12 亿元，其中工业总产值 11.2 亿元，农业总产值 8000 万元；全乡财政收入 2068 万元，其中预算外收入 700 万元，补助收入 1368 万元；境内金融机构年末存款余额 2.65 亿元，贷款余额 7500 万元；农民人均纯收入 10110 元。

农业

种植业 境内种植业以种植粮食、棉花、油菜等作物为主。1996 年，压粮扩棉，水稻种植面积调减到 1.9 万亩，试种玉米等饲料粮食作物 500 亩。后棉花市场饱和，复又重视粮食生产。2002 年，全乡种植粮食作物 42060 亩，总产 16820 吨；种植油菜 13500 亩，总产 2700 吨。2011 年，全乡落实早稻面积 23628.68 亩，撒播控制在 5000 亩以内。培植 30 亩以上种粮大户 42 户。2012 年，发展 100 亩以上种粮大户 2 户。试种葡萄 330.8 亩。2013 年，继续压棉扩粮，全乡落实粮食种植面积 55000 亩。有种粮大户 7 户，流转土地 1500 多亩。2014 年，全乡推广机械插秧 5000 亩，实现历史新突破。有 100 亩以上种粮大户 5 户。在城头山旅游专线打造观光油菜示范片 1500 亩。

养殖业 1996 年，全乡有各类养殖专业户 881 户，初步建成生猪、大口鲶、特种养殖、灵芝 4 个示范小区。1998 年，农业产值中养殖业产值占到 4 成。2002 年，出栏生猪 23200 头，出笼家禽 48.5 万羽，出水鲜鱼 1374 吨。2011 年，城头山蛋鸡养殖场改造升级，建成园林式生态养殖场，存笼蛋鸡 4 万羽，日产鲜蛋 1.8 吨，年创产值 500 多万元。2012 年，发展南美白对虾养殖水面 200 亩，黄颡鱼养殖水面 80 亩，蛋鸡标准化养殖 4 万羽，蛋鸭 1.5 万羽。生猪自繁自养 1500 头，新增 300 头。2014 年，全乡生猪存栏 1.45 万头，出栏 2.28 万头；牛存栏 350 头，出栏 150 头；羊存栏 2100 只，出栏 2300 只；鸡鸭鹅存栏 25.32 万羽，出笼 35.61 万羽；出水水产品 1250 吨。

林业

1985 年，对境内孙家山 340 亩山地进行垦覆撂壕，植树近 10 万棵。1995 年，进行间伐，至 2000 年左右，砍伐完毕。2009 年，补植绿化树木 9900 多株，新增绿化面积 202 亩。2012 年，三湖村投入近 120 万元，在孙家山新栽种苹果柚 350 亩；其他苗木 60.5 亩。全乡以乡道、村道、沟渠两旁和庭院绿化为主，大力开展植树造林。2014 年，共植树 5 万余株，重点突出省道 S302 线绿化，在公路两旁农户修建花台造绿近 200 户。加强公益林保护力度，共发放公益林补贴资金 14575 元，面积 950 亩。全乡森林覆盖率达到 12%。

工业

20 世纪 50—60 年代，境内有手工业联社、缝纫社、机械厂等集体企业，主要为手工作业。70—80年代，发展社队企业，先后办起化工厂、榨油厂、机砖厂。进入90年代，社队企业（乡村企业）快速发展。1995年，全乡有企业408个，其中工业企业147个，从业人员2167人，年创产值8357万元，创利税500余万元，初步形成以油脂化工、农副产品加工、建筑建材、饮食服务为主的产业格局。2002年，全乡有企业122家，其中，工业企业51家，年创产值1.36亿元，澧县平原油脂股份有限公司、澧县洞庭春米业有限公司、群乐轧花厂等骨干企业产值达1.2亿元。2011年，乡党委、乡政府完成招商引资2200万元，启动建设项目11个，累计投资5630万元，新建澧县红似火页岩砖厂、常德巨源餐饮具集团公司、华丰环保建材有限公司泡沫盒生产线3个工业项目。2014年，新建和续建项目共13个，完成固定资产投资5.2亿元。全乡有工业企业75个，从业人员1123人，实现工业总产值11亿元。

商贸服务业

民国时期，境内有大杨树、三元墩2个集市，经营商品主要有食品、布匹、粮油、土特产品等。中华人民共和国成立后，在乡（公社）驻地曹家铺建供销社、肉食站、粮油店等。1961年，公社驻地迁至周家坡，周家坡遂发展成为境内中心市场。中共十一届三中全会后，商贸服务业快速发展。1985年，周家坡集镇有4家商铺，1家供销社。各村有1～2家小商铺。1990年，集镇商铺增加至8家，新开饭店4家。1995年，集镇商铺增加到20家，各村小商铺增加到40家。2000年，供销社改制后不复存在，集镇商铺包括饭店增加到30家。2014年，集镇小超市、商铺增加到50家，各村商铺100多家，从业者524人。年社会商品销售总额2190万元。

基础设施

交通运输

20世纪60年代前，乡境无公路，仅有曹家铺到县城的马车路，供县马车队给公社供销社运送货物。1975年，开展澧阳平原水利设施和田园化建设，实行路渠合一，沿渠道修路。将紫边公路（S302）县城至大堰垱路段改从国道207线黄桥为起点，经大坪至大堰垱镇，境内长5千米。修建从大坪至张公庙连G207的公路，境内长3千米。该公路与紫边公路大坪至大堰垱路段呈直线连接，统称张（公庙）大（堰垱）公路。80年代，境内省道公路开始铺设柏油。1995年开始对干、支渠道公路进行道路硬化。是年，黄堰村硬化5支、6支公路1.2千米。1998—2000年，大庙村硬化公路3.7千米。2006年，农村道路硬化工程全面展开。2014年，全乡有通村公路15条43.8千米；通组公路95条68.5千米。村村通达到100%，户户通达到70%以上，硬化率90%以上。

邮政通信

20世纪60—70年代，乡（公社）机关、企事业单位及村（大队）配有手摇式电话机。80年代初，每村有一部数字电话，邮件及报刊由县邮局派员工送达。1995年，建移动通信站1处，移动电话开始推广，全乡用户达到100户。2000年，移动电话用户1000多户，新增邮政代办点1处，主要是收发信函、包裹、报刊。2014年，全乡有家庭固定电话用户4100户，移动电话用户10352户，互联网用户1542户。

水利建设

20世纪50年代前，境内农田靠沟港堰塘和天然降水灌溉，生产无保障。1958年，兴建王家厂水库，老南干渠经过乡境，全长12千米。公社组织劳力，修建相应配套的分水灌溉渠道。至1960年，乡域绝大部分农田可以自流灌溉。70年代，在境内周家坡设立澧阳平原灌区工程指挥部，开展澧阳平原水利建设大会战和田园化建设，实行路、林、渠相结合，建设高标准农田。共完成支渠4条21千米，干渠22千米，斗渠48条62千米，移动土方105万立方米。1982年，土地承包到户后，主要进行毛渠配套建设和易旱易涝死角农田改造升级。1990年开始，对部分干、支渠进行砼护砌，以提高灌溉效益，减少水资源浪费。1995—2000年，全乡砼护砌干渠8条20千米，支渠4条21千米，斗渠30条45千米。2001—2009年，干、支、斗渠基本完成砼护砌。其间，组织水利秋冬修大会战，完成土方3万立方米，清淤排灌主渠7条40.9千米。2010—2011年，投入200多万元，整理农田300亩，建机埠1处，挖排灌渠800米。清淤堰塘46口，清淤沟渠30.5千米，硬化沟渠4.2千米。2014年，全乡投入资金159万元，完成渠道清淤扫障43条，总长44千米；沟渠防渗漏护砌13条，总长7.4千米。全乡干、支、斗渠和大部毛渠实现砼护砌。

供电饮水

供电 1980年，境内通电，线路从张公庙接入，电压低，不稳定，还经常停电，不能满足全乡用户需求。1986年，开通大坪专线，增压扩容，到1990年，基本实现全覆盖。2000年撤站并所，电力供应划归张公庙供电所管理，并在境内进行电网改造，基本能保证日常供电。2010年进行第二次网改，境内供电质量大为提高。2014年，全乡拥有高低压输电线路共310千米，配电变压器61台8125千伏安，总供电量1200万千瓦时。

饮水 2007年，澧县水利局黄堰水厂建成，铺设管道238000米，覆盖大坪乡及张公庙镇九堰村和石塘村，受益人口达2.7万人。由于水源采用地下水，铁、锰严重超标。2015年从山门水库引水至黄堰水厂，水质问题彻底解决，全乡居民喝上安全放心的自来水。

集镇建设

1961年，公社驻地迁至玉成周家坡，学校、卫生院、供销社、肉食站、粮站、农技站等单位相继建立，渐成集镇。20世纪70年代修建黄桥至大坪、张公庙至大堰垱公路，两条公路在集镇形成丁字形交汇，当地群众围绕公路两旁建房。1996年，乡政府制定集镇发展规划，并建环镇公路，集镇面积0.4平方千米。2000年后，集镇规模逐步扩大。2012年启动城头山遗址公园建设项目后，配合城头山相关设施建设，集镇建设朝着古文化特色旅游小镇方向发展。2014年，集镇面积扩大至0.6平方千米，总建筑面积12万平方米，街道总长1700米，常住人口1123人。

社会事业

教育

20世纪50年代，境内有莲塘、黄堰2所完小和3所初小。1969年，创办大坪公社中学，大队办小学。1984年，全乡有中学1所，小学16所。1995年，全乡有中学1所、小学9所、农民中专1所，均通过省级达标验收。大坪乡被评为全省教育明星乡。2002年，由香港中银集团捐资300万元建成孟坪中银希望小学。2006—2007年，因生源减少，调整小学布局，全乡只保留1所中学、5所小学，小学由中学统一管理。2014年，全乡有乡办中学1所，在校学生255人；小学5所，在校学生1020人；教职工119人；民办幼儿园1所，在园幼儿297人。适龄儿童入学率100%，初中生毕业率 99.5%。

文化体育

20 世纪 50 年代，常有省、县电影队下乡流动放映电影。60 年代，公社建立电影放映队。80 年代，建立乡文化站。90 年代，兴起业余广场舞、澧州大鼓、民间吹打乐队演出等。至 2014 年，各村建有村级活动中心，配备农家书屋、体育场所。有线电视覆盖全乡，用户 4265 户。广播实现“村村响”。

医疗卫生

1956 年，建立大坪乡中心卫生所，开展防疫治病，有医务人员 6 人。1962 年，在大坪卫生所基础上组成大坪公社卫生院，有医务人员 20 人，下设 4 个分诊所。1964 年，卫生院新修门诊楼及住院部各 1 栋，置病床 8 张，下辖 10 个卫生所。1984 年，公社卫生院改称乡卫生院，有医务人员 25 人，下设 12 个村医疗卫生室。1992 年，医院被评为常德市首批一级甲等综合医院。重建住院部，扩充病床至 36 张。2007 年，重建门诊综合大楼。2013—2014 年，医院投资 200 多万元扩建职工宿舍楼、公卫办，进行院内道路硬化及园林绿化等。2014 年，大坪卫生院有医务人员 32 人，病床 46 张，下辖村级卫生室 12 个，基本解决群众看病难、住院难的问题。

社会保障

中华人民共和国成立后，对老弱病残等困难群众给予救助安置，一般以实物救助为主。2006 年，大庙村建成全乡第一所村级“五保”之家，有 5 名“五保”老人入住养老。2008 年，在大杨村建成乡敬老院。2012 年，新建大兴村和群乐村两个“五保”之家，有 13 人入住养老。2014 年全乡纳入农村低保 596 人，城镇低保 10 人，发放低保资金 67 万元。供养农村“五保”老人 158 人，其中 47 人入住乡敬老院集中供养。8055 人参加“新农保”，参保率 93% 以上。21125 人参加新型农村合作医疗，参合率 98% 以上。

特色地情

名优特产

城头山鸡蛋　城头山蛋鸡养殖场有鸡舍 3000 平方米，笼养蛋鸡 3.5 万羽，日产鲜鸡蛋 1.8 吨以上。养殖场以笼养美国尼克珊瑚粉蛋鸡、海南灰蛋鸡品种为主，兼养农家土鸡、环保绿壳蛋鸡。其饲料全部来源于产自东北的甜玉米，绿色环保，符合国家食品卫生标准。产品远销广东、香港及周边各县，深受广大消费者欢迎。

文化古迹

彭头山遗址　位于大坪乡孟坪村境内，距今 9000 ～ 8300 年（质谱法测得），属长江流域最早的新石器时代文化。考古发现遗迹有地面式、浅地穴式建筑遗迹和以小坑二次葬为主的墓葬。出土遗物中的石器大多为打制石器，既有大型砾石石器，也有黑色细小燧石器，与当地旧石器时代晚期传统区别不大。陶器制造古朴简单，全部为原始贴塑法制成，一般呈红褐色或灰褐色。遗址还发现世界上最早的稻作农业痕迹——稻壳与谷粒，为确立长江中游地区在中国乃至世界稻作农业起源与发展中的历史地位奠定良好基础，已被命名为“彭头山文化”。2001 年被国务院公布为第五批全国重点文物保护单位。

孙家岗遗址　位于大坪乡大杨村三组一处高于四周 1 ～ 1.5 米的台地上，东北距城头山遗址 4 千米，属澧阳平原中西部地带，台地形状不规则，呈东南—西北走向。东西长约 750 米，南北宽约 350 米，总面积 23 万平方米，文化层厚约 1 ～ 2 米。1991 年，湖南省考古研究所对遗址墓葬区进行发

彭头山遗址

掘，发掘面积 400 平方米。共清理 32 座新时期时代晚期墓葬，出土玉器 26 件，种类丰富，制作精美，在同一地区少见。遗址属石家河文化时期早、中期遗存，为研究长江中游新石器时代文化聚落形态、区域类型、文化谱系提供了重要资料。2013 年被国务院公布为第七批国家级重点文物保护单位。

（文字供稿：唐汇艺，图片供稿：澧县党史办）

道河乡>>

区域概况

位置面积

道河乡位于县境南端，因道水穿过腹地而得名。东与津市灵泉乡接壤，西南与临澧县杨板乡为邻，北与澧南镇毗连。乡人民政府驻天子山居委会瑶湾，距县人民政府驻地15千米。

2014年，道河乡总面积67.6平方千米，有耕地23095亩，其中水田22711亩；有山地32170亩；水域8100亩。

建置沿革

明代分属澧州昇进一、昇进二2里。清代分属昇进一、昇进二和礼块3里。民国2年（1913）1月设白马等团，民国23年5月分属鹿山、大岩2乡，民国29年7月设立道溪乡。中华人民共和国成立初期，仍称道溪乡。1950年5月，废除旧制，设团结、鹿山等乡。1952年8月，设大岩、钦山、长木、英溪、仙公等乡。1956年6月，并为道河乡。1958年9月，道河与澧南两乡合并成立红旗人民公社。1959年3月，红旗公社更名为澧南公社。1961年7月，澧南公社析为澧南、道河2个公社，乡域属道河公社。1984年4月，撤销人民公社，复名道河乡。至2014年无变化。

行政区划

1984年，道河乡辖大岩、青山、新桥、长木、分水、新建、高堰、廖坪、英溪、白马、仙公、毛坪、金鸭、虎山、鹿山15个行政村和天子山居委会。2005年，张家滩村（原鹿山村）划归澧南镇管辖。2011年，大岩村并入天子山居委会。2014年，全乡辖青山、新桥、长木、分水、新建、高堰、廖坪、英溪、白马、仙公、毛坪、金鸭、虎山13个行政村和天子山居委会，共166个村民小组。

自然环境

道河乡境内山丘平湖地形俱全，地势略显西高东低，海拔35～150米，最高点青山海拔154米，最低点彭平垸海拔33米。道水发源于慈利五雷山，自毛坪村南入境，由南向北，流经9个村居，境内长19.2千米。乡域属中亚热带湿润季风气候向北亚热带湿润季风气候过渡的地带，以大陆性气候为主，气候温暖，四季分明，热量充足，雨量丰沛。年平均日照时数1689.7小时，年平均气温16.6℃，年平均降雨1283毫米。树木有马尾松、杉树、柑橘等30多个品种。野生动物有野猪、野鸡、斑鸠、白鹭、黄鼠狼、野兔、刺猬、蛇等20多种。境内土壤为沙壤土、红黏土，偏碱性，肥力较好。乡域属水、旱灾害易发区，主要自然灾害有旱涝、风灾、低温、霜冻、雷击等，1862—2014年，共发生自然灾害28次，特别严重的洪灾4次，旱灾6次。1998年特大洪灾，全乡6个垸均受灾，倒塌房屋5600间，受灾面积12744亩，所有农作物失收，直接经济损失1.53亿元。

人口民族

1995年，道河乡有4834户16259人。2008年，全乡有5241户14816人，其中男性7570人；农业人口14358人。2014年，全乡有5175户14647人，其中男性7471人；农业人口14213人；人口出生率11.8‰；少数民族71人，其中土家族37人、苗族15人、侗族6人、壮族4人、黎族2人，回族、瑶族、白族、布依族、朝鲜族、傣族、仡佬族各1人。

经济发展

综述

1995年，全乡实现工农业总产值5133万元，其中农业总产值2451万元，工业总产值2682万元。1996年，农民人均纯收入1750元。1998年，乡财政收入317.38万元。2002年，乡村集体企业实行改制，民营经济得以发展。2006年，由于缺少乡村企业，全乡完成工农业总产值仅2788万元，其中乡办企业收入22万元，村级集体无任何收入来源，农业收入2104万元，农民家庭经营收入2766万元。2007年，全年完成工农业总产值7558万元，农村经济总收入3392万元。2013年，乡党委、政府积极招商，引进康哲畜牧有限公司、四季青苗木花卉基地2个投资1亿元以上的大型项目。2014年，全乡完成工农业总产值1.01亿元，农民家庭收入9100万元；财政收入1125万元；乡信用社年末存款余额7263万元，贷款余额812万元。

农业

种植业 境内种植作物以水稻、棉花、油菜、油茶、蔬菜为主。20世纪60年代，水稻单季改双季。70年代，改善水利条件，扩大种植面积。80年代，实行家庭联产承包责任制，农民种粮积极性空前高涨。1995年，种植双季稻20000亩，总产稻谷11000吨。栽种红薯500亩，蔬菜1000亩。2002年，乡党委、乡政府引导农户种植葡萄，全乡种植500亩。2006年，国家取消农业税，农民负担减轻。2010年，为保障国家粮食安全，提出压单扩双，禁止抛荒，推广栽种优质稻籼晚籼13号。2014年，全乡种植粮食22000亩，总产13000吨；葡萄2500亩，花卉220亩，油橄榄400亩。

养殖业 1995年，全镇养殖生猪15070头，出栏10500头；养牛605头；养禽51000羽；出水鲜鱼60吨。1998年，成立土鸡养殖小区合作社，推动养殖业快速、健康发展。2014年，成立泥鳅养殖合作社、芦花鸡养殖合作社。全乡养殖生猪20840头，其中出栏18000头；养家禽452000羽；养牛800头；养羊16500只；出水鲜鱼130吨。

林业

1958年烧炭大炼钢铁，毁林严重。20世纪70年代，公社、大队兴办林场。1975年，省工作队办林场16个，公社办杉林场1个、茶场1个。1981年，山林权属划定到户后，林业生态显著好转。1995年，乡内有林地32105亩，占山地面积的81.4%，森林覆盖率为32.8%。1996年起，乡党委、乡政府发动群众开展封山育林、丘岗开发、植树造林、残林改造，退耕还林2620亩，建小水果生产基地720亩、油茶基地300亩。2009年，引进深圳四季青有限公司和常德六和园艺种植有限公司，两公司占地1500亩，发展苗木经济，年产值1200万元。2014年，全乡有山林3.6万亩，其中油茶林1.3万亩，森林覆盖率为35.8%。

工业

民国时期，境内大岩厂有豆腐作坊10余家，制作的千张畅销津澧一带。中华人民共和国成立后，部分作坊合并，到20世纪70年代存6家。1973年建成道河知青茶厂。1984年，筹资100余万元兴建澧县第一家豆笋厂，后陆续建成油厂、大米加工厂、豆制品厂。1995年，全乡有乡办企业6家，村办集体企业18家，个体和联户企业29家，完成总产值1850万元，实现利税17万元。1996年，乡政府积极筹措资金复活老企业，乡办工业企业12家，个体经营户335家，从业人员2123人，年产值4965万元。其中道河机制砖瓦厂年创产值300万元，实现利税70万元。2002年，乡村集体企业实行改制，民营经济得以发展。青山砖厂、道河豆制品厂成为骨干企业。2007年，大岩厂豆制品厂获得国家QS认证，获“常德市农副产品加工龙头企业”称号。2014年，全乡有各类企业68家，完成工业总产值9500万元。

商贸服务业

清末，境内大岩厂已形成墟场，农户在此销售农副产品。民国时期，大岩厂成为县内著名千张产销地。20世纪50年代，大岩厂成为乡（公社）驻地，建有供销社、肉食站、粮油店等，成为境内中心市场；村（大队）开设有集体商业零售店或代销店。中共十一届三中全会后，个体商贸服务业得到发展，农村市场日益活跃。1995年，乡内有1个集贸市场，21家个体商铺。随着商业流通体制改革的深入和小城镇发展的需要，乡党委、乡政府筹资进行集镇基础设施建设，鼓励农民经商，推动商贸服务业快速发展，2010年建成大岩厂、新桥2个集贸市场。每月逢1日、逢6日为赶集日，赶集者1000余人。2014年，全乡有各类商铺60多家，个体工商业130人，社会商品零售总额3亿元，其中集市商品成交额1600多万元。

基础设施

交通运输

水路 境内有1条道水主航道，航道从沔泗洼起至张家滩，全长19.2千米，可常年航行30吨以下的木帆船和机帆船，沿途设有6处渡口。20世纪70年代，航道萎缩，仅有从大岩厂始发至津市的客运机帆船。到1996年，机帆船终止航行。在汛期，航道偶有机驳船运输黄砂、水泥、块石等货物。1998年，移民建镇后，随着陆路交通迅速发展，水路交通全部终止，渡口仅存毛坪垸沔泗洼渡口，日渡客50人次。

陆路 乡内有4条主公路：经澧南镇通往县城公路，境内长3千米，修建于20世纪70年代；经张公庙镇通往县城公路，境内长5.8千米；经灵泉镇通往津市公路，境内长3.9千米；经杨板乡通往临澧公路，境内长5.3千米，修建于2006年。2014年，全乡完成公路建设里程87.3千米，其中县道9.6千米，乡道10.7千米，村道67千米。道路硬化率100%。

邮政电信

2014年，境内有1家邮政所，3家快递公司，移动通信站、电信通信站各1家，全乡有固定电话1000部，移动电话9000多部，宽带网用户700余户。

水利建设

流经乡域的道水系澧水一级支流，发源于慈利县五雷山，全长101千米，流域面积1364平方千米。其在道河境内长19.2千米，左右两岸共有6个堤垸，习惯上称“道河六垸”，防洪大堤长21千米，保护耕地近15000多亩。其中磨子坪垸为蓄洪垸，彭坪垸、廖坪垸、英溪垸、白马垸、毛坪垸为一般堤垸，俱位于道水尾闾冲积平原。道河六垸兴建年代各异，磨子坪垸和彭坪垸兴建于清朝道光年间，廖坪垸、英溪垸、白马垸、毛坪垸兴建于20世纪60年代，均受过多次洪水袭击，出现过整体漫溃。中华人民共和国成立后，为治理道河水患，乡域历届党委、政府进行过堵口复堤和堤防加固，规划设计过“五垸合一”和“三垸合一”的工程方案。2010年起，抓住“十二五”期间国家大兴水利的机遇，争取国家投资，提高道河六垸的整体防洪标准和防洪能力，年内实施国家中小流域综合治理项目，投资1200万元，对彭坪垸、廖坪垸堤防进行加高培厚。2011—2013年，实施蓄洪垸堤防加固工程项目，投资5000万元，对磨子坪垸堤防实施填塘固基、加高培厚、堤岸护坡和穿堤建筑物的改造。

道河乡山区有小（二）型水库12座，总库容240万立方米，有效灌溉面积6500多亩。水库大多建于50—70年代，病险严重。“十二五”期间，争取国家水库除险加固项目，投资1000万元进行除险加固，确保水库安全。至2014年，全乡建成排灌机埠10座，其中排渍机埠2座，提灌机埠8座，装机容量6760千瓦。

供电饮水

供电 1970年，建成六山窑嘴、乌鸦2个电力机埠，由澧南电网供电，境内始通电。1984年成立道河乡电管站，全乡架设高压线路32千米，低压线路78千米，基本解决农村居民用电。由于线路长，负荷重，供电质量较差。1994年，改由乔家河变电站供电后，用电质量明显提高。1998年大水过后，重建电力，供电线路得到优化。2000年，国家实施农网改造工程，新架设10千伏高压线路15.4千米，0.4千伏线路18千米，新增变压器16台。“十二五”期间，新一轮的国家农网改造启动，全乡有7个村率先完成农网升级改造。2014年，全乡拥有输电线路282.9千米（其中高压线路48.7千米，低压线路234.2千米），配电变压器49台7855千伏安，总供电量988万千瓦时。

饮水 1998年，由国家投资修建冷家峪水厂，建有1座200立方米的高位蓄水池，铺设主管道3.6千米，支管道4.8千米，日供水500立方米。2008年，国家再次投资100万元进行扩容提质，重点解决道河中学的饮水问题。2014年，兴建彭山水厂，设计规模为日供水1000立方米，水厂建在澧水南岸张公庙镇华诚山庄山顶，供应张公庙镇彭山村和道河乡青山村等5个村10000人口的安全饮用水。是年，兴建仙公水厂，水厂建在仙公村康哲畜牧有限公司内，日供水能力600立方米，主管网铺设4.5千米，支管网铺设65千米，覆盖金鸭等5个村，7000人受益。

镇村建设

民国时期，境内形成大岩厂集镇。1989年，大岩厂集镇建成面积0.3平方千米，有主街道1条。1998年发生特大洪灾，集镇街道90%房屋及基础设施被淹。灾后重建，集镇居民迁移至瑶湾，形成瑶湾新村，新建商户门面百余家。2013年修建道水大桥。新集镇水、电、路、下水道及绿化、亮化工程配套。2014年，修建1个垃圾场、1个大型焚烧池，4个村（居）建立85个垃圾围、350座焚烧炉、1000个沤肥池，安排专人打扫村级主干道。全乡14个村（居）均建有活动场所。

社会事业

教育

1958年，在雁门山麓创办道河农中，1969

年3月改为道河中学。1970年，道河中学设高中班。2014年，全乡有中学1所，小学3所，在职专任教师66人，在校中小学生603人。有幼儿园4所，在园幼儿160人。

文化体育

2006年，成立道河乡诗词、散文、书画协会，拥有会员20多人。2011年，成立道河乡综合文化站。2013年，实行"村村响"工程，建起智能广播系统，安装广播210个。2014年，全乡有群众业余剧团5个，广场舞队伍10支，老年诗词协会1个，唢呐艺术协会1个，文学、音乐、诗词、美术、书画、唢呐等文学艺术爱好者60余人。有农家书屋14个，藏书（刊）5.6万册，各类体育活动场所4个。

医疗卫生

1961年，在老打岩厂街道成立道河公社卫生院，租用6间门面作为门诊、住院部。1973年迁至山边。1984年改为道河乡卫生院。1998年洪灾后重建，迁址至瑶湾新村，2000年建成，建有4层门诊楼、2层住院楼，设置床位20张。2014年，境内有1家卫生院，14家村级卫生室，专业医务、护理人员22人，个体医生1人，个体药店1个。

社会保障

中华人民共和国成立后，鳏寡孤独老人的生活，主要依靠集体和群众解决，县政府辅以适当救济。1956年，对鳏寡孤独老人实行保吃、保住、保穿、保医、保葬的"五保"供养制度。1958年，"五保"对象的生活由集体承担。1962年起，对每位"五保"对象年供给粮食290公斤。1980年，在新建大队进行扶贫试点，确定扶持对象8户47人，投放扶贫款2150元。至翌年底，8户扶贫对象全部脱贫。1983年，农村实行联产承包责任制后，"五保"费用由生产队统筹，大队平衡。1987年，"五保"对象的生活费由乡村统筹，村组分散供养。

道河千张

1999年，道河乡敬老院建成，集中供养“五保”对象36名。2003年7月，全乡6个堤垸全部漫溃，受灾人口1.4万人，发放救灾大米120万斤。2007年启动城乡居民最低生活保障制度，有192人享受农村最低生活保障待遇，35人享受城镇最低生活保障待遇。2014年，全乡108名“五保”对象落实供养政策，其中40人入住乡敬老院集中供养。有585人享受农村最低生活保障待遇，领取低保资金65.6万元。13500人参加农村合作医疗，参合率91.5％。3240人享受农村社会养老保险待遇，领取养老金280万元。

特色地情

名优特产

道河千张 道河千张质地细嫩、页片薄、筋丝好、口感佳。稍稍风晾一下，则雪白中透着微黄，极易存放。中央电视台称道河千张“白如银、薄如纸、柔如绸”。道河千张的制作需经过浸豆、磨浆、煮浆、杀卤、滤浆、点浆、浇制7道工序。道河千张每公斤可以做到20多张。奇特的是，同样的师傅同样的做法，只有取用牛头山至茄子山长2.5千米地段的道水方能制出地道的道河千张。因此道河千张又被称为“三湘一绝”。

风景名胜

钦山寺 位于道河乡青山村，由唐代高僧文邃始建，初名乾明寺。清康熙二十一年（1682），更名钦山寺，至嘉庆年间（1796—1820）进入香火鼎旺时期。公元607年，日本僧人到寺修习佛法。公元653年，高僧鉴真东渡日本，随行僧众中即有乾明寺僧人，因此日本佛教曹洞宗尊文邃为其始祖。1983—1984年，日本佛教参观团曾4次到该寺寻根访祖。寺院内古树参天，其中有1棵罗汉松，树龄1000年以上，挺拔苍劲。寺侧有水井、月亮池，寺后有众僧墓数百，寺外群山环抱，形成天然屏障。

（文字供稿：关林炎，图片供稿：澧县党史办）

九垸乡

区域概况

位置面积

九垸乡地处澧县东南部，东隔松滋河西支与官垸乡相望，南濒澧水与七里湖农场毗连，西临澧水与嘉山良种繁殖场为邻，北与小渡口镇接壤。乡人民政府驻甘家村，距县人民政府驻地32千米。

辖区东西最大距离9千米，南北最大距离12千米，总面积54平方千米，其中陆地37平方千米、水域17平方千米。2014年，全乡有耕地32624亩，其中水田19244亩、旱地13380亩；有林地482亩；养殖水面13298亩。

建置沿革

民国27年（1938），属官垸乡。1950年5

渔舟唱晚

月废除旧制，全县设187乡，境内置九垸、张市窖、土地洲等乡。1956年6月并为九垸乡。1958年9月实行人民公社体制，九垸乡与长兴乡并为红星公社。1959年3月，红星公社更名为官垸公社。1961年7月缩小公社规模，官垸公社析为官垸、九垸2个公社。1984年4月撤销人民公社，九垸公社改为九垸乡。至2014年无变化。

行政区划

1989年，九垸乡辖甘家、云爱、和平、永福、张市窖、康湖、合兴、集中、沙岭、毕陈、收马、土地洲、鲢鱼头、保赋、永和15个行政村及4个渔场。

2005年，保赋、永和2村并为出草坡村，全乡辖14个行政村及4个渔场。至2014年，行政区划无变化。

自然环境

乡域为西洞庭湖冲积平原，地势略显西高东低，北高南低，海拔25～33米。属亚热带湿润季风气候区，四季分明，光照充足。年平均气温16.5℃，年平均日照时数为1770.6小时，年平均降水量1300毫米，无霜期265天。境内分属松滋河、澧水两大水系。松滋河西支自鲢鱼头村入境，河道长10千米；澧水自集中村入境，河道长10千米。两大水系交汇于张市窖村彭家港，经七里湖流入洞庭湖。境内河湖港汊纵横交错。野生禽类、鱼类、菱、藕、野生芹菜、芦苇等资源丰富。林木有杉、樟、杨、椿、棕榈、枫、栗、槐、楠竹等30多种。野生动物有白鹭、猫头鹰、蛇等20多种。境内自然灾害主要有寒潮、暴雨洪涝、干旱、大风、冰雹、冰冻等。1966年3月7日，九垸乡发生历史上最严重的寒潮，一次性连续降温达17.6℃，最低温度-5℃，给农作物造成很大损失。在统计的29年中，九垸洪涝年发生率为38.4%。1980年5—6月，连续10天日降雨量在50毫米以上，5月31日降雨量达232毫米，是历史上日降雨量最大的一天。1978年6月27日至10月12日连旱108天，降雨量仅46.8毫米。

人口民族

1995年，九垸乡有6028户21733人，其中男性11064人；人口出生率8.4‰；汉族21655人，少数民族78人，其中满族56人、回族14人、土家族8人。2014年，全乡有7269户24108人。总人口中，男性12283人，女性11825人；农业人口23566人；汉族24023人，少数民族85人，其中满族61人、回族14人、土家族8人、苗族2人；人口出生率8.71‰，死亡率5.68‰，自然增长率3.03‰。

经济发展

综述

九垸乡是一个以农业为主的湖区乡。1988年，全乡进行大规模低产田改造，获省科技进步三等奖。1995年，全乡完成工农业总产值6965万元，其中工业总产值3368万元，农业总产值3597万元。2007年，全乡实现工农业总产值10487万元。2014年，全乡有企业6家，个体经营户720户，新型农业合作社8家。实现工农业总产值2.4亿元，其中工业总产值9200万元，农业总产值1.4亿元；财政收入183万元；九垸信用社年末存款余额3682万元，各项贷款余额2892万元；农民人均纯收入10417元。

农业

种植业 境内种植业以水稻、棉花、油菜为主。2007年，全乡种植水稻11000多亩，其中双季稻2000多亩，总产粮食13982吨；棉花9000

多亩，产皮棉1160吨；蔬菜5700亩。2008年起，推广优质稻、高产棉，提倡压棉扩稻，农业效益有较大提高。2014年，全乡粮食种植面积13700多亩，其中优质稻11280亩，占82.3%，总产粮食23980吨；棉花种植面积减少到7800亩，产皮棉1014吨；种植油菜30000亩，产油菜籽4500吨。

养殖业 九垸乡畜禽及水产养殖业历史悠久。1995年，出栏生猪18340头，出笼家禽24万羽。鲜鱼每亩产量500公斤以上，年创产值1000万元。随后，甲鱼、黄鳝、桂鱼、黑鱼等名优水产落户境内。2007年，全乡产鲜鱼5160吨，出栏生猪37000头、牛668头、羊1210只，家禽出笼13万羽，蛋品产量1150吨。2014年，全乡养殖生猪5.96万头，出栏4.8万头；养家禽27.2万羽。水产养殖成为全乡支柱产业之一，水产品总量达7523吨。鱼珠混养初具规模，面积达3000多亩。全乡实行封洲禁牧，牛、羊养殖数量大为减少。

林业

1995年，全乡有森林面积2824亩，四旁林3.4万株，渠道林2700亩，森林覆盖率12.4%。1996年起，乡党委、乡政府发动群众开展植树造林。至2014年，增加河洲林地482亩。全乡植树造林4.5万株，其中经济林1.8万株，生态林5000株，风景林5000株，果木林7000株。沟渠造林长度达12000米。森林覆盖率为12.5%。

工业

1995年，全乡有乡办企业8家，村办企业13家，个体和联户企业213家，完成总产值2008.7万元。2002年创工业总产值1180万元。2008年，毕博酒厂完成产值1200万元，上缴税金40万元。2010年，兴建云爱单板厂和和平单板厂，主要生产卷板。兴建甘家湾预制件厂和出草坡预制件厂，主要生产预制构件。2014年，全乡有企业6家，完成工业总产值9200万元。

商贸服务业

民国时期，依托水运码头，境内商贸交易活跃，有商业店铺近100家。中华人民共和国成立后，在乡（公社）驻地建供销社、肉食站、粮油店等，乡（公社）驻地成为农村中心市场，村（大队）开设零售店或代销店。中共十一届三中全会后，个体商贸服务业得到发展，农村市场日益活跃。1995年，全乡有甘家湾、观音港、毕陈3个集市，日成交额在5万元以上。2007年，垸内有甘家湾、观音港、毕陈、出草坡4个集市，个体商铺发展到200多家，社会商品零售总额2500多万元。随着商业流通体制改革的深入和小城镇发展的需要，乡党委、政府筹资进行集镇基础设施建设，鼓励农民进集镇经商，推动商贸服务业快速发展。2014年，全乡有各类商铺500多家，个体工商从业者1546人。社会商品零售总额7000多万元，其中集市商品成交额6000多万元。

基础设施

交通运输

1995年，全乡有乡级简易公路19.6千米，村级简易公路3千米。2007年，投资510万元，建成柳儿坝至甘家湾9.6千米水泥路，完成通村水泥路建设14千米。2014年，县、乡公路在境内总长20.94千米；通村简易公路62条，总长185千米。2013年10月，环洞庭湖土地平整综合治理第四期工程落户九垸，全乡整修、拓宽、延伸联村、通村公路33千米，并分期硬化。53条联村、通村公路延伸至部分村民小组和农户家，总长114.7千米，硬化43.2千米，占37.7%。境内有合法渡口6处，客运轮渡12艘，开通甘家湾至邵家嘴、新洲、新堤拐航线，出草坡至官垸码头，三不管至七里湖5条短途客运航线，最大日客运量60人次，年客运量9000人次。

水利建设

九垸地势低洼，三面临水。中华人民共和国成立后，历届党委、政府重视水利建设。至20世纪90年代，建成22千米高标准防汛大堤，其中松滋河大堤10千米，澧水大堤12千米。抗旱管3处，电排管5处，电排机埠5处，装机12台，容量2170千瓦。垸内沟渠相通，抗旱可引外河水，排渍可启动外排电动机埠。

1985年被国务院定为蓄洪垸。1999年12月正式破土动工，始建隔堤，堤段长8070米，宽8米，高程43.6～42.1米。垸内宽度5米以上的主渠长70千米，5米以下长90千米。

2013年10月，环洞庭湖土地综合治理项目第四期工程落户九垸，项目总投资6000多万元。2014年7月完工，改善灌溉面积1.1万亩，新增、恢复灌溉面积0.5万亩，新增和改善除涝面积0.2万亩，土壤改良0.1万亩。项目规划道路硬化27.2千米，后增补计划10.3千米，田间辅路铺设道渣114.7千米。硬化沟渠18千米，清淤沟渠90千米，新开挖沟渠20千米。新建、改造机埠142座，修建涵闸400处，新建生产桥、机耕桥90座，人行桥800座。2014年，国家投资1.2亿元，对松滋河、澧水沿线大堤进行加高培厚。

邮政通信

1995年，邮政、电信合并成立九垸电信所，大力发展固定电话。1996年，投资50万元开通200门程控电话。后邮政、电信分设，移动电话进入农村。2002年，全乡开通程控电话2800门。2003年开始建设通信基站，全乡共建有5处，手机用户达到6900户。2014年，境内有邮政所1家，邮政村级代送代办服务点9处。有电信所1家，家庭固定电话1844部，宽带用户863户。有移动、联通铁塔12处，移动电话13000余部。

供电饮水

供电 1996年，乡内有三厢电力供应线路23千米，低压变压器装机容量3200千伏安。2007年，全乡有10千伏输电线路52千米，变压器总台数59台，其中6860千伏安公用变压器41台，2750千伏安专用变压器3台。2014年，全乡用电户数7365户，10千伏输电线路69.65千米，变压器总台数65台，其中6860千伏安公用变压器57台，2750千伏安专用变压器8台。全年总供电量1170万千瓦时。

饮水 2013年以前，九垸乡无自来水厂，村民饮水主要是靠手摇压把井抽取浅层地下水，重金属含量高，影响人民群众身体健康。2013年，投资1300万元，建九垸乡自来水厂，日供水能力3200立方米，铺设管网180千米，供应2.4万人口的安全饮水。全乡安全饮水覆盖率98%。

乡村建设

1984年，九垸乡开始制定乡集镇发展规划。以甘家湾集镇为主商贸街，总占地0.15平方千米，建筑面积约8万平方米，临街门面80个。2014年，集镇基础设施建设基本完善。投资300万元完成集中村等6个村级活动场所以及乡财政所、农科站、畜牧站等站所建设。是年，甘家湾集镇安装路灯30盏，铺设污水管网1200米，栽种红叶石楠等风景树15000米。甘家湾码头、红庙码头、出草坡3个主要集镇的商户增加到557户，从业者5640人。云爱、合兴、出草坡等13个村建有村级活动中心。是年，全乡有430户村民建沼气池，有13个村建垃圾池，并组织专人清扫村民聚居点和主要道路。

社会事业

教育

1995年，全乡有中学1所，小学14所，教师180人，在校学生1400多人。适龄儿童入学率100%，初中生毕业率99.8%。

2011年，全乡有幼儿园10所，小学7所，初中1所，在校学生1793人，教师132人。初中适龄儿童入学率99.5%，九年义务教育覆盖率100%。

2013年，全乡幼儿园合并成3所，每个园有幼儿近200人。2014年，全乡有初中1所，小学3所，农校1所，学前班3个，幼儿园3所。取得二级教师以上职称38人，在校学生900余人。适龄儿童入学率、初中生毕业率均为100%。

文化体育

1995年有乡文化站1个，有文学、音乐、诗词、美术、书法、唢呐等文学艺术爱好者200多人。

2011年有乡文化广播站1个，乡级文化活动中心1处，村级图书室14个。地方特色民间艺术有夯歌、三句半、竹马、舞狮、大鼓等。

2014年，以云爱村为试点，实施全民健身工程，在村里修建篮球场，配置乒乓球桌。并配备完善老年人活动中心，藏书3376册，各类报纸、杂志15份。

医疗卫生

1956年，建立九垸乡卫生院。1958年改为公社卫生院。1969年，实行农村合作医疗制度，各大队建立合作医疗站，公社卫生院为大队培训赤脚医生15名。1995年，九垸乡卫生院有医务人员20余人，病床20张。全乡有村卫生室医生和妇幼保健人员30余人，个体从业医生10余人。2014年，乡卫生院有病床15张，专业卫生人员19人，下辖14个村卫生室。全年完成诊疗9010人次，出院病人96人，病床使用率16%。

社会保障

中华人民共和国成立后，各项民生工作得到发展。2007年建立乡敬老院，集中供养“五保”对象40人。2014年，全乡有32户47名城镇居民享受城镇最低生活保障，发放保障金70260元，年人均1495元；582户644人享受农村居民最低生活保障，发放保障金55.9万元。23468人参加新型农村合作医疗，参合率96%。1.72万人参加新型农村社会养老保险，参保率97%。

特色地情

名优特产

九垸甲鱼 20世纪90年代初期，九垸乡引进甲鱼养殖技术。2008年起，村民围绕打造生态甲鱼品牌，扩大鱼鳖混养规模。2011年，养殖户自发成立甲鱼养殖协会，通过协会带动，甲鱼养殖技术逐渐成熟，形成一套外塘仿生态鱼鳖混养技术。2014年，甲鱼生态养殖面积达2200余亩，年产量500多吨，年产值5000多万元。产品畅销省内及广东、湖北等地。

风景名胜

七里湖芦苇荡 七里湖是澧县最大的芦苇荡，面积约5万亩，由松滋河、澧水常年冲积的沙洲形成，植被为野生芦苇。春天芦苇青青，可以散步踏青摘野菜。夏秋芦苇密密，可以坐船欣赏青纱帐，可以垂钓、采莲蓬、摘菱角。冬天芦花飞舞，可以捉野鸡、打野兔。

（文字供稿：谭平，图片供稿：澧县党史办）

官垸乡

区域概况

位置面积

澧县官垸乡位于县境东南端，地处洞庭湖滨，松滋河中、西支之间，四面环水，独立成垸。东抵安乡县焦圻镇，西接九垸乡，北邻小渡口镇，南连七里湖农场。乡人民政府驻官垸码头居委会，距县人民政府驻地27.2千米。

2005年，官垸乡总面积81平方千米。2014年，有耕地48449亩，其中水田29064亩、旱地19385亩；有林地22000亩；水域15000亩。

建置沿革

民国27年（1938），始建官垸乡。中华人民共和国成立初期，沿袭旧制，仍称官垸乡。1950年5月，废除旧制，全县设187乡，境内置10余乡。1956年6月，官垸、濠口、郭家口、虾子垱、乐府拐、田家口等乡并为长兴乡，余家台、长乐、赵侯、清和、温家等乡并为余家台乡。1958年9月实行人民公社体制，长兴乡与九垸乡并为红星公社，余家台乡改为余家台公社。1959年3月，红星公社更名为官垸公社。1984年4月，撤销人民公社，改称官垸乡和余家台乡。1995年10月撤销余家台乡，其所辖11个行政村并入官垸乡。至2014年无变化。

行政区划

1995年，官垸乡辖五爱、三合、官东、珠玑湖、濠口、赵家、乐府拐、兴田、新发、五星、田家口、新联、虾子垱、双富、郭家口、建武、毛兴、余家、东巴、东福、共兴、蔡家、保福、学堤、清河、东兴26个行政村和官垸码头居委会，共234个村民小组。2005年合村并组后，官垸乡辖余家台、沟围湖、鸟儿洲、常发、幸福桥、七里、仙桃、世发、凤凰9个行政村和官垸码头居委会，共121个村民小组。至2014年，全乡行政区划无变化。

自然环境

官垸乡属洞庭湖和松滋河冲积平原区，松滋河中、西两支自湖北流经乡境入澧水，水网密布，沟港交错，地势平坦。境域属平原滨湖气候，白天易受热增温，夜间降温较快，气温日较差和年较差大，无霜期短。历年平均气温为16.9℃～17.1℃，历年极端最高气温为40.5℃（1972年8月27日），历年极端最低气温为-13.5℃(1977年1月30日)。境内树木成行，郁郁葱葱，以用材林和绿化苗木为主，用材林有杨树、水杉，绿化苗木有红叶石兰、女贞、桂花、银杏、楠树等10多种。野生动物有斑鸠、喜鹊、野鸡、麻雀、野兔、蛇类、刺猬等10多种。土壤系沙质土，肥力较好。1995—2014 年，共发生自然灾害 21 次。1998 年 7 月 25 日，发生特大洪灾，造成百年老垸溃垸，10478 户民房被淹，农作物颗粒无收，经济损失 4 亿多元。

人口民族

1995 年，官垸乡有 10478 户 34216 人，其中男性 18422 人；农业人口 32076 人；人口出生率 4‰；少数民族 19 人，其中土家族 14 人、回族 5 人。1998 年长江流域发大水，蓄洪垸溃垸，人口外迁 15000 人。2014 年，全乡有 5225 户 18765 人，其中男性 10506 人；农业人口 15865 人；人口出生率 7.2‰；总人口中，汉族 18722 人，少数民族 43 人，其中土家族 21 人、壮族 11 人、回族 8 人、白族 2 人，水族 1 人。

经济发展

综述

1995 年，全乡完成工农业总产值 8635 万元，其中工业总产值 2150 万元，农业总产值 6485 万元。1998 年溃垸行洪后，全乡展开灾民安置工作，工农业生产百废待兴，经济发展停滞。乡党委、乡政府采取有效措施，恢复工农业生产，调整农业产业结构，开展生产自救，引进农业加工企业和生产技术。2003 年，全乡实现工农业总产值 2.4 亿元，其中工业总产值 1.4 亿元，农业总产值 9856 万元。2011 年，乡党委、乡政府加大招商引资力度，引进冠元生物科技有限公司等特色企业，扩大中小企业规模，发展特色产业和特色养殖项目。2014 年，全乡实现地区生产总值 8.8 亿元，其中第一产业 1.4 亿元，第二产业 5.7 亿元，第三产业 1.7 亿元；财政收入 980 万元；乡金融机构年末存款余额 1.4 亿元，各项贷款余额 1400 万元；农民人均纯收入 10815 元。

农业

种植业

境内以种植水稻、棉花、油菜作物为主。1995 年，扩大水稻种植面积，种植双季稻 2.5 万亩，稻谷总产 1.6 万吨。利用旱地和高田种植油菜 3.5

蔬菜种植

万亩，总产优质油菜籽4375吨。种植棉花3.5万亩，籽棉总产量1.05万吨。1996年，稻谷总产量2.5万吨，全乡法定面积亩产过吨。2000年起，注重调整种植业结构，种植优质稻1万亩，农业效益有较大提高。2014年，水稻种植面积发展到3万亩，其中种植优质稻2.5万亩，占水稻种植总面积的83.3%。建立双低油菜、优质稻、棉花高产等生产基地3个，涌现出一批种粮大户、绿色蔬菜种植大户。

养殖业

畜禽 1995年，全乡生猪存栏5800头，出栏11000头。1998—2000年，养殖量有所下降。2001年，草食动物发展迅速，存栏羊2500只，牛460头。2003年，成立富润蛋鸡场，养殖规模3万羽，并带动养殖5000～10000羽的蛋鸡场4家。2008年，生猪养殖步伐加快，年出栏10000头以上。2014年，全乡养殖生猪10500头、家禽12万羽、羊4200只、牛310头，有养猪大户4户，存栏生猪3115头。

水产 官垸素称鱼米之乡，水产养殖较为发达，传统养殖以4大家鱼为主。1995年，全乡有养殖水面14200亩，出水鲜鱼700吨，产值1391万元。2008年，官垸乡开始发展特色养殖，有南美白对虾、黄颡鱼、甲鱼、黄鳝、龙虾、泥鳅等10多个品种。2011年，南美白对虾淡水养殖方法获得国家发明专利。2014年，全乡养殖南美白对虾3000亩，亩产450公斤。养殖四大家鱼1.1万亩，鲜鱼产量11000多吨，实现总产值41800万元。

林业

20世纪70年代起，境内重视发展林业。至90年代，林木生长茂盛，道路和庭院绿树成荫。1998年溃垸，林业遭受灭顶之灾。洪灾过后，乡党委、政府重振林业，积极发动群众大力开展植树造林活动。至2014年，累计完成植树造林22000亩。全乡有绿化苗木基地200亩，经济林1000亩，用材林20000亩，活立木总蓄积量60000立方米。森林覆盖率18%。

工业

民国时期，境内有一个较大的棉花加工企业——美棉厂。中华人民共和国成立后，建立棉料加工厂。1955年，成立手联社，开始竹木、铁具的加工。20世纪70年代，兴建1个小型精干麻厂。中共十一届三中全会后，乡村企业迅猛发展。1995年，全乡有各类企业1231家，年产值9500万元。2000年，全乡发展小型个体企业10家，完成工业总产值1200万元，实现利润15万元。2001年后，从外引进工业项目。2002年，湖南冠元生物科技有限公司建成投产，主要生产保健食品，有职工20人。2003年成立湖南娄星棉业有限公司，建起200型棉花扎花厂，2009年扩建成400型扎花企业。2007年澧县大地木业有限责任公司建成投产，产品主要是以欧美杨为原料的胶合板装饰材料，实行生产销售一体经营。2014年，全乡有各类企业13家，完成工业总产值6923万元。

商贸服务业

民国时期，官垸境内老码头集市商业繁荣，商铺密集，经营商品有杂货肉食、百货布匹、粮油食品、手工业品、农具、家具、文具书籍、生产资料等。中华人民共和国成立后，在乡（公社）驻地建供销社、肉食站、粮油站等，乡（公社）驻地成为农村主要市场。各村（大队）开设集体商业零售店或代销店。中共十一届三中全会后，个体商贸服务业发展迅速，农村市场日益活跃，原集体商业零售网点逐渐退出市场。1995年，个体商铺发展到40余家，社会商品零售总额2200多万元。1998年溃垸之后，建起官垸小区街道，街道上各类商铺林立，经营品种齐全。随着商业流通体制改革的深入和小城镇发展的需要，乡党委、政府筹资进行集镇基础设施建设，鼓励农民进集镇经商，推动商贸服务业快速发展。2014年年末，全乡有各类商铺455家，个体工商从业者1052人，社会商品零售总额4700万元，其中集市商品成交额3350万元。

基础设施

交通运输

官垸四面环水，20世纪80年代以前没有公路，出行全靠水路。环官垸水域长60千米，有23处渡口，水运较为繁荣。1985年，修成官垸至毛家岔公路，开通客车，陆路运输开始发展。1998年溃垸后，乡政府筹资400多万元建成两条主要乡级公路。一条是官（垸）凤（凰嘴）公路，全长14千米；一条是毛（家岔）余（家台）公路，全长3千米。2009年，乡级公路开始延长至村，共建成13条简易公路；完成官凤公路、毛余公路硬化。2010年硬化通村公路110千米。2013年，实行木船改钢船，撤销8处渡口。2014年，公路硬化延伸至部分村民小组和农户家，硬化里程增至135千米。每日有16个班次的客车往返于官垸凤凰嘴、澧县、津市、常德市，客流量达200余人。

邮政通信

1959年设立官垸邮政所，开通邮政业务。20世纪70年代建立广播站。80—90年代，境内固定电话、移动电话得到发展。1998年溃垸，邮政通信设施遭到破坏。是年末，开始恢复重建。2014年，全乡建有移动通信基站5座，联通基站4座，手机用户18389人，固定电话入户率98.5%，宽带用户1463户。

水利建设

1959年、1963年，分别在郭家口、鸟儿洲堵口之后，将西洲垸和官垸合并成西官垸，形成今官垸乡格局，有临洪大堤59000米，鸟儿洲至郭家口隔堤5000米，小区围堤4000米。20世纪60—70年代，大力修建涵闸、电排等水利基础设施。80—90年代，国家将官垸乡纳入洞庭湖区一、二期治理，修建罗家湖电排、小区电排和分洪闸。1998年，官垸乡实施平垸行洪，退田还湖，移民建镇，兴建安全小区、共巴台、鸟儿洲台、毛家渡台、濠口台5处居民安置点，总面积55.46万平方米，安置1.9万人。2000年起，国家投资对官垸乡进行蓄洪垸安全建设及堤防加固。2005年11月11日，投资4902万元，修建分洪闸（3孔、分洪流量1500立方米/秒），2008年2月，工程竣工。2014年，全乡有穿堤建筑物20处，其中排水闸3处、进水闸7处、外排机埠9处（装机3720千瓦/24台），分洪闸1处。全乡耕地5.7万多亩，旱涝保收面积3.9万多亩。

供电饮水

供电　1963年前，境内未通电，农户照明使用煤油灯。1964年，兴建珠玑湖、田家口电排站，开始对集镇码头供电。20世纪70年代，供电覆盖境内各个大队，但电压不稳，只能勉强维持照明。1983年，成立乡电力管理站。90年代，国家实施电网改造工程，满足农村日益增长的电力需求。1998年溃垸后，电力设施遭到严重损坏，后整修重建，恢复到灾前供电水平。2014年，全乡有变压器95座，总容量9650千伏安，总供电量155万千瓦时。

饮水　1998年前，境内居民饮用河水、湖水和井水，水质较差。1998年年末，建成官垸乡自来水厂。2000—2003年，先后建成共巴台、鸟儿洲台、官垸小区、兴田台、濠口台5个自来水厂。全乡有地下取水井5个，地表水取水机埠3处。2010年，对自来水厂进行第一次升级改造，水质得到优化。2012年，进行第二次升级改造，增添设施，对鸟儿洲台、濠口台、官垸小区自来水厂使用的地表水采用沉淀、过滤、消毒等方法，水质进一步得到优化，符合国家饮用水的标准。2014年，进行第三次升级改造，主要是改造陈旧的自来水主管网，铺设主管道5.5万米，解决铁锰元素含量过高、杂质多、水压不够等问题，全乡1.8万人吃上安全水，安全饮水覆盖率100%。

乡村建设

1998年，西官垸溃口，国家实施平垸行洪，退田还湖。西官垸是全省平垸行洪、移民建镇的试点，在大量人口进行转移安置的同时，采取建安全区、顺堤安全台的方式对居民进行安置。官垸安全区由省水利厅设计、兴建，总面积2平方千米；顺堤安全台3处；1998年冬动工，2003年完工，国家投资20367万元，完成土方905.8万立方米，修建住房4000多栋，中、小学校5所，自来水厂5座，移动电话基站3座，医院1所，敬老院2所，并配套完善水、电、路等基层设施，安置居民17829人。2005年11月动工新建的分洪闸工程总投资4902万元，于2008年2月竣工投入使用。2014年，官垸安全区集镇基础设施进一步完善，集镇建成区面积4平方千米，常住人口2000人。

社会事业

教育

1956年，创办官垸乡中学。1958年更名为澧县第六初级中学。1969年增设高中部，改称官垸中学。1977年8月高中部停办。中共十一届三中全会后，官垸教育快速发展。1995年，全乡有中学2所、小学20所、幼儿园22所，教职员工241人，在校中小学生4340人，入园幼儿680人。1998–2002年，政府投资800万元，新建共巴、濠口、鸟儿洲3所小学，扩建中学，完成中小学校布局调整。2002年，余家台中学并入官垸乡中学，撤销乡联校，由中学取代乡联校职责。2010年后，对幼儿园进行清理，撤销5所，保留6所。2014年，全乡有中学1所，下辖濠口、鸟儿洲、共巴3所小学，在校学生790名，教职工97名；幼儿园6所，入园幼儿458名。

文化体育

2014年，全乡有农家书屋10个，藏书刊2万多册；有腰鼓队、军鼓队、管乐队等乐团；有文学、音乐、诗词、美术、唢呐等文学艺术爱好者200多人。文学艺术创作、电影下村、演出活动经常，群众文化生活丰富多彩。体育基础设施条件不断完善，集镇新建文化体育广场，篮球、拔河、广场舞等群众喜爱的活动项目经常开展。全乡村村通广播，有线电视用户4528户。

医疗卫生

中华人民共和国成立前，境内有个体诊所数家。1954年成立联合诊所，以中医治疗为主。1959年，设立官垸公社卫生院和余家台公社卫生院，有医务人员23名，以防疫治病为主。1975年，2所卫生院有医务人员60人，开设床位40张，下设33个大队卫生所。1984年后，公社卫生院改为乡卫生院。1998年溃垸，乡卫生院被毁坏。是年底，新建住院大楼，医疗事业逐渐恢复。2014年，投资200多万元，对职工宿舍、业务用房、公共卫生办等进行整修扩建，改善医疗设备和条件。2014年，乡卫生院有医疗点（门诊部）15个，村级卫生室10个，病床20张；有专业医务、护理人员24人。全年接诊门诊病人2000多例，住院病人1200余人次。

社会保障

20世纪80年代，境内“五保”人员生活基本由大队（村）统筹，一般每人每年供应口粮300公斤左右，生活费150元左右。1995年，“五保”人员由乡统一供养，全乡供养“五保”人员180人。2003年，将原西洲水电站房、原六中校舍改建成3所敬老院，集中供养“五保”人员143人。2005年，推行新型农村合作医疗制度。2009年，3610名老人纳入社会养老保险，发放养老金19.86万元。2014年，将3所敬老院升级改造，合并为西洲敬老院和官垸安全小区敬老院，全乡199名“五保”人员全部落实供养政策，其中集中供养127人，分散供养72人。全乡有18450人参加农村合作医疗，参合率100%。有1749人次门诊、1370人住院医疗得到补偿金131.3万元。有453人享受农村最低生活保障待遇，领取低保资金51.74万元。有221人重度残疾人享受每月50元护理补贴。有52人享受城乡困难群众大病医疗救助，发放救助款10.1万元。有3950人享受社会养老保险待遇，领取养老金21.73万元。

特色地情

名优特产

官垸对虾 2008年，湖南澧县福民水产养殖专业合作社引进南美白对虾养殖项目落户官垸乡。2011年，南美白对虾淡水养殖方法获国家发明专利。2012年，注册“官垸对虾”商标，2012年获得国家无公害农产品认证书；2013年，对虾养殖场被农业部评为农业健康养殖示范场；2014年，对虾养殖获常德市科学技术进步一等奖。官垸对虾，因其生长速度快，离水生存时间长，环境适应力强，抗病力强，肉质鲜美，富含高蛋白，备受广大消费者青睐，在国际、国内水产市场畅销。

紫锥菊 属多年生草本植物，别名紫松果菊，又名紫锥花，是一种菊科野生花卉，因头状花絮很像松果而得名。其形状与普通菊花相似，花朵较大，色彩艳丽，外形美观，具有很高的观赏价值和药用价值，用于治疗感冒、咳嗽、上呼吸道感染等疾病。2014年，在余家台、幸福桥、仙桃村等地种植1000多亩紫锥菊，亩均收入5000～8000元，总产值800多万元。

绿色蔬菜 2013年，官垸乡成立澧县富隆蔬菜专业合作社，引导全乡开始绿色蔬菜种植。2014年，全乡有1000亩集中连片的无公害蔬菜基地。生产过程实行自动喷淋和机械耕作的种植模式，并建立50吨的冷库3间，有先进的保鲜气调设备及预冷包装车间，以及净菜加工车间。蔬菜品种丰富，有广式菜心、芥兰、白菜苔、生菜、矮脚奶白、上海青等10多个品种，产品多，质量好，所产蔬菜已打入香港、深圳等沿海市场。

官垸湖藕 又名粉藕，产于湖泊之中。该藕外表为锈红色，拉出的藕丝浓密而绵长。生食甜脆可口，熟食炒不变色，煨炖不浑汤，香味四溢。特别是用莲藕炖排骨汤，味道鲜美，老少皆宜。湖藕还有很高的药用价值，是老幼妇孺、体弱多病者上好的食品和滋补佳珍。

（文字供稿：李世民，图片供稿：澧县党史办）

永丰乡

区域概况

位置面积

永丰乡位于县境东北部，东濒松滋河西支与安乡县焦圻镇相邻，南与小渡口镇接壤，西临涔水与涔澹农场隔河相望，北与如东乡、梦溪镇毗连，属典型的湖区垸乡。乡人民政府驻梅家港居委会，距县人民政府驻地19千米。

2014年，全乡总面积52平方千米。

建置沿革

民国25年（1936），属永镇乡。民国27年，并入枫林乡。中华人民共和国成立初期，沿袭旧制，仍称枫林乡。1950年5月废除旧制，全县设187乡，乡域置永镇、大周、复兴等乡。1956年6月，并为永丰乡。1958年9月实行人民公社体制，属卫星公社。1959年3月，卫星公社更名为如东公社。1961年7月缩小社队规模，由如东公社析置永丰公社。1984年4月撤销人民公社，改为永丰乡。至2014年无变化。

行政区划

1989年，永丰乡下辖梅家港、曾家港、东红、天坪、新河口、永兴、昔阳、复兴、大周、张家湾、牌楼岗、同福、青龙窖、三岭、永镇15个行政村和梅家港居委会。2006年，昔阳村、梅家港村、梅家港居委会合并为梅家港居委会，全乡辖13个行政村和1个居委会，共181个村民小组，至2014年，全乡行政区划无变化。

自然环境

永丰乡属河湖冲积平原区，地势低平，平均海拔32～39米。境内河流湖泊密布，地下水位高，水资源丰富。涔水、松滋河分居西、东，由北向南流动，地面微向洞庭湖湖心倾斜。全境成土母质主要为河湖沉积物。土壤分为水稻土、黄壤土、黑壤土等3个土类，以水稻土为主。境内植被以常绿阔叶林、落叶阔叶林和常绿落叶阔叶混交林为主，其中杨树、楠树、椿树、广玉兰、樟树等树种分布广泛。野生动物主要有白鹭、斑鸠、猫头鹰、喜鹊、狐狸、鸳鸯、刺猬、野兔等。乡域属于亚热带季风湿润性气候，四季分明。年平均气温为16.5℃，年平均降雨量为1100～1300毫米。无霜期265～271天。光照充足，年均日照时数1770.6小时。由于温、光、水时空分布不均，造成灾害天气较为频繁。渍灾是主要灾害，每2年就有一次发生。1949—2014年，发生各种自然灾害近百次。1998年，遭受史上最严重的水灾，乡内积水达2月之久，损失惨重。

人口民族

1995 年，全乡有 6952 户 27476 人。2002 年，全乡有 7752 户 28436 人。2014 年，全乡有 9625 户 29580 人。其中男性 14905 人；农业人口 28991 人；65 岁以上老人 4641 人；人口出生率 8.75‰；自然增长率 2.7‰；少数民族 97 人，其中回族 38 人、土家族 32 人、苗族 10 人、侗族 6 人、瑶族 3 人、壮族 2 人、水族 2 人、朝鲜族 1 人、白族 1 人、仫佬族 1 人、蒙古族 1 人。

经济发展

综述

1995 年，全乡实现工农业总产值 6264.8 万元，其中农业总产值 5636.8 万元。1996 年，围绕“改革、稳定、发展”的总方针，克服宏观经济环境趋紧和自然灾害带来的种种困难，工农业生产总值首次突破亿元大关。2002 年，全乡围绕市场抓农业结构调整，大力发展珍珠、中华长绒蟹、南美白对虾等特色养殖和大红袍生态藕、湘莲等绿色水生蔬菜种植，全乡农业总产值达 5989 万元，工业总产值 2405 万元。2014 年，全乡以美丽乡村建设为重点，积极推进“生态立乡、项目强乡、产业富乡、管理和乡”四大发展战略，经济社会得到全面发展。全乡实现地区生产总值 2.844 亿元，其中第一产业 1.21 亿元，第二产业 0.622 亿元，第三产业 1.012 亿元。农民人均纯收入 10512 元。

农业

种植业　1990 年，被誉为澧县“葡萄大王”的曾家港村民王先荣从四川引进巨峰“腾稔”杂交葡萄品种，率先种植葡萄致富。1995 年，全乡葡萄种植面积达 1000 余亩。是年，全乡粮食产量 16588 吨；皮棉产量 724 吨，居全县之首，获县政府授予的皮棉总产超万担奖；油菜籽产量 2525 吨。2002 年，围绕市场需求抓农业结构调整，新发展苎麻、莲藕种植。2011 年，全乡生产粮食 18305 吨，其中稻谷 14259 吨、小麦 2610 吨、玉米 225 吨，产（籽）棉花 2036 吨，产油料 2770 吨，产蔬菜 2348 吨。2014 年，全乡粮食总产 13091 吨、（籽）棉花 2491 吨、油料 3467 吨、蔬菜 4840 吨；种植葡萄 4511.6 亩、草莓 200 亩、蔬菜 2663 亩。

养殖业　永丰乡境内河网湖泊密布，仅杨家湖、湖坝垱、月亮湖、黑鱼湖 4 湖面积就达 9650 亩，占全乡水面的五分之二，具备发展水产养殖的天然优势。20 世纪 90 年代初，全乡利用低洼地改挖精养鱼池 1000 亩，并成立永丰乡渔业公司，年创产值 1500 万元；开发杨家湖夏洋秋滩，改成精养鱼池 600 余亩；同时狠抓立体开发，利用大、小溪两湖近 700 亩养殖水面，与浙江武义经济开发协作办联营放养珍珠。1995 年，利用松滋河、涔河两堤段饲养草食动物，养羊 700 只、养牛 2600 头、养鹅 30 万羽，年产值 500 万元。2011 年，出栏生猪 34870 头，出售和自宰肉用牛 194 头，出售和自宰羊 7697 只，出笼家禽 55.4 万羽。2012 年，对复兴村月亮湖低洼地进行治理改造，开挖精养鱼池 1000 亩，形成万亩精养水面和 18 千米养殖长廊。2014 年，全乡水产养殖水面 18657 亩，其中月亮湖渔场生态养殖水面 1050 亩、以东红村为示范点的南美白对虾养殖水面 268 亩、泥鳅黄鳝养殖水面 300 多亩、桂花鱼养殖水面 300 亩；养殖生猪 29523 头，家禽 42.8 万羽。

林业

乡域地处平湖区，林地主要集中在以大周村为主的丘陵区。1994 年，全乡大力发展果木林，种植赖李 80 亩、椪柑 60 亩、板栗 70 亩、柑橘 150 亩。2002 年，全乡优质果木林面积达 5000 亩。2014 年，全乡有林地 11805 亩，其中丘陵林地 1800 亩、渠

河堤养羊

道林3965亩、四旁林4000亩、生态公益林2035亩。境内林木品种80%为杨树，其次为广玉兰、樟树、香泡和柑橘等果木林。

工业

20世纪60年代前，境内基本无工业企业，只有为数不多的打米、榨油、轧花等作坊。70—80年代，办过一些社队企业，大多为小规模的农产品加工企业。90年代，个体民营企业异军突起。1995年，全乡乡村企业总产值628万元，办有冷冻厂、渔场、油脂加工厂、林场等乡办企业，有个体私营小型油脂加工厂5家、竹木加工厂4家、砖厂5家、酒厂10家、加油站3家。2002年，永兴棉业、盛源棉业、乡刨花板厂、三岭榨菜厂等个体企业产销两旺，全乡实现工业总产值达2405万元。2014年，乡党委、乡政府引进资金2890万元；是年，全乡有企业56家，完成工业总产值2.25亿元，实现利税4500万元。

商贸服务业

1961年，在公社驻地建供销社、肉食店、粮油店等，驻地成为农村中心市场。1990年，初步形成梅家港、大宗堰、东红3个集贸小市场。2011年，全乡有商业网点104个，社会商品零售总额8000万元；有集贸市场1个，年成交额315万元。2014年，全乡有各类商铺65家，个体工商业者285人。社会商品零售总额达4670万元。

基础设施

交通运输

永丰乡东临松滋河、西临涔水，水上交通是重要的出行方式。20世纪50年代初，境内有周公、梅家港、青龙窖、天坪渡4个渡口。1976年，县道复（兴厂）—柳（耳坝）公路建成通车，经境12千米，境内始有公路。1990年，增设舒家渡口。2005年，增设茅草街渡口、电排渡口。2014年，乡内有7处渡口、8艘渡船，每天渡量在400人左右；有县、乡、村道公路140千米，其中硬化110千米。

邮政通信

20世纪50年代，境内开通手摇式电话，主要用户为乡（公社）机关单位和村（大队）部。1995 年，全乡开通程控电话 210 门。1996 年，开通程控电话 309 门。2002 年，全乡开通程控电话 6280 门，有移动电话 5000 多部。2014 年，有邮政代办点 5 处，电信企业 1 家，服务网点 3 个，电话交换总容量 1 万门，固定电话用户 0.4 万户，移动电话用户 1.3 万户，互联网用户 0.3 万户。韵达、申通、圆通、中通快递公司均在乡设有代办点。

水利建设

境内有松滋河西支河段防洪大堤 9.06 千米，堤顶高程 44.3 ~ 44.5 米，堤面宽 8 ~ 10 米，历史最高水位 42.8 米。涔河河段防洪大堤 8.98 千米，堤顶高程 42.5 ~ 43.1 米，堤面宽 5.6 米，历史最高水位 41.96 米。有大堤临洪建筑物 8 处，其中排水闸 2 处、电排管 3 处、进水闸 3 处。乡境内大小湖泊 5 个，总面积 9278 亩，可调蓄水量 830.2 万立方米。有外排机埠 3 处，装机 13 台共 2405 千瓦；村内抗旱排渍机埠 120 处，负担着永丰乡和如东乡部分村的排涝灌溉任务。2014 年，全乡灌溉沟渠四通八达，其中主排渠 2 条，即青（龙窖）—梅（家港）主渠 11.4 千米，青（龙窖）—同（福）主渠 2.3 千米；支渠 9 条，长 42.12 千米；斗渠 13 条，长 101.55 千米；灌渠 13 条，长 16.8 千米。全乡硬化沟渠 114.9 千米。

供电饮水

供电 1982 年，境内始通电。2000 年，国家投资进行电网改造，提高供电质量。2013 年，大周、永镇、牌楼岗、同福、三岭、东红、曾家港、昔阳 8 个村完成第二轮电网改造。2014 年，全乡拥有输电线路 61.97 千米，变压器 73 台 9280 千伏安，总供电量 1085 万千瓦时。

饮水 2007 年建成大周水厂，2014 年建成青龙窖水厂，2 个水厂共铺设供水管网 35.09 千米，日供水 1300 立方米，覆盖全乡 80% 的人口。

镇村建设

20 世纪 90 年代，境内逐渐形成梅家港、大宗堰、东红 3 个集镇。1995 年，乡党委、乡政府引进外资 150 万元，在梅家港集镇修建 28 套商品房。2011 年，3 个集镇共有商业网点 104 个，从业 371 人。2012 年，投入资金 20 多万元，在 3 个集镇安装路灯 106 盏。2014 年，梅家港集镇面积 1.15 平方千米，进集镇经商办企业的有 266 户 982 人。全乡 14 个村（居）建有村级活动中心。

社会事业

教育

1995 年，全乡有中学 1 所，小学 5 所，教职员工 45 人，在校学生 910 人。1996 年，由大周村人、上海市原副市长裴先白引资 40 万元，村集资 45 万元，建成大周村正大希望小学。2002 年，全乡有小学 8 所，中学 1 所，教师 160 人，在校学生 1420 人。2014 年，乡内有幼儿园 2 所，入园幼儿 460 人，专任教师 12 人；小学 5 所，在校专任教师 45 人，小学适龄儿童入学率 100%；初中 1 所，在校学生 350 人，专任教师 40 人。初中适龄人口入学率、小学升初中率、九年义务教育覆盖率均达 100%。

文化体育

1991 年，对全乡有线广播网进行整改和维修，新架设主线 5 千米，有线广播覆盖率达 95%。1995 年，建成具有 50 瓦发射能力的调频广播发射台。1996 年，开通多路微波电视。2002 年，调频广播辐射全乡，居民彩电拥有率达 92%。2014 年，全乡实施广播“村村响”，智能有线广播覆盖全乡。有线数字电视入户 1856 户，无线数字电视入户 200 户。有农家书屋 14 个，藏书（刊）7 万多册。有群众业余剧团 2 个、中西乐队 2 支、狮龙队 2 支，各类体育运动场所 9 个。

医疗卫生

民国时期，境内有数名中医郎中走方行医。中华人民共和国成立初期，组建 1 家私营联合诊所。1961 年，建立公社卫生院，下设大队卫生所。1984 年，公社卫生院改为乡卫生院。2011 年，全乡有乡村医疗卫生机构 17 个，病床 45 张，完成诊疗 3.56 万人次。2013 年投入 91 万元新建卫生院职工宿舍楼。2014 年，乡内有乡中心卫生院和大周分院 2 所乡级卫生院，医务人员 34 人，病床 78 张。下设村卫生室 15 个，有乡村医生 17 名。

社会保障

中华人民共和国成立后，人民政府对老弱病残等困难群众给予救助安置。1996 年，在张家湾村建成永丰乡敬老院，集中供养“五保”对象 40 人。2011 年，全乡有 67 户 89 人享受城镇居民最低生活保障，727 户 796 人享受农村居民最低生活保障。国家抚恤、补助各类优抚对象 161 人，抚恤事业费支出 54 万元。2014 年，全乡有城镇居民最低生活保障户 48 户 60 人，发放保障金 10.35 万元；农村居民最低生活保障户 813 户 824 人，发放保障金 91.98 万元。28375 人参加新型农村合作医疗，参合率 96%。医疗救助 125 人次。国家抚恤、补助各类优抚对象 258 人，抚恤事业费支出 70.28 万元，社会福利费 32 万元。

特色地情

名优特产

红地球葡萄　永丰乡依托湖区地势平坦、土壤肥沃、日照充足等自然优势，大力发展葡萄。其中，以红地球葡萄驰名县内。红地球葡萄果刷粗长，着生极牢，耐拉力强，不脱粒，便于运输贮藏。果穗紧密呈长圆锥形，果粒圆形或卵圆形，果肉硬脆，味甜，可溶性固形物含量 17%，品质极佳。1990 年 2 月，由曾家港村民王先荣率先在自己的承包地试种。至 1995 年，全乡葡萄种植面积达 1000 余亩。2014 年，全乡葡萄种植总面积达 4511 亩，亩产达 3000 公斤，每亩收益 12000 元左右。

永丰板鸭　永丰乡民素有腌制板鸭作为过冬过年菜肴的传统。永丰板鸭选用农家纯天然散养不喂食工业饲料约 100 日龄的谷鸭，在冬腊月特别是打霜结冰的天气宰杀，用食盐腌制入味，用清水褪去多余盐渍后，再曝晒至表皮呈现金黄冒油为止。板鸭的制作工序简单、自然、健康，最大限度地保持天然谷鸭的自然风味，肉质结实，肥而不腻，瘦而不柴，香味隽永，是城乡居民过年过节餐桌上不可或缺的一道佳肴。

杏鲍菇炖泥鳅　杏鲍菇炖泥鳅是永丰乡一道远近闻名的特色菜肴。它将杏鲍菇的鲜嫩清香与野生泥鳅的滑腻清爽充分融合，肉质鲜香，口感醇厚，汤汁鲜美，且泥鳅素有“水中人参”的称号，营养极丰富，有补中益气，健肾补血功效，是一道兼具味道和营养的佳肴。2005 年被县农博会评为“澧州十大名小吃”。

风景名胜

月亮湖百亩荷塘　永丰乡复兴村月亮湖生态养殖示范场大力发展绿色水生蔬菜种植，每年种植湘莲均在 200 亩以上。夏日来临，各色荷花竞相开放，错落有致，美不胜收，吸引不少游客观赏。

（文字供稿：陈翠英，图片供稿：澧县党史办）

如东乡

区域概况

位置面积

如东乡，位于县境东北部湘鄂两省交界处，属洞庭湖区。东濒松滋河，与安乡县安福乡、焦圻镇隔河相望，南抵永丰乡，西与梦溪镇、双龙乡毗邻，北与湖北省公安县章庄镇接壤。乡人民政府驻如东铺集镇，距县城25.6千米。

2014年，全乡总面积67.7平方千米，有耕地35224亩，其中水田26760亩、旱地8464亩；有山林32300亩、水域13000亩。

建置沿革

民国27年（1938），属枫林乡。中华人民共和国成立初期，沿袭旧制，仍称枫林乡。1950年5月废除旧制，全县设187乡，乡域置如东、牛张、传讯、牌楼等乡。1956年6月，并为如东乡。1958年9月，实行人民公社体制，如东、双龙岗2乡合并成立卫星公社。1959年3月，卫星公社改名为如东公社。1961年7月，缩小公社规模，如东公社析为如东、双龙、永丰3个公社。1984年4月，撤销人民公社，如东公社改为如东乡。至2014年无变化。

行政区划

1989年，如东乡辖邱家、传讯、鲁家、黄虎岗、长福、牛张、杨家垱、新农、广兴、驰马岗、高崇、枫林、建设、裕农、澧安、牌北、牌南17个行政村和如东铺居委会，共199个村民小组。2005年，杨家垱、新农2村合并为杨家垱村，澧安、牌北、牌南3村合并为牌南村。至2014年，全乡辖邱家、传讯、鲁家、黄虎岗、长福、牛张、杨家垱、广兴、驰马岗、高崇、枫林、建设、裕农、牌南14个行政村和如东铺居委会。

自然环境

如东乡地处武陵山余脉向洞庭湖过渡地带，以平原和岗地为其主要地貌特征。地势西北高、东南低。最高点鲁家海拔68米，最低点枫林海拔28米。境内有黄棕壤土、黄壤土、黄沙壤土、沙壤土、沙地五种土壤。黄棕壤土分布在鲁家和高崇两村，黄壤土分布在邱家、传讯、黄虎港、长福、广兴、驰马岗、建设、牌南、杨家垱、枫林、牛张11个村。乡域属中亚热带湿润季风气候向北亚热带湿润季风气候过渡地带，四季分明，适于各种作物生长。野生动物有白鹭、猫头鹰、野兔、蛇等50多种。年平均气温16.7℃，多年年降水量1200～1900毫米，无霜期272天。常年主导风向为东南风，其次为北风。境内水资源丰富，有松滋河、马公湖、杨家湖、水沐堰、雷子堰水库等水域。自然灾害以洪灾、旱灾为主。1980 年水灾淹没农田 15000 亩。1998 年 4 月 23 日，遭遇龙卷风，吹倒房屋 45 间。2003 年旱灾，受灾面积 15000 亩，其中失收 3500 亩。

人口民族

1995 年，如东乡有 6951 户 23032 人，其中非农业人口 1720 人；人口出生率 8‰；自然增长率 6‰。2007 年，全乡有 20954 人。2011 年，全乡有 6048 户 28306 人。2014 年，全乡有 8677 户、26859 人，其中农业人口 25852 人；男性 13690 人；全年出生 306 人，死亡 125 人；总人口中，汉族 26757 人、少数民族 112 人，其中土家族 78 人、藏族 34 人。

经济发展

综述

20 世纪 70—80 年代，大兴农田水利基础设施建设，注重农村经济发展，大力推广农业科技应用，引进高产优质水稻品种和生产技术，乡域经济得到较大提升。1995 年，全乡完成工农业总产值 12077 万元，其中农业产值 4500 万元。1996 年，全乡企业生产总值达 1.2 亿元。2007 年，实现工农业总产值 2.15 亿元。2011 年，全乡实现地区生产总值 2.46 亿元。2014 年，全乡企业总产值 4.5 亿元，农业总收入 3.1 亿元。

农业

种植业　乡内种植业以种植水稻、棉花、油

特色种植

菜为主。1995年，全乡种植水稻23000亩，总产稻谷2万吨；种植棉花7600亩,总产皮棉400吨；种植油菜3.5万亩,总产油菜籽3000吨。2002年，全乡生产稻谷14420吨、棉花310吨、油菜籽2950吨。2010年起，乡党委、乡政府调整种植业结构，在稳定传统产业的基础上，平湖区以种植葡萄、湘莲为主，丘岗区以种植柑橘、花木为主。2012年，新建高崇至驰马岗千亩水稻示范片，成立柑橘合作社和花木合作社。2014年，全乡种植水稻45150亩，总产量22575吨；棉花8100亩，皮棉总产923吨；油菜30600亩，油菜籽总产4070吨；湘莲4000亩。

养殖业 1996年，全乡养殖业产值2686万元，水产养殖面积15000亩，产量1500吨。2002年，全乡养殖生猪2.9万头，水产品产量达2450吨。2012年，全乡养殖生猪2.7万头，培植养猪大户8户；成立兴达太湖鹅养殖专业合作社，鸭鹅养殖6万羽；有养鸭鹅大户13户。2014年，全乡养殖生猪3.8万头、家禽45万羽；养殖水产品13000亩，产量3517吨。

林业

中华人民共和国成立后，实行土地改革，分山林到户。1953年起，山林入社。1956年，山林由社员个人所有转为合作社集体所有。1981年，开展以划定自留山和确定林业生产责任制为主要内容的林业"三定"工作，调动群众植树造林的积极性。2002—2005年，退耕还林412亩。2008年，全面推进林权制度改革，林权确认到户。全乡林权发证面积8400亩，发放林权证368本。2012年，乡党委、乡政府推行万亩果树、3万亩花木工程，发展林果苗木产业。2014年，境内花卉苗木面积达15512亩，创建示范片9个，示范基地24个，全乡种植苗木农户逾2500户。全乡有林面积32300亩，其中经济林7000亩、用材林3000亩，活立木总蓄积量19000立方米，森林覆盖率31.9%。

工业

1996年，全乡有乡办企业12家，企业总产值11675万元。2007年，全乡完成固定资产投资1393万元，占地9.2亩的聚源棉业有限公司建成投产。2011年，全乡实现工业总产值3.78亿元。落实项目建设21个，完成投资10770万元。2014年，全乡实现工业总产值4.5亿元。落实建设项目24个，完成投资36920万元。新建工业企业6家，新增就业人员300人。

商贸服务业

清代，有一名叫郑如东的商人在如东铺经商且享誉湘鄂边界。民国时期，除如东铺外，还有杨家垱、牛张、挖断岗、传讯铺等几个墟场。中华人民共和国建立后,如东铺为乡（公社）机关驻地，集镇上建有供销社、粮店、肉食站等商铺，经营商品有杂货肉食、粮油食品、农具、家具、文具书籍、生产资料等。随着商业流通体制改革的深入和小城镇发展的需要，乡党委、乡政府筹资进行集镇基础设施建设，鼓励农民进集镇经商，推动商贸服务业快速发展。1996年，全镇有个体私营工商户849户,年商品零售额3800万元。2014年，全乡有各类商铺982家，个体工商从业者1242人。

基础设施

交通运输

1969年，修建县道复—柳公路（X012线），公路起于复兴厂，经双龙、如东、永丰、小渡口，止于柳耳坝，全长35.56千米，境内长8.5千米。1975年，建成乡道如东铺至杨家垱公路，全长8.3千米。1976年，金荷至如东铺路段建成通车。

2000年后，加强通村、通组公路建设，形成乡内公路网络。2014年，全乡有县、乡、村道200.4千米，其中硬化143.8千米。

邮政通信

1996年，开通280门程控电话，有用户2750户。2014年，境内有移动通信基站4座、联通基站4座。全乡有固定电话1645部，移动电话12541部，互联网用户351户。

水利建设

松滋河西支由北向南流经乡域，全乡筑有防洪大堤9994米，其中杨家垱隔堤2300米，一线临洪大堤7694米，全面达标，面宽10米，具备抗御100年一遇洪水的能力。20世纪60年代末至70年代初，境内建成以芦荡口机埠为龙头的灌溉抗旱体系。其中芦荡口机埠装机3台265千瓦、艾电机埠装机2台132千瓦、黄虎港机埠装机2台190千瓦，各村亦建立相应的灌溉机埠。2013年，三峡水库后续项目马公湖蓄水补水工程启动，改造建设沿湖机埠8处9台650千瓦。2014年工程竣工，马公湖水域达6000亩，蓄水量1600万立方米，灌溉农田1.8万亩；水沐堰水域800亩，蓄水量120万立方米，灌溉农田0.7万亩；雷子堰水库总库容20.7万立方米；另有湖坝垱、花鱼垱、九房垱、北边湖等水域面积均在200亩以上。堰塘1580口，总蓄水量570万立方米。

供电饮水

1992年，建乡自来水厂。1995年，扩建至日供水能力500立方米，受益人口12000人。2011年，改水打井20多口，更换供水管道15千米，新增安全饮水受誉人口600人。2014年，全乡共有8家自来水厂，安全饮水覆盖至15个村居26000余人，占全乡人口的98%。全乡拥有输电线路515千米，配电变压器72台8670千伏安，总供电量942.73万千瓦时。

镇村建设

1995年，如东乡镇内有农贸市场1个。街道整齐，路灯、标语、广告牌基本规范化。2011年，清垃圾、清污水沟、清路障20处，完成沼气池建设100户，改厕400户，修建垃圾池50个。2014年，全长1.2千米的西环新街水、电、路全面完成；老街道路面及下水管道改造工程全部竣工，对破损路灯进行修复，实现街道亮化；老街道经营秩序、交通秩序、卫生秩序整饬一新。全乡15个村居均建立村级活动中心。

社会事业

教育

1957年，全乡有小学9所，其中完小2所。1969年，创办如东公社中学，大队办小学。1990年，枫林、建设两村集资建成枫林完小。1996年，全乡有乡办中学1所,小学13所,教职员工193人，在校学生3415人。开办农民中专1所。2014年，全乡有中学1所，小学6所，幼儿园8个，教职员工113人，在校学生1524人。

文化体育

2014年，如东乡建有科研站、文化管理站、广播站，有书店、电影院、游艺室等文化娱乐设施；实现广播“村村响”；全乡有体育场3个，农家书屋15个；居民有线电视开始普及。

医疗卫生

民国时期，境内有数名中医郎中走方行医。中华人民共和国成立初期，个体中医郎中组建私营联合诊所。1958年，设立公社卫生院。1984年改为乡卫生院。2011年，乡卫生院进行升级改造，扩建综合大楼，改善医疗条件。2014年，乡卫生院有医务人员24名，病床20张；下设村16

个卫生室，有乡村医生 16 名。

社会保障

中华人民共和国成立后，对老弱病残给予相应的救助安置。1963 年起，由生产队对孤寡老人及无劳动能力的残疾人实行保吃、保穿、保住、保医、保葬（简称“五保”）供养制度。1984 年改乡后，“五保”供养由村负责，费用从村提留列支。2003 年后，改为政府财政列支。2005 年，建成如东乡敬老院，敬老院占地 15 亩，建筑面积 8671 平方米，有床位 40 张。2014 年，全乡有“五保”对象 50 人，其中敬老院集中供养 40 人。

特色地情

名优特产

鲊肉 境内农家喜制鲊肉。用现杀的年猪肉，拌以米粉、盐和其他佐料，装坛腌制，半月后即可开坛煎食。鲊过的猪肉吃上去香脆而不油腻，是如东乡的一道特色美食。制作鲊肉的最佳时机在秋末至春初，秋冬时节，气温较低，不适合细菌生长，鲊肉不易变质。

荞豆皮 荞豆皮为如东乡特色美食。其主要成分是荞麦，将甜荞经筛选、清洗、退壳磨成浆，另加米粉、面粉均匀搅拌后，用锅烤制而成。荞豆皮味道鲜美，食用方法简单，加点青菜煮熟即可，且耐储存。

风景名胜

枫林寺 位于枫林村，地处湘、鄂两省三县交界处。寺前有碧波环绕，后有峻岭耸峙，山清水秀，风景宜人。该寺始建于唐代，后屡毁屡建。

（文字供稿：杨红球，图片供稿：澧县党史办）

双龙乡

区域概况

位置面积

澧县双龙乡位于县境东北边陲。东连如东乡，南接梦溪镇，西邻复兴厂镇，北濒牛浪湖与湖北省公安县章庄镇和郑公镇接壤。境内有双龙岗，乡因地得名。乡人民政府驻顺林桥，距县人民政府驻地24.8千米。

2014年，双龙乡总面积60平方千米，有耕地34773亩，其中水田28613亩、旱地6160亩；有园地3901亩、山林8912亩、水域23263亩。

建置沿革

民国末年，乡域属澧县荆南乡，乡政府设顺林驿。中华人民共和国成立初期，沿用荆南乡。1950年5月，废除旧的乡、保、甲，全县设187乡，乡域置双龙、杉林、界湖、顺林桥等乡。1956年6月，并为双龙岗乡。1958年9月，实行人民公社体制，双龙岗、如东2乡合并成立卫星公社。1959年3月，卫星公社更名为如东公社。1961年7月，缩小公社规模，如东公社析为双龙、如东、永丰3个公社。1984年4月，撤销人民公社，双龙公社改为双龙乡。至2014年无变化。

行政区划

1989年，双龙乡辖三台、双岗、天华、、澧洲、顺林、枫祥、古塘、曾家、杉林、金荷、花庙、万胜、双兴、双台、界湖15个行政村和顺林桥居委会。

2005年，三台村与双岗村合并为三联村，天华村与澧洲村合并为天华村，顺林村与顺林桥居委会合并为顺林桥居委会。

至2014年，双龙乡辖枫祥、古塘、曾家、杉林、金荷、花庙、万胜、双兴、三联、双台、天华、界湖12个行政村和顺林桥居委会，共有141个村民小组，11个居民小组。

自然环境

乡域为低山丘陵区，丘岗连绵起伏。杉林村杉林铺海拔83.33米，为境内最高点。牛浪湖水面2万亩，横跨湘鄂两省，南部水域属双龙乡人民政府管辖，北部水域属湖北省公安县水产局管辖。乡域属亚热带季风湿润气候区，四季分明。年平均气温在16.5℃，年平均降雨1260毫米。境内用材林有松、杉、樟、槐等10多个主要品种，经济林以橘、柚、橙、桃、李、栗为主；土壤多为微酸性黄壤，适合栽培柑橘。野生动物有狐狸、野兔、锦鸡、喜鹊等。自然灾害以水旱灾害为主，秋旱连冬旱常有发生，夏秋季节牛奶湖汛期常淹没天华、界湖、双台、双兴、三联等村低洼田地。

2008年全乡范围发生百年不遇特大冰灾，时长达一个月之久，各类越冬作物严重受损，柑橘树冻死、冻伤50%左右，经济损失8000万元。

人口民族

1995年，全乡15949人，其中男性8272人、女性7677人。2000年，全乡14676人，其中男性7484人、女性7192人。2004年，从石门皂市水库移入土家族120人。2010年，全乡15100人，其中男性7776人、女性7324人。2014年，全乡17038人，其中男性8860人、女性8178人；汉族16914人，土家族124人。

经济发展

综述

1995年，全乡完成工农业总产值1亿元，其中农业总产值6500万元，工业总产值3500万元。2000年，实现工农业总产值1.5亿元。2013年，实现国民生产总值3.2亿元。2014年，完成国民生产总值3.5亿元，其中农业9000万元，工业及商贸服务业2.6亿元；农民人均纯收入12000元。

农业

种植业 境内以种植粮食、棉花、油菜为主，多年粮食复种面积在4万亩以上。1983年，实行家庭联产承包责任制，农民种田积极性高涨，普遍推行稻稻油和稻稻麦一年三熟栽培模式，粮食种植面积达到4.5万亩，总产3.1万吨；油菜1.5万亩，总产2000吨；棉花0.7万亩，总产850吨。20世纪80—90年代，发展柑橘、西瓜等高效经济作物。1995年，推广瓜稻油三熟栽培模式，种植西瓜1万亩，总产2.5万吨，西瓜成为全乡支柱产业；粮食复种面积3.3万亩，总产3.2万吨；油菜2万亩，总产2800吨；棉花0.6万亩，总产700吨。2014年，粮食种植面积4.16万亩，总产1.5万吨；油菜2.16万亩，总产3000吨，棉花1万亩，

西瓜种植

总产1140吨；西瓜3000亩，总产1.5万吨；柑橘2万亩，总产3万吨。

养殖业 中共十一届三中全会以后，农村生产力得到解放，广大农民生产热情高涨，养殖业得到迅速发展。1985年，全乡向国家交售商品猪4.3万头，饲养家禽30万羽。进入20世纪90年代，农村劳动力向沿海发达地区转移，家庭养殖萎缩。乡政府审时度势，大力发展规模养殖，建成双龙石化养殖场，养殖生猪万头以上；建成7个500头以上规模养猪场。1995年开始，依托牛浪湖天然水域，发展中华绒螯蟹特色养殖，年产中华绒螯蟹500吨以上。1995—2014年，全乡出栏生猪稳定在4万头以上，养殖家禽40万羽以上。2014年，全乡出水鲜鱼8000吨，其中牛浪湖5000吨、徐家湖2000吨、全乡散养水面1000吨。

林业

境内林业曾经历1958年的砍树炼钢和20世纪70年代的毁林开荒两个低谷期。1958年，2万多亩以马尾松为主的用材林被砍作炼钢燃料。1974—1976年，近2万亩缓坡丘岗开垦成旱地，种上玉米、高粱等旱粮作物。进入80年代，依靠国家扶持，完成退耕还林2000多亩，鼓励农民开发丘岗2万亩，森林植被逐步恢复。2014年，全乡有经济林2万亩、生态林0.8万亩、血防林0.1万亩、公路林100公里，森林覆盖率37%。

工业

民国时期，境内有少量的手工作坊，以酿酒、缝纫、打铁、碾米、轧面、弹花为主。中华人民共和国成立后，县二轻工业局在双龙开设二轻农具厂，以制造和修理铁制农具为主。20世纪80年代发展乡办企业和村办企业，以农副产品加工为主的各类企业兴起。1988年，全乡有企业39家，创产值6000万元。进入90年代，企业改制，二轻农具厂不复存在。1995年，全乡工业企业剩下13家，年产值1011万元。2005年，全乡有15家乡村企业。2014年，全乡有农业产业化龙头企业9家，其中5家轧花厂、4家柑橘打蜡厂。龙头企业完成工业总产值亿元以上，从业人员2943人。

商贸服务业

民国时期，境内有双龙岗、界溪桥、顺林桥和杉林铺4处集市。界溪桥集市依托牛浪湖，可北通荆州，南达洞庭湖，有小沙市之称。杉林铺集市是涔阳古道的驿站，南来北往的客商较多。中华人民共和国成立后，乡驻地建有供销社、粮店、食品站等，成为农村中心市场。各村开设集体代销店，个体商户也有所发展。1995年，境内有3个集贸市场、87家个体商铺，商品零售总额700多万元。2014年，全乡有商铺158家，个体商户610家，社会商品零售总额4000万元。

基础设施

交通运输

民国时期，双龙是涔阳古道的交通要塞，10千米驿道贯穿南北。1970年，通往县城公路建成通车。1985年，建成社会车辆客运站，境内开通简易公路38千米。1995年修建简易公路75千米。2010年，公路硬化23千米。2014年，二广高速穿越境内，乡村两级公路全部硬化，部分组级公路硬化，总里程达127千米。每天有50多个班次的客车往返于澧县、常德，客流量1200多人（次）。

邮政通信

20世纪80年代，有邮电所1家，主要业务是报刊发行、信件寄送及手摇电话业务。之后，邮政、电信分家，电信又分为电信和移动2家公司，邮政电信业务快速发展。2014年，境内有邮政所

1家、电信所1家、移动通信营业店5家，有固定电话700余部、移动电话8000余部，宽带覆盖全乡，邮政、电信业务收入1000余万元。

水利

1974年，淞水干渠贯通双龙。1975年，修建小Ⅱ型曾家水库，以后逐年兴建7座小型水库。2007年后，采取“政府投一点，受益农户出一点，社会力量捐一点”方式，投入370万元扩容堰塘425口。2010—2014年，争取国家农田水利基本建设投资近千万元，护砌渠道75千米，建成U形渠25千米，修建安全饮水工程一处，恢复15处抗旱排渍机埠。全乡水利条件得到改善，农田基本旱涝保收。

供电饮水

供电 20世纪80年代初，全乡通电，但不稳定，经常停电，农民称“野老公电”，睡觉时才来。以后供电状况不断改善，供电线路畅通，供电设施齐全，供电时间保证。2014年，全乡实现村村通电，户户通电，24小时不停电。全乡有供电线路150千米，生活用电变压器26台，工业供电专变25台，防汛抗旱专变15台，总功率达到5300千伏安。

饮水 2010年，国家和地方投资600多万元，新建自来水厂，受益人口10000人。2013年，开辟新的水源地，接湖北卷桥水库水解决双台、界湖、天华3个村群众饮水问题。2014年，全乡1.7万人全部实现安全饮水。

村镇建设

1982年，兴建顺林桥新街，双龙公社驻地迁入新街，顺林桥集镇成为全公社政治经济中心。1984年，恢复双龙乡建制后，制定乡村发展规划，乡村建设步伐加快。1995年，建成顺林桥商业街，有门面80多个。2013年，投资600余万元新建农贸市场；引资4000万元，新扩街道长300米；建成农民宜居新村1处，60户农户迁入宜居新村。2014年编制完成乡村发展规划。集镇道路畅通、街容整洁、路灯明亮、店铺林立、绿树成荫，经商人数达2100余人。全乡村村新建村级活动场所，并开设图书室、卫生室和农民健身场地。全乡修建垃圾收集池200多个，垃圾集中处理场1处，街道放置垃圾箱100个，添置垃圾清运车1辆。每天有专门保洁人员从事街道和道路清扫工作。

社会事业

教育

20世纪50年代初，境内办有两所完全小学和3所初级小学。1958年，全乡有双龙完小、杉林完小等7所小学。1964年，办起农中。1967年，兴办双龙公社中学，开设初中班。1970年，公社中学设立高中部，共招收5届高中生，输送3届毕业生。1975年，有10个大队小学办起初中班。适龄儿童入学率100%，初中生毕业率87%。1981年，停办高中班。全乡有16所小学，其中10所大队办初中、1所社办初中。1986年，村办初中班停招，初中生全部入乡办中学就读。1995年，由于生源减少，村办小学合并，全乡保留界湖、杉林、万胜、实治、顺林桥5所小学，1所乡办中学。2008年，整合教育资源，调整教育布局，境内仅有中学1所、中心小学1所、中心幼儿园1所，适龄儿童入学率100%，初中生毕业率100%。2014年，乡中学投资200万元新建学生宿舍，办学条件大为改善，初中毕业率、升学率分别达到100%。乡中学在校学生180人，乡中心小学在校学生599人，全乡教职员工97人。

文化体育

2014年，全乡建起13个群众文化活动场所，

13 个农家书屋，乡级设有文化站和文体活动中心、诗词创作小组。有线电视入户 2100 户，村村通广播。大美家园建成为国家级垂钓运动训练比赛基地。有 13 支农民健身等舞蹈队，群众文体生活多姿多彩。

医疗卫生

1950 年，在双龙岗租用 5 间民房开设联合诊所，招收 5 名老中医行医，走村串户为农民看病。1964 年，公社卫生院从双龙岗迁至顺林桥，新建土坯房 21 间，设病床 10 张，医护人员增至 8 人。1967 年，新建 22 间砖瓦房，病床增加到 12 张，医护人员达 12 人。1969 年，大队均设合作医疗站，选派 1 名年轻、根正苗红的青年经过短期培训后担任赤脚医生，为农民从事接生、防疫等卫生保健服务。1984 年，乡卫生院进行改建，住院部和门诊部分设，开设外科、内科、妇科、儿科、牙科等。2014 年，国家和地方再次投资 300 多万元，重建住院部大楼，添置医疗设备，病床增加到 40 张，医疗卫生条件进一步改善。乡有卫生院，村有卫生室。13 名村卫生室医生和 12 名乡卫生院医生取得执业医生资格证。

社会保障

1958 年成立人民公社以后，对农村困难户实行照顾，对孤寡老人实施保吃、保穿、保住、保医、保葬的“五保”供养制度。“五保”对象由所在生产队供养，保障其基本生活和医疗卫生。对丧失劳动能力的“五保”对象，安排到条件比较好的农户寄养，生产队补助该户一个同等劳动力的工分。寄养人员的粮食、食用油等生活必需品到生产队领取。1983 年土地承包到农户以后，以生产队为基础的分配方式不复存在。“五保”户、困难户的社会保障物资和资金，由村里统一收取，发放到户。20 世纪 90 年代初，将原乡办造纸厂改造成乡敬老院，集中供养 40 名“五保”对象，其余“五保”对象分散供养。供养经费由乡统筹解决，上级适当补助。2005 年以后，“五保”供养经费全部由政府财政列支。2008 年，投资 80 万元，将乡敬老院规模扩大到 80 张床位。2014 年，全乡供养“五保”对象 480 人，其中集中供养 80 人。全乡有 17038 人参加新型农村合作医疗，参合率 100%。6500 人参加农村社会养老保险，年缴纳保险金 65 万元。5000 多名 60 岁以上老人按月领取养老金，年发放养老金 40 多万元。

特色地情

名优特产

双龙西瓜　1993 年，境内试种无籽西瓜，喜获成功。双龙西瓜以其个大、瓤红、皮薄、沙甜可口受到消费者青睐，产品远销长沙、湖北、广州、香港等地区。2001 年，全乡种植西瓜 2 万亩，总收入 2000 多万元，人均 1200 多元。6 月 28 日，省委书记杨正午视察双龙西瓜产业，双龙乡第一届西瓜节在长沙马王堆红星大市场举行，省领导出席开幕式。7 月上旬，央视在农业新闻中，专题报道双龙西瓜产业。8 月 7 日，《湖南日报》在 A 版头条发表长篇通讯《瓜儿为什么这样甜》。此后，西瓜成为双龙的品牌产业。2010 年起，主攻黄瓤西瓜品牌，西瓜面积稳定在 3000 余亩，产量 1.5 万吨，总收入 3000 万元。

双龙柑橘　双龙乡丘岗资源丰富，土壤呈微酸性，适合柑橘生长。双龙柑橘皮薄个圆、大小适中、甘甜爽口，产品畅销北方多个省、市、区。2014 年，全乡种植面积达到 2 万亩，产量 3 万吨，产值 3000 多万元。全乡有柑橘职业经纪人 300 多人，柑橘种植、加工、贮藏、销售“一条龙”服务企业 4 家。

双龙螃蟹 学名“中华绒螯蟹”，有“螯封玉嫩双双满，壳凸红脂块块香”的美誉。1995年，利用牛浪湖，开始养殖淡水螃蟹。2010年，实行大水面养殖和小水面精养相结合，开发精养螃蟹200亩，年总产500吨以上，养殖产业链产值上亿元。养蟹业带动餐饮业的发展，双龙螃蟹成为南北闻名的美食。

风景名胜

大美家园 双龙乡是湖南省生态旅游名乡，省乡村旅游示范点。2007年，创办大美绿色生态家园有限公司，园区建有200亩供游人采摘的柑橘园，6个垂钓竞技池，可供千人同场竞技。大美家园中的曾家水库水碧山青，风景如画。2010年5月29日，湖南省第三届钓鱼竞标赛在这里举行。2011年起，每年举办国家级、省级垂钓赛事数十场，接待游客5万人次以上。

涔阳古道 位于双龙乡界湖村界溪桥，是涔阳古道由湖北进入湖南的起点，经界湖、顺林桥、杉林铺至梦溪顺林驿，绵延10多千米。百里跑马岗也由此发源经复兴厂、盐井进入湖北。由青石铺就的驿道后遭到破坏，被当地人用作建房基石和院墙材料。今大部已建成水泥公路。

牛浪湖 位于双龙乡东北面，属洞庭湖西岸内陆湖，水域20000亩。水产品以淡水鱼为主，近些年在湖内养殖中华绒螯蟹。湖岸滩涂面积数千亩，种植湘莲，每年6—7月呈现“接天莲叶无穷碧，映日荷花别样红”盛景，是游人观花赏莲的绝佳之地。

古树名木

千年古枫 位于双龙乡枫祥村6组，树龄1000余年，树干胸围3.5米，树荫遮盖占地1亩多，盛夏时节，浓荫蔽日，是休闲纳凉的理想场所。该树由县林业局挂牌保护。

百年香樟 位于双龙乡金荷村境内，树龄150年，树高20米以上，树干胸围6米，树冠面积达700平方米，生长良好，由县林业局挂牌保护。

400年皂角树 位于双龙乡杉林铺涔阳古道，树龄在400年以上，树高15米、树围2.1米、树冠50平方米。古时商人、马帮将该树作为歇脚点。1930年后与千年枫树一道曾作为航空地标。该树由县林业局挂牌保护。

（文字供稿：万大春、胡孙巍，图片供稿：澧县党史办）

宜万乡

区域概况

位置面积

澧县宜万乡位于县境北部丘陵区，东邻盐井镇，南界雷公塔镇和中武乡，西接金罗镇，北抵湖北省松滋市万家乡。乡人民政府驻蔡家坡集镇，距县人民政府驻地24千米。

2014年，全乡总面积64.5平方千米，有耕地36870亩，其中水田29124亩、旱地7746亩；水域2800亩。

建置沿革

民国36年（1947），属涔阳乡。中华人民共和国成立后，于1950年5月废除旧制，全县设187个乡，乡域置宜万、万福、花营、中武、花岭、亘山等乡。1956年6月并为宜万乡。1958年9月，实行人民公社体制，成立宜万公社。1961年7月缩小公社规模，宜万公社析为中武、宜万2个公社。1984年4月，撤销人民公社，宜万公社改称宜万乡。至2014年无变化。

行政区划

1995年，宜万乡辖樟树、花瓦、万家、白莲、仙鹤、宜万、太白、新明、冬竹、共和、蔡家、白岩、新桥、万福、洪家、高桥、易家、杨家18个行政村和金马居委会，共176个村民小组。

2005年3月实行合村并组，全乡辖万花、新华、菊花岭、宜万岭、蔡家坡、双家桥、福新、洪桥8个行政村和金马居委会，共66个村民小组。至2014年，全乡行政区划无变化。

自然环境

乡域地势西北高、东南低，地形以丘岗为主。最高点雨观山海拔648米，最低点杨家坪海拔588米，平均海拔618米。地处中亚热带向北亚热带湿润季风气候过渡地带，四季分明，日照充足，雨量丰沛。年平均气温16.5℃。年平均降雨量1273.7毫米。年日照时数1770.6小时。无霜期264天。境内林木有马尾松、杉、樟、楠、柑橘等30多个品种。野生动物有30多种，常见的有野猪、野兔、刺猬、蛇、野鸡、斑鸠、喜鹊、麻雀等。境内矿产资源有红土，系良好建筑材料。土壤为第四纪红壤土、红黏土，偏碱性，肥力较好。乡域易发自然灾害多为水灾、山林火灾。1949—2014年，共发生自然灾害21次。1998年特大洪灾，淹没农田2000多亩，3家农户房屋受损，直接经济损失1000余万元。

人口民族

1995年，全乡有5913户20877人，其中男性10925人；农业人口20281人；新出生195人；少数民族63人，其中回族1人、苗族5人、壮族2人、土家族55人。2014年，全乡有7316户20893人，其中男性10692人；农业人口19629人；新出生215人；少数民族94人，其中回族2人、苗族6人、壮族2人、布依族1人、侗族1人、瑶族2人、白族1人、土家族79人。

经济发展

综述

1995年，全乡完成工农业总产值8694万元，其中工业总产值5206万元，农业总产值3488万元。2002年，乡、村集体企业陆续实行改制，民营经济得以发展。全乡有个体私营企业456家，从业人员2800人，主要从事建材、油脂、农副产品加工、运输、餐饮业；全乡实现工农业总产值12645万元，其中农业总产值5579万元，工业总产值7066万元。2011年，全乡新增工业项目9个，农业项目2个，扩建企业1家。全年完成招商引资9800万元，其中1000万元以上的投资项目3个。2014年，全乡完成工农业总产值32054万元，其中工业总产值7300万元，农业总产值24754万元；农民人均纯收入9960元。

农业

种植业 境内种植业以种植水稻、棉花、油菜、蔬菜为主。1995年，粮食作物种植面积39367亩，其中水稻33545亩；粮食总产14344吨，其中水稻13560吨。棉花7000亩，皮棉总产600吨。油菜21745亩，油菜籽总产2568吨。柑橘总产2180吨。2006年，全乡种植水稻38000亩，其中早、晚稻各15000亩，一季稻8000亩。早稻以湘早籼45为主，一季稻超级稻以深两优5814为主。油菜32000亩，玉米15000亩，柑橘19000亩。2014年，全乡粮食总产34500吨，柑橘总产38000吨，油菜籽总产3520吨。建有早晚稻生产基地4个、玉米生产基地1个、一季稻生产基地1个、棉花直播生产基地1个。

养殖业 1995年，全乡出栏生猪20100头，出笼鸡24万羽，水产品总产量147吨。2000年之后，乡政府扶植养殖大户，成立养猪协会，开办两家生猪交易所，推动养殖业发展。2014年，全乡出栏生猪15万头，存栏10万头；出笼家禽15万羽；出产水产品300吨。境内建有6家生猪交易所，年生猪流通量达到50万头。

林业

1995年，全乡有林地28864亩，森林覆盖率29.8%。1996年起，乡党委、政府发动群众封山育林、植树造林和残林改造，退耕还林1425亩。2000年起，扶植发展花卉苗木。2010年，花卉苗木种植面积累计达5900亩。2014年，全乡有林地31050亩，森林覆盖率32.1%；全乡共销售花卉苗木310万株，产值430万元；销售培植苗木5万株，产值300万元。

工业

清代，境内出现零散打铁作坊。民国时期，以铜壶、铁器农具等冷作产品为主。中华人民共和国成立后，境内工业以服装加工和农产品初加工为主。20世纪70年代，兴办集体企业，建有宜万公社农具厂。90年代，相继兴办起乡油厂、脱绒厂、红砖厂、制衣厂、彩瓦厂等10多家乡办企业，高峰时就业人数达到358人，完成总产值5206万元。在市场经济的大潮中，乡办集体企业陆续改制为民营企业。2000年后，境内建有鸿发彩瓦厂、春生脱绒厂、金马脱绒厂、鑫晟棉业、鑫德源农业有限公司等民营企业。2010年前后，境内柑桔产业规模扩大，兴办2家柑橘打蜡厂，年加工柑橘4万吨。2014年，全乡有各类企业14家，完成工业总产值7300万元。

商贸服务业

民国时期，境内有初具规模的洪家铺、宜万岭集市。20世纪50年代，在戈头峪建供销社、肉食站、粮油店等，戈头峪成为农村中心市场，各村（大队）开设集体商业零售店或代销店。1995年，境内较繁荣的墟场有戈头峪、宜万岭、洪家铺、万家铺4处，经营商品有杂货肉食、百货布匹、粮油食品、手工业品、农产品、农具、家具、文具书籍、生产资料等。随着商业流通体制改革的深入和小城镇发展的需要，90年代末，乡党委、乡政府筹资对蔡家坡街道集镇进行基础设施建设，鼓励农民到集镇经商。2014年，全乡有各类商铺200多家,其中菜市场1个、餐馆35家、大型超市5家、家电超市8家、摩托车经销商7家、大型酒店宾馆4家。

基础设施

交通运输

1958年,建成雷（公塔）中（武）公路（X009线）戈头峪至雷公塔段，戈（头峪）郑（家）公路（X010线），境内始有公路。20世纪60年代，修通戈头峪至宜万岭公路。1995年，境内有县道戈郑线、雷中线和乡道总长20.94千米，通村简易公路18条总长60千米。每天有15个班次的客车从蔡家坡开往澧县县城，日客运量600多人次。2000年起，境内县道、乡道及部分通村公路开始分期分段硬化。整修、拓宽、延伸联村、通村公路。2014年，境内3条县、乡公路和21条联村、通村公路，总长168千米，其中硬化136千米。每天有20个班次的客车往返，日客运量800人次。年货运吞吐量1.5万吨。

邮政通信

1956年，成立宜万邮电所，开展电报电话以及邮政业务。1994年,由县邮电局投资100万元，乡政府投资20万元，修建3层邮电大楼1栋，拥有500门程控电话设施，入户208户。2014年，境内有邮政所1家，邮政网点17个，投递路线单程总长度50千米，投递点150个，乡村通邮率100%，邮政业务收入190万元。电信企业1家，服务网点3个，电话交换机总容量5000门，固定电话用户3000余户，电话用户普及率达到40%；宽带接入用户450户。移动服务网点3家，用户10500多户。联通服务网点1家,用户4000多户。

水利建设

1958年，建成两河口水库，库容22.34万立方米，灌溉农田650亩。1958—1959年，建成小（一）型水库——蔡家坡水库，集雨面积5.16平方千米，总库容288万立方米，灌溉农田8000亩。1961年，建成黄茅岗、楠竹园2座水库，库容分别为9.8万立方米、15万立方米。1972—1974年，建成境内第二座小（一）型水库——宜万水库，库容151.74万立方米，灌溉农田4800亩。1995年12月，修建花瓦水库，于凤机山脉从澧水支渠引水，蓄水量17.79万立方米。2008年、2011年和2012年，共投入640万元，对境内6座水库大坝、输水闸进行整修。2014年，境内共有小（一）型水库2座,小（二）型水库4座，堰塘2011口，河坝126处；55千瓦以上电动机埠5处，装机7台485千瓦。有澧水、山门两大水系灌入境内，其中澧水受益面积23000亩，山门受益面积5430亩。

供电饮水

供电 1978年，境内用电由雷公塔变电站供电。由于线路长，又处于线路尾端，供电质量差，负荷紧，供电周转环节多，常年天黑停电，给群众生产生活带来诸多不便。2000年，乡镇供电所合并，宜万乡、盐井镇、复兴厂镇、梦溪镇合并为盐井供电所。是年，宜万乡开始村级电网改造。2008年，梦溪变电站建立，宜万供电网由雷公塔变电站和梦溪变电站共同供电。2010年，乡镇供电所再次合并，宜万、盐井、复兴厂、梦溪、雷公塔、涔南合并为盐井供电所。2014年，宜万乡拥有主变压器54台，总容量4500兆伏安；高压输电线路1条，总长度32千米；用电负荷540千瓦，综合电压合格率10%，供电可靠率50%，用户达7000户。

饮水 2007年，修建宜万岭水厂，总投资45万元，输水管道总长3.3万米，日供水量50立方米，供应宜万岭村1000余人安全饮水。2008年修建两河口水厂，总投资48万元，输水管道总长2.3万米，日供水量35吨，供应1050人安全饮水。2013年修建蔡家坡水厂，总投资200万元，输水管道长6.2万米，日供水量1000立方米，供应全乡17000余人安全饮水。全乡安全饮水覆盖面达92%。

集镇建设

1984年，宜万改社为乡，始制定集镇发展规划。1995年，蔡家坡集镇面积3平方千米，街道总长2.5千米，临街门面200个。2006年，新建集镇新街，形成井字布局，街道总长4.1千米，新增临街门面260余个。引入滚石家电集团、常德桥南服饰有限责任公司、平安超市投资260万元开设分店。引进民营资金150万元建成菜市场、水果市场、客运站。2013年，新建乐一佳大型综合超市，占地2000平方米。2014年，按照省际边界“口子集镇”定位，以“两纵四横一中心”发展格局编制集镇核心规划，集镇面积4平方千米，集镇总人口6060人，其中常住人口4500人。

社会事业

教育

清代，境内有数所私塾。民国时期，教育有所发展。20世纪50年代初，境内兴办樟树完小。1959年，附设农中。1969年，樟树完小改为宜万中学，1970年设高中部。中共十一届三中全会后，教育事业快速发展。1995年，乡内有中学1所，完全小学7所，幼儿园8家，适龄儿童入学率72%。有农校1所，农科教中心1个，年培训600人次。

2014年，全乡有乡中学、白莲中心小学、宜万岭小学、万福小学、万家教学点5所学校，教职工96人，在校学生1100多名。有2所幼儿园，幼师12人，入园幼儿约350名，适龄儿童入学率100%。

文化体育

1959年，农村文化艺术活动活跃，有业余梆子戏剧团、民间吹打乐队演出，县电影队下乡放映电影。1995年，建成宜万乡广播电视站，180余户村民接收有线电视。2010年，成立乡综合文化站和英姿军鼓队。2011年，创办添翼少年宫，是为全县第一个乡村少年宫。2013年，全乡建成广播“村村响”，设有100个广播点。2014年，有乡综合文化站1个，广播电视站1个，140个广播点，有线电视用户832户。各类艺术表演团体4个，农家书屋9个，藏书刊2万多册。老年人活动中心9个，各类文化、体育运动场所9个。

医疗卫生

1958年，建立宜万公社卫生院，有医务人员18人，病床30张。1969年，实行农村合作医疗，大队建合作医疗站，公社卫生院为各大队培训赤脚医生 17 名。1991 年，重修乡卫生院住院大楼。1995 年，宜万乡卫生院有病床 80 张，下设 18 个村级医疗诊所，有医护人员 60 人。个体医生 21 人，个体药店 1 家。是年，乡卫生院被评为省一级甲等卫生院。2004 年，卫生院新建门诊大楼。2006 年，全面更新住院部设施，添置空调、呼叫应急系统等。2014 年，宜万乡卫生院建筑面积 1600 平方米，总资产达 458 万元。医务工作人员 26 人，下辖 9 个村卫生室。

社会保障

2005 年，在蔡家坡村南街修建起乡敬老院，全乡供养“五保”对象 132 人，其中 40 人入住乡敬老院集中供养。是年，推行新型农村合作医疗制度。2006 年，参加合作医疗人数达 1.3 万人，参合率 72%。启动城乡居民最低生活保障金制度，有 510 人享受农村最低生活保障待遇。2014 年，全乡 157 名“五保”对象全部落实供养政策，其中 40 人入住乡敬老院集中供养、分散供养 117 人，年救助金 33.7 万元。1.9 万人参加农村合作医疗，参合率 91%。有 534 人享受农村居民最低生活保障待遇，领取低保资金 60.8 万元。

特色地情

名优特产

宜万柑橘　20 世纪 80 年代发展柑橘生产，

花瓦寺塔

因土壤适宜柑橘生长，产出的柑橘味道纯正、耐于贮藏，90 年代柑橘成为宜万乡林果主导产业。2014 年，全乡有柑橘 2 万亩，总产 1.8 万吨。品种有国庆 1 号、尾张、南丰、脐橙等。有柑橘产业合作社 5 家，柑橘打蜡厂 2 家，销售网点 30 多家，外销 10 多个省、区、市，年收入 2000 万元。

风景名胜

花瓦寺塔 又名宝塔寺塔，位于宜万乡花瓦村。北宋早期修建。该塔系原花瓦寺中一座佛塔，塔坐东朝西，平面为八边形，七层密檐式实心砖塔，通高 22 米，底径 5.5 米。塔修建在一土台上，倒锥形塔基，基座正北设有砖券拱门与地宫相通，拱门宽 0.9 米，高 1.95 米，门道深 1.05 米。地宫顶部砌八方攒顶式藻井。塔身转角处砌有倚柱，每层腰檐底部砌出一道莲花瓣以承托腰檐，腰檐转角处的翘角作一鸟翼卷云形，塔顶置琉璃葫芦瓶式刹。塔身一层东西两面各设一佛龛，二层以上每层每面各设佛龛一个，内供佛像一尊。花瓦寺塔保持了北宋早期的建塔工艺形态，保存亦较完整，反映我国南方造塔技术，是一处重要的宋早期佛塔实物，也是全省唯一一座保护较好的北宋早期砖塔。1959 年被公布为省级文物保护单位。2013 年被国务院公布为第七批全国重点文物保护单位。

（文字供稿：秦玉城，图片供稿：澧县党史办）

车溪乡

区域概况

位置面积

车溪乡地处县境中部、澧阳平原腹地，东与澧阳街道和涔南乡接壤，南与大坪乡毗连，西、北与大堰垱镇搭界。乡人民政府驻车溪河集镇，距县人民政府驻地10千米。

2014年，车溪乡总面积41.9平方千米，有耕地36376亩，其中水田35939亩、旱地437亩；可养殖水面2152亩。

建置沿革

民国时期和澧县解放初期属汉景乡。1950年5月，废除旧的乡、保、甲，全县设187乡，乡域置车溪、柘茨、牌楼等乡。1956年6月并入澧阳乡。1958年9月，实行人民公社体制，属澧阳公社。1961年7月从澧阳公社析出，成立车溪公社。1984年4月废除公社体制，改为车溪乡。至2014年无变化。

行政区划

1995年，车溪乡辖车溪、孙家、成功、王坪、牌楼、焦田堰、詹家、大河口、宝宁、南岳、花园桥、万兴、柘茨、南阳、陶家、群英、群力、涵德18个行政村和车溪河居委会，共179个村（居）民小组。2008年，南岳村和宝宁村并为城头山村，群力村和涵德村并为八里河村。至2014年，全乡辖车溪河居委会和翊武、城头山、成功、王坪、焦田堰、牌楼、詹家、大河口、花园桥、万兴、陶家、孙家、车溪、群英、南阳、柘茨16个行政村，共169个村民小组、2个居民小组。

自然环境

车溪乡属澧阳平原中心地带，地势平坦，土地肥沃。车溪河、八根河、澹水河流经全境。地处亚热带向北亚热带过渡的季风气候区，以大陆性气候为主，其特征为春秋温和，夏热冬寒，四季分明，光照充足，降水丰富。年平均气温在16.7℃左右，全年无霜期265天。年平均降雨量达1260毫米，雨季主要集中在4—7月。境内系江河冲积平原区，地表组成物质为澧、涔两水及支流的漂流冲积物，地下水位较低。地表植被为常绿落叶阔叶林、落叶阔叶林两种类型，其中最常见为杨树。境内灾害主要为洪涝，干旱和风灾等。

人口民族

1989年，车溪乡有7814户26660人。1995年，全乡有7650户25900人。2000年，全乡有27123人。2014年，全乡有7726户28797人，其中男性14856人；农业人口26032人；人口出生率

10.01‰；有少数民族 1563 人，其中土家族 1465 人、白族 22 人、苗族 31 人、壮族 12 人、侗族 8 人、瑶族 7 人、彝族 7 人、回族 5 人、布依族 6 人。

经济发展

综述

1989 年，车溪乡实现工农业总产值 2216 万元，其中工业产值 928 万元，农业产值 1288 万元。1995 年，全乡实现工农业总产值 18732.5 万元，其中农业总产值 4732.5 万元，工业总产值 14000 万元。2010 年，全乡实现工农业生产总值 21171 万元，其中工业总产值 8100 万元。2014 年，全乡完成工农业总产值 24000 万元，其中工业总产值 15850 万元，农业总产值 8150 万元；全乡农民人均纯收入 8818 元，年末储蓄额 3 亿多元。

农业

种植业 20 世纪 50 年代，境内耕种以一年一熟制为主。随着耕作水平的提高，到 1980 年，以双季稻为主，并发展稻—稻—麦、稻—稻—油等三熟制。1984—1989 年，调整农业结构，境内种植业以种植水稻、小麦、油菜为主。2004 年，种植业产值 3322 万元。2008 年，种植业产值 6867 万元。2009 年，推广葡萄种植。2012 年起，扩大种植双季稻。2014 年，全乡双季稻扩大到 3 万亩，其中推广机械化插秧 5000 亩，粮食总产 39000 吨；种植油菜 3000 亩，产籽 600 吨；种植棉花 200 多亩，产皮棉 10 吨；种植葡萄 1000 亩，产葡萄 2500 吨。全年种植业产值 7513 万元。

养殖业 乡内以养殖生猪、鸡、鸭、鱼为主。2004 年，养殖业产值 626 万元。2008 年养殖业产值 1024 万元。2010 年养殖业产值 1356 万元。2011 年起，规模化养殖快速发展，先后引进 10 万羽全自动化蛋鸡养殖基地，建立城头山良种、大河 PIC 良种等优质杂交猪基地。2014 年，年出栏 10000 头以上的养猪大户 2 户、年出栏 5000 头以上的养猪大户 5 户、年出栏 1000 头以上的养猪大户 22 户；全乡养殖业产值 4051 万元。

林业

乡域地处平原，林地少。20 世纪 70 年代开始营造农田防护林，按照县里的统一部署，建设田成方、树成行、林成网的农田防护林体系。1980 年，境内林网总长达 60 千米，路渠绿化率达到 92%，村庄林木覆盖率达 51%。1977 年，种植欧美杨 2000 亩。2000 年后，欧美杨逐渐被淘汰，沟渠道路绿化被樟树、杨树所取代。从 2003 年始，乡政府每年有计划植树造林 200 亩。2012–2014 年，主要对通村组道路进行绿化，树种以红檵木、红叶石兰为主。

工业

民国时期，境内无工业。中华人民共和国成立后，相继建立起社办企业和乡镇企业。1958 年创办车溪机械厂，生产汽车传动轴、水泵，产品销往湖南、湖北等地。20 世纪 60 年代末，成立车溪建筑队，后发展为全县知名的二级资质建筑企业，有员工 200 人，年创利润 1000 多万元。1984 年，创办车溪乡蛋白厂，进行油脂深加工，被纳入湖南省星火计划项目。2006 年，建立康利华冰琪淋厂，产品销往县内和湖北松滋、公安等地，年产值 2000 多万元。2010 年成立滕宏米业，进行粮食的深加工，年产值 1.5 亿元。2014 年，全乡有各类企业 6 家，完成工业总产值 3 亿元。

商贸服务业

民国时期，境内集镇市场有车溪河、大河口 2 处，经营商品有杂货肉食、百货布匹、粮油食品、手工业品、农具家具、文具书籍等。20 世纪 50 年代，在乡（公社）驻地建立供销社。1960 年，设立肉食站、粮油店，乡（公社）驻地成为农村中心市场。各村(大队)均开设有零售店或代销店。80年代初，供销社在群力、南阳、牌楼、南岳4村设分销点。后随着集体经济改制和市场经济发展，乡党委、政府鼓励农民经商。2014年，全乡有各类商铺100多家，个体工商从业者600人。社会商品零售总额1.02亿元，其中集市商品成交额5000多万元。

基础设施

交通运输

境内有省道S302线贯通，1935年建成，途经新明、牌楼、车溪、万兴、柘莰等村。1975年，进行澧阳平原田园化建设，改为沿干渠走向，途经宝林、南岳2村，路面为砂石路，1980年改为沥青路面，2013年改为水泥路面。

1976年起，先后修建车溪公路、车干公路两条乡道。车溪公路南接张公庙镇境内的省道S302线，北接大堰垱至曾家河公路。初为砂石路，1990年从省道至车溪乡集镇段改为沥青路面。2006—2007年，车溪公路、车干公路全线改为水泥路面。从2006年起，实施通村公路工程，境内通村公路陆续硬化。2014年，全乡硬化通村通组公路150千米。

1982年前，车溪乡没有专门客运线路，只有从大堰垱等乡镇开往县城的班车途经乡境。1982年设立车溪至县城客运专线，每天发班6对。

邮政通信

20世纪50—60年代，境内通讯主要是信件和电报。70年代初，乡邮电所设立有线电话台。1996年开始发展数字程控电话和移动电话业务，起初装机用户不到100户，后逐步实现有线电话和移动电话的全覆盖。2003年，车溪乡接入宽带信号，用户主要是机关、学校、信用社等单位。2011年改为光纤，用户迅速增加。2014年，全乡有线电话用户2000多户,移动电话用户2万户，互联网用户1300多户。

水利建设

20世纪50年代前，境内农田灌溉主要从澹水河、车溪河、八里河3条河流取水，水源不稳定。1958年修建王家厂水库后，从王家厂水库引水入车溪，农业用水得到基本保障。70年代兴修水利，至80年代初，全乡建成从四支半到十支的东西走向干渠和南北走向支渠，其中排渠有一干排、二干排、八支低干渠，灌渠有四支总干渠、四支至十支支渠。主沟渠全长约45千米,斗渠全长约50千米，农渠约70千米，形成网格化排灌系统，自流灌溉率达到90%以上，车溪乡成为全县旱涝保收的商品粮主产乡之一。从2000年起，县水利局先后投入资金2000多万元，对75千米主要沟支渠进行硬化护坡，全乡水利基础设施进一步完善。

供电饮水

供电 1972年车溪集镇拉通高压电，设1个低压变电器，供公社机关和集镇生产生活用电。1972年后，供电逐步向集镇周边延伸。到1983年底，全公社所有大队全部覆盖电网。2000年、2010年两次对全乡电网进行升级改造。2014年，全乡拥有高低压输电线路87千米，配电变压器79台1万千伏安，总供电量1000万千瓦时。

饮水 20世纪70年代前，境内居民饮用堰塘水。1980年以后使用手摇压力井，随着农药化肥大量使用及养殖业的发展，地表水污染严重，地下水铁锰超标，居民生活用水日益严峻。2009年，乡党委、乡政府争取上级拨款和自筹资金1564万元，在车溪乡集镇建立城头山自来水厂。水厂日供水能力2000立方米，水源为地下水，可供应全乡2.7万人的安全饮水。由于抽取地下水对农业生产和地质构造有影响，2015年年初，接入澧县山门水库安全引水工程主管网，安全供水问题彻底解决。

乡村建设

1958年，在公社驻地车溪村建立集镇。1984年，乡政府驻地迁到车溪河居委会，依公路建设新的集镇。2012年，集镇建成区面积0.8平方千米，常住人口1100多人，设有商业门面约80多个。2013年，投入资金300多万元，启动集镇提质升级工程。拓宽主街道至9米，配套下水管网和绿化亮化。兴建1个标准化农贸市场和1个集镇文化广场，以路为市彻底消除，居民活动有场地。统一广告牌，规范商业经营秩序，对出店经营、乱搭乱建进行整治。各行政村的建设也得到加强。2013年，万兴村建成万兴文化广场，被评为市级文明村。2014年，城头山村被评为省级旅游名村。

社会事业

教育

民国时期，境内有私塾多家。中华人民共和国成立后，重视教育，办学规模逐渐增大。1958年创办车溪完小附中。1965年改为车溪公社农中。1969年创办车溪公社中学，开展初级中学教育。1977年，澧县第四中学从王家厂镇迁至境内，与车溪公社中学合并，仍称澧县第四中学。1985年，县中与乡中分设，在车溪河集镇新建车溪乡中学。由于生源减少，2011年，车溪乡中学再次并入澧县四中，车溪乡中学原校址改为车溪乡中心小学。2014年，乡内有县属高级中学1所，小学因调整布局保留7所，在校学生852人，教职工110人；幼儿园8个，在园幼儿600人，幼师80人。适龄儿童入学率100%，初中生毕业率100%。

文化体育

境内民间文化艺术活动活跃，主要有皮影戏、舞狮、大鼓、龙灯、民间吹打乐队演出等，另有省、县派电影队下乡流动放映电影。1961年，成立公社文化站，管理群众文化工作。1974年，陶家大队文艺宣传队、车溪公社皮影队在全县比赛中夺得一等奖。澧县四中重视体育，1980年以前的县业余女子排球队以该校队员为主，曾两次在省业余女子排球赛中夺得冠军。境内有城头山古文化遗址，1980年获常德市文物保护二等奖。2003年，成立乡有线电视管理站。2013年，实现全乡广播村村通。2014年，全乡有5000个农户安装有线电视；有群众专业乐队7支；文学、音乐、诗词、美术、书画、唢呐等文学艺术爱好者120人；农家书屋17个，藏有书刊2万多册。

医疗卫生

中华人民共和国成立前，境内医疗为个体执业，著名中医有黄朝民等。1958年10月，成立澧阳公社车溪卫生院。1984年公社卫生院改称乡卫生院。2014年，投资200多万元扩建车溪乡卫生院综合大楼，改善医疗设备和条件，有病床40张，专业医务人员25人，年接诊患者2.8万多人次，使村民“小病不出乡”。乡内有村级卫生室17个，病床51张，乡村医生、护理人员30人，年诊治患者1.87万人次。

社会保障

中华人民共和国成立后，对老弱病残等困难群众给予救助安置。2006年，乡敬老院建成，有30名“五保”老人入院集中供养。是年，推行新型农村合作医疗制度，参加合作医疗人数2.63万人，参合率90%。2014年，全镇供养“五保”老人230人，其中40人入住乡敬老院集中供养。完成35户农村危房改造，申请解决2名困难儿童免费就学，落实大病救助对象 85 人。完成 220 万元“新农合”、115 万元“新农保”基金收缴，“新农合”、“新农保”基本实现全覆盖。全年有 7667 人享受社会养老保险待遇，领取养老金 643 万元。

特色地情

名优特产

城头山紫米 境内城头山为水稻栽培发源地，由湖南省水稻研究所支持开发的城头山紫米，因其特殊的水土条件，含有丰富的营养，具有很好的滋补作用，碾出的米粒颗粒均匀，颜色紫黑，软糯适口，食味香甜，煮饭熬粥皆宜。民间作为补品，有紫糯米和“药谷”之称。城头山紫米主产于车溪、大坪两乡，2012 年经国家商标局注册，2013 年通过中国绿色食品发展中心绿色认证。

风景名胜

余家牌坊 位于车溪乡牌楼村，清道光二十二年（1842）建成。坊高 12.7 米，东西长 6.06 米，南北宽 3.04 米。6 柱 3 层 12 飞檐，全部由祁阳白石建造，镂空雕刻、造型生动、工艺精湛，为湖南省石牌坊中所罕见。1959 年、1983 年被公布为省级文物保护单位。2001 年，被国务院发布为第五批全国重点文物保护单位。

余家牌坊

城头山遗址 位于城头山村，1979 年发现。城址近似圆形，城内面积 8.8 万平方米。1991 年开始，湖南省考古研究所主持对城址进行多次发掘。古城由护城河、城桓、东西南北 4 个城门组成。城内有作坊区、居住区、公共墓地、祭坛、道路和其它一些辅助设施，还发现早于城址年代的大丘块稻田、600 余座墓葬和数千件文物，主要有陶器、石器和精美的玉器及 77 种植物。其中稻米有粳稻和籼稻，米粒似经过脱粒加工。还有大量的湿生杂草植物和 20 多种饲养和野生动物的骨骸。经现场考核鉴定，古城始建于 6800 年前，

毁于新石器时代末期，是全国建造最早的一座城，被称为“华夏第一城”。1992 年和 1997 年，两次被评为年度“全国十大考古新发现”之一。1995 年，国家主席江泽民亲笔题字“城头山古文化遗址”。1996 年 11 月，被国务院公布为第四批全国重点文物保护单位。2001 年，被评为“中国二十世纪 100 项考古大发现”之一。城头山的考古发掘成果，镌刻在北京“中华世纪坛”的青铜甬道上，写进中国大、中学历史教科书。2005 年被国家确定为“十一·五”重点保护的大遗址，是国家最早确定“十一·五”期间重点投资的 20 个大遗址之一。2014 年，一、二、三号遗址棚和博物馆、旅客接待中心完工，2015 年年底正式对外开放。

（文字供稿：黄大云，图片供稿：澧县党史办）

中武乡

区域概况

位置面积

中武乡位于县境北部涔水北岸，东与雷公塔镇接壤，南以涔水为界与大堰垱镇隔河相望，西与金罗镇、王家厂镇相连，北与宜万乡毗邻。乡人民政府驻中武桥居委会，距县人民政府驻地17.9千米。

2014年，中武乡总面积68.7平方千米。全乡有耕地39585亩，其中水田25356亩、旱地14229亩；山林7249亩；水域1874亩。

建置沿革

民国36年（1947），属涔阳乡。中华人民共和国成立后，于1950年5月废除旧制，全县设187乡，乡域置中武、花岭、亘山3乡。1956年6月并入宜万乡。1958年9月，实行人民公社体制，属宜万公社。1961年7月缩小公社规模，宜万公社析为中武、宜万2个公社。1984年4月，撤销人民公社，中武公社改称中武乡。至2014年无变化。

行政区划

1995年，中武乡辖中武、亘山、兰田、筒车、花岭、玉圃、关堰、长岭岗、草堰、关家岭、石公、陈管、鱼山、官垱、金星、楠竹16个行政村。

2005年，官垱与亘山并为亘山村，金星与草堰并为草堰村，楠竹与花岭并为花岭村，中武村改为中武桥居委会。合并后，中武乡辖中武桥居委会和亘山、兰田、筒车、花岭、玉圃、关堰、长岭岗、草堰、关家岭、石公、陈管、鱼山12个行政村。至2014年，全乡行政区划无变化。

自然环境

中武乡地处丘陵地区，兼有涔阳平川，号称六山一水三分田。境内最高点亘山村亘山，海拔140米。河流有涔水，境内长19千米，流入大堰垱镇。乡域属亚热带季风气候区，四季分明。年平均气温为16℃～17℃，年平均降水量1300毫米。林木以马尾松、杉、樟和灌木为主；经济林以柑橘、柚子、李、香桃、橙为主；花卉苗木有香泡、香橼、樱花、紫薇、海棠、红枫等20多个品种。境内烟煤、石灰石储量丰富。土壤肥沃，适合各种作物生长。灾害主要有旱涝和风灾。

人口民族

1995年，中武乡有6954户22030人。1996年，全乡有6165户22762人，其中农业人口22169人；非农业人口593人；人口出生率5.8‰；自然增长率2.8‰。2014年，全乡有6180户20618

人，其中男性10632人，女性9986人；农业人口19545人；人口出生率10.9‰；有少数民族土家族40人。

经济发展

综述

1995年，全乡实现工农业总产值8500万元，其中工业总产值5500万元，农业总产值3000万元。2002—2007年，新上重大工业项目10个，完成招商引资近亿元，全乡企业达到38家，其中规模企业2家，吸纳农村劳动力就业2000余人。2007年，全乡完成工业总产值1.5亿元，工业投资1500多万元。同时，积极推广名优稻、棉、油品种，搞好丘岗开发，大力发展优质精品水果产业，优质率达到96%以上。2014年，全乡实现地区生产总值8.86亿元，2家规模企业实现产值1亿元；农民人均纯收入10934元。

农业

种植业 乡域种植业以种植棉花、水稻、玉米、油菜、柑橘为主。20世纪80年代起，棉花年均约3万亩，水稻1万亩，油菜2万亩，柑橘1万亩。1995年，全乡种植业收入2856万元，占农业总收入94%。玉圃村、关堰村有蔬菜基地200亩，引进优良品种和先进栽培技术，年创收80万元。2002年，全乡总产粮食9082吨、皮棉1425吨、油菜籽1900吨、蔬菜13800吨、西瓜800吨、水果1350吨。2014年，粮食种植面积1.5万亩，总产粮食14380吨；棉花3600亩，产皮棉410吨；油菜2.8万亩，产油菜籽3808吨。

养殖业 乡域养殖业以生猪、家禽为主。

林园养殖

1995年，主要为生猪、土鸡等常规养殖，并兼有少量鳖、牛蛙、奶牛、羊等特种养殖。2000年开始，由传统养殖逐步向规模大户养殖发展。2014年，引进蛋鸡养殖场3家，蛋鸡养殖规模达8万羽。规模养猪场2家，生猪存栏16000头。

林业

1995年，全乡山林2.1万亩，林果业产值1200万元。亘山村有1200亩李子基地，户均4亩，人均1.2亩，年创收20万元。筒车、官垱、双堰3村有成片柑橘800亩；中武、草堰村有杂交板栗200亩；双堰村栽种蜜柚100亩；花岭村木材大户王本林，承包荒山140多亩，培育有樟树、雪松、龙柏、广玉兰、七里香、黄阳等60多个品种的名贵风景绿化树苗。2009年起，全乡大力发展花卉苗木产业。2014年，全乡花卉苗木面积达8000亩，有千亩以上示范性苗木种植基地3个，13个村（居）均有花卉苗木样板基地，成功栽植苗木品种10余种，并成立花卉苗木专业合作社。全乡森林覆盖率达到33%。

工业

境内建材、煤炭资源丰富。1973年，羊耳山煤矿在境内兴建亘山矿井。1974年，中武公社开办亘山煤矿，年生产能力20000吨。1978年，建中武公社水泥厂，年生产能力4.4万吨。1993年，中武乡与羊耳山煤矿亘山工区合办一家煤矿。1995年，全乡有集体和私营企业600家，形成以建材、煤炭、农副产品加工为主的工业产业。乡属骨干企业有中武煤业有限责任公司，年产原煤5.5万吨，产值2000万元；亘山建材有限责任公司，年产普通硅酸盐水泥8.8万吨，产值1400万元，上缴国家税金210万元。村办企业主要有玉圃砖厂、兰竹砖厂、花岭砖厂、斑竹煤矿、双堰线带厂等。2003年投资150万元新建四通石膏粉厂。2004年，投资230万元新建湘源棉业有限公司；投资215万元新建东鑫米厂。2007年，全乡工业企业达到38家，完成工业产值1.5亿元，实现工商税收380多万元。2014年，全乡有工业企业11家，实现招商引资1.58亿元，完成固定资产投资超过4亿元。其中金博尔玻璃制品有限公司和城头山红薯科技食品有限公司两家规模企业实现年产值近亿元。

商贸服务业

民国时期，境内商业繁荣的集市有中武桥，经营商品有杂货肉食、百货布匹、粮油食品、手工业品、农具、家具、文具书籍、生产资料等。中华人民共和国成立后，在中武桥建供销社、肉食站、粮油店等，中武桥成为农村中心市场。各村（大队）均开设有集体商业零售店或代销店。1995年，全乡个体商铺发展到372家，年社会商品零售额1200万元。随着商业流通体制改革的深入和小城镇发展的需要，乡党委、乡政府重视集镇基础设施建设，鼓励农民进集镇经商，推动商贸服务业快速发展。2014年，全乡有各类商铺400多家，个体工商从业者1038人。

基础设施

交通运输

1994年，投资30万元，在位于兰田村杜家廊的涔水上建成长35米、宽6米的杜家河桥。1996年，投资150万元，建成大堰垱至亘山8千米柏油路，在涔北干渠上架拱75米，在中武桥集镇拉通两条街。2007年，投资500万元砼化25千米通村公路，投资28万元建成集镇客运站点。2013年，全乡共硬化通村公路10千米，公路维修20千米。2014年，投资600多万元，硬化通村通组公路30千米，至此，全乡通村通组公路基本硬化。每天有固定班车从陈管村、关家岭村往返县城，日运送旅客100多人次。

邮政通信

1994年，境内开通程控电话。1996年，电话扩容到200门。1994—2002年，建成移动和联通无线网络基站、大堰垱至中武宽带网、有线电视主光纤等工程，程控电话入户率达70%。2014年，全乡1家有邮政所，移动、联通、电信代办点各1家。申通、韵达、圆通等快递公司在境内设有代办点。全乡拥有固定电话1800部，移动电话9500部，互联网用户1200户。

水利建设

1958—1960年，建成石公桥小（一）型水库，集雨面积8.06平方千米，库容652万立方米，灌溉农田10000亩。20世纪60—70年代，兴建汪家口、花岭、裕民、葫芦堰、曹家湾、邵家湾、双堰等7座小(二)型小库,总库容1120万立方米，灌溉农田17400亩。2000—2010年，实施小农水等项目工程，整修渠道20多千米，清淤扫障渠道30多千米,堰塘扩容137处,新挖堰塘70多处,总投资1500多万元。2014年,为加强水资源保护,解除石公桥水库养殖合同，关闭水库周边5家养殖企业。2014年，全乡有石公桥、草堰、关堰、鱼山、陈管、亘山、关垱、花岭、楠竹9处机埠，总装机910千瓦。有山门水库干渠和王家厂水库北干渠2条跨乡主干渠，过境长度分别为6千米、11千米。有一亩以上堰塘306处，支渠194米；受益农田12000亩。

供电饮水

境内用电由澧县供电公司垱市供电所提供。2010年，完成10个村的电网改造，网改覆盖率80%以上。2014年,全乡拥有输电线路118千米,配电变压器77台8095千伏安，年供电量964.3万千瓦时。

1991年，投资15万元，在中武桥集镇修建水塔，储水量120立方米，集镇2000多居民用上自来水。2014年，全县实施农村安全饮水工程。至年底，完成山门水库安全饮水工程中武境内6千米主管道铺设和花岭、玉圃、关堰、兰田、筒车、亘山、草堰等7个村管网入户。至2015年10月，全乡基本实现安全饮水全覆盖。

乡村建设

1984年，将乡政府驻地中武桥主干道建为商贸街，在陈管、鱼山、双堰、玉圃等村的人口聚集地发展相应的商贸街。2011年，中武桥集镇基础设施基本完善，商店、药房、餐馆齐全，在主干道建有信用社、卫生院、幼儿园、邮政所、石油加油站，群众生活便捷。2014年，投资500万元建成乡政务服务中心，乡属站所均进入大厅集中办公；配套建成商住楼、农贸市场等；13个村（居）均建立村级文化活动中心。美丽乡村建设工程全面启动，在村民集中居住地修建垃圾池，栽种绿化树。集镇、居民集中居住区和主要道路配有专门人员清扫，垃圾有专人和专门设施处理。形成干净整洁和文明的村容村貌。

社会事业

教育

民国时期，境内办有私立学堂。20世纪50年代，人民政府在玉圃、石公、双堰、陈管办起4所小学。1968年创办中武公社农业中学，1969年更名为中武公社中学，1984年更名为中武乡中学。1995年，全乡有乡办中学1所，小学12所，在校学生2300名，教师175名，学龄儿童入学率100%，巩固率98%，基本普及九年义务制教育。1996—2005年，投资800多万元，先后为中学、玉圃小学兴建教学楼、办公楼、科教楼、教工宿舍、学生公寓、大礼堂和师生食堂等。2014 年，全乡有初级中学 1 所，小学 3 所，幼儿园 2 所，在校学生 800 多人，教职工 70 人。适龄儿童入学率和初中生毕业率均为 100%。

文化体育

1984 年，建立乡文化站。1995 年，亘山村创办皮影戏剧团。2014 年，安装“村村通”卫星电视，惠及全乡 350 户家庭。13 个村均安装广播，实现广播村村响。全乡文学艺术创作、演出活动经常，群众文化生活丰富多彩。

医疗卫生

1961 年，建立中武公社卫生院。1984 年，改为乡卫生院。1995 年，乡卫生院有病床 20 张，医务人员 13 名；全乡有村级、厂矿、学校医疗室 18 个，医务人员 20 名。2007 年，投资 30 万元，对 3 个村卫生室进行升级改造。2014 年，全乡有卫生院 1 所，村卫生室 15 个，共有病床 42 张，医护人员 34 人，能基本解决群众求医治病问题。

社会保障

中华人民共和国成立后，对老弱病残等困难群众给予救助安置。2007 年，建立乡敬老院，集中供养“五保”对象 40 人。资助贫困户、贫困学生 64 人 2.2 万元。有 63 人享受计划生育奖励扶助金 37800 元，29 人享受独生子女、伤残家庭扶助 28320 元。2014 年，全乡有 618 人享受城乡低保，共发放低保金 61.7 万元；158 人享受农村“五保”，其中集中供养“五保”对象 40 人。

特色地情

名优特产

丝念红薯粉丝　丝念粉丝由湖南城头山红薯食品科技有限公司出品，其口感独特、营养丰富。公司采取“公司 + 合作社 + 农户 + 基地”的运营模式，与中武乡农户签订 2000 亩优质红薯种植基地合同，使公司原料得到保障。2011 年，丝念红薯粉丝经国家农业部审核，获得绿色食品认证，并获得中国中部国际农博会金奖。2012 年获湖南常德优质农产品展示展销会金奖。

革命纪念地

游玉圃烈士墓　位于中武乡玉圃村，游玉圃生前系中共地下党员、澧县工委书记。其墓为县级革命文物保护单位，中武乡中小学生爱国主义教育基地。

（文字供稿：吴金燕，图片供稿：澧县党史办）

闸口乡

区域概况

位置面积

闸口乡位于澧县西北部，东连天供山林场，南邻王家厂水库和王家厂镇，西界甘溪滩镇和方石坪镇，北接火连坡镇和湖北松滋市卮水镇。乡人民政府驻花园湾居委会，距县人民政府驻地34千米。

2014年，全乡总面积71.36平方千米，有耕地22394亩、园地2600亩、林地35600亩、养殖水面5900亩。

建置沿革

民国36年（1947），属涔元乡。中华人民共和国成立初期，仍属涔元乡。1950年5月撤大乡建小乡，全县设187乡，乡域置花园、水余、柏樟、古城4乡。1956年6月并为闸口乡。1958年9月与暖市乡合并，成立闸口人民公社。1961年7月，闸口公社析为金山、闸口2个公社。1984年4月，撤销人民公社，闸口公社改为闸口乡。至2014年无变化。

行政区划

1984年，闸口乡辖花园湾、永和、大公、新桥、石庄、七0、古城岗、沿溪、大金、柏樟、官冲、水汩、老木、芦桥、丰报、青岩、羊耳、丫角18个行政村和闸口居委会。

2005年合村并组，花园湾村与闸口居委会合并为花园湾居委会，永和村、新桥村合并为新桥村，石庄村、七0村合并为石庄村，大金村、柏樟村合并为柏樟村，官冲村、水汩村合并为水余洞村，芦桥村、丰报村合并为芦桥村，青岩村、羊耳村合并为羊耳山村。老木、大公、丫角、沿溪、古城岗5村不变。2008年，羊耳山煤矿家属区组建羊煤社区，行政区划和换届选举属闸口乡管辖。

2014年年底，全乡辖新桥、石庄、柏樟、水余洞、芦桥、羊耳山、老木、大公、丫角、沿溪、古城岗11个行政村和花园湾居委会、羊煤社区，共217个村民小组。

自然环境

乡域东、西、北三面峰峦环抱，南面系王家厂水库库区上游，丘岗相连；东面天供山，海拔419.3米，为境内最高峰；北面羊耳山，海拔326.8米；西面老木寨山，海拔375.4米。山多田地少，水域面积大。乡域属亚热带季风湿润性气候区，冬冷夏热，四季分明。年平均气温16℃，年内温差较大。年均降水量1272毫米，年际降雨量变化大，且分配不均。全年无霜期261～313天，日照1300 ~ 1800小时。植被以灌木为主，乔木有马尾松、杉树、樟树等30多种。地质构造合理，矿藏丰富。水系呈树枝状分布，主干流涔水由西向东，纵贯全境，汇入王家厂水库。境内灾害主要有旱、涝、风灾和地质灾害等。1998年4月23日，境内遭受特大风雨雷雹袭击，7月、8月又遭受特大洪涝灾害，两次灾害共计损失1000万元左右。2003年7月7—8日，水余洞村9组、花园湾村4组因暴雨出现滑坡，险情涉及21个农户68人，造成18亩水稻绝收，4栋民房倒塌，5亩良田无法耕种。

人口民族

1996年，全乡有户数7722户26011人，其中农业人口20683人；人口出生率10.1‰；自然增长率6.2‰。2007年,全乡有6170户19716人，其中农业人口17696人。2014年，全乡有20436人，其中非农人口1241人，城镇化率6.1%。另有流动人口325人，移民人口4954人；人口出生率13.89‰，死亡率7.54‰；人口自然增长率6.35‰。总人口中，男性10694人；18岁以下2977人；18 ~ 35岁3861人；35 ~ 65岁8592人；65岁以上5006人；汉族20393人，少数民族43人，其中土家族39人、回族3人、壮族1人。

经济发展

综述

境内矿产品资源蕴藏丰富，品种繁多，已探明高品位石灰石储量50亿吨、烟煤150万吨、石煤2000万吨、石膏2000万吨、铁矿石1500万吨。乡党委、政府依托资源优势，开发和引进工业项目，全乡工业企业得到快速发展。1980年后，建起10余家乡办企业。1994年，对乡村企业实行股份经营或承包经营制。1990—1996年，全乡投入6000万元，用于企业新建和改造。1998年，全乡完成工农业总产值8071万元，其中工业总产值4296万元，农业总产值3775万元。2007年引进县外资金1200万元，新上工业项目6个，实现工农业总产值2.01亿元。2014年，全乡各类企业发展到253家，其中工矿企业37家，形成以石膏、石灰、水泥、石煤开采为主的四大支柱产业。同时大力发展农业产业,不断培植壮大油茶、花卉苗木、优稀水果、绿色环保蔬菜、现代化禽畜养殖等农业生产基地；全乡实现工农业总产值3.6亿元，其中农业总产值1.03亿元，工业总产值2.58亿元；农民人均纯收入8922元，年末储蓄总额人均1000余元。

农业

种植业　闸口乡以种植水稻、玉米、油菜、棉花为主。1983年实行包产到户后，粮油棉产量有大幅增加。1991—1996年，突出粮、棉、油基础地位，粮食、棉花、油菜种植面积分别在4万亩、2万亩和6000亩左右。1996年扩种旱粮4400亩，总产量500万公斤。2007年，农业丰产丰收，全乡粮食总产量1000万公斤，籽棉总产量100万公斤，油菜籽总产量150万公斤；新开发优质果木林地600亩。2014年，全乡种植水稻7500亩、玉米12000亩、油菜19500亩、棉花3400亩、蔬菜1459亩，粮食年总产量6971吨、油菜籽2633吨、棉花388吨、蔬菜2158吨；经济作物以油茶、果木和中草药为主，其中油茶1600亩，苹果柚550亩，其他270亩，果林水果总产量1488吨。

养殖业　乡内的畜牧业以饲养猪、羊、禽为主，特种养殖为辅。1996年，发展以天供山蜈蚣为主的特色养殖小区,全年养殖业总产值达1643万元。1998年，全乡修建蜈蚣养殖池27000平方米，投放种蜈蚣52万条；90个养殖大户，创养殖业产值2115万元。2004年，戴术富、孙昌武、戴朝阳等创办的规模化养殖小区，实现养猪纯收入40万元，2006年达到80万元。2007年，新增黄鳝、龙虾、美蛙、生猪等各类养殖大户29家，全乡养殖大户达90家，全乡出栏生猪2万头。闸口农民饲养山羊历史悠久，2012年后，少量农户在适养区内建成规模化养殖场。2014年，全乡养生猪4975头、家禽3.69万羽、羊1.5万只、牛698头，出水鲜鱼60吨。

林业

20世纪80年代初，乡党委、乡政府发动群众开展封山育林和植树造林，发展经济林、用材林，森林覆盖率有所提高。2000年，人工造林1710亩，封山育林6400亩，四旁植树造林3.3万株。全乡山林总面积51550亩，其中生态林29994亩，退耕还林5870亩，血防林面积1008亩，花卉苗木600亩，森林覆盖率达48%。2014年，全乡共完成项目造林500亩，大面积造林1500亩，四旁造林4万株，开展义务植树2000株，投入40万元在S302线及集镇街道两旁栽种景观绿化树木4000株。

工业

民国时期，境内以手工业为主，有数家榨油坊，主营桐油和菜籽油。20世纪50年代，采矿业得到发展。1956年开办羊耳山煤矿，为县内第一家国营煤矿。之后，老木、水余、丰报等大队建起小煤窑，年产煤10万吨左右。水余、青岩等地建起石灰厂，年烧制石灰近万吨。70年代，青岩、丰报、芦桥等大队建起采石场，公社所属有金山砖灰厂。80年代，乡办企业有天供山水泥厂，年产水泥10万吨。还有化工厂、高锰酸钾厂、氯化铁厂等。丰报、七0、花园等村开办砂场，兴建老木一煤矿。乡村企业发展红火。90年代末期，乡党委、政府顺应市场，狠抓企业的机制转换和安全效益生产，乡办的10余家企业通过招标承包、租赁承包、股份合作制等形式，激活企业活力。1998年创工业产值1240万元，实现税利300万元。2000年以后，因原料缺乏，成本上升，污染环境，老木一煤矿、天供山水泥厂破产，设施拆除。2014年，乡党委、乡政府力推招商举措，湖南宏图矿业有限公司在境内落户。全镇有石煤矿8家、石膏矿3家、石灰厂4家、环保砖厂2家、采石场5家，完成工业产值2.58亿元，规模以上工业企业主要有红林化工、羊耳山煤矿。

商贸服务业

闸口集镇老街在清朝末期形成，全长1000米，成“一”字形向南北延伸，曾为澧县西北部的土产、山货集散地，有大小商铺100多家。中华人民共和国成立后，在闸口街道建有供销社、粮管站、肉食站，在古城、新桥、双堰、沿溪建有供销分社，各村（大队）开设集体商业零售店或代销店。1999年起，集镇逐步沿省道（S302）向东西方向发展。2014年，闸口集镇主街道上有各类商铺198家，经营商品有杂货肉食、粮油食品、农具、家具、文具书籍、生产资料等，从业人数345人；引进红日房产公司投资7000多万元兴建闸口花园农贸交易市场和宜居新区，占地2万多平方米，建筑面积7000多平米。

基础设施

交通运输

1957年，省道1868（S302）王家厂至闸口双土地段建成通车，全长15千米，境内始有公路。至1998年，全乡建成通村、通组公路80千米。2007年，全乡硬化通村公路25千米。2014年，全乡通村通组公路全部实现水泥硬化，长200多千米。

1968年，建成闸口涔河大桥，桥长38米，属工字梁板桥，单车道，连通涔河两岸的交通。投资400多万元建设的涔河新大桥，桥宽7米、长68米，双车道，2014年年底完成主体工程。

邮政通信

1995年，筹资18万元，开通程控电话200门。1996年5月，耗资10万元，开通无线调频广播。2000年，全乡拥有固定电话1000部、移动电话260部，电话普及率25%。2014年，邮政业务总量241万元，报纸、杂志累计期发3.2万份；全乡有固定电话3000多户、移动电话18000多户、互联网用户1000户。

水利建设

20世纪50—60年代，境内建成打磨场、游家湾、向家台、邓家冲、草堰湾、叶家峪6座小（二）型水库，总蓄水量123.7万立方米。1971年建成红阳小（一）型水库，库容量100万立方米。1973年建成水余洞小（一）型水库，集雨面积2.35平方千米，库容175万立方米，灌田1300亩。1975年，县政府在金山、闸口公社的交界处修建山门水库，水库设计集雨面积35.41平方千米，大坝高50.8米，总库容11150万立方米。1978年竣工，属中型水库。1998年开展山门干渠清淤扫障，高标准护砌沟渠3处4千米，安装水库提闸8个。2007年完成沟渠护砌3千米，渠道清淤15千米，骨干堰塘整修扩容19处，新建供水工程150处。2010年起，国家投资1600万元，对红阳、水余洞、叶家峪、向家台、打磨场水库实施除险加固改造。2014年，境内有水利基础设施1939处，其中中型水库1座，小（一）型水库2座，小（二）型水库6座，塘、坝1836处，灌溉渠道37条长45千米，渠系建筑物25处，抗旱机埠3处155千瓦。

供电饮水

供电 1983年成立闸口电管站，2003年撤站建所，成立澧县电力局闸口供电所。2014年，全乡有1座35千伏安变电站，3条10千伏输电线路。是年，闸口集镇电网升级改造，新建闸口中学315千伏安台区。全乡年用电量779万千瓦时。

饮水 20世纪90年代以前，群众饮水主要靠挑取溪流、堰塘水。1984年闸口集镇兴建自来水厂，供应集镇300多户1000余名居民饮水。1990年水厂移交闸口水利站管理维护，并进行第一次改造，供应范围扩大到600多户3000余人。2000年，水厂重新铺设管网，新建清水池、过滤池、高位水池，日供水量提升到200吨，惠及全乡1200户近6000人安全饮水。2006—2009年，国家投资150万元补助打井供水工程，全乡分散打井1000余处。2014年，在境内建成县办农村30万人饮水工程山门水厂，全乡农村安全饮水扩网8个村，投入资金500多万元，埋设主支管网130千米，覆盖3900户1.2万人的安全饮水。

乡村建设

闸口集镇主街道有东、南、西、北4条，共有商业门面198个。2011年，借助省道S302线修缮的拉动作用，完成街道路面硬化建设，完成下水道改造，加速集镇区绿化、亮化、净化工作进程。重新铺设自来水管网，解决自来水管系统老化、水压低、漏水等问题。建成加油站至德胜楼的人行道、路灯及街道绿化等配套工程。在村民集中居住地，修建垃圾池，栽种绿化树，形成干净整洁和文明的村容村貌。2012年起，投资100多万元，安装太阳能路灯60盏，主干道两旁种植全冠桂花树200余株，新建下水道2000米，购置分类垃圾桶80个，铺设人行道2000米。

2014年年底，完成原粮店建设商业小区的征地拆迁和土地平整，启动商业购物中心、休闲广场、居民生活小区等项目建设。全乡建设垃圾处理池60处，添置垃圾清运车8辆和转运车1辆，垃圾焚烧炉1座。

社会事业

教育

民国时期，境内有古柏、石马堰、关庙3所小学。1962年始建闸口中学。2014年，全乡设有1所中学，3所小学。有教职工90人，学生928人。适龄人口入学率、小升初升学率、九年义务教育覆盖率达100%。

文化体育

2009年新建200平方米乡文化站综合办公室、装修图书室。2010年争取全国文化信息共享工程电脑设备，争取农家书屋配套图书2000册、科技知识光碟84套。2011年举办建党90周年大型文艺演出。2012年举办全乡农民运动会。2014年举办全乡广场舞骨干培训活动，全乡各村（居）均成立广场舞蹈队伍。2014年，全乡有村级文化活动中心12处，农家书屋、图书室16个，农村业余文艺演出队18支。

医疗卫生

1950年2月，以闸口老街8家药铺为基础，成立闸口卫生联合协会。1955年11月合并为闸口联合诊所。1958年1月，更名为闸口公社卫生院。1984年4月，改名闸口乡卫生院。1996年，被省卫生厅授牌一级甲等医院。2011年，投资280万元修建3层1844平方米高标准住院大楼。2014年，申请到公租房建设项目，新建4层32套职工宿舍；卫生院有床位37张，专业卫生人员30名。拥有全自动生化分析仪、血球分析仪、B超、200毫安X光机、心电图机等医疗设备；完成门诊诊疗18000人次，收治住院病人1383人次，建立居民健康档案20002份。全乡12个村均设立卫生室，负责基础治疗、保健、预防工作。

社会保障

中华人民共和国成立后，国家干部、企事业单位职工实行离退休养老制度，由政府发给退休金。1995年后，集体企业职工退休，由企业进行一次性补偿。对于“五保”户对象，由政府出资供养，对老弱病残等群众给予救助安置。2005年，投资200万元，在水余洞村原精制茶厂修建乡敬老院，建筑面积2700平方米，集中供养“五保”对象40人。是年，实行新型农村合作医疗制度，年内有5097人参加“新农合”。2008年，实行新型农村社会养老保险，年内参保人数4716人，保费74万元。年满60周岁的老人，每人每月发放养老金55元，2013年上升至60元。2014年，全乡232名“五保”对象全部落实供养政策，其中40人入住乡敬老院集中供养，192人实行分散供养。新型农村医疗参合户数7794户20534人，参合率96%。有771人享受农村最低生活保障待遇，领取低保资金70.24万元；全年全乡共发放农村和城镇低保、重点优抚、大病救助等各项资金110余万元。完成对46户农村危房改造工程。

特色地情

特产民俗

天供山蜈蚣　闸口乡属山丘区，地处亚热带，常年雨水丰沛。尤其是天供山植被丰富，气候湿润，适宜蜈蚣生长繁殖。天供山蜈蚣以其独特药用价值，被载入《本草纲目》，具有祛风止痉，通络止

痛，攻毒散结的功效，每年产销 200 万条以上。

皮影戏 闸口人文底蕴浓厚，在老木村至今还保留有传统艺术皮影戏。皮影戏用牛皮或硬纸片雕刻成各种人物，高约 30 厘米，无色、侧面、单腿、独臂，肩上和手上各配 1 根操作杆。演唱时，在矮台上置银幕一方，由一人提影，通过灯光使影型在银幕上表演各种动作，其他人分司各种乐器和分唱各个角色。皮影戏多在红白喜事时为群众表演。

风景名胜

天供山省级森林公园 位于闸口乡境内，全园面积 732 公顷，森林覆盖率 85%。天供山海拔 421 米，属武陵山余脉。公园内主要景点有仙女洞、天供寺、夫人寨。仙女洞内钟乳石形态各异，集大、特、奇、美、优于一身。天供寺始建于唐代，相传女娲炼石补天曾溅落一块石头于此，形似石臼，臼中有米，取之不竭，普救庶众，山、寺因此得名。夫人寨是农民起义领袖李自成兵败江南时夫人高桂英安营扎寨之处，古战场、兵寨、饮马场、下马礅等遗迹犹存。

山门水库 位于闸口乡大垱口，拦截涔水支流九河湾溪河形成。水库中有大小岛屿近百个，又称百岛湖。库区还有众多亿万年前形成的古生物化石，堪称天然“古生物博物馆”。

古城岗城 位于古城岗村，城依山就势，先将东、西、北三面山坡削陡，再加土夯筑成垣。东、西二侧各有水塘 1 个，疑为护城河遗迹。南面涔水环山脚穿过，形成自然护城河。城垣平面呈长方形，西南二侧有缺口 2 个，应是城门遗迹。城内有厚达 1 米以上的东周至汉代的文化堆积层，发现东周时期的铜镞和陶鬲、罐、筒瓦等楚国遗物，以及城郊密集的楚墓。据清《一统志》载：“古城关，昔置戍，我屯兵之所。”证明该城为战国至汉时期的军事城堡。

（文字供稿：田冰芳，图片供稿：澧县党史办）

太青乡

区域概况

位置面积

太青乡地处县境西北边陲，东与甘溪滩镇接壤，南与洞市乡交界，西与石门县三圣乡为邻，北与石门县子良坪乡相连。乡人民政府驻探峪村，距县人民政府驻地70千米。

2014年，太清乡总面积105平方千米，有耕地21421亩，其中水田17583亩、旱地3838亩；有山林85459亩；水面14563亩。

建置沿革

民国末期和中华人民共和国建立初期属桐山乡。1950年5月，全县设187乡，乡域置太青、东门、田冲3乡。1952年8月，全县设3镇、250乡，乡域置东门、白岩、白杨、遇市、田冲、芭蕉、太青7乡。1956年6月，并为群山乡。1958年9月实行人民公社体制，分属东门公社和群钢公社。1961年7月缩小社队规模，群钢公社析为太青、马溪2个公社；东门公社析为东门、甘溪2个公社。乡域分属太青、东门公社。1984年撤销人民公社，改为太青乡、东门乡。1995年10月撤区并乡，太青乡与东门乡合并为太青乡。至2014年无变化。

行政区划

1995年并乡后，太青乡辖东门、游家山、探峪、白杨、边河、遇市、长桥、谷新、狮象、白岩、长冲、雷打坪、富裕、南山、群化、竹溪、大潭、安坪、太青、丰年、长岭、咸水、神竹、石板、花竹、田冲26个行政村202个村民小组。2005年，26个村合并成11个村，东门与游家山合并为东门村，探峪与白杨、边河合并为探峪村，遇市与长桥、谷新合并为遇市村，狮象与白岩合并为狮象村，长冲与雷打坪、富裕合并为长冲村，南山与群化合并为南山村，丰年与长岭、咸水、神竹合并为丰年村，石板与花竹合并为石板村，竹溪、大潭、安坪合并改为横山寺村，太青村和田冲村未变。至2014年，全乡共辖11个村174个村民小组。

自然环境

太青乡属山丘区，自东向西山脉连绵起伏，太青山主峰鸭母尖海拔1019.5米，为县内最高峰。境内有河流3条，分别是涔水长冲—东门段，涔水长桥—遇市段和澹水太青段。乡域属亚热带季风湿润性气候区，四季分明。年平均气温16.5℃，年均日照时数1890小时，年平均降水量在1020～1170毫米。植被以灌木为主，乔木有马尾松、香樟、栎树、楠树等40多种。野生动物有野猪、野兔、竹鼠、锦鸡、喜鹊、穿山甲、山獐等。境内矿产品资源丰富，有烟煤、铁矿石、硫黄、重晶石、大理石、方解石、白云石等。境内土壤多为含铁、铝氧化物成分较多的红壤，偏酸性，肥力较低。且因含沙量大，黏性不强，遇干旱或者暴雨，易发灾情。1995—2014 年，发生自然灾害 48 次，特别严重的有洪灾 5 次、旱灾 4 次。2012 年 6 月洪灾，全乡冲垮沟堤 15 处 400 米，山体滑坡 180 处，冲毁桥梁道路 295 处，垮塌房屋 3 户，农作物受灾面积 5600 亩，直接经济损失 3110 万元。2013 年 6 月旱灾，270 口堰塘干涸，6 条 30 千米溪沟断流，直接经济损失 4300 万元。

人口民族

1995 年，全乡农业户数为 5473 户，有农业人口 18156 人；人口出生率 10.88‰，自然增长率 1.24‰；有少数民族 20 人，其中土家族 12 人、壮族 7 人、苗族 1 人。

2014 年，全乡有 5310 户 19151 人，其中男性 10115 人；农业人口 18750 人；出生率 10.69‰；自然增长率 4.06‰；有少数民族 73 人，其中土家族 54 人、壮族 10 人、苗族 6 人、哈尼族 1 人、侗族 1 人、彝族 1 人。

经济发展

综述

1995 年，全乡完成工农业产值 1.3 亿元，其中工业总产值 9075 万元，创利税 1400 万元；农业总产值 4050 万元。1996 年引进高产优质水稻品种和生产技术。2000 年起，集体企业实行改制，民营经济得以发展。澧县燕山化工厂、太青山有机食品有限公司、太青八仙铁矿、海特重晶石矿等企业发展壮大，成为乡骨干企业。2000 年，实现工农业总产值 2.4 亿元，其中工业总产值 1.7 亿元，农业总产值 7032 万元。2012 年，全乡工农业总产值达 2.7 亿元。2013 年，乡党委、乡政府举全力招商引资，引进湖南安化黑茶生产技术，成立澧安黑茶厂。2014 年，全乡工农业总产值达到 8.6 亿元，其中农业总产值 6547 万元；农民人均纯收入 9266 元。

农业

种植业　境内种植业以水稻为主，兼种油菜、棉花、玉米、花生、茶叶、柑橘、板栗等。1990 年起调整产业结构，形成柑橘、板栗、茶叶、甜橙 4 大种植基地。1995 年，全乡粮食总产 11900 吨，油菜籽总产 1056 吨。2000 年起，注重发挥山区特点，突出建设油菜、茶叶两大品牌生产基地。2002 年，全乡农作物种植面积 18568 亩，粮食总产量 8356 吨，油菜籽总产 1146 吨。2007 年，种植水稻 15232 亩，总产 5850 吨；种植油菜 10000 亩，油菜籽总产 800 吨；种植玉米 8000 亩，总产 1240 吨。2014 年，全乡种植水稻 12168 亩，产量 5476 吨；油菜 13400 亩，油菜籽产量 1822 吨；玉米 2698 亩，产量 707 吨；棉花 5049 亩，产量 576 吨。茶园 15000 亩，产茶叶 2000 担。认证无公害农产品玉米 1300 亩、柑橘 2367 亩、有机茶 1049 亩。

养殖业　1990 年，调整养殖业结构，兴建生猪、山羊、菜牛 3 大养殖基地。1995 年，生猪饲养量达 7326 头。2002 年，全乡生猪出栏 10400 头。并成立生猪、山羊、黄牛等养殖协会，促进技术信息交流和养殖业发展。2004 年，澧县万古台生猪养殖专业合作社成立。2007 年，全乡出栏生猪 19800 头、肉羊 8000 只、肉牛 800 头。重点培植各类养殖大户 85 户。2012 年三宝山鸡养殖合作社成立。2014 年，全乡养殖生猪 18279 头、家

禽61651羽、羊3055只、牛360头，出栏生猪1.3万头，水产品360吨。

林业

乡属山丘区，植被丰富，林木繁多。1990年，全乡投资150万元，投工5.2万个，造林17521.5亩，其中用材林9352.5亩，果木林8169亩。封山面积3000亩，半封山面积6000亩。建成竹溪至王家堰，探峪至雷打坪两条林木经济走廊。1995年春，全乡组织10000名劳力复垦1000多亩新植茶园。2014年，全乡有山地92796亩，其中有林地7万亩，森林覆盖率56.3%，活立木蓄积量18.3万立方米。境内有古树123株，其中石板村古树群86株。

工业

20世纪50—60年代，境内有几处小型铸造厂和油脂厂。70年代，开始办小煤矿。80年代，办起淀粉厂、造漆厂、水泥厂、化工厂等25家乡办企业。1990年，采取转换经营机制，多轮驱动，多轮运行的方式，提高企业素质。1993年，遇儿坪锅厂投产。1996年，全乡有工业企业707个，从业人员3116人，企业总产值23540万元。2000年年底，澧县燕山化工厂投产。是年，境内有集体工业企业14家，个体和联户企业32家，全乡企业总产值43618万元，其中工业总产值19772万元。2012年，全乡有企业336家，其中合资企业14家、个体企业322家，工农业总产值达2.7亿元。2013年，乡党委、乡政府注重生态环境建设，关停一批污染严重企业。2014年，引资200万元，建成石板村万古台绿茶加工厂；全乡有绿茶加工厂7家、黑茶加工厂1家，产茶叶1000吨，产值6000多万元。是年，全乡有工业企业16家，矿产开采量1500吨，生产化工产品

15000 吨、预制构件 3 万块、衣服 12 万件。

商贸服务业

20 世纪 50 年代，境内有供销社、粮油店 6 个。各村（大队）均开设有集体商业零售店和代销店。80 年代改制，个体商贸服务业得到发展，农村市场日益活跃。1995 年，全乡有商业供销点 821 个，从业 3130 人，商品销售总额 180 万元，农户产品收购总额 350 万元。2000 年，全乡商贸服务企业 69 家，从业人员 429 人。2007 年，有商贸服务业 321 家，从业 962 人。探峪集镇有各类商铺，经营杂货肉食、粮油食品、农具、家具、文具书籍、生产资料等。2010 年，乡党委、乡政府筹资进行集镇基础设施建设，鼓励农民经商，推动商贸服务业发展。每月逢 4 日和逢 9 日为赶集日，客流量近 2000 人。2014 年，全乡有商铺 110 多家，个体工商从业者 2317 人。

基础设施

交通运输

境内有县道火罗线及探（峪）长（冲）、太（青）河（口）、遇（市）陆（家）等 4 条主要公路，有班车直通县城和常德市区。1995 年，修通乡村组公路，简易公路扩充至 18 条 98 千米。2007 年，投资 230 万元，硬化 6 千米乡主干道，投资 145 万元硬化 10 千米通村公路。2011 年，通村通组水泥公路达 200 千米。2014 年争取国家项目资金 400 多万元，修通从集镇直接上太青山的道路；改造探峪村边河桥；硬化石板、太青、探峪等村的村组公路及断头路 18 千米；整修到组到户公路 15 千米。

水利建设

1958—1977 年，境内建成谷新、烂泥冲、水碾湾、长冲、大潭、岩门河坝、太青 7 座水库，可灌溉县内 8 个乡镇 90200 亩农田；太青水库库容 1000 万立方米，集雨面积 36.6 平方千米，为中型水库；长冲水库、水碾湾水库为小（一）型水库，库容分别为 160 万立方米和 110 平方米，集雨面积分别为 2.85 平方千米和 1.5 平方千米；大潭水库、烂泥冲水库、谷新水库、岩门河坝为小（二）型水库，总库容 66.69 万立方米、集雨面积 11.66 平方千米。境内还有堰塘 954 口。2014 年，投资 12 万元完成丰年村“五小”水利工程建设；投资 20 万元对横山寺村、南山村部分水利工程进行改造；扩容整修堰塘 50 口，渠道防渗护砌 15 千米，修复水毁河堤、河垱 63 处。

邮政通信

1995 年开通 26 个村的程控电话。2014 年有移动通信基站 9 座，联通基站 5 座，邮政所 1 家，移动通信营业厅 3 家，手机 13565 部，座机 5540 部，电话入户率 95%。2015 年新修移动信号塔一座。

1995 年，兴建 2 座电视差转台和 1 座调频广播电台；有乡广播电视台 1 个、村级广播扩大站 6 个。2012 年，湖南有线公司收购太青广播电视台，加快广播通信建设。2013 年有线电视户 350 户；2014 年，有线电视户 620 户，宽带入户 150 户。2015 年，除南山、太青、遇市 3 个村外，其余村均铺设了光纤。

供电饮水

1990—1996 年，集中解决水电困难，整修配套水利设施，消灭无电村。2005 年，进行电网改造，扩大覆盖面，提高供电质量。2014 年，全乡有变压器 51 台，总容量 5250 千伏安。村村通电，户户亮灯。

2007 年，投资 235 万元新建集中供水厂，完成探峪村、横山寺村两处集中供水工程和 120 户的分散饮水工程，解决 5000 多人安全饮水问题。

2008年10月，投资500万元建成乡自来水厂，2011年、2013年，对乡水厂进行扩建，日供水增至800立方米，受益人口1万人。2014年，争取改水项目资金200万元，完成田冲、东门两村4500人的安全饮水工程。通过农村改水工程，境内11个行政村的群众100%用上自来水或井水。澧县疾控中心对太青乡农村饮用水长期跟踪监测，监测表明全乡农村生活饮用水符合国家《农村实施生活饮用水卫生标准准则》，卫生合格率达100%。

村镇建设

1995年，太青、东门两乡合并后，乡党委、政府在驻地探峪村征用土地18亩，将探峪村规划为集镇，拓展主街道，拓展后，街道长800米、宽8米。2000年，建设临街门面120个，经商门面40个,城镇化率11.2%。2009年街道设立路灯、标语和广告牌。2013年探峪集镇规划建设宜居新村，建经商门面10个，经商办厂增加到135户603人。2014年，全乡完善11个村级活动中心设施，均配备农家书屋，党员活动室，远教活动中心等集中活动场所。2014年投资10多万元在探峪村修建乡级垃圾集中焚烧炉1个，添置高标准村级垃圾箱80个，新建垃圾焚烧池60个，有专门垃圾清理队伍定期对主干道、主干渠、主河流及农户庭院进行裸露垃圾的清扫，建成区内生活垃圾无害化处理率达到100%。2014年，有8个行政村实行生活污水利用沼气池及小型人工湿地净化处理。通过沼气国债项目建设，新建沼气池120个，全乡清洁能源使用户数达2330户。

社会事业

教育

1956年，在芭蕉坪创办群山完小，在东门口创办东门完小。1958年设玉皇庙农中。1968年建太青公社中学和东门公社中学，1972年两校增设高中部并改名为太青中学和东门中学，1978年高中部撤销。2004年太青中学与东门中学合并成太青乡中学，迁址探峪集镇栎树岭。2007年争取资金60万元，修建中学科教楼。2014年，境内有小学5所，中学1所，幼儿园5所，教职员工80人，中小学生1109人。

文化体育

2011年，全乡有乡农家书屋1个、村农家书屋11个，各配管理员1名，总藏书10000册。有学校体育场5个，经常参加体育活动的人员占常住人口的20%。2013年，投资25万元为太青中学兴建文化宫。2013年9月建起智能应急广播系统，自动转播澧县人民广播电视台节目。乡政府可在广播室开广播会、播发通知，村委会可通过智能电话播出器、手机召开广播会和播发通知，11个村均建立广播点，安装终端广播294个。全乡有中西乐队2支，诗词协会1个，狮龙队1支，歌舞队2支，有文学、诗词、美术等文学艺术爱好者120人。群众文化生活丰富多彩，节假日经常举行自发性的节目汇演。

医疗卫生

1996年，太青乡卫生院与东门卫生院合并，迁址探峪村。是年，全乡有医疗点25个，医务人员83人,群众就医困难的问题基本解决。2005年，有村卫生室11个，服务人口12011人，年门诊10345人次。2007年，全乡参加新型农村合作医疗的有4611户14400人，参合率80%。2014年，全乡有村级医疗诊所11处，有乡村医生11名；乡卫生院发展成为一所集医疗、预防、保健为一体的综合性卫生院和农村合作医疗的定点医院，有医务人员21人，病床20张。配置进口B超，血球分析仪、心电图机、心电监护仪、X光机等设备，能进行常规摄片、B 超检查、心电图检查，血尿常规、肝肾功能、血沉、特殊蛋白等，并开设中医康复科，能开展各类常规疾病的诊疗，全年门诊 10464 人（次）。

社会保障

1995 年，原东门乡政府改为太青乡敬老院，有 21 名“五保”对象入院集中供养。2007 年，投资 60 万元扩建乡敬老院，入住“五保”对象 42 人。2013 年，落实各项惠农政策，全年发放各种补贴 178.7 万元，对 340 户 412 名农村特困人员进行救助，发放农村特困救助金 45.6 万元；享受 816 户 989 人农村最低生活保障，支出最低生活保障金 107 万元，人均月保障金 90 元；医疗救助 200 人次，民政部门资助参加合作医疗 1117 人（次），支出 3.73 万元；国家抚恤、补助各类优抚对象 207 人，抚恤事业费支出 48 万元；11172 人参加新型农村养老保险，参保率 62%。2014 年共发放粮食补助资金 201 万元，发放退耕还林补助资金 56 万元，发放农机补贴资金 30 万元，发放计划生育奖励资金 60 多万元，发放“五保”低保资金、优抚及其他救助资金共 180 多万元。完成 50 户农村危房改造工程，发放改造补助资金 51.4 万元。

特色地情

名优特产

太青绿茶　太青乡依托独特的地理条件，全力打造一乡一品的特色茶叶产业，推行“公司 + 大户 + 农户”开发模式，至 2014 年，全乡种植茶叶 15000 亩。太青绿茶的开发，坚持推行“无公害、绿色、环保有机”的理念，在茶叶生产技术管理过程中大力推行猪—沼—茶模式，禁止使用一切化学合成物质，杜绝与清除污染源，保护基地的生态环境，以人工除草、施有机绿肥、科学处理病虫害来促进茶叶健康生长，提高茶叶的有机含量。所创“双上绿芽”品牌以其外型美观，清香爽口，健胃消食，回味绵长，2014 年获国家工商总局颁发的中国驰名商标。

太青腊肉　太青人家家户户做腊肉。太青腊肉选用农家自养的吃青饲料和杂粮的土猪肉，腊肉制作一般在冬腊月，将宰杀的鲜土猪肉加适量盐、黑胡椒、丁香、香叶、茴香等香料进行腌制。7 ~ 10 天后，将腌好的肉挂在烧木柴的灶口或火坑上方，利用上升的青烟熏制，待到肉色呈金黄色、肉质红亮，即为熏好。有的乡民还加入柏枝、桔皮、柚子皮等物，以熏入特殊香味和口感。腊肉性味咸甘平，具有开胃祛寒、消食等功效。

风景名胜

鸭母尖景区　鸭母尖景区由鸭母尖、自生灰窑、鸭母洞、穿眼岩屋、八仙凸组成。

鸭母尖　在太青山中上段，面南，赤石层层叠叠，从杨树坑公路登顶有七层石壁，每层高约 50 米。层间小草灌木相间，横亘数百米。陡峭险峻，面似虎凶。北面头顶椭圆，背拱曲，形如缩颈曲背鸭俯伏而得名。峰顶为太青山登高望远最佳处，四周散布多个小景点。

自生灰窑　又称灰窑垭。由鸭母尖东行 200 米，在石壁顶有形似烧石灰的天生窑坑。窑周约 30 多米，直径 10 多米，窑墙为青石组成，窑门面南。站在窑墙上可远眺石门县庚子山及河口等地。

鸭母洞　位于自生灰窑西侧十多米处的峭壁中，洞门宽约 1.5 米，高约 3 米，内有巨形石鸭一只，头伸向里壁流水处，形似饮水状。

穿眼岩屋　位于鸭母洞西壁百米处，岩屋宽敞明亮，可容数十人，风雨难侵，视野开阔，似大山穿眼而得名。

八仙凸　位于鸭母尖附近的一个小土凸，上有8个青石仙人像，传说是八洞神仙在此饮酒弈棋后去赴蟠桃会时留下的替身。

蛮王寨景区　蛮王寨景区主要景点有万人洞、巡抚洞、蛮王寨。

万人洞　位于茶园湾，四围高山峭壁，无路相通。从岩下架两丈长的云梯可达。洞口不大，入其中，下行数步，始觉开阔，有层楼，有奇特石景和五光十色的钟乳石。这里曾是历代躲避兵灾的去处。

巡抚洞　又称玄武洞。位于蛮王寨山腰，一条险道通往洞中。洞内宽敞，冬温夏凉，洞外视野开阔。洞中原塑有六眼大仙、戴巡抚和祖师爷三尊神像。

蛮王寨　位于太青山东顶部、巡抚洞上。地势开阔，四周峭壁万丈，只有一条险道可上，是一夫当关，万夫莫开的寨子。山寨前面地势平坦，有水池、跑马岭，极目望去，满目青翠。

（文字供稿：张慧，图片供稿：澧县党史办）

杨家坊乡

区域概况

位置面积

澧县杨家坊乡位于县境西北部山区涔水上游南支两岸。东连码头铺镇，南接石门县新铺乡，西抵石门县三圣乡，北邻洞市乡。乡人民政府驻回龙峪村，距县人民政府驻地43千米。

2014年，杨家坊乡总面积36.7平方千米。全乡有耕地11916亩，其中水田7555亩、旱地4361亩；山林面积26000亩；水域面积350亩。

建置沿革

民国25年（1936），属燕麓乡。民国27年，属双泉乡。民国36年，属双桐乡。民国37年，复属双泉乡。中华人民共和国成立后，1950年5月废除旧制，全县设187乡，境内置三河、燕麓2乡。1956年6月，并为杨家坊乡，1958年9月，实行人民公社体制，杨家坊乡并入五星公社。1959年3月，五星公社更名为方石坪公社。1961年7月，缩小公社规模，方石坪公社析为方石坪、码头铺、洞市、杨家坊4个公社。1984年4月，撤销人民公社，杨家坊公社改为杨家坊乡。至2014年无变化。

行政区划

1984年，杨家坊乡辖联丰、建新、国庆、五一、红星、三河、英雄、新华、高峰、永红、团结、东风、永丰、民主14个行政村和1个林场，共122个村民小组。1989年，林场改为桃坡村，新华村更名为五平村，团结村更名为井铺村，东风村更名为晏家村，永丰村更名为夏垴村，民主村更名为青田村。

2005年4月合村并组，夏垴、高峰、桃坡3村并为观音岩村，红星、英雄2村并为龙洞峪村，晏家、青田2村并为青山峪村，永红、井铺2村并为回龙峪村，建新、联丰2村并为杨家坊村，国庆、五一2村并为燕涔村，三河、五平2村并为平河村。合并后，全乡辖杨家坊、回龙峪、青山峪、龙洞峪、观音岩、平河、燕涔7个行政村，共57个村民小组。至2014年，全乡行政区划无变化。

自然环境

杨家坊乡地貌以丘陵为主，地形自西向东南倾斜。最高点猪娘背海拔435米，最低点三河海拔140米，全境平均海拔176米。土壤以山地红壤为主。乡域地处中亚热带北缘内陆季风气候区，年平均气温16℃左右，年平均降雨1203毫米。有涔水支流流经境内，长约15千米。境内山峦起伏，有喀斯特地貌溶洞景观肖家洞、黄木洞、燕子洞等。林木有马尾松、杉、樟、杨、椿、棕、枫、栎、槐等30多种；果木有柑橘、茶叶、桃、李、梨、柿等20多种；野生动物有野猪、野兔、麂、獐、野鸡、喜鹊、蛇等40多种。境内矿产资源丰富，有原煤、石灰石、赤铁矿、重晶石、黏土、辰砂等。1995—2014年，全乡发生大的自然灾害9起。1998年特大洪灾，造成182户房屋损毁、4310亩农作物失收、山体滑坡频发，道路损毁5.6千米，直接经济损失893万元。2012年重大干旱，全乡2000亩茶苗干死，600多亩农作物失收，直接经济损失600多万元。

人口民族

1995年，杨家坊乡有5362户12521人，其中男性6423人；农业人口10653人。2005年，全乡有12103人，其中男性6188人；农业人口10241人。2014年，全乡有5082户11946人；总人口中，汉族11732人，少数民族214人，其中土家族196人、侗族9人，回族、苗族、壮族各2人，布依族、彝族、水族各1人。

经济发展

综述

1952年，境内人均耕地1.9亩，年人均口粮不足200公斤。1995年，全乡实现工农业总产值5000万元，其中农业总产值1500万元，工业总产值3500万元；农民人均纯收入983.6元，年末人均储蓄1180元；乡党委、乡政府引导农民大力发展高效农业，指导农户种植茶叶、脐橙，使一批人脱贫致富，60%的农户建新房，每百户农户有摩托车7辆、汽车1.25辆。2000年后，乡党委、政府一面抓招商引资，兴办企业；一面调整农业产业结构，提高农业科技含量，农村经济发展加快。

杨家坊木榨油

2014 年，全乡完成地区生产总值 3.2 亿元；农民人均纯收入 10912 元，年末储蓄总额人均 9382 元；90% 的农户入住楼房，每百户农户有摩托车 62 辆、汽车 9 辆。

农业

种植业 乡域历来以种植水稻、玉米、油菜为主，辅以棉花、薯类、豆类等作物。1995 年，全乡水稻播种 13000 亩，总产量 5200 吨。后因青壮劳力多外出打工，不少水田改种玉米和一季稻。2002 年，建成果木林基地 8 个，面积 5000 余亩，建有千亩脐橙示范基地。2010 年起，推广发展高效茶叶产业。2014 年，全乡发展茶叶 6100 亩，生产名优茶 70 多担，总收入 200 多万元。是年，全乡种植水稻 2760 亩，其中优质稻 900 亩，总产量 1518 吨；玉米 7736 亩，总产量 3868 吨；油菜 6935 亩，油菜籽总产 1248 吨。

养殖业 1995 年，全乡出栏生猪 9510 头、羊 1520 只、牛 420 头，家禽 11 万羽，禽蛋总量 152 吨，水产品 56 吨。2013 年，全乡出栏生猪 17018 头、牛 393 头、羊 4251 只，家禽 11 万羽，禽蛋总产量 302 吨，水产品 118 吨；全乡有养殖大户 45 户，其中生猪养殖大户 13 户、养鸡大户 14 户、养牛大户 5 户、养羊大户 13 户。2014 年，全乡出栏生猪 17020 头、羊 4951 只、牛 395 头；家禽 25 万羽，禽蛋总产量 311 吨；水产品产量 128 吨；全乡养殖大户 60 户，其中养猪大户 15 户、养鸡大户 25 户、养羊大户 15 户、养牛大户 5 户。

林业

1995 年，全乡有林地 28325 亩，森林覆盖率 37%。2013 年，乡内有林地面积 26000 亩，其中公益林 20000 亩。全年组织对全乡 7000 亩松毛虫疫区松林防治面积进行预防。对杨树叶面虫进行两次防治。2014 年，全乡营造血防林 800 亩，四旁造林 200 亩，苗木花卉造林 240 亩，公路主干道补植补造 500 株。封山育林 25000 亩，保持退耕还林面积 2800 亩；森林覆盖率 43%。

工业

20 世纪 70 年代，全乡有工矿企业 15 家，其中煤矿 3 家、石灰厂 3 家、水泥厂、大理石厂、造纸厂等 9 家企业。为打造青山绿水的生态环境，1990 年代，陆续关停一些工矿企业。2000 年，全乡仅剩 1 家乡办水泥厂、1 家煤矿、1 家预制板厂和 2 家石灰厂。2011 年，关停水泥厂。2014 年，乡内有茶叶加工厂 2 家、电子厂 2 家、环保砖厂 1 家、木榨油厂 1 家、证照齐全的石煤矿 3 家。

商贸服务业

20 世纪 60 年代，公社驻地开设供销社、肉食站、粮油店，公社驻地成为农村中心市场，大队开设集体商业零售店或代销店。中共十一届三中全会后，个体商贸服务业得到发展，农村市场日益活跃。90 年代，杨家坊集镇主街道有门店 20 多户。2012 年，投资 1100 万元，建设杨家坊集镇宜居新村和农贸市场。2013 年 6 月，宜居新村农贸市场正式运营，有门店 36 个，摊位 42 个，成为全乡赶集固定场所；农贸市场配套设施齐全，划分为蔬菜、肉食、干鲜果品、水产品和活禽等片区，连同集镇街道一共有经营门面 110 个，每月逢 5 日、10 日为赶集日，赶集日人数约 700 多人。

基础设施

交通运输

1979 年，县道杨家坊至码头铺段通车。1995 年，连接杨家坊乡和码头铺镇的柏油路铺设完成。2006 年，对杨码公路线进行水泥硬化。各村为改善群众的出行环境开始硬化村道。2013 年，全乡共有公路 68 千米，其中乡道硬化 6 千米，村级公路硬化62千米，基本实现村组通水泥路。2014年，硬化村级公路7.7千米，绿化村组公路3.5千米，完成杨码线破碎板维修及路肩培护。

邮政通信

1961年，成立杨家坊邮电所，主营邮政、电报及电话业务。1995年，邮政、电信体制改革，合并成立杨家坊电信所，发展固定电话用户1800余户。后邮政、电信分设，移动电话开始接壤农村。2013年，杨家坊新建邮政所并投入使用，主营全乡邮政投递、报刊征订、电费代缴等业务。2014年，全乡有邮政所1家、移动通信店2家、联通通信店2家、电信所1家，有家庭固定电话1734户、移动联通用户9734户、宽带入户945户。

水利建设

1955年，修建境内第一座水库——普安寺小（二）型水库。20世纪60年代修建小（一）型红星水库。70年代修建中心、民主、三八水、杨花桥、鲁家岩、永红水库等6座小（二）型水库。1972年，实施涔水新华河段改道，改造良田1500亩，整修河道3千米。80年代，修建小（二）型横冲水库。90年代，修建小（二）型北坡垴水库。至此，全乡有水库10座，总库容426.2万立方米，灌溉面积21350亩。2014年，全乡共修建主渠道31千米、支渠74千米，开挖和整修堰塘647口。

供电饮水

1979年，修建杨家坊变电站、供电站，普通农户家庭逐步通电。2000年起，对乡电网进行改造，解决全乡群众生产生活用电电压低的问题。至2014年年底，完成乡新一轮电网升级改造，全乡供电户数达到3331户。乡内低压线路长546千米，高压线路长31.48千米，装有变压器34台，容量3504千伏安，年供电量350.82万千瓦时。

1998年始建杨花桥水厂，解决杨家坊集镇集中饮水问题。2006年，实施农村安全饮水工程，铺设主水管网1.7千米，年供水20万立方米，解决5个村8000多人的安全饮水问题。2014年，投入130万元改造乡自来水厂，新增净水、滤水等设备。为彻底解决群众饮水难的问题，在观音岩村投入70万元进行水改，解决观音岩村因海拔较高，780名村民饮水不安全问题；在回龙峪村孙家垴投入30万元，解决孙家垴片区的安全饮水问题。全乡共铺设自来水主管网42千米，供应全乡9500人的安全饮水，安全饮水覆盖率85%。

乡村建设

杨家坊乡集镇自20世纪80年代乡政府移址中心水库边后开始逐步发展。1995年，主街道长1千米，有门店59户。2012年，编制《杨家坊乡总体规划（2012—2030）》，科学规划全乡发展。2013年，对集镇街道拓宽、升级改造及拆违植树，集镇街道长达1.8千米，临街门面达到110户，集镇经商及办厂户达到324户。

2007年，启动第一批村级活动中心建设。2009年和2011年完成全乡7个村级活动中心建设。2013年，对回龙峪和杨家坊两村的村级活动中心进行新建改造。

社会事业

教育

民国时期，将清末意大利传教士建的基督教堂改建为国民小学。20世纪50年代，创建小学9所。1965年，建杨家坊公社农中，1968年改为杨家坊公社中学。1969年，全公社13个大队均办有小学，公社办有初中，在校学生近2000人。1971年，杨家坊乡中学开设高中班，1980年停办高中班。1995年后，教育资源重组，全乡有中小学7所，学前班3个。2014年，全乡有普通初级中学1所、小学1所、幼儿园3所,教职工81人,在校学生1100多人。

文化体育

1993年,杨家坊乡成立有线电视台,至2000年,全乡有线电视户数530户,到2014年,全乡已发展有线电视用户1850户,有线电视网覆盖全乡。广播网络全乡覆盖,其中6个村广播与全县联网,1个村因地广人稀通乡广播。

医疗卫生

民国时期,境内有数名中医郎中游走行医,较有名气的中医有胡超然、杨芝甲、杨儒珍。中华人民共和国成立初期,组建杨家坊联合诊所。1961年,更名为杨家坊公社卫生院。1984年更名为杨家坊乡卫生院。医院占地4000平方米,建筑面积2620平方米。开放床位30张。2009年实施国家基本公共卫生服务工作,每年为65岁以上的老年人、糖尿病患者进行免费健康体检;对特慢病患者每一季度随访一次,部分患者免费发药;为辖区内0～6岁儿童实施免费预防接种;为辖区孕产妇、儿童进行健康保健服务,保障孕妇儿童的身体健康;配合县医院为辖区内妇女进行免费两癌筛查。2014年,医院内设有内科、外科、儿科、放射科、检验科、口腔科、B超室、心电图室、公共卫生管理办公室。基本医疗设施较为齐全。有医务人员21名。下辖村级卫生室7所,有专职村医9名。

社会保障

中华人民共和国成立后,境内各项民生事业得到发展。2005年,成立乡敬老院,床位40张,集中供养农村“五保”对象40人。2011年,全乡有农村居民最低生活保障对象10人,发放保障金5万元。2013年,全乡有农村居民最低生活保障户261户387人,支出73万元;国家抚恤补助各类优抚对象113人,抚恤事业费支出10万元;社会福利费30万元;10521人参加新型农村合作医疗,参合率90.32%。2014年,全乡集中供养“五保”对象40人,分散供养“五保”对象44人;427人享受农村低保。10795人参加新型农村合作医疗。

特色地情

风景名胜

观音庙 坐落在杨家坊乡观音岩村庙儿岭,该地风景秀丽,山势险峻,三面临百丈绝壁,由一条山脊与外界相连。庙始建于清代,毁于1966年。今遗址尚存。

肖家溶洞 位于澧县杨家坊乡观音岩村,有小道从村部直通洞口。洞约100多平方米,洞前为80多亩坡地。进主洞内又见2个洞口,下方一个旱洞,长约3000米,徒步行走需6个小时。洞中有水,洞中有洞,洞中的钟乳石形态万千、各不相同。值得称奇的,长年有一层薄雾悬浮在洞中,上不沾洞顶,下不挨地。

杨花桥水库 位于境内涔水上游,建于1976年9月,集雨面积32.5平方千米,总库容170.3万立方米。为杨家坊乡6个村及集镇街道超过9000人的饮用水水源地。水库水清山秀,景色宜人,水质常年保持在Ⅲ类。弯婉流长的水流中时常能看到鱼儿成群结队,是阳春三月踏青旅游的好去处。

(文字供稿:文龙,图片供稿:澧县党史办)

洞市乡 >>

区域概况

位置面积

洞市乡位于县境西部山丘区，东邻方石坪镇，南接杨家坊乡和码头铺镇，西与石门县三圣乡搭界，北抵甘溪滩镇和太青乡。乡人民政府驻洞市集镇，距县人民政府驻地 40.8 千米。

2006 年，洞市乡东西最大距离 11 千米，南北最大距离 5 千米，总面积 45.5 平方千米。2014 年，全乡有耕地 10842 亩，其中水田 7135 亩、旱地 3707 亩；有山林 49168 亩；水域 300 亩。

建置沿革

民国 25 年（1936），称洞市乡。民国 27 年，与方石、燕麓乡合并为双泉乡。民国 36 年，双泉、桐山乡并为双桐乡。民国 37 年，双桐乡又析为双泉、桐山 2 乡，乡域仍属双泉乡。中华人民共和国成立后，1950 年 5 月废除旧制，全县设 187 乡，乡域置洞市、红岩等乡。1956 年 6 月，并为洞市乡。1958 年 9 月实行人民公社体制，与方石坪、杨家坊乡合并为五星公社。1959 年 3 月，五星公社更名为方石坪公社。1961 年 7 月，缩小公社规模，方石坪公社析为洞市、码头铺、杨家坊、方石坪 4 个公社。1984 年 4 月，撤销人民公社，洞市公社改为洞市乡。至 2014 年无变化。

行政区划

1995 年，洞市乡辖万家、姚家、红岩、木溪、陆家、两河、云台、陈家、洞市、长堰、肖二、罗坪、申家、昌家 14 个行政村，共 79 个村民小组。

2006 年，合村并组。万家、姚家并为万家岗村，红岩、木溪并为红岩村，陆家、两河并为陆家桥村，陈家、云台并为云台村，洞市、长堰并为洞市村，罗坪、肖二并为罗坪村，申家、昌家村不变。合并后，全乡辖洞市、万家岗、红岩、陆家桥、云台、罗坪、申家、昌家 8 个行政村，共 67 个村民小组。至 2014 年，行政区划无变化。

自然环境

洞市乡地处武陵山脉太青山系南部，西、北、南三面高山环抱，东面系河谷地带和丘岗地。境内有海拔 500 米以上高山 4 座，最高峰红岩垴海拔 620.6 米。山坡坡度在 30° ~ 70°，坡度在 45° 以上的山地面积占多数。乡域属于亚热带季风气候区，四季分明，严寒期短，无霜期长。年均气温 16.2℃ ~ 16.4℃。年均日照时数 1890 小时以上。历年平均降水量在 1020 ~ 1070 毫米，年均降雨日 121 天。境内水资源丰富，有堰塘和井泉 1300 余处。地质构造较复杂，土壤种类丰富，全境成土母质主要有第四季红色黏土，间有少量灰岩、板页岩、砂岩等风化物；水稻土多为黄泥、潮泥田和紫潮泥田；旱地以熟红土、红泥土为主，坡地以薄中四纪红土红壤为主。适合香樟、马尾松、灌木、杉等树木和油菜、玉米、红薯等作物生长。境内矿产资源主要有硅、烟煤、石煤等，且储量丰富。境内易遭自然灾害，1840—2014年，共发生自然灾害46次。1998年特大洪灾，造成221户房屋被淹，2665亩作物失收，山体滑坡78处，道路损毁9.5千米，直接经济损失达1396万元。

人口民族

1995年，全乡有3273户10848人。2002年，安置石门县皂市水库移民352人，主要为土家族。2014年，全乡有4139户12837人，其中城镇常住人口为484人，城镇化率3.8%；总人口中，男性6579人，女性6258人；14岁以下1517人，15～64岁9240人；65岁以上2080人；汉族12403人，土家族434人。

经济发展

综述

1995年，全乡完成工农业总产值1.4亿元，其中工业总产值9000万元，农业总产值5020万元。2000年后，乡党委、乡政府着力调整农业产业结构，调减粮油面积，发展经济果木林；工业主要抓好招商引资。2014年，完成工农业总产值2.6亿元；财政收入242.1万元；金融机构年末存款余额6654万元，各项贷款余额2627万元；农民人均纯收入8893元。

农业

种植业 境内以种植水稻、棉花、油菜、红薯、玉米为主。20世纪60年代，扩大双季稻种植面积，栽种农垦58，水稻亩产达到400公斤，皮棉亩产达到45公斤。70—80年代，普遍种植双季稻或稻—稻—油三熟。90年代引进抗虫棉、丝光棉、长绒棉等优质品种，提高棉花质量。1995年，全乡粮食产量4300吨，皮棉200吨，油菜籽1100吨。2014年，全乡种植一季稻7100亩，早、晚稻1100亩，总产5300吨。

养殖业 境内养殖业以养殖生猪、山羊、家禽为主。1995年，全乡养殖生猪1.2万头，出栏8768头；养殖家禽13万羽，出笼10万羽，禽蛋500吨；出水鲜鱼300吨。2006年，全乡养殖生猪1.4万头，出栏9247头，存栏5100头；养殖家禽30万羽，出笼20万羽，存笼10万羽；出水鲜鱼410吨。2000年后，由分散养向规模化养殖发展。2014年，有养猪场8家，年出栏500头以上的规模养猪场3家，全乡生猪存栏9137头，出栏1.8万头；羊存栏3000只，出栏6000只。

林业

1995年，洞市乡有林地45828亩，其中经济林3800亩，用材林38326亩，四旁林3702亩。2000年后，随着国家对林业的政策倾斜和投入的加大，乡政府高度重视植树造林工作。投入大量资金，完成退耕还林、封山育林、公益林项目。2014年，全乡林地面积达到49168亩，其中经济林3300亩，用材林39166亩，四旁林6702亩。森林覆盖率70.67%。

工业

境内工业以矿山企业为主，主要有烟煤矿、石煤矿、赤铁矿、石灰矿等。民国18年，周竺僧、皮国栋等人集资创办昌家峪煤矿公司，雇工66人，月产煤170石。1958年，创办国营昌家峪煤矿，后更名为赤峰煤矿。中共十一届三中全会后，乡村企业逐步发展起来。到1995年，先后兴办11家乡办企业，主要有七一煤矿、八一煤矿、昌家煤矿、牡丹煤矿、水泥厂、窑子洞石灰厂、洞市水厂等。另有18家个体私营企业。2000年后，乡党委、乡政府大力招商引资，创造良好环境吸引投资项目、技术，使一批企业落户境内，先后建立罗坪园艺公司；昌家煤矿改制，淘汰落后产能，优化工业结构。2014年，全乡有龙头企业5家，其他企业16家，从业人员1100人，实现工业总产值1.28亿元。

商贸服务业

清代，境内有陆家、红岩2处集市，经营商品有杂货肉食、百货布匹、土特产品、手工制品等。民国年间，商业店铺发展到60余家。中华人民共和国成立后，在乡（公社）驻地洞市集镇建有供销社、肉食站、粮油店等，洞市集镇成为农村主要市场，村（大队）办起集体商业零售店或代销店。中共十一届三中全会后，国营、集体商业逐渐退出市场，个体商贸服务业快速发展，农村市场日益活跃。1995年，乡内有洞市、红岩、陆家3个小集贸市场，个体商铺发展到90余家，社会商品零售总额突破3000多万元。随着商业流通体制改革的深入和小城镇发展的需要，乡党委、乡政府多方筹资进行集镇基础设施建设。2014年，集镇内有个体工商户370户，从业321人，社会商品零售总额2800万元。

基础设施

交通运输

1961年，建成县道洞市至码头铺段，境内长4.9千米。1979年，修通县道洞市至方石坪段、洞市至甘溪段，境内分别长3千米和3.1千米。1995年，县、乡公路在境内总长25千米；有通村简易公路

洞市传统手艺铸锅

48条，长108千米。2000年后，开始硬化通村通组公路。2014年，境内127千米通村通组公路全部硬化，通村通组到户的道路网络基本形成。

邮政通信

2014年，全乡有移动通信基站3座、联通基站3座，手机用户9842户；有固定电话1000部，电话入户率95%，其中集镇居民电话普及率为98%左右。宽带网络覆盖率100%，互联网用户600户。乡有邮政所，工作人员3名，主要经营报刊发行、包裹、邮件发送；快递公司在集镇设有代办点，邮件收发十分方便。

水利建设

20世纪50年代末至60年代初，境内大力修建水库，以后每年都投入专门财力、人力进行水库建设和除险加固工作。2010年起，每年申请专项资金进行水库建设。2014年，全乡有小型水库10座，无病险库。小（一）型水库有陈家湾水库。小（二）型水库有城墙湾、天坑、周家湾、木溪峪、高家湾、协家湾、黄溪峪、红土湾、坟山湾水库。总蓄水量395万立方米，排灌渠总长380千米，有效灌溉面积7800亩；有骨干堰塘28处、山坪塘755处、溪河塘106处、井泉530处，灌溉面积2000余亩；有固定排灌机埠2处，其中木溪峪机埠装机容量100千瓦，王家塝机埠装机容量55千瓦，抗旱灌溉面积900亩。

供电饮水

2002年，境内进行电网改造，2014年，全乡拥有输电线路281千米，变压器35座3570千伏安，电力用户3323户，总供电量403.92万千瓦时。乡小城镇规划区内电线采用架空式沿路架设，供各种照明及其他用电。

1958年，始建自来水厂。2014年，全县实施农村安全饮水工程，乡政府筹措资金，扩大自来水管网覆盖范围，提高供水能力，至年底，乡内所有村均完成自来水管网建设，能供应6800人口的安全饮水，全乡安全饮水覆盖率达53%。

镇村建设

1984年，洞市乡制定乡村发展规划。1998年，在洞市集镇新建1条街道，长1.3千米，临街门面110个。2012年编制《洞市乡总体规划（2012—2030）》，集镇面积定位1.54平方千米，人口1.1万人。2014年，镇政府投资300万元，对集镇街道进行升级改造，实施硬化、绿化、美化、亮化工作，新修下水道2.2千米，集镇基础设施建设基本完善。有565户1246人在集镇经商办厂。全镇8个村都建有村级活动中心。

社会事业

教育

民国时期，境内有私塾数所，国民小学1所。中华人民共和国成立后，人民政府重视教育，学校发展较快。1961年，境内有小学13所。1965年，创办公社农中。1969年，改为公社中学，增设高中班。各大队均办有小学，实行半耕半读，公民办老师相结合教学。1980年，公社中学停办高中班。1995年，全乡有中学1所，小学6所，在校学生1500人，教职工120人。2011年，因校址有地质灾害隐患，洞市乡中学并入码头铺镇中学。2014年，乡内有小学2所，幼儿园1所，教职员工38人，在校小学生700人。

文化体育

2012年，全乡有农家书屋8个，各配管理员1名，藏书5万余册。有文学、音乐、诗词、美术、书画、唢呐等文学艺术爱好者130人，文学艺术创作、演出活动经常，群众文化生活丰富多样。2013年，洞市乡代表队参加全县群众文艺演出百团大赛，节目《走进草原看美景》获全县一等奖。

医疗卫生

民国时期，境内有个体医生，著名中医有善治跌打损伤的吴姓医生。20世纪50年代初组建联合诊所。1961年建公社卫生院。1969年，实行农村合作医疗，各大队设立合作医疗站，卫生院为大队培训赤脚医生14名。1983年，卫生体制改革，卫生院允许私人承包经营。1995年，又实行统一经营管理，乡卫生院有医务人员14人，病床18张；全乡有村卫生室医务和妇幼保健人员15人，个体开业行医9人。2014年，乡内有卫生院1所，病床25张，村级医疗室8个；医护人员32人，其中乡村医生8名。洞市传统骨科、传统眼科享誉周边湘鄂地区，全乡有私营骨科诊所8家，眼科诊所2家。

社会保障

中华人民共和国成立后，对老弱病残等困难群体给予救助安置。1998年，在昌家村创办乡敬老院。2004年改扩建乡敬老院,敬老院占地25亩，建筑面积3000平方米，可集中供养“五保”对象60人。2005年，推行新型农村合作医疗制度，年内有10572人参加“新农合”，参合率98%。2006年，启动城乡居民最低生活保障制度，有386人享受农村低保，发放保障金300多万元；3人享受城镇低保,发放保障金3万多元。是年，实施新型农村社会养老保险。2014年，纳入社会养老保险体系的老年人2111人，发放养老金189.9万元；1.19万人参加新农村合作医疗，参合率95%；为14人发放大病救助资金5.2万元。全乡114名“五保”对象全部落实供养政策，其中40人入住乡敬老院集中供养，74人分散供养。

特色地情

名优特产

洞市羊肉 洞市羊肉羊杂远近闻名，其原材料采用当地放养的山羊烹饪，因其肉嫩、汤鲜、味美吸引四方食客。2014年在全县组织的烹饪大赛中，洞市羊肉获得“澧县特色菜”称号。全乡所有餐馆都有洞市羊肉、羊杂供应。

风景名胜

境内知名景点有“三山三洞两峪”，分布在以洞市乡政府为中心，半径3.3千米的扇形地带，总面积约50000亩。

云盖山 又称青龙山，位于申家村。据传，元朝末年，陈友谅围困元军于青龙山，观世音菩萨不忍看生灵涂炭，点拨云雾遮住该山，使守军得以生存。后来当地百姓将该山改名为云盖山。山上有庙，站在山顶能一揽山谷全景，让人心旷神怡。

唐家山 又名望子观，位于陆家桥村。奇峰向南面突起，耸峙巨岩犹如一长须飘飘的老者在遮额眺望远行的儿孙归家。

钵盂山 位于申家村。山腰有抗日战争时期留下的战壕。山顶有奇特的天鹅孵蛋地形，传说是块不可多得的风水宝地。

大神洞 位于申家村，属天然形成的溶洞，洞内长3000多米，最高处10多米。洞中叠洞，洞内上下3层，洞奇石美，有石笋、石柱、石塔、石幔等。

和尚洞 位于洞市乡政府驻地前鹞儿山。该山有一座南朝北，高100多米、宽300多米的大岩壁。壁上有一石洞，名和尚洞。洞内纵横交错，宽阔处，可容纳数百人，洞内有石桌石凳、石碗石筷等物。据传明末清初时，李自成部下牛金星带领500士兵削发为僧，隐居该洞。山洞因此而得名。

水帘洞 位于万家岗村，洞口宽阔，洞内深不见底，洞顶有水珠滴下。抗日战争时老百姓曾在里面躲过日军。水帘洞旁边的山体为罕见的丹霞地貌。

黄溪峪 位于云台村，两面山峰夹道而行，峪底是黄溪峪水库，为全乡的饮用水源之一，蓄水量38.6万立方米。自然资源保护较好，空气清新，林中有松鼠、野兔、野山羊等多种野生动物。

木溪峪 位于木溪村，峪有十里十八弯，山光水色，让人心旷神怡。该地自然资源保护完好，山林面积达4000多亩，珍稀物种300余种，有"森林植物基因宝库"之美名。峪尾有一对百年龙凤古松，守护着这片土地的宁静与美丽。

（文字供稿：聂炀，图片供稿：澧县党史办）

县农业科学研究所

区域概况

位置面积

澧县农业科学研究所位于澧县县城环城线西北角，四周与澧西街道接壤，东面为荣隆社区，南、西、北面为新高堰社区。所部驻马家堰，距县人民政府驻地8千米。

2014年，全所总面积800亩，有耕地458亩，其中水田405亩、旱地53亩；有水域130亩。

建置沿革

1966年2月7日，澧县人民委员会批准成立澧县农业科学研究所，其前身系乔家河农场、车溪牌楼科研示范点，后搬迁到嘉山原种场，改名嘉山农科所。其工作职能以水稻研究、水稻原种生产为主。1972年，所址经县革委会选定，由澧阳公社马堰大队及高庙大队共属的马家堰填塘而成，并划拨两个大队各1个组组成。其时为全省第二个县级农科所。1987年，澧县农业技术推广中心进驻，实行两块牌子一套人马，工作职能包括畜牧、水产、花木、水果、蔬菜、加工开发等，成为澧县唯一的农业综合性科研所。1988年，澧县农业技术推广中心由所内分离迁往县城区。此后至2014年无变化。

行政区划

澧县农业科学研究所从建所起下辖3个科研组，一直没有成立行政村，政府公文行文习惯将其总称为马堰农科所直属村。2015年划入澧西街道后，仍由农科所代管，属双重管辖。其中一、二组为原澧阳公社划拨，土地性质为集体土地；三组土地性质为国有土地。

自然环境

所域位于澧阳平原核心区，属亚热带湿润季风气候区，气候温暖，四季分明，雨量丰沛。树木分布多为枫、杨、柳、泡桐等树种，野生动物19种。境内土壤多为水稻土，肥力中等。从建所到2014年共发生自然灾害10次，特别严重的有水灾2次，分别为1998年、2003年。2003年水灾水稻受损面积10公顷，直接经济损失15万元。

人口民族

1995年，辖区内有居民149户人口396人。2014年年末，辖区内有居民163户418人，其中男性223人；农村劳动力256人，其中农业人员156人，建筑业人员100人；少数民族有1名阿昌族。

经济发展

综述

20世纪80年代开始,逐步发展优质大米加工、农资销售及技术服务，主要经济实体有甜糯玉米种植与加工、葡萄种植、蛋鸡及南美白对虾养殖、水稻工厂化育插秧等。1987年，成立澧县第一家优质米厂，随后成立种子加工厂。1994年成立澧县农业科技开发中心。1995年，全所实现工农业生产总产值135万元。2001年，成立湖南博尔特天然食品开发有限公司。2007年，成立中国南方优质葡萄工程研究中心种质资源圃及澧县九州葡萄开发有限公司。2008年，成立现代化养鸡场。2011年成立澧县城头山优质稻生产专业合作社及南美白对虾养殖场。2012年成立澧县农科所苗圃。2014年完成工农业总产值662万元。先后获得国家级科技进步三等奖1项，省科技进步二等奖和三等奖各1项，市科技进步三等奖1项；发明专利2项。

农业

种植业　2007年，种植水稻372亩，总产量166吨；油菜18亩，总产量2.1吨；棉花60亩，总产量6.6吨。2014年，农作物播种面积628.5亩。其中早稻300亩，总产量115吨，晚稻300亩，总产量144吨；油菜28.5亩，产量4吨。建有葡萄种质资源圃50亩，观赏花木苗圃17亩。

养殖业　2007年，出栏生猪48头，存栏27头；出笼家禽0.23万羽,鸡蛋产量1.9吨。2014年，出栏生猪66头，存栏42头，其中能繁母猪3头；出笼家禽0.57万羽，产鸡蛋5吨。池塘养殖面积60亩。

商贸服务业

2007年，所内开设商业零售店，主营日杂百货。2014年，有百货、布艺、铝合金装饰、餐饮等各类商户6家，个体工商从业者20人。

基础设施

水利建设

1972年，所址部分为填埋堰塘而成。2007年开始逐步实施排灌水渠硬化、堰塘清淤等工程。2014年境内有机埠2座，排灌水渠4500米，农田基本实现能灌能排。

交通邮电

1995年，有通所通组简易公路4条，总长3千米。2007年通所及通组公路开始分期分段全部硬化。2009年，对通所主干道进行整修、拓宽。2014年全所家庭拥有固定电话129部，手机210部。

社会事业

教育文体

所辖区内无教育机构，村民子女入学均就近在邻村学校或城内入学。2014年建有休闲健身广场1座，同年实施广播“村村响”工程，有线电视入户146户。

医疗卫生

1998年，所内建有医疗室1个，医生1人，年诊治所内及周边患者百余人次。2013年起建垃圾池12个，并由专人打扫主要道路和居民聚居地公共区域。2014年完成改水工程，90%家庭用上自来水。

社会保障

2005 年，实施新型农村合作医疗，参合率 80%。2009 年，实施新型农村社会养老保险，参加人数 126 人。2014 年，372 人参加新型农村合作医疗，参合率 89%；186 人参加社会养老保险；13 人享受农村最低生活保障待遇，1 人享受“五保”待遇。

（文字供稿：李超）

县棉花原种场>>

区域概况

位置面积

澧县棉花原种场地处县境北部，东、南面分别与雷公塔镇缸窑村、荆河村相连，西邻雷公塔镇和平村，北与盐井镇伍家岗村接壤。场部驻伍家峪村，距县人民政府驻地22千米。全场总面积5349亩。

建置沿革

1958年，常德行署划拔原石膏矿和盐井公社岩桥大队3队伍家祠堂成立常德监狱。1969年常德监狱迁至常德市白鹤山，旧址改为常德地区“五七”干校。1972年改为地区旱科所，为常德行署直管处级科研单位。1974年12月划拨给澧县管辖，成立澧县旱科所。1983年更名为澧县棉花原种场，属县农业局下辖副科级事业单位。为满足种子生产用地需要，将彭家厂公社岩桥大队全部并入棉花原种场。至2014年年底无变化。

行政区划

澧县棉花原种场下辖岩桥与伍家峪2个行政村，共9个村民小组。其中岩桥村7个村民小组，基本为原住民；伍家峪村2个村民小组，除少数为原岩桥村伍家祠堂居民外，大多为县七里湖农场、道河乡大岩厂等乡镇零散移民户。

人口民族

1974年，全场仅有10多名技术管理人员。1975年增至90多人，主要是从甘溪、码头铺山区及周边盐井、彭家厂公社迁入的农民。后经历多次增减，逐成一定人口规模。2014年，辖区内有329户1229人，其中男性737人、女性492人；汉族1224人，土家族5人。

自然环境

场域地形以丘陵为主，地势北高南低，西高东低，海拔高程约50米，土壤为弱酸性红壤黏土，富含多种矿物质元素，肥力较好。且因含粘性适中，遇干旱或者暴雨，具备较强抗灾能力。涔水北支从盐井镇自北至南穿境而过，全长约3千米。境内地矿资源有石膏，主要分布在场西部丘陵地带。年平均气温16℃～17℃，年平均降雨1114毫米。全场总集雨面积5349亩，其中丘陵、林地3120亩，耕地2029亩，水域200亩。林木有马尾松、杉、樟、杨、椿、棕、枫、栗、槐等30多种；果树有柑橘、橙、桃、李、梨、柿等20多种。1974—2014年，共发生自然灾害10次。2013年9月10日洪灾，导致场部砖厂受损严重，机关院内进水，围墙被冲倒，近600多亩农作物减产或失收，直接经济损失100多万元。

经济发展

综述

场以农业科研生产为主，棉花种子生产繁殖是农户家庭收入的主要来源，场内没有大的工商企业。20世纪70—80年代，主要以湘棉10号等常规棉种提纯复壮和繁育生产为主，年良繁面积稳定在1000亩以上，年产种子10多万公斤，能基本满足全县数十万亩棉田的生产用种。随着品种的更新及种子市场化的推进。90年代初，开始转为杂交抗虫棉制种，先后承担湖南省农业厅、省棉所亚华种业棉种分公司、深圳创世纪种业公司湘杂棉1号、2号、3号和鄂杂棉11号等优质杂交棉种的制种任务。自建场至2014年30多年间，全场累计加繁生产常规棉种150多万公斤；杂交棉制种2000多亩，生产一代杂交种20多万公斤；一代加繁6000多亩，生产二代良种70多万公斤。

农业

种植业 1983—2008年，以棉花种植为主，并承担省、市、县各级棉花部分科研试验示范项目，棉花种植面积占全场作物种植总面积的90%以上。1993年湘杂棉1号制种200亩，一代加繁500多亩，生产种子90000多公斤。1998年一代制种500多亩，一代加繁400多亩，生产种子11万多公斤。2005年后，由于棉花种子供应的市场化及全县棉花种植面积的逐年萎缩，农户的种植结构发生很大改变。2015年，种植水稻1014亩，占全场总面积的50%，总产量608吨；种植玉米811亩，占总面积的40%，总产量364吨；棉花种植面积142亩，仅占总面积的10%不到，总产量32吨，是历史上最低年份。全场还有柑橘等果树种植面积约300多亩。

养殖业 1995年，全场出栏生猪1310头，牛30头，羊200只，出笼家禽1.5万羽，禽蛋总产量85吨。2000年后，全场养殖业由传统养殖逐步转向规模大户养殖发展。2014年，全场出栏生猪1200头，出笼家禽1万羽，禽蛋产量60吨。

林业

2014年，境内有山丘林地3120亩，其中经济果木林地300亩，马尾松林地1500亩，其它杂树林1300多亩。植被丰富，生态环境优美。

工商业

1974年，场部有供销社、米厂、油厂，规模不大。1980年代初期随着个体工商业的发展，逐渐转为个体工商户承包经营。2014年，场内有中型超市1家、油厂1家，均为个体业主。石膏为场唯一的矿产资源，自建场先后发展石膏矿企业3家，高峰时从业人员达60多人。由于地质条件局限，塌方情况严重，安全隐患突出，于1990年代末期全部关闭。以红黏土为主要原料的红砖厂，建于1985年，年产红砖1500多万块，30多年共出产红砖4亿多块。为加强环境保护，红砖厂于2015年9月按县统一部署拆迁关闭。原砖厂场地采取租赁性质由私营企业主经营，投入近100多万元的环保砖厂于2015年10月投产，从业人员20多人。

基础设施

水利建设

1959年，修建境内小（二）型水库——大山凹水库，库容60万立方米，位于岩桥村5组上游与澹水干渠相邻处，承担着下游1000多亩农田灌溉任务。全场有中小型堰塘28口，分布各村组。2010年起，每年投入数十万元，完成大山凹水库的除险加固、场内河道清淤、灌排沟渠的清理整治、新挖堰塘等数十项基础水利设施建设项目。

交通运输

20世纪70年代建场之初，仅有盐井镇老张家场至雷公塔县道经境，交通出行需借助盐井至县城班车，出行不便。90年代末，通过向上级有关部门争取资金，相继修通场部至村组各条主干道，并实行路面硬化，形成通往县城的1条县级公路主线、6条村级公路线的较为便利的交通网络，总长约20多千米。县场公路与207国道贯通，可通往县城、常德、松滋等地。

邮政通信

20世纪80年代初期设立场邮电代办所，主要经营报刊、信件、包裹及电话业务，并安装电话到场部及村部等单位。1995年后境内大力发展固定电话、移动电话。2014年，境内有邮政代办点1处；有移动电话920部，普及率达70%以上；宽带用户25户。

供电饮水

2014年，全场拥有高压输电线路5千米，低压输电线路18千米，变压器4台450千伏安，生产、生活用电基本解决。

2014年，启动国家投资的安全饮水项目，于2015年11月竣工开通，全场9个村民小组90%的人口用上安全卫生的自来水。

场村建设

20世纪90年代中期，制定场村建设发展规划，以场部所在地为中心，过境县道为主线，整合公路沿线土地资源，发展以“半边街”为基础的农村小集镇建设。2012年开始推进美丽生态家园建设，对场部办公区外小集镇安装路灯、修建垃圾池，同时加大对养殖场、加工企业的污染源的整治与管理，场区环境大为改善。

社会事业

教育卫生

1974年，境内有完全小学1所，开设一至五年级8个班，在校学生400多人，主要为场内生源。后由于生源不足，2006年撤销，并入雷公塔镇彭家厂完小。1969—1982年，在场原伍家祠堂所在地曾办过县农机培训学校，每年开班两届，每班50余人，生源来自全县各乡镇农机操作手，13年期间共培训学员1500多人。2014年，场内有私营幼儿园1所，在校幼儿110余人。有个体医疗卫生室1个，为县级定点村级医疗室，可做到治疗小病不出场。

社会保障

2005年，推行新型农村合作医疗制度，参合人数逐年增加。2014年年底，全场共有农村低保对象51人，农村“五保”10人。1130人参加合作医疗，参合率为92%。

（文字供稿：汪世飞）

嘉山良种繁殖场

区域概况

位置面积

嘉山良种繁殖场位于县境东南部澧水尾闾南岸。东隔澧水与九垸乡相望，西、南与津市新洲镇接壤，北与澧县湖洲管理所毗连。场部距县人民政府驻地30千米。

2014年，全场面积4000亩，有耕地3050亩，其中水田2230亩、旱地820亩；有山地680亩；水域260亩。

建置沿革

1965年，实施围垸建场，成立澧县嘉山良种繁殖场，加挂澧县农业科学研究所牌子。1972年，澧县嘉山良种繁殖场与澧县农业科学研究所分设，澧县农业科学研究所迁往今澧阳街道马堰社区。2015年11月，湖南省实行乡镇区划调整，嘉山良种繁殖场并入小渡口镇。

行政区划

1978年，澧县嘉山良种繁殖场下辖一大队、二大队、企业队3个大队。1982年，撤销企业队，全场组建嘉山、鲁家坪两个大队。1984年，两个大队分别改称嘉山村和鲁家坪村，共17个村民小组，1个园艺队。2002年，撤销园艺队，其所在地规划为嘉山、鲁家坪两村移民集中安置点。2010年，实行渔民解困，对澧水嘉山段附近从业的渔民集中上岸安置，成立嘉山渔业队，由场管辖。至2014年，行政区划无变化。

自然环境

场域为洞庭湖冲积平原，澧水经场东、南流经全境。嘉山依北而坐，呈东西走向，是高海拔147米，成为一道天然屏障。气候四季分明，属于中亚热带湿润季风气候向北亚热带湿润季风气候过渡地带，年平均气温16.7℃，年平均降雨量1480毫米。树木有杉、松、樟、棕、槐、桂、枫等，还有桃、栗、柑橘、柚等经济林木。野生动物随着自然环境条件的改善，品类日益增多，有野鸡、雀、獾等。建场起，共发生较大自然灾害4次。2003年涝灾，导致300多亩农作物失收，500多亩农作物严重减产，直接经济损失200多万元。

人口民族

20世纪60年代建场初期，全场总人口2450人，其中男性1254人。1999年，全场总人口2480人，其中男性1267人。2014年，全场有606户2547人，其中男性1296人；农业人口2535人；人口出生率14.3‰；少数民族7人，其中土家族 4 人、回族 3 人。

经济发展

综述

澧县嘉山良种繁殖场以种植业和养殖业为主，20 世纪 70—80 年代，场、村兴办过犁具、砖厂等集体企业。90 年代服务业比较发达，场部建有供销社，鲁家坪中心位置有大、小商铺 10 余家，从业人员 30 多人，年服务业产值近 500 万元。2014 年，场内仅存 2 家农副产品加工企业，全年完成工农业总产值 13500 万元，其中工业总产值仅 315 万元。

农业

种植业 场内种植业以粮食作物为主，辅以棉花、油菜、柑橘等经济作物。计划经济时代，是全县的良种供应基地，每年为全县提供优良农作物种子 50 万公斤以上。20 世纪 90 年代初，繁育湘杂棉 2 号棉种，为全县的棉花生产做出贡献。2000 年以后，大力引进、示范、推广超级杂交稻，先后示范推广超级稻两优培九、深两优 5814、Y 两优 900 等优质水稻品种 3 万多亩；推广优质、高产多抗棉花新品种邦农 3 号、鄂杂棉 11 等 2 万亩；推广双低杂交油菜新品种兴地油 1 号、华油杂 14 等 2 万亩。

养殖业 1990 年前，全场养殖业主要以家庭分散养殖为主，品类单一，产业规模弱小，经济效益低下。1995 年后，发展规模养殖，水产、畜禽养殖收入成为农村家庭收入的重要来源。2004 年，由嘉山村陈克发投资 200 万元兴建的年出栏 8000 头猪的养殖场建成投产。2014 年，全场共有中、小型养猪场 6 家，全年养殖生猪 12000 头，其中出栏 10000 头；养牛大户 1 家，养牛 43 头；养羊户 3 家，养羊 380 只；养家禽 4300 羽；出水鲜鱼 110 吨。

林业

1976 年，在嘉山开展荒山造林，林业面积得到迅速扩展。至 1980 年年底，共植树造林 750 亩，以松树和杉树为主。但由于管理粗放，导致一段时期林业发展基本处于停滞状态。2000 年后，嘉山实施封山育林工程，严格管护，同时积极动员群众，开展庭前院后、公路两旁植树造林，大力开展血防造林，实施兴林抑螺工程，林业得到较大发展。2014 年，场内有林地面积 1050 亩，其中松树 350 亩，杉树 400 亩，杨树 300 亩，森林覆盖率达到 25.3%，生态环境得到明显改善。

工业

由于嘉山位置面积偏僻，交通不便，加之自然资源匮乏，工业一直处于落后状态。在大力发展集体经济的 20 世纪 80 年代，场、村曾办过犁具、砖厂等集体企业，之后逐渐被市场所淘汰。2014 年，场内仅存 2 家农副产品加工企业，年产值 315 万元。

商贸服务业

20 世纪 70—90 年代初，场区建有供销社，营业面积 90 平方米，从业人员 5 人。嘉山二大队地处中心枢纽，商贸物流较为繁荣，开设有杂货肉食、百货布匹、粮油食品、手工业品、农具、家具、文具、农资等商场门店，成为场区的中心市场。2002 年移民建镇后，居民实行靠山集中安置，原有集体商业零售店或代销店撤销转移。由于市场容量有限，加上津市新洲集镇商贸辐射影响，2014 年，全场各类商铺仅存 10 余家，从业者 30 多人，社会商品零售总额不到 200 万元。

基础设施

交通邮电

2002年前，经嘉山、芦苇总场的安(乡)津(市)公路，是全场唯一进出通道，路面为简易沙石路面，每逢大的洪水，道路受淹，交通阻断。2002年移民，从山的南面新修1条长2.5千米，通往安津公路的沙石路，2007年实行道路硬化，场域交通条件得以改善。2008年开通津市新洲至嘉山公汽线路，日发6班。2014年，全场水泥硬化道路里程达28.8千米，基本实现村组道路硬化全覆盖。

邮电通信由津市新洲邮电所代办。移动通信及宽带于2002年后陆续覆盖。2006年，全场有手机200部，宽带户数12户。2014年年底，全场有手机2326部，宽带户数439户。

水利建设

嘉山澧水一线防汛大堤长2616米，含嘉山撇洪闸、邵家嘴机埠、杨氽湖涵闸3处穿堤建筑。1965年建垸后，大堤分别于1984年、1994年、1998年、2010年4次加固，全线高程已达45米，能抵御50年一遇的特大洪水。

2008年前，仅有排渍机埠1座，功率170千瓦，抗旱机埠3座，功率45千瓦，多为带病上岗，超负荷运行。10多口小型水塘安全蓄水量为22万立方米。2010年，通过土地开发项目，新建抗旱机埠3座，新增装机容量30千瓦。硬化水泥沟渠12000多米。针对邵家嘴机埠和杨氽湖涵闸启闭不严的情况，2011年对其进行除险、加固。

场村建设

1965—1985年，嘉山两村依东西而居，场部位于两村中间，因经济原因，场村建设长期处于相对落后状态。1986年，场部由垸中迁至嘉山脚下，建成两层办公楼房。2002年，嘉山实行移民建镇，两村居民靠山集中安置，嘉山集镇得以发展，面积较原来扩大数倍，居民也住上美丽宽敞的新房。2002年接通津市—新洲—嘉山的自来水管线，为嘉山居民日供应自来水300立方米。2007年硬化湘北干线至嘉山的公路2.5千米，并在中心地带建有嘉山广场。场内有商铺4家，餐馆3家，从业人员30人。2014年，厂部搬迁新址办公。

社会事业

教育

1965—2010年，境内办有1所九年一贯制的公办学校，从小学到初中各有1个班级，在校师生多时约400人左右，教师10人。随着人口出生率的下降，生源严重不足，到2009年，班级学生最少时不足10人，师资力量严重浪费。2010年，初中部撤并至澧县九垸乡中学，嘉山只保留小学部。2011年后，小学六年级、五年级也相继并入九垸乡。2014年，嘉山学校办有小学一至四年级，有教师7人，学生47人，适龄儿童入学率100%。

医疗卫生

1977年，成立嘉山良种场卫生医疗室，聘请赤脚医生韩克志为卫生医疗室主任，规模小，床位少，医疗卫生条件相对落后，年就诊人数仅100多人次。2002年移民后，两村分别成立村卫生室，村民患小病到卫生医疗室治疗，大病到就近的津市新洲卫生院或县、市医院治疗。

社会保障

2005年，推行新型农村合作医疗制度。2006年，参加合作医疗人数2000人。2014年，参加农村合作医疗2445人，参合率达96%。有70人享受城乡居民最低生活保障。1235人参加新型农

村社会养老保险。供养“五保”对象28人，其中9人入住场敬老院集中供养，19人分散供养。

特色地情

风景名胜

嘉山 位于津市新洲镇区以东，背邻澧水，与孟姜垸隔河相望，海拔高程147米。登山眺望，水光山色，历历在目。嘉山具有较深的历史文化底蕴，据传清朝时期，皇帝为嘉奖车武子而赐名嘉山。一代贞烈孟姜女的故事，就发生在该地。山上建有嘉山寺庙，祭拜的善男信女众多。

（文字供稿：姚金培，图片供稿：澧县党史办）

澧县 2015 年乡镇区划调整一览表

合并前	合并后	总面积（平方千米）	总人口（万）	政府驻地
澧阳街道	澧阳街道	20.47	14.9	澧阳北路 898 号
1. 县农科所直属马堰建制村 2. 张公庙镇荣家河社区和九堰、石塘、新庙、高路铺、高潮、幸福 6 个建制村 3. 澧西街道	澧西街道	44.48	5.33	翊武西路护城社区
1. 澧东乡十回、铁尺 2 个建制村 2. 澧浦街道	澧浦街道	36.55	4.18	羊古社区
1. 澧东乡斑竹、澧东、新渡、万家坪、长庆、车家溪 6 个建制村 2. 澧澹街道	澧澹街道	48.17	3.79	大巷口社区
1. 张公庙镇彭山建制村 2. 澧南镇、道河乡	澧南镇	120.49	4.45	双荷村狮子岭
1. 车溪乡车溪河社区，翊武、城头山、成功、王坪、焦田堰、牌楼、詹家、大河口、花园桥、万兴、陶家、孙家、车溪、群英 14 个建制村 2. 张公庙镇张公社区，兔子口、黄河、通讯、新联、白鹤、合群、柳荫、国富、联合、护国、建楼 11 个建制村 3. 大坪乡	城头山镇	101.61	6.95	周家坡
1. 涔南乡 2. 澧东乡团结、民堰、新店、双林、清水、永长、富溶、十里 8 个建制村	涔南镇	92.27	4.15	曾家河集镇曾家河街
九垸乡、小渡口镇、嘉山良种场、南湖汉水产养殖实验场	小渡口镇	153.39	6.63	小渡口社区
官垸乡、七里湖农场、芦苇总场	官垸镇	159.31	2.21	官垸小区
如东乡、永丰乡	如东镇	125.78	5.41	如东铺社区
梦溪镇、雷公塔镇	梦溪镇	129.56	5.5	大码头社区
复兴厂镇、双龙乡	复兴厂镇	119.86	3.62	桃花园社区
宜万乡、盐井镇、棉花原种场	盐井镇	134.58	3.96	盐井集镇和平街

合并前	合并后	总面积（平方千米）	总人口（万）	政府驻地
1. 车溪乡南阳、柘茨 2 个建制村 2. 中武乡中武桥社区，亘山、花岭、兰田、筒车、玉圃、长岭岗、关堰、石公、陈管、鱼山 10 个建制村 3. 大堰垱镇	大堰垱镇	112.4	6.24	垱涔路
1. 中武乡关家岭、草堰 2 个建制村 2. 金罗镇	金罗镇	100.38	3.29	金鸡岭
1. 方石坪镇枞杨、柳树、龙神潭 3 个建制村 2. 王家厂镇 3. 王家厂水库管理处	王家厂镇	107.91	2.97	人民路
太青乡、甘溪滩镇	甘溪滩镇	185.59	4.1	精华寺社区
闸口乡、火连坡镇、天供山林场、山门水库管理处	火连坡镇	150.99	4.34	观音阁社区
1. 码头铺镇、洞市乡、杨家坊乡 2. 方石坪镇双泉社区、杨家湾、星子山、球山 3 个建制村	码头铺镇	152.28	5.14	码头社区

安乡县

概述

安乡县位于北纬29° 08′ ~ 29° 45′ ，东经111° 59′ ~ 112° 18′ 。地处湖南省北部，常德市东部。东与益阳市南县相连，南与汉寿县交界，西与鼎城区、津市市、澧县毗邻，北与湖北省公安县、石首市接壤。南北长71千米，东西宽30千米，总面积1087.032平方千米，属平原地区。其中陆地约665.602平方千米，其中耕地面积76.4491万亩；水域面积420.43平方千米。2014年，辖区总人口55万人，其中农村人口43万人。县治深柳镇位于县域中部，澧水东岸，距常德市鼎城区蒿子港镇沙河口渡口24千米，距津市市保河堤镇石龟山大桥20千米，距省会长沙250千米。

安乡属洞庭湖冲积平原，土地肥沃，气候温和，是闻名遐迩的“鱼米之乡”，是中国重要的商品粮、棉、油、鱼生产基地，棉花、油料、淡水鱼产量均持续保持全国百强县地位。还有大量的芦苇、林业资源可供开发利用，其他农副产品如家禽、黄麻、苎麻、亚麻、食用菌、莲藕、蜂蜜、黄花菜等质优量足，具有很大的开发潜力。从2010年开始，安乡在省道S318线石龟山至县城段13.6千米范围内，高标准建设现代农业示范区。2014年，全县实现农林牧渔业总产值47.73亿元。有农民专业合作社153家，年产值上亿元的有10家。县级以上农业产业化龙头企业54家，其中省级4家、市级22家；共创市级以上农产品品牌28个，珊珀湖“草鱼、鲫鱼、花鲢”获国家地理标志保护产品；海佳食品“黄山头”板鸭注册为国家地理商标。全县共有规模工业企业50家，初步形成纺织服饰、化工、机械铸造、造纸及纸制品、农副产品加工、医药制药、建材、电子信息等八大产业雏形，其中机械制造7家、电子信息1家、造纸纸品2家、纺织5家、化工5家、医药2家、农副产品加工12家、食品加工11家、建材5家。2001年开始建设工业园区，2012年成功晋升为省级工业集中区。工业集中区内现有规模企业32家。2014年，全县实现地区生产总值135.11亿元。

新石器时代，县域已有人群定居。春秋战国时期，属楚国。秦昭襄王三十年（前277），为秦黔中郡属地。秦始皇二十六年（前221），为慈姑县地，隶属黔中郡。西汉高祖五年（前202），为孱陵县地，隶属荆州。始建国元年（9），为孱陵县地，隶属荆州建平郡。东汉建武六年（30），为孱陵县地，隶属荆州武陵郡。建武十六年（40），置作唐县，隶属荆州武陵郡。三国吴魏黄初元年（220），为作唐县，隶属荆州南郡。西晋太康元年(280)，为作唐县，隶属荆州南平郡。东晋建武元年（317），为作唐县，隶属荆州南平郡，侨立南义阳郡。南北朝宋永初元年(420)、齐建元元年(479)、梁天监元年(502)，均名作唐，隶属荆州南平郡，侨立南义阳郡。陈天嘉二年(561)，析作唐，置安乡，隶属荆州南义阳郡。隋开皇九年(589)，隶属荆州澧阳郡。唐贞观元年（627）作唐县与安乡县合为一体。唐武德四年(621)，隶属澧州澧阳郡。唐贞观元年(627)，隶属山南东道澧州。五代梁开平二年(908)，隶属楚国澧州。宋乾德元年(963)，隶属荆湖北路澧州。元至元十三年（1276年），隶属湖广行省澧州路。明吴王元年、元至正二十四年（1364），隶属湖广承宣布政使司上荆南道岳州府澧州。清顺治四年（1647），隶属湖南布政使司澧州。中华民国元年（1912），隶属湖南省第四行政督察区。1949年7月30日，安乡县和平解放，同年8月10日，成立安乡县人民政府，隶属常澧专区。8月29日，隶属常德专区。1988年1月23日，国务院批准撤销常德地区，实行市领导县体制，安乡县隶属常德市管辖至今。

安乡县乡级行政区域的划分始于明代。明初，设坊廊、南平、长寿、秦铭、永丰、双林、永宁、文田、东高田里、西高田、上高田、松渚、军牧13里。永乐十年(1412)，秦铭里并入南平、长寿里。次年，双林里并入永丰里。

清代，沿袭明制，里、村并称。宣统元年(1909)设1坊、10里。

民国初期，全县设城中、文丰、永大、长寿、官垱、梅景、焦泗、夹洲、羌口9乡。

民国22年（1933），全县设5区、27乡。第一区辖城东、城南、城北、文南、羌澜、羌合6乡，第二区辖春治、长庆、长东、永睦、永笃5乡，第三区辖永镇、育和、富阳、永福、永康5乡，第四区辖焦东、焦西、焦南、夹辅、夹峰5乡，第五区辖官垱、官箴、官护、梅东、梅西、文北6乡。

1949年7月30日，安乡和平解放。全县乡、保不变。1951年秋废旧的乡保甲，建1镇、7区、153乡、3个区辖镇。

1955年5月，全县设1镇、6区、96乡和4个区辖镇。

1956年撤区，96个小乡和4个区辖镇并为安猷、安障、安文、安化、安昌、安生、安全、安造、安福、安凝、安丰、安裕、安康、安武、安成15个大乡。

1958年10月，建安乡县人民公社联合社，下设安猷、安障、安昌、安化、安文、安造、安澧、安保、安康、安成10个分社，辖72个生产大队。1959年1月，安乡县人民公社联合社终止，分社改为人民公社。1977年大鲸港镇建置，1984年撤社设乡。

1989年，全县设城关、大鲸港、黄山头、焦圻、下渔口、陈家嘴、官垱、三岔河8个镇，安猷、安障、安昌、安宏、安生、安全、安造、安福、安凝、安丰、安裕、安康、安德13个乡，县畜牧良种场、县安民垸农场、县原种场、县渔场、县芦苇场、县黄山林场6个场，辖31个居委会、263个行政村、3716个村民小组。

1995年11月，安造乡与黄山头镇合并为黄山头镇。

2008年10月，城关镇与安猷乡合并组建深柳镇。

2014年，全县有深柳、大鲸港、黄山头、三岔河、官垱、下渔口、陈家嘴、焦圻8个镇，安障、安昌、安宏、安生、安全、安福、安凝、安丰、安裕、安康、安德11个乡，县安民垸场、县原种场2个场，共9个社区、22个居委会、255个行政村、212个居民小组、3320个村民小组。

深柳镇 >>

地域名片

湖南省现代农业示范区

区域概况

位置面积

深柳镇地处常德市北部，安乡县中部，北与安障乡接壤，东倚虎渡河与安昌乡、安宏乡为邻，西、南倚松滋河东支、虎渡洪道与安康乡相望，西临大鲸港镇和安裕乡。镇人民政府驻官陵湖社区，西南距常德市区 89 千米。辖区东西最大距离 7.5 千米，南北最大距离 11.4 千米，总面积 68.92 平方千米，其中水域 14 平方千米，陆地 54.92 平方千米。

建置沿革

深柳镇由城关镇与安献乡合并而成，因镇境内有深柳书院而得名。

唐贞观元年（627），安乡县治移至城关镇。民国初年（1912），城关镇称城中乡。民国 25 年，名城厢镇。民国 27 年,改为城新镇。1950 年 6 月，城新镇更名为城关镇。

明万历初年，为御水患，在安献乡境域筑堤挽垸垦殖。光绪年间（1871—1908），挽筑堤垸 26 个。宣统元年（1909），26 个堤垸合并成安献上垸和安献下垸。民国后期，安献上、下两垸合并为安献垸。中华人民共和国成立初期，安献垸属第一区。1956 年，建安献乡。1958 年，为安乡县人民公社联合社安献分社。1959 年，属安献人民公社。1984 年，恢复乡建制，称安献乡。2008 年 10 月，安献乡和城关镇合并，更名为深柳镇，为安乡县治所。至 2014 年未再发生变化。

行政区划

1989 年，城关镇驻新镇街，辖书院洲、城北、四总、五总（曾名劳动）、东后街（曾名东风）、西门口、下东门（曾名红旗）、南门口（曾名红星）、南桥、潺陵 10 个居民委员会、40 个居民小组；围庵、护城、保堤庙、长岭洲 4 个村、37 个村民小组。安献乡驻官陵湖，辖官陵湖、下码头、新开口、桃花岭、南剅口、陆家渡、芝子湖、肖公嘴、蹇家渡、白马庙、子龙庵、官保、孟家洲 13 个村、210 个村民小组。

1995 年，城关镇辖东后街、下东门、潺陵、南桥、南门口、四总、五总、书院洲、城北、西门口 10 个居民委员会和围庵、护城、保堤庙、长岭洲 4 个村民委员会，79 个村（居）民小组。安献乡辖蹇家渡、下码头、新开口、桃花岭、南剅口、陆家渡、芝子湖、肖公嘴、白马庙、子龙庵、官保、孟家洲、官陵湖13个村民委员会和官陵湖居民委员会，217个村民小组。

2014年，深柳镇辖潺陵、五总、西门口、深柳、长岭洲、书院洲、保堤、文昌湾、官陵湖9个居民委员会，蹇家渡、肖公嘴、白马庙、芝子湖、官保、孟家洲、子龙庵、下码头、新开口、桃花岭、南刬口、陆家渡、官陵湖13行政村，共45个居民小组、247个村民小组、1个渔场。

自然环境

境内全部为平原，地势北高南低，西高东低，地面高程一般在海拔29.8～30.8米，最高点在蹇家渡村九组，地面高程30.8米，最低点在桃花岭村十三组，地面高程29.8米。

年平均气温17.1℃，极端最高气温39.1℃、一般出现在7月；极端最低气温-12.3℃，一般出现在1月；年平均降雨量1267.9毫米。

境内属长江支流洞庭湖水系，西有淞澧洪道（淞滋河）10千米，东有虎渡河15千米，两河在杨家河汇合后向南注入洞庭湖。

主要自然灾害有风灾、旱涝、冰灾、雷击、溃垸等。年年有汛期，年年涨大水，解放前经常溃垸，解放后最严重的有3次：1954年溃垸、1964年安猷溃垸、1998年安造大垸溃垸。冰灾最严重的是2008年年初，连续下雪导致冰冻天气长达一月有余，油菜减产3成以上，柑橘树冻伤，水产养殖受到较大影响。旱灾最严重的是2011年，全镇早稻干死100多亩，2000多亩棉花推迟移栽，5000多亩一季稻延期播种。

人口民族

2011年，辖区总人口12.15万人，其中城镇常住人口8.6万人，城镇化率70%，另有流动人口1937人；男性60385人、女性61132人；18岁以下19350人；18～35岁30568人；35～60岁的53068人；60岁以上18531人，；少数民族5人，少数民族中，苗族2人、土家族3人；人口出生率8.14‰，死亡率6‰，人口自然增长率2‰；每平方千米1761人。

经济发展

综述

安猷乡农业资源丰富，盛产粮食、棉花、油料、生猪、淡水鱼。1988年，全乡社会生产总值4509万元，工农业总产值2562万元，财政总收入108万元，农民人均纯收入489元。1989年，城关镇社会生产总值5390万元，工农业总值2943万元。财政总收入127万元，居民人均纯收入735元。1994年，安猷乡社会总产值19890万元，农民人均纯收入1450元；城关镇社会总产

华联肉牛养殖

值20772万元，居民人均纯收入1856元。2008年，安猷乡与城关镇合并建立深柳镇。2014年，全镇农业总产值3.07亿元，占国内生产总值的47%。财政总收入1800万元，其中地方财政收入150万元，人均财政收入411元。2014年末，境内金融机构各类存款余额9347万元，各项贷款余额9331万元。

农业

2011年，全镇有耕地50484亩，以种植油菜、稻谷、棉花、蔬菜为主。

2011年，全镇农业生产总值29696万元。2011年，全镇粮食作物面积58718亩，总产量25369吨；种植棉花5310亩，总产510吨；种植蔬菜5929亩，总产9500吨，主要蔬菜品种有冬瓜、辣椒、南瓜、莴笋等。是年，全镇有水产品养殖面积5200亩，其中鲜鱼总产量5200吨，特种水产品总产量1500吨；出栏肉猪33800头，出笼鸡18.9万羽、鸭4.2万羽、鹅0.5万羽。

2014年，全镇有耕地45078亩，其中水田28033亩、旱地17045亩。农林牧渔业总产值30275万元，其中，农业产值14157万元、林业产值161万元、牧业产值8462万元、渔业产值6654万元及农林牧渔服务业841万元；生产粮食25823吨，油料2943吨，棉花4587吨，出栏生猪3.12万头。

工业

中华人民共和国成立初期，县城主要工业企业有15家，主要产品有纺织品、纺织机械。1970年，安乡县罐头食品厂试生产罐头食品。1974—1987年，县罐头食品厂投资611.5万元进行技术改造，年生产能力达到1万吨，产品有肉类、鱼类、水果、蔬菜、禽类5个系列69个品种，除行销国内外，还远销日本、德、美、新加坡等国家。1978年，投资1201万元兴建县棉纺厂，1981年建成投产，有纱锭1.2万锭、布机300台。1990年，全镇有工业企业20家，工业总产值100万元，职工209人。2003年，进行改制。县棉纺厂改制后，新安装4万纱锭，生产能力达到1.5亿元，纺纱1万多吨、织布1000万多米，年消耗棉花1万多吨，2005年完成总产值1.35亿元。随后还发展了安都、双银等多家规模以上纺织企业，扩展了就业岗位，壮大了工业经济。2014年，全镇有工业企业45家，其中规模以上工业企业27家，全镇工业总产值3257万元，利润1429万元，税金473万元，从业人员2831人。主要门类有纺织服饰、化工、机械铸造、农副产品加工、医药制药、建材、电子信息等。

商贸服务业

2014年，全镇大中型超市8家、小型超市31家，商场12家，其他类商业机构112家，主要经营范围为燃料类、农业生产资料类、食品类、文体用品类、服装鞋帽类、化妆品类、服务项目及收费类、日用品类、建材类、家用电器类、饮料烟酒类，全镇社会消费品零售总额4.3亿元。

基础设施

交通运输

1983年，建S306省道，过境9千米。2008年，建常岳高速公路，过境5.5千米；境内有镇、村主干道127千米，其中水泥路面44千米。2014年，全镇有汽车客运站1处，面积54000平方米；有客运车辆300辆，客运线路78条，每天由镇、乡发往邻近乡镇、常德市区及其他地区的客班车22趟，客运量9000人次。

邮政电信

2011年，全镇完成邮政业务总量189万元，电信完成业务总量377万元。拥有固定电话用户3974户，移动电话用户2.3万户，国际互联网用户3766户。

2014年，全镇完成邮政业务总量275万元，电信完成业务总量413万元。拥有固定电话用户2348万户，移动电话用户3.4万户，互联网宽带用户5241户。

供电饮水

供电 1947年，赵子风在县城创办旭东电厂，1949年发电0.72万千瓦时。1950年，在旭东电厂基础上兴建安乡电厂，1952年电厂扩建，装机容量增加到120千瓦。20世纪60年代中期接通柘溪水电后，火力发电厂停办。1967年，街道安装汞灯，灯距50米，多数居民开始用电照明。1980年，修建城关开关站。1988年，修建城关变电站。1989年，有35千伏变电站1座，配电变压器容量9500千伏安，11路10千伏出线；用户配电变压器85台12655千伏安，公用低压配电变压器1台计2400千伏安；10千伏配电线路24千米；用户3500户，用电量2200万千瓦时。街道装灯280盏、装灯线路14千米；居民用电入户率100%。2006年，农村电网改造工作全面完成，用电质量大幅提升。2011年，城区拥有220千伏变电站1座，主变1台，容量12万千伏安；110千伏变电站3座，主变6台，容量16.75万千伏安；35千伏变电站5座，主变10台，容量4.73万千伏安。高压110千伏线路5条，70.05千米；35千伏输电线路6条，102.44千米；10千伏配电线路48条，1645千米。配电变压器1625台，容量25.2千伏安。用电负荷10.03万千瓦，是国家电网公司确定的2856个重点供电电网之一，年售电量累计完成4.41亿千瓦时，综合电压合格率99.85%，供电可靠率99.94%。

是年，全镇农村部分有变压器79台计830千伏安，高压线路68千米，低压线路247千米，电力容量10000千瓦，基本上能够满足全镇农村村民生产生活的需要。

饮水 1974年，城关镇建自来水厂，日供水能力100吨，居民始用自来水。随着城区扩容，供水设施逐步增加，至1979年，建成东至下东门街东段、南达南外街中段、西抵东正街西端、北接五总街西端的树枝型供水管网，共铺设直径100毫米以上供水管道3千米，日供水能力增至120吨。1980—1986年，加速供水设施配套建设，日供水能力增至6000吨。1989年，建日产2万吨的水厂，城关镇年供水量225.5万吨，城区主干道总长12千米。

1996年，建成深柳镇（原安猷乡）自来水厂，有深眼井1口，过滤池1个，年供水10万吨。镇区主要道路及蹇家渡、孟家洲村铺设给水管8万多米。2011年，城区有自来水厂1座，铺设干线水管75千米，居民自来水普及率98%。

水利建设

1965—1975年，全镇人均投工10个，开挖、疏浚沟渠39条440千米，完成土方1280万立方米，改造耕地4.2万亩，兴建电排4处。20世纪80年代，每年人均投工6个。90年代后，逐步采用机械施工的方式加固大堤。1996—2011年，对临洪大堤按照城市防洪圈的标准进行改造，改造后大堤高程为40.4～42.7米，面宽为6～14米，能够抵御100年一遇的特大洪水。修建临洪大堤，人工作业完成土方325万立方米、机械作业完成土方75万立方米。

2011年，境内有临洪大堤30.5千米，穿堤设施16处、小型排灌设施20多处；有尖垸、护城排污、长岭洲、六家渡、肖公嘴、蹇家渡、东剅口、新开口、杨家河、书院洲等10处电排机埠，机组26台，总功率3350千瓦；镇村（社区）主干沟渠长 82.9 千米，支渠 127.2 千米。至 2011 年，投资 1350 万元硬化沟渠 20000 米。

集镇建设

南宋建炎四年（1130），知县胡衿始垒土筑城。元代，治所四面临水，县尹卢琮于东门外建和丰桥以通车马。明万历（1573—1620）初年，始围城筑堤以御水，但堤高不过数尺，宽仅尺余。清康熙、雍正年间（1661—1735），建成主要街道 8 条，形成主轴东西走向、近似“廿”形的市区。民国 28 年（1939），建成大小街道 25 条、主巷 2 条，总长 3.23 千米，形成主轴南北走向的“井”字形街区。1943—1944 年，日本侵略军 3 次侵占县城，街道两旁 70% 以上的建筑物被焚、道路被毁。至解放前夕，镇区面积仅 0.88 平方千米、街道总长 2.13 千米。

中华人民共和国成立后，加强城关镇建设，城区规模迅速扩大，市政建设日臻完善。20 世纪 50 年代，兴建五总堤路、城东南路、城东北路、城西南路、城西北路。70 年代，对道路进行拓宽，主要街道拓宽至 8 ~ 12 米。80 年代，城区由西向东扩展，新城区由澧陵路、东门新街、五总新街横贯，文艺中路、文艺南路、文艺北路形成主轴线。至 1995 年，城区面积扩大到 3.35 平方千米，主要街道 58 条、总长 28.86 千米。2011 年，城区道路总长 150 千米；人均拥有道路 1.24 米；道路铺装面积 1 平方千米；城区有 1 座长 1 千米的桥梁。2014 年，城关镇建成区面积 12 平方千米，街道 8 条、总长 30 千米。

社会事业

教育

清乾隆十年（1745），知县张绰和邑士胡世琦等在范文正公（范仲淹）读书台旧址上垒石台、建楼阁，四周植树数百株，建起深柳书院。后经数度修缮、扩建，至嘉庆十七年（1812），书院有正殿 3 间、讲堂 3 间、门楼 1 座。光绪二十九年（1903），改书院为高等小学堂，县内开始兴办正规的小学教育。

1950 年，城关镇有学校 8 所。1965 年，城关镇有中学 3 所。1984 年，城关镇有中学生 2000 人、教师 300 名；有小学 8 所、学生 2400 人、教师 450 名；有幼儿园 15 所，入园幼儿 2200 名。2007 年，城关镇有中学 6 所、学生 4000 人、教师 600 名，有小学 15 所、学生 3200 人；有幼儿园 850 所，入园幼儿 4000 名。

1956 年，安猷乡有学校 5 所。1982 年，始建中学。1984 年，安猷乡有小学 9 所、学生 1000 人、教师 150 名，有中学 1 所、学生 800 人、教师 100 名。1995 年，全乡有中学 1 所，学校占地 50 亩，建有科教楼、教学楼、学生宿舍、教师住宿楼；有小学 13 所。全乡有中小学生 3000 人，中小学老师 200 名。2007 年，全乡有小学 8 所、学生 1500 人、教师 120 名，有中学 1 所、学生 600 人、教师 85 名，有幼儿园 7 所、入园幼儿 900 人、幼师 258 名。

2011 年，全镇有幼儿园 23 所，在园幼儿 3090 人，专任教师 189 人；小学 12 所，在校学生 6475 人，小学适龄儿童入学率 100%；初中 3 所，初中在校学生 3645 人，专任教师 337 人。初中适龄人口入学率、小升初升学率、九年义务教育覆盖率均达 100%。是年，财政预算内教育经费 5469 万元。

安乡县第一中学驻深柳镇文艺北路。2014 年，学校有教学班 52 个，学生 3100 多人；教师 286 人，其中，特级教师 3 人，高级职称教师 98 人、中级职称教师 112 人。

文化

群众文化 2005年，城关镇相继举办节庆演出6场次、接待性演出4场次、行业会演和商业会演100余场次；共创作书画、摄影、戏剧、曲艺、音乐等文艺作品21件；城关巡回放映19场次；县图书馆接待读者7000人次，借阅书刊6000册；网吧整治、文物保护和印刷市场及出版物市场的管理等工作也得到有效加强。2008年，城关镇文化事业突出文化产品生产，促进艺术工作上水平。积极开展“送文化下乡”，送戏下乡4场，全年免费放映834场，接待观众近9000人次。2011年，全镇有文化站1处，有镇、村农家书屋13个，藏书6.6万册，有各种文艺演出团体4个，音乐、美术、书法、摄影及文学业余创作队伍达100多人。辖区内有舞龙、蚌壳舞、地三鼓、合鼓、三棒鼓、渔鼓等多种民间文艺表现形式，均属县非物质文化遗产项目。是年，镇区有广播电台1套，与中央、湖南、常德广播电台合作转播3套，广播综合覆盖率100%，全年公共广播节目播出时间6570小时。

2014年，镇区有县属艺术表演团体1个，全年演出场次127场，观众11.6万人次。县级剧院1个，有座位数978个，全年演出30场，观众18万人次。群众艺术馆、文化馆各1个，全年组织各类文艺活动9场，参加人员0.31万人次。公共图书馆1个，图书总藏量5万册（件）。文物管理机构1个，藏品1860件/套，其中一级品12件/套，二级品21件，三级品63件。镇区有县级档案馆1个，案卷11.92万卷。

广播电视 2006年，安乡县重新开通了安乡县人民广播电台；启动了农村数字电视；成功举办了“步行街”杯首届电视歌手大赛；丰富了电视栏目，频道收视率继续提高；配合中央电视台完成了《永远的丰碑》颜昌颐烈士资料的拍摄任务，并联合拍摄制作了《王士林收养弃婴寻双亲》专题节目。

2008年，县广播电视事业以推广数字电视、提高电视信号质量，突出宣传重点、提高新闻时效为中心，加快广播电视事业发展。投入1400万元对县城区有线电视用户进行数字电视转换达2.15万户，县城区正式进入数字电视时代。加快推进农村微波数字电视的发展，全县已发展农村数字电视用户7000多户。大力推进广播电视“村村通、户户通”工程建设，采取以数字微波覆盖为主的方法，完成38个村、2683人的“村村通”建设任务，并确保各乡镇有专用频道全程转播各级新闻综合频道的节目。广播电视《安乡新闻》栏目共播出279期，播出稿件1550件，向省市上稿200多件。

2011年末，有镇广播站1个，村级广播室13个，有高音喇叭138只，广播线路长达52千米，广播功率达到了380千瓦，广播覆盖率和音响效果率均达100%。现有有线电视和数字电视用户4.18万户，入户率81%。

2014年，电视台共播出新闻1633条、专题节目播出155期，外宣向上送稿省卫视播出时间155″、市台播出时间5897″。新发展有线数字电视用户2150户，新发展宽带数据用户1103户，发展有线数字付费电视增值业务用户5668户。新添广播电台发射系统1套，广播电台覆盖安乡、澧县、津市、公安、石首、南县等近10个县市。

医疗卫生

1954年，安猷乡有卫生院1所，有医务人员27人。2003年，卫生系统筹资300多万元，实现全员参保，从根本上解决了卫生系统干部职工的后顾之忧。镇域内拥有卫生机构16个，病床611张，卫生技术人员637人。全年诊疗病人23.4万人次。县人民医院高标准住院大楼总投资

3100多万元，主体工程完工。

2006年，镇域内有医疗卫生机构21个，病床914张，卫生技术人员935人，其中执业医师377人、执业助理医师86人、注册护士268人；有1所乡镇卫生院。

2011年，镇本级有卫生医疗机构2个，门诊部（所）19个；有床位188张，每万人拥有病床15.6张，固定资产1630.29万元，执业助理医师15人，注册护士52人。2011年，医疗机构（门诊部以上）完成任务诊疗7.9万人次。全镇农村人口全部参加新型农村合作医疗，参保率100%。

是年，驻镇医疗机构有安乡县人民医院、安乡县中医院、安乡血吸虫病防治专科医院、安乡县疾病预防控制中心。安乡县人民医院占地23413平方米，建筑面积33000平方米。有在编在岗职工437人，编制床位499张，开设病床400张，开设临床学科50个，年门诊量17万余人次，年收治住院病人2.5万余人次，年开展大中型手术4500余台次；2011年病床使用率179%。安乡县中医院位于深柳镇书院洲社区，是一所集医疗、教学、科研于一体的二级甲等中医医院。占地6.67万平方米，建筑面积4万平方米，建有4层门、急诊、医技大楼，11层住院大楼和公共周转宿舍楼。编制床位380张、大型层流手术室5间、重症监护室床位7个、血液透析室床位15个，总资产1.4亿元。设有28个临床和医技科室。

2014年，镇域内拥有各类卫生机构383个。其中，医院3个，卫生院2个，妇幼保健院1个，专科疾病防治院（所、站）3个，疾病预防控制中心1个，卫生监督所1个，诊所、卫生所、医务室32个，村卫生室13个。有卫生技术人员1136人。其中，执业医师和执业助理医师469人，注册护士487人。

社会保障

1950年，开始施行抚恤优待，救灾救济和农村“五保”3项社会保障。1999年，实行最低生活保障。2003年，最低生活保障由原来的现金发放改为打卡发放。

2011年7月，开始施行新型农村社会养老保险，缴费标准分为八档，从100元至800元。施行城镇居民社会养老保险，缴费标准分为十档，从100元至1000元。是年，全镇有3549户6987人享受城镇最低生活保障，月支出城镇最低生活保障补助费114.15万元，月人均163元；有530户1147人享受农村最低生活保障，月支出农村最低生活保障补助费72871元，月人均63元。医疗救助378人次，民政部门资助462人参加合作医疗，支出24630元。补助各类优抚对象440人，改造农村危房23户，集中供养农村“五保”老人53人。2.99万人参加城镇居民医疗保险，1.35万人参加城镇居民社会养老保险。

2014年，全镇新增城乡低保523户732人，取消285户508人，提标1153户1701人。医疗救助240人次，为全镇大病患者争取救助资金41万多元。发放低保户大一新生助学金10.4万元。一、二级残疾人护理补贴申报600多人。“新农保”缴费9798人，城镇居民医保缴费3万人。

特色地情

古迹名胜

深柳书院　位于湖南省安乡县深柳镇书院洲。原名范文正公读书台。宋范仲淹曾随继父朱氏居县，在城北灞港（今书院洲）兴国观读书5年。后人慕其行志，构堂祀之。庆元二年(1196)，知县刘愚重修，建祠绘像，置祭田10余亩以供祀事。元知县塔不解修葺。至正末毁。明成化十一年(1475)，知府吴节重建，增祭田至70余亩，后为兴国观道士所侵占。正德十一年(1516)收回田产。崇祯末又毁。清顺治十四年(1657)，知县辛良器重建。康熙十三年(1674)，毁于兵火。雍正元年(1723)，知县王其巩重建。乾隆十年(1745)，知县张绰重修，植柳数百株，改名"深柳"。六十年知县李其丰、嘉庆十七年(1812)知县银中球均增修，有正殿、讲堂、学楼、门楼、厢房等。光绪十八年(1892)，定生员正附课各10名，童生正附课各20名。龙阳童悟盛、本县罗才英曾为山长。二十九年，生员刘绍基等改之为小学堂，院产租谷2000余石全数提作学堂经费。今存遗址。

（文字供稿：安乡县党史办，图片供稿：刘华斌）

大鲸港镇

区域概况

位置面积

大鲸港镇地处安乡县城西郊，长江支流淞澧洪道西岸，与安丰、安裕两乡接壤。镇人民政府驻小湾居委会与县城一桥相通。辖区东西最大距离 7.3 千米，南北最大距离 12 千米，总面积 34.09 平方千米。人口密度为每平方千米 911 人。

建置沿革

大鲸港原为大鲸湖的入口，经逐年淤积，大鲸湖消亡。中华人民共和国成立前夕，依旧为荒芜之地。1951 年属第五区，1956 年为安丰乡，1958 年属安保公社。1977 年，从城关镇析出，建大鲸港镇，镇政府驻大鲸港，辖大湾、小湾、鲸裕、永乐 4 个居民委员会和西城、丰凝港 2 个村民委员会。2008 年，鲸裕和小湾合并为小湾居民委员会，大湾和永乐合并为永乐居民委员会，同时将安丰乡偏湖州、五合刬两个村民委员会和丰凝港林场，以及安裕乡屡丰、七家 2 个村民委员会和中码头村民委员会划归大鲸港镇管辖。调整后，大鲸港镇辖 4 个居民委员会、4 个村民委员会。2011 年，县畜牧水产局将捕捞队移交给大鲸港镇管辖，并更名为渔民居民委员会；安裕乡新安、安庆 2 个村民委员会和安丰乡东南洲、永和垸 2 个村民委员会划归大鲸港镇管辖。调整后，大鲸港镇辖 5 个居民委员会、8 个村民委员会。至 2014 年无变化。

行政区划

1989 年，镇政府驻新正街，辖小湾、大弯 2 个居民委员会 8 个居民小组；西城、鲸湾 2 个村 18 个村民小组。

1995 年，辖小湾、大湾、永乐、鲸裕 4 个居民委员会和西城、丰凝港 2 个村民委员会，村（居）民小组 34 个。

2011 年，辖渔民、小湾、永乐、西城、丰凝港 5 个居民委员会和屡丰、七家、偏湖洲、五合刬、安庆、新安、东南洲、永和垸 8 个行政村，共 43 个居民小组、111 个村民小组。2014 年，村（居）无变化。

自然环境

境域地势低平，属于平原地形。境内属长江支流松滋水系，松滋河水流经 13 个行政村（居），境内河道长约 11.78 千米。年平均气温 16.5℃，极端最高气温 40.5℃、一般出现在 7 月；极端最低气温 - 10.2℃，一般出现在 1 月，年平均降雨量 1262.8 毫米。

主要自然灾害有洪涝、旱灾、冰冻。最严重一次自然灾害是发生在2008年的冰冻，时间约20多天，涉及境内所有村（居），受灾面积达1537亩。

人口民族

2011年，辖区有31055人，均为汉族；其中城镇常住人口7169人，城镇化率6.5%。另有流动人口6577人。总人口中14岁以下3581人、15～64岁24334人、65岁以上3140人；人口出生率8.837‰，死亡率2.06‰，人口自然增长率4.605‰。

经济发展

综述

1995年，全镇社会总产值8797万元，其中农业总产值648万元、乡镇企业总产值7912万元，农民人均纯收入1350元。2014年，全镇工农业生产总值49178万元，其中工业生产总值32154万元、农业生产总值17024万元，财政收入220万元，农民人均纯收入5800元。

农业

1977年建镇，全镇有耕地3432亩，其中水稻2642亩、旱地790亩。1990年，耕地面积5176亩，其中水稻种植面积409亩、旱地1080亩。2011年，农业总产值5100万元，占国民生产总值的36%，生产粮食1.02万吨，棉花种植面积4240亩，产量427吨。畜牧业以猪、家禽为主。生猪饲养量2850头，年末存栏1860头；家禽饲养量43100羽。农民人均纯收入2211元。

2014年，全镇有耕地14716亩，其中水田10379亩、旱地4337亩。农林牧渔业总产值17766万元，其中农业产值9523万元、林业产值151万元、牧业产值5167万元、渔业产值2521万元、农林牧渔服务业产值404万元。粮食作物种植面积33940亩，生产粮食13208吨；棉花种植面积11041亩，产量806吨；油料作物种植面积25832亩，产量2816吨；年末出栏生猪1.45万头。

工业

1958年，县政府投资10万元，在大鲸港镇兴建县造纸厂，次年投产，初以稻草为原料，生产包装用的土纸。1965年，改用芦苇作原料，生产文化用纸。1970年，投资240万元兴建县氮肥厂，次年5月建成投产。1977年，全镇有工业企业3家，产值20万元。1990年，全镇有工业企业1家，主要产品有“虎渡”牌油漆，工业总产值800万元，从业人员80人。大鲸港镇是安乡的老工业基地，全县多家知名企业在此落户、发展，驻镇企业有安乡县氮肥厂、冻肉厂、水泥厂。镇办企业有安乡县化工二厂、湘鲸制药厂、路安汽门嘴厂、水陆联运公司，镇办企业均在2000年相继改制，成为私营企业，安乡二化、水陆联运公司、鲸新包装厂倒闭。2011年，全镇工业生产总值4050万元，占国民生产总值的6.5%。拥有工业企业15家，职工470人。2014年，全镇有工业企业2家，其中规模企业1家，工业总产值500万元，利润60万元，税金3.2万元，职工48人。

商贸服务业

中华人民共和国成立前，大鲸港镇仅有1家杂货铺、4家饮食店及茶馆。1955年，供销社在此设店。1958年后，随着工厂的兴建，集镇渐成，市场兴起。1978年后，个体商业迅速发展，国有和供销合作社商业规模扩大。1987年，建立大型农贸中心，月成交额32万元左右。是年，有商家128家，其中国有商业3家、集体商业8家、个体商业117家，社会商品零售额732万元，农副产品收购额319.2万元。2000年，全镇有商业网点58个，从业人员396人，社会商品零售总额640万元。2011年，全镇有商业网点105个，从业人员690人；社会商品零售总额2300万元；城乡集贸市场1个，年成交额690万元。2014年，全镇有商业网点158个，从业人员890人，成交额达800万元。

基础设施

交通运输

境内松滋河可通航，有港口1个、码头2个，可停靠200吨船舶。1992年，省道S306建成通车，过境7.6千米。1990—2014年，修建村道50千米。2012年，13个村（居）通公路。2014年，全镇有村居公路50千米。

2003年，在镇广场建临时客运站，并且开通了1条往来县城的公交线路。2014年，全镇有客车8辆，客运线路1条，每天过境班车线路8条，客运日载量600人次。

邮政电信

1965年，设邮政支局。1990年，镇境开通程控电话。1998年，移动、联通公司在镇境建通信基站。2011年，全镇有邮政支局1处，报纸、杂志累计发行4万份。电信、移动、联通企业各1家。固定电话用户587户，移动电话用户234户，互联网用户39户。2014年，全镇有邮政支局1个，报纸、杂志累计发行5万份以上，电信、移动、联通企业各营业点2个以上，固定电话用户596户，移动电话用户6500户。

供电饮水

供电 1958年，因工业生产需要，在大鲸港建火力发电厂。20世纪60年代，建有变电站。60年代中期，接通柘溪水电后，火力发电厂停办。1966年，电灯进入居民家庭。1980年，主要街道安装汞灯。1989年，用户配电变压器30台，容量8060千伏安；公用配电变压器2台，容量500千伏安，10千伏配电线路11千米；用户300余户，用电量2900万千瓦时；街道装灯总线路4千米、路灯28盏，装置率80%。居民用电入户率100%。2008年，供电站迁至大鲸港镇小湾社区。2014年，全镇有用户配电变压器8台，高压输电线17.3千米，低压输电线183.5千米。

饮水 1985年，大鲸港镇建自来水厂。1986年，县自来水公司铺设专用管道向境内供水。1989年，镇区年自备水源能力3.5万吨，自来水年供应能力10.95万吨。2009年新建鲸丰水厂，工程总投资350万元，日供水能力为600吨，供水范围为大鲸港镇五合刋村、偏湖洲村、永和垸及安丰乡公城垸、中河口村，受益人口7387人。2010年、2012年，实施续建或延管。2014年，镇区自来水供应能力58.75万吨。2014年，全镇有深水井1口，每眼深水井都配有成套净化设备，主要解决8000万农村人口安全饮水问题。

水利建设

1957年5月，动工修建大鲸港双孔排水闸，投入钢材47.30吨，水泥310吨，完成土石方24.1万方，投入劳动工日20万个，资金3.55万元，10月完工。12月，动工修建大鲸港抽水机站，出动劳力2500人，开挖宽16米，深2米，长2000米的排水渠道一条，安装内燃机电4台，400马力蒸汽机2台，1958年建成受益，1965年大鲸港电排站建成后停止使用。

2008年，全镇防洪大堤长1.94千米。2008—2011年，防洪大堤增加到7.96千米。2011年后，全境防洪大堤增加至11.78千米。2014年，全镇有电排1座，沟渠45千米。全镇园田化面积2600亩。

集镇建设

20世纪50年代中期，大鲸港镇随移堤并垸、兴办工业，逐渐形成东河街、永兴巷。60年代，先后建成新正街、永乐巷。1985年扩展新正街，1987年改造东河街。1989年，全镇有主要街道4条，长3800米，其中水泥路面1900米；主要巷道4条，长2800米；人均街道面积10.7平方米。2011年，全镇绿化面积7500平方米。镇区主要道路两侧铺设排水管道近3500米。2014年，集镇建城区面积增至27.8平方千米；有街道6条，长10千米。

社会事业

教育

1972年，境域始有初中。1977年，大鲸港镇有小学1所，在校学生108人；有中学1所，在校学生122人。2011年，全镇有幼儿园5所，在园幼儿683人，专职教师32人；小学3所，在校学生620人，专职教师68人，小学适龄儿童入学率100%；初中1所，初中在校学生228人，专职教师56人。初中适龄人口入学率、小升初升学率、九年义务教育覆盖率均达100%。是年，财政预算内教育经费688.6万元，预算内教育经费占财政总支出比例为97.8%。2014年，全镇有幼儿园3所，入园幼儿675人，幼师71名；有小学2所，在校学生539人，教师65名；有中学1所，在校学生186人，教师65名。财政预算内教育经费756万元，占财政总支出比例为99%。

文化体育

1995年1月，建成大鲸港镇有线电视台，后改称大鲸港镇广播电视站。1998年，全镇有线电视用户3800户，入户率72%。2011年年末，有镇文化站、广播电视站各1处，有村级文化活动中心12处，各类文化组织4个，各类图书室123个，藏书3万余册。各类业余创作队伍达70多人。全镇15%的村安装了健身器材，经常参加体育活动的人员占常住人口的5.8%。

医疗卫生

1949年，境域有私人诊所1个，医生2名。1977年，大鲸港镇有卫生医疗机构18个，医务人员28人。2011年，全镇有医疗卫生机构2个，门诊部（所）20个；有床位65张；固定资产总值699.7万元；专业卫生人员48名，其中执业医师30人，执业助理医师1人，注册护士17人。2011年，医疗机构（门诊部以上）完成诊疗5万人次。13个村（社区）群众全部参加新型农村合作医疗，参保率100%。2014年，全镇有医疗卫生机构12个，其中村卫生室11个，从业人员11人。门诊部所1个；床位60张，固定资产总值1100万元，专业卫生人员32名。

社会保障

2011年，全镇有689户1836人享受城镇最低生活保障，支出城镇最低生活保障金17.537万元，月人均150元；医疗救助70人次，民政部门资助参加合作医疗73人（次），支出4380元。有399户747人享受农村最低生活保障，支出农村最低生活保障金58565元，月人均78元。农村“五保”集中供养30人，支出23万元，比上年增长12%；农村“五保”分散供养91人，支出15.47万元；农村医疗救助85人次，民政部门资助参加合作医疗141人次，共支出7050元。国家抚恤、补助各类优抚对象89人，抚恤事业费支出20万元。全镇有敬老院1家，床位50张，收养农村“五保”人员

大鲸港大桥及纪念塔

50 人。参加新型农村养老保险 12839 人，参保率 97.5%。

2014 年，全镇城镇参保 830 人，农村社保 1328 人，参加“新农保”18093 人，已到龄领取农保 6300 人。

特色地情

风景名胜

都神庙 原址位于大鲸港镇金大地公司院内，其名由来已久，但修于何年不祥，毁于“文化大革命”期间，民间流传此庙乃北宋著名政治家、文学家范仲淹所捐赠。传说庙堂内供奉一尊大头神像，终年香火鼎盛、经声不断，声名远扬。不少信徒前来焚香叩头，求神还愿。1971 年，因建安乡氮肥厂，都神庙被拆除。

传说掌故

大鲸港的来历 大鲸港镇渡口称“安流晓渡”，是县内八景之一。流传仙人凌晨辟水渡河的神话。元代知县塔不斛有诗句：“浮舸才离芳草岸，征鞍复次绿杨堤”，歌吟当时景色。“相传昔日有老翁渔于此，忽而雪，有大鲸鱼跃波间，翁跃之，俄失所在”，以此得名。

大鲸港历史悠久，在其东北角有一朱家洲，又叫五里洲。因为五里洲的地形地貌酷似漂游在水面的一只长颈鹤，故原名长鹤岭。朱家洲是因为当时洲上只有一姓朱的帮人守护芦苇洲，久之便唤名朱家洲。他们在耕种的地里经常刨出铜质的三角形箭头，据说是宋朝岳飞率兵征讨杨幺时在此激战时留下的。大鲸港朱家洲下还藏有古墓群，是文物保护单位。

（文字供稿：安乡县党史办，图片供稿：刘华斌）

黄山头镇

区域概况

位置面积

黄山头镇于处湘鄂交界的公安、石首、安乡3县、市结合部。东抵虎渡河，南与安全乡相连，西毗松滋河，与焦圻镇、安福乡隔河相望。辖区东西最大距离7.1千米，南北最大距离11.2千米，总面积69.3平方千米，其中陆地44.15平方千米，占63.7%，堤垸内水域25.15平方千米，占36.3%。治所距安乡县城33千米。

建置沿革

《隋书·地理志》载："安乡有黄山，山阳属安乡，山阴属公安，土石皆黄色，故名。"

民国17年（1928），境域属安乡北区。民国20年，属安乡五区。民国36年，属理兴乡。1949年8月，属第四区。1955年，属大湖口区。1956年，为安造乡，治所理兴垱。1958年10月，改为安造人民公社。1984年4月，恢复乡建制，重为安造乡。 11月，设立黄山头镇。1995年11月，安造乡与黄山头镇合并，成立新的黄山头镇，治所迁至黄山头。2014年，镇下辖畜牧场、林场、国家森林公园和16个行政村、3个居民委员会。

行政区划

1989年，驻忠济路，辖大顶、南禅寺2个居民委员会8个居民小组；界沟村14个村民小组。

1995年，辖南禅寺、大顶、凤凰、理兴垱4个居民委员会和界沟、松荫、杨家、长福、福临、丁堤、白家岗、长山、长峰、虎山、马坡湖、傅家、沙堤、黄湖、心福、木刬、东湖18个村民委员会，村（居）民小组332个。

2011年，辖南禅、凤凰、理兴垱3个居民委员会和界沟、军万嘴、长福、成福、福临、丁堤、白家岗、长山、长峰、虎山、马坡湖、傅家、沙堤、黄湖、心福、杨家16个行政村，共11个居民小组284个村民小组。

2014年，辖南禅、凤凰、理兴垱3个居民委员会和界沟、松荫、杨家、长福、成福、福临、丁堤、白家岗、长山、长峰、虎山、马坡湖、傅家、沙堤、黄湖、心福、木刬、东湖18个行政村。

自然环境

黄山头镇除黄山脚下的界沟、长山、长峰、虎山4个村部分为丘陵地带外，其他地均属堤垸型地貌。地势东西较为平坦，呈北高南低走势，地面高程一般在海拔55米，最高点位于界沟村围山公路一线，最低点位于杨湖村东湖，海拔32.3米。年平均气温23℃。极端最高气温39℃，一般出现在7月；极端最低气温 - 3℃至0℃，一般出现在12月。年平均降雨量1318毫米。

长江入泄洪道虎渡河、松滋河，从东、西两侧流过。虎渡河由荆江南闸入境，沿国有畜牧场、界沟、白家岗向南注入洞庭湖，境内流程3.6千米；松滋河由新豇口入境后沿马坡湖、心福、军万嘴向南注入洞庭湖，境内流程16.4千米。三峡截流前常年断流时间180天左右，截流后仅在6月、7月、8月间畅流。两河均利境内农田排灌和船舶通航。

黄山头镇有山地18000余亩、林地17000多亩，乔木灌禾166种，动物150多种，各种中草药材上百种。整个黄山由坚硬的岩石构成，是建桥、铺路、建房和各种水利设施不可多得的建筑材料。镇平原陆地由新生代第四系冲积物覆盖，有黏土、河床和有限的石英砂石。地下水藏量丰富，水质为中性重碳酸镁型淡水，可供居民生活用水和工农业生产用水。星罗棋布的天然湖泊和纵横交错的沟港是供城乡居民养殖的天然资源。

境内主要有水灾、旱灾、风灾、冰灾和农作物病虫灾害，水灾为灾害之首。1954年溃垸后，雨热交加，病毒流行，致近千人死亡。1998年7月溃垸后，垸内种植业减产，养殖业受损，冲毁房屋8400间、学校17所、水库5座、道路5条62千米，水利设施荡然无存，直接经济损失上亿元。其次为渍灾，境内属暴雨多发地带，每到5—7月，突如其来的暴雨给黄山脚下五六个村的农业生产造成毁灭性的打击。

人口民族

1997年，辖区总户数9605户，总人口40393人，其中非农业人口6889人，人口出生率8.9‰，人口自然增长率5‰。2011年，辖区总人口为4.8万人，其中城镇常住人口1.6万人，总人口中男性24703人、女性23297人，；14岁以下5395人、15～64岁36885人、65岁以上5720人；总人口中，汉族47990人，少数民族10人，其中回族3人、土家族7人。人口密度为每平方千米693人。

2014年，年末总户数13108户，总人口36899人，其中非农业人口5454人，女性人口17876人，非农业人口占比14.78%。

经济发展

综述

1984，全镇粮食总产值22759万元，工业总产值845万元，国家和地方财政收入70多万元，人均纯收入327元。1995年，粮食总产值150361万元，工业总产值13540万元，国家和地方财政217万元，城镇人口人均纯收入3780元、农村人口人均纯收入2356元。

2011年，全镇财政总收入330万元，境内金融机构各类存款余额1.6亿元，各项贷款余额6000万元；全镇农业总产值24052万元，粮食作物以水稻、小麦、玉米、蚕豆为主，生产粮食21699吨，人均970公斤，其中稻谷20350吨、小麦500吨、玉米480吨、蚕豆369吨。主要经济作物有棉花、油菜、茶叶。2011年，种植棉花39100亩、产皮棉3910吨，种植油菜41000亩、总产5500吨，种植茶叶800亩、产量10吨；全镇饲养生猪26000头，年底存栏20135头，肉类总产量2359吨；饲养家禽38.6万羽，禽蛋产量3583吨，精养鱼池11000亩、粗养鱼池400亩，总产量5035吨，渔业总产值5221万元。

2014年，全镇农业总产值49677万元，工商业总产值17450万元，全镇财政总收入386万。

工业

1970—1998年，全镇有建筑材料厂3家、砖厂4家、私人鞭炮作坊27家、大型轧花厂5个、小型轧花厂18家。2011年，全镇有鞭炮厂，纺织厂、制衣厂、电子厂、燃气配送站各1家，4家轧花厂、3家砖厂共12家工业企业，职工989人；有农副产品加工业57家，从业人员312人，其中投资上千万元的有海佳鸭业加工厂、孵化厂。

2014年，全镇工业总产值242.3万元，工业增加值24.3万元。

商贸服务业

黄山头镇是湘鄂边陲重镇，是工业品贸易中心和农副产品集散重地。1997年，引进外资550万，建设黄山头商贸城，内设家电购物超市、家俱销售中心和五金交电、文具、药品、粮、油、茶及日化百货销售网点，设有饮食、宾馆、KTV娱乐中心，就业人员达135人，净增值635万元。

2011年，黄山头、理兴垱、采石厂、长山一步街、沙堤三孔闸、杨湖等商业中心有大型超市18家、商业经营点389个，从业人员784人，城乡集贸市场9个，社会商品零售总额上亿元。以黄山头码头为中心的商业网络成为周边5市5县的商贸中心，辐射人口2300多万，黄山乌龟、黄山板鸭、黄山绿茶及鞭炮畅销省内外。

2014年，黄山头商贸城又增金银首饰店2家、副食品加工门店3家，年交易总额超亿元。

旅游业

2001—2011年，为发展黄山头的旅游产业，加大了旅游设施建设，投资30万元对黄山头城镇发展规划和黄山头旅游规划进行修编，投资800万元对明塘湖和冲凤峪终止投肥养鱼，进行升级改造，建起安全防护网，修筑2.5千米的硬化环湖道；投资600万元，修筑宽6米、长2200米的登山旅游观光公路；投资300万元建起大型壁画广场；投资280万元对山顶忠济寺、山下南禅寺进行资源整合和维修改造扩建。2014年，投资3000万元对城区友谊南路、振兴路、凤凰路、南禅西路进行整体形象改造，意在打造黄山旅游之古朴风貌。

基础设施

交通运输

1980年，组建黄山头客运车队。1985年，省道302通过建成，过境5.4千米。2001—2011年，全镇修建通村、通场公路98千米，其中水泥路面85千米。

2014年，全镇有公路180.16千米，其中省道5.74千米，县道24.5千米，乡道39.49千米、通组公道110.43千米，有汽车客运站1处，面积4600平方米；有客运汽车82辆，日发客运汽车120多班次，其中发往常德8班（次），发往广州、长沙、株洲、深圳、武汉、宜昌、西安、上海12班（次），发往安乡、澧县、石门、石首、公安、荆州100多班（次），月均客运量320余人（次）。

沿境的虎渡河、松滋河，南可进入洞庭湖、沅江水域，北可进入长江水域，每年5月、6月、7月、8月、9月间通航。虎渡河有黄山头码头，丰水期可容3千吨级船泊运行停靠，水位在39点（高）至36点期段。松滋河有马坡湖、蔡蒲溪、大湖口（即军万嘴）3个泊站，丰水期可容3.5千吨级船泊停靠。

邮政电信

1958年，建理兴垱邮电所。1984年，在黄山头设邮电所，统管邮政和电信业务。2004年，邮政与电信分家，由2家变成了4家。2011年，有邮政支局2处，邮政业务389万元，其中纯收入 210 万元，报纸、杂志累计发行 2183 份；有电信、联通、移动企业 3 家，服务网点 58 个，电话交换机总量 4800 部，固定电话 2080 户，电话普及率 38.9%，移动电话 5186 户，互联网 1123 户，全年电信业务收入 210 万元。2014 年，新增移动电话 1100 户、互联网 1587 户，全年电信业务 89 万元。

供电饮水

供电 1983 年，建成理兴垱供电站，原安造乡居民开始用电。1989 年前，黄山码头由湖北公安县黄山头变电站供电。2009 年，理兴垱供电站由县电力局整合迁至安全董家垱码头。1995 年，全镇有照明配电变压器 90 台，容量 102 千伏安；用户配电变压器 15 台，容量为 0.5 万千伏安；公用配电器 15 台，容量为 0.5 万千伏安，10 千伏配电线路 10.7 千米；用户用电量 800 万千瓦小时；居民用电率 100%。

2014 年，全镇有变压器 127 台，容量 2.5 万千伏安，输电线路 18.7 千米，居民用电入户率 100%。黄山头码头和理兴垱码头装灯 1900 千米，安装路灯 230 盏，其中理兴垱街道 1.8 千米，安装路灯 230 盏。

饮水 1987 年前，黄山头镇居民饮用垸外河水和垸内池塘自然水。1987 年，建自来水厂，年供水能 45 万吨。1995 年，铺设供水管道，长 78.0 千米，城区居民全部饮用自来水。2014 年，自来水入户率 83%。1984—2011 年，先后建立黄山头自来水厂、理兴垱自来水厂和长山、马坡 2 个村级水厂，打深水井 4 眼，建纯净水厂 2 处，年供水 20.16 万吨，全镇供水 2700 户，免费供水率 60%。

2014 年，黄山头自来水厂铺设各种规格水管道 78.0 千米，居民自来水入户率达 83%。

水利建设

1956—1968 年，为提高抵御自然灾害的能力，投工 38 万个，移动土方 75 万立方米，建筑了北起理兴垱、南到军万嘴的防洪大堤，总长 11.8 千米。

1964—1980 年，为了北高南低的等高截流，开挖直通南北、贯穿东西的排灌渠道 18 条，宽 30 ~ 50 米，沿渠建节制闸 24 座、电力电排排灌站 6 处，安装机组 22 台，装机容量 2024 千瓦（不含村级电排）；为适应垸区园田化的要求，投工 760 万个，完成土石方 1040 万立方米，将近 5 万亩农田改造成正方形的大格子；对 33 万多亩农田进行园田化建设。20 世纪 70 年代，为围湖造田，分 3 次将 127 户农户移至落湖垸、渣口垸、单家滩。1995 年，境内有防洪大堤 22.3 千米，穿堤函洞函闸设施 9 处。

集镇建设

理兴垱集镇 1949 年，理兴垱集镇建成区面积仅 0.1 平方千米。1989 年，理兴垱集镇建成区面积扩至 0.3 平方千米，房屋建筑面积 3.6 万平方米，其中新建 3.2 万平方米，街道 1500 米，路灯 10 盏，排水管道 28 米，桥梁 3 座。1984—2011 年，在黄山头码头与理兴垱码头大街小巷两侧铺设下水道 18000 米。2011 年，镇区有花坛 308 个，绿化带 5000 米。2014 年，建成区面积 1.88 平方千米，街道 16 条，长 16.27 千米，城区有汽车站、学校、幼儿园、医院、影剧院等公用设施。

黄山头集镇 20 世纪 50 年代初荆江分洪时，黄山头形成忠济路、南禅路雏形。1969 年，拓宽友谊路，继而拓展虎啸路、山河路、忠济路、南禅路、文艺路。1989 年，黄山头镇有主要街道 9 条，长 6885 米，其中水泥路面 3075 米、沥青路面 1840 米；街道面积人均 11.6 平方米。2014 年，黄山头码头与理兴垱码头街道 18 千米，其中 3 千米为四车道，已完成硬化路面 15.8 千米。1995 年，主要街道实施亮化工程，安装照明专用电杆 170 根，挂 250 ~ 300 瓦日光节能灯 170 个，夜均供

电量166度。

2011年年末，黄山头和理兴垱组建城镇建设环境保护站，有城管人员11名、环卫工人20名，建有2个垃圾处理厂、4个垃圾中转站，配置了垃圾桶800套，建立垃圾围430个，垃圾运输车4台。

社会事业

教育

1956年农业合作化后，广大妇女从家庭劳动中解放出来，参加生产劳动，托儿所（组）应时而生，安造乡办托儿组17个。是时，小学教育也得到迅速发展，有小学19所，学生3685人。1979年，公社始办初中，有中学生1668人。1984年，全乡有幼儿所18所，入园幼儿836人，幼师19名；有小学19所，学生3135人，教师158名；有中学7所，学生1867人，教师88名。2007年，调整学校布局，全乡有小学2所，学生1380人；中学1所，教师97人。

2014年，全镇有小学2所，学生1179人，教师78名；中学1所，学生463人，教师76名；财政预算内教育经费441万元。

科技

2014年，有茶叶、板鸭产品研究所各1处，棉花制种基地1处。全镇有科技人员9名，开发的黄山绿茶、黄山乌龟、黄山板鸭、优质棉种畅销全国各地。

文化体育

群众文化 1985年，境内有文化站2个、剧院2个、广播站2处，还有军鼓队、军乐队、腰鼓队和民间舞狮、舞龙队、根雕艺术培训学校等，黄山头诗词协会有会员189人。2011年，有镇文化站、电视台、剧院各1个，广播站2处、文化活动中心19处；图书室33个，藏书54350册；声乐队4支、腰鼓队2支、军鼓队1支，参加演出的人员70名；舞狮、舞龙及打击乐器队5支、140人，各类文化专业户18户，从事音乐、戏剧、渔鼓、美术、书法、摄影及业余文学创作队伍达123人。

广播电视 1994年，建成黄山头电视台。1998年，由县广播电视局收编，升格为安乡县广播电视分台。2014年，全镇村村通广播、家家有电视，有线数字电视和有线电视用户2000户，入户率14%。

体育 2011年，全镇有学校体育场3个，机关单位篮球场4个，村级篮球场5个。是年，组织湘鄂乒乓球友谊赛和农民运动会。社区组织中老年妇女健身舞蹈队进行广场舞比赛，参赛人员889名。

2014年，森林公园、林场、畜牧场、长山、丁堤、白家、黄山头码头街道两旁安装有健身器材98台，全镇经常参加体育活动人员占常住人口的34%。

医疗卫生

1956年，安造乡有医疗卫生机构2个，医务人员12名。1984年，全乡有卫生医疗机构42个，医务人员75名，医疗设备价值34万元。2011年，全镇有卫生机构42个，门诊部42个，有床位18张，每万人拥有病床3.1张，固定资产总值598万元，专业卫生人员110名；医疗机构完成诊断22238人次。16个行政村的村民、3个居委会的居民、三场的全部职工全部参加了合作医疗，参合率达100%。

2014年，镇卫生院执业助理医师52人，有床位45张，接诊住院病人2400人次。全镇16个行政村的村民、4个社区和森林公园、林场、畜牧场居民与职工合作医疗参保率100%。

社会保障

2011年，全镇有245户475人享受城镇最低生活保障，全年支出城镇最低生活保障金88万元，月人均185元；医疗救助185人（次）；312人（次）在民政部门的资助下参加合作医疗，支出合作医疗补助金15600元；有615户950人享受农村最低生活保障，全年全镇支出农村最低生活保障金90万元，月人均95元；国家抚恤、补助各类优抚对象225人，抚恤费支出42万元；社会福利费10万元，全镇有畜牧场、守安垸、长山村、白家村、理兴珰4处养老院，筹集资金289万元，统一建房27栋232间（标准为一室一厅一厨一厕），集中供养“五保”老人192人，全镇有282名“五保”老人参加新型农村养老保险，参保率100%。

特色地情

名优特产

黄山头酒 黄山头酒为荆楚名牌酒，有近百年历史，有浓香型、清香型、雅香型，尤以浓香型名播全国，曾荣获轻工部优质酒称号。

黄山头板鸭 传说东汉末年，在湘、鄂交界处有1处山塘名叫冲凤峪，山塘东边有一口白龙井，井旁住着一个老人，带着儿子养鸭为生。有一天，儿子误落山塘溺水，命悬一丝。诸葛亮率军与曹操激战后途经此处，得知消息，急忙施救，儿子转危为安。老人执意宰鸭置酒致谢。诸葛亮因公务在身，不便久留，顺手持羽扇遥指院中一只小鸭，许诺再有下次，定品此鸭。老人谨记在心，精心饲养。突然一场瘟疫暴发，禽畜尽染。老汉上山砍柴，遇一山娃被蟒蛇追赶，老人持刀舍身相救，山娃父亲为感谢老人救子之恩，取出珍藏数年自己腌制的鸭子盛情款待，老汉尝了之后，觉得是美味可口，并深有所悟。回家之后，便将家中之鸭依法炮制，静候诸葛亮再来。次年，诸葛亮智赚华容道转程黄山，老人窃喜，急忙取出去年腌好的鸭子，炒、炖、蒸、煨，香袭满堂。诸葛亮细细品味，惊叹不已，赞曰："极制奇鸭，巧夺天工，世间余事，诚情信义。"老人自此以养鸭和制作板鸭为主，极腌之鸭，名扬百里之外，生意日渐兴隆，黄山头板鸭独树一帜，传承至今。

黄山头绿茶　黄山头绿茶长于黄山之腰，葱郁茂密，碧翠清绿，制作工艺精制、慎密，经过采摘筛选，文火烘烤，手工轻揉，蒸炒收毛，再手工搓整成型。纯正清脾，舒肝润肺，浓郁芳香，醒神爽心，止渴生津，能健体减肥，产品畅销湘、鄂。

黄山乌龟　黄山乌龟为阴阳滋补性药品。黄山头曾有李家人承祖辈烹饪之技艺与秘方，在黄山头独占鳌头。其后代、近 80 岁高龄的李志老人精通红、白二案，煎、炒、炖、炸，手法娴熟，以一钵美味乌龟声誉远播湘鄂，远自长沙、益阳、岳阳、武汉、宜昌、荆州，近至常德、公安、石首、南县、澧县、安乡均有食客慕名而至，有"闻香下马，知味停车"的美誉。

传说掌故

固本湖的故事　元和年间（806—820），柳宗元因变法失败被贬为永州司马，途径黄山，风雨大作，舟泊港湾。夜半风停雨歇，皓月当头，欣然登山夜游，忽听见山腰松柏丛中传来诵经之声，便循声寻找，见有茅屋中灯光如豆，慢行檐前，轻叩明窗，探问："堂中何人，深夜苦读，必志士耳，可否容吾一见？"随被诵经者迎访入室，夜读之人正是黄山头的寒门学子段洪古。二人相见恨晚，撤案置酒，换盏天明。餐毕，相邀乘舟前往山阳湖垂钓，柳宗元见湖中芦苇葱郁，顿觉诧异，惊曰："此何物，缘何水中繁茂？"段弘古回答说："此芦苇，两栖之物也，其性刚阿，根可入药，味甘性平、润肺、温肝、补肾、固本是也。"柳宗元感慨道："此湖既生奇草，可谓'固本湖哉'？"柳、刘会意，击掌大笑。固本湖由此得名。

名胜古迹

黄山头国家森林公园　黄山头国家森林公园地处湘鄂两省边陲，北望荆州古城，南临洞庭湖国家重点风景名胜区，是集自然风光和人文景观为一体的游览胜地。黄山头国家森林公园总面积 100 平方公里，中心景区面积 50 平方千米。大小山峰共 32 座，主峰海拔 286 米。有忠济庙、谢公墓、南禅寺、云霄宫、荆江分洪节制闸等景点。黄山头也是荆楚古文化的发源地之一，有原始社会村落遗址、战国遗址、晋唐古墓葬等古迹。

刘弘墓　刘弘又名刘和季，是沛国（今江苏省相县）人。祖父刘馥为镇北将军，刘弘小时家住洛阳，和司马炎同年，感情甚厚，刘弘得到了当时太宰长史张华器重，被任命为宁塑将军。公元 303 年，刘弘平定张昌作乱，调任荆州刺史，后刘弘又平定张弈作乱，被封为"镇南大将军"。公元 306 年，晋惠帝诏见刘弘，封他为"车骑将军"。刘弘在襄阳病死后，被赐封为"宣城公"。该墓于 1991 年 3 月发现，4 月 17 日发掘，共发掘出各类金器、银器、玉器、铜器、长刀、宝剑、金印、玉章、瓷器等珍贵文物 76 件，经省考古专家鉴定，有 16 件为国家级文物，有 5 件属世界级极品，价值连城。

（文字供稿：安乡县党史办，图片供稿：刘华斌）

三岔河镇

区域概况

位置面积

三岔河镇位于安乡县东部。东与南县牧鹿湖乡仅一河之隔，东北与湖北省石首市团山区相接，西与安宏乡、安昌乡、安生乡毗邻，南与南县麻河口乡接壤，北与官垱镇为邻。辖区东西最大距离2.5千米，南北最大距离22千米，总面积50.15平方千米，其中陆地44.68平方千米，占89.1%，堤垸境内水域5.47平方千米，占10.9%；治所三岔河集镇，西距安乡县城13千米，东距南县县城17千米。

建置沿革

清咸丰二年（1852），长江藕池口溃决，藕池河形成三支南倾，在中、西支间的狭长地带，人们陆续围堤筑垸数十个。民国时期，合并为安化垸。三岔河因位于藕池中支三条岔河分流处而得名。民国初期，隶属安乡县长寿乡，三岔河称之为三岔市团。民国22年（1933）隶属安乡县第二区。区治所三岔河，辖春治乡、长庆乡、长东乡、永睦乡、永笃乡。1951年，境域属安乡县第二区。1956年，庆丰垸、长明、沙嘴、春美垸、新口乡并为安化乡，治所三岔河。1958年10月，改称安化人民公社。1984年4月，政社分设，复名安化乡。1984年6月19日，更名为三岔河镇。之后至2014年，未再作调整。

行政区划

1989年，镇政府驻三岔河，辖紫云宫、朝阳门2个居民委员会、6个居民小组；致惠、沙嘴、黄金、新口、天保、驿码头、春美、长明、三多、罗洲、合家垸11个村、186个村民小组。

1995年，三岔河镇辖紫云宫、朝阳门2个居民委员会和沙嘴、黄金、新口、天保、驿马头、春美、长明 、致惠、三多、罗洲、合家垸11个村民委员会、村（居）民小组252个。

2011年，辖朝阳门居民委员会和沙嘴、黄金、新口、天保、驿马头、春美、长明、致惠、三多、罗洲、合家垸11个行政村，共3个居民小组、186个村民小组。

2014年，村（居）民小组不变，另增麻溢湖、鲁家垱、张家湖3个渔场。

自然环境

镇境位于洞庭湖岔地北部，属平原地域，地势略呈北高南低，东西较为平坦而狭窄，地面高程一般在海拔31～33米，最高点位于沙嘴村三组，海拔33米，最低位于合家垸村八组，海拔31米。

年平均气温 14 度，极端最高气温 30 度、一般出现在 7—8 月；极端最低气温 - 3℃，一般出现在 12 月；年平均降雨量 1350 毫米。

境内属藕池河中、西支河水系，东、西有河流，俗称两水夹一镇，藕池河中支在镇东边，由新口入境后，沿驿马头、三岔河经南县茅草街注入南洞庭湖，境内流程 10.7 千米，藕池河西支位于镇西边，经沙嘴、天保、罗洲、合家垸经南县茅草街流入洞庭湖，境内流程 22.87 千米。1975—1989 年，常年断流 250 ~ 260 天，可见流均在 7 月、8 月、9 月，两河以利境内农田排灌和有水时船舶通航。

境内有丰富的地下水资源，可供居民和村民打井取生活用水和工农业生产用水。从多处打井探测到地面往下 30 米就有丰富的地下水。

主要自然灾害有水灾、旱灾、风灾、冰冻、农作物病虫灾害等。1954 年溃垸后，雨热相加，持续高温，病毒流行，致 300 余人死亡。1998 年、1999 年两年大水，三岔河水位分别高达 38.49 米和 38.51 米，均超历史水位。雨水渍灾，平均 5 ~ 8 年一次，每年以 5 月下旬至 6 月中旬为主。1985 年 6 月 2—5 日，连降大、暴雨，降雨量高达 187 毫米，造成 9870 亩水稻受渍，其中 2100 亩失收；5000 亩棉花受渍，其中 3000 亩改种；780 亩鱼池、鱼塘通联。黄合公路多处上水 20 ~ 40 厘米，大雨对交通带来严重影响，4—8 日，垸内行人改走镇两边大堤。2011 年，遭受严重旱灾，3 月下旬至 6 月 16 日，持续 90 多天没有降雨，致使早稻全部未播种，一季水稻推迟播期 15 ~ 20 天。风灾尤以大风和龙卷风对境内威胁甚大。1987 年，龙卷风夹冰雹袭击境内，致使 6 个村严重受损，被损房屋 118 栋，伤 5 人，电杆折断 67 根，1300 亩油菜、蚕豆严重受损，直接经济损失 176 万元。

人口民族

1995 年，全镇有 6596 户 28337 人。2011 年，辖区总人口 27519 人，其中城镇常住人口 1781 人，城镇化率 6.47%，另有流动人口 2005 人，总人口中，男性 13923 人，女性 13596 人；14 岁以下 3457 人、15 ~ 64 岁 20877 人、65 岁以上 3185 人；汉族 27492 人，少数民族 27 人，少数民族中，回族 15 人、土家族 12 人；人口出生率 9‰；死亡率 0.6‰；人口自然增长率 8.5‰；人口密度为每平方千米 548 人。2014 年，全镇年末总户数为 8535 户 24467 人，其中非农业人口 1578 人，女性人口 11672 人。

经济发展

综述

1995 年，全镇社会总产值 12621 万元，农业总产值 4552 万元，乡镇企业总值 4575 万元，农民人均纯收入 1543 元。2011 年，财政总收入 350 万元；境内金融机构各类存款余额 6560 万元；各项贷款余额 3895 万元。2014 年财政总收入 560 万元，存款余额 8610 万元，贷款余额 5016 万元，农民人均纯收入 8576 元。

农业

1984 年，全镇有耕地 36700 亩，种植水稻 27000 亩，总产 15773 吨；种植油菜 23540 亩，总产 3745 吨；种植棉花 7500 亩，总产 6950 吨；饲养生猪 12500 头；家禽 18750 万羽；水产品养殖水面 8670 亩，鲜鱼产量 2700 吨。2011 年，全镇有耕地 36700 亩，人均 1.35 亩，全部为水网稻田和水浇地，是省、市粮食、棉花、油料、鲜鱼、蔬菜重要的生产基地。全年农业总产值 22404 万元。粮食作物以稻谷、小麦、玉米为主，豆类、薯类作物为辅，全年生产粮食17668吨，人均654公斤；其中稻谷16559吨、小麦444吨、玉米422吨。主要经济作物有棉花、油菜、水果、蔬菜等，种植棉花7780亩、总产719吨；种植油菜26800亩、总产3900吨；有水果园1600亩、总产3976吨；种植蔬菜15600亩、总产94950吨，蔬菜品种主要有黑皮冬瓜系列、蜜本南瓜、芫荽菜、美国黑西红柿、甘蓝、油麦、上海青等，其中黑皮冬瓜系列产量为6万吨、蜜本南瓜1万吨、芫荽菜200吨、甘蓝6000吨，美国黑西红柿100吨。畜牧业以饲养生猪、家禽为主。2011年，饲养生猪15100头，年末存栏11577头；出售和自宰的家禽24.26万羽，禽蛋产量1312吨；肉类总产量1449吨。有精养池塘9300亩，湖泊粗养水面200亩，鲜鱼产量4556吨，渔业总产值4727万元。

工业

1989年，全镇社会总产值3002万元，工农业总产值1560万元，农业商品产值564万元。镇工业以农副食品加工、烟花、鞭炮制造、木材加工、自来水的生产和供应、建筑材料生产等为主。农副产品加工中有植物油加工、屠宰及肉类加工，蔬菜及各类富硒产品加工，米、面制品制造与加工，酿酒，家禽饲料制造等。2011年，全镇有工业企业17家，职工380人，实现工业生产总值5500万元，利润650万元，税金50万元。实现工业增加值1500万元。2014年，全镇有工业企业18家，工业总产值6980万元，利润810万元，税金70万元，职工460人，实现工业增加值1800万元。

商贸服务业

中华人民共和国成立初期，三岔河集镇有店铺8个。1984年，全镇有商业网点20个，有农贸市场1个，有个体商户18个，社会商品零售总额800万元。2011年，全镇有商业网点118个，从业人员212人，社会商品零售总额达5870万元；有城乡集贸市场3个，年成交额7800万元。其中新口码头集贸市场，年成交额2500万元，约占全镇三分之一，已成为与湖北省石首市团山区地域接壤的一个商业贸易边境重镇。全镇主要产品富硒营养香米和富硒鸡蛋畅销湖南省城长沙；黑皮冬瓜木架箱精包装后销往韩国；烟花、鞭炮销往省内各地和湖北省石首市各地。

基础设施

交通运输

1981年，建成三岔河镇客运车队，车队有客运汽车20辆，日发客运汽车79班（次），其中发常德南站2辆，发安乡县城、新口集镇码头客车18辆，日均客运量240余人（次）。2011年，修建常德市至岳阳市的常岳高速公路，途经三岔河镇合家垸村，距三岔河镇驻地4千米；省道306线从三岔河城镇经过，横贯镇域，境内长6千米。境内东、西两条河道7月、8月、9月丰水期可通航，往南可至南县茅草街、沅江市、长沙等地，往北经藕池进入长江水域至沙市、宜昌等地；沿岸有码头5个。

2014年，全镇有公路18千米；其中省道6千米；乡道7千米、通组公路5千米；有汽车客运站1处，占地2000平方米，有客车16辆，客运线路2条，每天由集镇发往邻近乡镇和安乡县城的客班车79趟，客运量1500人次。

邮政通信

1986年，镇境设邮政支局。1994年，镇境开通程控电话。2001年，移动、联通公司在镇境建通信基站。2011年，全镇有邮政支局1处，邮政业务总量158万元。报纸、杂志累计发行1283

份。电信企业2家，服务网点15个，电话交换机总容量3000门，固定电话用户1500户，电话普及率18.8%；移动电话用户3008户，互联网用户358户，全年电信业务收入90万元。

供电饮水

供电 1983年，三岔河镇通电。1987年，农村通电，农户照明用上电灯。1998年，建成供电所。2009年，供电所迁至三岔河镇省道306线街道的中段路南。1998—2014年，年均供电564.94万千瓦时。2014年，全镇有变压器80台，功率10千伏安；有输电线路12050千米。

饮水 1984年，投资5万元，建镇自来水厂，日供水能力100吨，仅能供应4000人用水。1994年，镇政府集资60万元扩建和改造水厂，使日供水增至500吨。1995年，镇政府争取世界银行贷款130万元，自筹资金20万元对水厂再次进行改扩建，使日供水能力增至600吨，彻底解决了镇居民用水难的问题。1999年，新口村建镇第二自来水厂，2007年扩建，新口集镇码头及全村铺设D75—110供水管道8000米，全村供水719户，其中“五保”户、低保户47户免费供水，全村供水率达100%。

2014年12月，集镇水厂改扩建，工程总投资400万元，日供水能力800吨，供水范围为三岔河集镇、三多、罗洲、合兴村及三岔河中学，受益人口1.15万人。

水利建设

1951年，境内防洪大堤海拔高程36.5米，堤顶面宽5.0米，经过60年努力，全镇为新修、加固、加宽、加高防洪大堤投工1655万个，移动土方6480万立方米，2011年，防洪大堤海拔高程提至40.0米、堤顶面宽扩至6～12米，达到国家指定的蓄洪垸标准，在不下令蓄洪的情况下，成为确保垸。

1973年11月—1974年4月，安化公社组织男女劳动力4500人，耗工40万个，完成土方80万立方米，开挖长22千米，北起黄金村、南至合家垸村的“黄合渠”；为了北高南低的等高截流，沿渠建节制闸10座，建电力排灌站9处、机尾渠10.8千米，安装机组19台，总装机容量2435千瓦。

三岔河镇

“黄合渠”西侧道路宽 8 米，于 2007 年对道路进行砼化，砼化后，“黄合渠”西侧道路成了一条公路干线。

1964—1974 年，大搞农田基本建设，完成土石方 520 万立方米，投工 380 万个，将 22 个小垸合成一个大垸，铲除 7 处废间堤，开挖直通南北、横贯东西的排灌渠道 150 千米，加修斗沟毛渠 170 千米，通过干支渠，将全镇 32800 亩耕地划成 90° 角 400 ~ 800 亩大小的水利化大格子；建涵闸 240 座，16400 亩农田初步实现高标准园田化。

遵照洞庭湖区治理方案要求，2001 年 5 月至 2002 年 12 月，采取国家投资和自筹资金方式，筹资 5100 万元，实施顺水筑台、移民建镇，构筑土方 617.5 万立方米，在境内筑 62 处长 12350 米、宽 11.0 ~ 40.0 米的安民台，将居住在外流河滩、河洲上和影响大堤内、外坡的 1734 户、5322 名村（居）民转移到安民台上。

2014 年，境内有防洪大堤 32.8 千米，穿堤涵洞涵闸设施 21 处。

集镇建设

1949 年，三岔河集镇城区面积 0.2 平方千米。中华人民共和国成立后，随着社会主义建设事业的发展，三岔河集镇建设也得到快速发展。1979 年，镇区主要街道两侧铺设 D600 排水管道 4000 米、D160 洪水管道 12000 米。1989 年，集镇城区面积扩大到 0.4 平方千米，有桥梁 1 座，街道长 4200 米，路灯 30 盏。2002 年 9 月，对城镇主要街道实施亮化工程，立照明专用杆 93 根，挂 250 瓦的日光节能灯泡 93 个，夜均供电 110 千瓦时。2011 年镇区有花坛 102 个，绿化面积 6800 平方米。2014 年镇区有花坛 102 个，绿化面积 22000 平方米。

社会事业

教育

中华人民共和国成立前，境域有学校 1 所，学生 120 人。新中国成立后，小学教育逐步发展，至 1952 年，境域有小学 1 所，学生 80 人。1958 年成立人民公社，大办教育，小学教育有很大发展，全公社小学发展到 2 所，学生 115 人。1963 年，公社始办初中，时有中学 1 所、学生 153 人。1984 年，成立三岔河镇，全镇有幼儿园 1 所，入园幼儿 200 人；有小学 2 所，学生 230 人，教师 15 人；有中学 1 所，学生 430 人，教师 12 人。2001 年，调整学校布局，调整后，全镇有学校 2 所，其中中学 1 所、小学 1 所，中小学校教师 30 人；幼儿园 1 所，入园幼儿 300 人，幼师 5 名。2011 年，有幼儿园 5 所，在园幼儿 374 人，专任教师 7 人；小学 3 所，在校学生 639 人，专任教师 61 人；小学适龄儿童入学率 100%，初中 1 所，初中在校学生 394 人，专任教师 83 人（含九年一贯制 1—6 年级小学教师在内）；初中适龄人口入学率、小学升初中升学率、九年义务教育覆盖率均达 100%。2011 年财政预算内教育经费 694.7 万元。

2014 年，全镇有中学 1 所，在校中学生 252 人；小学 5 所，教师 22 名，在校学生 299 人；幼儿园、托儿所 3 所，在园幼儿 286 人，教职工总人数 133 人。财政预算内教育经费 763 万元。

科技

2010 年，国家级示范农民专业合作社——安乡县三岔河镇湘北蔬菜种植农民专业合作社《芫荽菜栽培技术》获国家技术发明专利，合作社负责人雷家祥获得第三届袁隆平科技进步奖。

2010 年，湘北蔬菜合作社承担的市级科研项目《黑皮冬瓜的引种和推广》，获得常德市科技进步二等奖，奖金 3 万元。

2010 年 2 月，湘北蔬菜合作社承担的市级科研项目《水生蔬菜的引种示范与推广》，2012 年 8 月申报市级科技进步奖。

2012 年 4 月，湘北蔬菜合作社承担省级科研课题《有机蔬菜关键技术集成与应用》的研究。

2014 年，县级富硒产品研究所有科技人员 3 人，建立富硒产品基地 8 处，成功开发出富硒鸡、蛋、猪肉、白酒、大米、菜籽油、鲊辣椒、剁辣椒等 8 类 28 种规格产品，试销市场，深受欢迎。

文化体育

1994 年 6 月，建成三岔河镇有线电视台。1996 年 7 月，改名为三岔河镇广播电视站。2014 年，全镇有数字电视和有线电视用户 1780 户，入户率 25.1%。

2011 年，有镇文化站、电视广播站各 1 处，有村级文化活动中心 12 处，有各类文化专业户 5 户。各类图书室 13 个，藏书 22100 册，有 1 支 30 人的中老年妇女腰鼓队，有舞狮、舞龙、玩虾灯及打击乐器队伍 5 支，参加演出人员 110 人；有音乐、戏剧、安乡渔鼓、美术、书法、摄影及文学业余创作人员 79 名。

2011 年，有学校体育场 4 个，县属部门篮球场 1 个，镇机关篮球场 1 个。2011 年 5 月 1 日，镇政府组织三岔河镇乒乓球友谊赛，参赛人员 60 名；2 个居委会和新口村码头安装了 15 台健身器材，全镇经常参加体育活动的人员占常住人口的 21%。

医疗卫生

中华人民共和国成立前，境域有卫生医疗机构 1 家，个体医务工作者 20 人。

1956 年，成立公社卫生院，有卫生人员 22 名。

1984 年，建三岔河镇卫生院，有医务人员 20 名，病床 50 张；有村级卫生室 12 个，村卫生员 12 人。2011 年，全镇有卫生医疗机构 21 个，门诊部（室）21 个，有床位 89 张，每万人拥有病床 3.2 张，固定资产总值 274.98 万元，专业卫生人员 54 名，其中执业医师 12 人，执业助理医师 12 人，注册护士 13 人。同年，全镇医疗机构完成诊疗 10236 人次。11 个村民委员会村民、2 个居委会居民、3 个渔场渔民全部参加了新型农村合作医疗，参合率 100%。2014 年，完成诊疗人数 11350 人，全镇所有居民均参加了新型农村合作医疗，参合率 100%。

社会保障

2003 年 4 月—2004 年 3 月，筹集资金 89 万元，修建敬老院，敬老院有住房 18 栋 63 间（统一为一室一厅一厨一厕），集中供养农村“五保”户 65 户 76 人。2011 年，全镇有 76 户 76 人享受城镇最低生活保障，支出城镇最低生活保障金 25.58 万元，月人均 280.4 元，医疗救助 300 人（次），民政部门资助 129 人（次）参加合作医疗，共支出 6450 元。全镇有 385 户 581 人享受农村最低生活保障，支出农村最低生活保障金 61 万元，月人均 87.5 元。有各类优抚对象 127 人，抚恤事业费支出 24.7 万元，社会福利费 18 万元；有 213 名“五保”老人参加新型农村养老保险，参保率 79.2 %。2014 年，新型农村合作医疗参保人数 27450 人，新型农村社会养老保险参保人数 15500 人。

（文字供稿：安乡县党史办，图片供稿：刘华斌）

官垱镇 >>

区域概况

位置面积

官垱地处安乡县东北部，东、北以栗林河与湖北石首市界分，南与三岔河镇接壤，西面隔藕池西支与安生乡相望。辖区东西最大距离 6.3 千米，南北最大距离 9.5 千米，总面积 43.727 平方千米，其中陆地 31.921 平方千米，占 73%；水域 11.806 平方千米，占 27%。镇政府驻官垱社区，距县城 25 千米。

建置沿革

清咸丰二年（1825），藕池河第一次溃决后，安乡知县常缮上书朝廷，请求官帑，抢修垱坝，不几日垱坝告竣。后人为作纪念，取“官帑”之“官”，“垱坝”之“垱”，将所修垱坝称为“官垱”，官垱之名由此而来。1951 年，属安乡县第三区。1956 年撤区并乡时，为安文乡。1958 年 10 月，为安乡县人民公社联合社安文分社。1984 年 4 月，撤销公社，恢复乡建制。6 月 19 日，改为官垱镇。至 2014 年未变。

行政区划

1989 年，镇政府驻官垱，辖月字街、窖垸 2 个居民委员会、6 个居民小组；永兴、永安、安官渡、新建、团结、穆安、新乐、胡家、响水窖、紫金渡、五斗窖、兴隆、官垱 13 个村、175 个村民小组。

1995 年，辖月字街、窖垸、新平街 3 个居民委员和永兴、永安、安官渡、新建、团结、穆安、新乐、胡家、响水窖、紫金渡、五斗窖、兴隆、官垱 13 个村民委员会，共设 179 个村（居）民小组。

2011 年，辖窖垸社区和永兴、永安、安官渡、新建、团结、穆安、新乐、胡家、响水窖、紫金渡、五斗窖、兴隆、官垱 13 个行政村、共 3 个居民小组、163 个村民小组。

2014 年，全镇辖官垱居民委员会和永兴、永安、安官渡、新建、团结、穆安、响水窖、新乐、胡家、紫金渡、五斗窖、兴隆、官垱 13 个行政村，有 163 个村民小组、3 个居民小组和 1 个林场、1 个渔场。

自然环境

境内大部属洞庭湖淤积平原，地势北高南低，东西相等。地面高程一般在海拔 29 ~ 33 米之间，最高点在兴隆村二组，海拔 33 米，最低点在新乐村境内沉田堰，海拔 29 米。

年平均气温 22℃，极端最高气温 38℃，一般出现在7月；极端最低气温-5℃，一般出现在2月；年平均降雨量1321毫米。

境域属藕池河西支、栗林河水系。栗林河在镇东北边，由湖北石首石安入境后，沿兴隆、五斗窖、紫金渡、响水窖、团结流入三岔河镇境内，流程14550米。1956年，在栗林河最北端修建拦河坝，截断了藕池西支河水流入，使其成为一条内河。藕池河西支位于镇西边，经兴隆、永安、安官渡、新建，流入三岔河镇境内后，再流入洞庭湖，境内流程8785米。1998年以后，湖北藕池镇修建拦河坝后，境内河水基本断流。

境域地下水资源丰富，从多处打井探测到地面往下30米就有地下水，可供居民和村民打井取生活用水和工农业生产用水。

境内有外滩4000亩，种植欧美杨4000亩，全镇有林地6000亩，四旁林地面积4000亩，森林覆盖率9.06%，林木绿化率16.6%。

镇境主要自然灾害有旱灾、水灾、风灾、冰灾、低温、雷击等。1954年的水灾，造成全垸崩溃，风灾每年都有发生，最严重的一次是发生于1967年9月的寒露风，所有晚稻绝收。2008年的冰灾，造成通信设备、电力线路和设备损毁。

人口民族

1995年，全镇有6122户24122人，其中非农业人口4624人。2011年，辖区总人口22209人，其中城镇常住人口4898人。总人口中，男性11456人、女性10753人；14岁以下2665人、15～64岁16878人、65岁以上2666人；人口出生率7.4‰，死亡率为0.3%，人口自然增长率7‰；人口密度每平方千米507人；有少数民族16人，其中东乡族1人、侗族1人、回族2人、拉祜族1人、苗族5人、土家族2人、壮族4人。

经济发展

综述

1989年，全镇社会总产值3097万元，工农业总产值1606万元，农业商品产值612万元。1995年，全镇社会总产值9460万元，农业总产值3235万元，乡镇企业总产值4757万元，农民人均纯收入1259元。2011年，农业总产值1960万元，农民人均纯收入6793元；财政总收入341.536万元；邮政储蓄所各类存款余额7300万元，农村信用社各类存款余额8762万元、各类贷款余额4496万元。

2014年，农业产值18613万元，工业产值5115万元，工农业生产总值23728万元，财政收入415万元，三产业比重为5∶2∶3。

农业

1989年，全镇有耕地30640亩，产粮食13342吨、棉花572吨。可养水面3979亩，产鲜鱼944吨。2011年，全镇有耕地30328亩，以种植水稻、棉花、油料、小麦、蔬菜、葡萄为主。粮食作物以水稻为主，全年生产粮食12598吨。主要经济作物为棉花，种植棉花12600亩，总产1200吨。畜牧业以养殖生猪、家禽为主，全年饲养生猪6100头，年末存栏4100头，家禽饲养量26.4万羽。渔业以养四大淡水鱼为主，可用于水产养殖的水面8340亩，人工养殖珍珠水面37亩，水产品总产量4170吨。2014年，生产粮食13016吨，人平585公斤。主要经济作物为棉花，种植棉花14156亩，总产1348吨。畜牧业以养殖生猪、家禽为主，全年饲养生猪6768头，年末存栏14348头，家禽饲养量28.1万羽。渔业以养四大淡水鱼为主，可用于水产养殖的水面12718

亩，主要是淡水鱼类，人工养殖珍珠水面 65 亩，水产品总产量 6815 吨。农民人均纯收入 8556 元。

工业

20 世纪 70 年代，有工业企业 12 家，职工 115 人；产值 120 万元，利润 10 万元。90 年代，有工业企业 28 家，职工 315 人，产值 3510 万元。2014 年，全镇有鑫旺烟花鞭炮厂、漆厂、官垱银海轧花厂、新中华食品厂、官垱预制厂、官垱水厂、官垱豆腐坊、福鑫园有机肥厂等工业企业 35 家，职工 626 人，工业总产值 5115 万元，利润 265 万元，税金 15 万元。

商贸服务业

民国 30 年（1941），官垱集镇极为兴盛，有上官垱、中官垱、下官垱、西官垱，街道总长 1500 米，人口 6000 多，商店林立，客商云集，为湘、鄂结合部工业品贸易中心和农副产品集散地。后因河道淤塞，港口萎缩，加上战争摧毁，市场衰败，至解放前夕，仅有商店 10 户，且均为小本经营。中华人民共和国成立后，境内商贸业逐渐得到恢复和发展。

2011 年，全镇有商业网点 258 个，从业人员 512 人，社会商品零售总额 1.3 亿元。城乡集贸市场 4 个，年成交额 2 亿元以上。官垱雪枣、官垱豆制品，享誉全省。官垱烟花、鞭炮畅销湘、鄂两省及北京地区。冬瓜糖产品销往湘、鄂、两广、江、浙等地。

基础设施

交通运输

2004 年投资 38 万元建成官垱客运站，日发客运汽车 61 班次，日均容量 1000 人次。2012 年，省道 S302 通过境内，境内长 6 千米。2012 年后，镇政府加大交通建设力度，兴修水泥路面 9800 米，铺设渣石路 5500 米。2014 年，全镇有公路 130 千米；其中省道 6 千米、乡道 50 千米、通组公路 65 千米；有汽车客运站 1 处，面积 7000 平方米。全镇有客车 10 辆，客运线路 3 条，每天由集镇发往邻近乡镇和安乡县城的客班车 30 趟，客运量 400 人次。

邮政通信

1992 年，镇境开通程控电话。1994 年底，镇境开通程控电话。1997 年，移动、联通公司在镇境建通信基站。全镇有邮政局 1 处，邮政业务总量超过 170 万元。报纸杂志累计发行 150 份；有电信企业 1 家，电话交换机总容量 3600 部，固定电话用户 1200 户，互联网用户 450 户，全年电信收入 85 万元。移动电话用户 5000 户，联通电话用户 2000 户。2014 年，固定电话用户 1500 户，互联网用户 1000 户，全年电信收入 94 万元。

供电饮水

供电　1984 年，建官垱镇电管站。1996 年，撤站并所，成立官垱电管所。2005 年，电管所对全镇的农村电网进行升级改造。2007 年，官垱电管所划归三岔河电管所，年用电量 389 万千瓦时。2014 年，全镇有变压器 93 台，总容量 3700 千伏安。输电线路 100 千米。

饮水　2011 年，在原官垱村村部建成新的官垱镇自来水厂，有深水井一眼及成套净化设备，共铺设供水主管道 44 千米，供 3 个村和一个社区居民用水，年供水 60 万吨。2014 年，建团结水厂，厂区位于官垱镇团结村，工程总投资 674 万元，日供水能力 1000 吨，供水受益范围为官垱镇团结、穆安、响水窖、新建村及三岔河镇新口、致惠、沙嘴、黄金等 8 个行政村，受益人口 1.18 万人。

水利建设

1964—1974年，完成土石方近100万立方米，投工15万个，大搞农田基本建设，铲除遗留下来的废堤，改造所有低洼地，开挖灌溉渠道110千米，加修抗旱渠道200千米。通过干、支渠，将全镇30328亩耕地变成400～500亩的园田化方格。建涵闸近100个，3万亩农田初步实现园田化。

2001—2002年，实施顺水筑台、移民建镇工程，完成土石方352万立方米，筑安民台9个，安民台宽11～20米，长约7000米。安民台筑好后，居住在外流河滩、河洲上的600户2442名农村居民转移至安民台。

2011年，全镇有电力排灌站9处，其中东线6处、西线3处，安装变压器13台，总容量3175千伏安；安装电动机组21台，总装机容量2515千瓦，每千瓦负担全镇集雨面积23亩、耕地面积12亩，全镇农田实现旱涝保收。

2014年，境内有防洪大堤23315米，有沟渠110千米，有穿堤涵洞涵闸设施21处。

集镇建设

民国30年（1941），官垱集镇街道总长1500米。1949年，官垱集镇建成区面积0.4平方千米，1989年扩展到0.55平方千米，街道总长4000米，装有路灯32盏；排水管道190米。1996—2011年，城镇主要街道实施亮化工程，立照明专用杆460根，挂250瓦的节能日光灯泡460个，夜均供电量345度。2011年，城区道路总长18600米，道路铺设人行道砖13000平方米，镇区主要道路两侧铺设D600排水管道5000米，铺设D1200排水管道2000米；街道有花坛150个，绿化面积10000平方米，栽种行道树730株。

2014年，镇党委、镇政府积极整合资源，多方筹措资金近1200万元用于投入镇村同治建设。硬化主街道3条、新建5条小街，改造7条小巷，总改造面积达19600平方米；埋设下水道涵管3800米；铺设人行道彩砖14000平方米；集镇码头和三五线共栽种各类风景树近7000株；完成了三条主街道的标志线，安装路灯160盏；建成区面积扩大到7平方千米。

特色民居

社会事业

教育

1950年，镇境有学校14所。1958年，安文公社有学校13所。1965年，始办初中，时有中学生120人。1984年，官垱镇有中学2所、学生850人、教师62名，有小学6所、学生1300人、教师140名。2003年，学校布局进行调整后，全镇有学校3所，其中中学1所、小学2所，中、小学生1100人，中、小学教师120人。2007年，官垱镇有中学1所、学生450人、教师65名；有小学4所、学生700人、教师70名；有幼儿园3所，入园幼儿200名。

2011年，全镇有幼儿园2所，在园幼儿362人，专任幼师17人；小学2所，在校学生558人，专任教师33人，小学适龄儿童入学率100%；初中1所，在校学生486人，专任教师80人。初中适龄人口入学率、小升初升学率、九年义务教育覆盖率均达100%。财政预算内教育经费749.3万元，预算内教育经费占财政总支出8%。

2014年，全镇有中学2所，在校学生314人；小学1所，在校学生676人；幼儿园3所，在园幼儿372人；教职工总人数110人。

文化体育

文化 1971年，建安文公社广播站，主要用于全公社农业技术传播和农业生产指导。1995年4月，投资20多万元，建官垱镇有线电视台。2011年，全镇有广播电视站、文化站各1处，有村级文化活动中心14处，各类文化专业户19户。有各类图书室8个，藏书29790册。有1支20人的中、老年妇女腰鼓队；有舞龙、舞狮队5支，每支10人；有音乐、美术、书法、摄影爱好者20人。2014年，集镇有有线电视用户280户，入户率52%，镇区内有数字电视用户320户，42套高清节目24小时播放。

体育 2011年，全镇有学校体育场2个，8%的村安装了健身器材，经常参加体育活动的人员占常住人口的15%。镇政府曾多次举办全镇农民运动会，参加人数达300多人。

医疗卫生

1956年，安文乡建乡卫生院。1998年，全镇医疗卫生机构有镇卫生院和13个村医务室，有医务人员17名。2011年，全镇有各级医疗卫生机构14个，有床位50张，每万人拥有病床22张，固定资产总值600万元，专业卫生人员55人，其中执业医师7人，执业助理医师4人，注册执业护士11人。全年医疗机构完成诊疗2.4万人次，13个村的村民及渔场林场的居民，全部参加新型农村合作医疗，参合率100%。

社会保障

2011年，全镇有152户209人享受城镇最低生活保障，支出城镇最低生活保障补助费29.36万元，月人均117元；医疗救助76人次，民政部门资助174人（次）参加合作医疗，支出合作医疗补助金8700元。全镇有174户174人享受农村最低生活保障，支出农村最低生活保障补助费26.1万元；有农村低保户343户，支出低保补助金68.04万元。有国家抚恤、补助各类优抚对象114人，抚恤事业费支出34.2万元；社会福利费4.8万元。2014年，全镇有181户351人享受城镇最低生活保障，支出城镇最低生活保障补助费28.24万元，月人均200元；医疗救助123人次，民政部门资助215人（次）参加合作医疗，支出合作医疗补助金32250元。全镇有151户、151人享受农村最低生活保障，支出农村最低生活保障补助费22.65万元，；有农村低保户1120户，支出 168.5 万元。国家抚恤、补助各类优抚对象 165 人，抚恤事业费支出 49.5 万元；社会福利费 6.5 万元。

是年，全镇有敬老院 1 家，床位 60 张，集中供养农村“五保”人员 53 人，社区服务设施 20 个。参加农村新型养老保险 1200 人，参保率 97%。

特色地情

名优特产

官垱冬瓜 成立于 2004 年 5 月的常德市华冠食品有限公司是官垱镇重点扶持的龙头企业，公司采取“公司＋基地＋农户”的运行模式发展冬瓜生产。公司有 200 多户冬瓜专业种植户。有年产近万吨的自动糕点、月饼馅料两条生产线，主要从事水果味馅料、豆沙、莲蓉馅料三大系列，年产值突破 9000 万元。

官垱白酒 官垱白酒品质优良，其中以袁府佳酿名气最大，袁府佳酿坐落于官垱镇文化北路，是一家传统工艺老店，几代人坚守工匠精神，选料和工艺流程信守规则，承纯手工古法酿艺，取特有原粮，辅以清澈甘洌的井水，所得之品，芳香浓郁、绵柔甘洌、香味协调、入口甜、落口绵、尾劲余长。现已规模生产有“纯谷酒、糯米酒、高粱酒、荞麦酒”等系列酒产品，赢得新老顾客的青睐和首肯。

官垱干子 钟幺巴豆腐坊是一家百年老字号，几代人都是以做豆制品为业。由于选材考究，坚持传统工艺，出品的豆腐干子、千张等豆制品醇香味美，深受消费者喜爱，20 世纪初即声名远扬。钟幺巴卤水点浆和挤水成型工艺独到，出品的干子真材实料，风味独特。注册的“钟幺巴”商标取得 QS 认证。官垱香干营养丰富，高蛋白，低脂肪，有“植物肉”之称，其蛋白质可消化率在 90% 以上，是典型的健康养生食品。

官垱麻花 官垱麻花坚持纯手工制作，历史悠久，品种繁多，尤以鸡蛋麻花、雪枣闻名湘、鄂两省。因为坚持选用上等白面、新鲜鸡蛋等优质原材料，采用传统工艺进行加工，出品的麻花甘甜酥口，甜而不腻，颜色金黄诱人；雪枣酥嫩、香甜，不干、不油腻、不粘牙，多吃亦不上火，富含蛋白质、氨基酸及多种维生素和微量元素，麻花、雪枣热量适中、高蛋白、低脂肪，是理想的休闲食品。

官垱蜂蜜 安乡盛唐蜂蜜养殖农民专业合作社于 2007 年 10 月 18 日注册成立，合作社坐落在官垱镇友谊桥，是“蜂农＋基地＋专业合作社＋研究所＋协会＋公司”一条龙的特色产业化、标准化、品牌化生产基地，为全国唯一一家生产原生态成熟蜂产品的企业。盛唐蜂蜜养殖基地有蜂农 1680 余户，辐射 2 省 4 个市（地区）9 个县，拥有蜂群 10 万余群，每年能生产各种优质蜂蜜 9000 余吨，蜂王浆 70 余吨，蜂花粉 60 余吨，蜂胶数吨。

（文字供稿：安乡县党史办，图片供稿：刘华斌）

下渔口镇 >>

区域概况

位置面积

下渔口镇地处安乡县南部，东与安宏乡、南县武圣宫镇隔松虎洪道相望，西与鼎城区蒿子港镇隔澧水尾闾对峙，南连陈家嘴镇，北接安康乡。面积80.284平方千米，陆地面积76823亩，其中耕地69279亩。镇政府驻下渔口码头，西距县政府驻地18千米，南距常德市区70千米。

建置沿革

境域为洞庭湖洼地，清光绪年间（1871—1908）开始修筑堤垸，民国初期合25个小垸为安武垸。民国24年（1935），为永成乡。民国38年，为永乐乡。1949年8月安乡解放后，境域的成功垸、康乐垸、东城垸等乡属于二区，南耳垸、小中局、万余州、竹林苑、下渔口、天星洲等乡属于五区。1950年6月，安乡县设6个区，成功垸乡、康乐垸乡、东城垸乡属一区管辖，南耳垸乡、小中局乡、万余洲乡、竹林垸乡、下渔口乡、天星洲乡属六区管辖。1953年5月8日，改变以数字序号为区名的作法，以地理名称为区名，因境域内有下渔口码头，名下渔口区，辖陈家嘴、万余洲、天星垸、民安、连城、常福、竹山坡、仙桃嘴、洪福山、板洲、仁寿、清安、东夹、虾趴垸、北河口、竹林垸、常安局、永南、断流港、沈家沟、仁友、成功埠、天星洲等23个小乡。1956年6月，撤区并乡，成功埠、东夹、南安、万余洲、永南、竹林垸、天星洲合并为安武乡，驻地下渔口。1965年12月，从安康乡划进同兴、安丰两村。1958年10月，与安康乡合并，为安乡县人民公社联合社安康分社。1961年，区划调整，境域改为安武公社。1984年4月，撤社建乡，更名为安武乡。1984年9月20日，更名为下渔口镇。至2014年无变化。

行政区划

1989年，镇政府驻下渔口，辖下渔口、虢家洲2个居民委员会、8个居民小组；渔口、天星洲、国兴、和兴、保安、万余洲、重兴、同兴、安惠、常安、永南、竹林、西洲、夹口、东夹、康乐、永富、东河、三西、成功、联合、安丰22个村、336个村民小组。

1995年，辖下渔口、虢家洲2个居民委员会和三西、成功、东河、永富、康乐、夹口、东夹、西洲、常安、同兴、安丰、和兴、国兴、天星洲、渔口、保安、联合、万余洲、重兴、竹林、安惠、永南22个村民委员会，村（居）民小组314个。

镇政府

2011年，辖下渔口居民委员会和三西、成功、东河、永富、康乐、夹口、东夹、西洲、常安、同兴、永南、安丰、和兴、国兴、天星洲、渔口、保安、联合、万余洲、重兴、竹林、安惠22个行政村，共8个居民小组、336个村民小组。

2014年，全镇辖三西、成功、东河、永富、康乐、夹口、东夹、西洲、常安、永南、同兴、安丰、和兴、国兴、天星洲、渔口、保安、联合、万余洲、重兴、竹林、安惠22个村民委员会和下渔口居民委员会。

自然环境

下渔口镇地处安保大垸中下段，南北长7千米，东西宽12千米，中间有条哑河，北起虢家洲，南至六角尾。境内为洞庭湖平原，地势平坦，地面海拔一般为32～33米，最低海拔27.15米，最高海拔33米。

年平均气温18.6℃，极端最高气温39.2℃，一般出现在7月；极端最低气温-3.4℃，一般出现在1月；年平均降雨量1217毫米。

下渔口有大型湖泊大溶湖3000亩，蓄水量168.2万立方米；亭安湖300亩，蓄水量20万立方米；东成湖400亩，蓄水量9.3万立方米；哑河1924亩，可蓄水70.5万立方米。

下渔口有外洲两处。东边堤外坡80米以外有外洲芦苇田1100亩，西边堤外100米处有外洲500亩，生长的芦苇为造纸的原料。

境内多洪灾，时有旱灾发生。1954年4—8月暴雨，降水1474.8毫米，安武小垸溃决，安康垸虽未溃决，但受渍面积达80%以上。1964年6月24—30日，日降雨841.7毫米，导致3万多亩农田受渍。1973年4—6月，降雨830.8毫米，大部分棉地改种一季稻，水田受灾严重。1975年8月3—9日，降雨115～144毫米，晚稻大面积失收。1980年7月30日—8月8日，连降暴雨，大部分大堤漫水。1988年春旱，3月、4月很少降雨，连秧田水都没有，9月上旬连日大到暴雨，降水量300多毫米，3万多亩农田受渍，房屋倒塌严重。1998年7月下旬，普降大到暴雨，河水暴涨，最高水位40.2米(同兴段)，为有史以来最高。

2011年春旱，全镇8000多亩早稻干死，部分农户吃水困难。

人口民族

2011年，下渔口有39834人，其中城镇常住人口5620人，城镇化率12.7%，流动人口1400人。总人口中，男性20300人、女性19534人。2014年，下渔口有37329人，其中城镇常住人口6215人，流动人口1505人；女性18243人，男性19086人。

经济发展

综述

1995年，全镇社会总产值20940万元，农民人均纯收入1525元。2011年，全镇工农业生产总值27804万元，其中工业生产总值12924万元、农业生产总值14880万元；财政总收入2155万元；年末存款余额14806万元，贷款余额15882万元。2014年，全镇工业生产总值15001万元、农业生产总值14880万元，财政收入308万元，农民人均纯收入9843元。

农业

下渔口镇种植业以种植水稻、棉花为主。2011年，粮食总产27711吨，其中稻谷26571吨、小麦1200吨；棉花总产3000吨，蔬菜7600吨，油菜1760吨，瓜果1800吨，油菜籽8000吨；养殖生猪13374头；水产品以鲜鱼为主，有精养池塘10700个，养殖水面23450亩，年产鲜鱼3920吨（其中鳝鱼42吨），产珍珠10000公斤、水鱼40000公斤、牛蛙6000公斤。2014年，全镇种植水稻65238亩，总产26608吨；种植小麦5020亩，总产908吨；种植棉花31458亩，总产2954吨；种植蔬菜4400亩，总产7075吨；种植油菜54510亩，总产7578吨；产水果1781吨；产鲜鱼3712吨、水鱼牛蛙等特种水产30吨。农业生产总值14880万元。

工业

1970年，安武乡有社队企业5家，产值11.5万元，主要产品为手工产品。1984年，下渔口镇有乡镇企业6家，主要产品有纸、麻袋，乡镇企业产值2150万元，利润180万元，上交税金50万元。1995年，以造纸业、棉花加工业为主，有强农工贸、桂华纸业、金世纪米业、糊涂王子酒业等大型骨干企业。强农工贸于1994年引进，从业人员180人，产值5000万元，利润600万元，税收30万元。桂华纸业于2001年引进，从业人员246人，产值700万元，利润850万元，税收35万元。金世纪米业于1997年引进，从业人员33人，产值2000万元，利润300万元，税收15万元。糊涂王子酒业于2005年引进，从业人员40人，产值3000万元，利润450万元，税收20万元。2011年，工业总产值3.3亿元，桂华纸业生产的30克速写纸获优质产品奖。

2014年，全镇有工业企业4家，其中规模以上企业2家，全镇工业总产值24000万元，利润3500万元，税金700万元；主要产品有纸品、纱锭，从业人员102人。

商贸服务业

城乡集贸市场建在下渔口，占地1600余平方米，门面20个、摊位50个。2011年，全镇有商业网点745个，从业人员2200人；社会商品销售总额1.54亿元；城乡农贸市场4个，年成交额5280万元。2014年，全镇有商业网点851个，从业人员2355人，社会商品零售总额17800万元；有城乡农贸市场5个，年成交额6756万元。

基础设施

交通运输

省道1804穿境而过，境内长4.2千米。集镇距常德火车站70千米、距桃花源机场77千米。1981年，开通下渔口—安乡县城的班车，1天1班。1992年，下渔口—安乡县城班车每天4个班（次）。1997年，下渔口码头至省道9.8千米公路进行硬化。2006—2010年，投资1812万元（其中自筹968万元），对68.2千米乡村公路进行硬化。

2011年，全镇有长途客运汽车4辆、短途客运汽车16辆、面的150台，货运车辆29台，鲜鱼专运车2台，营运收入3920万元；有客运船3艘,营运收入328万元；有货运船9艘,承载量1.3万多吨，运营收入1.2亿元。

2014年，全镇有公路730.6千米；其中省道18.6千米、乡道24千米、通组公路688千米；有汽车客运站1处，面积700平方米。全镇有客车21辆，客运线路2条，每天由集镇发往邻近乡镇和安乡县城的客班车63趟，客运量1080人（次）。除永富村外，其他21个村都通了班车，日客流量1400人（次）。

邮政通信

1985年，镇内设邮政支局。1994年，镇域开通程控电话。1996年，移动、联通公司在镇境建通信基站。

2001年，移动公司在下渔口镇设营业所。2002年，联通公司在下渔口镇设营业所。2011年，下渔口邮政支局在全镇设有3家服务网点、下渔口移动公司营业所在全镇设有8家网点、下渔口联通公司营业所在全镇设有6家网点，全镇有座机1750部，移动用户14400户，互联网用户1100户.电信业务总收入800万元，邮政业务收入9万元，发行报刊杂志1200份。

供电饮水

供电 1971年11月，六角尾至下渔口高压线路接通，下渔口码头、康乐等9个单位结束点油灯的历史。至1973年，余下14个村相继通电。1991年，下渔口码头修建3万伏的中型电力变电站一座。2014年，全镇有变压器134台，容量19545千伏安，输电线路499千米。居民用电入户率99.99%。

饮水 1984年建下渔口水厂，1990年建和兴水厂，两水厂日供水1080吨。2007年，建同兴水厂，属国家农村饮水安全计划工程项目，规划总投资729万元，日供水能力1200吨，供水范围为下渔口镇同兴、安丰、永南及陈家嘴镇沙河等9个村，受益人口1.46万人。2010年7月，投资1263万元，新建重兴自来水厂，日供水能力2200吨，供水范围包括竹林、安惠、成功、东河、下渔口居委会等14个村（居）及下渔口中学、安乡二中等，受益人口近3万人。2014年，通过国家农村饮水安全计划的逐步实施，全镇95%以上的村（居民）喝上了自来水。

水利建设

1955年，境内有防洪大堤16298米，其中西线4008米、东线12290米。为达到田园旱涝保收的效果，1964—1993年，先后修建虢家洲、六角尾、永富、同兴4处外排电力排灌站，装机19台、3120千瓦，设常安、重兴内排电力排灌站，装机6台、530千瓦。

1959—1976年，开通渠道75条，总长216千米,其中主干道5处(团结渠、大溶湖渠、内河渠、同兴渠、六角尾渠),长43千米；投工105760个，

完成土方263920立方米，完成38280亩农田田园化建设

2013年9月，泛洞庭湖治理大型农田水利建设工程在全镇铺开。至2014年12月，该工程全面完工。总投资9800万元，硬化沟渠23500米，新建、硬化公路110千米、桥梁211座，各类电排机埠125座，改造中低产田近2000亩，为下渔口镇的农业生产打下了良好的基础。

集镇建设

1949年，下渔口集镇集镇建成区面积0.2平方千米，1989年发展到0.4平方千米，街道长3000米，路灯18盏，排水管道20米。2010，集镇建成区面积4平方千米，有街道4条，总长2.1千米；地下管网0.8千米。投资240万元，对街道进行扩建，拓宽下水道，在长1.3千米的溶湖街街道两旁建绿化带。2014年，集镇建成区面积4.5平方千米，有街道5条，总长2.5千米；地下管网1.8千米；路灯112盏。

社会事业

教育

1949年，境域有学校8所。1956年，安乡二中成立，校址设在安武乡。1970年，安武公社有学校10所，学生586人。1969年，公社办初级中学，安乡县二中设在下渔口境域。1995年，全镇有小学22所，初级中学1所，完全中学1所。2006年，调整学校布局，有镇办小学3所，学生1085人；镇办中学1所，学生1271人。2011年，全镇有幼儿园8所，在园幼儿880人，幼师40名；小学3所，学生900人，教师40人，小学适龄儿童入学率100%；初中1所，学生1061人，教师70人，初中适龄入学率98%；完全中学1所，学生998人，教师71名。九年义务教育覆盖率98%。

2014年，全镇有幼儿园8所，入园幼儿895人，幼师40名；小学3所，学生887人，教师39名；中学2所，学生1340人，教师114名。

文化体育

1989年，建立有线电视台，有有线电视用户280户。后有线电视台转让给私人经营管理。1991年7月，在匈牙利首都布达佩斯世界中学生运动会上，成功村16岁的刘艳连续夺得百米短跑、千米异程接力赛两块金牌，被列入《三湘之最》。

2011年，全镇有线电视用户发展到2895户，入户率34%。全镇有文化站、广播电视播放站各一处，各类文化专业户4户；有图书室16个、藏书2万册，村文化活动中心一处。全镇有学校体育场5个，篮球场6个，有25个乒乓球活动室；有2个中老年妇女健身舞蹈队，有队员50名。

医疗卫生

1958年，安武公社有医疗卫生机构1个，医务人员66名。1984年，下渔口镇有卫生医疗机构23个，医务人员98名，医疗设备价值240万元。2011年，有中心医院1所，中心医院有住院大楼2栋、建筑面积5582平米，住院大楼有40间病房、100张病床；有医务人员44人，开设有内、外、妇、儿、传染、五官、碎石、理疗等科室。有高科技口齿500毫安x光机、彩色B超、脑电图、经颅多普勒、扫描仪数码电子阴道镜、心电图、自动生化仪、全血细胞分析仪、心电监护仪、癌前筛查仪等先进的医疗设备。手术室高标准设备齐全，手术床有可视无影灯、高频手术电刀、多功能激光等，病房里安装了中心供氧和中央空调。22个行政村和1个社区所有居民参加农村新型合

作医疗，参合率100%。

社会保障

2011年、全镇有52户85人享受城镇最低生活保障，支出城镇有最低生活保障补助费17.90万元，月人均175元，医疗救助32人次，民政所资助参加“新农合”450人（次）；有464户、793人享受农村最低生活保障，支出农村最低生活保障补助费75万元，月人均79元；国家抚恤补助各类优抚对象121人，支出国家抚恤金、优抚对象补助金45万元；全镇有敬老院1家，床位50张，入住农村“五保”户50人。22706人参加新型农村养老保险，参保率95%。

（文字供稿：安乡县党史办，图片供稿：刘华斌）

陈家嘴镇 >>

地域名片

省级环境优美乡镇

区域概况

位置面积

陈家嘴位于安乡县南部，东邻南县武圣宫镇，西邻鼎城区蒿子港镇，南接安德乡，北接下渔口镇。政府驻朝阳社区，距县城30千米，距常德城区85千米，面积51.007平方千米。辖区东西最大距离10.6千米，南北6.7千米，积雨面积6.8万亩，有耕地3.8216万亩，沟渠蓄水面积2850亩，镇村渔池及湖泊蓄水面积1.05万亩。

建置沿革

1000多年前，陈家嘴镇是一片浩瀚的湖泊。200多年前，在沅、澧二水会合处，淤积成一片门板似的潮洲，人们称之为门板洲垸。1912年，人们从各地来到这里围垸垦荒，在洲土高地上走出了一条人行道，有个叫陈海清的商人在道旁开了一家销售绸缎、纸钱、油盐的小店，人们将小店所在地称之为陈家嘴，陈家嘴因此得名。

1924年前后，陈家嘴形成集市。1949年，境域属于常德县门板洲乡、连城乡、洪福乡、常福乡、陈家嘴镇和南县的仁友乡。1955年，划归安乡县管辖。1956年，合并小乡设安成乡。1958年，改设安成公社。1984年，改为陈家嘴镇至今。

行政区划

1989年，镇政府驻陈家嘴，辖东街、朝阳街、沙河口3个居民委员会、10个居民小组；门板洲、沙河口、联盟、连城、常福、双喜、南山、三湖、百福、梅宝孚、洪山、仁寿、永固、六角尾、汉兴15个村、163个村民小组。

1995年，辖朝阳、东街、沙河口3个居民委员会和仁寿、六角尾、汉兴、洪山、百福、双喜、永固、梅宝孚、南山、三湖、常福、连城、沙河口、联盟、门板洲15个村民委员会、村（居）民小组274个。

2011年，辖朝阳居民委员会和仁寿、洪山、百福、双喜、永固、梅宝孚、南山、三湖、常福、连城、沙河口、联盟、门板洲13个行政村，共10个居民小组、163个村民小组。

2014年，辖朝阳居民委员会和仁寿、六角尾、汉兴、洪山、百福、双喜、永固、梅宝孚、南山、三湖、常福、连城、沙河口、联盟、门板洲村等15个行政村及五七种养场、园林场、渔场3个农林渔场。

自然环境

陈家嘴镇为洞庭湖淤积平原，地势西北高、

东南低，从西北向东南倾斜，海拔高程一般在28 ~ 34米之间，最高点在沙河巴垸，最低点在洪山村六组。

年平均气温17.9℃，极端最高气温38.3℃，一般出现在7月；极端最低气温3.7℃，一般出现在2月；年平均降雨量1365.2毫米。

淞虎河从镇最东边由北至南直流而下，澧水河从镇最西边由北至南直流而下，两条河流最终汇入洞庭湖。

陈家嘴镇拥有丰富的地下水资源和地表水资源，适宜栽种水稻、棉花、油菜、西瓜、南瓜等农作物和开展淡水养殖。拥有5237亩河滩外洲，适合芦苇生长，是造纸的优质原材料。

主要自然灾害有旱涝、风灾、冰灾、霜冻、雷击等。旱涝较多，渍灾较为严重的是1998年，受灾面积3.7万亩；干旱较为严重的是1987年的夏旱，受灾面积达4.5万亩。

人口民族

2011年，辖区有25236人，其中城镇常住人口17425人；流动人口7811人。总人口中，男性12976人、女性12260人；14岁以下2783人、15 ~ 64岁20742人、65岁以上1711人；人口出生率7.9‰，死亡率2.1‰，人口自然增长率5.7‰。

2014年，辖区有25182人，其中城镇常住人口17169人；流动人口8013人。总人口中，男性13095人、女性12087人；14岁以下3022人、15 ~ 64岁20146人、65岁以上2014人；人口出生率8.3‰，死亡率2.0‰，人口自然增长率5.7‰。

经济发展

综述

陈家嘴镇经济以农林、畜牧业为主，工业为辅。1995年，陈家嘴镇社会总产值17899万元，农业总产值6347万元，乡镇企业产值10162万元，农民人均纯收入1485元。2000年，全镇工、农、牧产值3.58亿元，人均纯收入3590元；11家镇办企业总产值1.39亿元，有中型红砖制造厂2家，花炮厂1家。2011年，全镇工农业生产总值21125万元，其中农业生产总值1.9亿元，财政总收入643万元，农民人均纯收入5147元。2014年，全镇工农业生产总值35800万元，其中工业生产总值3656万元、农业生产总值32144万元，财政收入300万元，农民人均纯收入8754元；社会商品零售总额5000万元。

双喜村特色农业

农业

1989年，全镇有耕地36260亩，产粮食19638吨、棉花166吨。养殖水面3895亩，产鲜鱼993吨。2000年，全镇产粮食1.17万吨、棉花2000吨、油菜籽2895吨、柑橘1170吨，饲养生猪3万头、家禽79万羽，出售禽蛋2300吨。淡水珍珠养殖业发展迅速，养殖水面近万亩，水产品产量3049吨。2011年，全镇有耕地4.3167

万亩，人均1.74亩，旱地和水田交错。粮食作物以水稻、小麦为主。生产粮食2.26万吨，其中水稻21440吨、小麦687吨、其他粮食作物513吨。主要经济作物为棉花。种植棉花1.18万亩，产量1197吨；大力发展以西瓜、蔬菜、葡萄为重点的瓜果经济，种植瓜果300亩，总产815吨。全面推广猪、鱼、鸡、鸭配套养殖，饲养生猪1.65万头，年末存栏1.26万头；饲养牛1100头，年末存栏983头；产鲜鱼3622吨；饲养家禽15.1万羽。

2014年，全镇有耕地39480亩，其中，水田26628亩、旱地12852亩，农业总产值25772万元；生产粮食作物18053吨、油料3959吨、棉花842吨；出栏生猪2.17万头；水产品总产量5118吨。

工业

1970年，安成乡有社队企业5家，产值50万元，主要产品以砖厂和花炮厂为主。2001年，建砖厂，年产红砖5000万口，产值500万元。2010年，建花炮厂，主要产品有烟花、鞭炮，年创产值100万元。2011年，全镇拥有工业企业2家，职工314人，工业生产总值1325万元。

商贸服务业

1924年前后，陈家嘴形成集市。1936—1943年，集市有工商户250多家，农副产品上市旺季，集市上客商云集，陈家嘴也因此被人们称为“小长沙”。1943年后，日本侵略军入侵，集市衰败，战后虽有复兴，但远不如前。1949年，全集镇仅有商户87家，从业人员316人。

1950年，成立供销合作商店。1953年，设立粮店及国营公司营业点，商业逐渐兴盛。1978年后，市场逐步开放，个体商业迅速发展，国有商业和供销合作商业亦现生机。1987年，供销社在陈家嘴建起营业面积660平方米的供销社商场，商场年营业额100多万元。是年，陈家嘴集镇有商户159家，其中国有商业2家、集体商业4家、个体商业153家，社会商品零售总额635.3万元，农副产品收购额228.4万元。2011年，陈家嘴拥有2家农村经营管理合作社，有个体经商户400多家，商业盈利1000多万元。2014年，全镇有商业网点50个，从业人员150人，社会商品零售总额500万元；城乡农贸市场2个，年成交额800万元。

基础设施

交通运输

1997年，修建陈家嘴至芦林铺公路，境内长23千米；修建沙河口至陈家嘴公路，境内长10千米。2000—2014年，修建通村公路60千米。期间，于2001—2010年硬化通村公路46.8千米。

2014年，境内有1条县道，全长7.3千米，有乡道50千米、通组公路30千米；有汽车客运站1处，面积100平方米。有客车14辆，客运线路1条，每天由集镇发往邻近乡镇和安乡县城的客班车12趟，日客运量20人次。

邮政通信

1989年，镇境设邮政支局。1997年，镇境开通程控电话。2001年，移动、联通公司在镇境建通信基站。2011年，报纸、杂志累计期发行1.6万份，营业额34.6万元，。是年，有电信营业所1处，电信业务总量121万元，其中纯收入96万元。电信企业1家，服务网点13个，电话交换机总容量4109门，固定电话用户1454户，电话普及率30%；移动电话用户1300户，互联网用户459户。全年通信业务收入121万元。

供电饮水

供电 1982年，镇境始通电。2001年，六角尾供电所建成。2011 年 12 月，供电所迁至下渔口镇。2014 年，全镇有变压器 100 台，功率 300 千伏安；有输电线路 28 千米。

饮水 2008 年，修建镇自来水厂，日供水 200 吨。2011 年 9 月，新建常福水厂。厂区位于常福村，工程总投资 1013 万元，日供水能力 1630 吨。供水范围为门板洲、南山、连城、联盟、双喜、梅宝孚、永固、常福、百福、仁寿、洪山、三湖、朝阳门居委会 13 个村（居）及陈家嘴中学，受益人口 2.25 万人。2014 年，全镇有自来水厂 2 座，覆盖整个集镇码头。

水利建设

2011 年，全镇有防洪大堤 13 千米，堤面高程为 40.5 ~ 42 点，面宽 8 米，2011—2014 年，投资 80 多万元、投工 35000 多个、完成土方 10 万立方米，对大堤进行加固。全镇有水利主干沟渠 68 千米，2011—2014 年，投资 253 万余元，对 32 千米主干沟渠进行疏浚。境内有外排机埠 3 座，装机总量 4500 千瓦。

2014 年，陈家嘴镇土地整理项目启动，除整理土地外，还新修主渠道和整修灌渠 131 条，新修大型机耕桥 44 座，新修田间道路 113 条 70 千米。

集镇建设

1949 年，陈家嘴镇区面积仅 0.2 平方千米。中华人民共和国成立后、随着社会主义建设事业的发展，农村集镇也得到快速发展。改革开放后，政府加大对小集镇建设的投入，陈家嘴集镇也发生了日新月异的变化。1989 年，集镇建成区面积增至 0.4 平方千米，街道长 2000 米、有路灯 12 盏，排水管道 20 米，桥梁 3 座。2011 年，集镇街道增至 5 条，总长 200 千米，镇区面积 10000 平方千米，有绿化带 3.5 千米，覆盖整个集镇码头；镇区主要道路两侧铺设下水道 5000 米。2014 年，陈家嘴集镇有街道 8 条，总长 300 千米，铺设人行道板 100 平方千米，安装路灯 50 盏。

社会事业

教育

中华人民共和国成立前，境域有学校 2 所，学生 100 人。

中华人民共和国成立后，小学教育逐步发展。1956 年，安成乡有小学 1 所，学生 50 人。1958 年，成立人民公社，大办教育，小学教育有很大发展，全公社小学发展到 2 所，学生 80 人。1975 年，公社始办初中，时有中学 1 所、学生 320 人。1984 年，全镇有幼儿园 12 所，入园幼儿 600 人；有小学 2 所，学生 1500 人，教师 30 人；有中学 1 所，学生 800 人，教师 20 人。2003 年，调整学校布局，全镇有学校 3 所，其中中学 1 所、小学 2 所，中小学校教师 100 人；幼儿园 2 所，入园幼儿 450 人，幼师 10 名。2011 年，全镇有幼儿园 3 所，在园幼儿 670 人，专任教师 21 人；小学 3 所，在校学生 732 人，专任教师 53 人，小学适龄儿童入学率 100%；初中 1 所，初中在校学生 460 人，专任教师 57 人。初中适龄人口入学率、小升初升学率、九年义务教育覆盖率均达 100%。

2014 年，全乡有中学 1 所，在校学生 392 人；小学 1 所，在校学生 855 人；幼儿园 3 所，在园幼儿 436 人；教职工总人数 110 人。

文化体育

1996 年 12 月，建陈家嘴镇有线电视台，后改称陈家嘴镇广播电视站。2000 年，有有线电视用户 2965 户，入户率 54.1%。2011 年，有镇文化站、广播电视站各 1 处，有村级文化活动中心 13 处，各类文化专业户 11 户，各类图书室 14 个，藏书 2 万余册，农村艺术演艺团队 2 个。

医疗卫生

中华人民共和国成立前，境域有卫生医疗机构1家，有个体医务工作者10人。1972年，成立公社卫生院，有卫生人员20名。1984年，陈家嘴镇有卫生院1个，有医务人员 35名，病床30张，医疗设备价值100万元，有村级卫生室14个，村级卫生人员20人。2011年，全镇有镇卫生院1所，村级卫生室15个；有床位35张，固定资产总值245万元。专业卫生人员29名，其中执业医师5人，执业助理医师7人，注册护士8人。全年医疗机构（门诊部以上）完成诊疗1.52万人次。13个村3个场1各社区居委会全部参加新型农村合作医疗，参合率100%。

社会保障

1986年，建成镇敬老院。2001年，建社区服务中心。2002年，建社区服务站。2011年，全镇有97户159人享受城镇最低生活保障，支出城镇最低生活保障补助费335820元，月人均176元；医疗救助696人（次），民政部门资助128人（次）参加合作医疗，共支出72万元；有316户467人享受农村最低生活保障，支出农村最低生活保障补助费44万元，月人均79元；全镇有国家抚恤、补助各类优抚对象97人，抚恤事业费支出29万元；社会福利费6万元。全镇有1.9万人参加新型农村养老保险，参保率86%。

2014年，全镇有敬老院2家，床位75张，集中供养农村“五保”人员68人。

（文字供稿：安乡县党史办，图片供稿：刘华斌）

焦圻镇

区域概况

位置面积

焦圻位于安乡县境西北部，东北与湖北省公安县隔水相望，西与澧县一衣带水，南与安福乡接壤，处两省三县交界之地。当长江支流松滋河要冲，水利位置十分显要。

辖区南北最大距离10.6千米，东西最大距离7.4千米，面积44.225平方千米，耕地22317亩。

建置沿革

焦圻古称焦泗圻，地处湘鄂边陲。中华人民共和国成立前，焦圻镇域分属安乡县焦夹乡、澧县三洲乡、湖北省公安县甘沛乡。1950年，依河道自然分界，将原属两省三县的中洲垸、永泰垸整体合并为焦夹乡，隶属安乡县。同年，划归澧县第七区。1956年撤区并乡时，命名为焦圻乡。1958年，并入澧县东风人民公社。1959年，改属余家台人民公社。1960年，划归安乡县安澧人民公社。1961年，安澧公社撤销，原焦圻乡属地改为安金人民公社。1984年，撤社建乡，成立安金乡。6月，安金乡改为焦圻镇。至2014年无变化。

行政区划

1989年，镇政府驻焦圻，辖和平街、民主街2个居民委员会、7个居民小组及安金、荷花山、长乐、张家拐、长兴、崔家岭、三合、北堤、青龙窖、新码头10个村、122个村民小组。

1995年，辖和平、民主2个居民委员会和安金、荷花山、长乐、张家拐、长兴、崔家岭、三合、北堤、青龙窖、新码头10个村民委员会，村（居）民小组共153个。

2011年，辖民主居民委员会和永安、荷花山、长乐、张家拐、长兴、崔家岭、三合、北堤、青龙窖、新码头10个行政村，共7个居民小组、122个村民小组。

2014年，村（居）无变化。

自然环境

镇境为洞庭湖冲积平原，地势略呈西北高、东南低，地面高程一般在海拔20 ~ 30米。

年平均气温16.5℃，极端最高气温42.8℃，一般出现在8月；极端最低气温 - 9.5℃，一般出现在1月；年平均降雨量1157毫米。

境内属长江水系。松滋河东支和中支分别由东西入境，由北向南注入洞庭湖，境内河道总长25.5千米；历史上最大过境洪峰42.53米（1998年7月24日）。

主要自然灾害有旱、涝、洪、低温、霜冻。涝灾平均三年一遇，年降雨量年份差别较大，最大的一年是1954年1673.1毫米；最小的一年是2006年625毫米。最严重的一次内涝发生在1998年，24小时降雨量达187毫米，涉及全境10个村，受灾面积达19000多亩。洪灾平均10年一遇，最严重的一次发生在1954年，临洪大堤溃决，全境被淹，平均水深达5.5米。旱灾每年均有发生。

人口民族

1995年，全镇有5552户21541人，其中非农业人口3454人。2011年，辖区有21798人，其中城镇常住人口2741人，城镇化率12.6％，总人口中，男性11118人、女性10680人；60岁以上3242人；人口出生率8.2‰，死亡率6.8‰，人口自然增长率1.4‰。每平方千米493人。

2014年全镇有21362人，其中城镇常住人口2735人，总人口中，男性10959人、女性10403人；60岁以上3033人；人口以汉族为主；人口出生率7.8‰，死亡率7.0‰，人口自然增长率1.38‰，每平方千米488人。

经济发展

综述

1989年，全镇社会总产值2952万元，工农业总产值1718万元，农业商品产值397万元。1995年，焦圻镇社会生产总值14902万元，农业总产值2413万元，乡镇企业总产值11072万元，农民人均纯收入1505元。2011年，全镇农林牧渔业生产总值12261万元，工业生产总值2152万元，社会商品零售总额9320万元，地方财政总收入455万元，农民人均纯收入6762元，境内有农村信用社、邮政储蓄银行等金融机构各1家，各类存款余额2.8亿元，各类贷款余额7800万元。2014年，全镇农林牧渔业生产总值16325万元，工业生产总值2842万元，社会商品零售总额11232万元，地方财政收入725万元，农民人均纯收入10959元。境内有农村信用社、邮政储蓄银行等金融机构各,1家，各类存款余额达3.12亿元，各类贷款余额9325万元。

农业

1989年，全镇有耕地21345亩，产粮食6557吨、棉花655吨。养殖水面2006亩，产鲜鱼164吨。2011年，全镇有耕地22317亩，人均1.02亩，以种植棉花、水稻、油菜为主。耕作方式是棉花与油菜轮作，水稻以一季稻为主。是年，全镇农业总产值1.2亿元，生产粮食4.3万担、棉花11.5万担、油菜籽7.8万担。畜牧业以猪、牛、家禽为主，共饲养生猪5325头、牛45头、家禽31262羽。

2014年，全镇农业总产值1.6亿元，粮食总产4500吨、生产棉花2100吨、油料2500吨，出栏生猪5400头、黄牛54头，产鲜蛋185吨，养羊4500只，共生产鲜鱼1515吨。

工业

境内工业以彩印包装、农产品加工为主。2011年，工业总产值1.8亿元。全镇有工业企业9家，从业人员130人。其中，兴农棉业年加工籽棉达25万担，是全县4个400吨大型棉花加工企业之一。

2014年，全镇有工业企业8家，其中规模以上工业企业2家，工业总产值0.18亿元，利润195万元，税金27万元，从业人员85人。

商贸服务业

清嘉庆、道光年间（1796—1850），焦圻集镇有商户300余家，有上、中、下街和河街，总长500米。1931—1946年，遭受5次火灾和1

次水灾，集市逐渐衰败。至1948年，仅有商户210户、摊贩22户。

中华人民共和国成立后，商业逐渐恢复。1950年8月，国营商业在此设点。1951年，成立供销合作商店。1978年后，个体商业迅速发展，供销社焦圻商场、粮管站营业大楼、焦圻农贸市场相继建成开市，市场兴旺。1987年，境内有商家158家，其中国有商业2家，供销合作商业5家，个体商业及其他商业151家，社会商品零售总额445.7万元，农副产品收购额465.7万元。2011年，全镇有商业网点311个、农贸市场1个，从业人员786人，社会商品零售总额9320万元。

2014年全镇共有商业网点389个，农贸市场1个，从业人员855人，社会商品零售总额12567万元。

基础设施

交通运输

2002年，境内有8个行政村修通水泥路，总里程25千米。有客运汽车直达安乡县城、澧县县城、常德市武陵区，日发客运汽车22班次，日均运量600多人次。

2014年，全镇有公路95千米；其中乡道37千米、通组公路58千米；有汽车客运站1处，面积500平方米。有客车12辆，客运线路3条，每天由集镇发往邻近乡镇和安乡县城的客班车15趟，客运量280人次。

邮政通信

1996年，镇境设邮政支局。1992年，镇境开通程控电话。2004年，移动、联通公司在镇境建通信基站。2011年，全镇有邮政所一处，邮政业务总量10万元，报纸、杂志累计发行520份。有移动、联通、电信等3家电信企业服务网点6个，电话交换机总容量3800门，固定电话用户1700户，移动电话用户13000户，互联网用户1100户，全年电信收入270万元。

2014年，全镇邮设有1处政所，邮政业务总量18万元，有移动、联通、电信服务网点6个，固定电话用户855户，移动用户15232户，互联网用户1632户。

供电饮水

供电 2008年，建成35千伏变电站和有三条10千伏高压输电线路。2006年，进行电网改造。2014年，全镇有变电站1座，变压器44台，总容量312千伏安。输电线路182千米。

饮水 2008年，建成崔家岭村自来水厂，有深水井2眼和成套净化设备，年供水12万吨，全镇有3个村7500多人用上了自来水。同年，新建五一水厂，厂区位于五一村。2011年、2012年、2014年实施自来水延管工程建设，工程总投资250万元，日供水能力600吨，供水范围为五一、青龙、三合、北堤村，受益人口7139人。2013年9月，建张家拐水厂，厂区位于张家拐村，属国家农村饮水安全工程项目，工程总投资904万元，日供水能力1300吨，供水范围为长兴、张家拐、永安、长乐、民主居委会等5个村（居）及焦圻镇中学，受益人口1.4万人。

水利建设

焦圻镇四面环水。中华人民共和国成立前，十年九溃，有“破筲箕”之称。为根治水患，全镇人民艰苦奋斗，进行水利建设，至2011年，临洪大堤累计投工595万多个、完成大堤土方1446万立方米；投工265万多个、完成土方1446万立方米，开挖排灌主沟渠84条、总长155千米，；投工15万多个，建造水利设施149座；境内有马坡湖、北斗溪、张家拐、青龙窖、长兴村5处

外排机埠、安装电机15台、总功率2085千瓦，可保证24小时降雨量在80毫米以下不渍田。

集镇建设

清嘉庆、道光年间（1796—1850），焦圻集镇有上街、中街、下街和河街，总长500米。1949年，焦圻集镇建成区面积0.3平方千米。中华人民共和国成立后，逐步加大对集镇建设的投入，至1989年，建成区面积扩大到0.50平方米。2007年、2009年，分两次对焦圻码头进行扩建，街道由原来6米宽扩展到8米，码头面积由1.5平方千米增加到了2.5平方千米。2014年，焦圻集镇街道有6条，总长12千米，安装路灯54盏；建成区面积0.5平方千米；地下管网24千米。

社会事业

教育

1950年，镇境有学校3所。1961年，安金公社有学校5所。1976年，始办初中，时有中学生262人。1984年，焦圻镇有中学1所、学生462人、教师57名，有小学8所、学生1632人、教师65名，有幼儿园1所，入园幼儿260名。

2002年，学校布局调整后，全镇有学校3所，其中中学1所、小学2所，有中、小学生1368人，中、小学教师60人。2011年，全镇有幼儿园10所，在园幼儿185人，专任教师11个；小学4所，在校学生523人，专任教师57人，小学适龄儿童入学率100%；初级中学一所（含完小），在校生643人，专任教师58人。初中适龄人口入学率、小学升初中升学率、九年义务教育覆盖率均达100%。

2014年，焦圻镇有中学1所、学生756人、教师82名，有小学2所、学生480人、教师38名，有幼儿园3所，入园幼儿350名，幼师15名。

文化体育

2011年有镇文化站、广播站、有线电视站各1处，有村级文化活动中心10处，各类图书室

10个，藏书1.8万册。音乐、美术、书法、摄影及文学业余创作人员23人,有线电视用户462户。境内有白湖岗古墓群。

医疗卫生

2011年，有乡镇中心卫生院1所，门诊部（所）11个，有床位40张；每万人拥有病床18.4张,固定资产总值850万元。专业卫生人员53人。全年医疗机构完成诊疗38100人次,10个村村民、2个居委会居民有98%参加了新型农村合作医疗或城镇居民医疗保险。

2014年，扩建镇卫生院，共有床位65张，建筑面积2622平方米，有医务人员57名，固定资产1230万元，设立8个村级卫生室，全镇农合参保率达99%，共报销农合资金356万元。

社会保障

2011年，全镇有70户118人纳入城镇最低生活保障，年支出城镇最低生活保障补助金25.9万元，月人均补助183元；有353户538人纳入农村最低生活保障，年支出农村最低生活保障金61.5万元；月人均补差95元；农村“五保”对象146人，支出33.8万元；国家抚恤、补助各类优抚对象152人，年支出35.7万元；全镇有敬老院1家，床位50张，集中供养农村“五保”对象50人。是年，医疗救助143人次，支出23.4万元；民政部门支助参加“新农合”和城镇居民医疗保险295人次；21362人参加新型农村养老保险，参保率98 %；有3171人领取了养老保险金，支出209.2万元。

2014年，全镇共落实农村、城镇低保对象762人，年度支出保障金105万元。落实“五保”对象154人，发放“五保”供养金39.2万元。全镇共有国家怃恤、补助各类优怃对象146人，敬老院集中供养“五保”户对象50人，人均经费标准达5700元；共落实医疗救助165人次，支出351万元。有2052人参加“新农保”，参保率达98%，有3577人领取养老金。

特色地情

名优特产

焦圻膏药　清乾隆时（1736—1796），焦圻镇有一吴姓人家，户主吴太和，靠开饭铺维持全家人生活。吴太和很仁义，凡住店者，不论有钱无钱都热情接待。一次，饭铺住进了一位从江西来的金姓游医。他身患重病，生活潦倒。吴家为他请医治病，生活上也给予了很多照顾。经过精心护理，游医逐渐恢复健康。吴太和见他穷困潦倒，不仅免收了他的食宿费，还代他付清了所欠药费。金姓游医非常感激，离店时，送给吴家一个制作膏药的秘方，并一再交待，用此秘方制作膏药可医治五痨七伤、四肢麻木等风湿病症。就这样，吴家开始制作膏药，随着时间推移，膏药名气越来越大，方圆数十里，许多身患各种疮疖、风湿病症的人慕名前来购买。至清晚期，吴家生产的膏药供不应求。光绪二年（1876），吴家后人在焦圻兴办膏药厂。膏药厂生产的焦圻膏药长盛不衰，传承至今。

（文字供稿：安乡县党史办，图片供稿：刘华斌）

安障乡 >>

区域概况

位置面积

安障乡地处安乡县中部偏北，东与安昌乡接壤，南连深柳镇，西邻安丰乡，北接安全乡。乡政府驻黄山岗社区。

安障乡南北最大距离 20 千米，东西最大距离 10 千米，面积 42.6 平方千米。

建置沿革

1949 年，乡域属三区的湖障乡。1951 年秋，废保、甲，安乡县建 1 镇 7 区 153 个乡，境域属第七区。1955 年 5 月,属六家渡区。1956 年 6 月，撤区，成立安障乡。1958 年，为安乡县人民公社联合社安障分社，下辖 9 个大队、27 个生产队；1984 年，政社分设，复名安障乡。至 2014 年未再作调整。

行政区划

1989 年,乡政府驻黄山岗,辖黄山岗、车家铺、新剅口、王家湾、德兴、岩剅口、沙湖口、福昌桥、遵保、会子庙 10 个村 164 个村民小组。

1995 年，乡政府驻黄山岗，辖会子庙、遵保、福昌桥、德兴、沙湖口、岩剅口、王家湾、新剅口、车家铺、黄山岗 10 个村民委员会和黄山岗居民委员会 155 个村民小组。

2011 年，辖黄山岗社区和会子庙、遵保、福昌桥、德兴、沙湖口、岩剅口、王家湾、新剅口、车家铺、黄山岗等 10 个村民委员会，共 3 个居民委员会、164 个村民小组。

2014 年，全乡辖德兴、福昌桥、遵保、黄山岗、会子庙、车家铺、新剅口、沙湖口、王家湾、岩剅口 10 个村民委员会和黄山岗社区。

自然环境

乡域属河湖冲积平原，地势自东北向西南倾斜，地貌单一，土质肥沃。年平均气温 15℃，极端最高气温 39℃，一般出现在 7 月；极端最低气温 - 2℃，一般出现在 1 月；年平均降雨量 1120 毫米。一线临洪大堤,虎渡河垸内河道长 5240 米，西有澧水入境，有松滋河长 6670 米，安障东干堤 7000 米。

境内矿产资源主要为硅土，集中分布在遵保村、会子庙村、德兴村、福昌桥村。主要自然灾害有旱灾、洪灾、风灾、雷击。洪灾最严重一次发生在 1998 年 7 月 24 日，垸溃，涉及 11 个村，受灾面积达 3 万多亩。

人口民族

1995 年，全乡有 5331 户 21631 人。2011

安障乡人民政府

年，辖区有22387人，其中城镇常住人口1200人，城镇化率5%，另有流动人口220人；总人口中，男性11472人，女性10915人；人口出生率0.825%，死亡率0.025%。

经济发展

综述

1995年，全乡社会总产值12105万元，其中农业总产值7207万元，农民人均纯收入1682元。2011年，农业总产值7000万元；全乡财政总收入750万元。金融机构各类存款余额4000万元；各项贷款余额6000万元。

农业

1984年，安障乡有耕地35570亩，种植水稻15750亩，总产10340吨；种植油菜5330亩，总产1530吨；种植棉花12100亩，总产935吨；饲养生猪20000头、家禽13万羽；水产品养殖水面13000亩，鲜鱼产量5600吨。1995年，产粮食12573吨、棉花1202吨、油料2025吨，养殖生猪28905头、家禽31.4万羽，水产品总产1834吨。2011年，生产粮食2万吨，种植棉花15600亩，总产1800吨；饲养生猪15000头，年末存栏13000头；家禽饲养量为24万羽。2014年，全乡有耕地33950亩，其中基本农田为27788亩，农业以种植棉花、水稻、蔬菜和特色养殖四大产业为主。

工业

1991—1995年，安障乡乡镇企业发展迅速，全乡形成了乡、村、农户一起办企业的格局。1995年，全乡有企业457家，其中乡办企业10家，有固定资产850万元，乡镇企业总产值6306万元、利润1029万元，形成建材、饲料、农产品加工三大支柱产业。2011年，乡工业以棉花加工和饲料加工为主，有云锦扎花厂，东信扎花厂，正通饲料厂3家工业企业，职工180人，全乡工业生产总值5000万元，实现工业增加值300万元。

2014年，全乡有工业企业17家，工业生产总值12300万元，利润2436万元，税金136万元。主要产品有饲料、家具、电子产品 。

商贸服务业

中华人民共和国成立初期，安障乡境域有店铺1个。1984年建乡时，全乡有商业网点3个，有农贸市场1个，有个体商户14个，社会商品零售总额1500万元。2014年，安障乡境域有店铺48个，有商业网点11个，有农贸市场1个，有个体商户356个，社会商品零售总额12000万元。

基础设施

交通运输

2011年，境内有村级公路125千米，其中硬化53.2千米；有渡口7个，渡船8艘，渡工8人。2014年，全镇有公路186千米；其中乡道85千米、通组公路101千米。

邮政通信

1984年，乡境设邮政支局。2011年，全乡有邮政所1处；电信企业1家，服务网点1个，固定电话用户1100户，电话普及率30%，全年电信业务收入63万元。

供电饮水

供电 1984年，安障乡通电。1987年，全乡农户照明用上电灯。1991—2011年，进行农村电网改造。2014年，全乡有变压器60台，功率5000千千伏安；有输电线路156千米。

饮水 2011年，新建黄山岗水厂，属农村饮水安全国家计划工程项目，工程投资875万元，日供水能力为1600吨，设计供水范围为新豇口、王家湾、深柳镇书院洲北12个村（居）及黄山岗中学，受益人口2.5万人。2014年，全乡10个村，1个社区全部完成改水，家家户户用上了自来水。

水利建设

2011年，移动土方330万立方米，对大堤进行加固加修。2016年，全乡有电力排灌站42个，有西硚、保赋、岩豇口外排站3个，西昏硚电排功率为640千瓦，岩豇口、保赋电排功率均为310千瓦；41台机埠组运行，功率1350千瓦；硬化沟渠10.05万米；东、西线防洪大堤长14320米。

集镇建设

1949年，黄山岗集镇建成区面积仅0.2平方千米。1989年，黄山岗集镇建成区面积0.25平方千米，房屋建筑面积27886平方米，街道800米。1995年后，加大集镇建设力度。至2014年，黄山岗集镇建成区面积增至1.5平方千米，街道1条，长4千米，有路灯25盏；房屋建筑为钢筋混凝土结构，2层以上楼房48栋。街道绿化面积1平方千米。

社会事业

教育

中华人民共和国成立前，境域有学校4所，学生130人左右。

中华人民共和国成立后，小学教育逐步发展。1952年，境域有小学7所，学生108人。1958年，成立人民公社，大办教育，小学教育有很大发展，全公社小学发展到10所，学生280人。1980年，公社始办初中，时有中学1所、学生50人。1984年，成立安障乡，全乡有幼儿园3所，入园幼儿230人；有小学10所，学生350人，教师28人；有中学1所，学生105人，教师15人。2001年，全乡有学校11所，其中中学1所、小学10所，中、小学校教师34人；幼儿园3所，入园幼儿210人，幼师4名。之后，因生源减少，对学校布局进行调整。2011年，全乡有幼儿园4所，在园幼儿402人，专任教师12人；小学4所，在校学生409人，专任教师26人，小学适龄儿童入学率100%；初中1所，在校学生637人，专任教师67人。初中适龄人口入学率100%，小升初升学率100%，九年义务教育覆盖率均达到100%。

文化体育

2002年3月，建成安障乡有线电视台，后改称安障乡广播电视站。2011年，有线电视用户850户，入户率20%。全乡有乡文化站、广播电视站各1处，村级文化活动中心6处，各类文化专业户4户，业余演出团队5个，设立各类图书室7个，藏书达2万余册，有音乐、美术、书法、摄影专业人员和文学作品创作人员12名，文化从业人员80人，有省、市级文物保护单位2处。

医疗卫生

中华人民共和国成立前，境域有中医、中药铺15家，有乡村医生15人。1956年，成立公社卫生院，有卫生人员30名。1984年，安障乡有卫生院1个，有医务人员23名，病床25张，医疗设备价值28万元，有村级卫生室16个，村级卫生员16人。2011年，全乡有医疗卫生机构16个，门诊部（所）16个，有床位20张，每万人拥有病床8.3张，固定资产总值168万元；专业卫生人员35名，其中执业医师4人，执业助理医师21人，注册护士6人，全年完成诊疗6.5万人（次）。全乡11个村村民参加新型农村合作医疗，参保为率98.5%。

社会保障

2011年，全乡有4户68人享受城镇最低生活保障，年支出城镇最低生活保障补助金14.784万元，月人均181元。医疗救助114人（次），支出5800元；有敬老院1家，床位45张，收养农村“五保”人员45人；社区服务设施10个，其中社区服务中心1个，社区服务站1个，有慈善分会1个，全年接受社会捐款3000元，使10个人（次）困难群众受益。参加新型农村养老保险9676人，参保率91%，到龄领取养老金人数3671人。

特色地情

文物古迹

划城岗遗址 遗址位于沙湖口村，东面紧邻李公堰等小湖泊，现为高出周围平地约2～3米的台地。遗址面积约5万平方米，文化堆积厚约1～3米，包含着3个文化时期，即大溪文化、屈家岭文化、龙山文化，延续时间达2500年之久。1979年冬发掘，发掘面积为200平方米。划城岗遗址文化层厚，文物遗存丰富，最厚处达3米。发掘时清理灰坑17个，墓葬115座，房屋建筑局部2处，陶窑1座。

划城岗遗址出土的大量精美白陶和彩陶，为探讨长江中游地区彩陶和白陶起源、演变，以及史前人类宗教艺术、审美崇尚等方面，提供了丰富实物资料。

庹家岗新石器遗址 1977年发现，遗址位于遵保村庹家岗，东至鱼池西坝、西接黄安公路、南至排水沟以南150米处，北至狮子山北端，省级文物保护单位度家岗遗址与市级文物保护单位狮子山遗址紧紧相邻，总面积约1.5万平方米，文化层堆积厚约1～2米。1978年湖南省博物馆考古部主持部分发掘，面积200平方米。出土的器物有屈家岭文化时期的折肩瓶、曲腹杯、小口细颈壶、甑、釜、鼎、碗等；有石家河文化时期的鸭嘴足鼎、圜底钵、纺轮等。出土的石器有锛、镞、球等。

（文字供稿：安乡县党史办，图片供稿：刘华斌）

安昌乡

区域概况

位置面积

安昌乡地处安乡县东部，东濒荆江支流藕池河，南与安宏乡为邻，西濒虎渡河，北邻安生乡。乡政府驻三仙嘴码头，距安乡县城区 15 千米。

辖区东西最大距离 2.3 千米，南北最大距离 15.1 千米，面积 43 平方千米，其中陆地 32.8 平方千米，占 76.4％；水域 10.2 平方千米，占 23.6%。

建置沿革

清光绪元年（1875），境域始修大兴垸、六合小垸。1947 年，两垸分属治化乡、文化乡。1949 年 8 月,属安昌乡。次年,属文化乡。1955 年 5 月，属喻家渡区。1956 年 6 月，属安昌乡。1958 年 10 月，属安乡县人民公社联合社安昌分社。1959 年，建安昌公社。1961 年 5 月，与安宏分设，成立安昌人民公社。1984 年 4 月，撤销公社建制，建立安昌乡。至 2014 年无变化。

行政区划

1989 年，乡政府驻三仙嘴，辖黄狮嘴居民委员会、金家垱、白粉嘴、梅家洲、宝塔、喻家渡、六合垸、丁家渡、黄狮嘴、大中、何家铺、南堤拐、五福桥 12 个行政村、170 个村民小组。

1995 年，辖黄狮嘴、大中、何家铺、南堤拐、白粉嘴、金家垱、宝塔、梅家洲、五福桥、六合垸、喻家渡、丁家渡 12 个村民委员会 162 个村民小组和三仙嘴居民委员会。

2011 年，辖三仙嘴居民委员会和黄市嘴、大中、何家铺、南堤拐、白粉嘴、金家垱、宝塔、梅家洲、喻家渡、五福桥、六合垸、丁家渡 12 个村民委员会，共 3 个居民小组、170 个村民小组。2014 年，村（居）不变，村民小组合为 162 个。

自然环境

境内为广阔的平原，地势南高北低。年平均气温 13℃，极端最高气温 30℃，一般出现在 7—8 月；极端最低气温 - 3℃，一般出现在 12 月；年平均降雨量 1300 毫米。

境内河道属藕池、虎渡两大流域，其中藕池河境内流程 15.1 千米，流域面积 3.1 平方米，虎渡河境内流程 14.3 千米，流域 7.2 平方千米，年排涝量 0.5 亿立方米。

主要自然灾害有水灾、冰灾、旱灾等，水灾几乎每年都有，最严重一次发生在 1998 年，从 7 月 1 日开始上堤防汛历时 78 天，经过 15 次洪峰，最高洪峰达到 40.64 米。最严重的一次旱灾发生在2011年，从4月初至6月底，历时70天左右。

人口民族

1995年,全乡有5228户20535人。2011年，辖区有23537人，其中城镇常住人口861人，城镇化率3.6%；有流动人口39人。总人口中，男性12193人、女性11344人；14岁以下2650人、15～64岁16186人、60岁以上4701人；汉族23500人、少数民族37人；人口出生率6.1‰，人口死亡率0.7‰，人口自然增长率5.3‰；人口密度为每平方千米547.3人。2014年，全乡有5465户，总人口22189人，其中男性12099人，女性10090人。非农业人口675人。

经济发展

综述

安昌乡农业生产资源丰富，主产稻谷、棉花、油料、生猪、家禽、淡水鱼、蚕茧。1995年，社会生产总值12.96万元，其中农业生产总值5300万元，工业生产总值6888万元。2011年，农业总产值2.25亿元，农业增加值占国内生产总值8.7%；农民人均纯收入6882元；全乡财政总收入0.08亿元，财政支出0.08亿元。2014年，全乡农林牧渔业总产值24493万元，其中农业产值10334万元、林业产值253万元、牧业产值8557万元、渔业产值4725万元、农林牧渔服务业624万元。

农业

全乡有耕地3.46万亩，人均1.56亩。粮食作物以水稻为主。1995年,全乡生产粮食13888吨、棉花43.1吨、油料1840吨、生猪26066头、家禽23.8万羽、水产品1489吨。2011年，生产粮食11202吨,人均506公斤。基中水稻10874吨。主要经济作物有棉花、油菜籽，棉花种植面积1.88万亩，产量1800吨，可向社会提供1749吨商品

棉花种植

棉；油料作物种植面积2.81万亩，产量4162吨。其中油菜籽4162吨。畜牧业以饲养生猪、家禽为主。全年生猪饲养量9.6万头，年末存栏7.06万头，生产肉类173.2吨，其中猪肉173.2吨。家禽饲养量52.1万羽，上市家禽35.7万羽。畜牧业总产值0.76亿元，占农业总产值的33.8%。水产养殖水面8850亩，出产鲜鱼0.38万吨，主要品种以淡水鱼草鱼、白鲢、麻鲢为主；渔业总产值0.4亿元，占农业总产值的17.6%。

至2011年，全乡累计造林0.8万亩，其中防护林3500亩，经济林4500亩，农民住宅四旁造林25万株，林木覆盖率11.1%，活立木蓄积量19.2万立方米。

2014年，全乡有耕地33785亩，其中水田25286亩、旱地8499亩。全乡农林牧渔业总产值24492万元，其中，农业产值10334万元、林业产值253万元、牧业产值8557万元、渔业产值4725万元及农林牧渔服务业624万元；生产粮食14248吨，油料2533吨，棉花1183吨，出栏生猪2.50万头。

工业

安昌乡工业以棉花加工、木材加工及电子元件加工为主。1995年，全乡有乡办企业11家，固定资产484万元，全年完成工业总产值6888万元，实现利润610万元，从业人员2706人。大型企业有昌盛棉业有限公司、山信及明华电子厂等。

2014年，全乡有工业企业12家，其中规模以上工业企业3家,全乡工业生产总值4630万元，利润530万元，税金43万元。

商贸服务业

中华人民共和国成立初期，安昌乡有店铺6个。1984年，全镇有商业网点18个，有农贸市场1个，有个体商户12个，社会商品零售总额247万元。2011年，全乡有商铺网点72个，餐饮业32家，有名的餐饮有六合土菜馆、人民公社等。

基础设施

交通运输

2012年，修建省道306线，过境1.8千米。2014年，全乡有公路16千米；其中省道8千米；乡道5千米、通组公路3千米；有汽车客运站1处，面积1890平方米；全乡有客车16辆，客运线路2条，每天由乡政府驻地发往邻近乡镇和安乡县城的客班车79趟，客运量1493人次。

邮政通信

2011年，全乡有邮政网点1个，投递路线单程部长度42千米，投递点46个，乡村通邮率100%，全年投递国内函件1.4万件，国内汇票业务完成300笔，国内异地特快专梯信件完成0.3万件，征订报纸0.5万份，杂志0.25万册，业务收入1.5万元。

是年，全乡有电信服务网点2个，电话交换机总容量2000门，固定电话用户0.12万户，电话用户普及率达到18%，移动电话用户578户，移动电话普及率为10%，光缆线路总长44千米，主干电缆300对0.6千米长，互联网端口总数0.01万个，其中已占用端口总数0.004万个，宽带接入用户0.0255万户，全年电信业务收入66万元。

供电饮水

供电　1983年，乡境通电。1994年，农户照明用上电灯。2001年，进行农网改造，改造后，全乡有变压器20台，输电线路12千米。2014年，全镇有变压器89台，功率14710千伏安；有输电线路313千米。

饮水 2013年9月，建喻家渡水厂，属国家农村饮水安全工程项目，工程总投资1021万元，日供水能力1660吨，供水受益范围为乡喻家渡、梅家洲、六合、丁家渡村及三岔河镇天保、驿马头、春美、长明等8个村，受益人口1.82万人。

2014年，建黄市嘴水厂，同年12月投产运营。属国家农村饮水安全工程项目，工程总投资634万元，日供水能力1000吨，供水受益范围为黄市嘴、何家铺，安生乡官堰、护安、合兴等5个村，受益人口1.04万人。

水利建设

中华人民共和国成立后，安昌开展大规模的防洪蓄洪和排灌工程建设，至1995年，修建电力外排机埠5处、内排机埠5处，总功率2290千瓦；开挖排灌渠道42条。防洪大堤东西线总长为29486米。

1980—2000年，是大堤建设高峰期，每年投工10万个左右，在秋、冬两季进行水利设施建设。全乡有6处机埠16台机组运行，负担着7.4万亩集雨面积排灌任务。

2014年，全乡有机埠6处，功率2635千瓦，排灌渠道15千米；防洪大堤26千米。

集镇建设

1949年，三仙嘴城集镇建成区面积0.1平方千米，1989年增至0.20平方千米；房屋建筑面积30736平方米，有桥梁1座。

社会事业

教育

中华人民共和国成立前，境域有学校1所，学生32人。

中华人民共和国成立后，小学教育逐步发展，至1952年，境域有小学1所，学生71人。1958年，成立人民公社，大办教育，小学教育有很大发展，全公社小学发展到2所，学生174人。1963年，公社始办初中，时有中学1所、学生58人。1984年，成立安昌乡，全乡有幼儿园1所，入园幼儿86人；有小学1所，学生108人，教师12人；有中学1所，学生98人，教师11人。2001年，调整学校布局后，全乡有学校3所，其中中学1所、小学1所，中小学校教师32人；幼儿园1所，入园幼儿115人，幼师9名。2011年，全乡有幼儿园4所，在园幼儿457人，专任教师23人；小学3所，在校生563人，专任教师37人，小学适龄儿童入学率100%；初中1所，在校生363人，专任教师52人，初中适龄人口入学率100%，小升初升学率100%，九年义务教育覆盖率达100%；主要学校有三仙嘴中学、华强希望小学、黄市嘴小学、六合小学，其中华强希望小学属于县级示范实验小学，该校由港商曾华强先生捐资修建，该校师资力量雄厚，环境优美，并配有多媒体电脑室、图书馆。

2014年，全乡有中学1所，在校学生287人；小学1所，在校学生588人；幼儿园3所，在园幼儿367人；教职工总人数120人。

文化体育

2011年，全乡有文化艺术院团4个，从业人员60人；有文化站1个，建筑面积300平方米；公共图书馆10个，建筑面积200平方米，藏书110000册；有篮球场、乒乓室等娱乐设施。文化事业单位从业人员2人，实现产值30万元。主要文化艺术团体有三仙嘴女子铜管乐队，每年演出达200多场次。有学校、机关体育场5个。参加体育锻炼的人数占常住人口的20%。

是年，全乡有广播电台1套，广播综合覆盖率100%，全年公共广播节目播出时间180小时，可收看中央、省、市、县的70个电视频道；有线电视用户0.1万户，其中数字电视用户0.08万户，电视综合覆盖率100%；有电影公司1个，电影放映单位1个，乡电影院有座位300个，年放映150场次，观众达20000人次。

医疗卫生

中华人民共和国成立前，境域有卫生医疗机构1家，有个体医务工作者13人。1959年，成立公社卫生院，有卫生人员20名。1984年，乡卫生院有医务人员33名，病床50张，医疗设备价值80万元，有村级卫生室6个，村级卫生员6人。2011年，全乡有医疗卫生机构16个，其中1家疾病预防控制机构、1家乡镇卫生院、14个村卫生室,病床30张,每千人拥有医疗床位15张；专业卫生人员22人，其中执业医师6人，执业助理医师3人，注册护士3人，平均每千人拥有卫生技术人员1人；医疗机构全年完成诊疗0.5万人次，出院病人800人次。是年，全乡法定报告传染病发病率为310人/10万；，农村安全饮用水普及率30%，农村卫生厕所普及率60%，新型农村合作医疗参合人数2.24万人，参合率100%，统筹地区政策范围内平均住院补偿率100%，实际补偿率100%。5岁以下儿童死亡率、婴儿死亡率、新生儿死亡率均为0。孕产妇住院分娩率为100%，儿童免疫规划疫苗接种率98%。

社会保障

2011年，全乡有22户33人享受城镇最低生活保障，支出城镇最低生活保障补助费7.5万元，月人均180元；城市医疗救助2人次，民政部门资助参加合作医疗2人次，共支出0.25万元，；城市生活无着人员救助8人次，支出3.2万元。有335户653人享受农村最低生活保障，支出农村最低生活保障补助费75万元，月人均75元，；农村“五保”集中供养65人，支出19.5万元，农村“五保”分散供养162人，支出24.3万元；农村医疗救助42人次，民政部门资助参加合作医疗227人次，共支出1.1万元，；城乡临时救助889人次，支出20.5万元。国家抚恤、补助各类优抚对象81人，抚恤事业费支出38万元，比上年增长11%。实现城镇新增就业20人，失业人员再就业30人，就业困难人员再就业8人，城镇登记失业率为4.2%；参保离退休人员75人，参加企业基本养老保险80人，参加城镇基本养老保险160人，其中参加城镇职工基本医疗保险79人，参加工伤保险的农民工75人。

（文字供稿：安乡县党史办，图片供稿：刘华斌）

安宏乡

区域概况

位置面积

安宏乡地处安乡县的东南端，东与三岔河镇隔河相望，东南与南县麻河口为邻，南连南县武圣宫镇，西与县芦苇站、安康乡、深柳镇隔河相望，北与安昌乡接壤。辖区南北最长距离 15 千米，东西最长距离 4.5 千米，总面积 42.6 平方千米。其中陆地 37.63 平方千米，占 88.4%；水域 4.97 平方千米，占 11.6%。

建置沿革

明万历年间（1573—1620），安乡修 13 个小垸，安宏乡境内修筑兴家垸。清咸丰年间（1851—1861）修筑杨铺垸。民国时期，有均乐等 13 垸，属治化乡。1951 年，属安乡县一区。1956 年，属安昌乡。1958 年 10 月，属安乡县人民公社联合社安昌分社。1961 年 5 月析出，成立安宏人民公社。1984 年 4 月，撤销公社建制，改称安宏乡。至 2014 年无变化。

行政区划

1989 年，乡政府驻唐家铺，辖唐家铺、西李家、枞杨树、同春、潘田、和平、太平、宏湖、格道湾、小河口、八百弓 11 个村、169 个村民小组；

1995 年，辖唐家铺、西李家、枞杨树、同春、潘田、和平、太平、宏湖、格道湾、小河口、八百弓 11 个村民委员会和唐家铺居民委员会，171 个村（居）民小组。

2011 年，辖唐家铺社区和枞杨树、西李家、同春、潘田、和平、唐家铺、宏太、格道湾、小河口、八百弓 10 个行政村，共 3 个居民小组、169 个村民小组；

2014 年，辖唐家铺居民委员会和枞杨树、西李家、同春、潘田、和平、格道湾、宏太、唐家铺、小河口、八百弓 10 个行政村和鸭踏湖、下泗湖、下五湖 3 家渔场及朱家洲园艺场。

自然环境

境内为平原地区，地势略为北高南低，地面高度一般在海拔 28 ~ 32 米，最高点孙家湾海拔 32.34 米，最低点宏太九组海拔 28.50 米。

年平均气温 17 度，极端最高气温 30 度，一般出现在 7—8 月；极端最低气温 - 3℃，一般出现在 12 月；年平均降雨量 1400 毫米。

藕池河、虎渡河两河从东西两旁流过。

主要自然灾害有冰雹、洪渍、旱涝、风灾、低温、霜冻、雷击等，洪涝灾害平均 20 年一遇，溃垸发生两次，第一次是 1931 年 7 月，第二次是 1954

年8月1日。洪渍最严重一次发生在1998年7月，最高洪锋达39.51米，高危水位持续两个月之久，垸内积水漂白，鱼塘、农田通连持续20多天，农作物颗粒无收。旱灾最严重的一次发生在2011年4—6月，3个月有效降雨量11.5毫米，受旱面积达3.9万亩，其中鱼池受旱0.5千亩。

人口民族

1989年，年末居民总户数5200户20213人，其中农业人口4910户19260人。1997年，全乡总户数5146户21417人，其中非农业人口1122人。2011年末，辖区总人口20758人，其中城镇常住人口895人，城镇化率4.31%，流动人口373人；总人口中，男性10679人、女性10079人；18岁以下2635人、18～60岁13736人,、60岁以上4387人；汉族20733人，少数民族25人,少数民族中回族15人、苗族5人、土家族5人；人口出生率7.8‰，死亡率4.1‰，人口自然增长率3.7‰。人口密度为每平方千米432人。2014年,全镇年末总户数为6419户,总人口18971人，其中非农业人口743人，女性人口9015人。

经济发展

综述

1995年，全乡社会总产值8405万元，其中农业总产值2564万元，工业总产值4729万元，农民人均纯收入1240元。2011年，财政总收入350万元，年末各类存款4500万元，各项贷款余额700万元。

农业

1995年，全乡有耕地3.9万亩，人均1.86亩，其中旱地1.1万亩，水田2.8万亩；全乡粮食总产10624吨，棉花总产541吨，油菜籽总产1346吨，鲜鱼总产1064吨，出栏生猪19493头，出笼家禽14.4万羽，蛋品产量81吨。2011年，生产粮食1960万公斤；棉花种植面积为0.8万亩，总产200万公斤；蔬菜种植面积为5000亩，以榨菜、南瓜、冬瓜为主，产榨菜1400万公斤、南瓜140万公斤、冬瓜400万公斤；全乡水产养殖面积0.51万亩，鲜鱼以草鱼、白鲢、麻鲢、鳊鱼为主，产量达510万公斤；饲养生猪11576头，年末存栏5018头，家禽饲养量165000羽，年末存笼12.3万羽。

2014年，全乡有耕地34801亩，其中水田24181亩、旱地10620亩。全乡农林牧渔业总产值23384万元，其中，农业产值9992万元、林业产值283万元、牧业产值9187万元、渔业产值3191万元及农林牧渔服务业731万元；生产粮食20921吨，油料3114吨，棉花486吨，出栏牲猪2.46万头。

工业

20世纪90年代，大力发展乡镇企业。1993年，创建安乡县富豪家庭保健用品厂。1995年，创办安宏乡竹制地板砖厂、安宏乡鸭踏湖饲料厂。是年，全乡有乡办企业13家；有职工1446人，拥有固定资产1030万元，完成工业总产值4729万元，销售收入3811万元，实现利润401万元。

2014年，全乡完成工业总产值5876万元，销售收入4671万元，实现利润516万元。

商贸服务业

2011年，全乡有商业网点23个，从业人员69人；社会商品零售总额345万元；乡镇集贸市场4个，成交额5000万元。2014年，全乡有商业网点46个，从业人员176人，社会商品零售总额438万元，乡镇集贸市场4个，成交额5800万元。

基础设施

交通运输

1995年，修通一条贯穿8个村、长11.5千米的乡级公路和长18.6千米的村级公路。2006年，县道荆八线贯穿南北，境内长10千米。2013年12月，常岳高速通车，过境2.5千米。

2014年，全乡有公路82千米；其中县道11千米；通村、通乡水泥公路33千米；全乡有客车12辆，客运线路1条，每天由乡境发往邻近乡镇和安乡县城的客班车60趟，客运量1200人次。

邮政通信

1995年，投资24万元，为9个村开通程控电话。2011年，全乡有邮电所1家，邮政业务总量40万元，纯收入12万元，报纸、杂志发行量5000份；有电信服务网点5个，电话交换机总容量4000门，固定电话用户900户，移动电话7000台，电话普及率90%，互联网用户200户。全年电信业务收入60万元。

供电饮水

供电 1983年，乡境通电。1995年，全乡所有农户照明用上电灯，时有变压器5台。2006年，进行电网改造，电网改造后，全乡变压器增至10台。

2014年，全乡有变压器73台，输电线路10015千米。

饮水 1995年，投资120万元，新建自来水厂，4个村安装了自来水管道，7个村70%的农户安装了压把井。

2013年，在和平村建宏太水厂，工程总投资1156万元，日供水能力1800吨，供水受益范围为宏太、唐家铺和唐家铺居委会等11个村（居）及唐家铺中学，受益人口近2万人。

水利建设

1954年溃垸后，利用人工和机械施工，投工240万个以上，移动土方97万立方米，加固培高大堤，高程提至38～40米，面宽5米；投工600万个以上，移动土方900万立方米，建电排沟渠6.8万米、“园田化”沟渠20万米。1995年，新建黄市窖、老刋口2座电力排灌机埠，新建和维修30多处水利配套工程。是年，全乡有电力排灌站19处，总功率2143千瓦。2014年，全乡有电力排灌机埠6座，总功率2015千瓦；临洪大堤24534米，南间堤6300米；有6座电排，总容量达1965千瓦。

集镇建设

1949年，唐家铺集镇城区面积0.1平方千米。1989年，增至0.2平方千米；房屋建筑面积27460平方米。2001年后，加大集镇建设力度。2014年，唐家铺集镇建成区面积增至0.3平方千米，街道3条，长2.3千米，有路灯34盏；房屋建筑为砖混结构，3层以上楼房17栋；街道绿化面积0.03平方千米。

社会事业

教育

1950年，乡境有学校1所。1961年，安宏公社有学校2所。1952年，始办初中，时有中学生53人。1984年，安宏乡有中学1所、学生82人、教师13名，有小学1所、学生113人、教师15名，有幼儿园1所，入园幼儿137名。2006年学校布局调整后，全乡有学校2所，其中中学1所、小学1所，中、小学生共有480人，中、小学教师51人。2011年，全乡有幼儿园1所，入园幼

唐家铺中学庆“六一”活动

儿220个，专任教师4名；小学4所，在校学生554人，专任教师41名，小学适龄儿童入学率100%；初中1所，初中在校学生296人，专任教师62名。初中适龄人口入学率、小升初升学率、九年义务教育覆盖率均达100%。2014年，全乡有学校5所，其中中学1所、小学4所，学生797人，其中中学生264人、小学生533人，教师104名，其中中学教师53名、小学教师51名。2014年，全乡有学校5所，其中中学1所、小学4所，学生797人，其中中学生264人、小学生533人，教师94名，其中中学教师53名、小学教师51名。

文化体育

文化 1984年2月，安宏乡人民政府成立，村村通了广播。2011年，全乡有乡文化站、广播站各1处，有村级文化活动中心11处，各类文化专业户6户，各类图书室11个，藏书5万余册，音乐、美术、书法、摄影及文学业余创作队伍70人，有县级文物保护单位1处。格道湾村装了有线电视，居委会和其他村都使用宽带电视和无线数字电视，入户率98%。

体育 2006年，在县排球运动会上，安宏乡男、女排球队均获冠军。2011年，全乡有学校体育场1个、乡文体中心1个，文体中心设有灯光球场，看台座椅40张，蓝球场、排球场、羽毛球场、门球场、室内外乒乓球场，体育场和文体中心都安装了健身器材，经常参加体育活动的人员占常住人口的23%。

医疗卫生

中华人民共和国成立时，乡境有私人诊所1家，从业者1人。1963年，公社建合作医疗，全公社有卫生院1所、大队医务室5个，医务人员20名。1984年，安宏乡有1家乡卫生院，11个村卫生室；全乡有医务人员16人。2011年，全乡有医疗卫生机构1个，门诊部（所）12个；有床位42张，每万人拥有病床24.6张；固定资产总值540万元。专业卫生人员34名，其中执业医师3人，执业助理医师15人，注册护士6人；

医疗机构（门诊以上）全年完成诊疗2.6万人次。10个村、1个居委会、3家渔场、1个林场所有农业户口人员都参加了新型农村合作医疗，参保率100%。

社会保障

2011年，全乡有39户62人享受城镇最低生活保障，支出城镇最低生活保障补助费13.4万元，月人均180元；医疗救助110人次，支出医疗救助费12.9万元；全乡有646户690人享受农村最低生活保障，支出农村最低生活保障补助费97.15万元，月人均109元。有国家抚恤及各类优抚对象140人，优抚事业费支出504000元。建有敬老院，敬老院有62张床位，集中供养“五保”人员62人。

（文字供稿：安乡县党史办，图片供稿：刘华斌）

安生乡 >>

区域概况

位置面积

安生乡地处安乡县北部，东临藕池河西支，与官垱镇毗邻，西濒虎渡河，与安全乡一水之隔，南连安昌乡，北毗湖北省公安县黄山头镇。乡人民政府驻大杨树码头，距安乡县城 20 千米。辖区东西最大距离 3.5 千米，南北最大距离 15.5 千米，地形呈狭长状，镶嵌在虎渡河与藕池河之间，总面积 40.44 平方千米。其中陆地 31.63 平方千米，占 78.29%；水域 8.81 平方千米，占 21.71%。

建置沿革

清咸丰十年至清同治十二年（1860—1873），藕池河形成后，挽修鄢家洲、合兴、东安、官保、六安、安仁、化兴、余家、同兴、石家、姜家、中心等垸，始垦殖。民国初期，先后两次并垸，形成安生上垸、安生下垸和永庆垸。民国初期为梅景乡，民国 17—21 年（1928—1932）属北区，民国 36 年（1947）为梅文乡。1951 年属第三区，1955 年属官垱区，1956 年成立安生乡，1958 年属安乡县人民公社联合社安文分社。1961 年，境域从安乡县人民公社联合社安文分社析出，成立安生人民公社。1984 年，撤销安生人民公社，恢复安生乡。至 2014 年未变。

行政区划

1989 年，乡政府驻大杨树，辖大杨树居民委员会；大杨树、广福、莲花、蔡家垱、腰港、五星、安仁、鄢家洲、中心、官堰、护安、化兴、合兴 13 个村，165 个村民小组。

1995 年，辖广福、莲花、蔡家垱、大杨树、腰港、五星、安仁、中心、官堰、鄢家洲、护安、合兴、化兴 13 个村民委员会和大杨树居民委员会，164 个村民小组。

2011 年，辖大杨树居民委员会和广福、莲花、蔡家垱、大杨树、星港、鄢中安、合兴、护安、官堰 9 个行政村，共 3 个居民小组、165 个村民小组。

2014 年，设大杨树居民委员会和广福、莲花、蔡家垱、大杨树、腰港、五星、安仁、中兴、官堰、鄢家洲、护安、合兴、化兴 13 个行政村。

自然环境

境内为平原，地势略为东高西低、北高南低，地面高程一般在海拔 30 ~ 40 米。

2016 年，平均气温 22℃，极端最高气温 38 ℃，一般出现在7月；极端最低气温-5℃，一般出现在2月；年平均降雨量1204毫米。

安生乡位于虎渡河东侧、藕池河西岸，水资源比较丰富。沟塘湖堰星罗棋布，天然河流与人工渠道、塘堰构成排灌两用水系。

境内主要矿产资源有河沙、黏土等。太阳能平均辐射总能量为128.25千卡／平方厘米，属太阳能资源一般区。但无霜期长，可耕作期有300天，总辐射与降水和大田作物活跃生长期同步。平均水资源总量为2.0×107立方米。常见的生物资源主要为人工栽植的绿化林带、农田防护林网以及农作物和人工饲养牲畜、家禽类动物等。

主要自然灾害有洪水、旱涝、霜冻等，洪水最严重一次发生在1998年7月，东线水位39.67米、西线水位40.65米，达历史最高，加之长时间的强降雨，至8月降雨达620毫米，同时受安造大垸溃垸影响，造成断电停排，垸内受渍惨重。被水淹至1.5米深以上的民房有210栋，水渍受损面积1.8万多亩，占总面积的70%，全部绝收面积5000亩，鱼塘串塘面积2200亩，渍灾经济损失2000多万元。

人口民族

1989年，年末居民总户数4642户19850人，其中农业人口4454户18849人。1997年，常住户口5283户20520人。人口出生率7‰，自然增长率3.5‰。2011年，辖区总人口20325人，其中农业人口19560人，非农业人口765人。总人口中，男性10375人、、女性9950人；18岁以下2751人、18～35岁5117人、35～60岁9035人、60岁以上3422人；人口出生率5.56‰，死亡率4.85‰，人口自然增长率0.71‰；人口密度为每平方千米503人；有少数民族69人。

经济发展

综述

1982年包产到户后，农民收入迅速增加。1989年，全乡社会总产值2188万元，工农业总产值1146万元，农业商品产值814万元。1998年，人均纯收入1872元。2008年，人均收入3795元。2011年，人均收入达4986。

2011年，全乡实现财政总支出433.6万元，其中一般预算支出45.3万元，其他支出74万，专项支出为314.3万。2013年，全乡农业产值22802万元，工业产值2011万元，工农业生产总值24813万元，财政收入363万元，人均收入8718元，三产业比重为5∶2∶3。

2014年，全乡农业产值22901万元，工业产值2108万元，工农业生产总值25009万元，财政收入410万元，人均收入8830元，三产业比重为5∶2∶3。

农业

1989年，全乡耕地23243亩，产粮食10445吨、棉花378吨。可养殖水面1766亩，产鲜鱼426吨。1995年，全乡农业产值3898万元，粮食产量9893吨，棉花产量1120吨，油菜籽总产2490吨，出产鲜鱼707吨，出笼家禽16.56万羽；蛋品产量802吨，为全县之首。

2011年，全乡有水产养殖户270户，养殖面积1320亩，其中甲鱼养殖水面263亩；全乡年产鲜鱼220万斤。有家畜养殖专业户30户，其中生猪养殖大户10户；有年出栏生猪150头的猪场1个，年出产5万多羽的鸡场1个。

2014年，全乡有耕地30186亩，人均0.67亩，以种植油菜、棉花为主。全乡种植油菜25800亩、棉花16400亩，粮食作物面积23719亩，产量9247吨；优质果树林1000亩；种植蔬菜8300亩，其中韭菜1500亩、榨菜3000亩、冬瓜200亩、豆角600亩、其他优质疏菜3000亩。2014年，全乡有水产养殖户550户，水产养殖面积2620亩，其中养殖甲鱼水面463亩。全乡年产鲜鱼450万斤。有家畜养殖专业户30户，其中生猪养殖大户10户；有年出栏生猪500头的猪场1个，年出产5万多羽的鸡场1个。

林业

1966年，在沟渠两岸栽大杨树。1972年，成立乡林业站。1990年，开始栽种欧美杨。2004年，栽种欧美杨达到高峰期，全乡共有林地10000多亩。2011年，全乡共有经济林地17处3000多亩，乡林业站有苗圃基地30亩。2014年，全乡有林地1820亩，森林蓄积量31000万立方米，森林覆盖率11.63%。

工业

1995年，全乡有工交企业362个，其中乡办企业14个，固定资产1284万元，企业总产值3932万元，销售收入3688万元，实现利润349万元，主要企业有砖厂、建材厂、涂料厂、鞭炮厂等。民营企业有食品加工厂、轧花厂各1家，职工34人，总产值200多万元。2002年，全乡拥有私营企业56家，实现产值5430万元。

商贸服务业

1961年，安生公社境域有店铺1个。1984年建乡时，全乡有商业网点6个。2011年，全乡有商业网点46个，从业人员142人，集贸市场1个，社会商品零售总额129万元。

基础设施

交通运输

1995—1997年，乡党委、乡政府加大了公路建设力度，在全乡境内，先后投资150万元，投工210万个，修筑了广兴线、梅官线、大官线一横两竖公路。1998年年底，国家投资1100万元、地方投资200万元，修建六荆公路，六荆公路是湘北防汛战备路，为国家交通建设重点工程，经过2年施工，投工10万个，六荆公路建成通车，公路全长15千米、面宽7米、硬化层高22厘米。2010年，投资6326万元，修建长968米、宽10米的大杨树大桥，使安乡东北地区与湖北石首的公路连成一体。截至2011年，全乡先后拉通14条连线主干道、建成通村公路40千米，实现村村通公路。2012年，省道S302贯穿乡境，境内长2千米。

2014年，全乡有公路135千米；其中县道70千米；通村公路65千米；全乡有客车12辆，客运线路2条，每天由乡内发往邻近乡镇和安乡县城的客班车12趟，客运量80人次。

邮政通信

解放前，乡境设有邮政支局。1995年，乡投资30万元修建邮电大楼，开通程控电话。1997年底，投入资金63万元，改组线路3万米，发展程控电话200余门，加速了经济信息的传递。2002年，乡邮电通讯发展日新月异，程控电话实现三次扩容，电话用户达到1500多门，磁卡电话，201、200卡普及迅速，移动电话也进入寻常百姓家。2011年，全乡有邮政代办所1处，普邮投递量55254件，速递投递量1187件。电信、移动、联通服务点各1个，程控电话3500部，入户率为80%，移动通信基站6座，移动电话用户8526人。互联网用户189户。

供电饮水

供电 1976年，乡境通电，有变电所一所，有变压器86台。1998年开始进行电网改造，2014年全乡改造基本完成。

饮水 1995年，修建乡自来水厂。同年，投资80万元，对乡自来水厂进行改建，改建后，大杨树居委会及周边2000多人用上自来水。2007年，在星港九组建新自来水厂，2012年开始投入使用，满足周边15000多居民用水。

水利建设

20世纪60年代至70年代中期，全乡开挖排灌沟渠450千米，移动土方675万立方米；与此同时，移动土方162万立方米，对2.7万多亩农田进行田园化建设。1969年，安昌垸被定为蓄洪垸。之后，国家每年对蓄洪工程给予一定投入。1989—2008年，在垸内建成安全楼42栋、修建高标准安全转移公路（六荆公路）15千米。1998—2005年，投入资金2600多万元，实施"平原行洪移民建镇"工程，全乡沿堤筑长7620米的安全台，面积15万平方米，安置农民1500多户。

1989—2008年，移动土方69万多立方米、投放块石2000立方米，对2.3万米一线防洪大堤进行加高、加宽。20世纪90年代，对全乡外河设施进行改扩建，废除水管4处、新建1处。至2011年，累计疏浚主干渠8万米，毛斗渠26万米，移动土方66万立方米，新建和整修渠系配套设施78处，全乡外河水利设施由原来的18处调整为15处。

1990年后，对电排站进行改建扩容。是年，护安电排电机增至2台，功率提至260千瓦。1991年，南河口电排电机增至3台、功率提至465千瓦。1995年，梅井窖电排经过改建，功率提至310千瓦。2011年，全乡有外排机埠6处、装机1960千瓦；有小型排灌站41处、装机697千瓦。

村镇建设

1949年，大杨树集镇建成区面积0.1平方千米。1989年，增至0.2平方千米，集镇房屋面积37082平方米，街道600米，桥梁1座。2012年后，加大集镇建设力度。2014年，大杨树集镇建成区面积增至0.5平方千米，街道2条，长1.5千米，有路灯35盏；街道绿化面积0.5平方千米。桥梁1座。

社会事业

教育

1950年，乡境有学校16所。1961年，安生公社有学校16所。1974年，始办初中，时有中学生908人。1984年，安生乡有中学1所、学生705人、教师93名，有小学6所、学生951人、教师85名，有幼儿园4所，入园幼儿862名。1996年，学校布局进行调整后，全乡有学校5所，其中中学1所、小学4所，有中、小学生1203人，中、小学教师143人。2007年，全乡有小学3所、18个教学班，学生452人；有中学1所、6个教学班，学生339人；有教职员工117人；适龄儿童入学率100%，在校学生巩固率90%。

2014年，全乡有小学2所、13个教学班，学生398人；有中学1所，学生221人；有教职员工93人；适龄儿童入学率100%，在校学生巩固率99.5%。

文化体育

1995年，实施有线电视"户户通"工程，全乡有线电视覆盖率95%。

2000年，争取项目支持资金30万元，建成乡中心文化站。2008年，投入20万元，建起了高2层、内设图书室、棋牌室、乒乓球室的文体综合站。投入5万元，修建高标准、高质量的乡政府篮球场。2010年，投入20万元，将乡会堂改造成为综合性的健身活动中心，并购置音响设备、装饰灯光等设施。2011年，数字电视入户达到300户。各村都建立了高标准的“农家书屋”。民间民俗文化有地花鼓、舞龙、竹马。

是年，安生乡被县委、县政府授予创建乒乓球之乡“突出贡献单位”“全民健身模范单位”。

医疗卫生

1956年，安生乡建乡卫生院。1984年，安生乡卫生院建筑面积3800平方米，村卫生室14个；全乡有医务人员37人。2011年，有1所卫生院，有10个医疗点，床位52张，有专职卫生技术人员21人，医疗设备价值94.8万元。19595人参加新型农村合作医疗。2014年，有1家乡卫生院，有15个医疗点，床位106个，有专职卫生技术人员22人，医疗设备价值70.7万元。18709人参加新型农村合作医疗。

社会保障

2000年，投资15万元建成动物防疫检验站。2009年，投资80万元建成计生生育服务站。2010年，投入92万元建成安生乡敬老院，入住孤寡老人50名。2011年，农民得到两补金额263万元，“新农保”参保人数12950人。

（文字供稿：安乡县党史办，图片供稿：刘华斌）

安全乡

区域概况

位置面积

安全乡地处安乡县北部，东与安生乡隔虎渡河相望，南邻安障乡，西隔松滋河东支与安凝乡相望，北接黄山头镇。辖区东西最大距离 6 千米，南北最大距离 15 千米，总面积 58 平方千米。

建置沿革

1951 年，乡域属安乡县七区。1956 年撤区并乡时，合并陈田、恒丰、团洲、茶窖、安利等乡，置安全乡。1958 年，属安造人民公社。1961 年，从安造公社析出，建安全人民公社。1984 年，恢复乡建制，改称安全乡至今。

行政区划

1989 年，乡政府驻董家垱，辖董家垱居民委员会及董家垱、毛家剅、潭子头、西堤、王家、

安全乡人民政府

八股头、马家渡、高杨、茶窖、恒丰、两美、刘家嘴、槐树、潘家溪、丁家洲、沙滩口、至中17个村257个村民小组。

1995年，辖毛家蔸、潭子头、沙滩口、西堤、王家、八股头、马家渡、高杨、茶窖、恒丰、两美、刘家嘴、槐树、潘家溪、丁家洲、至中、董家垱17个村民委员会和董家垱居民委员会共272个村（居）民小组。

2011年，辖董家垱居民委员会和董家垱、毛家蔸、潭子头、协安、高杨、茶窖、恒丰、汤家岗、丁家洲、沙滩口、至中11个行政村，共7个居民小组、257个村民小组。

2014年，辖董家垱居民委员会和董家垱、毛家蔸、潭子头、沙滩口、西堤、王家、八股头、马家渡、高杨、茶窖、恒丰、两美、刘家嘴、槐树、潘家溪、丁家洲、至中17个行政村。

自然环境

境内地势略为东高西低、北高南低。年平均气温17.9℃，极端最高气温37.8℃，一般出现在7月；极端最低气温-3.6℃，一般出现在2月；年平均降雨量1314.9毫米。

境内河道属洞庭湖水系，虎渡河自黄山主峰东麓入境，至小河口汇入松虎洪道，境内流程41千米。松滋河东支由北而南，与中支汇合，境内流程42千米。

境内有水灾、冰灾、旱灾等主要自然灾害。水灾几乎每年都有，最严重一次发生在1998年，从7月1日开始上堤防汛，历时78天，经过15次洪峰，最高洪峰达到40.64米，7月25日凌晨安造垸溃决，安全乡与黄山头镇、安障乡被淹。

人口民族

1989年，全乡有7136户29858人，其中农业人口6879户26579人。1995年，全乡有7325户31567人。2011年，辖区总人口31452人，其中城镇常住人口1100人，城镇化率3.5%；另有流动人口1000人；总人口中，男性15946人、女性15506人；18岁以下3865人、18～35岁7322人、35～60岁14445人、60岁以上5820人；汉族31337人，10个少数民族115人；人口出生率8.2‰、死亡率1.1‰、自然增长率4‰。人口密度每平方千米542人。

2014年，安全乡有居民9048户29216人，其中非农2734户，女性人口14035人。

经济发展

综述

1989年，全乡社会生产总值1200万元，一、二、三产业增加值400万元，财政总收入180万元，农民人均纯收入630元。2011年，全乡财政收入0.08亿元，财政支出0.08亿元；农民人均纯收入6204元。2014年，社会生产总值2.8亿，一产业增加值1.12亿，二产业增加值1850万元，三产业增加值4000万，农民人均纯收入8000元。

农业

粮食作物以水稻为主，经济作物为油菜、棉花，畜牧业以饲养猪、家禽为主。1995年，全乡粮食总产14000吨、棉花总产2000吨、油菜总产3225吨；出产鲜鱼1100吨；生猪出栏2万多头、饲养家禽34万羽，全乡特种养殖收入达万元的有214户。

2011年，全乡耕地面积4.57万亩，人均1.56亩，以种植棉花、水稻为主。全乡生产粮食3000吨，人均95公斤；棉花种植4万亩，产量10000吨，可向社会提供9800吨商品棉；油菜种植4.3万亩，产量6500吨；生猪饲养量1万头，年末存栏0.3万头；家禽年饲养量21万羽；全乡累计造林0.7

万亩，其中防护林3000亩，经济林1100亩，农民住宅四旁造林12万株，林木覆盖率7.9 %，活立木蓄积量12万立方米；水产养殖水面610公顷，以草鱼、白鲢、麻鲢等淡水鱼类为主，水产品产量0.92万吨，总产值0.6亿元，占农业总产值的20%。2014年，生产粮食1.2万吨；棉花种植面积2万亩，产量2534吨；油菜种植面积4万亩，产量6163吨；生猪饲养量1.2万头，年末存栏6000头，家禽年饲养18羽；水产养殖面积5870亩。

2014年，全乡有耕地51065亩，其中水田30091亩、旱地20974亩。农林牧渔业总产值20257万元，其中，农业产值11320万元、林业产值127万元、牧业产值5528万元、渔业产值2658万元及农林牧渔服务业624万元。粮食种植面积3.7万亩，生产粮食1.4万吨；棉花种植面积1.9万亩，产量1447吨；油菜种植面积4万亩，产量4302吨；生猪饲养量1.4万头，年末存栏5243头；家禽年饲养21.58万羽。

工业

1976年，创办安全砖厂。1985年，创办安乡纺织器材厂。1995年，全乡有乡办企业18家，形成以建材、花炮、纺织机械、饲料加工、家具生产为主的工业产门类。全乡企业总产值7704万元，实现利润1024万元。

2005年2月，市级龙头企业恒生棉落户乡境，投资规模1500万。2010年，全乡有轧花厂3家、纺织器材厂1家、蔬菜加工企业1家，有企业工人100人。2013年3月，省级龙头企业来得富绿色食品有限公司入驻安全乡，投资规模2000万。2014年，全乡有砖厂、预制厂、纺织器材厂、榨油厂、油脂厂等工业企业18家，产品为红砖、预制件、纱管、植物油，工业企业总产值4000万元，利润200万元，税金7万元。

商贸服务业

中华人民共和国成立初期，境域有店铺5个。1984年建乡时，全乡有商业网点20个，农贸市场0个，个体商户30个，社会商品零售总额4.1万元。2011年，全乡有商业网点168家，社会商品零售总额3200万元；集贸市场2个，年成交额360万元。2014年，全乡有商业网点180家，社会商品零售总额7000万元；集贸市场1个，年成交额1000万元。

基础设施

交通运输

1970年，黄安公路建成通车，过境约15千米。2005年后，进行乡道建设。2014年，全乡有乡道120千米、有客车8辆，每天由乡内发往邻近乡镇和安乡县城的客班车16趟，客运量400人次。

邮政通信

邮政 1971年，乡境设邮政支局。2011年，有邮政网点1个，投递路线单程部长度42千米，投递点46 个，乡村通邮率100%，全年投递国内函件1.6万件，国内汇票业务完成400笔，国内异地特快专递信件完成0.4万件，征订报纸0.6万份，杂志0.3万册，业务收入2万元。

2014年，有邮政网点1个，投递路线单程部长度35千米，投递点26个，乡村邮率100%，全年投递国内函件7000件，国内汇票业务完成400笔，国内异地快专递信件完成0.4万件，征订报纸0.4万份，杂志0.2万册，新增快递公司5家，中通、圆通、顺丰、邮政、申通等快递公司5家。

通信 1995年，安全乡投入55万元，安装612门数字程控交换机，实现村村通程控电话。

2004 年，全乡有电信企业 1 家，服务网点 2 个，电话交换机总容量 3500 门，固定电话用户 0.22 万户，移动电话用户 1.3 万户，光缆线路 70 千米，宽带接入用户 530 户，全年电信业务收入 120 万元。

供电饮水

供电 1964 年，乡境通电，有变压器 2 台。1985 年，全乡所有农户照明用上电灯。2005 年电网改造，全乡变压器增至 80 台。2014 年，全乡有变压器 103 台，输电线路 89.3 千米。

饮水 1987 年，修建乡内第一个自来水站。1993 年，乡政府投资 60 万元，新建董家垱自来水站。2007 年，新建沙滩口水厂。2012 年，对沙滩口水厂进行改扩建，日供水能力 2500 吨，供水范围为沙滩口、恒丰、汤家岗、丁家洲、至中、茶窖、董家垱、潭子口、毛家剅 9 村和董家垱居民委员会及董家垱中学、安乡五中，受益人口 2.66 万人。

2009 年，新建高阳水厂。2010 年、2012 年，对高阳水厂进行续建或延管，工程总投资 230 万元，日供水能力 600 吨，供水范围为高阳、协安村及一农场、五七林场，受益人口 6241 人。

水利建设

安全乡防洪大堤东西线总长为 29486 米。1980—2000 年，为大堤建设高峰期，每年每人投工 10 个左右，开展秋、冬修水利工程建设，建有防洪大堤 29486 米；有董家垱、金龟堡、红卫闸、周氏坡 4 处机埠 14 台机组运行，其中董家垱电排 8 台 180 千瓦机组，金龟堡、红卫闸、周氏坡 3 处电排，每处有 2 台 155 千瓦机组，4 处电排负担 8.9 万亩集雨面积排灌任务；全乡有村级沟渠 75 千米，园田化面积 3 万亩。

集镇建设

1961 年，董家垱被选定为安全公社机关驻地，当时仅十几间木砖结构房屋，不过百米的街道。1981 年，乡党委对董家码头进行改造，填平 3 条废沟 1200 米，开挖排水沟 580 米，填平两个水塘，挖填 200 多个屋基，完成土方 3 万多方，并于 1984 年组建 8 个居民小组，码头正式命名为董家垱居民委员会。1989 年，董家垱集镇建成区面积 0.2 平方千米，房屋建筑面积 60192 平方米，街道长 1200 米，路灯 8 盏；排水管道 300 米，桥梁 2 座。1998 年溃垸后，加大集镇的建设力度。新扩建一条街道，增添 110 多个居民户，新修水泥路面 1400 米，新开渠道 1200 米，累计完成土方 32000 方；新建乡卫生院门诊大楼、县地税局第四分局办公大楼、工商所办公大楼。

2014 年，董家垱集镇建成区面积增至 1 平方千米，街道 6 条、长 6 千米，有路灯 150 盏；房屋建筑为砖混结构，4 层以上楼房 5 栋，桥梁 2 座。

社会事业

教育

1997 年，全乡有乡办中学、中心小学各 1 所，联办完小 9 所，村小 3 所，在校学生 3106 人、专任教师 145 人。2011 年，全乡有幼儿园 5 所，在园幼儿 604 人，专任教师 28 人；小学 5 所，在校生 998 人，专任教师 54 人，小学适龄儿童入学率 100%；初中 1 所，在校生 629 人，专任教师 86 人，初中适龄人口入学率 100%，小升初升学率 100%，九年义务教育覆盖率达 100%；财政预算内教育经费 1120 万元。

2014 年，全乡有中学 1 所，在校学生 548 人；小学 2 所，在校学生 914 人；幼儿园 3 所，在园幼儿 421 人；教职工总人数 170 人。

文化体育

1993年12月，建成安全乡有线电视台。2009年，全乡有线电视用户1300户，入户率85%。2011年末，有文化站、广播电视站各1处，建筑面积500平方米，有村级文化活动中心18处，各类图书室18个，藏书3万册，还有篮球场、乒乓室等娱乐设施，有省级文物保护单位1处。文化艺术团体有业余舞蹈队3支、腰鼓队1支、铜管乐队3支。

医疗卫生

1958年，安全乡建公社卫生院。1984年，安全乡卫生院建筑面积2780平方米，村卫生室17个；全乡有医务人员50人。2006年，安全乡实施新型农村合作医疗，乡卫生院医疗用房3800平方米、大队医务室11个，全乡有医务人员49名。2011年，全乡有医疗卫生机构20个，其中疾病预防控治机构1所，乡镇卫生院1所，村卫生室18个，病床45张，每万人拥有医疗床位16张；有专业卫生人员45人，其中执业医师8人，执业助理医师4人，注册护士10人，平均每千人拥有卫生技术人员1.5人；全乡各医疗机构全年完成诊疗1.5万人次，出院病人1600人次。

是年，法定报告传染病发病率为310人/10万；新型农村合作医疗参合人数2.85万人，参合率98%，统筹地区政策范围内平均住院补偿率100%，实际补偿率100%。5岁以下儿童死亡率、婴儿死亡率、新生儿死亡率均为0。孕产妇住院分娩率为100%，儿童免疫规划疫苗接种率98%。

2014年，全乡有医疗卫生机构17个，其中疾病预防控治机构1所，乡镇卫生院1所，村卫生室17个，病床55张，每万人拥有医疗床位16张；有专业卫生人员37人，其中执业医师7人，执业助理医师3人，注册护士12人，平均每千人拥有卫生技术人员1.5人。

社会保障

2011年，全镇有69户107人享受城镇最低生活保障，每人每月补助180元；城镇医疗救助50人次，民政部门资助21人（次）参加合作医疗；救助城镇生活无着人员3人（次），支出2.64万元；全乡有420户836人享受农村最低生活保障，支出农村最低生活保障补助金78万元；集中供养农村“五保”老人63人，支出18.9万元；分散供养农村“五保”老人210人，支出42万元；农村医疗救助217人次，民政部门资助372人（次）参加合作医疗，城乡临时救助130人次，支出6.6万元；国家抚恤、补助各类优抚对象210人，抚恤事业费支出85万元。实现城镇新增就业25人，失业人员再就业40人，就业困难人员再就业10人，城镇登记失业率为3%，参保离退休人员170人，参加企业基本养老保险210人，比上年末增加40人；550人参加城镇职工基本医疗保险。

是年，农作物旱灾受灾面积1千公顷，风灾倒塌房屋9间，直接经济损失380万元，救灾支出17.5万元。

特色地情

文物古迹

汤家岗、萧家山新石器时期遗址　汤家岗遗址位于安乡县安全乡汤家岗村，系长江中游新石器时代典型的原始文化遗址，距今约7000年，遗址总面积约1万平方米。遗址于1977年发现，1978年、1990年、2007年省博物馆和省考古研究所先后3次进行发掘，发掘面积1050平方米，清理多处房屋遗址、灰坑和100多座墓葬，发现了环壕土围、碳化稻米、祭祀人类头盖骨等众多遗迹遗物，出土文物数千件，尤以令人叹为观止的印纹白陶闻名于世。1996 年，省人民政府将其公布为省级文物保护单位。2013 年 5 月，遗址被国务院公布为第七批全国重点文物保护单位。

槐树村作唐县城遗址 东汉建武十六年（40），析孱陵县置作唐县，故治在今湖南安乡县安全乡槐树村。隶属荆州武陵郡。西晋太康元年（280），分南郡江南 4 县置南平郡。隶属荆州，始以作唐为郡治，后迁江安（由公安改名）。东晋建武元年（前 317），复以作唐为南平郡治。隋开皇九年（589），平陈，废郡，改作唐县，为孱陵县。

（文字供稿：安乡县党史办，图片供稿：刘华斌）

安福乡

区域概况

位置面积

安福乡地处安乡县西北部，属洞庭湖蓄洪大垸安澧垸蓄洪区。南北分别与安凝乡、焦圻镇接壤，东西分别与黄山头镇、澧县官垸乡隔河相望。

境域南北长 11.4 千米，东西长 5.5 千米，面积约 53 平方千米，垸内有耕地 4.86 万亩，农民人均耕地 2.2 亩，养殖水面 1.3 万亩，垸外洲滩 0.3 万亩；乡人民政府驻地大湖口居委会，距县城水路 19 千米、公路 33 千米。

建置沿革

清末、民国时期，境域被人们称为大湖口。清道光十三年（1833），挽花林垸、熊家垸、何家垸进行垦殖。随后，陆续挽修 20 多个小垸，再经历年扩修合并，逐渐将其并为安肇垸、东洲垸。

夹夹大桥

中华人民共和国成立前夕，形成澧安三洲联合垸，分属安乡县焦夹乡、澧县三洲乡管辖。1950 年，澧安三洲联合垸改称安澧垸。1951 年，境域属安乡县第四行政区。1956 年 5 月—1958 年 5 月为安福乡。1958 年 6 月，与安凝乡合并，成立安澧人民公社。1961 年，与安凝分开，设立安福人民公社。1984 年 4 月，撤社建乡，改称安福乡。至 2014 年无变化。

行政区划

1989 年，乡政府驻大湖口居委会，辖大湖口居民委员会和大湖口、松湖、黄田湖、中岭、花林、潭子口、岩桥、东保、南阳、杨树潭、同福、双合、夹夹、大罗 14 个村 181 个村民小组。

1995 年，辖松湖、大湖口、黄田湖、中岭、花林、潭子口、岩桥、东保、南阳、杨树潭、同福、夹夹、大罗、双合 14 个村和大湖口居民委员会，共 198 个村（居）民小组。

2011 年，辖大湖口居民委员会和松湖、大湖口、黄田湖、中岭、花林、潭子口、岩桥、东保、南阳、杨树潭、同福、夹夹、大罗、双合 14 个行政村，共 5 个居民小组、181 个村民小组。

2014 年，村（居）不变，辖东保湖、黄田湖 2 个渔厂，夹夹、四叉沟 2 个园艺场及大湖口、夹夹两个集镇码头。

自然环境

境内为洞庭湖冲积平原，地势低平，北高南低，垸内最高点花林岗海拔 34.67 米，最低点黄田湖底 31.57 米，平均海拔 33.12 米。年平均气温 16.8℃，极端最高气温 42.5℃，一般出现在 8 月；极端最低气温 - 8℃，一般出现在 1 月；年平均降雨量 1236 毫米。

境内属长江支流松滋河水系，松滋河东支、中支两条支流自北向南环绕而过。松滋河东支过境 9181 米；西松滋河中支过境 11072 米，两条河流均由人工筑堤设防。黄田湖位于乡境南部，面积为 4300 亩，东保湖位于乡境北部，面积 1071 亩。

春末夏初，降雨量相对集中，频发涝灾；夏秋交替季节，偶发风灾；秋冬时节，常出现轻微旱灾；冬末春初偶发冰冻灾害。1998 年 7 月，出现历史罕见涝灾，全乡 1 万亩棉花绝收，5000 亩水稻严重减产，直接经济损失 2000 万元左右。

人口民族

1989 年，安福乡有 6346 户 25479 人，其中农业人口 6029 户 23298 人。1995 年，全乡有 6244 户 26520 人。2011 年，辖区户籍人口 26731 人，其中农业人口 22176 人，城镇人口 4555 人；流动人口 8076 人。总人口中男性 13767 人、女性 12964 人；少数民族（回族）12 人。

2014 年，安福乡有 6323 户 25097 人，其中农业人口 22033 人、流动人口 8276 人。男性 12875 人、女性 12222 人；14 岁以下 4122 人、15 ~ 64 岁 13393 人、65 岁以上 7582 人；人口密度为每平方千米 495 人。

经济发展

综述

安福乡是传统的农业之乡。棉花、油菜、柑橘、淡水鱼是安福乡农业四大传统支柱产业；生猪、家禽是本地两大传统辅助产业；美国王鸽养殖是本地新兴特色产业。1989 年，全乡社会生产总值 2125 万元，一、二、三产业增加值 158 万元，财政总收入 98 万元，农民人均纯收入 2754 元。2011 年，全乡财政收入 187 万元，农民人均纯收入 6594 元；年末存款余额 3.35 亿元，贷款余额 2.11 亿元。

2014年，全乡社会总产值16532万元，一、二、三产业增加值632万元、财政总收入312万元，农民人均纯收入10959元。

农业

从1974年起，全乡基本实现耕地园田化，田园林网化。

1989年，全乡有耕地34850亩，产粮食13833吨、棉花1050吨；可养殖水面2220亩，产鲜鱼349吨。1995年，全乡农林牧渔业总产值7811万元，生产粮食5332吨、棉花2600吨、油料3300吨、鲜鱼2686吨、生猪2.8万头、蛋品144吨、水果786吨。2003年后，年生产籽棉20万担左右，生产油菜籽9万担左右，销售鲜鱼等水产品7000吨左右，销售柑橘6000吨以上，出栏生猪8000头左右，出笼家禽30万羽左右，销售美国王鸽4万羽以上。2011年，全乡有登记注册的农民专业合作社4家，全乡农业总产值突破2.5亿元大关。

林业

境内林木资源丰富。1992—1998年，全乡砍伐出售水杉树约4500立方米，销售收入135万元。1999—2009年，全乡新植欧美杨13万株，砍伐欧美杨11万株，销售收入550万元。2011年，全乡集体林地林带尚存林木积蓄量4000立方米，农户四旁林木积蓄量5700立方米。是年末，有乡级宜林沟线35双千米，乡级宜林外洲3千亩，村级宜林沟线177双千米。2014年，全乡林木蓄积量4500立方米，农户四周及河洲荒滩林木蓄积量8700立方米，共植风景林12.3万株，估值252万元。

工业

1995年，全乡企业总产值5152万元，销售收入4882万元，实现利润615万元。主要企业有砖厂、建材厂、自来水厂、农机厂等。1996年，夹夹砖厂实行租赁承包。1998年，农机厂改制，实行民营。2002年，大湖口自来水厂实行改制扩建。2011年，全乡有棉花初加工企业13家、机制砖瓦企业2家、家具加工企业2家、水泥预制件企业2家，其中，华润棉业固定资产投资达到600万元，其400吨棉花自动打包机生产线能实现年加工籽棉10万担，年创利税300万元左右。2011年，全乡企业总产值1342万元、利润220万元、税收15万元，职工人数62人。2014年，全乡有企业6家，其中规模以上企业1家，工业总产值125万元，利润289万元，税金25万元，从业人员75人。

商贸服务业

中华人民共和国成立初期，境域有店铺15个。1984年建乡时，全乡有商业网点31个，有农贸市场1个，有个体商户10个，社会商品零售总额3562万元。2011年，全乡有商业网点41个，其中“万村千乡市场工程”农家店9家；农贸市场2处；物流公司3家，大型运输车辆16台；商贸物流业从业人员187人。2011年度，社会商品零售总额达2.73亿元，主要水产品销往山东、黑龙江、重庆、广州等地。2014年，全乡有商业网点58个，标准农贸市场1个，物流公司4家、大型机械设备26台，商贸从业人员242人，社会商品零售总额2.89亿元，主要有水产品、棉花、油粮食品销售周边省市。

基础设施

交通运输

1958年，开始进行田园化建设，全乡修建村级田园道路177千米。1996年，省道S302建成通车、过境5.5千米，西接澧县，东连石首。1999—2002年，修建连接S302省道松滋河东支大湖口大桥，大桥长910米，宽9米，总投资3200万元。2002年，从大罗到岩桥的12千米县道建成通车。2005—2007年，修建S302省道松滋河中支夹夹大桥，桥长1700米，宽11米，总投资7200万元。大湖口大桥和夹夹大桥属于洞庭湖区通达工程，与S302省道松滋河西支毛家岔大桥组成湘北干线通道，连通全国各地。2008年，进行乡道建设，至2012年，全乡35千米乡级公路建成通车。

2014年，全乡有省道5.5千米，有大型桥梁2座；有汽车客运站1个，有客车6辆，每天由乡发往邻近乡镇和安乡县城的客班车12趟，客运量240人次；有水运河道22千米，船运码头1处。丰水期可行驶10000吨船只。

邮政通信

邮政 1996年，乡境设邮政支局。2011年，乡境有邮政支局、邮政储蓄银行各一家，邮政代办点14处。

通信 2002年，全乡有固定电话2711部，手机用户17747户，互联网用户918户。

供电饮水

供电 1962年，在大湖口村建中心变压站。1984年，始建乡供电所。自2006年起，全乡完全实现城乡同网同价的供电用电目标。2010年，全乡有过镜高压线路5条，总长20.82千米，即：220千伏石化线5.3千米、110千伏窖大线4.1千米、110千伏蔡大线2.3千米、35千伏大焦线4.5千米、10千伏大焦线4.62千米；乡镇高压电网66.47千米，村级低压电网338.58千米。

饮水 2008年新建、2009年续建大湖口自来水厂，工程总投资251万元，日供水能力800吨，供水范围为大湖口集镇、大湖口村、松湖村、中岭村及大湖口中学、中心小学，受益人口0.9万人。2008年，新建大罗自来水厂，工程总投资190万元，日供水能力600吨，供水范围为大罗、黄田湖、夹夹、黄田湖渔场等，受益人口4934人。2010年，新建杨树潭自来水厂，工程总投资745万元，日供水能力1000吨，供水范围为杨树潭、花林、同福等8个村及乡林场、东保渔场、焦圻镇新码头村等，受益人口1.49万人。

水利建设

境内有一线临洪大堤20.252千米，土石方总量约850万立方米（其中东线大堤9181米，海拔高程42.8米；西线大堤11072米，海拔43米）；二线防洪大堤6.1千米，土石方总量约190万立方米；穿堤涵闸11处（其中进水低闸3处，外排高闸8处），电排站6座，即松湖电排、大湖口电排、花林电排、东保电排、夹夹电排、大罗电排，电排总功率3250千瓦，主要排灌沟渠177千米，土石方开挖量约160万立方米，防汛砂卵储存场10处，防汛指挥大楼一幢，长江流域管辖基层水文水资源勘测站一个。1992—2011年，累计投资3666万元，对临洪大堤实施加高培厚，对电排设施进行更新改造，对排灌渠道进行清淤疏洗，确保水利工程发挥最大的工程效益。

村镇建设

1949年，大湖口集镇建成区面积仅0.1平方千米。1989年，增至0.3平方千米，有房屋40816平方米，街道1500米，路灯10盏。2001年后，加大集镇的建设力度，至2014年，大湖口集镇建成区面积增至0.4平方千米，街道6条，长6.5千米，有路灯38盏；街道绿化面积0.1平方千米。

社会事业

教育

1950年，乡境有学校3所。1961年，安福公社有学校5所。1964年，始办初中，时有中学生126人。1984年，安福乡有中学1所、学生351人、教师45名，有小学8所、学生1216人、教师121名。2001年，调整学校布局后，全乡有学校5所，其中中学1所、小学4所，中、小学生共有1306人，中、小学教师182人。2003—2011年，各级财政累计投入资金800万元左右，改善校舍，添置设施，美化校园，改善教学环境。

2011年，全乡有幼儿园6所，其中公办1所，民办5所，在园幼儿456人，民办幼师24人；初中1所，完全小学3所，在编在岗教师107人，其中高级教师3人，中级教师47人；在校学生1917人，其中初中生814人，小学生1103人。

2014年，全乡有中学1所，在校学生302人；小学2所，在校学生625人；幼儿园5所，在园幼儿424人；教职工总人数98人。

文化体育

境内花林村有明朝万历年间（1573—1620）古墓一处，清朝腾子庙遗址一座。

1994年7月，中岭村徐联国获全国57公斤级摔跤冠军。

2011年，有乡级综合文化站1处，乡级广播电视站1处，村级文化活动中心17处，农民文化中心户34户；各类图书室17个，藏书总量约11万册；摄影社3家，农民管乐队4支、演奏人员42人，军鼓队4支、演奏人员60人，腰鼓队7支、演奏人员100人，街舞队8支、常年参与者400人以上，民间花鼓戏演艺团队2支，说唱演艺场所3处，各类文化艺术创作人员31人。有乡级广播站1处，村级收音转播站14处，有线广播线路171杆千米，高音喇叭120只，有线电视差转台2座；有线电视入户871户。

是年，全乡有乒乓球训练场14处，村级排球、蓝球体育场14处，中、小学校露天体育运动场所4处，老龄门球场所1处。全年举办乡级乒乓球、排球和拔河比赛8次。

境内花林村有明朝万历年间（1573—1620）古墓一处，清朝腾子庙遗址一座。

医疗卫生

中华人民共和国成立时，乡境有私人诊所4家，从医人员12人。1964年，建公社卫生院。1976年，安福公社实行合作医疗。是时，公社卫生院有医疗用房532平方米、大队医务室13个，全公社有医务人员35名。1984年，安福乡卫生院建筑面积885平方米，村卫生室13个；全乡有医务人员43人。从2008年起，全乡人民基本实现小病不出村，大病不出乡，重病才上县，住院有报销的初级医疗保健目标。2011年，乡级中心卫生院门诊大楼700平方米、住院大楼2190平方米、床位102张。防保站一所，区域性医疗点4处，村级卫生室17家；有副主任医师1人、主治医生3人、执业医师17人、护士29人、医院勤务人员4人。农民新型合作医疗参合率达100%。

2014年，乡级中心卫生院门诊大楼750平方米、住院大楼2300平方米、床位132张，标准化村级卫生室14处，全乡共有医务人员56名，其中副主任医师1人、主治医生3人、执业医师20人；为全县农村合作医疗包干使用的试点单位，“新农合”参合率达100%以上，被评为省级先进乡镇卫生院。

社会保障

2007年，始建安福乡劳动保障站。2010年，争取国家投入50万元，本级财政投资70万元，新建占地面积6600余平方米、建筑面积1300平方米、可容纳50名孤寡老人居住的高标准敬老院一座。2011年，全乡有在册优抚对象80人，“五保”对象229人，低保对象827人，其中农村低保712人、城镇低保115人，被救助孤儿9人，建设“爱心房”47户。

是年，乡镇机构改革，安福乡劳动保障站与民政办整合，组建民政社保站。至年末，共落实机关社保33人，企业社保（含村干部）360人。“新农保”领款人员4617人，“新农保”参保人员12116人，列管流出人口8076人。

2014年，全乡共落实“五保”对象245人，集中供养44人，共落实农保976人，落实大病求助金12万元。全乡共有在册优抚对象78人；12038人参加“新农合”，参合资金120万元；8912人参加“新农保”，“新农保”领款人数为5327人；落实危房改造100户；共发放残疾人生活补助84人次。

（文字供稿：安乡县党史办，图片供稿：刘华斌）

安凝乡 >>

区域概况

位置面积

安凝乡地处安乡县西北部，东倚松滋水东支与安障乡、安全乡隔河相望，南临淞澧水西支与安丰乡对峙，西与澧县官垸乡一河相隔，北靠安福乡。辖区东西最大距离10.06千米，南北最大距离9.8千米，面积52.2平方千米，其中陆地34.4平方千米，水域17.8平方千米。

建置沿革

清光绪（1875—1908）初年，一些大户人家和地方豪绅在洞庭湖区荒洲上修堤筑垸、围湖造田，为祈求垸内风调雨顺、安宁祥和，取名安宁垸。1949年9月，安宁垸划归安乡县第四行政区管辖。1956年撤区并乡时，合张九台、自治局、夹洲、东安乡与复兴码头为安凝乡。1958年，属安澧人民公社。1961年，从安澧公社析出，建安凝人民公社。1984年撤社建乡时，更名为安凝乡。至2014年无变化。

行政区划

1989年，乡政府驻张九台，辖张九台居民委员会；新兴堡、东堤、夹洲、小港、姚家、东安、团洲、望槐、保凝湖、天福、重阳庙、新刓、自治局、双同、亿中15个村、190个村民小组。

1995年，辖新兴堡、夹洲、东堤、小港、姚家、东安、团洲、望槐、保凝湖、天福、重阳庙、新刓、自治局、双同、亿中15个村民委员会和张九台居民委员会，182个村（居）民小组。

2011年，辖张九台居民委员会和新兴堡、夹洲、小港、姚家、东安、望槐、保凝湖、天福、重阳、新刓、自治局、双同、亿中13个行政村，共3个居民小组、190个村民小组。乡政府驻张九台码头。至2014年年底无变化。

自然环境

乡境为洞庭湖平原地区，地势西高东低，自北略为向南倾斜，地面高程一般在海拔32米左右，最高点重阳废干堤海拔33米，最低点小港北湖海拔31.5米。年平均气温17.1℃，极端最高气温42.3℃，一般出现在8月；极端最低气温 - 9℃，一般出现在1月；年平均降雨量1136毫米。

安凝乡地表水极为丰富。一是降雨量大，1958—1989年年均降雨量1208毫米；1990—2011年年均降雨量1315毫米；二是穿境河道水量大，安凝地处安乡县“水乡泽国、洪水走廊”的特殊位置，有淞滋中支和淞澧西支穿境而过，河道总长22.3千米。径流深度东南低，约为573毫米，西北高，约为617毫米，全境为606毫米左右；三是境内哑河湖泊积水量大。20世纪50年代有湖泊、哑河16个（条）。总面积0.8万亩，蓄积水量450万立方米，随着基础建设和水产养殖的发展，蓄积水量面积逐渐减少。2011年仅有湖泊、哑河5个（条），总面积0.13万亩，蓄积水量为73万立方米。

常见的自然灾害有水灾、旱灾和风灾，也有寒潮、冰冻、冰雹等灾害性天气。水灾为乡境之最，中华人民共和国成立前，安凝乡十年九淹，不是溃垸、就是内涝，人们谈水色变。民国24年（1935），长江发大水，河水漫堤一米多深，全垸成为沼泽。1954年，发生百年未遇洪水，2万多亩农田被淹。1998年，发生百年难遇的特大水灾。2000年6月，发生50年内特大渍灾。2008年8月，发生30年一遇重大渍灾。

人口民族

1989年，全乡有5842户22044人，其中农业人口5510户20533人。1995年，全乡有6359户24876人。2011年，辖区总人口25100人，其中集镇常住人口2011人。全乡有流动人口7319人。总人口中，男性12756人、女性12344人；14岁以下2335人、15～64岁19491人、65岁以上3274人；人口出生率6.45‰，死亡率2.32‰，人口自然增长率1.76‰；人口密度为480人/平方千米。

2014年，全乡有6309户23796人，其中城镇人口2732人，全乡有流动人口7826人；14岁以下2142人、14～60岁17847人、65岁以上3807人；人口出生率6.43%，死亡率2.38%，人口自然增长率1.74%，人口密度为462人/平方千米。

经济发展

综述

1984年，全乡社会生产总值1132万元，一、二、三产业增加值65万元，财政总收入87万元。2011年，乡财政收入1032万元，其中代管财政专户收入67.6万元，专户收入391.8万元，其他收入295.8万元，财政补助收入276.7万元。2家金融机构年末各类存款余额1.13亿元，各项贷款余额3000多万元。

2014年，社会总产值25326万元，一、二、三产业增加值752万元、财政收入1213万元，农民人均纯收入10959元。

农业

1989年，全乡有耕地33523亩，产粮食14370吨、棉花899吨，水产养殖水面3978亩，产鲜鱼525吨。1995年，实现农业总产值6578万元，粮食总产9642吨、棉花2070吨，出栏生猪18000头，产鲜鱼1552吨。2011年，全乡粮食种植面积19770亩、总产8053吨，种植棉花25682亩、总产2550吨，油料作物种植面积28440亩、总产4234吨，水产品养殖总面积14350亩、总产3007吨，农林牧渔业总产值22381万元。

2014年，全乡土地总面积7.8万亩，其中耕地3.8万亩，人均1.52亩，全乡以种植棉花、油菜、水稻为主。农业总产值10023万元，其中谷物及其他作物产值8453万元，蔬菜产值1064万元，水果产值440万元，林业产值66万元。畜牧业以饲养猪、羊、家禽为主，产值6199万元，其中牲畜饲养3681万元，家禽饲养2349万元，其他169万元。渔业产值4895万元，农林牧渔服务业产值 347 万元，农林牧渔业总产值 21607 万元。

工业

1995 年，全乡有工业企业 9 家，以制造业、加工业为主，其中建材厂 2 家、棉花加工厂 4 家、油菜籽加工企业 3 家，年总产值 1.15 亿元，工业增加值 630 万元。2000 年，全乡有乡办企业 11 家，职工总人数 1051 人，企业总产值 6690 万元。2014 年，全乡有工业企业 11 家，年产值 2120 万元，利润 382 万元，税金 15 万元，从业人员 88 名。

商贸服务业

中华人民共和国成立初期，安凝乡境域有店铺 22 个。改革开放后，个体私有商业得到很大发展。1984 年，全乡有商业网点 26 个，农贸市场 1 个，个体商户 6 个，社会商品零售总额 1325 万元。

1996 年，在张九台修建农贸市场，农贸市场占地 415 平方米，设摊位 41 个。是年，全乡有个体工商户 62 个。

基础设施

交通运输

水运 1966 年，全乡有渡运码头 3 处，1988 年增至 9 处，2011 年增加到 14 处，日均渡运 600 人（次）。2011 年，有客船 3 艘，日均客运量 200 人（次）；有轮渡 1 艘，日均渡运车辆 100 多台（次）。

陆运 1997 年 12 月动工修建张九台客运汽车站，1998 年 1 月营运，日发客运汽车 24 班次，日均客运量 500 人（次）。

2014 年，全乡有乡村主干道 41 条 159 千米，其中县道 4.5 千米。按路面铺设情况划分，有水泥路面 85.1 千米、碴石路 62.1 千米、泥土路 11.8 千米。

邮政通信

1996 年，乡境设邮政支局。2011 年，全乡有电信代办点 1 处，服务网点 2 个，电话交换机总容量 2000 门，固定电话用户 1365 户，电话普及率 25%；移动电话用户 17750 人，普及率 73%；互联网用户 220 户；邮政代办储蓄所 1 处，邮政业务总量近 10 万元，全年累计发行报纸、杂志 600 多份。

供电饮水

供电 1984 年，始建乡供电所。自 2006 年起，进行电网改造，全乡实现城乡同网同价的供电用电目标。2010 年，全乡有过镜高压线路 3 条，总长 15.33 千米。乡镇高压电网 55.23 千米，村级低压电网 305.37 千米。2014 年，全乡有变压器 48 台，总容量 365 千伏安；输电线路 212 千米。

饮水 2001 年，张九台码头水厂改制完成。2008 年 10 月，新建双同水厂，2009 年延管。工程总投资 200 万元，日供水能力 600 吨，供水受益范围为双同、亿中、自治局村和蚕林场，受益人口 6116 人。

2014 年 9 月，新建小港水厂，工程总投资 1166 万元，日供水能力 1770 吨，供水受益范围包括小港、新刭、张九台居委会等 11 个村（居）及张九台中学，受益人口 2.02 万人。至此，全乡安全饮水问题全部解决。

水利建设

沟渠建设 1964—1968 年，大兴“园田化”工程，完成土方 197.6 万立方米，投工 79 万个，进行园田化建设，全乡水利条件大为改观。2009—2011 年，投入近 200 万元，在全乡实施沟渠疏浚“万人百时水利大会战”工程，疏浚乡主渠 16 千米，移动土方 12.8 万立方米；疏浚村支渠 73 千米，移动土方 27 万立方米；疏浚组斗渠 191 千米，移动土方 147 万立方米。至 2009 年，全乡疏浚沟渠土方 247.08 万立方米，投工 98.8 万个。2011 年，全乡主干渠长 41.18 千米，

堤防建设 全乡临江大堤23万米。20世纪50年代至60年代中期，投工62.6万个，完成堤防建设总土方156.6万立方米。60年代中期至80年代，提出“保堤如保命”口号，采取人机结合办法，投工113.6万个，完成土方284万立方米。80年代初至2011年，投入160万个工日，完成总土方402.33万立方米。

电排建设 20世纪60年代至2002年，投工26万个，投入资金近400万元，修建自治局机埠和小望角、东堤、保凝湖、张九台、复兴5座电排。临江大堤有通工设施11处，有张九台、小望角低排闸2处，有金龟、蚕林场、园艺场抗旱管3处。垸内有节制闸8处，轻便桥（拱桥）5处，平板桥6处。所有水利设施控制着全乡3.8万亩农田的排灌。

集镇建设

1949年，张九台集镇建成区面积0.1平方米。1989年，增至0.3平方千米，房屋建筑面积35392平方米，街道1500米，路灯8盏，排水管道200米，桥梁2座。2011年后，加大集镇建设力度。至2014年，张九台集镇建成区面积增至0.5平方千米，街道4条，长6.5千米，有路灯35盏；房屋建筑为砖木结构，2层以上楼房55栋。街道绿化面积0.05平方千米。桥梁2座。

社会事业

教育

1950年，乡境有学校5所。1961年，安凝公社有学校8所。1976年，始办初中，时有中学生282人。1984年，安凝乡有中学1所、学生932人、教师65名，有小学14所、学生3120人、教师18名。2001年，学校布局进行调整后，全乡有学校5所，其中中学1所、小学4所，有中、小学教师155人。2011年，全乡有幼儿园4所，在园幼儿400多名，专任教师24人；小学2所，在校学生500人，专任教师88人，小学适龄儿童入学率100%；初级中学1所，在校学生308人，

小港村风光

专任教师49人，初中适龄人口入学率、小升初升学率、九年义务教育覆盖率均达100%。

2014年全乡有幼儿园3所，在校幼儿350多名，专任教师21人；小学1所，在校学生475人，专任教师72人；小学适龄儿童入学率100%；初级中学1所，在校学生482人，专任教师67人，初中适龄人口入学率、小升初升学率、九年义务教育覆盖率均达100%。

文化体育

1997年，投入资金40多万元，建成安凝乡有线广播电视台。

2011年有乡文化站、广播电视站各1处，有村级文化活动中心13处，图书室13个、藏书2万册。新建凝福休闲广场和富港文体广场，发展大春腰鼓队、雄鹰龙狮队、扇子舞、集体舞等各种民间艺术团体11个。全乡参加文化活动总人数近2000人。有学校体育场2个，有群众健身广场2个，运动器材、健身器材配备较完善，经常参加体育活动人数约2500人，占全乡总人口的10%。

2014年，全乡有线电视用户500多户，其中集镇用户317户。

医疗卫生

中华人民共和国成立时，乡境有私人诊所6家，从医人员12人。1976年，乡境建卫生院。1984年，安凝乡卫生院建筑面积885平方米；全乡有医务人员55人。1992年，全乡有村医务室13个、医务人员35名。2011年，有乡卫生院1所，村卫生室13个，药房3家；专业卫生人员49人，其中医师5人、执业助理医师6人。是年，乡、村卫生院（室）固定资产总值1300万元，全年完成诊疗5000多人次。20个村（单位）的群众全部参加新型农村合作医疗，参合率100%。

2014年，乡卫生院进行扩建，总建筑面积达到10354平方米，医疗设备价值2100多万元，有病床84张，全院共有专业技术人员52名，其中执业医师8人。全乡13个村级卫生院实行全面改造；全年医疗保险赔付金额达421万元。

社会保障

2011年，建乡敬老院，集中供养“五保”对象40名，拨付资金21.56万元；分散供养“五保”对象120人，发放资金25.8万元，人平每年2151元；有369户925人享受农村最低生活保障，年发放农村最低生活保障金103.8万元，户平2815元，人平1123元。有28户46人享受城镇最低生活保障，年发放城镇最低生活保障金10.98万元，人平2389元。城镇临时救助71人，年发放救助金4.98万元，人平701元。医疗救助2002（次），发放救助金14.02万元，人平700元。优抚恤对象84人，发放优抚恤金25.2万元，人平3000元。危房改造20户，总投入60余万元。对150人进行农村劳动力技能培训，合格128人，合格率85%，推荐就业113人，就业率88%。

是年，全乡有1.2万人参加新型农村基本养老保险，参保金额128.16万元，参保率95.8%。年末，4084名60周岁以上老人领取老年补助金134.77万元。

2014年，1121人参加新型农村基本养老保险，参保金额139.35万元，参保率96.2%；4526名60周岁以上老人领取老年补助金167.33万元；对530人进行农村劳动力技能培训，推荐就业282人；集中供养“五保”对象45人，分散供养135人，集中供养补助标准年人均5700元，分散供养标准年人均3200元，发放残疾人补助金18.2万元，发放特殊困难补助金2万元，为80名符合标准的人员发放抚恤优待补助金28.4万元。

（文字供稿：安乡县党史办，图片供稿：刘华斌）

安丰乡

区域概况

位置面积

安丰乡地处安乡县西部，北濒五里河和松滋河中支，与安凝乡和澧县官垸乡及七家垸为邻；东南与大鲸港镇、安裕乡接壤；西隔澧水洪道，与津市市保河堤镇、澧县七里湖对峙。辖区东西最大距离 14.8 千米，南北最大距离 10.8 千米，面积 64.9 平方千米。其中陆地 51.92 平方千米，水域 12.98 平方千米。

建置沿革

境内于清道光年间（1821—1850）开始筑垸，到民国初年有小垸 22 个，后逐渐合并为安丰垸、永丰垸。中华人民共和国成立前，境域属永丰乡。

新中国成立初期，境域建豆港、汇口、沙河口、澧阳垸、车家铺、台尾、东南洲、丰凝港、大鲸港、武局口等小乡，属第五区。1950 年，由澧县划入永康垸、澧阳小垸。1956 年撤区并乡时，合西台尾、澧阳、大鲸港、东南洲、沙河口、豆港（部分）、丰凝港（部分）、武局口、汇口乡，以安丰垸命名成立安丰乡。1958 年，与安裕乡合并为安乡县人民公社联合社安保分社。1961 年析出，建安丰人民公社。1984 年撤社建乡时，恢复原乡名至今。

行政区划

1989 年，全乡辖偏湖洲、五合刓、永和垸、功城垸、中河口、西台尾、澧阳垸、西南洲、千弓山、东南洲、出口洲、武局口、永镇垸、铁路湾、汇口、欧家刓、白螺、豆港、黄家台、复兴、高围等 21 个村和出口洲居民委员会，共设 292 个村民小组。

1995 年，辖偏湖洲、五合刓、永和垸、功城垸、中河口、西台尾、澧阳垸、西南洲、千弓山、东南洲、出口洲、武局口、永镇垸、铁路湾、汇口、欧家刓、白螺、豆港、黄家台、复兴、高围等 21 个村和 1 个居民委员会，共 287 个村（居）民小组。

2014 年，辖出口洲社区和功城垸、中河口、西台尾、澧阳垸、西南洲、千弓山、出口洲、武局口、永镇垸、铁路湾、汇口、欧家刓、白螺湾、豆港、黄家台、复兴 16 个行政村。

自然环境

安丰乡为洞庭湖区冲积平原。年平均气温 16.7℃，极端最高气温 40℃，一般出现在 7—8 月；极端最低气温 - 6℃，一般出现在 11—12 月；年平均降雨量 1500 毫米。

松滋河境内长7.68千米、五里河境内长2.5千米、澧水河境内长19千米，境内有面积2万多亩的全县最大蓄水湖——珊珀湖。

主要自然灾害为洪涝灾害。1954年，安保大垸溃垸，造成巨大的财产损失，灾民生活困苦。最严重的一次渍灾发生在1998年，涉及境内22个行政单位，受灾面积近80平方千米，农作物全部失收。

人口面积

1989年，全乡有8361户31442人，其中农业人口7298户30272人。1995年，全乡有8937户33100人。2011年，辖区有28521人，其中流动人口8268人；总人口中，男性15153人、女性13368人；14岁以下3194人、15～64岁21417人、65岁以上3910人；人口出生率7.04‰，死亡率5.04‰，人口自然增长率2‰。人口密度为每平方千米373.6人。

2014年，全乡有8300户29600人。无少数民族。

经济发展

综述

安丰乡农业资源丰富，盛产粮食、棉花、油料、生猪、淡水鱼。1989年，全乡社会生产总值4708万元，工农业总值2672万元；财政总收入124万元；农民人均纯收入500元。1995年，社会总产值20619万元，农民人均纯收入1540元。2011年，农业总产值2.76亿元，占国内生产总值的45％。财政总收入1100万元，其中地方财政收入120万元，人均财政收入360元；境内金融机构各类存款余额5900万元，各项贷款余额7550万元。

农业

1989年，全乡有耕地53786亩，产粮食25751吨、棉花899吨；可养殖水面5088亩，产鲜鱼850吨。1991—1995年，全乡大力调整农业产业结构，扩大经济作物种植面积，发展养殖业。1995年，全乡粮食总产18971吨、棉花2507吨、油料3403吨，饲养生猪44068头、家禽35.1万羽，出产水果1661吨、水产品2423吨。2011年，全乡有耕地43945亩，生产粮食14816吨，人均611公斤，其中水稻14593吨；棉花种植面积2.131万亩，产量1950吨，油菜种植面积3.6086万亩，产量5232吨。畜牧业以猪、家禽养殖为主，生猪饲养量1.2万头，年末存栏0.4万头，家禽年饲养量8.4万羽。

2014年，全乡有耕地49506亩，其中，水田17816亩、旱地31690亩；农业总产值30067万元，粮食作物播种面积40925亩，产量15191吨；出栏生猪2.14万头。

工业

1985年，创建乡油脂化工厂，有固定资产496万元。1995年，该厂完成产值1562.6万元、实现利税85.1万元。1991—1995年，加大乡镇企业发展力度。至1995年，全乡乡镇企业固定资产2375万元，实现利润877万元。以饲料生产、棉花加工为主，境内有润锦饲料有限公司和远祥棉业有限公司。

商贸服务业

中华人民共和国成立初期，境域有店铺18个。1984年建乡时，全乡有商业网点12个，有农贸市场1个，有个体商户3个，社会商品零售总额50万元。2011年，全乡有商业网点23家，社会商品零售总额396512万元；集贸市场1个，年成交额360万元。2014年，全乡有商业网点50家，社会商品零售总额500026万元；集贸市场5个，年成交额500万元。

基础设施

交通运输

1991年，省道S306线建成通车，境内15千米。1996年，开始乡村公路建设，至2010年，全乡建成乡村公路92.6千米，其中71.64千米砼化、培肩22.1千米。

2014年，全乡有省道15千米，乡道80千米。全乡有客车4辆，每天发往邻近乡镇和安乡县城的客班车50班次，客运量800人次。

邮政通信

1994年，乡境设邮政支局。2011年，有邮政局1处，邮政业务总量300万元，其中纯收入170万元。报纸、杂志累计发行量9300份。电信企业1家，服务网点3个，电话交换机总容量3850门，固定电话用户2560户，电话普及率44%，移动电话用户19000户，互联网用户350户。全年电信业务收入280万元。

供电饮水

供电 1976年，乡境通电，时有变压器1台。1982年，全乡所有农户照明用上电灯。1997年，进行电网改造，全乡变压器增至96台。2014年，全乡有变压器120台，输电线路280千米。

饮水 2008年，新建铁路湾水厂，厂区位于铁路湾村，2012年扩建。工程总投资470万元，日供水能力1200吨，供水受益范围为铁路湾、澧阳垸、西南洲、千弓山、西台尾、汇口等6个村，受益人口1.06万人。同年，新建出口洲水厂，厂区位于出口洲集镇码头，工程总投资300万元，日供水能力800吨，供水受益范围为出口洲、武局口村和出口洲集镇及出口洲中学，受益人口8200人。

2011年，新建白螺湾水厂，厂区位于白螺湾村，属国家农村饮水安全工程项目，工程总投资450万元，日供水能力600吨，供水受益范围为白螺湾、新港、欧家剅、黄家台、复兴等5个村，受益人口7944人。

水利建设

2011年，全乡水利建设投入资金1000多万元，移动土石方140万立方米，投入劳动工日50万个，完成水利设施工程57处。2014年，全乡防汛堤段长21061米，有外排机埠3处，大鲸港电排、王家垸电排、西台尾电排共有15台机组，装机容量2600千瓦；乡级沟渠38000米，硬化灌渠320000米，田园化面积43000亩。

集镇建设

1949年，出口洲集镇建成区面积0.1平方千米。1989年，增至0.3平方千米，房屋建筑面积31360平方米，有街道1400米、安装路灯6盏，排水管道200米，桥梁3座。2008年后，加大集镇的建设力度，至2014年，出口洲集镇建成区面积增至0.6平方千米，1条街道长3千米，有路灯30盏；房屋建筑为砖混结构，3层以上楼房60栋。街道绿化面积1.2平方千米。桥梁3座。

社会事业

教育

1950年，乡境有学校2所。1961年，安丰公社有学校3所。1984年，安丰乡有中学3所、学生200人、教师23名；有小学生250人、小学教师30名。2004年，对学校布局进行调整后，全乡有学校6所，其中中学3所、小学3所，中、小学生1300人，中、小学教师100人。2011年，全乡有幼儿园7所，在园幼儿583人，专任教师22人；小学5所，在校学生766人，专任教师77人，小学适龄儿童入学率100%；初中1所，在校学生963人，专任教师115人。初中适龄人口入学率、小升初升学率、九年义务教育覆盖率均达100%。

2014年，全乡有教学点4个，中学1所、小学1所，中、小学生共有1551人，在岗教职工201人。幼儿园3所，其中公办1所、民办2所，在园幼儿465人，教职工10人。

文化体育

1980年，建成安丰广播站，2011年，有乡综合文化站、文化中心、广播站各1处，各类图书室8个，藏书1.8万册。2014年，全乡有线电视用户2000户，入户率25%。2个村安装体育器材，经常参加体育活动的人员占常住人口的13%。

医疗卫生

中华人民共和国成立时，乡境有私人诊所3家，从医人员12人。1958年，建公社卫生院。1968年，安丰公社实行合作医疗。是时，公社卫生院医疗用房1500平方米、大队医务室17个；全公社有医务人员26名。1984年，乡卫生院建筑面积5000平方米，村卫生室15个；全乡有医务人员30人。2011年，全乡有乡级医疗卫生机构1个，门诊部（所）19个，有床位80张，每万人拥有病床33.3张，固定资产总值700万元，专业卫生人员68名，其中执业医师8人，执业助理医师12人，注册护士12人。2011年，医疗机构（门诊部以上）完成诊疗3万人次。17个村村民全部参加新型农村合作医疗，参保率100%。

2014年，乡境有村卫生室19个，卫生院医疗用房3000平方木，医务人员46人。

社会保障

2011年，全乡有33户63人享受城镇最低生活保障，全年支出城镇最低生活保障补助金12.276万元，月人均162元；医疗救助85人(次)，民政部门资助参加合作医疗372人（次），共支出18万元；有406户785人享受农村最低生活保障，支出农村最低生活保障补助金90万元，月人均95元；国家抚恤、补助各类优抚对象208人，抚恤事业费支出103万元；社会福利费83万元；敬老院1家，床位56张，集中供养56名农村“五保”人员；参加新型农村养老保险1.4万人，参保率95%。

特色地情

风景名胜

珊珀湖　珊珀湖原名山背湖，后名大鲸湖，雅称珊珀湖，原为古云梦泽的一部分。唐、宋时期，云梦泽随泥沙淤积逐渐演化为星罗棋布的湖泊；人们被这里的自然风光所吸引，纷纷赋诗填词赞誉珊珀湖美丽的自然风光。清道光年间（1821—1850），湖面还非常开阔，连接西洞庭湖，后随泥沙淤积围垸垦殖而缩小。1949年，有水面4万多亩，湖底平均高程28.80米，蓄水量2000万立方米。湖东有大鲸港连接县城西边的松虎洪道，湖西紧挨澧水，北有五里河，湖水深1.5～2.6米，湖底淤泥最深达7米左右，属营养性天然湖泊。

宽阔明亮的珊珀湖，在大鲸港大桥与石龟山大桥相连的大石公路以北。大石公路南连广州，东直上海，西抵重庆，北达首都，交通便捷，四通八达，旅游方便，运输畅通。车到珊珀湖，人们的眼光会不约而同的被珊珀湖的美丽风光所吸引。一直以来，“鲸湖秋月”为安乡县内八景之一。艳阳天，珊珀湖一望无涯，像一面巨大的镜子，镶嵌在洞庭湖平原。风雨天，珊珀湖烟波浩淼，

珊珀湖

波浪滚滚，像无数奥运健儿托起的层层白帆，在那里愉快地翻腾着，跳跃着。尤其是晚上皓月当空时，湖面风平浪静，月光闪耀，水天一色。站在堤岸，能看到对岸隐隐约约的灯火，听到对岸微微弱弱的狗叫。吹风下雨时，珊珀湖黑压压的一片，像披上神秘面纱的仙女，谁也看不清她的庐山真面貌，只能听到波涛拍打堤岸的美妙声音。

珊珀湖养殖草鱼、花鲢、黑鲫历史悠久，养殖区域遍及珊珀湖及其周边水域，共有养殖水域10万亩，是安乡县水产养殖产业传统区域。2014年7月，国家质量监督检验检疫总局将珊珀湖草鱼、珊珀湖花鲢、珊珀湖黑鲫列入国家地理标志产品保护。

（文字供稿：安乡县党史办，图片供稿：刘华斌）

安裕乡

区域概况

位置面积

安裕乡位于县境西部，北与安丰乡、大鲸港镇接壤，南与安康乡毗连，东倚松滋河东支与深柳镇相望，西濒澧水洪道与津市市相望。辖区东西最大距离 11.3 千米，南北最大距离 8.1 千米，总面积 39.6 平方千米。其中陆地 26.8 平方千米，占 67.7%，水域 12.8 平方千米，占 32.3%。乡政府驻地距县城 5 千米。

建置沿革

明朝初年，乡境属永丰里。明宣德八年（1433），双林里并入永丰里。清同治年间（1862—1874），围人和垸。光绪至宣统年间（1875—1911），挽修堤垸 32 个。民国 24 年（1935）大水，上述堤垸全溃，堵口复堤时合并成安裕、安

安裕乡人民政府

永、安端、安滨、安兴5个堤垸，属安乡县第一区。中华人民共和国成立初期，属第五区。1956年6月，撤区设乡，命名为安裕乡。1958年，设置安保公社。1961年析出，成立安裕公社，1984年复改乡。至2014年无变化。

行政区划

1989年，乡政府驻老划口、辖槐圃垸、安庆、新安、新河口、舞阳、一分局、五一、同庆、屡丰、三嘴、七家、又新垸、羌口、双划口、槐西15个村216个村民小组。

1995年，辖双划口、羌口、新河口、舞阳、一分局、同庆、三嘴、屡丰、七家、槐西、五一、槐圃、双新垸、新安、安庆15个村民委员会和中码头居委会，共216个村（居）民小组。

2011年，辖羌口、双划口、新河口、舞阳、一分局、同庆、三嘴、五一、槐西、槐圃、又新11个行政村，共160个村民小组及林场和赵家湖渔场。至2014年无变化。

自然环境

乡境为洞庭湖区冲积平原。年平均气温16.5℃，极端最高气温40.5℃，一般出现在7月；极端最低气温-10.2℃，一般出现在1月；年平均降雨量1262.8毫米。境内有新河口低水哑河4.3千米，槐杨高水哑河5.5千米，一分局与安康哑河7.5千米。

主要自然灾害为洪涝灾害，最严重的一次渍灾发生在1998年，涉及境内15个行政单位，受灾面积近60平方千米，农作物全部失收。1954年，安保大垸溃垸。

人口民族

1989年，全乡有6834户25920人，其中农业人口6657户23919人。1995年，全乡有6739户27496人，其中农业人口6329户24021人。2011年，辖区总人口17749人，流动人口4275人；总人口中，男性9194人，女性8555人；14岁以下3459人，15～64岁12688人，65岁以上1602人；总人口中，汉族17722人，少数民族27人，其中土家族7人、苗族6人、瑶族2人、白族3人、哈尼族1人、壮族8人；人口出生率7.2‰，人口死亡率3.8‰，人口自然增长率3.38‰。人口密度为每平方千米448人。

2014年，全乡总人口18482人6052户，其中城镇人口558人；男性9696人，女性8786人。

经济发展

综述

1989年，全乡社会总产值4696万元，工农业总产值2701万元。1995年，全乡社会总产值20569万元，财政收入373万元，农民人均纯收入1836元，居全县第二。2011年，全乡财政总收入0.07亿元。2014年，全乡社会总产值33887万元，一、二、三产业增加值、财政收入9800万元，农民人均纯收入4600元。

农业

1989年，全乡有耕地45856亩，产粮食24180吨、棉花676吨；可养殖水面5246亩，产鲜鱼1050吨。1995年，农业总产值11002万元；生产粮食18957吨、棉花1941吨、油料3011吨，饲养生猪37263头、家禽46.5万羽。2011年，全乡有耕地4.1万亩，人均2.3亩，以种植油菜、棉花、水稻为主。全乡农业总产值2.15亿元。粮食作物以水稻为主，生产粮食13528吨，人均776公斤。主要经济作物有棉花、油菜，全年棉花种植面积1.8万亩，产量1702吨；油菜种植面积3.1万亩，产量4500吨。畜牧业以饲养生猪、家禽为主，其中生猪饲养量1.58万头，出栏1.48

万头，家禽年饲养量19.9万羽。渔业以养殖草鱼、白鲢、麻鲢、青鱼为主，可用于水产养殖的水面924.7公顷。全年人工养殖700公顷，水产品产量4.9万吨，渔业总产值0.5亿元，占农业总产值的23.3%。

2014年，农业总产值2.55亿元。粮食作物以水稻为主，生产粮食13908吨，人均800公斤。是年，棉花种植面积减少，特色种植面积增多，多为蔬菜种植和蔬菜大棚，全乡新增蔬菜、水果种植面积6000亩，新增收入480万元。

工业

1978年以后，安裕乡有计划有步骤的发展乡镇企业，至1995年，全乡企业发展到1379家，其中乡办9家，拥有固定资产2025万元；从业人员4852人，其中乡办企业1109人；企业总收入12342万元、其中乡办4234万元。初步形成造纸、建材、饲料、农副产品加工等几大支柱产业。其中，安裕乡纸厂原名安乡县第二造纸厂，创建于1979年，属乡办企业。该厂于1994年4月17日更名为众新造纸厂，累计生产能力5000吨，年产值3000万元，每年上缴税费近50万元。

2002年，发展亚麻8000亩，并以亚麻加工为链条，带动工业发展。

2014年，全乡有工业企业8家，其中规模以上企业1家，工业总产值100万元，利润120万元，税金40万元，主要生产“正园”牌鱼饲料。同年，成立长兴农机专业合作社，年产值200万元，利润20万元。

商贸服务业

中华人民共和国成立初期，境域有店铺5个。1984年建乡时，全乡有商业网点20个、个体商户60个，社会商品零售总额90万元。2014年，全乡有商业网点30家，社会商品零售总额120万元。

基础设施

交通运输

1980年，县道X026线建成通车，过境7千米。2000年，进行乡道建设，至2007年，全乡60千米乡级公路建成，其中46.47千米铺上卵石。

2014年，全乡有乡道90千米；有客车6辆，每天发往乡境外的客班车30车次，客运量600人次。

邮政通信

1990年，乡境设邮政支局1个。2011年，全乡报纸、杂志累计发行7200份。有电信服务网点2个，电话交换机总容量1300门，固定电话用户790户，电话普及率90%，移动电话用户350户，互联网用户350户。全年电信业务收入55.5万元。

供电饮水

供电 1980年，乡境通电，时有变压器63台。1983年，全乡所有农户照明用上电灯。2000年，进行电网改造，电网改造后，全乡变压器增至78台。2014年，全乡有变压器98台，高压输电线路91.7千米，低压输电线路234.8千米。

饮水 1995年，投资近50万元，新建安裕自来水厂。2012年，建安裕乡三嘴水厂，工程投资500万元，日供水能力1000吨，供水范围为大鲸港镇屡丰、七家村及安裕乡槐西、三嘴、同庆、一分局、新河口、舞阳村，受益人口1.2万人。

水利建设

中华人民共和国成立后，安裕乡开展水利工程和农田基本建设，至1995年，全乡水利工程和农田水利建设累计投工651.42万个，其中修筑大堤投工303.62万个、完成土石方1543.6万立方米；

修建电排站24处、装机总功率2018千瓦；开挖排灌主渠道56条，总长165千米。2011年，全乡防汛堤段长12340米，有新河口电排和赵家湖电排2处外排机埠，机组6台，装机容量830千瓦；有乡级沟渠72000米，其中43500米已硬化；田园化面积27000亩。是年，全乡水利建设投入资金156万元，移动土石方6万立方米，投工5000个，维修水利设施工程20处。乡防汛堤段投工38万个劳动工日，加修加固土石方190万立方米；开挖沟渠投工17万个劳动工日，移动土石方1020万立方米；园田化投工5万个劳动工日，移动土石方750立方米；投资560万元、投工1万个劳动工日维修电排机埠。

集镇建设

1989年，槐圃垸集镇建成区面积0.2平方千米，房屋建筑面积32896平方米，街道1200米，桥梁2座。

2004年后，加大集镇的建设力度，至2014年，槐圃垸集镇建成区面积增至0.4平方千米，街道2条，长2.4千米，有路灯42盏；街道绿化面积0.5平方千米。桥梁3座。

社会事业

教育

1950年，乡境有学校1所。1961年，安裕公社有学校12所。1971年，境域始办初中，时有中学生386人。1984年，安裕乡有中学1所、学生580人、教师48名，有小学16所、学生476人、教师80名。2011年，学校布局进行调整后，全乡有学校5所，其中中学1所、学生296人、教师63名；小学4所、学生483人、教师123人；有幼儿园5所，在园幼儿164人，专任教师12人。初中适龄人口入学率、小升初升学率、九年义务教育覆盖率均达100%。

2014年全乡有幼儿园2所，在园幼儿215人，专任教师6人；小学4所，学生561人，专任教师72人，小学适龄儿童入学率100%；初中1所，学生305人，专任教师62人。初中适龄人口入学率、小升初升学率、九年义务教育覆盖率100%。是年，财政预算教育经费1001.2万元。

文化体育

1994年9月，在全县农村乡镇率先开通电视差转台、无线调频广播。2003年，建成安裕乡有线电视接收站。2008年，有有线电视用户2200户，入户率55%；村村通广播，广播覆盖率99%。

2011年，有乡文化站、广播电视站各1处，有村级文化活动中心13处，文化专业户1户，图书室13个、藏书2.6万余册。乡政府院内及槐圃村村部安装了体育器材，经常参加体育活动的人员占常住人口的10%。

医疗卫生

中华人民共和国成立时，乡境有私人诊所2家，从医人员2人。1963年，建公社卫生院，医疗用房建筑面积1200平方米，有大队医务室15个，全公社有医务人员27名。1984年，安裕乡卫生院建筑面积1500平方米，村卫生室15个；全乡有医务人员37人，医疗设备价值15万元。2011年，全乡有乡级医疗卫生机构1个，门诊部（所）15个，其中村级卫生室14个，有床位65张，每万人拥有病床38.2张，固定资产总值458万元，专业卫生人员42名，其中执业医师4人、执业助理医师5人、注册护士5人。医疗机构（门诊部以上）全年完成诊疗2.2万人次。11个村村民全部参加新型农村合作医疗，参保率100%。

2014年乡卫生院占地8470米，有床位60个，固定资产1180万元，医务人员232人，其中医师5人、助理医师4人、注册护士4人，有村级卫生室11个，从业人员11人。

社会保障

2005年，修建乡敬老院，有床位50张。2011年，全乡有14户27人享受城镇最低生活保障，支出城镇最低生活保障补助金73920元，月人均228元；有320户649人享受农村最低生活保障，支出农村最低生活保障补助金61.7万元，月人均89元。医疗救助174人次，民政部门资助参加合作医疗345人次，共支出13.8万元。国家抚恤、补助各类优抚对象171人，抚恤事业费支出68.4万元。

2014年，全乡集中供养农村“五保”人员50人；1.7万人参加新型农村养老保险，参保率100%；23人参加城镇社保，65人参加农村社保。

2014年，全乡参加城镇社保23人，农村社保65人。

特色地情

风景名胜

安庆油菜花海 总面积4500亩以上，景区品种以油菜花为主，辅以桃花、紫云英、桂花等，是安乡县最大的油菜花海。

（文字供稿：安乡县党史办，图片供稿：刘华斌）

安康乡

区域概况

位置面积

安康乡地处安乡县南部，东抵松滋河道与深柳镇相望，南与下渔口镇接壤，西依澧水河道，北接安裕乡。辖区东西最大距离9.63千米，南北最大距离5.56千米，面积58平方千米。其中陆地49.7平方千米，水域8.3平方千米。政府驻地距县城约11千米，西距常德市区76千米。

建置沿革

民国35年（1946），乡境属于安稼乡。1949年8月，属五区。1956年撤区并乡时，合断流港、仙桃嘴、北河口、清安垸、安民、七星、虾叭垴村为安康乡。1958年10月，为安乡县人民公社联合社安康分社。1959年1月，改为安康人民公社，辖12个大队。1984年4月，撤销公社，恢复乡建制，成立安康乡。至2014无变化。

行政区划

1989年，乡政府驻北河口，辖北河口、沙杨、福美、杜家铺、仙桃嘴、毕家山、镇安、清安、永德、大洲、向阳、安民、安兴、虾叭垴、七星、泥刬口、育成等17个村213个村民小组。

1995年，辖沙杨、福美、杜家、仙桃嘴、北河口、毕家山、镇安、清安、永德、大洲、向阳、安民、安兴、虾叭垴、七星、泥刬口、育成17个村和北河口居民委员会，216个村（居）民小组。

2011年，辖北河口居民委员会和沙阳、福美、杜家、仙桃嘴、北河口、毕家山、正安、清安、永德、大洲、向阳、安民、安兴、虾叭垴、七星、泥刬口16个行政村。共4个居民小组、213个村民小组。

2014年，辖北河口社区和沙阳、福美、杜家、仙桃嘴、北河口、毕家山、正安、清安、永德、大洲、向阳、安民、安兴、虾叭垴、七星、泥刬口、育成等17个村及渔场。

自然环境

境内全部为洞庭湖淤积平原，地势平坦。年平均气温16.8℃，极端最高气温42℃，一般出现在7月；极端最低气温-4℃，一般出现在1月；年平均降雨量1500毫米。

境内属澧水和松滋河水系。澧水属于西线，自北向南流，境内河道长6919米。松滋河属于东线，自北向南流，境内河道长4985米。境内主要大型湖泊有正安庙湖、虾叭倒口。地下水资源可利用量为1098.6万立方米。

主要自然灾害有外洪、内涝、风灾、低温、霜冻、雷击等。最大一次洪水发生在1998年，水位达到40.98米，历时3个月。由于外洪过高，内涝相当严重又不能外排，导致全乡3万多亩农作物受灾，其中0.97万亩失收，涉及境内各村。低温导致冰冻灾害最厉害的一年在2008年，历时20多天。其中极限最低温度为-4.0℃（1月29日）。导致全乡夏收油菜冻株率达到100%，产量减幅达到21.3%。直接经济损失290多万元。

人口民族

1989年，全乡有6866户25462人，其中农业人口6441户23040人。1995年，全乡有6590户26976人。2011年，辖区总人口27435人，其中城镇常住人口1264人，城镇化率4.6%；有流动人口8766人。总人口中，男性14143人、女性13292人；14岁以下2971人、15～64岁20439人、65岁以上4025人；汉族27270人，少数民族165人；少数民族中土家族118人。人口出生率7.29‰，死亡率3.17‰，人口自然增长率4.12‰。人口密度为每平方千米473人。

2014年，全乡有8323户25278人，其中非农业人口1161人，男性13223人，女性12055人。

经济发展

综述

1989年，全乡社会总产值3656万元，工农业总产值2040万元。2011年，全乡社会总产值22975万元、农业总产值21684万元、工业总产值1291万元，农民人均纯收入5885元；财政总收入760万元，其中地方财政收入18万元；境内金融机构农村信用合作社各类存款余额5453万元，各项贷款余额3901万元。2014年，全乡社会总产值30132万元，一、二、三产业增加值12952，财政总收入687万元，农民人均纯收入9577元。

农业

1989年，全乡有耕地43106亩，产粮食23887吨、棉花344吨；可养殖水面2745亩，产鲜鱼762吨。1995年，粮食总产15719吨、棉花总产1562吨、油菜籽总产2280吨、鲜鱼总产1969吨，生猪出栏23068头。

2011年，全乡有耕地4.98万亩，人均1.11亩，其中水田3万亩，旱地1.98万亩，以种植粮食、棉花、油菜为主。全年生产粮食2.66万吨，人均94.77公斤，其中稻谷2.42万吨、小麦0.15万吨、玉米0.09万吨。主要经济作物为油菜、棉花；油菜总产量5600吨、棉花总产量3150吨。种植蔬菜5000亩，产量6000吨，主要品种有莴苣、大蒜、辣椒等。畜牧业以猪、家禽为主，全年生猪饲养量2万头，年末存栏8000头；家禽年饲养量25万羽。是年，全乡农业总产值1.68亿元，占国内生产总值的14%。

2014年，全乡有耕地4.4万亩，人均1.74亩，其中水田2.54万亩、旱地1.86万亩，以种植粮食、棉花、油菜为主。全年生产粮食2.2万吨，人均870公斤，其中水稻2.16万吨，小麦0.0467万吨。玉米0.0067万吨。主要经济作物为油菜、棉花，油菜总产量5011吨，棉花总产量1035吨。全年种植蔬菜5792亩，产量9103吨，主要品种有菜苔、莴苣、大蒜、辣椒等。畜牧业以猪、家禽饲养为主，全年生猪饲养量2.26万头，年末存栏17243头；家禽年饲养量36.83万羽。全年农业总产值3.01亿元，占全县农业总值6.07%。

工业

改革开放后，安康乡利用自然优势，大力发展社队企业，1979年，创建安康造纸厂，该厂有固定资产1680万元，生产各种文化用纸，经过10多年发展，至1995年，该厂完成工业产值4000万元，创利税1120万元，被省授予“经济活动百强企业”称号。1995年，安康乡乡办、村办和个体私有企业发展到672个，企业总产值8889万元，实现利税1480万元。以造纸、棉花加工、饲料生产为主。2011年，全乡工业生产总值1.59亿元，拥有工业企业3家，职工387人。

2014年，全乡有工业企业10家，其中规模以上工业企业6家；全乡工业产值20670万元，利润4134万元，税金1000万元。从业人员850人。

商贸服务业

1984年建乡时，全乡有商业网点4个，有农贸市场3个，有个体商户46个，社会商品零售总额710万元。2011年，有中小百货超市、日杂、农资等商店102家，商品零售总额1132万元。

2014年，全乡有商业网点155个，有农贸市场4个，个体工商户156个，社会商品零售总额1600万元。

基础设施

交通运输

1967年，省道306附属线鲸沙公路建成通车，在乡境10千米。1970年，修建全长8千米的北河口码头到正安的乡道。1990—2010年，修建村级公路。期间，于2009年对51千米村级公路进行硬化。2013年12月30日，岳常高速建成通车，境内长11千米。

2014年，全乡有公路135千米；其中省道10千米，县道15千米；通村、通乡公路110千米；全乡有客车8辆，客运线路3条，每天由乡境发往邻近乡镇和安乡县城的客班车6趟，客运量200人次。

邮政通信

1997年，开通程控电话。2009年，乡境设邮政支局。2011年，全乡有邮政、电信代办所1处，电话交换机总容量2000门，固定电话用户0.18万户，电话普及率30.3%；移动电话用户0.85万户，互联网用户491户。

供电饮水

供电 1981年，乡境通电。1985年，全乡所有农户照明用上电灯，时有变压器60台。1999年，进行电网改造，电网改造后，全乡变压器增至180台。2014年，全乡有变压器740台，输电线路75千米。

饮水 1994年，新建杜家铺水厂，厂区位于杜家铺村，2007年、2012年先后2次改扩建，2014年续建；工程总投资280万元，日供水能力1200吨，供水受益范围为杜家铺、福美、仙桃嘴、新沙4个村，受益人口7606人。

2009年，新建永德水厂，工程总投资615万元，日供水能力为1100吨，供水受益范围包括北河口、大洲村和北河口社区等9个村（居）及北河口中学，受益人口近1.4万人；

2009年，新建虾叭脑水厂，厂区位于虾叭脑村，2012年、2014年实施延管；工程总投资245万元，日供水能力600吨，供水受益范围为虾叭脑、泥剅口、安兴、七星村，受益人口5481人。

水利建设

1988年，全乡防洪大堤长11904米，其中东线4985米，西线6919米。1988—2011年，投工153万个，移动土石方535万立方米。到2011年末，累计引进国家资金800余万元，主要用于防汛大堤护坡，整治维修穿堤设施及电排，填压大堤平台，新修灭螺设施，疏洗渠道250千米，移动土方40万立方米。2014年，全乡有穿堤设施5处，外排机埠3处，建有进水涵闸、进

仙桃村乡村旅游美景

水管，渡槽、机耕桥685处；有内排机埠39处，装机43台、功率2063千瓦。园田化面积40646亩；投工400万个，移动土方1400万立方米，开挖乡村渠道180千米，动用土方63万立方米。

集镇建设

1989年，北河口集镇城区面积0.2平方千米，房屋建筑面积39104平方米，街道长800米，路灯4盏。2006年后，加大北河口集镇建设力度。2014年，北河口集镇建成区面积增至0.6平方千米，街道3条，长205千米，有路灯54盏；房屋建筑为钢筋混凝土结构，有3层以上楼房87栋。

社会事业

教育

1950年，乡境有学校15所。1961年，安康公社有学校15所。1964年，始办初中，时有中学生72人。1984年，安康乡有中学1所、学生782人、教师67名，有小学17所、学生963人、教师109名，有幼儿园3所，入园幼儿129名。1995年，学校布局进行调整后，全乡有学校6所，其中中学1所、小学5所，中、小学生共有2567人，中、小学教师215人。2011年，全乡有幼儿园5所，在园幼儿570人，专任教师40人；小学5所，在校学生787人，专任教师54人，小学适龄儿童入学率100%；初中1所，初中在校学生454人，专任教师96人。初中适龄人口入学率、小升初升学率、九年义务教育覆盖率均达100%。全财政预算内教育经费3600万元，占财政总支出比例为34%。

2014年，全乡有幼儿园4所，在园幼儿612人，专任教师46人；小学5所，在校学生939人，专任教师57人，小学适龄儿童入学率100%；初中1所，初中在校学生349人，专任教师81人。初中适龄人口入学率、小升初升学率、九年义务教育覆盖率均达100%。全年财政预算内教育经费4320万元，占财政总支出比例为34%。

文化体育

1975年，成立安康乡广播电视站，并连通17个村的广播，广播覆盖率达到90%。之后，通过10年努力，投资100多万元联通13个村的有线电视。1988年，余金山在湖南省青年运动会上获得摔跤亚军。1989年，徐联国荣获全国青年运动会摔跤冠军。2010年，全乡有有线电视用户近2000户，全乡有线、数字微波、无线电视覆盖率达100%。

2011年，有乡文化站、广播电视站各1处，有村级文化活动中心17处，各类文化专业户45户，各类图书室17个、藏书3.4余万册。有学校体育场5个，有篮球场、排球场、环形跑道、单杠、双杠等体育设施。

医疗卫生

中华人民共和国成立时，乡境有私人诊所3家，从医人员9人。1961年，建公社卫生院。1969年，公社实行农村合作医疗。是时，公社卫生院有医疗用房200平方米、有大队医务室16个，全公社有医务人员61名。1984年，安康乡卫生院建筑面积1270平方米，有村卫生室17个；全乡有医务人员50人。2011年，全乡有医疗卫生机构20个，门诊部（所）1个；有床位54张，每万人拥有病床24.87张；固定资产总值810万元。专业卫生人员51名，其中执业医师5人，执业助理医师15人，注册护士6人。医疗机构（门诊部以上）全年完成诊疗3.56万人次。18个村级单位全部参加新型农村合作医疗，参合率99.9%。

社会保障

1989年，建敬老院，敬老院有床位112张。2011年，全乡有47户87人享受城镇最低生活保障，支出城镇最低生活保障补助金17.856万元，月人均171元；有422户747人享受农村最低生活保障，支出农村最低生活保障补助金70.076万元，月人均78元。医疗救助86人（次），民政部门资助参加合作医疗1200人（次）。国家抚恤、补助各类优抚对象189人，抚恤事业费支出68万元。

2014年，全乡有39户63人享受城镇最低生活保障，支出城镇最低生活保障补助金17.64万元，月人均233元；有649户1154人享受农村最低生活保障，支出农村最低生活保障补助金143.085万元，月人均103元。医疗救助76人（次），民政部门资助参加合作医疗852人（次）。国家抚恤、补助各类优抚对象172人，抚恤事业费支出78万元。

全乡敬老院集中供养农村“五保”人员58人。1.63万人参加新型农村养老保险，参保率85%。

特色地情

名优特产

安民紫晶葡萄　安乡县委办通过农村结构调整从浙江引进的优质紫晶葡萄种植，在乡境建立种植示范基地。在其基础上建立安乡县紫晶葡萄农民专业合作社，位于安民村县主干道鲸沙公路旁。拥有社员68户，高标准的葡萄种植园800余亩，年产值1600多吨，产值700余万元。合作社全面推行葡萄标准化种植，制定“紫晶葡萄标准化种植园示范建设标准”“葡萄标准化种植技术标准”。通过标准化种植，提高葡萄品质，增强市场竞争能力，产品由昔日的“提蓝小卖”变为现在“营销网络”，覆盖到湖南、湖北2省12县，深受广大消费者的喜爱。

（文字供稿：安乡县党史办，图片供稿：刘华斌）

安德乡

区域概况

位置面积

安德乡位于安乡县最南端，三面环水，东南靠淞虎河与南县厂窖镇相望，西南频临澧水河道与鼎城区相邻，北面与陈家嘴镇接壤。辖区东西最大距离6.4千米，南北最大距离6.2千米，总面积39.68平方千米。

建置沿革

中华人民共和国成立前，乡境域一部分属汉寿县仁友乡，一部分属常德县竹山坡乡、沈家沟乡。1955年，划入安乡，归属下渔口区陈家嘴镇管辖。1956年，属安成乡。1958年，属安乡县人民公社联合社安成分社。1966年2月，从安成公社析出，建安德人民公社。1970年，再次合入安成公社。1977年11月又析出，成立安德公社。1984年，撤销公社建制，复为安德乡。至2014年无变化。

行政区划

1989年，乡政府驻芦林铺，辖田家沟、中和、竹丰、中山、和平、麻田岗、西河、杨树、四分局、民阜10个村141个村民小组。

1995年，辖田家沟、中和、和丰、中山、竹丰、麻田岗、杨树、西河、四分局、民阜10个村和芦林铺居民委员会，共148个村（居）民小组。

2011年，辖芦林铺居民委员会和田家沟、和丰、中山、竹林、麻田岗、杨树、西河、四分局、民阜9个行政村，共4个居民小组、137个村民小组。

2014年，辖芦林铺社区和田家沟、和丰、中山、竹林、麻田岗、杨树、西河、四分局、民阜10个行政村。

自然环境

安德乡属湖区平原，地势西北略高，东南低，地面高程一般在海拔30.5米左右，最高点林场为33.9米，最低点为四分局村十一组29.7米。年平均气温17.9℃，极端最高气温40℃，一般出现在7月；极端最低气温-2℃，一般出现在2月；年平均降雨量1800毫米。境内东线属淞虎河系，西线属澧水河系，由北而下入洞庭湖。

主要自然灾害有旱涝、风灾、冰灾、霜冻、雷击等，旱涝较多，干旱较为严重的是1987年夏旱，受灾面积达2.2万亩。渍灾较为严重的是1998年，受灾面积1.2万亩。

人口民族

1989年，全乡有4666户17355人，其中农业人口4438户16116人。1995年，全乡有

芦林铺

4510 户 18212 人。2011 年，辖区总人口 18258 人，其中非农业人口 983 人；有流动人口 5559 人；总人口中，男性 9340 人、女性 8918 人；14 岁以下 2225 人、15 ~ 64 岁 13490 人、65 岁以上 2543 人；总人口中以汉族为主；人口出生率 8.5‰，人口死亡率 3.6‰，人口自然增长率 4.85‰，人口密度为每平方千米 460.13 人。2014 年，辖区总户数 5889 户，总人口 18560 人，其中非农业人口 934 人，女性人口 8851 人。

经济发展

综述

1989 年，全乡社会总产值 2383 万元，工农业总产值 1391 万元。1995 年，全乡社会总产值 9634 万元，农民人均纯收入 1538 元。2011 年，财政总收入 600 万元；年末存款余额 0.3 亿元，贷款余额 0.3 亿元。2014 年，全乡社会总产值 15016 万元，一、二、三产业增加值 54021 万元，财政总收入 245 万元，农民人均纯收入 27011 元。

农业

1989 年，全乡有耕地 27765 亩，产粮食 12209 吨、棉花 298 吨；可养殖水面 730 亩，产鲜鱼 240 吨。1995 年，全乡有耕地 27175 亩，其中水田 14761 亩、旱地 12414 亩，农林牧渔业总产值 5267 万元，粮食 10571 吨、棉花 1150 吨、油料 1445 吨，生猪出栏 17600 头、家禽 34.2 万羽，出产鲜鱼 500 吨。

2011 年，全乡农业总产值 1.8 亿元；粮食作物以水稻、小麦为主，生产粮食 17545 吨，人均 928 公斤，其中水稻 16833 吨。主要经济作物有棉花、蔬菜、油菜等。种植棉花 9000 亩、总产 656 吨，可向社会提供 525 吨商品棉；油料作物 27400 亩、总产 3694 吨；蔬菜 10000 亩、总产 16060 吨，主要品种有榨菜、南瓜、冬瓜、豆角。

有4600多亩的水产养殖面积，其中饲养黄鳝、甲鱼等特种养殖面积近1000亩。生猪饲养量0.7万头，家禽饲养量6万羽。

2014年，全乡有耕地32518亩，其中水田22143亩、旱地1.375亩。农林牧渔业总产值25306万元，其中，农业产值12771万元、林业产值510万元、牧业产值7865万元、渔业产值3693万元及农林牧渔服务业468万元；生产粮食15652吨，油料3088吨，棉花621吨，出栏牲猪2.13万头。

工业

1978年后，安德公社（乡）大力发展社队（乡、村）企业，促进个体私营经济发展。至1995年，全乡有企业662家，固定资产706万元，企业总产值5615万元，实现利润817万元，形成以建材、食品加工、鞭炮生产为主的乡办骨干企业。2001年，农副产品加工企业芦林食品有限责任公司年加工生产榨菜、豆角等蔬菜8000吨；建材厂年生产实心红砖3000万块。2014年，全乡有工业企业2家，其中规模以上工业企业1家；全乡工业产值20万元，利润10万元，税金2万元。从业人员10人。

商贸服务业

1984年建乡时，全乡有商业网点2个，有农贸市场1个，有个体商户10个，社会商品零售总额40万元。2000年，全乡有中小百货超市，日杂、农资等商店30家，社会商品零售总额300万元。2014年，全乡有商业网点40个，有农贸市场1个，个体工商户52个，社会商品零售总额780万元。

基础设施

交通运输

1997年，建成乡汽车客运站。2004年12月，芦陈公路（芦林铺—陈家嘴）建成通车，境内长10千米。2006年11月，芦林铺至厂窖的车渡开通。2014年，全乡有公路60千米；其中县道20千米；通村、通乡公路40千米。全乡有客车12辆，客运线路12条，每天由乡发往邻近乡镇和安乡县城的客班车10趟。

邮政通信

1997年，乡境开通程控电话。2010年，乡境设邮政支局。2011年，撤销邮政支局，改设邮政代办点；有电信企业1家，服务网点2个，电话交换机总容量2100门，固定电话用户1547户，光缆线路总长8000米，宽带接入用户236户，全年电信业务收入56万。

供电饮水

供电　1982年，乡境通电。1985年，全乡所有农户照明用上电灯，时有变压器30台。1999年，进行电网改造，电网改造后，全乡变压器增至80台。2014年，全乡有变压器100台，输电线路36千米。

饮水　2012年，建杨树水厂。2013年、2014年续建，投资966.5万元，供水范围为杨树、麻田岗、四分局、竹丰、中山、和丰、田家沟、西河、民阜等行政村和芦林铺社区及二农场与芦林铺中学，受益人口2.1万人。

水利建设

1963年4月，建大力剅低水闸，闸高3.8米、宽3米。1964年12月，建大力电排，装机7台，总功率1085千瓦/小时。1969年2月，垸内大搞园田化建设，全乡5.71万亩集雨面积拉成南北向800米、东西向550米的棋盘格子；开挖干支渠62条，长107.3千米；毛斗渠341条、长211.7千米，移动土方150万立方米。

1979年12月，建西河电排，装机3台，总功率445千瓦/小时。2001年12月，建四分局引水闸，闸高1.5米、宽1.2米。2002年12月，建庆丰引水闸，闸高2米、宽2米。2011年乡防洪大堤长12.942米，防洪大堤平均截面土方：东线169立方米，西线216立方米，大堤总土方量257万立方米。

集镇建设

1949年，芦林铺集镇建成区仅0.1平方千米。中华人民共和国成立后，加大乡村集镇建设的力度，特别是芦林铺成为乡（公社）行政中心后，城区面积逐渐扩大，公用设施日臻完善。1989年，建成区面积扩至0.2平方米，房屋建筑面积31968平方米，街道长600米，安装路灯4盏，修建桥梁1座。20世纪90年代—21世纪初，芦林铺有街道2条、长102千米。2014年，集镇有街道3条、长1500千米，路灯30盏。

社会事业

教育

1950年，乡境有学校2所。1956年，始办初中，时有中学生230人。1975年，创办芦林铺中学。1977年，安德公社有学校10所。1984年，安德乡有中学2所、学生580人、教师41名，有小学10所，小学生2100人、教师10名，有幼儿园10所，入园幼儿500名。2003年，学校布局进行调整后，全乡有学校4所，其中中学1所、小学3所，中、小学生共有1200人，中、小学教师97人。2006年，芦林铺中学被县教育局确立为九年一贯制学校，学校占地8000余平方米，有校舍16栋。

2011年，全乡有幼儿园3所，在园幼儿286人，专任教师12人；有九年一贯制学校1所，小学部在校学生486人，专任教师42人，小学适龄儿童入学率达100%；初中部在校学生285人，专任教师54人。初中适龄人口入学率、小学升初中入学率、九年义务教育覆盖率均达100%。财政预算内教育经费417万元。

2014年，全乡有幼儿园3所，在园幼儿312人，专任教师10人；九年一贯制学校1所，小学部在校学生449人，专任教师43人，小学适龄儿童入学率达100%；初中部在校学生208人，专任教师35人。初中适龄人口入学率、小学升初中入学率、九年义务教育覆盖率均达100%。

文化

1992年，建成芦林电视差转台，覆盖80多个乡、镇。1994年，建调频广播1套，9个行政村均通广播，村级广播线路46杆千米；有线电视用户1180户；广播、电视有效覆盖率95%。2011年，有乡文化站1个，建筑面积300平方米，内有图书阅览室、文娱活动室等；有农村书屋7个，藏有图书万余册。

医疗卫生

1970年，公社实行合作医疗。是时，公社卫生院有医疗用房60平方米、有大队医务室10个，全公社有医务人员30名。1984年，安德乡卫生院有病床20张；村卫生室8个；全乡有医务人员40人。2011年，辖区有1家乡卫生院和12个村卫生室，卫生院拥有病床37张，专业卫生技术人员32人，其中职业医师10人，职业助理医师3人，注册护士9人，平均每千人拥有卫生技术人员2人，平均每千人拥有职业医师0.8人，平均每千人拥有注册护士0.6人。2011年，安德卫生院接诊门诊人次13800人次，出院病人1751人，病床使用率71%。新型农村合作医疗参合率100%，统筹地区政策范围内平均住院补偿率35.6%，实际补偿率55%。儿童免疫规划疫苗接种率95%，辖区内卫生院实施了国家基本药物制度，实行基本药物零差价销售，城乡居民规范化电子健康档案建档率为90%。

社会保障

1986年，建乡敬老院，敬老院有床位50张。1989年，乡敬老院集中供养农村“五保”人员40人。2011年，全乡有39户69人享受城镇最低生活保障，支出城镇最低生活保障补助金15.48万元，月人均187元；有316户422人享受农村最低生活保障，支出农村最低生活保障补助金49.6万元，月人均87元。医疗补助71人次，民政部门资助参加合作医疗212人次，支出16.4万元。有国家抚恤、补助各类优抚对象97人，抚恤事业费支出19.6万元。社会福利费8.5万元。有社区服务设施11个，其中社区服务中心1个，社区服务站2个。有慈善分会1个，全年接受社会捐款0.8万元，接受捐赠衣被0.2万件，110个（次）困难群众受益。全年实现城镇新增就业145人，事业人员再就业22人，就业困难人员再就业7人，全年共帮助7户零就业家庭每户至少1人就业，支持返乡农民工创业下岗事业人员就业，共计发放小额担保贷款60多万元，完成新型农村养老保险和城镇居民养老保险工作，全乡共参保13892人，发放养老金存折3204份。

（文字供稿：安乡县党史办，图片供稿：刘华斌）

国营安乡县一农场 >>

地域名片

国家粮、棉、油优良品种制种、示范、生产基地

区域概况

位置面积

农场地处安乡县以北靠松滋东支河，东与安全乡中兴村、南与安乡县林科所和五七电排相连、西与安凝乡东安村隔松滋河相望、北与安全乡高杨村相邻。辖区东西最大距离1530千米，南北最大距离33.41千米，总面积3.67平方千米。其中陆地3.07平方千米，水域0.6平方千米。场部设在大堤外洲，距安乡县县城13千米。

建置区划

安民垸为民国初年筑垸，1954年溃废，1957年安乡县书院洲农场迁移至此，筑堤复垸。国营一农场因是安乡县第一个国营农场而得名，又因地处安民垸内，故又称“国营安民垸农场”。1958年，更名为国营安乡县第一农场。1981年，更名为“国营安乡县安民垸农场”，但省、市一直称“国营安乡县一农场”。是时，农场辖10个农业大队、1个园艺大队、1个葡萄植园和1个渔场。1995年，农场辖9个小组、1个园艺组、1个葡萄组和1个渔场。

自然环境

境内为平原，四周环水，海拔30 ~ 34米；境内河道属松滋河东支水系，全地区被河道环绕，东、南、北面被松滋河东支河的小分支一农场哑河环绕，西面为松滋河东支。

农场主要自然灾害有洪水、寒潮、大风、暴雨、干旱、冰雹、冰冻等。洪水灾害3 ~ 5年一遇。1998年，洪灾造成溃垸，直接经济损失3000多万元。暴雨灾害2年一遇。受损最严重的一次发生在2011年6月18日，降雨160毫米，2300亩面积受灾，300亩棉地改种，籽棉减产160吨。

人口民族

1989年，全农场有450户1519人。2011年，辖区有403户1460人，其中城镇常住人口945人，城镇化率64.7%；有流动人口356人；汉族1457人，少数民族3人，其中蒙古族2人，回族1人；人口出生率1%，人口死亡率0.7%，人口自然增长率0.3%；人口密度为每平方千米397.8人。

2014年辖区内人口出生率、死亡率持平，人口自然增长率为零。

经济发展

综述

农场经济以农业为主，第二产业基础为零。建场初期，以开荒为主要工作，全场农业生产总值5万元左右。1962年，增加到10万元左右，并开始出现第三产业。2000年，农业生产总产值达700万元，服务业生产总值达40万元，场财政收入约50万元，年人均纯收入约3300元。2011年，农业生产值1300万元，占全场生产总值的86%，财政总收入145万元，其中地方一般预算收入120万元，年人均纯收入6200元。2014年，农业生产总值1400万元，占全场总值80%，财政总收入350万元，一般预算收入140万元，年人均纯收入7600元。

农业

1958年，全农场无耕地。1981年，有耕地3525亩，人均2.41亩，以种植小麦、油菜、棉花、水稻为主。1996年，农场建成1500亩水稻制种基地，年产水稻种225吨，旱地主要研究示范柑橘、葡萄特色经济作物。1998年溃垸后，特色农作物全部消亡，很长一段时间以传统农作物为主。2011年，生产粮食1800吨，生产棉花440吨，生产油菜籽430吨；900亩养殖水面基本都为精养池塘，以养殖常规淡水鱼为主，年产淡水鱼850吨，有少数珍珠、鳝鱼、甲鱼、牛蛙等特色养殖。2014年，林地恢复为耕地，耕地面积为4024亩，粮食产量1400吨、棉花200吨，建成300亩南丰蜜桔园，平均亩产3吨，亩产纯收入达6000元以上。

商贸服务业

1961年，组建一农场商店，当时营业人员2名，主要供应场内职工生产生活必需品，无利润。1970年，重建农场商店，有营业人员8名，社会商品零售总额2.5万元。1981年，有营业员12名，社会商品零售总额50万元，上缴场财政4万元左右。1999年，农场商店改由私人承包经营。2011年，全农场有商店6个，从业人员12名，社会商品销售总额达350万元。2014年，全农场有商业网点和从业人数和2011年持平，社会商品零售总额300万元。

基础设施

交通运输

道路 1961年前，农场内无正规公路。1967年，开始农场园林化建设，修成主路5条、长10千米。2011年，开始硬化道路。2014年，硬化主公路8千米，硬化率80%。

运输 从1958年建场到2004年，农场职工去县城的交通工具主要是船只，每天客船上午去县城，下午回场。2000年，开通金龟至安乡县城的客车，每天2趟，途经安乡县一农场场部，当天往返县城。2004年，客运船停运，客车增到3台。2014年，客车每天10趟，客运量4万人次。

邮政通信

1961年开始，农场有邮政代办点和电信服务站各1处。2006年，农场建成移动、电信基站各一个。2011年，农场有固定电话用户56户，移动电话382台，互联网用户28户，每百户拥有电话97部。

供电饮水

供电 1980年，农场通电。1981年，农场所有农户照明用上电灯，安装变压器1台。2003年，进行电网改造，变压器增至4台。2011年，实行农网移交，进行全面电网改造，变压器增至6台，总容量1230千伏安，照明供电线路11千米，综合电压合格率100%，供电可靠率100%，年输电40万千瓦时。

饮水 2011年，筹建自来水厂。2012年春，完成全部建设，自来水入户率98%。

水利建设

中华人民共和国成立前，辖区内有大堤1.7千米。中华人民共和国成立后，投资9万元，对堤身进行加固，共投工6.06万个、移动土方9.1万立方米，护堤硬化坡1470平方米。1975年，建成外排电排1座，1998年对其进行改建，改建后，外排电排站开机流量44立方米/秒。1978年，建成2座内排电排，每台开机流量15立方米/秒，受益耕地面积3.7平方千米 。

辖区内有标准园田化主排渍沟2条、长6900米，次排渍沟10条、长4500米，主次排渍沟共投工4.5万个。2011—2014年，投资28万元，对1.2万米沟渠进行疏浚，铺设涵管20处、建桥4座。

集镇建设

1958年，农场场部建在四队区域内，占地300平方米。1962年，迁至一队，占地600平方米，建街道1条、长100米。1969年，将场部移至大堤边，占地3000平方米。1980年，加大场部建设力度，扩建街道2条，共长500米。2011年，辖区新修绿化休闲广场1个，绿化带4条，绿化面积42.5亩。2014年，全场开始公路亮化工程建设，亮化公路3千米，安装路灯75盏。

社会事业

教育科技

1966年，一农场建校。学校占地1000平方米，有教室2间、老师1名、学生40名。1972年，学校扩建，扩建后占地4000平方米，并增加初中部。1975年，增加高中部，是时13个班有老师15名，学生500人。2004年，因学生太少，学校撤销，所有学生迁入安障乡黄山岗学校就读。入园幼儿21名、小学生57名、中学生35名，九年义务教育覆盖率达100%，高中升学率100%。2014年，全场有学生171人，幼儿22人、小学生67人、中学生32人、大学生50人。

2014年，全场以粮、棉、油优良品种制种、示范、生产为主，有管理人员10名，其中中级职称2名、初级职称8名；有技术人员10名，其中中级职称2名、初级职称7名。

文化体育

2011年，农场有文化信息站、广播站各1处。辖区内电视入户率100%，“乡村数字电视网”入户率42%。有广播喇叭12只，通响率100%，用于科普知识讲座、农业技术指导、召开职工大会和转播其它广播节目。

是年，建职工体育休闲广场，广场占地2400平方米，场地内有健身器材3套，经常参加体育活动的人员占总常住人口的15%。

医疗卫生

1966年，成立农场医疗卫生所，有医生2个、床位3张。后医生增至5人，医疗卫生所增至2个，床位10个。2011年，实行医生持证上岗，农场有医生3人，其中执业医师2人，护理人员1人，卫生技术人员覆盖率达2‰，执业（助理）医师覆盖率为1‰。全年完成诊疗1630人次；农场职工参加新型农村合作医疗率100%。

社会保障

2000年，辖区无最低保障户，有“五保”户6户。2011年，全农场无“五保”户，有31

户36人享受城镇最低生活保障，支出城镇最低生活保障补助金8.16万元，月人均188元；医疗大病救助8人次，支出救助费1.2万元；有国家抚恤、补种各助优抚对象11人，抚恤事业费支出3.5万元；785人参加农牧职工养老保险，占总人口的53％，420人参加新型城镇居民养老保险，占总人口的28％；172人参加新型农村养老保险，占总人口的12％；2014年辖区内应参保已参加养老保险率99%，医疗保险参加率99%。

（文字供稿：安乡县党史办）

安乡县原种场

区域概况

位置面积

安乡县原种场地处安乡县南部安德乡境内，东南与田家沟村接壤，西南与杨树村为邻，西北与和丰村相连，北接中山村，东北与竹林村相邻。辖区东西最大距离1.6千米，南北最大距离2千米，总面积3.171平方千米，其中陆地2.841平方千米，占89.6%；水域0.33平方千米，占10.4%。

建置沿革

民国21年（1932），湖南省农林厅在安乡境域建湖南省水稻试验场。解放前夕为湖南第一农事试验农场。1949年，划归常德专署，改名为湖南常德水稻试验场。1953年，更名为常德专区第二农场。1959年，划入安乡县，改名为安乡县良种示范繁殖场。1980年，更名为安乡县原种场。2014年，辖二个分场，场部驻一分场四组，距安乡县城区30千米。

自然环境

辖区场地处于洞庭湖平原，地势平坦，土层深厚，土质系洞庭湖冲积土沉积而成，地面高程一般为海拔30.8米。

水资源丰富，浅水层地下水资源流量约3000万立方米，每年可利用220万立方米。森林资源潜力很大，拥有成材林3.5万株，材积3000立方米。

主要自然灾害有旱涝、风灾、低温、雷击、霜冻等。旱涝平均一年一次。最严重的一次洪灾发生在1996年7月13—18日，大雨连续下了120个小时，总降雨量300毫米，涉及境内2个分场11个小组，受灾面积3000亩，水稻减产22万斤，棉花减产26万斤，220亩棉地全部失收。旱灾最严重的一次发生在1990年7月2—29日，连续27天未降滴雨，造成经济损失11.2万元。风灾一年四季均有发生，最严重一次发生在2008年5月25日，狂风吹断电杆3根、损毁线路1000米，公路沿线500根树木被拦腰斩断，二分场1间房屋被吹倒。2008年5月22日，雷电将二分场八组杨新明房屋击穿，1人烧伤，1人被雷电击中致死。

人口民族

1989年，全场有417户1439人。2011年，辖区总人口1608人，其中城镇常住人口158人，城镇化率9.8%，另有流动人口208人。总人口中，男性880人、女性728人；14岁以下250

人、15 ~ 64 岁 1053 人、65 岁以上 305 人；汉族 1596 人，回族 12 人；人口出生率 10.5‰，死亡率 4.3‰，人口自然增长率 6.2‰。人口密度为每平方千米 507.3 人。

经济发展

农业

2011 年，原种场有耕地 3745 亩，人均 2.33 亩，其中水浇地 1015 亩，以种植粮、棉、油、柑橘、小麦为主，农业总产值 1200 万元。粮食作物以稻谷、小麦、蚕、豌豆、薯类为主，生产粮食 1093 吨，人均 1023.4 公斤，其中稻谷 1057 吨、小麦 31 吨、蚕、豌豆和薯类 5 吨。主要经济作物为棉花、油料、柑橘、甘蔗、蔬菜、瓜果等。棉花种植面积 1200 亩，产量 300 吨，向社会提供 250 吨商品棉；瓜果及柑橘种植面积 160 亩，产量 175 吨；油料作物种植面积 2806 亩，产量 421 吨；蔬菜种植面积 130 亩，产量 65 吨，其中辣椒 10 吨、芹菜 9 吨、油菜 8 吨、菠菜 25 吨、黄瓜 5 吨、西红柿 5 吨、茄子 3 吨。畜牧业以养殖猪、家禽为主，生猪饲养量 650 头，年末存栏 250 头；家禽饲养量 7200 羽，出笼家禽 5000 羽；畜牧业总产值 75 万元，占农业总产值 6.3%。全年累计造经济林 80 亩，农民住宅四旁植树 9500 株，林木覆盖率 14.8%，活立木蓄积量 3000 立方米。渔业以草鱼、白鲢养殖为主，可用于水产养殖的水面 200 亩，水产品总产量 90 吨，渔业总产值 72 万元，占农业总产值 6%。有包括收割机的各类农业机械 7 台，农民人均纯收入 7500 元。

2014 年，有耕地 3845 亩，人均 2.39 亩，其中水田 2745 亩，旱地 1100 亩，以种植粮、棉、油菜为主。生产粮食 1150 吨，人均 720 公斤，其中稻谷 920 吨、小麦 200 吨、玉米 1 吨。种植棉花 1100 亩，总产量 220 吨；油料作物 3200 亩，总产量 512 吨；蔬菜种植面积 400 亩，总产量 214 吨；瓜果类 200 亩，总产量 420 吨。生猪饲养量 640 头，年末存栏 200 头；家禽饲养量 12500 羽，上市 1 万羽，畜牧饲养总产值 80 万元。全年造林 35 亩，全场名贵花木存量达到 2 万株；全场淡水养殖面积 320 亩，水产品达 160 吨，各类农业机械 7 台。农民人均纯收入 8000 元。

商贸服务业

2011 年，全场有商业网点 12 个，从业人员 30 名，社会商品零售总额 150 万元。2014 年，全场有商业网点 13 个，从业人员 32 名，社会商品总额 200 万元。

基础设施

交通运输

2004 年，芦陈公路（芦林铺—陈家嘴）建成通车，傍场 2 千米，依场而过，直达县城，中闸是农场客运站点。境内场道 4 条，主干道路 6 千米。2012 年 10 月至 2013 年 1 月，硬化道路 10 千米。

邮政通信

1992 年，设邮政支局，开通程控电话。2014 年，有电信服务网点 1 个，电话交换机总容量 410 门，固定电话用户 240 户，电话用户普及率 57%；移动电话用户 150 户，移动电话普及率 42%；宽带用户 30 户。

供电饮水

供电　1971 年，境内通电。1976 年，全场农户照明用上电灯，时有变压器 2 台。2014 年，进行电网改造，有变压器 4 台，总容量 400 千伏安，照明供电线路4千米，综合电压合格率95%，供电可靠率95%。

饮水 2012年，筹建自来水工程，2013年完成全部建设，自来水入户率100%。

水利建设

1958—1968年，投工2.1万个，移动土方9.4万立方米，开挖排灌渠道9.6千米，植树2.3万株，建造75千瓦的电排，平整4257亩耕地，整修19.2千米场道，全场渠相通，林成网，田成方，宛如棋盘，四通八达，农场园田化格局基本形成。1990—1992年，筑堤1020米，完成土方13.5万立方米，堤面宽度由4米增加到6米，堤坝高度提高1.5米，堤身横断面土方由80立方米增大到400立方米。2008年5月，投资10万元，维修、更新14处机埠，电机总容量210千瓦，分布在各组的路段添置涵管200筒、经口50个、闸板50个，兴建2个节制闸完善进出口设施建设。2011年，投资6万元、用工100个，完成土方1800立方米，对4000米主干沟渠用机械进行疏洗；投工420个、完成土方1400立方米，对组内7000米沟渠进行疏浚。

集镇建设

1959年，安乡县良种示范繁殖场场部面积2000平方米，街道1条、长100米。2002年后，加大场部建设力度，扩建街道，至2014年，场部建成区面积增至4000平方米，有街道1条、长200米，路灯10盏。

社会事业

文化体育

2013年，农场实施群众体育健身工程，常年参加体育锻炼的人数占总人口的11%，人均寿命70岁。

2014年，原种场有场级文化活动中心1处，各类民间艺术专业户3户，农家书屋1个，藏书1000册。地方特色艺术有花鼓戏、狮子、唢呐乐器、民间地花鼓等；美术、书法、摄影、文化娱乐队伍12人；有广播电台1套，到组广播喇叭9只，广播综合覆盖率100%，全年公共广播节目播出时间180个小时，有线电视用户330户，电视综合覆盖率100%。

教育科技

2014年,全场有幼儿园1所,在园幼儿30人，专任教师2人，幼儿活动场所500平方米。有各类科技人员32人，其中讲师级2人，承担着《做思想政治工作要认识农民的思想特点》活动的研讨；有农业技术人员16人。

医疗卫生

2011年,有场级医疗门诊所2个、床位12张，每1000人拥有病床7.5张，医疗器材固定资产总值60万元。专业卫生人员2人，执业医生2人；全年完成诊疗5000人次。2个分场参加新型农村合作医疗人数达到1576人，参保率98%；2个医疗门诊所，实施国家基本药物制度，农场居民规范化电子健康档案建档率70%。

社会保障

1996年，渍灾人口100人次，农作物受灾面积550亩，直接经济损失33万元，农业保险粮、棉补贴支出9万元，救灾支出1.2万元。

2014年，有30户30人享受农村最低生活保障，支出农村最低生活保障补助金28800元，月人均80元；农村医疗救助4人（次），民政部门资助参加合作医疗5人（次），共支出医疗补助费7500元。国家抚恤补助、参战退役人员及各类优抚对象4人，事业费支出4800元。

是年，30 名机关干部职工参加事业单位养老保险，收缴基金 4 万元，参保离退休人员 9 人，退休支出 11 万元。548 人参加企业基本养老保险，收缴养老基金 140 万元；400 名退休职工参保，退休费支出 528 万元。200 人参加新型农村养老保险，参保率 98%。

（文字供稿：安乡县党史办）

安乡县 2015 年乡镇区划调整一览表

合并前	合并后	总面积（平方千米）	总人口（万人）	政府驻地
潺陵、五总、书院洲、西门口、长岭洲、保堤、文昌湾、深柳、官陵湖九个社区；蹇家渡、肖公嘴、芝子湖、白马庙、官保、子龙庵、孟家洲、下码头、新开口、桃花岭、官陵湖、华南新村	深柳镇	68.3	11.83	官陵湖社区
安宏乡、安昌乡、三岔河镇	三岔河镇	142	6.5	三岔河社区
安生乡、官垱镇	官垱镇	83.93	4.08	官垱社区
安福乡、安凝乡、焦圻镇	大湖口镇	156.16	6.46	江北岗社区
安障乡、一农场	安障乡	42.63	2.12	黄山岗社区
安全乡	安全乡	61.91	2.93	董家垱社区
黄山头镇	黄山头镇	69.31	3.69	凤凰社区
安裕乡、大鲸港镇；小湾、永乐、西城、丰凝港、渔民社区；七家、偏湖洲、屡丰、五合刬、新安、安庆、东南州、永和垸村	大鲸港镇	88.93	4.8	永乐社区
安丰乡	安丰乡	64.23	2.72	出口洲社区
下渔口镇	下渔口镇	80.91	3.64	下渔口社区
安德乡、陈家嘴镇、原种场	陈家嘴镇	93.54	4.18	朝阳社区
安康乡	安康乡	57.02	2.55	北河口社区

津市市

概述

津市市，居澧水尾闾，洞庭湖西缘，地处北纬29° 16′ 30″ ~ 29° 39′ 46″，东经111° 45′ 59″ ~ 112° 1′ 40″。市域南接鼎城区，西北、东北与澧县抵界，东与安乡县毗邻，西与临澧县接壤。2014年，辖5镇、2乡、4个街道和1个工业集中区，总面积558平方千米，其中城区建成区面积10.64平方千米，工业集中区建成区面积8平方千米。总人口27万人，其中城区人口14万人。

津市处澧水与洞庭湖区结合部，自然地理条件优越。西北有道、涔、澹三水围绕，澧水干流贯穿全境，南部有西毛里湖，湖面40平方千米，此外尚有大小湖泊450余处，总面积80余平方千米。矿产资源有石煤，白云岩、石灰石、膨润土、陶土和优质矿泉水等。面积为15平方千米的嘉山风景区，是理想的旅游、疗养之地。始建于唐代的药山寺为佛教圣地。

津市交通便捷，是湘西北水陆运输枢纽，洞庭湖区著名商埠。澧水东入洞庭，西接长江，常年可通航300至1000吨级船只，津市港是湖南6大良港之一。

工业是津市经济的主体和优势，全市有工业企业200余家，形成了以食品、纺织、机械、电子、造纸、化工为主体、多种门类配套的工业体系。主要工业产品车桥、食品、味精、糖化酶、蚊香、丝绸、风味小食品等50多种。2014年，全市实现地区生产总值107亿元，完成固定资产投资101.5亿元，完成财政总收入3.87亿元，城镇居民人均可支配收入24300元，农民人均纯收入10320元。

津市素为澧州（县）属地。明嘉靖至万历年间(1522—1620)，境域逐渐形成“千户之聚”的港口集市，为州隶七市之一。清雍正十一年(1733)，以“市长数里，约万余户，人杂事繁，颇称难治”，移嘉山巡检司驻此。清乾隆三十二年(1767)，裁减津市巡检司，将州判移驻津市。清咸丰、同治年间(1851—1874)，为澧州所隶四镇之一。民国2年(1913)，撤销澧州驻津州判，由地方“五省九团”头面人物代理地方事务。同年，设津市团政局，隶澧县。翌年，津市划为澧县东一区之东一街区。民国11年，废团政，改设区长。民国23年，津市改称澧县第二区。民国27年，实行保甲制度，津市易称澧县津市镇，是为建制镇之始。明、清时期至民国（1522—1949），津市区域西起杨湖口，东至小渡口，南滨澧水，北枕后湖。长约3.5，宽约0.5千米。面积1.85平方千米。民国38年，为1.45平方千米。

1949年7月23日，津市和平解放。8月4日，成立津市市人民政府，隶常澧专区。澧县萤台乡窑坡渡、阳由垸、复兴垸、澹泊乡谭徐垸划入津市，区域面积增为34.8平方千米。同年11月26日，改为县辖市，隶澧县。1950年7月12日，中南军政委员会指示，改津市为专辖市，隶常德专区。9月，废保甲，设8个街道居民委员会和4个乡。1952年9月，津市撤市改镇，隶澧县。次年9月2日，湖南省人民政府转发中央电示，核定津市为省辖市，隶常德专区。窑坡、阳复、护市3乡划入津市。1956年8月，窑坡、阳复、护市3乡合并为三合乡。1958年7月18日，中共常德地委通知，津市市与澧县合并，名称机构编制不变，财经计划由澧县统管。市属机构同时受市、县双重领导。12月，改称澧县津市市。是年9月，三合乡改称郊区公社。1959年12月，澧县新洲公社划入津市市郊区公社，区域扩至175.3平方千米。1960年10月，津市市辖新洲镇、新洲公社、窑坡公社、灵泉公社、火箭公社。1961年，经国务院批准，津市市复隶常德专区，湖南省涔澹农场并入津市市行政区，总面积增为225.7平方千米。1963年7月1日，撤市改镇，称澧县津市镇，新洲、灵泉二公社划归澧县。次年，新洲公社明道大队划入津市镇，区域面积减为84.17平方千米。1964年8月，津市设置第一、第二街道办事处，辖窑坡公社。1966年，增设第三街道办事处。1979年12月29日，国务院“国发290号”文件批复，恢复津市市，隶属常德地区。澧县新洲公社团湖、关山二大队和灵泉公社大旗大队划入津市市，区域总面积扩为103.75平方千米。次年11月，增设阳由公社，窑坡公社改名窑坡渡公社，一、二、三街道办事处分别更名为三洲驿街道、汪家桥街道、襄阳街街道。1981年12月，涔澹农场北民湖作为蓄洪区，转隶澧县，区域面积缩减至86.2平方千米。1985年11月，澧县白衣区新洲镇、保河堤镇、渡口镇、白衣乡、棠华乡、李家铺乡、灵泉乡及大围乡2个村民小组划入津市市。1988年2月，经国务院批准，再次定津市市为省辖市，实行省计划单列，由常德市代管。1989年4月，增设金鱼岭街道办事处。1998年，白衣乡改为白衣镇。2002年12月，撤销阳由乡，所辖村分别划入三洲驿街道办事处、汪家桥街道办事处、襄阳街街道办事处。2005年，增设津市工业集中区。2007年12月，撤销灵泉乡，设立灵泉镇。至2014年，全市辖新洲、灵泉、保河堤、白衣、渡口5镇，李家铺、棠华2乡，三洲驿、汪家桥、襄阳街、金鱼岭4个街道，及1个工业集中区。

三洲驿街道

区域概况

位置面积

三洲驿街道位于津市城区西北部，东起万寿路，与汪家桥街道接壤，西至临津桥，和澧县澧澹乡毗邻，南濒澧水，与襄阳街街道隔河相望，北抵津市监狱。街道办事处驻澹津路68号，距市政府驻地5千米。辖域面积6.27平方千米。

建置沿革

明初，境域为澧州一隅洪荒之地。因江湖顶托，千古沉沙堆积成晒网、落雁、棋盘3个洲，其上有渔民结茅为屋，俗称“三洲村”。明嘉靖至万历年间（1522—1620），境域逐渐形成“千户之聚”的港口集市，为澧州州隶七市之一。清顺治三年（1646），为避兵燹，澧州州治寄居境内4年。清雍正十一年（1733），嘉山巡检司移驻境内。清乾隆三十一年（1766），裁减巡检司，澧州州判署移驻境内。民国2年（1913），撤销澧州驻津市州判，设津市团政局，隶澧县，局署驻署衙街五省慈善堂。境域分属镇福、师益、会龙、三洲、保合5团。民国22年，津市为澧县东一区街区，境域分属镇福、师益、保合、三义4镇。民国27年，废都团，实行保甲制度，境域分属7保。津市改称澧县津市镇，镇公所设商会街，是为建制镇之始。1949年7月23日，津市和平解放。8月4日，成立津市市人民政府，驻和平路。1950年，实施民主建政。9月，废保甲，建居民委员会。1963年撤市改镇，称澧县津市镇。1964年8月24日，境域成立津市街道一办事处，为津市镇人民委员会派出机构。1979年12月29日，恢复津市市建制，遵循国务院“地名公社名一般按当地地名，不用序数命名”指示，街道一办事处更名为三洲驿街道。1980年11月11日，街道办事处擢为区级机构，直隶市政府。至2014年年末无变化。

行政区划

1964年，境域辖生产街、建设街、中华街、文化路、和平路、襄阳街、窑坡渡、三洲街、中华路、北大路10个居委会。1966年，津市镇增置南岸街道三办事处，襄阳街、文化路、窑坡渡居民委员会划归三办事处管辖。1981年11月，析生产街居民委员会为杨湖口与车站2个居民委员会；析建设街居民委员会为刘公桥与建设街2个居民委员会；析北大路居民委员会为北大西路和品元宫2个居民委员会；增置后湖公园居民委员会。1990年，增置桥北、湘航、北大西路3个居民委员会；北大西路居民委员会更名为接龙桥居民委员会。是年，三洲驿街道辖北大西路、柏枝林、桥北、湘航、后湖、接龙桥、品元宫、杨湖口、车站、建设街、三洲街、大码头、中华街、刘公桥、和平路15个居委会，185个居民小组。1995年，根据常德市政府关于城市在3000人以上居民区设立1个居民委员会的精神，15个居委会于12月合并为三洲街、刘公桥、天后宫、品元宫、柏枝林、桥北、湘航、后湖8个居委会。2003年，8个居委会合并改为城隍庙、后湖、三洲街、柏枝林、桥北5个社区，阳由乡护市村一、二、三、四、五组划归三洲驿街道，成立护市社区。2012年6月，津市监狱与市政府协商，成立蔡家河社区，隶属三洲驿街道。2014年，三洲驿街道辖城隍庙、后湖、三洲街、柏枝林、桥北、护市、蔡家河7个社区。

人口民族

1985年，辖区内有6915户17246人，其中男性8334人，农业人口112人。

1990年，辖区内有9069户20496人，其中男性10924人。全年人口出生率8.71‰。人口以汉族为主，占98.1%；9个少数民族398人，其中蒙古族3人、回族297人、维吾尔族2人、苗族7人、布依族1人、满族6人、瑶族1人、白族9人、土家族72人。

2010年，辖区内有16798户37874人，其中男性19674人；农业人口3913人；人口出生率9.32‰。总人口中汉族占99.2%；12个少数民族302人，其中回族157人、维吾尔族2人、苗族15人、彝族2人、壮族7人、满族5人、白族2人、土家族99人、哈萨克族1人、黎族2人、土族9人、门巴族1人。2014年，辖区内有15957户32735人。

经济发展

综述

明朝中叶，境内即有为水运、渔业服务的木船修造、渔具制作，为农业、民生服务的纺织印染、建材砖瓦、煮酒熬糖、粮油加工及铁木器具制造等行业。明末清初，凭借水运优势，三洲驿成为澧水流域农副土特产品集散中心，四方手艺人相继入市，开店设坊，自制自卖。清末民初，海禁大开，初具规模的专业手工作坊和私营工厂迭现境内。抗日战争爆发后，长江中下游大中城市相继沦陷，津市成为通向川、贵大后方的集散地，外地疏散入境人口与日俱增，市场繁荣，手工业随之迅速发展，产品增至千种以上。

1950—1952年，津市人民政府采取银行贷款、加工订货、统购包销等多种形式扶持私营企业和手工业者，鼓励原商户集资转营工业。1957年，通过扩建、改组、新建，猪鬃、食品等国营、公私合营企业相继成立。1976年，境内工业企业（含全民、街道企业）逐渐增加，蚊香、猪鬃、纺织等简单加工性产品渐由较高档的新技术产品取代。1980年，轻纺、食品产品向中高档发展，陆续实现升级换代计划。1990年，辖区完成工业总产值870万元。1996—2000年，推行股份制改组，一批企业政策性破产后重组。2000年1月，对公有企业实施“两个置换”（置换企业产权、置换职工身份）的改革，全方位推进工业企业民营化。2001年起，湘泰食品、十八子食品等一批私营企业相继建立，城隍庙、金城银座两条商业步行街陆续建成，好润佳、广兴两大超市先后开张营业，境内逐步发展为市区商贸服务中心。2014年，实现地区生产总值117361万元，其中第二产业11763万元，第三产业105598万元。

工业

轻工业 清乾隆四十八年（1783），刘克和笔号在观音桥开业，专营各类毛笔。民国12年（1923），湘潭人周庆泉在后街创办开明印刷公司，采用铜版、石制版为九澧各大商户印制纸币。民国24年，津市铎报社购置铅印机械自办印刷，为津市铅印之始。1954年，劳动、工人、利民3家印刷厂合并为地方国营津市人民印刷厂。1956年，群生、联华等6家猪鬃加工厂组建公私合营津市猪鬃加工厂。革制品行业合作社改组为津市皮鞋社、皮箱社、木屐社。1958年，津市红旗制革厂成立。1959年3月，建金星玻璃厂，11月，金星玻璃厂改为地方国营津市玻璃厂。1964年，津市蚊香厂在杨湖口扩建厂房，形成年产60000标箱斑马牌、河马牌蚊香生产能力。津市猪鬃加工厂改称津市猪鬃厂，除汉庄猪鬃外，又新增渝庄猪鬃生产。1966年，津市玻璃厂迁窑坡渡新址。1969年，猪鬃合作一、二社并入津市猪鬃厂。橡胶套鞋涌入市场，木屐、油鞋渐被淘汰。津市皮鞋厂因原料短缺被迫停产。1970年，革制品业仅存津市皮件厂1家，生产常汉箱、帆布箱和人造革箱。五金行业改组成立冷作厂、锻造厂，主要生产藕煤炉、白铁桶、小锅炉等。1978年，省外贸确定市猪鬃厂为全省唯一水煮猪鬃生产厂家。1980年，冷作厂与衡器社合并组建市金属制品厂。1981年津市蚊香厂搬迁至襄阳街街道。1985年，津市红旗制革厂迁入新址，改称津市制革厂。1988年，市猪鬃厂水煮猪鬃获轻工部出口产品铜牌奖。1992年制革厂和皮件厂停产。1995年，市人民印刷厂更名为市人民印务有限责任公司。2000年，猪鬃总厂停产，杨邦进与人合伙租赁其车间进行猪鬃加工。2001年，颜军收购猪鬃总厂，重组为金湘猪鬃实业有限公司。2008年，金湘猪鬃实业有限公司搬迁至汪家桥街道。2011年，市人民印务有限责任公司停产。

化工业 1952年，远东、美丽、正光、强华、南洋5家肥皂厂在中华路组建津联肥皂厂。1956年，成立化工原料公司独立经营。1956年，津联肥皂厂转为公私合营，更名津市日用化工厂。1962年，津市日用化工厂关闭。1963年，津市红星化工厂改名为津市蚊香厂。1969年，津市重组日用化工厂。1976年，向顺滋以日用化工厂化工生产基础设施转产酶制剂。1978年11月，市日用化工厂更名为津市酶制剂厂。1983年，市酶制剂厂整体搬迁至北大东路。1992年，猪鬃总厂建氨基酸分厂，其产品L–胱氨酸生产工艺填补省内空白，获省科技进步一等奖。

食品业 清光绪四年（1878），邑人夏兴发在新码头经营糟业，年产酒约15吨。清光绪二十八年（1902），张恒福糖铺开业。民国17年，荣泰机器米厂在大巷口开业，为津市机器加工大米之始。1950年春，杨振之所办沙市复兴烟厂迁津，市政府、驻军480团与该厂合办澧津烟草公司，设津市关庙，生产进军、国防等牌号香烟。1952年，澧津烟草公司并入常德河洑烟厂。1956年，津市私营斋馆9户成立公私合营糕饼加工厂。1957年，糕饼加工厂改为糖业糕点公司加工厂（后改为地方国营津市糖果糕点厂）。1960年，两处屠宰场合并，挂牌津市肉食加工厂。1984年，市糕点厂有11种产品获省级以上质量奖，津津牌麻蓉酥糖、金凤牌高粱饴软糖获首届中国食品博览会银牌。1985年，涔澹农场采用天津南开大学树脂法新工艺试产甜叶菊糖获得成功，次年4月挂牌津市甜叶菊糖厂。1987年，甜叶菊糖生产工艺获国际博览会世界发明铜牌奖。1990年，涔澹农场投资130万元，新建饲料厂。1996年，市糖果糕点厂停产。粮贸公司改称浪力公司，生产浪力牌

600 毫升、350 毫升瓶装纯净水；境内张老头食品厂、湘泰食品厂、云露食品厂、十八子腐乳等一批私营加工企业兴起。2000 年，浪力公司破产，重组更名为浪力饮用水股份有限公司，停产瓶装纯净水，转产 5 加仑桶装纯净水。浪力饮用水股份有限公司产权转隶常德市劳动局社保处，尔后，又实行民营化改组。

纺织业 清光绪三十四年（1908），邑人龙于成等办惠中纺织公司，是为津市最早的工厂化企业；广东丝商在津市大巷口建灶收茧缫丝。1953—1956 年，染织业老店成立 10 个生产工艺合作社、组。1957 年，10 个生产工艺合作社合并组建津市群力染织厂、津市群英线带社。1974 年，群力染织厂改称津市织布一厂，纤维纺织厂更名津市织布二厂，群英线带社更名津市线带厂。1981 年，织布一厂和织布二厂合并成立津市织布厂。1990 年，线带厂关停。1991 年，市织布厂停产关门。

机械制造业 民国 11 年（1922），常澧镇守使唐荣阳在天后宫创办军械修理厂，为驻军修理枪械。民国 14 年，贺龙任澧州镇守使，接管并扩充军械修理厂，厂址迁关庙，日产汉阳造步枪 10 数支，子弹少许。次年 5 月 4 日大火，工厂损毁殆尽，乃遣散人员，残存机器缴解省署。民国 32 年，浙江铁工厂中共地下党员李群、高培勋等到境内创办新华制造弹棉机器工厂。1951 年，新华制造弹棉机器工厂改为国营新华农业机械厂。1954 年，创办公私合营新津五金螺丝厂，其金钢钻牌木螺钉填补省内空白。1956 年，五金螺丝厂转为地方国营，正式纳入国家生产计划。1957 年，五金螺丝厂、新华农机厂在窑坡渡另辟新厂。1960 年，新华农机厂并入澧县农机修配厂，留下部分设备、人员迁入境内原址，改称地方国营津市机械厂。1970 年建无线电厂，生产电子原件，后生产载波机。1975 年，津市机械厂先后更名为市建华五金机械厂、建华皮革机械厂，产品陆续发展到刮软机、披皮机、裁料机、压合机等 10 余种。1978 年，汽车锻压件厂生产汽车后半轴；供销机械厂生产手摇油泵；涔澹农场汽车缸套厂生产缸套、活塞。1983 年，锻造厂更名为市五金电器厂。1991 年，无线电厂迁新址，揭朝发创办津市特种油泵厂；市五金电器厂与金属制品厂合并，成立市五金电器总厂，厂址设汪家桥街道。1994 年，由供销机械厂改名的润滑设备厂兼并无线电标准件厂，与外资合资成立拓奇机电设备制造有限公司。至 2001 年，境内公有机械企业全部实施政策性破产。2008 年，油泵厂搬迁至工业园。

造船业 民国年间，境内有 10 余家私营船厂修造各类木帆船。1953 年，津市船木工人及私营船厂主组成津市建筑工会工程处、津市船厂经营处，承接修、造船业务。1955 年，津市建筑工会工程处和津市船厂经营处合并成立津市造船生产合作社。次年，津市造船生产合作社移交省航运公司津市办事处，改隶省内河航运局，更名“湖南省航运厅津市帆船修理厂”。1960 年，湖南省航运厅津市帆船修理厂与湘航津市办事处修理车间合并为“湖南省交通厅内河航运管理局津市港船舶厂”（湘航津市船舶厂）。1995 年津市船厂停产船舶。1998 年，湘航津市船舶厂停产。

街办工业 20 世纪 50—70 年代，街道办事处及各居委会组织闲散劳动力，兴办以手工为主，生产日常生活小用品的街办工业 16 家。1958 年，街道组建纸盒小组，组员 5 人，承接市电池厂包装纸盒业务。1960 年代初，纸盒小组改称纸盒生产合作社。1969 年，建设街居委会组织百余人从事小商品生产，1 年后积累资金万余元，创建耐火材料厂。1976 年，纸盒生产合作社更名津市纸箱厂。1979 年，津市纸箱在北大路筹建新厂。

1980年，街办前进化工厂转产汽酒、饮料，改名津市前进果糖饮料厂；耐火材料厂迁至北大路新址，改称津市湘北耐火材料厂；是年，有街道企业8家，总产值288万元。1983年，东升塑料厂建立，生产塑料绳索及其他日用塑料小商品。1984年6月，组建津市夹心糖厂筹建处，引进全省第一条意大利夹心糖自动生产线。1980年代中期，纸盒厂投产。1985年，新办4家街道企业。1986年8月，利用原前进化工厂的厂地创办津市黄连素提制厂；12月，夹心糖厂定名为津市食品总厂。津市庆丰棉织厂更名为津市织布厂；纸品厂改为残疾人福利企业，更名为纸品包装福利工厂。1987年，前进果糖饮料厂转产蚊香，更名为津市益民蚊香厂，成为湖南斑马蚊香厂集团的联营厂家。1991年起，三洲驿街道对办属企业实行股份制改组改造。1993年4月，将津市黄连素厂改为津市生化制剂厂，11月生产出高效复合β－淀粉酶。1994年3月，关闭津市食品总厂，集资入股创办津市市中意糖果有限公司，职工116人，主要产品果酱夹心糖和保健糖双获省优新产品一等奖，生产能力及实际产糖量均跃为湖南糖果生产行业之首，成为湖南最大糖果生产企业；高效复合β－淀粉酶通过省级鉴定，8月被省科学技术委员会授予省优产品称号，成为办事处首家科技先导性企业。1995年全办工业总产值2100万元，实现销售收入1700万元、税金60万元。1996年，纸箱厂和纸品包装厂生产纸品包装321吨。1997年，庆丰棉织厂关闭。1998年，湘北耐火材料厂更名为津市建材有限公司。2000年起，办属企业由于经营管理不善，严重资不抵债，陆续宣告破产。2003年，办属企业改制任务全部完成。中意糖果公司于2012年搬迁至工业开发集中区。2014年，境内无街办企业。

商贸服务业

市场 津市地处澧阳平原和江汉平原棉花主产区，清代即为湘鄂两省著名棉花市场。抗日战争时期，花行猛增，形成三洲驿、大巷口两条棉花街，仅三洲驿就有30多个门面经营棉花。境内还有三洲街牛马市、河街粮市、新码头药市数处专业性集贸市场。抗日战争胜利后，湖北花源减少，境内花市开始萎缩。中华人民共和国成立初，农副产品仍以集市贸易为主。1950年，市人民政府除保留原有集贸市场外，还投资新辟筲箕洼农副产品交易所。1953年，3家牛马行组合为“利农牛马行”，年交易耕牛千余头。1954年，棉花实行统购统销，花行转业，业务由津市供销社经营，此后外地棉花不再流入，盛极一时的津市花市基本消失。1955年，澧县废牛屠宰场移交津市。1956年，牛马行公私合营。1958年农村成立人民公社，耕牛公有，禁止买卖，牛马行于次年解散。1962年恢复牛马交易，牛马行改称牛马交易所，所址设品元宫。1968年牛马交易行停止，全部人员下放农村。1969年，牛马交易所再次恢复。1980年，在建设路中段，沿街两边修建钢结构小间门店，形成市境首条服装街。1985年，建三洲驿个体户一条街。1987年，修建市百货大楼，总建筑面积7400平方米。1990年代初，在刘公桥路北大路交汇处，自发形成蔬菜批发市场，日成交量5万余公斤。1990年代中期，建设路中段明珠楼四周布匹市场形成，常年经营布匹的个体户约80户。1990年，湘航津市公司投资建7层金帆大厦，造价235万元，建筑面积7552平方米。次年，桥管所将澧水大桥北引桥下改建成市场，设门店147个，主要经营服装、皮鞋、家电、化妆品。1991年，市工商局投资200万元，新建二层全封闭式的和平市场，建筑面积5800平方米，置固定门店211间、摊位386个。1993年6月，市工商局、食品公司合资新建的品元宫市场投入使用，建筑面积10700平方米，有门店600个，配套工程4层大楼的招待所1800平方米、水果市场400平方米，系津市最大的综合性集贸市场。1994年6月，市五交化总公司兴建五交化大楼，建筑面积5000平方米；市百货总公司建高5层、总建筑面积3000余平方米综合楼。1998年，云凯公司投资兴建大码头市场，建筑面积11600平方米，设门店194间。2000年，雷志桃、雷立东在九澧大道兴建建材城，总建筑面积25000平方米，门店135间，为市境唯一大型建材专业市场；温州侨兴公司周庆楷在城隍庙兴建津市第一条商业步行街，商业用建筑面积14000平方米，门店320间。2001年6月，津市第一家集副食、烟酒、日化用品、五金家电、首饰精品、饮食、娱乐等为一体的广兴超市建成营业。2010年9月，澧县丰彩实业有限公司投资建设的津市市好润家超市开业，建筑面积18000平方米，商业经营面积12000平方米，总投资9000万元。2014年，境内有金城银座、城隍庙2条商业步行街，好润佳、广兴2家大型超市，夜市一条街、大码头、建材城等3家专业性市场，护市、三洲街、生产街、和平市场4家菜市场。

商品贸易 清代、民国时期，滨湖地区诸县水产品纷纷来境内集散，津市鱼市素负盛名，贸易量较大的有贺同春、封源茂两家。民国11年（1922），澧州殷商张思泉在津创建镇大煤油公司，公司设市区新码头，经销美孚公司煤油。民国21年，长沙人陈胜在三洲驿开设陈光华蛋店，专收鲜蛋运销长沙。20世纪30—40年代，德和大、百福斋、百禄斋、芝兰斋为南货号规模较著者，兼营糕点、豆鼓、酱食作坊；老同兴的虾油、豆瓣酱、芝麻酱，德和大的苏萝卜，怡大的菜花豆鼓，百禄斋、百福斋的薄切、蛋糕、桃酥、酥皮细点及糖果驰名九澧。1950年10月，津市贸易公司分为百货、纱布、土产、粮食、盐业、文化用品、医药、油脂等专业公司；水果经营归口土产公司；五交化业务由百货公司兼营。1953年，市百货公司开始经营自行车。1955年，17家个体豆腐店集资1300元在生产街建立豆腐生产合作社，次年改组为津市豆腐厂。1956年，新建两处生猪屠宰场，自行车销售交由市五金公司经营，南货业先后归口贸易公司、百货公司、糖业糕点公司管理，水果经营划入食杂果品公司。蛋店实行公私合营。6月成立化工原料公司，经营商品有100多种。1957年，市区98户蔬菜摊贩组成蔬菜合作商店，归口食杂果品公司管理。1961年成立蔬菜公司，市区设18个经营网点。1969年，花纱布、百货、文化用品3公司合并为百货纺织品公司。1980年后，津市鱼市再度复兴，在新码头形成水产品收购一条街。20世纪80年代，市百货中心商场、仙桥商场、金帆大厦友华商场为境内主要百货商场。1985年，市五交化公司销售总额1498.16万元。1990年代初，各商业企业向家用电器市场进军，打破由五交化公司一统市场的格局。在北大路西段形成酒、糖果、糕点批发市场，常年经营户约50家。新码头鱼市消失，和平路市场成为境内水产品主要交易场所。1990年，廖新春在人民路创办的新春自行车行成为市境自行车最大销售商，代理山地车、赛车、普通男女自行车品牌10余个。1994年，在北大路与刘公桥路交汇处形成蔬菜批发交易市场，集贸市场取代国合蔬菜店而成为蔬菜市场主体。1995年后，一大批个体经营者参与五交化商品经营，国合企业效益出现大幅度滑坡。1997年，市纺织品总公司全面实行国有民营，门店柜组全部出租。1998年后，国有、集体百货企业全面退出市场，民营连锁店、专卖店、授权经营店、超市相继兴起。2000年，市五交化公司实施“两个置换”改革，退出市场。境内较大规模的民营家用电器商场有：三联家电、六合家电、广兴家电以及美的、海尔、格力等名牌家电的专卖店；在车胤大道西段形成摩托车市场，有6家专营摩托车商店。

饮食业 清宣统年间（1909—1911），临澧新安人刘宏远在新码头开店，店名为新合楼，经营面食，尤以包子闻名九澧。民国13年（1924），长沙潇湘酒家厨师宋维藩，在大码头横街开设小熟食店，经营包子和面条，民国16年，宋维藩取店名为企园酒家，民国24年，企园酒家店址迁坊夹街，经常挂牌的菜目达400余种。民国27年，刘松生举家从常德迁津市开设粉馆，因其耳聋，遂将粉馆取名刘聋子粉馆；刘聋子粉馆的牛肉粉和牛肉钵，烂度适中，具有辣、滚、香、鲜的特点，在市面独标一格。1959年9月，津市首家大型综合性餐馆望江楼建成开业，建筑面积2000平方米，营业面积900平方米；厨师田万贵多次赴省城参加烹饪表演，被湖南省政府授予特二级厨师称号，并赴中国驻印度使馆服务。望江楼年均营业额28.6万元，最高达52万元，居全市饮食行业之首。1994年，国合饮食业名店望江楼、企园酒家、新合楼、刘聋子粉馆等全部实施个人承包和租赁经营，私营餐馆如雨后春笋般发展。餐馆中规模较大的有望江楼、利顺德、维多利亚、金峰楼、圣地亚哥等。2003年，在沿河路修建夜市一条街。之后，个体餐馆易帜频繁。2014年，境内有大小餐馆100多家，糕点店20多家。

服务业 民国末期至中华人民共和国成立初期，境内有明明、天映阁、湘光3家照相馆和长沙商号、福兴客栈2家旅社。1956年，3家照相馆合并成公私合营津市照相馆，2家旅社组成公私合营津市第一旅社（后改为国营津市一旅社）。1962年和1970年，先后兴建迎宾旅社（后更名为燎原旅社）和车站旅社。1978年，津市制冰厂设立洗澡堂，冬季对外营业。1987年，兰苑宾馆建成开业，宾馆占地40亩，建筑面积15000多平方米，总投资520万元。20世纪80年代，电信局、湘航公司等驻津单位以及境内商业、工业、农业、街道等部门和个体户等也相继办起宾馆、招待所、旅馆。90年代，个体旅店逐年减少，民营宾馆增多。

1991年，津市电脑彩扩中心开业。此后，婚纱摄影、艺术影兴起，规模较大的影楼有红玫瑰、漂亮宝贝、金百合等。1992年，粤港美容院开业，开市内专业美容先河。此后，个体理发店亦陆续改为美发美容店，开展纹眉、纹唇、皮肤护理等。1999年，汽车站搬迁至临津桥附近，周边逐渐形成私房旅馆一条街。2003年，兰苑宾馆升级改造完毕，建筑面积达2万平方米。

金融

民国15年（1926）2月，中国银行在境内设津市分行。民国25年4月，津市商业银行开业，次年元月，津市商业银行停业。民国27年1月，湖南省银行设津市支行。民国31年9月，中国农业银行设津市支行。1949年8月，津澧解放，湖南省军事管制委员会接管澧县银行，组建中国人民银行津市支行（简称津市人行），办公地点设澹津路1号。

1979年12月，中国人民建设银行津市市办事处改为中国人民建设银行津市市支行（简称津市建行）。1980年1月1日，设中国农业银行津市市支行（简称津市农行）。1984年，津市人行保险股析出，成立中国人民保险公司津市市支公司（简称津市人保）；12月22日，成立中国银行津市市办事处。1985年1月，成立中国工商银行津市市支行（简称津市工行）。1986年3月，成立津市农村信用合作社（简称津市农信社），5月，中国银行津市市办事处改为津市市支行（简称津市中行）。1988 年 5 月，津市市城市信用社成立，由津市市劳动局管理，为股份合作制。1989 年 11 月，市工商银行建津市首家电脑储蓄所。1994 年 7 月 1 日，市农业银行与市农业发展银行业务划转完毕，市农业发展银行开始单独运行。1995 年起，津市工行、农行、建行、中行 4 家专业银行随金融体制改革转体为国有商业银行。年底，市城市信用社与市劳动局脱钩，归口津市人行领导。1996 年 10 月，中国人民保险公司易名为中国人民保险（集团）公司，津市人保析为中保财产保险有限公司津市市支公司（简称津市财险公司）和中保人寿保险有限公司津市市支公司（简称津市寿险公司）。12 月，津市农信社与津市农行脱钩，改由津市人行领导。12 月 20 日，中国农业发展银行津市市支行（简称津市农发行）成立。1998 年 10 月 7 日，津市财险公司和津市寿险公司分别更名为中国人民保险公司津市市支公司（简称津市人保公司）和中国人寿保险公司津市市支公司（简称津市人寿公司）。2001 年，城市信用社并入津市农信社。2014 年，境内有银行 7 家、保险公司 2 家。

基础设施

街道

1950 年，市政府将境内小街小巷裁弯取直建成直街，冠以新名。1951—1957 年，逐年分段改造旧街，扩建路基长 9.68 千米，面积 15 万平方米。1963 年，生产街混凝土路面铺装工程竣工，长 474 米，宽 13 米。1967 年，铺设观音桥渡口至建设路沥青路面，长 220 米，宽 11 米，为津市第一条沥青街道。1974 年，筹建东起小渡口西抵澧澹乡东洲垸间堤长 3600 米的北大路，1980 年，路基土建竣工。1980—1984 年，相继建成刘公桥路、澹津路、万寿路 3 条南北向街道。至 1990 年，境内共有北大路、人民路、建设路 3 条主干道，万寿路、刘公桥路、澹津路 3 条次干道，中华街、品元宫街、大码头河街、三洲街、西河街、天后宫路、大码头巷、新码头巷、新建坊巷 9 条街巷。1992 年，九澧大道动工兴建。1996 年，新建北区大巷口至双济桥沿江路。1997 年，完成北大西路改造。1998 年，澹津路蔡家河至九澧大道 347 米路段拓宽改造。2000 年，改造品元宫路，北大路更名为车胤大道，北大二路更名为银苑路。2001 年，完成万寿路改造。2014 年，境内有主干道 3 条（车胤大道、九澧大道、孟姜女大道），次干道 6 条（人民路、建设路、银苑路、护市路、六一路、万寿路）。

社区建设

1950 年 9 月，废保甲，设街道居民委员会后，居委会办公用房均采用租、借等形式。2003 年 1 月，城隍庙社区投入 105 万元，在城隍庙步行街建成 260 平方米的社区服务大厅。2005 年，建成后湖社区服务中心。2007 年 5 月，建成面积达 300 多平方米，拥有服务大厅、会议室、文化活动室等功能设施的护市社区服务中心。2013 年，按照“设施配套、功能完善、方便舒适、特色明显”的布局思路，完成杨湖口小区、清风小区、后湖小区、工贸小区、五交化一期、护市四组、樱花小区等 7 个示范小区拆违和建设。2014 年，完成味精公寓、船厂、味精公寓、五交化二期、津航小区、护市三组 6 个示范小区拆违和建设，投资建设柏枝林、桥北两个社区办公服务大楼和居民活动广场，完成城隍庙、护市、蔡家河三个社区平台改造。同时按照“一站五室”的标准配备公共服务、社区警务、居家养老、卫生服务、党员（居民）活动、文化教育培训等活动场所。

交通

水路运输 境域地处澧水尾闾，洞庭湖西缘，有澧水航道、滨湖航道、荆水航道沟通境内外，因水运称便，素为湘北名埠。明代，境内观音桥始设官渡。清乾隆、嘉庆年间（1736—1820），境内逐渐形成码头装卸搬运业，俗称箩业。清咸丰年间（1851—1861），江西会馆建观音渡口码头，名澹津渡口；在大码头设义渡，有船2艘，俗称江西义渡。民国6年（1917），长沙六轮公司建客运码头和简易候轮室，俗称洋船码头。民国9年，在观音桥设澧州轮船码头。民国12年，洋船码头改名长津公司。民国30年，长津公司与福利公司合并，组成长津福利轮船公司。民国33年，境内轮驳组建湘西航轮联合局。

1950年，市人民政府组织箩业、量戽业、海员装卸部工人废除封建码头制度，实行民主改革，成立津市搬运工会。1953年，津市港客货分运。湘航津市办事处于水府庙河街建客运站房及候轮室。1954年津市实施水上民主改革和木帆船社会主义改造，船民陈本轩等8人率先组织澧水第一个运输互助组——涔新互助组。次年，成立第一个初级运输合作社——先锋合作社。1956年2月，湘航津市办事处组成津市搬运队（后更名为津市搬运服务队）；5月，成立津市木帆船运输合作社。1957年，江西义渡撤销，观音桥渡口改轮渡，市财政局拨款10600元，改建客轮1艘，定载150人。8月7日，客轮首航渡客。1960年，津市搬运服务队并入行星运输人民公社，次年恢复搬运服务社。1964年津市搬运管理站组织社会运力成立短途运输板车队、零担搬运队、窑坡搬运队；1968年合并为津市搬运运输社；1970年易名津市搬运服务公司。1974年，津市木帆船运输合作社易名津市航运公司。1975年，津市搬运服务公司购汽车从事长途货运。1978年，兴修汽车轮渡码头，收过渡费以渡养渡。1980年，国家开放水运市场，津市航运公司自行设计改造270吨钢质挖卵工程船，扩大砂石建材产、供、销业务，同时发展钢质机动驳船，开辟长途运输，货运进入长江，拓展航线上至南津关，下至南京、上海及太湖周边地区。1981年，常德地区航运公司撤销，部分财产和职工并入津市航运公司。次年10月，省公路局接管汽渡，停收过渡费。1989年，津市澧水大桥通车，汽渡停开，轮渡废弃。1994年，津市航运公司改称津市航运总公司。1997年增大哥大客运码头1个，津市首次用俄罗斯水翼飞船，开通至长沙客运。2000年，因津市至长沙客运停运，客运站关闭，津市水上客运全部停航。津市航运总公司实施“两个置换”改革，58艘船舶转入私营津市市船舶有限公司。2001年，津市航运总公司改制为股份制企业——津市市顺达有限公司。至2014年，水上货运量为200万吨。

陆路运输 民国时期，境内有灵宫殿、关庙街、二圣庙、新建坊4家轿行，各轿行备轿10～20乘。民国24年（1935），省公路局常澧桃段在津市大巷口堤内设车站，津市始有汽车客运。民国26年，邵阳人佘勋邀集津市商界人士集股组合利津人力车公司。

中华人民共和国成立后，轿业工人和人力车工人转入搬运工会，轿业和人力车业消失。车站被市人民政府接管，1951年隶属省公路局运输公司常德分公司。20世纪50—60年代，车站先后开设津市至石门、慈利、澧县大堰垱、王家厂、闸口、甘溪、复兴厂、盐井、大庸10条客班线路。1965年，车站有客车17辆、货车40辆，附设汽车保养厂，担负临澧、澧县、石门等地客货运输。1970年车站撤销管理站，车队、保养厂迁澧县。70年代，车站增开津市至长沙、湖北沙市、宜昌客班。1974年涔澹农场于市区北端建澹水公路桥，联接市区与涔澹农场公路。1975年，市运输公司组建车队，长途货运线路通往18个省（市、区）。1978年津市建汽车渡口，沟通市区南北汽车运输。80年代，车站增开津市至岳阳、汉口长途客班以及津市至澧县杨家巷、甘家湾、毛家岔、官垸、西洞庭农场等短途客班。其时，津市公共汽车公司先后开辟市郊新洲、涔澹农场、白衣、渡口、毛里湖短途客班，以及津市至石门、常德、长沙客班。1983年，车站改设192车队，有客车29辆。次年，车站更名为湘运常德分公司津市公司。1989年12月15日，津市澧水大桥通车，为公路城市两用桥，大桥连接市区南北公路，经津澹公路与207国道接通。1990—1992年，省交通部门在市北大路西端南侧建湘运汽车新站，占地5040平方米，增开津市至长沙豪华空调客班车。1994年，市交通局在澧水大桥北建社会客运站，占地5000平方米。1998年，湘运津市公司改制为常德欣运集团股份有限公司津市分公司。1999年，在临津桥东头南侧征地25亩，新建社会客运站，于2001年竣工运营。2004年，常德欣运集团股份有限公司津市分公司搬迁到此，社会客运站改名津市汽车站，湘运汽车站停运。至2014年有省际班线11条，市际班线8条。

社会事业

教育

幼儿教育 民国13年（1924），芬兰教会在二神庙街福音堂内创办津兰幼稚园，是为津市幼儿教育之始。民国25年，澹津女校附设幼稚园。民国36年，江南会馆在三元宫巷创办私立健安幼稚园，民国38年停办。1950年，津市市政府将健安幼稚园改名为津市私立新生幼儿所（1954年改园），1952年，津兰幼儿园停办，1970年，商业幼儿园成立。2000年，商业幼儿园拍卖，改名恒通幼儿园。2014年，境内有幼儿园6所，在园幼儿1178人，专任教师121人。

小学 光绪三十年（1904），芬兰基督教传教士在二神庙福音堂创办私立津兰小学，分男女两校，各一个班。民国元年（1912），津市大成会在关庙澹津书院创办私立大成两等学堂（民国5年停办）；同年，公立师益小学成立，校址设城隍庙。民国2年，公立保合小学成立，校址商会后街。民国9年和民国12年，津市大成会在关庙澹津书院创办私立澹津女校和津市大成学校。民国15年，福建会馆在天后宫创办私立福建高小。民国16年春，长郡会馆在商会后街创办私立长郡小学；大成学校停办。民国17年，江西会馆在万寿宫创办私立豫章小学。

1949年下半年，澹津女校、长郡小学、豫章小学3所私立小学由津市市人民政府接管，分别改称津市澹津完小、津市长郡完小、津市豫章完小。1950年停办津兰小学。1951年，长郡完小与豫章完小合并为长郡完小。1952年，公立保合小学并入长郡完小。1953年，公立师益小学并入澹津完小。1954年，澹津完小改名津市一完小，长郡小学改名津市二完小。1973年，强调“学制要缩短，教育要革命”，各小学普遍推行五年一贯制。1976年10月，除津市二完小设一个五年制试验班外，其他学校全部实行六年制。1978年，成立津市轮船运输公司子弟学校。2000年，湘航子弟学校、涔澹农场子弟学校撤销，教师交市教育局管理。2001年，王自忠租赁原湘航子弟小学校舍创办私立双语实验小学。2014年，津市有3所完小，在校学生3127人、专任教师216人。

中学 清宣统元年（1909），芬兰基督教传教士在福音堂创办津兰中学，学制四年。民国30年（1941），津兰中学停办。

1957年9月，市政府在澹津路创办津市第二初级中学。2010年，津市二中撤消。

职业教育与成人教育 1951年，成立津市市总工会职工学校。1979年，市总工会职工学校自文化大革命中停办后恢复。1984年4月，以市四中为基础，成立津市食品职业学校，次年，市四中更名为津市第二职业中学（与津市食品职业学校一校两牌），开设服装、家电、烹饪、幼师、商业服务等专业，学制3年。1986年，市劳动服务公司成立津市技工学校，开办纺织、机械制造等20个专业班。

1988年，湖南广播电视大学津市分校成立，面向社会招生。

1989年，市二职中被列为省重点职校，更名为湖南省津市职业中专，面向全常德市招生。1998年7月，市广播电视大学与津市市技工学校合并。

2014年，津市有职业教育培训集团1处（分南、北院，南院为职业专科学校，北院为广播电视大学津市分校），在校学生795人，专任教师127人。

特教 1956年8月，聋哑人黄诗言倡办津市聋哑人业余学校，有聋哑学员22人，老师为义务制，学生不交学费。1959年，市民政科接管津市聋哑人业余学校，改名为津市聋哑人红专学校。1960年5月，津市聋哑人红专学校改名为常德地区聋哑人工读学校，学制2年，常德地区各县市共选送23名聋哑人来校就读。1962年，学校更名为津市聋哑人政治夜校，招收市蚕桑场与福利工厂聋哑职工29人，1967年停办。1983年，市民政科恢复聋哑人政治夜校，有学员38人，每周学习3晚。次年，常德地区教育局将该校改为“常德地区聋哑人文化学校”，学制4年。1990年，省教委投资58万元重建津市聋哑学校，学制9年（小学5年、初中3年、职业技术教育1年），面向常德市各区县招生，为常德市境内唯一聋哑人学校。2014年，津市聋哑学校，在校学生135人，专任教师53人。

文化体育

清乾隆四十九年（1784），境内始有文昌阁戏台。至同治年间（1862—1874），城隍庙、关庙、天后宫、财神殿均有戏楼。

民国初，在万寿宫后坪辟有一临时田径场，设100米跑道、2个沙坑。民国13年（1924），津兰小学在操坪竖篮球架1支（半副），自制乒乓球桌1台，为津市篮球、乒乓球设施之首。此后，各校陆续建起简易的球类场地和球桌。

1949年12月，成立津市人民图书社，兼发书刊；次年，组建新华书店津市支店，经营图书发行；市人民体育场建成，占地33300平方米；市总工会集股创建工人电影院，租白宫戏院放映（次年迁至众乐戏院）；12月，在财神殿前堂屋组建津市市人民文化馆。

1952年，津市人民文化馆并入澧县人民文化馆，迁入太子庙巷口新馆舍。1954年，津市人民文化馆、澧县人民文化馆分设，津市人民文化馆改名为津市市文化馆；工人电影院改为国营，易名人民电影院；津市市总工会组建津市工人俱乐部，附设剧场开放。1955年，市政府投资22000元建成津市剧院，面积1448平方米，楼厅座999个，居常德地区剧场之首。1958年7月，新华书店津市支店更名津市市新华书店。

1961年，市总工会建成津市第一个旱冰场，对外开放，后场地损坏停用。1974年组建文化电影院，租市工人俱乐部剧场放映。1976年7月，市体委在二中兴建一座8泳道露天游泳池。1978

年3月，北大路居委会曲艺茶馆开业。1980年代初，市文化馆在三洲驿办事处试办中心文化活动室，开展图书阅览、桌球、乒乓球、象棋、气枪射击等活动。1981年，文化电影院改名中华电影院，市工人俱乐部改名工人文化宫。1984年，新华书店人民路新大楼落成，实行开架售书。1988年，二中游泳池停用。1989年，市文化馆剧场关闭。1990年市工人文化宫剧场改建为商场。1994年，金帆大厦内设旱冰场。20世纪90年代中期，有私人投资在金帆大厦内设乒乓球桌6张，供人锻炼。1998年，市老干局置健身房。2000年，市体委乒乓球训练房关闭，在市老干局大楼成立日夫乒乓球训练馆。尔后，中华电影院拆除。

2014年，境内有电影院1所，文体广场5个，室外晨、晚练场所5处，经常参加体育活动的人数占常住人口的32%。

医疗卫生

清宣统三年（1911），基督教津市福音堂设津兰医院，院址澹津路8号，有病床数张，医务人员3名。后有大同医院开张。1950年9月，二轻职工医院成立，院址和平路。1951年津兰医院改名联立津兰医院，同年底，被市人民政府接收，更名津市市立医院。1952年3月，境内10余名中医师响应人民政府“组织起来”的号召，于和平路择木屋4间创办和平中医院，面积70平方米，设病床12张，固定资产5000余元。1953年5月，商业职工医院成立，院址建设路。1955年，津市市立医院改名津市人民医院，搬迁至襄阳街街道，原址设为医院门诊部；津市市妇幼保健院成立，院址万寿路；三三0医院成立，院址白洋堤。1956年，湘航医院成立，院址新码头。1958年，和平中医院与市内7家诊所组成津市联合医院，1964年更名津市中医院，职工增至100人。20世纪90年代，商业医院、二轻医院、职工医院、湘航医院停办。

1994年9月23日，市妇幼保健院通过国家专家组及世界儿童基金会专家的联合评估，成为全省首批国际标准爱婴医院。2001年，津市中医院筹资150万元在建设路修建2452平方米的住院大楼及有关配套设施。2004年，市人民医院在万寿路60号设门诊部。2014年，境内有中医院、妇幼保健院、白洋堤医院等医院3所，社区医疗机构3个，门诊部（所）12个，有床位15张，卫生专业技术人员27人，其中副高以上专家2人。

社会保障

民国28年（1939）1月，办津市乞丐收容所，每人每天发米0.75公斤，集中在津乞丐113人于刘公桥、品元宫及三洲驿圈门3处，生产鸡毛刷、布壳、草鞋、棕刷，不久因殷实铺户不乐捐助，解体。中华人民共和国成立后，市人民政府对老弱病残等特困群众给予救助安置，对城镇孤寡并丧失劳动力的老人实行“五保”（保吃、保穿、保住、保医、保葬）政策。市民政局按月发放救济款，保证“五保”老人基本生活。“五保”老人的冬夏衣服与粮油、医疗等费用由居民委员会统一到市民政部门领取后分发到人。房管部门免收房租。1958年2月，市火箭公社第一管理区在生产街首办敬老院，集中供养孤寡老人19名，公社拨给人均月伙食费6元。1960年4月，市民政科在中华路租房1间开办福利工厂，组织14名盲人、21名烈军属困难户编制绞链、卖茶水、说书等。1963年，生产街敬老院由市民政部门接管。福利工厂迁至生产街，扩大生产规模。1965年3月，生产街敬老院与汪家桥抚养院合并，改称津市残老院，迁址襄阳街。1969年，福利工厂迁襄阳街。

1994年，生产街两次发生火灾，市民政局拨款7000元，救济受灾居民。1997年7月，启动最低生活保障工作，对家庭收入低微无法维持最

低生活水平的对象进行救助。2007 年启动城镇居民医疗保险，三洲驿街道办事处开展结对帮扶活动，组织辖区企事业单位、私营企业主、人大代表、政协委员、志愿者，每年帮扶 300 名困难群众参加医疗保险。2008 年 5 月汶川地震，街道办事处组织为期三天的募捐活动，筹措现金 10 多万元，衣物 500 余件。2014 年，辖区共有“五保”户 43 人，月生活标准 325 元。有 953 户 1228 人特困居民享受城镇最低生活待遇保障，人均保障标准 245 元。对 59 名年满 90 周岁的老人每人每月发放 100 元的长寿生活补贴。城镇居民医保参加人数 15946 人。

特色地情

名优特产

木子腐乳　又名湖南十八子腐乳，是津市市十八子食品有限公司的知名品牌。木子腐乳秉承李氏祖传食品的精湛工艺、优选天然的江南大豆、采用科学的配制方法制作，其产品特点为“粘口清香、纯正圆畅、麻辣香溢、回味悠长”。1999 年 11 月获得湖南省首届名优特农副产品博览会优质产品奖。2000 年 10 月获湖南省农博会金奖和常德市名优新产品奖。产品远销美国、英国、日本、新加坡、法国等国和中国台湾地区。

刘聋子牛肉米粉　刘聋子牛肉米粉创始人刘松生，幼年患中耳炎导致耳聋，遂有“刘聋子”绰号。民国 27 年（1938）在津市夹街其姐夫家开设粉馆，后积蓄渐丰，至民国 32 年自建简陋木瓦房一栋，迁至新居营业。刘虽汉人，但与回族交往甚密，从而积累不少加工牛肉之经验，根据回汉风味特点，独创出刘聋子系列米粉、菜肴，其风味别具特色，流传至今。刘聋子牛肉粉在市面众多米粉中独树一帜，其油码和汤的制作与众不同。牛肉从进店到制成油码，有十分严格的程序，牛肉进店立即用铁钩挂上，分老、嫩、肥、瘦切成 500 克左右的块子，放在清水里浸泡、漂洗、挤压，洗净血水直至水清。然后捞起，用配制的香药煮熬，所有的香药有大小茴、砂仁、中安、桂枝、甘草、陈皮、公母丁、花椒、三乃、十景香、甘松等 20 多种，香药用纱布包好放在炉锅底部，上面放牛肉，炉锅不加盖，让牛肉的腥臭散发出去，煮熬时汤中有血泡浮起，立即将血泡舀出，同时根据牛肉的肥瘦加放适量的牛油以增加鲜味。牛肉煮到手指能捏烂时便捞起，摊放在器皿内，待冷却后切成小块，以备做油码。在煮熬牛肉后的汤内加入清水，再行烧开，然后收尽浮油，澄清汤汁，使之透明晶莹，再将清汤舀进另一只炉锅，作为原汤，下粉时加放在米粉内。这样，制作的牛肉米粉汤鲜味美。刘聋子第4代 传人在三洲驿开办有刘聋子粉馆，2002年在国家工商总局注册“刘聋子”商标。2015年由湖南省商务厅评定为“湖南老字号”。

（文字供稿：津市市党史办，图片供稿：津市市党史办）

汪家桥街道

区域概况

位置面积

津市市汪家桥街道位于津市老城区东部，南靠澧水河北岸防洪大堤，北倚涔水护市垸大堤，东接澧县小渡口镇，西与三洲驿街道相邻。省道S302线横贯而过。因辖区有桥谓汪家桥而得名。街道办事处驻银苑路882号，距市人民政府驻地4.5千米。

中华人民共和国成立之初，境域只有人民东路、解放东路两条主街，总面积2.5平方千米。1988年，汪家桥街道辖区面积4平方千米。2002年，辖区面积增至10.79平方千米。

建置沿革

民国2年（1913），境域分属永安、汤石、上禄保、下禄保4团。民国22年，津市为澧县东一街区，境域分属三义、安石、禄保3镇。民国27年，废都团，实行保甲制度，境域分属5保。1949年7月23日津市和平解放，8月4日成立津市市人民政府。1950年，民主建政废保甲，境域设东河街、西河街、人民路、解放路、油榨街5个街道居委会。1952年9月，津市撤市改镇。1958年实行人民公社体制，境域分属津市火箭人民公社东河街、解放路、油榨街3个大队。1959年境域更名为津市四管区。1964年8月24日，市区置街道办事处，津市四管区更名为津市街道二办事处，办公地点设拐子巷。1971年，津市街道二办事处更名为汪家桥街道办事处。1984年，津市市机构改革，汪家桥街道办事处由正股级单位升为正科级单位。1988年，汪家桥街道办事处迁至北大二路，青龙村划归汪家桥办事处，辖区居委会增至16个。1995年12月，根据省市有关合并居委会精神，辖区16个居委会缩减为8个居委会。2002年阳由乡撤销后，桥北万寿路以东的澹津村、城东村以及护市村的6、7、8、9组划归汪家桥街道，设立澹津社区、城东社区。汪家桥街道的新码头、新建坊、三元宫（部分）3个居委会划归三洲驿街道，余下的居委会合并为3个社区。调整合并后的社区管理机构更名为社区居委会。至2014年年底无变化。

行政区划

1959年，境内下设人民路、解放东路、解放西路、油榨街、东河街、西河街6个居委会。1964年，下设人民路、解放西路、解放东路、东河街、桑园街、人民一路、解放路7个居委会。1988年，汪家桥街道辖新码头、新建坊、三元宫、三眼桥、万寿路、新村、绿荷池、双济路、鲢鱼垱、紫竹林、汪家桥、太子庙、青龙庙、北大东路、油榨坊、桑园街16个居委会，199个居民小组，辖区总面积4平方千米。1995年12月合并为新码头、三元宫、绿荷池、汪家桥、新村、青龙庙、北大东路、万寿路8个居委会，辖区总面积无变化。2002年辖区撤并调整为新村、汪家桥、油榨坊、澹津、城东5个社区，有居民小区42个。至2014年年底无变化。

自然环境

澧水自西向东、涔水自西向东在丁家堤折而向南流经境内，两水在小渡口桥闸交汇，境域地处涔、澧水的夹角内，三面环水。境域地貌属澧水、涔水冲积平原，海拔32～34米。第四系岩层厚度40～120米，表层砂质黏土肥沃，地下水位高，地面低于洪水水位。位于护市垸内的后湖周围存在淤泥层，呈软塑至流塑状。北大路中段地表下65.18米处，有膨润土层，厚55.65米，湿后体积膨大，不利高层建筑建设。境域属中亚热带向北亚热带过渡的季风湿润气候区。四季分明，干湿明显，雨量充沛，日照充足。一般冬季气温低于10℃，夏季则高于22℃，春秋两季多在10℃～22℃之间。

人口民族

1984年年末，辖区内有居民6839户19023人，其中男性9527人，人口出生率10.80‰、死亡率7.80‰、自然增长率3‰。2002年末，辖区内有居民11425户26055人,其中男性12983人；流动人口1328人，人口出生率8.01‰、死亡率3.80‰、自然增长率4.21‰。2014年年末，辖区内有居民13810户31495人，其中男性15586人，占49.49%；65岁以上的老年人3942人，占12.52%；流动人口1599人，占5.08%；人口出生率7.37‰、死亡率3.79‰、自然增长率3.58‰。总人口中，汉族占98%以上；13个少数民族共635人，其中回族242人，土家族280人，蒙古族10人，维吾尔族2人，苗族44人，壮族13人，布依族2人，朝鲜族2人，满族9人，侗族11人，瑶族9人，白族8人，黎族3人。

经济发展

综述

明朝中叶，境内有木船修造、渔具制作、染织、建材砖瓦、煮酒熬糖、粮油加工及铁木器具制造等行业。明末清初，津市凭借水运优势，成为澧水流域及滨湖平原农副土特产品集散中心，四方手艺人相继进入境内开店设坊，自制自卖，形成手工业、运输业和商业共同繁荣的局面。清嘉庆二年至清光绪二十六年（1778—1900），辖内先后有铁器、铜器、木器、竹器、渔具、船具、织染、制秤、钟表等多个行业帮会组织。民国元年（1912），辖内各类店铺发展到300家。民国5年，亚细亚火油公司买办殷仁卿倡办昌明电灯公司，是为湘西北首创。民国12年创办九澧贫民工厂。民国21年，省棉业实验场在境内开办全省首家动力轧花厂。民国32年5月，浙江铁工厂中共地下党员李群、高培勋等转移到津市，开办新华制造弹棉机器厂，为津市首家由共产党员组建的企业。1949年中华人民共和国成立前夕，境内仅有电厂、弹花机厂、轧花厂3家工厂和其他小手工作坊及个体手工业者。1949年冬，中共津市市委、市人民政府对私营工业进行改造，1956年底，对私营企业改造完成。1958—1962年，津市人民委员会号召“全民办工业”，辖内始现街道企业。1963年，津市四管区开办津市针织内衣厂，为境内最早街办企业。20世纪60年代后，国有工业、大集体工业、街（道）办工业以及居（委会）办工业逐年发展。

“文化大革命”时期，境内工业发展一度遭遇障碍，徘徊不前。1979年始，根据中共十一届三中全会提出的“调整、改革、整顿、提高”八字方针，按照有资源、有基础、有特色、有市场、有效益的原则，调整产品格局，优化产品结构，境内逐步形成较为合理的工业发展格局，产品向中高档发展。20世纪80年代，随着改革开放的不断深入，推行厂长（经理）责任制及各种形式的经济责任制，简政放权，扩大企业自主权，发展横向经济联合，引进资金，技术改造，加强企业内部管理，企业活力不断增强。1984年，辖区完成工业总产值3998万元，其中街办企业完成工业总产值582万元。1985年境内国有工业、大集体工业、街（道）办工业以及居（委会）办工业达52家，其中市属工业企业33家，街办工业企业13家，居办工业企业6家。1988年，辖区完成工业总产值7158万元，其中街办企业完成工业总产值1480万元。1990年代初、中期，按照中共津市市委、市人民政府提出的“改革、改组、改造、改善”工作措施，对部分有市场优势的企业进行股份制改造，对资不抵债、复苏无望的企业实行政策性破产。1996年，辖区完成工业总产值18847万元，其中街办企业完成工业总产值2447万元。1997年后，汪家桥街道办事处对所属街办企业分步实施改制，对职工进行身份置换和工龄买断。至2001年年底,改制工作基本完成。与此同时，境内市属国有和大集体企业按照中共津市市委、市人民政府的1号文件精神实施改制，全方位推进工业企业民营化，民营经济得以发展。1998年，辖区工业总产值16344万元，其中街办企业工业总产值6143万元。2002年，成立津市市汪家桥街道商会，年内引进资金500万元。2008年后，按照中共津市市委、市人民政府工作部署，辖区企业逐步迁入工业园区。

工业

市属企业　1985年，境内有市属工业企业33家。20世纪90年代，境内工业打破所有制、部门和地区界限，推行多形式、多渠道横向经济联合。至1995年，先后有10多家工业企业实行调整改组，近20家发展企业间在生产、科研、流通等方面的联合。津市市酶制剂厂与市外一些科研单位联合，兼并津市车辆厂，生产取得长足发展，成为湖南最大的酶制剂生产厂家，生产的“梅花牌”糖化酶产销量居全省首位。1988年，津市市蚊香总厂与省内25家生产、科技、商业、外贸单位联合组成湖南斑马蚊香集团，产销能力跃居全国同行业之首，“斑马牌”高级蚊香获国家银质奖。市属重点企业津市市新华工厂，主要生产轧花机、耕整机，年产量0.46万台；津市市橡胶厂，主要生产三角带，年产量316万米；津市市服装厂，主要生产成衣，年产量19.86万件；津市市五金电器厂，主要生产节煤炉，年产量29万个。

街办企业　1963年，津市四管区开办津市针织内衣厂（后更名津市市第二针织厂），主要产品有袜类、手套类、坯布类3大系列。

1971年，津市汪家桥街道办事处再生机械厂改组为津市建湘油毡厂（后更名津市油毡厂），生产石油沥青油毡。1984年，津市油毡厂建津市香料厂，1995年，该厂重组为津市市香料有限公司，与武汉化工研究所合作，采用邻甲酚研制水杨醛，次年生产水杨醛14.45吨，产品通过上海检测中心检测，含醛量98%以上，居国际先进水平，后发展成为拥有固定资产380万元，年产水杨醛300吨，香豆素50吨，产值3000万元的津市最大街办企业。产品一度进入澳大利亚、德国等国际市场。先后获湖南省“先进企业”和“街区工业先进单位”等称号。

1978 年，汪家桥塑料三厂改组为津市草帽厂（后改称津市草制工艺品厂）生产的工艺草帽，在 1987 年广州外贸交易会上跻身国际市场，后远销欧美及东南亚 10 多个国家和地区。1980 年，汪家桥长征皮鞋厂建成投产，生产的劳保皮鞋被定为劳保产品定点企业产品。1988 年，汪家桥利民制索厂改组为津市橡塑厂，与华南理工大学共同研制开发 TE-1 型高分子防水卷材，次年产品通过省级鉴定，获华南理工大学科技进步三等奖、广东省高教局科技发明三等奖，1990 年又通过国家科技奖励初、复审。1997 年，境内街办工业企业还有：津市市光华机电厂，主要生产节煤炉及电镀业务，年产量 1.3 万台；津市市油毡厂，主要生产油毡，年产量 8.1 万卷；津市市橡塑厂，主要生产防水卷材及施工，年产量 10 万卷；津市市特种涂装材料厂，主要生产油漆，年产量 1 万桶；津市市灯饰公司，主要生产灯带，年产量 15 万米；津市市香料设备厂，主要生产香料设备，年产量 60 台；津市市长联服装厂，主要生产服装，年产量 6000 件。津市市汪家桥供销公司（工贸公司），主要经营各类五金电器，年产值 970 万元。居办工业企业分别是：三元宫洗把厂，年生产洗把 1.1 万把；新码头钢筛厂，年生产钢筛 2000 件；新码头化工厂，年产洗衣粉、肥皂 1300 件；新码头涂料厂，年产内墙涂料 3000 桶。2002 年撤乡并办后，街道和社区职能转换，街办和居委会办企业不再存在。

农业

种植业 明末清初，境内有商品蔬菜生产。民国初年，有专业种菜户 30 余家，经营菜地 500 余亩，水田 600 余亩；亦粮亦菜农户甚众，所产蔬菜和粮食除供应津市外，间有富余，销往澧县、安乡、临澧等城镇。中华人民共和国成立后，津市工业发展迅速，人口聚增，蔬菜一度供不应求。1958 年，中共津市市委、市人民政府成立蔬菜生产指挥部，年内境域蔬菜面积达 800 余亩，总产量 3387 吨。20 世纪 60 年代强调“以粮为纲”，部分菜地改种粮食作物，加上农民自留地减少，蔬菜面积减至近 300 亩。1981 年后，农村实行联产承包责任制，农民积极性高涨，生产蔬菜及粮食作物，除满足本地需求外并外销临近县市及湖北省荆州、沙市、宜昌等地。

2010 年，东城开发，澹津、城东两个社区土地大部分征收，村民逐步居民化。2014 年，澹津社区水田 400 亩，主要种植一季晚稻，亩产达 1 吨。澹津、城东两个社区有旱地 130 亩，种植旱粮作物。

养殖业 清末民国时期，境内农民有养蚕习惯。1955 年，澹津、城东农民垦荒植桑，养蚕 2 张，产鲜茧 68 公斤。1960 年，辖内桑园改造成蚕桑场，桑园扩至 500 亩，年产鲜茧近 7 吨，最多达 11 吨。1985 年 3 月，蚕桑场停办。2014 年底，辖区内 2 家养猪场和村民分散养殖户，共存栏生猪 2.5 万头，鸡、鸭 3700 羽，牛、羊 330 头。

清末、民国时期，境内渔民常年于澧水捕捞，亦结队进入洞庭湖或长江捕捞。1952 年，成立渔业生产合作社。1957 年，境内有渔船近 50 只，渔业人口 25 人，单船年产量 2000 公斤以上。20 世纪 60 年代，外河捕捞量逐年减少，部分渔民改营他业。其间，郊区公社青龙大队成立北大渔场，有养鱼水面 1240 亩。1985 年，青龙村渔民普遍使用挂机船捕鱼。1990 年后，渔民逐年上岸居住。2014 年年底，澹津、城东两社区有鱼塘 80 亩，水存鲜鱼 50 吨。

林业

民国 27 年（1938）3 月 21 日，津市机关、团体、学校的工作人员和学生下乡植树，在农郊植树 7000 多株。中华人民共和国成立以后，津市市人民政府重视造林，要求市民每年参加义务植树3天。20世纪80年代起，辖区内各单位采取领导办样板，层层签订责任状等措施，坚持年年在四旁（宅旁、路旁、溪旁、水旁）植树。2014年年底，辖区内有林地450亩，主要种植白杨树、果木、杂树等。各小区、单位、广场、东湖、中湖、街巷两旁都有樟树、桂花树等植被。私宅院内栽有果树、观赏树。

商贸服务业

明正德年间（1506—1521），境内商贸市场逐步形成，茶肆酒楼竞相开业。明末清初，铁铺、铜铺、秤铺、钱庄、布铺、染坊、盐号、油行、花粮行、土膏烟店、刨烟店、戽桶店相继出现。清咸丰、同治年间（1851—1874），境内商业形成茶、木、油、盐、药材等几大行业。清朝末年，南货、北货、杂货、药材、旅栈、牙行各业竞相发展，粮、棉、油交易大盛，商贸行业发展到近20个。主要有油榨街油市、河街粮市、新码头药市等交易市场。

辛亥革命（1911）后，洋货大量进入境内，土纱、土布、土靛等传统手工产品不敌洋货，产销日渐萎缩，而桐油、棉花、药材等农副土特产品生产受到刺激，输出猛增。民国初年至民国13年，境内市场由单纯的农副产品集散市场转变为工业品与农副产品相交换的转手市场。

抗日战争时期，境内有酒家、旅社、饭铺近50家，熟食业近10家，茶馆近100家，剧场2座。民国31年（1942），境内有商铺近千家。抗日战争胜利后，流亡难民陆续返乡，外地商人携资归里，部分富商亦举店外迁，市场顿趋萧条。民国36年，大小商户仅存100多家。

1949年10月，津市市人民政府贯彻中共中央“发展生产，繁荣经济，城乡互助，内外交流”的方针与中南区发布的贸易自由22条，准许商人在中南各地自由购销，市场萧条状态初步缓解。1950年代，国营各专业公司、合作社相继成立。“文化大革命”期间，凭票供应商品增多，传统产品受到冲击，传统名店毁于一旦，商贸网点锐减。中共十一届三中全会后，经济体制改革不断深化，商贸服务业逐渐兴盛。1980年，境内商贸金融机构、网点由1979年的50多个增加到近100个，人员由1000多人增加到近3000人，个体工商户由20余户20多人发展到100多户300多人，商品进销亦突破区域封锁和行政制约。20世纪80年代，商贸比较集中的街区有人民中路、九码头、绿荷池、鲢鱼垱、汪家桥等处，经营的商品有手工业品、铁器制品、日杂百货、渔具、船舶配件、粮油肉鱼食品、工农业生产资料等。进入90年代后，辖区的商贸服务业有较快发展，各种商铺成片成块形成规模，三眼桥、绿荷池、君之林、新村（北大沟零担市场）等商贸市场先后建成。2010年，投资1200万元用于三眼桥农贸市场改造。2014年，辖区有各类店铺330家，商贸服务从业人员1300人。

基础设施

交通运输

轮渡　1980—1985年，境内有580客位客轮2艘、趸船3艘。1986年，轮渡实行全天候渡运，日客运量达3万人次，自行车日均渡量6500辆。1989年，有轮渡客轮6艘、趸船4艘，专用码头4座，年渡运能力900万人次，日渡2.5万人次。1989年12月15日澧水大桥竣工通车，轮渡停开。

公共汽车　1976年，首辟津市市区汽车站至汪家桥公共汽车线路，境内停靠3个站点。1980年，境内运营线路达到4条，运营里程30千米，年客运量130万人次。1988年，市城市交通服务公司改称市公共汽车公司，有车辆43台，其中大客车38台，小客车5台。1995—1997年，购进轻型客车47台。2001年12月，市公共汽车公司改制为民营股份合作制企业，易名津市星城公交客运有限公司。2014年，辖区内有1路、2路、6路、7路、8路等公交车运行，实现主次纵横干道条条有公交、的士行驶。

水路运输 1978年，有津市至长沙、津市至安乡航班。1984年，增开津市至长沙快速客班。1993年，停开津市至安乡客班。开通津市至长沙普通客船。1995年，开通津市至长沙豪华大型客轮运输。次年，常德个体老板唐尧购俄罗斯水翼飞船2艘，开通津市至长沙客运，1日1班。1997年，津市至长沙普通客班停开，津市航运公司与邮电局联办大哥大客运公司，购俄罗斯水翼飞船2艘，开通至长沙客运，航班增至1日3次。1999年，环湘号豪华轮退出津长线客运。2000年下半年，俄罗斯水翼飞船因成本高客源少而停开，津市水上客运中止。水上货运较为繁忙，主要以煤、矿石、沙卵石、水泥等货物为主。2014年，辖区码头货运年吞吐量175万吨。

陆路运输 境内的陆路运输，自清末民初，经历了人力运输、畜力运输，至民国24年（1935）出现汽车运输。中华人民共和国成立后，至1978年，津市无国道、省道，仅有襄阳街至窑坡渡公路和简易乡道。1985年扩郊，澧县白衣区划入津市，始设津市公路管理站（后易名公路管理局）。1994年12月，津澧公路建成通车。1996年，湘北公路津市段全面竣工，改写津市无省道历史。1998年，津市至临澧公路津市段建成通车。2013年1月，涔水大桥建成通车。由于辖区地处津市江北区东部，毗邻澧县小渡口，陆路运输无优势。客运仅限于澧县开往小渡口、官垸、九垸、如东等方向的过境车辆，辖内客流量极少。货运也仅限于下行的过境车辆。

邮政通信

清光绪27年（1901），设津市邮政自办分局，隶属岳州关税务司。清宣统3年（1911），分局改支局，隶属常德府邮政分局。辛亥革命（1911）后，易名中华邮政津市分局，隶属长沙府分局。民国元年（1912），始通电报线路。民国3年，津市以月收银元600元列省属二等邮局，为常德境内最高等级邮局。民国6年，开办国际快递函件。民国18年，津市邮局定为省内6个二等甲级局之一。抗日战争时期，设六十七军邮局，隶军邮第六视察总段和驻津第五十三军。继设第五军邮视察分段，管理石门、澧县、安乡、南县、岳阳军邮和民邮局（所）。民国25年9月，津市至常德长途电话线路开通。民国29年，津市电报局设无线电台。次年7月，始办津市市内电话。民国37年，辖新洲、澧县、石门、安福、合口、焦圻、梦溪、官垸等邮政代办所及城乡信柜35个。

1949年8月，津市市人民政府和常德专署接管组接收境内邮局，11月定为二等甲级邮局；省长途电话局津市营业分处并入电信局。1951年，邮局、电报局、电信局并入津市邮电局。1988年，长途电话微波网津市站启用22路载波电路，开通国内长途直拨。1989年，津市市邮电大楼落成，实现自动译报。1991年，在全省率先建成无线寻呼台。1993年10月，7000门程控电话割接开通，长途传输数字微波站投入使用。1995年，实现国际电话直拨。1997年，开通国际互联网和中国互联网。次年9月，邮电局一分为四，分别成立邮政局、电信局、无线寻呼公司、移动通信公司。津市乡乡通程控电话，成为全省首个电话县市。2001年，邮政大楼、移动通信大楼相继新建。2014年年底，辖区内有各类通信代办点15

家，固定电话23181部，移动电话21083部，宽带3640户。邮政、通信业务年收入1674万元。

供电供水供气

供电 民国5年（1916），亚细亚火油有限公司津市分销处经理殷仁卿，邀集津市商民徐振岳、龚树堂等人，创设津市昌明电灯公司，在紫竹林设厂发电，是为湘西北首创，时有7.35千瓦单缸内燃机、5千瓦发电机各一台，安装街灯及店户用灯1000余盏，发电用水靠人力挑运。后公司时停时办，数易其主，民国35年，终因亏损甚巨，以1.2万元出顶给聂文卿、黄庭瑞等人，改组为津市光明电灯股份有限公司，照明用灯增至3000余盏，有内燃机7台280千瓦，发电机5台265千瓦，从业34人，业务延至中华人民共和国成立。1953年7月，公司改组为公私合营津市光明电厂，年发电23.65万千瓦时。1955年开始为工业生产供电，发电量增至41.11万千瓦时。1958年在窑坡渡另辟新厂。1981年，在境内建有110千伏的桑园变电站。至2014年，辖内供电用户14000户，供电普及率100%。

供水 自建埠起，境内居民生活用水靠到澧水河边自挑或向挑水谋生者购买。1974年7月成立津市自来水厂筹建处。1975年10月水厂建成投产，供水能力3720吨/日。1978年，辖内主要街道铺设供水干管2700米（为直径300毫米水泥管、铸铁管），沿线设站售水。1979年，管线跨双济桥向东延伸至小渡口，铺设直径230毫米水泥管1500米。同年，北大路管线东延斑马路与人民路供水干管衔接，城东区形成环状管网格局。1988年，北大路扩管增延工程竣工，辖内管线长2000米，管径400～500毫米。1990年4月，澧水大桥过江管铺通，南北两区供水干管联网。1995年，新村小区供水主管扩管，改原枝状管网为环网，高层住户水压不足问题得以解决。至1997年，辖内供水干管总长20800米。2000年，完成万寿路至凤凰路路段供水主管铺设。2011年，投资399万元，完成澹津、城东两个城中村社区改水工程。至2014年，辖内供水用户13500户，供水普及率97.76%。

供气 2005年5月18日，友和燃气公司落户境内。2006年，境内有燃气用户700多户。2007年，燃气行业进一步壮大，友和燃气公司加大管道燃气工程建设力度。至2014年，辖内燃气主干网达15千米，庭院低压输送管网6千米，有天然气用户3500户，液化气用户9800户。

城市建设

街道 清道光年间（1821—1850），境内有直街3条，中为正街，后为后街，前为河街。正街与后街、河街之间有横街数条。正街主要有新码头、新建坊、万寿宫、拐子巷、三元宫、青龙庙等。后街主要有万寿宫、后拐子巷等。沿河皆称河街。街巷虽多，均弯曲狭窄，宽处不过5米，多为泥土路面，少许中间嵌铺石板。街道两边铺户屋基高于街面米许。雨季，市街低洼处积水难行。民国12年，驻津湘军第二师第四旅旅长唐荣阳主持街道扩宽、拓平、铺麻石。1937年春至次年元月，正街拓宽至10米，街道两旁用混凝土砌筑人行道，为津市街面首次使用水泥。

津市解放后，市政府全面整修和改造街道，将小街小巷裁弯拓宽取直，建成直街，改筑为三合土路面和混凝土路面。20世纪50年代后，逐年分段改造旧街，扩建路基，填平街区污水坑，主要路段铺设沥青路面。1974年起修建北大路（2000年7月更名为车胤大道），路面铺筑混凝土，机动车道宽14米，两旁为非机动车道各4米，人行道各6米，至1986年完成。1980—1984年，辖区内相继建成万寿路、七一路、双济路3条南北向街道，总长2192米、面积18805平方米。1991年，兴建银苑路，辖内长1750米，面积35000平方米。1992年，兴建九澧大道，辖内长2000米。1996年，兴建沿江路，辖内长1250米，面积8750平方米。1997年，完成北大西路路段改造，太子庙巷、新建坊巷铺筑混凝土，面积达1万平方米，道路硬化率达91.50%。2001年，配合三湖公园整治，对汪家桥、万寿路、凤凰路桥涵、桥梁及道路进行改造。2006—2010年，相继完成澹津路、护市路、双济路、经济小区路等7条路及小街小巷建设。2013年，对5个社区的违章建筑依法拆除，共拆除私人违章建筑1025户27280平方米，其他违章建筑904处20407平方米。完成三眼桥小区北大沟自来水、燃气管网铺设及管线入地工程。2014年，完成三眼桥棚改工程。

九澧广场 2001年2月动工，同年5月1日建成，占地19200平方米，其中道路7440平方米。绿化、造景分置东南、西南、东北、西北4角，置雕塑1座。广场地面、花台均铺贴瓷砖或大理石。

澹津公园 始建于1982年，占地13.32公顷，1983年1月1日开放。园内分中心花坛区、儿童游戏区、动物饲养区、休息区、花展区。有笑迎天下客、行径通幽、剪影鱼跃、平湖双玉、情红意绿、玉厅品香、桂山远眺、蕉廊听雨、浮香疏影、澹园盆艺十大景点。内湖面积1660平方米，置游船10只。1984年，新建玉柱亭、平桥、玉带桥等5处景点。次年，建儿童游戏室。1986年9月，被命名为“省级最佳公园”。1992年建儿童小火车。1996—1997年，建高架飞机、跳跳床等。至2000年，澹津公园已成为津市文娱活动的重要场所，年均接待游客10万人次。后因九澧广场、体育广场建成开放，游客逐年减少。

东湖、中湖公园 1980年辟建。两湖总面积152亩，其中水面122亩，陆地30亩，水深平均3.5米。园中沿湖砌筑毛岩，绕湖植垂柳、碧桃、水杉、香樟、法国冬青。2000年后，市政府投资数百万元，多次对中湖、东湖进行改造，扫障拆违，湖岸道路铺筑混凝土，增植香樟、垂柳、桂花树、杜鹃等乔、灌木3800株，植草皮2000平方米，置各形照明灯近200盏。众多居民闲时集于园内健身、娱乐。

路灯 1978年，辖区内路灯100盏，其中白炽灯20盏，水银灯80盏。1985年，白炽灯降至10盏，水银灯增至115盏，亮灯率90%。之后，路灯灯型多样化。1990年，路灯增至405盏，其中白炽灯104盏，高压汞灯254盏，高压钠灯47盏，建立路灯独立供电网络。1995年后，随辖内街道改造、兴建，道路照明工程同步施工，银苑路置新光源250瓦，钠灯11盏。九澧大道采用Y形灯杆于绿化隔离带中心对称布置，辖内立专用钢杆55根，置第4代光源250瓦钠灯75盏，100瓦汞灯49盏，铺设地埋电缆5300米。之后，多次对车胤大道路灯、地埋电缆等进行改造。1998年，津市市人民政府实施亮化工程，先后对辖内主次干道进行路灯改造。至2001年，辖内路灯800盏，照明总功率120千瓦，线路总长12千米，亮灯率97%。2006—2014年，辖区内路灯照明系统日趋完善，相继完成护市路路灯新建，三眼桥小区、商业小区等小区路灯改造。2014年，辖内路灯4320盏，照明总功率648千瓦，线路总长65千米，亮灯率98%。

排水 1978年，辖区内下水道总长3080米，沿街设等距离溜泥井340个、雨水井300个。1980年，排水工程列入城建重点项目。1982年辖内新建下水道9条，长2115米。1983年，铺设双济桥墩至澹津路截污管线，排水管直径700毫米。1990年，辖内排水管总长1170米。1994—1995年，完成万寿路、银苑路、北大沟排水工程，辖内总长1300米。1996年，铺设北区沿江路钢筋混凝土排水管，辖内总长1200米；九澧大道钢筋混凝土排水管，辖内总长1135米。1998年，对万寿路、凤凰路排水工程进行改造和部分新建。2000年，完成九澧广场排水工程，铺设直径400600毫米钢筋混凝土排水管442米，中湖北岸截污管道420米。2001年，辖内排水管道总长20千米，排水管道密度每平方千米5.55千米，排水管道服务面积普及率95%。2012年，对澹津、城东、油榨坊3个社区的17条小街小巷的排水设施进行改造。2006—2013年，辖内疏通下水道13000米，更换泄水板550块，更换溜泥井盖400块。对新村小区排水管网改造，铺设砼管2000米、砖渠150米；北大沟疏浚工程砖砌涵沟50米，盖板1300米；新建人民东路、桑园路等道路排水管道；完成九澧大道下水管道新建，铺设砼管1235米。2014年，辖内排水管总长28千米，排水管道服务面积普及率98%。

社会事业

教育

清康熙二十一年（1682），津市陈、吴、汤、樊、黄等姓民众组成津市大成会祀孔，并在原延光书院之西关庙建澹津书院，设义学、开经馆与蒙馆，收大成会会员子弟就读。民国元年（1912），改办为津市大成两等学堂，开津市新学之先；民国9年，又改办为私立澹津女子学校。1936—1939年，澹津女子学校附设幼稚园，1947年，江南会馆在三元宫巷创办建安幼稚园。

清光绪三十年（1904），芬兰教会在二神庙福音堂创办津兰小学。宣统元年（1909），又在福音堂创办津兰中学，开设中文、外文、地理、圣经等课程，学制4年。民国16年，改3年制；民国30年春停办。

民国14—33年，境内办有万寿宫小补半日学堂、私立豫章小学、私立吉州半日学校、公立澧县县立第二高等小学、公立永安小学、公立澧县第三区澹滨小学、公立澧县蛋台乡上四、”五保”国民学校等。

中华人民共和国成立后，人民政府将境内旧学校整合为豫章完小、澹津完小、元和宫完小3所学校。1950年代创办育才小学、二完小、三完小、四完小、九完小等学校。1959年，民办群毅中学建成招生。1965年，开办向阳中学。1969年，民办群毅中学与向阳中学合并为津市三中。1986年，津市三中改称津市四中。2004年，津市四中与四完小合并，改为九年制的双济实验学校，有学生247人，教师54人。2010年，市政府投资1.2亿元，新建德雅中学，占地12.2公顷，建筑面积50000多平方米，有学生1900人，教师155人。2014年，辖区有德雅中学、双济实验学校2所，幼儿园4所。

文化体育

民国时期，民间自发开展武术、象棋、篮球、排球、乒乓球等活动。学校开设体操课，每周2节。万寿宫后坪有一临时田径场，可设100米跑道、2个沙坑。因经费困难，体育器材未购买齐全。

中华人民共和国成立后，境内民间文体活动活跃。民间文化艺术活动主要有荆河剧、花鼓戏、皮影戏、木偶戏、马戏、杂技、武术、踩高跷、丝弦、围鼓、说鼓、对鼓等演出，还有流动放映队。民间音乐丰富多彩，各类劳动号子、山歌、小调、通俗歌曲、儿歌及民间器乐等流行渐广。1958年津市剧场翻修，竣工后更名为红旗剧院。剧场面积1122平方米，楼厅座位1018个。1964年，辖区成立街道文化站，之后市文化局、体育局、新闻出版局、文化馆、群艺馆等单位落户境内。1969 年，重建人民电影院。1978 年，新建体育场，1981 年，建文化馆剧场。1985 年，建市电视台。20 世纪 80—90 年代，辖区建有射击场、游泳池、足球场、篮球场、乒乓球馆等。进入 21 世后，因城市改造，一些文化体育设施被拆 。

2014 年，辖区内有红旗影剧院、人民电影院、九澧广场、体育场等院场供专业或业余文体活动演出。大部分行政事业单位、企业均建有文体活动室、排球、篮球、乒乓球等场地。有专业剧团 2 个，群众业余剧团 9 个，乐队 3 支，老年诗词、书法、摄影协会 2 个，腰鼓队、狮龙队 3 支。每天早上和傍晚都有群众自发组织的舞队、健身队、拉唱队等活跃在广场、湖边公园、小区花园。街道及 5 个社区都设有文化活动室、科普室，书刊近 20000 册。有线电视入户率 95%。

医疗卫生

1956 年，境内建卫生防疫站、血防组（后易名血防院）。1971 年，防疫站设食品卫生监测科，恢复食品卫生监督。1969 年，澹津、城东、青龙庙始办合作医疗站，每站配 2 ~ 3 名赤脚医生。社员凭合作医疗证就诊，免收药费，转外就医，视病情全报或部分报销药费。1978 年，创办汪家桥卫生院。1984 年，合作医疗制度取消，合作医疗站改名村医疗保健站，村民自费就诊。

20 世纪 50—90 年代，行政事业单位人员凭公费医疗证到指定医院就诊，凭据报销。工商企业职工以现金就诊，凭发票处方报销，职工住院费报销 80%，或只报医药费，自理住院费。2000 年后，城乡居民分别实行城市居民医疗保险和农村医疗保险制度。2005 年，开办津市市康复医院，有医务人员 25 人，病床 101 张。2014 年，辖区内有医院 1 家，社区卫生服务中心 5 家，个体诊所 15 家，病床 110 张，专业医务、护理从业人员 125 人，年诊治患者 2.49 万人次。

社会保障

中华人民共和国成立后，境内的烈属、军属、伤残军人、老弱病残居民、孤儿孤老得到政府和社会的相应救助或安置，辖区单位、街居企业多以此类人员为安置对象。1978 年，街道配民政助理 1 人。1984 年，街道设民政办公室，配专干 1 人。1980 年起，辖区先后建成九九老年公寓、康馨园养老院、静雅养老院、鑫鑫养老院、烛光老年公寓等 5 所养老院。2014 年，入住老人 260 人。1986—1990 年，境内参加社会劳动保险单位 25 个，职工 5300 人，从企业提取劳保基金 72 万元。1993 年，津市市人民政府印发《关于进一步健全和完善城镇企业社会保险体系的通知》，将全民合同制工人、集体单位职工及合同工纳入社会养老保险管理范围。1996 年，行政事业单位工作人员开始参加社会养老保险。1999 年年底，辖区参加社会养老保险单位 28 家 4295 人。1667 人享受社会养老保险待遇。2000 年成立津市市医疗保险服务管理中心，启动城镇职工、居民医疗保险和大病互助。至 2014 年，辖区参加医保人数 16528 人，参保率 52.48%。救助大病对象 121 人，发放救助资金 23.63 万元。1508 户 1976 人享受最低生活保障待遇，发放低保金 351.19 万元、“五保”金 1.06 万元、80 岁以上老人补贴金 4.23 万元、优抚等补助金 29.10 万元。5580 人享受社会养老保险待遇，发放养老金 13129.54 万元。330 户 1155 人享受房屋租赁补贴。辖区劳动者就业率 95.5%。

（文字供稿：津市市党史办）

襄阳街街道

区域概况

位置面积

清代，境内有江西义渡南岸停靠点，点近阳由垸，人称相阳街。抗战期间，湖北难民多居于此，误为襄阳街，相沿成习，至今未变。襄阳街街道位于津市市澧水南岸。东、北、西三面以澧水为界，南与金鱼岭街道毗邻。街道办事处驻襄阳街社区，距市人民政府驻地1千米。

1990年，襄阳街街道总面积2.5平方千米。2002年，襄阳街街道总面积11.5平方千米。至2014年无变化。

建置沿革

明万历三十六年（1608），境域始筑阳由垸，为澧州属地。清属澧州。民国属澧县。1949年津市和平解放后，澧县萤台乡窑坡渡、阳由垸划入津市。1956年8月，并阳复、窑坡、护市3乡为三合乡，乡政府驻文化路，辖红星、新华、果园、阳由、燎原、澹津、胜利7个高级农业生产合作社。1958年9月，成立郊区人民公社，辖窑坡、阳复、护市3个大队28个生产队。1960年，津市境内诸公社合并为津市市人民公社，下设火箭、星火、先锋、行星4个分社，境域属星火分社。次年，星火分社改称津市人民公社窑坡分社。1966年，增设南岸街道三办事处，襄阳街、文化路、窑坡渡3个居民委员会划归三办事处管辖。1980年，窑坡人民公社分为窑坡渡人民公社、阳由人民公社，辖阳由、保堤、澧阳、荷花、果园、护市、澹津、城东、农科9个大队，社址文化路。窑坡渡公社驻钟家岗，辖明道、董家、卢家、关山、团湖、大旗6个大队。同年12月13日，遵循国务院“地名公社名一般按当地地名，不用序数命名”指示，市街道三办事处更名为襄阳街街道办事处。1984年1月，根据中共中央〔1983〕35号文件精神，郊区政治体制改革，公社改称乡，大队改称村，生产队改称村民小组。阳由人民公社改为阳由乡，阳由、保堤、澧阳等9个大队改为村。同年7月14日，析出城东村第七、第八村民小组，设阳由乡青龙渔业村。1989年4月，从襄阳街街道析出清远路、窑坡渡、湖桥、丝绸院、长山4个居委会，置金鱼岭街道。2002年12月，阳由乡撤销，所辖果园、荷花、保堤、澧阳、农科、阳由6个村划入襄阳街街道。同年，村居改社区，阳由村改为阳由社区，澧阳村、保堤村合并为澧阳社区，荷花村、农科村合并为荷花社区，果园村与大同居委会合并为古大同社区，襄阳街居委会与文化居委会合并为襄阳街社区，汤家湖居委会与麓山居委会合并为汤家湖社区。至2014年，襄阳街街道建置无变化。

行政区划

1990年，襄阳街街道辖桥南、襄阳街、文化路、麓山、师范、大同路、汤家湖、盐矿8个居委会，总面积2.5平方千米。1993年增设玉王阁居委会。2002年阳由乡6个村并入后，襄阳街街道辖襄阳街、汤家湖、古大同、荷花、澧阳、阳由、盐矿7个社区。至2014年无变化。

自然环境

境域地势西高东低，地形以平原、丘陵为主。关山为境内最高峰，海拔251.5米。阳由垸地势最低，海拔32米左右。境域属季风湿润气候，四季分明，年平均气温在18℃左右，年平均降雨量1350毫米，树木主要有马尾松、杉木、油茶、樟树、楠竹等。境内土壤多为红壤，偏酸性，肥力较低。境域地处澧水尾闾，易发洪涝灾害。1980—2014年，共发生洪涝灾害8次。1980年5—8月澧水流域连降大雨、暴雨，洪峰侵市22次，最高水位43.34米，阳由垸溃决。1998年长江流域特大洪灾，津市澧水洪峰超历史最高水位，达45.01米，造成境内房屋倒塌、企业设备被淹，直接经济损失达5000万元。

人口民族

1990年，襄阳街街道有4000户12343人，其中男性7115人，非农业人口12331人。阳由乡有5414户17212人，其中男性8553人。

2000年，襄阳街街道有5084户15608人，其中男性8671人。阳由乡有6640户17711人，其中男性8620人，非农业户口2564人。

2014年，襄阳街街道有10240户21771人，其中男性11130人；非农业人口20402人；人口以汉族为主，占96.98%；15个少数民族共658人，其中白族21人，布依族9人，傣族1人，侗族17人，回族95人，黎族2人，满族18人，蒙古族6人，苗族89人，土家族355人，维吾尔族2人，瑶族26人，彝族8人，仡佬族1人，壮族8人。

经济发展

综述

1980年开始家庭联产承包责任制，农民生产积极性高涨，至1986年，境内农民人均纯收入505元。1990年，乡镇企业、私营企业、个体工商户兴起，襄阳街道社会总产值321万元；阳由乡社会总产值2169万元，其中农业总产值820万元，工业总产值959万元。2000年，襄阳街道社会总产值7250万元。阳由乡社会总产值30792万元，其中农业2347万元，工业11650万元，建筑业7690万元，运输业4028万元，其他5077万元。2002年，阳由乡与襄阳街街道合并后，兴修水利，治理水土流失，大力发展种植业、养殖业和林业。随着企业改制，农业税取消，第一产业、第二产业、第三产业均得到快速发展。2014年，襄阳街街道辖区工业生产总值达18.23亿元；境内农民人均纯收入25158元，城镇居民人均可支配收入达11312元。

农业

种植业 境内阳由垸是津市主要蔬菜生产基地。民国初年，阳由垸有专业种菜户200余家，经营菜地300亩，所产蔬菜除供应津市外，间有富余销往新洲、澧县等城镇。1950年，阳由垸蔬菜种植面积达620亩，年产蔬菜2478.8吨，成为津市商品蔬菜主要生产地。1964年，开垦皇姑山南坡，创建津市园艺场，种橘268亩。境内粮食作物以谷物、豆类为主，2011年，总产粮食362吨，

2013年总产粮食584吨。经济作物有棉花、油菜等。2014年，棉花种植面积300亩，产量34吨。

养殖业 1960年，郊区公社青龙大队成立北大渔场，有养殖水面1240亩。1963年，组建津市国营渔场，经营水面有汤家湖、清远观、荷花堰等，养殖面积1050亩。2000年后，渔业以高效水产养殖为主，养殖水面2700亩。其他养殖品类有生猪、肉牛、肉羊、家禽、兔等。2014年，出栏生猪1.66万头，存栏0.8万头；出售肉牛600头、肉羊1800只；出笼家禽35万羽，存笼24万羽；出水水产品900吨,其中鱼类879吨。

林业

1951年,在境内设立国营津市林场。1992年,湖南省林业厅批准津市林场为省级森林公园。林场内多有古树名木，至2001年，尚有百年古树11株，树种为枫香、桂花、马尾松，全部坐落于古大同寺四近。寺前的一株古枫香,高22.45米,胸径127厘米,树龄500余年,为津市古树之冠。2014年襄阳街街道共有林地4145亩，占山地面积的74.1%，森林覆盖率24%。

工业

20世纪50年代，创建生产自救小组和手工作坊，为街办工业基础。70年代，街道工业具备一定规模，形成多色彩印、塑料吹塑、食品包装、建材制品、服装、皮鞋、化工、食品加工等工业生产门类，工业企业发展到11家。1972年，驻境湘澧盐矿制盐厂建成投产。"七五""八五"期间，办事处为扭转街办企业后劲不足的局面，集中力量对重点企业食品包装一厂全面进行技术改造。

1995年街办工业企业拥有固定资产原值150万元，流动资金180万元，就业人员312名。1993—1995年共完成工业总产值1608万元，产品销售收入585万元，实现利税27.7万元。1996—2000年，湘澧盐矿形成年产精盐50万吨的生产能力，成为全省最大的碘盐生产企业。蚊香总厂建有全国最大蚊香生产线。2001年企业全面进行民营化改制。开展招商引资,相继引进食品、造船、化工、液化气供应等多家企业。至2014年辖区内共有企业41家，其中街道民营企业33家，驻境企业8家，实现工业总产值18.23亿元。

商贸服务业

20世纪50年代，在阳由乡建有供销社。1961年，开设襄阳街市场，经营商品繁多，有杂货肉食、百货布匹、粮油食品、手工艺品、文具书籍、日杂、生产资料等。1979年后境内设有盐矿、羊刃山和襄阳街三大农贸市场。2014年，辖区内共有各种门店289个，其中餐饮门店38个，个体工商业从业者890人，安置就业人员201人。集市贸易商品零售总额年度达1020万元。

基础设施

交通运输

襄阳街为市区澧水连接南北岸的必经之路，明、清时期设有义渡渡口，1957年改为轮渡。1960年2月市内首开襄阳街至窑坡渡公共汽车。20世纪70年代，修建皇姑山路、盐兴路和襄阳河街。1981年9月襄阳街至窑坡渡公路拓宽工程竣工。1989年12月澧水大桥竣工通车。1993年，湘澧盐矿大型食盐码头建成，有整体多用栈桥式码头250米,盐仓1000平方米,年吞吐量40万吨。孟姜女大道建成通车。至2001年,境内有襄果线、保襄线、澧襄线3条县乡公路和9条村道。尔后，对县乡村道路拓宽和水泥硬化。2014年，辖区内开通有1号、2号、3号、5号、6号、8号、东环和西环8条公交线路，短、长途客车在境内均有站点。

邮政通信

1956 年，设立文化路邮电所，1958 年，设窑坡电话所，首装磁石交换机 1 部。1973 年，设立湘澧盐矿邮电所。1985 年，实现数字电话。1996 年，开通移动通信。

至 2014 年，辖区内设有 1 个电信分理处、2 个移动服务营业厅，有固定电话用户 2100 户、移动电话用户 19700 户、互联网用户 4470 户、有线电视用户 9886 户。

供电

1958 年，市政府在窑坡渡新建电厂，安装 400 千瓦发电机组，更名地方国营津市电厂，年发电 76.48 万千瓦时。1962 年，澧水南北建铁塔，架设过河输电线路 800 米。20 世纪 70 年代建阳由供电所。70 年代初，湘澧盐矿建成自备热电站，装机容量 12000 千瓦。1981 年 7 月，设址于窑坡渡公社明道大队的津市 110 千伏变电站建成投运。到 80 年代，辖区范围内无电盲区彻底消除。2001 年在桥南新建 10 千伏开闭所一座。2004 年阳由供电所改名为南区供电所。至 2014 年，因用电负荷增长，辖区供电线路改造完成。

水利建设

境内阳由垸，始建于明万历三十六年（1608），堤垸周长 4790 丈，面积约 7000 亩。清同治元年（1862）漫溃，一废数年。同治九年（1870），离任道台杨学幼领首复修。1980 年遇特大洪水，漫堤溃决。经历年加修，1990 年有临洪大堤 8010 米，堤顶标高 44.50 ~ 44.80 米，面宽 5 ~ 8 米，可防 20 年一遇洪水，堤垸保护面积 12208 亩，其中耕地 6327.6 亩。

1958 年建成清远观水库，灌溉面积 3000 亩。是年，阳由垸西南堤内建抽水机站 1 座，安装 4 台 120 型煤气机，每台功率 18.4 千瓦，用以排除垸内渍水。1965 年，阳由垸建电力排灌站。1978 年，湖南省水利水电厅确定窑坡公社阳由大队为湖南省喷灌试点，采用定喷、半固定管道喷灌系统，建成 400 亩蔬菜喷灌基地。1980 年阳由垸溃垸后，加修防洪大堤。1998 年特大洪灾后，阳由垸、果园垸实施平垸行洪、移民建镇，2000 年 4 月竣工，共安置移民 1218 户 3721 人，平垸行洪 1250 亩，蓄洪量 834 万立方米。对阳由防洪大堤裁弯取直加高加宽加固。2014 年，襄阳街街道投入 30 万元新建抗旱机埠，投入 480 万元开展小农水建设项目，完成水渠改造 4800 米、水利血防工程 1200 米，改造堰塘 25 口。

完美社区建设

街居建设

2012年，对阳由社区、古大同社区、汤家湖社区共2.7千米道路进行硬化。2013年，兴建五号路、荷花、澧阳3个宜居小区和阳由、荷花2个休闲广场；对辖区内有庭院的企事业单位进行园林式小区创建，创建起7个示范小区。2014年，街道办事处以基础设施建设和人居环境改造为重点，全年投入建设资金1800多万元，打造以荷花、澧阳、阳由三个社区为中心的阳由垸整体建设片。统筹境内城乡社区平台建设，建成5个社区平台，其中新建澧阳社区平台370平方米，改建汤家湖、阳由、盐矿、荷花等4个社区平台1200多平方米，分别配备一站、一园、一场、五室，社区服务功能得到完善。

社会事业

教育

民国时期，境内设有柏枝林小学、萤台乡第六保初级小学、萤台乡第四保初级小学、伏坡寺初级小学、萤台乡第五保国民学校、萤台乡第六保国民学校、萤台乡上四、五保国民学校等7所小学。中华人民共和国成立后，这些学校分别改为护市小学、津市五完小、卢家小学、明道小学、阳由小学、澧阳小学、果园小学。

民国31年（1942）秋，邑人向郁阶等创办湖南省私立明道初级中学，1956年始办高中班，1957年8月改为津市市第一中学。

民国35年，湖南省立第四职业学校迁入津市，次年8月改称省立津市高级农业职业学校，1951年迁址境内汤家湖，1953年更名为津市农业学校，1958年与常德专区农业合作干校合并为常德专区农业学校，次年迁址于常德市西郊，原址作为澧县一中校址。

1975年，湖南拖拉机厂在澧县一中校址创办技工学校，1978年改为湖南省机械工业局津市技工学校。1984年7月，改为湖南包装食品机械学校，1989年更名为湖南省机电学校，2002年升格为湖南机电职业技术学院，2004年迁往长沙。

1973年设立湘澧盐矿子弟学校，1979年湘澧盐矿与津市总工会创办广播电视大学班。

1981年设立津市第六中学，1985年改为教师进修学校。1986年设立阳由乡中学。1992年教师进修学校迁出。

2014年，境内有津市一中、津市五完小和5所幼儿园，有中学生1980人，小学生520人，幼儿园入园儿童192人。

文化体育

民国时期，阳由垸韩金山、杜家喜等人招徒习武，组织国术团，饮誉九澧。1984年5月，阳由乡举办农民运动会，有15支代表队600人参赛。1985—1988年湘澧盐矿俱乐部3次获常德地区工会授予的工人俱乐部工作竞赛先进单位称号。1980年起，境内还相继建有湘澧盐矿、湖南机电学校、阳由乡3个剧场。辖区各企业建有篮球场、图书室，机电学校、津市一中建有标准体育场、篮球场、足球场、乒乓球室、图书馆。

1978年10月，津市电视差转台在境内建成皇姑山电视差转塔，转播中央台、湖南台、常德台节目。1989年9月，津市电视台在境内建成皇姑山电视发射塔，塔高83.2米，为湖南省第一座钢筋混凝结构电视发射塔。

至2014年，有广场舞表演队2支，腰鼓队1支。

医疗卫生

1955年，津市人民医院从和平街搬迁至襄阳街，20世纪60—70年代，医院开办护校、培训人才，成为澧水流域各县的中心指导医院。各生产大队设卫生室，配赤脚医生。建窑坡卫生院，1981年改名南区医院。1995年，津市人民医院被国家卫生部授予二级甲等综合医院称号，1996年被世界卫生组织授予爱婴医院称号。南区医院迁出。2001年，津市人民医院兼并湘澧盐矿医院。2014年，医院占地4万多平方米，建筑面积32000平方米，拥有卫生技术人员453人，编制床位550张，固定资产1.58亿元，设有内、外、妇、儿、急诊、中医等16个临床科室，12个医技科室以及两个大型门诊部和一所社区医疗服务中心。

2014年，境内有津市人民医院和7个社区卫生服务站。

社会保障

民国19年（1930），开办孤儿院，院址皇姑山功德林庙，配管教员2人、保姆2人，收养孤儿40名，日上课2小时。民国24年，由于经费短绌，孤儿院解体。1965年3月，津市残老院迁址皇姑山南坡，收养残、老、幼婴68人。后因湘澧盐矿建厂，院址迁襄阳街。1975年，收养孤、老、残、幼24人，组织其养鸡鸭、加工米粉，年收入3085元。1980年3月，改名津市市社会福利院，交市福利工厂代管。1985年津市市社会福利院迁出。

至2000年，境内先后建有襄阳街食品包装厂、阳由村卫生制品厂、阳由文化用品厂3个街道福利企业，安置残疾人员33人。2001年10月15日，津市市阳由敬老院成立，加挂津市市老年人公寓牌子，设在阳由乡护市村，占地6900平方米，建筑面积1100平方米，床位37张。2014年，襄阳街街道办事处建成爱心幸福园，系一所集疾病预防、治疗、护理和临终关怀为一体的医养融合型康复养老院，建筑面积400多平米，床位48张，生活、医疗、娱乐、休闲等设施一应俱全。是年，全街道共发放临时救助金5600元，大病救助金16万多元，对12名学生慈善助学29000元。

特色地情

名优特产

斑马蚊香 津市蚊香生产始于清道光年间（1821—1850），罗玉和、彭义昌等香店生产祭祀用神香，兼制驱蚊用竹杆蚊香。民国初年，外地皮纸蚊香进入市境，盛销一时，境内香店遂起而仿制。1956年手工业合作化，9名制香工人组成鞭香生产合作小组。1959年，组建蚊香车间，始以滴滴涕为主要驱蚊剂试制盘香，定名百花牌。1963年，企业定名津市蚊香厂，推出斑马牌、河马牌产品。1973年，引进除虫菊酯替代滴滴涕为主要驱蚊剂，推出斑马牌高级蚊香，无毒高效，年内出口5606箱。后经研制助效剂，全击蚊时间缩短至9分30秒，比世界名牌日本红牌坊蚊香的18分钟缩短近一半。1979年，斑马牌高级蚊香在香港销量超过日本红牌坊，居全港首位。1981年，津市蚊香产量达56800标箱，居全国首位。嗣后陆续开发无烟蚊香、中草药蚊香、气雾蚊香、电热蚊香等新品。1983年受轻工部委托，由津市蚊香厂主持草拟蚊香国家标准。1988年，津市蚊香产量达16.42万标箱，为是年全国蚊香总产的十分之一。1990年斑马牌蚊香获首届全国轻工业博览会金奖，1995年获湖南省名牌产品称号。2001年，津市蚊香总厂改组为湖南斑马蚊香股份有限公司；2002年整体出卖，更名为湖南新斑马实业股份有限公司。

食盐 1972年，湘澧盐矿制盐厂在津市皇姑山南麓建成投产，是年产盐80000吨。2012年，湘澧盐矿成为国内最大的水溶采矿真空制盐企业，具年产精盐100万吨生产能力。主要产品雪牌精制盐，质量优良，供应湖南、湖北、广东、广西、上海、重庆、贵州市场。20 世纪 80 年代，雪牌精制盐先后 3 次获湖南省优质产品称号；1990 年在全国行业评比中居第二，获轻工部优质产品称号；1991 年在第二届北京国际博览会上获银奖。

风景名胜

古大同寺 坐落在境内大同山北麓，唐懿宗咸通年间（860—874）建。初为九祖道场，名慈云庵，后改为寺庙。寺为砖木结构，主体建筑中轴线，自北向南依次为山门、前殿、大殿、后殿。大殿左右为钟鼓楼，寺前立舍利塔。殿宇屡毁屡建，最后一次修复为清嘉庆年间（1796—1820）。建筑保留晚清风格，为单檐硬山顶，马头山墙，四周用砖墙围护，内部为木穿斗结构，上盖小表瓦。古大同寺还保存塔林等古迹，具有一定的历史、宗教研究价值。2002 年 5 月被公布为省级文物保护单位。寺庙四周山岳起伏，古木参天，气候宜人，为避暑佳境。

皇姑山 位于市区澧水河南岸，因明代华阳王朱悦耀的妃子葬于山南，故得名皇姑山。山域原为津市市国有林场，1992 年辟为省级森林公园。山下楼台亭阁，山上奇草佳木，有石径通山顶，登顶远眺，津城尽收眼底，澧水如带环绕其间，远山近水历历在目。

（文字供稿：津市市党史办，图片供稿：津市市党史办）

金鱼岭街道

区域概况

位置面积

津市市金鱼岭街道位于津市澧水南岸城乡结合部，东、北面与襄阳街街道相邻，南与工业集中区毗连，西与灵泉镇接壤。街道办事处驻文家湾社区。

1989年，金鱼岭街道总面积18平方千米。2014年，金鱼岭街道面积44平方千米，有林地10680亩，耕地4800亩，水面1985亩。

建置沿革

1989年4月，从襄阳街街道析出设立金鱼岭街道。2002年11月，窑坡渡乡并入金鱼岭街道，合并后金鱼岭街道辖燕子窝、芦家台、清远路、文家湾、丝绸、窑坡、湖桥7个居委会和关山、烟山、大旗、团湖、明道、董家、卢家7个行政村。2004年10月，明道村和团湖村划归津市市工业集中区管辖。至2014年，金鱼岭街道辖燕子窝、文家湾、湖桥、丝绸4个社区和关山、大旗2个村。

行政区划

1989年金鱼岭街道设立时，有窑坡、清远路、丝绸院和湖桥4个居委会16个居民小组，1990年1月，增设垛儿口和长山2个居委会。1995年7月，窑坡渡乡芦家台居委会划归金鱼岭街道管辖。1995年12月，长山与丝绸院合并为丝绸居委会，垛儿口与芦家台合并为芦家台居委会。1996年3月，阳由乡荷花村4组和窑坡渡乡董家村5组、6组划归金鱼岭街道清远路居委会管辖。6月，董家村5组、6组析出另设文家湾居委会。1999年7月，窑坡渡乡芦家村8组划归金鱼岭街道，并入芦家台居委会第8居民小组。2000年11月，析出芦家台居委会第8居民小组另设燕子窝居委会。2003年5月，卢家、芦家台和燕子窝1村2居合并为燕子窝居委会，窑坡、清远路和文家湾3居合并为文家湾居委会，董家与丝绸1村1居合并为丝绸居委会。2004年10月，烟山与关山2村合并为关山村，至2014年12月，有4个社区32个居民小组、2个村22个村民小组。

自然环境

境域为低山丘陵区，最高点大旗山海拔251.1米，最低点长山湖海拔30米，全境平均海拔高度125米左右。属季风湿润性气候，四季分明，年平均气温在18℃左右，年平均降雨量1350毫米。树木主要有马尾松、杉木、樟树、油茶、楠竹等。境内土壤多为红壤，偏酸性，肥力较低，含沙量大，黏性不强。境域东临澧水，窑坡等沿江地带海拔

40米，低于洪水水面，易发生洪涝灾害。1989—1999年，共发生洪涝灾害7次。

人口民族

1989年，金鱼岭街道有9811人，其中男性5015人，均为非农业人口。2002年，有24705人。2004年，金鱼岭街道有22016人。2014年6月，辖区总人口为21986人，其中男性11143人，；农业人口3200人；人口以汉族为主，占总人口的98.95%；少数民族230人，其中回族198人，土家族32人。

经济发展

综述

20世纪80年代，经济体制改革，辖区个体私营经济兴起，农业产量增长，乡镇街道企业发展。1981年，窑坡渡公社有农修厂和长山渔场2家企业。1989年，金鱼岭街道有街办企业4家、委办企业1家。2002年，金鱼岭街道有企业21家，企业年总产值6314万元，营业收入7560万元，利润1935万元，税金263.064万元。农业税取消后，出现种植大户，养殖大户，实现土地流转4000亩，引资创办特色种植公司3家。企业改制，全面实行民营。招商引资，新建企业5家。2014年，工业企业全部移交工业集中区。城市居民人均可支配收入2.15万元，农民人均纯收入1.35万元。

农业

种植业 境内种植业历来以种植水稻、棉花和油菜为主。1986年，窑坡渡乡种植业产值168万元。2001年，窑坡渡乡种植水稻3150亩，棉花950亩，油菜2800亩。2012年，全街道有水田3750亩；旱地1050亩。2014年，种植水稻3750亩，稻谷总产1900吨；棉花1050亩，皮棉总产32吨；油菜3150亩，油菜籽总产213吨。

养殖业 1981年，境内养殖生猪6860头，其中出栏5120头；养牛400头；养羊1000只；养禽6200羽；出水鲜鱼10000斤。2002年，养殖生猪8860头，牛120头，羊1000只，禽5700只；出水鲜鱼10000斤。2014年，养殖生猪9860头，其中出栏8120头；养牛200头，羊800只；养禽5200只；出水鲜鱼10000斤。

林业

1986年，窑坡渡乡林业产值6万元。2009年，境内有林地10600亩，占山地面积的89.9%。其中油茶2500亩，樟树2000亩，杉树1000亩，果木林800亩，花卉800亩，松树3500亩，建森林绿色通道15千米。2010年，退耕还林400亩。2014年，全街道林地面积达到11000亩。

工业

1975年，建湖南拖拉机厂，生产“东方红-30”型拖拉机。1980年12月，市螺钉厂生产的木螺钉出口外销。1983年12月，市绢麻纺织厂生产的麻织品外销。1988年10月，市造纸厂研发生产的全带浆普压双胶纸、静电复印纸填补国内空白，并获国家“星火计划”银奖，1990年12月，市造纸厂研发生产的全带浆普压双胶纸、静电复印纸夺全国首届轻工博览会银、铜奖。驻境内企业有13家，分别是皮革机械厂、造纸厂、玻璃厂、螺钉厂、发电厂、窑坡砖厂、丝绸总厂、绢麻纺织厂、印染厂、床单厂、大米厂、二仓库和湖南汽车车桥厂，其产品远销国内外。

2003年，街办工业企业全部改制，实行民营，驻境内省属、市属企业改制后，划入津市市工业集中区。

2012年，金鱼岭街道有建筑、纺织、化工、食品和服务性企业21家，年产值达6314万元，营业收入达7560万元，利润额达1935万元，税收达263.064万元。

2014年，驻境规模以上工业企业50家，工业总产值80亿元。

商贸服务业

民国初期，窑坡渡为澧水南端第二商品贸易所在地。新中国建立后，在窑坡渡设立窑坡供销社，经营南货肉食、百货布匹、粮油食品、手工艺品、文具书籍、日杂、生产资料等，成为窑坡工区的中心市场。改革开放后，商贸服务业快速发展。到2010年，已建有丝绸、湖桥和清远路3个农贸市场，其中丝绸农贸市场规模最大，市场建筑面积2000立方米，顶棚下空地面积4000平方米，有大小门店38个。2014年，境内有各种门店392个，其中餐饮门店121个，安置就业人员1126人，年集市贸易商品零售总额5960万元。

基础设施

交通运输

1979年8月，丝绸路新修水泥公路1200米。1981年9月，襄阳街至窑坡渡公路拓宽工程竣工，长4700米。1993年12月，清远路通车，全长700米，路宽12米。1997年2月，孟姜女大道全线建成通车。2002年11月，修建关山、大旗村级公路12.92千米，路宽3.5米，修建通组公路31.2千米。2014年，境内村、组公路全部修通和硬化。途经关山村、大旗村的二广高速公路东（岳庙）常（德）段建成通车，境内有专线连接津市灵泉互通口。开通有1、2、3、5、6、8、东环和西环8条公交线路，短、长途客车在境内均设有站点。

邮政通信

1978年，设立窑坡邮电所，经营境内邮政和电报、电话业务。1991年7月，开通无线寻呼机（BB机）。1994年7月，开通移动电话。到2014年，境内有移动电话16685部，固定电话817部，互联网用户2347户。

供电

1958年，在窑坡渡兴建津市电厂，装机容量400千瓦，年发电76万千瓦时。1962年，新增750千瓦机组一台，1965年，又增750千瓦机组一台，年发电208万千瓦时。1981年建成110千伏变电站。1983年，境内消灭无电盲区。1985年12月，兴建津市热电厂，装机容量6000千瓦。1993年10月，供热管道开通供热，南至印染厂，北至味精厂，全长4.5千米。热电厂生产的电力并入大电网。1998年4月，金鱼岭110千伏变电站无人值班电网调动自动化改造完成。1999年8月，220千伏金鱼岭变电站建设开工，2000年8月建成供电。1998年2月，金鱼岭路全线照明路灯开通。2012年，襄窑路路灯全线开通。2014年，境内有津市110千伏变电站、金鱼岭110千伏变电站和金鱼岭220千伏变电站3座大型变电站。

水利

1958年，修建胡家湾水库，库容50万立方米。1962年，修建长山水库，库容35万立方米。1998年特大洪涝灾害后修整水渠5条，长8.4千米；修建水泥凹槽13条，长11.8千米。2004年修建窑坡防洪大堤，从纸厂至粮食仓库，全长976米。2012年，投入资金246万元，实施胡家湾水库除险加固，整修大小堰塘88口。2014年，境内自流灌溉面积达82.6%。

街居建设

1989年，修建办公平房12间，面积312平方米。1995年4月，市政府在金鱼岭路划拨建设用地2220平方米，修建办事处办公大楼，建筑面积2800平方米。2000年12月竣工。

"关山新村"关山明月生态体验园"十二生肖"景点

街道建立初期，各个居委会的办公条件都比较差，有的居委会办公用房不足20平方米。随着居委会和村委会工作量越来越大，政府加强村、居办公场所的建设。2003年，丝绸居委会将原丝绸总厂幼儿园改建成办公用房，面积218平方米；兴建文家湾社区服务中心，面积328平方米。2006年，兴建燕子窝社区服务中心，面积540平方米。2007年，将原关山小学校舍改建为关山村委会办公用房，面积112平方米。2013年，兴建湖桥社区服务中心，面积358平方米。2014年，兴建大旗村委会办公平房，面积289平方米。至2015年，各村村委会、社区居委会的办公条件均得到改善，街道、社区和村的工作人员均配备有电脑。

移民建镇

1998年长江流域发生特大洪水后，国务院作出平垸行洪、移民建镇的决定，窑坡渡乡被湖南省人民政府列入第二期和第三期项目名单。移民建镇工程于1998年11月启动，至2002年11月竣工。境内接纳安置移民496户，其中窑坡巴垸420户、新洲外滩52户、临津巴垸24户。移民安置中，集中建房安置110户，购全产权房安置334户，分散建房安置52户。共征用宅基地37.6亩，其中山地8.6亩、非耕地29亩；修建水泥路面2451米，下水道23条、2618米，移动土石方6085立方米，铺设自来水管道3626米，架设高、低压线路4734米，建自来水高压水泵房1座，砌挡土墙1687米。

社会事业

教育

民国时期，境内有大旗山、伏波寺和萤台第

三保、第四保4所初级小学。1949年8月，市人民政府接管境内小学。1966年，境内有关山、团湖、大旗、卢家、董家、明道6所小学。

1964年年末，津市镇政府于窑坡渡公社建立津市中等农业技术学校，招收初中毕业生，学制3年，学生100余人，教职工20人。1969年改为“五七干校”。1972年，湖南拖拉机厂建立子弟学校，开展小学和初中教育；1978年成立湖拖“七二一”工人大学，后更名为职工大学，面向社会招生，全脱产学习，学制3年，发大专文凭。

1972年，窑坡渡几家企业与董家8队集资修建工农中学。1978年，工农中学改称津市五中，20世纪80年代一度改为津市市第一职业中学。

1986年，设立窑坡渡乡中学，占地15亩，有学生185人，教职员工24人。

随着教育体制的改革和教育布局调整，到2014年，境内尚存津市七完小1所小学和津市五中1所初级中学。津市七完小原址在窑坡渡澧水河边，每逢洪水学校被淹、学生停课。1995年搬迁至清远路，占地1万平方米，教学楼面积5332平方米，高峰期在校学生1100多人，2014年有在校学生623人，教师32人。津市五中占地50余亩，建筑面积7327平方米，有藏书2万余册，电教室、实验室、语音室等教学设施一应俱全。2014年设有28个教学班，在校学生1900人，教职员工113人。

2014年，境内有娃哈哈、大风车2所幼儿园，有幼师24人，在园幼儿89人。

文化体育

1965年，在窑坡渡公社建立津市第一个农村民办公助文化馆，与东河街居委会共办社会主义文化室。1969年，建立窑坡公社广播站，广播专线架至各大队。1980年建成窑坡电影院，建筑面积2000平方米，座位1480个。1988年窑坡渡乡举办农民运动会，设17项目，300人参赛。至2014年，境内有文化站1个，各类书刊2万多册；文家湾文化活动广场1处；狮龙队和腰鼓队各1支；各类体育运动场所8个。

医疗卫生

1970年建湖拖厂医院，各生产大队设医疗室，配赤脚医生。1992年，境内有金鱼岭街道卫生服务中心和津市市人民医院湖桥分院2所医院。2002年，湖桥医院被市人民医院兼并后改为湖桥分院。医改以后，各村均设立卫生室，基本做到小病不出村。2005年起实行城镇居民医保和农村合作医疗保险，至2014年，辖区居民和村民参保率为99.5%。

金鱼岭街道卫生服务中心　前身为窑坡渡卫生院，创办于1958年。1992年5月，迁至金鱼岭，更名为南区医院。2007年6月更名为金鱼岭街道卫生服务中心。占地面积6亩，建筑面积2208平方米，共有8个科室，30张病床，医务工作者35人，中级以上职称人员9名，系门诊和住院为一体的综合性卫生服务中心，是金鱼岭辖区范围内的主要就诊地。2014年，该院接纳门诊17580人次，住院1530人次。

津市市人民医院湖桥分院　建于1970年11月，当时叫卫生防治所，1979年9月改为湖南拖拉机厂职工医院，1984年5月更名为湖南汽车车桥厂职工医院。因企业改制，2003年5月3日，该院整体移交给市人民医院，更名为津市市人民医院湖桥分院。2014年，该医院设有门诊科室5个，医护人员18名。

社会保障

中华人民共和国成立后，对孤寡老人和孤儿实行分散供养。对境内农村孤寡老人和孤儿，每人每年发放250公斤稻谷和4公斤食油；城市孤寡老人和孤儿，每月发给生活费15元人民币。随着社会经济条件不断改善，对城市“三无”人员和农村“五保”人员的待遇也不断提高。2014年，境内城市“三无”人员每人每月发放生活费250元,农村“五保”人员每人每月发放生活费220元。全街道有城市“三无”人员14人，农村“五保”人员14人，全年共发放78960元。

为保证低收入人群的基本生活，从1999年7月起，街道实施贫困居民最低生活保障制度。至2014年，全街道纳入城市低保户达632户873人，农村低保户247户279人，共支付低保经费247545元。

为解决重大疾病人员医药费不足问题，2014年全街道发放重大疾病救助金91400元，临时救助金4500元。

为解决无房户居住问题，街道办事处发展廉租房，发放租金补贴。2014年，全街道有137户无房户住进廉租房。对没有住进廉租房的428户无房户，年发放租房补助金856000元。

特色地情

风景名胜

中武当道观 位于关山村关山西峰，建于唐朝，为道教圣地，可与南北武当相比，相传为真武祖师飞身之地。正殿楣上“廉洁”二字系朱熹手迹。殿前柱上有一楹联：利锁名缰，笼络多少好汉；晨钟暮鼓，映醒无数痴人。内供真武祖师铜像重达150公斤,香案前置一陨石,重250公斤,黄质黑章。该地视野开阔，可观澧水和澧阳平原万顷秀色。

（文字供稿：津市市党史办，图片供稿：津市市党史办）

新洲镇

区域概况

位置面积

新洲镇位于澧水下游，洞庭湖西岸，东临澧水主河道，与澧县九垸乡隔河相望；东南与澧县良种繁殖场、南与李家铺乡接壤；西与灵泉镇毗连；北与津市市工业集中区、金鱼岭街道为邻。镇人民政府驻孟姜女社区，距市政府驻地4千米。1985年12月，镇域面积47.4平方千米。至2014年未变。

建置沿革

隋开皇九年至明永乐二年（589—1404），新洲一直为郡、州、路、道的治所，是澧水流域的政治活动中心。后州治迁澧阳，城遂衰落。明万历年间，州守张公巡视新洲，认为“不为城乃可为市”，遂招民筑垣为市。至清末民初，集市逾千户。民国25年（1936），始设新洲镇，辖6保。民国27年改蛋台乡，辖10保。蛋台乡驻地新洲南街城隍庙。中华人民共和国成立后，于1949年设立新洲镇，1956年定为澧县直辖镇，1958年9月成立新洲人民公社。1959年12月，新洲公社划入津市市，1960年4月改为津市市郊区人民公社先锋分社。1961年4月，先锋分社析为新洲、灵泉两个分社。1961年10月，新洲分社析为新洲公社和新洲镇。1963年春，新洲公社明道大队划归窑坡公社。1963年7月，新洲公社、新洲镇划归澧县。1965年春，新洲公社鲁家坪大队、嘉山大队大部分生产队划出，成立澧县良种繁殖场。1979年12月，新洲公社关山大队、团湖大队划入津市镇窑坡公社，车渚大队第十生产队划入澧县良种繁殖场。1984年4月，新洲公社改为新洲乡。1985年11月，包括新洲乡、新洲镇在内的澧县白衣区成建制划归津市市。年底，新洲乡、新洲镇合并为新洲镇。2004年12月，新洲镇打破原有行政村、居格局，将杉堰村和城内村的5、6、7、8、9、10、11、12组合并为杉堰村；南溪村，豹鸣村的1、2、3、4、5、6、8、9组，白龙村的1、2、3、11、13组合并为青山峪村；长岭村，白龙村的6、7、8、9、10组合并为长岭岗村；荷花堰村，白龙村的4、5、12组合并为荷花堰村；草鞋铺村，黄林堰村合并为黄林堰村；南江村，车渚村的1、2、3、4、5、6、7、11、12、13、14组合并为车胤村；南湖村改名为九堰村；嘉山居委会，天子岗居委会，东街居委会小河东门桥以南，车渚村的8、9、10组合并为嘉山社区；北街居委会，东街居委会东侧街道，南街居委会（梅花路北居民），城内村的3、4组合并为孟姜女社区；南街居委会梅花路南，东街居委会西侧街道，豹鸣村7组，城内村1、2组合并为万寿宫社区。2014年9月，新洲镇被列为全国重点镇。2015年11月，湖南省实行乡镇区划调整，新洲镇与灵泉镇合并，仍称新洲镇。

行政区划

中华人民共和国成立后，新洲镇区划更迭频繁。1958年9月，成立新洲人民公社，辖关山、大旗、桃花、灵泉、龙山、复兴、李家铺、明道、团湖、青山、青泉、草农、南江、鲁家坪、九堰15个大队和新洲管理区。

1961年2月，津市市郊区人民公社新洲分社辖关山、烟山、团湖、明道、城内、杉堰、南溪、豹鸣、长岭岗、白龙泉、荷花堰、草鞋铺、黄林堰、南江、九堰、联合、鲁家坪、嘉山、车渚19个生产大队和新洲管理区。

后境内陆续有所辖大队和生产队划出，1985年实行乡镇合一，新洲镇辖12个行政村，5个居委会；2004年村居调整后，辖杉堰、青山峪、长岭岗、荷花堰、黄林堰、车胤、九堰7个行政村和嘉山、孟姜女、万寿宫3个社区。至2014年无变化。

自然环境

镇域为武陵山余脉低山丘陵区。地势西北高东南低，山地、丘岗、淤洲、湖泊均有分布。主要山脉有大旗山（海拔233米），伏牛山（海拔131米）、青山（海拔157米）、嘉山（147.9米）。主要湖泊有张家荡、易家湖、胥家湖、肖家湖。镇域地处亚热带向北亚热带过渡的季风气候区，以大陆性气候为主，春秋温和，夏热冬寒，四季分明，光照充足。年平均温度16.6℃，年日照1770小时，年平均降雨量1300毫米。林木以常绿阔叶林为主，针叶林分布也较广泛，主要树种有松、杉、樟等30多种；经济林有柑橘、桃、李、梨、枣、柿子、枇杷等12种。野生动物有山羊、黄鼠狼、獾等20余种。境内矿产稀少，仅青山、伏牛山、嘉山开采过岩石，一般为岩浆岩，含砾砂岩和水页岩。土壤以黄土壤为主，易蓄水肥，适宜种稻，洲土兼沙，大多植棉。自然灾害大多为水灾、旱灾，尤以水灾危害为大。1954年、1980年、1998年、2003年的洪灾，1983年、1988年的渍灾，均对境内房物、财产、农作物及人、畜造成不同程度的损害。1998年6月23日，连续降雨247毫米，内湖陡涨，外洪居高不下，新洲上垸内城镇街道、公路水深1米以上。S205省道交通中断半月之久。居民疏散，农田被淹，堰塘、库堤冲毁，直接经济损失1200万元。

人口民族

1952年8月，新洲镇有非农业户口1457户5493人。1958年9月，新洲人民公社有7304户27124人，其中男性13596人。1985年12月，新洲镇有5575户23313人，其中男性11913人。1990年，新洲镇有5646户20756人，其中男性10460人；总人口中，汉族20718人；少数民族38人，其中回族6人、维吾尔族2人、壮族2人、白族7人、土家族21人。2014年，新洲镇有8900户22831人，其中男性12031人；汉族22760人；少数民族71人，其中蒙古族2人、回族48人、土家族18人、苗族1人、壮族2人。

经济发展

综述

民国时期，境内自然生产条件恶劣，低处易水淹，高岗易受旱，人们生活贫困。中华人民共和国成立后，农民分得土地，生产积极性高涨，但因一般种植“齐头黄”等一季稻，产量低，人均口粮在200公斤左右。1959年起连续三年遭遇自然灾害，人们生活仍然较差。1963年，农民人均收入80元，住房多为平房还有少部分茅草房，人均住房面积不足10平方米。中共十一届三中全会后，农村实行联产承包责任制，常规稻改杂交稻，粮食产量大增，收入提高，农村出现年收入过万元的农户，部分农民茅屋换瓦房，土砖换红砖，有的还修建楼房。

1993年，新洲镇工农业总产值过亿元，是津市市的两个亿元乡镇之一；农民人均纯收入880元，人均存款近1000元。每百户拥有摩托车20辆、电视机90部。此后，受市场经济的冲击，镇办企业因技术含量低、资金短缺、机制僵化而关停并转。2000年后，个体私营企业发展迅速。2014年，全镇有个体工商户680余家，有两个营业面积超1000平方米、货物万余种的大型超市和一个大型农贸市场，年营业额8000万元；农民住房条件大为改善，人均约45平方米；全镇每百户有摩托、电动车60辆，汽车2.5辆，人均存款1.5万元。

农业

种植业 境内种植业历来以粮食作物为主，水稻品种经过籼稻改粳稻、高秆改矮秆、常规改杂交，单产逐步上升。1964年，境内种植稻谷49035亩，总产5770.4吨，亩产118公斤。1986年，种植稻谷42140亩，总产11462吨，亩产272公斤。2010年，种植稻谷35110亩，总产13728吨，亩产391公斤。2014年，种植稻谷34396亩，总产13724吨，亩产399公斤；棉花6000亩，总产皮棉732吨；油菜25530亩，总产油菜籽3063吨。

养殖业 1985年，全镇养生猪1.48万头，出栏0.74万头；养家禽17.8万羽，出笼8.32万羽；出水鲜鱼3000吨。2011年，全镇养生猪6.34万头，出栏4.99万头；养家禽48万羽，出笼21万羽；养蜜蜂126箱，产蜂蜜3吨。2014年，全镇存栏生猪1.2万头，存笼兔10万只、家禽55万羽；养蜂150箱，生产蜂蜜3.5吨；养殖水产3000亩，出水鲜鱼1398吨。

林业

20世纪80—90年代，新洲镇实施封山育林、植树造林，至2000年全部消灭荒山。2002年起，投资195余万元，退耕还林2205亩。2009年，实行林业定权发证，全镇有林地持有者3030户。2014年，全镇有林地面积13935亩，其中用材林11145亩，经济林2790亩。森林覆盖率20%。

工业

清代、民国时期，境内以简单的渔具、渔船、绳索及农用、日用铁器的制作起步，逐渐发展到铁器、木器、篾器，金、银、铜、锡、白铁的制作，粮、米、榨油、酿酒等生产、生活类加工作坊。新中国成立后，境内始有现代意义的工厂。1953年后，新洲电米厂和建国油厂相继成立。20世纪70—80年代，镇域轻工业发展迅速，相继建成机砖厂、标准件厂、丙纶厂、油厂、毛纺厂、卷闸门厂、织布厂、服装厂、印刷厂等17家企业。1990年，全镇工业总产值达1200多万元，从业人员430人。1994年，镇办、村办企业达40余家，创产值4000多万元。1995年后，镇、村办企业由于技术含量低、资金短缺等原因而逐渐被市场所淘汰。2005年后，私营企业发展较快，主要为粮食、针织、棉布等加工企业，规模企业有名仕、恒联、恒发、久久、永久、长湘、欣隆等。2014年，全镇工业总产值1.08亿元，从业人员500人。

商贸服务业

新洲濒临澧水，历来为重要物资集散地。民国时期，境域为澧县东南各乡粮、棉、牲畜、山货特产交易集散地。民国25年（1936），境域有店铺、交易行300多家，每到8月、9月，谷米杂粮上市，日成交量达2000担，交易额银元2700元。中华人民共和国成立后，仍是方圆20千米的物资集散地。1951年，境域有店铺352户，从业人员934人。

1954年，新洲镇有商店749户，从业人员1707人。是时，新洲镇为澧县白衣区的政治、经济、文化中心，统购统销物资多在此集散，商业流通量大。

1955年，商业公私合营，成立新洲镇供销合作社、合作商店。1974年，新洲镇供销合作社下设12个门市部，还在部分大队设有供销点。1985年新洲供销社有职工119人，年营业额485万元。1994年后，供销社受到个体商业冲击，虽采取商店承包、分块或整体转制等措施，仍无法扭转资金短缺、人员包袱过重等弊端。1997年，12个门市部被相继解体。2003年10月，新洲镇供销社因资不抵债破产。同年，新洲镇个体商铺发展到450家，社会商品零售总额5000万元。2014年个体商铺及超市发展到674家，年社会商品零售总额突破1亿元。

基础设施

交通运输

水路运输 镇域明代即设有渡口。民国末期，境内有木划子、岩板船、木帆船等80余只。1952年，组建澧县帆船社新洲联站，1955年建立新洲渡务所。1965年修建湘航新洲候船室和售票处，每天有津市至长沙、安乡、沙市等地航班停靠，上、下旅客及货物。1974年，成立澧县航运公司新洲船队，有木船20余只、机帆船2艘，年客流量30万人次。1996年12月，津市首次用俄罗斯水翼飞船开通长沙客运，停靠新洲；2000年停航。

陆路运输 1958年，结合新洲防洪大堤建设，修建至窑坡、津市的随堤公路3.8千米和简易公路12千米。1968年，新洲有班车往返于津市等地。1969年修建新（洲）渡（口）公路，境内长8千米。1971年修建新（洲）灵（泉）公路，境内长5千米。1975年修筑新（洲）保（河堤）公路，境内长8千米。1994年，省道205线建成通车，途径境内10千米。至2014年，全镇修筑通村公路54千米，硬化29.6千米。开通5路往返新洲、津市的公交汽车，每4分钟一趟。另有新洲至临澧公交车2辆，至镇内车渚、黄林堰、长岭岗、神九堰、张家滩等定时班车6辆。全年运输180万人次。

邮政通信

明、清时期，境内设有邬家铺、草鞋铺2处铺递，用以宣达命令、传递军情。1959年，设立新洲邮电支局，定编6人，负责新洲至渡口、保河堤、李家铺等公社邮政、电信业务。1993年新洲安装全电子自动电话交换机，开通电话300门；1994年升级为2000门程控交换机。经逐年扩容，至1998年8月，全镇固定电话达3500余部。是年9月，新洲邮电支局析为新洲邮政分局、新洲电信分局、新洲移动通讯公司3个单位，合计定编10人，代办员12人。随着移动电话的普及，至2014年，固定电话减少至2000部左右，移动电话达8000余部，互联网用户发展到1100余家。全年邮政、电信业务收入308万元。

供电

1947年，创办新洲光明电厂，有职工5人，每天烧柴炭200斤，发电12千瓦，是为境内供电之始。1965年，新洲镇通三相四线大电网。1966年，设窑坡渡至黄土坡供电专线。1974年，境内有6个大队59个生产队通电。1984年10月，成立新洲公社电管站，定编5人，各大队设电工1人。2014年，新洲镇电力用户达7900户，其中三相动力用户460户，年用电量3500万千瓦时。

水利建设

镇域东濒澧水，河岸线长达18千米，跨上、下两垸。清代、民国时期，新洲没有堤防，洪水直来直去，人民深受水灾之苦。1958年冬，新洲公社举全社之力，筑起南至嘉山，北至钟家岗，长3817米的防洪大堤，堤顶标高38.5米，可抵御10年一遇洪水。1958—1964年，建起长33米的新洲排水闸和长64米的幸福排水闸。这以后，逐年对大堤进行加修，至2000年，共完成土石方140万立方米，大堤延长至4533米，堤顶标高升至45.5米，面宽7米，达到50年一遇防汛标准。

1971年，境内有等外水库27处，小（二）型水库1处，堰塘1014口，沟坝84处，总蓄水量362万立方米。1986年，有电动灌溉机埠28处29台1229千瓦。1991年建成装机4台共620千瓦的新洲电排站。后经2次扩建，至2005年，新洲电排站能力达到2630千瓦，基本解除新洲上垸的排渍之忧。2014年，全镇有电动机埠29处35台25190千瓦。

集镇建设

新中国成立时，新洲街道总长1.8千米（其中河街200米，北街440米，南街660米，东街500米），街面宽3.3米左右，有0.5千米铺有麻条石，0.6千米铺有青石板。1958年为建新洲排水闸，街面条石、青石板及城隍庙、大德寺、南门桥等古建筑的石质材料被搜挖一空。1983年，镇内主街道为2.1千米，均为三合土简易路面。城镇用地近1平方千米。1985年12月乡镇合一后，城镇建设发展较快。至1988年，硬化街道2.1千米，拓宽北街、东街至8米，南街至6米，完成混凝土浇注0.32万立方米，改变了天晴满街灰、下雨满街泥的状况。1991—1998年，扩建梅花路0.5千米、湘东路0.33千米。2002年5月，启动移民建镇工程，投资1868万元，搬迁南湖、车渚、南江3个村1099户村民和48户渔民共3431人。2003年，招商引资400万元，建成占地10亩、摊位108个、门面160间的新洲综合大市场。至2014年，共建成4条新街，硬化街道4.96千米，安装排水管道1.5千米，安装供水主管道4千米，实现与津市市区供水管网的联通。改造镇商业步行街，铺设麻石道板6000多平方米。实施城区亮化与绿化，安装路灯160盏，栽行道树1000余株，建盆景绿化带1.2千米。修建廉租房120套、仿古建筑120套，建筑面积1.5万平方米。镇主街道总长5.3千米，集镇建成区3平方千米，商铺600余家，城镇人口1.1万人，城镇化率48%。

社会事业

教育

书院　小学　东晋末年（420），故里士绅建萤渚读书台。唐咸通年间（860—874）士民于旧址建萤渚书院，元大德四年（1300）重修后更名车渚书院，清康熙五十年（1711）翻修后更名彭山书院。清初，境内有私塾8家，族学3处。还有澧州3处义学之一的嘉山村义学。清光绪二十八年（1902），新洲南街创办宾兴馆；民国2年（1913），宾兴馆更名为澧县第八高等小学。民国30年，境内有保学10所。第一次长沙会战前，长沙兑泽中学迁入新洲。民国32年，日本侵略军犯境，长沙兑泽中学迁出，学校多遭破坏。抗日战争胜利后，各保、甲因陋就简办学，小学教育得以恢复，仅新洲完小五、六年级学生就有124名。1954年，境内有小学14所。1956年，创办新洲幼儿园。1978年后，各小学办有学前班，新洲公社兴办中学1所。1986年，境内有小学13所，幼儿园1所，在校学生2589名。1987年后，随着农村学龄儿童的减少，小学重新调整布局，1996年调整为10所，在校学生2314名。2009年，新洲中心小学和新洲镇中学合办九年制寄宿学校，农村小学调整为3所。

中学 1960年春，津市市第九完小附设初中班；9月，成立津市市第三初级中学，1963年7月，第三初级中学更名为澧县第八初级中学；1971年下学期，八中开设高中班；1985年11月，八中又更名为津市市第三中学，时有教职员工87人，在校学生1236人。2014年，境内有完全中学1所、九年制寄宿学校1所、农村小学1所、中心幼儿园1所。学校占地95574平方米，建筑面积35861平方米，有教职员工220人，学生1963人。

文化

清咸丰年间（1851—1861），境内盛行荆河戏，新洲镇南街办有同乐班，北街办有文化班。民国36年（1947），在大德寺扩新华班，后改称为新华剧团。新中国成立后，演艺事业得到发展，新华剧团赴湖北省石首县演出，得到当地政府的肯定和民众的欢迎而被石首县收编，1955年更名为石首县国营荆河剧团。

1958年12月，新洲又开办荆河戏科班，定名为新洲文工团，排演《杨家将》《三国》《凤鸣山》《十五贯》等古典剧目和《夺印》《两个党员》《战鼓催春》等现代剧。1961年，部分演职员被津市市荆河剧团招录。1969年，排演现代剧《智取威虎山》《洪湖赤卫队》《红珊瑚》《阮文追》等，大受欢迎。

境内民间文艺还有耍龙灯、玩狮子、跑竹马、蚌壳精、采莲船、三棒鼓、孝鼓、道情、唢呐队等10多种。20世纪90年代，兴起老年舞、街舞、女子管乐队。

2001年，成立湖南有线网络公司新洲分公司。2010年，全镇有线电视用户1700户。2014年，有线电视网覆盖全镇，入户4500户。是年，全镇7个村、3个社区全部建有农家书屋，有书籍、报（期）刊、光碟5万余册。

医疗卫生

民国时期，境内设有蛮台乡卫生所，开有药铺、诊所16家。名老中医有朴本初、韩承瑾等，西医有雷立和、易善学等。1956年，在南正街建新洲镇中心卫生院，卫生院占地400平方米，有医务人员19人；1958年改称公社卫生院。1960年，卫生院下设大旗、团湖、青泉、草农、车渚、鲁家坪6个卫生所，有医职人员63人。

1958年，澧县防疫站在草鞋铺、新洲镇设血吸虫病防治医疗点，后在新洲镇设新洲血防院。1978年，新洲血防院有医职人员31人。1969年，各大队兴办农村合作医疗，由社员筹集基金，享受医疗服务。1980年合作医疗停办。1985年12月，成立新洲镇中心卫生院。1988年，新洲血防院撤销，中心卫生院移址血防院。1993年，新洲镇中心卫生院被卫生部授予一级甲等医院；有床位50张，专业医疗、护理人员48人。1997年，新洲镇中心卫生院加挂津市市第二人民医院牌子。2014年，全镇有中心卫生院1所，年接诊3.62万人次，住院0.48万人次；有村（居）医疗室10所，药店4家。

社会保障

1964年，新洲公社供养“五保”户130户185人。1993年试行农村人口养老保险。2004年，新洲镇鼓励集体职工购买养老保险。2005年推行新型农村合作医疗。2014年，全镇有5600人参与农村人口社会养老保险，受惠2900人；1100人参加城镇职工养老保险；供养农村“五保”户589户612人；城镇低保492户984人；各类伤残参战退伍人员 273 人；381 名 60 岁以上老人享受独生子女补贴；失地农民 385 人购买社会养老保险，全年领取各项补贴 3800 万元。

特色地情

名胜古迹

嘉山 原名翠麓山，位于新洲镇东南，海拔 147.9 米，面积 15 平方千米。南麓一里许有孟姜女出生地，其“孟姜故宅”的古碑今存澧县文管所。明弘治年间（1488—1505）工部尚书李如圭《贞烈祠记》载：“秦时州有孟姜女，适范郎，因始皇筑长城，范郎往供役。姜女于州嘉山之顶筑台以望，久而不归，乃不惮险远，亲往长城寻觅。后滴血认骨，获范郎骸骨负之归，抵同官（陕西）而卒。”乡邻为孟姜女所感动，将翠麓山改名为孟姜山，俗称孟家山。民间忌讳“梦”字，孟与梦同音，乡人多隐去“孟”，简称家山。李如圭为彰嘉孟姜女之贞烈，易名嘉山。古人在嘉山顶峰建有姜女祠，亦称姜女庙，坐东朝西，走进头门，依次是前殿、大殿、后殿、殿堂，左右是厢房、耳房，共 30 余间。祠堂累毁累修，1954 年 1 月，复毁于大火。20 世纪 70 年代重建。祠前有望夫台，传为孟姜女企盼丈夫回归的驻足之地，侧有镜石，环墙四周绣竹蓊郁，古人又称刺竹，破碎如丝，“叶皆为玉缕，俄而复合”，传说是姜女针黹时念远所为。因此竹罕见而被清人编入《湖南方物志》。嘉山南坡有一眼水井，历经千载不涸，相传孟姜女在井旁沐浴时被躲在树上的范郎窥见而结为秦晋，此井名为澡井。嘉山于 1991 年被湖南省批准为省级风景名胜区。孟姜女故事于 2008 年被国家非遗中心审定批准为国家级非物质文化遗产。

嘉山孟姜女景区

新洲古城 据《资治通鉴》记载，晋太元十年（381）太保谢安筑垒曰“新城”而居之。西魏时置澧州，唐大历十四年（766）李沁重建后做为州治。城内万寿宫建于唐大历年间，为历代学馆。大德寺和关庙建于唐景泰时期，两庙相连而建，俗称一步两庙堂。寺存罗汉像十七轴和大德石碑一块。有古护城河桥两座，一为南门桥，桥头立有好字碑，碑记“读好书，说好话，存好心，做好事”。一为东门桥，桥身雕刻一条巨龙。城有八景，即车渚萤辉、观音灵池、菡萏薰风、石岭樵歌、岩湾晚唱、江流涌月、樱花古洞、文化双井。湖南省考古所所长郭伟民考证后称“新洲古城是湖南第一楚城，是楚人南渐进入湖南的桥头堡”。2011 年，新洲古城遗址被湖南省公布为省级重点文物保护单位。

（文字供稿：津市市党史办，图片供稿：津市市党史办）

保河堤镇

区域概况

位置面积

保河堤镇位于津市市东南端，地处津市、安乡、鼎城三县市结合部，东与安乡县安丰乡隔澧水相望，南与鼎城区中河口镇为邻，西南与渡口镇毗连，西与棠华乡共界，北与李家铺乡接壤。境域濒临澧水洪道，人们筑堤拦洪，以保禾稼，称保禾垸，后衍化为保河堤。镇人民政府驻河口社区，距津市市人民政府驻地38千米。镇域面积56.1平方千米，有耕地38850亩，其中水田28650亩、旱地11700亩；养殖水面10185亩。

建置沿革

春秋、战国时期，境域属楚地。秦始置郡县，属黔中郡。西汉时期属孱陵县。三国时期始为蜀地，后为作唐县地。隋开皇年间（589），县地更名，境域东部属孱陵县（今安乡），西部属澧州。中华民国2年（1913）9月，废州改县，境域东属安乡县永裕乡，西属澧县青赋乡。中华人民共和国成立初期，境域分设瑞民、石龟、樟树3乡，属津市新洲区。1953年划归澧县管辖，1956年合并为毛里湖乡。1958年9月，实行人民公社体制，毛里湖、渡口、棠华3乡合并成立渡口人民公社，1959年划归津市。1961年从渡口人民公社析出，成立毛里湖人民公社。1963年又划归澧县，1984年撤社改乡，复称毛里湖乡。1985年划归津市，易名为保河堤镇。至2014年年底无变化。

行政区划

1984年，毛里湖乡辖川门、花桥峪、长寿、田家山、樟树、中南、双合、澧赋、荣台、七星、中心、民主、复兴、青苗、大山、铜盆16个行政村。

1985年改为保河堤镇后，将荣台村4组、5组划出设立河口居委会。1999年，从河口居委会划出一部分，设立龟山居委会；将青苗村靠近石龟山部分划出设立大桥居委会。2004年，中南村、双合村合并为中南村，民主村、铜盆村合并为民兴村，田家山、复兴村、樟树村合并为田家山村，川门村、花桥村、长寿村合并为花桥村。2011年，花桥村再次按传统区域析为花桥村、长寿村、川门村。

2014年，全镇辖长寿、川门、花桥、田家山、澧赋、七星、民兴、中心、青苗、荣台、大山、中南12个行政村和河口、龟山、大桥3个居委会，154个村（居）民小组。

自然环境

境内地貌主要为平原、湖泊和低矮丘陵，各约占1/3，平均海拔34米。境内毛里湖，常年湖面 50000 亩，丰水季节 57600 亩，为湖南省第二大淡水湖、第一大溪水湖。镇域属亚热带湿润季风气候，四季分明，年平均气温摄氏 16 度，年平均降雨量 1350 毫米。树木多为灌木，有少量乔木，树种有马尾松、国外松、刺杉、金桂、油桐、油茶、意杨、水杉、樟树、继木、枫树、白花泡桐、欧美杨、法国梧桐等 30 多种。野生动物主要有斑鸠、白鹭、刺猬、兔、鸽、田鼠、黄鼬等。域内土壤主要为红壤和黄壤，偏酸性，肥力水平偏低。境内因有澧水、毛里湖等水面，易发洪涝灾害，1950—2015 年，发生特大洪涝灾害 3 次。1954 年特大洪水，澧水大堤决口，淹没大量农田房屋。1974 年特大洪水，毛里湖内河大堤决口，淹没湘北公路。1998 年特大洪涝灾害，12000 亩农作物失收。

人口民族

1994 年，保河堤镇有 6932 户 22778 人，其中男性 11595 人。2006 年，全镇有 8214 户 24705 人，其中男性 12467 人，占 50.46%；农业人口 21770 人，占 88.12%。人口出生率 6‰。2015 年，全镇有 8645 户 25185 人，其中男性 12806 人，占 50.85%；农业人口 21981 人，占 87.28%。人口出生率 6.33‰；人口以汉族为主，占 98.68%，有 8 个少数民族共计 332 人，其中土家族 265 人，回族 18 人，苗族 26 人，壮族 10 人，布依族 2 人，侗族 7 人，满族 1 人，瑶族 3 人。少数民族来源主要为外来移民和嫁入人员，其中以石门皂市水库移民居多。

经济发展

综述

1986 年，随着改革开放的不断深入和经济发展，全镇农民人均纯收入 506 元。1994 年，全镇社会总产值 12459 万元，农民人均纯收入 2311 元。此后，乡镇企业改制，取消农业税，民营经济发展较快，农民种养积极性更高，2005 年，全镇工农业总产值 2.422 亿元。2010 年，全镇农民人均纯收入增至 5475 元。2013 年，全镇工农业生产总值 7.21 亿元，其中农业总产值 6.08 亿元，工业总产值 1.13 亿元，财政收入 1650 万元，农民人均纯收入 8045 元。2014 年，全镇工农业生产总值 8.11 亿元，其中农业总产值 6.18 亿元，工业总产值 1.93 亿元；全镇农民人均纯收入 10309 元。

随着经济收入增加，农民居住条件不断改善。20 世纪 70 年代，境内民居以土坯房、茅草屋为主，有少量砖瓦房。80 年代，红砖青瓦平房逐渐取代土坯房和茅草屋。90 年代起，开始建设样式各异的新式楼房取代砖瓦房，至 2014 年，全镇楼房占居民住房的 80% 以上，每百户拥有汽车 2 辆、摩托车 61 辆、电冰箱 73 台、洗衣机 32 台、热水器 55 台、电视机 113 台、电脑 2 台。

农业

种植业　境内以种植水稻、小麦、玉米、高粱等粮食作物和棉花、油菜、藠头、蔬菜、食用菌等经济作物为主。1994 年，全镇种植水稻 23750 亩，总产 10499 吨。2000 年开始种植食用菌，2001 年在中南村建立平和食品厂，年产各类食用菌 3000 吨，产值 3000 万元。2012 年开始推广红菜苔种植。2014 年，种植红菜苔 3000 亩，总产值 1200 万元，经济效益好于粮食种植。是年，全镇种植水稻 45600 亩，总产 18088 吨；种植棉花 9300 亩，总产皮棉 977 吨；种植小麦 5550 亩，总产 945 吨；种植油菜 4650 亩，总产油菜籽 999 吨；种植藠果 2205 亩，总产 3850 吨；种植油茶 1000 亩。

养殖业　境内养殖业主要有淡水鱼类养殖、虾蟹养殖、珍珠养殖、生猪养殖、肉牛养殖、奶牛养殖、禽蛋养殖以及红蚯蚓养殖等。

20世纪80年代末期，人工珍珠养殖业和网箱养殖业在境内开始出现，到2000年达到高峰，有2000口网箱和380万只珍珠蚌。后因对水质造成污染，实行限养禁养，到2015年，珍珠养殖只剩一户，网箱养殖则全部拆除。

肉牛养殖始于2001年，规模较大的有青苗村的津市芳草黄牛养殖专业合作社，2010年养殖肉牛300头。田家山村的复兴牧业有限责任公司，2011年养殖肉牛200头。奶牛养殖始于2001年，金健米业在花桥村建立金健第七牧场，至2014年，养殖奶牛550头，年产鲜奶1642吨。2014年，全镇出栏肉猪28800头，出栏肉牛600头，出栏肉用羊6400只，出笼家禽25万羽，出水鲜鱼8000吨、其它水产品2332吨。

林业

20世纪90年代初开始，镇党委、镇政府大力实施长江防护林项目、血防造林项目及封山育林项目。2014年，境内有林地面积9300亩，其中长江防护林600亩、血防造林1500亩、封山育林7200亩，主要树种为湿地松、杉树、意大利杨等，森林覆盖率24.5%。

工业

20世纪70年代，境内始有毛里湖手联社等少数社队企业。1980年后，境内工业有较大发展，规模较大的工业企业有大山红砖厂、大山鞭炮厂、保河堤藠果加工厂、石龟山油脂厂。1990年后，私营企业得到大力发展。2000年，在河口居委会兴办津市市江南建材有限公司，公司占地50亩，固定资产总投入400万元，主要生产彩瓦、涵管、轻质隔墙板、建筑用砖、预制板等建材产品。2001年，投资260万元兴办津市市平和食品有限公司，从事藠果加工。公司占地10余亩，年加工藠果600吨，产品远销日本、韩国。2008年，兴建湖南天颐棉业有限公司，公司占地53.4亩，固定资产总投入5000万元，年加工籽棉4万吨。2009年，在龟山居委会兴办津市市东旭饲料有限公司，企业占地40亩，固定资产总投入200万元，年生产水产饲料1.2万吨，属国家环保支农企业。2011年，在中南村建立湖南仕林生物科技有限公司，公司占地50亩，固定资产总投入8000万元。公司秉承农业循环经济理念和国家节能减排要求，利用当地棉杆、牛粪等农业废弃物，从事食用菌新技术的研发及产业发展，生产的香菇、平菇、金菌菇无污染、品质好，远销省内外。

2014年，全镇有工业企业264家，其中年产值500万元以上的规模企业有8家，年产值3000万元以上的龙头企业5家。

商贸服务业

镇域靠湖临江，河道众多，水运发达，自古以来商贸较为繁荣。民国年间至20世纪60年代，集市位于中南村双合口，紧挨毛里湖，来往商贸船只众多，主要经营桐油、淡水鱼类、肉类、棉花、粮油、木材、日杂等。

20世纪50年代成立毛里湖供销社，供应副食品、日用百货等。60年代初，因发生火灾，集市整体从双合口搬至河口，到1985年，发展为包括粮店、车站、卫生院、屠宰场、电影院、仓库及众多商铺的集镇。2014年，保河堤集镇拥有大小商铺300多家，年营业额6000万元，并形成湖南省最大的棉花聚散中心，周边县市生产的棉花主要通过该镇市场销售到全国各地。

基础设施

交通运输

民国时期，保河堤码头为澧水航运重要中转

站，从周边收购的粮食、木材、桐油、棉花经码头沿毛里湖和澧水外运，并有客船往返津市、长沙等地。20 世纪 50 年代，修建保河堤通往常德和津市的公路，为砂石路面。1992 年进行拓宽、拉直，并将主路从保河堤老街西移 300 米，作为省道 S205 线（又称湘北公路）的一部分，1994 年进行硬化，进一步改善行车条件。1998 年，澧水石龟山大桥建成，境内通往安乡的省道 S306 线实现无轮渡通车，保河堤镇交通枢纽地位更加凸显。2000 年，境内省道 S205、S306 全面硬化，往返常德、津市和安乡等地更加便捷。2002 年，硬化保河堤至津市石板滩的石保公路全面硬化。2006 年，修通澧赋村至省道 S205 的水泥公路。2008 年，境内实现村村通水泥公路。2014 年，全镇通村通组水泥公路总长 110 千米，覆盖境内 100% 的村、90% 以上的组；每天有 20 班次环巴通往李家铺、新洲、津市等地；常德至安乡客运中巴以平均 7 分钟一班的频率途经保河堤镇；华容至长沙、南县至长沙、安乡至长沙的长途大巴车途经保河堤镇。

邮政通信

20 世纪 50—90 年代，境内使用手摇式电话机，设邮电所。1995 年开通程控电话，1999 年安装公用 IC 电话和 201 卡电话，家用固定电话业务开始发展，2006 年达到 3000 部座机。后因移动电话业务发展而逐渐下降，到 2014 年尚有座机 1586 部。

1994 年，保河堤始有 900 兆赫移动电话（大哥大），但由于价格贵、信号差，拥有者很少，1997—1998 年实现 GSM 数字信号全面覆盖，手机业务开始快速发展，用户量猛增。2014 年，全镇有移动电话用户 8695 户。

2000 年，境内开始发展互联网业务，2014 年全镇互联网用户达到 1075 户。

供电饮水

供电 20 世纪 50—70 年代，境内用电主要集中在集镇及附近村，大部分村组没有通电。1982 年，开始建设村级供电线路，至 1983 年完成，境内供电实现全覆盖。此后，保河堤供电线路和设施经过 3 次升级改造，到 2014 年，全镇共有 10 千伏输电线 62 千米，380 伏输电线 102 千米，220 伏输电线 357 千米，有变压器 65 个台区共 5450 千伏安，用电总户数达 7313 户，用电总量 1119.45 万千瓦时。

饮水 保河堤镇安全饮水工程于 1989 年启动，1992 年保河堤自来水厂建成运行，基本解决集镇安全饮水问题。随后自来水网向村级延伸，到 2002 年，青苗、荣台、大山、中南、澧赋等村和西湖农业分场接通自来水。2014 年实施新一轮安全饮水工程，至 2014 年 12 月，安全供水网络覆盖人口 19000 余人，占全镇总人口的 80%。

水利建设

保河堤镇东临澧水，西连毛里湖，境内有大小数百处湖、塘和河段。民国时期，澧水大堤位于今河口居委会和大山村，堤体为土石，堤面较矮。1954 年，新建澧水大堤，将澧水拉直，压缩河面，扩充出来的湿地改为农田和鱼湖，竣工后大堤高 39 米，堤面宽 7 ~ 8 米。1998 年，对大堤进行升级改造，堤高加至 42 米，堤面加宽至 8 ~ 10 米，用水泥将向水堤面硬化，背水堤面种植草皮加固。2002 年，再次加高加固，堤高加至 43.4 米。

为改善排灌条件，1965—1989 年，境内先后建起六汊口、中心村、双合口、四林垸、药铺拐、石龟山 6 个排涝机埠，总功率 2185 千瓦。1978—1980 年，修建干渠 18 千米，支渠 90 千米。2014 年，将部分沟渠硬化，其中主渠道硬化 2 千米，支渠硬化 25 千米，田边灌溉沟渠硬化 150 千米。

镇村建设

镇域划归津市市管辖后，开始制定集镇规划，加快集镇建设。1985 年，在保河堤集镇修建商业街，取名富强路；到 1995 年，富强路取代老街成为保河堤镇商贸中心。1986 年集镇开始铺设下水道，20 世纪 90 年代开始架设路灯，2002 年建设液化气加气站。2006 年，对岳阳路、启明路、颖新路等街道进行提质改造，在道路两旁修建路灯和绿化带，在丁字路口修建保河堤镇中心广场。2005—2010 年，保河堤镇实施环洞庭湖基本农田建设项目 13 个，总投资额 1.15 亿元。

2012—2014 年，修建大山宜居小区和龟山新街。大山宜居住宅示范小区东临石龟山澧水码头，西接省道 S205 线，占地 2.3 万平方米，建筑面积 3.1 万平方米，为村民提供住房 208 套，采用“散户联建、统一规划、核定成本、集中建设”的模式建成。龟山新街北抵澧水大堤，南接岳阳路，长 1100 米，包括路基两边宅基地共宽 70 米，安装现代化供排水设施、供电设施及照明路灯。

2014 年，保河堤集镇建成区面积达 3 平方千米，街道总长 4000 米，有高亮度节能路灯 338 盏、下水道 7.5 千米，集镇常住人口 4000 人。全镇 15 个村（居）均建有村部，内设农家书屋、会议室、活动中心等。

社会事业

教育

民国时期，境内有私塾和小学数家。20 世纪 50—60 年代，创办多家小学。1968 年，建毛里湖中学。至 1975 年，各大队均建有小学，部分小学设初中班，毛里湖中学增设高中班。1977 年，毛里湖中学高中班停办。20 世纪 80 年代初，小学初中班并入毛里湖中学。1985 年，毛里湖中学改名保河堤中学。1990 年后，农村学龄儿童减少，学校布局进行调整。2014 年，全镇共有保河堤中学和保河堤中心小学、中心村小学、花桥村小学 4 所学校，教职员工 118 人，在校学生 1222 人，学龄儿童入学率、巩固率均达 100%。

文化体育

20 世纪 90 年代，境内陆续建立龙狮队、腰鼓队、管乐队、军鼓队、太极拳队、竹马队、广场舞队等民间文体团队，多次在市级文艺活动中登台表演。2012—2014 年，全镇 15 个村（居）相继建起农家书屋，有藏书 8 万册。2013 年，修建镇综合文化站，辟有活动室、阅览室，配有电视、电脑、广播、运动健身器材等设备；是年，保河堤镇代表队参加津市市农民运动会，获得 3 个单项第 1 名、总分第 1 名的成绩。有保河堤影剧院一家，内设观影位 200 座。2014 年，保河堤镇广场舞队参加津市市广场舞大赛，获得三等奖。

医疗卫生

民国时期，辖域内医疗卫生条件较差，仅有数名中医游走行医。中华人民共和国成立后，人民政府重视卫生工作。1956 年，建毛里湖卫生院。1969 年实行农村合作医疗，在各大队设立合作医疗站，配备赤脚医生，形成基本的医疗覆盖。1980 年，农村合作医疗停办，赤脚医生多转为个体行医。2000 年后开始建立村卫生室，2006 年，实行新型农村合作医疗制度。2014 年，镇卫生院有医务人员 40 人，病床 20 张，下辖 15 个村卫生室，有村医 16 名。

血吸虫病防治　辖域地处澧水尾闾，居民易感染血吸虫病。人民政府于 1954 年设立毛里湖血防院，专门从事血吸虫防治工作。2014 年有医生 16 人，病床 10 张。

环境卫生 镇党委、镇政府重视环境卫生，通过宣传发动和资金补贴，引导农户家庭建设净化池和沼气池。2003—2010年，全镇农户建净化池3880个、沼气池460口。2012年，在大山村建立垃圾中转站，全镇垃圾运至该地集中压缩、打包处理。至2014年，全镇户户建有垃圾箱，组组建有垃圾池，垃圾乱扔现象基本消除。

社会保障

2000年，在全镇逐步推行最低生活保障制度、新型农村合作医疗制度和新型农村社会保险制度。2006年投资70万元建立保河堤镇敬老院，敬老院占地10.5亩，其中建筑面积2800平方米、绿化面积1.5亩、果园0.5亩、菜园2亩、鱼池2.3亩；有房间25间、床位50个，工作人员4名。2014年，全镇供养"五保"对象167人，其中集中供养50人；纳入农村低保838人，城镇低保306人；"新农保"参保8078人，"新农合"参保23622人，城镇合作医疗参保1126人。

特色地情

名优特产

水产品 境内有毛里湖和澧水，水域面积大，水产丰富，以出产甲鱼、桂花鱼、螃蟹、蚌类、螺类、鳝鱼等水产闻名。其中毛里湖出产的桂花鱼，味道鲜美，常常供不应求。由于保河堤镇水产远销周边县市，涌现出一批省内外闻名的水产商家，如制作特色甲鱼的西湖酒家，销售各种螺类的朱氏螺业等。

藠果 保河堤镇西部为低矮丘陵，土壤以红壤为主，适合种植藠果。川门、花桥、长寿、田

毛里湖国家湿地公园

家山等丘陵村历来以以种植、加工藠果为重要产业，生产的藠果，20 世纪 90 年代开始出口日本。到 2015 年，全镇藠果种植面积达 3000 亩，加工藠果 600 吨，远销日本、韩国等 10 多个国家和地区。

风景名胜

石龟山 位于保河堤镇龟山居委会和大桥居委会交界处，曾出土 3000 余斤古钱币。山上有龟山寺，为著名佛教圣地。

毛里湖 位于保河堤镇西北，湖周山丘环绕，故谓之“里湖”。湖面 84800 亩，湖底高程 25 ～ 30 米，水深 5 ～ 8 米，汇纳 14 溪 15 沟，集雨面积 362 平方千米，常年蓄水 1.38 亿立方米，为省内第二大内湖、第一大溪水湖。湖周有丘岗林地 24600 余亩，远望烟波浩渺，近观山清水秀。湖内有湿地植物 403 种，常年栖息湿地动物 261 种。2011 年，毛里湖被批准为国家湿地公园。

（文字供稿：津市市党史办，图片供稿：津市市党史办）

渡口镇

区域概况

位置面积

渡口镇位于津市市南端，东与鼎城区中河口镇交界，南与鼎城区周家店镇接壤，西与棠华乡毗连，北与保河堤镇相邻。镇政府驻文昌阁社区，距津市市人民政府驻地 45 千米。全镇总面积 68.6 平方千米。

建置沿革

渡口原为西洞庭湖边一口，称洞口，至明时讹为渡口。明清两代为澧州与武陵县共管。清宣统三年（1911）设武陵县后河渡口市。民国年间属澧县白云乡。中华人民共和国建立后，1950 年废除旧的乡、保、甲，镇域设三合、天鹅、发瑞、枫树、李阳等数乡。1956 年，合并为渡口乡和渡口镇，镇管街道，乡管农村，乡镇平级。1958 年，实行人民公社体制，渡口镇和渡口、棠华、毛里湖 3 乡合并，成立渡口人民公社。1961 年缩小公社规模，渡口公社析为渡口、棠华、毛里湖 3 个公社。1984 年撤社建镇，渡口公社改为渡口镇。1985 年 12 月，渡口镇划归津市管辖。至 2014 年底无变化。

行政区划

1958 年，成立渡口人民公社，辖云台、七星、福兴、长寿、瑞民、新湖、民主、三合、天鹅、发瑞、新民、岳山、临东、双门、棠华、凤凰、镇 17 个生产大队。

1961 年析出棠华、毛里湖后，渡口公社辖三合、民主、新合、新民、新福、新湖、发瑞、金盆、枫树、李阳、双合、镇 12 个生产大队。

1985 年 12 月，渡口镇辖三合、金盆、双合、李阳、天鹅、民主、发瑞、枫树、新民、新湖、新合、新福、茶场 13 个行政村和界福、文昌阁 2 个居委会。至 2014 年无变化。

自然环境

镇域地处丘陵与湖区平原结合部，地势西北高，东南低，有八宝湖和陈家汊 2 个天然湖泊。镇域属中亚热带向北亚热带过渡的季风湿润性气候区。四季分明，干湿明显，雨量丰沛，光照充足。年平均气温摄氏 17.9 度，年平均降雨量 1290 毫米，年平均日照 1770 小时。林木以松、杉、茶、桂为主。

人口民族

1949 年，境域有 7100 人，其中农业人口 5800 人。1957 年，渡口乡总人口 14800 人，其中农业人口 13000 人。1958 年，渡口公社有 36300 人，其中农业人口 34000 人。1961 年，缩小公社规模，渡口公社有15800人，其中农业人口14000人。1969年，城镇居民大批下放农村，渡口公社非农业人口减为85人，农业人口15000人。2014年，渡口镇有24300人，其中农业人口20300人，均为汉族。

经济发展

综述

中华人民共和国成立初期，土地改革后，农民分得田地，但境内普遍种植单季稻，产量低，年人均口粮约150公斤。农民住房45%为土砖房，55%为茅草屋。1957年，人民公社化后，开始种植双季稻，粮食产量有所上升。中共十一届三中全会后，农村实行家庭联产承包责任制，经济得到发展。1983年全镇粮食大丰收，人均产粮570公斤，基本解决温饱问题。新办乡镇企业。20世纪80年代中后期，种养大户兴起，个体经济发展较快，部分富裕农户开始修建红砖平房，购买电扇、电视机等家用电器。

1986年，全镇工农业总产值1168万元；其中，工业总产值169万元，农业总产值999万元。1994年，全镇财政收入111.07万元。1995年，全镇工农业总产值9336万元。2005年镇村企业实行改制，民营经济得到发展，成为镇骨干企业，于光大食品厂、龙屿环保砖厂、荣光砖厂、戴元祥节能砖厂、服装加工厂、现代化养猪场、大规模养鸡场、宏剑电动机制造厂、环保建材厂等企业，在镇党委、镇政府支持下，得到发展。2010年，镇财政收入713万元。2014年，全镇工农业总产值35292.6万元，镇财政收入1200万元；年末各项存款余额17730万元；农民人均纯收入达到10432元，楼房已占农村住房的85%，每百户农户有摩托车80部、汽车8.5辆。

农业

种植业 镇域历来以种植水稻、棉花、油菜为主，辅以种植红薯、油茶、绿豆、黄豆、芝麻、蔦果等。耕地面积维持在近3万亩，其中水田约2万亩，旱地约1万亩。1986年，种植业总产值754万元。从1995年起扩大双季稻种植面积。1996年，生产粮食11613吨、皮棉5180吨、油菜籽1700吨，种植业总产值3484万元。2000年发展优质稻，产量逐年提高。2014年，生产粮食16506吨、皮棉740吨、油菜籽3105吨、蔬菜8375吨。

养殖业 1986年，全镇养殖业总产值212万元。1995年，全镇出栏生猪2.75万头，家禽蛋9.4万羽，水产品367吨。养殖业总产值2869万元。2014年，全镇养殖生猪40000头，养牛105头，养鸡15万只，养鸭3000只，养鱼2700多亩。有养蚕专业户70多户，植桑1000亩。

林业

1995年，全镇有林地20.58平方千米，森林覆盖率65%。林木以松、杉为主，樟、桂及其他经济树木为辅。2014年，全镇森林覆盖率达到69%。

工业

清末民国时期，境内有制作日常生产生活用品的小作坊数处。1949年，创办渡口人民织布厂，有60多个员工，主要生产白布和格子布，是为境内第一家工业企业。1956年，组建渡口镇手工业联社，生产家具、竹器、铁器、农用打稻机。20世纪60—70年代，办有轧花厂、印刷厂、纸箱厂、粉厂、服装厂、陶器厂、鞭炮厂、榨油厂、农机厂等企业。1986年，全镇工业总产值169万元。1990年，镇办工业企业达20余家，工业总产值570多万元。1995年，全镇有各类企业584个，从业人员1161人，工业总产值3035万元。21世纪，境内民营企业发展加快，光大食品厂、龙屿环保砖厂、荣光红砖厂、戴元祥节能砖厂、服装加工厂、宏剑电动机制造厂、环保建材厂、岩石加工厂等企业相继建立。2014年，全镇有各类企业157家，实现工业产值47800万元。

商贸服务业

清代，境内八宝湖盛产红眼银鱼，引来各地客商收购，形成全国独一无二的红眼银鱼交易市场。民国时期，渡口集镇有两大商贸市场。一是长达500米的河码头交易市场，每天停靠大小木船百只以上，主要经营粮、油、棉、鱼、湘莲和柴火；一是集镇街道，有大小商铺100余家，经营日杂、百货、南货、布匹、农具、家具、鱼具、陶器等。20世纪50—70年代，在渡口集镇设立供销社、合作商业总店、粮油店、肉食站，作为境内商贸服务的主渠道。各村（大队）开设商贸服务点和分社，保障商品供给。中共十一届三中全会后，个体和私营商贸服务业得到发展。2014年，全镇注册商贸企业327家，社会商品零售总额8000多万元。

基础设施

交通运输

1958年，动工修建棠华至渡口公路，全长10.48千米，1973年全线建成。1994年建成湘北干线公路，其中省道S205线津市至镇域新湖桥段长35.58千米，南北贯穿镇域；省道S306线石龟山至周家店段长21千米，东西贯穿镇域。两线在境内交汇并重合数千米，镇域交通条件大为改善。每天过境至长沙班车8趟，去广东、上海、云贵各有1趟。从镇到津市公交车15分钟1趟。2000年起，加强通村通组公路建设，至2014年，全镇通村组公路全部建成，总里程87千米，硬化率100%。

邮政通信

1955年，设渡口邮电所，开通磁石手摇电话，电话总机容量30门。20世纪60年代开始经营电话电报业务。1995年，投资200万元，建邮电大楼，开通程控电话，装机容量增加到500门。2000年后，设镇邮政所一家，电信所一家，开展邮政、互联网、固定电话等业务。联通、移动公司在境内竞相开展移动通讯业务。2014年，全镇有固定电话用户800余户，移动手机用户9358户，互联网入户2573户。

水利建设

境内八宝湖、陈家汊两大天然湖有水面2000多亩。1955—1958年，修建仙峰峪、中堰水库，总库容79.6万立方米，灌溉面积2150亩。1964—1965年，修建新民、天鹅、岛架山、金盆4座电力排灌站，装机10台745千瓦，最高扬程19米。至2014年，全镇基本达到灌溉全覆盖，旱涝保收。

镇村建设

1984年，渡口定为建制镇，开始编制镇村发展规划；其时，集镇建成区面积1平方千米。1990年，新建环镇路，宽9米、长650米。1995年建自来水厂，供水覆盖集镇人口。2001年，修建农贸市场350平方米，2009年扩建为1200平方米。2014年，集镇新增建筑面积24450平方米、临街门面353个，镇区基础设施建设基本完善，建成区面积2平方千米；村级城镇化率22.3%。

社会事业

教育

清末民初，境内有私塾数处、文昌阁中级书

馆1所。民国31年（1942），书馆改为白云中心完全小学；次年，为纪念辛亥革命领袖蒋翊武，乡绅许和钧组建澧县翊武中学。民国35年，由杨敏组建私立渡口保学，1951年撤销。1953年，翊武中学更名为澧县三中，1985年更名为津市翊武中学。1958年，成立渡口公社农中，1960年撤销。

1950—1968年，境内有渡口、新湖、新合、合山、发瑞、天鹅6所小学。1969年起，全公社12个大队均建有小学并附设初中班；1998年，小学附设初中班取消。后随着计划生育推进，生源减少和交通条件改善，学校布局几经调整，至2012年境内尚存渡口中心小学和新湖小学。2014年，全镇有中学1所，小学2所，教师69人，学生870人。适龄儿童入学率、九年义务教育覆盖率均达100%。

文化体育 民国26年（1937），乡民袁国政创办荆河戏松秀科班，民国33年，创办八音堂围鼓团，方圆100里享有名气。中华人民共和国成立后，荆河戏松秀科班转入津市市荆河剧团；1953年，组建渡口业余文工团，演出的《三月三》剧目，1958年获省优秀节目奖。

1995年建文化活动中心，有线电视入户率100%，转播节目20套。民间体育有抵力、拔河、举石滚、赛龙舟、武术等。全镇有篮球队3支、排球队4支，在1997年津市市农民运动会上，渡口代表队获篮球冠军、排球亚军。2014年，全镇有腰鼓队、军鼓队各1支，打击乐团、龙灯队、狮子队各1个，广场舞、健身舞、国标交际舞团队各1支，业余歌舞艺术团1个，管乐队4个，公共活动广场4个。

医疗卫生

清末民国时期，境内医疗有个体中医和生生堂、廣生堂、同济堂等中药铺数家。民国37年，国民党起义军医黄永吉在境内始行西医，可实施阑尾炎手术。中华人民共和国成立后，境内医药人员组建联合诊所，1956年公私合营时改为渡口中心卫生院，有医务人员15人，设门诊、住院部，可实行中西诊疗和小型手术。1970年，各生产大队设卫生室，配1～2名赤脚医生，农民实行合作医疗，做到小病不出队。1998年，镇卫生院因经营困难实行人员分流，医生设私立诊所从医。2002年，政府实施新型农村合作医疗，恢复渡口镇中心卫生院。2014年，镇中心卫生院住院大楼1443平方米、职工宿舍1200平方米、食堂200平方米，有医务人员43名，病床80张，医疗设备基本齐全；卫生院下设13个村卫生室，村民纳入新型农村合作医疗。

社会保障

中华人民共和国成立后，对老弱病残和遭受天灾人祸的特殊群体给予救助和安置。1954年特大洪灾，政府在渡口设立安置点，对境内和安乡、常德县等地的灾民实施临时救助。1958年起，由生产队对孤寡老人和无劳动能力的残疾人实行保吃、保穿、保医、保住、保葬的“五保”供养制度。1984年起，“五保”对象所需经费，从乡统筹费中列支。2000年起，农村“五保”供养资金由政府财政列支。2005年修建镇敬老院，集中供养“五保”对象60人。2006年起，在全镇推行新型农村合作医疗制度、贫困居民最低生活保障制度和新型农村社会保险。2014年，全镇供养“五保”对象206人，其中集中供养60人。纳入农村低保373人，城镇低保112人。“新农保”参保8300人，“新农合”参保15180人，城镇合作医疗参保960人。

特色地情

风景名胜

八宝湖 位于渡口镇南侧街边，原为西洞庭湖湖汊，明崇祯四年（1631）地震，地面下陷，湖底向西北切入岗地，沅澧两水所带泥沙在东南外围逐年淤高，遂形成独立水面。沿湖有龙船洲、接龙桥、文昌阁、虎心山、花山庙、鲢鱼山、金盆山、进士堰等胜迹，谓之八宝，故名八宝湖。湖底平均高程 27 米，最低 26.5 米。湖中有牌路岗，西东向横陈，嵌镶在湖心，形成马蹄状湖体。20 世纪 50—70 年代，湖面为 8490 亩，水深 2 米左右，常年蓄水量 113 万立方米。1974 年修建八宝湖渍堤和新民垸下河口排水闸，又在花山岗至高家嘴湖面修筑间堤，以杜绝冲天湖倒灌。该湖遂分割为内外两个水体，北为内八宝，南为外八宝，水面分别为 1013 亩、1500 亩。湖边有小河古渡、龙潭映月、云岭岩泉、长堤柳绿、洞口春深等景点。八宝湖原盛产红眼银鱼，畅销全国，1954 年整治西洞庭湖，湖水与外河隔断，红眼银鱼消失。

（文字供稿：津市市党史办）

白衣镇

区域概况

位置面积

白衣镇位于津市市域西南部，东与保河堤镇隔湖相望，南与棠华乡毗连，西与灵泉镇和临澧县烽火乡相邻，北与李家铺乡接壤。因境内在明代建有白衣庵而得名。镇人民政府驻白衣庵居委会，距津市市政府驻地18千米。镇域面积92平方千米，其中陆地74.8平方千米，水域17.2平方千米。

建置沿革

民国时期，境域分属澧县青赋乡和临澧县柏枝乡。中华人民共和国成立后，柏枝乡的十保和十一保改称金鸡乡和南望乡，划归澧县管辖；青赋乡析为永兴、三合、中灵3个小乡。1956年撤小乡并大乡，这5个乡合并为白衣乡。1958年实行人民公社体制，改为白衣人民公社。1984年撤社建乡，复改为白衣乡。1985年12月，白衣乡划归津市市管辖。1998年更名为白衣镇，至2014年无变化。

行政区划

1995年，辖18个行政村2个居委会。1998年，白衣镇辖蒲山、金泉、天门、金林、红光、荷花、会云、钟灵、建国、双马、柏林、永兴、金星、长安、金坪15个行政村和白衣庵、石板滩2个居委会，223个村（居）民小组。至2015年无变化。

自然环境

镇域为低矮丘陵地区，地势西北高，东北低，最高点位于金坪村七姑山，海拔107.5米，最低点位于建国村打鼓台，海拔22.1米。全镇平均海拔58.5米，有12个村分布于毛里湖沿岸。多年平均气温16.3℃，年平均日照时数1654小时，年平均降水量1124毫米。地貌气候适宜多种农作物生长。境内主要自然灾害为旱涝。2011年，发生重大旱灾，全镇经济作物减产189吨，粮食减产315吨。

人口民族

1990年，白衣镇有20123人，人口密度为272人/平方千米。2000年，白衣镇有22125人，人口密度为286人/平方千米。2014年，白衣镇有28169人，其中男性14360人、农业人口26929人，全年人口出生率0.9‰。人口以汉族为主，有2个少数民族计9人，其中回族4人，土家族5人。

经济发展

综述

20 世纪 50 年代初期，土地改革后，境内人均耕地 1.7 亩，普遍种植一季稻，年人均口粮不足 300 公斤，农民住房普遍为茅草房。1957 年实现人民公社化后，生产队开始种植双季稻，粮食产量逐年增加。1981 年实行农村家庭联产承包责任制后，粮食产量逐年增长，1983 年，人均口粮 492 公斤，农民基本解决温饱问题。20 世纪 80 年代后期，乡镇企业兴起，个体经济得到快速发展，一部分富裕家庭兴建楼房、购置电风扇、电视、电冰箱等家用电器。1986 年，白衣乡实现工农业总产值 1725 万元，其中工业总产值 196 万元、农业总产值 1529 万元。尔后，藠果生产、加工成为重点发展产业，出现一批藠果种植大户，创办食品加工厂 5 家，产品远销日本、韩国，赢得“藠果之乡”美誉。1995 年实现工农业总产值 12650 万元，其中工业总产值 8900 万元，农业总产值 3750 万元。2003 年，全镇农民人均纯收入 2757 元。2005 年，白衣镇完成工农业总产值 26587 万元，其中工业总产值 10634 万元，农业总产值 15953 万元。2013 年，80% 的农户建有楼房。2014 年，全镇实现地区生产总值 80379 万元，其中第一产业增加值 8500 万元，第二产业增加值 42750 万元，第三产业增加值 29129 万元。全镇农村居民人均纯收入 10147 元，每百户农户有摩托车 79 辆、汽车 8 辆。

农业

种植业 境内种植业以水稻、藠果、柑橘、棉花为主。1986 年，种植业总产值 1050 万元。1995 年，生产粮食 18081 吨、油菜籽 2322 吨、皮棉 201 吨、藠果 9200 吨。2004 年，种植业产值 2248 万元，其中粮食作物 1108 万元，经济作物 1080 万元，其他农作物 60 万元。2012 年，全镇有耕地 39900 亩，粮食播种面积 60433 亩，粮食总产量 24784 吨。采用一季中稻加一季藠果模式种植藠果 1.2 万亩，年产值 3800 多万元。2010 年，白衣藠果获农业部颁发的国家农产品地理标志保护登记证书。2013 年白衣镇成立荣贵藠果专业合作社和红鑫、福康、富贵、福奎、四永水稻专业合作社。2014 年，全镇生产粮食 24687 吨、油菜籽 5528 吨、皮棉 992 吨、蔬菜 32031 吨，其中藠果 2939 吨、瓜果 803 吨。

养殖业 境内养殖业历来以生猪、肉羊、家禽和水产为主，20 世纪 90 年代起，镇党委、政府积极推行科学养殖，养殖业有较快发展。2004 年，全镇出栏生猪 49600 头，出栏肉羊 1200 只，出笼家禽 63 万羽，出产禽蛋 1979 吨，出产蜂蜜 2900 公斤。2012 年，全镇水产品总产量 1501 吨，其中捕捞产量 140 吨，养殖产量 1361 吨。2013 年起，境内养殖业开始向合作社模式发展。佳和牧业与 4 个村 20 个大户签订生猪养殖合作协议，养殖规模达 1.23 万头。成立万佳生态养禽合作社，组合 4 个村 10 个养殖大户，养殖规模 18.12 万羽。成立龙泉山羊养殖合作社，组合 4 个村 8 个养殖大户，养殖规模达 1000 多只。成立金阳黄牛生态养殖合作社，组合 3 个村 4 个养殖大户，养殖规模近 500 头。成立黑山羊专业养殖合作社，以集中养殖加农户散养，实行统一收购的模式经营。2014 年，全镇养殖生猪 10.21 万头，其中出栏 6.12 万头；养殖家禽 80.18 万羽，出笼 70 万羽；出水鲜鱼 2718 吨。

林业

20 世纪 90 年代起，境内大力实施植树造林、封山育林。2004 年，全镇植树造林 1142 亩，其中用材林300亩、防护林249亩、经济林593亩；封山育林4043亩。2005年以后，积极发展经济林。以双马村、园艺场为示范点，改良提质柑橘品种2000亩；以柏林、长安村为示范点，引进新的油茶品种，栽种面积1200亩。至2014年，全镇共有林地面积35264亩，其中退耕还林面积5480亩，封山育林17500亩，柑橘面积8000亩，油茶面积3500亩。林木覆盖率37%。

工业

境内工业主要为藠果加工业。1984年，湖南省进出口贸易公司联合白衣乡政府，在境内石板滩创办全省第一家藠果出口创汇企业——白衣食品厂，年生产规模400吨，主要产品为盐渍藠果和甜酸藠果，备受日本、港台商人青睐。1992年，白衣乡与常德市湘北食品进出口有限责任公司联合组建津市市湘北食品厂，年加工藠果2000吨。1994年，白衣乡与香港光泰国际有限公司、黑龙江电力股份有限公司合资建成津市首家中外合资乡镇企业——湖南蓝筹银光食品有限公司，为津市市首家中外合资企业，年加工规模2000吨。2000年，镇政府招商引资，引进广州客商兴建湖南金达食品有限责任公司，年生产规模3000吨。后又相继成立景云食品厂等。2005年，全镇有大小藠果加工企业30多家，年生产规模2.5万吨，带动附近村民种植藠果2万多亩，企业创造产值2.5亿元，产品大部分出口日本及东南亚等国。此后，个体及村办藠果加工厂因规模较小和质量难保证，相继淘汰。2014年，全镇有藠果加工企业3家，从业人员67人，生产加工藠果2100吨。

商贸服务业

镇域商贸主要集中在白衣集镇和石板滩集镇。20世纪50年代，成立供销社，商贸中心由石板滩转到白衣庵，时有粮店、饭店、杂货店、百货店各1家。20世纪80年代，个体私营商店发展迅速，供销社等国合商业经营逐渐下滑，于2001年退出市场。个体工商户成为市场主体。2014年，白衣街道共有商铺272家、餐饮业15家、农副产品收购店10家、农贸市场1处、粮店一处，每月逢4为赶集日。石板滩有80家商店、餐饮业10家、农副产品收购店10家、农贸市场2处、粮店1处，每月设赶集日6场。全镇年社会商品零售总额达11000万元。

基础设施

交通

镇域交通主要为陆路交通，20世纪90年代工作重心是修建和完善境内的镇、村公路网络，21世纪初重点抓公路的硬化提质。2002年硬化石（板滩）保（河堤）公路，过境长16千米。2003年硬化新（洲）棠（华）公路，过境长8千米。2004年硬化李（家铺）白（衣）公路，过境长4千米。2005年硬化灵（泉）白（衣）公路，过境长12千米。2011年，镇内运输企业拥有货运汽车10辆180吨位，货运量5万吨；客运汽车8辆144座位，客运量24万人次。2014年全镇实现镇、村公路主干道硬化，全长120千米；通组公路硬化39.8千米。拥有货运汽车27辆300吨位，货运量13.5万吨。

邮电

1996年成立白衣邮政所，开通程控电话。1998年邮政、电信分开经营。2014年，邮政所有员工7人，全年投递国内函件13万件，完成国内汇票业务0.8万笔，完成国内异地特快专递信件2.6万件，征订报纸2200份，杂志2000册，业务收入20万元。有电信、移动企业3家，服务网点6个，电话交换机总容量2500门，固定电话用户 4200 户，电话用户普及率达 60%；移动电话用户 6300 户，移动电话普及率达 90%；光缆线路总长 180 千米，互联网用户 9562 户。全年电信业务收入 760 万元。

水利电力

1953 年，境内修建第一座水库——杨家堰水库，总容量 30 万立方米，为小（二）型水库。1957 年，修建朱亮桥水库，总容量 83 万立方米，为小（一）型水库。1958 年，修建余家桥水库，总容量 60 万立方米，为小（二）型水库。20 世纪 60 年代至 21 世纪初，境内先后建有灌溉机埠 22 处，灌渠总长达 68 千米，其中硬化灌渠 12.5 千米，灌溉总面积 3.8 万亩。20 世纪 70 年代，集镇与部分乡村通电。20 世纪 90 年代后，投资改造农村电网，实现与城市同网同价，用电普及率达 100%。2014 年，全镇共有大小堰塘 1638 口，其中护坡硬化堰塘 38 口，总容量 86 万立方米。有配电主变压器 30 座，总容量 3000 千伏安，综合电压合格率 98%，供电可靠率 99%。

镇村建设

1998 年，制定镇区发展规划，加快镇村建设。是年，征用土地 33 亩，在金凤岭建白衣商业街，总建筑面积 44325 平方米，有门面 165 个。2002 年，建白衣镇农贸大市场。2009 年，制定《白衣镇 2010—2015 年总体发展规划》，镇区规划面积为 0.9 平方千米。2012 年，境内 4 个村接通自来水，740 户居民受益。2013 年，建成一家占地面积 7 亩、容量 120 立方米的液化气供气站，年供气 12000 立方米，受益范围覆盖白衣镇和棠华乡。2014 年，实施西毛里湖生态环境保护项目，完成毛里湖沟港污染治理、集镇街道雨污分流等工程。启动沼气能源建设工作，完成 120 口沼气池建设。修建垃圾中转站、垃圾围，购置环保垃圾桶、大型垃圾箱、垃圾清运车等环卫设施，改善居民生活环境。在蒲山村开展生态庭院户试点建设，种植苗木近万株，打造 2 条生态走廊。在白衣庵居委会建有大小花坛 14 处，种植街道绿化树木 1543 棵，绿化面积 9620 平方米。2015 年完成白衣镇安全饮水工程，铺设自来水主次管网 360 多千米，新增受益居民 4000 户。集镇建成区 1 平方千米。

社会事业

教育

普通教育 民国 30 年（1941），青赋乡中心学校由新洲迁至白衣庵古庙，后拆掉庙宇兴建校舍。中华人民共和国成立后，1951 年下学期改名为蒲山完小，1961 年改名为白衣中学。2011—2014 年，全镇义务教育普及率、适龄儿童入学率均达 100%，无学生因贫辍学现象，九年义务教育覆盖率达 100%。2014 年，全镇有中学 1 所，小学 2 所，教师 92 人，学生 892 人。是年，完成白衣中心小学省级合格学校达标建设，教师周转房、公租房建设和师生教学、生活设施均有较大改善。

扫盲 中华人民共和国成立前，境内居民绝大多数为不识字的文盲。中华人民共和国成立后，政府开展扫除文盲教育，要求 40 岁以下的青壮年农民认识 1000 字以上。天门村回乡知识青年马培林，自 1950 年起，每天穿村走户，登门上课，风雨无阻，帮助村民脱盲。1953 年，该村脱盲率达 100%。1954 年，马培林与回乡初中毕业生黄伍英、郭德贵等在乡内办起 18 所民校，开设 100 多个扫盲班。1956 年经省、地两级检查验收，白衣乡成为全省第一个基本无盲乡。1957 年 9 月，马培林赴北京参加全国青年社会主义建设积极分子代表大会，登上天安门城楼参加国庆典礼，受到毛泽东主席和周恩来总理接见。1958 年，省人民政府又在白衣乡召开 300 人参加的全省扫盲工作现场会，肯定其成果。1960 年，黄伍英、郭德贵赴京参加全国文教表彰大会，国务院授予白衣公社“全国扫盲先进单位”称号。此后，境内扫盲教育一直位于全省先进行列。1980 年代后，随着小学教育的普及，扫盲教育逐渐由识字教育转到以提高文化技术素质为主的职业教育。

文化

1995 年，建白衣镇综合文化站，建筑面积 400 平方米。2011 年起，白衣镇加大力度推进广播和有线网络建设，至 2014 年，全镇实现广播“村村响”，有线电视入户率达 100%。各村部均设立农家书屋，共配备各类书籍 30000 册。

医疗卫生

民国时期，境内为个体行医，名医有胡桃溪、曾正华等。1951 年元月，由倪杏圃等 10 多人组成联合诊所，负责境内医疗卫生工作。1958 年，成立白衣公社卫生院，有医护人员 50 名，1960 年精简为 26 人。1984 年更名为白衣乡卫生院，1998 年改为白衣镇卫生院。2008 年通过湖南省中医示范乡镇卫生院评审，2012 年获得湖南省医院管理年活动先进卫生院称号。2014 年，卫生院有医务人员 26 人，开设有中西医内外科、儿科、妇产科、口腔科、康复理疗科等临床科室和 38 张病床，配置有 X 光、B 超、心电图等医疗设备。卫生院下设 17 个村（居）卫生室。年门诊 25000 人次，年住院 1000 余人次。

社会保障

中华人民共和国成立后，对老弱病残等困难群众给予救助安置。1955 年，以初级农村合作社为单位提取公益金，用于保障“五保”对象生活。人民公社时期，由生产队出钱出物，大队统筹供养“五保”对象。1984 年，“五保”供养费用从村提留列支。2003 年后，改为政府财政列支。2008 年，在金星村小学旧址建白衣镇敬老院，集中供养“五保”老人 30 人。进入 21 世纪，在全镇推行新型农村合作医疗制度、新型农村社会保

改造一新的白衣镇红光村卫生室

障制度和贫困居民最低生活保障制度。2013 年，全镇参加新型农村合作医疗人数达到 21018 人，参合率 98%；534 人享受农村最低生活保障，136 人享受城镇最低生活保障，全年发放低保资金 75 万元。2014 年，全镇参加农村社保 8640 人、城镇社保 179 人。2015 年在蒲山村新建镇敬老院，全镇供养“五保”老人 184 人，其中集中供养 73 人。

特色地情

名优特产

藠果 白衣镇紧挨湖南省第一大溪水湖——毛里湖，其沿湖坡地土壤肥沃，有机质含量高，排水良好，无工业和城市污染，种植藠果具有得天独厚的土壤条件和小气候。境内自清代开始种植藠果，乾隆年间被作为皇家贡品。2005 年，全镇种植藠果 2 万余亩，产量 2.5 万吨，产品远销日本、韩国及东南亚等国。白衣藠果结构紧凑、皮层多、长卵形、单个重 6 ~ 10 克，富含粗蛋白、脂肪、维生素 C、维生素 E、维生素 B1、维生素 B2、粗纤维、氨基酸等多种营养物质，具有洁白晶莹、清香嫩脆的特性。1998 年，白衣藠果获湖南省无公害农产品认证书。 2006 年 11 月获湖南省第八届农博会金奖。2010 年获农业部颁发的国家农产品地理标志保护登记证书。

风景名胜

清化驿 位于白衣镇天门村与临澧县烽火乡烽火村交界处。据史料记载清化驿至少在明代就已作为官府传递文书和来往官员途中食宿、换马的场所，是连通湖南、湖北官道的重要驿站。今驿站馆舍已毁，遗址尚存。二三十户人家，分居在古道两旁，农舍茅屋，藤绕竹篱，瓜棚藤架，花木扶疏，小镇街景依稀可辨。道旁有桑树一株，树下有古井，为古时驿站取水之处，井水清澈见底，清凉甜冽。

（文字供稿：津市市党史办，图片供稿：津市市党史办）

灵泉镇

区域概况

位置面积

灵泉镇位于津市市西南部，西与澧县道河乡、南与临澧县烽火乡接壤，北邻金鱼岭街道，东与津市市工业集中区、新洲镇毗邻。相传境内有五口泉水汇聚一处，地因物名，取名灵泉。镇人民政府驻五泉居委会，距市人民政府驻地10千米。2014年全镇总面积55平方千米，有耕地29413亩、山地27000亩、水域6320亩。

建置沿革

民国时期属澧县蛰台乡第九、十保。中华人民共和国成立后属澧县第一区管辖。1956年设立灵泉乡。1958年，灵泉乡与新洲乡、新洲镇合并为新洲人民公社，属澧县管辖。1959年12月，新洲公社划归津市管辖；1960年4月，改为津市市郊区公社先锋分社。1961年，先锋分社析为新洲、灵泉2个公社。1963年，划归澧县管辖。1984年，撤社改乡，灵泉公社改称灵泉乡。1985年12月，划归津市市管辖。2007年12月撤乡建镇，成立灵泉镇。至2014年无变化。

行政区划

1961年，灵泉公社辖戚家、大旗、关桥、同心、鹿山、杨家、龙山、葵花、汉泗、复兴、兴隆、马家、李家、五泉14个生产大队。1980年，大旗大队划归津市市窑坡公社管辖。1985年，灵泉乡辖戚家、关桥、同心、鹿山、杨家、龙山、葵花、汉泗、复兴、兴隆、马家、李家、五泉13个行政村。1995年11月,灵泉乡增设五泉铺居委会，辖13个行政村1个居委会。2004年，五泉铺居委会与五泉村合并为五泉居委会，灵泉乡辖12个行政村1个居委会，共127个村民小组1个居民小组。至2014年无变化。

自然环境

镇域地貌以丘陵为主，地势西高东低、南高北低。气候属亚热带季风性湿润气候，气候温和，热量丰富，雨水充沛，四季分明。年均日照1770.6小时，年平均气温16.6℃，年平均降雨量1220毫米。境内林木有樟、棕、栗、槐、杉、松、玉兰、银杏、油茶、楠竹等30多种。有白鹭、野猪等野生动物28种。境内无矿藏资源，土壤多为含铁、铝成分较多的红壤，偏酸性，肥力较低。地质结构稳定，无地质灾害。有记录的洪涝灾害有1次。1998年，澧水流域发生特大洪灾，境内发生山洪和内涝，杨家、李家、同心、关桥、鹿山、戚家、五泉等村居低洼处受灾，造成527栋房屋被淹、1591亩水稻受灾，经济损失485万元。

人口民族

2000年，辖区内有3433户10896人，其中男性5567人，占51.09%；农业人口10244人，占94.01%；人口出生率10.7‰。人口以汉族为主，占99.76%，少数民族26人，其中蒙古族1人、回族5人、苗族13人、壮族6人、满族1人。

2014年，辖区内有4219户12377人，其中，男性6295人，占50.86%；农业人口11653人，占94.15%；人口出生率10.5‰。人口以汉族为主，占99.59%；有少数民族51人，其中土家族18人、回族3人、苗族11人、壮族10人、哈尼族2人，蒙古族、彝族、满族、侗族、白族、仫佬族、布朗族等7个民族各1人。

经济发展

综述

1980年，境内人均耕地2亩，主要种植双季稻和棉花，年人均口粮300公斤。农民住房普遍为平房，其中大多数为茅草房。1982年起发展柑橘、水产等经济型种养业，农民收入逐步增加，农村茅草房逐渐更换成平瓦房。

1986年，灵泉乡工农业生产总值1181万元，人均纯收入511元。1987年，农村富余劳动力开始到沿海开放地区务工，务工收入逐渐成为境内大多数农民家庭主要收入来源。1995年，灵泉乡工农业生产总值7796万元，人均纯收入1194元。2006年，乡财政收入600万元。2014年，灵泉镇实现地区生产总值2.35亿元，镇财政收入2208万元；农民人均纯收入10320元；全镇外出务工人口占总人口的41.35%，农户拥有楼房占全镇住房的83.75%，电冰箱、洗衣机、空调等大型电器入户率达81.5%，每百户农户有摩托车90辆、汽车8辆，年末储蓄总额人均5000元；信用社分社、邮政储蓄所等2家金融单位年末存款余额21000万元，各项贷款余额8300万元。

农业

种植业 境内以种植水稻、棉花、油菜等作物为主。1964年始种双季稻，亩产475公斤。1985年，实行家庭联产承包制，主要种植粮食和棉花，粮食以双季稻为主，亩产突破500公斤。1986年，种植业总产值709万元。1995—2000年，主要种植中稻，平均亩产470公斤。

2012年7月，引进和平生物科技有限公司，公司投资1.2亿元，在关桥村建成50亩食用菌工厂化种植基地，年产鲜菇5000吨，产值5000万元。

2014年，全镇水稻种植18500亩，总产量1.38万吨；种植棉花6500亩，总产皮棉520吨；种植油菜10000亩，总产油菜籽3608吨；种植柑橘2280亩，玉米、豆类、甘蔗、蔬菜3000亩；是年，关桥村被确立为常德市委组织部“美丽乡村”建设联系点村，成立富民大棚食用菌种植合作社，引导发展食用菌种植产业，由和平生物科技有限公司和湖南明泰有限公司合资建成70亩食用菌户外种植基地。2015年，成立灵泉富源食用菌种植合作社，在杨家村建成20亩食用菌户外种植基地。

养殖业 1990年前，境内养殖业以家庭散养为主，主要有牛、猪、羊、鸡、鸭、鱼等。20世纪90年代开始发展大户养殖。2005年，引进波尔山羊养殖，发展专业户10户，年内出栏波尔山羊1580只，存栏2400只。2010年，引进三凤蛋鸡养殖企业，在汉泗村建成蛋鸡养殖基地，面积80亩，年饲养蛋鸡5.2万羽，年产鲜蛋885吨。2013年，引进佳和农牧有限公司，在龙山村、鹿山村租赁山地740亩，建成现代化生猪养殖基地，年出栏生猪10万头以上，年存栏生猪1.5万头。2014年，全镇有年出栏生猪500头、存栏200头以上养殖大户14户；养鸡专业户15户，年出栏15万羽，存栏3万羽；养鸭专业户7户，年出栏5万羽，存栏1.7万羽。水产养殖水面5226亩，水产品年总产量1306.5吨。

林业

1970年，灵泉公社在鹿山、龙山大队创办龙山林场，面积1080亩；1984年，灵泉乡政府在李家、马家、复兴村创办灵泉林场，面积615亩。2000年，津市市实行税费改革，拍卖山林地和四荒资源，用于消赤减债。2003年，灵泉镇引进和发展苗木花卉产业。2006年境内两个乡办林场被拍卖。

2002年，实施退耕还林，至2013年，共退耕还林4800亩。2008年，复兴村拍卖山林地2300亩，建成桉树、樟树、国外松种植基地。2010年，落实林地林权到户政策，山林地确权到户并发放林权证。2014年，全镇有林地3万亩，其中，天然林1.2万亩，人工造林1.4万亩，苗木花卉基地1500亩，活立木蓄积量3.1万立方米。

工业

20世纪70—90年代初，境内有鞭炮厂、油厂和砖厂3家社（乡、镇）办工业企业，年创产值438万元；有5家队（村）办工业企业，主要生产鞭炮、石灰、菜籽油和实心砖，年创产值190万元。后由于市场的冲击和政策的变化，这些企业大多停产，至2014年，仅存镇砖厂和马家砖厂两家企业，并改制为私营企业。

1993年，贺正东投资10万元，创办水电米厂，2014年，年产大米3000吨，产值1020万元；1995年，邓惠兵投资15万元，创办水电米厂一分厂，2002年停业。1996年，龚道林投资15万元创办水电米厂二分厂，至2014年，年产大米3500吨，产值1190万元；1999年，杨子敬投资20万元，创办米厂，2006年停业。至2014年，全镇有7家工业企业，完成工业总产值4969万元。

商贸服务业

民国时期，境内有五泉铺墟场1个，逢赶集日，人流量达数百人。中华人民共和国成立后，乡（公社）驻地建供销社、肉食站、粮油店等，成为农村中心市场，农村市场日益活跃。1996年，境内有2个墟场，1个街道农贸市场，153家个体商铺，社会商品零售总额1256万元。随着新农村建设和城镇建设的推进，至2014年，全镇有集贸市场1个、日用品超市2个、电器超市1个、宾馆1家，个体工商户712家，企业15家，年商品交易额22460万元。

旅游业

2006年5月25日，灵泉乡政府作出《关于发展乡镇旅游休闲产业的决定》，依托庹家峪、红星水库等生态资源，发展乡村休闲旅游产业。2008年8月，出版灵泉镇旅游地图，是为全省第一张乡村旅游地图。至2009年，建成神九堰、锦绣兰苑、半岛、烂泥湾等4个集观光、休闲、娱乐、餐饮于一体的乡村休闲旅游基地和观光农业、休闲农业、游乐农业等片区，形成了以山水田园生态为主体的乡村休闲旅游格局，年吸纳各地游客20多万人，产值过1000万元。2010年获“全国环境优美乡镇”称号，2011年获“湖南省特色旅游名镇”称号，2012年获“湖南省特色景观旅游名镇”称号和“湖南省卫生镇”称号，2014年获“湖南最美乡镇”称号。

基础设施

交通运输

民国时期和中华人民共和国成立初期，境内

灵泉乡村旅游

交通以水路为主，通过胥家湖水系与外界进行联系。1968 年，新洲公社至境内马家大队公路建成通车，境内长 6 千米，1972 年延伸至灵泉公社粮店。1978 年，澧县乔家河渡口至新洲公社的乔新线通车，境内长 3 千米。1982 年灵泉至白衣公路通车，境内里程 9 千米。1998 年，窑坡乡至临澧县烽火乡的窑火公路建成通车，境内长 10 千米。2000 年，在乡政府所驻集镇修建境内第一条水泥路，长 0.72 千米。2006 年，开展新农村建设，境内路的修建和硬化加速。2009 年，灵泉镇农村客运站建成营业，8 路公交车往返津市市区，日均客流量 1500 人。2013 年 12 月，二广高速东常段建成通车，并在关桥村设立互通。至 2014 年，全镇累计修建通镇、通村、通组公路 146 千米，其中硬化 127 千米，占全镇镇公路总里程的 87%。

邮政通信

清代，境内设有专事传送文书的铺递五泉铺。民国时期和中华人民共和国成立后，境内邮政业务分别由新洲邮政代办所和新洲邮电支局承担。1997 年，津市邮政局在灵泉乡设置邮政所。

1960 年境内始通电话，1996 年开通程控电话。1996—2002 年，电信、移动、联通等公司先后进驻境内。1999 年电脑网线进入境内，2006 年光纤进入境内。至 2014 年，全镇有固定电话 1200 部，移动电话 8563 部；6 个村拉通网线，7 个村拉通光纤，有互联网用户 900 户。

水利建设

镇域地处低矮丘陵区，北接澧水支流道水，东连胥家湖，水系完整。境内有庹家峪小（一）型水库 1 座，位于杨家村，始建于 1956 年，扩建于1978年，总库容220万立方米。有长湾、周家湾、烂泥湾、刘家湾4座小（二）水库，均建于1964年。长湾水库位于鹿山村，库容23万立方米。周家湾水库位于鹿山村，库容39.9万立方米。烂泥湾水库位于汉泗村，库容23万立方米。刘家湾水库位于葵花村，库容54万立方米。有道水拦河大坝1座，长860米，始建于1958年，1978年加修；1980年溃坝，年内加高培厚；1998年再溃，年内加高培厚。

1966—1994年，境内修建有大旗、王家堰、庹家峪、马家峪、烂泥湾、鹿山7组、戚家1组、奎花、马家、同兴7组、同兴1组11个电力灌溉机埠，装机13台，总容量883千瓦，受益面积2.1万亩。

供电

1964年，第一条10千伏高压线拉通到境内关桥大队，为大旗机埠提供动力。1975年，高压线延伸至鹿山大队。1983年，全域普及用电。2005—2007年，2条50万千伏西电东送高压供电线路过境。2010年，1条110千伏高压线过境。2015年，常德北500千伏变电站在灵泉镇兴隆村和白衣镇金山村交界处修建。

镇村建设

2007年，灵泉镇制定镇区发展规划。2008—2010年，戚家村、关桥村、同心村、五泉居委会被纳入常德市、津市市两级新农村建设示范片。2013年12月，二广高速东常段建成通车，在关桥村设立互通，灵泉镇交通区位优势逐步显现。关桥村被常德市委、津市市委定为2014年至2016年美丽乡村建设示范点村。2008—2014年，灵泉镇先后完成城镇建设规划和村庄建设规划；完成集镇道路改扩建、亮化、绿化、美化建设；通镇、通村、通组公路基本硬化，行道树全覆盖。建有镇政务中心、镇自来水厂、镇敬老院、集贸大市场、农村客运站、廉租房、公租房等公共设施和4个村民宜居小区。集镇建成区面积1.5平方千米。全镇13个村（居）先后建成村级活动中心。镇村基础设施全面改观，群众生产生活条件明显改善。

社会事业

教育

民国时期，境内有丫公山、竹林寺2所小学。1950—1955年，境内有毛家岗、竹林寺、汉帝宫、玉帝宫、戚家峪、甘家台、菱角桥、老人坡、杨家岗9所小学。1956—1962年，毛家岗小学改为完全小学，增设龙山完小。1963—1964年，在杨家岗小学增设农中班。1965年9月，成立灵泉公社农业中学，校址设同心大队，1975改为灵泉公社中学，1979—1980年，设1个高中班。1985年，中学迁址李家村龙凤嘴，全乡各村设置完小。1995—2000年，境内完小进行达标建设，1995年，湖南省教育厅授予灵泉乡“双基”办学先进单位称号。2000年设立灵泉乡中心完小和公办中心幼儿园，校址五泉铺社区。至2005年，各村小学相继合并到乡中心完小。2013年，中心完小与中学合并为灵泉镇九年一贯制学校。2014年，全镇有1所学校，有教师56人，学生511人，适龄儿童入学率100%，小学升初中升学率100%。

文化体育

2014年，境内建有镇文化站、镇广播站、网络传媒有限公司和13个村级文体活动场所、5个文体活动广场。配套13个农家书屋，藏书3.5万册；配备无线广播、应急广播两套广播系统和14套广播收发设备，实现镇村广播联通。设有灵泉大鼓协会和大鼓传承基地，成立了太极拳协会灵泉分会、腰鼓队、龙狮队、广场舞表演队、传统乐器表演队等群众文化体育活动团队。有线电视、无线数字电视用户达到全镇总户数 90% 以上。

医疗卫生

1953 年，境内老中医李昌林、游光永、周坤华、周用汉、李友炳等人组合成立五泉铺、汉泗两处私人联合诊所。五泉铺诊所负责戚家、同心、五泉、李家等村的农村卫生工作。汉泗诊所负责汉泗、葵花、龙山、杨家、复兴等村的农村卫生工作。1962 年成立灵泉公社卫生院，下设复兴、汉泗、桃花岗三个诊所；1965—1968 年，增设戚家、李家铺、肖家铺、新天铺等诊所。1969—1975 年，各个大队相继建立医疗保健站，由卫生院培训赤脚医生，办起农村合作医疗，每年人均交费 15 元，有病免费治疗。1975 年年底农村合作医疗停办。1976 年起，卫生院和村级医疗站实行自负盈亏。2002 年，镇卫生院重组，至 2014 年，先后建成门诊楼、住院综合楼、公租房等设施，配置 X 光机、B 超、脑血流图、全自动生化分析仪、心电图等医疗设备，固定资产 325.6 万元。开设中医、儿科、内科、妇产科、理疗科、中西药房、住院等科室，有专职医护人员 14 人，其中，执业医师 5 人，执业助理医师 4 人，注册护士 5 人。卫生院设有床位 20 张，年度接诊治疗病人 0.67 万人次。是年，实施村级卫生室达标建设，新建、改建村级卫生室 13 个，配医务人员 13 名。

社会保障

2005 年起，推行新型农村合作医疗、最低生活保障、新型农村养老保险等社会保障制度。2007 年，建立灵泉镇敬老院，建筑面积 3280 平方米，入住“五保”对象 80 名。至 2014 年，全镇参加新型农村合作医疗 10238 人，城镇合作医疗 500 人，“新农保”参保 4490 人，纳入养老保险体系的老年人 159 人，城镇最低生活保障 69 人，农村最低生活保障 682 人，80 岁以上高龄老人补贴 200 人，国家抚恤、补助各类优抚对象 163 人，计生奖励扶助对象 384 人，全年发放各类保障资金 404 万元。

（文字供稿：津市市党史办，图片供稿：津市市党史办）

李家铺乡

区域概况

位置面积

李家铺乡位于津市市中部，东滨澧水与澧县七里湖农场隔河相望，南与保河堤镇接壤，西依毛里湖与白衣镇毗连，北枕嘉山，与新洲镇、灵泉镇为邻。乡人民政府驻官堰居委会，距市人民政府驻地 17 千米。

2014 年全乡总面积 62.6 平方千米，有耕地 26850 亩，其中水田 24450 亩，旱地 2400 亩；山地 34200 亩；水域 3500 亩。

建置沿革

乡域清代末期属澧州桃林里。民国时期为澧县清赋乡第三保、第五保、第六保、第七保。1949 年澧县解放后，分属樟树乡、双坪乡、道林乡。1956 年，3 乡合并为李家铺乡。1958 年实行人民公社体制，与白衣乡合并，成立白衣人民公社。1961 年 5 月缩小公社规模，析出古泉、清乐、梁家坪、同乐、双堰、万家、双坪、灯塔、利兴、土桥、箭楼、庙基、樟树 13 个大队，成立李家铺人民公社。1984 年撤社建乡，改称李家铺乡。1985 年 12 月，李家铺乡划归津市市管辖。至 2014 年无变化。

行政区划

1986 年，辖樟树、庙基、土桥、箭楼、利兴、灯塔、双坪、万家、双堰、同乐、梁家坪、清泉 12 个行政村及官堰居委会。2014 年，全乡辖官堰居委会和樟树、庙基、土桥、箭楼、利兴、灯塔、双坪、万家、双堰、同乐、梁家坪、清泉 12 个行政村。

自然环境

李家铺乡东临澧水，西伴毛里湖，两面环水，中间为浅丘岗地，俗称“两水夹一岗”。全乡地势西高东低，平均海拔 49.5 米。最高点清泉村古架山，海拔 120 米。最低点毛里湖湿地，海拔 32 米。境域气候四季分明，年平均气温摄氏 17.2℃，年平均降水量 1300 毫米。树木有杉、马尾松、樟、桔、栗、桃、李、南竹、油茶、柏楠、椿等 30 多种。野生动物有狐狸、野兔、蛇、鹊、斑鸠、白鹭等 20 多种。位于毛里湖边庙基村 10 组的龟山，每年有 2 万多只白鹭栖息繁殖，觅食水中林间，蔚为壮观。境内无矿藏，土壤肥力较低，多为黏土，易发灾情。

人口民族

1990 年，全乡有 5444 户 18286 人，其中非农业人口 275 人。2010 年，全乡有 6944 户 18550 人，其中非农业人口 944 人。2014 年，全乡有7031户19028人，其中男性9579人，占50.4%；农村居住人口15413人，占总人口的81%；集镇人口3615人，城镇化率为19%。总人口中，汉族人口99.72%；有土家族、回族等少数民族53人。

经济发展

综述

1951年，土地改革后，境内人均耕地1.7亩，普遍种植单季稻，年人均口粮不足200公斤。1957年人民公社化后，生产队开始种植双季稻，粮食产量有所提高，人民生活有所改善。中共十一届三中全会后，实行农村家庭联产承包制，农村经济得到发展，粮食产量大幅增长，温饱问题基本解决。20世纪80年代后期，一部分农民富裕起来，兴建楼房、购置电视机、冰箱、电风扇、洗衣机等。20世纪90年代起，乡党委、乡政府关注民生民利，推行科学种田，发展多种经营，引进外资发展养殖业，组织农村剩余劳动力多门路发展经济和外出务工经商，农民收入大幅增加。1990年，全乡总收入1695万元，农业总产值1973万元，财政收入72.3万元，劳务总收入350万元，农民人均纯收入926元。2009年，全乡总收入23305万元，农业总产值9000万元，财政收入641万元，劳务总收入5200万元，农民人均纯收入4972元。

2010年，全乡总收入25172万元，农业总产值26135万元，财政收入743万元，劳务总收入5400万元，农民人均纯收入5204元。

2014年，全乡总收入32794万元，农业总产值37453万元，财政收入834万元，劳务总收入7150万元，农民人均纯收入10183元，楼房占住房比率达80%，每百户有摩托车、电动车64辆、汽车15辆。是年，李家铺乡获“湖南省两型示范乡镇”称号。

农业

种植业 境内种植业以水稻、棉花、油菜为主。20世纪50年代主要种植一季稻，平均亩产150～200公斤。60年代发展双季稻，平均亩产400公斤。70年代后期，推广杂交水稻，平均亩产600公斤。2010年，全乡种植水稻11705亩，总产粮食11705吨；产皮棉610吨。2013年建成国家万亩油菜示范基地，次年建成国家万亩水稻示范基地。2014年，全乡种植水稻15000亩，总产15000吨；总产皮棉810吨；总产油菜籽4525吨；柑橘种植1万亩，产量2.2万吨。

养殖业 20世纪50年代，境内的生猪养殖，基本上是农户自养自食，少有出售。20世纪60—70年代，除农户自养完成国家定购任务外，各生产队还办起畜牧场，由于管理体制的原因，收效甚微，生猪饲养上不去，肉食按计划供养。中共十一届三中全会后，实行农村家庭联产承包责任制，农民生产积极性提高，境内养殖业发展较快。1995年，全乡出栏生猪1.92万头，出笼家禽17.6万羽，出水鲜鱼1040吨，出售肉牛276头，肉羊810只。肉食市场敞开供养，基本满足人们需求。2000年后，乡党委、政府鼓励规模养殖，提高养殖业比较效益。2010年，引进广丰生态农业投资有限公司，投资3000万元在箭楼村兴办养猪场，占地1000亩，建1.5万平方米猪舍，饲养母猪120头，年出栏生猪4.5万头。2013年引资5000万元，在灯塔村兴办旺森生猪养殖场，占地1200亩，猪舍面积2.5万平方米，饲养母猪250头，年出栏生猪6.5万头。2011—2014年，境内还先后建起同乐、利兴、官堰、清泉4个养鸡场。2014年年末，全乡饲养生猪13万头，出栏9.8

万头；饲养肉羊1200只，出栏1100只；水产养殖3500亩，出水鲜鱼320吨。是年，利兴村返乡青年刘奎创办的獭兔养殖场成效显著，获津市市畜牧养殖先进单位称号。

林业

1995年，开垦小潭溪荒滩500亩，种植意大利杨树，开垦宜林山地植树造林800亩。是年，全乡有林地2.5万亩，占山地面积的73%。2014年投入资金55万元新栽公路行道树6120株，农户四旁造林35000株，环毛里湖湿地公园造林1853亩。2014年，全乡有林地29030亩，占山地面积85%。

工业

20世纪60年代，境内建有由20多名木匠、篾匠、漆匠、铁匠、瓦匠组成的李家铺公社手工业联社。70年代成立李家铺公社企业办，先后办起6家社办企业，工业企业有灯塔砖厂、拉丝厂、油脂加工厂。80—90年代，乡党委、乡政府重视乡镇企业，境内工业有较快发展。1995年，全乡拥有乡村工业企业26家，从业人员1518人。主要产品年产量：榨油52吨、大米加工447吨、塑料编织袋176吨、塑料桶35.5万件、茶叶3.5吨、涂料20吨。1996年，乡政府投资150万元，兴建万家村砖厂，年内创利20万元。2002年，乡村集体企业改制，推动境内民营工业发展。2012年，民营资本投资80万元兴办梁家坪针织厂。2013年投资140万元兴办陈平农机合作社烘干加工厂。至2014年，全乡有工业企业4家，从业人员75人。

商贸服务业

民国时期和中华人民共和国成立初期，境内有为数不多的个体商铺。20世纪50年代末，建立李家铺供销社及梁家坪、何市岗两个分社。60—80年代，增设有13个代销点。中共十一届三中全会后，个体商贸服务业得到发展，农村市场日益活跃。2010年，乡驻地建有集贸市场1个，小型菜摊9个，全乡有个体商铺53家。2014年，全乡有个体商铺、小型超市69家。乡党委、乡政府筹资200万元兴建12250平方米的农贸广场。全乡全年社会商品零售交易总额达3500万元。

基础设施

交通运输

1959年春，境内修建宽4米、全长11千米的土公路，连通新洲、毛里湖，20世纪70年代拓宽铺沙卵石。1994年建成省道津市至新湖桥段，南北贯穿乡域，境内长11千米，道宽12米。2000年起加强通村通组公路建设，至2010年建成通村组全公路52千米。2014年，境内通村组公路98.5千米，硬化率达95%。

邮政通信

1962年设李家铺邮电所。1995年，开通程控电话。1996年，开通无线寻呼。1997年开通移动电话。1998年，65%的农户装上程控电话。2000年，农话与市话同价。2001年，开通互联网。2013年，建邮政所，建移动、联通收费站各一个，年交易额为470万元。2014年，全乡有固定电话600部，移动电话5020部，互联网用户870户。

供电供水

20世纪70年代，李家铺集镇通电。1986年后，加大农村电网建设力度，至1992年8月，农村电网遍及各村组，全乡80%农户用上电。1999年，对农村电网改进行造，历时2年，2001年实行与城市同网同价。

1991年，耗资80万元修建李家铺集镇水厂，基本解决李家铺集镇和附近居民吃水问题。2012

年，投资2000万元兴建谢家堰水厂，解决土桥、庙基、樟树、利兴、箭楼、灯塔、同乐、双堰以及保河堤、渡口部分村2万人口安全饮水问题。2013年，开展农村改水工程，投入800万元，铺设管道198千米，2014年10月，农村改水工程全部完工，全乡自来水入户率100%。

水利建设

境域为临江靠湖的丘岗区，易旱易涝。1965年，国家投资修建杨雀嘴、沈家汊、南湖汊、红毛湾4座电力排灌站，缓解部分地区旱情。20世纪70年代，在清泉村修筑八方坪水库，集雨面积2.15平方千米，总库容量311万立方米，灌溉面积6000亩。改扩堰塘130口，增加蓄水量2.6万立方米。改造老化机埠3座。2011—2014年，筹资2800万元，改扩堰塘400口，蓄水量增至1040万立方米；筹资355万元维修大型机埠15处，新建小型机埠20处；筹资400万元硬化沟渠4万米、U型槽5万米。2014年，全乡农田灌溉覆盖率达75%。

乡村建设

20世纪50年代，李家铺集镇只有土砌瓦房、茅草房10余栋，居民不足50人。1961年，建长100米的土街，卫生院、中学、供销社、粮店等单位沿街两边建筑房屋。2011年开始，李家铺集镇实施南拓北扩工程，按照城市街道建设标准，街道南拓770米、北扩670米。耗资400万元，改建、新扩10千米下水道管网、绿化带、路灯等配套设施。规范境内湘北公路和新（洲）棠（华）公路沿线建房，外形要求为白墙、灰瓦、坡屋面、马头墙、白屋脊，实行统一规划、统一设计、统一标准、统一联建、分类补贴。至2014年，共发放规范建房补贴50万元，修建特色民居216间，集中连片特色民居达1.45万平方米。

从2009年开始，推进村部建设。2010年建成同乐、万家、双堰3个村部。2011—2014年，建成樟树、土桥、利兴、灯塔、双坪、梁家坪6

清泉村八方坪水库除险加固工程

个村部，改造庙基、箭楼、清泉3个村部。全乡村村有会议室、远程教育室、图书室。

社会事业

教育

民国时期，境内在箭楼、饶家铺、七里庙、同乐等地设有小学。中华人民共和国成立后，办学规模逐渐增大。1963年，境内建有仰山、李家铺、清乐3所完全小学和李家铺双堰农业中学。1969年建立李家铺中学，以大队为单位办起13所完全小学。20世纪70—80年代，为学生峰值期。1990年，普及义务教育，有中学1所，学生555人，教师48人；小学13所，学生1376人，教师141人。1995年，全乡有中学1所，小学13所，中小学教师123人，中小学学生2035人。2000年起学生逐步减少，学校布局开始调整。2014年，全乡有中学1所，教师38人，在校学生433人；小学2所，教师40人，在校学生345人。校前班3处，入读儿童330人。

文化体育

1984年，建立李家铺乡文化站。乡内文体活动形式有龙灯、舞狮、龙舟、说书、花鼓戏、广场舞、球类等。1986年，李家铺乡龙舟队在津市市龙舟比赛中获得第一名。2014年，全乡有篮球场6个，广场舞点15个，民间艺人100余名。电视入户6930户，其中有线电视3000户。

医疗卫生

民国时期，境内医疗为个体行医。1953年后，先后在李家铺、何市岗、梁家坪设立中医医疗点。1961年，成立李家铺公社卫生院，有6名医务人员，工作场所为3间茅屋。1972年，卫生院修建1栋9间2层600平方米的楼房，医务人员增至12人。各个大队均设卫生室，共有赤脚医生28名。2012年，卫生院筹资300万元新建住院楼，维修改造乡卫生院门诊及办公用房2500平方米。筹资100万元添置X光机、心电图、脑电图、彩超等医疗设备。2014年，卫生院有内、外科等门诊科室6个，病房12间，病床20张。有主治医师4人，职业医生4人，护理人员5人，工作人员10人。年诊治患者5000人次。卫生院下设村医疗室12个，有病床29张，乡村医生12人，年诊治患者3000人次。村民基本上小病不出乡。

社会保障

1991年，筹资80万元修建李家铺乡敬老院，建筑面积800平方米，床位50张。2014年，全乡供养“五保”对象118人，其中在敬老院集中供养20人。

2005年起推行新型农村合作医疗，2010年全乡参保率为65%。2015年全乡参保14935人，参保率78.5%。

2010年，启动贫困居民最低生活保障制度。2014年，全乡有722人享受农村最低生活待遇保障，12人享受城镇最低生活待遇保障。

2011年起，对全乡80岁以上老人发放高龄老人生活补贴金。2014年全乡有80岁以上老人4180人，共领取补贴金209000元。

（文字供稿：津市市党史办，图片供稿：津市市党史办）

棠华乡

区域概况

位置面积

棠华乡位于津市市西南角，毗邻西毛里湖，东连渡口镇，西接临澧县柏枝乡、烽火乡，南抵鼎城区双桥坪乡和常德国营林场，北靠白衣镇。乡人民政府驻棠华铺居委会，距市政府驻地37千米。

全乡总面积76平方千米，有耕地42450亩，其中水田30150亩，旱地12300亩；有山地62670亩，水域2600亩。

建置沿革

民国时期，实行都团制，乡域为尹安团、保安团、华严团、吉安团，分别属临澧县和澧县，民国27年（1938）废除都团制，乡域分属澧县白云乡和临澧县清风乡。中华人民共和国成立后，1950年，乡域设钟灵、澧安、药山、临东、南斯、云山6个乡。1952年钟灵乡撤销，所辖会云、钟灵、荷花3个村划归白衣乡管辖，吉安、保安，永安、和平、铁甲5个村组成棠华乡。1956年7月撤区并乡，棠华、澧安、药山、临东、南斯、云山6个乡合并为棠华乡。1958年实行人民公社体制，棠华、渡口、毛里湖3个乡合并，成立渡口人民公社。1961年缩小公社规模，析出原棠华乡区域成立棠华人民公社。1984年撤社建乡，棠华人民公社改为棠华乡。1985年11月，棠华乡由澧县划归津市市管辖。至2014年无变化。

行政区划

1985年，棠华乡辖岳山、奇龙、临东、黄金、双门、官堰、礼安、太平、凤凰、凤鸣、新华、民主、云山、联合、棠华15个行政村。1990年由棠华村析出3个组设棠华铺居委会。2000年棠华村改为三岔路居委会。2001年，全乡辖棠华铺居委会、三岔路居委会2个居委会和岳山、奇龙、临东、黄金、双门、官堰、联合、礼安、太平、凤凰、凤鸣、新华、民主、云山14个村。2003年，太平、凤凰、凤鸣3个村合并为西湖村，民主、云山2个村合并为白云山村。2014年，岳山村更名为药山村。

至2014年年末，全乡辖药山、奇龙、西湖、临东、黄金、双门、官堰、联合、礼安、新华、白云山11个行政村和棠华铺、三叉路2个居委会，共196个村民小组。

自然环境

乡域处武陵山余脉向洞庭湖盆地过渡地带，地形为低山丘陵区，地势西高东低。位于药山村的红岩寨，海拔377.1米，为津市市最高峰。位于西湖村的乡办渔场，河堤海拔34米，为棠华

丘陵风光

乡最低点。境内有7条丘岗溪河，其中5条流入西毛里湖，1条流入八宝湖，1条由东往西流入临澧县柏枝乡。乡域属季风湿润气候区，四季分明。年平均气温17℃，年平均降雨1240.7毫米。森林覆盖面积大，有油茶树、樟树、栾树等。野生动物种类繁多，有虎、豹、狼、野猪、狐狸、豪猪、野兔、野鸡、黄鼠狼等。水产丰富，有鲢鱼、草鱼、鲤鱼、桂鱼、银鱼、鳊鱼、鳝鱼、乌龟、水鱼等。境内矿藏少，仅少量石灰石、石煤及含量不达标的铁矿石、孔雀石等。自然灾害易发。1954年发生特大水灾，共5000亩水稻被淹。1975年松毛虫灾，100多亩松树被毁，其中松月寺260多株百年古松，针叶被虫食光而枯死。1979年4月17日冰雹、龙卷风，药山村农作物全毁，30多间房屋倒塌。

人口民族

1990年年末，全乡有5237户18836人，其中男性9782人；农业人口18539人；人口出生率24.4‰；有少数民族18人，其中回族1人、土家族17人。

2000年，全乡有4289户19823人；其中男性10057人；农业人口19394人；人口出生率8.65‰。

2010年，全乡有6684户20180人，其中男性10321人；农业人口17055人；人口出生率5.8‰。

2014年，全乡有7067户20371人，其中男性10583人；农业人口19321人；人口出生率9.23‰。有少数民族18人，其中土家族12人，壮族2人，水族、彝族、瑶族、仡佬族各1人。

经济发展

综述

民国时期，境内农民多为文盲和半文盲，生产工具简陋，劳动条件低劣，生产水平有限。20世纪50年代初，土地改革后，澧县县委、县政府采取以工代赈、加工订单、统购包销等形式扶植手工业户恢复、发展生产。1957年人民公社化，生产队开始双季稻推广。80年代，推行以家庭联产承包为中心的各种形式的经济责任制，农民经营自主权扩大，形成农林牧副渔协调发展的农业模式。1990年，全乡社会总产值2486万元，其中农业总产值1742万元，工业总产值345万元，农民人均纯收入654元。1995年，乡财政总收入114.86万元。2000年，乡村集体企业实行改制，民营企业得以发展，全乡实现工农业总产值19911万元，其中农业总产值7554万元，工业总产值6636万元。2002年，乡财政收入372.6万元。2010年，乡党委、乡政府招商引资，发展以旅游业为主体的第三产业，年末全乡完成工农业总产值2.608亿元。2014年，全乡实现工农业生产总值3.67亿元，乡财政收入1192万元，农民人均纯收入8430元；金融机构年末存款余额21128万元，各项贷款余额1764万元；92%的农户入住新楼房，每百户农户有摩托车46辆、汽车8.1辆。

农业

种植业 境内以种植粮食、棉花为主。普遍为一年一熟制或一年二熟制，种植方式为一季稻－绿肥、棉花－油菜、小麦－红薯组合，耕地复种指数为1.46。1966年起，推广双季稻三熟复种制，并改革水田冬作，实施稻－稻－麦模式，压缩绿肥种植扩大小麦种植，耕地复种指数上升到2.29。由于大面积扩种小麦，占地耗肥，影响稻谷产量。1976年后，开始用稻－稻－油取代稻－稻－麦模式，逐渐形成用地和养地相结合的耕作制度。

蔬菜作物有小白菜、萝卜、茄子、黄瓜、南瓜、丝瓜、苦瓜、辣椒等，但规模小，仅为农户自家种植食用。经济作物除棉花、油菜外，还有茶叶、桑蚕、藠果。

2010年，在巩固水稻、棉花等传统产业的基础上，引进常德市润农茶油公司，投资5000万元将2500亩荒山建成高产油茶产业带。引进湖南省科龙林业科技开发有限公司，投资1000万元开发松月寺林业资源。2014年，引进湖南省龙石山生物科技有限公司，投资3000万元在药山村开发铁皮石斛中药材种植基地。2014年，全乡种植水稻46500亩，总产18112吨；种植油菜种植23550亩，油菜籽总产3062吨；种植棉花6450亩，皮棉总产677吨；种植蔬果8400亩，总产14552吨。

养殖业 境内传统饲养的禽畜有猪、牛、羊、马、驴、兔、鸡、鸭、鹅、鸽等。民国至中华人民共和国成立初期均为家庭私养。1956年后，出现集体和国营饲养场。中共十一届三中全会后，出现大批养殖业家庭承包户、畜牧专业户和养殖科技示范户。2010年，全乡出栏生猪2000头、出栏肉牛600头，出笼家禽40万羽，禽蛋产量1800吨，水产品产量2000吨。2013年，引进佳和农牧股份有限公司，投资7000万元在新华村建立棠华分公司，主营生猪产业。公司生猪饲养场占地1400亩，建筑面积4.2万平方米，拥有自动投料猪舍60栋和4条现代化生产线，年存栏母猪4000头，年销售种猪2.5万头。公司实行“集团公司＋生态农场＋家庭生态小农庄”的合作模式，引导养殖户建设“猪－沼－林（或果、蔬、渔）”家庭生态小农庄，年内与之签约的合作农户达40余户。2014年，全乡出栏生猪29500头、肉牛600头、肉羊5400只，出笼家禽79万羽，禽蛋产量7000吨，水产品产量1985吨。

林业

1958年，开展“大跃进”和“大炼钢铁”运动，境内森林遭受严重破坏。1980年，实行家庭联产承包责任制后，群众积极植树造林，1986年，森林覆盖率达25.3%，人均山林面积1.95亩。2000年后，乡党委、政府贯彻国家林业和生态政策，发动群众封山育林、植树造林和退耕还林。2014年，全乡有苗木花卉基地531亩，茶油基地2500亩，林地60000余亩。境内尚存百年古树5株，其中位于药山寺的樟树、榔榆、罗汉松3株古树，树龄均有500余年；位于奇龙村3组的樟树，树龄 500 年；位于临东村白云山下的猫儿刺树，树龄 1000 年。

工业

20 世纪 90 年代，乡党委、乡政府开始重视发展乡镇工业，1995 年，全乡建有粮油加工厂 6 个，年加工能力 5.4 万吨。与广州市白云区合资 1600 万元兴建特种水泥厂，因原材料缺乏，未投产就关闭。2000 起，积极发展民营工业。2004 年，建立长远农贸有限公司，加工棉花、藠果等农产品。2008 年，创办棠华德润纺织厂，年产毛巾 30 万条。2014 年，全乡有工业企业 19 家，完成工业总产值 21064 万元。

商贸服务业

清代和民国早中期，在棠华铺、华容寺、启国寺设有墟场；商贸繁荣地带位于西湖村辛家台，经营商品有杂货肉食、百货布匹、粮油食品、手工业品、农具等。后来由于西湖水位升高，部分地段被水淹没，辛家台商户大多迁移到棠华铺。中华人民共和国成立后，棠华铺作为乡（公社）驻地，建有供销社、肉食站、粮油店等，成为农村中心市场；各村（大队）均开设有集体商业零售店或代销店。中共十一届三中全会后，个体商贸服务发展，农村市场日益活跃。2014 年，乡内有药山寺、棠华铺 2 个集贸市场，个体商铺发展到 500 多家，个体工商从业者 1546 人。

基础设施

交通运输

1958 年，建成白（衣）渡（口）公路，由白衣荷花村经棠华粮店至渡口，境内始有公路，里程 4 千米。1972 年，白渡公路改道延伸至境内石板滩、棠华铺街道，开通经过境内的津市至渡口客运班车。1993 年，津（市）渡(口)公路棠华段完成硬化，长 4 千米。1995 年，境内修通县、乡主公路 3 条，总长 20.94 千米，其中棠华至药山 9 千米，棠华至官堰 6 千米，棠华至西湖 5.94 千米。2014 年，联村、通村公路延伸至部分村民小组或农户家，硬化总长度 85 千米，硬化率 100%。

供电供水

20 世纪 70 年代，棠华乡集镇通电。1986 年后，加大农村电网建设力度，至 1992 年 8 月，农村电网遍及各村组，全乡 80% 农户用上电。1999 年，对农村电网改进行造，历时 2 年，2003 年，实行与城市同网同价。至 2014 年供电普及率 100%。

20 世纪 90 年代中，乡政府投资新建水塔，对棠华铺集镇供水。2014 年，津市市建城乡饮水工程，自来水通全乡各村。，

邮政通信

20 世纪 60 年代设邮电所，集镇通电话。90 年代中期通程控电话，电话普及率达 90% 以上，成为“电话乡。”1998 年开通移动电话。2000 年开通互联网。2014 年，境内有邮政所 1 家，开办邮政和储蓄业务；电信和移动通信站 3 家，办理电话和网络业务；有线电视 1 家。是年年末，全乡有固定电话用户 1213 户、移动电话用户 6893 户，互联网用户 428 户，有线电视用户 3500 户。

水利建设

民国至中华人民共和国成立初期，境内多以堰塘蓄水灌溉农田。1955 年，国家投资 10000 元，由澧县水利局工程人员设计，将民主村一山塘扩建为小型水库，名井湾水库。1958—1974 年，境内共修建小(一)型水库 2 座，小(二)型水库 7 座。小（一）型水库分别为：龙泉堰水库，1958 年建，库容 160 万立方米，引水渠长 19 千米，灌溉面积 5600 亩；古堰水库，1969 年建，库容 120 万立方米，引水渠长 9.5 千米，灌溉面积 5500 亩。

小（二）型水库分别为长堰、柬冲、跃进、稍公堰、竹壁堰、联合、南山水库，总库容285万立方米，引水渠总长33千米，总灌溉面积9900亩。

1964—1978年，境内修建4座电力提灌机埠，引湖水灌田。1964年建邓家嘴机埠，装机1台40千瓦，扬程高度22米，渠道长度2千米，灌溉面积2000亩；1965年建七星山机埠，装机3台390千瓦，扬程高度33米，渠道长度8千米，灌溉面积6000亩；1966年建凤鸣机埠，装机2台150千瓦，扬程高度24米，渠道长度4千米，灌溉面积1200亩；1978年建联合机埠，装机1台55千瓦，扬程高度18米，渠道长度3千米，灌溉面积800亩。2010年，全乡投入资金1150万元冬修水利，对龙泉堰水库、古堰水库进行除险加固，兴建大小水利工程40多处。2014年，投入3000万元实施环洞庭湖治理工程，扩建整修骨干堰塘63处。

乡村建设

1985年，棠华乡开始制订乡村发展规划。1997年，修建棠华农贸大市场，有临街门面245个。2013年，棠华籍老板在棠华铺集镇开发房地产2处，建经商门面20个。2014年，为加快新农村建设和美丽乡村建设，全乡各村（居）新建或改建村级活动中心，投资200万元在棠华铺街道修建占地8亩文化休闲广场，投资800万元修建集镇污水处理系统。2014年，全乡集镇建成区面积达1.3平方千米，常住人口2000余人，城镇化率18.4%。

社会事业

教育

民国时期，境内有私塾数家，均为几户、几十户人家合伙请老师授课。公立学校设在新洲，棠华只有极少数孩子入读。中华人民共和国成立后，境内始有公立棠华小学，教师由国家派遣。1956年，在棠华小学创办棠华高小班，1961年，在松月寺林场开办一个初中班。1969年，设立棠华中学。中共十一届三中全会后，境内教育健康快速发展。1990年，棠华中学有教职工54人，中学生650人。全乡有小学教师164人，小学生1581人。2014年，全乡有幼儿园4所，入园学生310人；小学2所，学生625人，教职工52人；中学1所，学生169人，教职工19人。适龄儿童入学率100%，初中生毕业率100%。

文化体育

中华人民共和国成立后，境内农村文化艺术活动活跃，主要有业余花鼓戏剧团、皮影戏剧团、民间吹打乐队演出，另有省、县派电影队下乡流动放映电影。2000年后，建有乡文化站和有线电视管理站。2014年，全乡有群众业余剧团1个，皮影戏剧团2个，中西乐队2支，狮龙队3支，农家书屋13个，有文学、诗词、音乐、美术、书画、舞蹈等文学艺术爱好者180人，群众文化生活丰富多彩。

医疗卫生

民国时期，境内医疗为中医个体行医，以辛家台的周登千最有名气。1956年，建立棠华乡卫生院，设在下码头老桥头，开展防疫治病，1968年搬迁至棠华铺集镇。1969年，各大队开办合作医疗站，配赤脚医生2～3名，社员凭合作医疗证就诊，免收药费。20世纪70年代初，在津市人民医院的指导下，卫生院开设住院部。1984年，合作医疗制度取消，合作医疗站改名为村医疗保健站，村民自费就诊。1990年，棠华乡卫生院有医务人员18人，科室6个，病床22张，设备9台。

2014年，扩建卫生院综合大楼，改善医疗设施和条件，卫生院建筑面积达4300平方米，有医务人员21人，病床32张；全乡有村级卫生室12个、个人诊所3家，有乡村医生15人，开设有药店4家，卫生院有病床32张，专业医务、护理人员21人，年诊治患者12000余人次。

社会保障

中华人民共和国成立后，对老弱病残等困难群众给予救助安置。2005年，棠华乡敬老院建成，有35名“五保”老人入院养老。2006年，推行新型农村合作医疗制度，启动贫困居民最低生活保障金制度，全乡有193人享受农村最低生活保障待遇，34人享受城镇最低生活保障待遇，为48人发放大病救助资金5.2万元。2013年，投资720万元扩建乡敬老院，占地50亩，建筑面积4000平方米，设床位128个，配有活动室2间，专职服务员3人，入住“五保”老人85人。2014年，全乡166名“五保”人员全部落实供养政策，其中95人入住乡敬老院集中供养。15055人参加农村合作医疗，参合率达100%。376人享受农村最低生活保障待遇，领取低保资金33840元。纳入社会养老保险体系的老年人3400人，职工养老保险215人，参保率达90%。对患大病群众采取比例救助与定额救助相结合的方式，共救助86人，发放大病救助款12.3万元。

特色地情

风景名胜

药山寺 原名慈云寺，位于棠华乡药山村，湖南省重点宗教场所。唐太和年间（827—835），高僧惟俨所建，有佛殿20多进，长约1千米，有“跑马关山门”之说。一时禅风大盛，周围百里的官吏到此参拜，并赋诗留墨。该寺历经沧桑，几度兴废。清初复建的药山寺，占地48亩，前有山门、戏台，中轴线上从前至后依次有天王殿、韦驮殿、大雄宝殿、观音殿、方丈楼。主殿两旁有供奉诸佛诸祖的侧殿及配房数十间。该寺最后两次重建修整分别为1990年和1996年，修复和建成的主要建筑有大雄宝殿、千手观音殿、山门、僧寮等。寺内今存唐代所铸大钟1口，500年以上古树3株，僧人墓塔2座，一为唐惟俨祖师塔，一为现代名僧百深禅师塔。另有古碑刻12块，古佛经12部。

1983年后，日本佛教界人士4次组成寻根团参拜。

竹林禅院 位于药山村竹林场内，距药山寺2千米，2014年，为药山寺主持明影法师自筹400万元修建的一个禅修中心，为药山寺的一部分。

白云观 位于白云山村，建于唐代，与中武当道观同为九澧著名道场，香火旺盛。民国初期，道观有道士20人。1950年，取缔道坛，道士还俗务农，观宇毁损殆尽。20世纪80年代后期，乡民重建白云观，有道士3人。

传说掌故

神仙洞的传说 在离裳华乡政府1500米远的地方有一座山，叫玉皇庙山。据传，在很久以前，山顶曾有座庙，庙内供奉着玉皇大帝神像，玉皇庙山因此得名。玉皇庙山山上古木参天，绿树成荫。庙旁数棵楮树、枫树树干粗大，枝繁叶茂，是人们夏日避暑的好去处。山下溪流蜿转，溪水清澈见底，水中鱼、虾、蟹成群，中华鳖时隐时现，珍稀动物水獭常来觅食。溪水顺流而下，斗折蛇形，经西毛里湖汇澧水入洞庭。山下有一鱼塘，鱼塘水面似镜。在玉皇庙山半山腰有个仙洞，据传，此仙洞是玉皇大帝离开此地时留下来的。

仙洞内存放着不计其数的餐具，无论附近多少人家设宴请客，所需餐具应有尽有。设宴需餐具者，只须来神洞前烧炷香、叩首一拜，洞门就会大开，各种餐具就出现在眼前，大到桌椅板凳，小到碗筷酒杯，应有尽有，借者按其所需将餐具借回家，酒宴结束，如数归还。时间久了，有些贪利者暗自打起了歪主意："洞内餐具反正无数，何必如数归还！"便不再老老实实地将所借餐具全数归还，而是送半留半或干脆不还。时间一久，不知是洞中已无餐具，还是神仙有意惩罚贪心之人，以后无论人们怎样烧香叩拜，洞门总是紧闭，人们再也借不到餐具了。神仙洞也随之消失。

（文字供稿：津市市党史办，图片供稿：津市市党史办）

津市工业集中区

区域概况

位置面积

津市工业集中区位于津市城区南部，北连金鱼岭街道，南抵新洲镇，东临澧水与澧县小渡口镇隔河相望，西跨二广高速与灵泉镇接壤。工业集中区管理委员会驻龙岗路001号，距市人民政府驻地3千米。

2006年，工业新区面积6.4平方千米。2010年，工业新区完成二期扩规，规划面积12.33平方千米。至2014年无变化。

建置沿革

2005年7月，津市市委、市政府决定启动津市市嘉山工业新区建设，成立津市市嘉山工业新区党工委、津市市嘉山工业新区管委会和津市市嘉山工业新区建设开发公司，三块牌子一套人马。管委会机构级别为正科级，下设综合服务部、招商服务部、规划工程部、征地拆迁部4个部室，2009年增设社会事务部、财务部，工委书记和管委会主任高配为副处级。管委会代管金鱼岭街道明道社区、团湖村。

2012年11月23日，湖南省人民政府同意设立湖南津市工业集中区。2013年，津市市嘉山工业新区党工委、津市市嘉山工业新区管委会分别更名为湖南津市工业集中区党工委、湖南津市工业集中区管委会，机构级别为副处级，下设办公室、招商合作局、产业发展局、规划建设局、社会事务局，市财政、国土部门在工业集中区设立分局，均为副科级机构。津市市嘉山工业新区建设开发公司更名为津市工业集中区建设开发管理有限公司。

2014年6月，津市市委、市政府对工业集中区实施“一权两制一司”体制机制改革，工业集中区享有县级政府经济社会管理权限，实行独立的行政管理体制和财政体制，市场化运作工业集中区开发公司，市12家职能部门39项管理权限授权工业集中区直接实施。

行政区划

2005年，津市市嘉山工业新区代管明道社区与团湖村。2006年，工业新区管辖明道社区、团湖村以及杉堰村和戚家村部分区域，面积6.4平方千米。2010年工业新区完成二期扩规，规划面积达到12.33平方千米。2012年6月团湖村改为团湖社区。到2014年，托管社区2个。

人口民族

2005年，津市嘉山工业新区有人口2510人，其中男1252人；农业人口2160人。总人口中，汉族2492人；少数民族18人，其中土家族14人，回族4人。

2014年，津市工业集中区有人口2649人。其中男1279人，女1370人；农业人口2289人，非农业人口360人。总人口中，汉族2624人；少数民族25人，其中土家族17人、回族4人、壮族2人、瑶族2人。

经济发展

招商引资

招商政策 2005年，津市市委、市政府出台《津市市嘉山工业新区优惠政策》，明确园区实行封闭式管理、全程代办制度。土地政策，进入园区的前三家企业，且一次性用地面积在50亩以上的，按2万元/亩的地价出让，以后的工业企业用地，按3.5万元/亩的地价出让。财政政策，园区内新办工业企业，按当年实际形成地方财力第一年40%、第二年30%、第三年20%的比例予以返还。规费政策，企业建设中的各种行政事业性收费全免，投产后市本级行政事业性收费3年内全免，中介费、服务性收费按不超过下限的30%收取，各种收费由园区管委会统一代办。招商奖励，对有功人员给予所引进项目固定资产投资额1%的奖励。

2008年，津市市政府出台《嘉山工业新区优惠政策及项目建设服务的补充意见》，对工商注册、注册验资、组织机构代码证申领、税务登记、土地使用权证办理及土地评估、房屋登记及房屋评估、自来水立户、临时基建用电、工程项目服务、安全监管服务10个方面的提交资料、办理流程、办结时限和收费标准进一步明确。

2010年，津市市政府颁发《津市经济开发区优惠政策》，对土地地价进行修改，落户园区的工业企业用地按8万元/亩出让，自企业投产年度起连续四年予以税收返还，返还总额按征用土地面积测算，不超过4.5万元/亩。鼓励城北区工业企业迁入园区，原企业工业用地补缴2万元/亩的土地出让金后，可依法按程序改变土地使用性质。企业在建设过程中，建安劳保基金按工程造价的1%缴纳。

2012年，津市市委、市政府出台《关于加快经济开发区发展的若干意见》，明确项目入驻标准、审核制度和一系列的奖励政策。企业落户园区投资强度不得低于100万元/亩、年税收回报不低于5万元，土地出让底价按国家土地等别相对应的最低价标准执行，每亩地价超过3.5万元的部分，由市财政在企业主体厂房封顶后补贴给企业用于基础设施建设。园区企业由财鑫担保公司提供担保和集合票据等金融服务，对重大项目给予贷款贴息扶持。

2014年，工业集中区实行“一权两制一司”体制机制改革，一般工业项目入园，园区具有最终决定权。同年，津市市政府出台《津市市招商引资政策的若干规定（试行）》，将入园项目投资强度标准提高到120万元/亩，明确“双8标准”，即地价8万元/亩、年税收回报8万元/亩，项目需按实际用地面积20元/平方米缴纳被征地农民保险费，并建立了项目违约制约机制。

招商成果 全市招商引资活动由市招商局牵头负责，工业集中区主要负责工业项目进入实质性洽谈阶段后的审查、洽谈、签约和落户后的服务工作。2007年，园区签约项目7个，取得建园后首批招商引资成果。2008年签约项目11个，其中亿元项目4个。2010年，百特机械、龙津智能、鑫嘉城铸造、致远汽配、卡普吉诺陶瓷等一批亿元项目签约入园，年内引资总额15亿元。2012年，大北农饲料签约入园，为园区引进的首个上市公司全资子公司项目。2013年，新合新生物落户园区。至2014年，工业集中区实际签约落户项目71个，其中过亿元项目27个，协议引资总额约86.2亿元。

产业发展

津市工业集中区建设之初，优先发展汽配、盐化工、纺织、食品、造纸五大传统产业，基础设施、工业经济得到快速发展，2007—2011年连续五年被评为常德市园区建设先进单位。随着卡普吉诺、鸿鹰生物等项目签约入园，园区提出构建“5+2”产业体系，即在五大传统产业的基础上，新增新型建材、生物医药两大新兴产业。2014年，根据园区转型升级需要，园区将主导产业调整为先进的装备制造业、生物医药与食品产业、现代服务业。2014年，园区规模以上工业企业达61家，实现规模工业产值111亿元，同比增长24%；完成入库税金1.22亿元，跻身“百亿园区”行列。

装备制造业 园区装备制造业主要以中联车桥为龙头，发展配套企业，打造中国中部重要的汽车零部件生产基地。中联重科战略重组湖南汽车车桥厂以后，带动多家汽配机电企业入驻园区。2010年，园区装备制造企业达13家，年产值逾20亿元。2014年，发展到23家，完成产业产值33.88亿元，占园区工业总产值的30.5%；上缴税金3000万元；为园区最大的产业集群。

生物医药产业 园区生物医药产业主要以鸿鹰生物、新合新生物、龙腾生物等企业为骨干。通过2011年起的快速发展，已成为亚洲最大的酶制剂生产和出口基地。2014年，园区生物医药产业企业达到12家，完成产业产值25.5亿元，上缴税金2000万元，是园区成长性最好的产业。

食品产业 园区食品产业主要以2枚中国驰名商标拥有者中意食品为龙头，辅以润农高端冷榨茶籽油、嘉品嘉味食用香精等特色品牌以及张老头等地方特色小吃，构建成品种丰富的特色食品产业体系。2014年，园区食品产业企业达到10家，完成产值19.8亿元；上缴税金500万元，是园区特色最浓的产业。

纺织产业 园区纺织企业以娄星纺织为龙头，随着雅琪制衣、乔锐制衣的落户投产，填补了园区成衣企业的空白。2014年有纺纱企业9家，年生产规模达20万锭，完成产值16.2亿元；上缴税金2000万元。

主要企业

湖南中联重科车桥有限公司 始建于1970年，始名湖南拖拉机制造厂，是“四五”期间国家投资兴建的具有年产5000台东方红－30型拖拉机生产规模的中型企业。1983年企业加入东风汽车集团转产汽车产品，1984年更名为湖南汽车车桥厂。2008年7月，经湖南省省属国有企业改革领导小组批准，企业由中联重科收购重组，更名为湖南中联重科车桥有限公司。2014年，企业拥有总资产7.7亿元，占地50多万平方米，有8个生产车间，5家全资或控股子公，各类设备约2000台套。公司已形成以汽车车桥为主体，客车底盘、客车整车为补充的三大系列的产品结构。具有年产1.5～11吨系列前后桥40万根、6～9米系列客车底盘1万辆、6～9米的邦乐牌客车1000辆的生产能力。企业车桥产品主要为东风汽车集团、一汽集团、北汽福田、南京跃进汽车、金龙客车公司、郑州宇通公司、江淮汽车集团等全国汽车工业重点优质企业配套，产品畅销全国。企业主导产品汽车车桥总成已形成11种产品系列，产销总量位居国内车桥行业前列，是国内轻型车桥产销规模最大、品种最多的专业化生产企

工业集中区一角

业。企业员工 2475 人，其中工程技术人员 260 多人。2014 年公司实现销售收入 10.1 亿元，实现利税 1945 万元。

湖南鸿鹰生物科技有限公司 全国酶制剂行业重点生产企业、全国酶制剂创新联盟成员单位、高新技术企业，主要生产“梅花”牌、“鸿鹰”牌糖化酶、β－淀粉酶和复合酶等 10 余种酶制剂产品，广泛应用于食品、纺织、造纸、饲料、洗涤及生物能源制造等领域，其中高转化率、高纯度糖化酶浓缩液远销欧美、日本及东南亚等国家和地区，“梅花”牌商标多次荣获“湖南省著名商标”“湖南省出口名牌”称号。该公司于 2011 年 5 月正式签约入园，征地 230 亩，投资 2.5 亿元，建设年产 30 万标吨酶制剂系列产品项目，2015 年 12 月竣工投产。2014 年实现年产值 2.6 亿元。

湖南新合新生物医药有限公司 是一家从事甾体激素原料药及其中间体生产项目的医药企业，2013 年 2 月 5 日签约入园，占地 164 亩，投资 1.6 亿元，建设年产 400 吨 4－AD（雄烯双桐）、240 吨激素产品生产项目，建设周期为 24 个月，分两期建设。其中一期项目于 2013 年 6 月动工，建成厂房 15 栋，面积 2.12 万平方米，安装生产线 3 条，2014 年 5 月正式投产。2014 年年产值 24345 万元，完成税收 580.1 万元。二期项目于 2014 年 8 月动工，主要建设生物发酵及配套设施项目。该项目属“十二五”国家重点支持发展的七大战略性新兴产业项目，其落户对优化园区产业结构、壮大生物医药产业规模具有重要的推动作用。

湖南新中意食品有限公司 前身是一家街道企业，2008 年搬迁入园，新厂区占地 250 亩，注册资金 9000 万元。入园后迅速成长为湖南省最大的糖果生产企业和中南地区最大的果冻生产基地，其“中意”商标 2009 年获中国驰名商标，2013 年被认定为国家高新技术企业。企业有各类糖果及果冻生产线20多条，其中糖果有10多个系列600多个品种，果冻有4个系列120多个品种，饮料有2个系列20多个品种，年产能力超过50000吨，产品畅销全国30多个省、市、自治区，部分产品出口俄罗斯、澳大利亚、保加利亚等国。2014年，中意食品完成销售收入3.27亿元，上缴税收1827万元。2015年9月由金健米业股份有限公司收购，成立新中意食品有限公司。

常德大北农饲料有限公司 为津市工业集中区引进的第一家上市公司，该公司系北京大北农科技集团全资子公司。2012年3月签约入园，征地40亩，投资6000万元新建年产18万吨新型高效饲料生产线项目。项目于2012年10月动工建设，2013年11月正式投产运行。2014年，该企业完成2.8亿元产值，形成107万元税收。

湖南娄星纺织有限公司 2005年10月19日签约入园，是津市工业集中区引进的第一家企业，主要生产“娄星”牌高档牛仔布用竹节纱和各种花式纱线。历经十年的发展，公司已形成精梳、普梳、单纱、股纱、赛络纺、精密赛络纺等十多个系列，品种多达一万多个，生产规模从最初的一万纱锭发展到九万纱锭；年产量由5000吨发展到25000吨。2014年，公司有员工1000余人，产值4.6亿元，上交税收1054万元。

湖南欣龙非织造材料有限公司 2014年5月正式签约入园，总投资20亿元，建设“欣龙非织造新材料产业园”项目，系津市工业集中区建园后引资最大的项目。该公司是国家非织造材料工程技术研究中心的产业化基地，致力于高分子熔纺材料的研究、开发及产业化，以引进技术与自主研发相结合，并依托欣龙控股的技术优势、资源优势和邵阳纺机的设备制造优势，产品定位于高档医材、卫材等领域，服务于世界500强企业及国内高端企业。公司一期项目于2014年10月8日动工建设，征地224亩，投资4亿元，建设熔纺涤纶非织造布、丙纶熔喷非织造布以及后整理等6条生产线，2015年7月投产试运行。

基础设施建设

拆迁安置

工业集中区累计征地4166.58亩，其中明道社区1737.19亩、团湖社区2429.39亩；拆迁535户，其中明道社区221户、团湖社区314户；规划建设明道一期、明道北扩、团湖、杉堰、戚家、关桥、嘉山等7个安置点，设计总容量1423户，其中明道一期安置点233户、明道北扩安置点101户、团湖安置点356户、杉堰安置点327户、戚家安置点406户；实际安置居民1314户。

道路交通

津市工业集中区东临澧水，西接二广高速，205省道纵贯南北，交通较为便捷。区内新建道路14条，投资总额约2.2亿元，总里程21.4千米。

龙岗路 东起孟姜女大道，西至青山路，长1431米，道路红线宽度25米，2005年9月19日开工，2009年12月底建成通车。

嘉山大道 东起孟姜女大道，西至中联大道，长1830米，道路红线宽度42米，2007年4月开工，2009年11月建成通车。

津市大道 东起孟姜女大道，西至津市工业集中区高速收费站，路长4849米，2010年10月开工，2011年12月建成通车。

创业路 东起周家铺路，西至新城路，路长1670米，2012年4月开工，2012年10月建成通车。

胥家湖路 东起新洲镇城内村，西至新城路，已建路长1660米，2012年6月开工，2012年12月建成通车。

鸿祥路 东起沿河路，西至孟姜女大道，长500米，宽16米。2013年3月开工，同年7月建成通车。

润农路 东起孟姜女大道，西至杉堰安置点，长260米，宽12米。2013年12月开工，2014年2月建成通车。

娄星路 北起明道小区，南至嘉山大道，长670米，2007年4月开工，2007年10月建成通车。

周家铺路 北起明道小区，南至创业路，长1400米，2007年4月开工，2008年9月建成通车。

团湖路 北起龙岗路，南至胥家湖路，长1813米，2010年1月开工，2011年12月建成通车。

中联大道 北起嘉山大道，南至胥家湖路，长1576米，2010年7月开工，2010年12月建成通车。

中联南路 北起胥家湖路，南至杉堰路，长840米，2011年8月开工，2011年12月建成通车。

桥路 北起津市大道，南至胥家湖路，长750米，宽25米。2013年7月开工，2013年12月建成通车。

新城路 北起大汉客车，南至杉堰路，2013年10月开工，预计2015年12月建成通车。

供电饮水

津市工业集中区内建有装机12000千瓦、供气105吨/时的热电厂。220千伏变电站供电充足，加上湘澧盐化、热电厂也可发电，夏季用电高峰压力相对较小。同时，拥有日供水能力6万吨的供水体系。防洪、排涝、灌溉水利设施基本配套并不断完善。2011年迁转电力杆线2千米，新架设电力线路3.7千米，铺设供水管道6千米、排水管道18千米。2014年，污水、燃气管网破土动工，中设新城广场一期项目开盘，杉堰小学、宝达酒店、汽车4S店等一批公共服务和综合商贸项目有序推进，园区功能日趋齐全。

社会事业

教育

2014年4月启动嘉山实验小学建设，占地53亩，总投资3000万元。

社会保障

2006年，推行新型农村合作医疗制度，园区内参加合作医疗人数783人，参合率为100%；启动贫困居民最低生活保障金制度，有156人享受农村最低生活待遇保障，19人享受城镇最低生活保障待遇。2014年，833人参加农村合作医疗，参合率100%，有100人享受农村最低生活保障待遇，领取低保资金8670元；32人享受城镇最低生活保障待遇，领取低保资金7530元。384人享受社会养老保险待遇，领取养老金28837元。

（文字供稿：津市市党史办，图片供稿：津市市党史办）

津市市 2015 年乡镇区划调整一览表

合并前	合并后	总面积（平方千米）	总人口（万人）	政府驻地
新洲镇、灵泉镇	新洲镇	86.12	2.85	万寿宫社区
保河堤镇、李家铺乡	毛里湖镇	107.82	4.25	河口社区
渡口镇、棠华乡	药山镇	134.31	3.75	文昌阁社区
白衣镇	白衣镇	92.00	2.80	白衣庵社区
金鱼岭街道，明道、团湖社区；新洲镇，杉堰村；灵泉镇，戚家、关桥村	嘉山街道	21.08	4.20	明道社区
金鱼岭街道	金鱼岭街道	8.63	1.29	文家湾社区
襄阳街街道	襄阳街街道	11.50	2.18	襄阳街道社区
三洲驿街道	三洲驿街道	6.27	3.27	澹津路 68 号
汪家桥街道	汪家桥街道	10.79	3.15	银苑路 882 号

常德经济技术开发区

德山街道

区域概况

位置面积

常德经济技术开发区德山街道位于常德市区东南部，沅水南岸。东邻石门桥镇，南连樟木桥街道，西濒枉水与鼎城区武陵镇交界，北临沅水与武陵区芦荻山乡隔河相望。因该域地处雪峰山余脉德山而得名。街道办事处驻德山中路中段，距常德经济技术开发区管理委员会驻地1千米。德山街道辖区东西最大距离3千米，南北最大距离2.5千米。总面积7.5平方千米。

建置沿革

民国时期，分属常德县尚德乡、三湖乡和国泰乡。1950年8月，改属常德市德山区。1951年，成立德山乡，隶德山区。1956年6月，撤销德山区，将德山乡所辖的德山街、苏家渡、老码头改为镇，仍属德山乡管辖。8月，又将德山街、苏家渡、老码头镇改为3个居委会，从德山乡析出，成立德山街道。1960年4月，德山街道和德郊农村合并为德山人民公社。1961年9月，实行城乡分治，德山人民公社析为德郊公社和德山街道。德山街道辖德山街、苏家渡、老码头3个居委会。1981年1月，析增沿河路、洞庭北路、莲花池3个居委会和11个工厂居委会。1988年7月，常德市改为武陵区，德山街道隶属武陵区。1992年7月，成立德山经济科技开发区（2010年6月升级为国家级开发区并更名为常德经济技术开发区），德山街道交由德山开发区代管。至2014年无变化。

行政区划

1997年，德山街道下辖乾明寺、老码头、演舞堆、沿河路、邱家窝、洞庭北路、蒿草湖、晒谷岭、东田碑、窑场河、陈家岗、苏家渡、莲花池、罗家岗、茅湾、龙甲山、龙虎桥17个居委会。2000年后，居委会改为社区。2011年，邱家窝、沿河路、演舞堆3个社区并为演舞堆社区。2013年，陈家岗、东田碑2个社区并为东田碑社区，老码头、乾明寺2个社区并为乾明寺社区。2014年，罗家岗、龙虎桥、龙甲山3个社区合并成立青山社区。自此，德山街道辖青山、乾明寺、演舞堆、洞庭北路、蒿草湖、晒谷岭、东田碑、窑场河、苏家渡、莲花池10个社区。

自然环境

德山街道为低岗丘陵地，地势低平，相对高差较小，濒临沅水，河湖沟塘密布，易受外洪和内涝。地势西高东低。东面及东北面最低洼处海拔32米，西边均为高地，最高处孤峰岭海拔74.6米。

人口民族

1988年，总人口约3万人，主要是企业员工。1992年，由德山开发区代管后，由于引进工业企业增加人口达3.8万人，流动人口0.7万人。

2014年年末，德山街道总人口45739人，其中流动人口8330人。总人口中，男性24155人，占52.8%；女性21584人，占47.2%；14岁以下4219人，占9.2%，15～64岁23628人，占51.7%；65岁以上17880人，占39.1%。人口出生率6.33‰，死亡率5‰，人口自然增长率1.04‰。人口密度为每平方千米6079人。总人口中，有回族85人，苗族25人。

经济发展

工业

街道工业

德山街道工业主要以纺织、食品、制药业为主。

湖南金健米业股份有限公司

2014年拥有工业企业12家，职工650人。实现工业产值5800万元。

驻境工业

2000年4月开始，常德市在境内市直国有企业全面实施以“两个置换”为主要形式的产权制度改革，即置换国有企业产权、置换国企职工身份，让企业和职工走向市场。2002年8月，开发区成立移交领导小组。由开发区城市管理局牵头负责，下设人员、资产、工作三个小组。2004年8月企业改制完成，德山街道共接收27家改制企业。

常德纺织机械有限公司 1966年三线建设中由纺织工业部投资设立，主要人员从上海调入。初名常德纺织机械厂，为部属骨干企业。2002年1月，改制为常德纺织机械有限公司，属中国恒天集团旗下经纬纺织机械股份有限公司的全资子公司，国家二级企业。2014年，产品远销20多个国家和地区，有注册资本4235万元，总资产30540万元，年销售收入5亿元。

湖南恒安纸业有限公司 创建于1997年6月，占地面积20.67万平方米，员工1000余人，总资产3亿元。主要生产经营以进口纯天然木浆为原料的心相印牌系列高档生活用纸。2009年，公司销售收入12.5亿元。至2014年，经连续四期工程扩建，公司原纸生产能力已达30万吨，成品年加工能力2000万箱，占地面积达46.67万平方米，有员工1400余人。年完成销售收入30亿元，产值37亿元，上缴税金1.63亿元。总资产达57.04亿元。

金健米业股份有限公司 于1998年1月经湖南省人民政府批准设立。1998年4月，在上海证券交易所公开发行股票，是常德市和中国粮食系统首家上市公司。

湖南武陵酒业有限公司 前身为1952年在德山建成的常德市酒厂。1972年自主研制出酱香武陵酒。1981年7月，常德市酿酒工业公司将常德酒厂一分为三，分别组建常德市白酒厂、常德市德山大曲酒厂和常德市武陵酒厂。1988年，武陵酒厂选址德山中路新建。1989年，武陵酒在全国第五届评酒会上获国家金质奖。1991年，成立湖南武陵酒业有限公司。2004年，四川泸州老窖股份有限公司入股。2009年，泸州老窖股份有限公司持股70%，湖南武陵商贸有限公司持股30%。公司主要产品有武陵少酱、中酱、上酱，武陵酒，洞庭春色等。2014年3月，“武陵酒酿造工艺”获常德市第三批市级非物质文化遗产项目。是年，厂区总建筑面积达4600平方米，有员工2600余人，专业技术人员86人。全年工业总产值6亿元，销售收入3亿元，创税收4000万元，利润2000万元。

湖南德山酒业营销有限公司 前身为德山大曲酒厂。1982年，德山大曲酒厂选址新建。1998年，经常德市人民政府批准，由湖南省湘泉集团购买股份实行合股经营。2007年7月，德山酒业重组经营，更名为湖南德山酒业营销有限公司。主要产品有御品德山、德山大曲等。2010年实现销售收入1.5亿元。2011年，“德山”商标被认定为“中国驰名商标”，并通过了ISO9000质量管理体系认证。2012年获“湖南省工业旅游示范点”，“德山酒古法酿造技艺”被列入市级第三批非物质文化遗产名录。2014年，有4个年产千吨大曲酒的固体车间、发酵池1000余个、2个年灌装量为万吨的罐装车间、2个库容为7000吨的基酒库和储量为10万件的成品酒库。公司产值达3.19亿元，销售收入2.61亿元，创税收2653.57万元，员工480余人。

商贸服务业

洞庭北路农贸市场 位于洞庭北路社区，1987年由常德市工商局兴建，市场占地6460平方米，建筑面积5100平方米。2000年工商行政管理体制改革时，交由经开区市场服务中心经营管理。2002年，市场服务中心自筹资金160万元对该市场进行迁址改扩建，改建后的市场通道宽敞、通风采光良好，基础设施得到提升，经营、购物环境得到改善，拥有各类门面60个，摊位160个，市场年交易额4000万元以上。

乾明农贸市场 位于乾明寺社区，修建于1986年，同年建成投入使用。占地面积2000平方米，经营面积1100平方米，有固定摊位及零摊25个，门面3个，经营户30多家，主要经营肉类、家畜类、水产类、蔬菜水果、豆制品、干鲜日杂等六大类30多个品种。市场覆盖乾明寺社区，服务人口近万人。2010年，对该市场进行提质改造。2011年3月，通过市农贸市场提质改造办审核验收。2014年，建有摊位41个，常年经营户18户，年交易额400万元。

超市卖场 1992年开发区成立以后，境内常住和流动人口逐年增多，市场快速发展，私营商业网点在新马路、莲池路、德山中路和常德大道迅速兴起。德山百货大楼和德山工矿贸易大厦在两个置换改制中破产倒闭，被私人老板购买、更名、重开。20世纪90年代末，在莲池路和洞庭北路开设百货、家电、食品、药品、建材等大型超市3个。

2014年年末，境内共有商业网点280个，职工3855人，社会商品零售总额15.8亿元。城乡集贸市场4个，年成交额3.12亿元。

基础设施

道路桥梁

境内有石长铁路穿过，319、207国道和长常高速、常张高速在德山交汇。通往常德江北城区、江南城区的公交线路有9路、6路，快速公交有H1线、H2线、H13线。德山街道陆路交通便利，所有社区均有公交线路到达。

辖区主要街道和桥梁有俗称“两路一桥”的桃林路、善卷路北段和德山枉水桥，以及青山街、香火街、德山石拱桥等。

两路一桥 桃林路、善卷路北段及德山枉水桥是开发区的起步工程，1992年7月28日开工，历时4年，至1996年7月28日，道路、下水管道、路灯、绿化等工程全部竣工。两路一桥全长3649米，东接319国道，西接鼎城区玉霞路大圆盘。其中桃林路长2138米，宽60米；善卷路北段长1404米，宽40米。道路混凝土面积109260平方米，下水主干管道7284米，路灯121杆，绿化面积28600平方米。

青山街 青山街东起龙潭路，西至善卷路，长2106米，宽24米，其中车行道宽14米，两侧各5米人行道。工程于2005年12月开工建设，2007年3月竣工通车。

香火街 香火街起点为乾明路，终点为乾明寺，全长510米，其中车行道7米，人行道4米。2009年8月开工建设，2010年12月竣工通车。

德山石拱桥 德山石拱桥坐落在德山三滴水地段，横跨枉水，是319、207国道的公路桥梁，桥面为莲池路，为前苏联专家设计，故有中苏友谊的结晶之说。1959年下半年，由常德地区交通局施工修建，1960年5月建成通车，为亚洲第一跨大型独拱石桥，全长95米，桥孔净跨65米，两头各有三个副拱，桥宽10米，拱厚1.7米。设计荷载汽车13吨，拖挂60吨。1991年，车通量达每小时1500车次，桥幅已不适应。1993年，由德山开发区主持，在其上游200米处增修钢筋混凝土桥一座，即德山枉水桥。桥长107米，宽26米，与老桥成50度夹角。

港口码头

沅水流经德山老码头，境内水路运输便利。常德港德山港区位于沅水南岸德山水域，上游始于孤峰岭下，下游止于沅水公铁大桥防洪堤以下的岸坡滩地及主航道水面，是一个具有散货、件杂货、集装箱功能的综合性港区。拥有生产性泊位9个，年通货能力190万吨。

邮政通信

辖区内有德山邮政、电信、移动、联通、有线台多家通信单位。

德山邮政 民国时期，在境内设有苏家渡邮政代办所。1951年，设德山老码头邮电所。1958年，设德山老码头邮电支局和德山街邮电所。1964年，增设德山莲花池邮电所，经办平函、挂号、特挂、包裹、汇兑、电报、长途电话等业务。1975年，境内有德山邮电支局和老码头、常纺机、苏家渡、德山街4个邮电所。1998年，邮电分营，成立德山邮政分局，经营信函、包裹、汇兑、集邮、报刊发行、邮政储蓄等业务。2007年，成立德山邮政储蓄银行。2014年年底，存款余额突破十亿元。

德山电信 1955年，在老码头邮电所安装磁石电话50门总机1台，境内始通电话。1973年，境内有磁石电话100门，总机4台，电传机1台。1986年，境内有电话中继线120对，大部分单位安装磁石电话总机。1992年4月28日，境内开通程控电话。1993年7月，开通无线寻呼系统，覆盖半径40多千米。1994年，开通移动电话，年内发展手机用户130户。1998年邮电分营，成立德山电信分局。1999年5月，寻呼业务从电信剥离，划归中国联通。2000年6月，移动业务从电信剥离。是年，境内开始发展宽带网络。2008年，宽带端口能力达到6000门，宽带用户达4000户以上。至2014年，境内有电信宽带用户2000户，固定电话用户突破万户大关，天翼手机用户5000余户。

德山移动 2002年6月，成立中国移动常德德山分公司。至2011年，在境内建立移动基站26座，实现信号无缝覆盖，交换机容量达10万户。2014年，拥有移动客户近3万户。

德山联通 2007年7月，成立中国联合网络通信有限公司德山开发区营销部。2014年，拥有联通营业网点20多家，联通用户2万多户。

德山有线台 1993年，常德有线电视台在德山筹建分台。以二纺机闲置的厂房为临时办公地点，架设干线。1994年，德山分台正式成立，投入50万元在德山大道中路修建德山分台有线电视办公楼。2010年，有线电视覆盖德山街道所有辖区范围，有线电视用户17000多户。2014年，有线电视用户达1.82万户，入户率90%。

社会事业

文化

1988—1992年，德山街道主要是一些企业单位，各类文化设施和体育场地均分散在各企业内部，每家企业都有自己的图书馆、阅览室、工人俱乐部、舞厅、电影院、球场等。2000年4月，市直国有企业全面实施以“两个置换”为主要形式的产权制度改革后，企业划归社区，始有社区文化的发展。在各社区设有文化专员10人，社区图书馆、阅览室10家，电影院8家，舞厅5个。

教育

1992年开发区建立后，境内的学校分为区办区管、区办乡管、厂办厂管3种办学模式，办学体系分为学前教育、九年义务教育，办学条件停留在解决无危房、有课桌、有围墙的“一无两有”

阶段。

1995年开始，进入合并、调整、改制阶段。先后把常德棉纺厂子弟学校、常纺机子弟学校以及常德二纺机、常德电厂等企业合办的子弟学校整体改制为区办区管学校。通过区、厂协商，停办水电八局子弟学校、省柴油机厂子弟学校，其学生并入区属中小学就读。至2014年，德山街道有8所幼儿园，在园幼儿650人，专任教师38人。有莲花池、乾明2所完全小学，在校学生2036人，专任教师143人，小学适龄儿童入学率100%。有常德市九中、莲池中学、崇德中学3所初中，在校学生2400人，专任教师145人，九年义务教育覆盖率100%。有常德市二中1所高中，在校学生1850人，专任教师245人。有鸿志职业技术学校1所，在校学生1300余人，专任教师50人。

体育

2003年，境内建立德山金德健身俱乐部，方便居民健身。常纺机、云锦、金健、武陵酒业、德山酒业、金帛化纤等企业亦建有员工健身活动中心。2010年底，德山街道在所属社区建有篮球场9个，门球场4个，乒乓球桌21个，其中乾明寺、演舞堆、窑场河、东田碑、龙虎桥、龙甲山社区体育设施较为齐全。至2014年，所有社区都安装有健身器材，经常参加锻炼的人数占总人口的20%。

科技

2010年，境内企业建有研发中心、重点实验室、工程中心等创新平台12个、企业技术中心12个，研发人员1038人。其中国家级创新平台1个，省级平台10个。由博士、专家领衔、领办的企业有湖南德山酒业营销有限公司、湖南洞庭药业股份有限公司、湖南金帛化纤有限公司、湖南金健米业股份有限公司、湖南金健药业有限责任公司、湖南金健种业有限责任公司、湖南武陵酒有限公司、湖南云锦集团股份有限公司8家。至2014年，有企业科研机构32家。

医疗卫生

2014年，境内有各类医疗机构15家，其中二级甲等医院1所、职工医院3所、社区卫生服务中心11所。床位550张，每万人拥有床位118张。专业医护人员450人，每万人拥有卫生技术人员97人。完成诊疗3.5万人次。6500人参加城镇医疗保险，参保率90%。

常德市第二人民医院 位于德山中路莲池社区，是市城区沅水以南一所集医疗、教学、科研、预防为一体的二级甲等综合医院。始建于1959年，前身是湖南省总工会常德疗养院。1987年11月，改为常德市第二人民医院。医院占地13.53万平方米，业务用房建筑面积2.7万平方米。拥有国家投资修建的建筑面积1.16万平方米的常德市传染病区。2014年，有医务人员371人，开设病床388张，设病区12个，临床科室19个，医技科室9个，职能科室8个，能顺利开展各种危急重症病人的抢救、疑难病症的诊疗和各种疑难复杂手术。

常德纺织机械厂职工医院 坐落在德山南路龙甲山社区，前身是常德纺织机械厂卫生所，于1966年建立。1980年，升级为企业医院，占地面积6000多平方米。2000年后，医院与企业分权经营。2014年，医院有医务人员48人，病床60张。

德山莲池医院 前身是常德棉纺织厂职工医院，始建于1958年。常德棉纺织厂于2000年7月破产买断，2001年6月将职工医院整体剥离，资产和人员捆绑组建成常德市德山莲池医院。2011年，德山莲池医院发展为省级第一批定点的街道社区卫生服务站。医院有医务人员70人，病床77张。负责蒿草湖、晒谷岭、东田碑3个社区和东信棉业、云锦集团员工及周边居民医疗、保健和社区卫生服务工作。

经开区疾病预防控制中心 坐落于德山中路德山街道办事处院内，前身是常德市德山街道卫生所，成立于1984年。1994年，更名为常德市德山经济科技开发区卫生防疫所，2006年10月，更名为常德市德山经济技术开发区疾病预防控制中心。2014年，有人员编制5人，实际工作人员9人，负责全区疾病、流行病防控工作。

社会保障

德山街道自1997年7月起，开始实施城市居民最低生活保障制度，最低生活保障线标准为每人每月100元，保障人数86人。1999年10月1日起，保障线标准为每人每月143元。2010年12月，德山街道低保户1328户，人数2826人，月发放最低生活保障金41.36万元。2014年，城镇最低生活保障户1359户，人数2161人，月发放保障金53.7万元。

2005年9月起，对因患重大疾病造成不能维持基本生活的城市低保对象和农村特困家庭给予适当医疗救助。2014年医疗救助142人，救助金额15.43万元。

2009年3月起，对因长期疾病、自然灾害、人身伤害等导致家庭生活暂时困难的城乡居民给予临时性社会救助，一次性临时救助的金额为500至3000元。2014年，临时救助30人，救助金额4.15万元。国家抚恤、补助各类优抚对象66人，抚恤事业费支出47.67万元。

特色地情

风景名胜

乾明寺 乾明寺坐落于乾明寺社区德山东麓。始建于唐初。唐咸通元年（860），朗州刺史薛廷望奉敕重修善德观，请因会昌法难隐居太浮山洞的禅学大师宣鉴禅师为住持，并专为其在观旁建一两层小楼。请荆南节度使裴休题写“古德禅院”匾额。清末再次重修。寺院内有金刚塔、慧光塔、峋嵝塔、毗庐阁、八角亭、断桥、铁经幢、白龙井、乌龙井、钵盂泉等。重要碑帖有唐裴休书“古德禅院”刻石，唐“德山先和肖塔铭”、宋“德山乾明寺钟铭”、米芾书“宝藏”石刻、张授“善德山诗碣”等，均已失佚。乾明寺存留的文物仅铁经幢和两块宋碑。铁经幢为全国文物保护单位，今存市区滨湖公园内。宋碑为湖南省文物保护单位，今存市博物馆库房内。

2001年，以仿宋建筑风格按唐代乾明寺规模恢复重建，建设用地1.4万平方米，已建成山门、金刚殿、观音殿、天王殿、钟楼、鼓楼、万佛殿等第一期工程。

孤峰塔 位于德山东麓乾明寺旁，始建于明万历三十五年（1607），原名文峰塔。与江北城区笔架城遥相映衬，象征常德人杰地灵，文运昌盛。1969年，被拆毁，1988年，重建，取名孤峰塔。塔高33米，底径7米，七级八面，四周八角檐上装有铜铃。塔内有旋梯直到塔顶，极目四望，周围的沅江及城市风光尽收眼底。

白龙井 位于孤峰公园仰止亭旁，又称善卷井。旧传午日竞渡，龙舟入水，桡自井出，疑龙所吸。20世纪60—70年代，常德酒厂生产的德山大曲酒、武陵酒等白酒用水就出自该井。

善德观 位于常德市德山善卷路南面，紧邻德山公园，占地4万平方米，由桃源九龙观李嘉志道长于2005年6月筹资兴建。善德观由山门牌楼、善卷殿、真武殿，玉皇殿等组成，建筑气势恢弘，为常德地区最大道教宫观之一。

传说掌故

善卷先生故事 德山是中国道德文化的发源

地。“常德德山山有德”的民谚口口相传数千年，广为人知。常德的道德文化源自古代名人善卷。善卷，相传是原始社会后期尧舜时代人，曾隐居枉人山（或称枉山），即今常德德山。善卷先生德行很高，创作了许多民谣教化老百姓，开启民智，告诉人们什么是善，什么是恶，什么是好，什么是坏，教育老百姓崇善尚德。尧对善卷先生非常尊重，南巡经过常德，拜见善卷，行弟子礼请教。据《吕氏春秋·下贤》篇记载：“尧不以帝见善卷，北面而问焉。尧，天子也，善卷布衣也。何故礼之若此其甚也？得道之人不可骄也。尧论其德行达智而弗若，故北面而问焉。”舜对善卷的德行由衷佩服，路过常德时，要将天下禅让于善卷。善卷力辞，为逃避舜帝的再三恳请，就躲进深山之中去了。《庄子·让王》篇记载：舜以天下让善卷。善卷曰：“吾立于宇宙之中，冬日衣皮毛，夏日衣葛絺。春耕种，形足以劳动，秋收敛，身足以休食；日出而作，日入而息，逍遥于天地之间而心意自得。君何以天下为哉！悲乎，子之不知余也！”遂不受，于是出而入深山，莫之其处。隋朝刺史樊子盖莅任朗州，听说善卷曾居枉山，故将该山易名“善德山”，后人简称德山。宋人作德山《善卷祠记》留有“德山苍苍，德流汤汤，先生之名，善积德彰”之语。1956年6月，毛泽东在写《水调歌头·游泳》词时，在注释中提及“常德德山山有德，长沙沙水水无沙”这首广为人知的民谣。由于善卷曾隐居德山，德播天下，成为中国道德文化的源头。有关善卷的文献资料，经史子集、正史方志达100多种。善德文化曾对诸多历史名人产生过重大影响。屈原、樊子盖、李白、刘禹锡、朱熹等历史文化名人，都曾亲到德山领略过善卷道德文化的魅力，或留诗、或留文、或留画、或留书、或修纪念建筑，高度赞美善卷开创的道德文化。至今在常德鼎城、德山一带，仍流传着关于善卷先生的民间故事及其相关的地名传说。2012年，“善卷传说”被列入湖南省非物质文化遗产名录。常德市受善卷道德文化的深刻启发，把常德精神概括为“德行天下，和谐奋进”。

（文字供稿：查晓琳，图片供稿：查晓琳）

樟木桥街道>>

区域概况

位置面积

樟木桥街道地处常德经开区中部，东面与石门桥镇相邻，南面和西面以枉水河为界与鼎城区斗姆湖镇和武陵镇接壤，北面与常德江北城区隔沅水相望。街道办事处驻五一社区樟桥路，距经开区管委会驻地2千米。面积51.13平方千米。

建置沿革

民国时期，境域分属常德县国泰、三湖、石门桥和尚德乡。1951年1月，设德山乡，隶属常德市。1958年9月，德山乡改称德山大队，隶属常德市郊区人民公社。1960年4月，郊区人民公社撤销，德山大队与德山街道合并成立德山人民公社。1961年9月，实行城乡分治，德山人民公社析为德山街道和德郊人民公社。1984年，德郊公社改为德山乡。1992年，德山乡划归德山经济技术开发区（简称经开区）代管。1992年，德山乡改为德山镇。2014年12月，撤销德山镇，设立樟木桥街道。

行政区划

1984年，德山乡辖五一村、永丰村、莲池村、民建村、和平村5个行政村，总面积15.7平方千米。1992年7月，鼎城区石门桥镇的樟木桥、河家坪、龙潭庵、檀树坪、益阳冲、株木山、皮家冲、茶叶岗，康家吉乡的枫树岗、七星庵，斗姆湖镇的二里岗共11个村划归德山乡管辖。后村级区划几经调整，至2015年底，樟木桥街道辖8个行政村（枫树岗、期星奄、茶叶岗、檀树坪、龙潭奄、益阳冲、株木山、二里岗）和7个社区（五一、莲心、民建、永丰、樟木桥、河家坪、崇德）。

自然环境

境域以丘岗地貌为主，地势低平，相对高差较小，略呈西高东低状。东风河以西以低矮丘陵为主，起伏和缓，海拔在45～60米；植被覆盖良好。东风河以东以平原为主，多为稻田，海拔在30～40米，最低处海拔32米，位于五一社区新包境内。

境域地处沅江下游，沅水是流经境域的主要河流，距洞庭湖24千米。年平均水位30米，年平均流量2065立方米/秒，洪峰一般出现在5—7月间，区内水系属沅水水系，主要有东面的东风河，西面的枉水河等。

境域属的季风温润性气候区，四季分明，表现出冬夏长、春秋短的季节特征。有丰富的热量资源。年内降水主要集中在4—6月，年平均降水量1200毫米。年平均气温16.7℃，极端最高气温40℃，极端最低气温-13.2℃。年日照时数约1500小时，无霜期年平均270天。常年主导风向为东北风，平均风速2.1米/秒，最大风速达40米/秒。

主要自然灾害有低温霜冻、洪水和内涝等，水灾平均5年一遇。最严重一次发生在1998年6月24日，内涝涉及境内3个村，受灾水稻面积达500亩，造成减产7.5万公斤。

人口民族

2014年，樟木桥街道有33400人，其中城镇常住人口15600人；总人口中，男性17800人，女性15600人；60岁以上9514人；具有劳动能力的20306人；汉族31860人，回族1540人。

经济发展

综述

中华人民共和国成立前，境域抵御自然灾害能力脆弱。1949年，水稻亩产仅130公斤。1952年，德山乡完成土地改革，动员农民群众组织农业生产互助组。1954年，创办初级农业生产合作社，全乡水稻平均亩产250公斤。1978年10月，德郊公社五一大队先于其他社队建立联产到组农业生产责任制。1987年，全乡水稻亩产380公斤。乡村企业333个，企业总收入2691.87万元。1992年，德山经济科技开发区成立，借助开发优势，德山乡提出“振工、崛农、兴贸、富乡”发展战略。1993年，全乡总收入10509.65万元，跨入亿元乡镇行列。1995年，全乡总收入26725.07万元，人均纯收入1731元。2014年，樟木桥街道地区生产总值76075万元，财税收入4938万元，农民人均收入9690元。

农业

种植业

水稻　1990年后，境内农田通常采用稻稻油水旱轮作，1992年，稻稻油水旱轮作面积发展到8515亩。是年，播种16434亩，总产6664吨，平均亩产405.5公斤。1996年，开始实验早、中、晚稻塑料软盘旱育技术，每人每天可抛秧5～6亩，为手工插秧的10倍左右。2004年，播种13993.32亩，总产5878.6吨，平均亩产420.1公斤。2005年，推广水稻旱育秧和直接撒播。随着化学除草剂的推广，撒播有所增加。

棉花　1984年，全乡种植棉花147亩，总产4851公斤，平均亩产皮棉33公斤。1992年，棉花品种主要为湘杂棉1号和湘杂棉2号。1997年，种植棉花240亩，总产皮棉12050公斤，平均亩产50.21公斤。至2014年，因经开区工业用地征收，不再种植棉花。

油菜　为境内主要油料作物。1997年播种6215亩，油菜籽总产211450公斤，平均亩产34.31公斤。2000年，播种5495亩，总产216000公斤，平均亩产37.81公斤。2004年，播种3602亩，总产167000公斤，平均亩产46.35公斤。2014年，种植3400亩，总产157624公斤，亩产46.36公斤。

花卉　20世纪90年代起，政府鼓励绿化，境内农民种花种草，栽种各类树苗上市出售，花卉、苗木产业兴起。2014年，种植面积达315亩，其中二里岗村苗木实验繁育基地126亩，品种有迎春花、玫瑰花、山茶花、茶梅、杜鹃花、月季、菊花、栀子花等。

水果　1997年，栽种果树765亩，总产水果233.5吨。1998年，栽种果树1350亩，总产水果1370吨，其中柑橘600亩，总产1160吨。2012年，栽种果树495亩，水果总产496吨，其中柑橘375亩，总产399吨。

养殖业

生猪 境内主要猪种有长白猪、滨湖花猪、桃源黑猪、宁乡猪等。1992年，养殖生猪2.6万头。1995年起，逐步向规模化养殖发展。2005年，存栏50头以上的养猪大户有9户。到2010年底，增加到13户，其中存栏100头以上的规模户有8户。天山农牧公司和永丰农牧公司出栏生猪量均超过1000头。随着开发区建设的推进，2010年后生猪养殖主要区域集中在永丰、二里岗、樟木桥、河家坪等村。

牛 境内养牛主要有滨湖水牛和少量的湘西黄牛。1992年，养牛722头，其中役用牛452头，肉牛270头。随着农业机械化程度提高和耕地面积减少，到2010年，境内耕牛饲养量仅150余头。养牛较多的有河家坪、茶叶岗、二里岗、民建、枫树岗等村。2014年，境内养牛82头。

水产 境域总水面5092亩，其中池塘1392亩，鱼塘以二里岗村为最多，有540亩，其次是茶叶岗村208亩、檀树坪村200亩、莲心村115亩、枫树岗村102亩，其他村均在百亩以下，最少的崇德村14亩。1992年，境内养殖水面1780亩，水产总量667.5吨，平均亩产375公斤。2000年，养殖水面1592亩，水产总量764吨，亩产467公斤。2009年，实现渔业收入783万元。2012年后，鱼塘全部实行精养，按投放池塘养殖的饲料和肥料来源分为青饲料、精饲料结合型，精饲料为主型，综合养殖型。2014年，有水面面积1156亩，年捕捞鱼类360吨。

林业

1998年，境内有林地8010亩，其中油茶4800亩、果树林690亩、用材林1800亩。因开发建设征用，林地面积逐渐缩小。后通过退耕还林、荒山造林、封山育林，至2007年，林地面积增加到1479亩，主要分布在二里岗、龙潭庵、永丰、株木山、益阳冲等村，有木本植物47科110余种，森林覆盖率为7.48%。乡土树种主要有：枫杨、旱柳、秀樟、臭椿、泡桐、法桐、梧桐、樟树、桑、柏、刺槐、杉、松、油茶、油桐、棕榈、乌桕及桃、李、柑橘、枇杷、竹类等。引进的树种主要有：国外松、水杉、欧美扬、喜树等。丘陵区以油茶、杉树为主，平原区以欧美杨为主，乡镇机关庭院及农村宅旁以风景树木为主。2014年，林地面积603.8万平方米，森林覆盖率10.25%，林木绿化率13.12%。

工业

20世纪80年代中期，境内有常德开关厂、德山机械厂、德山乡建筑公司、德山弹簧厂、德山塑料厂、德山福利包装厂、德山精细化工厂、德山砂石场、德山预制厂、木材市场、车站饭店等12家乡办企业，从业人员630余人。主要产品有高中低压开关、涡轮减速机、各类弹簧、塑料制品和化工原料等。乡办工业的发展带动了村级集体企业。五一村办有湖南常德亚岱机械制造有限公司、五一工艺品厂、五工化工厂、五一胶丸厂、常德市广厦工程公司、五一机械厂等10家村办企业。永丰村创办起永丰砖厂、永丰机械厂、永丰建筑公司。

随着改革的深入，从2000年4月开始，常德市国有企业全面实施以“两个置换”为主要形式的产权制度改革，乡镇企业因没有自己的定型产品和企业技术，市场竞争力不强，相继倒闭和停办，取而代之的是乡镇民企工业园。五一工业园占地3.6万平方米，引进民企8家。永丰工业园占地4万平方米，引进企业9家。2014年，全街道实现工业总产值85082万元，上缴税金1861万元。

商贸服务业

莲池农贸市场 1999年12月，莲池村委会筹集资金800万元，在开发区管委会政策扶持和各职能部门支持下，动工修建莲池农贸市场，2001年5月建成投入使用。市场占地1万平方米，经营面积2100平方米，有固定摊位及零摊100多个，门面5个，经营户140多家。主要经营肉类、家畜类、水产类、蔬菜水果、豆制品、干鲜日杂、服装等八大类30多个品种，年交易额4000万元以上。2014年，交易额超过7000万元。莲池市场覆盖德山中心区域，服务人口近4万人。门面摊位主要安置德山开发建设的搬迁户，解决失地居民就业问题。

东沿路农贸市场 1992年，由德山工商局、五一居委会共同兴建，占地2000多平方米，经营面积2400平方米，共有固定摊位及零摊25个，经营户近30户，主要经营肉类、家畜类、水产类、蔬菜水果、豆制品、干鲜日杂等六大类20多个品种。东沿路农贸市场主要服务湖南东信棉业(常德)有限公司、湖南华耀浆纸有限公司、湖南洞庭制药股份有限公司等大型企业及五一社区周边群众。2000年工商行政管理体制改革，东沿路农贸市场交由常德经开区市场服务中心经营管理。2010年10月，投入资金250万元，对东沿路农贸市场进行提质改造。

超市卖场 街道地处常德经济技术开发区区域中心，常住和流动人口逐年增多，市场快速发展，私营商业网点遍布居民小区和街道两旁，经营品种主要有家电、食品、餐饮、服装、日用百货、建材等。2014年，全街道有各类大小超市卖场70多家，从业人员1264人，贸易额过亿元。

基础设施

交通运输

石长铁路在樟木桥设有货运站。319、207国道和长常、常张高速公路在境内交汇。沅水水上

德山老码头附近的货运港

运输在德山建有机械化码头。

境域通往常德江北城区的公交线有 10 路、9 路、6 路，快速公交 H13、L12、H1 在德山镇设有终点站。

邮政通信

2014 年，樟木桥街道有固定电话用户 0.75 万户、移动电话用户 1.76 万户、互联网用户 0.84 万户、有线电视用户 1.01 万户。

供电饮水

供电 2002 年 1 月，常德电业局区域供电局设立德山电力客户服务中心，专门负责德山区域电力供应与供电服务。2005 年 1 月 21 日，成立湖南省电力公司常德德山供电局。2014 年，境内建有 1 座变电站，供电用户达 34783 户，供电量 5520.12 万千瓦时。

饮水 1958 年 10 月，境内建常德市二水厂，亦称德山水厂。1959 年 10 月 1 日，投产供水，日供水能力5万立方米。1964年，第二期工程动工。1965年10月，建成800吨位清水池1座。2004年，常德市四水厂建成并成功地向德山片区供水，境内 10158 农户全部用上清洁卫生的自来水。2014 年，建成了纵向以德山大道为主线、横向以莲池路、桃林路、有德路为辅线的供水区域。拥有供水用户 3 万余户，日供水量 6 万立方米。

社会事业

教育

1995 年，德山镇有永丰小学、五一小学两所村办学校，武陵区教育局设立德山镇联校进行管理。2003 年，撤销德山镇联校。2006 年，设立德山镇中心小学。2014 年，德山镇中心小学管辖樟木桥小学、龙潭庵小学 2 所完小和樟木桥幼儿园。在校学生 201 人，教职工 45 人；在园幼儿 108 人，幼师、保育员 15 人。

文化体育

1988—1992 属德山乡，农村没有文化体育设施。1992 年，成立德山开发区后，方才划入区社会事务局统一管理，增设乡村文化设施，每村 1 个图书馆，共 8 个村级图书馆，藏书上万册，每村一个图书管理员，共 8 人。2014 年，樟木桥街道有村级文化活动室 15 处，各类图书室 20 个，建筑面积 690 平方米，藏书 10 余万册。有学校体育场 3 个，看台座椅 1600 张，有社区篮球场 9 个，80% 的村（社区）和居民小区安装有健身器材，经常参加体育锻炼的居民总占人口的 60%。

医疗卫生

1960 年 7 月，在老码头建立德山公社卫生院。1961 年 9 月，更名为德郊公社卫生院。1984 年，改为德山乡卫生院。1992 年，改为德山镇卫生院。2014 年 9 月，改为樟木桥街道卫生院，下辖 15 个村级卫生室。2015 年，樟木桥卫生院有医务人员 44 人，病床 40 张，占地 3114 平方米，建筑面积 1672.3 平方米，编制床位 40 张，设有西医诊室、中医诊室、外科室、牙科、X 光室、B 超市、心电图室、内儿科、妇产科、防预科等 20 多个科室。

社会保障

农村"五保" 20 世纪 80 年代起，对农村没有劳动能力、无依无靠、无生活来源的老人、残疾人和孤儿，实行保吃、保穿、保住、保医、保葬（孤儿保教）"五保"供养制度。2004 年，建立德山镇五一敬老院，占地 6800 平方米，建筑面积 1700 平方米，有果园 1 亩、菜园 2 亩，床位 50 张。2009 年，建立德山镇永丰敬老院，占地 6000 多平方米，建筑面积 2300 平方米，有菜园 3 亩、绿化面积 1467 平方米，床位 50 个。2010 年，德山镇有"五保"对象 157 人，其中敬老院集中供养 15 人、分散供养 142 人。集中供养标准为每人每月 300 元，分散供养标准为每人每年 1200 元。2014 年，樟木桥街道有“五保”对象 20 名，其中敬老院集中供养 11 人、分散供养 9 人。

城乡居民最低生活保障 2005 年，实施城市居民最低生活保障，对人均月收入低于保障线的城乡居民进行低保救助。农村低保户月人均 95 元，城镇低保户月人均 167 元。2014 年，樟木桥街道有农村低保 410 户 718 人，城镇低保 709 户 1068 人。农村低保户每人每月发放 110 元，城镇低保户每人每月发放 265 元。全年发放农村和城镇低保金 420 万元。

新型农村合作医疗 2008 年，启动新型农村合作医疗。2014 年，樟木桥街道参保人数 2390 人。

新型农村社会养老保险 2012 年，启动新型农村社会养老保险，2014 年有 23990 人参保。

大病救助 2014 年，樟木桥街道对各类大病、“三无”特困群众实施临时救助工作。其中大病救助 89 人，发放救助金 13.78 万元；发放特困群众医疗卡 280 张，面值 10 万元。

特色地情

风景名胜

德山公园 德山公园是 1991 年经常德市人民政府批准成立的城市公园，位于经开区西部，东北临善卷路，南至有德路，西靠枉水河，总面积93万多平方米，其中水面 139.5 亩。公园东西窄，南北长，呈菱形状，森林覆盖率达 92%。水面分 3 处环绕于山峦之间。是常德市城区最大的城市公共绿地，拥有较为完整的森林植被和山水风光。园内古树参天，六溪十八涧逶卧其间，并与枉水相依，登山瞭望，水网密布，农耕渔网，令人感慨世外桃源之悠闲，是广大市民和外来客人休闲娱乐的好去处。

（文字供稿：姚志理，图片供稿：姚志理）

石门桥镇>>

区域概况

位置面积

常德经济技术开发区石门桥镇位于区境南部，东与汉寿县新兴嘴镇、聂家桥乡相邻，南与鼎城区谢家铺镇毗连，西与鼎城区草坪镇接壤，北与武陵区芦荻山乡隔沅水相望。镇人民政府驻石门桥村，距经开区管委会驻地8千米。至2014年，全镇总面积101平方千米，耕地面积52629亩，其中水田47656亩；山林面积51275亩；水域面积4800亩。

建置沿革

民国时期，镇域分属常德县三湖、上德、维新3乡。中华人民共和国成立后，废除旧的乡、保、甲。1951年，镇域设石门桥、康家吉、檀树坪、范家潭、湾堤、洞阳观、二港桥、二牛岗、乌塘岗、邱家岗、观音庵等10余个小乡。1956年，撤区并乡，镇域设石门桥乡、康家吉乡。1958年，实行人民公社体制，镇域属东风人民公社。1961年，缩小公社规模后，镇域设石门桥、康家吉、赵家桥3个公社。1984年，撤销人民公社，镇域设石门桥镇、康家吉乡、赵家桥乡。1988年6月，常德县改为常德市鼎城区，镇域属鼎城区。1995年5月，石门桥镇、康家吉乡、赵家桥乡合并为石门桥镇。2011年11月，石门桥镇由鼎城区划出，交常德经济技术开发区代管。

行政区划

1987年，石门桥镇辖龙潭庵、益阳冲、株木山、栗山口、樟木桥、桐林坪、高岭、青龙岗、茶叶岗、高家岗、观音庵、上街、下街、石门桥、檀树坪、河家坪、八斗湾、鲍家湾、皮家冲19个行政村，总面积55.5平方千米。康家吉乡辖洞阳观、何家堤、二港桥、邱家岗、伍家嘴、湾堤、范家潭、乌塘岗、七星庵、新堰岗、枫树岗、二牛岗12个行政村，总面积36.3平方千米。赵家桥乡辖李保冲、元普庵、双堰岗、九龙庵、稠树冲、赵家桥、邬家铺、狮子山、大坪、卜家岭、罗汉山、胡家桥12个行政村，总面积39.2平方千米。

1992年7月，石门桥镇的龙潭庵、益阳冲、株木山、樟木桥、茶叶岗、檀树坪、河家坪、皮家冲8个村和康家吉的枫树岗、七星庵2个村划归德山经济科技开发区德山乡管辖。

1995年镇乡合并后，石门桥镇辖范家潭、湾堤、洞阳观、河家堤、二港桥、二牛岗、新堰岗、乌塘岗、邱家岗、伍家嘴、观音庵、石门桥、桐林坪、青龙岗、高家港、高岭、栗山口、八斗湾、鲍家湾、

九龙庵村美丽乡村建设

李保冲、元普庵、双堰塘、九龙庵、稠树冲、罗汉山、胡家桥、赵家桥、大坪、邬家铺、狮子山、卜家岭31个行政村和上街、下街2个居民委员会。至2014年，全镇行政区划无变化

自然环境

石门桥镇西南丘岗起伏，沟港纵横，东北地势平坦，湖泊较多，东风河及东西干渠贯流其中。全镇最低处位于青龙岗村，海拔37.2米；最高处位于赵家桥村，海拔75.7米。

镇域属于亚热带向北亚热带过渡的季风湿润性气候区，平均日照1658小时，年平均气温16.7℃，历史最高气温40.1℃，最低气温-13.2℃,无霜期264天。年平均降雨量1670毫米，因受季风影响，降雨季节变化明显。4—6月降雨最多，占全年降雨量的41%～45%，且雨最集中，强度大，易发生山洪灾害。7—8月居次，占全年降雨量的25%～34%，时空分布不均，易出现伏旱。历史最大降雨量为2040毫米（1995年），最小10.5毫米（1959年）。

境内属沅水水系，区域内有肖家湖、盘塘湖、曹家湖3个湖泊，石门桥河、小河2条河流。石门桥河是1973年人工开挖的撇洪河，全长10976米，从石门桥镇高岭村青龙坝起至苏家渡入沅水，集雨面积64.12平方千米，境内集雨面积4.5平方千米。小河为1970年将康家吉阿儿垸、芦洲垸、保障垸几个内垸截弯取直而修建，河首在肖家湖，经三合垸新兴闸注入沅水，全长8835米。沅水自邱家岗村西入境，由西向东至范家潭村出境，境内长6665米。

境内生物资源丰富，粮食作物有水稻、豆类、麦类、荞麦。经济作物有棉花、麻类，油料作物有油菜、油茶、芝麻等。畜禽主要有猪、牛、鸡、鸭、鹅、狗、猫，其次是羊、兔。水产主要有青、草、鲢、鳊、鲤、鲫、螃蟹、黄鳝、泥鳅、螺丝、甲鱼等。草木植物主要有鸡冠花、牵牛花、胭甲花、美人蕉、马齿苋、半边莲、虎耳、地榆、蛇藤、仙人掌、马鞭、藿香、紫苏、穿心莲、车前草、野菊花、金毛狗、芦草、艾蒿、蒲公英、茭笋、狗尾巴、薏米、菖蒲、灯芯草、野葱、蒿草、黄花菜、莲藕、荸荠、茨实、水浮莲、革命草、水丝草、浮萍、鸭跋草等。乔木主要有杨柳、欧美杨、水杉、苦楝、香椿、臭椿、香樟、泡桐、桐刺、松柏、桑树、槐树、桂花、棕树、枣等。野生动物主要有刺猬、短野兔、田鼠、福家鼠、竹鼠、狗獾、猪獾、黄鼠狼、乌龟、赤链蛇、水蛇、桑树根蛇、黄古蛇、青竹蛇、菜花蛇、鸬鹚、白鹭、稻鹭、雀莺、鱼莺、鸽子、家燕、翠鸟、喜鹊、乌鸦、画眉、八哥、麻雀、野鸭、啄木鸟等。

旧时，境内自然灾害频繁，尤以水害突出。自清顺治十二年（1655）起，境内有记载的决堤溃垸大水灾有5次。

人口民族

1992年，属鼎城区石门桥镇，全镇总人口38756人，其中城镇常住人口1389人，流动人口382人。2015年年末，全镇总人口46260人，其中城镇常住人口4209人，流动人口6342人。总人口中男性23628人，占51.01%；女性22642人，占48.99%；14岁以下5803人，占12.56%；15～64岁33706人，占72.93%；65岁以上6751人，占14.61%。人口出生率11.68‰，死亡率3.05‰，人口自然增长率8.63‰。人口密度为每平方千米463.98人。总人口中，汉族45011人，占97.4%；3个少数民族共1206人，其中土家族392人，苗族36人，回族778人。

经济发展

综述

2014年，全镇社会生产总值15亿元，其中工业生产总值9亿元，农业及其它生产总值6亿元，以纺织、机械加工制造为龙头的产业增势强劲，企业竞争力明显提高。纺织业通过改制重组和不断投资技改，形成以兴达、东帆、顺达、力邦等一批规模棉纺织企业，生产能力达到9万锭，产值突破4亿元，从业人员3000余人。石门桥镇已成为常德市重要的纺织基地。农业基础地位得到巩固，形成具有地方特色的七大优势产业基地，率先成立全市第一家农业土地专业合作社，为新时期探索土地流转机制跨出第一步。劳务经济一片兴旺，以万达建工为龙头的建筑企业发展迅猛，吸纳农村剩余劳动力3000余人。农民人均收入达到5900元。

农业

1995年，全镇粮食总产量1850万公斤，皮棉总产量5000担，油菜籽总产量10000吨。养殖生猪60000头，出栏肉猪40000头；养殖家禽80万羽，出笼55万羽。

2014年，全镇种植水稻48800亩，稻谷总产量4346万公斤；种植棉花3400亩，籽棉总产量85.5万公斤；种植油菜11396亩，总产油菜籽114万公斤；种植黄豆1200亩，总产30万公斤；种植芝麻380亩，总产32300公斤；种植花生720亩，总产10.8万公斤；种植蔬菜5200亩，总产156万公斤。生猪饲养量1.12万头，年末存栏0.85万头；家禽饲养量15.3万羽。有油茶林29813亩，用材林7500亩，经济林3500亩，林业总产值3800万元。

工业

1995年，全镇有1122家乡镇企业，其中工业企业281家。20世纪90年代末，经过改制重组，私营企业和规模工业得到发展。2011年划入常德经济技术开发区后，镇域成为经开区工业发展前沿阵地，忠旺、中以集团等一批国家级企业相继落户境内。2014年，全镇规模工业企业达32家，其中市级规模企业 8 家，从业人员 6700 人，完成工业产值 12 亿元，入库税金 1800 万元。

商贸服务业

1950 年，常德专署在石门桥组建常德地区第一个基层供销合作社。20 世纪 50—70 年代，供销社、粮店、肉食站等国合商业成为境内商贸的唯一渠道。中共十一届三中全会后，逐步改革商业经营体制，个体商业和集贸市场得到发展。80 年代，境内设有石门桥、康家吉、赵家桥、樟木桥 4 处集市墟场，总占地面积 1 万平方米。1995 年，投资 100 万元，建成有 80 个门面、350 个摊位的石门桥农贸市场，319 国道旁有优质米批发市场，全镇有大小 120 个商店，日成交额 20 万元。至 2014 年年末，全镇共有商业网点 753 个，城乡集贸市场 3 个，从业人员 782 人，年商品零售总额 3000 万元，农贸市场年成交额 8000 万元。

财税金融

2011 年，境内年末各类存款余额 3.7 亿元各项贷款余额 2.7 亿元。

2014 年，全镇财政总收入 1000 万元，其中营业税 35 万元，增值税 127 万元，企业所得税 53 万元。人均财政收入 4452 元。

基础设施

交通运输

常长、常张、常吉、常岳 4 条高速公路和 319、2072 条国道在境内交汇。石长铁路南北贯穿镇域。西距桃花源机场 15 千米。2014 年，全镇有县、乡、村、组公路 68 条，总长 260 千米，其中硬化 160 千米。

邮政通信

2013 年，石门桥镇电信移动手机、宽带、ITV 互联网电视用户分别为：2100 户、1000 户、300 户。在政府的大力支持下进行光网制改造，至 2016 年底，已全光网覆盖，共建光网信息村 30 个，光网端口达 15000 个。骨干网速升级，总光口宽带由 1G 提升到 5G，家庭用户网速由 4M 升级到 100M，实现光网到户，进一步加快了农村淘宝互联网经济信息化。电信公司加大对农村网络基站建设，中国电信 4G 信号主网络已全面覆盖。

2016 年底，石门桥手机、宽带、ITV 互联网电视、固话分别增至 10000 户、4500 户、6000 户、1100 户，服务网点由 1 个增至 6 个，线上网厅线下营业厅，查询办理，翼支付支付更便捷。

是年，境内有邮政处 1 处，2016 年总业务量 65 万元，杂志、报纸累计发行 1100 多份。

水利建设

1959 年，修建金陵水库及配套工程东干渠 9 千米，西干渠 18 千米。水库集雨面积 30 平方千米，库容 1995 万立方米，灌溉面积 4.5 万亩。1971 年，修建友谊河 8.8 千米。1973—1974 年，修建幸福渠网工程 78.3 千米，修建东风河 10.8 千米，围山渠 9.1 千米。1979 年，修建邱家硚电排，装机 13 台组，总容量 2015 千瓦。2001 年、2015 年，采取以工代赈方式对邱家硚电排进行改造，扩容 2265 千瓦。

供电供水

供电 2000 年 4 月，按照国务院电力体制改革要求，原石门桥镇电管站、赵家桥乡电管站、康家吉乡电管站撤销，合并为石门桥供电所。供电所成立之初，为鼎城电力局派出机构。在编农电员工 11 人，村电工 32 人。负责维护管理 10 千伏配电线路有 3 条，总长度共 99.29 千米。其中，10 千伏德和线 45.54 千米，10 千伏德檀线 19.89 千米，10 千伏谢赵线 33.86 千米。属村级集体产权的农村配电变压器62台，容量5000千伏安，低压输电线路250千米。年售电量500万千瓦时。

从2000年6月开始到2010年，石门桥供电所前后投入700万元网改资金对石门桥全镇进行2次农村电网改造。照明电价实行城乡同价。2012年10月，石门桥供电所划并到德山供电公司。从2013年起，德山供电公司将石门桥镇范围内的所有供电线路、设备纳入到城市电网改造规划，从网改、技改、农维费改造等项目中，先后投入近7000万元改造资金，对所辖线路、设备进行大规模提质改造。至2015年，有10千伏配电线路4条，总长度共114.16千米。配电变压器175台，总容量达25865千伏安，低压线路780千米。年售电量达1500万千瓦时，综合线损率6.2%，居民照明电价0.588元，供电可靠性99.85%，电压合格率99.98%。

供水 2014年以前，石门桥镇居民普遍使用地下水或地表水，水质得不到保障。2012年起，实施安全饮水工程建设。至2015年，石门桥镇有市自来水公司、金陵水厂和康家吉水厂3家供水单位进行供水，全镇安全饮水覆盖率达100%。其中金陵水厂以金陵水库为水源，于2015年竣工，总投资达1700余万元，其中政府投入达530万元。该水厂实行24小时全自动检测水质，确保水质达标，水厂惠及20个村，供应2.5万人的安全饮水。康家吉水厂于2014年竣工，投资1163万元，日供水量达到2000吨，惠及人口数3万余人。

社会事业

教育

幼儿教育 境内共有幼儿园3所，分别为石门桥镇中心幼儿园、英才幼儿园和康家吉中心幼儿园。石门桥镇中心幼儿园于2009年修建，2010年竣工。该校是由石门桥中心小学幼儿园、石门桥镇幼儿园和高加港村幼儿园合并而成，建校初期，共有6个班级，教师12人，学生238人；至2015年，有12个班级，教师27人，学生382人。幼儿园建筑面积约2000平方米，占地面积约1500平方米。英才幼儿园于2008年修建，2009年竣工。建校初期，共有4个班级，教师10人，学生120人；至2015年，有7个班级，教师15人，学生180人。幼儿园建筑面积1750平方米，占地面积约1332平方米。康家吉中心幼儿园是2013年经开区普惠工程重点建设项目，市为民办实事项目之一。利用康家吉小学闲置校舍。改建于2013年3月，于2013年11底通过检查验收。幼儿园占地面积约7300平方米，园舍建筑面积约1850平方米。服务康家吉墟场、洞阳观村、二牛岗村、二港桥村、范家潭村、伍家嘴村、何家堤村、湾堤村等地适龄儿童。于2014年3月正式开园，有大中小6个班共收幼儿206名。2015年3月，在园幼儿218人

小学教育 境内共有小学3所，分别为石门桥镇中心小学、康家吉小学和赵家桥小学。石门桥镇中心小学始建于1968年，建校初学校名为幸丰小学，后更名为石门桥镇中心小学。建校初期，学校共有教师11名，学生270多名，班级5个。2013年，学校新建后，学校建筑面积9566平方米，占地面积46329平方米。2015年，有学生792名，班级18个，教职工56名，其中专任教师55名，工人1名。康家吉小学始建于1985年，建校初学校名为康家吉中心小学，后更名为常德经济技术开发区石门桥镇康家吉小学。建校初期，学校共有教师34名，学生890名，班级12个。1990年，学校新建后，学校建筑面积2738平方米，占地面积23310平方米。2015年，有学生209名，

教师24名。赵家桥小学始建于1989年，建校初学校名为赵家桥中心完小，后更名为赵家桥小学。建校初期，学校共有教师9名，学生240多名，班级4个。2015年，有学生257名，教师27名。学校建筑面积7000多平方米，占地面积23423平方米。

中学教育 境内有中学1所，为石门桥镇中学。该校创建于1968年，是一所全日制农村初级中学。校园占地面积32973平方米，建筑面积12521平方米，有两栋教学楼，1栋科技楼，1栋两层楼和1栋平房学生宿舍，1栋较高标准的食堂，1栋两层的实验楼，5栋教师宿舍。2015年，有教职工68人，教学班14个，在校学生663人。

文化体育

文体阵地 1995年撤区并乡后，石门桥镇政府设有群众文体站，有工作人员3人。1999年，与镇广播站合并成立石门桥镇广播文化站。2003年，站所机构改革，与镇文化站、规划建设环保站合并为公共事务管理站，配备有专职文化专干1名。2016年，站所机构改革，成立综合文化站，有文化工作者5名。石门桥镇文化站于2010年正式纳入国投建设项目，建筑面积550平方米，于2011年4月底竣工。

农家书屋 2012年完成农家书屋创建33家，藏书70000册，每个书屋配套资产有1张桌子，6把凳子，1个报架，3个书柜，2000册图书以及影碟50张。书屋大部分设在各村村部，个别的设在农户家。2013年，邱家岗村图书管理员朱玉英被评为省级优秀图书管理员。2015年，胡家桥村农家书屋被评为省级优秀农家书屋。

文化队伍 1995年撤区并乡后，镇政府设有群众文体站，有工作人员3人。2010年，纳入国投建设项目，建筑面积550平方米。2011年4月底，全面竣工并投入使用。2015年，有镇文化站、广播电视站各1处，村级文化活动中心31处，各类文化专业户21户，体育场地4个，篮球场地6个，民间歌舞演艺团队5支，农民腰鼓队2支，女子管弦乐队5支，民间地花鼓团队1支，戏迷俱乐部一个，广场舞队15支，农村电影放映队1支。

广播电视 2014年，有线电视覆盖率约85%，入户数4200余户。数字电视覆盖率约100%，入户数1800余户。

医疗卫生

石门桥镇卫生院由原康家吉乡卫生院、赵家桥乡卫生院、石门桥区卫生所防保组等合并而成，坐落在石门桥镇中心，总占地面积6670多平米，配备医疗救护车1台。

康家吉乡卫生院存于1988至2005年间，有在院医护人员29名，业务用房450多平方米，院内设有内科、中医科、妇产科、防保等科室，而设备只有一台60年代的30毫安X光机，检验只能开展三大常规。

赵家桥乡卫生院存于1988至2005年间，有在院医务人员28名，基础设施和科室设置与康家吉乡卫生院大体相同。

石门桥乡卫生院于1989年改名为常德市肿瘤科医院后，石门桥乡卫生院不复存在，仅保存区防保组。防保人员5人，业务用房60多平方米。1995年撤区并镇后，组建石门桥镇卫生院。

康家吉、赵家桥、石门桥3家医疗单位合并初期，在院医务人员15人。2005年，医疗机构重新改革，医技人员轮批上岗。2006年，国家新型农村合作医疗政策出台，卫生院出现生机，引进医技人才和医疗设备，通过几年努力，石门桥镇卫生院完全恢复医、治、防、保的整体功能。至2015年医院有50多名医技人员，新建有公卫楼、住院大楼，拥有业务用房近3500平方米。院内设有内儿科、中医科（理疗）、外科（骨伤科）、妇产科、口腔科、预防门诊、儿保科、妇保科、慢病管理科。院内基本设备齐全，拥有DR，彩色B超，全自动多功能生化检测设备，全自动血细胞分析仪，电解质分析仪，尿液分析仪，心电图、脑电图、心电监护仪、多功能理疗机。

2015年，石门桥卫生院年门诊量达2万多人次，年住院达3000多人次，年收入300多万元，该院在诊疗的同时还担负着石门桥镇近5万多人的预防保健等13项公共卫生服务工作。

社会保障

低保于1997年开始试点。2011年，城镇有低保户106户，保障人数170人，总支出36.65万元，人均每月179元；农村低保630户1345人，总支出126.28万元，人均每月78元；医疗救助92人，20.92万元。2011年，农村“五保”430人，年均每人1500元。2014年，“五保”428人，年保障金46万元。2014年，石门桥镇内城镇最低生活保障户数94户，保障人数163人，总支出达52.4279万元，人均每月279元。农村最低生活保障户数1167户，保障人数1492人，总支出达219.1368万元，人均每月127元。医疗救助共400人次，民政部门资助参加合作医疗511人次，发放医疗救助卡641人次，共支出55.9144万元。国家抚恤、补助各类优抚对象605人，抚恤事业费支出168.3078万元；发放救助救济款27万元，救助586户。分散供养“五保”对象474人，共支出150.71万元；敬老院1家，床位100张，收养农村“五保”人员56人。社区服务中心1个；“新农保”16～59岁参保人数18215人，“新农保”60岁以上养老金领取人数7691人。城保16～59岁参保人数40人，城保60岁以上养老金领取人数33人。参加居民医保人数502人，企业养老保险392人。

2016年，镇内城镇最低生活保障户数116户，保障人数179人，总支出达60.02万元，人均每月288元。农村最低生活保障户数1145户，保障人数1518人，总支出达228.05万元，人均每月127元。医疗救助共311人次，民政部门资助参加合作医疗1997人次，发放医疗救助卡648人次，共支出87.90万元。国家抚恤、补助各类优抚对象666人，抚恤事业费支出217.81万元。发放救助救济款28.85万元，救助502户。分散供养“五保”396人，支出126.97万元。敬老院一家，床位100张，收养农村“五保”人员50人。残疾人两项补贴549人，支出32.68万元。

（文字供稿：钟民，图片供稿：钟民）

柳叶湖旅游度假区

柳叶湖街道

区域概况

位置面积

柳叶湖街道位于市城区东北郊，东部与武陵区东江街道隔马家吉河相望，西部和北部抵鼎城区灌溪镇、石板滩镇和大龙站镇，南与武陵区南坪街道接壤。国道207线、省道1804线纵贯境内。街道办事处驻柳叶湖国际水上运动赛场起点区。

2008年，柳叶湖街道总面积47.1平方千米，有耕地2.3万亩、山林1.4万亩、水塘0.54万亩、湖区水域3万亩。2015年，柳叶湖街道面积总面积26.17平方千米。

建置沿革

民国时期，境域属常德县天平、清平、永安等乡和常德县渔会筹委会管辖。1951年，属常德县驮谷、十里铺、七里桥、岩子堰、万寿庵等乡管辖。1956年，属竹根潭乡管辖。1958年，属红旗人民公社和常德县渔民协会柳叶湖分会管辖。1961年，属南坪岗公社、芦荻山公社管辖。1963年，析芦荻山公社为芦荻山、东江公社，东江、靳家湾、驮古堤大队属东江公社管辖。1969年，柳叶湖属常德县渔场管辖。1972年6月，东江公社划归常德市（今武陵区）管辖。1984年2月，南坪岗公社、东江公社改称南坪岗乡、东江乡，下辖大队改称村。1993年11月，成立柳叶湖风景旅游区，鼎城区将区渔场划归柳叶湖风景旅游区管理、经营、开发。1994年4月，鼎城区将南坪岗乡七里桥村、戴家岗村及泉水桥村8组、9组、10组划归柳叶湖风景旅游区管辖。5月，泉水桥村8组、9组、10组组成渐水村。6月，柳叶湖风景旅游区更名为柳叶湖旅游度假区。7月，七里桥、戴家岗、渐水3村改称七里桥、戴家岗、渐水旅游村。1995年12月，常德市人民政府将柳叶湖旅游度假区划归市直管。2003年1月，柳叶湖渔场、七里桥旅游村改为柳叶湖社区、七里桥社区。2005年4月，戴家岗、渐水旅游村合并为戴家岗社区。2008年8月4日，设立柳叶湖旅游度假区柳叶湖街道。鼎城区灌溪镇白石村，武陵区东江乡东江村、靳家湾村、马大古堤村，南坪岗乡花山村、岩子堰村、万寿村、双桥村、泉水桥村，划归柳叶湖街道管理。2015年3月9日，从柳叶湖街道析出七里桥、戴家岗、柳叶湖3个社区和马大古堤、东江、靳家湾3个村，设立七里桥街道。

行政区划

2008年8月柳叶湖街道设立后，辖白石、花山、岩子堰、万寿、双桥、泉水桥、东江、靳家湾、马大古堤9个村和七里桥、戴家岗、柳叶湖3个社区，共87个村（居）小组。2015年，区划调整后，柳叶湖街道办事处辖岩子堰、万寿、双桥、泉水桥、白石、花山6个社区。

自然环境

境内北高南低。西北部丘岗起伏，冲岔纵横；中部湖水如带，碧波荡漾；南部地势平坦，与城市接壤。境内为亚热带季风湿润气候，阳光充足，四季温和，年平均气温17.38℃，年均降雨量1397.6毫米。境内水系资源丰富，水质为三类，水质清洁度为全国城市湖及城市附近湖湖水质量之冠。辖区内生态环境优美，植被条件良好，植物种类多达1300多种。境内有大面积湿地，水生或栖息在湖岸及湖上的动物甚多，诸如白鹤、白鹭、苍鹭、鸿雁、野鸭等，还有人工养殖的湖鸭。湖中盛产优质淡水鱼，有鱼类54种，其中以柳叶鲫、银鱼最为出名。此外，还有鳖、龟、蟹、鳝等特种经济水产动物。

人口民族

2008年，辖区有8760户20895人。2010年，辖区有6733户24476人。2014年年末，辖区有8635户25559人。其中男性12119人，女性13440人。汉族25124人；14个少数民族共435人，其中回族146人，维吾尔族2人，苗族26人，彝族6人，壮族2人，布依族2人，满族2人，侗族10人，瑶族3人，白族4人，土家族226人，傣族2人，黎族4人。

经济发展

综述

2014年，柳叶湖街道完成工农业总产值6670万元，其中工业总产值3781万元，农业总产值2889万元；优化调整产业结构，大力扶持以旅游服务为主导的三产业发展，一批优质项目落户花山村、白石村，美丽乡村建设、太阳山游乐场的开发，为辖区经济发展注入新的动力，全年实现旅游综合收入12.3亿元，农民人均纯收入从2008年的3500元增加到17000元。2014年，街道财政收入210万元，辖区内金融机构年末存款余额1200万元，发放贷款160万元。

农业

种植业　境内种植业历来以粮食作物为主。2008年，种植双季稻14250亩，总产粮食1976吨。2014年，随着城市化建设的快速推进，在大量土地被征用的情况下，严格落实耕地保护政策，保障粮食生产，粮食种植面积10995亩，其中种植优质稻8025亩，占72.9%，总产粮食3254吨。

养殖业　2008年，全街道养殖生猪1.2万头，出栏0.85万头；养禽2.14万羽；出水鲜鱼55吨。街道扶植科技养殖户，引导农民养山羊，培养养猪大户如常德裕隆牧业有限公司，推动养殖业快速、健康发展。2014年，街道养殖生猪2.28万头，出栏1.82万头；养家禽3.25万羽；养山羊250只；出水鲜鱼85吨。

林业

2008年，辖区内有林地13995亩。街道发动群众开展封山育林和植树造林，退耕还林150亩。2014年，辖区内有林地14145亩。白石村5组的一条水渠坎上，生长着一棵大樟树，胸径88厘米，树高12米，树龄已有70多年。白石村12组白太公路旁边的山谷中有一棵400多年树龄的大油茶树，胸径66厘米，树高3.5米。花山村和白石村有野生油茶4000多亩，在政府和林业部门的支持下，进行低产改造，改造后每亩产油6.1公斤。

基础设施

交通运输

1976年，建成县道灌南线，从常德火车站经岩子堰村、花山村，至白石村，班车每小时一趟，日客运量300人。

1996年，建成柳叶东路（柳叶大道东段），西起丹阳路，东至柳叶湖，全长2155米。

2006年，建成亲水游道，长3300米，中间建有休闲广场、码头公园、礼宾广场，西侧有环湖路及环湖风光带。2012年，拉通马拉松赛道沿河风光带，全长10千米，贯穿境内岩子堰、万寿、双桥、泉水桥4个村；延伸朗州北路，使其直通高速公路太阳山收费站。2013年，建成柳泉路，南起礼宾广场，北至紫缘北路，长4075米；紫缘路北延线拉通，直通白鹤山镇，上二广高速、东长高速。2014年，建成环湖路，全长43.9千米，是环湖观光游览，进行马拉松、自行车等体育赛事，沟通景区、景点、城市的主干道。

2015年，在柳叶大道以北、环湖路以西、柳溪路以南的大码头旁建成柳叶湖停车场；辖区内有通村公路6条，总长15千米，通村公路延伸至部分村民小组或农户家。是年，辖区内公交线路主要有38路和H11路。

邮政通信

1951年，常德县戴家岗区公所装有手摇式磁石电话机与各乡公所联系，为境内有电话之始。1958年7月，七里桥设有邮政代办所。

1994年，市邮政局拉通市区与柳叶湖边的专用通信杆线，境内开始有数字程控电话。

2006年12月，坐落在戴家岗社区的湖南省电信有限公司常德分公司柳叶湖电信分局正式营运。2011年10月，在戴家岗社区建成中国移动通信集团湖南有限公司常德分公司通信机房，为湖南湘西北通信枢纽工程。

水利建设

1958年10月，兴建白石村洞泉灌水库。1959年5月完工，是一座以灌溉为主，兼顾防洪、供水等综合效益的小（二）型水库，灌溉面积1500亩，供水1300人。1973年5月，因遭遇特大暴雨袭击垮坝，同年10月修复竣工。2011年，纳入全省除险加固整治项目，2013年12月竣工。

2009年5月，实施沾天湖南岸堤防整治工程建设，拆除黄土港、廿里铺、双桥机埠，兴建3处城市协排电力机埠，装机1860千瓦，疏通、硬化渠道12.5千米。

2014年，根据市委、市政府指示精神，街道实施城乡一体化改水工程，除白石、泉水桥2个村2801人饮用地下水外，其他村（社区）均实现自来水入户。全街道有小（二）型水库一座，骨干山塘32口，防洪间堤12.1千米，电力排灌机埠4处10台2120千瓦。

市政建设

供水　旧时，村民取塘、渠、湖中水饮用。1997年，市自来水公司开始由市区沿柳叶大道向戴家岗大码头供水。2006年，更换新输水管道。

供电 1997年，市供电局完成度假区供电专线设计。1999年，接通城区电网的南柳线为柳叶湖旅游度假区供电。

体育赛场

柳叶湖国际水上运动赛场，位于戴家岗核心景区。东北面群山绵绕，西南面为风景秀丽的园林风光带。1998年1月23日，柳叶湖旅游度假区管理处与常德市宏城建筑安装工程总公司签订建设协议。2月开工，翌年7月竣工。赛场分起点区和终点区，主体建筑有裁判塔、观礼台、礼宾楼。

1997年4月与7月，全国皮划艇冠军赛和第八届全国运动会皮划艇预赛在柳叶湖举行。

2003年，由中国城市规划设计研究院设计的《常德柳叶湖旅游度假区总体规划（2004—2020）》，把柳叶湖建成国际水上运动赛场放在首要位置。

社会事业

教育

2008年，柳叶湖街道办事处有3所小学，当时划分了38位在职教师。2010年，辖区内有4所幼儿园，在读幼儿297人。2014年，柳叶湖街道办事处有小学3所，学生427人，老师53人；幼儿园5所，教职工48人，在读幼儿547人，适龄幼儿入园率达100%。

文化

2009年，开办戴家岗社区农家书屋。至2011年，12个村（社区）都建起农家书屋。农家书屋均建在村部和居委会，配有32寸电视机1台，DVD1台、书柜3个、书桌1张、阅览凳6把、报刊架1个、图书3000册、电子音像制品130张，报刊15种。2012—2014年，每年组织参加全市百团大赛活动。

医疗卫生

2008年10月，柳叶湖区划定地盘后，由区社会事业局负责全区卫生行政管理工作。2009年，柳叶湖街道境内村卫生室共有8家。2010年5月，区社会事业局撤销，成立常德柳叶湖旅游度假区卫生和计划生育局。

柳叶湖街道境内公共医疗服务以村卫生室为主。2014年共有村卫生室11个，医生11人，留观病床12张。

社会保障

2009年，柳叶湖街道有911人参加城镇居民医保，14010人参加“新农合”。2010年，启动被征地农民养老保险。2012年，启动“新农保”。2014年年底，全街道有3093人购买征地农民养老保险，5525人购买“新农保”，社保参保率29.7%；有489人享受农村低保，178人享受城市低保，全年发放低保资金12.5余万元；51位“五保”户，其中17人在东江敬老院和万寿养老公寓集中供养，34人分散供养。

特色地情

体育赛事

1997年4月10—14日，由国家体育总局主办，市政府承办的全国皮划艇冠军赛在柳叶湖举行。

1997年7月11—16日，由国家体育总局主办，市政府承办的第八届全国运动会皮划艇预赛在柳叶湖举行。

1999年9月17—21日，第八届亚洲皮划艇锦标赛暨第二届亚洲青年皮划艇锦标赛在柳叶湖举行。

2000年4月12—16日，由国家体育总局举办、市政府承办的全国赛艇冠军赛在柳叶湖举行。

2003年10月16—27日，由国家体育总局主办、市政府承办的全国第五届城市运动会赛艇、皮划艇赛在柳叶湖举行。

2005年6月8—9日，由中国象棋协会、宁波启新绿色世界高尔夫俱乐部主办，市棋类协会、市体育局、区管委会承办的2005“启新高尔夫杯”全国象棋甲级联赛第九轮湖南队主场迎战广东队的比赛在柳叶湖举行。

2006年5月31日—6月1日，2006全国龙舟月“柳叶湖”杯湖南泛洞庭湖龙舟争霸赛在柳叶湖国际水上运动赛场举行。

2010年7月23—28日，2010“中国·常德杯”第一届世界围棋名人争霸战在柳叶湖畔共和酒店举行。

2011年8月16—21日，“中国常德·柳叶湖杯”第二届世界围棋名人争霸战在柳叶湖畔共和酒店举行。

2012年9月9—14日，“中国·常德杯”第三届世界围棋名人争霸战在柳叶湖畔共和酒店举行。

名优特产

柳叶鲫 柳叶湖出产各种鱼类，最有名的是柳叶鲫，肉质细嫩、营养丰富，并有很好的药用价值，如柳叶鲫加红糖炖服可治久咳；合小豆煮服，可消水肿。

风景名胜

柳叶湖 位于常德城区东北2.5千米，北枕太阳山，南临沅水，水域21.8平方千米。山水相间，景色宜人。湖面波光粼粼，一碧万顷；堤岸垂柳依依，芳草萋萋。古有“堤柳渔歌，松风水带，皆极共胜”之谓。柳叶湖水产资源丰富，仅鱼类就有145种，名贵淡水鱼有鳜鱼、翘鱼、鳊鱼、

柳叶湖

鳡鱼、鲶鱼、黑鱼、青鱼等，尤以柳叶鲫、柳叶银鱼闻名遐迩。在湖区水陆相接地带，形成特殊湿地生态。夏秋季节，白鹭、鱼鸥、鸿雁、野鸭等水鸟成群出没。柳叶湖西北的太阳山、月亮山，层峦叠嶂，松竹青翠，清溪蜿蜒。与柳叶湖一水相连的沾天湖，是一个水质清澈、林木繁茂、鸟语花香、空气清新、令人心旷神怡的度假圣地。建于沾天湖北侧的沙滩公园，占地22.6万平方米，公园建设有沙雕、沙滩休闲娱乐设施、栈道、停车场等。还建有湖南省唯一的国际标准沙滩排球场。

花山　古称莲藕山，是太阳山往西南延伸的一条支脉。位于柳叶湖西滨，渐水河故道尾闾，海拔166.2米，峰峦叠嶂，竹木茂密，尤多杜鹃花。名噪中外的刘海砍樵遇狐仙的爱情故事就发生在该地。山上有寺庙名白鹿寺，始建于南北朝，距今有1600多年。2008年常德市人民政府拨地20亩，民间集资4000万元重建，建成白鹿桥、山门、大雄宝殿、三圣殿、四大天王殿、方丈楼、念佛堂、禅房、斋堂等，寺院建筑群气势恢宏、金碧辉煌，规模远超前制。

七里桥　位于穿紫河与姻缘河交汇处。明代武陵县知县钟銮始修，后圮。明荣恭王朱载瑾捐资500两黄金重建，具体事项由王府右承奉宋贵总领。为三洞石拱桥，单跨4～5米。桥当驿道，桥下之水入柳叶湖，距常德城区七里故名。该地古代称“七里涧”，东晋义熙十一年（415），参军沈林子与农民起义军首领郭亮之曾在此激战。明朝在此设关，称“七里关”。清朝在此驻兵，称“七里桥塘”。抗日战争时修有“十三亭”，城区居民多到此躲避日本侵略军飞机空袭。古七里桥在1953年修堤时拆毁，改建为独拱桥。1995年，改建成公路桥。

（文字供稿：康麒，图片供稿：柳叶湖街道）

白鹤镇

区域概况

位置面积

白鹤镇位于常德城区北面，东与鼎城区韩公渡、镇德桥两镇接壤，南临柳叶湖与区管委会、柳叶湖街道隔湖相望，西与武陵区南坪街道交界，北与鼎城区大龙站镇毗邻。因境内山青水秀、白鹤翔集而得名。镇人民政府驻万金障村，距区管委会驻地 3.5 千米。

1984 年，白鹤山乡面积 45.5 平方千米；肖伍铺乡面积 50.9 平方千米。

1995 年并乡后，白鹤山乡辖 23 个行政村和 1 个园艺场，总面积 96.4 平方千米；有耕地 41967 亩，其中水田 35889 亩，旱地 6078 亩；有山林 82935 亩；水域 13000 亩。

建置沿革

清代晚期，镇域属武陵县北乡万金里。民国时期和中华人民共和国成立初期，分属常德县广德、同德两乡。1950 年 2 月，废除旧的乡、保、甲，属常德县第五区直辖。9 月，设白鹤山、肖伍铺、东山、卸甲洲、长生桥、罗湾、太阳山、月亮山等乡。1956 年 6 月，撤区并乡，镇域分属镇德桥、大龙站 2 乡。1958 年 9 月，实行人民公社体制，属冲天公社。1959 年 5 月，由冲天公社析置太阳公社，镇域属太阳公社。1961 年 3 月，调整公社规模，撤销太阳公社，镇域分属镇德桥、大龙站公社。1962 年，从镇德桥公社析出 12 个大队成立白鹤山公社，驻地猴子巷。1966 年 6 月，从大龙站公社析出 7 个大队、南坪岗公社析出 3 个大队、镇德桥公社析出 1 个大队成立肖伍铺公社，驻地肖伍铺，1967 年迁郑家河，1972 年迁沾天湖。镇域分属白鹤山公社和肖伍铺公社。1984 年 2 月，撤销人民公社，实行乡、村建置，镇域分属白鹤山乡、肖伍铺乡。1988 年 1 月，常德县改称鼎城区，镇域属鼎城区白鹤山、肖伍铺 2 乡。1993 年，白鹤山乡政府驻地迁至万金障村。1995 年，撤区并乡，肖伍铺乡、白鹤山乡合并为白鹤山乡。2008 年，白鹤山乡从鼎城区划入常德市柳叶湖旅游度假区。2015 年 6 月，白鹤山乡更名为白鹤镇。

行政区划

1984 年，白鹤山乡辖 13 个行政村；肖伍铺乡辖 11 个行政村。

1995 年并乡后，白鹤山乡辖罗湾、月亮山、太阳山、沾天湖、郑家河、梁山、肖伍铺、马龙桥、大流陂、双寿、桃树岗、万金障、东山、白鹤山、栗里岗、长生桥、赵公桥、流溪湖、新港、罗家湖、卸甲洲、吴家口、马巷子23个行政村和1个园艺场，共302个村民小组。全镇总面积96.4平方千米。

2015年6月更名为白鹤镇后，行政区划无变化。

自然环境

境内地域东西略短，南北较长，地势西高东低，三分之二为西部低山丘陵区，三分之一为东部平原湖区。西部丘陵连绵起伏，由低到高直至太阳山。太阳山海拔564.8米，为境内最高峰。沾天湖蜿蜒于太阳山下丘陵之间。东部平原，西倚白鹤山，南枕柳叶湖。镇域以大陆性气候为主，兼有滨湖气候和山地森林气候特征。夏热冬寒，春秋温和，热量丰富，光照充足，降水充沛，四季分明。年平均气温16.9℃，年平均降雨量1318毫米。树木有马尾松、杉、油茶、樟、棕、枫、栗、槐、楮、冬青、楠竹及桃、梨、李、杏、柿、柑橘等30余种。有国家一级保护动物白鹤、黄腹角雉，国家二级动物林麝、野猪，小灵猫、苍鹰、灰胸竹鸡，红腹角雉、乌梢蛇、银环蛇、红隼。湿地动物有白鹭、鱼鸥、鸿雁、野鸭、龟、鳖、蟹、虾、蛇。淡水动物有鳜鱼、鲶鱼、枪鱼、鲤鱼、鲫鱼、鳊鱼等。境内矿物少，土壤主要分为水稻土、红壤、紫色壤、潮土。境内丘陵区多为含铁、铝成份较多的红壤，偏酸性，肥力较低。平原湖区多以水稻土为主，肥力较高。

人口民族

1995年，辖内有7618户20804人，其中男性10672人，农业人口20133人，非农业人口671人；人口出生率8.9%；总人口中，汉族20342人，少数民族462人，其中回族186人、苗族21人、白族7人、土家族248人。2015年，全镇有9223户30594人，其中男性15145人，女性15449人；农业人口29639人，非农业人口955人；人口出生率9.6%。总人口中，汉族28962人，少数民族1630人，其中回族598人、苗族67人、黎族5人、壮族8人、布依族3人、满族1人、侗族14人、瑶族14人、白族22人、土家族898人。

经济发展

综述

1995年，白鹤山乡完成工农业总产值15142万元，其中工业总产值10006万元，农业总产值5136万元。2000年后，乡镇企业和村办企业实行改制，个体经济和民营经济发展很快。2006年，全乡实现工农业总产值34300万元，其中工业总产值20000万元，农业总产值14300万元。2008年，白鹤山乡划入柳叶湖旅游度假区后，乡党委、乡政府大力招商引资，对白鹤墟场、茶盐老街进行提质改造，打造美丽山村“太阳谷”。2014年，有16家个体和民营企业落户郑家河、肖伍铺、梁山等村。农村旅游业的兴起引来成千上万的游客观光、休闲、娱乐，农民收入不断增加。2015年，白鹤镇实现国内生产总值6.88亿元，财政收入5031.6万元，农民人均纯收入11500元。

工业

1949年到20世纪60年代末期，境内有人工木榨油坊10个。70年代，境内有大队办的手工扳砖厂6个，队办企业开始起步。1985年，建私营常德市蘭香皮蛋厂，有员工10余人，年产皮蛋200万枚。1990年，境内有落坡堰、万金障、东山、罗湾4个砖厂，郑家河木器加工厂、铁制农具制造修理厂、农机修理站、猴子巷木材加工厂、电杆厂、渔场等13家乡办企业。1995年，建昌平、柳叶2家私营砖厂。2000年以后，乡村集体企业逐步让位于民营企业。2003年，组建湖南金鹤农业发展有限公司，有员工 20 人，年仓储稻谷 4 万吨。2004 年，建博大化工油漆厂，生产油漆、稀释剂，从业人员 12 人，年产值 500 万元。2009 年下半年，昌平、落坡堰等砖厂先后改为机压无烟环保砖厂，从业人员 160 余人。2011 年，创办东佑鞋业有限公司，从业人员 270 人，年产旅游鞋、休闲鞋、皮鞋 70 万双，产品全部销往美国。2012 年，建德晟电子原件有限公司，生产电子原件，从业人员 22 人。2013 年，成立常德市新恒洁塑料制品有限公司，从业人员 20 人，年产塑杯、塑碗、打包盒等 5000 件，产品销往湖南、湖北各地。2015 年，全镇工业总产值达 14975 万元，工业从业人员 544 人。

农业

种植业 境内传统种植业以粮食、棉花、油菜等作物为主。1995 年，种植水稻 46920 亩（其中双季稻 42270 亩），总产粮食 30498 吨；种植棉花 5250 亩，蔬菜 1005 亩。2000 年开始，利用近郊优势发展蔬菜产业及观光旅游农业。至 2010 年，先后引进郑太有机农场、大众园艺、金山绿水、茶盐老街休闲农庄等观光农业企业，成立常德市金鹤农丰水稻种植专业合作社、金马蔬菜瓜果专业合作社和柳叶湖鑫农丰葡萄专业合作社。2014 年，白鹤山乡粮食种植面积 36225 亩，总产粮食 29988 吨；蔬菜 6150 亩，葡萄 875 亩，油菜 15000 亩。

养殖业 境内养殖业历史上以农户散养为主，从 1990 年起，白鹤山乡政府大力推动养殖业由个体饲养向大户群养转变，由传统养殖向科学饲养转变。2005 年，金山牧业有限公司在桃树岗村建立一个养猪场，占地 6600 多平方米，饲养母猪 200 头，肉猪 1500 余头，年产值 100 万余元。2007 年，建栗里岗个体养猪场，每年养猪 2000 头，年产值 90 余万元。2014 年，白鹤山乡养猪 12000 头，养羊 2500 头，养牛 500 头，养鸡鸭 18 万羽，产鲜鱼 1000 吨。

林业

1995 年，全乡有林地 38735.8 亩，占山地面积 58.2%，其中杉树 18580.5 亩、国外松 7432.5 亩、杨树 3715.5 亩、马尾松 1857 亩、阔叶树 7150.3 亩；森林覆盖率 26.3%；活立木蓄积量 80012 立方米；林业生产总值 2385.57 万元。2002 年，退耕还林 2467 亩，新增生态林 1976.7 亩、经济林 490.3 亩。2014 年，新造油茶林 680 亩，垦复油茶林 280 亩。

境内有银杏、梓木、楠木、红豆杉等国家珍惜保护树种。桃树岗村的古樟树，树龄 180 年、树高 20 米、树径 3.5 米、树冠 18.6 平方米；肖伍铺村的古桂花树，树龄 101 年、树高 18.5 米、树径 4.2 米、树冠 20.5 平方米；梁山村的古枫香树，树龄 470 年、树高 16 米、树径 7.2 米、树冠 38.2 平方米，3 株古树均被林业部门挂牌保护。

商贸服务业

清代、民国时期，境内商业繁荣的集镇市场有茶盐老街，经营商品有农具、家具、篾货、百货、布匹、粮油、糕点、肉类等。每隔 2 至 3 天有一个赶场日。中华人民共和国成立后，在乡（公社）驻地设立供销社、食品站、生资店、粮店、饮食店等。各村（大队）设有日常用品代销点。“文化大革命”中，各墟场被取缔。中共十一届三中全会后，国营、集体商业逐步改制，取而代之的是如雨后春笋的个体商店、餐馆、地摊等。茶盐老街恢复逢 2 日、逢 5 日、逢 8 日的赶场日，赶场日人流量在千人以上。1994 年，乡党委、乡政府在万金障墟场引进汽车驾驶学校，在校门外建成商业一条街，餐饮、理发、商店、旅社、网吧、菜市场等门类齐全，生意兴隆。2014 年，全乡有各类商铺 340 家，个体经商从业者近 5000 人，社会商品零售总额达 1.6 亿余元，其中集市商品成交额 8500 多万元。

旅游业

2009 年，成立白鹤山乡旅游综合服务管理办公室。2011 年，拥有茶盐老街墟场的肖伍铺村被评为“湖南省首批旅游特色名村”。同年，启动涵盖郑家河、肖伍铺、梁山 3 个村占地 1700 万平方米的“太阳谷”美丽山村建设。到 2013 年，以经营旅游观光农业为主的 16 家民营企业相继投产和营业。2013 年，市政府投资 2000 万元，对茶盐老街仿古民居进行提质改造，新增一个旅游景点。2015 年，市政府投资 3.5 亿元，将万金嶂墟场街道门面、居民住房，整体改造成仿明清徽派古建筑。并重修白鹤路、松枫路，新建环湖路、沾天湖栈桥、停车场、酒店、旅社等，在“太阳谷”一带新建农家乐 18 家，为游客“吃、住、行、游、购、娱”提供方便。是年，到白鹤镇境内旅游的游客达百万余人，创旅游收入 1.1 亿元。

建筑业

清代、民国时期，境内有个体木匠、泥水匠从事小型的私人建筑。20 世纪 60—70 年代，个体木匠、泥水匠只具备修建平房和二层楼房的能力。1980 年后，随着人民生活水平提高和物质日益丰富，钢筋、水泥普遍用于住房建筑，境内建筑队伍逐步扩大。2014 年，境内有湖南广源水利建设有限公司、湖南浩宇建设有限公司 2 家国家一级建筑企业，分别有员工 300 人、130 多人；有湖南东方新世纪建设有限公司 1 家国家二级建筑企业，员工 110 多人。还有未注册的小型建筑队 52 个，从业人员 600 多人。

劳务输出

20 世纪 70 年代，以大队为单位成立手工扳砖厂、红瓦厂和砖瓦销售队伍。肖伍铺大队成立板车队到花山岩煤厂拖煤。外出务工人员每月向所属大队上交规定的劳务收入后，再到生产队记工分。中共十一届三中全会后，境内剩余劳力开始走向常德市城区和外省打工、经商、办厂。到 90 年代末，镇域有 2000 多人在外打工、经商，从事建筑业等，年收入 4000 万元。2000 年后，镇域劳务输出人数成倍增加，并在外办有 5 家大型民营企业。2015 年，全镇劳务输出 6000 多人，年收入 1.8 亿元。

基础设施

交通运输

20 世纪 50 年代，有省道 1804 线（后改称省道 306 线）经过境内，始为砂石路面，2003 年逐段硬化。1965 年，修乡道猴（子巷）白（鹤山）线。1971 年，修县道白（鹤山）大（龙站）线。1974 年，修乡道北干渠线。1975 年，修乡道罗（湾）太（阳山）线。至 1995 年，境内有省道 9.5 千米，区、乡公路 48.6 千米，通村公路 24 条 146.9 千米。每天经过的客车班次 20 多个，日运量 1200 余人。

2004 年，开通猴子巷至常德市城区的 13 路公交线。2008 年后，市委、市政府加大对境内交通建设的投入。2009—2012 年，总长为 195.5 千米的区、乡公路和通村公路全部硬化。2013—2015 年，24 条通村公路延伸至村民小组或农户家，总长 280 千米，全部硬化。

2014 年，建成 2.4 千米斜跨沾天湖的观光旅游桥，建成太阳谷旅游公路、渔（樵村）太（阳山）路、梁（山）太（阳山）路，总长 30 余千米。2015 年，修建环湖路，境内长 15 千米，开通华侨城欢乐谷至市城区的 51 路公交线。在境内交汇的杭瑞、二广高速公路开通，置有两个高速公路出入口，连接常东、常长、常张、常岳、常吉高速公路及省、区、镇和通村公路。

邮政通信

20世纪60—80年代，在猴子巷设有一家邮电所，负责白鹤山公社（乡）报刊、信件、包裹投递和电信业务。肖伍铺公社（乡）的信件包裹投递到大龙站邮电所办理。1993年，白鹤山邮电所随乡政府迁至万金障。1995年，肖伍铺、白鹤山两乡合并后，该所负责全境的报刊信件包裹投递和电信业务。2014年，在肖伍铺村茶盐老街修建一座二层邮政大楼，建筑面积350平方米，除办理邮政业务外，还增设电费、水费收缴业务。2015年，全镇有固定电话用户1800户，宽带用户1600户；有移动电话业务代办点5家，移动电话用户1.2万户；有线电视用户3800户。

供电饮水

供电 1995年，白鹤山乡电管站与肖伍铺乡电管站合并为白鹤山乡电管站，有管理人员8名，村电工25人。全乡变压器51台容量6290千伏安，年售电量320万千瓦时。2000年，电管站改为白鹤山供电所。是年，进行农网改造。2001年，对村电工实行择优录取，招聘为农电工。2009年3月，白鹤山供电所由鼎城电力局划归市城区供电局管理，有在职农电工17人。2015年，全镇有变压器150台，总容量42000千伏安，售电量2180万千瓦时，用电居民9677户。

饮水 为解决农村安全饮水问题，由国家投资，于2002年修建柳叶湖自来水厂，2012年修建太阳山自来水厂，两水厂日供水能力6200吨，覆盖镇域22个村28000人的饮水安全。罗湾和月亮两个村由市自来水公司管网供水。

水利建设

雍正十二年（1734），官府出资修万金障堤垸5.31千米，围垦田亩3102亩，后溃废。中华人民共和国成立后，于1960年重修，1969年溃决后再次重修，垸长6.97千米，堤顶高程36.0米，其中镇境内堤段1.97千米。1963年，北堵猴子巷，南筑沙港堤，筑土8万立方米，修堤3.5千米，扩田1.3万亩，形成柳叶湖垸。1974年始修沾天湖垸，1975—1981年续修，投工86万个，筑土208万立方米。1975年，将柳叶垸、杜家垸、谭家垸、冯兴垸合成南大垸。南大垸堤全长12.73千米，堤顶高程37～40米，堤面宽4～8米。1975年5月13日，沾天湖溃决，同年冬堵复。1980年8月18日，沾天湖、柳叶湖水位涨至35.05米，汛情紧张，为保沿湖各大垸安全，奉常德地区防汛指挥部指示，将沾天湖破口蓄洪，淹没农作物4670亩，房屋942间。是年冬，国家拨款35万元，堵口复堤，补救蓄洪损失。2008年退田还湖后，建渔樵村和沙滩公园。

境内有中型水库1座、小（二）型水库7座、山塘884口，自流灌溉面积占农田总面积的63.2%。

1956—1959年，修建荷叶湾、罗湾、冲大湾、黑湾、白鹿坝、冲锋和跃进堰等7座小（二）型水库。1958年修建红旗水库，库容1030万立方米。因水量不足，于1972年开挖南北5条截流渠，长8.08千米，截杨家、麻油、神鹿、邵家、毛家5条冲，连接4座小（二）型水库，集雨面积17平方千米。2012—2013年，国家投资750万元对境内8座水库进行除险加固。

境内有沙港堤、马巷子、遇公渡、罗家湖、万家嘴、栗里岗、万金障、沾天湖、太阳、郑家河等10处、21台乡管排灌机埠，功率1995千瓦。2015年，沾天湖机埠废除。有属武陵监狱修建管理的武陵源排灌机埠2处5台320千瓦，其中2号机埠于2000年关停，1号机埠于2011年由市收回，交市经投公司管理，2015年交柳叶湖旅游度假区农村工作局管理。

镇村建设

1993年，白鹤山乡政府机关从猴子巷迁至万金障村，征用万金障村土地15万平方米，建万金路、白鹤路、仙人路3条街，主要经营餐饮、旅社、商店、汽车修理等项目。征用万金障、东山、白鹤山3个村土地26万平方米，引进常德市汽车驾驶学校。1995年，乡党委、政府研究制定农民进镇建房优惠政策，加快集镇建设。到2007年，万金障、猴子巷、茶盐老街3个墟场建筑面积达57000平方米，临街门面132个。2008年白鹤山乡归划柳叶湖旅游度假区后，城镇化建设加快。到2015年，全镇3个墟场建成街道总长6千米，经商门面396个，城镇化率达23.8%。有22个村建有村级活动中心。

社会事业

教育

20世纪50年代，境内有长生桥、新港、白鹤山、肖伍铺4所完全小学和鲁陂堰、玉皇安、毛家冲3所初级小学。1968—1969年，肖伍铺中学、白鹤山中学相继建立，开设初中班。1971年，两校开始设立高中班，1980年高中停办，改为初级中学。2005年，撤销肖伍铺中学。2006年，全乡有白鹤山中学（九年一贯制学校）和明德小学、肖伍铺完小3所学校。白鹤山中学有学生980人，明德小学和肖伍铺完小各有学生100人左右。2015年，全镇有教师110人，学生1167人，其中初中生480人，小学生687人，初中升学率100%。有幼儿园3所，入园儿童389人，适龄儿童入学率100%。

鼎城区职业中专 1945年，湖南省私立高级隽新小学迁至境内白鹤山。1953年下期，学校由县人民政府接办，改名为常德县初级中学。1958年7月，学校改名为常德县第一中学，并增办高中。1990年8月，常德县一中从白鹤山迁出。在白鹤山常德县一中旧址创办鼎城区职业中专，开设家电、财会、文秘、农技4个专业，组建各专业实验室9个，办学农基地130余亩。1992年，鼎城区职业中专被省教委评为省重点职业中专。2000年下半年，鼎城区职业中专停办，改为民办普通高中，命名鼎城七中，2010年停办。

文化体育

清代、民国时期，境内盛行道教、佛教，白鹿寺、罗湾寺、普光寺、观音庵、白鹤寺等寺庙，长年香火不断。中华人民共和国成立后，民间文化所有发展，渔鼓、三棒鼓，说书等经常在茶馆、墟场、红白喜事人家演出，从业人员近200人。“文化大革命”中，各大队成立文艺宣传队，其宣传形式有小品、快板、跳“忠”字舞等。逢国庆节、元旦节由公社组织文艺汇演。中共十一届三中全会以后，乡里成立文艺宣传队，不定期到各村演出。2000年后，村民自发组织管弦队、歌舞团等。2013年境内有管弦乐队4个，歌舞团3个，主要用于红、白喜事演出。24个行政村，村村通广播，村村有农家书屋。2014年，成立白鹤诗社，有社员23人，为诗社投稿的文学爱好者达300余人。

2015年，全镇6个村建有篮球场和乒乓球室。白鹤山中学修建有塑胶地面的篮球场、排球场、羽毛球场和250米长的塑胶跑道。

医疗卫生

1962年，在陈家桥设立白鹤山公社卫生院，有医务人员12名。1966年，在郑家河设立肖伍铺公社卫生院，有医务人员11名。1968年，实行农村合作医疗，各大队设立合作医疗站，配备赤脚医生，由社员筹集基金，享受医疗优惠，至1979年合作医疗停办。1984年，公社卫生院改为乡卫生院。1995 年并乡后，重组乡卫生院，在万金障兴建白鹤山乡卫生院综合大楼，有医务人员 36 名。之后，卫生院改制，从事个体行医者达三分之二。2006 年，实行新型农村合作医疗后逐步收编。到 2013 年，卫生院已建设成为集医疗、预防、保健为一体的综合性一级甲等公立医院，有医务人员 30 人，其中卫生专业技术人员 25 人。设有内科、外科、妇产科、儿科、中西结合科、公共卫生科等临床科室；医技科室有放射、B 超、心电图、脑电图、检验科等。住院部设有床位 30 张，病房、产房、手术室及治疗室设备齐全，还配备救护车一辆。2014 年，全院门诊量 17428 人（次），出院 760 余人（次），病床使用率 70%。全乡 24 个村级卫生室，由乡卫生院实行统一管理。

社会保障

2005 年，全乡推行新型农村合作医疗制度，2.8 万余人参加农村合作医疗，参合率 90% 以上。2006 年 5 月，成立乡社会救助和劳动保障服务站，对特别困难的村民给予临时救助。2009 年，乡党委、乡政府投入 180 万元，在梁山村修建白鹤山乡敬老院，集中供养“五保”老人 46 人。2010 年，全乡共有农村“五保”206 人，农村低保 1396 人，城市低保 120 人，各类优抚对象 375 人，均按政策补助到位。2015 年，全镇有 873 人参加被征地农民社会养老保险、10245 人参加城乡居民养老保险、172 人参加城镇居民基本医疗保险。

特色地情

风景名胜

太阳山 位于镇境西北部，又称阳山，梁山，距常德城区 14 千米。1992 年 6 月经常德市人民政府批准建立太阳山森林公园。2001 年 9 月，经湖南省人民政府批准为省级森林公园。公园总面积 1.7 万亩。太阳山主峰海拔 564.8 米，山势雄伟险峻，地形地貌独特，似游龙雄踞常德城北。太阳山与城郊沾天湖和城区柳叶湖省级旅游度假区融为一体，太阳山有较多的人文景观和自然景观，有丰富的动植物资源。由于森林植被茂密，常年空气新鲜，环境幽静，四季花开不断，是人们游玩、休闲、度假的上佳场所。

渔樵村 渔樵村坐落在柳叶湖北部的蚂蟥垸，四面环水，是以蚂蟥垸临柳叶湖的防洪堤为依托，在蚂蟥垸内修建的一个椭圆形的巴耳小垸，面积 178550 平方米，其中陆地 92280 平方米。渔樵村沿河大堤蜿蜒曲折，村居四周水绕山环，东隔柳叶湖望神指山、仙人洞，西、北隔蚂蟥溶望花山、月亮山、太阳山。

主要建筑物有牌坊（船码头）、祠堂、戏台、廊桥、擂茶馆、刘海故居。建筑物的屋面主要是小青瓦，间或用杉树皮、茅草铺盖；所用砖瓦全是青一色的青砖小瓦，蕴含了湘西民居与常德窨子屋的建筑元素。这些建筑，古色古香，古朴典雅，造型各具特色，保持了明、清、民国时期民居的建筑风格。

白鹤镇 “白墙黛瓦，画里人居”，这是白鹤镇的真实写照。白鹤镇南临柳叶湖、北枕太阳山，306 省道、常德至岳阳、常德至荆州高速公路穿境而过，交通四通八达。小镇建筑墙体统一刷白、屋顶灰瓦、马头墙、古典窗套，形成木窗白墙黛瓦的江南特色民居风貌，建筑面积 94645 平方米。吃、住、购、娱布局合理，满足游客多方面、多层次需求。大中型餐厅、小吃店、百货商店、特色客栈、土特产商店、旅游商品店、主题特产店、音乐吧、酒吧、咖啡吧、书吧、茶吧等休闲娱乐设施一应俱全。白鹤镇通过打造特色和亮点，成为游客在常德的另一个旅游目的地，成为市级卫

白鹤小镇

星镇样板和旅游小镇。

普光寺 普光寺坐落在太阳山金顶。主要建筑有如来殿、观音殿、太阳殿、方丈楼、居士楼。整个建筑群依山势而建，规模宏大、气势雄浑，格调高远，布局严谨，错落有序，蔚为壮观。

如来殿、观音殿均是一层二檐，重檐陡挂，飞檐微翘。斗拱排列规整，密如鳞次，形似蜂窝。两殿色彩主调为红、黄、蓝、栗四色。天花板及各种部件上彩绘着精美的名花瑞草、珍禽异兽。

太阳殿建在金顶海拔500.9米处，楼高31米，建筑面积1296平方米。太阳殿一、二层之间的夹楼，刻嵌元代画家张渥所绘屈原画像，苏轼、赵孟頫所书屈原《九歌》；二层，摆放太阳神铜雕像；三层摆放“云梦女神”铜像；四周有师远、髡残的国画；四层陈列着明成化年间（1465—1487）的阳山庙一尊古钟和一件白鹿寺遗址上的“三足鸟”文物。

如来殿坐落在太阳殿下面山坳，殿高16.3米，进深3间14.6米。殿的四周环以明廊；殿内摆放着高大威严的佛像；殿前有日月光如来、甘露王如来、妙色声如来；殿后有大势至菩萨、观世音菩萨；殿左有广博身如来、离怖畏如来；殿右有药师佛、多宝如来、宝胜如来、达摩祖师菩萨。

观音殿坐落在如来殿下面的山腰，殿高15.3米，进深3间14米；殿周环以明廊；殿中间直立金柱4根；殿前摆放着千手观音，殿后摆放着送子观音；殿左摆放着文殊师利菩萨，殿右摆放着普贤菩萨、韦驮大将、滴水观音。

（文字供稿：毛家舜，图片供稿：毛家舜）

西洞庭管理区

祝丰镇

区域概况

位置面积

祝丰镇位于区境西北部，境内有古祝丰垸，故名。东以经三渠为界，与管理区望洲办事处相邻；南与管理区金凤办事处接壤；西与鼎城区石公桥镇杨腊溪村、高堰岗村毗邻；西北以壕口为界，与鼎城区周家店镇竹山嘴村相望；北以玉带沟为界，与鼎城区中河口镇铁甲村、东北村相连。镇人民政府驻迎丰大道与祝丰路交汇处。

2015 年，全镇总面积 25.01 平方千米。耕地面积 9911.66 亩。林地面积 1430 亩，果园 1209 亩，渔池 3116.93 亩。

建置沿革

镇域历来属常德县（今鼎城区）管辖。1955 年 1 月，建立湖南省国营西洞庭农场，境域为农场第二作业区。1958 年 11 月，改为农场第二中心队。1960 年，改为农场第二分场。1984 年，农场将农科所（1966—1970 年为机械化总队）、园艺站、渔业站及二分场所辖之第九、第十生产队合并，增设农场第七分场。1999 年 1 月，农场内部实行农业体制改革。二分场二、七、八站合并为中洲公司，三、四、五、九站和林业组合并为龙洲公司，一、六、十站合并为天福公司。七分场一、二、三站、园艺站合并为祝丰公司。二分场九站渔业组、七分场渔场并入农场水产养殖公司。另设二、七留守分场。2000 年 9 月，农场改制为常德市西洞庭管理区。2001 年 2 月，管理区将中洲、龙洲、天福、祝丰公司，二、七留守分场，原二分场九站渔业组、七分场渔场、场部规划区、东北湾、蒿子港转运站合并，改制为西洞庭管理区祝丰办事处。7 月，改为常德市西洞庭管理区祝丰镇。至 2014 年无变化。

行政区划

2001年年末，祝丰镇辖清水塘、龙洲、中洲、团结、天福、东郊、果园7个行政村及育才、沙河、东北湾3个社区。2004年10月，增辖蒿子港转运站社区。至2015年年末，共有38个村民小组，24个居民小组。

自然环境

镇域属洞庭湖平原断陷盆地的一部分，地势低平开阔，无山岗丘地。最高处（城区）海拔34.5米，最低处白芷湖海拔27.50米。北有白芷湖通鼎城区中河口镇麻河口，西有高水干渠将白芷湖连通龙泉湖。镇域属中亚热带湿润季风气候向北亚热带湿润气候过渡的地带。气候温暖，四季分明，热量丰富，雨量丰沛。年均气温17.1℃，年均降雨量1308.9毫米。1955—2015年，出现洪涝年份21年，干旱年份18年，大干旱年份5年，特大干旱年份5年，冰冻年份33年。极端最高气温出现在1989年7月22至23日，均为39.6℃；极端最低气温出现在1977年1月30日，达零下16.3℃。每年4—9月为汛期，降雨量占全年的70%左右。年均大风天气6.8天，年均无霜期279天。境内成土母质属河湖沉积物，8%属第四纪红色粘土。土壤比较肥沃松疏，保水保肥能力较强，耕作层深度在20厘米以上。植物种类繁多。野生动物有24种，以野兔、老鼠、青蛙、蛇、黄鼠狼、蜈蚣、蚯蚓、蚂蝗等为主，另有国家二级保护动物穿山甲。境内矿产资源为黏土，可烧制砖瓦。

人口民族

2001年，全镇有7608户21317人，其中男性10758人；人口出生率12.4‰；有少数民族103人，其中土家族14人、苗族11人、维吾尔族13人、回族12人、蒙古族10人、壮族9人、侗族8人、瑶族10人、藏族7人、白族9人。

2015年，全镇有7721户22414人，其中男性11586人；人口出生率11.8‰；有少数民族114人，其中土家族15人、苗族12人、维吾尔族14人、回族13人、蒙古族11人、壮族10人、侗族9人、瑶族11人、藏族8人、白族11人。

经济发展

农业

种植业

耕作制度 1965年前，水田耕作一年一熟，以一季稻、绿肥或冬闲为主。旱土多为一年一熟，以种植棉花、大豆为主，面积95%以上。1966年后，水田耕作实行稻—稻—肥的一年二熟制，面积50%以上。旱地大多为一年一熟制，少量为大豆—油菜（蚕豆）—芝麻二年三熟制。1970年后，双季稻—绿肥一年两熟制面积进一步扩大，并出现一季稻（中稻）—油菜一年二熟水旱轮作制。旱地随着甘蔗种植面积的扩大，实行棉花行间套种蚕豆或油菜，蚕豆或油菜套种甘蔗的二年三熟制。20世纪80年代，水田仍以双季稻—绿肥一年两熟制为主，逐步发展为双季稻—油菜或油菜—西瓜—晚稻的三熟制。1989年，七分场四队油、瓜、稻三熟制面积达300亩，亩均收入2000元以上。旱土棉花套种油菜，油菜套种甘蔗，棉花套种蚕豆，蚕豆套种甘蔗的二年三熟轮作制的面积逐年扩大。1984年，套种面积占甘蔗总面积的60%。1989年，又出现甘蔗行间套种大豆、绿豆、西瓜、番茄、蔬菜的二年四熟轮作制，面积达400亩以上。1970—1981年，水田改旱土1540亩，旱土改水田740亩。1989年，水田改种甘蔗面积超过1000亩。1994年，稻—稻—油、稻—稻—肥、稻—稻—麦面积占水田面积的75%。1998年，稻—稻—

油达90%，稻—稻—肥降至2%。2010年，稻—稻—油占20%。

水稻 1955—1987年，水稻为境内的主要作物。1988年，种植水稻10400亩，总产216.9万公斤，单产208.5公斤。1989年，水田甘蔗种植面积增加，水稻种植面积降至7500亩，总产稻谷161.25万公斤，单产215公斤。2000—2015年，水稻种植面积逐年减少。2015年，水稻种植面积190亩。

棉花 为境内旱土主要栽培作物。1955年，播种540亩，亩产皮棉28公斤，总产15120公斤。1975—1984年，年均种植4400亩以上，年均亩产皮棉59公斤，年均总产216040公斤。种植面积最多的年份为2004年，达11000亩；单产皮棉最高的年份为2007年，达113公斤。2015年，棉花种植面积2820亩。

甘蔗 1970年开始引种。1980—1989年，年均种植面积7450亩，亩平入榨原料蔗3.77吨，年均总产28086.5吨。种植面积最多的年份为1998年，达9800亩。亩平入榨原料蔗最高的年份为1997年，达6.5吨。2014年后，未再种植。

朝鲜蓟 2005年开始引种。2015年，种植1000亩。

油菜 1956年，境内始种油菜，面积714亩，亩产油菜籽25公斤，总产17850公斤。1957—1968年，年均种植1000亩左右，亩产25公斤上下。1975年，种植2110亩，亩产39公斤，总产82290公斤。1978年，推广油菜育苗移栽。至1981年，推广2450亩，亩产61公斤，总产149450公斤。1981年后，在棉地套种油菜的技术不断改进，又推广油菜冬发技术，至1982年，亩产达77公斤。1989—1999年，年平均种植4130亩。2000—2015年，年均种植3980亩。2009年，亩产达180公斤。2015年，种植2430亩。

蔬菜 1960年前后，由于粮食不足，搞瓜菜代，蔬菜种植900亩以上。1980年前，由各生产队园艺组种植，实行家庭承包经营后，分散到各家各户自主种植。1983年后，蕃茄种植面积逐年扩大，至1989年扩大到560亩。1996年，蕃茄面积为279亩。2015年种冬瓜、南瓜2600亩，大棚蔬菜75亩，其它蔬菜610亩。

其他 1970年前，种植花生250亩左右，亩产75公斤。1974年后，下降到100多亩。之后，由职工自由种植。

1960年前，芝麻种植在200亩左右，单产32公斤。1980年后，每年100亩左右。1986年，扩大到700亩左右。1989年降至300亩。

2015年，种玉米5800亩、青蒿（中药材）500亩、吊瓜650亩，亩平收入3000元，种小麦2750亩，其它977亩。

养殖业

猪 1955—1989年，境内生猪饲养量年均递增14.29%，出栏年均递增3.1%，年均上交2100头。1980年，养猪5400头，人均1.47头，出栏肥猪2346头。1991年，散户养猪9420头。2010年，散户养猪9318头。2015年散户养猪10400头。雷德华养殖场2000—2010年出栏生猪104280头，创毛利润415万元。

牛 1955年，境内即养有水牛113头，1990年增至146头。2001年，养肉牛1400头。2010年，锐减至113头。2015年，124头。

羊 1989—1999年，境内年出栏量一直稳定在450头左右。2001年，增至3000头。2003年，减至400头左右。2004—2015年，年出栏300～500头。天福村职工刘厚国，2001年养羊30头。2015年，养羊100多头，年纯利50000元左右。

鸡 1955年，境内养鸡750羽，1965年

9100羽，1975年10940羽，1980年12450羽，1989年31400羽，1991年39500羽，2000年40650羽，2008年54000羽，2009年61000羽；2010—2015年，年均62400羽。

水产品 1984年，境内开挖鱼池1000亩。1989年，有精养鱼池1654亩。渔业生产人员人平生产鲜鱼2972公斤。1993年,有鱼池1780亩，总产1540吨。2015年，有鱼池1780亩，总产3848.8吨。

林业

用材林 1967年，境内造香椿、苦楝林58亩。1970年，造林210亩。1974年，造苦楝林、水杉林300亩。其中二分场林业队超过40亩。1989—2010年，共计造黑杨林5400亩。2002—2005年，共造三倍体毛白杨6452亩。

果木林 1955年，境内即种植桃、梨、橘，在桑树洲植橘苗44亩。1960年发展到110亩。1965年，以园艺队为基地，增加桃、梨栽种面积。1970年，以柑橘为主的果园面积达118亩。1976年，境内共有果园245亩。1987年，有柑橘林1140亩，主要分布在园艺队。1989—1999年，每年稳定在2000亩以上。2000—2001年，新增椪柑950亩，每年果林稳定在3000亩以上。2010—2015年，年均稳定在2000亩左右，亩产2500公斤。

工业

农场工业

1980年,创工业产值1462.19万元。1984年，创工业产值3090.7万元。1990年,创工业产值(按不变价)1.24亿元。1995年，创工业产值（按不变价3.72亿元)，实现利润218万元。

管理区工业

2001年，创工业产值1.90亿元。2004年，创工业产值1.82亿元。2008年，创工业产值1.26亿元，实现利润123万元。2010年，创工业产值12.4亿元，实现利润3882万元。其中，湖南广益粮油棉有限公司创产值2.4亿元，实现利润410万元。，上缴税金92万元。常德汇美食品有限公司创产值1.64亿元，实现利润85万元，上缴税金417.8万元。湖南麒月香食品有限公司创产值1.55亿元，实现利润215.9万元，上缴税金16.8万元。2014年，境内区管工业共42家，其中规模以上企业36家，涉及食品加工、造纸包装、纺织服装、建材化工、机械制造、战略性新兴产业六大门类。规模以上企业共创产值52.49亿元，创营业收入49.48亿元，实现利润1.46亿元，上缴税金4332万元。

分场工业

酿酒 1982年11月，兴办二分场酒厂。1984年8月，兴办湘华酒厂。1984年9月，兴办七分场饮料厂。1985年,3厂共产白酒2450吨，创产值321.4万元。1989年后，市场竞争激烈，内部管理不善,产量陡减。1993年,3厂全部关停。

建材 1980年5月,二分场砖瓦厂建成投产，产红砖350万块。1981年，建成瓦机车间，产平瓦340万片，创产值46万元。1985—2008年，产红砖22831万块，产红瓦19690万片，创产值7227万元。2015年，砖瓦厂关停。

印刷与包装 1985年4月，二分场纸箱厂建成投产；7月,七分场纸箱厂建成投产。至1993年，二分场纸箱厂创产值160万元,实现利税24万元；七分场纸箱厂创产值190万元，创利税30万元。1993年，两厂关闭。

蔬菜加工 1990年，二分场建脱水菜厂，至1998年，生产脱水菜540吨，年均产值在100万元以下，1998年，脱水菜厂关闭。

商贸服务业

集体商业 1985年8月，二分场商店开业。经

食品工业园内 欣悦食品有限公司波纹面生产线

营百货、文具、玩具、日杂、生产资料等。1985—1989 年，总营业额 123.86 万元，实现利润 8.49 万元，上交税金 3.23 万元。1990—2002 年，总营业额 1300 万元，实现利润 26.67 万元，上交税金 9.4 万元。2002 年 12 月，商店关闭。

个体商业 1979 年，境内有个体户 320 户，从业人员 345 人，自有资金 345 万元，年均总值 361 万元，上缴税金 21.4 万元。2015 年，境内有个体工商户 564 户、从业人员 656 人，自有资金 1562 万元，年创产值 1565 万元。

基础设施

交通运输

陆路交通 建场初期，境内只有高低不平、宽窄不一的泥路。1964 年，始修砂石公路。1986 年，始修柏油路。杭瑞高速公路岳阳—常德段于 2013 年 12 月建成通车，自东向西横穿镇境，全长 4200 米。在中洲村界内设有互通口。

1995 年，S205 线（原 1851 线）建成通车，自南向北纵贯镇境，境内长 5000 米；X042 白沙线（鼎城区白鹤山至澧水沙河口）自西向东过境，境内长 4000 米；X030 民杨线（龙泉办事处民安村至鼎城区冲天湖乡杨腊溪村）自东向西过境，境内长 6480 米；乡道 2 条，共长 6000 米；村道 18 条，长 25.4 千米。2015 年，境内形成高速公路和省道、县道、乡道、村道五级公路网络。

1970 年，建成西洞庭客运站。2013 年 10 月，客运站迁至新址，更名为祝丰汽车站。占地 2.5 万平方米，建筑面积 5246 平方米。站前广场 3104 平方米，总停车位 141 个。2015 年，汽车站有客运车辆 25 台，开通至长沙、常德、津市、澧县、汉寿班车，年客运量达 7.4 万人次；有场内公共交通班车 2 辆，至蒿子港转运站及各办事处；有货车 104 辆、工程车 91 辆、农用运输车 24 辆、大中型拖拉机 15 辆、手扶拖拉机 24 辆，货运线路可达全国各地。

水路交通 1974 年，农场在蒿子港转运站开设码头 1 座。1976 年，转运站船队有船 34 艘，计 626 吨位，400 马力，年营运收入 28.39 万元，实现利税 8.89 万元，运量 4.7 万吨，完成 420.2 万吨公里。1989 年底，有船 7 艘，计 441 吨，280 马力，运营收入 70.02 万元，创利税 5.84 万元，货物周转量 1000.30 万吨 / 公里。1996 年，有船 7 艘，409 吨。2002 年 3 月，船队解散，组建常德市鼎城西洞庭万众船务有限公司。2015 年，万众船务共有船只 2190 吨位，780 马力，主要从事社会物资、企业原料与产品的运输业务。航线由湖南内河延伸至长江中下游及沿江各省支流。

邮政通信

邮政 1955 年，成立常德县西洞庭邮电营业所。1974 年前，邮件往来委托常德至安乡班客船停靠港口时带运，常德市邮局每天派专人接送。1974 年，常德市局派专车负责常德至安乡一带的邮件接送，中途转停农场，每日往返一次。常德至农场往来邮件均可当日抵达，邮运量也随之增加。1990 年，进出农场普通函件 187276 件，快件 30806 件，汇票 7843 张，发行报纸 192 种，期发数 6528 份，杂志 804 种，期发数 4180 份。

1987 年 5 月 18 日，境内开办邮政储蓄，当年存款余额达 48 万余元。1988 年，年末存款余额 56.8 万元，1989 年 117.1 万元，1990 年 273.2 万元。2001 年，开通邮政绿卡，实现全国通存通兑。2008 年开通网上银行业务。2011 年储蓄余额 9160 万元。

1988 年，邮政与电信分营，先后增加集邮、特快专递和鲜花礼仪业务和广告、邮购、电信业务代办、保险业务代办和物资配送等 13 项。

通信 1955 年，在境内成立西洞庭农场总机室。1957 年，农场总机室电话发展到 70 门。1970 年发展到 100 门。是年，二分场建成 20 门总机室，1975 年发展到 30 门。1985 年，七分场建成 30 门总机室。1987 年 7 月，西洞庭邮电支局开通 60 门的自动程控交换机。至 1990 年，支局全年进出口电报 16993 份、长话 1911 次、农话 763 次。1993 年 5 月，农场投资 320 万元，修建一栋 3 层电信通信综合楼，开通全省第一家全自动化程控电话线路，全场共装程控电话 800 门，手摇电话被淘汰。1997 年 4 月，常德至西洞庭 45.7 千米光缆开通；7 月，农场全自动化程控电话全部开通，共装电话 970 部。1999 年，西洞庭固定程控电话用户达 4000 户。2001—2007 年，手机逐步普及，全区程控电话用户从 8400 户降至 4800 户，年收入从 350 万元降至 280 万元。2015 年，全区有固定程控电话 5500 户，宽带用户 1200 户，高带宽政企用户 30 多家，手机用户突破 1600 户，各项业务年收入达 410 多万元。

水利建设

堤防 唐代，境内即开始围垸。明、清及民国期间，堤垸修溃不定。1949 年，境内有王毛岭、集成、九百弓、祝丰等垸。1954 年治理洞庭湖时，将各垸并入常德县民主阳城大垸内。民主阳城垸临洪大堤（冲柳撇洪河大堤）西洞庭段境内长度为 2240 米。1955 年 1 月，在民主阳城垸内划出 105 平方千米荒湖、土地建立国营西洞庭农场。建场后，农场围修的环场渍堤全长 65.6 千米，其中境内的白芷湖渍堤长 2150 米。1955—1957 年，白芷湖水从干劲桥流出，东向注入牛屎湖，亚河两岸渍堤长 20.5 千米。1978 年，开通西高干渠，将白芷湖水从玉带沟经高堰岗、泥港口至常德县韩公渡乡建丰村入牛屎湖。1990—1999 年，农场投工 114.3 万个，动用机械 108 台，共 11 次在常德县三角堤，胜利桥、蒿子港、沙河口、牛望咀、麻河品培修临洪大堤，共完成土方 155.5 万立方米。临洪大堤、间堤的防护，由常德县民主阳城垸统一安排。境内间堤防护，北起中河口乡铁甲村，南至七分场与三分场交界处。白芷湖南渍堤为省道公路干线。于 1987 年、1988 年护坡 2700 平方米，其中块石 1990 平方米，六角混凝土 800 平方米。1997 年，西洞庭成立堤防站，与民主阳城垸修防会脱离，白芷湖堤段由农场负责培修。至 2014 年无变化。

渠道 西高干渠。1978 年开通，北起清水塘，南至鼎城区韩公渡镇建丰村，全长 12350 米，境内段长 4000 米，为白芷湖与牛屎湖（龙泉湖）连通水道。

经一渠。北起二分场三队，南至泥港口，经 1974 年、1975 年 2 次开挖，全长 9600 米，境内段长 4000 米。

经二渠。北起常蒿公路四号涵管，南至王家湖堤，经 1955 年、1966 年、1974 年 3 次开挖，全长 12350 米，境内段长 4500 米。1993 年 6 月，因修省道 1851 线（S205 线）被填作路基。

经三渠。北起东北湾，南至纬十渠，经 1955 年、1956 年、1974 年、1978 年 4 次开挖，全长 12350 米，为管理区主要排灌渠道，境内段长 4000 米。

玉带沟（纬三渠）。东起白芷湖，西至清水塘，经 1957 年、1977 年 2 次开挖，全长 3200 米，为白芷湖与西高干渠交通水道。

纬四渠。东起鸡公汉，西至经一渠，经 1955 年、1957 年、1988 年三次开挖，全长 6875 米，境内段长 3940 米。境内部分经三渠至沙河段长 2830 米。2006—2011 年，被填充作龙天路（祝丰路）路基。

纬五渠。东起四分场五队，西至经二渠，经 1955 年、1973 年、1976 年三次开挖，全长 7050 米，境内段长 1850 米。境内部份被填充为广益大道路基。

泵站、涵闸 1957 年，在经三渠北端建东北湾泵站小（二）型。2003 年后，主要排放造纸、制糖废水及居民区生活污水、雨水。2009 年修岳常高速公路时废弃。1980 年，建成位于团结村的棠叶湖泵站小（二）型。排灌范围为二分场八队（团结村 3 组）。另有各生产队（村民小组）排灌小机埠 4 处。

2014 年，境内规模以上涵闸（5 ~ 15 个流量）9 处，分别为：清明障进水闸小（一）型，清明障节制闸小（一）型，清明障灌溉闸小（二）型，经一渠节制闸小（二）型，清水塘 1 号闸小（二）型，清水塘 3 号闸小（二）型，团结三号闸小（二）型，天福 1 号闸小（二）型，果园 2 号闸小（二）型，全为单孔钢混平板门型式。

电力

发电 1956 年 3 月，农场在境内建成修理厂发电站，装机容量 50 千瓦，年发电量 14 万千瓦时。原动力为 75 马力蒸气机，由榨油厂锅炉供气发电，主要用于农机修理、打米、榨油。1965 年淘汰。1962 年，农场在境内建成扬水站发电站，年发电量 10 万千瓦时。1966 年，蒿子港—祝丰垸输电线架通时被淘汰。1984 年，在境内建成糖厂热电站，装机容量 3000 千瓦，年发电量 250 万千瓦时。1985 年，该站与农场 35 千伏变电站并网运行。1986 年，热电站由季节性发电改为常年发电。1988 年淘汰。

供电 1966 年 8 月，蒿—祝线（常德县蒿子港镇至祝丰垸电排）10 千伏高压线路投入运行，主干线 11.4 千米，装机容量 1235 千伏安，沿途为扬水站电排、纸厂、修配厂供电。1985 年 10

月联络线投入运行，从农场35千伏变电站至糖厂热电站，全长5千米。1987年延伸至纸厂高压开关站，长0.55千米。1985年春，从常德县断港头变电站至农场的35千伏线路投入运行，全长15千米。1979—1989年，糖厂、纸厂、粮油加工厂、罐头厂、二分场、七分场相继架设10千伏安高压线路。2002—2010年，进行电网改造。境内祝纸线长11.18千米，17665千伏安。祝集线长15.51千米，3320千伏安。祝镇线长7.42千米，8210千伏安。祝加线长8.71千米，6935千伏安。祝断联络线，长18.52千米。

变电站 1978年10月，农场35千伏变电站在境内投入运行，有7条输电线路，总容量6350千伏安，年供电580万千瓦时。1985年该站扩建高压电容量，主控室各一间，与糖厂热电站并网运行。1988年再次扩建，新增高配室、主控室，10千伏输出线路共17条。1989年供电总量达2600万千瓦时。1992年，升压改造为110千瓦变电站，年供电量为3800万千瓦时。2003年4月，异地重建后投入运行，年供电量6000万千瓦时。2014年，年供电量14000万千瓦时。

供水 排水 供气

供水 1994年12月，新建的总场自来水厂向场部规划区各单位、企业、居民家庭供水。1998年，供水延伸至二分场。日处理水5000吨。2003年，改制为民营企业泓利水厂。2004—2015年，泓利水厂主干枝管网长达120千米，管网进户7100户，供水人数31400人。

排水 2012年，祝丰镇城区雨水分为12个排水分区。1至10分区雨水排入经三渠。11至12分区向南排放。2009年，新增城镇排水管网2436米。根据排水方向，11个排污分区沿经三渠设置污水收集干管，向东排入污水处理厂。2014年9月，新建的污水处理厂通过验收，达标正式运行。

供气 1994年，农场在境内建液化气站1座，向居民及招待所、餐馆供气。至2010年，年均供气256吨。2011年7月，常德市恒源管道燃气有限公司进入西洞庭。2013年6月，正式供气，有居民用户4300户、非居民用户160户。2015年，居民用户达6400户，非居民用户420户。

城镇建设

城镇规划 建场初期，镇域即为农场场部所在地，党政机关、学校、医院，交通、金融、税务、邮政、供销部门，部分场办企业都在境内办公或经营，逐渐成为西洞庭的政治、经济、文化中心。1991年，农场成立城镇规划建设领导小组，编制城镇规划。至2000年，基本形成北起银骏纺织厂北端、南至祝丰变电站、东起粮店、西至粮油加工厂，总面积2.8平方千米的场部规划区。主要街道有迎丰路、庆丰路、永丰路、常丰路、安丰路、祝丰路，具备小城镇的雏形。2006年，常德市政府批准《常德市西洞庭管理区祝丰镇总体规划（2008—2015）》。中心城区规划范围南至祝丰变电站，西至沙河，北至X042线，东至迎丰路以东1100米，总面积15.1平方千米。

街道建设 2002—2008年，对迎丰、祝丰、育才、广电、常丰路进行改造升级。2009—2015年，新建成沅澧大道、洞庭大道、农垦大道、西环路、南环路、广益大道、北环路、龙天路。所有道路人行道、下水道、电子监控、交通标识、绿化带、路灯等设施齐全。

居民小区建设 2005—2015年，龙信城市家园、鑫湖缘时代广场、鑫湖桂花园、洞庭明珠、嘉盛佳园、瑞丰新城等居民小区相继建成，建筑面积49.72万平方米。东郊、天福、龙天、果园、棉纺厂等安置小区共建安置房1245套、廉价房1026套。

园区建设 2009年6月，常德市西洞庭食品工业园成立。10月，《常德市人民政府关于原则同意常德市西洞庭食品工业园总体规划（2009—2030）的批复》颁发，规定园区发展规划为近期（2010—2020年）建设用地16.4平方千米，远期（2020—2030年）33平方千米。2012年，食品工业园被列名为省级工业集中区。2013年，食品工业园更名为常德市西洞庭生物科技园。按照“两型园区”、“城市新区”的战略布局，基础设施建设与城区建设同步进行。近期城镇园区布局以银骏路为界，以北为工业发展区，以南为生活服务区。在四纵五横主干道路框架形成的基础上，边征收拆迁，边招商引资。2010—2015年，共征地6800亩，拆除房屋300栋，进驻规模以上企业40家。

新农村建设 2006年，全镇启动新农村建设，年底，中洲村被确定为市重点示范村。2007年，清水塘、龙洲、团结村被确定为市级示范村。2006—2007年，清水塘、中洲、团结、天福、龙洲、果园、东郊村编制完成《村庄整治建设规划》。2008—2010年，清水塘、龙洲、中洲、团结、天福、果园、东郊村新村部全部建成。2009年1月，铺设自来水管道解决东郊、果园、龙洲、清水塘、二砖厂、东北湾社区4108人的安全饮水问题。2010年9月，完成1045户的危房改造工程。2006—2015年，硬化通村公路27千米；有线电视入户率100%。

社会事业

教育

幼儿园 1958年4月，农场在境内建成第一所幼儿园，有幼儿80人。1960年，幼儿园增至13所，在园幼儿245人。1964年，有幼儿园11所，在园幼儿264人。1971年，有幼儿园41所，在园幼儿1420人。1980年，有幼儿园38所，在园幼儿986人。1983年，有幼儿园30所，在园幼儿1040人。2014年，有幼儿园2所，在园幼儿612人。2015年，有幼儿园2所，在园幼儿607人，幼师53人。

小学 1956年，农场在境内建成小学1所，学生52人，教职工6人。1967年，有小学8所，学生434人，教职工26人。1989年，小学合并，境内有二分场学校、糖纸厂学校、中心完小，有学生1044人、教职工120人。2002年，糖纸厂学校与二分场学校合并，更名为祝丰完小。2015年，中心完小有学生1242人、教职工63人；祝丰完小有学生264人、教职工17人。2015年，普及率、巩固率、升学率均为100%。

中学 初中。1966年，总场职工子弟学校附设初中班，学生14人、教师4人。1967年，学生153人、教师15人。1975年，学生543人、教师44人。1985年，职工子弟学校中小学分设，成立国营西洞庭农场第一中学，为全日制中学，有学生568人、教师46人。2001年，更名为西洞庭管理区第一中学。2010年有学生1439人、教师96人。2015年，有学生1095人、教师79人。

1971年8月，二分场学校开设初中班，1994年10月，并入西洞庭一中。1973年8月，七分场学校开设初中班，1985年7月，并入西洞庭一中。

高中 1970年9月，西洞庭一中开设高中班，时有学生45人，教师4人。1974年，有学生209人，教师14人。1975年8月，七分场学校和二分场中学开设高中班，各有教师4人，学生40余人。1978年8月、1982年7月，七分场学校高中班和二分场学校高中班分别并入西洞庭一中。1983

年，西洞庭一中有学生385人、教师16人。2010年，有学生1962人、教师98人。2015年，有学生1249人、教师98人。

中等职业教育 1958年8月，成立西洞庭农技校，1960年9月停办，有毕业生209名。1984年8月，成立农场职业中学。1988年7月停办，共有毕业生79人。

成人教育 1956—1989年，境内共有15394人（次）参加职工业余教育。

1983年7月，有278、109人分别参加常德地区青壮年职工高、初中文化补课考试，合格率均达50.6%。至1995年，共有23896人（次）参加扫盲教育，脱盲率88.3%。

1981—1990年，西洞庭农广校共毕业学生114人，培训513人（次）。1985—1989年，有459人获成人高考大专文凭，90人获中专文凭。至2015年年底，共有85人，34人分别获得中专、大声学历。

文化体育

文化 1956年3月，农场在境内成立电影放映队，全年放映50场，并建成俱乐部。1981年，新建一座2000座位的工人俱乐部。1992年，电影队由个人承包，1995年解散。

1956年，农场广播站在成立。1973年，境内各生产队均成立小广播站。1977年，二分场建广播站。1973年，农场首次购买黑白电视机1台。1984年10月，农场建成10瓦电视差转台，成立广播电视站。1990年，成立西洞庭电视台。

1956年，农场在境内建立图书室。2001年撤销。2001—2015年，境内有农家书屋12家，有图书2.1万册。

1960年，农场在境内成立西洞庭农场文工团，至1965年，共演出近千场。1966年12月，文工团撤销，成立毛泽东思想文艺宣传队，1968年撤销。1971年，成立文艺剧团，1983年解散。1984年由个人自发组建剧团，1987年解散。1989年，成立音乐协会。1990—2015年，境内有歌舞团4个，年均演出170 ~ 200场。

2007年6月，管理区在境内成立西洞庭诗词书画影协会，有会员56人。2007—2015年，共承办展览8期，出版《洞庭芳草》9期，刊登诗词曲赋对联散文1560首（副、篇）。

2007—2010年，修建沙河广场、明珠广场，共1.2万平方米。2010年8月，建成西洞庭文化宫，面积5000平方米，座位1300个。2003—2015年，共主办春节文艺晚会10次，主办电视歌手大赛，红歌赛、歌咏会7场。2015年，有电游、网吧、歌厅、影剧院、书店等共35家。

体育 1955—2015年，境内共举办小学生田径运动会19次，小学生球类运动会18次；中学生田径运动会23次，球类运动会19次。1989—2015年，共有204人被各类体育院校录取。

1955—1989年，境内举办4次职工球类运动会。

1974—1989年，举办5届篮球运动会，6届乒乓球运动会，1届女子排球赛。

2007—2015年，共举办6届职工球类运动会。

1958—2015年，境内共举办15届象棋运动会。

2015年，境内共有各类运动场所24处。

医疗卫生

1955年3月，农场在境内设立医务室，逐步发展成卫生所。1962年4月，卫生所改为西洞庭农场职工医院。1989年，医院有病床260张。1998年，有床位160张，年门诊量2万人次。出院2876人次。2009年，年门诊3万人次，出院3000人次。2011年，更名为“西洞庭管理区人民医院”。2003年，改制为私营医院“常德西洞庭人民医院暨常德市第一人民医院西洞庭协作医院”。2012年1月，由管理区收购，恢复“西洞庭管理区人民医院”名称。2015年末，有医护技人员85人，年门诊41400人次，出院3200人次。

1962—1984年，二分场、七分场、糖纸厂、加工厂分别成立卫生所，各有简易病床4～5张，有手术室和临床检验设施。2004年4月，撤销上述卫生所，成立祝丰镇卫生院，有床位7～11张。2009年7月—2010年12月，境内有村级卫生室12家。至2014年无变化。

1955—1969年，卫生防疫由职工医院兼管。1970—1980年，医院设专职防疫人员1名。1981年成立防疫办，1989年改为卫生防疫站。2001—2014年，更名为西洞庭管理区疾病控制中心。

1955年7月，农场在境内发现第1例血吸虫病人，以后，血吸虫病逐年得到整治。1969年9月，成立血吸虫病治疗组，配专业医生1名，血防化验员6～7名，每年普查1次。1985年，血吸虫病人由西洞庭职工医院收治。1956—1989年，共查出病人1241例，治疗505例。1992年，通过省检，不再列入血吸虫病疫区。1995—2015年，对新增小面积钉螺进行灭螺处理。境内4名血吸虫病人得到治疗。

社会保障

军人优待和军人抚恤　1966－2015年，每逢“八一”、春节，召开座谈会，对军属进行慰问。1984—1987年，现役军人优待金年均每人200元。1987年，现役军人优待金增至480元。2010年，农村兵增至1200元，城市兵增至1300元。截至2015年，共接待安置复员退役军人47名。

社会救助　1955—2000年，发放职工困难补助金11.2万元。2015年，有1268人享受城市低保，发放低保金394.34万元；有407人享受农村低保，累计发放低保金64.36万元。

社会福利　1986年1月，二分场办起全场第一家敬老院。2004年10月，由管理区接收后，至2010年累计投入150万元进行改造升级。2015年，共有床位56张，入院供养48人。

社会养老保险　1981年，境内退休14人，由农场补贴退休费用10442元。1989年，根据省农业厅、省劳动人事厅文件精神，对1989年后新定职工进行养老统筹。是年，境内有退休人员548人，发放退休费45.6万元。随着经济状况、生活水平的不断变化，农场于1990年、1995年、1996年、1997年对统筹标准进行调整。1998年，农场并轨加入常德市企业职工基本保险，境内共有6683人参保。2010年，养老保险实现全省联网，境内共有11546人参保。有退休人员1794人，发放退休费481万元。2015年有退休人员5477人，发放退休费1.24亿元。

城镇职工医疗保险　西洞庭自建场开始就实行全员公费医疗制度，干部职工的医疗费用全由单位实报实销。1983年后，农业职工实行门诊费包干，住院报销；个体经营人员由自已负担。1989年后，30年以上工龄老职工和独生子女医疗费报销90%，干教医人员根据工龄长短分别报销70%～90%。1992年4月，农场对职工和其家属规定报销范围和标准。1994年，农场实行总额包干，超支不补，结余留用。门诊费对不同人员规定不同的最高限额。住院费根据总额大小分档计算报销比例，同时鼓励干部职工参加社会医疗保险。1996年3月，农场规定门诊费按工龄分档，分段计算，包干到人，最低70元，最高160元。住院费用，离休干部全报，其他人员按工龄分档分段，按不同比例报销，最低60%，最高80%。工伤，职业病、精神病及晚期血吸虫病全报。2002年9月，管理区出台《西洞庭管理区城镇职工基本医疗保险和大病医疗互助暂行办法》，规定参保人员实行个人账户门诊包干，住院费用分段计算，累加支付，根据住院费的不同额度，按不同比例报销，平均7%，最高限额8万元。是年，境内参保达135人。2003年4月，管理区修改《暂行办法》，并要求原农场机关及事业单位的退休职工一次性补缴10年的医疗费6420元（单位3420元，个人3000元），城镇职工医保正式启动。是年，境内参保459人。2015年，参保4007人。

城镇居民医疗保险 2007年，境内发放城镇居民医疗卡2018张。2008年,境内参保1968人，2015年参保6893人。

新型农村合作医疗 2007年10月启动，是年参保2348人。2010年，参保11365人。2015年，参保12745人。

工伤保险 2005年6月启动，是年，境内参保登记人数51人。2015年，参保5004人。

失业保险 1995年，农场开始建立失业制度，针对因机构改革失业的人员，按《中华人民共和国劳动法》规定发放一年的失业金。一年后除部分50周岁以上的老职工外，其余不再发放。2003年9月，管理区制定《失业保障试行办法》。2005年，境内失业保险人员464人，2015年，参保278人。

生育保险 2005年5月启动，是年，境内参保864人。2010年，参保873人。2015年，参保929人。

特色地情

名优特产

食品 汇美食品的鑫湘汇罐头于2008年9月获第三届国际食品博览会金奖。广益粮油的祝丰大米、精菜籽油于2009年10月获中国（长沙）国际食品博览会金奖。

风景名胜

甘露寺 位于果园村九百弓堤旁。清代和民国时期，甘露寺即有佛教信徒进行活动，后毁于匪患。1993年，经市宗教局批准，由信徒捐资在原址重建。2000年，庙宇扩建，占地5亩。2014年，更名善导寺，在距原址300米处新建，建筑面积6000平方米，有大雄宝殿、藏经楼等殿宇及佛教宾馆。

（文字供稿：肖尚久，图片供稿：程龙）

望洲办事处

区域概况

位置面积

望洲办事处位于管理区东北部，因该地远望如水一洲，故名。东与鼎城区蒿子港镇相邻，东南与管理区龙泉办事处交界，西南与管理区金凤办事处毗连，西北以经三渠为界与管理区祝丰镇接壤，北以白芷湖大堤为界与鼎城区中河口镇、蒿子港镇相望。办事处机关驻望洲大道棠叶湖村段西侧，距管理区管委会驻地4.5千米。2001年，望洲办事处面积23.10平方千米。至2014年无变化。

建置沿革

1955年1月，建立湖南省国营西洞庭农场，境域属农场第一作业区。1958年11月，改为农场第一中心队。1960年，改为农场第一分场。1968年，改分场、生产队、作业组建制为营、连、排军事建制。1970年，恢复分场、生产队、作业组建制。1984年，农场将全场69个农林牧渔业队更名为管理站。1999年1月，农场撤销分场、管理站、作业组，将一、二、三、四站合为唐林公司，五、六、七、八站合为望洲公司，九、十站合为枫树公司，另设留守一分场。2001年2月，西洞庭管理区将上述公司、留守分场改为望洲办事处，至2014年无变化。

行政区划

2001年2月望洲办事处成立后，辖唐林、东湖、罗家湖、枫树、棠叶湖、白芷湖6个行政村，共17个村民小组。至2014年无变化。

人口民族

2001年，望洲办事处有1731户6204人，其中男性3124人；人口出生率12.4‰；少数民族56人，其中土家族10人、苗族9人、维吾尔族9人、回族10人、壮族10人、侗族8人。

2015年，望洲办事处户有1640户5284人，其中男性2715人；人口出生率12.6‰；少数民族58人，其中土家族11人、苗族10人、维吾尔族9人、回族10人、壮族10人、侗族8人。

经济发展

农业

种植业

水稻　1955—1987年，水稻为境内的主要作物。1988年，种植水稻12200亩，总产216.08万公斤，亩产214公斤。1989年，种植面积降至6400亩，总产137.60万公斤，亩产215公斤。2012年，降至130亩。2015年，增至6740亩。是年，罗家湖、唐林2村建成总面积1000亩的优质稻示范片。

棉花 为境内旱土主要栽培作物。1955年，播种645亩。1975—1984年，年均种植8500亩，亩产皮棉58公斤。2015年，种植1250亩。

甘蔗 1970年引种。1995年，上交原料蔗4万吨。1997年，种蔗1万多亩，总产突破5万吨，占西洞庭农场总产量的三分之一，获糖厂奖励8万元。1990年，一分场二站实施水田种植甘蔗获得成功，加之甘蔗宿根技术、地膜覆盖技术、化学除草技术日渐成熟，带动全场水田甘蔗大面积种植。2014年后，停止种植。

朝鲜蓟 2005年引种。2014年，种植1800亩，亩产210公斤。棠叶湖村村民庄大伏种植的朝鲜蓟亩产980公斤。2015年，种植1930亩。

油菜 1964年，种植738亩，亩产油菜籽25公斤，总产1.84万公斤。1980年，亩产增至77公斤。2009年，亩产180公斤。2015年，种植3470亩。

蔬菜 2015年，种植大棚蔬菜10亩，其他蔬菜110亩。冬、南瓜850亩。

其他 2015年，种植莲藕1530亩，玉米3940亩，小麦3885亩。

养殖业

猪 1955—1989年，年均上交2070头。2010年，养猪8240头。2015年，养猪8745头。

牛 1955年，养水牛110头。1990年，养牛157头。2001年，增至1210头。2015年，降至143头。

羊 1989—1999年，年均出栏384只。2001年，增至2010只。2003年，减至385只。2004—2015年，年均出栏150～200只。

鸡 1955年，795羽。1989年，30840羽。2010—2015年，年均养殖50180羽。

水产品 1984年，开挖鱼池2710亩。1989年，有精养鱼池1910亩。2015年，有养殖水面3000亩。白芷湖健康水产养殖合作社亩均收入达4000元。

工业

酿酒 1981年1月，一分场酒厂建成投产。1985—1987年，酒厂产品销往全国10多个省市。1989年，产酒1100吨。1990—1992年，产量陡降，产品积压，贷款回收难。1993年关停。

造纸　印刷 1976年11月，农场造纸厂协助一分场设计安装1台日生产能力为5吨的1092毫米的造纸机，1978年4月试车投产，以稻草为原料石灰法制浆，生产本色包装纸。1979年10月划归总场，编为3号纸机，更名为二纸厂。

1985年1月，一分场纸箱厂投产。次年5月，转为分场直属企业，年产值80万元，实现利税13万元。1987—1989年，累计完成产值373万元，实现利税46.7万元。1989年更名为西洞庭包装厂。1995年划归总场直属。1998年，经常德市体改委批准，该厂作为西洞庭农场首批示范改制企业实行股份制改革，周亚毫等人出资284万元整体买断产权，更名为常德杰豪彩印包装有限公司，有员工200人。是年，完成产值2000多万元，上缴国、地两税100多万元。2003—2014年，累计完成工业产值1.9373亿元，营业收入1.9478亿元，实现利润101.9万元，上交税金370.3万元。

基础设施

交通运输

1957年，始修砂石公路，X042线西洞庭段西起清水塘，东至干劲桥，全长6.99千米，境内长2千米。X032线白芷湖至牛屎湖公路，1957年始修，后经1976、1987年两次增修，全长12.5千米，境内长3千米。1998年8月，社会集资328.62万元，将路面硬化。2006—2015年，硬化通村公路13.8千米，整修田间公路30千米。

水利建设

堤防 农场围修的白芷湖渍堤总长14.41千米，境内长2.15千米。

渠道 经三渠全长12350米，境内长4000米。1955年、1956年、1974年、1978年4次开挖。经四渠全长9230米，境内长4000米。1955年，1966年，1974年、1975年4次开挖。纬四渠全长6875米，境内长2000米。纬五渠全长7050米，境内长1500米。

泵站 涵闸 2015年，境内共有小（二）型、设计流量5～15立方米/秒的涵闸26处，各型泵站6处。

2010—2015年，硬化大排渠7.8千米，中型渠35千米，平整土地3500亩，新修抗旱泵站3座，装机容量90千瓦。改造中型泵站1座，装机容量120千瓦。旱地改水田7000亩。

供电饮水

供电 1965年5月，断毡线投入运行，主干线长12.6千米，境内长2千米。1966年8月，蒿祝线投入运行，主干线长11.4千米，境内长2千米。1978年，农场35千伏变电站建成后，上述二线相继拆除。1979年，建成10千伏输电线，保证一分场的生产、生活用电。2002—2010年，管理区实行电网改造，架通祝望线，全长30.94千米，境内长26.94千米。2014年，生产生活总用电量439万千瓦时。

饮水 2010年，管理区水利局延伸龙泉水厂管网，日供水420立方米，解决棠叶湖、枫树、罗家湖村1006人的安全饮水问题。2012年，续建龙泉水厂管网，日供水1000立方米，解决望洲办事处墟场、东湖、棠叶湖、白芷湖、唐林村共2550人的安全饮水问题。

新农村建设

2006年，启动新农村建设，白芷湖、唐林村被确定为市级示范村。2006—2008年，唐林、白芷湖、棠叶湖、东湖、罗家湖、枫树村编制完成《村庄整治建设规划》。2008—2010年，境内6个村部全部新建。2010—2015年，完成白芷湖村市级美丽乡村三年建设规划和东湖村区级美丽乡村三年建设规划的编制和实施。2015年，办事处墟场居民小区和棠叶湖居民小区安居保障工程完成一期建设，各有26户居民建房入住。全处共建垃圾池65个，垃圾机械收集转运箱3个，垃圾清扫收集工具6套；有专职保洁员7名。白芷湖村投入60万元，新建、整修水泥路4千米，整修沟渠3千米，安装太阳能热水器36台；整修渠道6千米，进村主干道宽度由3.5米扩至5米；新建硬化道路0.6千米，整修主干渠7千米，培植绿化树苗和花卉3000株，安装路灯50盏，绿化道路2千米。

社会事业

教育

幼儿园 1960年，境内有幼儿园1所，入园幼儿45人。2003年，一分场幼儿园、新星幼儿园合为望洲完小幼儿园，入园幼儿68人、教师4人。2015年，入园幼儿115人，幼师6人。

小学 1967年，境内有小学3所，学生192人。1968年3月，合并成九年一贯制学校。1994

年，中小学分离，成立第一完全小学。2003 年，一完小更名为望洲完小。2010 年，望洲完小有学生 172 人、教职工 17 人。2015 年，望洲完小有学生 201 人，教师 16 人。

中学 1968 年 3 月，一分场中学开办初中班，有学生 34 人、教师 3 人。1976 年 9 月，一分场中学开办高中班，有学生 100 人，教师 6 人。1981 年 7 月，高中班并入西洞庭一中。1989 年，有学生 189 人、教师 15 人。1993 年有学生 220 人，教师 21 人。1994 年 9 月，学校更名为西洞庭二中，有学生 315 人、教职工 21 人。1997 年 12 月，并入西洞庭一中。

成人教育 1956—1989 年，5468 人（次）参加职工业余教育。1956—1995 年，10416 人（次）参加扫盲教育。1981—1990 年，有 47 人从西洞庭农广校毕业，398 人（次）参加培训。1989—2014 年，有 17 人获得中专学历，7 人获得大专学历。

文化体育

1977 年，建立一分场广播站。2001—2015 年，境内有农家书屋 7 家，累计图书 8000 册。有各类体育设施 8 处。

医疗卫生

公共卫生 1962 年 1 月，建立一分场卫生所。1989 年，卫生所有简易病床 4 张以及手术室和临床检验设施。2003 年，有医务人员 4 人。2004 年，卫生所更名为望洲办事处卫生院，有医务人员 4 名，其中防疫、妇幼保健专干各 1 人。医院建筑面积 2000 平方米，有床位 11 张，能开展三大常规检查，有多功能产床、干燥箱、心电图机等设备。2015 年，境内有医务人员 3 名，接待门诊 3000 人次。

血吸虫病防治 1956—1989 年，共查出血吸虫病例 721 例，治疗 236 例。1992 年，通过省检，不再列为血吸虫病疫区。

社会保障

现役军人优待 1984—1986 年，现役军人优待金年人均 200 元。1987 年增至 400 元。2010 年，农村兵和城市兵分别增至 1200 元、1300 元。

最低生活保障 1955—2000 年，发放职工困难补助 5.86 万元。2015 年，有城市低保人员 541 人，发放低保金 168.25 万元。农村低保人员 302 人，发放低保金 44.69 万元。

社会养老保险 1989 年，场内有统筹退休人员 187 人，发放退休费 15.89 万元。1998 年，退休 624 人，发放退休费 168.4 万元。2015 年，有退休人员 1002 人，发放退休费 2273.73 万元。

医疗保险 1955—1982 年，境内实行全员公费医疗。1983 年后，农业职工实行门诊费包干，住院费报销；其他个体经商人员由自已负担。1989—2002 年，对干教医人员的门诊费、住院费多次作出调整。住院费按工龄长短制定不同报销比例，门诊费实行包干，超支不补，并规定工伤、职业病、精神病、晚期血吸虫病住院费全报。2002 年 7 月，实行城镇职工医疗保险，有 34 人参保。2015 年，有 42 人参保。

2005 年，实行新型农村合作医疗制度，有参合人员 2168 人。2007 年，实行城镇居民医疗保险，有 20 人参保，2015 年，有 3405 人参保。

特色地情

名优特产

朝鲜蓟 2005 年引进。2014 年，种植 1800 亩，亩产 210 公斤，亩平收入 2000 多元。

文物古迹

白芷湖、唐林遗址 2010年4月，经常德市文物局专家普查，确认在白芷湖、唐林2村发现6处新石器时期文化遗址。出土文物有鼎、豆、釜、罐等，主要为灰陶、红陶，纹饰以绳纹、衣格纹、篮纹为主，距今4000～4600年。

文昌阁遗址 位于唐林村。文昌阁始建于清乾隆二十年（1755），道光二年（1822）重修。今存石碑1块。

（文字供稿：肖尚久）

金凤办事处

区域概况

位置面积

金凤办事处位于区境西南部，因境内有金凤山而得名。东与管理区龙泉办事处为邻，南隔龙泉湖与汉寿县罐头嘴镇相望，西南与鼎城区韩公渡镇交界，西与鼎城区石公桥镇毗连，北与管理区祝丰镇接壤。办事处机关驻地设金凤山村纬九渠与S205线交汇处，距管理区管委会驻地6.5千米。2001年，辖区面积26.60平方千米，有耕地10951.1亩，林地5931.9亩，果园2460亩，鱼池7371亩。至2014年底无变化。

建置沿革

1955年1月，建立西洞庭农场，境域为农场第三作业区。1958年11月，改为农场第三中心队。1960年，改为第三分场。1968年，改分场、生产队、作业组建制为营、连、排军事建制。1970年，恢复分场、生产队、作业组建制。10月，从三分场析置五分场。1984年，农场将全场69个农林牧渔业队更名为管理站。1999年1月，农场撤销分场、管理站、作业组，将三分场六、七、八站合为官寺公司，三、四站合为龙天公司，一、二、五站合为麒麟公司。五分场五、六、七、八站合为港口公司，一、二、三、四站合为金凤公司。另设三、五留守分场。2001年2月，上述公司及留守分场合并建立金凤办事处，至2015年无变化。

行政区划

2001年2月，金凤办事处成立后，辖金凤山、王家湖、港口、南湖、彭家洲、龙天、仁义7个行政村，共计40个村民小组。至2015年，所辖行政村无变化。

人口民族

2001年，金凤办事处有2076户6034人，其中男性3095人；人口出生率12.4‰；人口以汉族为主，少数民族36人，其中苗族11人、土家族9人、壮族9人、侗族7人。2015年，金凤办事处有1974户5964人，其中男性3016人；人口出生率12.6‰；人口以汉族为主，少数民族39人，其中苗族12人、土家族10人、壮族10人、侗族7人。

经济发展

农业

种植业

水稻　水稻为境内主要农作物。1955年，种植 11065 亩，亩产 154 公斤，总产 170.4 万公斤。1980 年，种植 20384 亩，亩产 208 公斤，总产 367.97 万公斤。1989 年，水田甘蔗增加，水稻种植面积降至 11240 亩，单产 218 公斤，总产 245.03 万公斤。2015 年，种植 7255 亩，亩产近 1000 公斤。

棉花 为境内旱土主要栽培作物。1955 年，播种 632 亩，亩产皮棉 28 公斤，总产 17696 公斤。1975—1984 年，年均种植 6500 亩以上，亩产皮棉 58 公斤，年均总产 37.7 万公斤。种植面积最多的年份为 2004 年，达 12400 亩。亩产皮棉最高的年份为 2007 年，达 113 公斤。2015 年，种植棉花 2500 亩。

甘蔗 1970 年开始引种。1980—1989 年，年均种植 10450 亩，亩均入榨 3.84 吨，年均总产 40128 吨。种植面积最多的年份为 1998 年，达 10850 亩；亩均入榨最高的年份为 1997 年，达 6.5 吨。2014 年后未再种植。

朝鲜蓟 2005 年开始引种。2015 年，种植 7440 亩，收入 110 万元。龙天村亩产达 350 公斤，该村李建忠种植的朝鲜蓟亩产达 600 公斤，收入 60000 元；彭家洲村建成 300 亩朝鲜蓟种植基地。2015 年 5 月 5 日，“中国·西洞庭首届朝鲜蓟节暨朝鲜蓟生物科技高峰论坛”在该基地举行。

油菜 1956 年，种植 734 亩，亩产油菜籽 25 公斤，总产 18350 公斤。1975 年，种植 2430 亩，亩产 39 公斤，总产 94770 公斤。1982 年，推广油菜冬发技术，亩产 77 公斤。2009 年，亩产 180 公斤。2015 年种植 3132 亩。

蔬菜 1960 年前后，种植 840 亩。实行家庭承包经营后，分散到各家各户种植。1983 年后，蕃茄种植面积逐年扩大，至 1989 年扩大到 640 亩。1996 年，蕃茄种植面积仅 83 亩。2015 年，种植蔬菜 590 亩。

其他 1955—1960 年，年均种植芝麻 200 亩左右，亩产 32 公斤。之后，由职工自由种植。1955—1970 年，年均种植花生 250 亩，亩产 75 公斤。之后，由职工自由种植。2015 年，种藕 1000 亩；种冬瓜 3400 亩，亩产 8000 斤；种南瓜 2100 亩，亩产 4000 斤。

养殖业

猪 1955—1989 年，年均上交 2240 头。2010 年，养猪 9743 头。2015 年，养猪 10410 头。

牛 1955 年，养水牛 114 头。1990 年，养牛 156 头。2001 年，养肉牛 1540 头。2015 年，养牛 136 头。

羊 1989—1999 年，年均出栏量 414 只。2001 年，出栏 3000 只。2003 年，减至 400 只。2004—2015 年，年均出栏量在 300 ~ 400 只。

鸡 1955 年，养殖 780 羽。1989 年，32700 羽。2010—2015 年，年均 63100 羽。龙天村职工冯龙刚，2007 年，养蛋鸡 2000 羽；2015 年，达 5650 羽，获纯利 54000 元。

鱼 1984 年，开挖鱼池 1040 亩。1989 年，有精养鱼池 1732 亩。2015 年，有鱼池 1820 亩，鲜鱼总产 17400 吨。

林业

1955 年，栽植桃、李、橘共 43 亩。1967 年，造林 43 亩。1970 年，造林 159 亩。1989—2010 年，造黑杨林 5640 亩。2002—2005 年，造毛白杨 6743 亩。1978 年，栽种柑橘 1045 亩。2010—2015 年，境内柑橘种植面积稳定在 1780 亩左右，亩产 2500 公斤。

工业

酿酒 1980 年 1 月，兴办五分场酒厂。1982 年 12 月，兴办三分场酒厂。1985 年，两厂共产白酒 1764 吨，创产值 256.13 万元。1993 年，酒厂停办。

建材 1980年7月，五分场砖瓦厂建成投产。1983年5月，三分场砖厂建成投产。1980－2008年，两厂共产红砖54552万块，产红瓦32864万片，创产值15901万元。2001年改制为民营企业，2015年停产。

包装 1985年7月，三分场纸箱厂投产，1993年关闭。其间共创产值165万元，实现利税16万元。

其他 1986年1月，三分场胶帽厂投产，至1989年，共产胶帽3840万个，创产值44万元。1991年停产。1987年，五分场猪鬃厂投产，年产量560箱，销售收入82万元，创外汇22.4万美元。1991年停产。

基础设施

交通运输

陆路交通 1957年始修西洞庭糖厂至五分场的县道糖五线，境内长5000米。1958年，修建三分场至四分场的县道三四线，境内长1820米。1975年，修建泥港口至六分场的县道泥六线，境内长3500米。S205线于1995年建成通车，自南向北纵贯办事处，全长7000米。2015年，境内形成省道、县道、乡道、村道四级公路网络，总长59.77千米，其中硬化50.55千米；四级公路网中，乡道4条，长8000米；村道26条，长29.45千米。

水路交通 1956年6月，农场在泥港口开辟码头。1962年冬，泥港口船闸动工，次年4月竣工。主要从事常德至农场的客、货运输。1980年后，船闸废弃。

水利建设

堤防 1955年，常德县民主阳城垸临洪大堤西洞庭段境内长度为2460米。农场环湖渍堤境内长度为4250米。1987年春，将牛屎湖至王家湖堤段用六角块护坡6000平方米，用水泥沙浆灌缝封闭。1996—2000年，对牛屎湖渍堤、冲柳高水间堤进行灌浆处理，共长19米。1996—1998年，对牛屎湖渍堤五分场二站段1500米堤段进行吹填加固，吹填土方42万立方米。1992—1999年，对牛屎湖渍堤西段2350米进行预制混凝土块护坡。

渠道 西高干渠：1978年开通，北起清水塘，南至鼎城区韩公渡镇建丰村，全长12350米，境内长8350米。经一渠：北起二分场三队，南至泥港口，全长9600米，境内长5600米。经二渠：北起常蒿公路四号涵管，南至王家湖堤，全长12350米，境内长8350米。1993年6月，因修省道1851线（S205），三分场八队至五分场大桥段被填作路基。经三渠：北起东北湾，南至纬十渠，全长12350米，境内长8350米。纬六渠：东起四分场民安硚，西至三分场八队，全长8375米，境内长4000米。纬七渠：东起经六渠，西至高干渠，全长8750米，境内长4250米。纬八渠：东起民安硚，西至经一渠，全长5925长，境内长2850米。纬九渠：东起牛屎湖渍堤，西至高干渠，全长3875米。纬十渠：东起经二渠，西至王家湖电排，全长3700米。

泵站　涵闸 1963年，建泥港口出水闸，小（一）型，设计流量25立方米/秒。

1979年，建设计流量为35立方米/秒的小（一）型泥港口低排闸、王家湖高排闸、王家湖低排闸；建设计流量为8立方米/秒的小（一）型王家湖灌溉闸和设计流量为5立方米/秒的小(一)型王家湖内排闸。泥港口节制闸，小（一）型、设计流量20立方米/秒，1998年建。泥港口高排闸，小（一）型，设计流量25立方米/秒。王家湖节制闸，小（一）型，设计流量 25 立方米 / 秒，1994 年建。彭家洲、南湖建有流量 5 立方米 / 秒的小（二）型涵闸 6 处。

供电

1978 年，西洞庭至王家湖电排的 10 千伏高压线路开通，主干线长 10 千米，境内长 8 千米，1982 年改造升级。1984 年，断港头至西洞庭的 35 千伏专线开通，全长 15 千米，境内长 5 千米。1979—1989 年，三、五分场相继架设 10 千伏专线，基本保障各单位生产、生活的用电需求。2014 年，生产、生活用电总量 456 万千瓦时。

新农村建设

2006 年，启动新农村建设。年底，仁义村被确定为区级示范村。2008 年，被定为市级示范村。2010 年，港口、金凤山村被定为市级示范村。2006—2008 年，仁义、彭家洲、龙天、港口、金凤山、王家湖、南湖 7 个村，编制完成《村庄整治建设规划》。2008—2010 年，7 个村村部全部新建。2006—2010 年，硬化通村公路 20.05 千米，硬化示范村环形公路 4.5 千米。2010 年，兴建金凤水厂，解决 7 村 6200 人的安全饮水问题。环境卫生整治到位。2015 年，建有垃圾池 196 个，焚烧池 280 个，聘用专职保洁员 9 名。彭家洲小区 1 ~ 7 栋交付使用，入住 168 户。有线电视入户率 100%，农村电网改造率 100%，实现城乡同网同价。

社会事业

教育

1958—1960 年，全区有幼儿园 4 所，入园幼儿 165 人，幼师 8 人。1980 年，幼儿园 2 所，入园幼儿 205 人，幼师 8 人。1999 年，有幼儿园 1 所，入园幼儿 148 人，幼师 4 人。2001 年，有幼儿园 1 所，入园幼儿 124 人，幼师 4 人。2015 年，幼儿园 1 所，入园幼儿 38 人，幼师 3 人。

1967 年，有小学 3 所，学生 116 人，教职工 24 人。1989 年，有小学 2 所，学生 526 人，教职工 46 人。1999 年，有小学 2 所，学生 534 人，教职工 48 人。2001 年，有小学 2 所，学生 538 人，教职工 48 人。2015 年，小学 1 所，学生 199 人，教职工 19 人。

1968 年、1970 年，三、五分场学校先后开设初中班。1989—1993 年，三分场学校共开设 21 个初中班，有学生 825 人；五分场学校共设 23 个初中班，有学生 976 人。1994 年 10 月，两分场学校初中班并入西洞庭一中。1977 年 8 月，三分声、五分场学校各开设 2 个高中班，共有学生 168 人；两分场高中班分别于 1979 年 8 月、1980 年 7 月合并到西洞庭一中。

1984 年 8 月—1988 年 7 月，共有农场职中毕业生 48 人。1956—1989 年，共有 12478 人（次）参加职工业余教育。至 2014 年年末，有 17 人，7 人分别获得中专、大专学历。

1956—1995 年，有 11487 人（次）参加扫盲教育。

文化体育

1977 年，三、五分场均建有广播站。2015 年，共有农家书屋 7 家，图书 8500 册；共有各类体育设施 8 处。

医疗卫生

1962 年 1 月、1970 年 10 月，三分场、五分场先后建成卫生所。1989—2000 年，三分场、五分场卫生所共有医护人员 13 人，其中防疫人员 2 人，妇幼保健人员 2 人，各有 700 平方米的医疗用房，简易病床 4 ~ 5 张。2004 年 4 月，成立金凤办事处卫生院，设岗 4 ~ 5 个，其中防疫专（兼）

干1人，妇幼保健专（兼）职人员1名，负责本区域内的防疫（含血防）和妇幼保健工作。2007年10月，全区2264人参加新型农村合作医疗。2009—2010年，有村级卫生室7家。2015年，卫生院建筑面积2000平方米，设床位11张，有开展三大常规检查的检验设备，有多功能产床、干燥箱、心电图机、恒温箱。是年，全区有6512人参加新型农村合作医疗。

1980—2015年，有286254人（次）接种流脑、乙脑、百日破、麻苗、精白等13种疾病疫苗。

1956—1989年，共查出血吸虫病人424例，治疗85例。1992年，通过省检，不再列入血吸虫病疫区。

社会保障

拥军优抚 1984—1987年，现役军人优待金从人年均200元增至480元。2010—2015年，农村兵增至1200元，城市兵增至1300元。至2015年，共安置复员军人21名。

社会救助 1955—2000年，给予职工的困难补助12.4万元。2015年，有城市低保人员843人，共发放低保金262.17万元；农村低保393人，共发放低保金48.39万元。

社会养老保险 1989年，境内共有退休人员564人，发放退休费43.2万元。1998年，农场并轨加入常德市企业职工基本保险，境内共有参保人员6724人。2010年，养老保险实现全省联网，境内共有参保人员5463人。有退休人员1684人，发放退休费463万元。2015年有退休人员1528人，发放退休费3467.33万元。

医疗保险 1955—1982年，职工的医疗费用全由单位实报实销。1983年后，农业职工实行门诊费包干，住院报销。其他个体经营人员由自已负担。1989年后，根据工龄长短，按不同比例报销。1994年，农场实行总额包干，超支不补，结余留用的政策。1996年，农场规定工伤、职业病、精神病、晚期血吸虫病全报。2002年9月，实行城镇职工医保，境内参保124人。2003年，406人参加城镇职工医保。2007年10月，全区1457人参加城镇居民医保。2015年，城镇职工医保参保人增至540名；3653人参加城镇居民医保。

（文字供稿：肖尚久）

龙泉办事处

区域概况

位置面积

龙泉办事处位于区境东南部，因域内有龙泉湖，故名。东与鼎城区蒿子港镇相连；南以龙泉湖南大堤为界，与黑山嘴乡和汉寿县罐头嘴镇相邻；西与管理区金凤办事处接壤；北与管理区望洲办事处毗连。办事处机关驻地设龙泉集镇龙泉大道北侧，距管理区管委会驻地7.8千米。

2001年，办事处面积32.07平方千米。至2015年，行政村区划和总面积无变化，有耕地18575亩，林地3494亩，果园152亩，鱼池1620亩。

建置沿革

1956年11月，农场建立水产专业队。1973年9月，水产专业队改为水产分场。1984年，改水产分场为西洞庭农场六分场。

1957年3月，西洞庭农场将接管的省地方国营滨湖农场改为第四作业区。1958年11月改为

龙泉湖美景

农场第四中心队。1960年，改为第四分场。1968年，改分场、生产队、作业组建制为营、连、排军事建制。1970年，恢复分场、生产队、组建制。1984年，农场将全场69个农林牧渔业队更名为管理站。1999年元月，农场撤销分场、管理站、作业组，将四分场五、六、七站合为龙泉公司，二、三站合为文书公司，一、四站合为民安公司。六分场一、二、三、四站合为长河公司。另设四、六留守分场。2001年2月，上述公司及留守分场合并建立龙泉办事处，至2015年无变化。

行政区划

2001年2月金凤办事处成立后，辖民安、文书、紫湾、大桥、毡帽湖、涂家湖6个行政村，共36个村民小组。至2015年，行政村区划无变化。

人口民族

2001年，龙泉办事处有1730户4465人，其中男性2374人；人口出生率12.5‰；少数民族41人，其中回族11人、苗族12人、土家族9人、维吾尔族5人、壮族4人。

2015年，龙泉办事处有1821户5631人，其中男性2904人；人口出生率12.6‰；少数民族44人，其中回族12人、苗族12人、土家族10人、维吾尔族6人、壮族4人。

经济发展

农业

种植业

水稻　1955年，种植10240亩，亩产156公斤，总产159.74万公斤。1980年，种植19480亩，亩产214公斤，总产416.87万公斤。1989年，种植9045亩，亩产450公斤，总产407.03万公斤。2015年，种植4825亩，单产985公斤，总产475.26万公斤。

棉花　1955年，种植624亩，亩产皮棉28公斤，总产17472公斤。1975—1984年，年均种植6300亩，亩产皮棉58公斤，年均总产36.54万公斤。种植最多的2004年，达10340亩。单产皮棉最高的年份为2007年，达115公斤。2015年，种植3700亩。

甘蔗　1970年引种。1980—1989年，年均种植9876亩，亩均入榨3.86吨，年均总产30470吨。亩平入榨最高为1997年，达6.6吨。2014年后，停止种植。

朝鲜蓟　2005年引种。2015年，种植920亩。

油菜　1956年，种植764亩，亩产油菜籽25公斤，总产19100公斤。1982年，亩产达77公斤。2009年，亩产达180公斤。2015年，种植3560亩。

蔬菜　2015年，种植大棚蔬菜146亩，其他蔬菜1025亩，冬、南瓜1250亩，菜藕324亩。

其它　2015年，种小麦5555亩，种玉米3610亩。

养殖业

猪　1955—1989年，年均上交2106头。2010年，养猪8570头。2015年，养猪9846头。

牛　1955年，养水牛108头。1990年，养牛164头。2001年，养肉牛1430头。2015年，养牛158头。

羊　1989—1999年，年均出栏量405只。2001年，出栏3108只。2003年，出栏396只。2004—2015年，年均出栏300～400只。

鸡　1955年，745羽。1989年，31400羽。2010—2015年，年均62140羽。涂家湖村职工任冬梅，2006年养蛋鸡5000羽，2015年增至8500羽。

水产　1984年，开挖渔池2480亩。1989年，

有精养鱼池1860亩。2010年3月，常德市西洞庭毡帽湖水产生态养殖合作社成立。2015年，境内有鱼池1620亩。是年，西洞庭毡帖湖水产生态养殖合作社养殖水面1600亩，出水甲鱼240吨，鲜鱼1240吨，产值3020万元，利润630万元，被农业部评为第五批水产健康养殖示范场。

林业

1955年，造桃、李、橘林46亩。1967年，造林56亩。1970年，造林174亩。1978年，发展柑橘1120亩。1989—2010年，共造黑杨林5820亩。2002—2005年，造毛白杨6850亩。2010—2015年，柑橘面积稳定在1840亩左右，年均亩产2650公斤。

工业

食品 1986年，六分场创办罐头食品厂，年内产量640吨。1992年，产量1200吨。1993年关停。

建材 1989年，建成四分场砖厂。至2008年，共产红砖5363万块，平瓦4408万片，创产值2609万元。

造纸 1986年3月，四分场纸厂建成投产，是年产纸546吨,创产值1420万元,利润50万元。1998年关停。

其他 1983年2月，四分场编织袋厂投产，是年产量20万条。1985年获利润4.16万元，上交税金1.08万元。1988—1989年，产编织品25.6万平方米，创产值33.4万元，创销售收入30.23万元，盈利2.3万元。1990年关停。

基础设施

交通运输

陆路交通 1964年，境内始修砂石公路。1990年，始修柏油路。X030线民安村至杨腊溪公路全长6480米，境内长2000米。县道三四线三分场至四分场公路全长5000米，境内长3180米。县道泥六线泥港口至六分场公路全长7000米，境内长3500米。县道糖五线糖厂至五分场公路全长12500米，境内长5000米。县道常六线一分场常蒿路至六分场全长9300米，境内长6800米。2014年，境域有乡道5条，长9400米；村道20条，长21670米。

水路交通 1955—1974年，泥港口哑河流经境内。期间，农场泥港口码头仓库于1963年10月迁往涂家湖。是时，农场共有船舶28艘，总吨位324吨。20世纪70—80年代，毡帽湖、文书湖等湖泊和马家障、篾匠口等哑河逐渐围垦，境内再无水路交通。

水利建设

堤防 建场后修建的主要环湖渍堤全长47400米，境内长度为27500米。1987年春，将牛屎湖渍堤一处险堤，挖出沙土，填粘土1800立方，分层夯实，填平碾压，达到防渗效果。1993—1994年，将牛屎湖渍堤金钱培土加固，长8825米,共完成土方52立方。1992—1999年，对牛屎湖渍堤东段1690米,进行预制混凝土护坡。2014年后无变化。

渠道 经三渠：全长12350米，境内长8350米。经四渠：北起常蒿公路，南至纬八渠，全长9230米，境内长7230米。经五渠：北起四分场一队，南至四分场六队，全长4175米。经六渠：北起纬六渠，南至纬七渠，全长1730米。纬五渠：全长7050米，境内长3000米。纬六渠：全长8375米,境内长4000米。纬七渠：全长8750米，境内长4250米。纬八渠：全长5925米，境内长2920米。纬九渠：全长3875米,境内长1840米。

涵闸 1955—2015年，境内先后建成小（一）

型、单孔或双孔、钢混平板门、设计流量 25 立方米 / 秒的涵闸 4 处。建成小（二）型、单孔、钢混平板门、设计流量 5 ~ 20 立方米 / 秒的涵闸 11 处。

供电

1979—1989 年，四、六分场相继架通 10 千伏专线。1988—2002 年，境内先后架设有西毡线，西涂线，祝龙线等输电线路，长度共计 68.35 千米，有变压器 27 台，装机容量 2866 千伏安，基本满足境内单位生产、生活的用电需求。2010 年，农村电网改造率 100%，实现城乡同网同价。2014 年，生产、生活用电总量 432 万千瓦时。

新农村建设

2006 年，启动新农村建设。年底，民安村被确定为省农垦示范村、省清洁工程示范村。2006—2008 年，民安、大桥、紫湾、毡帽湖、涂家湖、文书村编制完成《村庄整治建设规划》。2008—2010 年，境内 6 个村部全部新建。2009—2010 年，启动龙泉集镇镇村同治。建成长 450 米、宽 9 米的水泥大道 1 条，铺设下水管道 500 米，改造升级电网线路 2810 米，安装路灯 59 盏，建成固定垃圾池 25 个，沼气池 15 个，居民自建楼房 25 栋，新修草坪、花池 3600 平方米，绿化带 9700 平方米，栽种白杨、玉兰、香樟 10500 株。2009 年，被市政府确定为“全市镇村同治西洞庭示范点”。 2015 年，境内有垃圾池 174 个，焚烧池 238 个，聘用专职保洁员 7 名。栽桂花树 86 株，红叶四兰 88 株。2006—2015 年，硬化通村公路 19.5 千米。

社会事业

教育

幼儿园　1960 年，境域有幼儿园 1 所，入园幼儿 47 人。2003 年，四分场幼儿园更名为龙泉完小幼儿园，在园幼儿 52 人，幼师 3 人；六分场幼儿园更名为小天鹅幼儿园，在园幼儿 35 人，幼师 2 人。2015 年，龙泉幼儿园有在园幼儿 62 人，幼师 4 人。

小学　1967 年，有小学 6 所，在校学生 384 人，教职工 28 人。1989 年，四、六分场共有小学生 738 人。1994 年 9 月，四分场学校，六分场学校分别更名为西洞庭农场第四完全小学、第六完全小学。2002 年 9 月，第六完小三、四、五、六年级合并到第四完小，保留一、二年级。2004 年，四、六完小合并，更名为龙泉完全小学。2010 年，龙泉完小有学生 142 人，教师 22 人。2015 年有学生 206 人，教师 21 人。

中学　1970 年 8 月，四分场学校开设初中班。有学生 11 人，教师 3 人。1975 年 8 月，四分场学校开设高中班，有学生 54 人，教师 3 人。1976 年 8 月，六分场学校开设初中班，有学生 42 人，教师 3 人，1983 年 7 月，学校停办。1980 年 7 月，四分场学校所设高中班停办，学生并入西洞庭一中。

1989 年，境域有学生 192 人，教师 20 人；1991 年，有学生 245 人，教师 20 人；1993 年，有学生 210 人，教师 20 人。1994 年 10 月，初中班并入西洞庭一中。

成人教育　1956—1989 年，境域有 10421 人（次）参加职工业余教育；有 20186 人（次）参加扫盲。1981—1990 年，境域有 86 人在西洞庭农广校毕业，502 人（次）参加农广校培训。至 2014 年年底，共有 16 人、5 人分别获得中专、大专学历。

文化体育

1977 年，建成四、六分场广播站。2001 年，始建农家书屋。2015 年，境内有农家书屋 6 家，图书7000册。有各类体育设施12处。

医疗卫生

1962年1月、1971年10月，先后建立四、六分场卫生所，各有简易病床4～5张以及手术室和临床检验设施。1989—2003年，四、六分场卫生所共有医务人员7人。2004年，四、六分场卫生所合并为龙泉办事处卫生院，有医务人员4人，卫生院建筑面积2000平方米，床位11张。2015年，共接纳门诊病人2000人（次）。

1956—1989年，共查出血吸虫病例1148例，治疗546例。1992年通过省检，不再列入血吸虫病疫区。

社会保障

现役军人优待 1984—1986年，现役军人优待金年人均200元。1987年，增至400元。2010年，农村兵和城市兵分别增至1200元、1300元。2014年，增至2000元。

最低生活保障 1955—2000年，发放职工困难补助10.58万元。2015年，城市低保人员802人，发放保金249.42万元；农村低保327人，发放保金48.39万元。

职工养老保险 1989年，有场内统筹退休人员321人，发放退休费26.1万元。1998年，有4576人参加常德市企业职工养老保险。2010年，有8450人参加全省养老统筹，有退休人员2487人。2015年，有退休人员1093人，发放退休费2480.02万元。

医疗保险 1955—1982年，境内实行全员公费医疗。1983年后，农业职工实行门诊费包干，住院费报销。其他个体经商人员由自已负担。1989—2002年，对干教医人员的门诊费、住院费作出多次调整。住院费按工龄的不同，制定不同报销比例。门诊费实行包干，超支不补。工伤职业病、精神病、晚期血吸虫病住院费全报。2002年9月，102人参加城镇职工医保。2007年，94人参加城镇居民医保，2416人参加新型农村合作医疗。2015年，4045人参加城镇居民医保，4807人参加“新农合”。

特色地情

名胜古迹

古宿郎堰 位于涂家湖村，唐代修建，为洞庭湖平原最早的堤垸，现存残堤数千米。

涂家湖阻击战遗址 1943年，中日常德会战爆发。11月8日，日寇汽艇从华容北下由澧水入青茅港河，经涂家湖窜崇河，穿苏家吉走沅水入侵常德。为迟滞日寇攻势，国民革命军第五十七师在涂家湖打响战斗的第一枪，击毙日寇200多人。遗址今改建成精养鱼塘，宽40米，水深2.5米。

西洞庭农业劳动技术学校旧址 1961年9月，省政府在涂家湖创办半农半读的西洞庭农业劳动技术学校，旧址位于西洞庭伊康食品有限公司内。现存砖木结构2层楼房1栋，长30米，高9米，宽7.5米，有大小房间14间。

（文字供稿：肖尚久，图片供稿：程龙）

西湖管理区

西湖镇 >>

区域概况

位置面积

西湖镇位于西湖管理区中部，东、南邻东洲乡，西与西州乡隔新港河相望，北抵鼎城区黄珠洲乡。镇人民政府驻东湖路东侧，距管理区管委会驻地0.5千米。

1985年，西湖镇面积2.2平方千米。1998年3月，西湖渔场划归西湖镇总面积增至10.24平方千米，镇区面积1.5平方千米。2014年，全镇有耕地5912亩，水域1745亩，园林、厂房、街道等面积7523亩。总面积30.55平方千米。

建置沿革

民国时期和中华人民共和国成立初期，镇域为洞庭湖洲，芦苇丛生。1954年冬，治理洞庭湖，省公安厅治湖劳改总队承担挽修西湖堤垸任务。1955年4月，正式创建省公安厅第三劳改农场，对外称湖南省地方国营西湖农场。镇域属西湖农场。1969年4月，撤销西湖劳改农场建置，交人民解放军办军垦农场，镇域为陆军146师师部驻地。1972年10月，西湖军垦农场交给地方管理，迁柘溪水库淹没区3万人建湖南省国营西湖农场，镇域属西湖农场农科所。1976年，更名为西湖农场七分场。1981年，更名为新民分场。1984年1月，更名为园艺场。1984年11月，改建为汉寿县西湖镇，由西湖农场代为管理，行政区划上由西湖镇代表西湖农场，隶属汉寿县。1999年，西湖农场改制为西湖管理区，区内6个办事处下的行政村，行政区划上隶属于西湖镇，行政管理上由各办事处管理。2010年，析出西湖镇未实际行使行政管理权的22个村，设立东洲、西洲2个建制乡。2015年11月，撤销东洲乡，调整西湖镇和西洲乡行政区划，西湖镇辖13个行政村、2个社区。

行政区划

1985年，西湖镇实际管辖园艺、新康、新桥3个行政村和新民、东湖2个居委会。1998年3月，西湖渔场划归西湖镇。2006年并村后，西湖镇在行政区划上辖25个行政村、1个渔场、2个社区，对其中的园艺、新桥、新康3个行政村和2个社区、1个渔场行使行政管理权。2015年，西湖镇区划调整后，辖新桥、新康、园艺、新港、九狮、鼎兴、鼎裕、鼎园、鼎福、旺福、旺禄、旺寿、旺喜13个行政村和新民东湖2个社区。

自然环境

西湖镇位于北半球中纬度季风带内，属亚热带季风湿润气候区，四季分明，雨量充沛，年平均气温17℃，年平均降水量1200毫米。镇域地处洞庭湖洲，地势低平，平均海拔29.6米。最高处为新康村，海拔32.5米。最低处为大西湖，湖底高程26.2～27.5米，是管理区最大的调蓄养殖湖。植物群落具有湖泊湿地草原植物特性，野生植物群落主要为湖泊及低湿地植物和两栖植物。镇域属典型滨湖平原，土壤成土母质为河湖沉积物，土质较肥沃，下部为砂砾层，地下水含量丰富，属洞庭湖高铁质水区。

人口民族

1991年，西湖镇总人口8349人，其中男性4426人；农业人口1149人；总人口中汉族8338人，少数民族11人，其中回族3人、苗族2人、壮族2人、土家族2人、侗族1人、维吾尔族1人。

2014年，全镇总人口12800人，其中男性6652人；农业人口2380；总人口中汉族12788人少数民族12人，其中回族3人，苗族2人，壮族3人，土家族2人，侗族1人，维吾尔族1人。

经济发展

综述

1991年，全镇完成工农业生产总值1562.64万元，其中农业生产总值374万元，工业生产总值1188.64万元，农民年人均纯收入1592元，居民人均年纯收入1512元。1995年，工业体制改革后，个体店铺、私营企业呈发展态势。镇党委、镇政府出台产业结构调整办法，庭院经济全面启动，农副产品销售旺盛。渔场并入后，区域性种养特色分明，全面推行间种套作和立体养殖，引进机械多种播种，农产品加工和生态工业兴起，初步形成集约化经营。2007年，西湖镇推进新农村建设，加快农业市场化，实现农业生产总值1451万元，农民年人均纯收入3717.5元。2014年，境内个体、私营工商户达846家。全镇完成地区生产总值15488万元，其中第一产业4563万元，第二、第三产业10905万元；全镇农民年人均纯收入7963元，城镇居民年人均可支配收入14600元。

农业

种植业

1991年，镇域种植水稻340亩，总产150吨。1998年，增至2040亩，总产512吨。2014年，2620亩，总产1312吨。

1919年，种植棉花275亩，产皮棉22.5吨。2000年，因棉价上涨，棉花种植面积增加至734亩，产皮棉65.1吨。2014年，全镇种植棉花1456亩，产皮棉175吨。

1991年，种植蔬菜200亩，产蔬菜300吨。2009年，种植蔬菜2000亩，产蔬菜3900吨。2014年2200亩，产蔬菜4290吨。是年，引进安徽种植能手马花枝种菜藕2200亩，产藕3300吨，产值792万元。

养殖业

猪 1991年,全镇养生猪770头,出栏342头,存栏428头。1996年，养猪专业户6个。1997年，镇党委、政府鼓励发展养殖业，全镇养殖生猪2163头，出栏1303头。1998年起，引进优良品种，生猪养殖逐年发展。2010年，全镇养殖生猪4000头，其中存栏500头，出栏3500头。2014年，全镇养殖生猪4600头，其中存栏1100头，出栏3500头。

牛 1991年，镇内有耕牛14头，1999年发展至20头。2000年后，因使用农用机械，结束用牛耕田的历史。2014年，全镇养肉牛18头。

家禽 1991年，全镇养殖家禽2318羽。1996年，形成3个家禽养殖场，5个小型家庭雏鸡孵化场，全年共出笼家禽3468羽。1999年，家禽养殖场增至11个。2002年，全镇养殖家禽5.9万羽，出笼4.3万羽。后逐年呈下降趋势，至2014年，仅养殖2.1万羽。

鱼 1991年，有养鱼水面343亩，产鱼26.2吨。1998年，西湖渔场划归西湖镇管理，全镇养鱼水面增至3800亩，产鲜鱼510吨。2000年后，改湖造田，水面减少，为提高单位面积效益，引进推广名、优、特水产养殖。2014年，养鱼水面1770亩，出产鲜鱼619.5吨。

林业

1991年，全镇三村造农业防护林4.5亩，沟渠、垄间等地栽树3 820株。庭院造林2300株，占地57.5亩。种植柑橘、奈李等经济林80亩。1992—1997年，造林30亩，栽防护林4.5万株。1998年，造林15亩，栽树1万株。以后每年植树造林，逐步形成全方位防护林带。1999年起，每年落实50户庭院，栽树1万株。2014年，全镇共造防护林5.6亩，植树8640株；庭院植树4230株，庭院绿化林占地面积48.7亩。

工业

1955年，兴办碾米厂、榨油厂。1958年，兴办制糖厂、造纸厂、食品加工厂、机具修配厂、被服厂、麻袋厂、化工厂。20世纪80年代中期，开始发展镇办企业。1995年，境内有大小企业

23家，从业人员6300余人，主要骨干企业有年产万吨纸的造纸厂、轧花厂、制药厂、机械修造厂、食品总厂、果脯糖厂、甜叶菊糖厂、毛巾厂、建材厂等，年产值7800多万元。之后几年，镇办企业相继倒闭，个体工商业和私营企业迅速发展。

商贸服务业

20世纪90年代初，镇区有贸易公司、棉麻土产公司、粮油贸易公司、饮食服务公司、药材公司和食品公司，随着市场经济的兴起，个体商贸业逐步取代国营商贸业。1992，建成占地2000平方米的西湖经济贸商城，成为西湖及周边最大的家电家具私营企业。1998年，农场投资780万元在镇中心建立商贸城和工贸城，建筑面积12690平方米，主要经营服装、鞋帽,、日化、理发、餐饮等。2000年，开设西湖第一家大型超市，新建农贸市场、建材市场等，西湖镇成为西湖垸及民主阳城垸商贸中心。2000年，全镇有个体工商户162户，从业人员242人。私营企业4家，从业人员52人。2010年,个体工商户发展至397户，从业人员1206人；私营企业18家，从业人员196人。2014年，个体工商户发展至407户，从业人员1325人；私营企业18家,从业人员196人。随着交通条件的改善、家用轿车的普及，西湖镇中心地位减弱。

基础设施

交通运输

道路 1991年，境内有柳和线和西黄线两条干线公路，均为沙石路面。1994年，投资263万元，将西湖镇至沙河口沙石公路建成柏油路面，长19千米。1999—2000年，投资869万元，将柳林嘴经西湖镇至和平桥16千米沙石路建成水泥公路。2008—2009年，投资3000万元，将镇区教育路、东湖路、西常路4.8千米水泥路面改建成油沙路。

客运 1991年5月，农场筹资70万元，建成集停车、候车、售票、修理、食宿于一体的汽车客运新车站。1993年，西湖汽车运输公司改统一经营为承包经营，1996年又改承包经营为个体经营。1998年，个体客运车辆实行联合经营。2002年底，西湖个体客运车发展到32辆，996座位，开通西湖至长沙、株洲、新化、安化、常德、汉寿、益阳、武陵镇等8条专线。2010年，常德文华汽运公司以275万元价格收购购西湖汽运公司。文华汽运公司拥有36辆汽车1098座位，日客均流量490余人次。

水利建设

1991—2014年，西湖镇建有五七电排机埠一处，承担大西湖渔场及西洲乡部分村的灌溉任务，新康村有2个小型电排机埠，负责该村排灌任务，园艺村有1个小型电排机埠，负责该村灌溉任务。大西湖渔场有小型电排机埠1个，负责该场排灌任务。

邮政通信

20世纪80年代，镇域的通信方式主要是信件和有线电话。80年代后期，开通程控电话，至1995年共安装程控电话3809部，2010年达到4095部，2000年，开通移动通讯，移动公司、联通公司、电信公司分别在镇区建立通讯塔，手机作为新的通讯工具备受欢迎。是年，全镇有手机1318部，2010年达9108部，2014年达到12306部。是年,全镇有1家邮政代办机构,移动、电信、联通在境内有7家营运网点。

供电饮水

供电 1990年6月，市政府投资50万元对西湖变电站进行扩建增容，电力供需基本趋于平衡。2002年，投资1100万元修建裕民变电站，启动农网改造工程，改善设施，完善功能，镇区生产和生活用电得到保障。2014年，全镇拥有10千伏配电线路16.5千米，配电变压器52台13520千伏安，总供电量1261万千瓦时。

饮水 1990年，投资535万元建成镇区首座供水总站，基本解决镇区及新港、裕民办事处1.4万人安全饮水问题。1996—2005年，投资1088万元，将镇区供水总站及各办事处的供水站全部拆除重建，重建后的镇区供水总站日供水能力达4000吨，水质较好，供水正常，确保镇区生活用水。2013年5月，投资2000万元的万吨西湖水厂投入使用，解决西州乡、东州乡、西湖镇12个行政村2个居委会共约3.5万人安全饮水问题。

社会事业

教育

1955年，总场在境内建西湖农场机关幼儿园和西湖农场职工子弟学校。子弟学校为完全小学。1958年9月，总场在境内创办西湖农场农业技术学校，按中等专业学校统一教材施教，1962年停办。1973年，创办西湖完全中学，实行中小学合办。是年，幼儿园停办，1975年恢复。1981年，总场创办中央农业广播学校西湖分校。1984年，总场创办干部职工文化补习学校，1986年改名为西湖农场教师进修学校，1989年停办。1985年，西湖中学被农牧渔业部授予“全国农垦系统教育先进单位”称号，并设职业高中班，1989年职业高中班停办。1991年，西湖中学改称为西湖农场第一中学。2010年，西湖一中有在校学生1781人，教职工150人，学校占地62650平方米。2014年，境内有中学1所，在校教职员工147人，在校中学生1789人。小学1所，在校教职工52人，在校小学生987人。有幼儿园2所，有专任教师和保育员18人，入园幼儿480人。

文化体育

1958年，总场成立花鼓戏及剧团，主要排演传统和现代戏剧，在总场、分场、生产队和附近县、市巡回演出。1969年冬，部队接管农场，以连队为单位，节假日举行文艺会演。1973年，总场组建电影队，每月放映3～4次。1975年，建电影院。中共十一届三中全会后，文化生活更趋活跃，舞狮玩龙、文艺会演不断，每年举行书画、棋牌等各类比赛30余次。1985年，选拔12名男女青年参加全省青年健美操表演赛，荣获第三名。1989—1990年，总场举办文艺演出30多场，演出节目400多个。1998年5月，成立嘉兴艺术团，有演艺人员12人，每年演出100余场。2005年，成立金秋文艺队，2007年，更名为夕阳红腰鼓队，有队员40多人。每逢寿庆婚嫁或其他红白喜事，腰鼓队应邀表演节目。2009年，修建50平方米的镇文化站阅览室1间，内置座位50个，购置图书800册。2010年，阅览室增至4间，150平方米，座位115个，新购图书7224册。2013年，成立常德市老摄影家协会西湖小组，有会员20多人。2014年，境内有休闲广场4处。每当气候适宜的早晨或傍晚，4处休闲广场各聚集50人左右，或跳舞、或舞剑、或打太极拳、或打球，自得其乐。境内居民主要为新化、安化籍移民，武术爱好者颇多，多次参加市级、省级武术表演赛，嵩山少林寺32代俗家弟子粱迪雄获省体委颁发的二级拳师证。

医疗卫生

1955年，总场设职工医院。1969年，部队接管农场，医疗机构按部队建制，设146师部医院，有医护人员120余人，病床80余张。1972

年移交地方后，师部医院改为西湖医院。1986 年，因西湖血吸虫疫情严重，总场设血防站及医疗问诊部。2003 年，西湖医院更名为西湖区人民医院。2014 年 10 月 8 日，西湖区医院成功创建为国家二级乙等综合医院。医院占地 10637 平方米。设住院部、门诊部和 7 个科室，有医务人员 113 人，病床 120 张。是年，境内有血防医院 1 所，区医院 1 所，个体诊所 9 家，药房 8 家，村级卫生室 5 家，共有医务人员 135 人。

社会保障

2004 年，西湖镇启动农业职工养老保险和城镇居民养老保险。2005 年，镇区农业职工参保 11200，城镇居民养老保险参保 2875 人。收缴保费 39 万元，发放农业职工退休金 116 万元。2006 年，启动新型农村合作医疗。2010 年，全镇农业职工养老保险实现全覆盖。2010 年全镇有 631 户 1800 人纳入低保范围；2014 年，全镇纳入低保范围的为 605 户 1530 人。

特色地情

名优特产

西湖松花皮蛋 1985 年，镇食品站职工邹今选开办常德市西湖区蛋品加工厂。是年加工松花皮蛋 40 万枚，以后产量逐年增加。至 2014 年，产量超过 100 万枚。因口感好、胆固醇低、助消化，含人体所需的多种氨基酸，深受广大消费者亲睐。产品远销安化、新化、冷水江、长沙及周边武陵、鼎城、津市、澧县、汉寿、安乡等地。

（文字供稿：伍颖芳，图片供稿：西湖镇政府）

东洲乡

区域概况

位置面积

东洲乡地处西湖管理区东南部，东临澧水洪道，与安乡、南县隔河相望，东南靠西港河与汉寿县西港镇相邻，西接西湖镇和西洲乡，北抵鼎城区黄珠洲乡。乡人民政府驻九狮村九狮桥，距管理区管委会驻地3.5千米。

2010年，全乡总面积32.48平方千米，有耕地28684亩，其中水田15962亩，旱地12722亩。至2014年无变化。

建制沿革

清光绪年间（1875—1908），西湖区域挽修新兴垸，乡域属垸内东湖州。民国时期，属汉寿县作兴乡。中华人民共和国成立初期，属汉寿县第六区。1955年4月，改属湖南省公安厅第三劳改农场，对外称湖南省地方国营西湖农场。1969年4月，撤销西湖劳改农场建置，交人民解放军办军垦农场。1972年10月，西湖军垦农场交给地方管理，迁移柘溪水库淹没区3万人建湖南省国营西湖农场，乡域设西湖农场四、五、六分场。1981年，四、五、六分场分别更名为新港、鼎港、东洲分场。1999年，西湖农场改制为西湖管理区，所辖分场全部改为正科级办事处，乡域设新港、鼎港、东洲3个办事处。2010年4月，裕民、鼎港、东洲3个办事处合并为东洲办事处，旋裁撤。9月，撤办建乡，新港、鼎港、东洲3个办事处合并成立东洲乡。2015年11月，东洲乡被裁撤，所辖行政村分别并入西湖镇和西洲乡。

行政区划

2010年，东洲乡辖新兴、春晓、新港、九狮、鼎新、鼎福、鼎裕、鼎园、旺福、旺禄、旺寿、旺喜12个行政村，共32个村民小组。至2014年无变化。

自然环境

乡域地处洞庭湖洲，地势低平，略呈凹槽型。海拔高程27.5～30.9米。乡域属中亚热带向北亚热带过渡的季风湿润性气候区内，又值湖南凹形地势北端入口处，季风影响较大，四季分明，雨水充沛，年平均气温16.7℃，年均降雨量1273.9毫米，年降雨量主要集中在4—6月，占全年雨量的41%。乡域主要自然灾害为水灾。1964年6月，连续暴雨，柳林嘴外河水位高达36.13米，淹没水田18025亩，旱地9360亩。1999年4月23日，日降雨量239毫米，为西湖农场建场后最大雨量，造成包括乡域在内的5.7万亩耕地受灾，3万亩农

东湖景观

田被淹，直接经济损失 1500 万元。

人口民族

2010 年，东洲乡有 5711 户 19519 人，其中农业人口 6086 人，非农业人口 13433 人；男性 9721 人，女性 9798 人；少数民族 24 人，其中苗族 6 人、壮族 5 人、土家族 5 人、黎族 4 人、维吾尔族 1 人、白族 1 人、藏族 2 人。

2014 年，东洲乡有 5734 户 20268 人，其中农业人口 6096 人，非农业人口 14172 人；男性 10095 人，女性 10173 人；少数民族 24 人，其中苗族 5 人、土家族 5 人、壮族 6 人、黎族 4 人、维吾尔族 1 人、白族 1 人、藏族 2 人。

经济发展

综述

20 世纪 70—80 年代初，实行国有农场体制下的计划经济。80 年代中后期，逐步走向农场改革之路，处于计划与市场开放的双轨运行机制，居民经济收入仍以农业为主。90 年代中期，境内各分场兴办综合加工厂、农药厂、木器厂、毛巾厂、酒厂、榨油厂等公有工商企业。1988 年，各分场公有企业职工完成“两个置换”和“两个买断”。农民积极发展农业产业化经营，

农村劳务输出人员增多，第二、三产业有所发展。2000 年，境内有个体私营企业 221 个，企业总产值 4474.2 万元。2010 年 9 月建乡后，积极推动农业产业结构调整。2010 年年末，全乡有个体私营企业 299 个，企业产值 12714.8 万元。外出务工 4090 人，收入 9757.8 万元。全年生产稻谷 1868 吨、皮棉 44736.7 担，实现地区生产总值 26994.6 万元，农民年人均纯收入 7686 元。2014 年，全乡有个体私营企业 302 家，企业产值 12785.6 万元。外出务工 4108 人，收入 9765.1 万元。实现地区生产总值 27425.3 万元，农民年人均纯收入 7765 元。

农业

种植业　境内种植业历来以水稻种植为主，建场初期水稻栽培以一季稻为主。1972 年后，双季晚稻面积逐年扩大，1977 年，东洲分场兴农生产队开始杂交制种。1983 年，境内全面推广杂交稻。1995 年以后，机械化程度提高，水稻种植

面积大增。蔬菜开始作为经济作物生产，年种植2600亩左右。2000年，境内种植水稻28107亩。2002年后，随着外出务工青年增多，棉花价格上涨，水稻面积减少，棉花种植面积保持在13000亩左右。2012年，西湖管理区挂牌国家现代农业示范区，建立了东洲乡核心示范园和加工物流园区，推动水稻、棉花以及芦笋、香芋、百合等高效特色蔬菜种植迅速发展，全乡蔬菜总产47250吨，实现产值1.1亿元。2014年，全乡种植水稻22103亩，总产13261.8吨，产值2862.5万元；棉花14200亩，总产皮棉2239.16吨，产值1949.78万元；蔬菜5689亩，产值1137.8万元。

养殖业 20世纪70年代，养殖业主要由集体经营，境内各生产队均办有养猪场，规模在100～200头，出栏肥猪主要为完成上交任务，各分场有渔业队，各生产队有渔业组，从事渔业生产。80年代初，集体养猪场全部解散。80年代末至90年代初，家庭规模养殖开始兴起，出现一批养殖专业户，1991年，境内存栏生猪7892头，出栏6385头，存笼家禽2.9万羽，出笼2.1万羽，2010年，境内有养殖专业户131个，从业人员282人，全乡存栏生猪5312头，出栏8645头；存笼家禽16.7万羽，出笼21.9万羽。2012年，有名贵鱼网箱2600口，鳝鱼网箱5.03万口，实现产值7700万元，2014年全乡存栏生猪11250头，出栏14520头；存笼家禽2.8万羽，出笼2.5万羽；滨湖水牛存栏500头，马头羊、波尔山羊存栏600只。

林业

20世纪70—80年代，境内有林带70余条，总长90千米，多为田、路、渠复合林带，主要树种有水杉、欧美杨、柳、椿、苦楝等，全为各分场、生产队集体栽植、管理和所有。1982年，实行家庭联产承包制，大部分林木随之分给农户，共572亩，蓄积量5720立方米。一些小沟渠林带被毁掉。1991年，境内三角堤主排渠修通，在渠边栽种欧美杨，成为一条10千米新林带，面积97.2亩，蓄积970立方米。1995年，东洲分场北洼湖处修通西湖镇排污渠10千米，渠边亦栽植欧美杨、水杉、柳等树种。1996—2014年，三角堤外湖洲由东洲分场一队、二队农户承包栽种欧美杨大堤防浪林400亩，木材蓄积4100立方米。

境内农户庭院绿化主要为果木林。1991年，农场倡导发展庭院经济，农民新建住房可在房屋前后左右划给承包土地1～2亩，农户庭院绿化林面积随之逐年扩大。至2014年，全乡有庭院绿化林503亩。

工业

1991—1998年，境内新港分场办有油脂木器加工厂，从业人员28人，年均总产值18.16万元，利税4.71万元。鼎港分场办有糖酒食品厂，从业人员27人，年均总产值12.48万元，利税2.95万元。东洲分场办有农药厂，从业人员29人，由于产品质量不达标，经营一年多后停产。1998年后，由于体制制约、管理不善、市场不畅等原因，境内公有企业亏损严重，至2002年全部倒闭。其间，个体私营工业企业呈快速发展之势。2012—2014年，建成580亩的农产品加工物流园区，先后引进总投资1.23亿元的彩色包装、汽车用品生产、万吨鲜净菜加工及冷链物流、果蔬汁乳饮品生产等项目。

2014年，全乡有个体私营工业企业4家，从业人员52人，实现工业产值4215万元。

商贸服务业

1973年，西湖贸易公司在境内四、五、六分场各设一个分场商店，在柳林嘴码头设立煤炭供应站，负责职工群众的日常基本生活资料的采购和供应。20世纪90年代后期，分场商店被个人承包，农村个体经销店、个体工商户兴起。2014年，全乡有大小商铺167家，从业人员267人，年销售额5645万元。

基础设施

交通运输

公路 1991年，开通西湖镇区至柳林嘴的柳和公路客运。柳和公路从境内穿过，东至柳林嘴码头，西至西湖镇，从西湖镇可直达汉寿、常德。1999年，省、市政府投资869万元，将柳和路16千米沙石公路改建成水泥公路。2005年，建成农村客运站。2006—2014年，修建通乡公路10.7千米，通村公路18.82千米，实现村村通水泥路。2014年，全乡拥有各级公路82.5千米，其中硬化71.1千米。

水运 柳林嘴码头是境内唯一的水运码头，1991年3月，西湖农场启动柳林嘴码头改造扩建工程，建为客货两用码头。1996—2000年，西港河建浮桥4座，境内渡口减至4个。

水利建设

东洲乡东面靠近澧水洪道处，有柳林嘴至三角堤一段临洪大堤，长4937米。1991年，境内有大小电排5座，承担新兴、春晓、新港、九狮、鼎福等村的排灌任务，至2014年增加至9座，承担全乡的排灌任务。

1992年起，境内修建或改建3处穿堤涵、22处内堤涵闸。2014年，全乡有排灌渠道44条，

其中主干渠17条，支渠27条，总长410.2千米。

供电饮水

供电 2002年，启动电网改造，共建输电线塔9座，架设电杆3500多根，拉输电主线3.1万多米，分线12.1万米，安装变电箱等设施30处，扩大供电范围，提高供电质量。2009年，进行第二次电网改造。2014年，全乡有输电主线3.8万米，分线13.1万米，200千伏变压器29台，160千伏变压器10台，100千伏变压器23台，总供电量982.50万千瓦时。

饮水 1983年，境内六分场首次实施自来水饮水工程建设，在西港河边修建30千瓦提水泵站1座，铺设8千米水泥主水管道，从西港河取水，分送至各队。1991年以后，各分场逐年开始饮水工程改造，先后建立供水站3座。2000年，境内居民全部用上自来水。2004年，国家投资进行饮水工程升级改造，新建自来水厂，更新设备，净化水质。2008年，境内居民全部用上安全卫生的自来水。2014年，全乡有自来水厂供应站2座，主管网18.5千米，供水能力1600吨。

新农村建设

2012年，西湖管理区挂牌国家级现代农业示范区，按照重点中心村、一般中心村和基层村3个层次加强新农村建设。是年，在九狮村建立500亩的东洲乡核心示范园，境内蔬菜、水产等高效农业得到带动，有农民专业合作社27家。通过整合农村清洁工程、农村环境连片综合整治、农村危房改造和新农村建设等项目资金，进一步加大对居住环境连片整治力度。2013年，投资500万元，将鼎裕村作为农村中心社区进行绿化、亮化、美化和房屋改造，引导农民向农村中心社区集中居住。2012—2014年，投资3000万元建设标准化农田1万亩、硬化沟渠5000米和硬化田间道路12000米。

社会事业

教育

幼儿园 2001年，境内始建幼儿园。2014年，

全乡拥有3所幼儿园，有幼师和保育员17人，在园幼儿620人。

小学 1991年，境内有小学10所，其中完全小学3所，初小7所。1992年后，几次调整学校布局，至2004年，境内设东洲、新港、鼎港3所完全小学。2014年，3所完小有教职工52人，在校学生1235人。适龄儿童入学率100%，巩固率99%以上。

中学 1983年，总场在六分场设立西湖农场第二初级中学，1989年更名为西湖三中，2006年，并入西湖一中。

文化体育

1972—1990年，境内各分场办有业务文艺宣传队，自编自演各种小型文艺节目。1991年以后，文艺小分队、腰鼓队、舞龙舞狮队开始兴起，每年演出几十场，活跃于境内及周边乡镇，颇受人们喜欢。2010年，全乡有腰鼓队2支，队员40余人；舞龙舞狮队4支,队员80余人。1997年，成立火牛管乐队，有队员21人。2009年，成立兴旺军鼓艺术团，有队员20人。2014年，全乡有村级文化站12个，青年文艺之家12处，村级图书室12个，藏书60000余册。

医疗卫生

1991—2002年，境内有卫生所3所，医务人员12人。2003年，实行改制，卫生所改由私人经营，之后，乡村私人诊所开始发展，2014年，境内有私人诊所25所，从业人员28人。

社会保障

农村“五保” 1992—2006年，对“五保”对象的供养采取以村组负责的散居供养方式，每年由村组发给粮油或钱币。是时，供养对象有140余人。2007年，建立紫东敬老院，集中供养“五保”对象32人,生活标准为每人每年2500元。其余因故不能入住敬老院的60余位“五保”对象，仍然采取散居供养方式，由民政部门负责拨付钱物。2014年，集中供养34人，散居供养60余人。

企业职工养老保险 2004年，境内各办事处启动农垦企业职工养老保险，退休人员2109人，每人每月领取退休金105～130元。2014年，全乡4425人参加农业职工养老保险，参保率98%；发放农业职工退休金4563万元。

新型农村合作医疗 2006年，启动新型农村合作医疗，参合人数14201人，全乡医疗补偿金额14万元。2014年，参加新型农村合作医疗人数15642人，参合率95%，医疗补偿456.4万元。

移民安置补助 2006年，国家对移民安置区进行政策性扶持，对纳入扶持范围的移民每人每年补助600元。2014年，全乡有13465人享受移民后期扶持政策，总金额达785.6万元。

城乡居民最低生活保障 2008年，启动城乡居民最低生活保障。2014年，全乡有3711人享受城镇低保，标准为每人每月330元；2410人享受农村低保，低保补助金每人每月220元。

特色地情

名优特产

土特产品 东洲乡的土特产品主要有百合、鳝鱼、莲子、鳜鱼、美国叉尾鮰、甲鱼、邓氏腐乳等。新港村种植百合200亩；旺寿村鳝鱼养殖面积达280亩；鼎兴、鼎福、鼎裕、旺寿村各种殖莲子2000亩；新港村养殖鳜鱼2万尾；新港、鼎兴年产美国叉尾鮰10万公斤；旺福、旺禄村共养殖甲鱼共100亩；邓氏腐乳是由邓队元制作的地方特色农家口味，年销量达20万元。

（文字供稿：伍颖芳，图片供稿：东洲乡政府）

西洲乡

区域概况

位置面积

西洲乡位于西湖管理区西半部，东与西湖镇渔场、东湖村和东洲乡新兴村相连；西抵汉寿县复兴障东堤凹峡对岸及邓家沟东岸，分别与鼎城区黑山嘴乡和汉寿县罐头嘴镇毗邻；南靠西港河，与汉寿县洲口镇、文蔚乡隔河相望；北抵黄珠洲、自邓家沟东岸入口起至黄珠洲止，北以大黄泥湖南岸为界，与鼎城区黄珠洲乡接壤。乡人民政府驻同心村十字闸，距西湖管理区管委会驻地4.6千米。

2010年，西洲乡面积29.61平方千米，有耕地30846亩，其中水田17508亩，旱土13338亩；水域3033亩。2014年，全乡有耕地31230亩，其中水田18738亩，旱土12492亩，水域3108亩。

建置沿革

清光绪年间（1875—1908），西湖区域挽修新兴垸，乡域属垸内西湖洲。民国时期，属汉寿县作兴乡。中华人民共和国成立初期，属汉寿县第六区。1955年4月，改属湖南省地方国营西湖农场。1973年10月，乡域设西湖农场一、二、三分场。1981年12月，一、二、三分场更名为裕民、西洲、下窖分场。2002年，改分场为办事处，设置裕民、西洲、下窖办事处，行政管理隶属西湖管理区，行政区划隶属汉寿县西湖镇。2005年3月，下窖办事处进行合队建村，10个生产队合并为田园、建湖、永安3个行政村。2006年3月，裕民办事处和西洲办事处完成合队建村，裕民办事处辖新北河、黄泥湖、同兴、裕民4个行政村，西洲办事处辖幸福、安康、西洲3个行政村。2010年4月，西洲、下窖、新港3个办事处合并为西洲办事处，旋撤销。9月，经湖南省民政厅批准，实行拆办建乡，裕民、西洲、下窖3个办事处合并成立西洲乡，行政区划上隶属汉寿县，由西湖管理区代管。至2014年无变化。

行政区划

2010年，西洲乡辖新北河、黄泥湖、同兴、裕民、幸福、安康、西洲、田园、建湖、永安10个行政村，共31个村民小组。至2014年，全乡行政区划无变化。

自然环境

西洲乡东西长4.3千米，南北宽8千米。乡域地形呈盆状，中心地带的西洲十字闸、大西湖渔场地势最低，海拔27～30米。西部的黑鱼港地势最高，海拔 34.8 米。西洲乡地处北半球中纬度季风带内，属亚热带季风湿润气候区，四季分明，水量充沛，年平均气温 17℃，年平均降水量 1200 毫升，降水主要集中在 4—6 月，占全年降水量的 41%。植物群具有湖泊湿地草原植物特性，野生植物群落主要为湖泊及低湿地植物和两栖植物。乡域属典型滨湖平原，土壤成土母质为河湖沉积物，土质较为肥沃，下部为砂砾层，地下水含量丰富，属洞庭湖高铁质水区。

人口民族

2010 年年末，西洲乡有 6176 户 18441 人。其中男性 9836 人；农业人口 12423 人；老年人口 2754 人；有少数民族 28 人，其中苗族 7 人、壮族 6 人、土家族 5 人、黎族 4 人、布依族 2 人、维吾尔族 1 人、傈僳族 1 人、藏族 1 人、白族 1 人。

2014 年，西洲乡有 19140 人，其中男性 10259 人；农业人口 12575 人；老年人口 3513 人；有少数民族 50 人，其中苗族 13 人、土家族 13 人、壮族 10 人、瑶族 4 人、黎族 3 人、满族 2 人、傈僳族 1 人、蒙古族 1 人、仫佬族 1 人、回族 1 人、京族 1 人。

经济发展

综述

1972 年，西湖农场由部队移交地方管理，安置水库移民 3 万人，居民住房为部队移交的砖草房、草木房，以及常德地区行署组织突击兴建的简易住房。移民主要从事农业生产，收入来源主要靠集体分配，家庭养殖是收入的重要补充部分。1973 年，人均纯收入 102 元。1974 年，省财政厅和移民办拨房屋修建款 657 万元建砖瓦结构房 25 万平方米。1978 年，住房全部实现砖瓦结构。20 世纪 80 年代初，农场推行农业生产责任制，种植业和养殖业迅速发展。90 年代初，农业人口年人均纯收入近 700 元，城镇居民年人均纯收入 878 元。1992 年，有储户 1015 户，年末储蓄存款余额 355 万元。

1999 年，三个分场扶持危旧房改造，2001 年改造工程完成，累计发放危房改造资金 310 余万元，新建住房 735 栋 2205 间，改扩建 1305 栋，人均居住面积 17.8 平方米。2004 年后，全面实施农垦企业农业职工养老保险、移民后期扶持、粮食直补良补油补等，居民收入逐年增长。

2010 年，全乡国内生产总值 13128 万元，财政总收入 209.5 万元，农民年人均纯收入 4932 元。2011 年，农民专业合作社由 21 家增加到 27 家。2012 年，西湖管理区挂牌国家级现代农业示范区，建立西洲乡核心示范园、千亩有机蔬菜科技示范园、千亩水稻示范园、食用菌生产基地，大力完善基础设施，对农业设施、土地租赁、生态种植实行补贴，引导发展生态农业、设施农业和高端农业。蔬菜、水产等高效农业得到较快发展，产业结构不断优化。

农业

种植业 20 世纪 90 年代初，境内种植业以传统种植业为主，产值和效益比较低。1991 年，水稻和豆类等粮食作物种植面积 28997 亩，产值 818.59 万元；棉花和油菜等经济作物种植面积 26160 亩，产值 1203.36 万元。平均亩产值 360 元。1996—2002 年，开始实行产业结构调整、优化品种、改进耕种模式等。2000 年，种植水稻 33930 亩，产值 1374.17 万元，平均亩产值 669.2 元；种植经济作物 43002 亩，产值 6450.3 万元，平均亩产值 1500 元。2002 年以后，注重品种改良和科学技术的广泛应用，以及产业的规模化，开始引进新、优、特品种，建立各种生产基地和高产示范片。2010年，种植业总产值10723.67万元。其中粮食作物种植面积20532亩，产值2139.43万元，亩产值1042元；经济作物种植面积42507亩，产值7162.43万元，亩产值1685元；瓜果类作物种植面积11247亩，产值1147.19万元，亩产值1020元。2011年，境内开始建设国家级现代农业示范区，蔬菜、水产等高效农业得到较快发展。2012年，投资3000万元建成西洲核心示范区，全年蔬菜总产47250吨，实现产值1.1亿元。2014年，全乡种植业总产值15287.13万元，其中粮食作物种植面积28795亩，总产量10033吨，产值2608.58万元；经济作物种植面积31580亩，产值4336.2万元；瓜果蔬菜类作物种植20110亩，产值8044万元，其他类作物种植2268亩，产值298.35万元。

养殖业 20世纪90年代以前，境内禽畜养殖一般是家庭圈养，规模比较小。90年代中后期，特别是1998年以后，养殖业发展迅速，涌现出不少养殖大户。1991年，养殖业总产值625.1万元，其中耕牛672头，产值2.4万元；生猪15900头，产值477万元；家禽75000羽，产值37.5万元；水产2550亩，产值63.8万元。1998年，养殖业总产值1225.3万元，其中耕牛1020头，产值9万元；生猪22083头，产值739.9万元；家禽194883羽，产值191.2万元；水产2448亩，产值112.1万元。2011年，全乡有名贵鱼养殖网箱2600口、鳝鱼养殖网箱5.03万口，实现产值7700万元。2014年，全乡出栏生猪14600头，肉牛650头，肉用羊1100只，出笼家禽21.4万羽，产蜂蜜18吨、禽蛋265吨、水产品1740吨。

林业

境内全部为人工造林，遍及沟港渠道大堤两边及公路两侧。1992年，西湖农场提出庭院经济发展规划，境内各分场引进欧美杨树分发给群众种植，激发了广大群众植树造林、绿化环境的积极性。2010年年底，西洲乡共发展林地5604亩，森林覆盖率达到12.6%。2012年，启动新农村建设和农村环境整治工作后，杨树、广玉兰、樟树、银杏、紫薇、红叶石楠等树种在公路两旁，农户在自家庭院的栽种花卉品种也逐渐增多。2014年，西洲乡有林地8326亩，林木总蓄积量8300多立方米，森林覆盖率达18.5%。

工业

20世纪90年代初期，乡域工业以轧花、榨油、酿酒和水果、蔬菜加工为主。1991年，境内3个分场有国营、集体和个体私营企业11家，创工业总产值472.5万元。1998年企业改制后，国营和集体企业基本停产或倒闭，私营企业兴起，个体私营企业发展到7家。2007年起，浏阳金源食品有限公司、长沙福源食品有限公司、西湖程氏腐乳厂等食品加工企业相继落户境内。2014年，全乡有私营工业企业5家，从业人员64人，创工业产值5630万元。

商贸服务业

20世纪70—80年代末，境内日常生活用品、食品实行定量凭票供应制度，各分场各有1个综合贸易商店，负责所在分场群众的日常基本生活资料的采购和供应，主要经营生活日常与副食品、五金交电等，经营少量针织、布匹和水泥、油毡、铁钉、铁丝等建筑材料。90年代后期，分场综合贸易商店被个人承包，农村个体经销店、个体工商户兴起。1998年，境内共有经销店、商铺114家。2002年，境内开始兴办各种小型农家超市，主要经营日常生活用品、糖果、水果等副食品，部分经营农机配件和建材。至2014年，境内各种商铺、超市琳琅满目，共有经销店和商铺等156家，满足境内群众的日常需求。

基础设施

交通运输

1969年，建成境内首条公路—西（湖）汉（寿）公路，并在新北河村与西湖镇交界处兴建新北河桥。1990年9月，西汉公路加宽至11米，2000年6月筹资900余万元进行硬化改造，西汉公路全长17314米，乡域内长4366米。2005年，新北河村和建湖村修通通村公路。2005—2006年，投资445万元修通西湖镇通往裕民、西洲、下窖3个办事处的3条乡级公路，3条公路长8530米。2007年，实行村村通公路，并对部分道路硬化。2010年，全乡共硬化公路70000余米，乡级公路、村级公路和村内公路纵横交错，通村公路延伸至全部村组。至2014年，对部分道路继续硬化，保证道路畅通。

水利建设

1965年4月，修建新北西、复兴、南屏3座电排。是年，建新北西进出口水闸。1996年5月，建新北湖电排。2014年，境内有大中型电排8座，承担建湖、裕民、黄泥湖、同兴、幸福、新北河、田园、永安8个村的灌溉排渍任务。

境域防汛任务较重，防汛大堤包括内堤和外堤，每年要集中大量人力、物力进行拓宽加固。1992年9月中旬，一、二、三分场6000多名干部群众参与大堤码头公路拓宽工程，至11月中旬，投工10万个完成三角堤防洪达标大堤冬修工程。21世纪后，转向内修。西洲乡内堤全长19260米，标准为达历史最高水位时不溃垸。

境内有排灌渠道46条，其中主干渠18条，支渠28条。2009年，投入60余万元，清理大小渠道40000多米，硬化渠道1600多米，完成小水利工程33处。

2010年起，投资3000万元建设标准化农田1

西湖新村

万亩、硬化沟渠5000米和硬化田间道路12000米。

供电饮水

供电 1980年，境内3个分场的农户开始使用电灯照明，每个分场有一条10千伏的输电线路，其余为380伏和220伏输电线路。2002年，境内3个办事处启动电网全面改造，所有外线全部更新，共建输电线塔10座，架设电杆3600多根，拉输电主线路3.2万多米，分线路12.4万多米，安装变电箱等配套设施32处，惠及全乡2万多群众。2009年，全乡进行第二次局部电网改造，至2010年年底，全乡共新建160千伏变压器4台，80千伏变压器1台，新安装综合计量箱5台，新拉0.4千伏线路3107米，10千伏线路244米，改造0.4千伏旧线路8855米。2012年开始，因现代农业示范区建设的需要，输电主线路不断增加。2014年，全乡有输电主线路3.9万多米，分线路13.6万多米，200千伏变压器30台，160千伏变压器10台，100千伏变压器24台，80千伏变压器18台，50千伏变压器7台，全年用电总量989.708万千瓦时（含辖区内电排用电）。

饮水 1982—1985年，境内裕民、西洲、下窖3个分场各建有一个自来水厂，但所取地下水铁锰元素含量严重超标。1990—1991年，三家水厂相继重建，增加过滤池和氧化塔，相对减少自来水中的铁锰元素含量。2010年，裕民水厂终因饮用水不达标被废弃，该区域居民饮用水连接西湖自来水厂管网。是年，投资156.7万元重建下窖水厂，添置全新设备，管网辐射12000米，日供水能力550吨，供水范围1403户5338人。2011年，投资202万元，重建西洲供水站，管网辐射10200米，日供水能力565吨，供水范围1433户。2014年，全乡居民全部用上安全卫生的自来水。

乡村建设

2013年，投资600万元对10个村进行农村环境连片综合整治，实施农村清洁工程。投资500万元对西洲村、安康村、幸福村、田园村、裕民村等5个农村中心社区按新农村建设要求进行硬化、绿化、亮化、美化和房屋改造，并逐步引导农民向农村中心社区集中居住。

社会事业

教育

幼儿园 1984年，一、二、三分场开始创办学前班，招收5–6岁儿童入学。是年，入学儿童76名。2002年，私立幼儿园开始兴起。2014年，全乡有私立幼儿园3所，幼师和保育员28人，在园幼儿466人。

小学 20世纪70年代初，农场实行队队办学，境内兴办小学18所。1975年，农场对部分小学进行撤并，境内存学校12所。1984年，再次调整学校布局。1991年，境内有小学10所，其中完小3所，初小7所。1992年后，先后几次调整学校布局。至2004年，境内只设裕民、西洲、下窖3所完全小学。2014年，3所完小共有教职工61人，在校学生1153人。小学适龄儿童入学率100%，巩固率99%以上。

中学 1972年，3个分场的中心校设初中部、高中部，1982年停办，1983年，西湖农场在二分场设立西湖第一初级中学，1989年更名为西湖二中；在三分场中心校设立附属中学，简称三附中。2000年，三附中并入西湖一中。2002年，西湖二中并入西湖一中。之后，境内无中学。

文化体育

1990年，境内一、二、三分场各有一名放映员负责电影放映工作。1995年，家庭电视普及，电影放映次数剧减。1997年，成立“野奏”乐队，演艺人员14人，每年演出120多场。2009年11月，修建西洲村文化广场，集健身、文体娱乐、文化教育等于一体，丰富了群众文化生活。同年，西洲村村民成立“梵呗声”农民文艺宣传队，2014年有队员75人。

医疗卫生

1973年，境内3个分场相继建立卫生所，各生产队推选1～2名半脱产人员专事卫生保健和常见病治疗，称“赤脚医生”。1991年，有分场卫生所3家，医务人员10多人。生产队私人小诊所30余个，医务人员30多人。20世纪90年代后期，通过规范整顿，撤销一批不合格私人诊所。2014年，全乡共有村级卫生室10家，医务人员22人。

社会保障

1972年移民建场后一段较长时期，对乡域内“五保”对象实行队组帮助，个人自养。2004年，由西湖管理区民政部门投资53万元将原西洲小学改建成夕阳红敬老院，对裕民、西洲、下窖3个办事处的“五保”对象实行集中供养。是年，境内3个办事处启动农垦企业职工养老保险，3560名农业职工参保，征收保费149.5万元；退休人员2477人，发放退休金344.8万元。2006年，启动新型农村合作医疗，参合人数9648人，发放医疗补偿金183万元。2007年，国家对移民安置区进行政策性扶持，对纳入扶持范围的移民每人每年补助600元，境内16734人符合条件，共发放移民后期扶持资金1004万元。2008年，启动贫困居民最低生活保障制度。2011年，西湖管理区民政局投资430多万元，对夕阳红敬老院进行改造扩建，全乡“五保”对象全部实行敬老院集中供养。

2014年，全乡有240人享受城镇低保，每人每月350元；82人享受农村低保，每人每月167元；12920人享受移民后扶政策，总金额775.2万元；4376人参加农业职工养老保险，参保率100%，发放农业职工退休金4453万元；14078人参加新型农村合作医疗，参合率95.5%，医疗补偿434.79万元。

特色地情

名优特产

“浪耙湖”牌蔬菜 2012年建立国家现代农业核心示范园后，大力发展特色农产品，“浪耙湖”牌南瓜、黄瓜、辣椒三个蔬菜品种顺利通过中国绿色食品发展中心颁发的“绿色食品”A级认证。该蔬菜品种由常德西湖湘绿蔬菜水果专业合作社申报，该合作社按“示范园＋合作社＋农户”的产业化生产模式管理，以生产销售无公害绿色蔬菜和育苗为主要经营业务，生产过程严格按照绿色食品标准执行，统一采购农资产品、统一规范生产技术、统一生产操作规程。

（文字供稿：伍颖芳，图片供稿：西洲乡政府）

桃花源管理区

桃花源镇

区域概况

位置面积

桃花源镇位于常德市西南角，湖南四大水系之一的沅江之畔，绵延渝、鄂、湘、黔4省的大山脉—武陵山脉之旁。东与鼎城区尧天坪镇、逆江坪乡接壤，南与桃源县芦花潭乡相连，西与桃源县郑家驿乡毗邻，北与桃源县剪市镇隔沅江相望。因境内有国家AAAA级旅游风景名胜区——桃花源而得名。镇人民政府驻水溪村，距县人民政府驻地15千米，常德市人民政府驻地40千米。总面积92.35平方千米，有耕地59590亩，其中水田53247亩，旱土6343亩；山林60105亩。

建置沿革

桃花源集镇原名水溪，是古驿道渡口。清光绪年间（1875—1908），水溪（河）东岸形成街市。中华人民共和国成立前，桃花源为崇义乡，隶属第八区。1956年，建桃花源乡。1958年，成立桃花源人民公社，隶属桃源县政府。1962年，桃花源公社隶属桃花源区公所。1968年3月，成立桃花源公社革命委员会。1980年4月，恢复人民公社，隶属桃花源区公所。1984年8月，成立桃花源镇。1995年11月，撤区并乡，桃花源镇与龙虎乡合并，组建桃源县桃花源镇。

2011年3月，成立常德市桃花源旅游管理区，桃花源镇隶属桃花源旅游管理区，同时从桃源县漳江镇和剪市镇各划出3个村归桃花源旅游管理区管辖。管理区进行区划调整，将境域分为桃花源镇和桃仙岭街道，桃花源镇辖27个村和翘望嘴居委会。至2014年年底无变化。

行政区划

1984年，桃花源镇辖双峰、青山、桃花、水溪、高田、同仁、汤家山、双湖、双岗、黄土坡、金井、金桥、三合、茶庄14个村和桃花源、翘望嘴2个居委会，共86个村民小组、5个居民小组，面积44.6平方千米。1995年11月，并乡后的桃花源镇辖30个村民委员会和桃花源、翘望嘴2个居民委员会，共240个村民小组、5个居民小组，面积107.84平方千米。2011年3月，桃花源镇辖桃花、水溪、高田、同仁、汤家山、双湖、双岗、黄土坡、金井、金桥、联岩、三庄、茶庄、白栎、虎形、井岗、金盘、伏图山、楠竹、蟠龙、朝阳、官庄、马家坪、集云、农协、郑家冲、上庄27个村和翘望嘴居委会，共221个村民小组、4个居民小组。至2014年年底无变化。

自然环境

桃花源镇地处沅水流域中下游，武陵山脉尾端，属丘陵地带，南倚武陵，北临沅江，地势东峻西缓，自西南至东北山脉连绵起伏，为域内山地，北部临沅江为狭长平地。境内最大河流为沅江，发源于贵州省都匀市附近的云雾山鸡冠岭，从镇北部自西向东流入桃源县城。镇域属季风湿润气候区，冷热四季分明，干湿两季明显，春多寒潮阴雨，夏多暴雨高温。年平均气温16.3℃，年平均降雨1440毫米，无霜期302天。主要树种有松、杉、油茶、油桐、樟、棕、椿、枫、栗、槐、柑橘等30多种，还有大量毛竹。野生动物有30余种（包括果子狸、穿山甲等二级保护动物）。境内矿藏少，开发利用价值不大。境内土壤多为黄红壤和水稻土。

人口民族

1995年年末，辖区内有9071户人口30362人，其中：男性16049人，占52.8%；农业人口27852人，占91.7%；人口出生率11.6‰。人口以汉族为主，占99.9%。2014年年末，全镇有7678户25227人，其中男性12942人，占51.3%；农业人口23898人，占94.7%；人口出生率12‰；有少数民族8人，少数民族中，回族3人、苗族5人。

经济发展

综述

1995年，全镇完成工农业总产值20953万元，其中工业总产值11628万元，农业总产值9325万元，人均纯收入1617元。从1996年起，走科技兴农路子，对农业生产技术不断进行改进，将原地膜覆盖育秧改为软盘抛秧；同时不断改良品种，到2009年，桃花源镇成为桃源县第四大粮仓。2000年后，镇村集体企业实行改制，民营经济得以发展，招商引资加大步伐。2014年，实现国民生产总值103861万元，其中第一产业36275万元，第二产业32699万元，第三产业34887万，农民人均年收入9583元，全镇拥有家电5万余台。

农业

种植业 境内种植业历来以粮食作物为主。1996年起，开始走科技兴农路子，育秧技术在地膜覆盖育秧基础上，引进软盘抛秧技术。1997年开始，更换新品种，推广袁隆平教授研制的水稻良种。稻谷产量由1997年的19000吨提高到2009年的24000吨，成为桃源县第四大粮仓。1995年，大力发展高效农业，种植茶叶6000亩，全镇建起10多家茶叶精粗制加工厂；针对南路冬季农业开发起点低、效益差的状况，大搞油菜生产为主的冬季农业开发，全镇种植油菜2.7万亩，农民人均1亩，平均亩产108公斤；桃花源镇因油菜种植面积大、标准高、培管精、长势旺，在全市319国道沿线26个乡镇油菜种植综合检查评比中，名列第一。2003年，投资300万元对高田、双湖、双岗、黄土坡等万亩良田实行农业综合开发。

2014年，种植粮食作物95019亩、总产

33154吨；种植油菜16482亩、总产2052吨。

养殖业 1996年，全镇养殖生猪4.3万头，出栏2.83万头；养牛1450头；养羊7200只；养禽10.01万羽；出水鲜鱼317吨。之后，镇政府扶植科技养殖户，引导农民大力发展家禽养殖业，建立了以黄土坡、双岗等村为主的名优家禽养殖产业基地，推动养殖业快速、健康发展。2014年，全镇养殖生猪4.5万头，出栏2.89万头；饲养家禽116万羽；养牛3050头；养羊18307只；出水鲜鱼1768吨。

林业

全镇有72780亩宜林山地，占山地面积的82%，森林覆盖率56%。已开发4.5万亩，其中用材林3.5万亩，经济林1万亩。1994年开始，采取政府投资入股，林场管理入股，山主投山入股，全镇劳力投资入股的新形式，在金畔山地带投资150万元，投劳20多万个，连片开发丘岗地3500亩，且质量标准始终坚持“四不”，即全垦深挖不见蔸、细整去渣不见根、打穴撩壕不见埂、返样成形不见黑。由于开发气魂大，标准高，探索出股份制开发的新路子，多次受到中央、省、市、县各级领导的高度赞扬。1995年3月24日，中共中央总书记、国家主席江泽民登上金畔山顶，视察丘岗地开发，给予了高度评价，被誉为“桃源经验”，杨汝岱、李铁映等党和国家领导人也给予了一致好评。有空心杉、摩顶松、罗汉松等古树名木。2014年，全镇林地面积60105亩，植树造林3200亩、封山育林1500亩、森林覆盖率62%。

工业

1958年，桃花源镇有织染、铁业（锅厂）、豆磨等5家作坊和店铺。1978年，有镇办企业7家。1986年5月，新建年产1000万红砖的黄土坡福利砖厂。是年，桃花源米厂生产的免淘精洁米获湖南省食品工业办颁发的“芙蓉奖”。桃花源活塞厂拥有自动化生产设备70余台件，可自行研制、设计多种活塞新产品，1989年新研制的492Q铝活塞，获省新产品证书。桃花源压铸厂主要从事各类机械产品的加工业务，该厂研制的柴油机汽缸盖，获市新产品证书。1994年11月，新建年产1000万红砖的双岗砖厂。1997年，引进长青液化气站。2004年，引进湖南金固力油墨涂料有限公司，年销售收入达6000万元。2007年，引进朝阳竹胶合板厂。2008年，恒业压铸转址原长青液化气站，2010年转址原镇农机站。2009年，引进投资6000万元的湖南蛇类科技有限公司。2014年，全镇有工业企业24家，其中规模以上企业2家，工业总产值12290万元，利润1001万元，税金373万元，从业人员95人。

商贸服务业

中华人民共和国成立后，在公社驻地建供销社、肉食站、粮油店等，成为农村中心市场。各村（大队）开设集体商业零售店或代销店。“文化大革命”期间，墟场取缔。中共十一届三中全会后，个体商贸服务业得到发展，农村市场日益活跃。1996年，镇内有桃花源、黄土坡、龙虎3个集贸市场，个体商铺发展到300家，社会商品零售总额2800多万元。随着商业流通体制改革的深入和小城镇发展的需要，镇党委、镇政府筹资进行集镇基础设施建设，鼓励农民进镇经商，推动商贸服务业快速发展。2014年，新建的旅游综合农贸大市场开业。2014年，全镇有商铺500多家，个体工商业者1800人；墟场赶集日有近2000人。社会商品零售总额1.05亿元，其中集市商品成交额6000多万元。

旅游业

境内有国家级旅游风景区——桃花源，景点包括桃源山、桃花山、桃仙岭、秦人村。1992年，成立桃花源管理处。2008年，桃花源镇旅游业从业人员有4000余人，旅游收入突破亿元大关，占全镇生产总值的30.2%。2009年，举办首届中国·常德桃花源旅游节，桃花源镇吸引了更多旅游者的目光，越来越多的游人把桃花源当作踏青、郊游、休闲的理想去处。2011年，市委、市政府决定大力发展旅游业，提质改造桃花源，拉开了桃花源大开发、大建设的序幕。2014年，全镇旅游收入200万元。景区面积扩展到10平方千米。

财政金融

1996年，镇政府财源主要是农业税和企业税收，财政总收入86.8万元，其中农业税74.6万元，企业纳税12.2万元。镇内有农村信用合作社分社1家、营业所2家，农村合作基金会1家，邮政储蓄所1家，农业银行营业所1家，年末各项存款余额2643万元，各项贷款余额861万元。1999年，农村合作基金会并入农村信用合作社。2002年，镇财政收入256.5万元。2003—2005年，调减、免征农业税，停征屠宰税。2014年，财政收入580万元。桃花源信用社分社、邮政储蓄所、农行营业所等3家金融单位年末存款余额21356万元；各项贷款余额7658万元。

基础设施

交通运输

319国道贯穿桃花源镇全境，每天有40余班次的客车途经桃花源，客运量1000多人。县、乡、村公路总长90.2千米。1996年，修建长10千米的黄虎路（黄土坡—龙虎）、5.5千米的桃茶路（桃花源—茶庄）。1998年，对11.2千米的X057水杨线铺设沥清路面。2000年，对319国道长11.7千米的路面扩宽并水泥硬化。2009后，逐年对全镇村级公路进行硬化。2010年对长11.6千米的X057水杨线（水溪—金盘）进行硬化。2014年，境内有各类公路8条，总长83.8千米，其中硬化72.1千米。

邮政通讯

1978年，取消磁石电话机，发展交换机40门。1986年，全镇有桃花源邮电所和龙虎邮政代办站。1995年，镇区开通程控电话，有用户200户，开通图文传真。2000年，全镇有程控电话1000门。2003年，程控电话发展到2500门，有中国移动、联通手机用户1500户。2006年，全镇拥有电脑1000余台。2010年拥有电脑4000余台。2014年，全镇1.8万人拥有手机，宽带发展到1761户，邮政、通信业务收入478万元。

供电供水

供电　1976年，城区普及电灯照明。1985年，建成11万伏高压变电站，2013年，变电站迁址。2014年，有35千伏变电站一座，10千伏高压线路7条，用户11000户，用电总量3100万千瓦时。

供水　1992年8月，兴建镇自来水厂，埋设管道10.2千米，日供水10000吨，受益人口9000人，城区供水普及率100%。2014年，开始农村安全饮水工程，埋设管道112千米，受益人口2万人。是年，在高田村新建自来水厂，铺设输水管网6千米，日供水30000吨。

水利建设

20世纪60年代，开始兴建防洪大堤，形成堤垸保护。1996年7月20日，沅水流域普降大雨，桃花源段最高水位达50.5米，创历史最高，造成防洪大堤漫堤、决口，全镇遭受特大洪涝灾害，造成直接经济损失1.5亿元。9月，举全镇之力，对全长18千米防洪大堤进行加宽、加高、加固。2002年，国家投资550.5万元，对桃花大垸垸外327户居民实行“平垸行洪、移民建镇”工程，防洪抗灾能力得到显著提高。2013年，投入资金

500 万元实施“四水治理工程”，对沅江一线大堤除险加固。2014 年 7 月 18 日，桃花源镇再次遭受超历史洪水，水位达 51.4 米，造成医院闸口子堤漫堤。是年，新建水溪机埠。

1996 年，全镇有 8 座小（二）型水库，有中干渠、龙干渠两大渠道 115 千米，有山塘 1512 口，灌溉全镇 6 万余亩水田。2002 年，对 8 座小（二）型水库和 1512 口山塘加固整修。之后，每年通过水利冬修项目对水库、渠道、山塘进行维修加固。

镇村建设

清光绪年间（1875—1908），水溪（河）东岸形成街市，因地势低洼，遇洪必淹，适宜建设的地域狭小，至民国 38 年（1949），水溪（河）东岸街市仅 0.01 平方千米。1956 年，水溪（河）东岸街市成为桃花源乡政府所在地，商业、供销部门相继沿湘黔公路（319 国道）修建营业用房。1962 年，桃花源区公所、区粮站从郑家驿迁至水溪。1965 年 12 月，省棉麻公司水溪新建占地 30 多万平方米的湖南 6903 大型储备仓库。从此，集镇向公路两侧发展。20 世纪 70 年代，供销、粮食、税务、金融、邮电、法庭、肉食水产等部门在此设立区级机构，建起了一栋栋钢筋混凝土结构房屋。1975 年，铺设区粮站至水溪（河）边的下水道。1987 年，桃花居委会建成居民街，大型农贸市场建成营业。1988 年，镇政府前 319 国道降坡裁弯改直，9 米宽的柏油路拓宽为 24 米的水泥路，并安装路灯，沿国道规划翘望大道，横向规划迎宾路、英才路。1990 年，镇信用社、怀化金源宾馆、粮源宾馆、月照山庄等高楼相继落成。1996 年，双峰至桃居段（桃管处景区）公路扩宽，路面硬化，中间配植隔离带，配植万年青及花草，公路两旁绿化，安装路灯。1997 年，城区铺设地下排水管道 5 千米。2011 年，制定《桃花源镇区 2010—2030 年总体发展规划》。2014 年年底，镇区路网建设基本完成，形成三横三纵的格局，镇域面积扩大到 4 平方千米。

社会事业

教育文体

1978 年，创办桃花源镇水溪大队居民小学。1985 年，水溪大队居民小学改为镇中心学校，1996 年，更名为桃花源镇中心小学，是时，学校占地 19041.7 平方米，建筑面积 7694 平方米。

1935 年，刘戡在高田村创办私立天禄初级小学。1939 年，学校被省教育厅命名为桃源县私立天禄初级中学，1951 年，天禄中学由县人民政府接管并改名为桃源县第二初级中学。1989 年，剪市中学高中部并入县二中。1994 年 3 月，县二中从高田村迁至桃花源镇，与桃花源中学合并，组建成规模为 30 个教学班的完全中学。1998 年，龙虎中学并入县二中。是时，学校占地 6.67 万平方米，建筑面积 40000 平方米。

2014 年，全镇有高级中学 1 所，学生 1053 人，教师 78 名；初中 1 所，学生 612 人，教师 43 名，小学 4 所，学生 1162 人，教师 90 名，幼儿园 9 所，入园幼儿 201 人，幼师 39 名。

1998 年，桃花源镇成立有线电视管理站，部分农户开通有线电视。2014 年，有镇文化站和有线电视管理站各 1 个，群众业余舞蹈队 5 个，有文学、音乐、诗词、美术、书画、等文学艺术爱好者 150 人。电视入户 7310 户，其中有线电视入户 4610 户；农家书屋 28 个，有书（刊）1 万多册。

医疗卫生

1953 年，在学堂冲创建水溪联合诊所。1957 年，成立桃花源乡联合诊所，1958 年 8 月改为桃花源公社卫生院。1967 年 3 月，医院迁址至栎山嘴，并更名为桃花源地段医院。1984年，更名为桃花源镇卫生院。2001年，镇卫生院占地8800平方米，建筑面积6000平方米，有干部职工86人，编制病床26张；担负全镇及临近县(乡)方圆30千米、近12万人的医疗救护任务及预防保健工作。2014年，镇内有卫生院1家，医疗点(门诊部)8个，村级卫生室27个，病床56张，专业医护人员107人，年诊治患者2.5万人次。全镇建有22个垃圾池，聘请专人清扫村民聚居点和主要道路。

社会保障

中华人民共和国成立后，对老弱病残等困难群众给予救助安置。1987年，桃花源镇敬老院建成，有32名“五保”老人入院养老。1996年，全镇供养“五保”老人116人，其中敬老院集中供养30人。2005年，推行新型农村合作医疗制度。2006年，有1.86万人参加农村合作医疗，参合率68%。启动贫困居民最低生活保障金制度，有683人享受农村最低生活保障，87人享受城镇最低生活保障。2008年，镇敬老院迁址，集中供养“五保”老人41人。2014年，全镇231名“五保”人员全部落实供养政策，其中46人入住镇敬老院集中供养；2.6万人参加农村合作医疗，参合率95%，有2.1万人次门诊、住院医疗得到补偿金1511.1万元；有931人享受农村最低生活保障，领取低保资金130万元。

特色地情

名优特产

擂茶 相传2000多年前，汉伏波将军马援

桃花源

率兵南征，行至桃花源，军营闹瘟疫，有仙人献验方，验方上写着“芝麻、绿豆、生姜、茶叶、炒米，放入擂钵，用梓姜木捣成糊状，开水冲泡”。军营将士照此办理，服后士兵疫病痊愈，自此传入民间。桃花源擂茶用茶叶、生姜、食盐、花生、黄豆、芝麻和少量大米等为原料，将其放在有齿的擂钵里用胡椒木擂锤研碎。因制作过程中对茶叶等原料不断用力擂按，故将擂碎的物品称之为“擂茶”。将研碎的擂茶倒入碗中，用开水冲泡后即可服用，具有生津止渴，清热解毒，消炎去疾功能。

风景名胜

桃花源　桃花源“世外桃源”主体景区15.8平方千米，“武陵渔川”沅水风光带水域44.85平方千米，外围保护区96.9平方千米，是国家级重点文物保护单位，湖南省十大风景名胜区之一，国家森林公园。“世外桃源”主体景区包括桃花山、桃源山、秦人村、桃仙岭，有水府阁、方竹亭、菊圃、竹廊、秦人古洞等近百个景点，16类风景资源，内部景界分布丘峦脊岭35条，峡谷19条，溪涧18条。其山水田园之美，寺观亭阁之盛，诗文碑刻之丰，历史传说之奇，具有很高的游览价值和历史文化价值。

（文字供稿：周勇，图片供稿：杨杰）

桃仙岭街道

区域概况

位置面积

桃仙岭街道位于常德市西南边陲，东北与桃源县漳江镇接壤，东南与鼎城区尧天坪镇相连，西南与桃花源镇毗邻，西北与桃源县剪市镇交界。面积49.5平方千米，有耕地12500亩，其中水田9840亩、旱地2660亩。

建制沿革

2011年6月，成立桃仙岭街道，因境内有桃花源风景区桃仙岭景点而得名。至2014年年底无变化。

行政区划

2011年6月，桃仙岭街道辖三合、青山、双峰、龙坪、甘潭、凤麒、白鳞洲、广福殿、张家湾等9个行政村和桃花源居委会，共94个村民小组，5个居民小组。至2014年年底无变化。

自然环境

桃仙岭街道地处沅水流域中下游，武陵山脉尾端丘陵地带，南倚武陵，北临沅江，地势东峻西缓，自西南至东北山脉连绵起伏，为域内山地。境内最大河流为沅江，发源于贵州省都匀市附近的云雾山鸡冠岭，从北部自西南向东北流入桃源县城。境域属季风湿润气候区，冷热四季分明，干湿两季明显，春多寒潮阴雨，夏多暴雨高温。年平均气温16.3℃，年平均降雨1440毫米，无霜期302天。主要树种有松、杉、油茶、油桐、樟、棕、椿、枫、栗、槐、柑橘等30多种，还有大量毛竹。野生动物有30余种（包括果子狸、穿山甲等二级保护动物）。境内矿藏少，开发利用价值不大。境内土壤多为黄红壤和水稻土。.

人口民族

2011年，辖区内有2989户10880人，全部为汉族。

经济发展

综述

2011年，全街道农村经济总收入为8000万元。至2015年底，农村经济总收入突破1亿元，人均收入9275元。从事家庭经营的人数为2759人，从事第一产业的1811人。由于本辖区大部分地区均属农村地区，第二产业发展相对落后。

农业

境内种植业以粮食作物为主，同时大搞油菜生产为主的冬季农业开发，全街道种植油菜 3000 亩，平均亩产 108 公斤。2015 年，种植粮食作物约 30000 亩、总产上万吨。

林业

全办街道有 1.5 万亩宜林山地，占山地面积的 80%，森林覆盖率 48%。已开发 1.2 万亩，其中用材林 0.8 万亩，经济林 0.4 万亩。

旅游业

境内有国家级旅游风景区——桃花源，景点包括桃源山、桃花山、桃仙岭、秦人村。2011 年，市委、市政府决定大力发展旅游业，2014—2017 年，实行三年的闭园提质改造，拉开了桃花源大开发、大建设的序幕。

基础设施

交通运输

319 国道贯穿全境，每天有 40 余班次的客车途径桃花源，客运量 1000 多人。县、乡、村公路总长 40 千米。

水利建设

2013 年，投入资金 500 万元实施“四水治理工程”，对沅江一线大堤除险加固。2014 年 7 月 18 日，桃仙岭街道遭受超历史洪水，水位达 51.4 米，造成龙坪村、甘潭村部分区域被淹。

2015 年，境内共有 4 座小（二）型水库，有蓄水塘 593 口，灌溉 9800 余亩水田。

社会事业

医疗卫生

2015 年，街道有村级卫生室 10 个，病床 28 张，专业医护人员 12 人，年诊治患者 8000 人次。全街道建有 15 个垃圾池，聘请专人清扫村民聚居点和主要道路。

社会保障

2015 年，全街道 78 名“五保”人员全部落实供养政策，其中 8 人入住桃花源镇敬老院集中供养；8500 人参加农村合作医疗，参合率达 95%；有 317 人享受农村最低生活保障待遇，每年领取低保资金 47.93 万元。

（文字供稿：周勇）

附录一

为颁发“调整区乡行政区划办法”及“各县区乡镇数及干部分配表”的命令

湖南省人民政府1952年12月20日〔52〕民行字第00792-4732号

奉中央及中南军政委员会分配我省950个区、16000个乡的指示，特制定“调整区乡行政区划办法”及“各县区乡镇数及干部分配表”各1份，随文颁发，希遵照执行。

附：调整区乡行政区划办法

一、划区乡标准：基本上根据人口、面积以及历史习惯、自然条件等为标准。一般规定，每区人口1万人至5万人，面积600至1200平方华里，每区管辖16至25个乡。平原地区每乡人口3000人至4000人左右，丘陵地区每乡人口2000人至3000人，山地平均1000人左右。各地应参酌自然环境及人口分散和集中的情况，具体进行区划；山地须照顾面积，平原照顾人口稠密程度。

二、调整区乡行政区划，以便利人民管理政权和便于发展生产、繁荣经济为目的，在重新划分当中，必须做好调查研究，防止草率从事，使区乡行区划较长期性的固定。凡少数民族居住地区，尽量避免分割，以免影响将来建立民族区域性自治或民族民主联合政府。为便利少数民族的经济文化建设，可根据其自然分布情况，在少数民族区域内，得划入一部分汉族居住区及城镇。

三、为加强集镇的管理与领导起见，由各县根据具体情况需要（照顾政治、经济及治安情况），设立区级镇或乡级镇。县府所在地是政治、经济、文化建设中心，必须进一步加强领导，以便于发展。因此，县府所在地不论区级镇或乡级镇，均应由县府直接领导。

四、集镇员额编制，均包括在分配各专县的区乡员额总数内，自行调剂，不另追加。

五、调整乡级行政区划应结合各项中心工作进行，各省在明年3月底以前全部完成，并总结上报。调整后应即召开乡人民代表大会或人民代表会议代行乡人民大会职权，选出正副乡长和乡政府委员会。

湖南省各县所辖区、乡、镇数及干部分配表

表1　　单位：个、人

县别	区数	乡镇数			乡镇干部数		
		乡数	镇数	合计	乡干	镇干	合计
总计	950	15,321	323	15,644	45,963	2,039	48,000
湘南区	256	4,100	46	4,146	12,300	312	12,612
衡阳	17	255	2	257	765	12	777
衡南	14	205	3	208	615	18	633
耒阳	13	196	3	199	588	24	612
祁阳	11	190	5	195	570	39	609
祁东	12	199	2	201	597	17	614
衡山	15	230	2	232	690	12	702
常宁	11	173	2	175	519	16	535
零陵	14	240	2	242	720	12	732
道县	11	176	2	178	528	18	546
宁远	11	213	2	215	639	12	651
桂阳	12	180	1	181	540	11	551
安仁	8	110	1	111	330	6	336
东安	10	155	4	159	465	24	489
江华	10	170	1	171	510	8	518
新田	5	87	1	88	261	6	267
郴县	10	155	1	156	465	5	470
宜章	8	145	1	146	435	6	441
永兴	8	135	1	136	405	6	411
汝城	9	139	1	140	417	6	423
酃县	7	142	1	143	426	6	432
永明	7	92	2	94	276	12	288
资兴	8	139	1	140	417	6	423
临武	6	95	1	96	285	6	291
桂东	6	95	1	96	285	6	291
蓝山	7	100	1	101	300	6	306
嘉禾	6	84	2	86	252	12	264
湘潭专区	188	2,991	89	3,080	8,973	518	9,491
湘潭	24	373	20	393	1,120	90	1,210
长沙	16	254	4	258	761	21	782

续表 1

县别	区数	乡镇数			乡镇干部数		
		乡数	镇数	合计	乡干	镇干	合计
湘 阴	19	309	10	319	926	60	986
平 江	15	306	5	311	919	33	952
浏 阳	22	318	12	330	955	50	1,005
醴 陵	16	245	6	251	734	51	785
宁 乡	19	310	4	314	931	27	958
望 城	12	179	7	186	536	45	581
岳 阳	16	245	5	250	734	57	791
攸 县	10	163	4	167	490	24	514
临 湘	9	114	9	123	342	42	384
茶 陵	10	175	3	178	525	18	543
常德专区	167	2,651	100	2,751	7,953	564	8,517
常 德	17	227	10	237	681	20	701
澧 县	17	245	16	261	735	114	849
桃 源	18	291	6	297	873	55	928
益 阳	12	199	6	205	597	18	615
南 县	7	103	6	109	309	31	340
华 容	9	115	8	123	345	46	391
石 门	14	281	4	285	843	22	865
慈 利	15	309	5	314	927	26	953
桃 江	10	162	5	167	486	33	519
安 化	15	219	9	228	657	39	696
汉 寿	11	171	7	178	513	28	541
沅 江	9	117	6	123	351	45	396
安 乡	6	90	4	94	270	34	304
临 澧	7	122	8	130	366	53	419
邵阳专区	158	2,623	36	2,659	7,869	294	8,163
邵 东	17	266	4	270	798	32	830
新 化	21	370	7	377	1,110	59	1,169
隆 回	15	262	4	266	786	31	817
双 峰	14	215	2	217	645	13	658
涟 源	17	309	4	313	927	35	962
湘 乡	15	227	3	230	681	23	704
邵 阳	12	220	3	223	660	31	691
新 邵	12	193	2	195	579	12	591
洞 口	9	161	4	165	483	34	517

续表 1

县别	区数	乡镇数			乡镇干部数		
		乡数	镇数	合计	乡干	镇干	合计
武冈	12	178		178	534		534
新宁	9	132	2	134	396	18	414
城步	5	90	1	91	270	6	276
湘西苗族自治区	74	1,216	25	1,241	3,648	186	3,834
永顺	11	185	3	188	555	15	570
龙山	12	190	4	194	570	33	603
大庸	7	99	3	102	297	12	309
桑植	8	142	1	143	426	9	435
凤凰	8	142	4	146	426	24	450
泸溪	6	97	2	99	291	24	315
保靖	6	116	1	117	348	12	360
永绥	6	93	2	95	279	21	300
乾城	5	78	3	81	234	24	258
古丈	5	74	2	76	222	12	234
黔阳专区	107	1,740	27	1,767	5,220	163	5,383
沅陵	19	330	2	332	990	12	1,002
溆浦	14	227	4	231	681	24	705
黔阳	9	146	5	151	438	31	469
芷江	7	126	1	127	378	6	384
会同	8	121	1	122	363	6	369
麻阳	6	107	4	111	321	24	345
辰溪	8	126	5	131	378	30	408
绥宁	10	164	2	166	492	12	504
靖县	6	88		88	264		264
晃县	7	103	1	104	309	6	315
通道	6	98		98	294		294
怀化	7	104	2	106	312	12	324

说明：为加强小城镇的组织，决定经中南分配湖南省950个区、16000个乡的编制中，依照小城镇数与全省乡数按百分之二点三的比例，扣除356个乡的编制员额，作为加强全省小城镇之组织编制（区级镇的编制均包括在区数内）此系全省财经会议的决定。（编者按：个别县所辖区乡镇数字现已略有调整，但全省总数字未变）

（摘自湖南省人民政府办公厅编《湖南法令录编（1949—1953年）上册》第137~143页）

为统一规定区乡名称衔牌、印信的通知

湖南省人民政府 1953 年 3 月 27 日府财民行字第 1361−1944 号

一、奉中南行政委员会〔53〕会厅民字 0714 号函：尚有不少地区的区乡名称印信，多数不符合规定。为贯彻中央四级政权制，与适应召开普选的各级人民代表大会的需要应作统一规定。

二、我省区乡名称印信，亦不一致。此次调整区乡行政区划后，均应予更正，以求划一。兹依中南指示，做如下规定：

1. 区非一级政权，一律称“区公所”，并以数字排列，称为“某某县人民政府第 × 区公所”，其他信字样与上同。

2. 乡系基层政权，应称“某某县第 × 区某某乡人民政府”；印信为“某某县第 × 区某某乡人民政府。”

3. 区乡印信均为木质、宋体字，边长六公分，边宽六公厘。

4. 区乡衔牌字样与名称同。均用白漆底，黑色正楷字。牌长 5 市尺半，宽 7 市寸半。

5. 区乡印信衔牌均由县统一制发。印信刊制费在各县行政机关经费项下的办公费内支报；衔牌用费由县垫付，制妥后由各区乡公杂费内支报归垫。

6. 镇的名称印信衔牌，除区级镇另行通知外，乡级镇与乡同。

7. 凡关于少数民族地区的自治区组织，其相等于专署、县、区、乡等各级的政权机构。应统一作为一级政权，各级政权的负责人应统称为主席，不称县长、区长或乡长，其名称则另作规定。

（摘自湖南省人民政府办公厅编《湖南法令录编（1949—1953 年）上册》第 144~146 页）

关于市、镇组织问题的通知

湖南省人民政府 1953 年 5 月 7 日府民行创字第 1864−3236 号

本省市、镇的组织，各地情况极不一致。全国普选工作即将开始，为了做好准备，特对市、镇组织问题作如下规定，希即遵照，并将执行情况上报。

一、市辖区分为市区、郊区。市区是市的一级基层政权机构，称（某某市某某区人民政府）。市区以下的居民委员会或类似此种组织均不作一级政权。郊区是市人民政府的派出机构，称（某某市人民政府某某区公所），不作为一级政权。郊区以下的乡为一级政权。如郊区设有居民委员会的地区，为方便

于行政领导和选举工作，应即划归市区管辖。至目前尚未设区的市均暂不设立。

二、镇为一级基层政权，镇以下之街道不为一级政权组织。因此，镇的管辖范围，不应包括郊区乡。至镇内街道组织在中央未规定前，为求划一，暂称为居民委员会。

（摘自湖南省人民政府办公厅编《湖南法令录编（1949—1953 年）上册》第 133 页）。

关于少数民族地区的区乡名称及自治区各县府印信规定的公函

湖南省人民政府 1953 年 7 月 15 日府办秘字第 2478-365 号

一、关于少数民族地区的区、乡名称奉中南行政委员会抄 1953 年 6 月 3 日会厅民（4）字第 118 号致广东省人民政府的复函："1. 少数民族地区的"乡""村"名称，应依据群众习惯，如连南称"乡""村"为"排""冲"，即称为"排""冲"，其乡一级政府不必加以"乡"的字样，以示尊重兄弟民族的习惯。内蒙古自治区的"专""县"称"盟""旗"，即是如此。2. 实行区域自治的县以下区，其区名可以数字排列。但实行区域自治的县以下的区一级或实行区域自治的区以下乡一级，如另有一个民族实行区域自治，则"区""乡"名称，可由民族名称冠以地名。3. 关于县民族民主联合政府下的区一级自治区或区民族民主联合政府下的乡一级自治区，其区、乡名称，由民族名称冠以地名（"如某某县（地方）某某族自治区人民政府"或"某某县某某区某某（地方）某某族自治区人民政府"）而不冠以"区""乡"字样。"

二、关于湘西苗族自治区各县人民政府所属机关的印信，应否冠以"湘西苗族自治区"字样问题，经本府向中南行政委员会请示，兹奉 1953 年 7 月 9 日〔53〕会厅族（2）字第 2696 号复函："1. 自治区各县及县属机关的印信，均应冠以"某某（地方）某族自治区"字样，例如"湘西苗族自治区永绥县人民政府印"；"湘西苗族自治区永绥县人民政府公安局印"；"湘西苗族自治区永绥县人民政府监察委员会印"。其他类推。2. 对自治区所属的人民法院（法庭）及人民检察署的印信，乃冠以"某某（地方）自治区的字样"，但在县以下，无需再冠"人民政府"四字，例如"湘西苗族自治区永绥县人民法院（法庭）印"，人民检察署印信亦同上例。本府 1953 年 5 月 20 日府办秘字第 2025-283 号复泸溪县人民政府函："县属机关的印文……不必再冠"湘西苗族自治区"字样"一项应予改正。

三、以上二项希即知照。并希转知有关各地。

（摘自湖南省人民政府办公厅编《湖南法令录编（1949—1953 年）上册》第 256~257 页）。

关于水上建政问题给湘南行署的批复

湖南省人民政府1953年10月15日府民行字第3085-5266号

一、水上区人民政府为一级政权。下设船民委员会不为一级政权。

二、设在各县港口的船民行政组织：

1. 凡当地设有镇的地区，设船民委员会归镇人民政府领导。因镇属基层一级政权，下面的船民委员会，应相当于镇下居民委员会，不算一级政权；

2. 凡当地没有设镇的港口，则设水上乡人民政府，冠以地名，如某某地水上乡人民政府，归当地区公所监督指导，同乡级政权。

三、船民人数较少的地区，可暂设船民小组，归当地乡人民政府领导。

附：湖南省人民政府湘南行署水上建政方案摘要

我区民船民主改革运动已经基本结束，为了巩固运动成果，加强人民民主专政，发展水上运输，促进城乡贸易并统一领导起见，实有建立水上基层行政机构的必要。在上级尚无此项编制预算之前，我署根据实际情况，规定以下各项：

一、建政原则：在船业人口集中的港口及码头，建立船民行政机构。凡分散在农村的短水船其船只和船民人数不多，又多数兼营陆上农业的，这样的码头，暂不建立船民委员会。该码头之船民，可直接归所在地（陆上）乡或镇人民政府管理。

二、衡阳市设水上区人民政府，为一级政权，下设船民委员会，不为一级政权。各县港口的船民行政组织，凡当地设有镇的地区，设船民委员会，相当于镇下的居民委员会，不为一级政权。凡当地没有镇的地区，设水上乡人民政府，冠以地名，如某某地水上乡人民政府，归区公所监督指导，同乡级政权。以上区长、乡长、船委会主任，暂可由水上公安、联运社、航管处等组织中较强的干部兼任。民船业务由航管处领导。

（摘自湖南省人民政府办公厅编《湖南法令录编（1949—1953年）上册》第133~135页）。

中共湖南省委 湖南省人民政府
关于实行政社分开、建立乡政府的通知

（湘发〔1984〕5 号）

各地（州）、市、县委，各行政公署，自治州、市、县人民政府，省直机关各单位：

改变农村人民公社政社合一的体制，实行政社分开、建立乡政府、是当前农村一项重大改革。去年在浏阳和全省各县普遍试点的实践证明，实行这一改革，对于改变党不管党、政不管政和政企不分的状况，加强党的领导和基层政权工作，促进农村经济 的发展，加速四化建设的进程，具有重大的意义。为了切实把这 项工作抓好，现根据中央一九八三年三十五号和一九八四年一号 文件精神及各地试点经验，提出如下意见：

一、有领导有步骤地搞好政社分开、建立乡政府的工作。实行政社分开、建立乡政府，关系到广大人民群众的切身利益，涉及到广大基层干部的进退去留，是全省人民政治经济生活中的一件大事，一定要采取积极稳妥的步骤有领导地进行。要广泛进行宣传教育，自上而下，向干部、党员和群众讲明政社分开、建立乡政府的重大意义及其做法要求，做到家喻户晓。确定乡和村的规模时，要坚持党的群众路线，考虑群众的生产、生活条件和历史习惯，尊重广大群众的意愿，便于群众行使民主权利。要组织力量，考察干部，为配备乡的党政领导班子准备好人选。要贯彻精简的原则，乡一级不能增加国家行政编制；村一级的不脱产干部也要坚决实行精简，努力减轻群众负担。要把改革与生产紧密结合起来，坚持一手抓改革，一手抓生产，做到改革、生产两不误。浏阳县在开始进行这项工作时宣布四个不变：即社队规模不变，干部性质不变，公共财物所有权不变，生产资料公有制和联产承包责任制不变。实践证明，这样做有利于干部群众思想的安定和社会秩序的稳定，各地可以参照执行。

二、乡和村的规模。我省人民公社的规模一般不大，经过二十多年来的建设，大体已成为当地政治、经济、文化的中心。因此，在这次改革中，原则上实行以社建乡，以大队建村，以生产队或联队建立村民小组，一般不要改变现有行政区划。个别确实需要调整公社规模的，要经过干部群众充分酝酿，在认识一致、条件具备时，再呈报省人民政府批准。

原有的民族公社，在政社分开时，应改为民族乡。新建民族 乡的，必须符合国务院国发〔1983〕201 号文件精神，并呈报省人 民政府批准。

有些公社所在地设有公社一级镇的，可以采取乡镇合一，乡改为镇，由镇管村，以利于农村经济文化事业的发展。条件具备需新建镇的，应按规定呈报省人民政府批准。

三、乡、村的党政组织和职能。乡建立乡党委、乡人民政府。村设党支部和村民委员会。

乡党委是党在农村的基层党委，实行对政权组织、经济组织和群众团体统一领导。它的主要任务是：宣传和贯彻执行党的路线、方针、政策，带领全乡人民努力完成政治、经济任务，保证“两个文明”建设的顺利进行；认真抓好党的思想建设和组织建设，充分发挥党组织的战斗堡垒作用和党员的先锋模范作用；坚持四项基本原则，加强思想政治工作，把党风和社会风气搞好；充分发挥政权组织、经济组织和群众团体的职能作用，协调党政企各方面的工作。

乡人民政府是国家基层政权组织。它的主要任务是：按照《中华人民共和国地方各级人民代表大会和地方各级人民政府组织法》的规定行使职权，接受乡人民代表大会的监督，定期向乡人民代表大会报告工作，领导本乡的经济、文化和各项社会建设，做好公安、民政、司法、科技普及、文教卫生、计划生育和计划统计工作。当前，要在抓好经济工作的同时，教育农民正确处理好国家、集体和个人利益的关系，妥善安排上交提留；要认真抓好社会治安、打击刑事犯罪和经济犯罪活动，发动群众制订乡规民约，以“五讲四美三热爱”为内容，把文明村（镇）的建设广泛开展起来，促进社会治安和社会风气的根本好转。

村党支部是党在农村的基层组织，是组织教育党员和团结带领群众进行农业现代化建设的战斗堡垒。村民委员会是基层群众自治性组织，设主任和生产、治安保卫、民政调解、公共卫生（包括计划生育）等委员，主要任务是办理本村的公共事务和公益事业。协助乡人民政府搞好本村的行政工作和生产建设工作。

四、切实配好乡级党政领导班子。调整配好乡一级领导班子，是搞好农村体制改革的关键。要坚持按照精干的原则和革命化、年轻化、知识化、专业化的方针，选拔一批年龄在三十岁左右，文化在高中以上（包括自学达到高中以上文化程度的），具有组织领导才能的优秀年轻干部进入领导班子，同时要注意留下一些身体条件较好，有一定的文化专长和工作经验的老同志，以利于新老合作交替，保持工作的连续性，顺利地开创工作新局面。

乡党委设委员五至七人，其中书记一人，副书记一至二人，组织委员、纪检委员、宣传统战委员、武装委员各一人。乡设共青团书记、妇联主任。乡政府一般应设乡长一人，副乡长一至二人。其他人员的分工，各地可以根据已经确定的公社编制总额和实际工作需要，因地制宜，统筹安排。乡一般可设秘书、生产助理、民政、司法、财粮、计划统计、计划生育、文教、科技等职，编制不够的可以兼任。司法编制可以单列。乡政府还可以设置精干的企业管理办公室或农工商联合公司，由一名副乡长负责领导，管理全乡的乡村企业和各项经济工作，人员可从乡村企业经费开支。乡人民武装部先按公社现在的实有人数配备。在配备班子时，在乡党委正副书记和正副乡长中必须各配一名具有高中以上文化的干部。分管经济工作的必须具有一定生产业务知识。各县可以从县级机关选调一些具有高中以上文化程度的年轻优秀干部到乡工作，以利于改善乡一级领导班子的结构。要注意选拔妇女干部。民族乡要注意选拔少数民族干部。按照中央文件要求，乡的干部配备要力求精干，不得超过现在公社的总编制。乡干部要能上能下，能官能民，当选就任职，落选就回到生产中去。现有的脱产干部，包括在集体经济单位的干部，一切待遇不变。每乡（镇）可以从农村选拔一、二名具有高中以上文化、年龄三十岁左右的优秀人员到乡（镇）工作。新选上来的乡干部，任职期间，经济上给以适当补贴，担任乡级主要领导职务的，每月补助四十五元，一般工作人员，每月四十元，由省财政和地、市、州、县财政对半负担。

配备乡的领导班子，一定要认真进行考察，严格把好政治关、年龄关、文化关，严防“三种人”和反对十一届三中全会以来党的路线方针政策以及有各种严重违法乱纪行为的人进入领导班子。要通过乡人民代表大会,选举产生乡长、副乡长。乡党委应按照党章规定召开党员大会或乡党员代表大会选举产生。乡党政领导班子成员，要按照有关规定进行审批。村民委员会的主任、委员和村民小组长，通过群众直接选举产生。

为了加强对城镇工作的领导，各县城关镇的镇委书记，一般应由县委副书记或县委常委担任，以利于加强对城镇的统一规划、建设和管理。

实行政社分开以后，有一批干部的工作将有所变动，要视其所长，作出妥善安排，使他们有机会为建设社会主义新农村继续做出贡献。对于退出领导班子而又不到退休年龄的公社正副书记和公社管委会正副主任，可以安排为乡协理员。

五、建立乡财税所。随着乡政府的建立，应当建立乡一级财政和相应的预决算制度，明确收入来源和开支范围。乡建立财税所，所长可以由乡财粮专干兼任，另增配一至二名事业编制。有关具体事项按财政部规定办理。乡财税所的主要任务是：负责对上级下拨的农业、文教卫生等事业费和行政经费的管理使用；按政策规定做好农村各项税收和地方收入的征收管理，并按规定提取分成；具体贯彻农业税的减免政策；筹集分配使用好乡的公共事业经费；检查监督各部门执行财经纪律的情况，严禁巧立名目、乱搞摊派而增加集体企业和群众的负担。

六、改革经济体制。经济体制的改革，应按照中央有关指示精神认真实行。现有社队企业要抓紧整顿，建立和完善责任制，改善经营，加强民主管理，采用适用技术，提高经济效益，促其健康发展。供销社的体制改革要深入进行下去，真正办成农民群众集体所有的合作商业，逐步扩大经营范围和服务领域，办成供销、加工、贮藏、运输、技术等综合服务中心。信用社要进行改革，真正办成群众性的合作金融组织,在遵守国家金融政策和接受农业银行的领导、监督下独立自主地开展存贷业务。农业技术推广、林业、畜牧兽医、农业机械、经营管理等基层事业单位，都应进一步提高服务质量。要逐步建立起比较完备的商品生产服务体系，促进农村商品生产的发展。

政社分开以后，农村经济组织应根据生产发展的需要在群众自愿的基础上设置，形式与规模可以多种多样，不要自上而下强制推行某一种模式。为了完善统一经营和分散经营相结合的体制，一般应设置以土地公有为基础的地区性合作经济组织。这种组织，可以叫农业合作社、经济联合社或群众选定的其他名称，一般可以村（大队或联队）为范围设置，其领导机构可以同村民委员会分立，也可以一套班子两块牌子。以村（大队）为范围设置的，原生产队的资产不得平调，债权、债务要妥善处理。

原公社一级已经形成经济实体的，应充分发挥其经济组织的作用；公社经济力量薄弱的，可以根据具体情况和群众意愿，建立不同形式的经济联合组织或协调服务组织；这些组织对地区性合作经济组织和其他专业合作经济组织，是平等互利或协调指导的关系，不再是行政隶属和逐级过渡的关系。

七、政社分开,势必涉及许多经济问题。因此,在改革中要约法几章,严守纪律,严防公共财物的损失,任何个人都不得以任何借口损公肥私，违者要立即追究，严肃查处。

八、政社分开工作，全省原计划在今年春插之后和双抢之后，分两批搞完。由于县级机构改革进展顺利，有些地区要求提早进行这一工作，以便争取今年工作的主动。省委、省政府赞成这个想法，各地可以从自己的实际出发，因地制宜地进行安排。

为了切实做好这项工作，各级党委和政府必须加强领导，有关部门要定期进行研究，日常工作由民政部门负责。各地可以组织工作组下去具体帮助，并同换届选举工作结合进行，两块牌子，一套人马，以便于把各方面的力量组织起来，协同一致地做好工作。

中共湖南省委
湖南省人民政府
一九八四年二月八日

（摘自《湖南省志第四卷政务志民政（1840—1990年）》第593~599页）。

中共湖南省委 湖南省人民政府关于开展乡镇区划调整改革工作的意见

（湘发〔2015〕15号）

为深入贯彻落实党的十八大和十八届三中、四中全会以及省委十届九次全会精神，加快推进农村改革，增强乡镇经济发展活力，促进城乡一体化发展，省委、省人民政府决定在全省开展新一轮乡镇区划调整改革。根据我省实际，现提出如下意见：

一、开展乡镇区划调整改革的重大意义

乡镇区划调整改革是事关基层政权建设和农村经济社会发展的重大改革。经过前两轮乡镇区划调整改革，全省乡镇数量有所减少，但乡镇规模小、数量多、布局散的问题仍然突出，乡镇区域平均面积和平均人口均低于全国平均水平。随着经济社会的发展，目前我省乡镇规模、布局与改革发展新要求不相适应，增加了运行成本，稀释了公共投入，削弱了综合实力，导致部分乡镇集聚力和辐射力不强，产业结构雷同，资源浪费严重，成为制约我省城乡发展一体化的障碍。通过行政区划调整，实行乡镇区域重组，撤并规模小、经济实力弱、基础设施差的乡镇，有利于整合乡镇区域发展资源，拓展和优化发展空间，解放和发展农村生产力，促进现代农业发展，加快全面小康建设进程；有利于破解制约城乡发展一体化的障碍，加快推进新型工业化、新型城镇化、农业现代化和信息化，形成城乡一体的新型工农城乡关系；有利于深化农村改革，加快构建适应现代发展要求、切合湖南实际的乡镇管理体制机制，提升工作效率，增强乡镇经济发展动力与活力；有利于完善农村社会治理体制机制，巩固党的执政基础，提高依法治理水平；有利于推动公共服务向农村基层延伸，增强公共服务供给能力。

二、指导思想和基本原则

（一）指导思想。深入贯彻落实党的十八大、十八届三中、四中全会精神和习近平总书记系列重要讲话精神，围绕构建适应城乡发展一体化要求的现代乡镇行政管理体制和社会治理体系这一目标，着力优化结构布局，着力全面深化改革，着力提升公共服务能力，积极推进乡镇区划调整改革，促进全省乡镇布局更加合理、结构更加优化、发展更加科学、运行更加高效、服务更加优质。

（二）基本原则

1. 因地制宜、科学规划。紧密结合我省新型城镇化规划，充分考虑当地自然地理条件、经济社会发展水平、行政管理以及民族宗教、民俗文化、历史沿革和群众生产生活习惯等综合因素，按照平原湖区、丘陵区、半山半丘区、山区不同类型，科学确定乡镇规模和布局，对部分高寒山区等特殊地理条件的乡镇和民族乡不搞“一刀切”。

2. 促进发展、服务群众。把促进要素资源整合、促进发展和服务群众作为乡镇区划调整改革的首要因素，把乡镇区划调整改革与推进新型城镇化、促进城乡发展一体化、发展现代农业结合起来，着力做大做强县市人民政府驻地镇，强化其综合承载力和辐射带动力，做到既有利于优化资源配置、促进乡镇经济发展，又便于有效管理、提升公共服务能力。

3. 理顺关系、转变职能。在乡镇区划调整改革的同时，积极稳妥地做好乡镇机构改革工作，进一步理顺县市区、乡镇两级人民政府管理体制，坚持重心下移、强基固本，理顺经济发展、社会事业、公共服务、社会治理、公共基础设施运行管理等方面的体制机制，精简机构、降低成本、激发活力、提升效能。

4. 依法有序、稳步推进。坚持依法依规、有序推进，严格遵守区划调整、财政税收、国土资源、组织人事等方面的法律法规。坚持公平、公正、公开，尊重群众意愿，尊重合理利益诉求。

三、组织领导和保障措施

（一）加强组织领导。本轮乡镇区划调整改革在省委、省人民政府的统一领导下，由省乡镇区划调整改革领导小组（以下简称领导小组）负责，领导小组由孙金龙任组长，郭开朗、陈肇雄、许又声、黄关春、戴道晋、蔡振红任副组长。领导小组办公室设在省民政厅，具体牵头组织对湖南省乡镇区划调整改革工作方案的实施。各级党委、政府要充分认识乡镇区划调整改革的必要性和重要性，把思想行动统一到省委、省人民政府的决策部署上来，把乡镇区划调整改革作为一项打基础、利长远的重大基础性改革来抓，确保改革顺利组织实施。各市州、县市区党政主要负责人是本地区乡镇区划调整改革的第一责任人，要切实履行好第一责任人职责。各地要组建强有力的工作班子，从组织、机构编制、民政、发改、财政等党政综合部门抽调精干力量，负责组织实施和协调落实工作。对于工作难度大的县市区，可由省、市州派出工作组指导帮助工作。

（二）科学制定方案。乡镇区划调整改革工作方案由县市区人民政府负责制定；村调整撤并方案由乡镇人民政府提出，经村民会议讨论同意后确定。在拟订方案时，要深入调查研究，充分论证，上下沟通，广泛听取干部群众意见，形成共识。方案制定后必须严格依法按程序报批，乡镇区划调整改革工作方案经市州人民政府审核后，报省人民政府审批；村调整撤并方案由县市区人民政府审批。

（三）严格落实责任。实行分级负责，省委、省人民政府负责乡镇区划调整改革的顶层设计、统筹协调和规划管理；市州党委、政府为责任主体，负责乡镇区划调整改革的部署落实；县市区党委、政府为实施主体，负责辖区内乡镇区划调整改革的具体组织实施。省、市、县有关部门按照责任分工，抓好相关配套政策的制定实施、对口指导工作；加强协作配合，合力推进改革，形成部门配合、上下联动的工作格局。省委、省人民政府将定期或不定期对各地乡镇区划调整改革工作情况进行督查督办，对落实不到位的严格追究责任。

（四）严明纪律要求。严格政治纪律，严禁干扰乡镇区划调整改革工作，对各类扰乱改革工作的谣言和行为要严肃查处，依法依纪追究责任。对改革中出现的问题，要及时研究解决，重大问题及时向上级请示报告。严格组织人事纪律，严禁突击提拔干部、突击进人；严禁擅离职守、失职渎职；严格财经纪律，加强资金管理，严防国有资产流失，严禁借机突击花钱、转移财物，严查侵占、挥霍国家和集体资产等违法违规行为；严格廉政纪律，遵守廉政准则，严禁以权谋私，一经发现，严肃处理。

（五）营造良好氛围。各级党委、政府和有关部门要做好实施乡镇区划调整改革的宣传动员和舆论引导工作，积极向干部群众宣讲乡镇区划调整改革的重大意义、目标要求和相关政策，消除干部群众思想顾虑，引导干部群众积极主动参与和配合改革。凡涉及干部群众重大利益的，要充分听取干部群众意见，取得干部群众的理解支持，在全社会形成主动支持改革、积极投身改革的良好氛围。

附件：1. 湖南省乡镇区划调整改革工作方案

2. 湖南省乡镇区划调整改革配套政策与措施

3. 湖南省乡镇合并工作任务指标分解表

4. 湖南省建制村合并工作任务指标分解表

附件 1：

湖南省乡镇区划调整改革工作方案

按照省委、省人民政府的工作部署和《中共湖南省委办公厅关于印发〈中共湖南省委全面深化改革领导小组 2014 年工作要点及责任分工〉的通知》（湘办发〔2014〕13 号）要求，结合我省实际，制定本方案。

一、目标任务及时间安排

（一）目标任务。此次乡镇区划调整改革工作，按照优化结构、合理布局、规模适度、有利发展的要求，合理确定乡镇和村的规模。全省目标任务为合并乡镇500个以上，减幅约25%；合并建制村16000个以上，减幅约39%。合并乡镇目标任务省直接测算到县市区，合并建制村目标任务省测算到市州，再由市州测算到县市区。

根据我省地形地貌，分四个类型确定乡镇类别，全省平均每个乡镇预期规模为人口 3.8 万人、面积 160 平方千米，其中，平原湖区（A 类）乡镇人口 5.5 万 ~ 7.5 万人、面积 130 平方千米左右；丘陵区（B 类）乡镇人口 4.5 万 ~ 5.5 万人、面积 150 平方千米左右；半山半丘区（C 类）乡镇人口 3.5 万 ~ 4.5 万人、面积 160 平方千米左右；山区（D 类）乡镇人口 2 万 ~ 3.5 万人、面积 180 平方千米左右。

重点调大调强县市人民政府驻地镇。县级市城区人口应达到 15 万人以上，所辖区域面积，山区不低于 300 平方千米，丘陵区不低于 250 平方千米，平原湖区不低于 200 平方千米，未达标的，撤销城郊乡镇并将其行政区域并入城区；除总人口低于 30 万人的人口较少县外，县级人民政府驻地镇应达到 10 万人以上，所辖区域面积，山区不低于 250 平方千米，丘陵区不低于 200 平方千米，平原湖区不低于150平方千米，未达标的，撤销周边乡镇并将其行政区域并入县城镇；中心镇人口应多于同类乡镇的平均人口数，未达标的，撤并周边乡镇。现有乡镇规模超过上述标准的不得划小规模。

全省平均每个建制村人口预期规模为2500人，其中，平原湖区建制村人口2500～3500人；丘陵区建制村人口2000～3000人；半山半丘区建制村人口1500～2500人；山区建制村人口1000～2000人。

（二）时限要求。乡镇区划调整改革工作不搞试点，合并乡镇工作2015年下半年启动，2016年春节前基本完成；合并建制村工作可以与合并乡镇工作同步推进，也可与第十次村民委员会换届工作基本同步，2016年底前完成，2017年上半年选举产生新一届村委会。

二、制定切实可行的工作方案并依法报批

各市州、县市区应在深入调研的基础上，集思广益，反复论证，制定切实可行的乡镇区划调整改革工作方案。要从实际出发，因地制宜，充分考虑自然条件、历史沿革、风俗习惯和群众意愿等因素，科学合理确定乡镇、建制村的规模。总的原则是平原湖区乡镇、村人口多一些，山区乡镇、村人口少一些；山区乡镇、村区域面积大一点，平原湖区乡镇、村区域面积小一点。重点是要合并人口在10000人以下的小微乡镇和人口不足5000人的民族乡，以及人口在1000人以下的建制村，但不搞“一刀切”。各县市区在确保完成并乡镇合村任务的前提下，辖区内乡镇、村规模宜大则大、宜小则小，允许灵活对待。

并乡镇合村原则上要求成建制合并，但也可以根据山系、水系、交通条件拆分合并，具体合并方式由县市区人民政府确定。合并方式必须有利于乡镇人民政府加强社会管理，有利于方便群众办事。

结合乡镇合并工作，将县城镇与周边乡镇合并，扩大县城规模，加快推进县城城镇化建设。按照《湖南省推进新型城镇化实施纲要(2014—2020年)》和《湖南省“十二五”新型城镇化发展规划》的要求，选择城市化程度高、经济发展快、经济规模大的县城镇改设为街道体制。每个街道以人口5万～10万人，面积30～50平方千米设置。

省直各相关部门根据本部门工作职责，分别出台并乡镇合村配套政策措施，并积极做好职责内各项工作。各地要将省里的配套政策措施纳入并乡镇合村方案设置范围，认真抓好落实，确保并乡镇合村方案周密全面。

涉及民族乡的合并，各市州、县市区民族工作部门要牵头组织相关部门充分听取当地少数民族群众的意见，认真做好说明解释工作，使合并乡镇方案得到少数民族群众的充分理解和支持。有条件的地方，尽量将区划相连的民族乡合并继续保留民族乡，将1个或2个民族乡合并到一般乡镇，组建新的民族乡。

依法依规按程序报批。各地乡镇合并方案确定后，要按照《国务院关于行政区划管理的规定》，坚持一县一报，逐级申报，依法依规完成申报审批程序。民族乡的合并，要事先征求各级民族工作部门的意见。合村工作要按照《中华人民共和国村民委员会组织法》的有关规定和流程进行，先由乡、民族乡、镇人民政府提出本辖区内的具体合村方案，经村民会议讨论同意，报县市区人民政府批准。

三、切实解决好并乡镇合村工作中的具体问题

（一）关于乡镇建制。合并后新设乡镇行政区划建制按以下原则确定：镇与镇合并继续设镇；乡与镇合并可以设镇；乡与乡合并继续设乡，符合设镇条件的可以设镇。民族乡与一般乡镇合并时，按省民宗委指导意见，少数民族人口达到一定标准可以继续设立少数民族乡。

（二）关于乡镇人民政府和村委会驻地。合并后新设立的乡镇人民政府驻地选择，由县市区人民政府制定方案，报省人民政府审批，遵照中央关于禁止新建楼堂馆所的相关规定，不新建乡镇治所。村委会驻地选择，由乡镇人民政府制定方案，报县市区人民政府确定。

乡镇人民政府和村委会驻地应选择已成为或可以发展成为本区域内经济、政治、文化中心的位置，且地理位置尽量靠近辖区中心。乡镇人民政府驻地变动，要继续全面保护好辖区内古镇、古村落等历史文化遗产。要避开洪涝、缺水、滑坡等自然灾害易发地段，并与交通、水利等重大基础设施规划相衔接。

对合并后的乡镇人民政府原驻地，仍然要加强国土规划、集镇规划，加强集镇建设，完善便民服务功能，继续发挥其在新型城镇化建设中的积极作用。并乡镇合村后，为方便群众办事，各地可从实际出发，在被合并乡镇人民政府原驻地设置片区便民服务中心，作为服务群众办事的窗口；被合并建制村原村部可设置便民服务点；片区便民服务中心和便民服务点的存续时限由各地根据需要自行决定。

探索新型农村社区建设。乡镇合并后，在原乡镇人民政府驻地村开展新型农村社区建设试点，逐步建立产业发展、设施完善、服务均等、管理民主的新型农村社区。并村后，可在条件成熟的中心村或大村开展新型农村社区建设试点。开展新型农村社区建设试点，实行一村一社区，不得将一个村划分若干社区。

（三）关于新设乡镇和建制村名称确定。尽可能以原有乡镇和建制村名称中的一个作为合并后新乡镇和建制村的名称。新设乡镇政区名称的命名，要尊重历史、传承文化、突出特色，反映辖区内干部群众的美好愿望和良好追求。要广泛征求当地干部群众意见，意见一时难以统一的，由县市区人民政府确定备选方案，由市州区划地名主管部门组织专家进行论证确定，仍然存在较大意见分歧的，由省区划地名主管部门组织专家论证确定。命名的相关材料与并乡镇方案申报材料一并逐级上报省人民政府审批。

部分县市区沿用的“城关镇”，名称不规范，是通用名称，没有突出当地文化特色，不符合国务院《地名管理条例》的规定。此次合并乡镇工作中如涉及城关镇的合并，应一并进行更名。建制村的命名由乡、民族乡、镇人民政府提出意见，在广泛听取干部群众意见的基础上，连同并村方案报县市区人民政府审批。

（四）关于特殊形态政区代管乡镇的合并工作。特殊形态的政区，一般指不是一级行政区划建制，但承担部分政府职能的各类管理区和产业园区。对这些机构代管的乡镇、村进行并乡镇合村时，按以下原则和流程进行操作：

各类管理区和产业园区代管的乡镇一并纳入此轮并乡镇合村范围。产业园的规划面积，不能因乡镇区划调整随意变动扩大。各类管理区、产业园区乡镇区划调整改革工作在其所在地县市区人民政府的指导下进行，并以所在地县市区人民政府的名义依法依规完成申报流程。所在地县市区人民政府应支持管理区、产业园区开展乡镇、村合并工作。

仍未按照省委、省人民政府《关于国有大中型农场体制改革的意见》（湘发〔2000〕4号）文件改革到位的农、林、渔场，此次改革应将其行政管理职能剥离，将其行政管理职能和行政区划就近并入相邻乡镇，实现政事分开、政企分开。

（五）关于并乡镇合村债权债务和资产处置。各县市区在制定并乡镇合村工作方案时，要充分调研，拟定本辖区撤并乡镇、村债权债务、资产处置有关政策。调整合并后，被合并乡镇和建制村的资产和债权债务在清理核实后原则上一并纳入新设立的乡镇和建制村统一管理。乡镇资产和债权债务的处置根据《湖南省乡镇财政管理条例》的有关规定执行。

（六）关于乡镇区划调整改革后行政区划图的制作。并乡镇合村工作完成后，各市州、县市区必须编制规范化的行政区划图，宣传和巩固行政区划调整的成果。各级民政部门是行政区划图审查批准的主管部门，各级行政区划图的图稿未经民政部门审查批准，不得付印。

为保持行政区划矢量数据的完整和准确，避免发生界线纠纷，市州、县市区行政区划图统一由省民政厅监制，由省国土资源厅提供基础地理数据，由有资质的单位制作。有关行政区划图的内容，按照国家关于编绘行政区划地图的有关规定办理。

此轮并乡镇合村不涉及县级行政区域界线的变动，不需重新勘测县级界线，但部分界线上的界桩坐落地乡镇、村的名称有变动。省民政厅将汇总并修定界桩标注情况向社会发布，涉及的县市区要共同重新明确界桩所在地乡镇人民政府及村的管界责任。

附件 2

湖南省乡镇区划调整改革配套政策与措施

一、合并乡镇机构编制和人员安置

（一）合并乡镇机构设置。在乡镇党政机构不超过 4 个、事业站所不超过 6 个的限额内，根据合并乡镇的类型和规模，确定党政机构设置形式和数额，一般可设置党政综合办公室、经济发展办公室、社会事务办公室等 3 ~ 4 个。

对卫生和计生、社会管理综合治理、民政、就业和社会保障、水利、林业、农业技术推广、动植物疫病防控、农产品质量监管、农村经营管理、文化、国土资源管理、城乡规划建设、安全生产监管、食品药品安全监管等工作应予以加强，不能削弱。对此类工作，可单独设置党政机构或事业站所；未单设的，必须明确其职责由谁承担。确因工作需要，党政机构和事业站所可加挂牌子，但每个乡镇加挂牌子的总数一般不超过 3 个。乡镇计划生育技术服务机构与乡镇卫生院妇幼保健职能整合，在乡镇卫生院加挂“妇幼保健计划生育服务站”牌子，接受县级卫生计生行政部门和乡镇人民政府双重管理。乡镇设立人民武装部，依法履行国防动员、民兵训练、预备役管理等职能。实行县乡共管的事业站所，凡使用乡镇事业编制的，都要计入事业站所设置限额内；使用县市区事业编制的，可不计入。

（二）规范合并乡镇领导职数配备。乡镇领导职数的配备一般包含党委书记、乡镇长、党委副书记、纪委书记、党委委员、副乡镇长、人大主席、武装部部长等。合并乡镇重新明确类别的，其领导职数核定原则上仍按照《中共湖南省委办公厅湖南省人民政府办公厅转发省委组织部等四部门〈关于全面推进乡镇机构改革的实施意见〉的通知》（湘办发〔2010〕36 号）的有关规定执行，其中一、二类乡镇不超过 9 名，三、四类乡镇不超过 7 名。在法律和有关政策规定允许的范围内，适当扩大乡镇党政领导班子成员交叉任职。人大、政协联络、武装部有关工作负责人员的配备，须在规定的乡镇领导职数范围统筹考虑。

乡镇合并后因职数减少不能继续担任乡镇领导职务的干部，应结合政府机构改革和乡镇区划调整改革统筹安排，在领导职数内安排确有困难的，允许在5年过渡期内暂时超职数配备领导干部。各地要以县市区为单位，制定消化超职数配备乡镇领导干部总计划及年度计划，确保如期完成消超任务。对未按计划完成消超任务的县市区，原则上不得新提拔乡镇领导干部。

（三）人员编制和干部职工安置。此次合并乡镇，省里不就乡镇行政、事业编制提出统一精简要求，各地要按标准核定合并乡镇机关站所的人员编制，超出标准的人员编制实行“出一减一”，今后核减的编制，省里暂不统一收回。各地要严格执行《中华人民共和国公务员法》和《党政领导干部选拔任用工作条例》有关规定，根据工作需要，尊重干部意愿，可采取就地安排任职、交流使用、职数限额内改任非领导职务、晋升职级退出现任职务、提前退休等途径，妥善做好合并乡镇领导班子成员和干部职工安排。鼓励干部到村、社区担任“第一书记”。

（四）规范派驻乡镇机构。县市区人民法院、公安、司法、地税、国土资源、市场监管等职能部门，可根据实际工作需要，在乡镇设置派驻人民法庭、公安派出所、司法所、税务所、国土所、市场监管所等，并尽可能实行区域设置。除此以外，市州、县市区其他职能部门原则上不得在乡镇新设立派驻机构。除国家和省有明确规定的以外，派驻乡镇的机构，其党的组织关系实行属地管理，人事任免等重要事项必须按有关规定征求当地党委意见。

（五）创新公共服务方式。大力推行为民服务全程代理制，在乡镇设立便民服务中心，负责本辖区内行政审批及其他事项的为民全程代理服务，从乡镇相关部门抽调人员合署办公，不新增机构、编制和人员，实现“一个中心”对外、“一个窗口”受理、“一条龙”服务；村和社区设立便民服务站，由村干部兼任代办员，不另新聘人员。对区划调整后形成的较大乡镇，可按照扩权强镇的有关要求，赋予乡镇更大的经济社会管理权限，完善乡镇人民政府功能，促进乡镇人民政府能力建设。支持区划调整后的特色乡镇建设。

二、调整完善并乡镇合村财政奖补政策。落实全省乡镇区划调整改革工作要求，调整完善乡镇及村合并的相关财政政策。各级财政应继续加大对乡镇的资金支持力度，对调整合并乡镇的财政补助资金原则上三年内不减少，统一安排到新组建的乡镇。今后在拨付一般性转移支付和专项转移支付时，要以乡镇区域面积、人口规模、地理条件、经济状况等因素为依据，建立科学精细的财政资金分配模型。

本次改革，按照“明确目标、统一标准、激励改革、公平公正、奖补结合”的原则，以乡镇、村区划调整改革目标数为标尺，统一衡量各地本轮及以往乡镇、村区划调整成效，既对本轮精简乡镇、村给予奖励，又对过去精简乡镇、村工作做得好的地方给予适当补助。

（一）确定改革目标。以省委、省人民政府分类确定的新一轮改革后保留乡镇数作为目标乡镇数。

（二）明确奖补范围。县市区在新一轮改革截止时达到省定目标乡镇数，纳入奖补范围。即为确保按时按量完成本轮改革任务，只有在规定的时限内全面完成合并任务的县市区，方可给予奖补。

（三）确定奖补标准线。按照新一轮改革后各县市区目标乡镇数和全省乡镇平均25%的减幅，测算出今年改革前各县市区按全省平均水平应配置的乡镇个数，作为奖补标准线。

（四）奖补基数。以各县市区奖补标准线（即改革前按全省平均水平应配置乡镇数）与改革后实有乡镇数的差额作为奖补标准乡镇数，按每少一个乡镇奖励 50 万元的标准安排基数奖补。

（五）特殊政策。新一轮改革中，县市区实际合并乡镇数多于其奖补标准乡镇数的，多出的乡镇由省财政按每个 50 万元的标准给予一次性奖励。因为这部分新合并的乡镇属于还过去改革滞后的历史欠账，不应进基数奖补。对此次改革前已享受并乡镇合村财政基数奖补的不重复奖补。

（六）建制村合并奖补政策。全省建制村合并相关财政奖补政策按照乡镇合并方法调整完善。奖补标准为每合并 1 个建制村，奖补 4 万元。

（七）财政奖补用途。考虑到并乡镇合村后，乡镇、村服务半径扩大，财政奖补主要用于改善和提升乡镇、村公共服务能力，同时可以用于化解乡镇、村历史债务。

三、乡村道路建设和电力农网改造。落实全省乡镇区划调整改革工作要求，加快完善乡镇、村基础设施条件，重点加快合并后的乡镇、村的交通网络、电力网络体系建设，统筹推进新农村建设和小城镇发展，为广大农民群众生产生活提供便利。

（一）关于道路建设。目前，“十二五”农村公路建设是以乡镇、建制村为基础进行规划的。乡镇和建制村合并后按以下方案实施：按照合并前的乡镇、建制村为单位，完成“十二五”农村公路建设任务，确保有条件的原建制村 100％通沥青（水泥）路。优先规划建设新组建乡镇、村与被合并乡镇、村之间的连通道路。对于合并后达到一定规模的乡镇，优先规划高等级公路连接政府驻地。进一步完善农村公路路网结构，逐步解决合并村断头路问题，提高重要线路的技术等级，完善安保设施，不断增强农村公路服务农村经济社会发展的能力。今后乡镇、村公路建设，原则上不以乡镇、村的个数为基础，重点考虑人口、地域面积和地形地貌等因素。

（二）关于农网改造。我省新一轮农网改造实行“一省两贷”，由国网湖南省公司和湖南郴电国际发展股份有限公司作为承贷主体。乡镇及建制村合并后，省发改委要衔接国网湖南省公司和湖南郴电国际发展股份有限公司，在加强农网建设方面提出如下实施意见：对乡镇和建制村合并后存在配电网薄弱、变压器不足等问题的地区，加大农网投资力度。重点支持低压配电网建设。加大 35 千伏及以下农网工程投资力度。加大未改村改造力度。到 2017 年年底，力争国家电网、郴电国际供电范围内村网改造率达 100％。针对全省未改村数量大、配电网薄弱等问题，结合全省乡镇区划调整改革工作，把地处偏远、居民较少的未改村统一纳入改造范围，基本解决无电人口问题。

四、乡镇和建制村卫生计生服务机构设置。为落实全省乡镇区划调整改革工作要求，坚持便民利民，促进农村卫生计生事业发展，各地要因地制宜、分类指导，合理调整设置乡镇、村卫生计生服务机构，优化配置农村医疗卫生和计划生育服务资源，努力提高出生人口素质和人民健康水平。

（一）乡镇卫生计生服务机构。1. 原则上每个建制乡镇设置一所政府举办的乡镇卫生院。同时，按照国家卫生计生委、中央编办印发的《关于优化整合妇幼保健和计划生育技术服务资源的指导意见》（国卫妇幼发〔2013〕44 号），整合乡镇计划生育技术服务机构与乡镇卫生院妇幼保健职能，在乡镇卫生院加挂“妇幼保健计划生育服务站”牌子。

2. 因乡镇合并造成当地居民就医不便的地区，县级卫生计生部门可根据当地区域医疗卫生机构设置规划，以居民需求为导向，保留已合并乡镇的卫生院，以独立法人、独立核算的非建制乡镇卫生院存在；或将其改为建制乡镇卫生院的分院，在人、财、物等方面由建制乡镇卫生院统一管理，并逐级上报至省卫生计生委审核备案。已合并乡镇的计划生育服务所按同样模式统筹处理，在非建制乡镇卫生院或建制乡镇卫生院的分院可以加挂妇幼保健计划生育服务机构牌子。

3．乡镇合并后，对居民就医和妇幼健康服务影响不大，且多数居民有合并意愿的原建制乡镇卫生院和原建制乡镇计划生育服务所，须与现建制乡镇卫生院（妇幼保健计划生育服务站）进行资源整合，取消原建制乡镇卫生院和原建制乡镇计划生育服务所，或依法处置资产后就地转为其他非政府举办的医疗卫生机构。

4．乡镇合并后保留的建制乡镇卫生院分院或非建制乡镇卫生院及其加挂的妇幼保健计划生育服务机构在国家卫生各项政策如基础建设、人力配置、购买服务等方面享受建制乡镇卫生院同等待遇。在加强建制乡镇卫生院建设的同时，继续对建制乡镇卫生分院和非建制乡镇卫生院及其加挂的妇幼保健计划生育服务机构给予支持，确保其均衡发展，让农村居民享受公平、可及的卫生计生服务。

5．合并乡镇卫生计生服务机构资产及债务处置。调整合并后的原建制乡镇卫生计生服务机构，其资产属国有资产，继续用于卫生计生事业；确需置换或转让的，必须在确保国有资产不流失和等量补偿的前提下，按财政部关于行政事业单位国有资产管理的有关规定办理。卫生计生服务管理机构接受社会捐赠的资产，在处置前应当事先征求捐赠人的意愿。各地应严格按照《湖南省人民政府办公厅关于转发省发改委等部门〈关于清理化解基层医疗卫生机构债务实施方案〉的通知》（湘政办发〔2011〕77号）要求，将认定的债务从基层医疗卫生机构剥离至县市区人民政府。

（二）村卫生室

1．建制村调整后，县级卫生计生部门应根据当地区域医疗卫生机构设置规划，综合考虑服务人口、居民需求以及地理条件等因素，合理规划卫生室设置。

2．原则上每个建制村设置1所村卫生室（即建制村卫生室），承担辖区内农村居民基本公共卫生服务和基本医疗服务。

3．建制村合并后，对面积大、人口多且与邻近村卫生室相距较远的村，可酌情保留原建制村卫生室，以现建制村卫生室医疗服务点的形式存在（即一村多室），纳入乡村卫生服务一体化管理。

4．乡镇卫生院所在地的建制村原则上不设村卫生室，由乡镇卫生院或其下设网点履行建制村卫生室职能。

（三）村计划生育服务室

按照“存量共享，增量共建”的原则，保留现有村计划生育服务室，具备条件的与村卫生室合并共用，计划生育服务室应与村卫生室共建共用。

五、调整农村义务教育学校布局。根据全省乡镇区划调整改革工作要求，科学规划农村义务教育学校布局，规范义务教育工作，切实保障适龄少年儿童受教育权益。

（一）学校布局原则

1．合理设置，动态平衡。按标准科学合理设置全省乡镇区划调整改革涉及的义务教育学校，保持现有学校的相对稳定，尽量不改变现有学校总体布局，同时依据生源变化等需要适时新建、合并和恢复学校（教学点），做到动态平衡。

2. 分项考量，综合评定。新建、撤并或恢复农村义务教育学校要从人口变化、环境交通、群众承受能力等方面分别进行分析研究，综合各方面情况后做出决定。

3. 坚持标准，规范程序。新建、撤并或恢复农村义务教育学校要执行有关标准、规划和要求，按规定程序操作。

4. 市县为主，及时报备。县市区人民政府依据有关法律法规和要求自主确定农村义务教育学校的新建、撤并和恢复；市州人民政府指导县市区布局调整，受省人民政府委托，审批所辖县市区撤并和恢复学校，并报省教育行政部门备案。

（二）布局标准

1. 关于学校设置。原则上现有乡镇设置的初中应当保留，人口相对集中的村寨设置小学或教学点。小学和教学点的设置由县市区人民政府确定。

2. 关于就学方式与学校服务半径。农村小学 1 至 3 年级学生原则上不寄宿，就近走读上学；小学高年级学生以走读为主，确有需要的可以寄宿；初中学生根据实际可以走读或寄宿。

3. 根据不同年龄段学生的体力特征、道路条件、自然环境等因素，合理确定学校服务半径，尽量缩短学生上下学路途时间。以走读方式就学，则学校服务半径为农村小学 2.5 千米，初中 3 千米，保障学生每天上学单程步行时间一般不超过 40 分钟。

（三）关于学校撤并与恢复

确因资源减少需要撤并学校，学校服务半径超过上述条款规定要求，且多数居民有撤并意愿的，当地政府应在落实以下基本保障的前提下，方可按湘教函〔2013〕252 号文件规定的程序撤并：

1. 提供规范的寄宿条件，特别是住宿、就餐、如厕、生活用水等条件，满足寄宿学生基本生活需求；

2. 提供规范的校车或具备规范的农村客运服务；

3. 并入学校不会形成超大规模或“大班额”问题。

（四）撤并学校资产处置

调整后不再承担教学任务的非私立学校，其校产属公有教育资源，由县市区人民政府统筹管理，只能继续用于教育；确需置换或转让的，必须在保证公有教育资源不流失和等量补偿的前提下，按财政部关于行政事业单位国有资产管理的有关规定办理，学校接受的捐赠财产处置，必须事先征求捐赠人意愿，对于青少年发展基金会等机构捐建的希望小学等教育资源必须审慎研究处理，且必须征得相关机构的同意。撤点后的学校校园校舍应优先用于发展学前教育。

说明：附件 3、附件 4 未录

2016年6月12日湖南省建制村合并统计表

表2 单位：个

市州名称	原有建制村数	合并任务数	完成合并任务村数	合并后村数	超额数	减幅
长沙市	1203	410	418	785	8	35%
株洲市	1561	501	541	1020	40	35%
湘潭市	1513	500	719	794	219	48%
衡阳市	4886	2286	2574	2312	288	53%
邵阳市	5510	2119	2275	3235	156	41%
岳阳市	3097	1686	1700	1397	14	55%
常德市	3353	1722	1746	1607	24	52%
益阳市	1886	705	716	1170	11	38%
郴州市	2937	859	870	2067	11	30%
永州市	5060	2004	2119	2941	115	42%
怀化市	3854	1134	1389	2465	255	36%
娄底市	3260	1292	1414	1846	122	43%
张家界市	1514	548	642	872	94	42%
湘西自治州	1961	303	319	1642	16	16%
合计	41595	16069	17442	24153	1373	42%

（摘自《湖南省乡镇区划调整改革工作简报》第105期）

1949—2016 年湖南省行政区划统计表

表 3　　　　　　　　　　　　　　　　　　　　　　　　　　　　　单位：个

年份	地级					县级						县辖区	乡级					村级			组级		
	专区地区	自治州	地级市	其他	合计	县	自治县	县级市	市辖区	其他	合计		镇	乡公社	民族乡民族公社	街道	合计	村、大队	居委会	合计	组、生产队	居民组	合计
1949	7 直属专区 3 专区		1	1 行政区	12	77		1	8		86	263	104	1681 乡			1785						
1950	同上		1	同上	13	77		6	13		86	595	126	8287 乡		26	8439						
1951	同上		2	同上	13	78		7	11	1(特区)1(工矿特区)	98	710	146	10306 乡		36	10488						
1952	4 专区	1 自治区	2	同上	7	86		7	5		98	965	209	19478 乡	7(民族乡)	56	19750						
1953	同上		1	同上	7	86		8	6		100	942	263	15602 乡	9(民族乡)	54	15874						
1954	6 专区	同上	1		8	85	1	8	6		100	941	270	15318 乡	12(民族乡)	54	15654						
1955	同上	1	1		8	84	2	8	6		100		246	15333 乡	12(民族乡)	71	15662						
1956	同上		2		9	82	4	7	5		98		179	2957 乡	9(民族乡)	57	3202						
1957	同上	1	2		9	82	4	7	5		98		205	2971 乡	3(民族乡)	48	3227						
1958	同上	1	2		9	82	4	8	5		99		94	1183 公社	1(民族公社)	47	1325	11592			10500		
1959	同上	1	2		9	74	4	8	4		90		110	1157 公社	1(民族公社)	42	1410	18152			154800		
1960	同上	1	2		9	74	4	8	5	1(管理局)	92	29	99	1263 公社		90	1452	16895			109200		
1961	同上	1	2		9	81	4	14	5	同上	100	432	158	3480 公社		88	3726	49479			458200		
1962	8 专区	1	2		11	81	4	8	6	同上	100	426	160	3545 公社		76	3781	49985			457600		

续表 3

年份	地级					县级						县辖区	乡级					村级			组级		
	专区地区	自治州	地级市	其他	合计	县	自治县	县级市	市辖区	其他	合计		镇	乡公社	民族乡民族公社	街道	合计	村、大队	居委会	合计	组、生产队	居民组	合计
1963	同上	1	2		11	82	4	5	6		97	435	171	3549公社		72	3792	50423			480100		
1964	9专区	1	2		12	82	4	5	6	1(管理局)	98	469	173	3532公社		72	3777	49752			473500		
1965	同上	1	2		12	83	4	5	6	同上	99	458	175	3461公社		70	3706	48081			451900		
1966	同上	1	2		12	84	4	5	7	同上	101	461	182	3351公社		69	3602	45704			416700		
1967	同上	1	2		12	84	4	5	7	同上	101	454	175	3318公社		69	3562	45637			410400		
1968	9地区	1	2	1区	13	84	4	5	7	同上	101	400	157	3182公社		79	3418	45271			406400		
1969	同上	1	2	同上	13	85	4	6	7		102	432	162	3272公社		73	3507	45171			392900		
1970	同上	1	2	同上	13	85	4	6	10		105	445	158	3315公社		82	3555	45137			391200		
1971	同上	1	2	同上	13	85	4	6	10		105	433	157	3316公社		82	3555	45412			392600		
1972	同上	1	2	同上	13	85	4	6	10		105	446	158	3317公社		80	3555	45941			397300		
1973	同上	1	2	同上	13	85	4	6	10		105	446	161	3318公社		81	3560	45981			402200		
1974	9	1	2	1区	13	85	4	6	9		104	465	161	3319公社		78	3480	46302			405100		
1975	9	1	2	1区	13	85	4	7	9		105	444	162	3324公社		87	3573	46711			406400		
1976	9	1	2	1区	13	85	4	7	9		105	444	165	3324公社		92	3581	48326			420900		
1977	10	1	3	1区	15	86	4	7	13		110	444	163	3336公社		94	3583	47690			411700		
1978	10	1	3	1区	15	86	4	7	13		110	439	154	3295公社		95	3544	47120			409900		

续表 3

年份	地级					县级						县辖区	乡级					村级			组级		
	专区地区	自治州	地级市	其他	合计	县	自治县	县级市	市辖区	其他	合计		镇	乡公社	民族乡民族公社	街道	合计	村、大队	居委会	合计	组、生产队	居民组	合计
1979	10	1	3	1 区	15	86	4	10	13		113	440	148	3297 公社		103	3548	46378			420100		
1980	10	1	5	1 区	17	86	4	9	22		121	442	155	3321 公社		118	3594	46651			454400		
1981	10	1	5		16	85	4	9	22		120	442	185	3331 公社		124	3640	47103			510700		
1982	10	1	5		16	83	4	11	22		120	444	196	8 乡 3308 公社	24 民族公社	132	3668	47234			515200		
1983	8	1	6		15	84	4	10	22		120	449	230	234 乡 3082 公社	同上	132	3702	45266			485800		
1984	8	1	6		15	82	4	12	27		125	443	513	3014 乡	74 民族乡	145	3746	47920			467500		
1985	8	1	6		15	80	4	14	27		125	441	544	2935 乡	74 民族乡	154	3707	47899			495400		
1986	6	1	6		13	77	5	16	27		125	434	581	2858 乡	83 民族乡	153	3675	47954	3034	50988	496200		
1987	6	1	6		13	74	6	18	26		124	433	585	2813 乡	84 民族乡	160	3642	48117			496800		
1988	5	1	8		14	71	7	17	30		125	427	596	2812 乡	71 民族乡	170	3649	48360			498800		
1989	5	1	8		14	71	7	17	30		125	411	621	2722 乡	79 民族乡	170	3592	47534	3320	50854	500100		
1990	5	1	8		14	71	7	18	29		125	397	630	2719 乡	82 民族乡	171	3602	47601	3507	51108			
1991	5	1	8		14	71	7	18	29		125	397	641	2705 乡	86 民族乡	171	3603	47536	3694	51230			
1992	5	1	8		14	70	7	19	26		122	397	658	2689 乡	86 民族乡	172	3605	47470	4070	51540			
1993	5	1	8		14	69	7	20	26		122	388	733	2606 乡	88 民族乡	173	3600	47291	4282				
1994	3	1	11		15	66	7	19	30		122	381	769	2562 乡	88 民族乡	183	3596						

续表 3

年份	地级					县级						县辖区	乡级					村级			组级		
	专区地区	自治州	地级市	其他	合计	县	自治县	县级市	市辖区	其他	合计		镇	乡公社	民族乡民族公社	街道	合计	村、大队	居委会	合计	组、生产队	居民组	合计
1995	2	1	11		14	66	7	17	32		122	40	903	1401 乡	84 民族乡	189	2577	46804	4684	51488			
1996	2	1	11		14	65	7	18	32		122	19	950	1280 乡	86 民族乡	191	2507	46973	4808	51777			
1997	1	1	12		14	65	7	17	33		122	19	980	1240 乡	93 民族乡	206	2519	46894	4970	51864	458500	38388	496888
1998	1	1	12		14	65	7	17	33		122	14	1002	1257 乡	99 民族乡	203	2561	47550	5043	52593	479597	44720	524317
1999		1	13		14	65	7	16	34		122	14	1023	1237 乡	99 民族乡	208	2567	47516	5093	52609	479795	45273	525068
2000		1	13		14	65	7	16	34		122	8	1055	1212 乡	98 民族乡	210	2575	47525	5160	52685	475112	45753	520865
2001		1	13		14	65	7	16	34		122	8	1087	1177 乡	98 民族乡	214	2576	47604	4946	52550	463472	44516	507988
2002		1	13		14	65	7	16	34		122	8	1097	1159 乡	98 民族乡	221	2575	47284	3815	51099	457711	42583	500294
2003		1	13		14	65	7	16	34		122	8	1098	1158 乡	98 民族乡	225	2579	46554	4714	51268	448850	41791	490641
2004		1	13		14	65	7	16	34		122	8	1089	1146 乡	98 民族乡	226	2568	45632	4577	50209	483510	46615	530125
2005		1	13		14	65	7	16	34		122		1098	990 乡	97 民族乡	233	2409	43572	4617	48189	446565	42494	489059
2006		1	13		14	65	7	16	34		122		1091	988 乡	97 民族乡	230	2406	44270	4500	48770	366108	33699	399807
2007		1	13		14	65	7	16	34		122		1095	974 乡	97 民族乡	237	2403	44203	4533	48736	437790	40106	477896
2008		1	13		14	65	7	16	34		122		1101	966 乡	97 民族乡	241	2405	43550	4508	48058	451132	45676	496808
2009		1	13		14	65	7	16	34		122		1106	959 乡	97 民族乡	247	2409	42928	4526	47454	442927	47558	490485
2010		1	13		14	65	7	16	34		122		1106	955 乡	97 民族乡	258	2419	42863	4555	47418	443333	48155	491488

续表 3

年份	地级					县级						县辖区	乡级					村级			组级		
	专区地区	自治州	地级市	其他	合计	县	自治县	县级市	市辖区	其他	合计		镇	乡公社	民族乡民族公社	街道	合计	村、大队	居委会	合计	组、生产队	居民组	合计
2011		1	13		14	64	7	16	35		122		1121	941	97 民族乡	267	2426	42539	4700	47238	441566	50809	492375
2012		1	13		14	64	7	16	35		122		1131	952 乡	97 民族乡	305	2485						
2013		1	13		14	64	7	16	35		122		1138	828 乡	97 民族乡	344	2407	41922	4966	46888	432161	54682	486843
2014		1	13		14	64	7	16	35		122		1153	805 乡	97 民族乡	359	2414	41420			432161		
2015		1	13		14	64	7	16	35		122		1119	334	83 民族乡	375	1911	41595			432161		
2016		1	13		14	64	7	16	35		122		1128	325	83 民族乡	393	1929	24153			432161		

说明：

1. 关于资料来源的说明

1950—2010 年、2013 年行政区划数据摘自 2014 年行政区划简册；2011 年、2012 年、2014 年、2015 年摘自《湖南统计年鉴》等资料。

农村基层组织 1949—1989 年摘自《湖南资料手册》；1949 年 8 至次年 10 月，共建立农会 9000 多个。1950 年 10 月至次年 4 月完成第一批土改，共建乡 5470 个。1951 年 6—9 月完成第二批土改，共建乡 2208 个，年底建互助组 1000 余个，其中常互助组 200 余个。上年至 1952 年 4 月完成第三批土改，共建乡 4892 个，年底有互助组 192429 个，其中常年互助组 19556 个。上年 12 月至 1953 年 3 月完成第四批土改，共建乡 58 个，年底有互助组 247697 个，其中常年互助组 40791 个，试办初级社 57 个。1954 年有互助组 615437 个，其中常年互助组 221791 个，是年春办初级社 405 个。1955 年有互助组 570311 个，其中常年互助组 275396 个；秋有初级社 13126 个，秋后新建 22900 个。1956 年有常年互助组 16955 个，至 5 月有初级社 87114 个，高级社 4426 个；秋原有 9.1 万个初级社并社转高级农业生产合作社 46305 个。1957 年调整后有高级社 53375 个。1958 年高级社全部并组人民公社 1123 个，实行政社合一，年底有公社 1184 个。

1958—1989 年大队、生产队数据摘自《湖南资料手册》，1990—2011 年、2013 年摘自《中国民政统计年鉴》，2015 年村数为省民政厅统计数，2016 年 6 月村数为合并村数。1989—2011 年、2013 年居委会、居民组数据摘录于《中国民政统计年鉴》。

2. 关于表格数据的说明

村、组级存在个别年份统计数据缺失。

3. 关于居委会、社区居委会的说明

根据中共中央办公厅、国务院办公厅《关于转发〈民政部关于在全国推进社区建设的意见〉的通知》（中办发［2000］23 号）文件，2000 年湖南省开始试点审批（或更名）社区居民委员会（社区居委会）。嗣后在各地逐步施行社区居委会名称。据湖南省民政厅 2017 年 12 月 31 日统计，全省原居民委员会均统一名称为社区居民委员会。

湖南省国家级、省级历史文化名镇、名村名录

（一）国家级历史文化名镇、名村

1. 中国历史文化名镇 7 个：龙山县里耶镇、长沙市望城区靖港镇、永顺县芙蓉镇、绥宁县寨市镇、泸溪县浦市镇、洞口县高沙镇、花垣县边城镇。

2. 中国历史文化名村 15 个：岳阳县张谷英镇张谷英村、江永县夏层铺镇上甘棠村、会同县高椅乡高椅村、永州市零陵区富家桥镇干岩头村、双牌县理家坪乡坦田村、祁阳县潘市镇龙溪村、永兴县高亭乡板梁村、辰溪县上蒲溪瑶族乡五宝田村、永顺县灵溪镇老司城村、通道侗族自治县双江镇芋头村、通道侗族自治县坪坦乡坪坦村、绥宁县黄桑坪苗族乡上堡村、绥宁县关峡苗族乡大园村、江永县兰溪瑶族乡兰溪村、龙山县苗儿滩镇捞车村。

（二）湖南省级历史文化名镇、名村

1. 湖南省历史文化名镇 14 个：临湘市聂市镇，汨罗市长乐镇，绥宁县李熙桥镇，隆回县司门前镇，隆回县滩头镇，涟源市杨市镇，双峰县荷叶镇，麻阳县锦和镇，东安县芦洪市镇，耒阳市新市镇，衡阳市南岳区南岳镇，株洲县朱亭镇，长沙市望城区铜官镇，浏阳市文家市镇。

2. 湖南省历史名村 54 个：湘潭湘乡壶天村，永州新田黑砠岭村，永州新田谈文溪村，永州双牌访尧村，永州双牌大河江村，永州蓝山滨溪村，永州蓝山虎溪村，永州江华宝镜村，永州道县楼田村，邵阳武冈浪石村，邵阳洞口宝瑶村，邵阳城步大寨村，邵阳隆回崇木凼村，湘西保靖夯沙村，湘西凤凰早岗村，湘西凤凰老洞村，湘西凤凰拉毫村，湘西凤凰舒家塘村，湘西龙山街上村，湘西永顺双凤村，吉首市小溪村，吉首市中黄村，吉首泸溪岩门村，娄底涟源三甲古村落群，娄底双峰枫树山村，娄底双峰香花村，娄底新化楼下村，娄底新化正龙村，怀化新晃四路村，怀化麻阳豪侠坪村，怀化溆浦阳雀坡村，怀化溆浦乌峰村，怀化中方荆坪村，怀化中方黄溪村，怀化靖州地笋村，怀化辰溪龚家湾村，怀化沅陵明中村，郴州苏仙区坳上村，郴州北湖区陂副村，郴州北湖区村头村，郴州汝城石泉村，郴州汝城土桥村，郴州汝城先锋村，郴州汝城沙洲村，郴州汝城外沙村，郴州汝城金山村，郴州宜章腊元村，郴州宜章黄家塝村，郴州桂阳阳山村，郴州临武上乔村，衡阳常宁中田村，株洲醴陵沩山村，株洲炎陵中村村，长沙浏阳新开村。

（由湖南省住房建设厅提供资料）

附录二

中共常德市委常德市人民政府关于推进乡镇区划调整改革工作的指导意见

常发〔2015〕6号

为加快推进农村改革，增强乡镇经济发展活力，促进城乡一体化发展，根据《中共湖南省委湖南省人民政府关于开展乡镇区划调整改革工作的意见》（湘发〔2015〕15号）精神，结合我市实际，现就全市乡镇区划调整改革工作提出如下指导意见：

一、总体要求

按照省委、省政府的统一部署，围绕构建适应城乡发展一体化要求的现代乡镇行政管理体制和社会治理体系的目标，积极推进乡镇区划调整改革，全市共合并乡镇73个，合并建制村1722个。要立足长远，抢抓机遇，把推进乡镇区划调整改革与园区攻坚、新型工业化和新型城镇化、基层社会治理创新、美丽乡村建设、基层组织建设等工作相结合，提升乡镇管理能力、服务能力、发展能力，建立充满活力的乡镇管理体制。

二、基本原则

1.因地制宜、科学规划。以区县（市）为单位，按照省委、省政府确定的分类标准，科学合理确定乡镇合并范围，原则上成建制合并，但不搞“一刀切”，积极培育一批人口大镇、产业强镇、经济重镇。

2.促进发展、方便群众。综合考虑经济社会发展和人居环境等因素，合理确定乡镇政府驻地，尽量保留原有乡镇政府驻地的公共服务机构和基础设施。

3.理顺关系、转变职能。结合区县（市）政府机构改革，理顺县、乡两级政府管理体制，坚持重心下移，理顺经济发展、社会事业、社会治理、公共基础设施运行管理等方面的体制机制，增强乡镇的发展活力。

4.依法有序、稳步推进。坚持依法依规，区划调整要严格按照法律法规要求执行。坚持公平、公正、公开，要深入调查研究，充分征求乡镇、村（社区）和各级干部群众、党员代表、人大代表、政协委员意见，尊重群众意愿，尊重合理利益诉求。坚持有序推进，要先进行乡镇合并，再由合并后的乡镇组织建制村的合并。

三、工作安排

1. 宣传发动。2015 年 10 月 20 日前，各区县（市）要召开乡镇区划调整改革动员会，统一思想、明确要求、形成合力。

2. 摸清底子。各区县（市）要加强指导和督导，以乡镇为单位，摸清债权债务、资产资源、机构编制人员底子，并登记造册。

3. 制定方案。以区县（市）为单位，在充分调研、征求意见的基础上，按程序制定乡镇区划调整方案，2015 年 11 月 20 日前报市政府审核，再由市政府上报省政府审批。

4. 组织实施。按照省政府批复的方案，各区县（市）依法按程序完成乡镇区划调整。2015 年 12 月 31 日前，乡镇班子配备到位，实现合署办公；2016 年 1 月 20 日前，各区县（市）完成乡镇党政机构、事业站所“三定”工作。

5. 关于合村工作。按照省委、省政府总体部署，乡镇党委换届后启动合村工作，区县（市）党委换届后全面推进，2016 年 9 月底前完成。

四、乡镇区划调整中有关问题的处理意见

1. 关于县政府驻地镇的调整。按照重点调大调强县政府驻地镇的人口规模、辖区面积的要求，合理调整县政府驻地镇规模，并把县级工业园区并入县政府驻地镇。

2. 关于特殊形态政区代管乡镇、村的合并工作。常德经济技术开发区、柳叶湖旅游度假区、西湖和西洞庭管理区、桃花源旅游管理区（以下简称“五区”）的合乡并村工作，由五区负责，纳入所在区县（市）乡镇区划调整改革方案，由所在区县（市）政府完成申报（合村工作由所在区县（市）政府审批）。国有大中型农林渔场按上级有关规定执行。县属小型农林渔场可将管辖村划入邻近乡镇，面积、人口纳入相应乡镇统计，管理体制、模式暂时不变。

3. 关于撤乡镇设街道的问题。根据实际需求，对县政府驻地镇及其他条件成熟的镇，可以改设街道。各区县（市）要在乡镇区划调整改革方案拟定之前，与省、市民政部门衔接，按程序确定后可纳入乡镇区划调整改革方案。

4. 关于乡镇建制、乡镇政府和村委会驻地、新设乡镇和建制村名称确定、并乡镇合村债权债务和资产处置、行政边界确定和行政区划图制作等，按省方案执行。

5. 关于机构编制、人员安置的问题。严格执行省委、省政府的实施方案和配套政策，按照转变乡镇职能和与县直机关机构改革协调推进的原则，结合常德实际，适时出台具体的操作办法。

五、保障措施

1. 加强组织领导。本轮乡镇区划调整改革在市委、市政府的统一领导下，由市乡镇区划调整改革领导小组（以下简称领导小组）负责。市委常委要加强对所联系的区县（市）乡镇区划调整改革工作的领导，确保工作任务按要求完成。各区县（市）要成立以区县（市）委书记任组长的工作机构，根据工作需要，可派出工作组指导帮助工作。

2. 严明纪律要求。认真贯彻落实《中共湖南省纪委关于在我省乡镇区划调整改革工作中严明有关纪律要求的通知》，严格遵守政治纪律、组织人事纪律、财经纪律和廉政纪律、工作纪律，坚决纠正和查处各类干扰乡镇区划调整改革的行为。

3. 严格落实责任。各区县（市）党委、政府是乡镇区划调整改革的实施主体，各区县（市）党政主要负责人是乡镇区划调整改革的第一责任人，要切实履行好第一责任人职责，抓好改革的具体组织实施。各部门要按照责任分工，加强协作配合，合理推进改革。市委、市政府将定期或不定期进行督查督办，对工作落实不到位的要严肃问责。

4. 做好风险防控。按照“确保稳定、顺利交接、平稳过渡、促进发展”的要求，做好社会稳定风险评估，对可能遇到的矛盾和问题提前考虑、提前预防、提前化解。要制定突发事件应急预案，对可能引发的不稳定因素早发现、早介入、早解决。

5. 强化宣传引导。各级党委、政府和有关部门要做好乡镇区划调整改革的宣传动员和舆论引导，宣传“四个不变”政策，即包括农村基本经营制度在内的党的各项方针政策不变；依法形成的经济关系不变；现有国家、集体、个人财产性质不变；现有乡镇干部、职工身份、职级、工资待遇不变。消除干部群众思想顾虑，引导干部群众积极主动参与和配合改革。

后记一

为贯彻落实国务院《地方志工作条例》《湖南省实施〈地方志工作条例〉办法》，全面、系统、客观地反映和记述湖南乡镇（街道）自然、政治、经济、文化、社会的历史与现状，特别是改革开放30多年来全省各乡镇（街道）经济建设和社会发展的历史变迁，湖南省地方志编纂委员会决定编修《湖南乡镇简志》系列丛书。

《湖南乡镇简志》编修工作，于2014年5月全省市州志办主任会议上正式提出并作出相关部署，不久即印发《湖南乡镇简志》编纂方案（讨论稿）。8月，组织召开《湖南乡镇简志》工作研讨会。11月，召开《湖南乡镇简志》试写稿评议会，同时下发《湖南乡镇简志》编纂方案（修订稿）。12月，全省第七次地方志工作会议期间，再次组织各市州志办主任及方志科科长围绕《湖南乡镇简志》编修进行深层次研讨。2015年1月12日，湖南省地方志编纂委员会正式下发《关于做好〈湖南乡镇简志〉编纂工作的通知》，《湖南乡镇简志》编纂工作从试写、研讨转入全面启动。总体工作部署是：2015年组织发动、全面铺开；2016—2018年，各市州分卷陆续完成编纂、出版任务。

我们的设想是，编纂一套全面、简要、概略地记述和反映全省2000多个乡镇（街道）自然和社会、历史与现状大致概貌的分卷丛书。我们期待，它能够成为各级领导的案头书，成为相关工作者的工具书，成为更多社会读者的普及阅读书，真正让广大的读者留得住乡愁，记得住乡思；并试图把乡镇简志编纂作为推动全省乡镇志编修工作的契机，在乡镇简志基础上，逐步引导，广泛推开乡镇志及特色村志编修。同时，我们还期待，通过编修乡镇简志等志书，集合省、市、县三级志办力量，在一段时期内逐步推出呈系列的方志、地情文化产品，更好地资政，更好地服务于社会各界。

《湖南乡镇简志》体例采用纲目体，以纲统目、纲举目张、横排竖写，适当加强综合性记述。之所以确定为简志，一则取志的严谨、客观、严肃及权威性，二是以简志之简则可在编纂体例、形式、内容等方面灵活把握。确切地说，它不是传统意义上一方之志，而是全省所有乡镇（街道）“简志”的汇集。各个乡镇之“简志”篇幅虽短，但毕竟是志，其基本写法仍然遵循志书基本编纂原则。《湖南乡镇简志》各乡镇（街道）均设板块和栏目两个层次，篇目基本模式为：五大板块及分类栏目，篇首可设“地域名片”。五大板块为主体内容，其板块设置及下设栏目分别为：1. 区域概况（位置面积、建置沿革、行政区划、自然环境、人口民族等）；2. 经济发展（经济综述、农业工业、商贸服务业、其他产业、经济开发区等）；3.

基础设施（交通运输、邮政通信、供电饮水、水利建设、村镇建设等）;4. 社会事业（教育科技、文化体育、医疗卫生、社会保障等）; 5. 特色地情（历史人文、名优特产、风景名胜、民俗风情等）。五大板块为必设类目，各板块下根据各地客观地情合理设置分类栏目，有则设，特则设，无则不设，也可增设。地域名片须是极具代表性的地域“品牌”，开门见山亮出“名片”，不展开记述。有则设，无则不设。

《湖南乡镇简志》编纂工作部署后，得到了全省各市州的大力支持，14 个市州均及时启动各分卷编修工作，且都进展顺利，各分卷陆续付梓出版，可喜可贺。方志出版社高度重视《湖南乡镇简志》（共 14 卷）出版工作，分别指定专人沟通联络，初审、复审、终审层层把关，全面提升了志书质量。在此，对各市州地方志编委会对乡镇简志编修工作的鼎力支持和配合，对全省各市州、各县市区、各乡镇（街道）有关负责人的积极参与，对方志出版社编辑、编审倾注的心血，一并致以诚挚的谢意！本志总述及附录一由《湖南省志（综合本）》民政篇编纂委员会办公室副主任、《中国灾害志》编纂专家李振炎多方搜集资料并撰稿，特致谢意！

编修《湖南乡镇简志》，工程浩大，涉及面宽，工作繁杂，参与者众，资料征集难度大，尽管我们倾尽心血，付诸极大努力，疏漏、差错仍在所难免，恳请读者谅解并不吝指正。

《湖南乡镇简志》总编室

2017 年 3 月

后记二

2014 年，省方志委启动《湖南乡镇简志》编修工作。2015 年 3 月，市方志办召开全市史志办主任会议，研究部署《湖南乡镇（街道）简志 · 常德市卷》的编修工作。会后，市方志办下发《〈湖南乡镇（街道）简志 · 常德市卷〉编纂工作方案》。3 月 16 日，市政府办下发通知，转发市方志办《〈湖南乡镇（街道）简志 · 常德市卷〉编纂工作方案》。

2015 年 3 月，各区县（市）、市直五区全面铺开乡镇简志编修工作。为了尽快完成志书编纂工作，市方志办多次召开工作会议，督促工作进度。2016 年 2 月，部分区县（市）完成资料搜集工作，撰写出了初稿。为确保志书质量，市方志办采取以评代训的形式，先后召开《津市市乡镇简志》和《武陵区乡镇简志》评审会，培训乡镇简志编修人员。

2016 年 3 月，市方志办聘请本办两位退休同志对各区县（市）的初稿进行编辑、总纂。两位退休同志在编辑、总纂初稿的过程中，查阅史志书籍和档案资料，对志稿资料补充完善；对志稿存在的错误，做出批注，提出修改意见；对部分达不到编辑、总纂要求的初稿，指出存在的问题，要求按志书编写规定搜集资料、撰写初稿。

经过市县两级修志人员两年多同心戮力的工作，《湖南乡镇简志 · 常德市卷》终于编纂完成。

编纂乡镇简志是一件全新的工作，由于编者水平有限，加之时间仓促，错误难免，敬请不吝赐教。

编者

2017 年 5 月